개정증보판

지방세 쟁점별 판례해설

정지선 · 오정의 · 박영모 공저

SAMIL | 삼일인포마인

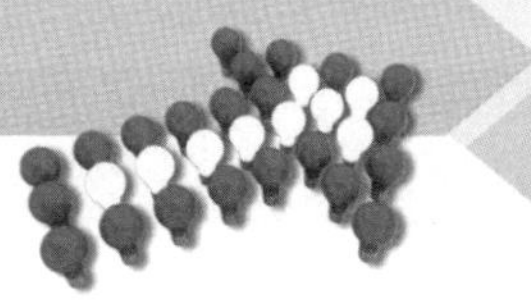

차례

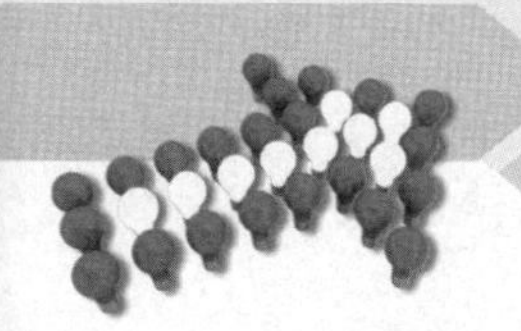

차 례

Part 1 지방세기본법

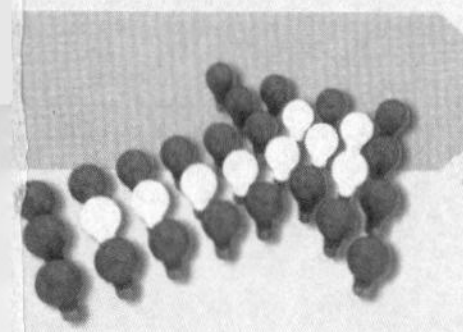

머리말

우리나라의 국가 경제의 성장과 더불어 지방정부의 재정수입의 근간이 되는 지방세의 규모가 2021년을 기점으로 100조 원을 넘기게 되었고 그와 더불어 지방세의 중요성도 한층 높아졌습니다. 지방세 규모의 성장과 함께 관련 세제 환경은 더욱 복잡·다양하게 급변하고 있고 해당 법규에 대한 해석상 다툼 또한 크게 증가하고 있는 실정입니다.

조세가 국민들로부터 반대급부 없이 징수하는 강제적인 행정처분이라는 점에서 과세권자와 납세자 간의 신뢰 관계가 매우 중요합니다. 대법원 판례가 조세 법령의 최종적인 해석기준이라는 점에서 과세권자는 물론 납세자에게도 중요한 객관적인 판단의 기준이 될 것입니다.

다만, 현행 대법원 판례의 경우 각각 개별 사건으로 처리되고 있어 분야별로 판결의 동향이나 전체적인 흐름을 체계적으로 파악하기 힘든 실정입니다. 또한 판결문의 내용이 많고 복잡하여 다양한 사례의 검토에 한계가 있다고 할 것입니다.

이에 본 책자를 통해 그간 대법원에서 선고된 지방세 판례의 핵심 쟁점과 결정 요지를 요약하고 현행 지방세 법령별 조문 체계 순으로 엮어 독자들이 판례를 쉽게 찾아볼 수 있도록 하였습니다. 특히 지방세 관련 판례 중 최근 쟁점이 된 사안을 중심으로 판례를 선별하였고 해석의 기준이 되는 판결의 경우에는 판결 시기와 관계없이 수록하여 지방세제를 이해하는 데 도움을 주고자 하였습니다.

아무쪼록 이 책자가 독자 여러분의 지방세에 관한 법률적 소양을 제고하고 실무를 운영함에 있어 조금이나마 도움이 되길 기대합니다.

끝으로 책자를 발간하는 데 아낌없이 성원해주신 삼일인포마인 이희태 대표이사님과 관계자 여러분께 감사드리며, 자료 수집과 책자 편집에 많은 도움을 주신 삼일회계법인 윤기백 회계사님께 고마운 마음을 전합니다.

2024. 7.

박영모, 정지선, 오정의 일동

www.samil*i*.com 사이트 **제품몰** 코너에서 본 도서 **수정사항**을 클릭하시면 정오표 및 중요한 수정 사항이 있을 경우 그 내용을 확인하실 수 있습니다.

개정증보판

지방세 쟁점별 판례해설

정지선 · 오정의 · 박영모 공저

SAMIL | 삼일인포마인

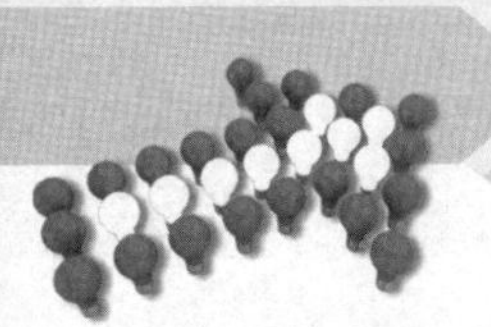

차 례

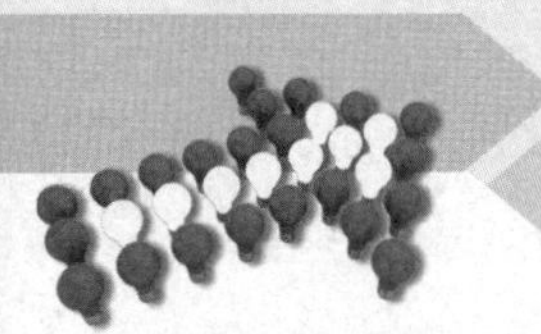

차례

차 례

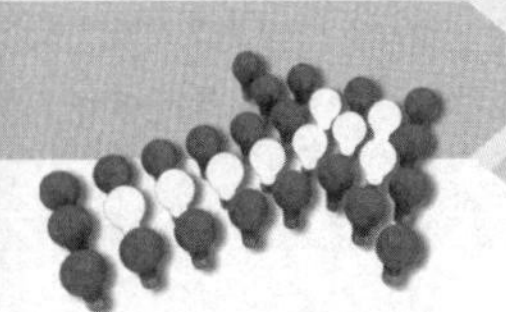
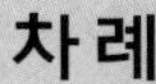

차 례

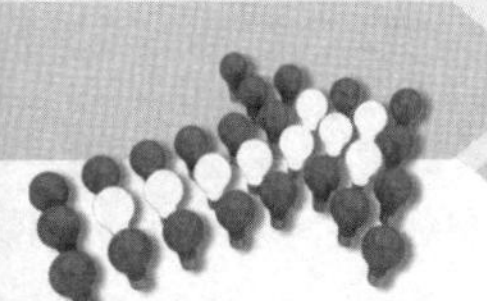

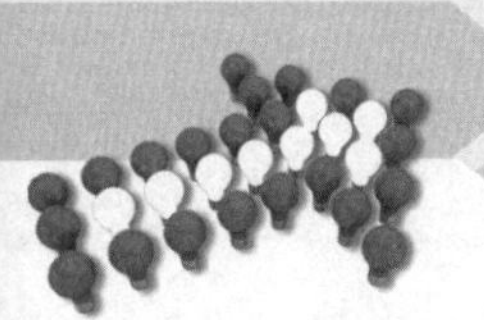

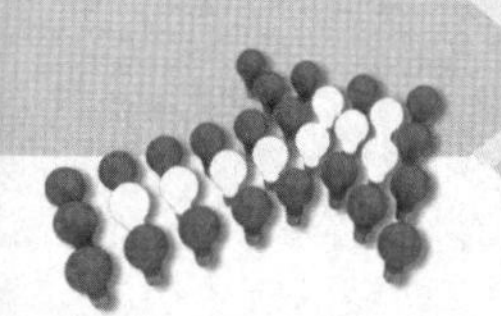
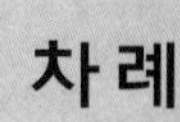

차 례

Part 4 지방세법(재산세)

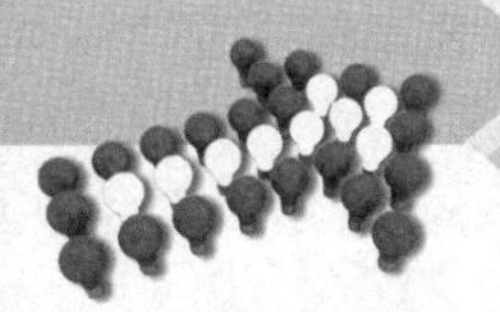

차 례

Part 5 지방세법(기타세목)

Part 6 지방세특례제한법 및 감면조례

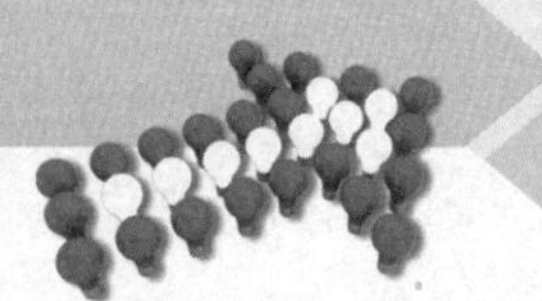

차 례

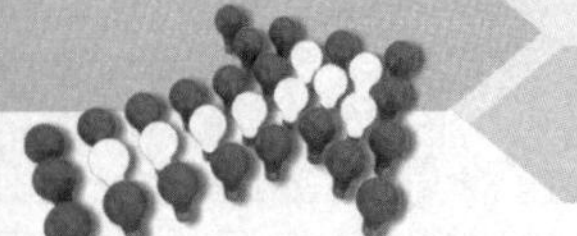

차 례

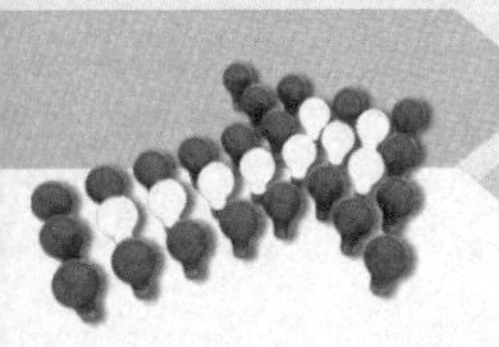

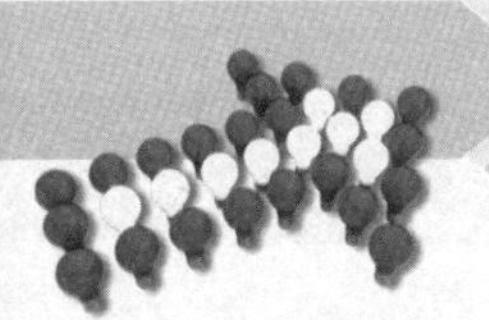
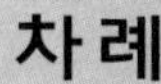

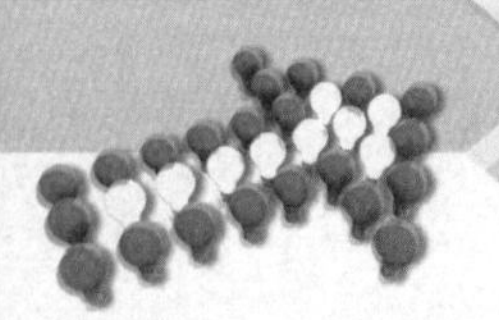

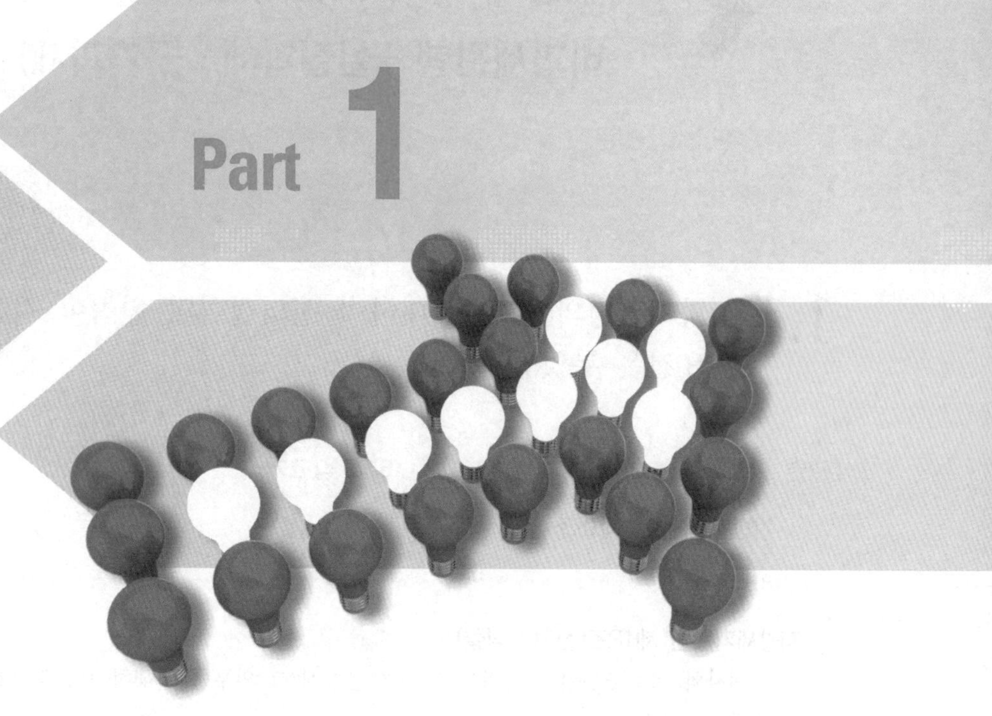

지방세기본법

1. 지방세 과세의 원칙
   (신의칙 · 소급과세금지 · 비과세관행 · 실질과세 · 근거과세)
2. 기간과 기한의 계산
3. 지방세 납세고지서의 효력과 하자
4. 서류송달의 효력과 하자
5. 납세의무의 확장
   (승계, 연대, 제2차 납세의무자 등)
6. 납세의무의 소멸
   (부과제척기간, 소멸시효)
7. 가산세, 가산금의 부과와 감면
8. 경정청구(후발적 경정청구), 수정신고, 기한 후 신고 등
9. 지방세 환급, 충당 및 환급가산금
10. 지방세의 우선 징수권
11. 불복청구(처분성) 인정 여부 및 소의 적격
12. 세무조사, 정보공개 등
13. 지방세 범칙행위 등에 대한 처벌
14. 포상금 지급 및 세무공무원 손해배상청구

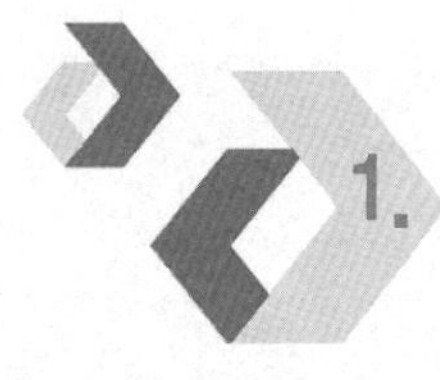

1. 지방세 과세의 원칙(신의칙 · 소급과세금지 · 비과세관행 · 실질과세 · 근거과세)

1.1 과세관청의 행위에 대하여 신의성실의 원칙이 적용되기 위한 요건은 무엇인지

【관련 판례】 대법 98두2713, 2000. 8. 18. : 상고기각

- 지방세기본법 제18조

지방세기본법 제18조(신의 · 성실)

납세자와 세무공무원은 신의에 따라 성실하게 그 의무를 이행하거나 직무를 수행하여야 한다.

〈쟁점요지〉 국세청장에게 사건과 직접적 관련이 없는 사실을 질의하고 일반적인 법규해석을 회신 받은 것을 공적인 견해표명으로 보아 과세관청에 신의성실원칙을 적용할 수 있는지 여부

판결요지 과세관청의 행위에 대하여 신의성실의 원칙이 적용되기 위하여는, 첫째 과세관청이 납세자에게 신뢰의 대상이 되는 공적인 견해 표명을 하여야 하고, 둘째 납세자가 과세관청의 견해 표명이 정당하다고 신뢰한 데 대하여 납세자에게 귀책사유가 없어야 하며, 셋째 납세자가 그 견해 표명을 신뢰하고 이에 따라 무엇인가 행위를 하여야 하고, 넷째 과세관청이 위 견해 표명에 반하는 처분을 함으로써 납세자의 이익이 침해되는 결과가 초래되어야 할 것임

- 일반적으로 조세법률관계에서 과세관청의 행위에 대하여 신의성실의 원칙이 적용되기 위하여는, 첫째, 과세관청이 납세자에게 신뢰의 대상이 되는 공적인 견해표명을 하여야 하고, 둘째, 납세자가 과세관청의 견해표명이 정당하다고 신뢰한 데 대하여 납세자에게 귀책사유가 없어야 하며, 셋째, 납세자가 그 견해 표명을 신뢰하고 이에 따라 무엇인가 행위를

하여야 하고, 넷째, 과세관청이 위 견해표명에 반하는 처분을 함으로써 납세자의 이익이 침해되는 결과가 초래되어야 한다(대법원 1995. 6. 16. 선고 94누12159 판결, 1995. 11. 14. 선고 95누10181 판결 등 참조).

- 원심판결 이유에 의하면, 원심은 원고가 국세청장에게 이 사건과 직접적 관련이 없는 사례에 관하여 질의하고 이에 대하여 국세청장이 이 사건 과세처분 이후인 1996. 4. 30. 기술사업용역의 부가가치세 면제에 관한 일반적인 법규해석을 회신한 사실을 인정한 다음, 그 회신으로 이 사건 용역이 부가가치세 면제대상이라는 공적인 견해가 표명되었다고 할 수 없으므로 이 사건 과세처분이 신의성실의 원칙에 위배된다고 할 수 없다고 판단하였는바, 기록 및 앞서 본 법리에 비추어 살펴보면, 원심의 이러한 사실인정과 판단은 정당하고, 거기에 상고이유로 주장하는 바와 같은 신의성실의 원칙에 관한 법리오해 등의 위법이 있다고 할 수 없다.

1.2 감면대상 단체에 해당한다는 내무부 질의회신이 공적 견해표명으로서 신의칙 적용대상인지

【관련 판례】 대법 2008두1115, 2008. 6. 12. : 파기환송

- 지방세기본법 제18조

〈쟁점요지〉 구 지방세법 제288조 제2항에 정한 '기술진흥단체'인지 여부에 관한 질의에 대하여 건설교통부장관과 내무부장관이 비과세 의견으로 회신한 경우, 공적인 견해표명에 해당하는지 여부

판결요지 한국건설기술인협회의 경우 감면대상 기술진흥단체에 해당한다는 내무부 질의회신은 신의칙 적용대상에 해당함

- 일반적으로 조세법률관계에서 과세관청의 행위에 대하여 신의성실의 원칙이 적용되기 위하여는, ① 과세관청이 납세자에게 신뢰의 대상이 되는 공적인 견해를 표명하여야 하고, ② 납세자가 과세관청의 견해표명이 정당하다고 신뢰한 데 대하여 납세자에게 귀책사유가 없어야 하며, ③ 납세자가 그 견해표명을 신뢰하고 이에 따라 무엇인가 행위를 하여야 하고, ④ 과세관청이 위 견해표명에 반하는 처분을 함으로써 납세자의 이익이 침해되는 결과가 초래되어야 한다.
- 기록에 의하여 살펴보면, (1) 원고는 이 사건 부동산을 취득하기 전에 원고에 대한 감독기관인 건설교통부장관에게 원고가 취득세 등을 면제받는 구 지방세법(2000. 12. 29. 법률

제6312호로 개정되기 전의 것) 제290조 제1항 제18호(나중에 위에서 본 구 지방세법 제288조 제2항으로 개정되었다) 소정의 '기술진흥단체'에 해당되는지 여부를 질의하였고, 이에 대하여 건설교통부장관이 1997. 3. 6. 원고에게 원고가 위 기술진흥단체에 해당한다고 회신한 사실, (2) 구 정부조직법(1998. 2. 28. 법률 제5529호로 전문 개정되기 전의 것) 제31조 및 '내무부와 그 소속기관 직제(1998. 2. 28. 대통령령 제15715호로 폐지되기 전의 것)' 제15조에 의한 피고의 상급기관으로서 지방세의 부과・징수에 관한 지도・감독과 지방세에 관한 질의 회신 등의 업무를 관장하고 있던 내무부장관 또한, 1997. 4. 22. 원고에게 원고가 '기술진흥단체'에 해당되어 지방세법상의 취득세 및 등록세가 면제된다는 취지의 회신을 한 사실, (3) 이에 따라 피고는 원고에게, ① 1997. 10. 24. 서울 강남구 (주소 1 생략) 소재 토지에 대한 등록세의 감면확인을 하였고, ② 1997. 12. 26. 서울 강남구 (주소 2 생략) 소재 토지에 대한 등록세의 감면확인을 하였으며, ③ 2000. 9. 15. 서울 강남구 (주소 3 생략) 소재 토지에 대한 취득세, 등록세의 감면통지를 하는 등 수차례에 걸쳐 원고가 취득하는 부동산에 대하여 취득세 등을 면제해 주는 결정을 해 왔던 사실을 알 수 있는바, 그렇다면 피고와 피고의 상급기관인 내무부장관은 원고에게 원고가 취득세 등을 면제받는 구 지방세법 제288조 제2항 소정의 '기술진흥단체'에 해당된다는 공적 견해를 구체적이고도 명백하게 표명하였다고 볼 여지가 충분하고, 또한 원고는 위와 같은 피고 및 내무부장관 등의 공적인 견해 표명을 신뢰하고 2002. 9.경 이 사건 부동산을 취득하였으며, 원고 측이 위 견해 표명을 신뢰한 데 대하여 어떠한 귀책사유가 있다고 볼 수도 없다.

1.3 구청장 지시에 따라 공무원이 취득세 면제 약속을 한 경우 공적 견해표명에 해당하는지

【관련 판례】 대법 94누12159, 1995. 6. 16. : 파기환송

- 지방세기본법 제18조

〈쟁점요지〉 구청장의 지시에 따른 총무과 소속직원의 대체취득으로 인한 취득세 면제 약속에 대하여 신의칙을 적용할 수 있는지 여부

판결요지 ••• 과세관청의 지위에 있는 구청장의 지시에 의하여 총무과 소속 공무원이 대체 부동산에 대한 취득세 면제 약속을 함에 따라 납세자가 이를 믿고 부동산의 매각의사를 결정한 경우라면, 과세관청의 공적 견해표명으로 볼 수 있음

- 일반적으로 조세법률관계에서 과세관청의 행위에 대하여 신의성실의 원칙이 적용되기 위하여는, 첫째 과세관청이 납세자에게 신뢰의 대상이 되는 공적인 견해를 표명하여야 하고, 둘째 납세자가 과세관청의 견해표명이 정당하다고 신뢰한 데 대하여 납세자에게 귀책사유가 없어야 하며, 셋째 납세자가 그 견해표명을 신뢰하고 이에 따라 무엇인가 행위를 하여야 하고, 넷째 과세관청이 위 견해표명에 반하는 처분을 함으로써 납세자의 이익이 침해되는 결과가 초래되어야 한다고 보는 것이 당원의 견해이고(당원 1985. 4. 23. 선고 84누593 판결 ; 1990. 10. 10. 선고 88누5280 판결 ; 1992. 4. 28. 선고 91누9848 판결), 과세관청의 공적인 견해표명은 원칙적으로 일정한 책임있는 지위에 있는 세무공무원에 의하여 이루어짐을 요한다고 할 것이다.
- 그러나 신의성실의 원칙 내지 금반언의 원칙은 합법성을 희생하여서라도 납세자의 신뢰를 보호함이 정의, 형평에 부합하는 것으로 인정되는 특별한 사정이 있는 경우에 적용되는 것으로서 납세자의 신뢰보호라는 점에 그 법리의 핵심적 요소가 있는 것이므로, 위 요건의 하나인 과세관청의 공적 견해표명이 있었는지의 여부를 판단하는데 있어 반드시 행정조직상의 형식적인 권한분장에 구애될 것은 아니고 담당자의 조직상의 지위와 임무, 당해 언동을 하게 된 구체적인 경위 및 그에 대한 납세자의 신뢰가능성에 비추어 실질에 의하여 판단하여야 하는 것이다.
- 이 사건에서 원고는 위에서 본 바와 같이 피고 관악구청장의 지시에 따라 그 소속직원인 위 소외 2가 적극적으로 나서서 취득세 면제를 제의함에 따라 그 약속을 그대로 믿고 관악구에 대하여 그 소유 부동산에 대한 매각의사를 결정하게 된 것임이 분명한 바, 피고 구청장은 지방세법 제4조 및 서울특별시세조례 제6조 제1항의 규정에 의하여 서울특별시세인 취득세에 대한 부과징수권을 위임받아 처리하는 과세관청의 지위에 있으므로 이 사건 부동산 매매계약을 체결함에 있어 표명된 취득세 면제 약속은 과세관청의 지위에서 이루어진 것이라고 볼 여지가 충분하고, 또한 위 소외 1이 비록 총무과에 소속되어 있다고 하더라도 그가 한 언동은 피고 구청장의 지시에 의한 것으로 이 역시 과세관청의 견해표명으로 못 볼 바도 아니다.

1.4 구체적인 질의에 대해 과세관청이 비과세 의견으로 회신한 경우 이를 공적 견해표명으로 보아 신의칙의 적용이 가능한지

【관련 판례】 대법 93누22517, 1994. 3. 22. : 파기환송

- 지방세기본법 제18조

〈쟁점요지〉 국세청장이 원고와 동종의 훈련교육용역의 제공이 부가가치세 면세사업인 사업경영상담업에 해당한다는 견해를 명시적으로 표명하였다가 원고가 폐업한 후에 비로소 위 용역의 제공이 상담업에 해당하지 않는다고 하면서 부가가치세 부과처분을 한 것이 신의칙에 위배되는지 여부

판결요지 과세관청의 회신이 납세자의 추상적인 질문에 대한 일반론적인 견해표명에 불과한 경우에는 공적 견해에 해당되지 않으나, 납세자가 자신의 사안에 관하여 구체적으로 질의를 하였고, 과세관청이 이에 대하여 비과세 의견으로 회신한 경우에는 공적인 견해 표명에 해당된다고 보아야 함

- 국세청장이 원고 사업장에서의 위와 같은 훈련교육용역의 제공이 사업경영상담업에 해당하는 것으로 본다는 회신을 동종의 인근사업자에게 한 사실이 있음을 알 수 있고(갑 제7호증의 1, 2, 소득표준율 적용질의 및 회신), 원고는 이 사건 사업양수시에 이를 상담업으로 본다고 하는 위의 견해를 신뢰하여서 면세사업자로 등록을 마치고 부가가치세를 거래징수하거나 신고 납부하지 아니하였다는 것인바, 사정이 그와 같다면 국세청장의 위와 같은 회신은 위 용역의 제공이 상담업에 해당한다고 보는 공적인 견해를 명시적으로 표명한 것에 다름 아니고, 이후 이와 같은 사업장의 사업자들이 과세관청의 견해에 따라 이후의 거래시에 거래상대방으로부터 부가가치세를 징수하거나 신고 납부하지 아니하였다면 거기에 귀책사유가 있다고 하기도 어려울 것이므로, 그렇다면 원고가 위와 같은 경위로 사업을 하다가 폐업한 후에야 비로소 피고가 종전의 견해와는 반대로 위 용역의 제공이 상담업에 해당하지 않는다고 하면서 이 사건 과세처분에 이른 것은 신의성실의 원칙에 위배된다.

1.5 취득세 신고시 과세관청에서 별도 신고서식을 제공하고 세율 등을 기재하는 경우 이를 공적 견해표명으로 볼 수 있는지

【관련 판례】 대법 98두16163, 1999. 6. 11. : 상고기각

- 지방세기본법 제18조

〈쟁점요지〉 세무공무원들이 '취득신고 및 납부세액계산서'라는 서식을 제공하여 과세자료만을 제출받은 후 세율 및 세액을 기재하는 것이 공적견해 표명에 해당되는지 여부

판결요지 ●●● 과세관청에서 취득신고서를 전산으로 출력하여 주고 있더라도, 이는 신고납세절차의 편의를 위하여 원래 납세자가 작성하여야 할 신고서에 조세공무원이 납세자의 동의를 전제로 세액 등을 대신 기재할 수 있도록 한 것에 불과함

- 구 지방세법(1998. 12. 31. 법률 제5615호로 개정되기 전의 것) 제150조의2 제1항, 제1조 제7호에 의하면 등록세는 납세의무자가 스스로 조세채무의 성립요건의 충족을 조사 확인하고 자신의 책임하에 과세표준액과 이에 대하여 관계조문의 규정에 의한 세율을 적용하여 산출한 세액을 신고납부하여야 하는 이른바 신고납세방식에 의한 조세로 규정되어 있는바, 같은 법 시행규칙에 의하면 납세자가 등록세를 신고납부함에 있어 과세관청에 제출하는 '취득신고 및 납부세액계산서'라는 서식에 등록세의 과세자료에 관한 사항만 기재하여 제출하면 과세표준액과 세율 및 세액에 관하여는 과세관청이 기재하도록 되어 있다거나 서울특별시의 등록세신고납부제 시행지침에 의하면 납세자가 관할구청에 과세자료를 제출하면 관할구청에서는 자료검토 후 세액을 결정하여 등록세납부서를 발부하도록 규정하였다고 하더라도 이로써 신고납세방식인 등록세의 과세표준액과 세율 및 세액의 결정이 과세관청의 의무사항이 되었다고 할 수 없고 다만 위와 같은 규정들은 신고납세절차의 편의를 위하여 원래 납세자가 작성하여야 할 등록세의 '취득신고 및 납부세액계산서'나 납부서에 조세공무원이 납세자의 동의를 전제로 세액 등을 대신 기재할 수 있도록 한 내부지침에 불과하다고 할 것이다.

1.6 과세권자가 사실 여부를 확인하여 결정할 사안임을 명시하고 있는 회신 내용이 신뢰보호의 근거가 되는지

【관련 판례】 대법 2008두10188, 2008. 10. 9. : 상고기각

- 지방세기본법 제18조

〈쟁점요지〉 질의회신 내용에 과세권자가 사실 여부를 확인하여 결정함을 명시하고 있는 경우 해당 회신이 신뢰보호원칙의 근거가 될 수 있는지 여부

판결요지 중앙부처의 질의회신 내용에 종국적으로 과세권자가 사실 여부를 확인하여 결정할 사안임을 명시하고 있는 경우에는 그 질의회신이 신뢰보호의 근거가 되기에는 심히 부족함

- 원고가 원용하는 행정자치부의 회신 내용은, 독립한 사업소인지 여부는 종국적으로 과세권자가 사실 여부를 확인하여 결정할 사안임을 명시하고 있음이 분명하여, 신뢰보호의 근거가 되기에는 심히 부족하다 하겠으므로 이점에 관한 상고논지 역시 받아들일 수 없다.

1.7 비과세관행으로 인정되기 위한 요건 및 그 입증책임은 누구에게 있는지

【관련 판례】 대법 91누13670, 1992. 9. 8. : 파기환송

- 지방세기본법 제18조, 제20조

〈쟁점요지〉 신의칙이나 국세기본법 제18조 제3항 소정의 조세관행존중의 원칙의 적용요건 및 그 존재에 대한 입증책임의 소재가 납세자에게 있는지 여부

판결요지 비과세관행이라 함은 비록 잘못된 해석 또는 관행이라도 특정 납세자가 아닌 불특정한 일반 납세자에게 정당한 것으로 이의 없이 받아들여져 납세자가 그와 같은 해석 또는 관행을 신뢰하는 것이 무리가 아니라고 인정될 정도에 이른 것을 의미하고, 단순히 세법의 해석기준에 관한 공적인 견해의 표명이 있었다는 사실만으로 그러한 해석 또는 관행이 있다고 볼 수는 없으며, 그러한 해석 또는 관행의 존재에 대한 증명책임은 그 주장자인 납세자임

- 신의칙이나 국세기본법 제18조 제3항 소정의 조세관행존중의 원칙은 합법성의 원칙을 희생하여서라도 납세자의 신뢰를 보호함이 정의에 부합하는 것으로 인정되는 특별한 사정이 있을 경우에 한하여 적용된다고 할 것(1992.4.28. 선고 91누9848 판결 참조)이고, 위 조항 소정의 일반적으로 납세자에게 받아들여진 세법의 해석 또는 국세행정의 관행이란 비록 잘못된 해석 또는 관행이라도 특정납세자가 아닌 불특정한 일반납세자에게 정당한 것으로 이의 없이 받아들여져 납세자가 그와 같은 해석 또는 관행을 신뢰하는 것이 무리가 아니라고 인정될 정도에 이른 것을 말하고(1992. 3. 31. 선고 91누9824 판결 ; 1987. 8. 18. 선고 86누537 판결 및 위 84누593 판결 등 참조), 단순히 세법의 해석기준에 관한 공적견해의 표명이 있었다는 사실만으로 그러한 해석 또는 관행이 있다고 볼 수는 없는 것이며(1987. 5. 26. 선고 86누96 판결 참조), 그러한 해석 또는 관행의 존재에 대한 입증책임은 그 주장자인 납세자에게 있다고 할 것(1990. 10. 10. 선고 89누3816 판결 ; 1989. 11. 28. 선고 89누5522 판결 및 위 91누9824 판결 등 참조)이다.

1.8 행자부 유권해석 및 지자체 교육교재 등에 수록되어 있는 것이 신의칙 대상이거나 비과세 관행이 존재한다고 볼 수 있는지

【관련 판례】 대법 2011두5940, 2013. 12. 26. 판결 : 상고기각

- 지방세기본법 제18조

〈쟁점요지〉 대도시 내 신설법인이 주택건설용 토지를 취득한 후 기존법인으로 흡수합병되고 당해 토지에 오피스텔을 신축하는 경우 등록세 중과세가 적용되는지에 관한 질의에 대하여 행정자치부에서 중과대상이 아니라는 회신을 하고, 이를 지자체 교육교재 등에 수록한 경우 이를 신의칙 대상이 되거나 비과세 관행이 존재하였다고 보아 중과처분을 배제할 수 있는지 여부

판결요지 ••• 신의칙에 위배된다거나 비과세 관행이 존재한다고 볼 수 없음

- 과세관청이 질의회신 등을 통하여 어떤 견해를 표명하였다고 하더라도 그것이 중요한 사실관계와 법적인 쟁점을 제대로 드러내지 아니한 채 질의한 데 따른 것이라면 공적인 견해표명에 의하여 정당한 기대를 가지게 할 만한 신뢰가 부여된 경우라고 볼 수 없다. … 비록 잘못된 해석 또는 관행이라도 특정 납세자가 아닌 불특정한 일반 납세자에게 정당한 것으로 이의 없이 받아들여져 납세자가 그와 같은 해석 또는 관행을 신뢰하는 것이 무리가 아니라고 인정될 정도에 이른 것을 의미하고, 단순히 세법의 해석기준에 관한 공적인

견해의 표명이 있었다는 사실만으로 그러한 해석 또는 관행이 있다고 볼 수는 없으며, 그러한 해석 또는 관행의 존재에 대한 증명책임은 그 주장자인 납세자에게 있다(대법원 1992. 9. 8. 선고 91누13670 판결 등 참조). … 위와 같은 질의 및 회신의 내용을 앞에서 본 법리에 비추어 살펴보면, 위 행정자치부의 회신만으로는 이 사건과 같이 등록세 중과 처분이 예상되는 상황에서 이를 피하는 것을 주된 목적으로 이루어진 법인합병에 대해서까지 존속법인에 대한 등록세 중과 처분을 하지 않을 것이라는 정당한 기대를 가지게 하는 신뢰를 부여하였다고 볼 수 없다. 또한 그 회신 내용이 그 후 행정자치부 산하 기관이 발행한 공무원 교육용 교재나 행정자치부의 지방세 종합정보시스템에 수록되었다고 하여 그러한 비과세 관행이 존재한다고 볼 것도 아니라고 할 것이다.

관련 기타 판례

1. 단순히 종합합산 대상 토지를 장기간 합산과세하지 않았다는 사실만으로는 이를 비과세 관행 성립 또는 신의칙 대상으로 볼 수 없음(대법 2012두3965, 2012. 5. 24. 판결).
2. 다만, 행안부의 유권해석을 토대로 처분청에서 장기간 재산세를 비과세해온 것은 신의칙의 적용대상이 될 수 있고, 해석 변경 전의 과세처분에 대하여 소급하여 과세하는 것은 신의칙 위반으로 위법함(대법 2018두42559, 2019. 1. 17. 판결).
3. 공무원의 안내에 따라 면제대상으로 신고한 이후 견해를 달리하여 추징하였다 하더라도 최초의 안내가 공적인 견해표명으로 인정되기에 부족하거나, 설령 인정된다 하더라도 애초에 감면대상에 해당하지 않았다면 신뢰보호대상에 해당되지 않음(대법 2015두46499, 2015. 10. 15. 판결).
4. 상반되는 유권해석들 중 어느 하나만을 믿고 주민세를 신고하지 않은 경우 신의칙을 적용하여 납세의무를 배제할 수 없음(대법 2018두61338, 2019. 2. 18. 판결).
5. 비록 관련 유권해석이 존재하더라도, 비과세관행 및 신의칙 위배 여부를 판단하기 위해서는 해당 자치단체에서 당해 유권해석을 기반으로 실질적인 운영이 이루어졌는지를 사안에 따라 판단해보아야 함(대법원 2019두52614, 2020. 1. 9. 판결, 대법원 2019두35602, 2019. 6. 13. 판결 등).
6. 납세자가 직접 질의한 것이 아닌, 자치단체가 행안부에 질의한 사안에 대한 회신을 과세관청의 대외적 비과세 의사표시로 보아 납세자에게 신의칙을 적용하여 과세를 배제할 수는 없음(대법 2019두45180, 2019. 10. 18. 판결).

1.9 법령이 개정될 때까지 과세요건이 완성되지 않은 사안에 대하여도 법률불소급의 원칙이 적용되는지

【관련 판례】 대법 94누6871, 1995. 3. 24. : 상고기각

- 지방세기본법 제20조

지방세기본법 제20조(해석의 기준 등)

① 이 법 또는 지방세관계법을 해석 · 적용할 때에는 과세의 형평과 해당 조항의 목적에 비추어 납세자의 재산권이 부당하게 침해되지 아니하도록 하여야 한다.

② 지방세를 납부할 의무(이 법 또는 지방세관계법에 징수의무자가 따로 규정되어 있는 지방세의 경우에는 이를 징수하여 납부할 의무를 말한다. 이하 같다)가 성립된 소득 · 수익 · 재산 · 행위 또는 거래에 대해서는 의무 성립 후의 새로운 법에 따라 소급하여 과세하지 아니한다.

③ 이 법 및 지방세관계법의 해석 또는 지방세 행정의 관행이 일반적으로 납세자에게 받아들여진 후에는 그 해석 또는 관행에 따른 행위나 계산은 정당한 것으로 보며 새로운 해석 또는 관행에 따라 소급하여 과세되지 아니한다.

〈쟁점요지〉 법인 소유 토지의 양도사실에 과세하는 조세의 감면범위를 축소하는 새로운 입법을, 법률 개정 이전에 취득한 토지에 적용하는 것이 소급입법에 해당하는지 여부

판결요지 조세법령불소급의 원칙이라 함은, 그 조세법령의 효력발생 전에 완성된 과세요건 사실에 대하여 당해 법령을 적용할 수 없다는 의미일 뿐, 계속된 사실이나 그 이후에 발생한 과세요건 사실에 대한 새로운 법령적용까지를 제한하는 것은 아님

- 조세법령불소급의 원칙이라 함은, 그 조세법령의 효력발생 전에 완성된 과세요건 사실에 대하여 당해 법령을 적용할 수 없다는 의미일 뿐, 계속된 사실이나 그 이후에 발생한 과세요건 사실에 대한 새로운 법령적용까지를 제한하는 것은 아니므로, 법인 소유의 토지 등의 양도를 과세요건으로 하는 특별부가세에 관한 감면범위를 축소하는 새로운 입법이 그 시행 이후에 이루어진 양도에만 적용되는 것으로 규정된 이상, 그 토지 등의 취득시기가 새로운 입법을 하기 전이라는 사정만으로 이를 가리켜 소급입법이라고 할 수는 없다고 할 것이다 (대법원 1994. 2. 25. 선고 93누20726 판결 ; 1994. 5. 24. 선고 93누13131 판결 등 참조).

1.10 중앙부처의 새로운 유권해석에 따른 과세처분이 소급과세금지 원칙 위반에 해당하는지

【관련 판례】 대법 94누3629, 1995. 7. 28. : 파기환송

- 지방세기본법 제20조

〈쟁점요지〉 비록 과세관청이 종전의 해석과 다른 해석을 하여 부과처분하였어도 대상행위가 납세자의 종전 해석에 대한 신뢰에 기하였다고 인정되지 않는 경우 소급과세금지원칙에 위반되는지 여부

판결요지 어떠한 유권해석이 존재하여 새로운 유권해석에 의한 과세가 소급과세로서 조세법상의 신의칙상 금지된다고 하기 위해서는 당해 과세처분이 일반적으로 납세자에게 받아들여진 세법의 해석 또는 관행을 변경하여 행하여졌다는 사정만으로는 적용될 수 없고, 납세자가 세법에 대한 종전의 유권해석을 신뢰한 나머지 이로 인하여 어떠한 행위나 계산을 한 경우에 한하여 적용됨

- 국세기본법 제18조 제3항 소정의 소급과세금지의 원칙은 과세관청에 의한 과세처분이 일반적으로 납세자에게 받아들여진 세법의 해석 또는 국세행정의 관행을 변경하여 행하여졌다는 사정만으로는 적용될 수 없고, 납세자가 세법의 해석 또는 국세행정의 관행을 신뢰한 나머지 이로 인하여 어떠한 행위나 계산을 하였어야 하고 나아가 과세처분의 결과 납세자에게 조세부담 등의 경제적 불이익이 발생한 경우에 한하여 적용될 수 있다 할 것이다.
- 그런데, 원심이 확정한 사실에 의하여도 원고 회사는 특수관계에 있는 자가 인수포기한 비상장주식을 인수한 경우의 평가차익이 수증익에 해당하지 아니한다는 국세청장의 위와 같은 공적인 견해표명을 신뢰하고서 이에 기인하여 이 사건 주식을 인수한 것으로 볼 수는 없고, 오히려 기록에 의하면 원고 회사는 소외 회사가 원고 회사의 출판물 대부분을 인쇄하고 있는 관계로 사업상의 필요에 따라 소외 회사의 주식을 인수한 사실이 인정되므로, 이 사건 부과처분이 국세기본법 제18조 제3항 소정의 소급과세금지의 원칙에 위반된 것이라고 볼 수는 없다 할 것이다.

1.11 세법 개정이 납세자에게 불리하게 개정된 경우, 개정 전의 원인행위를 근거로 유리한 종전규정을 적용할 수 있는지

【관련 판례】 대법 2015두42152, 2015. 9. 24. 판결 : 상고기각(과세기관 일부 승)

- 지방세기본법 제20조

〈쟁점요지〉 취득세에 관한 개정이 납세자에게 불리하게 개정되고, 일반적 경과조치로서 종전규정에 따라 부과 또는 감면하여야 할 지방세에 대하여 종전의 규정에 따른다고 할 경우, 개정 전의 원인행위에 대하여 종전규정을 적용할 수 있는지 여부

판결요지 ••• **세법 개정이 납세자에게 불리하게 개정된 경우로서 시행 전에 취득과 밀접하게 관련된 직접적인 원인행위가 이루어진 경우라면 종전규정 적용이 타당함**

- 개정 조특법 규정은 유동화전문회사에 대한 조세특례의 범위를 합리적으로 조정하고 일반채권자와의 과세공평을 도모하기 위하여 구 조특법 규정에서 정한 '유동화전문회사가 양수한 유동화자산을 관리 · 운용 · 처분하는 경우로서 취득하는 부동산'을 취득세 감면대상에서 제외한 것으로 보이는 점 등에 비추어 보면, 유동화전문회사가 유동화자산인 부동산 담보부채권을 양수한 후 그 채권의 회수를 위한 담보부동산의 경매절차에서 직접 매수신청을 하여 취득하는 담보부동산은 '유동화전문회사가 양수한 유동화자산을 관리 · 운용 · 처분하는 경우로서 취득하는 부동산'으로서 개정 조특법 규정에 의한 취득세 감면대상에 해당하지 않는다고 할 것이다.
- 이와 같이 개정 조특법 규정이 취득세 감면범위를 축소함으로써 조세특례제한법이 유동화전문회사에 불리하게 개정되었고, 한편 구 조특법 규정은 유동화전문회사가 양수한 유동화자산을 관리 · 운용 · 처분하면서 '2012. 12. 31.'까지의 한정된 기간 동안 그 원인행위에 기초하여 부동산을 취득한 경우에 취득세를 감면하도록 명시적으로 정한 것으로 볼 수 있으므로, 이 사건 부칙조항은 유동화전문회사의 신뢰보호를 위하여 구 조특법 규정의 시행 당시 부동산의 취득과 밀접하게 관련된 직접적인 원인행위가 이루어진 경우에 그 원인행위가 이루어진 당시의 구 조특법 규정을 적용하도록 한 특별규정에 해당한다고 할 것이다.
- 따라서 유동화전문회사가 구 조특법 규정의 시행 당시 유동화자산인 부동산 담보부채권을 양수한 후 담보부동산의 경매절차에서 매수신청을 하고 매각허가결정을 받아 매수신청인 내지 매수인의 지위를 취득하는 등으로 담보부동산의 취득과 밀접하게 관련된 직접적인 행위로 나아간 경우에는, 비록 개정 조특법이 시행된 후 매각대금을 완납하여 담보

부동산을 취득하였더라도 유동화전문회사의 신뢰보호를 위하여 이 사건 부칙조항에 따라 구 조특법 규정이 적용되어 취득세가 감면된다고 할 것이나, 유동화전문회사가 구 조특법 규정의 시행 당시 이와 같은 원인행위로 나아가지 아니한 채 단순히 유동화자산인 부동산 담보부채권을 양수하여 보유하고 있었던 경우에는, 설령 장래의 담보부동산 취득에 대한 취득세 감면을 신뢰하였더라도 이는 단순한 기대에 불과할 뿐 그 신뢰가 마땅히 보호하여야 할 정도에 이르렀다고 볼 수 없으므로, 구 조특법 규정이 적용되지 않고 납세의무의 성립 당시 법령인 개정 조특법 규정이 적용되어 취득세가 감면되지 않는다고 할 것이다.

- 같은 취지에서 원심이, 유동화전문회사인 원고가 (1) 구 조특법 규정의 시행 당시 이 사건 제1부동산을 담보로 하는 채권을 양수한 후 그 채권의 회수를 위한 경매절차에 직접 참여하여 매수신청을 하고 매각허가결정까지 받았으므로, 개정 조특법이 시행된 후 매각대금을 완납하여 이 사건 제1부동산을 취득하였더라도 이에 대해서는 이 사건 부칙 조항에 따라 구 조특법 규정이 적용되어 취득세가 감면되는 반면, (2) 구 조특법 규정의 시행 당시 이 사건 제2부동산을 담보로 하는 채권을 양수하여 보유하다가 개정 조특법 규정이 시행된 후에야 비로소 그 채권의 회수를 위한 경매절차에 직접 참여하여 이를 취득한 이상, 이 사건 제2부동산의 취득에 대해서는 개정 조특법 규정이 적용되어 취득세가 감면되지 않는다.

관련 기타 판례

1. 종전 취득세를 면제받았던 구 지방세법 및 감면조례가 폐지되었더라도 지방세특례제한법이 시행된 이후에도 종전 규정에 따르도록 규정한 부칙 상 추징규정이 실효되었다고는 볼 수 없음(대법 2014두43943, 2016. 8. 29. 판결).
2. 지식산업센터에 대한 감면을 적용함에 있어, 부칙상 일반적 경과규정 등을 들어 취득 당시가 아닌 설립승인 인가 당시의 감면율을 적용하여 취득세를 감면하여 적용할 수는 없음(대법 2020두46011, 2020. 11. 26. 판결).
3. 개정법 시행 전에 신탁계약을 체결하였더라도, 신탁재산에 관한 재산세 납세의무자를 위탁자에서 수탁자로 변경한 개정법을 적용하여 수탁자에게 재산세를 부과하는 것은 소급입법금지원칙에 위배된다고 볼 수 없음(대법 2015두58539, 2016. 3. 10. 판결 등)[1].
4. 지방세특례제한법을 개정하여 관광호텔에 대한 취득세 중과배제를 자치단체 조례에서 정하도록 하였으나 해당 조례가 신설되지 않았다 하여 위법한 입법부작위로 볼 수 없으며, 감면시한이 정해진 사안에 대하여 일반적 경과규정을 근거로 납세자에게 유리한 종전 법률을 적용할 수도 없음(대법 2022두50946, 2022. 11. 17. 판결).

1) 같은 취지의 판결 : 대법 2015두57529, 2016. 3. 10., 대법 2015두59266, 2016. 3. 10., 대법 2015두60112, 2016. 3. 10., 대법 2015두58829, 2016. 3. 24., 대법 2015두59389, 2016. 3. 24., 대법 2016두33957, 2016. 4. 15., 대법 2016두31319, 2016. 4. 28.

5. 에너지효율등급 및 녹색건축물 인증을 받은 건축물에 대하여 착공 및 예비인증을 받은 시점보다 취득세 감면율이 축소(10% → 5%)된 경우, 착공 및 예비인증 당시 이미 감면시한이 정해져 있어 그 이후에도 감면을 계속 유지하리라는 것은 기대이익에 불과하고, 예비인증만으로 감면을 적용할 수도 없으므로 부칙 상 일반적 경과규정을 이유로 신뢰보호를 적용할 수 없음(대법 2023두48773, 2023. 11. 16. 판결).

1.12 휴면법인을 인수하여 사실상 새로운 법인을 설립한 경우 실질과세원칙을 적용하여 법인설립으로 보아 과세할 수 있는지

【관련 판례】 대법 2007두26629, 2009. 4. 9. : 파기환송

- 지방세기본법 제17조

지방세기본법 제17조(실질과세)

① 과세의 대상이 되는 소득 · 수익 · 재산 · 행위 또는 거래가 서류상 귀속되는 자는 명의(名義)만 있을 뿐 사실상 귀속되는 자가 따로 있을 때에는 사실상 귀속되는 자를 납세의무자로 하여 이 법 또는 지방세관계법을 적용한다.

② 이 법 또는 지방세관계법 중 과세표준 또는 세액의 계산에 관한 규정은 소득 · 수익 · 재산 · 행위 또는 거래의 명칭이나 형식에 관계없이 그 실질내용에 따라 적용한다.

〈쟁점요지〉 설립등기를 마친 후 폐업을 하여 사업실적이 없는 상태인 법인의 주식 전부를 제3자가 매수한 후 법인의 임원, 자본, 상호, 목적사업 등을 변경한 경우, '법인의 설립'으로 보아 등록세를 중과할 수 있는지 여부

판결요지 납세자가 경제활동을 함에 있어서는 동일한 경제적 목적을 달성하기 위하여서도 여러 가지의 법률관계 중 하나를 선택할 수 있는 것이고, 과세관청으로서는 특별한 사정이 없는 한 당사자들이 선택한 법률관계를 존중하여야 할 것이되, 실질과세의 원칙에 의하여 당사자의 거래행위를 그 형식에도 불구하고 조세회피행위라고 하여 그 행위의 효력을 부인할 수 있으려면 조세법률주의 원칙상 법률에 개별적이고 구체적인 부인규정이 마련되어야 하는 것이므로, 휴면법인을 매수한 다음 법인의 임원, 자본, 상호, 목적사업 등을 변경하였다 하여 이를 '법인의 설립'으로 보아 등록세를 중과세 할 수 없음

- 헌법은 조세법률주의를 채택하여 모든 국민은 법률이 정하는 바에 의하여 납세의 의무를 지고(헌법 제38조), "조세의 종목과 세율은 법률로 정한다"(헌법 제59조)고 규정하고 있는 바, 이러한 조세법률주의 원칙은 과세요건 등은 국민의 대표기관인 국회가 제정한 법률로써 규정하여야 하고, 그 법률의 집행에 있어서도 이를 엄격하게 해석·적용하여야 하며, 비록 과세의 필요성이 있다 하여도 행정편의적인 확장해석이나 유추적용에 의해 이를 해결하는 것은 허용되지 않음을 의미한다(대법원 2000. 3. 16. 선고 98두11731 전원합의체 판결 참조).
- 또한, 납세의무자가 경제활동을 함에 있어서는 동일한 경제적 목적을 달성하기 위하여서도 여러 가지의 법률관계 중 하나를 선택할 수 있는 것이고, 과세관청으로서는 특별한 사정이 없는 한 당사자들이 선택한 법률관계를 존중하여야 할 것이되(대법원 2001. 8. 21. 선고 2000두963 판결 참조), 실질과세의 원칙에 의하여 당사자의 거래행위를 그 형식에도 불구하고, 조세회피행위라고 하여 그 행위의 효력을 부인할 수 있으려면 조세법률주의 원칙상 법률에 개별적이고 구체적인 부인규정이 마련되어야 하는 것이다(대법원 1999. 11. 9. 선고 98두14082 판결 참조).
- 법인의 설립에 관한 민법과 상법의 각 규정에 의하면, 법인의 설립에는 기본적으로 설립행위와 설립등기가 필요하고, 법인은 설립행위를 거쳐 설립등기를 함으로써 성립함과 동시에 법인격을 취득하게 되어(민법 제33조, 상법 제171조 제1항, 제172조 등 참조) 그로써 법인의 설립은 완성되는 것이므로, 설립등기 없는 법인의 설립은 있을 수 없고, 일단 법인이 설립등기로써 성립된 이후에는 그 법인격이 소멸되지 않는 한 같은 설립등기에 의한 새로운 법인의 설립도 있을 수 없는 것이다.
- 지방세법에서 '법인의 설립'에 관하여 위와 같은 일반적인 법리와는 다른 별도의 정의 규정을 두고 있지 아니한 이상, 법 제138조 제1항 제1호와 제3호에서 규정하는 '법인의 설립' 역시 '설립등기에 의한 설립'을 뜻하는 것으로 해석하여야 할 것이다. 따라서 설립등기를 마친 후 폐업을 하여 사업실적이 없는 상태에 있는 법인의 주식 전부를 제3자가 매수한 다음 법인의 임원, 자본, 상호, 목적사업 등을 변경하였다 하여 이를 위 조항이 규정하는 '법인의 설립'에 해당한다고 볼 수는 없다 할 것이고, 가사 그러한 행위가 등록세 등의 중과를 회피하기 위한 것으로서 이를 규제할 필요가 있다 하더라도 그와 같은 행위의 효력을 부인하는 개별적이고 구체적인 법률 규정을 두고 있지 않은 조세법하에서 그 행위가 위 조항의 '법인의 설립'에 해당한다고 보아 등록세를 중과하는 것은 조세 법규를 합리적 이유 없이 확장 또는 유추해석하는 것으로서 허용될 수 없다 할 것이다.

1.13 수사기관에서 통보해 온 수사서류에 대한 확인절차 없이 근거로 삼아 처분한 경우 근거과세 원칙에 위배되는지

【관련 판례】 대법 85누680, 1987. 12. 8. : 상고기각

- 지방세기본법 제19조

지방세기본법 제19조(근거과세)

① 납세의무자가 지방세관계법에 따라 장부를 갖추어 기록하고 있을 때에는 해당 지방세의 과세표준 조사 및 결정은 기록한 장부와 이에 관계되는 증거자료에 따라야 한다.

② 제1항에 따라 지방세를 조사 · 결정할 때 기록 내용이 사실과 다르거나 누락된 것이 있을 때에는 그 부분에 대해서만 지방자치단체가 조사한 사실에 따라 결정할 수 있다.

③ 지방자치단체는 제2항에 따라 기록 내용과 다른 사실이나 누락된 것을 조사하여 결정하였으면 지방자치단체가 조사한 사실과 결정의 근거를 결정서에 덧붙여 적어야 한다.

〈쟁점요지〉 수사기관에서 통보해온 수사서류를 진실한 것이라 믿고 이를 기초로 행한 조세부과처분의 적부

판결요지 세무공무원이 수사기관에서 통보해 온 메모지와 잡기장 등 수사서류에 대한 진부확인이나 실지조사를 하지 않은 것을 근거 삼아 한 처분은 위법함

- 수사기관의 통보자료인 위 메모지나 잡기장을 근거로 하여 이 사건 과세처분을 하려면 이에 대한 전말서와 확인서를 받는 등 실지조사를 한 후 사실과 일치하는 수입누락액을 기초로 하여 부과처분을 하여야 함에도 불구하고 위와 같은 실지조사를 한 바도 없고 그 내용마저도 모순되거나 불확실한 위 메모지와 잡기장을 검찰이 통보한 자료라 하여 믿고 이 사건부과처분을 하였음은 근거과세의 원칙에 위배한 위법한 처분이라고 판시하고 있는 바, 원심이 위와 같은 사실인정을 함에 있어서 거친 증거의 취사과정을 기록과 대조하여 보아도 정당하고 거기에 소론과 같은 채증법칙을 위배한 위법이 있다고 할 수 없으며 세무공무원이 수사기관에서 통보해 온 메모지와 잡기장 등 수사서류에 대한 진부확인이나 실지조사를 한 바도 없이 이를 진실한 것이라고 믿고 이를 기초로 하여 이 사건 부과처분을 하였음은 근거과세의 원칙에 위배한 위법한 처분이라 아니할 수 없으므로 같은 취지의 원심판결은 정당하고 거기에 소론과 같은 법리를 오해한 위법이 있다고 할 수 없다. 논지는 모두 이유없다.

1.14 과세관청 등의 강요에 의해 작성된 과세자료만을 근거로 하는 과세처분이 당연무효인지

【관련 판례】 대법 88누681, 1989. 5. 23. : 상고기각

- 지방세기본법 제19조

〈쟁점요지〉 과세관청 등의 일방적이고 억압적인 강요에 의하여 작성된 과세자료만을 근거로 한 과세처분의 효력이 있는지 여부

판결요지 ••• 과세관청이나 그 상급관청 또는 수사기관의 일방적이고 억압적인 강요로 말미암아 그 작성자의 자유로운 의사에 반하여 별다른 합리적이고 타당한 근거도 없이 작성된 것을 근거 삼아 한 처분은 위법함

- 과세처분을 함에 있어서 과세자료로 삼은 확인서, 명세서, 자술서, 각서 등은 과세관청이나 그 상급관청 또는 수사기관의 일방적이고 억압적인 강요로 말미암아 그 작성자의 자유로운 의사에 반하여 별다른 합리적이고 타당한 근거도 없이 작성된 것으로서, 외형상 상태성을 결여하거나 또는 객관적으로 그 성립이나 내용의 진정을 인정할 수 없는 것임이 명백하므로, 이러한 과세자료만을 근거로 과세소득을 인정한 이 사건 과세처분은 중대하고도 명백한 하자가 있는 것이어서 당연무효이다.

1.15 조세포탈사실을 인정한 형사판결이 과세 근거자료가 될 수 있는지

【관련 판례】 대법 89누4994, 1990. 5. 22. : 파기환송

- 지방세기본법 제19조

〈쟁점요지〉 조세포탈사실을 인정한 관련 형사확정판결을 조세부과처분의 근거로 할 수 있는지 여부

판결요지 ••• 형사재판에서 조세포탈사실이 인정된 경우에는 이를 채용할 수 없는 특별한 사정이 없는 한 유력한 과세근거 자료가 될 수 있음

- 관련된 형사재판에서 조세포탈사실이 인정된 경우에는 이를 채용할 수 없는 특별한 사정이 없는 한 그 인정사실은 경정결정의 유력한 증빙자료가 된다 할 것이므로 같은 취지에서 형사확정판결을 이 사건 부과처분의 적법한 근거로 본 원심의 조치는 정당하고 거기에 법리오해, 사실오인 또는 심리미진의 위법이 없다. 논지는 이유없다.

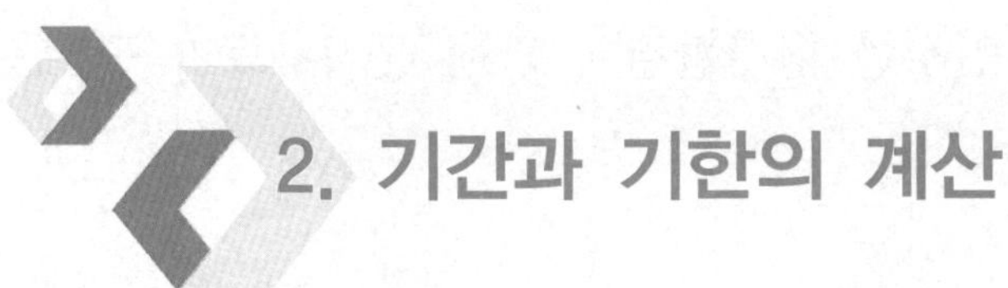

2. 기간과 기한의 계산

2.1 추징요건인 1년 이내를 계산함에 있어 초일을 불산입하고 계산하는 것이 타당한지

【관련 판례】 대법 2015두3591, 2019. 3. 28. 판결(심리불속행) : 상고기각

- 지방세기본법 제23조

> **지방세기본법 제23조(기간의 계산)**
> 이 법 또는 지방세관계법과 지방세에 관한 조례에서 규정하는 기간의 계산은 이 법 또는 지방세관계법과 해당 조례에 특별한 규정이 있는 것을 제외하고는 「민법」을 따른다.

〈쟁점요지〉 2015. 12. 7. 차량을 취득하여 1년 이내에 매각하는 경우 추징을 함에 있어 1년 이내를 산정함에 있어 초일불산입 즉 2015. 12. 8.을 기준으로 1년(2016. 12. 7.)을 계산하는 것이 타당한지 여부

판결요지 민법 상의 기간 계산을 적용하여 초일을 불산입하고 1년을 계산하는 것이 타당하므로, 2016. 12. 7.은 1년 이내에 포함됨

- 지방세기본법 제23조는 기간의 계산에 관하여 '이 법 또는 지방세관계법과 지방세에 관한 조례에서 규정하는 기간의 계산은 이 법 또는 지방세관계법과 해당 조례에 특별한 규정이 있는 것을 제외하고는 「민법」을 따른다'고 규정하고 있고, 민법 제157조는 '기간을 일, 주, 월 또는 연으로 정한 때에는 기간의 초일은 산입하지 아니한다. 그러나 그 기간이 오전 영시로부터 시작하는 때에는 그러하지 아니하다.'고 규정하고 있다.
- 구 지방세특례제한법 제17조 제2항은 같은 조 제1항의 취득세 감면이 제한되는 특례제한 기간으로 '자동차 등록일부터 1년 이내'라고 규정하고 있는바, 위 조항이나 기타 지방세관계법령 또는 조례에 민법 규정의 적용을 배제하는 특별한 규정이 존재한다는 아무런 자료

를 찾을 수 없는 이상, 위 조항을 해석함에 있어서는 지방세기본법 제23조에 의하여 적용되는 민법 제157조의 규정에 따라 기간 초일로 기재된 '자동차 등록일'은 위 1년의 기간에 산입하지 아니하여야 할 것이다.

- 그러므로 원고가 이 사건 자동차를 2015. 12. 7. 취득・등록하였다가 2016. 12. 7. 그 소유권을 타에 이전한 이 사건의 경우, 원고에 대한 위 법 제17조 제2항에 따른 취득세 감면 특례 제한기간은 등록일을 산입하지 아니한 2015. 12. 8.을 기산일로 삼아 1년을 계산한 2016. 12. 7.까지가 된다(대구지법 2017구합24563, 2018. 7. 26. 판결).

3. 지방세 납세고지서의 효력과 하자

3.1 법령에서 요구하는 사항의 일부가 누락된 납세고지서에 의한 과세처분은 위법한 것인지

【관련 판례】 대법 96누14272, 1997. 8. 22. : 파기환송

- 지방세기본법 제2조 제1항 제15호

지방세기본법 제2조(정의)

① 이 법에서 사용하는 용어의 뜻은 다음과 같다.

15. "납세고지서"란 납세자가 납부할 지방세의 부과 근거가 되는 법률 및 해당 지방자치단체의 조례 규정, 납세자의 주소·성명, 과세표준, 세율, 세액, 납부기한, 납부장소, 납부기한까지 납부하지 아니한 경우에 이행될 조치 및 지방세 부과가 법령에 어긋나거나 착오가 있는 경우의 구제방법 등을 기재한 문서로서 세무공무원이 작성한 것을 말한다.

〈쟁점요지〉 구체적인 부과근거조항의 불특정, 세율 미기재, 본세와 가산세의 합산액만의 기재 등의 납세고지서 하자가 있을 경우 과세처분이 위법한지 여부

판결요지 ··· 납세고지서에는 원칙적으로 납세의무자가 부과처분의 내용을 상세하게 알 수 있도록 과세대상 재산을 특정하고 그에 대한 과세표준액, 적용할 세율 등 세액의 산출근거를 구체적으로 기재하여야 하고, 위 규정은 강행규정으로서 위 규정에서 요구하는 사항 중 일부를 누락시킨 하자가 있는 경우 그 과세처분은 위법함

- 지방세법 제1조 제1항 제5호, 제25조 제1항, 같은법 시행령 제8조의 각 규정에 의하면, 지방세의 납세고지는 납부할 지방세의 연도와 세목, 그 부과의 근거가 되는 법률 및 당해 지방자치단체의 조례의 규정, 납세의무자의 주소·성명, 과세표준액, 세율, 세액, 납기, 납부장소, 납부기한까지 미납한 경우 취하여질 조치 및 부과의 위법 또는 착오에 대한 구제방법 등을 기재한 납세고지서에 의하도록 되어 있는바, 위 규정들은 조세법률주의의 원칙

에 따라 과세관청으로 하여금 신중하고 합리적인 처분을 하게 함으로써 조세행정의 공정성을 기함과 동시에 납세의무자에게 과세처분의 내용을 상세하게 알려 불복 여부의 결정 및 불복신청에 편의를 주려는 데 그 입법취지가 있는 만큼, 납세고지서에는 원칙적으로 납세의무자가 부과처분의 내용을 상세하게 알 수 있도록 과세대상 재산을 특정하고 그에 대한 과세표준액, 적용할 세율 등 세액의 산출근거를 구체적으로 기재하여야 하고, 위 규정은 강행규정으로서 위 규정에서 요구하는 사항 중 일부를 누락시킨 하자가 있는 경우 그 과세처분은 위법하다 할 것이다(당원 1986. 10. 28. 선고 85누723 판결 참조).

3.2 과세예고통지서 등 사전에 보낸 서면으로 납세고지서의 하자를 치유할 수 있는지

【관련 판례】 대법 96누12634, 1998. 6. 26. : 상고기각

- 지방세기본법 제2조 제1항 제15호

〈쟁점요지〉 사전에 보낸 과세예고통지서에도 납세고지서의 필요적 기재사항이 제대로 기재되어 있지 않은 경우 이로써 납세고지서의 하자가 치유 또는 보완되었다고 볼 수 있는지

판결요지 과세예고통지서 등에 납세고지서의 필요적 기재사항이 제대로 기재되어 있어 납세의무자가 그 처분에 대한 불복 여부의 결정 및 불복신청에 전혀 지장을 받지 않았음이 명백하다면, 이로써 납세고지서의 하자가 보완되거나 치유될 수 있음

- 과세관청이 과세처분에 앞서 납세의무자에게 보낸 과세예고통지서 등에 의하여 납세의무자가 그 처분에 대한 불복 여부의 결정 및 불복신청에 전혀 지장을 받지 않았음이 명백하다면, 이로써 납세고지서의 흠결이 보완되거나 하자가 치유된다고 보아야 하나, 이와 같이 납세고지서의 하자를 사전에 보완할 수 있는 서면은 법령 등에 의하여 납세고지에 앞서 납세의무자에게 교부하도록 되어 있어 납세고지서와 일체를 이룰 수 있는 것에 한정되는 것은 물론, 납세고지서의 필요적 기재사항이 제대로 기재되어 있어야 하는바(대법원 1995. 9. 26. 선고 95누665 판결 등 참조), 기록에 의하면, 피고가 이 사건 제3 부과처분에 앞서 원고에게 보낸 지방세 과세예고서에도 납세고지서에 누락된 부과근거법령, 세율 등 납세고지서의 필요적 기재사항이 제대로 기재되어 있지 아니한 사실을 알 수 있으므로, 이러한 과세예고서를 사전에 원고에게 교부한 적이 있다 하여 이로써 납세고지서의 하자가 치유 또는 보완된다고 할 수는 없다. 상고이유는 받아들일 수 없다.

3.3 납세고지서에 가산세의 각 총액만 기재하고 구체적인 산출근거를 기재하지 않은 경우 위법한 과세처분인지

【관련 판례】 대법 2015두36645, 2015. 12. 23. 판결 : 파기환송

- 같은 취지의 판례 : 대법 2014두3976, 2014. 5. 29. 판결(심리불속행), 대법 2010두12347, 2012. 10. 18.
- 지방세기본법 제2조 제1항 제15호

〈쟁점요지〉 납세고지서에 본세 및 가산세의 각 액수 및 그 산출근거, 가산세의 종류 등을 구체적으로 밝히지 않고 각 총액만을 기재한 경우 그 처분이 위법한지 여부

판결요지 납세고지서에 본세와 가산세의 산출근거 등이 기재되어 있지 않은 경우, 관계 법령에서 요구하는 기재사항을 일부 누락한 흠으로 위법함

- ① 이 사건 납세고지서에는, 취득세에 관하여는 본세와 그에 대한 가산세의 세액만이 구분 기재되어 있을 뿐 가산세 상호 간의 종류별 세액이 구분 기재되어 있지 않고, 지방교육세와 농어촌특별세에 관하여는 각 본세에 그에 대한 신고불성실가산세와 납부불성실가산세를 합한 세목별 세액의 합계액만이 기재되어 있을 뿐 각 본세와 그에 대한 가산세의 세액이 구분 기재되거나 가산세 상호 간의 종류별 세액이 구분 기재되어 있지 않은 사실, ② 또한 이 사건 납세고지서에는 취득세의 과세표준만이 기재되어 있을 뿐 취득세, 지방교육세, 농어촌특별세(이하 '취득세 등'이라 한다)의 각 본세와 가산세의 산출근거가 제대로 기재되어 있지 않은 사실, ③ 피고가 이 사건 납세고지서에 앞서 원고에게 보낸 과세예고통지서에도 취득세 등 각 본세의 세액, 취득세의 과세표준, 취득세 등의 각 본세에 대한 신고불성실가산세와 납부불성실가산세의 세액 등은 기재되어 있으나, 취득세 등 각 본세와 그에 대한 신고불성실가산세와 납부불성실가산세의 세율 등은 기재되어 있지 않은 사실을 알 수 있다.
- 이러한 사실관계를 앞서 본 법리에 비추어 살펴보면, 이 사건 취득세 등의 각 본세와 그에 대한 가산세의 납세고지에는 관계 법령에서 요구하는 기재사항을 일부 누락한 흠이 있고, 그 흠이 보완되거나 치유되었다고 볼 수도 없으므로, 이 사건 처분은 위법하다고 할 것이다.

4. 서류송달의 효력과 하자

4.1 타인에게 우편물 등 서류수령 권한을 위임한 경우 그 수임자가 서류를 수령했을 때 적법하게 송달되었다고 볼 수 있는지

【관련 판례】 대법 98두1161, 1998. 4. 10. : 상고기각

- 지방세기본법 제28조 및 제30조

지방세기본법 제28조(서류의 송달)

① 이 법 또는 지방세관계법에서 규정하는 서류는 그 명의인(서류에 수신인으로 지정되어 있는 자를 말한다. 이하 같다)의 주소, 거소, 영업소 또는 사무소(이하 "주소 또는 영업소"라 한다)에 송달한다. 다만, 제30조 제1항에 따른 전자송달인 경우에는 지방세통합정보통신망에 가입된 명의인의 전자우편주소나 지방세통합정보통신망의 전자사서함[「전자서명법」 제2조에 따른 인증서(서명자의 실지명의를 확인할 수 있는 것을 말한다) 또는 행정안전부장관이 고시하는 본인임을 확인할 수 있는 인증수단으로 접근하여 지방세 고지내역 등을 확인할 수 있는 곳을 말한다. 이하 같다] 또는 연계정보통신망의 전자고지함(연계정보통신망의 이용자가 접속하여 본인의 지방세 고지내역을 확인할 수 있는 곳을 말한다. 이하 같다)에 송달한다.

④ 제139조에 따른 납세관리인이 있을 때에는 납세의 고지와 독촉에 관한 서류는 그 납세관리인의 주소 또는 영업소에 송달한다.

지방세기본법 제30조(서류송달의 방법)

② 제1항에 따른 교부에 의한 서류송달은 송달할 장소에서 그 송달을 받아야 할 자에게 서류를 건네줌으로써 이루어진다. 다만, 송달을 받아야 할 자가 송달받기를 거부하지 아니하면 다른 장소에서 교부할 수 있다.

③ 제2항의 경우에 송달할 장소에서 서류를 송달받아야 할 자를 만나지 못하였을 때에는 그의 사용인, 그 밖의 종업원 또는 동거인으로서 사리를 분별할 수 있는 사람에게 서류를

송달할 수 있으며, 서류의 송달을 받아야 할 자 또는 그의 사용인, 그 밖의 종업원 또는 동거인으로서 사리를 분별할 수 있는 사람이 정당한 사유 없이 서류의 수령을 거부하면 송달할 장소에 서류를 둘 수 있다.

〈쟁점요지〉 기존 주민등록지로 배달되는 우편물을 새로운 거주자가 수령하여 자신에게 전달하도록 한 경우, 그 새로운 거주자에게 우편물 수령권한을 위임한 것으로 보아 그에게 한 납세고지서의 송달이 적법한지 여부

판결요지 서류의 송달을 받을 자가 다른 사람에게 우편물 기타 서류의 수령권한을 명시적 또는 묵시적으로 위임한 경우에는 그 수임자가 해당 서류를 수령함으로써 그 송달받을 자 본인에게 해당 서류가 적법하게 송달된 것으로 보아야 함

- 국세기본법 제8조 제1항에 의하면 세법이 규정하는 서류는 그 명의인의 주소·거소·영업소 또는 사무소에 송달하도록 규정되어 있는바, 여기서 주소라 함은 원칙적으로 생활의 근거가 되는 곳을 가리키지만 민법 제21조 소정의 가주소 또는 그 명의인의 의사에 따라 전입신고된 주민등록지도 특별한 사정이 없는 한 이에 포함되며(대법원 1985. 10. 8. 선고 85누450 판결, 1984. 10. 10. 선고 84누195 판결, 1979. 2. 27. 선고 78누284 판결 등 참조), 그 명의인이 다른 사람에게 우편물 기타 서류의 수령권한을 명시적 또는 묵시적으로 위임한 경우에는 그 수임자가 해당 서류를 수령함으로써 본인에게 그 서류가 적법하게 송달된 것으로 보아야 할 것이다(대법원 1997. 9. 12. 선고 97누3934 판결, 1993. 6. 29. 선고 93누1565 판결, 1992. 1. 21. 선고 91누7859 판결 등 참조).
- 이 사건 과세처분의 납세고지서는 피고가 이 사건 과세처분 당시의 원고의 주민등록지인 위 (주소 1 생략)로 등기우편으로 발송하여 그 곳에 거주하던 위 소외 1이 1995. 10. 14. 위 납세고지서를 수령한 사실 등이 인정되므로, 원고로부터 우편물의 수령권한을 위임받은 위 소외 1이 이 사건 양도소득세의 납세고지서를 수령한 때에 위 납세고지서가 원고에게 적법하게 송달되었다고 볼 것이다.

4.2 원고가 운영하는 다른 법인의 직원에게 고지서를 전달한 경우 적법한 고지로 볼 수 있는지 및 입증책임은 누구에게 귀속되는지

【관련 판례】 대법 2017두72423, 2018. 3. 15. 판결(심리불속행) : 상고기각

- 지방세기본법 제28조 및 제30조

〈쟁점요지〉 원고가 운영하는 다른 법인의 직원에게 고지서를 전달한 경우에도 고지서 송달에 대한 명시적, 묵시적 위임이 있었다고 보아 적법한 고지서의 송달로 볼 수 있는지 여부 및 위임 사실에 대한 입증책임은 누구에게 있는지

판결요지 대표자가 대표를 겸임하고 있는 다른 법인의 직원이라는 사정만으로 그가 원고로부터 우편물 기타 서류의 수령 권한을 명시적 또는 묵시적으로 위임받은 것으로 볼 수 없고, 입증책임은 과세관청에 있음

- 구 지방세기본법(2016. 12. 27. 법률 제14474호로 전부개정되기 전의 것) 제118조에 의하면 이의신청을 할 경우에는 처분이 있은 것을 안 날(처분의 통지를 받았을 때에는 그 통지를 받은 날)부터 90일 이내에 하여야 하고, 같은 법 제119조 제1항에 의하면, 이의신청을 거친 후에 심판청구를 할 때에는 이의신청에 대한 결정 통지를 받은 날부터 90일 이내에 심판청구를 하여야 한다. 그리고 행정소송법 제20조 제1항 단서는 행정심판청구를 할 수 있는 경우 행정심판청구가 있은 때의 제소기간은 재결서의 정본을 송달받은 날부터 90일 이내라고 규정하고 있다.
- 한편 과세처분의 상대방인 납세의무자 등 서류의 송달을 받을 자가 다른 사람에게 우편물 기타 서류의 수령권한을 명시적 또는 묵시적으로 위임한 경우에는 그 수임자가 해당 서류를 수령함으로써 그 송달받을 자 본인에게 해당 서류가 적법하게 송달된 것으로 보아야 할 것이나(대법원 2000. 7. 4. 선고 2000두1164 판결 참조), 우편물의 송달사실은 원칙적으로 과세관청이 증명하여야 하므로(대법원 1998. 2. 13. 선고 97누8977 판결 참조), 우편물 기타 서류를 과세처분의 상대방인 납세의무자가 아닌 제3자가 수령한 경우 그 제3자가 수령권한을 명시적 또는 묵시적으로 위임받았다는 점에 관해서는 이를 과세관청이 증명하여야 한다.
- 위 인정사실에 의하면, 2015. 5. 20. 이 사건 처분 고지서를 수령한 박○욱이 원고의 대표자가 대표를 겸임하고 있는 다른 법인의 직원이라는 사정만으로 그가 원고로부터 우편물 기타 서류의 수령권한을 명시적 또는 묵시적으로 위임받았다고 단정하기 어렵고 달리 그와 같이 볼 수 있는 근거가 없으므로, 이 사건 처분 고지서가 2015. 5. 20. 원고에게 적법하게 송달된 것으로 볼 수가 없다(서울고법 2017누46488, 2017. 11. 8. 판결).

관련 기타 판례

1. 수령권한을 위임받은 자는 반드시 위임인의 종업원이거나 동거인일 필요가 없으므로 묵시적으로 등기우편물의 수령을 위임받은 경비원이 납세고지서를 수령한 것도 적법한 송달에 해당함(대법 98두17074, 2000. 3. 10. 판결).
2. 다만, 권한을 위임받았다고 보기 어려운 경우 법인의 대표자 또는 그와 사용인 기타 종업원의 관계에 있는 자가 아닌 제3자 회사의 직원에게 교부한 서류송달은 위법한 것임(대법 2012두10383, 2012. 9. 13. 판결).
3. 납세자가 교도소 복역 중에 있어 함께 거주하던 가족이 고지서를 수령한 것은 적법한 송달에 해당됨(대법 2015두35666, 2016. 12. 29. 판결).
4. 회사 직원이 대표이사의 허락 하에 전자송달을 신청한 경우, 사업에 관하여 자기 명의를 사용할 것을 허용한 경우에는 특별한 사정이 없는 한 세금 납부고지서 등의 수령 권한도 위임받은 것으로 볼 수 있으므로 그 송달의 효력이 발생함을 전제로 불복청구를 위한 기산일을 적용할 수 있음(대법 2022두65252, 2023. 3. 16. 판결).

4.3 납세자가 여행 중이어서 이의신청 결정서를 종업원이 수령한 경우 송달의 효력 발생시기는 언제인지

【관련 판례】 대법 87누219, 1987. 6. 9. : 상고기각

- 지방세기본법 제28조, 제30조 및 제32조

지방세기본법 제32조(송달의 효력 발생) 제28조에 따라 송달하는 서류는 그 송달을 받아야 할 자에게 도달한 때부터 효력이 발생한다. 다만, 전자송달의 경우에는 송달받을 자가 지정한 전자우편주소, 지방세통합정보통신망의 전자사서함 또는 연계정보통신망의 전자고지함에 저장된 때에 그 송달을 받아야 할 자에게 도달된 것으로 본다.

〈쟁점요지〉 이의신청에 대한 결정서를 종업원이 수령한 경우 그 송달의 효력발생 시기를 이의신청인에게 현실적으로 전달된 때로 보아야 하는지 여부

판결요지 이의신청인이 여행으로 부재중에 그 종업원이 이의신청에 대한 결정서를 수령하여 그것을 후에 이의신청인에게 전달하였다 하더라도 위 결정서송달의 효력은 종업원

에게 결정서가 송달된 날에 이미 발생한 것이고 그것이 이의신청인에게 현실적으로 전달되어야 비로소 송달의 효력이 발생하는 것은 아님

- 원심은 이 사건 전심전차의 적부를 판단함에 있어 그 거시증거에 의하여 피고는 1985. 7. 16. 원고에게 이 사건 부가가치세부과처분을 하고 같은 달 31. 원고로부터 이에 대한 이의신청을 받아 같은 해 8. 26. 그 신청을 기각한다는 결정을 하고 같은 날 그 결정서를 등기우편으로 발송하여 그 다음 날인 같은 달 27. 원고경영의 연탄공장 직원인 소외인이 이를 수령하였는데, 그 당시 원고는 충북 단양읍에 볼일을 보러 가고 없었다가 같은 달 31. 돌아와 그 결정서를 위 소외인으로부터 이를 건네받아 그 내용을 알게 된 후 이에 불복하여 같은 해 10. 29. 국세청장에게 심사청구를 하였으나 심사청구 제기기간을 도과하였다는 이유로 같은 해 12. 13. 각하결정을 받고 이에 불복 또 심판청구까지 하였으나 이 역시 같은 이유로 각하된 사실을 인정한 다음, 원고가 여행으로 부재중인 1985. 8. 27.에 원고의 종업원 소외인이 위 이의신청에 대한 결정서를 수령하여 그것을 원고에게 전달한 날짜가 같은 달 31.이라고 하더라도 위 결정서 송달의 효력은 위 소외인에게 그 결정서가 송달된 같은 달 27.에 이미 발생한 것이고, 그것이 원고에게 현실적으로 전달되어야 비로소 송달의 효력이 발생하는 것은 아니라 할 것이고, 따라서 원고는 위 이의신청에 대한 결정의 통지를 받은 1985. 8. 27.로부터 심사청구기간인 60일을 지난 같은 해 10. 29.에 이르러 비로소 심사청구를 하였으니, 결국 이 사건 소는 적법한 전심절차를 거치지 아니한 것이어서 부적법하다 하여 각하한다고 판시하고 있다. 기록에 비추어 보면, 원심의 위와 같은 사실인정과 판단은 정당하고(당원 1981. 2. 24. 선고 80누346 판결 참조), 거기에 소론과 같은 심리미진 내지 채증법칙위배 등의 위법이 있다고 할 수 없다.

4.4 통상우편으로 송달한 우편물의 실제수령일을 알 수 없는 경우 그 도달시기를 언제로 추정해야 하는지

【관련 판례】 대법 87누183, 1987. 8. 18. : 파기환송

- 지방세기본법 제28조, 제30조 및 제32조

〈쟁점요지〉 통상우편에 의하여 송달한 서류의 도달일에 대한 추정규정인 국세기본법 제12조 제2항의 적용요건 및 그 추정기준

판결요지 ••• 우편물의 실제수령일을 알 수 있는 아무런 자료가 없는 경우에는 경험칙상 당해 우

편물이 보통의 경우 도달할 수 있었을 때에 도달한 것으로 추정함이 상당함

- 지방세법 제65조에 의하여 지방세의 부과, 징수에 준용되는 국세기본법 제8조, 제10조 및 제12조에 의하면, 이 법 또는 세법에 규정하는 서류의 송달은 교부 또는 우편에 의하도록 되어 있고, 송달의 효력은 서류가 송달받아야 할 자에게 도달한 때에 발생하며, 통상우편에 의하여 송달한 서류는 당해 우편물이 보통의 경우 도달될 수 있었을 때에 도달한 것으로 추정한다고 규정하고 있다.
- 그런데 지방세법 제58조에 의하면, 지방세에 관한 이의신청은 당해 처분의 통지를 받은 날로부터 60일 이내에 하여야 하고(제1항), 이의신청에 대한 결정에 불복이 있을 때에는 그 결정의 통지를 받은 날로부터 60일 이내에 심사청구를 하여야 한다(제3항)고 규정하고 있어 원고에 대한 이 사건 이의신청기각결정서의 송달일자는 위 이의신청기각결정에 대한 심사청구제기기간의 기산점이 되므로 원고가 이 사건 과세처분에 대하여 적법한 전심절차를 거쳤는지의 여부를 판정하는 기준이 되며 종국적으로는 이 사건 과세처분의 적법여부에 대한 법원의 실질적인 심판을 받을 권한을 좌우하는 중대한 관건이 되는 사항이므로 원심으로서는 원고가 위 이의신청기각결정서를 실제로 언제 수령하였는가를 심리확정하여 그 실제수령일을 기준으로 하여 심사청구기간의 준수여부를 판정하여야 하고, 심리를 해보아도 실제수령일을 도저히 알 수가 없는 경우에 비로소 위의 추정규정을 적용하여야 할 것이고, 나아가 위의 추정규정을 적용하는 경우에 있어서도 당해 우편물이 보통의 경우 도달할 수 있었을 때를 언제로 볼 것인가는 구체적 사례에 관한 충분한 심리를 한 후 이를 바탕으로 경험칙상 납득할 수 있는 날을 도달일로 추정하여야 할 것이다.

4.5 등기취급방법으로 발송된 우편물의 경우 언제 송달된 것으로 보아야 하는지

【관련 판례】 대법 92누13127, 1992. 12. 11. : 상고기각

- 지방세기본법 제28조, 제30조 및 제32조

〈쟁점요지〉 등기취급의 방법으로 발송된 우편물은 그 무렵 수취인에게 배달되었다고 보아야 할 것인지 여부

판결요지 ••• 우편물이 등기취급의 방법으로 발송된 경우에는 반송되는 등과 같이 특별한 사정이 없는 한 발송된 무렵 수취인에게 배달되었다고 봄이 상당함

- 기록에 의하여 을 제1호증의 1, 2(각 특별우편물수령증)을 비롯하여 원심판결이 거시한 증거들을 대조하여 살펴보면, 원고를 수취인으로 한 이 사건 각 과세처분(다만, 원심이 위 각 과세처분의 특정을 위하여 그 부과일자로 표시한 1988. 10. 20.과 1990. 3. 15.은 각 소론이 지적하는 바와 같은 과세처분의 결정일이나 고지일이 아니고 납기임이 기록상 명백하다)에 관한 납세고지서가 서울도봉우체국에서 등기우편으로 원고의 주소지로 발송되었고, 그것이 반송되지 아니한 것으로 인정한 원심의 조치는 수긍이 가고 거기에 소론과 같은 채증법칙 위반 등의 잘못이 있다 할 수 없고, 우편법 등 관계규정의 취지에 비추어 볼 때 우편물이 등기취급의 방법으로 발송된 경우 반송되는 등 특별한 사정이 없는 한 그 무렵 수취인에게 배달되었다고 보아야 할 것이므로(당원 1992. 3. 27. 선고 91누3819 판결 참조) 이 사건 각 납세고지서가 적법하게 원고에게 송달되었다고 본 원심의 판단은 결국 정당하고 이를 탓하는 논지는 이유 없다.

4.6 납세자가 고지서 수령을 회피하여 세무공무원이 문틈으로 투입한 경우 적법한 송달로 볼 수 있는지

【관련 판례】 대법 96누5094, 1997. 5. 23. : 상고기각

- 지방세기본법 제30조

〈쟁점요지〉 **납세의무자가 고의로 납세고지서의 수령을 회피하여 세무공무원이 잠겨진 문틈으로 납세고지서를 투입한 경우, 신의칙상 적법한 고지서 송달로 볼 수 있는지 여부**

판결요지 ••• 납세자가 부과처분 제척기간이 임박하자 납세고지서의 수령을 회피하기 위하여 고지서 수령 약속을 어기고 일부러 집을 비워 두어서 세무공무원이 부득이 납세자의 아파트 문틈으로 납세고지서를 투입한 것을 유치 송달의 요건을 갖추었다고 볼 수 없음

- 구 국세기본법(1996. 12. 30. 법률 제5189호로 개정되기 전의 것, 이하 같다) 제10조에서는, 서류의 송달은 교부 또는 우편에 의하고(제1항), 교부에 의한 서류의 송달은 당해 행정기관의 소속 공무원이 이를 송달할 장소에서 그 송달을 받아야 할 자에게 서류를 교부함으로써 행하며(제3항), 교부송달의 경우에 송달할 장소에서 송달을 받아야 할 자를 만나지 못한 때에는 그 사용인 기타 종업원 또는 동거인으로서 사리를 판별할 수 있는 자에게 서류를 교부할 수 있고(제4항), 서류를 교부한 때에는 송달서에 수령인으로 하여금 서명날

인하게 하여야 한다(제6항)고 규정하고 있는바, 이와 같은 규정 내용과 국세기본법 제11조 제1항 제1호에서 서류의 송달을 받아야 할 자가 주소 또는 영업소에서 서류의 송달을 거부한 경우를 공시송달 사유의 하나로 정하고 있는 점 및 우편법 제31조, 같은법 시행령 제42조, 같은법 시행규칙 제28조에서 등기우편물은 그 수령인으로부터 특수우편물배달증에 의하여 수령사실의 확인을 받아 배달하도록 규정하여 등기우편에 의해야 하는 납세고지서의 우편송달에서도 사람의 현실적인 수령을 전제로 하고 있는 점 등을 종합하여 보면, 납세고지서의 교부송달에도 납세의무자 또는 그와 일정한 관계에 있는 사람이 현실적으로 이를 수령하는 행위가 반드시 필요하다고 보아야 할 것이다.

- 원심이 확정한 바와 같이, 피고 소속 공무원이 원고와 그 가족들이 부재중임을 알면서도 원고의 아파트 문틈으로 납세고지서를 투입하는 방식으로 송달하였다면, 이 사건 부과처분에 관한 납세고지서의 송달은 국세기본법 제10조의 규정에 위배되어 부적법한 것으로서 효력이 발생하지 아니하였다 할 것이다.

4.7 수취인 부재로 납부통지서가 반송되었다 하여 바로 공시송달한 조치가 적법한 것인지

【관련 판례】 대법 92누4246, 1992. 7. 10. : 상고기각

- 지방세기본법 제33조

지방세기본법 제33조(공시송달)

① 서류의 송달을 받아야 할 자가 다음 각 호의 어느 하나에 해당하는 경우에는 서류의 주요 내용을 공고한 날부터 14일이 지나면 제28조에 따른 서류의 송달이 된 것으로 본다.

1. 주소 또는 영업소가 국외에 있고 송달하기 곤란한 경우
2. 주소 또는 영업소가 분명하지 아니한 경우
3. 제30조 제1항에 따른 방법으로 송달하였으나 받을 사람(제30조 제3항에 규정된 자를 포함한다)이 없는 것으로 확인되어 반송되는 경우 등 대통령령으로 정하는 경우

〈쟁점요지〉 제2차 납세의무자에 대한 국세 등의 '납부통지서'를 그 주소지로 발송하였다가 '수취인 부재' 등의 사유로 반송되었다 하여 바로 공시송달한 조치의 적부

판결요지 ··· "주소 또는 영업소가 분명하지 아니한 때"라 함은 주민등록표 등에 의하여도 이를 확인할 수 없는 경우를 말하는 것으로, 납세의무자의 주소를 주민등록표에 의하여 충분히 확인할 수 있음에도 불구하고 그 주소지로 납부통지서를 발송하였다가 "수취인 부재" 등의 사유로 반송되었다 하여 납부통지서를 공시송달하였다면 이는 적법한 송달로 볼 수 없음

- 국세징수법 제12조 제1항에 의하면 국세 등을 제2차 납세의무자로부터 징수할 때에는 그 산출근거 등을 기재한 납부통지서에 의하여 고지하여야 하며, 국세기본법 제8조, 제10조 제1, 2항, 제11조 제1항 제3호에 의하면 위 통지서와 같은 세법상의 서류는 그 명의인의 주소, 거소, 영업소 또는 사무소(주소 또는 영업소라 한다)에 교부 또는 등기우편에 의하여 송달하여야 하며, 그 주소 또는 영업소가 분명하지 아니한 때에는 공시송달할 수 있도록 규정되어 있고, 같은법 시행령 제7조에 의하면 "주소 또는 영업소가 분명하지 아니한 때"라 함은 주민등록표 등에 의하여도 이를 확인할 수 없는 경우를 말한다고 규정하고 있으므로 납세의무자의 주소를 주민등록표에 의하여 충분히 확인할 수 있음에도 불구하고 그 주소지로 납부통지서를 발송하였다가 수취인 부재 등의 사유로 반송되었다 하여 납부통지서를 공시송달하였다면 이는 적법한 송달로서의 효력을 발생할 수 없다 할 것이다(당원 1984. 5. 22. 선고 83누497 판결 참조).

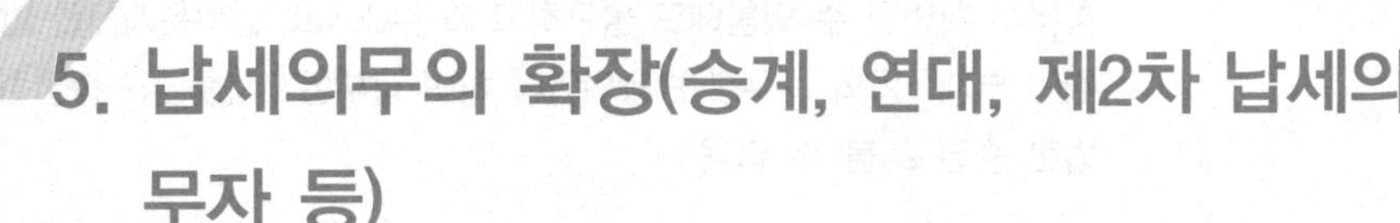

5. 납세의무의 확장(승계, 연대, 제2차 납세의무자 등)

5.1 적법하게 상속을 포기한 자가 납세의무 승계자인 '상속인'에 포함되는지

【관련 판례】 대법 2013두1041, 2013. 5. 23. : 상고기각

- 지방세기본법 제42조

지방세기본법 제42조(상속으로 인한 납세의무의 승계)

① 상속이 개시된 경우에 상속인[「상속세 및 증여세법」 제2조 제5호에 따른 수유자(受遺者)를 포함한다. 이하 같다] 또는 「민법」 제1053조에 따른 상속재산관리인은 피상속인에게 부과되거나 피상속인이 납부할 지방자치단체의 징수금(이하 이 조에서 "피상속인에 대한 지방자치단체의 징수금"이라 한다)을 상속으로 얻은 재산의 한도 내에서 납부할 의무를 진다.

〈쟁점요지〉 적법하게 상속을 포기한 자가 국세기본법 제24조 제1항이 피상속인의 국세 등 납세의무를 승계하는 자로 규정하고 있는 '상속인'에 포함되는지 여부

판결요지 ••• 적법하게 상속을 포기한 자는 승계 납세의무를 지는 '상속인'에 포함되지 않음

- 국세기본법 제24조 제1항은 "상속이 개시된 때에 그 상속인(수유자를 포함한다) 또는 민법 제1053조에 규정된 상속재산관리인은 피상속인에게 부과되거나 그 피상속인이 납부할 국세·가산금과 체납처분비를 상속으로 받은 재산의 한도에서 납부할 의무를 진다."라고 규정하고 있다.
- 원래 상속을 포기한 자는 상속포기의 소급효에 의하여 상속개시 당시부터 상속인이 아니

었던 것과 같은 지위에 놓이게 되는 점(민법 제1042조), 상속세 및 증여세법(이하 '상증세법'이라 한다) 제3조 제1항은 상속세에 관하여는 상속포기자도 상속인에 포함되도록 규정하고 있으나 이는 사전증여를 받은 자가 상속을 포기함으로써 상속세 납세의무를 면하는 것을 방지하기 위한 것으로서, 국세기본법 제24조 제1항에 의한 납세의무 승계자와 상증세법 제3조 제1항에 의한 상속세 납세의무자의 범위가 서로 일치하여야 할 이유는 없는 점, 조세법률주의의 원칙상 과세요건은 법률로써 명확하게 규정하여야 하고 조세법규의 해석에 있어서도 특별한 사정이 없는 한 법문대로 해석하여야 하며 합리적 이유 없이 확장해석하거나 유추해석하는 것은 허용되지 않는 점 등을 종합하여 보면, 적법하게 상속을 포기한 자는 국세기본법 제24조 제1항이 피상속인의 국세 등 납세의무를 승계하는 자로 규정하고 있는 '상속인'에는 포함되지 않는다고 보아야 한다.

5.2 연대납세의무를 지울 때 연대납세의무자 각자에게 별도의 과세처분통지가 필요한 것인지

【관련 판례】 대법 94누2077, 1994. 5. 10. : 상고기각

- 지방세기본법 제44조

지방세기본법 제44조(연대납세의무)

⑤ 제1항부터 제4항까지의 연대납세의무에 관하여는 「민법」 제413조부터 제416조까지, 제419조, 제421조, 제423조 및 제425조부터 제427조까지의 규정을 준용한다.

민법 제423조(효력의 상대성의 원칙) 전7조의 사항 외에는 어느 연대채무자에 관한 사항은 다른 연대채무자에게 효력이 없다.

〈쟁점요지〉 연대납세의무자 중 1인에게 납세고지서를 송달한 것이 다른 의무자에게도 납세고지로서의 효력이 발생하는지 여부

판결요지 ••• 연대납세의무를 확정하기 위해서는 연대납세의무자 각자에게 개별적으로 부과처분의 통지가 있어야 함

- 원심은, 이 사건 등록세의 납부를 고지한 납세고지서(갑 제1호증)에 "원고 1 외 1인"이라고만 기재되어 있어 원고 1 이외의 나머지 1인이 그 기재 자체로 누구인지 알 수 없으므로 원고 2에게는 적법한 과세처분이 있다고 볼 수 없고, 원고들이 지방세법 제18조 소정의 연대납세의무자에 해당되어 피고가 같은 법 제51조의2 제3항에 따라 원고들을 대표하여 원고 1에게만 납세고지서를 송달하였다고 하더라도, 연대납세의무자의 상호연대관계는 이미 확정된 조세채무의 이행에 관한 것이지 조세채무의 성립과 확정에 관한 것은 아니므로 연대납세의무자라 할지라도 각자의 구체적인 납세의무는 개별적으로 성립·확정됨을 요하는 것이어서 구체적인 납세의무확정의 효력발생요건인 과세처분은 별도로 되어야 하는 것이고, 따라서 연대납세의무자인 원고 1에게 납세고지서를 송달하였다고 하여 원고 2에게도 적법한 납세고지로서의 효력이 발생할 수는 없는 것이라고 판단하였는바, 관계법령의 규정내용에 비추어 볼 때, 원심의 위와 같은 판단은 정당한 것으로 수긍이 되고(당원 1991. 9. 10. 선고 91다16952 판결 ; 1992. 4. 28. 선고 91누11889 판결 등 참조), 원심판결에 소론과 같이 법리를 오해하였거나 심리를 제대로 하지 아니한 위법이 있다고 볼 수 없을 뿐만 아니라, 소론과 같이 원고들이 이 사건 부동산에 대한 소유권이전등기를 신청할 때 첨부한 부동산과세시가표준액산출서를 1건으로 작성하였다거나, 원고들이 이 사건 부동산에 관한 취득신고 및 자진납부세액계산서도 1통으로 작성하였다고 하여 달리 볼 것도 아니므로, 논지도 이유가 없다.

5.3 연대납세고지를 받지 않은 자의 재산에 대한 임의경매시 교부청구 등을 할 수 있는지

【관련 판례】 대법 96다31697, 1998. 9. 4. : 파기환송

- 지방세기본법 제44조

〈쟁점요지〉 연대납세의무자 중 1인에 대해 납세고지를 한 후 고지를 하지 않은 자의 소유재산에 대한 임의경매에 교부청구나 배당요구를 할 수 있는지 여부

판결요지 연대납세의무자의 1인에 대하여 납세고지를 하였다고 하더라도, 이로써 다른 연대납세의무자에게도 부과처분의 통지를 한 효력이 발생한다고 할 수는 없어, 연대납세고지를 하지 않은 자의 소유재산에 대한 임의경매시 교부청구나 배당요구를 할 수 없음

- 연대납세의무자의 상호연대관계는 이미 확정된 조세채무의 이행에 관한 것이지 조세채무 자체의 확정에 관한 것은 아니므로, 연대납세의무자라 할지라도 각자의 구체적 납세의무는 개별적으로 확정함을 요하는 것이어서 연대납세의무자 각자에게 개별적으로 구체적 납세의무 확정의 효력발생요건인 부과처분의 통지가 있어야 한다(대법원 1985. 10. 22. 선고 85누81 판결, 1994. 5. 10. 선고 94누2077 판결 등 참조). 따라서 연대납세의무자의 1인에 대하여 납세고지를 하였다고 하더라도, 이로써 다른 연대납세의무자에게도 부과처분의 통지를 한 효력이 발생한다고 할 수는 없고, 다만 지방세법 제18조 제3항에 의하여 준용되는 민법 제416조에 따라 다른 연대납세의무자에게 징수처분의 통지를 한 효력이 발생할 수 있을 뿐이다.
- 따라서 이 사건의 경우 소외 주식회사 금정주택과 소외 주식회사 금정이 이 사건 공유토지에 관한 취득세 및 그 가산세, 등록세 등에 대하여 연대납세의무자라 할지라도, 주식회사 금정주택과 주식회사 금정이 이들 지방세에 관하여 신고납부한 세액이 법정의 산출세액에 미달하여 그 부족세액을 납부고지하여 징수하는 경우에는 주식회사 금정에 대한 부족세액의 납부고지로써 그 고지세액에 관하여 주식회사 금정주택에 대하여도 부과처분의 통지를 한 효력이 발생할 수는 없고, 주식회사 금정주택에 따로 적법하게 부과처분의 통지를 함으로써 그 부과처분의 효력이 발생한 후가 아니라면 주식회사 금정주택 소유의 부동산에 대한 이 사건 임의경매절차에서 그 부족세액의 교부청구를 할 수 없고, 이를 배당받을 수도 없다.

5.4 과점주주 등이 부담하는 제2차 납세의무에 대한 부과제척기간 및 그 의무의 성립시기는 어떻게 정해지는지

【관련 판례】 대법 2010두13234, 2012. 5. 9. : 상고기각

- 지방세기본법 제46조

지방세기본법 제46조(출자자의 제2차 납세의무)

법인(중략)의 재산으로 그 법인에 부과되거나 그 법인이 납부할 지방자치단체의 징수금에 충당하여도 부족한 경우에는 그 지방자치단체의 징수금의 과세기준일 또는 납세의무성립일(중략) 현재 다음 각 호의 어느 하나에 해당하는 자는 그 부족액에 대하여 제2차 납세의무를 진다. 다만, 제2호에 따른 과점주주의 경우에는 그 부족액을 그 법인의 발행주식총수(의결권이 없는 주식은 제외한다. 이하 이 조에서 같다) 또는 출자총액으로 나눈 금액에 해당 과점주주가 실질적으로 권리를 행사하는 소유주식수(의결권이 없는 주식은 제외한다) 또는 출자액을 곱하여 산출한 금액을 한도로 한다.

1. 무한책임사원
2. 주주 또는 유한책임사원 1명과 그의 특수관계인 중 대통령령으로 정하는 자로서 그들의 소유주식의 합계 또는 출자액의 합계가 해당 법인의 발행주식 총수 또는 출자총액의 100분의 50을 초과하면서 그에 관한 권리를 실질적으로 행사하는 자들(이하 "과점주주"라 한다)

〈쟁점요지〉 과점주주 등의 제2차 납세의무의 성립시기 및 해당 납세의무의 부과제척기간이 주된 납세의무와 별도로 진행되는지 여부

판결요지 ••• 제2차 납세의무에 대해서는 주된 납세의무와 별도로 부과제척기간이 진행하고, 제2차 납세의무가 성립하기 위하여는 주된 납세의무자의 체납 등 그 요건에 해당하는 사실이 발생하여야 하므로 그 성립시기는 적어도 '주된 납세의무의 납부기한'이 경과한 이후라고 할 것임

- 법인의 과점주주 등이 부담하는 제2차 납세의무에 대해서는 주된 납세의무와 별도로 부과제척기간이 진행하고 그 부과제척기간은 특별한 사정이 없는 한 이를 부과할 수 있는 날인 제2차 납세의무가 성립한 날로부터 5년간으로 봄이 상당하다(대법원 2008. 10. 23. 선고 2006두11750 판결 참조). 한편 제2차 납세의무가 성립하기 위하여는 주된 납세의무자의 체납 등 그 요건에 해당하는 사실이 발생하여야 하므로 그 성립시기는 적어도 '주된 납세의무의 납부기한'이 경과한 이후라고 할 것이다(대법원 2005. 4. 15. 선고 2003두13083 판결 참조).

5.5 납세의무 성립 당시 주주권을 행사할 가능성이 없었던 경우에도 과점주주 제2차 납세의무를 지울 수 있는지

【관련 판례】 대법 2011두9287, 2012. 12. 26. : 상고기각

- 지방세기본법 제46조

〈쟁점요지〉 과점주주의 제2차 납세의무에 관하여 구 국세기본법 제39조 제1항 제2호 (가)목에서 정한 '100분의 50을 초과하는 주식에 관한 권리 행사'에 해당하기 위한 요건 및 납세의무 성립일 당시 주주권을 행사할 가능성이 없었던 경우 위 규정에 의한 제2차 납세의무를 지는지 여부

판결요지 제2차 납세의무를 지우기 위해서는 현실적으로 주주권을 행사한 실적은 없더라도 적어도 납세의무 성립일 당시 소유하고 있는 주식에 관하여 주주권을 행사할 수 있는 지위에는 있어야 하므로, 납세의무 성립일 당시 주주권을 행사할 가능성이 없었던 경우에는 위 규정에 의한 제2차 납세의무를 지지 아니함

- 구 국세기본법(2008. 12. 26. 법률 제9263호로 개정되기 전의 것) 제39조 제1항 제2호 (가)목은 과점주주 중 '당해 법인의 발행주식 총수의 100분의 50을 초과하는 주식에 관한 권리를 실질적으로 행사하는 자'는 제2차 납세의무를 진다고 규정하고 있다.
- 위 규정의 입법 취지와 개정 경과 등에 비추어 보면, 위 규정에서 말하는 '100분의 50을 초과하는 주식에 관한 권리 행사'에 해당하기 위해서는 현실적으로 주주권을 행사한 실적은 없더라도 적어도 납세의무 성립일 당시 소유하고 있는 주식에 관하여 주주권을 행사할 수 있는 지위에는 있어야 한다(대법원 2008. 9. 11. 선고 2008두983 판결 등 참조). 따라서 납세의무 성립일 당시 주주권을 행사할 가능성이 없었던 경우에는 위 규정에 의한 제2차 납세의무를 지지 않는다고 할 것이다.

5.6 법인의 명의수탁자에게 제2차 납세의무를 지울 수 있는지 및 제2차 납세의무 판단 기준일

【관련 판례】 대법 2017두73402, 2017. 3. 15. 판결(심리불속행) : 상고기각

- 지방세기본법 제46조

〈쟁점요지〉 법인의 주주가 명의수탁자에 불과한 경우에도 그에게 제2차 납세의무를 지울 수 있는지 여부 및 제2차 납세의무를 판단하는 기준일을 언제로 보아야 하는지

판결요지 명의수탁자가 아닌 주식의 실질적인 귀속자를 제2차 납세의무자로 보아야 하고, 제2차 납세의무 판단은 주식취득의 효력이 발생한 시점을 기준으로 판단하여야 함

- 실질과세의 원칙 중 국세기본법 제14조 제1항이 규정하고 있는 실질귀속자 과세의 원칙은 소득이나 수익, 재산, 거래 등의 과세대상에 관하여 귀속 명의와 달리 실질적으로 귀속되는 자가 따로 있는 경우에는 형식이나 외관을 이유로 귀속 명의자를 납세의무자로 삼을 것이 아니라 실질적으로 귀속되는 자를 납세의무자로 삼겠다는 것이고, 이러한 원칙은 구 지방세법 제82조에 의하여 지방세에 관한 법률관계에도 준용된다. 따라서 구 지방세법 제105조 제6항을 적용함에 있어서도, 당해 주식이나 지분의 귀속 명의자는 이를 지배・관리할 능력이 없고 명의자에 대한 지배권 등을 통하여 실질적으로 이를 지배・관리하는 자가 따로 있으며, 그와 같은 명의와 실질의 괴리가 위 규정의 적용을 회피할 목적에서 비롯된 경우에는, 당해 주식이나 지분은 실질적으로 이를 지배・관리하는 자에게 귀속된 것으로 보아 그를 납세의무자로 삼아야 할 것이다. 그리고 그 경우에 해당하는지는 당해 주식이나 지분의 취득 경위와 목적, 취득자금의 출처, 그 관리와 처분과정, 귀속명의자의 능력과 그에 대한 지배관계 등 제반 사정을 종합적으로 고려하여 판단하여야 한다(대법원 2012. 1. 19. 선고 2008두8499 전원합의체 판결 참조).
- 구 지방세법 제22조 제2호, 제105조 제6항 규정의 문언 내용과 아울러, 구 지방세법 제22조 제2호에서 말하는 '주주'나 '소유'의 개념에 대하여 구 지방세법이 별도의 정의 규정을 두고 있지 않은 이상 민사법과 동일하게 해석하는 것이 법적 안정성이나 조세법률주의가 요구하는 엄격해석의 원칙에 부합하는 점, 주식은 취득세의 과세대상물건이 아닐 뿐만 아니라, 구 지방세법 제22조 제2호는 출자자의 제2차 납세의무에 관하여 규정하면서 그 이하의 조항에서 말하는 과점주주의 개념을 일률적으로 정의하고 있어서 위 규정에서 말하는 '주주'가 되는 시기나 주식의 '소유' 여부를 결정할 때도 취득세에서의 취득시기에 관한 규정이 그대로 적용된다고 보기는 어려운 점 등을 종합하면, 이들 규정에서 말하는 '주주'나 '과점

주주'가 되는 시기는 특별한 사정이 없는 한 사법상 주식 취득의 효력이 발생한 날을 의미한다(대법원 2013. 3. 14. 선고 2011두24842 판결 참조)(창원지법 2016구합50622, 2016. 9. 27. 판결).

관련 기타 판례

1. 어느 특정 주주와 친족 기타 특수관계에 있는 모든 주주의 주식수를 종합하여 당해 법인의 발행주식 총액의 100분의 51 이상이 되면 비록 그 중 어느 주주들 사이에는 친족 또는 특수관계가 없다고 할지라도 그 주주 전원을 과점주주로서 제2차 납세의무자로 봄(대법 79누447, 1980. 10. 14. 판결).
2. 주식 소유비율이 50%로 과점주주 요건에 미달한 자를 제2차 납세의무자로 지정한 것은 법률상 명백한 부분에 대하여 잘못된 과세로서 당연무효에 해당되고 이에 기한 배당청구도 위법함(대법 2012다990, 2012. 3. 29. 판결).
3. 지방세를 체납하고 있는 법인의 과점주주로부터 체납법인이 대출금 미상환 시 주식 및 경영권을 이전하기로 약정되어 있는 경우, 당해 주식인수자는 실질적 주주로 볼 수 없어 제2차 납세의무자로 지정 불가함(대법 2012두17315, 2012. 11. 29. 판결).

5.7 제2차 납세의무를 지게 되는 요건인 "사업의 포괄적 승계"는 무엇을 의미하는지

【관련 판례】 대법 89누6327, 1989. 12. 12. : 상고기각

- 지방세기본법 제48조

지방세기본법 제48조(사업양수인의 제2차 납세의무)

① 사업의 양도·양수가 있는 경우 그 사업에 관하여 양도일 이전에 양도인의 납세의무가 확정된 지방자치단체의 징수금을 양도인의 재산으로 충당하여도 부족할 때에는 양수인은 그 부족한 금액에 대하여 양수한 재산의 가액 한도 내에서 제2차 납세의무를 진다.
② 제1항에서 "양수인"이란 사업장별로 그 사업에 관한 모든 권리(미수금에 관한 것은 제외한다)와 의무(미지급금에 관한 것은 제외한다)를 포괄적으로 승계한 자로서 다음 각 호의 어느 하나에 해당하는 자를 말한다. (2023. 12. 29. 개정)
1. 양도인과 특수관계인인 자 (2023. 12. 29. 개정)
2. 양도인의 조세회피를 목적으로 사업을 양수한 자 (2023. 12. 29. 개정)

〈쟁점요지〉 "사업에 관한 모든 권리와 의무를 포괄적으로 승계한 자"가 되기 위해서는 사업시설뿐만 아니라 일체의 모든 인적, 물적권리의무를 양수해야 하는지 여부

판결요지 ••• 포괄적으로 승계한다고 하는 것은 양수인이 양도인으로부터 그의 모든 사업시설뿐만 아니라 상호, 영업권, 무체재산권 및 그 사업에 관한 채권, 채무 등 일체의 인적, 물적 권리와 의무를 양수함으로써 양도인과 동일시되는 정도의 법률상의 지위를 그대로 승계하는 것을 말함

- 국세기본법 제41조, 같은법 시행령 제22조는 사업양수인의 제2차 납세의무에 있어서 사업양수인은 사업장별로 그 사업에 관한 모든 권리와 의무(미수금과 미지급에 관한 것을 제외한다)를 포괄적으로 승계한 자를 말한다고 규정하고 있고, 여기서 말하는 사업에 관한 모든 권리와 의무를 포괄적으로 승계한다고 하는 것은 양수인이 양도인으로부터 그의 모든 사업시설뿐만 아니라 상호, 영업권, 무체재산권 및 그 사업에 관한 채권, 채무 등 일체의 인적, 물적 권리와 의무를 양수함으로써 양도인과 동일시 되는 정도의 법률상의 지위를 그대로 승계하는 것이어야 한다고 함이 당원의 견해이다(당원 1983. 12. 13. 선고 81누134 판결 ; 1986. 11. 11. 선고 85누893 판결 ; 1987. 4. 28. 선고 87누36 판결 각 참조).

5.8 임의경매 등을 통해 사업을 양수한 경우 제2차 납세의무가 성립하는지

【관련 판례】 대법 2009두11058, 2009. 12. 10. : 상고기각

- 지방세기본법 제48조

〈쟁점요지〉 경매 등 방법을 통하여 사업을 양수한 경우 양수재산가액의 산정방법 및 제2차 납세의무가 성립하는지 여부

판결요지 ••• 경매와 이외의 방법을 통하여 복합적으로 사업을 양수한 경우에도 제2차 납세의무를 지울 수 있으나, 이때 경매가격이나 이외 계약에 의하여 취득한 가액을 사업 양수인이 지급한 금액으로 볼 수 없으므로, 자산의 총액에서 부채총액을 뺀 가액을 '양수한 재산의 가액'으로 산정함

- 지방세법 제24조는 제1항에서 "사업의 양도・양수가 있는 경우 양도일 이전에 양도인의 납세의무가 확정된 당해 사업에 관한 지방자치단체의 징수금을 양도인의 재산으로 충당

하여도 부족한 때에는 양수인은 그 부족액에 대하여 양수한 재산의 가액을 한도로 제2차 납세의무를 진다."고, 제3항에서 "제1항의 규정에 의한 양수한 재산의 가액은 대통령령으로 정한다."고 각 규정하고 있으며, 그에 관한 지방세법 시행령 제7조는 '양수한 재산의 가액'에 관하여 제1호에서 "사업의 양수인이 지급하였거나 지급하여야 할 금액이 있는 경우에는 그 가액"을, 제2호에서 "제1호에 의한 가액이 없거나 시가에 비하여 현저히 낮은 경우에는 양수한 자산 및 부채를 상속세 및 증여세법 제60조 내지 제66조의 규정을 준용하여 평가한 후 그 자산총액에서 부채총액을 공제한 가액"을 각 규정하고 있다.

- 사업을 포괄적으로 양도·양수하려는 의도로 양수인이 사업용 자산의 일부를 임의경매절차에 의하여 낙찰받아 취득하면서 나머지 사업용 자산 및 그 사업에 관한 모든 권리와 의무를 양도인과의 별도의 양도계약에 의하여 연달아 취득하는 등으로 양도인의 사업을 포괄적으로 승계한 것으로 인정되는 때에는 그 사업의 경제적 가치에 대한 일괄적인 평가가 결여되어 있으므로, 특별한 사정이 없는 한 그 경매가액이나 나머지 사업용 자산의 양도계약에서 정해진 각각의 양도대금이 지방세법 시행령 제7조 제1호에서 말하는 '사업의 양수인이 지급하였거나 지급하여야 할 금액'이라고 할 수 없고, 그렇다면 이러한 경우에는 지방세법 시행령 제7조 제1호에 해당하는 금액이 있는 경우라고 할 수 없으므로 지방세법 시행령 제7조 제2호의 규정에 의하여 '양수한 재산의 가액'을 산정하여야 한다.
- 그리고 이 경우 양수한 사업의 경제적 가치를 정확하게 반영하기 위해서는 경매가액 중에서 사업양도인의 채무변제에 충당된 부분, 즉 경매로 인하여 소멸한 사업양도인의 채무도 사업양수인이 양수한 부채에 포함되는 것으로 보아 지방세법 시행령 제7조 제2호의 규정에 따라 '양수한 재산의 가액'을 산정하여야 할 것이다.

5.9 여러 사업장 중 일부 사업을 포괄양도한 경우에도 양수인에게 제2차 납세의무가 적용되는지

【관련 판례】 대법 97누17469, 1998. 3. 13. : 상고기각

- 지방세기본법 제48조

〈쟁점요지〉 수 개의 장소에서 하던 사업 중 일부 장소에서의 사업을 포괄양도한 경우에도 제2차 납세의무를 부담하는 사업의 양수인지 여부

판결요지 ··· 사업자가 수 개의 장소에서 동일한 사업을 영위하다가 그 중 일부 장소에서의 사업을 포괄양도한 경우에도 제2차 납세의무 적용대상임

- 국세기본법(이하 '법'이라 한다) 제41조 제1항은, 사업의 양도·양수가 있는 경우에 양도일 이전에 양도인의 납세의무가 확정된 당해 사업에 관한 국세·가산금과 체납처분비를 양도인의 재산으로 충당하여도 부족이 있는 때에는 대통령령이 정하는 사업의 양수인은 그 부족액에 대하여 양수한 재산의 가액을 한도로 제2차 납세의무를 진다고 하고, 같은법 시행령(이하 '시행령'이라 한다) 제22조는, 법 제41조에서 "대통령령이 정하는 사업의 양수인"이라 함은 사업장별로 그 사업에 관한 모든 권리(미수금에 관한 것을 제외한다)와 모든 의무(미지급금에 관한 것을 제외한다)를 포괄적으로 승계한 자를 말한다고 규정하고 있는바, 위 관계 법령에 의하면, 제2차 납세의무를 부담하는 사업의 양수 여부는 '사업장별'로 판단하는 것임이 분명하므로, 사업자가 수 개의 장소에서 동일한 사업을 영위하다가 그 중 일부 장소에서의 사업을 포괄양도한 경우에도 위 법령에서 말하는 사업의 양도·양수에 포함된다 할 것이다.

5.10 제2차 납세의무의 성립 요건인 징수부족액의 발생 여부 판단 기준

【관련 판례】 대법 2003두10718, 2004. 5. 14. : 상고기각

- 지방세기본법 제46조, 제48조

〈쟁점요지〉 제2차 납세의무가 성립하기 위해서 현실적으로 체납처분이 집행되어 구체적인 징수부족액이 생겨야만 하는 것인지 여부

판결요지 제2차 납세의무가 성립하기 위하여는 주된 납세의무에 징수부족액이 있을 것을 요건으로 하지만 일단 주된 납세의무가 체납된 이상 그 징수부족액의 발생은 반드시 주된 납세의무자에 대하여 현실로 체납처분을 집행하여 부족액이 구체적으로 생기는 것을 요하지 아니하고, 다만 체납처분을 하면 객관적으로 징수부족액이 생길 것으로 인정되면 족하며, 제2차 납세의무자에 대한 처분 후 주된 납세의무자가 자력을 회복하여도 그 처분의 효력에는 영향이 없음

- 원심은 또 그 인정 사실에 의하면, 강원 철원군 (주소 생략) 공장용지 7,155㎡는 2000. 6. 14. 대우전설 명의로 소유권이전등기가 경료되었다가 같은 해 7. 12. 원고 명의로 소유권이전등기가 경료되었고 이 사건 처분 이후 대한민국이 원고를 상대로 위 토지에 대한 사해행위취소 청구소송을 제기하여 2003. 1. 13. 대한민국 승소판결이 확정됨으로써 원고 명의의 소유권이전등기가 말소된 것에 불과하므로 이 사건 국세 체납 당시나 원고에 대한 이 사건 처분 당시에는 위 토지가 대우전설의 소유가 아니었고, 달리 대우전설에 체납 국세에 충당할 재산이 있었다고 보이지 아니할 뿐만 아니라, 이 사건 토지에 관한 공매절차에서 대우전설의 체납 국세를 모두 징수할 것을 기대하기도 어려우므로, 대우전설의 이 사건 국세 체납 당시나 피고의 이 사건 처분 당시 대우전설의 재산으로 이 사건 체납 국세에 충당하여도 객관적으로 징수부족액이 생길 것으로 인정되는 경우에 해당한다고 판단하였다.
- 제2차 납세의무가 성립하기 위하여는 주된 납세의무에 징수부족액이 있을 것을 요건으로 하지만 일단 주된 납세의무가 체납된 이상 그 징수부족액의 발생은 반드시 주된 납세의무자에 대하여 현실로 체납처분을 집행하여 부족액이 구체적으로 생기는 것을 요하지 아니하고, 다만 체납처분을 하면 객관적으로 징수부족액이 생길 것으로 인정되면 족하다 할 것이고(대법원 1996. 2. 23. 선고 95누14756 판결 참조), 제2차 납세의무자에 대한 처분 후 주된 납세의무자가 자력을 회복하여도 그 처분의 효력에는 영향이 없다고 할 것이다.

5.11 제2차 납세의무자에 대한 납부통지 없이 제2차 납세의무에 대한 조세채권의 우선권을 주장할 수 있는지

【관련 판례】 대법 89다카24872, 1990. 12. 26. : 파기환송

- 지방세기본법 제46조, 제48조

〈쟁점요지〉 **세무서장이 제2차 납세의무자에 대하여 납부통지서에 의한 납부고지를 하지 아니한 경우 그에 대한 조세채권의 확정여부와 국세우선권 유무**

판결요지 ••• 제2차 납세의무는 주된 납세의무자의 체납 등 그 요건에 해당되는 사실의 발생에 의하여 추상적으로 성립하고 납부통지서에 의하여 고지됨으로써 구체적으로 확정되므로, 납부통지 없이는 제2차 납세의무자에 대한 조세채권의 조세우선권을 주장할 수 없음

- 제2차 납세의무는 주된 납세의무와는 별개로 성립하여 확정되는 것으로서 추상적으로는 주된 납세의무자에 대한 징수부족 등 법적 요건사실의 발생에 의하여 성립하나 구체적으로는 국세징수법 제12조에서 규정한 납부통지서에 의하여 제2차 납세의무자에게 고지됨으로써 비로소 확정되는 것이며, 국세기본법 제35조에서 규정한 국세우선권이 인정될 것인가의 여부를 가림에 있어서도 제2차 납세의무 자체의 납부기한(즉 국세징수법 제12조에서 규정한 납부통지서에 의하여 지정된 납기일)을 기준으로 하여야 하는 것이므로, 원심이 인정한 바와 같이 구로세무서장이 위 ○○○에 대하여 납부통지서에 의한 납부고지를 하지 않았다면 원고의 위 ○○○에 대한 조세채권 및 그 납부기한은 구체적으로 확정되었다 할 수 없고, 구체적으로 확정되지도 않은 조세채권에 기한 국세우선권 또한 인정될 수 없는 것이다.

6. 납세의무의 소멸(부과제척기간, 소멸시효)

6.1 부과의 취소를 재차 취소함으로써 원래의 부과처분을 소생시킬 수 있는지

【관련 판례】 대법 94누7027, 1995. 3. 10. : 파기환송

- 지방세기본법 제37조

지방세기본법 제37조(납부의무의 소멸)

지방자치단체의 징수금을 납부할 의무는 다음 각 호의 어느 하나에 해당하는 때에 소멸한다.

1. 납부·충당 또는 부과가 취소되었을 때
2. 제38조에 따라 지방세를 부과할 수 있는 기간 내에 지방세가 부과되지 아니하고 그 기간이 만료되었을 때
3. 제39조에 따라 지방자치단체의 징수금의 지방세징수권 소멸시효가 완성되었을 때

〈쟁점요지〉 과세관청이 부과의 취소를 다시 취소함으로써 원부과처분을 소생시킬 수 있는지 여부

판결요지 과세관청은 부과의 취소를 다시 취소함으로써 원부과처분을 소생시킬 수는 없고 납세의무자에게 종전의 과세대상에 대한 납부의무를 지우려면 다시 법률에서 정한 부과절차에 좇아 동일한 내용의 새로운 처분을 해야 함.

- 국세기본법 제26조 제1호는 부과의 취소를 국세납부의무 소멸사유의 하나로 들고 있으나, 그 부과의 취소에 하자가 있는 경우의 부과의 취소의 취소에 대하여는 법률이 명문으로 그 취소요건이나 그에 대한 불복절차에 대하여 따로 규정을 둔바도 없으므로, 설사 부과의 취소에 위법사유가 있다고 하더라도 당연무효가 아닌 한 일단 유효하게 성립하여 부과처분을 확정적으로 상실시키는 것이라고 할 것이다.
- 그러므로 과세관청은 부과의 취소를 다시 취소함으로써 원부과처분을 소생시킬 수는 없

고 납세의무자에게 종전의 과세대상에 대한 납부의무를 지우려면 다시 법률에서 정한 부과절차에 좇아 동일한 내용의 새로운 처분을 하는 수밖에 없는 것이다(당원 1979. 5. 8. 선고 77누61 판결 참조).

6.2 취소된 부과처분에 대해 새로이 부과처분할 경우에도 당초 부과처분의 제척기간이 적용되는지

【관련 판례】 대법 96다204, 1996. 9. 24. : 파기환송

- 지방세기본법 제37조 및 제38조

지방세기본법 제38조(부과의 제척기간)

① 지방세는 대통령령으로 정하는 바에 따라 부과할 수 있는 날부터 다음 각 호에서 정하는 기간이 만료되는 날까지 부과하지 아니한 경우에는 부과할 수 없다. 다만, 조세의 이중과세를 방지하기 위하여 체결한 조약(이하 "조세조약"이라 한다)에 따라 상호합의절차가 진행 중인 경우에는 「국제조세조정에 관한 법률」 제51조에서 정하는 바에 따른다.

1. 납세자가 사기나 그 밖의 부정한 행위로 지방세를 포탈하거나 환급·공제 또는 감면받은 경우: 10년
2. 납세자가 법정신고기한까지 과세표준 신고서를 제출하지 아니한 경우: 7년. 다만, 다음 각 목에 따른 취득으로서 법정신고기한까지 과세표준 신고서를 제출하지 아니한 경우에는 10년으로 한다.(후략)
3. 그 밖의 경우: 5년

〈쟁점요지〉 당초의 조세부과처분이 직권취소된 후 새로운 조세부과처분이 제척기간 만료일까지 적법하게 고지되지 않은 경우, 그 새로운 부과처분은 당연 무효인지 여부

판결요지 ••• **원부과처분을 소생시키는 새로운 부과처분은 당초 부과처분의 제척기간 내에만 가능함**

- 과세관청이 부과처분을 취소하면 그 부과처분으로 인한 법률효과는 일단 소멸하는 것이므로, 그 후 다시 동일한 과세대상에 대하여 부과처분을 하여도 이미 소멸한 법률효과가 다시 회복되는 것은 아니고 새로운 부과처분에 근거한 법률효과가 생길 뿐이며, 그 새로운 부과처분의 내용이 실질에 있어서는 당초의 부과처분의 감액경정처분에 불과한 것이

었다 하여 달리 해석할 것이 아니다(대법원 1995. 3. 10. 선고 94누7027 판결, 1979. 5. 8. 선고 77누61 판결 참조).

- 그렇다면 망 소외 1과 원고 5에 대한 1993. 8. 16. 자 부과처분은 1993. 10. 11. 직권취소되었으므로 위 부과처분은 확정적으로 소멸하였고, 그 후의 1993. 10. 12. 자 부과처분은 새로운 부과처분이라 할 것인바, 위 새로운 부과처분이 제척기간이 만료되는 1993. 10. 14.까지 적법하게 고지되지 않았음은 앞서 본 바와 같으므로 1993. 10. 12. 자 부과처분은 당연무효의 부과처분이라 할 것이다.

6.3 부과제척기간 만료 후 과세관청이 감액경정 처분을 할 수 있는지

【관련 판례】 대법 94다3667, 1994. 8. 26. : 상고기각

- 지방세기본법 제38조

지방세기본법 제38조(부과의 제척기간)

② 제1항에도 불구하고 다음 각 호의 경우에는 제1호에 따른 결정 또는 판결이 확정되거나 제2호에 따른 상호합의가 종결된 날부터 1년, 제3호에 따른 경정청구일이나 제4호에 따른 지방소득세 관련 자료의 통보일부터 2개월이 지나기 전까지는 해당 결정·판결, 상호합의, 경정청구나 지방소득세 관련 자료의 통보에 따라 경정이나 그 밖에 필요한 처분을 할 수 있다.

1. 제7장에 따른 이의신청·심판청구, 「감사원법」에 따른 심사청구 또는 「행정소송법」에 따른 소송(이하 "행정소송"이라 한다)에 대한 결정 또는 판결이 있는 경우
2. 조세조약에 부합하지 아니하는 과세의 원인이 되는 조치가 있는 경우 그 조치가 있음을 안 날부터 3년 이내(조세조약에서 따로 규정하는 경우에는 그에 따른다)에 그 조세조약에 따른 상호합의가 신청된 것으로서 그에 대하여 상호합의가 이루어진 경우
3. 제50조 제1항·제2항 및 제6항에 따른 경정청구가 있는 경우
4. 「지방세법」 제103조의 59 제1항 제1호·제2호·제5호 및 같은 조 제2항 제1호·제2호·제5호에 따라 세무서장 또는 지방국세청장이 지방소득세 관련 소득세 또는 법인세 과세표준과 세액의 결정·경정 등에 관한 자료를 통보한 경우

〈쟁점요지〉 제척기간이 만료된 후 결정이나 판결이 확정될 경우 당해 판결이나 결정에 따르지 아니하는 새로운 처분을 할 수 있는지 여부

판결요지 ••• 과세제척기간이 만료되면 과세권자로서는 새로운 결정이나 증액경정결정은 물론 감액경정결정 등 어떠한 처분도 할 수 없음이 원칙이라고 할 것임

- 구 국세기본법(1993. 12. 31. 법률 제4672호에 의하여 개정되기 전의 것) 제26조의2 제2항은 "제7장의 규정에 의한 이의신청, 심사청구, 심판청구, 감사원법에 의한 심사청구 또는 행정소송법에 의한 소송의 제기가 있는 경우에는 제1항의 규정에 불구하고 그 판결 또는 결정이 확정된 날로부터 1년이 경과하기 전까지는 당해 판결 또는 결정에 따라 경정결정 기타 필요한 처분을 할 수 있다"라고 규정하고 있는바, 위 규정은 같은 조 제1항 소정의 과세제척기간이 일단 만료되면 과세권자는 새로운 결정이나 증액경정결정은 물론 감액경정결정 등 어떠한 처분도 할 수 없게 되는 결과 과세처분에 대한 행정심판청구 또는 행정소송 등의 쟁송절차가 장기간 지연되어 그 결정 또는 판결이 과세제척기간이 지난 후에 행하여지는 경우 그 결정이나 판결에 따른 처분조차도 할 수 없게 되는 불합리한 사례가 발생하는 것을 방지하기 위하여 마련된 것임에 비추어 볼 때, 그 문언상 과세권자로서는 당해 판결 또는 결정에 따른 경정결정이나 그에 부수되는 처분만을 할 수 있을 뿐, 판결 또는 결정이 확정된 날로부터 1년 내라 하여 당해 판결이나 결정에 따르지 아니하는 새로운 결정이나 증액경정결정까지도 할 수 있다는 것은 아니라 할 것인바, 원심판결 이유를 기록과 대조하여 살펴보면 피고의 과세관청인 동부산세무서장이 원고의 1985년도 귀속 법인세 등에 관한 원심 판시 확정판결에 따르지 아니하고, 이에 반하여 위 판결에서 공제된 일부 이월결손금을 부인하고 오히려 과세표준을 증액하여 1992. 12.경에 행한 원고에 대한 1985년도 법인세 증액경정결정은 구 국세기본법 제26조의2 제1항 소정의 과세제척기간 경과 후의 처분으로서 무효라고 하여 피고의 항변을 배척한 원심의 판단은 정당하고 (당원 1993. 12. 28. 선고 93누17409 판결 참조) 거기에 소론과 같은 법리오해의 위법이 있다고 할 수 없다.

※ 위 판결과 달리 학계에서는 과세권자가 직권으로 감액결정을 하는 것은 제한이 되지 않는다는 의견이 다수 존재함

6.4 불복절차를 통해 당초의 과세처분을 다투고 있는 중에 제척기간이 만료된 경우라도 감액결정이 가능한지

【관련 판례】 대법 2000두6657, 2002. 9. 24. : 파기환송

- 지방세기본법 제38조

〈쟁점요지〉 항고소송 등 불복절차가 계속 중일 경우, 과세제척기간이 만료된 이후라도 과세관청이 당초의 과세처분을 감액경정하거나 취소할 수 있는지 여부

판결요지 납세자가 불복절차를 통하여 다투고 있는 경우에는 제척기간 만료와 관계없이 감액경정하거나 취소하는 것은 허용됨

- 구 국세기본법 제26조의2 제1항은 국세부과의 제척기간을 규정하면서 법인세의 경우 원칙적으로 이를 5년으로 정하고 있는바, 같은 조 제2항에서 위 제1항 소정의 제척기간이 만료된 경우에도 과세처분에 대한 행정심판청구 또는 행정소송 등의 판결 또는 결정이 확정된 날로부터 1년이 경과하기 전까지는 당해 판결 또는 결정에 따른 경정결정 기타 필요한 처분을 할 수 있다고 규정하고 있음에 비추어 위 과세제척기간이 만료되면 과세권자로서는 새로운 결정이나 증액경정결정은 물론 감액경정결정 등 어떠한 처분도 할 수 없음이 원칙이라고 할 것이나(대법원 1994. 8. 26. 선고 94다3667 판결, 1996. 9. 24. 선고 96누68 판결 참조), 납세자가 항고소송 등 불복절차를 통하여 당초의 과세처분을 다투고 있는 경우에 과세관청이 납세자의 불복내용의 전부 또는 일부를 받아들여 당초의 과세처분을 감액경정하거나 취소하는 것은 그 불복절차의 계속중 언제든지 가능하다고 보아야 하며, 과세제척기간이 만료되었다는 이유 때문에 그러한 처분이 불가능하거나 위법하다고 해석할 것은 아니다.

6.5 기각이나 각하판결의 경우에도 판결에 따른 제척기간의 특례가 적용되는지

【관련 판례】 대법 2004두11459, 2005. 2. 25. : 상고기각

- 지방세기본법 제38조

〈쟁점요지〉 과세제척기간 이후 판결 등에 따른 후속조치로서 할 수 있는 경정결정 등의 범위 및 위 '판결'에 원고의 청구를 기각하거나 소를 각하하는 판결이 포함되는지 여부

판결요지 ••• **판결에 따른 제척기간의 특례 적용에 있어 기각이나 각하 판결의 경우 제척기간 특례적용 대상이 아님**

- 구 국세기본법(1989. 12. 30. 법률 제4177호로 개정되기 전의 것) 제26조의2 제1항에 의하면, 소득세, 방위세 등은 이를 부과할 수 있는 날로부터 5년이 경과한 후에는 부과할 수 없다고 규정하는 한편, 같은 조 제2항은 행정소송법에 의한 소송의 제기 등이 있는 경우에는 제1항의 규정에 불구하고, 그 판결 등이 확정된 날로부터 1년이 경과하기 전까지는 당해 판결 등에 따라 경정결정 기타 필요한 처분을 할 수 있다고 규정하고 있는바, 위 제1항 소정의 과세제척기간이 일단 만료되면 과세권자는 새로운 결정이나 증액경정결정은 물론 감액경정결정 등 어떠한 처분도 할 수 없게 되는 결과 과세처분에 대한 행정소송 등의 쟁송절차가 장기간 지연되어 그 판결 등이 과세제척기간이 지난 후에 행하여지는 경우 그 판결 등에 따른 처분조차도 할 수 없게 되는 불합리한 사례가 발생하는 것을 방지하기 위하여 제2항이 마련된 것임에 비추어 볼 때, 그 문언상 과세권자로서는 당해 판결 등에 따른 경정결정이나 그에 부수되는 처분만을 할 수 있을 뿐, 판결 등이 확정된 날로부터 1년 내라 하여 판결 등에 따르지 아니하는 새로운 결정이나 증액경정결정까지도 할 수 있는 것은 아니라고 할 것이고(대법원 1994. 8. 26. 선고 94다3667 판결, 1996. 9. 24. 선고 96누68 판결 등 참조), 또한 위 법조항 소정의 '판결'이란 그 판결에 따라 경정결정 기타 필요한 처분을 행하지 않으면 안 되는 판결, 즉 조세부과처분이나 경정거부처분에 대한 취소판결 등을 의미하는 것이고, 원고의 청구를 기각하는 판결이나 소를 각하하는 판결은 여기에 해당하지 않는다고 할 것이다.

관련 기타 판례

1. 판결에 따른 제척기간의 특례 적용에 있어 판결이 확정된 날로부터 1년 내라 하여 당해 결정이나 판결에 따르지 아니하는 새로운 결정이나 증액경정결정까지 할 수 있다는 취지는 아니

며 제3자로 납세자를 변경할 수도 없음(대법 96누68, 1996. 9. 24. 판결).
2. 부과제척기간이 도과하기 이전에는 징수권의 소멸시효 완성 여부와 관계없이 경정처분을 할 수 있음(대법 2004두3625, 2006. 8. 24. 판결).

6.6 취득세 자진신고를 하지 아니하여 과세관청이 그 취득사실을 몰랐다는 사유가 취득세 부과제척기간에 영향을 미치는지

【관련 판례】 대법 91누10978, 1992. 10. 13. : 상고기각

- 지방세기본법 제38조

지방세기본법 제38조(부과의 제척기간)

⑤ 제1항 제1호에서 "사기나 그 밖의 부정한 행위"란 다음 각 호의 어느 하나에 해당하는 행위로서 지방세의 부과와 징수를 불가능하게 하거나 현저히 곤란하게 하는 적극적 행위를 말한다(이하 제53조, 제54조 및 제102조에서 같다).
1. 이중장부의 작성 등 장부에 거짓으로 기록하는 행위
2. 거짓 증빙 또는 거짓으로 문서를 작성하거나 받는 행위
3. 장부 또는 기록의 파기
4. 재산의 은닉, 소득·수익·행위·거래의 조작 또는 은폐
5. 고의적으로 장부를 작성하지 아니하거나 갖추어 두지 아니하는 행위
6. 그 밖에 위계(僞計)에 의한 행위

〈쟁점요지〉 부동산 매수인이 취득세 자진신고를 하지 아니하여 과세관청이 소유권이전등기가 경료되기 전까지 취득사실을 몰랐다는 사유가 취득세의 부과제척기간의 진행에 영향을 미치는지 여부

판결요지 소유권이전등기가 경료되기 전까지 사실상 취득사실을 몰랐다 하더라도 그 사실상의 취득일로부터 부과제척기간 5년이 경과한 이후에는 취득세를 부과할 수 없음.

- 부동산의 취득에 있어서는 등기를 이행하지 아니한 경우라도 사실상으로 취득한 때, 유상으로 취득한 경우에는 그 계약상의 잔금지급일에 취득한 것으로 본다는 취지로 규정하고 있으므로 이 사건 부동산의 취득일은 잔금지급일인 1982. 6. 6.로 보아야 할 것이고, 한편 같은 법 제120조에서는 취득세 과세물건을 취득한 자는 그 취득한 날로부터 20일 이내에

이를 신고함과 동시에 세액을 자진납부하여야 한다.

- 같은 법 제48조 제1항에서는 지방자치단체의 징수금의 부과 또는 징수를 목적으로 하는 지방자치단체의 권리는 그 권리를 행사할 수 있는 날로부터 5년간 행사하지 아니할 때에는 시효로 소멸한다라고 각 규정하고 있으므로 피고는 원고의 이 사건 부동산 취득에 대하여 그 자진신고만료일 다음 날부터 그 취득세를 부과징수할 수 있었다 할 것이고 그 때부터 소멸시효가 진행되므로 원고가 자진신고를 하지 아니하여 피고로서는 위 소유권 이전등기가 경료되기 전까지 원고의 위 취득사실을 몰랐다 하더라도 그러한 사유는 권리 행사를 할 수 없는 법률상의 장애사유에는 해당되지 아니하여 소멸시효의 진행에 아무런 영향을 미치지 못한다 할 것이므로 이 사건 부과처분이 소멸시효기간이 도과된 이후에 이루어진 것임은 역수상 명백하므로 이 사건 부과처분은 시효소멸한 과세권에 기한 것으로 위법하다고 판단하였는바, 원심의 사실인정과 판단은 기록과 관계법령에 비추어 정당하고, 이와 반대의 견해에서 원심판결을 비난하는 논지는 채용할 수 없다. 논지는 이유 없다.

6.7 건축물의 취득시기가 도래하였음에도 신고하지 않은 경우 부과제척기간 10년의 적용이 가능한지

【관련 판례】 대법 2013두4958, 2013. 6. 13. 판결(심리불속행) : 항소기각

- 지방세기본법 제38조

〈쟁점요지〉 건축물을 사용승인 전에 사실상 사용하여 취득시기가 도래하였음에도 바로 취득세를 자진신고하지 않고, 취득신고시 지방세법상 취득일인 사실상 사용일이 아닌 사용승인일을 취득일로 기재하여 취득신고한 경우 이를 '사기나 기타 부정한 행위'로 보아 부과제척기간 10년을 적용 가능 여부(사실상 사용일을 취득시기로 볼 경우 고급주택 중과를 위한 제척기간 5년이 도과되는 사례)

판결요지 ••• 사기나 기타 부정한 행위로 볼 수 없고 제척기간 10년 적용 불가

- 구 지방세법 제30조의4 제1항 제1호에 규정된 '사기 그 밖의 부정한 행위'는 조세의 포탈을 가능하게 하는 행위로서 사회통념상 부정이라고 인정되는 행위, 즉 조세의 부과징수를 불가능하게 하거나 현저히 곤란하게 할 정도의 위계 기타 부정한 적극적 행위를 말하고 다른 어떤 행위를 수반함이 없이 단순히 세법상의 신고를 하지 아니하는 경우에는 여기에 해당하지 아니한다(대법원 2009. 5. 29. 선고 2008도9436 판결 등 참조).

- 이 사건에서 을 제1호증의 기재에 변론 전체의 취지를 종합하면, 원고가 이 사건 건물에 관한 취득세를 신고하면서 취득일자를 사용승인일자인 2005. 5. 31.로 기재하여 신고한 사실을 인정할 수 있으나, 이러한 사정만으로는 원고가 이 사건 주택에 대한 취득세의 부과징수를 불가능하게 하거나 현저히 곤란하게 할 정도의 위계 기타 부정한 적극적 행위를 하였다고 인정하기에 부족하고, 달리 이를 인정할 만한 증거가 없으므로, 이와 다른 전제에서 선 피고의 주장은 받아들일 수 없다(서울고법 2012누21729, 2013. 1. 24. 판결).

6.8 미등기 전매에 대하여 부과제척기간 10년을 적용할 수 있는지

【관련 판례】 대법 2013두18506, 2013. 12. 26. 판결(심리불속행) : 상고기각

- 지방세기본법 제38조

〈쟁점요지〉 미등기 전매 행위를 '사기 그 밖의 부정한 행위'로 보아 부과제척기간 10년을 적용할 수 있는지 여부

판결요지 ••• 미등기 전매의 경우 부과제척기간 10년을 적용하는 것이 타당함

- 구 지방세법 제30조의4 제1항은 '납세자가 사기 그 밖의 부정한 행위로 지방세를 포탈하거나 환부 또는 경감받은 경우' 지방세의 부과제척기간을 10년으로 규정하고 있다. 그런데, 조세면탈의 이익을 포함한 각종 이익을 얻기 위하여 부동산의 미등기 전매를 한 후 그 거래에 관련하여 아무런 신고도 하지 아니한 것은 조세의 부과징수를 불능 또는 현저히 곤란케 하는 사기 그 밖의 부정한 행위에 해당한다(대법원 1991. 6. 25. 선고 91도318 판결 참조). 이 사건에 관하여 보건대, 원고가 이 사건 부동산을 김만수로부터 취득하였음에도 불구하고 아무런 신고도 하지 아니한 채 전신애에게 미등기 전매한 사실은 앞서 본 바와 같고, 이는 위 규정에서 말하는 '사기 그 밖의 부정한 행위'에 해당하므로, 이 사건 부동산에 관한 취득세의 부과제척기간은 10년이라고 할 것이다(대전고법 2013누510, 2013. 8. 20. 판결).

6.9 대도시 중과세를 피하기 위한 정관의 변경을 '사기 기타 부정한 행위'로 보아 부과제척기간 10년을 적용할 수 있는지

【관련 판례】 대법 2011두29168, 2014. 5. 16. 판결 : 파기환송

- 지방세기본법 제38조

〈쟁점요지〉 본점 이전등기를 할 당시에는 실질적인 본점을 대도시 외로 이전에까지 이르지 않았지만 그 이후 사업의 진행에 따라 본점 이전의 실질을 갖추게 되었을 가능성을 배제할 수 없는 경우, 본점 이전을 위한 임시주주총회 및 그에 따른 정관변경을 '사기 기타 부정한 행위'로 보아 부과제척기간 10년을 적용할 수 있는지 여부(이 건의 경우 대도시 외로 본점 이전이 없었다고 보는 경우 법인설립 후 5년 내 취득한 부동산등기로 등록세 중과대상이 되나 그 부과처분이 취득등기후 5년이 경과하여 이루어진 사안임)

판결요지 ••• 본점 이전을 위한 가능성이 있었던 이상 임시주주총회 후 정관 변경하고 본점 이전등기를 한 경우를 '사기 기타 부정한 행위'로 볼 수 없음

- 사기 기타 부정한 행위라 함은 조세의 부과와 징수를 불가능하게 하거나 현저히 곤란하게 하는 위계 기타 부정한 적극적인 행위를 말하고, 다른 어떤 행위를 수반함이 없이 단순히 조세법상의 신고를 하지 아니하거나 허위의 신고를 함에 그치는 것은 이에 해당하지 않는다고 할 것이다(대법원 2013. 12. 12. 선고 2013두7667 판결 등 참조).
- 설령 원고가 본점 이전등기를 할 당시에는 원심 판시와 같이 실질적인 본점 이전에까지 이르지 않았다고 하더라도 그 후 사업의 진행 상황에 따라서는 본점 이전의 실질을 갖추게 되었을 가능성을 배제할 수 없어 본점 이전등기 당시 원고에게 본점 이전의 의사가 전혀 없었다고 단정하기 어렵다. 그리고 원고가 작성한 임시주주총회 의사록과 이사회 의사록 및 그에 따라 변경된 정관은 모두 당시 시행되던 구 비송사건절차법(2007. 7. 27. 법률 제8569호로 개정되기 전의 것) 제202조 제2항에 따라 본점 이전등기를 하기 위하여 반드시 갖추어야 하는 것들이어서 그 작성이나 변경은 본점 이전등기에 부수한 것일 뿐이고, 그 밖에 원고가 조세의 부과와 징수를 불가능하게 하거나 현저히 곤란하게 하는 적극적인 행위를 하였다고 볼 만한 자료는 없다.

6.10 소멸시효 완성 후의 과세처분에 기해 세액을 납부한 경우 부당이득금 반환청구를 할 수 없는지

【관련 판례】 대법 87다카70, 1988. 1. 19. : 상고기각

- 지방세기본법 제39조

지방세기본법 제39조(지방세징수권의 소멸시효)

① 지방자치단체의 징수금의 징수를 목적으로 하는 지방자치단체의 권리(이하 "지방세징수권"이라 한다)는 이를 행사할 수 있는 때부터 다음 각 호의 구분에 따른 기간 동안 행사하지 아니하면 소멸시효가 완성된다. (2020. 12. 29. 개정)

1. 가산세를 제외한 지방세의 금액이 5천만원 이상인 경우: 10년
2. 가산세를 제외한 지방세의 금액이 5천만원 미만인 경우: 5년

② 제1항의 소멸시효에 관하여는 이 법 또는 지방세관계법에 규정되어 있는 것을 제외하고는 「민법」에 따른다.

〈쟁점요지〉 소멸시효 완성 후의 있은 과세처분에 기한 납세와 소멸시효이익의 포기여부

판결요지 소멸시효 완성 이후의 있은 과세처분에 기하여 세액을 납부하였다 하더라도 이를 들어 바로 소멸시효의 이익을 포기한 것으로 볼 수 없으므로, 부당이득반환 청구시 반환대상임

- 원심판결이 확정한 사실과 기록에 의하면 원고는 그의 남편인 소외인이 1976. 11. 9. 사망함으로 인하여 피고산하 서울 서부세무서장이 부과한 상속세 금 27,888,130원 및 방위세 금 5,577,626원을 납부한 바 있는데 위 세무서장은 1984. 3. 15.에 다시 원고에게 수시분 상속세 금 17,675,280원 및 방위세 금 3,535,050원을 추가로 부과고지 하였다가 원고의 심사청구에 의한 감사원장의 재조사 지시에 따라 1984. 12. 7. 상속세 금 11,675,280원 및 방위세 금2,335,010원(이하 이 사건 과세처분이라고 한다)으로 감액경정결정을 한 다음 같은 달 14까지 위 세액을 납부할 것과 이를 납부하지 아니하면 재산을 압류하고 중가산금을 징수할 뜻을 기재한 독촉장을 발부하자 원고는 이 사건 과세처분이 상속개시당시 시행되던 국세기본법 및 상속세법의 관계규정에 의하여 소멸시효가 완성된 후에 이루어진 부과처분이기는 하지만 그 집행성(실효성)등을 감안하여 1984. 12. 13. 위 세액 중 금 16,392,040원을 일단 납부한 뒤 위 세무서장이 한 이 사건 과세처분은 조세채권의 소멸시효가 완성된 후의

것으로서 무효이고 따라서 원고가 위 처분에 따라 납부한 위 금액은 피고가 부당이득한 것이므로 그 반환을 구한다고 주장하면서 이 사건 청구에 이른 사실을 알 수 있다.

- 원심이 위와 같은 사정에 비추어 원고가 비록 소멸시효완성 이후에 있은 이 사건 과세처분에 기하여 세액을 납부하였다 하더라도 이를 들어 바로 소멸시효의 이익을 포기한 것으로 볼 수 없다는 취지로 판시하였음은 정당한 것으로 수긍이 가고 거기에 소론이 지적하는 바와 같은 법리오해의 위법이 있다 할 수 없다. 논지는 이유없다.

6.11 납세고지에 의하여 납세고지가 이루어지지 않은 세액부분에 대하여도 시효중단의 효력이 발생하는지

【관련 판례】 대법 84누649, 1985. 2. 13. : 상고기각

- 지방세기본법 제40조

지방세기본법 제40조(시효의 중단과 정지)

① 지방세징수권의 시효는 다음 각 호의 사유로 중단된다.

1. 납세고지
2. 독촉 또는 납부최고
3. 교부청구
4. 압류

〈쟁점요지〉 납세고지되지 아니한 나머지 부분에 대하여도 시효중단의 효력이 발생하는지 여부

판결요지 납세고지에 의하여 시효가 중단되는 부분은 납세고지된 부분 및 그 액수에 한정되고 남은 세액에 대한 조세부과권에 대하여는 시효가 중단됨이 없이 진행함

- 소멸시효제도는 권리자가 그 권리를 행사할 수 있음에도 불구하고 일정한 기간 동안 그 권리를 행사하지 않는 상태 즉 권리불행사의 상태가 계속되는 경우 그 자의 권리를 소멸시키는 것인 만큼 어떤 청구권을 가진 권리자가 청구부분이 특정될 수 있는 경우에 있어서의 일부 청구는 청구를 하지 아니한 나머지 부분에 대한 시효중단의 효력이 발생하지 아니한다고 할 것이다(당원 1975. 2. 25. 선고 74다1557 판결 참조). 이 이치는 국가조세채권에 있어서도 달리할 바 아니라 할 것이다.

7. 가산세, 가산금의 부과와 감면

7.1 납부불성실가산세를 과세함에 있어 별도의 확정 절차를 거쳐야 하는지

【관련 판례】 대법 95누15704, 1998. 3. 24. : 상고기각

- 지방세기본법 제55조

지방세기본법 제55조(납부지연가산세)

① 납세의무자(연대납세의무자, 제2차 납세의무자 및 보증인을 포함한다. 이하 이 조에서 같다)가 납부기한까지 지방세를 납부하지 아니하거나 납부하여야 할 세액보다 적게 납부(이하 "과소납부"라 한다)하거나 환급받아야 할 세액보다 많이 환급(이하 "초과환급"이라 한다)받은 경우에는 다음 각 호의 계산식에 따라 산출한 금액을 합한 금액을 가산세로 부과한다. 이 경우 제1호 및 제2호의 가산세는 납부하지 아니한 세액, 과소납부분(납부하여야 할 금액에 미달하는 금액을 말한다. 이하 같다) 세액 또는 초과환급분(환급받아야 할 세액을 초과하는 금액을 말한다. 이하 같다) 세액의 100분의 75에 해당하는 금액을 한도로 하고, 제4호의 가산세를 부과하는 기간은 60개월(1개월 미만은 없는 것으로 본다)을 초과할 수 없다. (2020. 12. 29. 개정)

〈쟁점요지〉 적법한 신고를 하였으나 이를 납부하지 않아 발생한 납부불성실가산세 납세의무의 확정을 위하여 별도의 가산세 부과처분이 필요한 것인지 여부

판결요지 신고납부세목의 경우 신고하는 때에 확정되는 것이지만 그 신고를 제대로 하고서도 이를 납부하지 아니한 경우 납부불성실가산세 납세의무의 확정을 위하여는 과세관청의 가산세 부과처분이 별도로 필요함

- 이 사건 가산세의 본세인 부가가치세와 특별소비세는 과세표준과 세액을 신고하는 때에 확정되는 것이지만 그 신고를 제대로 하고서도 이를 납부하지 아니한 경우 납부불성실가

산세 납세의무의 확정을 위하여는 과세관청의 가산세 부과처분이 별도로 필요한 것인바, 원심이 같은 취지에서, 이 사건 1993. 1기 예정 부가가치세와 같은 해 4월분 특별소비세 및 교육세는 사업의 양도·양수 전에 양도인의 자진신고에 의하여 이미 확정된 것이어서 양수인인 원고는 이에 대하여 납세의무를 지게 되지만, 위 각 국세에 대한 가산세는 사업의 양도·양수 후에 비로소 양도인에게 부과·고지된 것이므로 원고가 사업을 양수한 때에는 아직 그에 대한 납세의무가 확정된 것이 아니어서 가산세 및 그에 대한 가산금에 대하여는 원고에게 제2차 납세의무를 지울 수 없다고 판단한 것은 정당하고, 거기에 상고이유의 주장과 같은 가산세의 확정에 관한 법리오해의 위법이 없다. 따라서 이 점에 관한 피고의 상고이유도 받아들이지 아니한다.

7.2 취득세 과세대상이 아니라는 질의회신 등을 기초로 비과세로 신고한 경우 가산세를 배제할 수 있는 정당한 사유로 볼 수 있는지

【관련 판례】 대법 2014두3976, 2014. 5. 29. 판결(심리불속행) : 상고기각

- 지방세기본법 제57조

지방세기본법 제57조(가산세의 감면 등)

① 지방자치단체의 장은 이 법 또는 지방세관계법에 따라 가산세를 부과하는 경우 그 부과의 원인이 되는 사유가 제26조 제1항에 따른 기한연장 사유에 해당하거나 납세자가 해당 의무를 이행하지 아니한 정당한 사유가 있을 때에는 가산세를 부과하지 아니한다.

〈쟁점요지〉 발전소의 진입·모선터널에 대한 취득세 납세의무가 없다는 유권해석, 건축부서의 건축물 허가대상 제외 등으로 인해 이를 믿고 취득세를 비과세로 신고한 경우 가산세를 면할 정당한 사유로 볼 수 있는지

판결요지 ••• 유권해석 등을 믿고 비과세로 신고한 경우 가산세를 면할 정당한 사유 해당함

- 원고가 세무법령의 해석에 대한 질의회신 사례, 건축허가 실무 등을 통하여 지하발전소 내 터널(교통로)인 이 사건 각 터널이 취득세 과세대상이 아니라고 이해할 여지가 충분히 있었고, 그 부과경위에 비추어 가산세를 부과하는 것이 가혹하다고 보이므로, 원고가 이 사건 각 터널 공사비를 비과세대상으로 신고·납부함으로써 결과적으로 그 의무이행을

해태하였다 하더라도 원고에게 그 의무를 게을리 한 점을 탓할 수 없는 정당한 사유가 있다고 봄이 타당하다(대구고법 2013누1318, 2014. 1. 17. 판결).

관련 기타 판례

- 위탁운영 관련 주민세 종업원분에 대한 납세의무와 관련된 행안부의 일부 다른 유권해석을 믿고 주민세 종업원분을 신고납부하지 않은 경우 최신 사례를 살피지 않은 납세자의 귀책이 있어 가산세를 배제할 정당한 사유가 있다고 볼 수 없음(대법 2018두61338, 2019. 2. 18. 판결).

7.3 공무원이 정확한 안내를 하지 않아 신고의무를 이행하지 못한 경우 정당한 사유가 있다고 보아 가산세를 면제할 수 있는지

【관련 판례】 대법 2015두47696, 2015. 10. 29. 판결(심리불속행) : 상고기각

- 지방세기본법 제57조

〈쟁점요지〉 신고납부 당시 다주택자임을 설명하였음에도 공무원의 잘못된 안내로 정상적인 신고납부 못한 경우 가산세 부과의 정당한 사유로 볼 수 있는지 여부

판결요지 공무원이 잘못 안내하였다고 보기 어렵고, 조금만 주의를 기울였다면 다주택자는 감면대상이 아님을 알 수 있었으므로 가산세 부과의 정당한 사유에 해당되지 않음

- ① 위와 같은 취득세 감면신청서 양식과 그 사유란에 기재된 내용 등에 비추어 볼 때 피고 담당공무원이 원고에게 취득세 신고·납부와 관련하여 임대주택은 납세자가 소유하는 주택 수에 포함되지 않는다는 취지의 의견을 표명하였다고 보기 어렵다. ② 납세자가 일시적 2주택자임을 이유로 감면신청을 한 경우 과세관청은 감면신청 이후 유예기간 이내에 주택을 처분하였는지 여부를 확인하여 감면세액을 추징하게 되므로, 피고는 유예기간 3년(2011년 당시 2년에서 3년으로 연장됨)이 경과한 이후에 보유주택 수를 조사하게 된 것일 뿐이다. ③ 원고는 임대사업자이자 모범납세자이고, 원고가 항소이유서를 통해 소득세법 시행령 제167조의3 제1항 제2호 규정을 준용하여 임대주택은 1세대가 소유하는 주택 수에 포함되지 않는 것으로 알고 신고하였다고 주장하는 점 등에 비추어 볼 때 원고는 세금과 관련하여 상당한 지식이 있다고 보인다. ④ 따라서 원고가 조금만 주의를 기울였더라면 이 사건 주택 취득 후 일시적으로 2주택이 되는 경우에 해당하지 않는다는 것을 알 수

있었다고 보임에도 원고는 일시적 2주택자에게 적용되는 취득세 경감규정에 근거하여 취득세와 지방교육세를 신고・납부하였다. 이들 사정들을 종합하여 보면 원고에게는 취득세와 지방교육세 신고・납부의무를 이행하지 못한 데에 정당한 사유가 있다고 보기 어렵다(서울고등법원 2015. 6. 16. 선고 2014누74208 판결).

관련 기타 판례

1. 납세의무자가 신고의무를 제대로 이행하려 했으나 담당공무원이 개정된 세법규정을 잘못 해석하고 적극적으로 개입하여 명백히 어긋나게 신고납부하여 가산세가 부과된 경우 납부해태의 정당한 사유에 해당함(대법 2016두36529, 2016. 6. 23. 판결).
2. 납세의무자가 세무공무원의 잘못된 설명을 믿고 그 신고・납부의무를 이행하지 아니하였다 하더라도 그것이 관계 법령에 어긋나는 것임이 명백한 때에는 그러한 사유만으로는 정당한 사유가 있는 경우에 해당한다고 할 수 없음(대법 2017두68431, 2018. 2. 8. 판결).
3. 처분청으로부터 쟁점 주식 거래구조와 관련하여 '과점주주 간주취득세 납세의무가 성립하지 않는다'는 취지의 해석을 받았으나, 사후적으로 과세전환된 경우 사실관계를 고려하였을 때 유권해석으로 인해 신고납부를 하지 않은 것이 아니라, 단지 관계법령의 부지 내지 착오에 비롯된 것이 크다고 판단되므로, 가산세를 배제할 정당한 사유가 있다고 보기 어려움(대법 2021두52464, 2022. 1. 13. 판결).

7.4 등록세를 기간 내 신고납부하지 아니하였으나 등기공무원이 다음 날 보정을 허용하여 보정한 경우 가산세 적용이 제외되는지

【관련 판례】 대법 98두17685, 2000. 8. 22. : 상고기각

- 지방세기본법 제57조

〈쟁점요지〉 등기신청서의 접수일까지 등록세를 신고납부하지 않더라도 허용된 보정기간 내에 등록세를 신고납부하여 흠결을 보정한 경우, 구 지방세법 제151조 소정의 가산세 적용대상에서 제외되는지 여부

판결요지 법무사가 퇴근시간에 임박하여 등록세납세고지서 발급요청을 하는 과정에서 당일 등록세를 납부하지 못한 상태로 미리 접수해 놓은 등기가 처리된 경우, 비록 그 다음 날 보정이 되었다고 하더라도 가산세를 면제할 수 없음

- 법 제150조의2 제1항은 등기 또는 등록을 하고자 하는 사람은 제130조의 규정에 의한 과세표준액에 제131조 내지 제149조의 규정에 의한 세율을 적용하여 산출한 세액을 등기 또는 등록을 하기 전까지 신고납부하여야 한다고 규정하고, 법 제151조는 등록세 납세의무자가 제150조의2 규정에 의한 신고납부를 하지 아니하거나 신고납부한 세액이 제130조 내지 제149조의 규정에 의한 세율을 적용하여 산출한 세액에 미달한 때에는 제130조의 규정에 의한 과세표준액에 제131조 내지 제149조의 규정에 의한 세율을 적용하여 산출한 세액 또는 그 부족세액에 20/100을 가산한 금액을 세액으로 하여 보통징수방법에 의하여 징수한다고 규정하며, 법 시행령 제91조 제1항은 등기 또는 등록을 하고자 할 때에는 등록세 영수필통지서 1통과 영수필확인서 1통을 등기 또는 등록에 관한 서류에 첨부하여야 한다고 규정하고, 구 부동산등기법(1996. 12. 30. 법률 제5205호로 개정되기 전의 것) 제55조는 등기공무원은 다음 각 호에 게기한 경우에 한하여 이유를 기재한 결정으로써 신청을 각하하여야 하되, 신청의 흠결이 보정될 수 있는 경우에 신청인이 즉일 이를 보정하였을 때는 그러하지 아니하다고 규정하면서 제9호에서 등록세를 납부하지 아니하거나 등기신청과 관련하여 다른 법률에 의하여 부과된 의무를 이행하지 아니한 때를 들고 있으므로, 등기 또는 등록을 하고자 하는 사람이 등기 또는 등록의 신청서를 등기소 또는 등록관청에 접수하는 날까지 등록세를 신고납부하지 아니할 경우에는 특별한 사정이 없는 한 법 제151조에서 정한 가산세의 적용대상이 되고, 등기공무원이 등기신청서의 접수일 다음 날까지 등록세 등의 보정을 허용한다고 하여 달리 볼 수 없다.

※ 대법 2014두40913, 2014. 12. 11. 판결(심리불속행) : 상고기각

- 법 시행령에서 기한을 등기관서에 접수하는 날까지라고 규정하고 있어 등기접수시까지 등록세를 납부하지 않은 경우 가산세를 면제 또는 경감할 수 없음

7.5 가산세 면제 대상인 '사업이 중대한 위기에 처한 때' 적용시 신고불성실가산세가 포함되는지

【관련 판례】 대법 2012두10987, 2012. 9. 27. 판결 : 항소기각

- 지방세기본법 제57조

〈쟁점요지〉 가산세 면제대상인 '사업이 중대한 위기에 처한 때'를 적용함에 있어 납부불성실가산세만 포함되고 신고불성실가산세는 포함되지 않는지 여부

판결요지 ••• 가산세 면제 적용대상에 신고불성실가산세도 포함됨

- 구 지방세법 제27조의2 제2항은 구 지방세법 시행령 제11조 제1항 제4호의 사유를 포괄적으로 가산세의 면제사유로 규정하고 있을 뿐 그 적용대상에서 신고불성실가산세를 배제하고 있지 아니한 점, 납세의무자의 사업이 중대한 위기에 처하면 상황에 따라서는 주민세 등 지방세의 신고의무조차 이행할 수 없는 경우도 있을 수 있는 점 등을 고려하면, 구 지방세법 시행령 제11조 제1항 제4호의 사유가 원천적으로 신고불성실가산세에는 적용될 수 없다고 할 수 없다.

※ 다만, 이 사건의 경우 납세자가 금융위기 자금경색 등 '사업상 중대한 위기'가 있었던 것으로 보아 납부불성실가산세 면제대상에는 해당하나, 그 사업상 위기가 주민세 신고의무까지 이행하지 못할 정도는 아니었다고 보아 신고불성실가산세 면제대상에는 해당하지 않는다고 판단함.

7.6 취소소송 계류 중에 이전등기에 따른 취득신고를 하지 못한데 가산세를 배제할 정당한 사유가 있는지

【관련 판례】 대법 2014두3266, 2014. 6. 26. 판결 : 파기 환송

- 지방세기본법 제57조

〈쟁점요지〉 처분청에서 사실상 취득에 따른 취득세를 부과한 데 대하여 납세자가 취소소송을 제기하던 중에 해당 부동산에 대한 소유권이전등기가 이루어짐에 따라 취득세 납세의무가 성립되었음에도 취득세를 신고하지 않고 있다가 취소소송이 확정될 때 비로소 소유권이전등기에 따른 취득신고를 한 경우, 신고기한 내 미신고에 따른 가산세를 면할 정당한 사유가 있는 것으로 볼 수 있는지 여부(취소소송의 경우 취득신고가 당연무효에 해당한다고 최종 결정)

판결요지 ••• 종전 신고분에 대한 16억 원의 세금을 납부하고, 동일과세 대상에 대하여 등기이전이 있었다고 하여 해당 금액을 추가로 납부하도록 하는 것은 납세자에게 무리가 있다는 점에서 가산세를 배제할 정당한 사유가 있다고 봄

- 소유권이전등기가 마쳐진 2011. 6. 20. 당시에는 원고가 2010. 1. 7.에 한 종전 신고가 무효이거나 취소되어야 한다는 법원의 판단이 아직 없었고, 오히려 피고는 그 적법・유효를 주장하였으며, 그 후 2011. 9. 1. 종전 신고가 무효라는 관련 판결이 확정됨에 따라 비로소 원고의 신고의무이행이 없었던 것으로 확인되었다. … 위와 같이 행정소송으로 종전 신고의 효력을 다투는 이상 위 등기일인 2011. 6. 20.경을 취득시기로 하여 새로 취득세 등을 신고・납부하는 것이 그 주장에 부합하기는 하였지만, 외관상 종전 신고에 따른 취득세 등의 체납

상태가 계속되고 있었으므로 이를 우선 해소할 필요가 있었던 것으로 보이는데, 종전 신고에 따라 원고가 납부하여야 할 세액만도 16억 원이 넘는 거액이었다. 이런 상황에서 원고는 우선 종전 신고에 따른 취득세 등의 명목으로 17억 원을 납부하였는데, 원고가 다시 위 등기일을 취득시기로 한 취득세 등을 추가로 신고・납부하기는 어려웠을 것으로 보인다. … 원고에게는 그 의무해태를 탓할 수 없는 정당한 사유가 있었다고 봄이 상당하다.

7.7 취득세를 감면받은 이후 유예기간 내 사업포괄양수도를 한 경우 추징에 따른 가산세를 면할 부득이한 사유로 볼 수 있는지

【관련 판례】 대법 2019두55194, 2020. 1. 30. 판결(심리불속행) : 항소기각

- 지방세기본법 제57조

〈쟁점요지〉 창업벤처기업이 사업용 부동산을 취득하고 취득세를 감면받은 이후 추징 유예기간 내에 사업포괄양수도를 통해 법인전환한 경우 추징에 따른 가산세를 적용함에 있어 정당한 사유가 있는 것으로 가산세 부과를 배제할 수 있는지 여부

판결요지 행안부에서 정당한 사유가 있다고 해석한 바 있고, 법인으로 전환하는 중소기업을 장려한다는 입법취지 등을 고려시 해석상 이의가 있는 사안으로 보아 가산세를 면제할 정당한 사유가 있는 것이 타당함

- 세법상 가산세는 과세권의 행사 및 조세채권의 실현을 용이하게 하기 위하여 납세의무자가 정당한 이유 없이 법에 규정된 신고, 납세 등 각종 의무를 위반한 경우에 법이 정하는 바에 따라 부과하는 행정상의 제재이다. 따라서 단순한 법률의 부지나 오해의 범위를 넘어 세법해석상 의의(疑意)로 인한 견해의 대립이 있는 등으로 납세의무자가 의무를 알지 못하는 것이 무리가 아니었다고 할 수 있어서 그를 정당시할 수 있는 사정이 있을 때 또는 의무의 이행을 당사자에게 기대하는 것이 무리라고 하는 사정이 있을 때 등 의무를 게을리한 점을 탓할 수 없는 정당한 사유가 있는 경우에는 이러한 제재를 과할 수 없다(대법원 2016. 10. 27. 선고 2016두44711 판결 참조).
- 행정자치부는 "개인이 창업중소기업을 창업함과 동시에 사업용 재산을 취득하여 취득세와 등록세를 면제받은 후 창업일부터 2년 이내에 조세특례제한법 제32조 제1항의 규정에 의한 사업양수도방법에 의하여 법인으로 전환되는 경우라면 개인이 설립한 창업중소기업의 당해 사업에 직접 사용하지 못한 정당한 사유가 있다 할 것이므로 면제한 취득세와

등록세의 추징대상이 되지 않는다."는 취지의 유권해석(행정자치부 세정-2907, 2006. 7. 11.)을 한 바 있다. 사정이 이와 같다면, 이 사건과 같은 경우에 있어서 구 조특법 제120조 제3항 단서 소정의 '정당한 사유'가 인정되는지를 둘러싸고 단순한 법률의 부지나 오해의 범위를 넘어 세법해석상 의의(疑意)로 인한 견해의 대립이 있는 것이라고 보지 않을 수 없다(서울고법 2019누39361, 2019. 9. 25. 판결).

7.8 취득 당시 입회보증금 채무 승계여부가 불명확했던 경우 이를 과표에 미산입함에 따른 취득세 납부불성실가산세를 면할 수 있는지

【관련 판례】 대법 2023두36336, 2023. 5. 18. 판결(심리불속행) : 상고기각

- 지방세기본법 제57조

〈쟁점요지〉 골프장을 취득하면서 입회보증금 채무를 승계할지 여부가 불분명하여 해당 채무를 취득세 과세표준에 포함하지 않고 취득세를 신고한 경우 납부불성실가산세를 면할 정당한 사유가 있는지 및 채무승계가 확정된 이후 기간에 대한 가산세도 면할 수 있는지 여부

판결요지 신고납부 시기를 기준으로 입회보증금 채무의 승계여부가 불분명했던 경우라면 이를 과세표준에 포함하지 못한 것에 책임을 물을 수 없고, 신고납부 시기에 가산세를 면할 정당한 사유가 있었던 경우 그 채무인수가 확정된 이후 기간에 대한 가산세도 면제대상에 해당함

- 가산세는 세법에서 규정한 신고·납세 등 의무 위반에 대한 제재인 점, 구 국세기본법이 세법에 따른 신고기한이나 납부기한까지 과세표준 등의 신고의무나 국세의 납부의무를 이행하지 않은 경우에 가산세를 부과하도록 정하고 있는 점 등에 비추어 보면, 가산세를 면할 정당한 사유가 있는지 여부는 특별한 사정이 없는 한 개별 세법에 따른 신고·납부기한을 기준으로 판단하여야 한다(대법원 2022. 1. 14. 선고 2017두41108 판결 등 참조).
- 원고가 이 사건 입회보증금반환채무 인수에 따른 취득세 등을 납부하지 않았다 하더라도 거기에는 그 의무해태를 탓할 수 없는 정당한 사유가 있다고 봄이 타당하다. 원고의 이 부분 주장은 이유 있다. 1) '담보신탁재산인 체육필수시설을 공매절차에서 수의계약 방식으로 매수하는 경우 그 매수인은 기존 체육시설업자가 부담하는 입회보증금반환채무를 승계한다'는 취지의 관련 사건 대법원 전원합의체 판결이 선고되기 전까지 위 채무 인수

여부에 대하여는 견해가 정립되지 않았고, 담보신탁의 위탁자가 체육시설업자가 아닌 사안에서 매수인은 입회보증금반환채무를 승계하지 않는다는 취지의 대법원 판결(대법원 2012. 4. 26. 선고 2012다4817 판결 등)만이 존재하였다. 2) 관련 사건의 제1, 2심은 원고가 이 사건 입회보증금반환채무를 승계하지 않는다는 전제에서 이 사건 골프장 회원들의 입회보증금반환청구를 기각하는 판결을 선고하였다. 이와 같은 상황에서 임의로 이 사건 입회보증금반환채무를 과세표준으로 하여 취득세 등을 납부하는 것은 통상의 납세의무자로서는 기대하기 어렵다.

- 원고가 누락한 취득세 등의 신고·납부기한은 모두 관련 사건 대법원 판결 선고일인 2018. 10. 18. 이전이므로, 위 각 신고·납부기한 당시 원고에게는 가산세를 면할 정당한 사유가 있다고 봄이 타당하다. 따라서 위 대법원 판결 이전까지 발생한 납부불성실가산세뿐만 아니라 그 이후에 발생한 납부불성실가산세까지도 부과할 수 없다(대법원 2022. 1. 14. 선고 2017두41108 판결의 취지 참조) (대구지법 2021구합23888, 2022. 6. 8. 판결).

※ 골프장을 인수하면서 입회보증금 채무를 승계한 경우 이는 간접비용으로서 취득세 과세표준에 포함되는 것임(동 판결, 본서 취득세 16.2의 관련판례 8번 참조)

7.9 2015년 법령에 따라 취득세 면제 대상임에도 이를 신고하지 아니한 경우 신고불성실가산세를 부과할 수 있는지

【관련 판례】 대법 2020두39044, 2020. 8. 27. 판결(심리불속행) : 항소기각

- 지방세기본법 제53조

지방세기본법 제53조(무신고가산세)

① 납세의무자가 법정신고기한까지 과세표준 신고를 하지 아니한 경우에는 그 신고로 납부하여야 할 세액(이 법과 지방세관계법에 따른 가산세와 가산하여 납부하여야 할 이자상당액이 있는 경우 그 금액은 제외하며, 이하 “무신고납부세액”이라 한다)의 100분의 20에 상당하는 금액을 가산세로 부과한다.

② 제1항에도 불구하고 사기나 그 밖의 부정한 행위로 법정신고기한까지 과세표준 신고를 하지 아니한 경우에는 무신고납부세액의 100분의 40에 상당하는 금액을 가산세로 부과한다.

③ 제1항 및 제2항에 따른 가산세의 계산 및 그 밖에 가산세 부과 등에 필요한 사항은 대통령령으로 정한다.

〈쟁점요지〉 2015년 당시 취득세 면제대상임에도 이를 신고하지 아니한 경우 2014년이나 2016년의 가산세 규정의 취지 등을 고려하여 무신고 가산세를 면제할 수 있는지 여부

판결요지 2015년 당시에는 산출세액을 신고하지 아니한 경우에는 무신고 가산세를 부과하도록 규정하고 있으므로, 법문을 달리하고 있는 2014년 또는 2016년 당시의 가산세 규정을 근거로 가산세를 배제할 수 없음

- 구 지방세법 제20조 제1항에 의하면 취득세 과세물건을 취득한 자는 그 취득한 날부터 60일 이내에 취득세를 신고하고 납부할 의무가 있는데, 구 지방세기본법(2015. 12. 29. 법률 제13635호로 개정되기 전의 것, 이하 '구 지방세기본법'이라 한다) 제53조의2 제1항, 제54조에 의하면 납세의무자가 법정신고기한까지 지방세법에 따라 산출한 세액(이하 '산출세액'이라 한다)을 신고하지 아니한 경우에는 산출세액의 100분의 20에 상당하는 금액을 가산세로 부과하고, 지방세를 감면하는 경우에도 가산세는 그 감면대상에 포함되지 아니한다.
- 구 지방세기본법(2014. 1. 1. 법률 제12152호로 개정되기 전의 것) 제53조의2 제1항은 무신고가산세의 산정기준과 관련하여 '지방세관계법'에 따라 산출한 세액의 20%라고 규정하였고, 위 규정은 2014. 1. 1. 법률 제12152호로 개정되면서 '지방세법'에 따라 산출한 세액의 20%로 변경되었는데, 이는 지방세특례제한법상의 면제규정에 따라 산출세액이 0이 되는 경우에도 가산세를 부과함으로써 납세자의 성실신고를 유도하기 위한 것으로 보인다. 구 지방세기본법 제53조의2 제1항은 2015. 12. 29. 법률 제13635호로 개정되면서 무신고가산세액에 대하여 '그 신고로 납부하여야 할 세액의 20%'로 변경되어 이에 따라 납부할 세액이 없는 경우에는 무신고가산세 대상에서 제외되었으나 부칙 제3조에서 위 규정은 이 법 시행일인 2016. 1. 1. 이후 가산세를 가산할 지방세의 납세의무가 성립하는 경우부터 적용한다고 규정하고 있을 뿐이다(부산지법 2019구합22461, 2019. 11. 7. 판결).

관련 기타 판례

1. 재산세 중과대상 별장에 해당됨에도 장기간 중과세를 하지 않은 경우, 이를 취득하는 납세자가 취득세를 중과로 신고납부하지 않은데 가산세를 면제할 수 있는 정당한 사유가 있다고 할 것임(대법 2012두11676, 2012. 9. 13. 판결).
2. 분양받은 아파트의 발코니 초과면적이 전용면적에 합산된다는 사실을 분양자가 알기에는 무리가 있다고 판단될 경우 가산세 면제의 정당한 사유에 해당함(대법 2015두51385, 2015. 12. 24. 판결).
3. 신탁재산에 대한 납세의무자를 잘못 판단하여 납세자 변경, 과세표준 산정오류 등의 사유가

있는 경우 세법 해석상 견해 대립으로 인해 납세자 판단에 어려움이 있었던 점을 고려 시 취득세 등 가산세 면제의 정당한 사유에 해당함(대법 2016두44711, 2016. 10. 27. 판결).

4. 현물출자를 매각에 해당하지 않는 것으로 잘못 해석하여 신고납부하지 못한 경우 그와 같이 해석할 여지가 있었고, 그동안 추징을 배제하여 온 점을 고려시 가산세를 배제할 정당한 사유가 있다고 보는 것이 타당함(대법 2018두44920, 2018. 9. 13. 판결).
5. 취득원인이 대물변제인지 일반 매매인지를 알 수 없어 신고납부시기를 지연한 경우 일반매매에 의한 취득이라는 것을 충분히 알 수 있었던 경우라면 가산세를 배제할 정당한 사유가 있다고 볼 수 없음(대법 2018두66876, 2019. 4. 11. 판결).

8. 경정청구(후발적 경정청구), 수정신고, 기한 후 신고 등

8.1 증액경정처분에 대한 항고소송에서는 증액된 세액을 한도로만 취소를 구할 수 있는지

【관련 판례】 대법 2008두22280, 2011. 4. 14. : 상고기각

- 지방세기본법 제36조 및 제50조

지방세기본법 제36조(경정 등의 효력)

① 지방세관계법에 따라 당초 확정된 세액을 증가시키는 경정은 당초 확정된 세액에 관한 이 법 또는 지방세관계법에서 규정하는 권리·의무 관계에 영향을 미치지 아니한다.
② 지방세관계법에 따라 당초 확정된 세액을 감소시키는 경정은 경정으로 감소하는 세액 외의 세액에 관한 이 법 또는 지방세관계법에서 규정하는 권리·의무 관계에 영향을 미치지 아니한다.

지방세기본법 제50조(경정 등의 청구)

① 이 법 또는 지방세관계법에 따른 과세표준 신고서를 법정신고기한까지 제출한 자 및 제51조 제1항에 따른 납기 후의 과세표준 신고서를 제출한 자는 다음 각 호의 어느 하나에 해당할 때에는 법정신고기한이 지난 후 5년 이내[「지방세법」에 따른 결정 또는 경정이 있는 경우에는 그 결정 또는 경정이 있음을 안 날(결정 또는 경정의 통지를 받았을 때에는 통지받은 날)부터 90일 이내(법정신고기한이 지난 후 5년 이내로 한정한다)를 말한다]에 최초신고와 수정신고를 한 지방세의 과세표준 및 세액(「지방세법」에 따른 결정 또는 경정이 있는 경우에는 그 결정 또는 경정 후의 과세표준 및 세액 등을 말한다)의 결정 또는 경정을 지방자치단체의 장에게 청구할 수 있다.
1. 과세표준 신고서 또는 납기 후의 과세표준 신고서에 기재된 과세표준 및 세액(「지방세법」

에 따른 결정 또는 경정이 있는 경우에는 그 결정 또는 경정 후의 과세표준 및 세액을 말한다)이 「지방세법」에 따라 신고하여야 할 과세표준 및 세액을 초과할 때

2. 과세표준 신고서 또는 납기 후의 과세표준 신고서에 기재된 환급세액(「지방세법」에 따른 결정 또는 경정이 있는 경우에는 그 결정 또는 경정 후의 환급세액을 말한다)이 「지방세법」에 따라 신고하여야 할 환급세액보다 적을 때

〈쟁점요지〉 증액경정처분에 대한 항고소송에서 당초 신고나 결정에서의 세액에 대한 취소를 구할 수 있는지 여부

판결요지 증액경정처분이 있는 경우 납세자는 그 항고소송에서 당초 신고나 결정에 대한 위법사유도 함께 주장할 수 있으나, 확정된 당초 신고나 결정에서의 세액에 관하여는 취소를 구할 수 없고 증액경정처분에 의하여 증액된 세액을 한도로 취소를 구할 수 있음

- 구 국세기본법(2010. 1. 1. 법률 제9911호로 개정되기 전의 것, 이하 같다) 제22조의2 제1항은 "세법의 규정에 의하여 당초 확정된 세액을 증가시키는 경정은 당초 확정된 세액에 관한 이 법 또는 세법에서 규정하는 권리・의무관계에 영향을 미치지 아니한다."고 규정하고 있다.
- 위 규정의 문언 내용 및 그 주된 입법 취지가 증액경정처분이 있더라도 불복기간의 경과 등으로 확정된 당초 신고나 결정에서의 세액에 대한 불복은 제한하려는 데 있는 점을 종합하면, 증액경정처분이 있는 경우 당초 신고나 결정은 증액경정처분에 흡수됨으로써 독립한 존재가치를 잃게 되어 원칙적으로는 당초 신고나 결정에 대한 불복기간의 경과 여부 등에 관계없이 증액경정처분만이 항고소송의 심판대상이 되고, 납세자는 그 항고소송에서 당초 신고나 결정에 대한 위법사유도 함께 주장할 수 있으나(대법원 2009. 5. 14. 선고 2006두17390 판결 참조), 확정된 당초 신고나 결정에서의 세액에 관하여는 취소를 구할 수 없고 증액경정처분에 의하여 증액된 세액을 한도로 취소를 구할 수 있다 할 것이다.
- 한편 구 지방세법(2010. 3. 31. 법률 제10221호로 전부 개정되기 전의 것, 이하 같다) 제82조는 "지방세의 부과와 징수에 관하여 이 법 및 다른 법령에서 규정한 것을 제외하고는 국세기본법과 국세징수법을 준용한다."고 규정하고 있는바, 여기서 말하는 '지방세의 부과'는 그 납세의무의 확정 여부와 관련이 있으므로 경정처분과의 관계에서 당초 처분의 확정 여부를 규율하는 구 국세기본법 제22조의2 제1항은 이에 관한 규정에 해당한다고 할 것이고, 구 지방세법에는 이러한 구 국세기본법 제22조의2 제1항에 상응하는 별도의 규정을 두고 있지 않으므로 구 국세기본법 제22조의2 제1항은 구 지방세법 제82조에 의하여 지방세의 경우에도 준용된다고 봄이 상당하다.

8.2 감액경정청구 거부처분에 대한 취소소송 제기 후 증액경정처분에 대해서도 취소소송이 제기된 경우 이전의 취소소송이 적법한지

【관련 판례】 대법 2004두8972, 2005. 10. 14. : 상고기각

- 지방세기본법 제36조 및 제50조

> **〈쟁점요지〉 납세자가 감액경정청구 거부처분에 대한 취소소송을 제기한 후 증액경정처분이 이루어져서 그 증액경정처분에 대하여도 취소소송을 제기한 경우, 감액경정청구 거부처분에 대한 취소소송의 소의 이익이 있는지 여부**

판결요지 ••• 감액경정청구에 대한 거부처분 취소소송이 제기된 후 과세관청의 증액경정처분이 이루어진 경우에는 당초신고나 감액경정청구, 감액경정청구에 대한 거부처분은 그 후에 이루어진 과세관청의 증액경정처분에 흡수·소멸되지 아니하나, 증액경정처분에 대하여도 취소소송이 제기된 경우에는 감액경정처분의 거부처분 취소의 소는 부적법하게 됨

- 납세의무 있는 내국법인의 각 사업연도 과세표준과 세액은 구 법인세법(1998. 12. 28. 법률 제5581호로 전문 개정되기 전의 것, 이하 '구 법인세법'이라 한다) 제26조의 규정에 의한 법인의 신고에 의하여 확정되는 것이지만 납세의무자가 과세표준과 세액을 신고하여 조세채무가 확정된 이후에도 과세관청이 그 신고내용에 오류 또는 탈루 등이 있다고 인정하여 구 법인세법 제32조 제2항의 규정에 따라 과세표준과 세액을 증액하는 경정처분을 하는 경우, 그 증액경정처분은 납세자의 신고에 의하여 확정된 과세표준과 세액을 그대로 둔 채 증액되는 부분만을 추가로 결정하는 것이 아니라 당초 신고확정된 과세표준과 세액에 증액부분을 포함하여 전체로서의 과세표준과 세액을 다시 결정하는 것이므로 증액경정처분이 되면 신고확정의 효력은 소멸되어 납세자는 증액경정처분만을 쟁송의 대상으로 삼을 수 있는 것이라 할 것이지만(대법원 1992. 5. 26. 선고 91누9596 판결, 1999. 5. 11. 선고 97누13139 판결 등 참조), 예외적으로 납세자의 감액경정청구에 대한 거부처분 취소소송이 제기된 후 과세관청의 증액경정처분이 이루어진 경우에는 당초신고나 감액경정청구, 감액경정청구에 대한 거부처분은 그 후에 이루어진 과세관청의 증액경정처분에 흡수·소멸되지 아니한다고 할 것이다(대법원 1987. 1. 20. 선고 83누571 판결 참조). 그런데 납세자가 감액경정청구 거부처분에 대한 취소소송을 제기한 후 증액경정처분이 이루어져서 그 증액경정처분에 대하여도 취소소송을 제기한 경우에는 특별한 사정이 없는 한 동일한 납세의무의 확정에 관한 심리의 중복과 판단의 저촉을 피하기 위하여 감액경정청구 거부처분의 취소를 구하는 소는 그 취소를 구할 이익이나 필요가 없어 부적법하다고 할 것이다.

8.3 감액경정처분을 독립의 과세처분으로 보아 그에 대한 취소나 무효확인을 구할 소의 이익이 있는지

【관련 판례】 대법 2007두5844, 2008. 5. 29. : 상고기각

- 지방세기본법 제36조 및 제50조

〈쟁점요지〉 감액경정처분의 취소나 무효확인을 구할 소의 이익이 있는지 여부 및 감액분을 제외한 당초 처분에 대한 불복기산일

판결요지 감액경정처분 자체는 납세의무자에게 이익되는 처분이므로 감액경정처분을 대상으로 그 취소를 구하거나 무효확인을 구할 소의 이익이 없고, 감액하고 남은 당초 처분에 대한 불복기산일은 감액경정처분일이 아닌 당초 처분일이 됨

- 과세표준과 세액을 감액하는 경정처분은 당초 부과처분과 별개 독립의 과세처분이 아니라 그 실질은 당초 부과처분의 변경이고, 그에 의하여 세액의 일부 취소라는 납세자에게 유리한 효과를 가져오는 처분이므로 그 감액경정처분으로도 아직 취소되지 아니하고 남아 있는 부분이 위법하다 하여 다투는 경우, 항고소송 대상은 당초의 부과처분 중 경정처분에 의하여 취소되지 않고 남은 부분이고, 경정처분이 항고소송의 대상이 되는 것은 아니며, 이러한 법리는 감사원이 심사청구를 일부 인용하면서 정당한 세액을 명시하여 취소하지 아니하고 경정기준을 제시하여 당해 행정청으로 하여금 구체적인 과세표준과 세액을 결정하도록 함에 따라 이루어진 감액경정처분의 경우에 있어서도 그에 대하여 별도의 쟁송수단을 인정하여야 할 특별한 사정이 없는 한 마찬가지로 적용되고(대법원 1997. 10. 24. 선고 96누10768 판결, 대법원 1998. 5. 26. 선고 98두3211 판결 등 참조), 위와 같은 감액경정처분 자체는 납세의무자에게 이익되는 처분이므로 감액경정처분을 대상으로 그 취소를 구하거나 무효확인을 구할 소의 이익이 없다고 할 것이다(대법원 1982. 9. 14. 선고 82누55 판결 참조).
- 원심판결 이유에 의하면 원심은, 감사원의 심사결정에서 제1부동산을 제외하여 그 과세표준과 세액을 경정하도록 한 것은 원고의 심사청구를 받아들인 것으로 볼 수 있으나, 감사원은 당초의 부과처분 중 제2부동산에 관한 부분에 관하여 원고의 심사청구를 기각하였으므로 원고로서는 감사원의 위와 같은 심사결정만으로는 그 쟁송목적을 아직 달성한 것이라고 할 수 없고, 따라서 위 심사결정을 송달받은 날로부터 적법한 제소기간 내에 피고가 심사결정에 따른 감액경정처분을 하지 않거나 감액경정처분을 하였더라도 그것이 원고의 주장을 모두 받아들이지 않은 내용의 것인 경우에는 당연히 당초의 부과처분에 대하여

위 제소기간 내에 취소소송을 제기하여야 하는 것이며, 한편 피고는 위 심사결정의 취지에 따라 당초의 부과처분 중 제1부동산 부분에 해당하는 과세부분을 제외하고 그 과세표준 및 세액을 산정하여 이 사건 경정처분을 한 것이므로 이 사건 경정처분 자체에 위법사유가 존재한다고 볼 수 없고, 따라서 이 사건 경정처분을 별개 독립의 과세처분으로 보아 별도의 쟁송수단을 인정하여야 할 특별한 사정이 있다고 볼 수도 없으므로, 이 사건 경정처분이 당초의 부과처분과 별개 독립의 과세처분으로서 항고소송의 대상이 됨을 전제로 하여 이 사건 경정처분의 취소 또는 무효확인을 구하는 원고의 이 사건 소는 소의 이익이 없어 모두 부적법하다고 판단하였다.

관련 기타 판례

- 항고소송의 대상은 당초의 부과처분 중 경정처분에 의하여 아직 취소되지 않고 남은 부분이고, 그 경정처분이 항고소송의 대상이 되는 것은 아니므로, 당초의 부과처분을 기준으로 불복청구 기한을 산정하여야 함(대법 2020두41467, 2020. 9. 24. 판결).

8.4 아파트 소유권을 이전받은 후 사후적으로 시세 하락분을 분양잔금에서 상계받은 경우 상계금액을 과세표준에서 제외할 수 있는지(후발적 경정청구 대상인지)

【관련 판례】 대법 2015두57345, 2018. 9. 13. 판결 : 상고기각

- 지방세기본법 제50조 및 시행령 제30조

지방세기본법 제50조(경정 등의 청구)

② 과세표준 신고서를 법정신고기한까지 제출한 자 또는 지방세의 과세표준 및 세액의 결정을 받은 자는 다음 각 호의 어느 하나에 해당하는 사유가 발생하였을 때에는 제1항에서 규정하는 기간에도 불구하고 그 사유가 발생한 것을 안 날부터 90일 이내에 결정 또는 경정을 청구할 수 있다.

1. 최초의 신고·결정 또는 경정에서 과세표준 및 세액의 계산 근거가 된 거래 또는 행위 등이 그에 관한 제7장에 따른 심판청구, 「감사원법」에 따른 심사청구에 대한 결정이나 소송의 판결(판결과 동일한 효력을 가지는 화해나 그 밖의 행위를 포함한다)에 의하여 다른 것으로 확정되었을 때

2. 조세조약에 따른 상호합의가 최초의 신고·결정 또는 경정의 내용과 다르게 이루어졌을 때
3. 제1호 및 제2호의 사유와 유사한 사유로서 대통령령으로 정하는 사유가 해당 지방세의 법정신고기한이 지난 후에 발생하였을 때

지방세기본법 시행령 제30조(후발적 사유) 법 제50조 제2항 제3호에서 "대통령령으로 정하는 사유"란 다음 각 호의 어느 하나에 해당하는 경우를 말한다.

1. 최초의 신고·결정 또는 경정(更正)을 할 때 과세표준 및 세액의 계산근거가 된 거래 또는 행위 등의 효력과 관계되는 관청의 허가나 그 밖의 처분이 취소된 경우
2. 최초의 신고·결정 또는 경정을 할 때 과세표준 및 세액의 계산근거가 된 거래 또는 행위 등의 효력과 관계되는 계약이 해당 계약의 성립 후 발생한 부득이한 사유로 해제되거나 취소된 경우
3. 최초의 신고·결정 또는 경정을 할 때 장부 및 증명서류의 압수, 그 밖의 부득이한 사유로 과세표준 및 세액을 계산할 수 없었으나 그 후 해당 사유가 소멸한 경우
4. 제1호부터 제3호까지의 규정에 준하는 사유가 있는 경우

〈쟁점요지〉 아파트의 소유권을 이전받은 이후에 분양회사와 체결된 당초 매매특약에 의하여 사후적으로 시세 하락분을 매매 잔금에서 상계한 경우 해당 상계 부분을 취득세 과세표준에서 제외할 수 있는지 여부(후발적 경정청구 대상에 해당하는지 여부)

판결요지 납세의무가 적법하게 성립한 이후에 해제조건의 성취 등의 사유로 매매계약이 소급적으로 실효되었다고 하더라도 조세채권에는 영향을 미칠 수 없으므로, 소유권이전등기 이후 사후적으로 매매대금을 감액하였다고 하더라도 당초 취득세 납세의무에는 영향을 미칠 수 없고, 이는 후발적 경정청구 사유에도 해당하지 않음

- 취득세는 본래 재화의 이전이라는 사실 자체를 포착하여 거기에 담세력을 인정하고 부과하는 유통세의 일종으로 취득자가 재화를 사용·수익·처분함으로써 얻을 수 있는 이익을 포착하여 부과하는 것이 아니다(대법원 2017. 6. 8. 선고 2015두49696 판결 등 참조). 이처럼 부동산 취득세는 부동산의 취득행위를 과세객체로 하는 행위세이므로, 그에 대한 조세채권은 그 취득행위라는 과세요건 사실이 존재함으로써 당연히 발생하고, 일단 적법하게 취득한 이상 그 이후에 계약이 합의해제되거나, 해제조건의 성취 또는 해제권의 행사 등에 의하여 소급적으로 실효되었다 하더라도 이는 이미 성립한 조세채권의 행사에 아무런 영향을 줄 수 없다(대법원 2001. 4. 10. 선고 99두6651 판결 등 참조).
- 이러한 취득세의 성격과 본질 등에 비추어 보면, 매매계약에 따른 소유권이전등기가 마쳐

진 이후 매매계약에서 정한 조건이 사후에 성취되어 대금감액이 이루어졌다 하더라도, 당초의 취득가액을 기준으로 한 적법한 취득행위가 존재하는 이상 위와 같은 사유는 특별한 사정이 없는 한 취득행위 당시의 과세표준을 기준으로 성립한 조세채권의 행사에 아무런 영향을 줄 수 없고, 따라서 위와 같은 사유만을 이유로 구 지방세기본법(2015. 5. 18. 법률 제13293호로 개정되기 전의 것, 이하 같다) 제51조 제1항 제1호에 따른 통상의 경정청구나 같은 조 제2항 제3호, 구 지방세기본법 시행령(2017. 3. 27. 대통령령 제27958호로 전부개정되기 전의 것, 이하 같다) 제30조 제2호 등에 따른 후발적 경정청구를 할 수도 없다.

- 가. 원심은 그 채택 증거를 종합하여, 원고들이 이 사건 아파트를 각 분양받은 후 아파트 공급계약서 및 분양금 납부확인서를 첨부하여 그에 따라 취득세를 신고·납부하면서 아파트에 관한 각 소유권이전등기를 마친 사실, 그런데 이 사건 아파트의 시세가 입주지정 만료일부터 약 2년이 지난 시점에 분양금보다 하락하자, 원고들은 위 공급계약에 따라 잔금납부유예분을 일정 범위 내에서 시세하락분과 상계처리한 사실, 원고들이 상계처리한 금액에 상응하는 취득세환급을 구하는 경정청구를 하였으나 피고가 이를 거부하는 이 사건 처분을 한 사실 등을 인정하였다.
- 나. 그런 다음 원심은, 원고들이 주장하는 사유가 구 지방세기본법 제51조 제1항 제1호에서 정한 통상의 경정청구 사유에 해당한다고 볼 수 없고, 구 지방세기본법 제51조 제2항 제3호에서 정한 후발적 경정청구 기간이 도과된 이후에 원고들이 경정을 청구하였다는 등의 이유를 들어 이 사건 처분이 적법하다고 판단하였다.

※ 대법 2014두39272, 2014. 11. 27. 판결의 경우 취득신고 후 감액된 금액에 대하여 후발적 경정청구가 가능하다고 판단하고 있어 위 사건과 다소 대립되는 견해로 볼 수 있으나, 해당 판결의 경우에는 법원 판결에 의하여 금액이 조정된 반면, 본문 판결은 사인 당사자 간의 합의에 의하여 금액이 조정되었다는 점에서 차이가 있음.

8.5 주택사업금융 보증수수료를 조기 상환하여 일부를 환급받은 경우 사후적으로 건축물 신축 과표에서 감액경정 할 수 있는지 여부

【관련 판례】 대법 2020두33572, 2020. 5. 14. 판결(심리불속행) : 항소기각

- 지방세기본법 제50조

〈쟁점요지〉 주택을 건설하기 위한 자금을 조달하면서 주택도시보증공사에게 보증수수료를 지급한 이후, 차입금을 조기에 상환함에 따라 보증수수료의 일부를 환급받은 경우 후발적 경정청구 또는 본래적 경정청구 사유로 보아 경정청구를 할 수 있는지 여부

판결요지 ••• 쟁점 보증수수료의 경우 취득시기 이전에 확정된 것이고 당초 약정에 의한 반환이 예정되어 있다고 하더라고 적법하게 납세의무가 성립된 이후에는 영향을 미칠 수 없음. 조세채무가 확정된 경우에는 사인 간의 약정에 의하여 임의로 변경되는 것을 허용하지 않겠다는 취지임

- 이 사건 보증수수료는 이 사건 토지의 취득을 위한 절차비용에 해당하고, 그 보증수수료의 전액에 대한 지급원인이 원고의 이 사건 토지에 관한 취득시기 이전에 이미 발생 또는 확정되었다고 할 것이므로, 이 사건 보증수수료의 전액이 이 사건 토지의 취득가격에 포함된다고 봄이 타당하다. ① … 이 사건 보증수수료의 전액을 지급하고 이 사건 보증서를 발급받지 않았다면 이 사건 대출을 통한 이 사건 토지의 취득은 이루어질 수 없었다. ② 이 사건 보증수수료는 이 사건 대출약정을 체결하거나 이 사건 대출금을 인출하기 위해 일시에 모두 지출된 비용으로, 대출약정의 대출기간에 따라 계속적으로 발생하는 이자(건설자금이자)와는 당초부터 그 발생원인이나 법률적 성격 등을 달리하고 있다. ③ … 보증신청과 주택도시보증공사의 이에 대한 승인이 바로 이 사건 보증수수료의 지급원인에 해당하는데, 이러한 지급원인은 원고의 이 사건 토지의 취득시기 이전에 이미 발생되어 확정되어 있었다. ④ 반면 위와 같은 대출보증의 보증기간은 보증금액 및 보증요율과 함께 이 사건 보증수수료를 산정하기 위한 하나의 기준에 불과하고, …
- 이 사건 보증수수료의 전액이 이 사건 토지의 취득 당시 그 취득가격에 포함되어 이를 기준으로 한 원고의 이 사건 토지에 관한 취득행위가 엄연히 존재하고 있었던 사실을 앞서 본 법리에 비추어 보면, 설령 원고의 이 부분 주장처럼 당초 유보 내지 예정된 보증수수료 반환조건에 따라 원고가 이 사건 토지를 취득한 이후 이 사건 보증수수료의 일부를 반환받았다고 하더라도 이러한 사정은 당초의 취득세 과세표준을 기초로 성립한 피고의 조세채권에 아무런 영향을 미치지 않으므로, 후발적 경정청구 사유에 해당한다고 볼 수

없다. 아울러 조세채권관계는 조세법률주의, 즉 그 성립요건과 실현절차 등에 관하여 모두 법률에 의하여 정하여지므로 각 세법이 정한 과세요건이 충족되면 조세채무는 성립하고, 일단 성립한 조세채무는 원칙적으로 변경할 수 없는 것이며, 조세채무 성립 후의 사정변경은 원칙적으로 조세채권·채무관계에 소급적 작용을 끼치지 않는다고 하여야 한다. 따라서 사인 간의 계약에 의하여 조세채권관계를 변경시키는 일은 원칙적으로 인정되지 않는다. 과세요건의 기초를 이루는 법률관계의 당사자들이 조세채무 성립 후 사정변경을 이유로 그 법률관계를 자유로이 변경·소멸시킬 수 있고, 이로 인해 이미 성립한 조세채무가 소급적으로 소멸된다면 국가의 재정작용 및 과세행정은 애당초 설 자리가 좁아진다(헌법재판소 1999. 5. 27. 선고 97헌바66 등 결정 참조). 바로 이러한 이유에서 판례도 위와 같이 부동산 취득세와 관련하여 그 취득을 위한 매매계약 등에 관하여 사후적으로 발생한 합의해제 등의 사유를 후발적 경정청구 사유로 삼을 수 없다는 태도를 취하고 있는 것으로 해석된다(전주지법 2018구합2718, 2019. 4. 18. 판결).

- 이 사건 취득세 경정청구 사유는 "과세표준 신고서 중 토지취득세 과세표준금액의 오기·탈루 등"이 아니고 "2018. 2. 23.자 토지취득세 과세표준금액의 환급"인 사실이 인정된다. 따라서 이 사건 취득세 경정청구는 후발적 이유에 의하여 과세표준이나 세액 등의 계산의 기초에 변동이 생겼음을 이유로 한 것이라고 봄이 상당하다. 따라서 이 사건 취득세 경정청구가 지방세기본법 제50조 제1항 제1호의 통상의 경정청구에도 해당한다는 원고의 주장은 이유 없다(광주고법(전주) 2019누1284, 2020. 1. 8. 판결).

8.6 이의신청 서식에 후발적 경정청구의 내용을 기재하여 청구한 경우 이를 후발적 경정청구로 볼 수 있는지

【관련 판례】 대법 2022두5661, 2022. 12. 29. 판결(심리불속행) : 상고기각

- 지방세기본법 제50조

〈쟁점요지〉 이의신청 서식에 후발적 경정청구를 구하는 내용을 기재하여 제출한 경우 후발적 경정청구로 볼 수 있는지 및 처분청인 행정시장이 아닌 도지사에게 본 서류가 제출되어 도지사가 이를 거부한 경우 거부처분에 대한 피고적격 여부

판결요지 별지 서식은 행정청의 편의를 위한 것에 불과하므로 그 내용이 후발적 경정청구를 구하는 것이라면 이의신청 서식에 작성했더라도 경정청구로 보아야 하고, 행정청이

아닌 권한 없는 도지사가 그 경정청구를 거부한 경우 도지사에 대한 피고적격이 인정됨.

- 지방세기본법 시행규칙이 제13조에서 후발적 경정청구에 대하여는 별지 제14호의 서식을, 제36조에서 이의신청에 대하여는 별지 제56호의 서식을 이용하도록 규정하고 있으나, 이는 주로 행정청의 편의를 위한 규정에 불과하고 후발적 경정청구는 엄격한 형식을 요하지 아니하는 서면행위라고 봄이 타당하므로, 후발적 경정청구를 구하는 내용의 서면이 다른 서식에 의하여 제출된 경우에도 그 표제를 불문하고 이를 후발적 경정청구로 보아야 할 것이다(대법원 1995. 11. 7. 선고 94누10061 판결 취지 등 참조).
- 항고소송의 대상이 되는 행정청의 처분이라 함은 원칙적으로 행정청의 공법상 행위로서 특정사항에 대하여 법규에 의한 권리의 설정 또는 의무의 부담을 명하거나 기타 법률상의 효과를 직접 발생하게 하는 등 국민의 권리의무에 직접 관계가 있는 행위를 말하고(대법원 1996. 3. 22. 선고 96누433 판결, 대법원 2007. 10. 26. 선고 2005두7853 판결 등 참조), 상대방 있는 행정처분의 경우 특별한 사정이 없는 한 행정처분서에 표시된 행정청이 당해 처분을 행한 행정청이라 할 것이고, 행정처분의 취소소송은 다른 법률에 특별한 규정이 없는 한 그 처분을 행한 행정청에게 적법한 처분권한이 있는지의 여부를 불문하고 그 처분행정청을 피고로 하여야 한다(대법원 2010. 6. 10. 선고 2010두214 판결, 대법원 1994. 6. 29.자 94두25 결정 등 참조). 권한없는 행정기관이 한 당연무효인 행정처분을 취소할 수 있는 권한은 당해 행정처분을 한 처분청에게 속하고, 당해 행정처분을 할 수 있는 적법한 권한을 가지는 행정청에게 그 취소권이 귀속되는 것이 아니다(대법원 1984. 10. 10. 선고 84누463 판결 등 취지 참조). 이 사건에 관하여 보건대, 앞서 본 바와 같이 이 사건 서면의 성격이 후발적 경정청구인 이상, 이 사건 처분의 실질은 그 후발적 경정청구를 거부하는 취지로서 항고소송의 대상이 되는 행정청의 처분에 해당한다고 봄이 타당하고, 피고 제주특별자치도지사가 이 사건 처분을 한 이상 적법한 처분권한이 있는지 여부를 불문하고 피고적격이 인정되며, 피고 제주특별자치도지사가 서귀포시 소재 부동산에 대한 재산세의 부과·징수권 및 경정청구, 수정신고 등의 업무에 관한 권한을 행정시의 장인 피고 서귀포시장에게 위임(지방자치법 제104조 제1항, 제주특별자치도 사무위임 조례 제3조 제3항, 별표 3)한 이상, 이 사건 처분은 권한이 없는 행정청에 의한 것으로 위법하여 취소되어야 하고, 이와 달리 원고가 그 취소권이 없는 피고 서귀포시장을 상대로 이 사건 처분의 취소를 구할 것은 아니다. 따라서 원고의 피고 ○○도지사에 대한 청구는 이유 있다(이 사건 처분이 위와 같은 하자로 인하여 취소되는 경우 처분 권한이 있는 피고 ○○○시장이 원고의 위 후발적 경정청구에 대하여 결정·경정하거나 결정·경정하여야 할 이유가 없다는 것을 통지하여야 하고, 원고는 그 처분 내용에 따라 피고 000시장을 처분청으로 하는 불복절차를 진행하여야 할 것이다(광주고법(제주) 2022누1052, 2022. 8. 17. 판결).

관련 기타 판례

1. 분필을 전제로 부동산에 대한 취득신고를 한 후, 분필상의 문제로 인하여 법원의 조정에 의하여 당초 계약금액을 감액 지급하기로 한 경우, 후발적 경정청구 사유인 '소송에 대한 판결에 따라 다른 것으로 확정되었을 때'로 볼 수 있음(대법 2014두39272, 2014. 11. 27. 판결).
2. 증여계약이 무효로 확정되는 경우라면, 60일 이후에 해제되었다고 하더라고 경정청구 또는 후발적 경정청구대상에 해당됨(대법 2016두49983, 2016. 12. 15. 판결).
3. 납세의무가 적법하게 성립한 이후에 합의해제 성격의 조정에 의한 매매계약의 취소가 있었더라도 당 성립한 취득세 납세의무에는 영향을 미칠 수 없고, 이는 후발적 경정청구 사유에도 해당하지 않음(대법 2018두38345, 2018. 9. 13. 판결).
4. 재산세는 경정청구의 대상이 되지 아니하나, 재산세가 부과된 이후에 소송에 의하여 당초 취득이 무효로 판결된 경우 해당 판결은 후발적 경정청구의 사유가 되므로, 취득행위가 원인무효가 된 재산에 대하여 재산세의 부과취소를 구하는 후발적 경정청구를 할 수 있음(대법 2018두61932, 2019. 2. 28. 판결).
5. 기존의 신고납부 당시의 사실관계를 바탕으로 하여 단지 과세대상인지 여부의 판단만을 달리하는 내용의 확정판결은 취득세 수정신고 요건에 해당하지 아니함(대법 2016두40511, 2016. 8. 17. 판결).

   ※ 지방세기본법상 경정청구 제도 도입 이전의 수정신고제도를 다루고 있음에 유의

6. 당해 사건이 아닌 유사 사건에 대한 판결은 후발적 사유의 수정신고 대상에 해당되지 않음(대법 2010두1804, 2015. 10. 29. 판결).

   ※ 상동

7. 토지 수용재결에 대한 원인무효 판결이 확정된 경우, 비록 재산세에 대해서는 경정청구 기관이 도과되어 더 이상 다툴 수 없게 되었다 하더라도 이를 이유로 종합부동산세에 대한 후발적 경정청구까지 거부할 수는 없음(대법 2022두5661, 2022. 12. 29. 판결).
8. 지방세기본법 신설에 따라 취득세에 대한 경정청구권이 인정되지 않았던 당시의 취득세 감면분에 대한 농어촌특별세에 대해서도 경정청구권이 존재하지 않으므로, 판결에 따라 취득이 무효로 결정된 경우에도 동 농특세는 후발적 경정청구의 대상이 되지 아니함(대법 2022두5661, 2022. 12. 29. 판결).

9. 지방세 환급, 충당 및 환급가산금

9.1 조세환급금 거부결정이 항고소송의 대상이 되는 처분에 해당하는지

【관련 판례】 대법 92누14250, 1994. 12. 2. : 상고기각

- 지방세기본법 제60조

지방세기본법 제60조(지방세환급금의 충당과 환급)

① 지방자치단체의 장은 납세자가 납부한 지방자치단체의 징수금 중 과오납한 금액이 있거나 「지방세법」에 따라 환급하여야 할 환급세액(지방세관계법에 따라 환급세액에서 공제하여야 할 세액이 있을 때에는 공제한 후 남은 금액을 말한다)이 있을 때에는 즉시 그 오납액, 초과납부액 또는 환급세액을 지방세환급금으로 결정하여야 한다. 이 경우 착오납부, 이중납부로 인한 환급청구는 대통령령으로 정하는 바에 따른다.

〈쟁점요지〉 국세환급결정이나 환급신청에 대한 거부결정이 항고소송의 대상이 되는 처분인지 여부

판결요지 조세환급금에 대한 결정은 이미 납세의무자의 환급청구권이 확정된 조세환급금에 대하여 내부적인 사무처리절차로서 과세관청의 환급절차를 규정한 것에 지나지 않으므로, 납세자의 조세환급을 구하는 신청에 대한 환급거부결정 등은 불복대상 처분으로 볼 수 없음

- 국세기본법 제51조 제1항, 제2항, 제52조 및 같은법 시행령 제30조, 제31조의 규정에 의하면, 세무서장은 납세의무자가 국세·가산금 또는 체납처분비로서 납부한 금액 중 오납

액 · 초과납부액 또는 환급세액이 있는 때에는 즉시 이를 국세환급금으로 결정함과 아울러 그에 대한 국세환급가산금을 결정하여, 법 제51조 제2항 각 호 소정의 경우에는 위 금액을 당해 국세, 가산금 또는 체납처분비로 충당하고, 그 뜻을 당해 납세자에게 통지하여야 하며 잔여금이 있는 때에는 이를 지급명령관에게 통보하여 납세자에게 환급하게 하도록 되어 있다.

- 위 규정에 따른 세무서장의 국세환급금(국세환급가산금 포함, 이하 같다)에 대한 결정은 이미 납세의무자의 환급청구권이 확정된 국세환급금에 대하여 내부적인 사무처리절차로서 과세관청의 환급절차를 규정한 것에 지나지 않고 그 규정에 의한 국세환급금의 결정에 의하여 비로소 환급청구권이 확정되는 것이 아니므로, 국세환급금결정이나 그 결정을 구하는 신청에 대한 환급거부결정 등은 항고소송의 대상이 되는 처분이라고 볼 수 없다는 것이 당원의 견해(당원 1989. 6. 15. 선고 88누6436 전원합의체 판결)이다.

9.2 조세환급금의 충당이 항고소송의 대상이 되는 처분에 해당하는지

【관련 판례】 대법 2005다15482, 2005. 6. 10. : 상고기각

- 지방세기본법 제60조

지방세기본법 제60조(지방세환급금의 충당과 환급)

② 지방자치단체의 장은 지방세환급금으로 결정한 금액을 대통령령으로 정하는 바에 따라 다음 각 호의 지방자치단체의 징수금에 충당하여야 한다. 다만, 제1호(「지방세징수법」 제22조 제1항 각 호에 따른 납기 전 징수 사유에 해당하는 경우는 제외한다) 및 제3호의 지방세에 충당하는 경우에는 납세자의 동의가 있어야 한다.

1. 납세고지에 따라 납부하는 지방세
2. 체납액
3. 이 법 또는 지방세관계법에 따라 신고납부하는 지방세

③ 제2항 제2호의 징수금에 충당하는 경우 체납액과 지방세환급금은 체납된 지방세의 법정납부기한과 대통령령으로 정하는 지방세환급금 발생일 중 늦은 때로 소급하여 같은 금액만큼 소멸한 것으로 본다.

〈쟁점요지〉 국세환급금의 충당이 항고소송의 대상이 되는 처분인지 여부

판결요지 ••• 조세환급금의 충당도 불복대상이 아님

- 국세징수법 제21조, 제22조가 규정하는 가산금 또는 중가산금은 국세를 납부기한까지 납부하지 아니하면 과세청의 확정절차 없이도 법률 규정에 의하여 당연히 발생하는 것이므로 가산금 또는 중가산금의 고지가 항고소송의 대상이 되는 처분이라고 볼 수 없고(대법원 2000. 9. 22. 선고 2000두2013 판결 참조), 또한 국세환급금의 충당은 국세기본법 제51조 제2항, 같은법 시행령 제31조 등에 그 요건이나 절차, 방법이 따로 정하여져 있고 그 효과로 같은 법 제26조 제1호가 납세의무의 소멸을 규정하고 있으나, 그 충당이 납세의무자가 갖는 환급청구권의 존부나 범위 또는 소멸에 구체적이고 직접적인 영향을 미치는 처분이라기보다는 국가의 환급금 채무와 조세채권이 대등액에서 소멸되는 점에서 오히려 민법상의 상계와 비슷하고, 소멸대상인 조세채권이 존재하지 아니하거나 당연무효 또는 취소되는 경우에는 그 충당의 효력이 없는 것으로서 이러한 사유가 있는 경우에 납세의무자로서는 충당의 효력이 없음을 주장하여 언제든지 민사소송에 의하여 이미 결정된 국세환급금의 반환을 청구할 수 있다고 할 것이므로, 이는 국세환급결정이나 그 국세환급신청에 대한 거부결정과 마찬가지로 항고소송의 대상이 되는 처분이라고 할 수 없다(대법원 1994. 12. 2. 선고 92누14250 판결 참조).

9.3 교부청구권 행사에 있어 특정 부동산에 부과된 세금을 당해 부동산의 환가대금에서 우선적으로 충당해야만 하는지

【관련 판례】 대법 97다38763, 1997. 12. 12. : 상고기각

- 지방세기본법 제60조

〈쟁점요지〉 납세의무자 소유의 다른 부동산에 관하여 등기부상 이해관계를 가진 제3자가 있는 경우, 과세 관청이 교부청구권을 행사함에 있어 특정 부동산에 대하여 부과된 세금을 당해 부동산의 환가대금에서 먼저 충당해야만 하는 의무를 부담하는지 여부

판결요지 ••• 과세관청이 교부청구권을 행사하는 데 있어 특정 부동산에 대하여 부과된 세금을 당해 부동산의 환가대금에서 먼저 충당해야만 하는 의무가 없음

- 원고의 다음과 같은 주장, 즉 이 사건과 같이 납세의무자가 소유하는 여러 부동산에 관하여 등기부상 이해관계를 가진 제3자가 있는 경우 과세 관청으로서는 특정 부동산에 대하여 부과된 세금을 당해 부동산의 환가대금에서 먼저 충당하여야 할 조리 내지 신의칙상의 의무를 부담하는 것으로 보아야 할 것이므로 피고가 소외 주식회사 일양주택의 지방세 체납을 이유로 1993. 12. 28. 미리 압류하여 둔 이 사건 과세 부동산에 관하여 근저당권자인 소외 고려종합금융 주식회사의 신청에 따라 1996. 4. 20. 부산지방법원 동부지원 96타경7545호로 개시된 임의경매절차에서 같은 달 29. 위 체납세액을 교부청구한 이상 그 배당할 금액 금 3,331,858,801원에서 전액 추심이 가능함에도 이에 의한 조세 충당을 방기한 채, 피고의 과세 관할을 벗어나 있는 데다가 배당할 금액이 금 138,637,208원에 지나지 아니하는 이 사건 경매 부동산의 경매절차에서 원고보다 우선하여 배당받을 것을 요구하는 것은 교부청구권의 내재적인 한계를 벗어난 것이라는 주장에 관하여, 이른바 당해세의 우선권(1991. 12. 14. 법률 제4415호로 개정되기 전의 구 지방세법 제31조 제2항 제3호 단서)은 지방세의 확보라는 공공복리를 위하여 법률로 규정되었을 따름이므로 그것만으로 곧 과세 관청이 납세의무자 소유의 다른 재산에 관한 이해관계인을 배려하여야 할 조리 내지 신의칙상의 의무를 부담한다고는 보기 어려우며, 납세의무자가 소유하는 여러 재산 중 우선권이 인정되는 특정 재산에 대한 환가대금의 수액이 확정될 때까지 다른 재산에 대한 일반채권자 등의 환가추심을 봉쇄할 방도가 없는 과세 관청에서 그 교부청구권을 행사하는 데 있어 원고의 주장과 같은 내재적 한계가 있다고 볼 수 없다는 이유로 배척하였는바, 조세채권의 공익성으로 말미암아 조세우선의 원칙이 납세자의 특정 재산이 아니라 그의 총재산을 목적물로 하여 법률상 당연히 발생하는 점에 비추어 보면(대법원 1983. 11. 23. 선고 83다카1105 판결 참조), 원심의 위 판단은 정당하고, 거기에 소론과 같이 헌법상의 재산권 보장, 조세우선권의 한계에 관한 법리오해 및 평등권 및 신의칙 위배의 위법이 없다. 논지는 이유 없다.

9.4 지방세 환급가산금을 지방세기본법상 이율보다 높게 지급할 수 있는지

【관련 판례】 대법 2015다214097, 2016. 8. 31. 판결(심리불속행) : 기각

- 지방세기본법 제62조

지방세기본법 제62조(지방세환급가산금)

① 지방자치단체의 장은 지방세환급금을 제60조에 따라 충당하거나 지급할 때에는 대통령령으로 정하는 날부터 지방세환급금을 충당하는 날이나 지급결정을 하는 날까지의 기간과 금융회사의 예금이자율 등을 고려하여 대통령령으로 정하는 이율에 따라 계산한 금액(이하 "지방세환급가산금"이라 한다)을 지방세환급금에 가산하여야 한다.

〈쟁점요지〉 취득세 등을 이중 부과함으로써 환급금이 발생한 경우 법정이자 성격의 환급가산금 이외 원고가 주장하는 민법이 정한 법정이율인 연 5% 내지 소송촉진 등에 관한 특례법상 법정이율인 연 20%로 지급할 수 있는지

판결요지 ••• **지방세 환급금 발생에 따른 지방세기본법상 환급가산금 규정은 민법상 법정이자 규정에 대한 특칙이므로 민법상 규정을 따를 필요가 없음**

- 피고는 원고가 납부한 과오납금에 대하여 그 납부일 다음 날부터 원고의 반환 청구일까지는 지방세기본법 등의 환급가산금 규정에 의한 법정이자를 지급할 의무를 부담하고, 이는 민법상 법정이자 규정에 대한 특칙으로서 민법상 법정이자에 관한 규정이 적용될 여지가 없으므로, 이에 따라 피고가 민법상 법정이자가 아닌 위 지방세기본법 등의 규정에 따른 환급가산금 118,310원을 지급하겠다고 통보한 것은 정당하다.
- 나아가 원고는 이 사건 행정소송의 소장 부본 송달 다음 날부터는 소송촉진 등에 관한 특례법이 정한 연 20%의 이율을 적용하여야 한다고 주장하나, 소송촉진 등에 관한 특례법상의 법정이율은 금전채무의 이행을 명하는 판결을 선고할 경우에 관한 것으로서(소송촉진 등에 관한 특례법 제3조), 행정처분을 취소하는 내용의 행정소송에는 적용될 여지가 없으므로 위와 같은 원고의 주장은 더 살펴볼 필요 없이 이유 없다(서울북부지방법원 2015나30150, 2015. 4. 17. 판결).

9.5 과세처분의 부존재나 당연무효를 원인으로 하는 부당이득반환청구권(지방세환급금)의 소멸시효는 몇 년인지

【관련 판례】 대법 96다29878, 1996. 11. 12. : 상고기각

- 지방세기본법 제64조

지방세기본법 제64조(지방세환급금의 소멸시효)

① 지방세환급금과 지방세환급가산금에 관한 납세자의 권리는 행사할 수 있는 때부터 5년간 행사하지 아니하면 시효로 인하여 소멸한다.

〈쟁점요지〉 지방세 오납의 기초가 된 신고 또는 부과처분의 당연무효나 부존재를 원인으로 한 부당이득반환청구권의 소멸시효기간

판결요지 과세처분이 당연무효 또는 부존재 처분에 해당하여 부당이득반환청구권을 행사할 수 있는 경우라고 하더라도, 해당 과오납금에 대한 환급청구권의 소멸시효는 5년임

- 구 지방세법 제48조 제2항(1994. 12. 22. 법률 제4794호로 개정되기 전의 것)은 "지방자치단체의 징수금의 과오납으로 인하여 생긴 지방자치단체에 대한 청구권은 그 권리를 행사할 수 있는 때로부터 5년간 행사하지 아니할 때에는 시효로 인하여 소멸한다."고 규정하고 있는바, 위 규정에 따른 5년의 소멸시효기간이 적용되는 징수금의 오납에는 납부 또는 징수의 기초가 된 신고(신고납세의 경우) 또는 부과처분(부과과세의 경우)에 단순히 취소할 수 있는 위법사유가 있는 경우뿐만 아니라, 그 위법이 중대하고도 명백하여 당연무효이거나 신고 또는 부과처분이 부존재하여 그로 인한 부당이득반환청구권을 바로 행사할 수 있는 경우도 포함된다고 할 것이므로, 같은 취지에서 원심이 이 사건 원고의 피고에 대한 부당이득반환청구권의 소멸시효기간이 위 규정에 따라 5년이라고 판단하고, 소멸시효기간에 관한 일반 규정인 민법 제162조 제1항을 적용하여 그 소멸시효기간을 10년으로 보아야 한다는 원고의 주장을 배척한 조치는 정당하고, 거기에 상고이유로 주장하는 바와 같은 법리오해의 위법이 있다고 할 수 없다.

관련 기타 판례

1. 과세처분이 부존재하거나 당연무효이므로 발생하는 오납액과 과세처분의 일부 취소 및 경정에 따라 발생하는 초과납부액으로부터 발생하는 환급금의 소멸시효 기산일은 납부 또는 징수일임(대법 88누6436, 1989. 6. 15. 판결).
2. 소멸시효가 진행되지 않는 '권리를 행사할 수 없는 때'라고 함은 그 권리행사에 법률상의 장애사유, 예컨대 기간의 미도래나 조건불성취 등이 있는 경우를 말하는 것이고, 사실상 권리의 존재나 권리행사 가능성을 알지 못하였고 알지 못함에 과실이 없다고 하여도 이러한 사유는 법률상 장애사유에 해당하지 않음(대법 84누572, 1984. 12. 26. 판결).
3. 과세처분의 취소 또는 무효확인청구의 소가 비록 행정소송이라고 할지라도 조세환급을 구하는 부당이득반환청구권의 소멸시효 중단사유인 재판상 청구에 해당한다고 볼 수 있음(대법 91다32053, 1992. 3. 31. 판결).

10. 지방세의 우선 징수권

10.1 납세자가 신고납부세목을 신고한 경우와 부과고지받은 경우 각각의 법정기일은 언제인지

【관련 판례】 대법 98다53646, 2000. 1. 28. : 파기환송

- 지방세기본법 제71조

지방세기본법 제71조(지방세의 우선 징수)

① 지방자치단체의 징수금은 다른 공과금과 그 밖의 채권에 우선하여 징수한다. 다만, 다음 각 호의 어느 하나에 해당하는 공과금과 그 밖의 채권에 대해서는 우선 징수하지 아니한다.

3. 다음 각 목의 어느 하나에 해당하는 기일(이하 "법정기일"이라 한다) 전에 전세권·질권·저당권의 설정을 등기·등록한 사실 또는 「주택임대차보호법」 제3조의 2 제2항 및 「상가건물 임대차보호법」 제5조 제2항에 따른 대항요건과 임대차계약증서상의 확정일자(確定日字)를 갖춘 사실이 대통령령으로 정하는 바에 따라 증명되는 재산을 매각하여 그 매각금액에서 지방세(그 재산에 대하여 부과된 지방세는 제외한다)를 징수하는 경우의 그 전세권·질권·저당권에 따라 담보된 채권, 등기 또는 확정일자를 갖춘 임대차계약증서상의 보증금

   가. 과세표준과 세액의 신고에 의하여 납세의무가 확정되는 지방세의 경우 신고한 해당 세액에 대해서는 그 신고일

   나. 과세표준과 세액을 지방자치단체가 결정 또는 경정하는 경우에 고지한 해당 세액(제55조 제1항 제3호·제4호에 따른 납부지연가산세 및 제56조 제1항 제3호에 따른 특별징수 납부지연가산세를 포함한다)에 대해서는 납세고지서의 발송일

〈쟁점요지〉 교육세에 있어서의 국세기본법 제35조 제1항 제3호 소정의 '법정기일'의 판단방법

판결요지 ••• 납세자가 신고납부세목을 신고한 경우에는 신고일이 법정기일이 되나 신고기한까지

신고하지 않아 과세관청에서 부과고지한 경우에는 납세고지서 발송일이 법정기일이 됨

- 교육세법(1990. 12. 31. 법률 제4279호로 전문 개정된 것, 이하 '개정 교육세법'이라 한다) 제3조 제4호, 제9조 제2항, 제10조에 의하면, 지방세법의 규정에 의한 등록세의 납세의무자는 지방세법의 규정에 의하여 등록세액을 신고・납부하는 때에 그에 대한 교육세를 신고・납부하여야 하고, 교육세가 신고・납부되지 아니한 등의 경우에는 시장・군수 또는 그 위임을 받은 공무원이 지방세 부과・징수의 예에 의하여 이를 부과・징수하도록 되어 있는바, 국세기본법 제22조 제1항, 국세기본법 시행령 제10조의2에 의하면 교육세에 있어서는 그 과세표준과 세액을 정부에 신고하는 때에 그 세액이 확정되나, 다만 이를 정부가 결정하는 경우에는 그 결정하는 때에 그 세액이 확정되는 것이므로, 등록세의 납세의무자가 등록세액에 대한 교육세액을 신고한 경우에는 국세기본법 제35조 제1항 단서 제3호 (가)목의 규정에 따라 저당권 등의 피담보채권과의 우선관계를 결정하는 법정기일을 그 신고일로 볼 것이나, 등록세의 납세의무자가 위 교육세액을 신고하지 않은 경우에 시장・군수 등이 지방세 부과의 예에 의하여 그 세액 등을 결정하는 경우에는 같은 조 제1항 단서 제3호 (나)목의 규정에 따라 그 법정기일을 납세고지서의 발송일로 보아야 할 것이다.

10.2 | 가산금과 중가산금의 법정기일은 언제인지

【관련 판례】 대법 2000다52882, 2001. 12. 28. : 파기환송

- 지방세기본법 제71조

〈쟁점요지〉 지방세법상 가산금・중가산금 법정기일의 판단에 있어 타 규정을 유추적용하여 그 납세의무가 확정되는 때를 법정기일로 볼 수 있는지

판결요지 ••• 가산금과 중가산금은 그 납부 기한이 경과하여 그 납세의무가 확정되는 날이 법정기일이 됨

- 가산금・중가산금의 법정기일에 관하여는 위 규정에서 따로 정한 바가 없으나, 법 제1조 제13호와 제27조 제1항 및 제2항의 규정에 의하면, 지방세를 납부기한까지 납부하지 아니한 때에는 이 법에 의하여 고지세액에 가산금을 가산하여 징수하고 납기경과 후 일정기한까지 납부하지 아니한 때에는 그 금액에 다시 소정의 중가산금을 가산하여 징수하도록 규정되어 있으므로, 가산금・중가산금은 법 제25조 소정의 납세고지서에 의한 본세의 납

부고지에서 고지된 납부기한이나 그 이후의 소정의 기한까지 체납된 세액을 납부하지 아니하면 과세관청의 가산금·중가산금에 대한 별도의 확정절차 없이 위 규정에 의하여 당연히 발생하고 그 액수도 확정되는 것이고, 따라서 가산금·중가산금의 법정기일은 법 제31조 제2항 제3호 (다)목의 규정을 유추 적용하여 가산금·중가산금 자체의 납세의무가 확정되는 때, 즉 납부고지에서 고지된 납부기한이나 그 이후의 소정의 기한을 도과할 때로 보아야 할 것이다(대법원 1998. 9. 8. 선고 97다12037 판결 참조).

10.3 지방세 우선권에 관한 법률이 개정되었을 경우 저당권은 어느 시점을 기준으로 법령을 적용해야 하는지

【관련 판례】 대법 2003다32483, 2004. 1. 16. : 파기환송

- 지방세기본법 제71조

〈쟁점요지〉 경매대금 배당 시 지방세 채권과 저당권 등에 의하여 담보된 채권과의 우열을 가리는 기준 시점에 관한 지방세법 규정이 개정되었으나 개정 전에 이미 구 지방세법 규정에 의한 기준 시점이 도래한 경우, 그 적용 법조

판결요지 ••• 저당권이 설정된 부동산에 지방세 우선권에 관한 법률의 적용은 배당일이 아닌 저당권설정일 당시에 유효한 관련 법률을 적용함

- 구 지방세법(1994. 12. 22. 법률 제4794호로 개정되기 전의 것, 이하 같다) 제31조 제1항, 제2항에 의하면, 지방자치단체의 징수금은 원칙적으로 공과금 기타의 채권에 우선하여 징수하지만, 지방세의 과세기준일 또는 납세의무 성립일 전에 설정한 전세권, 질권 또는 저당권(이하 '저당권 등'이라 한다)의 목적인 재산의 매각으로 인하여 생긴 금액 중에서 지방세와 가산금을 징수하는 경우에 그 저당권 등에 의하여 담보되는 채권에 대하여는 우선할 수 없다고 규정하고 있으므로, 지방세의 과세기준일 또는 납세의무 성립일 후에 성립된 저당권 등에 의하여 담보되는 채권에 대하여는 지방세와 가산금을 우선하여 징수할 수 있으며(대법원 1997. 4. 11. 선고 96다40264 판결 참조), 이와 같이 구 지방세법이 규정한 지방세채권과 저당권 등에 의하여 담보된 채권과의 우선관계를 정하는 기준 시점은 조세우선권을 인정하는 공익목적과 담보권의 보호 사이에 조화를 이루는 시점에서 담보권자가 조세채권의 존부와 그 범위를 확인할 수 있는 시기를 기준으로 삼아 규정한 것이므로 구 지방세법이 시행될 당시에 그 규정에서 정한 기준시점이 도래한 경우에 그에 따라 우선관

계를 정하여야 하고, 배당을 할 때에 그 규정이 개정되었다고 하더라도 개정된 규정에 따라 우선관계가 달라지는 것은 아니다(대법원 1999. 4. 27. 선고 97다8939 판결 참조).

10.4 법정기일을 판단함에 있어 '신고한 해당 세액'의 범위에 감면신청한 세액도 포함되는지

【관련 판례】 대법 2004다46328, 2005. 2. 17. : 상고기각

- 지방세기본법 제71조

〈쟁점요지〉 법정기일을 판단함에 있어 '신고한 당해 세액'의 의미 및 단지 감면세액에 대하여 부과되는 다른 조세의 과세표준을 특정하기 위하여 그 감면세액을 신고서에 기재한 경우가 위 '신고한 당해 세액'에 포함되는지 여부

판결요지 신고납부 세목의 법정기일 판단기준인 "신고한 해당 세액"에 감면신청 세액은 포함되지 않는 것이므로, 감면 후 사후 과세처분(추징)을 하게 된 경우에는 해당 납세고지서 발송일이 법정기일이 됨

- 지방세법 제31조 제1항, 제2항 제3호 (가)목 및 (나)목은, 지방자치단체의 징수금은 다른 공과금과 기타의 채권에 우선하여 징수하되, 그 법정기일 전에 설정한 전세권, 질권 또는 저당권의 목적인 재산의 매각으로 인하여 생긴 금액 중에서 지방세와 가산금(그 재산에 대하여 부과된 지방세와 가산금을 제외한다)을 징수하는 경우에 그 전세권, 질권 또는 저당권에 의하여 담보된 채권에 대하여는 그러하지 아니하다고 규정하고, 한편 그 법정기일에 관하여는, 과세표준과 세액의 신고에 의하여 납세의무가 확정되는 지방세에 있어서 '신고한 당해 세액'에 대하여는 그 신고일, 과세표준과 세액을 지방자치단체가 결정·경정 또는 수시부과결정하는 경우에 고지한 당해 세액에 대하여는 그 납세고지서의 발송일이라고 규정하고 있는바, 여기에서 '신고한 당해 세액'이라 함은 당해 세액을 납부할 의무가 있음을 전제로 신고한 세액만을 의미하는 것이고, 당해 세액을 납부할 의무가 면제됨을 전제로 단지 위 감면세액에 대하여 부과되는 다른 조세의 과세표준을 특정하기 위하여 그 감면되는 세액을 신고서에 기재하였을 뿐인 경우에는 위 법 소정의 '신고한 당해 세액'에 포함되지 아니한다고 할 것이다.

10.5 담보권이 설정된 부동산에 대하여 조세채권 압류가 이루어진 경우 우선순위

【관련 판례】 대법 2005두9088, 2005. 11. 24. : 상고기각

- 지방세기본법 제71조

〈쟁점요지〉 공시를 수반하는 담보물권이 설정된 부동산에 관하여 그 설정일 이전에 법정기일이 도래한 조세채권과 설정일 이후에 법정기일이 도래한 조세채권에 기한 압류가 모두 이루어진 경우, 각 조세채권과 담보물권 사이의 우선순위

판결요지 ••• 담보물권 설정일 이전에 법정기일이 도래한 조세채권과 담보물권 설정일 이후에 법정기일이 도래한 조세채권에 기한 압류가 모두 이루어진 경우, 당해세를 제외한 조세채권과 담보물권 사이의 우선순위는 그 법정기일과 담보물권 설정일의 선후에 의하여 결정하고, 이와 같은 순서에 의하여 매각대금을 배분한 후, 압류선착주의에 따라 각 조세채권 사이의 우선순위가 결정됨

- 구 국세기본법(2002. 12. 18. 법률 제6782호로 개정되기 전의 것, 이하 '구 국세기본법'이라 한다) 제35조 제1항 제3호와 구 지방세법(2003. 12. 30. 법률 제7013호로 개정되기 전의 것, 이하 '구 지방세법'이라 한다) 제31조 제2항 제3호는 공시를 수반하는 담보물권과 관련하여 거래의 안전을 보장하려는 사법적 요청과 조세채권의 실현을 확보하려는 공익적 요청을 적절하게 조화시키려는 데 그 입법의 취지가 있으므로, 조세채권이 담보물권의 본질적 내용까지 침해해서는 아니 되고, 담보물권을 취득하는 사람이 장래 그 재산에 관하여 담보물권에 우선하는 조세채권의 발생을 상당한 정도로 예측할 수 있어야 그 조세채권을 담보물권에 우선하여 징수할 수 있다고 할 것이며(대법원 1999. 3. 18. 선고 96다23184 전원합의체 판결, 2003. 1. 10. 선고 2001다44376 판결 등 참조), 구 국세기본법 제36조 제1항과 구 지방세법 제34조 제1항이 채택하고 있는 이른바 압류선착주의의 취지는 다른 조세채권자보다 조세채무자의 자산 상태에 주의를 기울이고 조세 징수에 열의를 가지고 있는 징수권자에게 우선권을 부여하고자 하는 것이므로(대법원 2003. 7. 11. 선고 2001다83777 판결 참조), 압류선착주의는 조세채권 사이의 우선순위를 정하는 데 적용할 수 있을 뿐 조세채권과 공시를 수반하는 담보물권 사이의 우선순위를 정하는 데 적용할 수는 없다.
- 따라서 공시를 수반하는 담보물권이 설정된 부동산에 관하여 담보물권 설정일 이전에 법정기일이 도래한 조세채권과 담보물권 설정일 이후에 법정기일이 도래한 조세채권에 기한 압류가 모두 이루어진 경우, 당해세를 제외한 조세채권과 담보물권 사이의 우선순위는 그 법정기일과 담보물권 설정일의 선후에 의하여 결정하고, 이와 같은 순서에 의하여 매

각대금을 배분한 후, 압류선착주의에 따라 각 조세채권 사이의 우선순위를 결정하여야 할 것이다.

10.6 배당요구 종기일 이후 요구한 당해세에 대한 지방세 우선권을 적용할 수 있는지

【관련 판례】 대법 2011다44160, 2012. 5. 10. 판결 : 상고기각

- 지방세기본법 제71조

〈쟁점요지〉 배당요구 종기일 이후에 우선배당 대상인 당해세인 재산세의 중가산금을 배당을 요구한 경우 지방세 우선권을 적용할 수 있는지 여부

판결요지 ••• 배당요구 종기일까지 배당 신청을 하지 아니한 경우에는 지방세 우선권을 적용할 수 없음

- 적법한 배당요구를 하지 아니한 경우에는 실체법상 우선변제청구권이 있는 채권자라 하더라도 그 매각대금으로부터 배당을 받을 수 없으며, 배당요구의 종기까지 배당요구한 채권자라 할지라도 채권의 일부 금액만을 배당요구한 경우 배당요구의 종기 이후에는 배당요구하지 아니한 채권을 추가하거나 확장할 수 없고(대법원 2008. 12. 24. 선고 2008다65242 판결 등 참조), 이는 추가로 배당요구를 하지 아니한 채권이 이자 등의 부대채권이라 하더라도 마찬가지이다.

10.7 신탁재산 경매시 위탁자 명의로 부과된 당해세인 재산세를 배당받을 수 있는지

【관련 판례】 대법 2010다67593, 2012. 7. 12. 판결 : 파기환송

- 지방세기본법 제71조

〈쟁점요지〉 신탁재산의 경매처분에 있어 해당 재산에 대하여 위탁자 명의로 부과되어 있는 재산세를 당해세로 보아 배당(교부청구)을 받을 수 있는지 여부 (쟁점 신탁재산의 경우 수탁자명의로 등기되어 있으나 재산세는 위탁자에게 부과하고 있음)

판결요지 ••• 신탁재산의 경우 위탁자와 소유권이 단절되므로 위탁자 명의로 부과된 지방세에 대하여는 교부청구 할 수 없음

- 신탁법 제1조 제2항의 취지에 의하면 신탁법에 의한 신탁재산은 대내외적으로 소유권이 수탁자에게 완전히 귀속되고 위탁자와의 내부관계에서 그 소유권이 위탁자에게 유보되어 있는 것이 아닌 점, 신탁법 제21조 제1항은 신탁의 목적을 원활하게 달성하기 위하여 신탁재산의 독립성을 보장하는 데 그 입법취지가 있는 점 등을 종합적으로 고려하면, 신탁법 제21조 제1항 단서에서 예외적으로 신탁재산에 대하여 강제집행 또는 경매를 할 수 있다고 규정한 '신탁사무의 처리상 발생한 권리'에는 수탁자를 채무자로 하는 것만이 포함되며, 위탁자를 채무자로 하는 것은 여기에 포함되지 아니한다고 할 것이다.
- 위탁자에 대한 조세채권에 기하여는 수탁자 소유의 신탁재산을 압류하거나 그 신탁재산에 대한 집행법원의 경매절차에서 배당을 받을 수 없음에도 불구하고, 원심은 이와 달리 위탁자인 소외 회사에 대한 재산세 및 가산금 채권이 신탁법 제21조 제1항 단서의 '신탁사무의 처리상 발생한 권리'에 해당하여 수탁자인 원고 소유의 신탁재산에 대한 경매절차에서 배당받을 수 있다고 판단하였다. 이러한 원심의 판단에는 신탁법 제21조 제1항 단서의 '신탁사무의 처리상 발생한 권리'에 관한 법리를 오해하여 판결 결과에 영향을 미친 위법이 있다고 할 것이다.

※ 대법 2012다34047, 2013. 2. 28. 판결 : 파기환송
  - 신탁재산의 경매처분에 있어 해당 재산에 대하여 위탁자 명의로 부과되어 있는 당해세인 재산세에 대하여 교부청구를 하여 배당을 받을 수 없음

10.8 종전 소유자로부터 승계된 저당권이 양수인에게 부과된 당해세보다 우선하는지

【관련 판례】 대법 2012다200530, 2012. 9. 27. 판결 : 항소기각

- 지방세기본법 제71조

〈쟁점요지〉 저당권이 설정되어 있는 부동산이 제3자에게 저당권과 함께 양도된 이후 양수인이 당해 부동산에 대한 당해세(재산세)를 납부하지 않은 경우 승계된 저당권에 우선하여 체납된 재산세를 배당받을 수 있는지 여부

판결요지 ••• 저당권 설정 당시의 관계를 기본으로 우선권이 판단되므로 승계된 저당권이 양수인에게 부과된 당해세보다 우선함

- 지방세법 제31조 제2항 제3호의 규정에 의하여 국세나 지방세에 대하여 우선적으로 보호되는 저당권부채권은 당해 저당권설정 당시의 저당권자와 설정자와의 관계를 기본으로 하여 그 설정자의 납세의무를 기준으로 한 취지라고 해석되고, 이러한 국세나 지방세 등의 우선징수로부터 배제되는 저당권부채권은 설정자가 저당부동산을 제3자에게 양도하고 그 양수인에게 국세나 지방세의 체납이 있었다고 하더라도 특별규정이 없는 현행 법하에서는 그 보호의 적격이 상실되는 것은 아니라고 할 것이므로, 저당부동산이 저당권설정자로부터 제3자에게 양도되고 위 설정자에게 저당권에 우선하여 징수당할 아무런 조세의 체납이 없었다면 양수인인 제3자에 대하여 부과한 국세 또는 지방세를 법정기일이 앞선다거나 당해세라 하여 우선 징수할 수 없다.

10.9 압류재산 매각 취소로 발생한 계약보증금 수입을 체납된 지방세에 우선 충당한 것이 적법한지

【관련 판례】 대법 2011두20321, 2013. 7. 12. 판결 : 파기환송

- 지방세기본법 제60조 및 제71조

〈쟁점요지〉 압류재산 매각 취소로 발생한 계약보증금을 배분함에 있어 법정기일이 확정일자보다 뒤에 도래하는 지방세에 먼저 충당한 것이 체납자의 변제이익을 해하는 것에 해당하여 위법한 것인지 여부

판결요지 ••• 어느 체납액을 먼저 충당하더라도 체납자의 변제이익을 해하는 것으로 볼 수 없어 위법하지 않음

- 개정규정의 취지가 계약보증금을 국고에 그대로 귀속하도록 정하였던 이 사건 법률조항에 대한 헌법재판소의 헌법불합치결정 이후 이를 체납처분비, 압류와 관계된 국세·가산금 순서로 충당하고, 잔액은 체납자에게 지급하도록 함으로써 조세채권을 신속히 확보할 수 있도록 개선·보완하려는 데 있다는 사정까지 보태어 본다면, 압류에 관계되는 지방세가 여럿 있고 계약보증금이 그 지방세들의 총액에 부족한 경우에 공매 대행자인 피고가 민법상 법정변제충당의 법리에 따르지 아니하고 어느 지방세에 먼저 충당하더라도, 체납자의 변제이익을 해하는 것과 같은 특별한 사정이 없는 한 그 조치를 위법하다고 할 수 없다(대법원 2007. 12. 14. 선고 2005다11848 판결 참조).
- 또한, 이 사건의 경우 계약보증금을 법정기일이 원고의 확정일자보다 뒤에 도래하는 지방세에 먼저 충당한다고 해서 절차개시의 주체로 하여금 그 근거가 된 채권 및 절차비용을 넘어서서 추가적인 이익을 취득하도록 허용한다고 단정할 수 없고, 체납세액의 각 납부기한도 모두 도래하였으며 납부기한이 경과한 후 60개월 이내에는 중가산금이 가산되기도 하는 점{구 지방세법(2010. 3. 31. 법률 제10221호로 전부 개정되기 전의 것) 제27조 참조} 등에 비추어 볼 때, 그와 같은 충당이 체납자의 변제이익을 해한다고 할 수도 없다.

10.10 압류선착주의에서 의미하는 '압류에 관계되는 국세'에 압류에 효력이 미치는 국세도 포함되는지

【관련 판례】 대법 2005다11848, 2007. 12. 14. : 상고기각

- 지방세기본법 제73조

지방세기본법 제73조(압류에 의한 우선)

① 지방자치단체의 징수금의 체납처분에 의하여 납세자의 재산을 압류한 후 다른 지방자치단체의 징수금 또는 국세의 교부청구가 있으면 압류에 관계되는 지방자치단체의 징수금은 교부청구한 다른 지방자치단체의 징수금 또는 국세에 우선하여 징수한다.
② 다른 지방자치단체의 징수금 또는 국세의 체납처분에 의하여 납세자의 재산을 압류한 후 지방자치단체의 징수금 교부청구가 있으면 교부청구한 지방자치단체의 징수금은 압류에 관계되는 지방자치단체의 징수금 또는 국세의 다음으로 징수한다.

〈쟁점요지〉 압류선착주의에 관한 국세기본법 제36조 제1항에서 말하는 '압류에 관계되는 국세'란 압류의 원인이 된 세금만을 의미하는지 여부

판결요지 압류선착주의에서 의미하는 '압류에 관계되는 국세'란 압류의 원인이 된 국세뿐만 아니라 압류의 효력이 미치는 국세도 포함됨

- 국세기본법 제36조 제1항은, 국세의 체납처분에 의하여 납세자의 재산을 압류한 경우에 다른 국세·가산금·체납처분비 또는 지방세의 교부청구가 있은 때에는 압류에 관계되는 국세·가산금 또는 체납처분비는 교부청구한 다른 국세·가산금·체납처분비와 지방세에 우선하여 징수한다고 하여 이른바 압류선착주의를 규정하고 있고, 국세징수법 제47조 제2항은 같은 법 제45조에 의한 부동산 등의 압류는 당해 압류 재산의 소유권이 이전되기 전에 법정기일이 도래한 국세에 대한 체납액에 대하여도 그 효력이 미친다고 규정하고 있는바, 위 규정의 취지는 한번 압류등기를 하고 나면 동일한 자에 대한 압류등기 이후에 발생한 체납세액에 대하여도 새로운 압류등기를 거칠 필요없이 당연히 압류의 효력이 미친다는 것이므로(대법원 1988. 1. 19. 선고 87누827 판결 참조), 압류선착주의에서 의미하는 '압류에 관계되는 국세'란 압류의 원인이 된 국세뿐만 아니라 위와 같이 국세징수법 제47조에 의하여 압류의 효력이 미치는 국세를 포함하는 것이다.

10.11 민사소송법에 의한 강제집행절차로 조세가 징수되는 경우에도 압류선착주의가 적용되는지

【관련 판례】 대법 2001다83777, 2003. 7. 11. : 상고기각

- 지방세기본법 제73조

〈쟁점요지〉 조세징수에 있어서 이른바 압류선착주의(압류선착주의)의 취지 및 구 민사소송법에 의한 강제집행절차를 통하여 조세가 징수되는 경우에도 압류선착주의가 적용되는지 여부

판결요지 압류선착주의는 조세가 체납처분절차를 통하여 징수되는 경우뿐만 아니라 구 민사소송법에 의한 강제집행절차를 통하여 징수되는 경우에도 적용됨

- 국세기본법 제36조 제1항은 "국세의 체납처분에 의하여 납세자의 재산을 압류한 경우에 다른 국세, 가산금 체납처분비 또는 지방세의 교부청구가 있는 때에는 압류에 관계되는 국세, 가산금, 체납처분비는 교부청구한 다른 국세, 가산금, 체납처분비와 지방세에 우선하여 징수한다."라고 규정하고 있고, 지방세법 제34조 제1항은 "납세의무자 또는 특별징수의무자의 재산을 지방자치단체의 징수금의 체납처분에 의하여 압류하였을 경우에 다른 지방자치단체의 징수금 또는 국세의 교부청구가 있을 때에는 압류에 관계되는 지방자치단체의 징수금은 교부청구에 관계되는 다른 지방자치단체의 징수금 또는 국세에 우선하여 징수한다."라고 규정하여 조세의 징수에 있어서 이른바 압류선착주의(압류선착주의)를 채택하고 있는바, 그 취지는 다른 조세채권자보다 조세채무자의 자산 상태에 주의를 기울이고 조세 징수에 열의를 가지고 있는 징수권자에게 우선권을 부여하고자 하는 것이고, 이러한 압류선착주의의 입법 취지와, 이 사건과 같이 압류재산이 금전채권인 경우에 제3채무자가 그의 선택에 의하여 체납처분청에 지급하는지 집행법원에 집행공탁을 하는지에 따라 조세의 징수액이 달라지는 것은 부당하다는 점을 고려하여 보면, 압류선착주의는 조세가 체납처분절차를 통하여 징수되는 경우뿐만 아니라 구 민사소송법(2002. 1. 26. 법률 제6626호로 개정되기 전의 것)에 의한 강제집행절차를 통하여 징수되는 경우에도 적용되어야 할 것이다.

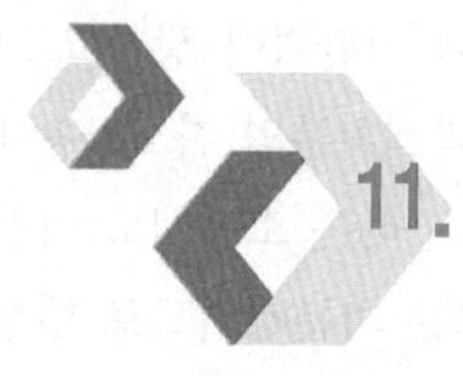

11. 불복청구(처분성) 인정 여부 및 소의 적격

11.1 취소소송 청구가 기각된 처분에 대해 재차 무효확인의 소를 제기할 수 있는지

【관련 판례】 대법 98다10854, 1998. 7. 24. : 상고기각

- 지방세기본법 제89조

지방세기본법 제89조(청구대상)

① 이 법 또는 지방세관계법에 따른 처분으로서 위법·부당한 처분을 받았거나 필요한 처분을 받지 못하여 권리 또는 이익을 침해당한 자는 이 장에 따른 이의신청 또는 심판청구를 할 수 있다.

③ 제1항에 따른 자가 위법·부당한 처분을 받았거나 필요한 처분을 받지 못함으로 인하여 권리 또는 이익을 침해당하게 될 이해관계인으로서 다음 각 호의 어느 하나에 해당하는 자는 이 장에 따른 이의신청 또는 심판청구를 할 수 있다.

1. 제2차 납세의무자로서 납부통지서를 받은 자
2. 이 법 또는 지방세관계법에 따라 물적납세의무를 지는 자로서 납부통지서를 받은 자
3. 보증인

〈쟁점요지〉 과세처분 취소소송에서 청구가 기각된 확정판결의 기판력이 과세처분 무효확인소송에 미치는지 여부

판결요지 취소소송에 대하여 기각 판결이 확정된 경우에는 그 처분에 대하여 다시 과세처분의 무효라는 이유로 그 무효확인을 구할 수 없음

- 과세처분의 취소소송은 과세처분의 실체적, 절차적 위법을 그 취소원인으로 하는 것으로서 그 심리의 대상은 과세관청의 과세처분에 의하여 인정된 조세채무인 과세표준 및 세액의 객관적 존부, 즉 당해 과세처분의 적부가 심리의 대상이 되는 것이며, 과세처분 취소청

구를 기각하는 판결이 확정되면 그 처분이 적법하다는 점에 관하여 기판력이 생기고 그 후 원고가 이를 무효라 하여 무효확인을 소구할 수 없는 것이어서 과세처분의 취소소송에서 청구가 기각된 확정판결의 기판력은 그 과세처분의 무효확인을 구하는 소송에도 미친다(대법원 1996. 6. 25. 선고 95누1880 판결 참조). 한편, 취소소송의 피고는 처분청이므로 행정청을 피고로 하는 취소소송에 있어서의 기판력은 당해 처분이 귀속하는 국가 또는 공공단체에 미친다고 할 것이다.

11.2 납세의무부존재확인의 소, 무효확인의 소, 부당이득반환청구의 소 등을 그 권리주체가 아닌 처분청을 상대로 제기할 수 있는지

【관련 판례】 대법 1997누2254, 1999. 9. 3. : 파기환송

- 같은 취지의 판결 : 대법 99두2765, 2000. 9. 8.
- 지방세기본법 제89조

〈쟁점요지〉 구(區)가 특별시세인 취득세를 신고 납부받아 특별시에 납입할 경우의 귀속주체를 구로 보아 납세의무부존재확인의 소를 제기할 수 있는지 여부

판결요지 행정소송법에 의한 부존재확인소(대법 99두2765, 2000. 9. 8. 판결) 및 무효확인의 소(대법 1993누2117, 1993. 8. 24. 판결), 민사상 부당이득반환청구의 소(대법 2005다12544, 2005. 5. 13. 판결)는 처분청이 아닌 권리주체를 상대로 소를 제기하여야 함

- 납세의무부존재확인의 소는 공법상의 법률관계 그 자체를 다투는 소송으로서 당사자소송이라 할 것이므로 행정소송법 제3조 제2호, 제39조에 의하여 그 법률관계의 한쪽 당사자인 국가·공공단체 그 밖의 권리주체가 피고적격을 가진다 할 것이다.
- 한편, 구 지방세법(1997. 8. 30. 법률 제5406호로 개정되기 전의 것) 제6조 제1항 제1호 (가)목, 제53조, 구 지방세법 시행령(1997. 10. 1. 대통령령 제15489호로 개정되기 전의 것) 제41조 제1항을 종합하여 볼 때, 구(區)가 특별시세인 취득세를 신고 납부받아 특별시에 납입하는 것은 특별시 사무의 처리에 불과하여 구가 취득세를 신고 납부받는다고 하더라도 이로 인한 취득세의 귀속주체는 특별시라 할 것이고(대법원 1997. 11. 11. 선고 97다8427 판결 참조), 국세기본법 제2조 제1호 (거)목, 농어촌특별세법 제3조 제5호, 제5조 제

1항 제6호, 제7조 제4항, 제5항, 제10조, 농어촌특별세법 시행령 제6조 제1항, 제10조 제1항, 제2항을 종합하여 보면, 구가 국세인 농어촌특별세를 지방세인 취득세에 부가하여 신고 납부받아 국고에 납입하는 것은 국가 사무의 처리에 불과하여 구가 농어촌특별세를 신고 납부받는다고 하더라도 이로 인한 농어촌특별세의 귀속주체는 국가라 할 것이다(대법원 1995. 2. 28. 선고 94다31419 판결 참조).

11.3 과세관청이 이의신청 사유를 받아들여 직권으로 취소한 부과처분을 특별한 사유 없이 재처분할 수 있는지

【관련 판례】 대법 2009두1020, 2010. 9. 30. : 파기환송

- 지방세기본법 제89조

〈쟁점요지〉 과세처분에 관한 이의신청 절차에서 과세관청이 이의신청 사유가 옳다고 인정하여 과세처분을 직권으로 취소한 후, 특별한 사유 없이 이를 번복하여 종전 처분과 동일한 내용의 처분을 할 수 있는지 여부

판결요지 이의신청 진행 중에 납세자의 주장을 인정하여 처분청에서 직권으로 부과처분을 취소하였다가, 이후 유사 사례가 대법원 결정으로 과세가 정당하다고 최종 판단된 경우 직권으로 취소한 부과처분을 다시 재처분할 수는 없음

- 구 국세기본법(2007. 12. 31. 법률 제8830호로 개정되기 전의 것) 제55조는 불복이라는 제목으로 제1항, 제3항에서 위 법 또는 세법에 의한 처분으로서 위법 또는 부당한 처분을 받거나 필요한 처분을 받지 못함으로써 권리 또는 이익의 침해를 당한 자는 심사청구 또는 심판청구를 하여 그 처분의 취소 또는 변경이나 필요한 처분을 청구할 수 있고, 위 처분이 국세청장이 조사·결정 또는 처리하거나 하였어야 할 것인 경우를 제외하고는 심사청구 또는 심판청구에 앞서 이의신청을 할 수 있다고 규정하고 있으며, 같은 법 제66조 제1항, 제4항은 이의신청은 대통령령이 정하는 바에 의하여 불복의 사유를 갖추어 당해 처분을 하거나 하였어야 할 세무서장에게 하거나 당해 세무서장을 거쳐 소관 지방국세청장에게 하여야 하고, 이의신청을 받은 세무서장과 지방국세청장은 이의신청심의위원회의 심의를 거쳐 이를 결정하여야 한다고 규정하고 있으며, 같은 조 제6항은 위와 같은 결정을 함에 있어 심사청구에 대한 결정절차(제64조 제1항 단서, 제2항) 및 결정(제65조)의 규정을 준용하도록 규정하고 있다.

- 과세처분에 관한 불복절차과정에서 과세관청이 그 불복사유가 옳다고 인정하고 이에 따라 필요한 처분을 하였을 경우에는, 불복제도와 이에 따른 시정방법을 인정하고 있는 위와 같은 법 규정들의 취지에 비추어 동일 사항에 관하여 특별한 사유 없이 이를 번복하고 다시 종전의 처분을 되풀이할 수는 없는 것이므로, 과세처분에 관한 이의신청 절차에서 과세관청이 이의신청 사유가 옳다고 인정하여 과세처분을 직권으로 취소한 이상 그 후 특별한 사유 없이 이를 번복하고 종전 처분을 되풀이하는 것은 허용되지 아니한다(대법원 1978. 1. 31. 선고 77누266 판결, 대법원 2010. 6. 24. 선고 2007두18161 판결 등 참조).

11.4 무효확인의 소가 제소기간 내에 제기되었다면 취소청구의 소도 적법하게 제기된 것으로 볼 수 있는지

【관련 판례】 대법 2005두3554, 2005. 12. 23. : 파기환송

- 지방세기본법 제89조

〈쟁점요지〉 동일한 행정처분에 대하여 무효확인의 소를 제기하였다가 그 후 그 처분의 취소를 구하는 소를 추가적으로 병합한 경우, 주된 청구인 무효확인의 소가 적법한 제소기간 내에 제기되었다면 추가로 병합된 취소청구의 소도 적법하게 제기된 것으로 볼 수 있는지 여부

판결요지 ••• 행정처분의 무효확인 청구의 소에는 그 처분의 취소를 구하지 않는다고 주장하고 있지 않는 이상 그 취소를 구하는 취지도 포함됨

- 하자 있는 행정처분을 놓고 이를 무효로 볼 것인지 아니면 단순히 취소할 수 있는 처분으로 볼 것인지는 동일한 사실관계를 토대로 한 법률적 평가의 문제에 불과하고, 행정처분의 무효확인을 구하는 소에는 특단의 사정이 없는 한 그 취소를 구하는 취지도 포함되어 있다고 보아야 하는 점(대법원 1987. 4. 28. 선고 86누887 판결, 1994. 12. 23. 선고 94누477 판결 등 참조) 등에 비추어 볼 때, 동일한 행정처분에 대하여 무효확인의 소를 제기하였다가 그 후 그 처분의 취소를 구하는 소를 추가적으로 병합한 경우, 주된 청구인 무효확인의 소가 적법한 제소기간 내에 제기되었다면 추가로 병합된 취소청구의 소도 적법하게 제기된 것으로 봄이 상당하다 할 것이다(대법원 1976. 4. 27. 선고 75누251 판결 참조).

11.5 과세관청이 체납자가 점유하는 제3자 소유의 물건을 압류한 경우 체납자가 그 처분의 취소나 무효확인을 구할 수 있는지

【관련 판례】 대법 2005두15151, 2006. 4. 13. : 파기환송

- 지방세기본법 제89조

〈쟁점요지〉 **과세관청이 체납자가 점유하고 있는 제3자 소유의 동산을 압류한 경우, 체납자가 그 압류처분의 취소나 무효확인을 구할 원고적격이 있는지 여부**

판결요지 ••• **과세관청이 조세의 징수를 위하여 체납자가 점유하고 있는 제3자의 소유 동산을 압류한 경우, 그 체납자는 그 압류처분에 의하여 당해 동산에 대한 점유권의 침해를 받은 자로서 그 압류처분에 대하여 법률상 직접적이고 구체적인 이익을 가짐**

- 과세관청이 납세자에 대한 체납처분으로서 제3자의 소유 물건을 압류하고 공매하더라도 그 처분으로 인하여 제3자가 소유권을 상실하는 것이 아니고, 체납처분으로서 압류의 요건을 규정하는 '국세징수법' 제24조 각 항의 규정을 보면 어느 경우에나 압류의 대상을 납세자의 재산에 국한하고 있으므로, 납세자가 아닌 제3자의 재산을 대상으로 한 압류처분은 그 처분의 내용이 법률상 실현될 수 없는 것이어서 당연무효이지만(대법원 1993. 4. 27. 선고 92누12117 판결, 1996. 10. 15. 선고 96다17424 판결, 2001. 2. 23. 선고 2000다68924 판결 등 참조), '국세징수법' 제38조, 제39조의 규정에 의하면 동산의 압류는 세무공무원이 점유함으로써 행하되, 다만 일정한 경우 체납자로 하여금 보관하게 하고 그 사용 또는 수익을 허가할 수 있을 뿐이며, 여기서의 점유는 목적물에 대한 체납자의 점유를 전면적으로 배제하고 세무공무원이 이를 직접 지배, 보관하는 것을 뜻하므로, 과세관청이 조세의 징수를 위하여 체납자가 점유하고 있는 제3자의 소유 동산을 압류한 경우, 그 체납자는 그 압류처분에 의하여 당해 동산에 대한 점유권의 침해를 받은 자로서 그 압류처분에 대하여 법률상 직접적이고 구체적인 이익을 가지는 것이어서 그 압류처분의 취소나 무효확인을 구할 원고적격이 있다고 할 것이다.

11.6 취득신고 후 납부하지 않아 신고된 세액에 가산세를 더하여 고지한 것이 소송의 대상이 되는 부과처분에 해당하는지

【관련 판례】 대법 2013두27128, 2014. 4. 24. 판결 : 상고기각

- 지방세기본법 제89조

〈쟁점요지〉 납세자가 취득세를 자진신고한 후에 이를 납부하지 않아 과세관청에서 신고된 세액에 가산세를 더하여 납세고지를 한 것이 항고소송의 대상이 되는 부과처분으로 볼 수 있는지

판결요지 징수처분과 가산세 부과처분이 혼합된 처분에 불과하고 새로운 본세 부과처분으로 볼 수 없어 이를 대상으로 본세 부과처분 취소소송 제기 불가함

- 신고납세방식의 조세는 원칙적으로 납세의무자가 스스로 과세표준과 세액을 정하여 신고하는 행위에 의하여 납세의무가 구체적으로 확정된다. 따라서 그 납세의무를 이행하지 아니한다고 하여 과세관청이 신고된 세액에 납부불성실가산세를 더하여 납세고지를 하였더라도, 이는 신고에 의하여 확정된 조세채무의 이행을 명하는 징수처분과 그에 대한 가산세의 부과처분 및 그 징수처분이 혼합된 처분일 뿐이다(대법원 2014. 2. 13. 선고 2013두19066 판결 등 참조).

※ 대법 2016두52651, 2017. 1. 12. 판결(심리불속행) : 기각
- 취득세 신고에 따른 납부고지서 교부 행위는 납세자 편의도모 차원의 사무적 행위에 불과하여 취득세 부과 등의 행정처분이라 할 수 없음

11.7 제소기간 경과로 본세의 납세의무가 확정된 경우, 본세의 하자를 이유로 납부불성실가산세의 하자를 다툴 수 없는지

【관련 판례】 대법 2013두27128, 2014. 4. 24. 판결 : 상고기각

- 지방세기본법 제89조

〈쟁점요지〉 취득세를 신고한 후 제소기간 경과로 본세에 대하여 더 이상 다툴 수 없게 된 경우, 신고 후 무납부된 세액에 함께 부과된 납부불성실가산세에 대하여도 다툴 수가 없는지(즉, 본세의 제소기간이 도과하였더라도 본세의 납세의무가 성립되지 않은 경우에는 제소기간 내에 불복 제기된 납부불성실가산세에 대하여는 다툴 수 있는지)

판결요지 ••• 납부불성실가산세는 본세의 납세의무가 성립하지 않는 경우 이를 부과징수 할 수 없고, 본세의 제소기간이 도과한 경우라도 본세의 하자를 이유로 납부불성실가산세의 하자를 다툴 수 있음

- 구 지방세법 제120조, 제121조 제1항 제2호 등에 의하면 납부불성실가산세는 본세의 납세의무자가 법령에서 정한 기간 내에 신고납부하여야 할 세액을 납부하지 아니하였거나 산출세액에 미달하게 납부한 때에 부과·징수하는 것이므로 본세의 납세의무가 아예 성립하지 아니한 경우에는 이를 부과·징수할 수 없고, 이러한 법리는 불복기간 등의 경과로 본세의 납세의무를 더 이상 다툴 수 없게 되었다고 하더라도 마찬가지이다. 따라서 원심이 이 사건 아파트의 취득과 관련하여 원고에게 본세 납세의무가 성립하였는지 여부를 심리·판단하지 아니한 채 제소기간 등의 경과로 본세의 납세의무를 더 이상 다툴 수 없게 되었다는 이유만으로 가산세 부과요건이 충족되었다고 판단한 것은 잘못이다.

11.8 가산세 면제신청 거부가 항고소송대상 처분 등에 해당하는지 및 가산세 면제 신청기한에 제한이 있는지

【관련 판례】 대법 2012두10987, 2012. 9. 27. 판결(심리불속행) : 항소기각

- 지방세기본법 제89조

〈쟁점요지〉 납세자가 처분청에 가산세 면제신청을 하자 이를 거부한 것이 항고소송의 대상이 되는 처분 등에 해당하는지 여부 및 가산세 면제신청을 할 수 있는 기한이 납부기한 종료일 등으로 제한되는지 여부

판결요지 ••• 항고소송 대상 처분에 해당하고 가산세 면제신청 기한제한이 없음

- 가산세 면제는 지방자치단체의 장에 의한 공권력의 행사로 납세자의 법률관계에 변동을 일으키는 것에 관한 것이므로, 원고의 가산세 면제신청을 거부한 이 사건 거부처분은 국민의 권리관계에 영향을 미치는 것으로서 항고소송의 대상이 되는 행정처분에 해당한다.
- 구 지방세법 제26조의2 소정의 납부기한 연장신청과는 달리 구 지방세법 제27조의2 제3항 소정의 가산세 면제신청은 본세의 납부기한 종료일 전까지 하여야 한다고 할 수 없으므로 피고의 이 부분 주장은 이유 없다(부산고법 2011누4367, 2012. 4. 27. 판결).

  ※ 가산세 면제신청에 대한 거부처분과 가산세 부과처분은 별개의 처분이므로 당초 가산세 면제신청의 신청기한은 제한이 없으나, 가산세 부과처분에 대한 불복은 처분을 안 날로부터 90일 이내에 이루어져야 함에 유의.

11.9 취득세 자진신고를 거부한 것이 항고소송의 대상이 되는 행정처분으로 볼 수 있는지

【관련 판례】 대법 2013두26996, 2014. 4. 10. 판결(심리불속행) : 항고기각

- 지방세기본법 제89조

〈쟁점요지〉 납세자가 골프장에 대한 지목변경이 사실상 완료되었다고 보아 취득신고를 하였음에도 처분청에서 취득시기가 도래하지 않았다고 보아 신고서를 반려한 것이 불복청구의 대상이 되는 처분으로 볼 수 있는지 여부

판결요지 관계 법규상 신청권이 있으므로 이를 거부한 것은 처분성이 있어 항고소송 대상임(단순히 신고를 수리하였다면 처분성이 있다고 보기 어려우나 신고를 거부한 경우에 처분성이 있는 것으로 판단)

- 지방세법(2010. 12. 27. 법률 제10416호로 개정되기 전의 것, 이하 '지방세법'이라 한다) 제18조, 제20조, 제21조에 따르면, 지방세법은 취득세의 징수방법으로 원칙적으로 신고납부의 방법을 취하고 있고, 납세의무자가 취득세 과세물건을 취득하고도 60일 이내에 과세표준에 따른 신고납부를 하지 아니하면, 지방세법에 따라 산출된 세액이나 그 부족한 세액부분에 신고불성실가산세, 납부불성실가산세를 합한 금액을 세액으로 하여 보통징수방법으로 징수하도록 규정하고 있는바, 이는 관계 법규에서 원고에게 신청권을 인정하고 있다고 할 것이고, 이에 대한 거부처분은 처분성이 있다고 할 것이므로, 이 사건 처분은 항고소송의 대상이 되는 행정처분에 해당하고, 피고의 항변은 이유 없다(춘천지법 2012구합483, 2013. 1. 18. 판결).

관련 기타 판례

1. 재산세 수시분을 부과한 후 해당 부과처분에 대하여 징수유예를 결정하고 새로이 납세고지서를 교부한 경우 이는 징수절차에 불과하므로 불복청구 대상인 부과처분으로 볼 수 없음(대법 2012두9727, 2012. 9. 11. 판결).
2. 조세의 부과처분과 징수처분은 별개의 독립한 처분이므로 부과처분에 중대하고 명백한 하자가 있어 무효가 되거나 부과처분이 취소되지 않는 한 부과처분에 하자가 있더라도 후행하는 징수처분의 효력에 영향을 미치지 아니하기 때문에 그 하자를 이유로 징수처분의 위법을 다툴 수 없음(대법 2012두16930, 2012. 10. 25. 판결).
3. 압류부동산에 대한 처분청의 공매예고통지는 항고소송의 대상이 되는 행정처분으로 볼 수 없음(대법 2014두7381, 2014. 8. 20. 판결).

4. 부과처분의 위법을 전제로 당초 처분의 취소를 구하지 아니한 채 바로 금전 반환을 구하는 청구소송을 제기한 경우 당연무효로 인정될 만한 하자도 없다면 금전의 반환 청구는 인정될 수 없음(대법 2016두33032, 2016. 5. 12. 판결).
5. 납부고지서 송달효력 미미로 무효확인 된 자동차세 과세처분 취소청구의 제소기간에 대한 제한은 없음(대법 2016두37188, 2016. 6. 28. 판결).
6. 양수인은 압류채권자인 국가에게 대항할 수 없으므로 세금 체납으로 압류되어 있는 부동산을 인수한 매수자에 대한 체납액 징수행위는 항고소송 대상이 되는 행정처분에 해당되지 않음(대법 2016두58611, 2017. 2. 23. 판결).
7. 과세관청이 과세표준 등을 재산정하여 납세자에게 취득세 신고서와 납부고지서를 교부한 행위는 원고의 취득세 신고가액보다 높은 가액으로 산정하여 납부고지서를 교부한 행위는 과세표준과 세액을 결정하거나 경정한 것이므로, 항고소송의 대상이 되는 부과처분에 해당됨(대법 2017두32364, 2017. 4. 28. 판결).
8. 취득세 감면신청 후 과세관청의 취득세 감면 결정이 이루어진 것을 경정이나 이의절차 없이 당초 신고내용과 동일한 세액을 납부하도록 고지한 경우 불복청구의 대상이 되는 행정처분에 해당함(대법 2019두40833, 2019. 8. 14. 판결).

11.10 법인세 부과처분이 취소되기 전에 법인세할 주민세 부과처분의 취소를 구할 수 있는지

【관련 판례】 대법 2010두26858, 2012. 10. 11. 판결 : 파기환송

- 지방세기본법 제89조

〈쟁점요지〉 구 법인세할 주민세에 대하여 불복을 제기하면서 그 전제로 당해 법인세할 주민세의 과표가 되는 국세인 법인세 부과처분의 하자를 다툴 수 있는지 여부

판결요지 ●●● 법인세 부과취소 전이라도 법인세할 주민세의 취소를 구할 수 있음

- 법인세할 주민세는 법인세법의 규정에 의하여 부과되는 법인세액을 과세표준으로 하여 당해 시·군 내에서 법인세의 납세의무가 있는 법인에게 부과하는 것이어서 법인세의 납세의무의 존재를 전제로 하고 있는 것이나, 법인세법에 의하여 부과되는 법인세액은 법인세할 주민세의 과세표준에 지나지 아니하므로, 법인세 부과처분에 대한 불복과는 별개로 과세표준이 되는 당해 법인세액의 결정이 위법하다는 이유로 그 취소를 구함과 동시에

별도로 그 위법을 이유로 법인세할 주민세의 부과처분의 취소를 구할 수 있다(대법원 1996. 9. 24. 선고 95누15445 판결 참조)(서울행법 2007구합17021, 2009. 11. 12. 판결).

※ 한편, 이 사건의 주된 쟁점은 국세인 법인세에 관한 것으로, 조세조약을 통한 조세회피에 대한 실질과세의 원칙 적용과 구 법인세법 시행령의 조세법률주의 위배 여부에 관한 것이었음. 특히 대법원[2])에서는 조세회피를 목적으로 형식상의 외국법인을 설립하여 법인세를 면탈하고자 한 경우 도관으로 이용한 국가와의 관련 조세조약을 적용할 수 없다고 판단한 바 있음.

관련 기타 판례

- 법인세 부과처분에 대한 불복과는 별개로 과세표준이 되는 해당 법인세액의 결정이 위법하다는 이유로 법인세분 지방소득세의 부과처분의 취소를 구할 수 있음(대법 2016두35861, 2020. 1. 16. 판결).

11.11 불복청구 단계에서 당초 경정청구를 한 금액을 초과하는 금액의 취소처분을 구할 수 있는지

【관련 판례】 대법 2022두66088, 2023. 3. 16. 판결(심리불속행) : 상고기각

- 지방세기본법 제89조

〈쟁점요지〉 납세자가 경정청구한 금액이 거부처분되자 불복을 제기하여 당초 경정청구를 한 금액을 초과하는 금액에 대한 취소처분을 구할 수 있는지 여부

판결요지 ••• 불복청구의 대상은 경정청구에 대한 거부처분을 대상으로 하므로, 당초 청구금액을 초과하는 불복청구는 존재하지 않는 처분을 대상으로 하는 것이어서 부적법함(각하대상)

- 납세의무자가 경정거부처분 취소소송에서 취소를 구할 수 있는 대상은 당초 납세의무자가 과세표준 및 세액에 관하여 경정청구한 것에 대하여 피고가 한 거부처분일 뿐이고 그

2) 대법 2010두11948, 2012. 4. 26. 판결
실질과세의 원칙은 조세조약의 규정을 해석·적용하는 기준으로도 삼을 수 있다고 전제한 다음, 이 사건 벨기에 법인들은 이 사건 주식의 인수와 양도에 관하여 형식상 거래당사자의 역할만을 수행하였을 뿐 그 실질적 주체는 원고들이며, 이러한 형식과 실질의 괴리는 오로지 조세회피의 목적에서 비롯되었으므로, 실질과세의 원칙에 의하여 이 사건 양도소득의 실질적 귀속자를 원고들로 보아야 하며, 이들은 영국 법인이어서 한·벨 조세조약 제13조 제3항이 적용될 수 없다.

경정청구한 세액을 초과한 신고·납부세액에 대해서까지 취소를 구하는 것은 당초부터 존재하지 않는 거부처분을 대상으로 하는 것이어서 부적법하다. 원고가 이 사건 부동산에 대한 취득세 등에 관하여 경정청구하면서 환급받아야 할 세액으로 신고한 금액은 8,566,852,070원이고 피고가 원고의 위 경정청구에 대하여 이 사건 거부처분을 한 것임을 앞서 본 바와 같다. 따라서 이 사건 소 중 당초의 환급청구세액 8,566,852,070원을 초과하여 경정청구 거부처분의 취소를 구하는 부분은 존재하지 않는 거부처분의 취소를 구하는 것으로서 그 자체로 부적법하다(수원지법 2019구합69743, 2021. 4. 22. 판결).

11.12 서류접수 없이 구두에 의한 이의신청을 효력이 있는 것으로 보아 각하 사유에서 배제할 수 있는지

【관련 판례】 대법 2020두34582, 2020. 6. 2. 판결(심리불속행) : 항소기각

- 지방세기본법 제90조

지방세기본법 제90조(이의신청)

이의신청을 하려면 그 처분이 있은 것을 안 날(처분의 통지를 받았을 때에는 그 통지를 받은 날)부터 90일 이내에 대통령령으로 정하는 바에 따라 불복의 사유를 적어 특별시세·광역시세·도세[도세 중 소방분 지역자원시설세 및 시·군세에 부가하여 징수하는 지방교육세와 특별시세·광역시세 중 특별시분 재산세, 소방분 지역자원시설세 및 구세(군세 및 특별시분 재산세를 포함한다)에 부가하여 징수하는 지방교육세는 제외한다]의 경우에는 시·도지사에게, 특별자치시세·특별자치도세의 경우에는 특별자치시장·특별자치도지사에게, 시·군·구세[도세 중 소방분 지역자원시설세 및 시·군세에 부가하여 징수하는 지방교육세와 특별시세·광역시세 중 특별시분 재산세, 소방분 지역자원시설세 및 구세(군세 및 특별시분 재산세를 포함한다)에 부가하여 징수하는 지방교육세를 포함한다]의 경우에는 시장·군수·구청장에게 이의신청을 하여야 한다.

〈쟁점요지〉 서류접수 없이 구두에 의한 이의신청이 있었던 것으로 확인되는 경우에도 이의신청의 효력이 있는 것으로 보아 각하 대상에서 제외할 수 있는지 여부

판결요지 ••• 이의신청은 서면행위에 해당하므로 구두에 의한 것은 인정되지 아니하므로 서면에 의한 이의신청이 있었음을 입증하지 못한 경우에는 각하 대상에 해당됨

- 처분이 있음을 안 날부터 90일을 넘겨 청구한 부적법한 심판청구에 대한 결정이 있은 후 그 결정서를 송달받은 날부터 90일 이내에 원래의 처분에 대하여 취소소송을 제기하였다고 하여 그 취소소송이 다시 제소기간을 준수한 것으로 되는 것은 아니다(대법원 2011. 11. 24. 선고 2011두18786 판결 등 참조).
- 피고 측 담당자가 휴대폰 문자메시지를 통하여 원고에게, 2017. 7. 21. 및 2017. 7. 25. 영농 관련 비용지출 증빙자료를 이메일로 보내줄 것을 각 요청하였고, 2017. 8. 28.에는 원고가 원하는 기준에 맞추어 과세처분을 하는 것은 불가능하다는 답변을 한 사실은 인정된다. … 그러나 지방세기본법 제90조 제1항 및 같은 법 시행령 제59조 제1항에 의하면 이의신청은 불복의 사유 등 일정한 사항을 기재한 이의신청서에 의하도록 규정하고 있으므로 지방세기본법상 이의신청은 서면행위로서 구두에 의한 이의신청은 인정되지 않고(대법원 1993. 10. 12. 선고 93누12190 판결 참조), 한편, 민원 처리에 관한 법률 제9조, 같은 법 시행령 제6조 제2항에 의하면, 행정기관의 장은 민원의 신청을 받았을 때에는 그 순서에 따라 민원처리부에 기록하고 해당 민원인에게 접수증을 발급하여야 한다. 그런데 원고가 2017. 7. 19. 피고에게 이 사건 처분에 대하여 서면에 의한 이의신청을 하여 접수되었음을 인정할 아무런 증거가 없고, 원고가 2017. 8. 11. 피고에게 추가로 제출하였다고 하는 소명자료(갑 제3호증) 또한 위 소명자료가 그 무렵 피고에게 제출되었음을 인정할 증거가 없으므로, 위 인정사실만으로는 원고가 이 사건 처분에 대한 적법한 이의신청 절차를 거쳤다고 보기 어렵다(의정부지법 2018구합17107, 2019. 8. 13. 판결).

11.13 재조사결정에 따른 심사청구나 심판청구, 행정소송의 제소기간의 기산점은 언제인지

【관련 판례】 대법 2007두12514, 2010. 6. 25. : 상고기각

- 지방세기본법 제90조 및 제91조

지방세기본법 제91조(심판청구)

① 이의신청을 거친 후에 심판청구를 할 때에는 이의신청에 대한 결정 통지를 받은 날부터 90일 이내에 조세심판원장에게 심판청구를 하여야 한다.

② 제1항에도 불구하고 다음 각 호의 어느 하나에 해당하는 경우에는 해당 호에서 정하는 날부터 90일 이내에 심판청구를 할 수 있다.

1. 제96조 제1항 본문에 따른 결정기간 내에 결정의 통지를 받지 못한 경우: 그 결정기간이

지난 날

2. 이의신청에 대한 재조사 결정이 있은 후 제96조 제4항 전단에 따른 처분기간 내에 처분결과의 통지를 받지 못한 경우: 그 처분기간이 지난 날

〈쟁점요지〉 재결청의 재조사결정에 따른 심사청구기간이나 심판청구기간 또는 행정소송의 제소기간의 기산점은 후속 처분의 통지를 받은 날로 보아야 하는지 여부

판결요지 재조사결정은 처분청의 후속 처분에 의하여 그 내용이 보완됨으로써 이의신청 등에 대한 결정으로서의 효력이 발생한다고 할 것이므로, 재조사결정에 따른 심사청구기간이나 심판청구기간 또는 행정소송의 제소기간은 이의신청인 등이 후속 처분의 통지를 받은 날부터 기산된다고 봄이 상당함

- 이의신청 등에 대한 결정의 한 유형으로 실무상 행해지고 있는 재조사결정은 처분청으로 하여금 하나의 과세단위의 전부 또는 일부에 관하여 당해 결정에서 지적된 사항을 재조사하여 그 결과에 따라 과세표준과 세액을 경정하거나 당초 처분을 유지하는 등의 후속 처분을 하도록 하는 형식을 취하고 있다. 이에 따라 재조사결정을 통지받은 이의신청인 등은 그에 따른 후속 처분의 통지를 받은 후에야 비로소 다음 단계의 쟁송절차에서 불복할 대상과 범위를 구체적으로 특정할 수 있게 된다.
- 이와 같은 재조사결정의 형식과 취지, 그리고 행정심판제도의 자율적 행정통제기능 및 복잡하고 전문적·기술적 성격을 갖는 조세법률관계의 특수성 등을 감안하면, 재조사결정은 당해 결정에서 지적된 사항에 관해서는 처분청의 재조사결과를 기다려 그에 따른 후속 처분의 내용을 이의신청 등에 대한 결정의 일부분으로 삼겠다는 의사가 내포된 변형결정에 해당한다고 볼 수밖에 없다.
- 그렇다면 재조사결정은 처분청의 후속 처분에 의하여 그 내용이 보완됨으로써 이의신청 등에 대한 결정으로서의 효력이 발생한다고 할 것이므로, 재조사결정에 따른 심사청구기간이나 심판청구기간 또는 행정소송의 제소기간은 이의신청인 등이 후속 처분의 통지를 받은 날부터 기산된다고 봄이 상당하다.

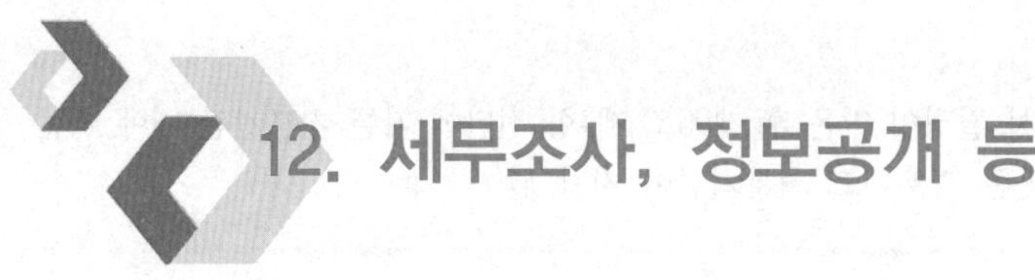

12. 세무조사, 정보공개 등

12.1 세무조사 재조사가 허용되는 '조세탈루의 혐의를 인정할 만한 명백한 자료가 있는 경우'의 의미

【관련 판례】 대법 2008두10461, 2010. 12. 23. : 상고기각

- 지방세기본법 제80조

지방세기본법 제80조(조사권의 남용 금지)

② 지방자치단체의 장은 다음 각 호의 경우가 아니면 같은 세목 및 같은 과세연도에 대하여 재조사를 할 수 없다.

1. 지방세 탈루의 혐의를 인정할 만한 명백한 자료가 있는 경우

〈쟁점요지〉 재조사가 예외적으로 허용되는 경우의 하나로 규정하고 있는 '조세탈루의 혐의를 인정할 만한 명백한 자료가 있는 경우'의 의미 및 객관성과 합리성이 뒷받침되지 않는 한 탈세제보가 구체적이라는 사정만으로 위 규정에 해당한다고 볼 수 있는지 여부

판결요지 ••• 재조사가 예외적으로 허용되는 경우의 하나로 규정하고 있는 '조세탈루의 혐의를 인정할 만한 명백한 자료가 있는 경우'라 함은 조세의 탈루사실이 확인될 상당한 정도의 개연성이 객관성과 합리성이 뒷받침되는 자료에 의하여 인정되는 경우로 엄격히 제한되어야 하므로, 객관성과 합리성이 뒷받침되지 않는 한 탈세제보가 구체적이라는 사정만으로는 여기에 해당한다고 보기 어려움

- 구 국세기본법(2002. 12. 18. 법률 제6782호로 개정되기 전의 것, 이하 같다) 제81조의3은 "세무공무원은 조세탈루의 혐의를 인정할 만한 명백한 자료가 있는 경우, 거래상대방에 대한 조사가 필요한 경우, 2이상의 사업연도와 관련하여 잘못이 있는 경우 기타 이와 유사한 경우로서 대통령령이 정하는 경우를 제외하고는 같은 세목 및 같은 과세기간에 대하여

재경정·재조사를 할 수 없다."고 규정하고 있다.

- 세무조사는 기본적으로 적정하고 공평한 과세의 실현을 위하여 필요한 최소한의 범위 안에서 행하여져야 하고, 더욱이 동일한 세목 및 과세기간에 대한 재조사는 납세자의 영업의 자유 등 권익을 심각하게 침해할 뿐만 아니라 과세관청에 의한 자의적인 세무조사의 위험마저 있으므로 조세공평의 원칙에 현저히 반하는 예외적인 경우를 제외하고는 금지될 필요가 있는 점, 또한 납세자의 성실성 추정이 배제되어 우선적 세무조사의 대상이 되는 경우로서 구 국세기본법 시행령(1998. 2. 24. 대통령령 제15686호로 개정되기 전의 것) 제63조의4 제1항에서 규정하고 있는 '납세자에 대한 구체적인 탈세제보가 있는 경우', '신고내용에 탈루나 오류의 혐의를 인정할 만한 명백한 자료가 있는 경우' 등 보다는 재조사가 예외적으로 허용되는 경우를 엄격히 제한하여 해석하는 것이 규정체계상 합리적인 점, 재조사를 금지하는 입법 취지에는 납세자의 실질적인 권익보호뿐만 아니라 세무조사 기술의 선진화도 포함되어 있는 점 등을 종합하여 보면, 구 국세기본법 제81조의3에서 재조사가 예외적으로 허용되는 경우의 하나로 규정하고 있는 '조세탈루의 혐의를 인정할 만한 명백한 자료가 있는 경우'라 함은 조세의 탈루사실이 확인될 상당한 정도의 개연성이 객관성과 합리성이 뒷받침되는 자료에 의하여 인정되는 경우로 엄격히 제한되어야 한다. 따라서 객관성과 합리성이 뒷받침되지 않는 한 탈세제보가 구체적이라는 사정만으로는 여기에 해당한다고 보기 어렵다.

12.2 사전동의 없이 현장조사를 실시한 것을 위법한 세무조사로 보아 부과처분을 취소할 수 있는지

【관련 판례】 대법 2020두32524, 2020. 4. 29. 판결(심리불속행) : 항소기각

- 지방세기본법 제80조

지방세기본법 제80조(조사권의 남용 금지)

③ 세무공무원은 세무조사를 하기 위하여 필요한 최소한의 범위에서 장부 등의 제출을 요구하여야 하며, 조사대상 세목 및 과세연도의 과세표준과 세액의 계산과 관련 없는 장부 등의 제출을 요구해서는 아니 된다.

〈쟁점요지〉 납세자의 사전동의 없이 사업용 건축물에 출입하여 현장조사를 실시한 것을 위법한 세무조사로 보아 그에 기한 과세처분이 위법한 것으로 될 수 있는지 여부

판결요지 ••• 다른 증거서류 등에 의하여 사실관계를 확인할 수 있는 경우라면 납세자의 동의를 받지 않고 현장을 촬영하였다는 사정만으로 위법한 처분이 될 수 없음

- 피고 소속 공무원이 2016. 9. 5. 원고 동의를 받지 않고 이 사건 부동산 현황을 촬영한 것으로 보이기는 한다. 그러나 위와 같은 현장조사는 이 사건 부동산 현황을 단순 확인한 것에 그친 것으로서 납세의무자인 원고에게 수인의무를 부과하거나 영업의 자유 등을 침해한 것은 아닌 점, 위와 같은 현장확인을 통하여 알게 된 이 사건 부동산 현황이 아니더라도 원고가 서면조사에 응하여 제출한 사업자등록증, 재무상태표, 손익계산서, 제조원가명세서 등 자료(을 제5호 내지 7호증)를 통해서 원고가 이 사건 부동산을 취득일로부터 2년 이내에 정당한 사유 없이 해당 사업에 직접 사용하지 아니하였다는 사실을 충분히 확인할 수 있는 점 등에 비추어 보면, 피고 소속 공무원이 원고 동의를 받지 않고 이 사건 부동산 현황을 촬영하였다는 사정만으로 이 사건 처분이 위법하게 된다고 볼 수 없다(대구고법 2019누3132, 2019. 12. 20. 판결).

12.3 법으로 정한 세무조사대상 선정사유가 없음에도 대상으로 선정하여 과세자료를 수집하고 과세처분을 할 수 있는지

【관련 판례】 대법 2012두911, 2014. 6. 26. : 상고기각

- 지방세기본법 제82조

지방세기본법 제82조(세무조사 대상자 선정)

① 지방자치단체의 장은 다음 각 호의 어느 하나에 해당하는 경우에 정기적으로 신고의 적정성을 검증하기 위하여 대상을 선정(이하 "정기선정"이라 한다)하여 세무조사를 할 수 있다. 이 경우 지방자치단체의 장은 제147조 제1항에 따른 지방세심의위원회의 심의를 거쳐 객관적 기준에 따라 공정하게 대상을 선정하여야 한다.

1. 지방자치단체의 장이 납세자의 신고내용에 대한 성실도 분석결과 불성실의 혐의가 있다고 인정하는 경우
2. 최근 4년 이상 지방세와 관련한 세무조사를 받지 아니한 납세자에 대하여 업종, 규모 등

을 고려하여 대통령령으로 정하는 바에 따라 신고내용이 적절한지를 검증할 필요가 있는 경우
3. 무작위추출방식으로 표본조사를 하려는 경우

〈쟁점요지〉 구 국세기본법 제81조의5가 정한 세무조사대상 선정사유가 없음에도 세무조사대상으로 선정하여 과세자료를 수집하고 과세처분을 하는 것이 위법한지 여부

판결요지 구 국세기본법에서 정한 세무조사대상 선정사유가 없음에도 세무조사대상으로 선정하여 과세자료를 수집하고 그에 기하여 과세처분을 하는 것은 특별한 사정이 없는 한 위법함

- 2002. 12. 18. 법률 제6782호로 개정된 국세기본법은 세무조사의 공정성과 객관성을 확보하고, 세무조사가 과세목적 이외에 다른 목적으로 이용되거나 자의적인 세무조사권 발동으로 오·남용된다는 시비를 차단하고자 제81조의3 제1항에서 "세무공무원은 적정하고 공평한 과세의 실현을 위하여 필요한 최소한의 범위 안에서 세무조사를 행하여야 하며, 다른 목적 등을 위하여 조사권을 남용하여서는 아니 된다."는 규정을 신설하는 한편, (1) 제81조의5 제2항에서 앞서 본 각 호 사유가 있는 경우에 우선적으로 세무조사대상으로 선정할 수 있도록 함과 아울러, (2) 제81조의5 제3항에서 납세자가 일정한 과세기간 이상 세무조사를 받지 아니한 경우(제1호)나 무작위추출방식에 의하여 표본조사대상으로 선정된 경우(제2호)에 신고내용의 정확성 검증 등을 위하여 필요한 최소한의 범위 안에서 세무조사를 할 수 있도록 하되, (3) 제81조의5 제4항에서 과세관청의 조사결정에 의하여 과세표준과 세액이 확정되는 세목의 경우에는 과세표준과 세액을 결정하기 위한 세무조사를 할 수 있도록 하는 규정을 마련하였다. 한편 구 국세기본법 제3조 제1항은 "이 법은 세법에 우선하여 적용한다. 다만 세법이 이 법 제2장 제1절, 제3장 제2절·제3절 및 제5절, 제4장 제2절(조세특례제한법 제104조의7 제4항에 의한 제2차 납세의무에 한한다), 제5장 제1절·제2절 제45조의2·제6장 제51조와 제8장에 대한 특례규정을 두고 있는 경우에는 그 세법이 정하는 바에 의한다."고 규정하고 있으나, 제81조의2 내지 제81조의10이 속한 제7장의2에 관하여는 개별 세법에 특례규정을 두는 것을 예정하고 있지 아니하다.
- 이와 같이 세무조사대상의 기준과 선정방식에 관한 구 국세기본법 제81조의5가 도입된 배경과 취지, 구 국세기본법 제81조의5가 포함된 제7장의2에 관한 구 국세기본법과 개별 세법의 관계 등을 종합하여 보면, 구 국세기본법 제81조의5가 마련된 이후에는 개별 세법이 정한 질문·조사권은 구 국세기본법 제81조의5가 정한 요건과 한계 내에서만 허용된다고 보아야 한다. 또한 구 국세기본법 제81조의5가 정한 세무조사대상 선정사유가 없음에

도 세무조사대상으로 선정하여 과세자료를 수집하고 그에 기하여 과세처분을 하는 것은 적법절차의 원칙을 어기고 구 국세기본법 제81조의5와 제81조의3 제1항을 위반한 것으로서 특별한 사정이 없는 한 그 과세처분은 위법하다고 할 것이다.

12.4 세무조사 사전통지, 청문절차 등을 거치지 않고 한 처분이 위법한 것인지

【관련 판례】 대법 2014두10318, 2014. 10. 27. 판결(심리불속행) : 항고기각

- 지방세기본법 제83조

지방세기본법 제83조(세무조사의 통지와 연기신청 등)

① 세무공무원은 지방세에 관한 세무조사를 하는 경우에는 조사를 받을 납세자(제139조에 따른 납세관리인이 정해져 있는 경우에는 납세관리인을 포함한다. 이하 이 조에서 같다)에게 조사를 시작하기 15일 전까지 조사대상 세목, 조사기간, 조사 사유 및 그 밖에 대통령령으로 정하는 사항을 알려야 한다. 다만, 사전에 알릴 경우 증거인멸 등으로 세무조사의 목적을 달성할 수 없다고 인정되는 경우에는 사전통지를 생략할 수 있다.

〈쟁점요지〉 추징 대상에 해당하는지에 대한 현장조사를 하는 과정에서 사전통지, 청문절차, 의견제출 절차를 거치지 아니하고 부과한 처분이 위법한 것인지 여부

판결요지 ••• **사회질서에 위반되는 방법으로 자료를 수집하는 등 중대한 것이 아닌 한 과세처분의 취소사유로 되지 않음**

- 일반적으로 세무공무원이 부동산의 실제 사용현황을 조사할 때 사전에 당사자에게 그 조사사실을 알리게 되면 당사자가 사용현황을 사실과 다르게 조작하여 세무조사의 목적을 달성할 수 없게 할 우려가 있으므로, 이 경우는 지방세기본법 제111조 제1항 단서에 따라 사전통지의 생략이 가능하다고 봄이 상당한 점 … 과세전적부심사를 통하여 원고에게 위 현장조사 결과에 대한 의견을 제출할 기회가 부여된 것으로 볼 수 있는 점 등을 종합하여 보면, 이 사건 처분에 세무조사절차를 위반한 위법이 있다고 보기 어렵다. 설령 일부 절차를 거치지 아니한 위법이 있다고 하더라도, 그것이 실질적으로 전혀 조사가 없었던 경우와 같거나 선량한 풍속 기타 사회질서에 위반되는 방법으로 과세처분의 기준이 되는 자료

를 수집하는 등 중대한 것이라고 보기 어려우므로, 그러한 사정만으로는 이 사건 처분이 위법하다고 할 수 없다(부산고법 2013누2297, 2014. 6. 18. 판결).

12.5 자료요구 등 조사절차 없이 바로 과세처분을 하는 것이 세무조사인지 및 유권해석에 따라 추징처분을 하면서 과세예고를 누락한 것이 위법한 것인지

【관련 판례】 대법 2022두47032, 2022. 10. 14. 판결(심리불속행) : 상고기각

- 지방세기본법 제2조 및 제88조

지방세기본법 제2조(정의)

① 이 법에서 사용하는 용어의 뜻은 다음과 같다.

36. "세무조사"란 지방세의 부과·징수를 위하여 질문을 하거나 해당 장부·서류 또는 그 밖의 물건(이하 "장부등"이라 한다)을 검사·조사하거나 그 제출을 명하는 활동을 말한다.

지방세기본법 제88조(과세전적부심사)

② 다음 각 호의 어느 하나에 해당하는 통지를 받은 자는 통지받은 날부터 30일 이내에 지방자치단체의 장에게 통지내용의 적법성에 관한 심사(이하 "과세전적부심사"라 한다)를 청구할 수 있다.

1. 세무조사결과에 대한 서면 통지
2. 제1항 각 호에 따른 과세예고통지

〈쟁점요지〉 납세자에 대한 장부조사, 자료요구 등의 조사절차 없이 상급기관 유권해석을 근거로 바로 추징하는 것이 세무조사에 의한 과세로 볼 수 있는지, 상급기관 해석에 따라 중과세 추징처분을 하면서 과세예고를 하지 않고 바로 고지한 것이 위법한 것인지(법령 해석의 변경에 관한 것으로 과세전 적부심사 대상이 아닌지)

판결요지 자료요구 등의 절차없이 바로 과세하는 것은 세무조사에 해당하지 않으며, 상급기관 해석을 통해 과세하더라도 사전에 과세예고를 하여야 하고(위법 사유), 광역 자치단체의 해석은 법령 해석의 변경에 해당하지 않음

- 피고는 이 사건 세무조사를 종료한 뒤 2017. 1. 10. 과세처분을 완료하였고, 이후 이 사건 부과처분이 다시 이루어진 2019. 11.경까지 원고에 대하여 새로이 질문을 하거나 장부・서류 그 밖의 물건에 대한 검사・조사 또는 그 제출을 명한 바가 전혀 없다. 즉 피고는 단지 내부 과세자료를 점검하는 과정에서 2017. 1. 10.자 부과처분이 적절하지 않았다고 보아 별도의 조사 절차 없이 법률적 검토만으로 다시 이 사건 부과처분에 이른 것이고, 달리 피고가 추가로 원고에 대한 세무조사를 하였다고 볼 만한 사정도 없으므로, 이 사건 부과처분에 앞서 다시 원고에게 구 지방세기본법 제85조에 기한 세무조사결과 통지를 새로 하였어야 한다고 볼 만한 근거는 없다.
- 헌법 제12조 제1항에서 규정하고 있는 적법절차의 원칙은 형사소송절차에 국한되지 아니하고 모든 국가작용 전반에 대하여 적용되며, 세무공무원이 과세권을 행사하는 경우에도 이러한 적법절차의 원칙은 마찬가지로 준수되어야 한다(대법원 2014. 6. 26. 선고 2012두911 판결 참조). 한편 과세예고 통지는 과세관청이 조사한 사실 등의 정보를 미리 납세자에게 알려줌으로써 납세자가 충분한 시간을 가지고 준비하여 과세전적부심사와 같은 의견청취 절차에서 의견을 진술할 기회를 갖고 자신의 권익을 보호할 수 있도록 하기 위한 것으로서, 처분의 사전통지로서의 성질을 가진다…. 과세관청이 과세처분에 앞서 필수적으로 행하여야 할 과세예고 통지를 하지 아니함으로써 납세자에게 과세전적부심사의 기회를 부여하지 아니한 채 과세처분을 하였다면 이는 납세자의 절차적 권리를 침해한 것으로서 과세처분의 효력을 부정하는 방법으로 통제할 수밖에 없는 중대한 절차적 하자가 존재하는 경우에 해당하고, 그 과세처분은 위법하다고 볼 수밖에 없다(국세에 관한 대법원 2016. 4. 15. 선고 2015두52326 판결 등 참조).
- 이 사건의 피고와 같이 기존에 한 과세처분의 당부에 관하여 사후에 내부적 검토를 하여 상급기관에 대한 질의를 하고, 그 회신 결과에 따라 해당 과세처분을 시정하는 경우가 위 제1호 본문에 포섭할 수 있는지 문제되는바, ① 위 규정의 문언이 '감사나 지도・점검 결과'만으로 한정하지 않고 '감사나 지도・점검 결과 등'이라고 하여 감사나 지도・점검 결과와 사실상 동일하거나 유사한 절차를 거쳐 과세처분을 시정하게 되는 경우를 충분히 포함할 수 있도록 규정하고 있는 점, ② 달리 원고가 이 사건 부과처분 전에 구 지방세기본법 시행령 제58조 제3항 제1호 단서에서 과세예고 통지의 예외사유로 규정한 소명안내를 받았다고 볼 증거도 없는 점, ③ 과세예고 통지 규정의 적용 범위를 넓게 해석하는 것이 납세자의 절차적 권리를 두텁게 보장할 수 있으며, 특히 이러한 해석이 이 사건 부과처분 직후인 2019. 12. 31. 지방세기본법이 법률 제16854호로 개정되면서 과세예고 통지 근거 규정을 법률에 직접 신설하며 '납세고지하려는 세액이 30만 원 이상인 경우'를 과세예고 통지 사유로 추가한 취지에도 부합하는 점(납세자의 입장에서는 '상급기관이 주체가 된 감사나 지도・점검 등에 따라 과세처분이 이루어지는 경우'나 '소속기관 스스로 내부적

검토 과정에서 세법 적용상의 문제점을 발견한 후 해당 조항의 해석방법에 관하여 상급기관에 질의한 결과에 따라 과세처분이 이루어지는 경우'나 그 결과에 아무런 차이가 없을 뿐 아니라, 실제 내부에서 어떤 경위로 과세처분이 이루어졌는지 납세자로서는 알 수도 없는 것이므로, 납세자에게 과세전적부심사권을 보장하여야 할 필요의 측면에서도 양자 간 본질적인 차이가 존재한다고 볼 수 없다) 등에 비추어 보면, 이 사건 회신을 거쳐 한 이 사건 부과처분 역시 구 지방세기본법 시행령 제58조 제3항 제1호에 의한 과세예고 통지의 대상에 해당한다고 봄이 상당하다.

- 지방세 법령에 관한 법령해석은 법제처와 지방세 관련 법령의 소관 중앙행정기관장인 행정안전부장관이 할 수 있는 것이고, 피고의 상급 지방자치단체장에 불과한 서울특별시장이 할 수 있는 것이 아니다. 따라서 서울특별시장이 한 이 사건 회신이 구 지방세기본법 시행령 제58조 제5항 제1호에서 말하는 '법령과 관련한 새로운 유권해석'에 해당한다고 볼 수도 없다(서울행법 2020구합84679, 2021. 10. 1. 판결).

13. 지방세 범칙행위 등에 대한 처벌

13.1 조세범처벌법상 '사기 기타 부정한 행위'가 의미하는 것은 무엇인지

【관련 판례】 대법 97도2429, 1998. 5. 8. : 상고기각

- 지방세기본법 제102조

지방세기본법 제102조(지방세의 포탈)

① 사기나 그 밖의 부정한 행위로써 지방세를 포탈하거나 지방세를 환급·공제받은 자는 2년 이하의 징역 또는 탈세액이나 환급·공제받은 세액(이하 "포탈세액등"이라 한다)의 2배 이하에 상당하는 벌금에 처한다. 다만, 다음 각 호의 어느 하나에 해당하는 경우에는 3년 이하의 징역 또는 포탈세액등의 3배 이하에 상당하는 벌금에 처한다.

1. 포탈세액등이 3억원 이상이고, 그 포탈세액등이 신고납부하여야 할 세액의 100분의 30 이상인 경우
2. 포탈세액등이 5억원 이상인 경우

〈쟁점요지〉 원천징수의무자가 조세포탈범행에 대하여 공범이 될 수 있는지 여부 및 조세범처벌법 제9조 제1항 소정의 '사기 기타 부정한 행위'의 의미

판결요지 조세범처벌법에서 말하는 "사기 기타 부정한 행위"라 함은 조세의 부과와 징수를 불가능하게 하거나 현저히 곤란하게 하는 위계 기타 부정한 적극적인 행위를 말하고, 다른 어떤 행위를 수반함이 없이 단순히 세법상의 신고를 하지 아니하거나 허위의 신고를 함에 그치는 것은 여기에 해당하지 아니함

- 원천징수의무자가 정당한 이유 없이 납세의무자로부터 원천징수세액을 징수하지 아니하거나 또는 그 징수한 세액을 납부하지 아니하는 행위 자체가 처벌대상으로 되는 조세범처벌법 제11조 소정의 범죄는 같은 법 제9조 제1항 제3호가 규정하는 이른바 협의의 조세포

탈범과는 명백히 구분되는 것이나, 그렇다고 하여 원천징수의무자는 언제나 위와 같은 조세범처벌법 제11조 소정의 범죄에 대하여만 그 주체가 될 수 있을 뿐 납세의무자의 조세포탈범행에 대한 공범이 될 수 없는 것은 아니라 할 것이고, 또 원천징수의무자가 납세의무자와의 약정으로 원천징수세액을 원천징수의무자 자신이 부담하기로 약정한 바 있다고 하여 그러한 경우에는 언제나 조세범처벌법 제11조의 범죄만 성립될 수 있을 뿐 납세의무자의 조세포탈에 대한 공범이 성립될 수 없다고 할 수는 없다.

- 또한 조세범처벌법 제9조 제1항 소정의 '사기 기타 부정한 행위'라는 것은 조세의 부과와 징수를 불가능하게 하거나 현저히 곤란하게 하는 위계 기타 부정한 적극적인 행위를 말하고 다른 어떤 행위를 수반함이 없이 단순히 세법상의 신고를 하지 아니하거나 허위의 신고를 함에 그치는 것은 여기에 해당하지 아니하나(대법원 1997. 5. 9. 선고 95도2653 판결, 1988. 3. 8. 선고 85도1518 판결 등 참조), 원심이 인정한 바와 같이 피고인이 적극적으로 허위의 2중계약서 등을 작성·사용한 이상 조세범처벌법 제9조 제1항 소정의 '사기 또는 부정한 방법'을 사용한 것이라고 할 수 있다.

관련 기타 판례

- 비록 이 사건 전산입력 행위가 존재했다 할지라도, 그것이 담배소비세 탈루를 목적으로 담배반출 관련 전산을 조작한 것임을 객관적으로 입증하지 못하는 이상 담배소비세 부과와 징수를 불가능하게 하거나 현저히 곤란하게 하는 위계 기타 부정한 적극적 행위로 보아 조세범처벌을 할 수는 없음(대법 2021도12658, 2022. 11. 17. 판결).

13.2 자경농민이 아닌 자가 허위 감면신청을 하여 취득세 등을 감면받은 경우 조세범처벌대상으로 볼 수 있는지

【관련 판례】 대법 2011도15307, 2012. 11. 15. 판결 : 상고기각(과세기관 일부패)

- 지방세기본법 제102조

〈쟁점요지〉 자경농민이 아닌 자가 허위 감면신청을 하여 취득세 등을 감면받은 경우 조세범처벌대상으로 볼 수 있는지
- 토지거래허가구역 내 농지를 취득하는 과정에서 자경농민이 아닌 자(명의수탁자)가 허위 영농계획서(본래는 산업단지 조성목적)를 작성하여 자경농민에 따른 취득세 감면받은 경우, 조세범처벌대상 사기 기타 부정한 행위로 볼 수 있는지

판결요지 ••• 허위서류의 제출 등과 같은 적극적 행위가 있었던 경우로 조세범처벌대상 사기 기타 부정한 행위에 해당함

- 농업을 주업으로 하지 않고, 이 사건 각 토지는 ○○상공회가 별내면 산업단지 조성사업의 사업부지로 사용할 목적으로 피고인 ○○○ 명의로 매수하여 소유권이전등기를 경료한 사실을 인정한 다음, 피고인 ○○○이 자신을 자경 농민이라고 하면서 이 사건 각 토지 중 일부를 직접 경작할 목적으로 취득한 것처럼 농업경영계획서를 허위로 작성하여 토지거래계약허가를 받고, 이 허가증을 증빙자료로 첨부하여 지방세 감면신청을 함으로써 102,270,540원의 취득세 및 등록세 등을 감면받은 행위는 조세범 처벌법상 사기 기타 부정한 행위에 해당함.

13.3 선의의 계약명의신탁에 있어 명의수탁자가 대체취득 취득세 등 비과세를 받은 경우 조세범처벌대상으로 볼 수 있는지

【관련 판례】 대법 2011도15307, 2012. 11. 15. 판결 : 상고기각(과세기관 일부패)

- 지방세기본법 제102조

〈쟁점요지〉 계약명의신탁에 있어 명의수탁자가 대체취득 취득세 등 비과세를 받은 경우 조세범처벌대상으로 볼 수 있는지
- 선의의 계약명의신탁에 있어서 명의수탁자가 대체취득에 따른 취득세 등 감면을 받은 경우, 조세범처벌대상 사기 기타 부정한 행위로 볼 수 있는지

판결요지 ••• 계약명의신탁에 있어 명의수탁자가 완전한 소유권을 가지게 되므로 조세범처벌대상인 사기 기타 부정한 행위에 해당하지 않음

- ○○상공회가 피고인 ○○○에게 명의를 신탁하여 피고인 ○○○명의로 매매계약을 체결하고 소유권이전등기를 경료하였다 하더라도 매도인들이 선의인 이상 「부동산 실권리자명의 등기에 관한 법률」 제4조 제2항 단서에 따라 피고인 ○○○이 완전한 소유권을 취득한 것이고, 이러한 경우 취득세 및 등록세 등의 납세의무자는 피고인 김○○으로 보아야 하므로, 피고인 ○○○의 이 부분 감면신청행위는 조세범 처벌법상 사기 기타 부정한 행위에 해당하지 않음.

13.4 가장이혼을 하고 체납자의 재산을 부부일방에게 이전한 것이 조세범처벌대상인지

【관련 판례】 대법 2013도10477, 2013. 10. 24. 판결(심리불속행) : 상고기각

- 지방세기본법 제103조

지방세기본법 제103조(체납처분 면탈)

① 납세의무자 또는 납세의무자의 재산을 점유하는 자가 체납처분의 집행을 면탈하거나 면탈하게 할 목적으로 그 재산을 은닉·탈루하거나 거짓 계약을 하였을 때에는 3년 이하의 징역 또는 3천만원 이하의 벌금에 처한다.

〈쟁점요지〉 지방세 체납에 따른 강제집행을 피하기 위해 가장이혼을 하고 체납자의 재산을 부부일방에게 이전한 경우 이를 조세범처벌대상인 체납처분의 집행을 면탈할 목적으로 거짓 계약을 체결한 행위로 볼 수 있는지 여부

판결요지 ●●● 조세범처벌대상에 해당함

- 협의이혼신고가 되었다고 할지라도 그 후에도 혼인생활의 실체가 계속 존속하는 사실혼 관계가 유지되고 있었다면 협의이혼을 전제로 한 재산분할 약정은 효력이 발생하지 않는다고 보아야 한다(대법원 2003. 8. 19. 선고 2001다14061 판결 등 참조). 왜냐하면, 협의이혼신고 후 지속된 사실혼 관계에서 형성된 재산도 부부 공동재산으로 사실혼 관계 파탄을 이유로 한 재산분할의 대상이 된다고 보아야 하기 때문이다. 따라서 협의이혼신고 후에도 여전히 사실혼 관계를 유지하고 있는 한 협의이혼신고 전에 형성한 부부 공동재산은 여전히 부부 공동재산이므로, 체납자인 부부 일방이 그 공동재산에 대하여 아무런 권리가 없는 것처럼 계약을 체결하는 행위는 조세를 면탈할 목적으로 체납자의 재산에 관한 허위의 계약을 체결하는 행위에 해당한다(서울중앙지법 2013노1905, 2013. 8. 9. 판결).

14. 포상금 지급 및 세무공무원 손해배상청구

14.1 포상금 지급대상이 되는 '중요한 자료'에 해당하기 위한 요건 및 그 증명책임은 누구에게 있는지

【관련 판례】 대법 2013두18568, 2014. 3. 13. : 상고기각

- 지방세기본법 제146조

지방세기본법 제146조(포상금의 지급)

① 지방자치단체의 장 또는 지방세조합장은 다음 각 호의 어느 하나에 해당하는 자에게는 예산의 범위에서 포상금을 지급할 수 있다. 이 경우 포상금은 1억원을 초과할 수 없다.

1. 지방세를 탈루한 자의 탈루세액 또는 부당하게 환급·감면받은 세액을 산정하는 데 중요한 자료를 제공한 자

〈쟁점요지〉 구 국세기본법 제84조의2 제2항, 구 국세기본법 시행령 제65조의4 제11항에서 정한 포상금 지급대상이 되는 '중요한 자료'에 해당하는 범위 및 그 증명책임의 소재

판결요지 포상금 지급대상이 되는 '중요한 자료'에는 과세관청이 조세탈루 사실을 비교적 용이하게 확인할 수 있는 구체적인 자료가 포함되어 있어야만 하고, 제공된 자료가 단지 탈세 가능성의 지적, 추측성 의혹의 제기, 단순한 풍문의 수집 등에 불과한 정도라거나, 제보 후에 과세관청의 통상적인 세무조사나 납세의무자의 자진신고 등에 의하여 비로소 구체적인 조세탈루 사실이 확인되었다면 그러한 자료는 탈루세액을 산정하는 데 직접 관련되거나 상당한 기여를 한 것으로 볼 수 없어 '중요한 자료'로 볼 수 없음

- 구 국세기본법(2011. 12. 31. 법률 제11124호로 개정되기 전의 것, 이하 같다) 제84조의2 제1항 제1호는 조세를 탈루한 자에 대한 탈루세액 또는 부당하게 환급·공제받은 세액을

산정하는 데 '중요한 자료'를 제공한 사람에게 1억 원의 범위에서 포상금을 지급할 수 있다고 규정하고 있고, 제2항은 '조세탈루 또는 부당하게 환급・공제받은 내용을 확인할 수 있는 거래처, 거래일 또는 거래기간, 거래품목, 거래수량 및 금액 등 구체적 사실이 기재된 자료 또는 장부'(제1호), '제1호에 해당하는 자료의 소재를 확인할 수 있는 구체적인 정보'(제2호), '그 밖에 조세탈루 또는 부당하게 환급・공제받은 수법, 내용, 규모 등의 정황으로 보아 중요한 자료로 인정할 만한 자료로서 대통령령으로 정하는 자료'(제3호)가 각 그러한 중요한 자료에 해당하는 것으로 규정하고 있다. 나아가 구 국세기본법 시행령(2012. 2. 2. 대통령령 제23592호로 개정되기 전의 것, 이하 같다) 제65조의4 제11항은 '조세탈루 또는 부당한 환급・공제와 관련된 회계부정 등에 관한 자료'(제1호), '조세탈루와 관련된 토지 및 주택 등 부동산투기거래에 관한 자료'(제2호), '조세탈루와 관련된 밀수・마약 등 공공의 안전을 위협하는 행위에 관한 자료'(제3호), '그 밖에 조세탈루 또는 부당한 환급・공제의 수법, 내용, 규모 등 정황으로 보아 중요한 자료로 보는 것이 타당하다고 인정되는 자료'(제4호)가 각 구 국세기본법 제84조의2 제2항 제3호 소정의 '대통령령으로 정하는 자료'에 해당하는 것으로 규정하고 있다.

- 구 국세기본법이 탈루세액을 산정하는 데 중요한 자료를 제공한 사람에게 포상금을 지급할 수 있도록 규정한 취지는, 과세관청이 모든 납세의무자의 성실납세 여부를 조사할 수 없는 현실적인 여건 아래에서 조세탈루 사실을 확인할 수 있는 구체적인 자료를 제공받는다면 과세관청으로서는 많은 비용과 노력을 들이지 않고 용이하게 탈루세액을 추징할 수 있고, 나아가 조세포탈에 관한 제보가 활성화되면 성실납세의 풍토를 조성할 수 있기 때문에 탈루세액과 관련하여 일정한 요건을 갖춘 정보제공자에게 포상금을 지급함으로써 그에 대한 보상과 장려를 하는 데 있는 것으로 이해된다. 따라서 포상금 지급대상이 되는 '중요한 자료'에는 구 국세기본법 제84조의2 제2항, 구 국세기본법 시행령 제65조의4 제11항이 규정한 것과 같이 과세관청이 조세탈루 사실을 비교적 용이하게 확인할 수 있는 구체적인 자료가 포함되어 있어야만 하고, 제공된 자료가 단지 탈세 가능성의 지적, 추측성 의혹의 제기, 단순한 풍문의 수집 등에 불과한 정도라면 과세관청으로서는 그것을 기초로 용이하게 조세탈루 사실을 확인하기가 곤란하므로 그러한 자료는 포상금 지급대상이 되는 '중요한 자료'에 해당하지 아니한다. 나아가 만약 어떠한 제보 후에 과세관청의 통상적인 세무조사나 납세의무자의 자진신고 등에 의하여 비로소 구체적인 조세탈루 사실이 확인되었다면, 앞서 본 포상금 지급의 취지와 제공된 자료의 중요성 등에 비추어 그러한 자료는 탈루세액을 산정하는 데 직접 관련되거나 상당한 기여를 한 것으로 볼 수 없으므로 이 역시 포상금 지급대상이 되는 '중요한 자료'로 볼 수 없다. 그리고 포상금 지급대상이 되는 '중요한 자료'에 해당하는지 여부에 관한 증명책임은 이를 주장하는 사람에게 있다.

14.2 세제혜택에 관하여 세무공무원이 자세히 설명하지 않은 것이 손해배상청구대상에 해당될 수 있는지

【관련 판례】 대법 2012다204075, 2013. 2. 28. 판결(소액사건 상고부적합) : 상고기각

- 국가배상법

〈쟁점요지〉 처분청 세무담당 공무원이 취득세 감면에 관한 구체적인 대상 및 범위에 대하여 자세한 설명을 하지 않아 조세감면혜택을 받지 못하게 된 것이 손해배상청구대상에 해당될 수 있는지 여부

판결요지 ••• 손해배상청구대상에 해당하지 않음

- 행정청이 관계 법령의 해석이 확립되기 전에 어느 한 설을 취하여 업무를 처리한 것이 결과적으로 위법하게 되어 그 법령의 부당집행이라는 결과를 빚었다고 하더라도 처분 당시 그와 같은 처리방법 이상의 것을 성실한 평균적 공무원에게 기대하기 어려웠던 경우라면 특별한 사정이 없는 한 이를 두고 공무원의 과실로 인한 것이라고는 볼 수 없다 할 것인바(대법원 2001. 3. 13. 선고 2000다20731 판결 등 참조), 피고가 이 사건 사업에 관한 주민설명회를 개최하면서 그 자리에서 피고 소속 공무원이 세제 혜택의 특례를 설명하면서도 시세감면조례에 따른 구체적인 취·등록세 면제의 대상 및 범위 등에 관하여는 따로 자세히 설명하지 아니하였다는 사실만으로 피고 소속 공무원이 고의 또는 과실로 원고에게 손해를 가하였다고 볼 수는 없음(부산지법 2012나41004, 2012. 11. 15. 판결).

14.3 국가 소유토지를 잘못 등기하여 취득세 등을 부담하게 된 것이 손해배상 대상으로 볼 수 있는지

【관련 판례】 대법 2011다91470, 2013. 7. 25. 판결 : 상고기각

- 국가배상법

〈쟁점요지〉 국가 소유토지를 이전 등기하지 않아 납세자가 취득세 등을 부담하게 된 것이 손해배상 청구대상이 될 수 있는지 여부

판결요지 고의 또는 과실로 법령에 위반한 것에 해당하지 않아 손해배상 대상이 될 수 없음

- 무릇 공무원의 부작위로 말미암은 국가배상책임(지방자치단체의 배상책임도 포함 : 이하 같다)을 인정하기 위하여는 공무원의 작위로 말미암은 국가배상책임을 인정하는 경우와 마찬가지로 '공무원이 그 직무를 집행함에 당하여 고의 또는 과실로 법령에 위반하여 타인에게 손해를 가한 때'라고 하는 국가배상법 제2조 제1항의 요건이 충족되어야 하는데, 여기서 '법령에 위반하여'라고 하는 것이 엄격하게 형식적 의미의 법령에 명시적으로 공무원의 작위의무가 규정되어 있는데도 이를 위반하는 경우만 의미하는 것은 아니고, 국민의 생명, 신체, 재산 등에 대하여 절박하고도 중대한 위험상태가 발생하였거나 발생할 우려가 있어 국민의 생명, 신체, 재산 등을 보호하는 것을 본래적 사명으로 하는 국가가 초법규적 · 일차적으로 그 위험 배제에 나서지 아니하면 국민의 생명, 신체, 재산 등을 보호할 수 없는 경우에는 형식적 의미의 법령에 근거가 없더라도 국가나 관련 공무원에 대하여 그러한 위험을 배제할 작위의무를 인정할 수 있지만, 이렇듯 절박하고도 중대한 위험상태가 발생하였거나 발생할 우려가 있는 경우가 아닌 한, 원칙적으로 공무원이 관련 법령대로만 직무를 수행하였다면 그러한 공무원의 부작위를 가리켜 '고의 또는 과실로 법령에 위반'하였다고 평가할 수는 없으므로, 공무원의 부작위로 말미암은 국가배상책임을 인정할 것인지 여부가 문제되는 경우 관련 공무원에 대하여 작위의무를 명하는 법령의 규정이 없다면 공무원의 부작위로 말미암아 침해된 국민의 법익 또는 국민에게 발생한 손해가 어느 정도 심각하고 절박한 것인지, 관련 공무원이 그러한 결과를 예견하여 그 결과를 회피하기 위한 조치를 취할 수 있는 가능성이 있는지 등을 종합적으로 고려하여 판단하여야 한다(대법원 2005. 6. 10. 선고 2002다53995 판결 등 참조).
- 돌이켜 이 사건에 대하여 보건대, 실질적으로 국가 소유의 부동산에 관하여 실체관계와 맞지 않는 부실의 등기가 마쳐져 있는 경우 국가 또는 지방자치단체가 일정한 기간 내에 그 실체관계와 맞지 않는 부동산 등기를 실체관계에 들어맞게 어떠한 조치를 취하여야 한다는 점에 관한 법령상 또는 조리상 근거를 찾을 수 없고, 비록 ○○이 ○○○○시 ○○구를 상대로 제소한 부당이득반환청구소송 과정에서 이 사건 부동산들이 부동산 등기부의 기재와는 달리 피고 대한민국의 소유라는 점이 밝혀졌다고 하더라도, 이 사건 부동산들이 모두 일제 강점기 이래로 국도 노선에 편입되어 도로로 사용되어 온 점 등에 비추어 보면, 피고들 소속 담당공무원들이 이 사건 부동산들에 관한 등기부상 소유자 명의를 피고 대한민국 앞으로 바로잡는 조치를 취하지 아니한 것을 두고 국가배상책임을 부담하여야 할 위법한 부작위라고 평가할 수는 없고, 달리 피고들 소속 공무원이 그 직무를 집행함에 당하여 고의 또는 과실로 원고들에게 손해를 가하였다는 점을 인정할 만한 증거가 없으므로, 원고들의 위 예비적 주장도 모두 받아들일 수 없다(서울동부고등법원 2011. 9. 23. 선고 2011나8081 판결).

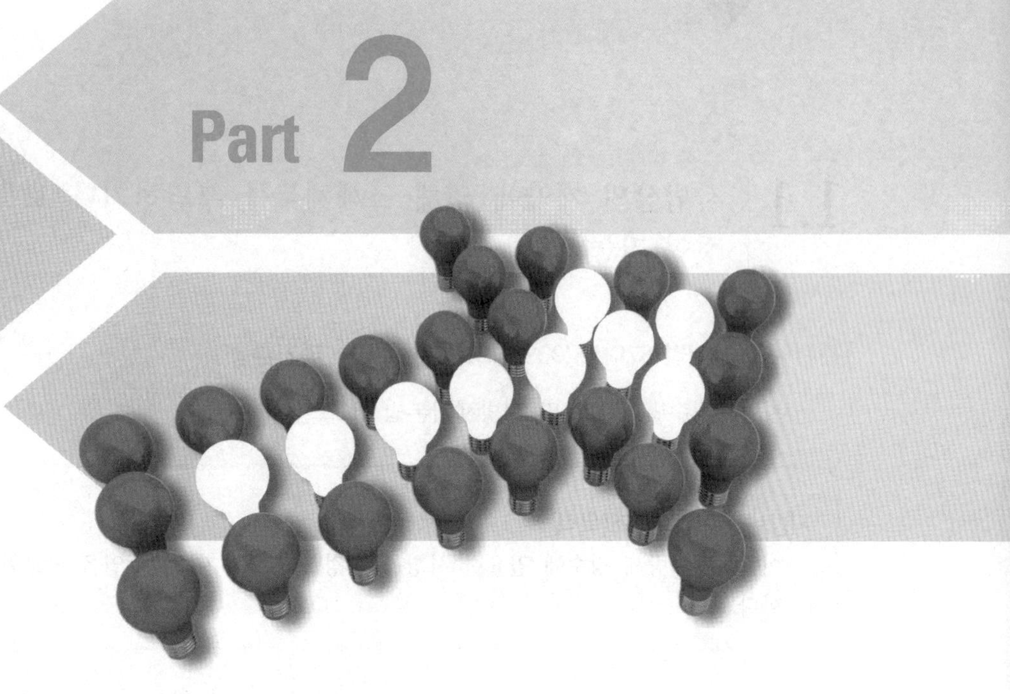

지방세징수법

1. 조세징수와 사법상 계약과의 관계
2. 관허사업의 제한
3. 제3자 납부
4. 징수유예
5. 독촉
6. 압류, 공매처분, 사해행위취소 등
7. 결손처분
8. 채무자 회생 및 파산에 관한 법률

1. 조세징수와 사법상 계약과의 관계

1.1 사법상의 계약에 의해 조세채무를 부담하거나 보증하게 하는 것이 가능한지

【관련 판례】 대법 87다카2939, 1988. 6. 14. : 파기환송

- 지방세징수법 제1조 및 지방세기본법 제2조

> **지방세징수법 제1조(목적)**
> 이 법은 지방세 징수에 필요한 사항을 규정함으로써 지방세수입을 확보함을 목적으로 한다.

〈쟁점요지〉 사법상 계약에 의한 납세보증의 효력이 있는지 여부

판결요지 ••• 조세법이 아닌 사법상의 계약에 의하여 조세채무를 부담하게 하거나 이를 보증하게 하여 일반채권의 행사 방법으로 조세채권의 종국적 만족을 실현하는 것은 허용될 수 없음

- 조세채권은 국세징수법에 의하여 우선권 및 자력집행권이 인정되는 권리로서 사법상의 채권과는 그 성질을 달리하므로 조세채권의 성립과 행사는 법률에 의해서만 가능한 것이고 조세에 관한 법률에 의하지 아니한 사법상의 계약에 의하여 조세채무를 부담하게 하거나 이를 보증하게 하여 이들로부터 조세채권의 종국적 만족을 실현하는 것은 허용될 수 없다는 것이 당원의 판례(1976. 3. 23. 선고 76다284 판결 ; 1981. 10. 27. 선고 81다692 판결 ; 1986. 12. 23. 선고 83누715 판결 ; 1987. 12. 22. 선고 87다카500 판결)이다.

1.2 신탁계약서상 수탁자가 등록세 납부의무를 진다는 사법상 계약 내용이 있는 경우 신탁자에게 부과되는 등록세를 수탁자로부터 징수할 수 있는지

【관련 판례】 대법 2013다217054, 2014. 3. 13. 판결 : 상고기각

- 같은 취지의 판결 : 대법 2016다224961, 2017. 8. 29.
- 지방세징수법 제2조

지방세징수법 제2조(정의)

① 이 법에서 사용하는 용어의 뜻은 다음과 같다.

1. "체납자"란 납세자로서 지방세를 납부기한까지 납부하지 아니한 자를 말한다.
2. "체납액"이란 체납된 지방세와 체납처분비를 말한다.

② 제1항 외에 이 법에서 사용하는 용어의 뜻은 「지방세기본법」에서 정하는 바에 따른다.

〈쟁점요지〉 수탁자인 대한주택보증과 체납자인 신탁자(시행사)가 체결한 신탁계약서상에 등록세에 관한 지급의무를 수탁자가 지도록 되어 있는 경우, 신탁자의 등록세 체납액을 대한주택보증으로부터 직접 징수할 수 있는지(즉, 신탁계약서상의 등록세 지급채권을 피보전권리로 하여 처분청이 위 권리를 대위행사 할 수 있는지)

판결요지 사법상의 계약으로 조세채권을 실현하는 것은 허용되지 아니하므로 신탁계약에 근거하여 등록세를 대한주택보증으로부터 징수할 수 없음

- 조세채권은 조세법률주의의 원칙이 요구되기 때문에 사적 자치가 지배하는 사법상의 채권과는 그 성질을 달리하여 그 성립과 행사는 오직 법률에 의해서만 가능한 것이고, 조세에 관한 법률에 의하지 아니한 사법상의 계약에 의하여 조세채무를 부담하게 하거나 이를 보증하게 하여 이들로부터 일반채권의 행사방법에 의하여 조세채권의 종국적 만족을 실현하는 것은 허용될 수 없다(대법원 1988. 6. 14. 선고 87다카2939 판결 등 참조). 원고 주장의 신탁법과 주택법 규정은 조세에 관한 규정이라 할 수 없고, 신탁계약은 사법상 계약에 불과하므로 위 규정들과 신탁계약에 의하여 원고가 피고에 대하여 직접 조세채권을 취득한다는 상고이유 주장은 받아들일 수 없다.

2. 관허사업의 제한

2.1 처분청이 관허사업 면허의 취소를 요구할 경우 주무부서가 처분에 있어 이에 기속되는지

【관련 판례】 대법 84누615, 1985. 2. 26. : 상고기각

- 지방세징수법 제7조

지방세징수법 제7조(관허사업의 제한)

① 지방자치단체의 장은 납세자가 대통령령으로 정하는 사유 없이 지방세를 체납하면 허가·인가·면허·등록 및 대통령령으로 정하는 신고와 그 갱신(이하 "허가등"이라 한다)이 필요한 사업의 주무관청에 그 납세자에게 허가등을 하지 아니할 것을 요구할 수 있다.

〈쟁점요지〉 세무서장이 국세체납을 이유로 건설업자의 면허의 취소를 요구할 경우, 건설부장관이 구 건설업법 제38조 제1항의 처분을 함에 있어 이에 기속되는지 여부

판결요지 ••• 처분청이 관허사업의 제한요구로 면허의 취소를 요구하고 있다 하더라도 면허를 취소할 것인지 또는 기간을 정하여 영업을 정지시킬 것인지는 주무부서의 재량에 속함

- 국세징수법 제7조 제2항, 제1항 및 제4항의 규정에 의하면 세무서장은 허가, 인가, 면허 및 등록등을 받아 사업을 경영하는 자가 국세를 3회 이상 체납한 때에는 사업의 정지 또는 허가의 취소를 요구할 수 있고 이러한 요구가 있는 때에는 당해 주무관서는 정당한 사유가 없는 한 이에 응하여야 하도록 되어 있으며, 한편 건설업법(1984. 12. 31. 법률 제3765호로 개정되기 전의 법률) 제38조 제1항 제18호의 규정에 의하면 건설부장관은 다른 법령에 의하여 국가 또는 지방자치단체의 기관으로부터 면허취소의 요구가 있을 때에는 건설업의 면허를 취소하거나 2년 이내의 기간을 정하여 영업을 정지시킬 수 있도록 되어 있다.

- 위 각 규정의 취지에 비추어 보면 세무서장으로부터 건설업자의 국세체납을 이유로 사업의 정지나 면허의 취소 등 사업의 제한요구가 있을 때에는 피고는 정당한 사유가 없는한 이에 응하여야 하나 다만 그 사업의 제한요구가 면허의 취소만을 요구하고 있다고 하더라도 면허를 취소할 것인지 또는 2년 이내의 기간을 정한 영업정지를 명할 것인지는 피고의 재량에 속한다고 할 것이다.

2.2 납세자에게 객관적으로 곤란한 사유가 있음에도 이를 간과하여 관허사업 제한요구를 한 것이 위법한지

【관련 판례】 대법 2006두7942, 2006. 9. 22. : 상고기각

- 지방세징수법 제7조

〈쟁점요지〉 객관적으로 보아 납세자에게 국세징수법 시행령 제9조 제2항에서 들고 있는 납세가 곤란한 사정이 있음에도 불구하고, 세무서장이 이를 간과하거나 위 조항에서 정한 제외사유에 해당하지 않는 것으로 보아 관허사업 제한요구를 한 경우, 위 제한요구가 위법한지 여부

판결요지 객관적으로 납세자에게 법령에서 정한 납세가 곤란한 사정이 있음에도 불구하고, 이를 간과하거나 동 조항에서 정한 제외사유에 해당하지 않는 것으로 보아 관허사업 제한요구를 한 경우 위법한 것임

- 국세징수법(이하 '법'이라고만 한다) 제7조는 세무서장은 허가 등을 받아 사업을 경영하는 자가 국세를 3회 이상 체납한 때에는 대통령령이 정하는 경우를 제외하고 그 주무관서에 사업의 정지 또는 허가의 취소를 요구할 수 있고(제2항, 이하 '제한요구'라고 한다), 제한요구를 받은 당해 주무관서는 정당한 사유가 없는 한 이에 응하여야 한다고 규정하고 있으며(제4항), 한편 법 시행령(이하 '시행령'이라고만 한다) 제9조 제2항은 세무서장이 제한요구를 할 수 없는 제외사유로서 시행령 제8조 각 호에 게기하는 경우로서 세무서장이 인정하는 때(제1호), 납세자에게 납세가 곤란한 사정이 있는 사실을 세무서장이 인정하는 때(제2호)를 들고 있는바, 객관적으로 보아 시행령에서 정하고 있는 바와 같이 납세자에게 납세가 곤란한 사정이 있음에도 불구하고, 세무서장이 이를 간과하거나 제외사유에 해당하지 않는 것으로 보아 제한요구를 한 경우, 세무서장의 인정 여부에 상관없이 그 제한요구는 법 제7조 제2항 소정의 요건을 갖추지 못한 것으로서 위법하다 할 것이고, 따라서 이를 전제로 한 주무관서의 허가취소 등의 처분 역시 위법함을 면할 수 없다 할 것이다(대법원 1976. 12. 28. 선고 74누231 판결, 1982. 10. 12. 선고 82누160 판결 등 참조).

2.3 지방세징수법상 규정된 관허사업에 건설업면허가 포함되는지

【관련 판례】 대법 74누284, 1976. 4. 27. : 상고기각

- 지방세징수법 제7조

〈쟁점요지〉 건설업면허를 받은 자에게 일신전속적인 권리가 인정되는 것으로 보아 건설업을 관허사업에서 제외할 수 있는지 여부

판결요지 ••• 관허사업은 널리 허가, 인가, 면허 등을 얻어 경영하는 사업 모두가 포함된다고 해석함이 타당하다 할 것이므로, 건설업면허도 관허사업에 포함됨

- 논지는 건설업면허는 권리설정인 일신전속적인 특허이므로 건설업면허를 받은 자는 구 국세징수법 제23조 소정의 관허사업을 경영하는 자에 해당하지 않는데도 불구하고 원심이 건설업면허를 받은 자인 원고회사에 대하여 본조를 적용하였음은 본조의 법리를 오해하고 이에 대한 판단을 유탈한 위법을 저질렀다고 함에 있다.
- 그러나 건설업법에 의하여 건설업면허를 받은 자에게 소론과 같이 새로운 권리를 설정하는 일신전속적인 특허의 성질을 가진 권리가 인정되는 것은 아니고 소론 건설업법 제26조 소정의 건설업면허취소사유에 위 구 국세징수법 제23조를 열거하지 아니하였다 하여 국세를 체납한 경우에 그 제재방법으로서 사업의 정지 또는 허가의 취소를 할 수 있는 경우를 규정한 위 구 국세징수법 제23조 소정의 관허사업에 소론과 같이 건설사업이 포함되지 아니한다고 할 수 없을 뿐 아니라 위 구 국세징수법 제23조 소정의 관허 사업은 널리 허가, 인가, 면허 등을 얻어 경영하는 사업 모두가 포함된다고 해석함이 타당하다 할 것이므로 건설업면허를 받아 건설사업을 경영하는 자도 위 동법 제23조 소정의 관허사업을 경영하는 자에 해당한다고 할 것인 바 원심은 본건 원고회사의 건설사업이 위 동법 소정의 관허사업임을 전제로 하여 본 건에 위 동법 제23조를 적용하고 있으니 거기에 소론과 같은 법리오해나 판단유탈의 위법이 있다고 할 수 없다.

3. 제3자 납부

3.1 무효인 체납처분에 기인한 제3자 납부가 부당이득금반환 청구대상에 해당되는지

【관련 판례】 대법 2014다36221, 2015. 11. 12. 판결 : 파기환송

- 지방세징수법 제20조

지방세징수법 제20조(제3자의 납부, 2016. 12. 27. 제정)

① 지방자치단체의 징수금은 납세자를 위하여 제3자가 납부할 수 있다.

② 제1항에 따른 제3자의 납부는 납세자의 명의로 납부하는 것으로 한정한다.

③ 제1항에 따라 납세자를 위하여 지방자치단체의 징수금을 납부한 제3자는 지방자치단체에 대하여 그 반환을 청구할 수 없다.

〈쟁점요지〉 위탁자의 체납을 이유로 신탁재산을 압류하여 압류처분이 무효에 해당됨에도 신탁재산을 매수한 제3자가 위탁자의 체납액을 대신 납부한 경우 대납한 금액이 부당이득금반환 청구대상에 해당되는지 여부

판결요지 ●●● 체납처분압류가 무효라도 체납액을 납부하는 조세채무의 이행으로서 유효하므로 부당이득금반환 청구대상에 해당되지 않음

- 이와 같이 납세자가 납부하여야 할 지방세와 가산금 및 체납처분비 등 지방자치단체의 징수금을 제3자가 납세자의 명의로 납부한 경우에는 원칙적으로 납세자의 조세채무에 대한 유효한 이행이 되고, 지방자치단체의 조세채권은 만족을 얻어 소멸한다. 따라서 지방자치단체가 징수금을 납부받은 것에 법률상 원인이 없다고 할 수 없으므로, 지방세기본법 제70조 제3항, 구 지방세법 시행령 제47조 제2항에 따라 제3자는 지방자치단체에 대하여 부당이득반환을 청구할 수 없다(대법원 1998. 10. 9. 선고 98다27579 판결 참조). 그리고 이러한

납부에 따른 조세채무 이행의 효력은 지방세 등을 징수하기 위한 체납처분 절차 진행 여부와 관련이 없으므로 체납처분압류가 무효인 경우에도 원칙적으로 다르지 아니하다.

- 이와 같이 원고가 납세자인 ○○○의 명의로 피고에게 체납액을 납부한 것은 조세채무의 이행으로서 유효하고, 이로 인하여 피고의 ○○○에 대한 조세채권은 소멸하였다. 따라서 이 사건 압류가 무효라고 하더라도 피고가 체납액을 납부받은 것에 법률상 원인이 없다고 할 수 없고, 지방세기본법 제70조 제3항, 구 지방세법 시행령 제47조 제2항에 따라 원고는 피고에 대하여 부당이득반환을 청구할 수 없다.

4. 징수유예

4.1 납세보증인이 징수유예 담보로 제공한 부동산을 매각한 경우 징수유예 취소사유에 해당되는지

【관련 판례】 대법 2016두36482, 2016. 7. 14. 판결(심리불속행) : 상고기각

- 지방세징수법 제27조 및 제29조

지방세징수법 제27조(징수유예등에 관한 담보)

지방자치단체의 장은 징수유예등을 결정할 때에는 그 유예에 관계되는 금액에 상당하는 납세담보의 제공을 요구할 수 있다.

지방세징수법 제29조(징수유예등의 취소)

① 지방자치단체의 장은 징수유예등을 받은 자가 다음 각 호의 어느 하나에 해당하게 되었을 때에는 그 징수유예등을 취소하고 그 징수유예등에 관계되는 지방세 또는 체납액을 한꺼번에 징수할 수 있다.

3. 징수유예등을 받은 자의 재산상황, 그 밖에 사업의 변화로 인하여 유예할 필요가 없다고 인정될 때

〈쟁점요지〉 지방세 징수유예의 담보를 제공한 납세보증인이 소유 부동산을 매각한 경우 지방세기본법 제84조 제1항에서 규정한 '지방자치단체의 징수금을 포탈하려는 행위'로써 징수유예의 취소사유에 해당되는지 여부

판결요지 ••• 담보로 제공한 부동산 이외에도 다수의 부동산을 소유하고 있어 징수유예 취소사유인 '징수금을 포탈하려는 행위'로 볼 수 없음

- 행정청이 징수유예를 취소하기 위하여는 구 지방세기본법 제84조 제1항에서 정한 바와 같이 그 취소사유가 '징수유예를 받은 자'에게 발생하여야 한다. 그런데 '징수유예를 받은 자'는 이○하가 아닌 '원고'라 할 것이고, 달리 이○하의 이 사건 매각행위를 원고의 재산에 대한 매각행위로 보거나, 원고의 재산상황, 그 밖에 사업의 변화로 볼 아무런 증거가 없다.
- 이○하는 이 사건 담보부동산 이외에도 ○○시 ○○읍 ○○리 666-3 대 132㎡, 같은 리 666-4 전 112㎡, 같은 리 666-16 전 139㎡, 같은 리 666-20 대 66㎡, 같은 리 666-21 전 215㎡를 각 소유하고 있고, 이○철 등에게 ○○시 ○○면 ○○리 산57 외 16필지를 명의신탁한 사실을 인정할 수 있는바, 사정이 이러하다면, 원고가 자신의 과점주주인 이○하의 이 사건 매각행위를 감추고 이 사건 징수유예를 신청하였던 사정만으로는 이 사건 징수유예 신청 자체가 이 사건 징수금을 포탈하는 행위에 해당한다거나 이 사건 징수유예 결정으로 인하여 이 사건 징수금 전액을 징수할 수 없게 되었다고 인정하기에 부족하고, 달리 그러한 사정을 인정할 증거도 없으므로, 피고의 위 주장 역시 이유 없다(광주고등법원 2015누6636, 2016. 3. 24.).

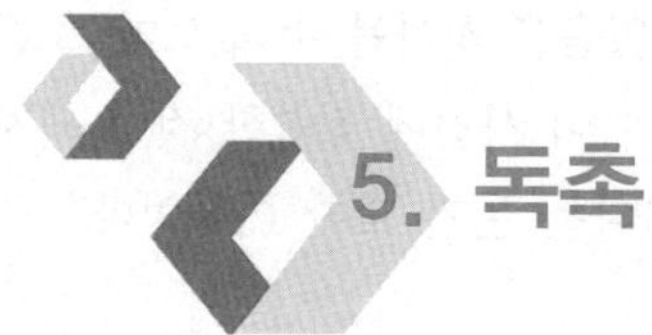

5. 독촉

5.1 압류처분이 독촉절차 없이 이루어졌다 하여 당연무효로 볼 수 있는지

【관련 판례】 대법 87누383, 1987. 9. 22. : 상고기각

- 지방세징수법 제32조

지방세징수법 제32조(독촉과 최고)

① 지방자치단체의 장은 납세자(제2차 납세의무자는 제외한다)가 지방세를 납부기한까지 완납하지 아니하면 납부기한이 지난 날부터 50일 이내에 독촉장을 문서로 고지하여야 한다. 다만, 제22조에 따라 지방세를 징수하는 경우에는 그러하지 아니하다.

② 지방자치단체의 장은 제2차 납세의무자가 체납액을 그 납부기한까지 완납하지 아니하면 제22조 제1항에 따라 징수할 경우를 제외하고는 납부기한이 지난 후 10일 이내에 납부최고서를 발급하여야 한다.

③ 독촉장 또는 납부최고서를 발급할 때에는 납부기한을 발급일부터 20일 이내로 한다.

〈쟁점요지〉 **독촉절차 없이 한 압류처분이 취소 또는 당연무효사유에 해당하는지 여부**

판결요지 ••• 독촉절차 없이 이루어진 압류처분은 취소 사유에는 해당하나 당연무효에는 해당하지 않음

- 원심은 원고가 위 종합소득세 및 그 방위세를 납부기한까지 납부하지 아니하자 피고가 그 징수를 위하여 이 사건 압류처분에 이른 것이므로, 비록 독촉절차없이 압류처분을 하였다 하더라도 이러한 사유만으로는 압류처분을 무효로 되게 하는 중대하고도 명백한 하자로는 되지 않는다고 판단하여 이 사건 압류처분의 무효확인을 구하는 원고의 청구를 배척하였는 바, 기록과 대조하여 살펴보아도 원심의 위 사실인정과 판단은 모두 정당하게

수긍이 되고 거기에 소론이 지적하는 법리오해의 위법이 있음을 찾아볼 수 없으며, 소론의 당원 1982. 8. 24. 선고 81누162 판결은 사안을 달리하여 이 사건에 적합한 것이 되지 못하므로, 원심의 판단이 위 당원판례에 위반하여 위법하다는 논지 또한 이유없다.

5.2 가산금에 대한 독촉이 부당하거나 하자가 있는 경우 이를 항고소송의 대상이 되는 징수처분으로 볼 수 있는지

【관련 판례】 대법 96누1627, 1996. 4. 26. : 파기환송

- 지방세징수법 제32조

〈쟁점요지〉 독촉장에 의해 가산금의 납부를 최고할 경우 그 독촉이 부당하거나 하자가 있을 경우 해당 독촉을 징수처분으로 보아 이를 대상으로 항고소송을 제기할 수 있는지 여부

판결요지 ••• 독촉장에 의하여 가산금의 납부를 최고하는 독촉은 징수처분에 해당하여 그 납부독촉이 부당하거나 하자가 있는 경우에는 이에 대한 불복은 가능함

- 국세징수법 제21조가 규정하는 가산금은 국세가 납부기한까지 납부되지 않는 경우, 미납분에 관한 지연이자의 의미로 부과되는 부대세의 일종으로서 과세권자의 가산금 확정절차 없이 국세를 납부기한까지 납부하지 아니하면 위 법규정에 의하여 당연히 발생하고, 그 액수도 확정되는 것이며, 그에 관한 징수절차를 개시하려면 독촉장에 의하여 그 납부를 독촉함으로써 가능한 것이므로, 그 가산금 납부독촉이 부당하거나 그 절차에 하자가 있는 경우에는 그 징수처분에 대하여 취소소송에 의한 불복이 가능할 것이나, 과세관청이 가산금을 확정하는 어떤 행위를 한 바가 없고, 다만 국세의 납세고지를 하면서 납기일까지 납부하지 아니하면 납기 후 1개월까지는 가산금으로 얼마를 징수하게 된다는 취지를 고지하였을 뿐이고, 납부기한 경과 후에 그 납부를 독촉한 사실이 없다면 가산금 부과처분은 존재하지 않는다고 할 것이므로, 그러한 가산금 부과처분의 취소를 구하는 소는 부적법하다고 할 것이다(당원 1990. 5. 8. 선고 90누1168 판결 등 참조).

6. 압류, 공매처분, 사해행위취소 등

6.1 조세부과처분의 하자와 그에 따른 체납처분의 효력과의 관계

【관련 판례】 대법 87누383, 1987. 9. 22. : 상고기각

- 지방세징수법 제33조

지방세징수법 제33조(압류)

① 지방자치단체의 장은 다음 각 호의 어느 하나에 해당하는 경우에는 납세자의 재산을 압류한다.

1. 납세자가 독촉장(납부최고서를 포함한다. 이하 같다)을 받고 지정된 기한까지 지방자치단체의 징수금을 완납하지 아니할 때
2. 제22조 제1항에 따라 납세자가 납부기한 전에 지방자치단체의 징수금의 납부 고지를 받고 지정된 기한까지 완납하지 아니할 때

〈쟁점요지〉 조세의 부과처분에 하자가 있을 경우 그 부과처분에 의한 체납처분의 효력이 상실되는지 여부

판결요지 조세의 부과처분과 압류 등의 체납처분은 별개의 행정처분으로서 독립성을 가지므로 부과처분에 하자가 있더라도 그 부과처분이 취소되지 아니하는 한 그 부과처분에 의한 체납처분은 위법이라고 할 수는 없지만, 그 부과처분이 당연무효인 경우에는 그 부과처분의 집행을 위한 체납처분도 무효라 할 것임

- 원심은, 조세의 부과처분과 압류 등의 체납처분은 별개의 행정처분으로서 독립성을 가지므로 부과처분에 하자가 있더라도 그 부과처분이 취소되지 아니하는 한 그 부과처분에 의한 체납처분은 위법이라고 할 수는 없지만, 체납처분은 부과처분의 집행을 위한 절차에 불과하므로 그 부과처분에 중대하고도 명백한 하자가 있어 무효인 경우에는 그 부과처분

의 집행을 위한 체납처분도 무효라 할 것이라고 전제한 다음, 납세고지서에 세액산출근거가 기재되지 않았다는 것은 부과처분을 무효로 되게 하는 중대하고도 명백한 하자라 할 수 없고, 또 이와 같이 위 부과처분에 대한 취소청구의 소를 각하하고 무효확인청구를 기각하는 판결이 확정되었으므로, 그 확정판결의 사실심 변론종결이전의 사유를 들어 그 부과처분의 무효를 주장하고 이로써 압류처분의 무효를 다툴 수는 없으며, 원고가 위 종합소득세 및 그 방위세를 납부기한까지 납부하지 아니하자 피고가 그 징수를 위하여 이 사건 압류처분에 이른 것이므로, 비록 독촉절차없이 압류처분을 하였다 하더라도 이러한 사유만으로는 압류처분을 무효로 되게 하는 중대하고도 명백한 하자로는 되지 않는다고 판단하여 이 사건 압류처분의 무효확인을 구하는 원고의 청구를 배척하였는 바, 기록과 대조하여 살펴보아도 원심의 위 사실인정과 판단은 모두 정당하게 수긍이 되고 거기에 소론이 지적하는 법리오해의 위법이 있음을 찾아볼 수 없으며, 소론의 당원 1982. 8. 24. 선고 81누162 판결은 사안을 달리하여 이 사건에 적합한 것이 되지 못하므로, 원심의 판단이 위 당원판례에 위반하여 위법하다는 논지 또한 이유없다.

관련 기타 판례

- 과세처분 이후 조세 부과의 근거가 되었던 법률규정에 대하여 위헌결정이 내려진 경우, 위헌결정 이후에 조세채권의 집행을 위한 새로운 체납처분에 착수하거나 이를 속행하는 것은 더 이상 허용되지 않고, 나아가 이러한 위헌결정의 효력에 위배하여 이루어진 체납처분은 당연무효임(대법 2010두10907, 2012. 2. 16. 판결).

6.2 수용 전 토지에 대한 압류의 우선 효력이 수용보상금채권의 배당절차에서도 그 효력이 유지되는지

【관련 판례】 대법 2001다83777, 2003. 7. 11. : 상고기각

- 지방세징수법 제33조

〈쟁점요지〉 수용 전 토지에 대하여 압류를 한 체납처분청이 다시 수용보상금에 대하여 체납처분에 의한 압류를 한 경우, 수용 전 토지에 대한 체납처분에 의한 우선권이 수용보상금채권에 대한 배당절차에서 종전 순위대로 유지되는지 여부

판결요지 ••• 수용되는 토지에 대한 압류가 그 수용보상채권에 당연히 전이되어 효력을 미치는 것이 아니므로, 수용보상채권에 대한 우선 순위는 수용전 토지의 압류순위와 관계없이 수용보상채권에 대한 압류 순위에 따라 결정됨

- 구 토지수용법(2002. 2. 4. 법률 제6656호로 폐지되기 전의 것, 이하 '구 토지수용법'이라 한다) 제67조 제1항에 의하면, 기업자는 토지를 수용한 날에 그 소유권을 취득하며 그 토지에 관한 다른 권리는 소멸하는 것인바, 수용되는 토지에 대하여 체납처분에 의한 압류가 집행되어 있어도 토지의 수용으로 기업자가 그 소유권을 원시취득함으로써 그 압류의 효력은 소멸되는 것이고, 토지에 대한 압류가 그 수용보상금청구권에 당연히 전이되어 그 효력이 미치게 된다고는 볼 수 없다고 할 것이므로(대법원 2000. 7. 4. 선고 98다62961 판결 참조), 수용 전 토지에 대하여 체납처분으로 압류를 한 체납처분청이 다시 수용보상금에 대하여 체납처분에 의한 압류를 하였다고 하여 물상대위의 법리에 의하여 수용 전 토지에 대한 체납처분에 의한 우선권이 수용보상금채권에 대한 배당절차에서 종전 순위대로 유지된다고 볼 수도 없다.

6.3 제3자가 착오로 체납자의 계좌로 이체한 금액을 압류한 것이 유효한지

【관련 판례】 대법 2005다59673, 2006. 3. 24. : 상고기각

- 지방세징수법 제33조

〈쟁점요지〉 계좌이체에 있어 그 원인관계의 흠결이 계좌이체의 효력이나 계좌이체로 말미암아 형성된 수취인과 수취은행 사이의 예금관계의 효력에 영향을 미치는지 여부

판결요지 ••• 체납자와 법률관계가 없는 제3자가 착오로 체납자의 계좌로 잘못 이체한 예금계좌를 압류하였더라도 유효한 압류처분에 해당됨

- 직접적인 현금의 수수 없이 금융기관에 개설되어 있는 계좌상의 이체를 통하여 현금수수의 효과를 발생하게 하는 자금이체제도의 일종인 계좌이체에 있어서는, 계좌이체의뢰인의 자금이체지시에 따라 지급은행 및 수취은행을 통하여 수취인의 예금계좌로 이체자금이 계좌이체되면 수취인과 수취은행 사이에 예금관계가 성립하고, 비록 계좌이체의뢰인과 수취인 사이에 계좌이체의 원인이 되는 법률관계가 당초부터 성립하지 않았거나 또는

그 법률관계가 사후에 일정한 사유로 소멸하게 되더라도 특별한 사정이 없는 한 그와 같은 원인관계의 흠결은 계좌이체의 효력이나 계좌이체로 말미암아 형성된 수취인과 수취은행 사이의 예금관계의 효력에 영향을 미칠 수는 없다고 할 것이다.

- 원심이 이와 같은 취지에서 원고가 계좌이체의 거래 상대방에 착오를 일으켜 아무런 원인관계 없이 소외 주식회사(이하 '소외 회사'라 한다)의 중소기업은행 예금계좌로 이체자금을 계좌이체하였다 하더라도 중소기업은행이 원고의 폰뱅킹에 의한 계좌이체의뢰를 받은 농협중앙회의 이체통지에 따라 위 예금계좌에 관한 예금원장에 입금의 기록을 함으로써 소외 회사는 중소기업은행에 대하여 이체자금 상당의 예금채권을 취득하게 되므로, 피고가 소외 회사에 대한 체납처분으로 위 예금계좌상의 예금채권에 대하여 한 압류처분은 원고의 이체자금에 상당한 부분을 포함하여 그 압류통지서가 중소기업은행에 송달될 당시의 예금채권액 범위 내에서 유효하다고 판단하여 위 예금채권 중 원고의 이체자금에 상당한 부분에 대한 압류처분은 납세자 아닌 제3자의 재산을 대상으로 한 것이어서 당연무효라는 원고의 주장을 배척한 것은 정당하고, 거기에 상고이유로 지적하는 바와 같은 심리미진이나 채증법칙을 위배하여 사실을 오인하거나 국세징수법 소정의 압류의 효력에 관한 법리를 오해한 위법이 없다.

6.4 위탁자의 지방세 체납을 이유로 수탁자 명의의 신탁재산을 압류할 수 있는지

【관련 판례】 대법 2011두11006, 2012. 4. 13., 2011두22204, 2012. 4. 26. 판결 : 상고기각

- 같은 취지의 판결 : 대법 2010두27998, 2013. 1. 24. 판결 : 상고기각
- 지방세징수법 제33조

〈쟁점요지〉 위탁자 명의로 부과된 신탁재산에 대한 취득세, 재산세 등의 체납이 있는 경우, 수탁자 명의로 되어 있는 당해 신탁재산을 압류할 수 있는지 여부

판결요지 ••• 위탁자의 체납을 이유로 신탁재산을 압류할 수 없음

- 신탁법 제21조 제1항 단서에서 예외적으로 신탁재산에 대하여 강제집행 또는 경매를 할 수 있다고 규정한 '신탁사무의 처리상 발생한 권리'에는 수탁자를 채무자로 하는 것만이 해당될 뿐이고 위탁자를 채무자로 하는 것은 포함되지 않는다고 할 것이다.
- 이 사건 처분에 관계된 취득세, 등록세, 재산세 채권은 위탁자인 주식회사 ○○○○○○에

대한 채권으로서 신탁법 제21조 제1항 단서에서 말하는 '신탁사무의 처리상 발생한 권리'에 해당한다고 할 수 없다는 이유로 소외 회사에 대한 조세채권에 기하여 원고 소유의 신탁재산을 압류한 이 사건 처분은 무효라고 판단한 조치는 정당하다.

관련 기타 판례

1. 납기전 징수와 보전압류의 대상 "납세자"에는 주된 납세의무자뿐만 아니라 제2차 납세의무자도 포함되므로, 주된 납세의무의 확정절차나 그에 대한 체납처분절차를 거치지 아니하고 더 나아가 제2차 납세의무자 지정통지를 하지 아니한 상태라 하더라도 제2차 납세의무자에 대하여 압류처분 할 수 있음(대법 87다카684, 1989. 2. 28. 판결).
2. 부부공유 유체동산의 압류에 관한 「민사집행법」 제190조의 규정은 체납처분의 경우에 유추적용을 배제할 만한 특수성이 없으므로 이를 체납처분의 경우에도 유추적용 할 수 있음(대법 2005두15151, 2006. 4. 13. 판결).

6.5 채권압류에 의해 보전되는 지방세의 범위는 통지된 것에 한정되는지

【관련 판례】 대법 92누831, 1992. 11. 10. : 상고기각

- 지방세징수법 제52조

지방세징수법 제52조(채권 압류의 효력)
채권압류의 효력은 채권압류 통지서가 제3채무자에게 송달된 때에 발생한다.

〈쟁점요지〉 **압류통지서에 기재되지 않은 조세체납액도 채권압류에 의해 보전되는지 여부**

판결요지 채권을 압류하는 경우 그 보전되는 지방세의 범위는 압류의 원인이 된 체납 지방세로서 채무자에게 통지된 당해 지방세만에 한정되고 압류통지서에 기재되지 않은 체납액은 압류에 효력이 없음

- 국세체납처분에 의한 채권의 압류에 관하여 국세징수법 제41조 제1항은 「세무서장은 채권을 압류한 때에는 그 뜻을 채무자에게 통지하여야 한다」고 규정하고, 같은 조 제2항은

「세무서장은 제1항의 통지를 한 때에는 국세, 가산금과 체납처분비를 한도로 하여 채권자에게 대위한다」고 규정하며, 국세징수법 제42조는「채권압류의 효력은 채권압류통지서가 채무자에게 송달된 때에 발생한다」고 규정하고, 같은 법 제43조는 [세무서장은 채권을 압류하는 때에는 국세, 가산금과 체납처분비를 한도로 하여야 한다]고 규정하는 한편, 같은 법 시행령 제44조는 법 제41조 제1항의 규정에 의한 채권압류의 통지서에는 압류에 관계되는 국세의 과세연도, 세목, 세액과 납부기한을 기재하도록 규정하고 있는 바, 위 각 규정 등에 의하면 국세징수법상 채권압류에 의하여 보전되는 국세의 범위는 압류의 원인이 된 체납국세로서 채무자에게 통지된 당해 국세만에 한정되는 것임이 분명하다.

6.6 재직공무원의 명예퇴직 수당이 장래 발생할 채권 또는 조건부 채권으로서 압류대상이 될 수 있는지

【관련 판례】 대법 2009다76799, 2010. 2. 25. : 상고기각

- 지방세징수법 제53조

지방세징수법 제53조(채권 압류의 범위)

지방자치단체의 장은 채권을 압류할 때에는 체납액을 한도로 하여야 한다. 다만, 압류할 채권이 체납액을 초과하는 경우에 필요하다고 인정하면 그 채권 전액을 압류할 수 있다.

〈쟁점요지〉 **장래 발생할 채권이나 조건부 채권을 압류할 수 있는지 여부**

판결요지 ••• 장래발생할 채권이나 조건부 채권도 현재 그 권리의 특정이 가능하고 가까운 장래에 발생할 것이 상당 정도 기대되는 경우에는 압류할 수 있으므로, 재직공무원의 명예퇴직 수당도 채권압류의 대상이 될 수 있음

- 장래 발생할 채권이나 조건부 채권도 현재 그 권리의 특정이 가능하고 가까운 장래에 발생할 것이 상당 정도 기대되는 경우에는 이를 압류할 수 있다고 할 것이다(대법원 1982. 12. 26. 선고 82다카508 판결 참조).
- 지방공무원의 경우에는 명예퇴직수당의 기초가 되는 법률관계가 존재하고 그 발생근거와 제3채무자를 특정할 수 있어 그 권리의 특정이 가능하다고 할 것이고, 원고가 제주시 공무

원으로 약 14~15년 정도 근무한 때에 소외인이 원고의 명예퇴직수당 채권에 대하여 이 사건 채권가압류결정과 채권압류 및 추심명령을 받았고 그 후 원고가 약 20년 5개월을 근속한 뒤 명예퇴직하였다면, 가까운 장래에 발생할 것이 상당 정도 기대되는 경우라고 볼 수 있을 것이다. 그리고 '20년 이상 근속' 요건은 지방공무원법과 지방공무원 명예퇴직수당 등 지급규정에서 명예퇴직수당 지급대상자로 규정한 요건일 뿐이므로 지방공무원이 20년 이상 근속한 경우에만 그 명예퇴직수당 채권을 압류할 수 있다고 해석할 것은 아니다.

- 원심이 같은 취지에서 이 사건 채권가압류결정과 채권압류 및 추심명령이 유효하다고 판단한 것을 수긍할 수 있고, 거기에 상고이유로 주장하는 법리오해 등의 위법이 없다.

6.7 독촉절차가 없었으나 공매통지서가 적법하게 송달되었고 매수인이 매각대금을 납부하였다면 공매처분을 취소할 수 있는지

【관련 판례】 대법 2004두14717, 2006. 5. 12. : 상고기각

- 지방세징수법 제80조

지방세징수법 제80조(공매 통지)

① 지방자치단체의 장은 제78조 제2항에 따른 공매공고를 하였을 때에는 즉시 그 내용을 다음 각 호의 자에게 통지하여야 한다.

1. 체납자
2. 납세담보물 소유자
3. 다음 각 목의 구분에 따른 자
   가. 공매재산이 공유물의 지분인 경우: 공매공고의 등기 또는 등록 전날을 기준으로 한 공유자
   나. 공매재산이 부부공유의 동산·유가증권인 경우: 체납자의 배우자
4. 공매재산에 대하여 공매공고의 등기 또는 등록 전일 현재 전세권·질권·저당권 또는 그 밖의 권리를 가진 자

〈쟁점요지〉 독촉 없이 압류처분이 이루어졌다 해도 이후의 공매절차에서 적법한 공매통지서가 송달, 매수인이 매각대금을 납부한 경우 당해 공매처분을 취소할 수 있는지 여부

판결요지 ••• 압류처분단계에서 독촉장의 송달이 없었더라도 그 이후의 공매절차에서 공매통지서

가 적법하게 송달된 경우, 매수인이 매각결정에 따른 매각대금을 납부한 이후에는 당해 공매처분을 취소할 수 없음

- 공매절차에서 매수인이 매각결정에 따른 매수대금을 완납한 이후에는 매수 부동산의 소유권을 취득한 것으로 신뢰한 매수인의 권리 · 이익을 보호하여 거래의 안전을 도모하여야 할 필요성이 있는 점, 체납처분의 전제요건으로서의 독촉은 체납자로 하여금 당해 체납세액을 납부하여 체납처분을 당하는 것을 피할 수 있는 기회를 제공하기 위한 것인데, 설사 독촉장의 송달이 흠결되었다고 하더라도 그 이후에 이루어진 공매절차에서 공매통지서가 체납자에게 적법하게 송달된 경우에는 실질적으로 체납자의 절차상의 권리나 이익이 침해되었다고 보기 어려운 점 등에 비추어 보면, 비록 압류처분의 단계에서 독촉의 흠결과 같은 절차상의 하자가 있었다고 하더라도 그 이후에 이루어진 공매절차에서 공매통지서가 적법하게 송달된 바가 있다면 매수인이 매각결정에 따른 매수대금을 납부한 이후에는 다른 특별한 사정이 없는 한, 당해 공매처분을 취소할 수 없다고 봄이 상당하다고 할 것이다.

6.8 적법한 공매통지가 이루어지지 않은 경우 당해 공매처분이 위법한 것인지

【관련 판례】 대법 2007두18154, 2008. 11. 20. : 상고기각

- 지방세징수법 제80조

〈쟁점요지〉 체납자 등에게 공매통지를 하지 않았거나 적법하지 않은 공매통지를 한 경우 그 공매처분이 위법한지 여부

판결요지 ••• 공매처분을 하면서 체납자 등에게 공매통지를 하지 않았거나 공매통지를 하였더라도 그것이 적법하지 아니한 경우에는 절차상의 흠이 있어 그 공매처분은 위법하다고 할 것임

- 비록 체납자는 국세징수법 제66조에 의하여 직접이든 간접이든 압류재산을 매수하지 못함에도 불구하고, 이와 같이 국세징수법이 압류재산을 공매할 때에 공고와 별도로 체납자 등에게 공매통지를 하도록 한 이유는, 체납자 등으로 하여금 공매절차가 유효한 조세부과처분 및 압류처분에 근거하여 적법하게 이루어지는지 여부를 확인하고 이를 다툴 수 있는 기회를 주는 한편, 국세징수법이 정한 바에 따라 체납세액을 납부하고 공매절차를 중지

또는 취소시켜 소유권 또는 기타의 권리를 보존할 수 있는 기회를 갖도록 함으로써, 체납자 등이 감수하여야 하는 강제적인 재산권 상실에 대응한 절차적인 적법성을 확보하기 위한 것으로 봄이 상당하다(대법원 2002. 10. 25. 선고 2002다42322 판결 참조).

- 따라서 체납자 등에 대한 공매통지는 국가의 강제력에 의하여 진행되는 공매에서 체납자 등의 권리 내지 재산상의 이익을 보호하기 위하여 법률로 규정한 절차적 요건이라고 보아야 하며, 공매처분을 하면서 체납자 등에게 공매통지를 하지 않았거나 공매통지를 하였더라도 그것이 적법하지 아니한 경우에는 절차상의 흠이 있어 그 공매처분은 위법하다고 할 것이다.

6.9 | 공매대금 완납 이후에 성립된 조세채권도 배분대상에 포함되는지

【관련 판례】 대법 2014두4085, 2016. 11. 24. 판결 : 파기환송

- 지방세징수법 제81조

지방세징수법 제81조(배분요구 등)

① 제79조에 따른 공매공고의 등기 또는 등록 전까지 등기되지 아니하거나 등록되지 아니한 다음 각 호의 채권을 가진 자는 제99조 제1항에 따라 배분을 받으려면 배분요구의 종기까지 지방자치단체의 장에게 배분을 요구하여야 한다.

1. 압류재산에 관계되는 체납액
2. 교부청구와 관계되는 체납액 · 국세 또는 공과금 (후략)

〈쟁점요지〉 **매수자가 공매대금을 완납한 이후라도 국세징수법상 배분요구에 대한 별도의 종기가 없으므로 배분계산서 작성 전까지 지방세부과액을 교부청구한 경우 배분대상에 포함될 수 있는지 여부**

판결요지 ••• 매각대금이 완납된 이후에 성립 · 확정된 조세채권은 설령 배분계산서 작성 전까지 교부청구를 하였더라도 배분대상에 포함될 수 없음

- 한편 구 국세징수법에 의한 체납처분 절차에서 압류는 원칙적으로 체납자 소유의 재산에 대해서만 할 수 있는 점, 공매대상인 체납자 소유의 재산은 매각대금이 납부되면 매수인에게 그 소유권이 이전되고 매각대금 자체는 기존에 진행되는 체납처분절차에 따른 배분의

목적물이 될 뿐인 점, 매각대금 납부 이후에 성립·확정된 조세채권에 기초하여서는 체납자의 다른 재산에 관하여만 체납처분이 가능하다고 할 것인 점 등을 고려하면, 매각대금이 완납되어 압류재산이 매수인에게 이전된 후에 성립·확정된 조세채권은 배분요구의 효력이 있는 교부청구가 있더라도 그 공매절차에서 배분대상이 되지 않는다고 봄이 타당하다.

- 이러한 점들을 종합하여 보면, 구 국세징수법에서 비록 세무서장 등이 언제까지 성립·확정된 조세채권에 관하여 배분요구를 하여야만 압류재산의 매각대금 등의 배분대상이 될 수 있는지에 관하여 명시적인 규정을 두고 있지 아니하지만, 세무서장 등은 늦어도 매각대금이 완납되어 압류재산이 매수인에게 이전되기 전까지 성립·확정된 조세채권에 관해서만 교부청구를 할 수 있고, 그 이후에 성립·확정된 조세채권은 설령 배분계산서 작성 전까지 교부청구를 하였더라도 압류재산 매각대금 등의 배분대상에 포함될 수 없다고 보아야 할 것이다.

6.10 채무초과 상태에 있는 채무자가 소유부동산을 특정 채권자에게 담보로 제공한 경우 사해행위에 해당하는지

【관련 판례】 대법 97다10864, 1997. 9. 9. : 상고기각

- 지방세징수법 제39조

지방세징수법 제39조(사해행위의 취소 및 원상회복)

지방자치단체의 장은 체납처분을 집행할 때 납세자가 지방세 징수를 피하기 위하여 재산권을 목적으로 한 법률행위(「신탁법」에 따른 사해신탁을 포함한다)를 한 경우에는 「민법」 제406조·제407조 및 「신탁법」 제8조를 준용하여 사해행위의 취소 및 원상회복을 법원에 청구할 수 있다.

〈쟁점요지〉 채무초과 상태에 있는 채무자가 그 소유 부동산을 채권자 중 한 사람에게 담보로 제공한 경우, 사해행위에 해당되는지 여부

판결요지 ••• 채무초과 상태에 있는 채무자가 그 소유의 부동산을 채권자 중의 어느 한 사람에게 채권담보로 제공하는 행위는 특별한 사정이 없는 한 다른 채권자들에 대한 관계에서 사해행위에 해당함

- 원심은, 채무자의 재산이 채무의 전부를 변제하기에 부족한 경우 채무자가 자신의 재산의 일부인 부동산을 어느 특정 채권자에게 채무담보로 제공한 행위는 다른 채권자들에 대한 관계에서 그들의 공동담보를 감소시키거나 또는 이에 준하는 행위로서 채권자들이 종전보다 더 불리한 지위에 놓이게 되므로 특별한 사정이 없는 한 이는 곧 다른 채권자들의 이익을 해하는 것이 되어 사해행위가 된다고 할 것이므로 위 소외인의 위 근저당설정행위는 원고들을 해함을 알고 한 사해행위에 해당한다고 판단하고 있다.
- 기록에 의하여 살펴보면 원심의 사실인정은 정당하고 거기에 소론 주장과 같은 채증법칙 위배, 심리미진 등의 위법이 있다고 할 수 없고, 채무초과 상태에 있는 채무자가 그 소유의 부동산을 채권자 중의 어느 한 사람에게 채권담보로 제공하는 행위는 특별한 사정이 없는 한 다른 채권자들에 대한 관계에서 사해행위에 해당한다고 할 것이므로(대법원 1989. 9. 12. 선고 88다카23186 판결 참조) 이러한 취지의 원심판단도 정당하고 거기에 소론 주장과 같은 사해행위 · 의사에 관한 법리오해의 위법 등이 있다고 할 수 없다.

6.11 사해행위취소 판단의 기준이 되는 소극재산에 양도소득세(지방소득세)가 포함이 되는지

【관련 판례】 대법 2019다281156, 2022. 7. 14. 판결

- 지방세징수법 제39조

〈쟁점요지〉 사해행위취소(채권자취소권) 판단기준이 되는 채무초과상태를 판단함에 있어 소유권 이전대상이 되는 부동산에 부과되는 양도소득세(지방소득세 포함)가 소득재산의 범위에 포함되는지 여부

판결요지 ••• 사해행위라고 주장하는 매매계약 당시에 양도소득세 및 지방소득세의 납세의무가 성립되지 않은 상태이므로 해당 조세를 채무초과상태를 판단하는 소득재산의 범위에 포함할 수 없음

- 민법 제406조의 채권자취소권의 대상인 '사해행위'란 채무자가 적극재산을 감소시키거나 소극재산을 증가시킴으로써 채무초과상태에 이르거나 이미 채무초과상태에 있는 것을 심화시킴으로써 채권자를 해치는 행위를 말한다(대법원 2017. 10. 26. 선고 2015다254675 판결 등 참조). 채무초과상태를 판단할 때 소극재산은 원칙적으로 사해행위가 있기 전에 발생되어야 하지만, 사해행위 당시 이미 채무 성립의 기초가 되는 법률관계가 성립되어 있고 가까

운 장래에 그 법률관계에 기초하여 채무가 성립되리라는 고도의 개연성이 있으며 실제로 가까운 장래에 그 개연성이 현실화되어 채무가 성립되었다면, 그 채무도 채무자의 소극재산에 포함된다(대법원 2000. 9. 26. 선고 2000다30639 판결, 대법원 2011. 1. 13. 선고 2010다68084 판결 등 참조). 여기에서 채무 성립의 기초가 되는 법률관계에는 당사자 사이의 약정에 의한 법률관계에 한정되지 않고 채무 성립의 개연성이 있는 준법률관계나 사실관계 등도 포함된다. 따라서 당사자 사이에 채권 발생을 목적으로 하는 계약의 교섭이 상당히 진행되어 계약체결의 개연성이 고도로 높아진 단계도 여기에 포함될 수 있다(대법원 2002. 11. 8. 선고 2002다42957 판결 등 참조).

- 토지나 건물의 양도에 따른 양도소득세와 지방소득세는 과세표준이 되는 금액이 발생한 달, 즉 양도로 양도차익이 발생한 토지나 건물의 양도일이 속하는 달의 말일에 소득세를 납부할 의무가 성립한다(대법원 2020. 4. 29. 선고 2019다298451 판결 등 참조). 여기에서 양도는 대가적 수입을 수반하는 유상양도를 가리키고 소득세법 제98조, 같은 법 시행령 제162조에 따르면 양도시기는 대금을 청산하기 전에 소유권이전등기를 하는 경우 등 예외적인 경우를 제외하고는 대금이 모두 지급된 날을 가리킨다(대법원 1993. 2. 9. 선고 92누17525 판결, 대법원 1993. 3. 23. 선고 91누4980 판결 등 참조).
- 사해행위로 주장되는 토지나 건물의 양도 자체에 대한 양도소득세와 지방소득세 채무는 통상적으로 토지나 건물의 양도에 대한 대금이 모두 지급된 이후에 비로소 성립하므로 사해행위로 주장하는 행위 당시에는 아직 발생하지 않는다. 양도소득세와 지방소득세 채무 성립의 기초가 되는 법률관계가 사해행위로 주장되는 행위 당시 이미 성립되었다거나 이에 기초하여 이러한 채무가 성립할 고도의 개연성이 있다고 볼 수도 없다. 토지나 건물에 관하여 소득세법에 따른 양도가 이루어지지 않았을 때에는 양도소득세와 지방소득세 채무 성립의 기초가 되는 법률관계가 존재한다고 보기 어렵고, 토지나 건물을 양도에 관한 계약 등의 교섭이 진행되는 경우라 하더라도 이는 양도소득세와 지방소득세 채무를 성립시키기 위한 교섭이라고 볼 수 없어서 채무 성립의 개연성 있는 준법률관계나 사실관계 등에 해당한다고 볼 수 없다. 따라서 사해행위로 주장되는 토지나 건물의 양도 자체에 대한 양도소득세와 지방소득세 채무는 사해행위로 주장되는 행위 당시의 채무초과상태를 판단할 때 소극재산으로 고려할 수는 없다.

6.12 조세회피를 목적으로 재산을 신탁한 경우 사해행위 취소대상에 해당하는지

【관련 판례】 대법 2013다201479, 2013. 5. 23. 판결(심리불속행) : 항소기각

- 지방세징수법 제39조

〈쟁점요지〉 **취득세 납세를 회피하기 위해 납세자가 보유한 유일재산에 대하여 등록세만 납부하고 취득세를 납부하지 아니한 상태에서 신탁회사에 신탁한 경우 사해행위 취소 대상으로 보아 신탁계약을 취소하고 소유권이전등기를 말소할 수 있는지**

판결요지 ••• 신탁계약 체결일 이전에 납세의무가 성립되었고 그 납세의무를 회피하기 위해 유일재산을 신탁한 경우에는 사해신탁으로 보아 소유권이전등기를 말소할 수 있음

- 원고의 이 사건 조세채권은 구 지방세법(2010. 2. 4. 법률 제10221호로 전부개정되기 전의 것) 제29조 제1항 제1호에 따라 소외 회사가 과세물건인 이 사건 부동산을 취득하는 때인 2009. 12. 30. 성립하여 이 사건 신탁계약 체결일인 2010. 6. 30. 이전에 발생하였고 그 이후 발생한 가산금 역시 그 성립의 기초가 동일하므로, 이 사건 조세채권은 그 가산금을 포함하여 이를 사해행위를 원인으로 이 사건 신탁계약의 취소를 구할 수 있는 피보전채권으로 봄이 상당하다.
- 이와 같이 소극재산이 적극재산을 초과하는 상태에서 유일한 적극재산인 이 사건 신탁부동산에 관하여 피고와 신탁계약을 체결하고 농협을 수익한도금액 13,358,000,000원으로 정하여 선순위 우선수익자로 정한 행위는 우선징수권이 있는 원고에 대하여 사해행위가 된다 할 것이다.
- 이 사건 신탁계약은 부동산담보신탁으로서 대출채권자인 농협에 대하여 우선수익권을 부여함으로써 이 사건 아파트에 관한 근저당권설정과 경제적으로 유사한 효과를 얻는 측면은 있다. 그러나 채무초과 상태에 있는 채무자가 그 소유의 부동산을 채권자 중의 어느 한 사람에게 채권담보로 제공하는 행위는 특별한 사정이 없는 한 다른 채권자들에 대한 관계에서 사해행위에 해당한다(대법원 1997. 9. 9. 선고 97다10864 판결).
- 살피건대, 이 사건 조세채권은 소외 회사가 이 사건 아파트에 대한 소유권을 취득하는 경우 지방세법에 의하여 당연히 발생하는 법정채권으로서, 이 사건 아파트 신축사업을 시행할 때부터 채권발생이 이미 예견되어 있었고, 구 지방세법(2010. 3. 31. 법률 제10221호로 전문개정되기 전의 것) 제30조 제1항 제1호에 의하여 이 사건 조세채권의 법정기일은 소외 회사가 이 사건 아파트에 대한 과세표준과 세액을 신고한 2009. 12. 30.로서 이후 이

사건 아파트에 관하여 담보권을 취득하게 될 채권자들에 우선하였던 점, 그럼에도 소외 회사는 이 사건 신탁계약을 체결하면서 우선징수권이 있는 이 사건 조세채무의 변제 및 정산방법에 대하여는 아무런 조항을 두지 아니하였고, 소유권보존등기를 마치는 데 필요한 등록세만을 납부한 다음 이 사건 조세채무를 전혀 납부하지 않다가 이 사건 신탁계약을 체결하고 신탁등기를 마침으로써 원고에 의한 압류 및 조세징수절차를 원천적으로 봉쇄한 점, 이 사건 신탁계약에 의하면 이 사건 조세채권은 그 법정기일과 상관없이 피고의 신탁비용 채권보다 후순위가 되어 채권상호간의 우열관계를 당사자의 합의에 의하여 마음대로 변경하는 결과를 초래하게 되는 점, 소외 회사는 현재까지 이 사건 조세채무 중 26,121,350원만을 납부하였을 뿐 나머지 세액을 납부하기 위한 별다른 노력을 기울이지 않고 있는 점 등을 종합하면, 이 사건 신탁계약 당시 소외 회사에게는 이 사건 신탁계약을 체결함으로써 원고를 해한다는 의사가 있었음이 넉넉히 추단된다.

- 사해행위의 취소는 거래의 안전에 미치는 영향이 크므로, 그 취소의 범위는 피보전채권의 보전을 위하여 필요하고도 충분한 범위 내로 한정되어야 하고, 신탁계약이 사해행위에 해당하여 이를 취소하는 때에도 그 계약의 목적물이 가분적인 경우에는 마찬가지로 피보전채권의 보전을 위한 범위로 한정되어야 할 것이다(서울고법 2012나26475, 2013. 1. 17. 판결).

6.13 채권자취소권 행사 제척기간의 기산점인 채권자가 '취소원인을 안 날'이 의미하는 바는 무엇인지

【관련 판례】 대법 2001다11239, 2002. 11. 26. : 파기환송

- 지방세징수법 제39조

〈쟁점요지〉 채권자취소권 행사에 있어서 제척기간의 기산점인 채권자가 '취소원인을 안 날'이란 단순히 채무자가 재산의 처분행위를 한 사실을 안 시점을 의미하는지 여부

판결요지 채권자취소권 행사에 있어서 제척기간(1년)의 기산점인 채권자가 '취소원인을 안 날'이라 함은 채무자가 채권자를 해함을 알면서 사해행위를 하였다는 사실을 알게 된 날을 의미한다고 할 것이므로, 단순히 채무자가 재산의 처분행위를 하였다는 사실을 아는 것만으로는 부족하고, 채권의 공동담보에 부족이 생기거나 이미 부족상태에 있는 공동담보가 한층 더 부족하게 되어 채권을 완전하게 만족시킬 수 없게 되었으며 나아가 채무자에게 사해의 의사가 있었다는 사실까지 알 것을 요함

- 채권자취소권 행사에 있어서 제척기간의 기산점인 채권자가 '취소원인을 안 날'이라 함은 채권자가 채권자취소권의 요건을 안 날, 즉 채무자가 채권자를 해함을 알면서 사해행위를 하였다는 사실을 알게 된 날을 의미한다고 할 것이므로, 단순히 채무자가 재산의 처분행위를 하였다는 사실을 아는 것만으로는 부족하고, 그 법률행위가 채권자를 해하는 행위라는 것 즉, 그에 의하여 채권의 공동담보에 부족이 생기거나 이미 부족상태에 있는 공동담보가 한층 더 부족하게 되어 채권을 완전하게 만족시킬 수 없게 되었으며 나아가 채무자에게 사해의 의사가 있었다는 사실까지 알 것을 요한다고 할 것인바(대법원 1999. 4. 9. 선고 99다2515 판결, 2000. 2. 25. 선고 99다53704 판결, 2000. 6. 13. 선고 2000다15265 판결, 2000. 9. 29. 선고 2000다3262 판결, 2001. 2. 27. 선고 2000다44348 판결, 2001. 11. 30. 선고 2001다49388 판결 등 참조), 채권자가 채무자의 재산상태를 조사한 결과 자신의 채권 총액과 비교하여 채무자 소유의 부동산의 가액이 그에 미치지 못하는 것을 이미 파악하고 있었던 상태에서 채무자의 재산에 대하여 가압류를 하는 과정에서 그 중 일부 부동산에 관하여 제3자 가등기가 경료된 사실을 확인하였다면, 다른 특별한 사정이 없는 한 채권자는 그 가압류 무렵에는 채무자가 채권자를 해함을 알면서 사해행위를 한 사실을 알았다고 봄이 상당하다.

6.14 채권압류통지서, 교부청구서에 조세채권이 개별적·구체적으로 기재되어 있지 않고 양자 간의 세액이 일치하지 않은 경우 배당에서 배제되는지

【관련 판례】 대법 2021다290016, 2022. 2. 17. (심리불속행)

- 지방세징수법 제102조

지방세징수법 제102조(배분계산서에 대한 이의)

① 배분기일에 출석한 체납자 등은 배분기일이 끝나기 전까지 자기의 채권에 관계되는 범위에서 제101조 제1항에 따른 배분계산서 원안에 기재된 다른 채권자의 채권 또는 채권의 순위에 대하여 이의를 제기할 수 있다.

지방세징수법 시행령 제40조(압류통지)

법 제33조 제4항에 따른 압류통지의 문서에는 다음 각 호의 사항을 적어야 한다.

1. 납세자의 성명과 주소 또는 영업소
2. 압류에 관계되는 지방세의 과세연도 · 세목 및 세액
3. 압류재산의 종류 · 수량 및 품질과 소재지
4. 압류 연월일
5. 조서 작성 연월일
6. 압류의 사유
7. 압류해제의 요건

〈쟁점요지〉 과세관청의 채권압류통지서, 교부청구서에 조세채권이 개별적 · 구체적으로 기재되어 있지 않고 세액이 일치하지 않은 경우 교부청구에 따른 배당에서 제외되는지 여부 및 피압류채권이 특정되지 않은 것으로 볼 수 있는지

판결요지 ••• 압류통지서 기재사항의 일부가 기재 누락되었다고 하여 채권압류통지에 중대하고 명백한 하자가 있어 채권압류가 당연무효가 아니고, 가산금으로 인해 세액이 차이가 나는 것은 문제가 되지 않음. 피압류채권도 특정되어 있음

- 국세징수법상 체납처분에 의한 채권압류는 체납자의 채무자에 대하여 압류한 채권에 관하여 체납자에 대한 채무이행을 금지시켜 조세채권을 확보하는 것을 본질적 내용으로 하는 것이므로, 채권압류통지서에 구 국세징수법 시행령(2005. 12. 30. 대통령령 제19239호로 개정되기 전의 것) 제44조에 규정된 기재사항들 중 하나인 '압류에 관계되는 국세의 과세연도, 세목, 세액과 납부기한'의 기재가 누락되었다고 하여 채권압류통지에 중대하고 명백한 하자가 있어 채권압류가 당연무효라고 볼 수는 없다(대법원 1997. 4. 22. 선고 95다41611 판결 참조). 채무자에 대한 채권압류통지서에 피보전세금의 내역과 세액이 기재되어 있지 않다면 압류 당시에 체납자에게 통지한 내역을 기본으로 하되 과세관청의 의사를 고려하여 합리적으로 결정하여야 한다. 한편, 구 국세징수법(2006. 4. 28. 법률 제7931호로 개정되기 전의 것) 제21조가 규정하는 가산금은 과세권자의 확정절차 없이 국세를 납부기한까지 납부하지 아니하면 위 국세징수법의 규정에 의하여 당연히 발생하고 그 액수도 확정되는 것으로서 국세 미납분에 대한 지연이자의 성격을 지니고 있는 것이므로(대법원 2005. 3. 10. 선고 2004다64494 판결, 대법원 2017. 11. 29. 선고 2015다216444 판결 등 참조), 압류의 효력은 피보전채권인 조세채권의 미납으로 발생한 가산금채권에도 미친다. 이러한 법리는 지방세 체납처분에 의한 채권압류의 경우에도 마찬가지이다.
- 피고 ○○구의 채권압류통지서에 조세의 세목 및 내역이 구체적으로 기재되어 있지 않다거나 압류 후 교부청구 사이에 일부 피보전채권의 액수에 증감변동이 있다 하더라도 피고 ○○구의 압류채권은 교부청구서에 기재된 체납내역과 같이 특정되었다고 볼 수 있고, 달

리 피고 종로구의 압류통지에 중대하고 명백한 하자가 존재한다고 볼 자료가 없다.

- 피압류채권을 압류통지서에 기재된 문언에 따라 객관적으로 엄격하게 해석하여야 하는 주된 이유는 타의에 의하여 다른 사람들 사이의 법률분쟁에 편입되어 압류 등 결정에서 정한 의무를 부담하여야 하는 제3채무자를 보호하기 위한 것이다(대법원 2013. 12. 26. 선고 2013다26296 판결 참조). 그런데 위 채권압류 당시 채무자가 제3채무자에 대하여 갖고 있던 채권은 2002. 6. 18. 이 사건 신탁계약의 해지에 따라 발생한 이 사건 채권밖에 없었으므로 제3채무자의 입장에서 그 피압류채권이 이 사건 채권이 아닌 다른 채권이라는 의문을 가질 수 없었다고 보아야 한다. 따라서 위 각 채권압류통지서의 기재로 그 피압류채권은 특정되었다고 보아야 하고, 원고들의 위 주장도 이유 없다(서울고법 2020나2045729, 2021. 10. 14. 판결).

7. 결손처분

7.1 체납세금에 대한 결손처분의 취소 및 통지 절차를 이행하지 않고 교부청구를 한 경우에도 배당을 받을 수 있는지

【관련 판례】 대법 2018다272407, 2019. 8. 9. 판결 : 파기환송

- 지방세징수법 제106조

지방세징수법 제106조(정리보류 등)3)

① 지방자치단체의 장은 납세자에게 다음 각 호의 어느 하나에 해당하는 사유가 있을 때에는 정리보류를 할 수 있다.

1. 체납처분이 종결되고 체납액에 충당된 배분금액이 그 체납액보다 적을 때
2. 체납처분을 중지하였을 때
3. (삭제, 2022. 1. 28.)
4. 체납자의 행방불명 등 대통령령으로 정하는 바에 따라 징수할 수 없다고 인정될 때

〈쟁점요지〉 지방세 체납에 대하여 결손처분을 한 이후 당해 체납세액에 대한 결손처분의 취소 및 통지 절차를 이행하지 아니하고 강제집행 절차에서 배당요구를 한 경우에도 배당을 받을 수 있는지 여부

판결요지 결손처분 취소의 경우 체납처분 절차를 다시 시작한다는 행정절차적 의미만을 가지나, 법령을 통해 납세자 보호차원에서 취소와 통지에 대한 절차적 규정을 마련하였다면 이를 엄격히 준수하여야 하므로 이를 이행하지 않고 교부청구를 한 것은 위법한 것이므로 배당을 받을 수 없음

- 지방세법 및 지방세기본법, 지방세징수법의 개정 연혁에 따르면, 이 사건에 적용되는 구

3) 2022년 1월 28일 법 개정시 결손처분을 정리보류로 용어변경함. 기존 3호에 규정되었던 소멸시효 완성의 경우 성격이 다른 결손처분 사유로서 별도 구분하도록 개정됨.

지방세기본법(2016. 12. 27. 법률 제14474호로 전부 개정되기 전의 것, 이하 '법'이라고 한다)은 물론 현행 지방세징수법하에서도, 지방세의 결손처분은 국세의 결손처분과 마찬가지로 더 이상 납세의무가 소멸하는 사유가 아니라 체납처분을 종료하는 의미만을 가지게 되었고, 결손처분의 취소 역시 국민의 권리와 의무에 영향을 미치는 행정처분이 아니라 과거에 종료되었던 체납처분 절차를 다시 시작한다는 행정절차로서의 의미만을 가지게 되었다고 할 것이다(대법원 2011. 3. 24. 선고 2010두25527판결 등 참조).

- 그런데 지방세의 체납처분은 납세자의 재산으로부터 지방세채권의 강제적 실현을 도모하는 절차로서 조세법률주의의 원칙에 따라 지방세의 징수에 관하여 법령이 정한 방법과 절차에 따라 진행되어야 한다. 특히 납세자를 보호하기 위하여 마련된 절차는 조세행정의 명확성과 납세자의 법적 안정성 및 예측가능성을 보장한다는 입법취지에 충실하도록 더욱 엄격히 준수되어야 한다.
- 이러한 관련 규정의 문언 및 체계, 개정 연혁과 취지를 종합하여 보면 법 제96조 제2항 본문 및 시행령 제84조 제3항은 지방세채권을 강제적으로 실현시키는 체납처분 절차에서 체납자의 권리 내지 재산상의 이익을 보호하기 위해 마련된 강행규정으로 보아야 한다. 따라서 지방자치단체의 장이 결손처분을 하였다가 체납처분의 일환으로 지방세의 교부청구를 하는 과정에서 앞서 본 규정들을 위반하여 결손처분의 취소 및 그 통지에 관한 절차적 요건을 준수하지 않았다면, 강제집행 절차에서 적법한 배당요구가 이루어지지 아니한 경우와 마찬가지로, 해당 교부청구에 기해서는 이미 진행 중인 강제 환가절차에서 배당을 받을 수 없다고 봄이 타당하다.

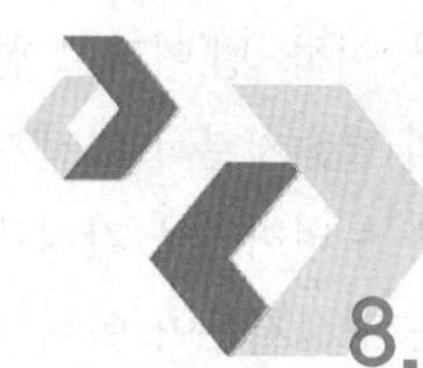

8. 채무자 회생 및 파산에 관한 법률

8.1 파산선고 후 성립한 재산세의 납세의무자를 파산관재인으로 볼 수 있는지 및 파산선고 후 중가산금을 재단채권으로 볼 수 있는지

【관련 판례】 대법원 2019두32436, 2019. 5. 10. 판결(심리불속행) : 상고기각

- 채무자회생법 제446조 제1항 제2호

채무자회생법 제446조(후순위파산채권)

① 다음 각호의 청구권은 다른 파산채권보다 후순위파산채권으로 한다.

2. 파산선고 후의 불이행으로 인한 손해배상액 및 위약금

〈쟁점요지〉 파산재단에 속하지 않는 재산에 대한 파산선고 후에 발생한 재산세의 납세의무자를 파산관재인과 파산채무자 중 누구에게 귀속되는 것으로 보아야 하는지 여부 및 파산선고 후에 발생한 중가산금을 재단채권으로 볼 수 있는지

판결요지 파산재단에 속하지 않는 재산에 대한 파산선고 후 발생한 재산세는 파산채권이나 재단채권이 아닌 조세채권에 해당하므로 파산채무자가 납세의무자가 되고, 파산선고 후 발생한 중가산금은 재단채권이 아닌 후순위 파산채권에 해당함

- 파산재단에 속하지 않는 재산에 대한 관리처분권은 채무자가 그대로 보유하고 있고, 이는 파산선고 후에 발생한 채권 중 재단채권에 해당하지 않는 채권의 변제재원이 된다. 따라서 파산선고 후에 발생한 조세채권 중 재단채권에 해당하지 않는 조세채권, 즉 '파산채권도 아니고 재단채권도 아닌 조세채권'에 대한 납세의무자는 파산관재인이 아니라 파산채무자이다(대법원 2017. 11. 29. 선고 2015다216444 판결 참조). 파산선고 후 성립한 재산세(토지) 부분은 파산채권도 아니고 재단채권도 아닌 조세채권으로 그 납세의무자는 파산관재인이

아니라 파산채무자인 원고이다.

- 채무자회생법 제473조 제2호 본문의 입법 취지, 지방세징수법상 가산금·중가산금의 법적 성질, 채무자회생법 제473조 제2호·제4호의 관계 등을 종합하면, 파산선고 전의 원인으로 인한 지방세에 기하여 파산선고 후에 발생한 가산금·중가산금은 후순위파산채권인 채무자회생법 제446조 제1항 제2호의 '파산선고 후의 불이행으로 인한 손해배상액'에 해당하는 것으로 보는 것이 타당하므로, 위 괄호 안에 있는 규정에 따라 재단채권에서 제외된다. 이 사건 처분 중 중가산금 부분은 파산선고 전의 원인으로 인한 지방세에 기하여 파산선고 후에 발생한 중가산금으로서 파산선고 후의 불이행으로 인한 손해배상액에 해당하여 채무자회생법 제446조 제1항 제2호에 정한 후순위파산채권에 해당한다(서울고법 2018누70556, 2018. 12. 27. 판결).

8.2 | 면책결정 이후에도 가산금을 파산채무자에게 징수할 수 있는지

【관련 판례】 대법원 2019두35855, 2019. 6. 19. 판결(심리불속행) : 상고기각

- 채무자회생법 제424조

채무자회생법 제424조(파산채권의 행사)

파산채권은 파산절차에 의하지 아니하고는 행사할 수 없다.

〈쟁점요지〉 채무자회생법에 따라 면책결정이 이루어진 경우 파산절차에서 배당되지 않는 가산금도 면책된 것으로 보아 징수할 수 있는지 여부

판결요지 가산금 채권이 지방세기본법이나 징수법에 의하여 발생한 이상 조세채권에 해당하므로, 파산종결 이후에도 파산채권자의 책임이 면제되지는 아니함

- 파산채권은 파산절차에 의하지 아니하고는 행사할 수 없다(채무자회생법 제424조). 면책을 받은 채무자는 파산절차에 의한 배당을 제외하고는 파산채권자에 대한 채무의 전부에 관하여 그 책임이 면제되나, 조세 채권에 대하여는 책임이 면제되지 아니한다(채무자회생법 제566조 제1호).

※ 가산금 채권이 구 지방세기본법 또는 지방세징수법에 따라 발생한 이상, 위 가산금 채권은 비면책 채권인 '조세'에 해당한다고 보아야 한다(서울행법 2018구단51488, 2018. 8. 22. 판결).

- 그런데 앞서 본 바와 같이 이 사건 가산금 채권은 '조세' 채권이어서 파산절차에 의한 배당 외에 그 채무자인 원고가 파산채권자인 피고에 대하여 책임이 면제되는 채권에 해당하지 아니한다. 따라서 파산절차가 종결된 이후에도 이 사건 가산금 채권이 파산절차에 의하지 아니하고는 부과·징수할 수 없는 채권이라는 원고의 주장은 이유 없다(서울고법 2018누62241, 2019. 2. 8. 판결).

8.3 파산선고 전 발생한 재산세 체납액을 파산종결 후 징수한 것이 무효인지

【관련 판례】 대법 2019두43597, 2019. 9. 26. 판결(심리불속행) : 항고기각

- 채무자회생법 제382조, 제384조 및 제566조

채무자회생법 제566조(면책의 효력)

면책을 받은 채무자는 파산절차에 의한 배당을 제외하고는 파산채권자에 대한 채무의 전부에 관하여 그 책임이 면제된다. 다만, 다음 각호의 청구권에 대하여는 책임이 면제되지 아니한다.

1. 조세

〈쟁점요지〉 파산선고 전에 발생한 재산세 체납액에 대하여 파산절차에서 참가하여 교부청구를 하지 않았다가 파산종결 후에 체납자에게 징수한 것이 무효인 처분에 해당하는지 여부

판결요지 ••• 파산 전에 발생한 조세채권의 경우 파산절차에서 교부청구를 하지 않았더라도 소멸되지 않으므로 파산종결 이후 징수처분이 무효가 되지는 않음

- 파산선고 전의 원인으로 인한 것이더라도 지방세징수법에 의하여 징수할 수 있는 청구권은 재단채권이 되므로(채무자회생법 제473조 제2호 본문) 피고가 원고의 파산선고(2014. 10. 27.) 전인 2014. 9. 1. 원고에게 부과·고지한 2014년도 정기분 재산세 등 채권은 재단채권이 된다. 또한 파산선고에 따라 원고가 파산선고 당시 가진 모든 재산은 파산재단에 속하게 되는데(채무자회생법 제382조 제1항), 2015년도 정기분 재산세 등은 파산재단에 속하는 이 사건 부동산에 관하여 발생한 것이므로 재단채권에 해당한다(채무자회생법 제473조 제2호 단서). 한편, 원고가 2016. 8. 19. 면책결정을 받았다고 하더라도 채무자회생법 제566조 제1호에 따라 조세에 대하여는 책임이 면제되지 아니한다.

- 피고가 원고의 파산절차에서 지방세징수법 제66조에 의한 교부청구나 같은 법 제67조에 의한 참가압류 등을 하지 아니한 잘못이 있더라도 유효하게 존재하는 납세의무에 대한 징수처분인 위 부분의 하자가 중대하고 명백하여 무효에 이를 정도라고 보기 어렵다(서울고법 2018누5641, 2019. 5. 29. 판결).

Part 3

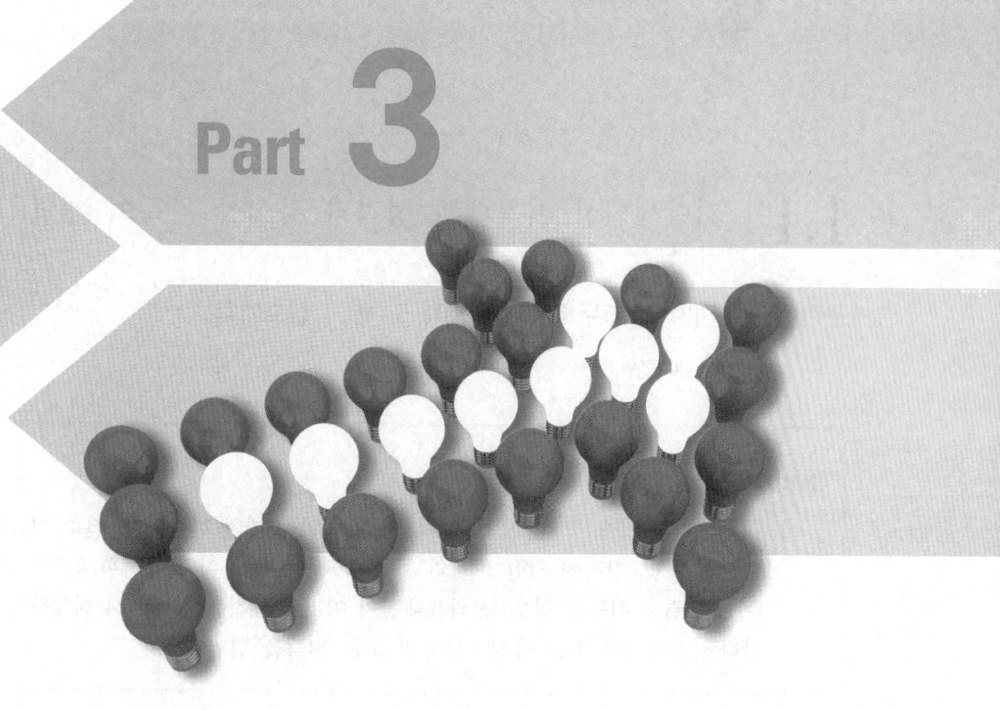

지방세법(취득세)

1. 취득의 개념과 취득세 납세의무(일반)
2. 계약해제 관련 취득세 납세의무
3. 신탁법상 신탁 관련 취득세 납세의무
4. 부동산 명의신탁 관련 취득세 납세의무
5. 과점주주 관련 취득세 납세의무(일반)
6. 과점주주 관련 취득세 납세의무 (주식명의신탁 관련)
7. 재건축, 재개발 관련 취득세 납세의무
8. 지목변경 관련 취득세 납세의무
9. 상속 관련 취득세 납세의무
10. 연부취득 관련 취득세 납세의무
11. 취득신고 · 과세처분의 당연무효 해당 여부
12. 취득세 과세대상 물건 해당 여부
13. 취득세 납세지
14. 취득세 비과세 (국가취득, 기부채납, 신탁, 임시건축물 등)
15. 취득세 과표산정 적용기준(시가표준액, 안분 등)
16. 취득세 과세표준 포함 여부 (개별 항목별 판단)
17. 취득의 시기
18. 납세의무 성립시기 및 신고납부 시기
19. 취득세 세율(일반)
20. 취득세 세율 적용(주택 유상거래)
21. 취득세 세율특례
22. 대도시 내 법인 본점, 공장신증설 등 취득세 중과세(구 취득세 중과)
23. 대도시 내 법인의 지점 등 중과세 (구 등록세 중과)
24. 법인의 주택 취득 등 중과세
25. 고급오락장 취득세 중과세
26. 고급주택 취득세 중과세
27. 별장 취득세 중과세(폐지)
28. 골프장 취득세 중과세
29. 취득세 중가산세

1. 취득의 개념과 취득세 납세의무(일반)

1.1 지방세법상 취득세의 성격과 사실상 취득의 개념

【관련 판례】 대법 2005두13360, 2007. 5. 11. : 상고기각

- 지방세법 제6조

지방세법 제6조(정의)

1. "취득"이란 매매, 교환, 상속, 증여, 기부, 법인에 대한 현물출자, 건축, 개수(改修), 공유수면의 매립, 간척에 의한 토지의 조성 등과 그 밖에 이와 유사한 취득으로서 원시취득(수용재결로 취득한 경우 등 과세대상이 이미 존재하는 상태에서 취득하는 경우는 제외한다), 승계취득 또는 유상·무상의 모든 취득을 말한다.

〈쟁점요지〉 지방세법상 취득세의 성격 및 사실상의 취득의 개념

판결요지 ••• 취득행위에 과세되는 행위세이고, 사실상의 취득이라 함은 일반적으로 등기와 같은 소유권 취득의 형식적 요건을 갖추지는 못하였으나 대금의 지급과 같은 소유권 취득의 실질적 요건을 갖춘 경우를 말한다고 할 것임

- 취득세는 본래 재화의 이전이라는 사실 자체를 포착하여 거기에 담세력을 인정하고 부과하는 유통세의 일종으로 취득자가 재화를 사용·수익·처분함으로써 얻을 수 있는 이익을 포착하여 부과하는 것이 아니어서 취득자가 실질로 완전한 내용의 소유권을 취득하는가의 여부에 관계없이 사실상 취득행위 자체를 과세객체로 하는 것이고(대법원 2004. 11. 25. 선고 2003두13342 판결 등 참조), 구 지방세법(2000. 12. 29. 법률 제6312호로 개정되기 전의 것) 제105조 제2항은 취득세의 과세객체가 되는 부동산 취득에 관하여 민법 기타 관계 법령에 의한 등기·등록 등을 이행하지 아니한 경우라도 사실상 취득한 때에는 이를 취득한 것으로 본다고 규정하고 있는데, 여기에서 사실상의 취득이라 함은 일반적으로 등기와

같은 소유권 취득의 형식적 요건을 갖추지는 못하였으나 대금의 지급과 같은 소유권 취득의 실질적 요건을 갖춘 경우를 말한다고 할 것임(대법원 1998. 12. 8. 선고 98두14228 판결, 2001. 2. 9. 선고 2000두2204 판결, 2005. 1. 13. 선고 2003두10343 판결 등 참조).

1.2 소유권 취득의 실질적 요건과 형식 모두를 갖추지 아니한 유상승계취득의 경우 취득세 납세의무가 성립하는지

【관련 판례】 대법 2002두5115, 2003. 10. 23. : 상고기각

- 지방세법 제7조

지방세법 제7조(납세의무자)

① 취득세는 부동산, 차량, 기계장비, 항공기, 선박, 입목, 광업권, 어업권, 양식업권, 골프회원권, 승마회원권, 콘도미니엄 회원권, 종합체육시설 이용회원권 또는 요트회원권(이하 이 장에서 "부동산등"이라 한다)을 취득한 자에게 부과한다.

② 부동산등의 취득은 관계 법령에 따른 등기·등록 등을 하지 아니한 경우라도 사실상 취득하면 각각 취득한 것으로 보고 해당 취득물건의 소유자 또는 양수인을 각각 취득자로 한다. 다만, 차량, 기계장비, 항공기 및 주문을 받아 건조하는 선박은 승계취득인 경우에만 해당한다.

〈쟁점요지〉 소유권 취득의 실질적 요건 또는 소유권 이전의 형식도 갖추지 아니한 유상승계취득의 경우, 구 지방세법 시행령 제73조 제1항 소정의 잔금지급일의 도래로 취득세 납세의무가 성립하였다고 할 수 있는지 여부

판결요지 유상승계취득의 경우에 대금의 지급과 같은 소유권 취득의 실질적 요건 또는 소유권 이전의 형식도 갖추지 아니한 이상 잔금지급일이 도래했다고 하여도 취득세 납세의무가 성립되지 아니함.

- 「지방세법」 제105조 제2항은 부동산의 취득에 있어서 민법 등 관계 법령의 규정에 의한 등기 등을 이행하지 아니한 경우라도 사실상 취득한 때에는 이를 취득한 것으로 본다고 규정하고 있으며, 위 규정 소정의 사실상 취득이란 일반적으로 등기와 같은 소유권 취득의 형식적 요건을 갖추지는 못하였으나 대금의 지급과 같은 소유권 취득의 실질적 요건을 갖춘 경우를 말하는 것이므로(대법원 2001. 2. 9. 선고 99두5955 판결 참조), 유상승계취득의 경

우 대금의 지급과 같은 소유권 취득의 실질적 요건 또는 소유권 이전의 형식도 갖추지 아니한 이상 구 지방세법 시행령(2000. 12. 29. 대통령령 제17052호로 개정되기 전의 것) 제73조 제1항 소정의 잔금지급일이 도래하였다고 하여도 취득세 납세의무가 성립하였다고 할 수 없다.

- 같은 취지의 원심판결은 정당하고, 거기에 상고이유에서 주장하는 바와 같은 취득세 납세의무 성립에 관한 법리오해의 위법이 없다.

관련 기타 판례

- 국세청의 부동산 양도사실 통보는 있었으나 양수인이 소유권이전등기라는 형식상 요건과 대금지급이라는 사실상 요건을 갖추지 못한 경우 취득의 성립으로 볼 수 없음(대법 2016두34332, 2016. 6. 9. 판결).

1.3 소유권이전등기가 원인무효에 해당하는 경우 취득세와 등록세 납세의무가 성립되지 않는지

【관련 판례】 대법 2012두12709, 2014. 5. 29. 판결 : 파기환송(과세기관 일부승)

- 같은 취지의 판결 : 대법 2014두12741, 2014. 12. 24. 판결(심리불속행) : 서울고법 2014누5172, 2014. 9. 3. 판결
- 지방세법 제7조

〈쟁점요지〉 채권자에 대한 소유권이전등기 회피를 목적으로 교회대표자가 교회명의로 부동산에 대한 소유권이전등기를 하였으나 동 소유권이전등기가 원인무효로 확정된 경우 소유권이전등기에 따른 취득세 및 등록세 납세의무가 성립되지 않는지 여부

판결요지 ••• 법률상 원인무효인 등기로 확정된 경우 취득세 납세의무는 성립되지 아니하나, 등록세 납세의무에는 영향을 미치지 아니함

- ○○○가 ○○○에 대한 각 소유권이전등기의무를 회피하려고 허위로 증여를 원인으로 원고 명의의 등기를 마친 사실을 인정할 수 있으므로, 이 사건 제2, 3 토지에 관한 원고 명의의 소유권이전등기는 원인무효에 해당하여 원고가 이에 관한 납세의무자가 될 수 없다는 이유로, 이 사건 처분 중 제2, 3 토지에 대한 부분은 모두 위법하다고 판단하였다.

관련 법리와 기록에 비추어 살펴보면, 원심이 이 사건 제2, 3 토지에 관한 취득세 부과처분과 농어촌특별세 부과처분이 위법하다고 판단한 것은 정당함.

- 등록세는 재산권 기타 권리의 취득·이전·변경·소멸에 관한 사항을 공부에 등기 또는 등록하는 경우에 등기 또는 등록이라는 단순한 사실의 존재를 과세대상으로 하여 그 등기 또는 등록을 받는 자에게 부과하는 조세로서, 그 등기 또는 등록 유·무효나 실질적인 권리귀속의 여부와는 관계가 없는 것이다(대법원 2003. 6. 10. 선고 2001두2720 판결 등 참조). 위 법리에 비추어 살펴보면, 비록 이 사건 제2, 3 토지에 관한 원고 명의의 소유권이전등기가 원인무효의 등기라 하더라도 이에 관한 등록세 및 그에 부가된 지방교육세의 부과처분의 효력에는 아무런 영향이 없다 할 것이다.
  ※ 다만, 구 취득세와 구 등록세가 통합된 이후에는 구 등록세분에 해당하는 취득세 부분도 납세의무가 없고, 별도 등록면허세를 부과할 수도 없음.

1.4 소유자가 아닌 자가 사기로 매도한 부동산을 매수하여 이전등기한 경우 취득세 납세의무가 성립하는지

【관련 판례】 대법 64누84, 1964. 11. 24. : 상고기각

- 지방세법 제7조

〈쟁점요지〉 실체적인 법률관계에 있어서 그 소유권을 취득한 것이라고 볼 수 없는 원인무효의 등기명의자가 취득세의 납세의무자가 될 수 있는지 여부

판결요지 실체적인 법률관계 없는 원인무효 소유권이전등기(소유자가 아닌 자가 사기로 매도한 부동산을 이전등기한 경우)에 기한 소유권 취득은 취득세 납세의무가 성립되지 않음

- 원고는 1963. 8. 10 본건 부동산을 사서 원고 앞으로 소유권이전등기를 경유하였는데 나중에 전 소유자인 소외 1로부터 고소를 당하여 알고보니 원고가 본건 부동산의 소유자라고 믿은 것은 소유자 아닌 소외 2라는 자이었고 이 소외 2는 남의 토지를 제 것이라고 사칭하여 원고에게 팔고 원고로부터 대금 60만원을 편취하고 원고에게는 소유권이전등기에 필요한 서류들을 위조하여 교부하였던 것이다. 그 뒤에 본건 토지의 소유자이었던 소외 1은 이 토지를 소외 3에게 양도하였는데 그 등기명의를 소외 3에게 옮겨주는 한 방도로서 원고명의의 원인없는 위의 소유권이전등기를 말소하지 아니하고 편의상 원고로부터 소외 3에게 매도된 양으로 하여 1963. 10. 8. 소외 3 앞으로 등기된 사실을 알 수 있다.

- 위와 같은 경우에 있어서 원고는 위의 토지를 취득한 양으로 등기부에만 기재되어 있을 뿐이고 실체적인 법률관계에 있어서 그 소유권을 취득한 것이라고는 볼 수 없다 할 것이므로 원고는 지방세법 제105조 제1항에 의한 취득세의 납세의무자가 될 수 없다.

관련 기타 판례

1. 법인이 농업진흥구역 내의 농지를 매수하였으나 취득한 목적대로 사용할 수 없어 매매계약이 무효가 된 경우 취득행위로 볼 수 없어 취득세 납세의무가 성립되지 않음(대법 2017두43166, 2017. 8. 24. 판결).
2. 매매예약 가등기에 기한 소유권이전등기를 하지 아니하고, 가등기에 우선하는 근저당권에 기한 임의경매에 관한 아무런 조치조차 없었을 경우 취득신고는 당연무효에 해당함(대법 2017두49539, 2017. 9. 21. 판결).
3. 민법 제104조의 불공정한 법률행위에 해당하여 무효이거나, 위 내용증명의 도달로 취소되었음을 원인으로 소유권이전등기의 말소를 구하는 소를 제기하였고, 무변론 승소 판결을 받은 경우에도 후발적 경정청구 대상 판결에 해당하므로, 당초 취득행위를 무효로 보아 취득세를 환급하여야 함(대법 2017두72119, 2018. 3. 15. 판결).

1.5 양도담보목적의 부동산 승계취득 소유권이전등기도 취득세 과세대상에 해당하는지

【관련 판례】 대법 79누305, 1980. 1. 29. : 상고기각

- 지방세법 제7조

〈쟁점요지〉 금원을 대여하고 그 채권에 대한 양도담보조로 부동산의 소유권이전등기를 경료받은 양도담보 목적의 승계취득도 취득세 과세대상이 되는 부동산 취득으로 보아야 하는지 여부

판결요지 ••• 양도담보를 목적으로 소유권을 이전한 경우에도 각각 취득세 납세의무가 성립함

- 원심이 원고가 소외인에게 금원을 대여하고 이 채권에 대한 양도담보조로 동 소외인 소유 이 건 부동산을 원고 앞으로 소유권이전등기를 경료받은 이 사건 양도담보 목적의 승계취득의 경우도 지방세법 제105조 취득세 과세대상이 되는 부동산 취득으로 볼 것이라고 하였음은 동법 제104조 8호, 제110조, 동법 시행령 제79조의3 등 관계법령의 규정을 종합고찰하여 볼 때 정당하다.

관련 기타 판례

- 양도담보를 목적으로 소유권을 이전 후 채무변제로 소유권을 말소하는 경우에도 취득세 납세의무가 성립함(대법 98두11496, 1999. 10. 8. 판결).

1.6 매수대금 중 2%(8억 원)만 남겨둔 경우 사실상 취득으로 보아 취득세를 부과할 수 있는지

【관련 판례】 대법 2013두18018, 2014. 1. 23. 판결 : 상고기각

- 지방세법 제7조

〈쟁점요지〉 사업권을 포함한 사업용 토지를 378억 원에 매수하기로 하고 8억 원(2%)을 제외한 370억 원을 지급한 경우 사실상 취득이 이루어진 것으로 보아 취득세를 부과할 수 있는지 여부

판결요지 8억 원은 그 액수가 커서 사회통념상 잔금을 모두 지급한 것으로 보기에 한계가 있어 사실상 취득으로 볼 수 없음

- 사실상의 취득이라 함은 일반적으로 등기와 같은 소유권 취득의 형식적 요건을 갖추지는 못하였으나 대금의 지급과 같은 소유권 취득의 실질적 요건을 갖춘 경우를 말하는데, 매매의 경우에 있어서는 사회통념상 대금의 거의 전부가 지급되었다고 볼 만한 정도의 대금지급이 이행되었음을 뜻한다고 보아야 하고, 이와 같이 대금의 거의 전부가 지급되었다고 볼 수 있는지 여부는 개별적・구체적 사안에 따라 미지급 잔금의 액수와 그것이 전체 대금에서 차지하는 비율, 미지급 잔금이 남게 된 경위 등 제반 사정을 종합적으로 고려하여 판단하여야 한다(대법원 2010. 10. 14. 선고 2008두8147 판결 등 참조).
- ○○토건이 이 사건 각 조합으로부터 이 사건 각 토지뿐만 아니라 그 지상에서 시행할 이 사건 사업에 대한 사업권까지 인수한 것이고, 원고도 이 사건 약정에 따라 ○○토건으로부터 위 각 토지와 함께 위 사업권까지 양수한 것으로 인정되는 사정 등에 비추어 원고의 위와 같은 금원 지급이 이 사건 사업에 대한 사업권 양수와 부관하게 오로지 이 사건 각 토지의 취득만을 목적으로 지급된 것이라고 단정하기 어렵고, 원고가 지급한 위 37,023,030,236원을 이 사건 각 토지의 취득대금으로만 볼 수 있다고 하더라도 위 금액과 현장인수대금 378억 원과의 차액에 해당하는 약 8억 원은 사회 통념상 위 378억 원이 모두 지급된 것으로 볼 수 있을 정도로 적은 금액이라고 할 수 없어, 원고가 이 사건 각 토지를 2006. 12. 28. 사실상 취득한 것으로 볼 수 없다.

1.7 대위등기 된 건축물을 제3자가 취득자의 의사에 반하여 사용한 경우 취득세를 과세할 수 없는지

【관련 판례】 대법 2018두52952, 2018. 11. 15. 판결(심리불속행) : 상고기각

- 지방세법 제6조 · 제107조 및 시행령 제20조

지방세법 시행령 제20조(취득의 시기 등)

⑥ 건축물을 건축 또는 개수하여 취득하는 경우에는 사용승인서(중략)를 내주는 날(중략)과 사실상의 사용일 중 빠른 날을 취득일로 본다.

〈쟁점요지〉 채권담보를 목적으로 미준공 건축물을 대위등기한 상태에서 제3자가 임의로 사용하게 된 경우 취득자의 의사와 관계없이 사용되는 미준공 상태의 건축물을 취득하지 않은 것으로 보아 취득세 및 재산세 부과처분을 취소할 수 있는지 여부

판결요지 ••• 사실상 사용일을 취득시기로 규정하면서 납세자가 사용하는 경우로 한정하고 있지 않은 이상 소유자의 의사에 반하여 사용하는지 여부와 관계없이 취득세 및 재산세 납세의무가 성립됨

- ① 이 사건 건물의 각 호실은 그 구조상 독립된 건물로서 구분소유권의 객체가 된다고 할 것이고, 2012. 11.경부터 사실상 사용할 수 있는 상태에 이른 점, ② 구 지방세법 시행령 제6항은 건축물의 취득시기에 관하여 사용승인서를 내주는 날 또는 사실상의 사용일 중 빠른 날을 취득일로 본다고 규정하고 있는데, 위 규정에서 '사실상의 사용'을 납세의무자가 건축물을 직접 사용하는 경우로 한정하고 있지 아니한 점, ③ 원고는 이 사건 건물의 점유자들을 상대로 인도 및 임료 상당의 부당이득의 반환을 구하는 소를 제기하여 청구인용 판결을 받았는바, 이는 원고가 소유권의 핵심적인 권능 중 하나인 사용 · 수익권을 행사한 것으로 볼 수 있는 점 등에 비추어 보면, 원고가 이 사건 건물에 대한 사실상 사용을 시작하여 이 사건 건물을 취득하였다는 전제에서 이루어진 이 사건 각 처분은 적법하다 (울산지법 2017구합262, 2017. 11. 30. 판결).

1.8 연부취득 토지 중 일부를 재매각한 금액과 상계시 사실상 취득으로 볼 수 있는지

【관련 판례】 대법 2016두44391, 2016. 10. 27. 판결 : 기각

- 같은 취지의 판례 : 대법 2016두46803, 2016. 10. 27. 판결 : 기각
- 지방세법 제7조

〈쟁점요지〉 B가 연부취득 중이던 토지의 일부를 A에게 되팔되 이를 다시 C에게 매각하기로 하고, A가 C로부터 받은 매매대금으로 잔여 연부대금의 일부와 상계하여 납부한 경우 상계시점에 B가 그 대금 지급분에 대하여 사실상 취득이 이루어졌다고 볼 수 있는지 여부

판결요지 ••• 이 사건 상계합의 시점에서 그 대금지급분에 대해서는 취득세의 과세요건인 '사실상 취득'이 이루어졌다고 보아야 함

- 원고는 한국토지주택공사와 사이에, 원고가 매수한 이 사건 사업부지 중 6-4블록 토지를 그 지상에 신축예정인 건물과 함께 한국토지주택공사에 되파는 이 사건 매매계약을 체결하고, 그 매매대금과 이 사건 사업부지 중 7-2블록 토지의 잔대금 및 나머지 토지의 연부금액 중 일부를 2012. 2. 29.자로 상계처리하며, 그 대금 차액 155억 원을 같은 날 한국토지주택공사에 지급하기로 하는 이 사건 상계합의를 한 후 실제 그와 같이 상계처리를 하고 차액도 지급한 사실을 알 수 있다.
- 위와 같은 원고의 이 사건 사업부지의 취득 경위 등에 비추어 보면, 이 사건 상계합의가 이행된 범위에서 원고의 대금지급은 확정적 효력이 발생하는 것이지 상고이유 주장처럼 지상 건물의 완공시까지 그 지급의 효력이 발생하지 아니하고 단지 남은 대금의 지급기한을 연장한 것에 불과하다고 볼 수는 없다. 대금 지급기한의 연장이라면 이 사건 상계합의 기준일 이후 그 지급금액에 대한 지연손해금이 발생하지 아니한 점을 설명할 수 없다.
- 그러므로 이 사건 상계합의 시점에서 그 대금지급분에 대해서는 취득세의 과세요건인 '사실상 취득'이 이루어졌다고 보아야 한다. 이와 다른 법적 평가를 전제로 하는 상고이유 제1, 3, 4점의 주장은 받아들일 수 없다.

관련 기타 판례

- 매도인의 소유부동산에 설정된 근저당을 승계하기로 하고, 매도인의 공사비 채무를 매수대금에서 상계하기로 한 경우 그 금액을 사실상 지급한 것으로 보아 사실상취득에 따른 취득세 납세의무를 지울 수 있음(대법 2018두64221, 2019. 3. 14. 판결).

1.9 명목상 계약자와 실질적인 당사자가 다를 경우 실질과세원칙에 따라 실질 당사자를 취득세 납세의무자로 할 수 있는지(나용선 사례)

【관련 판례】 대법 2008두10591, 2011. 4. 14. : 파기환송

- 지방세법 제7조

〈쟁점요지〉 계약자가 명목회사에 불과하고 실질적인 취득자가 달리 존재하는 경우 실질과세원칙을 적용하여 취득세 납세의무자를 산정할 수 있는지 여부

판결요지 국적취득조건부 나용선의 계약자는 외국에 설립된 명목회사에 불과하고 실질 당사자는 내국 해운회사라면 해당 선박에 대한 취득세 납세의무를 내국 해운회사에 지울 수 있음

- 구 지방세법(2005. 12. 31. 법률 제7843호로 개정되기 전의 것, 이하 '구 지방세법'이라 한다) 제105조 제1항은 '취득세는 부동산·차량·기계장비·입목·항공기·선박·광업권·어업권·골프회원권·콘도미니엄회원권 또는 종합체육시설이용회원권의 취득에 대하여 당해 취득물건 소재지의 도에서 그 취득자에게 부과한다'고 규정하고 있다.
- 한편 구 국세기본법(2010. 1. 1. 법률 제9911호로 개정되기 전의 것) 제14조 제1항은 "과세의 대상이 되는 소득·수익·재산·행위 또는 거래의 귀속이 명의일 뿐이고 사실상 귀속되는 자가 따로 있는 때에는 사실상 귀속되는 자를 납세의무자로 하여 세법을 적용한다."고 규정하고 있으며, 구 지방세법 제82조는 "지방세의 부과와 징수에 관하여 이 법 및 다른 법령에서 규정한 것을 제외하고는 국세기본법과 국세징수법을 준용한다."고 규정하고 있으므로, 취득세 과세대상이 되는 물건을 취득하는 행위 또는 거래의 명의자 외에 그 행위 또는 거래가 사실상 귀속되는 자가 따로 있는 때에는 그 사실상 귀속되는 자가 취득세 납세의무를 부담한다.
- 사실관계를 앞서 본 규정과 법리에 비추어 살펴보면, ○○ 등은 이 사건 각 국적취득조건부 나용선계약의 명의상의 당사자일 뿐이고 대한해운이 그 계약의 실질적인 당사자라고 할 것임에도, 원심은 이와 달리 위 계약의 실질적인 당사자는 대한해운이 아니라 레비뉴 트렌드 등이라는 이유로, 피고가 대한해운을 위 계약의 실질적인 당사자로 보고 대한해운이 이 사건 각 선박에 관하여 지급한 용선료를 과세표준으로 하여 취득세 및 이에 관한 농어촌특별세를 부과한 이 사건 처분이 위법하다고 판단하였으니, 이러한 원심판단에는 실질과세의 원칙 등에 관한 법리를 오해하여 판결에 영향을 미친 위법이 있다. 이 점을 지적하는 피고의 상고이유 주장은 이유 있다.

1.10 비용은 제3자가 부담하였더라도 당초부터 학교건물로 귀속시키기 위해 학교명의로 신축한 건축물의 원시취득자를 학교로 볼 수 있는지

【관련 판례】 대법 2014두10042, 2014. 11. 13. 판결 : 항고기각

- 지방세법 제7조

〈쟁점요지〉 학교용 건축물을 신축함에 있어 신축비용 부담 및 도급계약 등은 종교단체가 하였으나 당초부터 당해 건축물의 소유권을 학교로 귀속시키기 위하여 건축허가나 준공 및 소유권보전등기를 학교명의로 한 경우 원시취득에 따른 취득세 납세의무자를 학교로 보아 취득세를 감면할 수 있는지 여부

판결요지 ••• 신축된 건축물의 소유권을 처음부터 학교에 원시적으로 귀속시키기 위해 학교명의로 건축 및 소유권보전등기가 된 경우에는 학교를 원시취득자로 보아야 함

- 이 사건 건물은 처음부터 학교법인 ○○대학교(이하 '○○대학교'라 한다)와 대순진리회 종단 및 원고 등 관계자 사이에서 완성된 건물의 소유권을 ○○대학교에 원시적으로 귀속시키기로 하는 합의 아래 그 신축공사가 진행되었고, 그에 따라 소유권보존등기도 ○○대학교 명의로 마쳐진 사정 등에 비추어 이 사건 건물의 원시취득자는 원고가 아닌 ○○대학교로 보아야 한다는 이유로, 원고가 이 사건 건물을 원시취득하였음을 전제로 한 이 사건 부과처분은 위법하다.

1.11 입목을 실수요자에게 인도하는 경우 취득이 아닌 단순 중개행위로 볼 수 있는지

【관련 판례】 대법 2016두56165, 2017. 1. 25. 판결(심리불속행) : 기각

- 지방세법 제7조

〈쟁점요지〉 입목을 산지에서 바로 실수요자가 지정한 곳으로 인도하는 경우 이를 취득행위가 아닌 공급자와 실수요자 사이의 단순 중개행위로 볼 수 있는지

판결요지 입목의 매매계약 및 잔금지급, 생산확인 신청 등을 고려시 입목을 취득한 후 실수요자에게 전매한 것으로 단순 중개행위에 해당되지 않음

- ① 원고는 2015. 3. 6. 김○석으로부터 해당 토지 입목을 2억 3,000만 원에 매수하기로 하고 계약금 2,300만 원은 계약 당일, 잔금 2억 700만 원은 2015. 3. 20. 지급하기로 하는 이 사건 매매계약을 체결하였고, 위 매매계약서의 매수인란에 원고의 인적 사항이 기재되어 있는 사실, ② 원고는 2015. 3. 6. 김○석에게 2,300만 원, 같은 해 3. 18. 1억 4,000만 원, 같은 해 3. 20. 6,500만 원 합계 2억 2,800만 원을 지급한 사실, ③ 원고가 피고에게 2015. 4. 22. 원고가 이 사건 매매계약에 따라 이 사건 입목을 취득하였음을 전제로 그 취득세 등을 신고하였고, 같은 해 4. 22., 5. 11. 및 5. 18. 각 위 임목에 관하여 생산자로서 소나무류 생산확인 신청을 한 사실을 인정할 수 있다.
- 이러한 사실관계와 함께 이 사건 입목의 거래에서 중개수수료 약정 등 중개행위의 실질을 인정할 만한 사정이 없는 점 등을 종합하여 관련 법리에 비추어 보면, 원고는 이 사건 매매계약에 따라 이 사건 입목을 양수한 자로서 잔금지급일인 2015. 3. 20.경 이 사건 입목을 사실상 취득한 것으로 판단된다. 원고가 이 사건 입목을 산지(産地)에서 바로 실수요자가 지정한 곳으로 인도할 예정이었다고 하여 달리 볼 수 없고, 그 거래의 실질은 원고가 이 사건 입목을 취득한 후 실수요자에게 다시 전매하는 것이라도 봄이 타당하다(춘천지방법원 강릉지원 2016. 3. 31. 선고 2015구합2179 판결).

관련 기타 판례

- 매수인 甲이 잔금을 미지급한 상태에서 매수인의 지위를 乙에게 이전하였으나, 그 매수인의 지위를 이탈하지 아니한 경우 乙의 잔금을 지급한 때 甲이 사실상 취득하였고 이와 동시에 乙에게 매도한 것으로 보아 취득세 납세의무가 성립함(대법 2015두55820, 2016. 2. 18. 판결).

1.12 지방세법상 차량 취득 관련 규정에서 '실수요자'가 의미하는 것이 무엇인지

【관련 판례】 대법 2004두6426, 2005. 6. 9. : 상고기각

- 지방세법 제7조 및 시행령 제20조

> **지방세법 시행령 제20조(취득의 시기 등)**
>
> ③ 차량 · 기계장비 · 항공기 및 선박(이하 이 조에서 "차량등"이라 한다)의 경우에는 다음 각 호에 따른 날을 최초의 취득일로 본다.
>
> 1. 주문을 받거나 판매하기 위하여 차량 등을 제조 · 조립 · 건조하는 경우: 실수요자가 차량등을 인도받는 날과 계약서 상의 잔금지급일 중 빠른 날
> 2. 차량 등을 제조 · 조립 · 건조하는 자가 그 차량 등을 직접 사용하는 경우: 차량 등의 등기 또는 등록일과 사실상의 사용일 중 빠른 날

〈쟁점요지〉 차량을 도로에서 운행할 용도가 아닌 시험용으로 취득하는 경우에 '실수요자'에 의한 취득이 아닌 것으로 보아 취득세의 과세객체에서 제외할 수 있는지 여부

판결요지 ••• '실수요자'란 자동차 제조회사나 판매회사에 대응하는 소비자 내지는 수요자를 가리키는 것에 불과하여 판매목적으로 차량을 취득한 것이 아닌 이상 그 취득 목적에 관계없이 '실수요자'에 해당하므로, 시험용으로 타사 차량을 취득하는 경우 취득세 납세의무 있음

- 지방세법 제105조 제2항 단서 규정에는 취득세의 과세객체인 차량, 항공기 등의 취득은 승계취득에 한한다고 규정되어 있고, 지방세법 시행령 제73조 제6항, 제9항에는 차량 등에 있어서는 그 제조 · 조립 · 건조 등이 완성되어 실수요자가 인도받거나 계약상의 잔금을 지급하는 날을 최초의 승계취득일로 보고, 수입에 의한 차량의 취득은 실수요자가 인도받는 날 또는 계약상의 잔금을 지급하는 날 중 먼저 도래하는 날을 최초의 승계취득일로 본다고 규정되어 있으나, 이러한 규정들은 차량을 도로에서 운행할 용도가 아닌 다른 용도로 취득하는 모든 경우에 '실수요자'에 의한 취득이 아닌 것으로 보아 취득세의 과세객체에서 제외한다는 취지의 규정이 아니라, 자동차 제조회사가 차량을 제작하여 자동차 판매회사나 실수요자에게 판매하는 경우 또는 자동차 판매회사가 자동차 제조회사로부터 차량을 구입하거나 외국에서 차량을 수입하여 실수요자에게 판매하는 경우에 자동차 제조회사의 차량 제조에 따른 차량취득 또는 자동차 판매회사의 판매를 위한 차량취득을

취득세의 과세객체에서 제외한다는 취지의 규정이다.

- '실수요자'란 자동차 제조회사나 판매회사에 대응하는 소비자 내지는 수요자를 가리키는 것에 불과하여 원고 회사가 판매 목적으로 차량을 취득한 것이 아닌 이상 그 취득 목적에 관계없이 위 시행령의 규정에서 말하는 '실수요자'에 해당한다 할 것이므로, 위 각 규정을 들어 원고 회사의 이 사건 차량 취득이 '실수요자'에 의한 차량취득이 아니라든가 취득세의 과세객체에서 제외되는 것으로 해석할 수 없고, 결국 원고 회사가 취득한 이 사건 차량이 그 물리적인 구조상 지방세법 제104조 제2호, 지방세법 시행령 제73조의2에서 정하는 원동기를 장치한 차량에 해당하고 이 사건에서와 같이 자동차 제조회사가 다른 회사에서 제조한 차량을 시험용으로 취득하는 경우 취득세 과세객체에서 제외하는 명문의 규정이 없는 이상, 이 사건 차량의 취득이 취득세의 과세객체에서 제외된다고 볼 수 없다.

관련 기타 판례

- 민자사업으로 철도사업을 추진함에 있어 철도시설 시공사가 철도차량을 취득하여 시설 준공과 동시에 국가나 지자체로 귀속하도록 하는 경우, 차량의 경우 실수요자가 최초 납세의무자에 해당하므로 시공사는 실수요자로 볼 수 없어 취득세 납세의무 발생하지 않음(대법 2011두22198, 2012. 3. 29. 판결).

1.13 선박을 시설이용자가 제조사로부터 취득하여 시설대여업자에게 판매한 경우 취득세 납세의무자가 누구인지

【관련 판례】 대법 2012두5763, 2013. 4. 11. 판결 : 파기환송

- 지방세법 제7조

지방세법 제7조(납세의무자)

⑨ 「여신전문금융업법」에 따른 시설대여업자가 건설기계나 차량의 시설대여를 하는 경우로서 같은 법 제33조 제1항에 따라 대여시설이용자의 명의로 등록하는 경우라도 그 건설기계나 차량은 시설대여업자가 취득한 것으로 본다.

〈쟁점요지〉 대여시설이용자가 시설대여회사로부터 시설대여를 목적으로 선박을 제조자로부터 취득하여 시설대여업자에게 판매한 경우 대여시설이용자와 시설대여회사 중 누구를 취득세 납세의무자인 '실수요자'로 볼 수 있는지

판결요지 지방세법에서 시설대여 과세대상의 경우 시설대여업자를 납세의무자로 보도록 특별규정을 두고 있으므로, 실수요자가 아닌 시설대여회사를 납세자로 보아야 함

- 구 지방세법 시행령 제74조 제2항은 '여신전문금융업법에 의한 시설대여업자가 차량 등을 시설대여하는 경우에는 그 등기 또는 등록 명의에 불구하고 시설대여업자를 납세의무자로 본다.'고 규정하고 있으므로, 여신전문금융업법에 의하여 차량 등을 시설대여하는 경우 특별한 사정이 없는 한 구 지방세법 시행령 제73조 제6항, 제9항에서 말하는 '실수요자'는 대여시설이용자가 아닌 시설대여업자를 의미한다고 봄이 타당하다.
- 따라서 여신전문금융업법에 의한 시설대여업자로부터 차량 등을 시설대여받은 대여시설이용자가 차량 등의 소유권을 종국적으로 취득한 것이 아니라면, 비록 시설대여를 받기 위한 목적으로 당해 차량 등을 제조자로부터 취득하여 시설대여업자에게 판매한 바 있다고 하더라도, 그 대여시설이용자를 당해 차량 등에 관하여 취득세 등의 납세의무가 있는 '실수요자'에 해당한다고 볼 수 없다.

1.14 임차인이 불법 증축한 건축물에 대한 취득세를 건축물 소유자에게 지울 수 있는지

【관련 판례】 대법 2015두44899, 2015. 10. 15. 판결(심리불속행) : 상고기각

- 지방세법 제7조

지방세법 제7조(납세의무자)

③ 건축물 중 조작(造作) 설비, 그 밖의 부대설비에 속하는 부분으로서 그 주체구조부(主體構造部)와 하나가 되어 건축물로서의 효용가치를 이루고 있는 것에 대하여는 주체구조부 취득자 외의 자가 가설(加設)한 경우에도 주체구조부의 취득자가 함께 취득한 것으로 본다.

〈쟁점요지〉 임차인이 불법으로 증축하였다고 주장한 경우라도 건축물의 소유자에게 증축분 취득세를 부과하는 것이 타당한지

판결요지 ••• 임차인이 임대인의 건물에 불법으로 증축하였다고 하더라도 주체구조부의 하나로 볼 수 있다면 임대인이 취득한 것으로 보아 취득세를 부과할 수 있음

- 원고가 2012. 5. 17.경 ○○○에게 이 사건 각 부동산을 임대한 사실, 이 사건 각 부동산을 연결하는 복도로 사용되기 위하여 이 사건 제3, 4 불법건축물이 2013년경 증축된 사실은 앞서 인정한 바와 같고, 이 사건 제3, 4 불법건축물을 증축한 사람이 임차인인 ○○○인지, 아니면 임대인인 원고인지 여부가 분명하지는 아니하나, 원고가 이를 증축하였다면 당연히 이를 취득하였다고 할 것이고, 임차인인 ○○○이 이를 증축하였다고 하더라도, 지방세법 제7조 제3항은 '건축물 중 조작 설비, 그 밖의 부대설비에 속하는 부분으로서 그 주체구조부와 하나가 되어 건축물로서의 효용가치를 이루고 있는 것에 대하여는 주체구조부 취득자 외의 자가 가설한 경우에도 주체구조부의 취득자가 함께 취득한 것으로 본다'고 규정하고 있는데, 이 사건 제3, 4 불법건축물은 이 사건 각 부동산 사이를 연결하는 통로로서 이 사건 각 부동산과 하나가 되어 그 효용가치를 이루고 있는 것에 해당한다고 할 것이므로, 원고도 지방세법 제7조 제3항에 의하여 이 사건 제3, 4 불법건축물을 취득한 것으로 간주된다고 할 것이다(수원지방법원 2014. 10. 23. 선고 2014구합3007 판결).

1.15 골프회원권 입회기간 자동갱신을 새로운 취득으로 볼 수 있는지

【관련 판례】 대법 2016두63323, 2017. 3. 30. 판결(심리불속행) : 기각

- 지방세법 제7조

〈쟁점요지〉 골프회원권 등 입회기간의 자동갱신에 따라 새로이 입회기간이 시작되는 날을 취득세 과세대상 골프회원권 취득으로 볼 수 있는지 여부

판결요지 ••• 골프회원권 등의 입회기간 연장일을 취득일이라고 규정하고 있더라도 골프회원권 입회기간 자동갱신의 경우 취득세 담세력의 근거가 되는 재화의 이전을 수반하지 아니하므로 새로운 취득이라고 할 수 없음

- 비록 위 회칙 제21조 제6호에서 자동갱신에 관한 내용을 규정하고는 있으나, 위 규정은 앞서 본 회원자격의 상실 사유, 입회금 반환의 요건 등을 포함한 회칙의 전체적 내용에

비추어 볼 때 입회금 거치기간(5년)이 경과하더라도 당연히 입회금 반환시기가 도래하지 않는다는 취지로 해석함이 타당하고, 이 사건 골프회원권 자체의 갱신을 규정한 것으로 보기는 어렵다.

- 그런데 원고는 ■■개발에 대하여 퇴회를 신청한 사실이 없고, 원고가 기존의 골프회원권을 반납하고 새로운 회원권을 취득한다는 계약서를 작성하거나 입회금을 반환받지도 아니하였으며, 이 사건 골프회원권에 새로운 회원번호가 부여된 것으로 보이지 아니하고 회원권의 종류도 그대로인바, 원고가 회원자격을 상실한 후 이 사건 골프회원권을 새롭게 취득하는 등의 취득세의 담세력의 근거가 되는 재화의 이전이라는 사실 자체가 있다고 보기 어렵다.
- 나아가 지방세법 제10조 제7항의 위임에 따른 같은 법 시행령 제20조 제11항은 골프회원권 등의 존속기한 또는 입회기간을 연장하는 경우에는 기간이 새로 시작되는 날을 취득일로 본다고 규정하고 있으나, 같은 법 제10조는 취득세의 취득시기를 대통령령으로 위임하여 같은 법 시행령 제20조가 취득시기를 규정한 것이므로 위 시행령 조항이 취득의 개념 또는 범위에 관한 조항으로 보기는 어려운바, 지방세법 제6조 제1호의 취득에 해당되지 않는 한 같은 법 시행령 제20조의 취득시기가 도래하였다고 하여 당연히 취득이 의제되는 것으로 볼 수는 없다(수원지방법원 2016. 5. 24. 선고 2015구합68032 판결).

※ 2017. 12. 29 개정을 통해 당해 시행령 제20조 제11항은 삭제되었음.

2. 계약해제 관련 취득세 납세의무

2.1 매매계약의 해제로 인해 소유권이전등기가 말소된 경우 매수자의 기존 취득세 납세의무에 영향을 미치는지

【관련 판례】 대법 99두6651, 2001. 4. 10. : 상고기각

- 지방세법 제7조

〈쟁점요지〉 매매계약에 기한 소유권이전등기를 마친 후 매매계약이 해제되어 해당 등기가 말소된 경우 취득세 납세의무에 영향이 있는지 여부

판결요지 소유권이전등기 또는 사실상 취득(잔금지급) 후 이후에 매매계약이 합의해제되거나, 해제조건의 성취 또는 해제권의 행사 등에 의하여 소급적으로 실효되었다 하더라도 이로써 이미 성립한 취득세 납세의무에 영향을 미치지 못함

- 취득세의 납세의무를 규정한 법 제105조 제2항에서 말하는 부동산의 취득이란, 부동산의 취득자가 실질적으로 완전한 내용의 소유권을 취득하는가의 여부에 관계없이 소유권이전의 형식에 의한 부동산취득의 모든 경우를 포함하는 것이고(대법원 1995. 9. 15. 선고 95누7970 판결, 1998. 12. 8. 선고 98두14228 판결 등 참조), 부동산 취득세는 부동산의 취득행위를 과세객체로 하여 부과하는 행위세이므로, 그에 대한 조세채권은 그 취득행위라는 과세요건 사실이 존재함으로써 당연히 발생하고, 일단 적법하게 취득한 이상 그 이후에 매매계약이 합의해제되거나, 해제조건의 성취 또는 해제권의 행사 등에 의하여 소급적으로 실효되었다 하더라도 이로써 이미 성립한 조세채권의 행사에 아무런 영향을 줄 수는 없다
- 원심이 인정한 바와 같이 원고가 1995. 12. 27. 소외 주식회사 ○○관광(이하 소외 회사라 한다)으로부터 이 사건 토지를 매수하고 1996. 1. 6. 원고 명의로 소유권이전등기를 마침으로써 이를 적법하게 취득하였다면, 그 후 원고의 잔대금 미지급으로 소외 회사의 관리인(소외 회사는 1997. 3. 8. 회사정리절차가 개시되었다)이 이 사건 토지에 관한 매매계약을 해제하고 원고를 상대로 제기한 소유권이전등기 말소청구소송에서 이 사건 토지의 소

유권이전등기를 말소하라는 판결이 선고되었다 하더라도 이미 성립한 조세채권의 행사에 영향을 줄 수는 없는 것이다.

관련 기타 판례

1. 상가분양계약에 따른 분양대금 납부하고 대금정산을 합의한 이후 당초 전용면적대로 분양받는 것이 불가능하여 분양계약을 해제한 경우 정산합의로 분양대금을 모두 납부한 이상 사실상 취득이 성립되고, 이후 정산합의가 해제되었다고 하더라도 당초 취득세 납세의무에 영향이 없음(대법 2011두13613, 2014. 5. 29. 판결).
2. 금융기관 및 건축주로부터 받은 대출금, 보증금 등으로 분양대금을 지급한 이후 대출금을 변제하지 못해 소유권이전등기를 하지 못한 상태에서 특약에 따라 분양계약이 해제된 경우라도 취득세 납세의무가 소멸되지 아니함(대법 2014두11625, 2014. 12. 11. 판결).
3. 자경농민이 영농목적으로 취득한 농지를 유예기간(2년) 내에 영농조합법인에게 소유권이전을 하여 추징대상이 되었으나, 계약요건 미성취로 매매계약이 해제되어 이전등기가 말소된 경우 일단 유예기간 내에 매각이 적법하게 이루어진 이상, 그 이후의 매매계약 합의해제 등은 이미 성립한 조세채권에 영향을 줄 수 없어 추징대상에 해당됨(대법 2014두42100, 2015. 3. 26. 판결).
4. 사실상 금전채무를 대환하는 조건으로 부동산 매매계약을 체결하고 법무사가 취득신고를 한 경우, 사후에 잔금지급이나 소유권이전등기 없이 당해 매매계약을 해제한 경우 당초 신고한 취득세 납세의무는 소멸되지 아니함(대법 2019두41294, 2019. 8. 30. 판결).
5. 분할에 따른 무상이전 이후에 이루어진 합의해제는 당초 취득세 납세의무에 영향을 미치지 않으므로, 분할계약을 사후적으로 합의해제 하였다고 하더라도 당초 적법하게 성립된 분할에 따른 취득세 납세의무에 영향을 미칠 수 없음(대법 2020두31880, 2020. 4. 29. 판결).
6. 소유권이전등기를 마친 후 법원의 화해권고 결정으로 매매계약을 해제한 경우라도 당초 취득·등록세 납세의무에 영향이 없으므로 당연무효에 해당하지 않음(대법 2012두27015, 2013. 3. 14. 판결).

2.2 합의해제 후 소유권이전등기의 방법으로 매도자가 소유권을 회복하는 것이 취득세 과세대상인지

【관련 판례】 대법 85누1008, 1986. 3. 25. : 상고기각

- 지방세법 제7조

〈쟁점요지〉 매매계약의 합의해제에 따른 원상회복의 방법으로 매수인으로부터 매도인 앞으로 다시 소유권이전등기를 거친 경우, 위 소유권이전이 취득세 과세대상인지 여부

판결요지 합의해제 등에 따른 소유권을 회복하는 과정에 있어서는 회복 방법(소유권이전등기의 방법)이나 계약해지시점(계약이행 완료 전)에 관계없이 취득세 납세의무가 성립하지 않음

- 원심판결은 그 이유에서 원고는 이 사건 부동산을 소외 1에게 대금 13억 원에 팔기로 하는 매매계약을 체결하고 1984. 1. 31.에 그 소유권이전등기를 선이행하였다가 위 소외 1이 매수인으로서의 의무를 이행하지 않아 그 매매계약을 합의해제하고 원상회복하기로 하였으나, 다만 위 소외 1 앞으로 소유권이전등기가 된 다음에 소외 2 앞으로의 가등기, 소외 동화상호신용금고 앞으로의 근저당권설정등기가 되어 있어 합의해제에 따른 원상회복을 하면서 선이행된 소유권이전등기를 말소하지 않고, 1983. 8. 23.에 원고가 이 사건 부동산을 위 소외 1로부터 매수한 것처럼 관계문서를 만들어 1984. 9.. 1.에 소유권이전등기를 마친 사실을 인정할 수 있을 뿐 원고가 이 사건 부동산을 소외 1로부터 다시 취득한 것이 아니므로 지방세법 제105조에서 말하는 부동산의 취득에 해당하지 않는다는 취지로 판단하였다.
- 원고와 소외 1 간의 합의해제는 민법에 규정된 법정해제에 있어서와 마찬가지로 매매계약이 처음부터 없었던 것과 동일한 법률효과의 발생을 목적으로 한 취지였다고 보여지는 바, 이와 같이 그 합의해제가 계약의 소급적 소멸을 목적으로 한 이상 위 합의해제로 인하여 원고와 소외 1 사이에 있어서 위 소외 1 앞으로 이전되었던 이 사건 부동산에 대한 소유권은 당연히 원고에게 원상태로 복귀되는 것이라 할 것이므로(당원 1977. 5. 24 선고 75다1394 판결 참조) 원고가 비록 그 원상회복의 방법으로 소유권이전등기의 방식을 취하였다 하더라도 이는 지방세법 제105조에서 말하는 부동산의 취득에 해당하지 않는다고 봄이 상당하다.

※ 대법 93누11319, 1993. 9. 14. : 상고기각

- 합의해제 등에 따른 소유권을 회복하는 과정에 있어서는 회복 방법(소유권이전등기 말소의 방법)이나 계약해제시점(계약이행 완료 후)에 관계없이 취득세 납세의무가 성립하지 않음

2.3 신탁재산을 수익자에게 이전하는 것이 사실상 계약해제에 따른 소유권의 환원에 해당하는 경우 취득세 납세의무가 성립되는지

【관련 판례】 대법 2018두32927, 2020. 1. 30. 판결 : 항소기각

- 지방세법 제7조

〈쟁점요지〉 매도자로부터 부동산을 매수하고 매수자가 해당 부동산을 매수 이후 신탁을 한 상태에서 매매계약을 해제하고 해당 부동산에 대한 소유권을 수탁자에서 수익자인 매도자에게 환원하는 경우 취득세 납세의무가 성립되는지 여부

판결요지 해제권의 행사로 인하여 소유권이 원상회복되는 경우 취득세 납세의무가 성립되지 않는바, 형식적으로 수탁자가 수익자에게 소유권을 이전하였으나 그 실질이 매수자인 위탁자와 매도자 간에 매매계약의 해제에 따른 소유권의 원상회복이라면 취득세 납세의무가 성립되지 않음

- 구 지방세법(2014. 1. 1. 법률 제12153호로 개정되기 전의 것, 이하 같다) 제6조 제1호는 취득세의 과세대상인 취득이란 매매, 교환, 상속, 증여, 기부, 법인에 대한 현물출자, 건축, 개수, 공유수면의 매립, 간척에 의한 토지의 조성 등과 그 밖에 이와 유사한 취득으로서 원시취득, 승계취득 또는 유상·무상의 모든 취득을 말한다고 규정하고 있다. 그런데 해제권의 행사에 따라 부동산매매계약이 적법하게 해제되면 그 계약의 이행으로 변동되었던 물권은 당연히 그 계약이 없었던 상태로 복귀하는 것이므로 매도인이 비록 그 원상회복의 방법으로 소유권이전등기의 방식을 취하였다 하더라도 특별한 사정이 없는 이상 이는 매매 등과 유사한 새로운 취득으로 볼 수 없어 취득세 과세대상이 되는 부동산 취득에 해당하지 않는다.
- 형식적으로 신탁재산인 부동산을 수탁자로부터 수익자에게 이전하는 모든 경우에 취득세 과세대상이 된다고는 볼 수 없고, 그 소유권 이전의 실질에 비추어 해제로 인한 원상회복의 방법으로 이루어진 경우에는 취득세 과세대상이 된다고 볼 수 없다는 법리를 전제한 다음, 원고가 이 사건 토지의 소유권을 이전받은 것은 그 실질이 이 사건 각 토지 매매계약의 해제에 따른 원상회복이므로 취득세 과세대상이 되는 부동산 취득에 해당하지 않는다고 판단하였다.

2.4 부동산 취득 후 매수자의 지위에서 탈퇴하는 내용의 계약을 체결한 경우 취득세 납세의무가 성립하는지

【관련 판례】 대법 2011다23248, 2012. 12. 13. : 상고기각

- 지방세법 제7조

〈쟁점요지〉 부동산을 취득한 후 매수자의 지위에서 탈퇴하는 내용의 부동산 매매계약 인수계약을 체결하여 타인에게 소유권을 이전해 준 경우 취득세 납세의무가 있는지 여부

판결요지 ••• 잔금을 지급할 당시까지도 매매계약의 효력이 유지된 이상, 이후 법원 판결에 의하여 매수인의 지위가 변경된 경우라도 취득세 납세의무에 영향이 없음

- 원심판결 이유를 기록에 비추어 살펴보면, 원고가 이 사건 부동산의 매수인으로서 그 매매대금을 모두 지급할 당시까지도 이 사건 매매계약이 그 효력을 그대로 유지하고 있었던 사실이 인정되는 이상, 원고의 이 사건 승계약정 해제 주장이 이유 없는 것으로 판단되어 ○○주택이 이 사건 매매계약의 매수인 지위를 승계하였다고 하더라도, 원고가 이 사건 부동산의 매수인으로서 이 사건 매매계약에 따른 매매대금을 모두 지급한 사실이 없어지는 것은 아니므로, 원고는 이 사건 부동산에 관하여 소유권 취득의 실질적 요건을 갖추었고, 따라서 원고의 이 사건 부동산에 관한 취득세 등의 납세의무는 성립하였다고 볼 것이다. 이와 같은 취지의 원심의 판단은 정당하고, 거기에 상고이유로 주장하는 바와 같은 이 사건 부동산의 취득 및 취득세 등 납세의무 성립에 관한 법리를 오해한 위법이 없다.

2.5 매도자 배임행위로 인한 계약무효확인서를 이유로 미등기시 취득세 납세의무가 소멸되는지

【관련 판례】 대법 2015두51439, 2016. 1. 14. 판결(심리불속행) : 기각

- 지방세법 제7조

〈쟁점요지〉 기존의 차용금채무 변제 미이행시 건물을 이전하는 매매계약을 체결하였으나, 잔금이 미지급되고 매도자 배임행위로 소유권이전이 이루어지지 않는 경우 취득의 성립 여부

판결요지 ••• **차용금채무 변제 대신 매수인 지위를 부여받아 매매계약을 하였던 바, 매매계약서상 잔금지급일에 사실상 취득이 이루어짐(소유권이전등기와 무관)**

- 조세소송에서 과세처분의 위법 여부를 판단하는 기준시기는 그 처분 당시라 할 것이어서 착오 등을 이유로 매매계약의 취소가 이루어졌다고 하더라도 그 착오의 내용이나 매매 의사표시를 취소하는 목적 등에 비추어 볼 때 사실상 과세처분이 이루어진 이후의 사정에 근거한 것으로서 그 실질에 있어서는 과세처분 후 매매계약을 합의해제하는 것에 불과한 경우에는 그 취소로 인한 취득세 과세처분의 효력에 대하여도 합의해제에 관한 위 법리가 그대로 적용된다(대법원 2013. 6. 28. 선고 2013두2778 판결 참조).
- 원고는 주식회사 ○○와 사이에 이 사건 매매계약을 체결함으로써 주식회사 ○○로부터 기존의 차용금채무를 변제받는 대신에 이 사건 각 건물 매수인의 지위를 부여받음과 동시에 기존의 차용금채무에 상당하는 매매계약상의 매매대금을 모두 주고받은 것으로 하기로 하였다고 봄이 타당하므로, 원고는 이 사건 매매계약상의 잔금지급기일에 이 사건 각 건물을 사실상 취득하였던 것으로 보아야 한다. 또한 원고가 제출한 위 확인서의 내용을 보면, 위 취득시기로부터 훨씬 지나 원고가 취득세 신고를 하고도 몇 달 후인 2012. 9. 5.자로 비로소 위 매매계약이 주식회사 연세의 배임행위로 무효가 되었다는 것이므로, 결국 이는 그 실질에 있어서 위 취득세 신고행위 후 매매계약을 합의해제하였다는 것에 불과할 뿐이다(서울행정법원 2014. 9. 23. 선고 2014구합3433 판결).

2.6 분양대금 지급 후 30일 이내 매매계약을 해제한 경우 취득세 납세의무가 성립하는지

【관련 판례】 대법 2012두9130, 2012. 8. 30. 판결(심리불속행) : 상고기각

- 지방세법 제7조 및 시행령 제20조

지방세법 시행령 제20조(취득의 시기 등)

② 유상승계취득의 경우에는 사실상의 잔금지급일(신고인이 제출한 자료로 사실상의 잔금지급일을 확인할 수 없는 경우에는 계약상의 잔금지급일을 말하고, 계약상 잔금 지급일이 명시되지 않은 경우에는 계약일부터 60일이 경과한 날을 말한다)에 취득한 것으로 본다. 다만, 해당 취득물건을 등기·등록하지 않고 다음 각 호의 어느 하나에 해당하는 서류로 계약이 해제된 사실이 입증되는 경우에는 취득한 것으로 보지 않는다.

가. 화해조서·인낙조서(해당 조서에서 취득일부터 60일 이내에 계약이 해제된 사실이 입증되는 경우만 해당한다)

나. 공정증서(공증인이 인증한 사서증서를 포함하되, 취득일부터 60일 이내에 공증받은 것만 해당한다)

다. 행정안전부령으로 정하는 계약해제신고서(취득일부터 60일 이내에 제출된 것만 해당한다)

라. 부동산 거래신고 관련 법령에 따른 부동산거래계약 해제등 신고서(취득일부터 60일 이내에 등록관청에 제출한 경우만 해당한다)

〈쟁점요지〉 법인인 분양회사에 주택분양대금을 지급한 이후 30일 이내에 주택의 하자를 이유로 당해 분양계약을 해제한 경우에도 취득세 납세의무가 성립하는지 여부

판결요지 ••• 사실상 취득이 입증되는 경우에는 납세의무에 영향을 미치지 않음

- 원고는 위 기간 중인 2010. 7. 23. ○○물산에게 잔금지급을 완료한 후, 2010. 8. 20. 위 분양계약을 해제한 사실을 인정할 수 있다. 이에 의하면, 원고는 2010. 7. 23. 잔금지급을 완료함으로써 이 사건 아파트를 사실상 취득하였다고 할 것이다. 이와 같이 현저하고 명백한 사실상의 취득시기가 판명된 경우에는 구 지방세법 제105조 제2항에 의하여 그 때 취득세의 납세의무가 성립하고, 구 지방세법 제73조 제1항 제2호(취득 후 30일 내 매매계약 해지 시 취득으로 보지 않음)는 적용되지 않으므로, 원고가 계약상 잔금지급일부터 30일 내에 위 분양계약을 해제하였다고 하더라도, 취득세 납세의무의 성립 여부에는 영향을 미치지

아니한다(서울고법 2011누32845, 2012. 3. 29. 판결).

※ 현행법상으로는 60일로 개정

2.7 증여계약일부터 60일 후에 공증인이 공증시에도 취득세 납세의무가 발생하지 않는지

【관련 판례】 대법 2015두52012, 2016. 1. 28. 판결 : 기각

- 지방세법 제7조 및 시행령 제20조

지방세법 시행령 제20조(취득의 시기 등)

① 무상취득의 경우에는 그 계약일(상속 또는 유증으로 인한 취득의 경우에는 상속 또는 유증 개시일을 말한다)에 취득한 것으로 본다. 다만, 해당 취득물건을 등기·등록하지 않고 다음 각 호의 어느 하나에 해당하는 서류로 계약이 해제된 사실이 입증되는 경우에는 취득한 것으로 보지 않는다.

1. 화해조서·인낙조서(해당 조서에서 취득일부터 취득일이 속하는 달의 말일부터 3개월 이내에 계약이 해제된 사실이 입증되는 경우만 해당한다)
2. 공정증서(공증인이 인증한 사서증서를 포함하되, 취득일부터 취득일이 속하는 달의 말일부터 3개월 이내에 공증받은 것만 해당한다)
3. 행정안전부령으로 정하는 계약해제신고서(취득일부터 취득일이 속하는 달의 말일부터 3개월 이내에 제출된 것만 해당한다)

〈쟁점요지〉 증여계약일부터 60일 이내에 작성된 해제계약서를 60일이 지나서 공증인이 인증한 경우 취득으로 보지 않는 계약해제로 볼 수 있는지 여부

판결요지 ••• 증여계약일로부터 60일이 지나서 공증인 인증을 받았다고 하더라도, 해제계약서가 60일 이내에 작성되었다면 당초 해제계약은 성립되므로, 취득세 납세의무가 성립되지 아니함

- 그리고 공증인이 인증한 사서증서는 특별한 사정이 없는 한 이 사건 시행령 규정 단서에서 정한 '화해조서·인낙조서·공정증서 등'에 포함된다(대법원 2008. 12. 24. 선고 2008두17806 판결 참조).
- 조세법률주의의 요청에 의하여 조세법령의 해석과 적용은 엄격하게 하여야 하고 유추적

용이나 확대해석이 허용되지 아니함이 원칙이므로(대법원 1983. 12. 27. 선고 83누213 판결 등 참조), 이에 비추어 이 사건 시행령 규정 단서의 문언과 그 개정 경위 및 공정증서 등의 범위에 관한 법리를 종합하여 보면, 무상승계취득의 경우에 그 취득일부터 60일 이내에 계약이 해제되고 그 사실이 화해조서 · 인낙조서 · 공정증서 및 공증인이 인증한 사서증서에 의하여 증명되는 때에는 이 사건 시행령 규정 단서에 해당하여 해당 물건을 취득한 것으로 보지 아니한다고 해석함이 타당하며, 그 화해조서 · 인낙조서 · 공정증서의 작성 및 위 사서증서에 대한 공증인의 인증이 그 취득일부터 60일이 지난 후에 이루어졌다는 사유만으로 달리 볼 것은 아니다.

2.8 증여계약이 대금 미지급사정에 의하여 취소된 경우 취득세 납세 의무도 소멸되는지

【관련 판례】 대법 2015두48105, 2015. 10. 29. 판결(심리불속행) : 상고기각

- 지방세법 제7조

> **〈쟁점요지〉 증여계약에 따른 대금 일부를 원고의 법정대리인이 지급하기로 하였으나, 대금을 마련하지 못하여 증여계약이 취소된 경우 취득세 과세 여부**

판결요지 ••• 증여계약이 성립한 날 이후 60일 이내에 해제된 사실의 입증이 되지 않으므로 취득세 납세의무는 성립되었고 대금 미납 등은 납세의무에 영향을 줄 수 없음

- 구 지방세법 시행령 제20조 제1항은 무상승계취득의 경우에는 그 계약일에 취득한 것으로 보도록 규정하고 있으므로, 부동산에 관한 증여계약이 성립하면 그 자체로 취득세의 과세대상이 되는 사실상의 취득행위가 존재하게 되어 그에 대한 조세채권이 당연히 성립하고, 증여계약으로 인하여 수증자가 일단 부동산을 적법하게 취득한 다음에는 그 후 합의에 의하여 계약을 해제하고 그 부동산을 반환하는 경우에도 이미 성립한 조세채권의 행사에 영향을 줄 수 없다(대법원 2013. 6. 28. 선고 2013두2778 판결 참조).
- 원고는 구 지방세법 시행령 제20조 제1항에 따라 증여계약이 성립한 2012. 9. 15. 이 사건 부동산을 취득하여 그에 대한 조세채권이 성립하였고, 이 사건 단서조항에 따라 취득일부터 60일 이내에 이 사건 계약이 해제된 사실이 화해조서 · 인낙조서 · 공정증서 등으로 입증되지 않으므로, 원고는 이 사건 부동산을 사실상 취득하였다고 볼 것이고, 설령 원고 주장대로 ○○○가 매수할 돈을 준비하지 못하여 이 사건 계약이 취소 또는 해제되었다

하더라도 그와 같은 사정만으로 이미 성립한 조세채권의 행사에 영향을 줄 수는 없다(수원지방법원 2014. 10. 22. 선고 2013구합9855 판결).

2.9 증여계약 중요부분 하자로 계약이 취소되고 소유권이전등기가 말소된 경우 취득세 납세의무도 소멸되는지

【관련 판례】 대법 2013두2778, 2013. 6. 28. 판결 : 파기환송

- 같은 취지의 판례 : 대법 98두14228, 1998. 12. 8. 판결
- 지방세법 제7조

〈쟁점요지〉 종교단체가 종교용 건축물 신축을 조건으로 임야를 증여받아 소유권이전등기를 한 이후 건축제한으로 해당 임야에 종교용 건축물을 건축하지 못하게 되자, 법원판결에 의하여 그 계약이 취소되고 소유권이전등기가 말소된 경우 증여에 따른 취득세 납세의무도 소멸되는지 여부

판결요지 ••• 증여계약 후 합의해제한 것에 불과하므로 납세의무가 소멸되지 않음

- 부동산에 관한 증여계약이 성립하면 그 자체로 취득세의 과세대상이 되는 사실상의 취득행위가 존재하게 되어 그에 대한 조세채권이 당연히 성립하고, 증여계약으로 인하여 수증자가 일단 부동산을 적법하게 취득한 다음에는 그 후 합의에 의하여 계약을 해제하고 그 부동산을 반환하는 경우에도 이미 성립한 조세채권의 행사에 영향을 줄 수 없다(대법원 1998. 12. 8. 선고 98두14228 판결 등 참조).
- 그런데 증여계약이 무효이거나 취소된 경우에는 처음부터 취득세의 과세대상이 되는 사실상의 취득행위가 있다고 할 수 없으나, 조세소송에서 과세처분의 위법 여부를 판단하는 기준시기는 그 처분 당시라 할 것이어서 착오를 이유로 증여계약의 취소가 이루어졌다고 하더라도 그 착오의 내용이나 증여 의사표시를 취소하는 목적 등에 비추어 볼 때 사실상 과세처분이 이루어진 이후의 사정에 근거한 것으로서 그 실질에 있어서는 과세처분 후 증여계약을 합의해제하는 것에 불과한 경우에는 그 취소로 인한 취득세 과세처분의 효력에 대하여도 합의해제에 관한 위 법리가 그대로 적용된다고 할 것이다.
- 원고의 주지인 ○○○과 원고 사이에 이 사건 증여계약이 성립함으로써 원고의 취득세 납세의무가 성립하였으며, ○○○은 이 사건 부과처분이 있은 후에 비로소 원고를 상대로 이 사건 토지에 사찰의 신축이 가능한 것으로 착각하였다고 주장하면서 위 증여계약의 취소를 이유로 민사소송을 제기하였고 납세의무자인 원고도 그 취소를 전제로 하여 이

사건 처분의 적법성을 다투는 것이므로, 이는 그 착오의 내용이나 증여 의사표시를 취소하는 목적 등에 비추어 볼 때 그 실질에 있어서는 이 사건 처분 후 증여계약을 합의해제하는 경우에 해당하여 그러한 사정은 이 사건 증여계약 당시에 이미 성립한 조세채권의 행사에 아무런 영향을 줄 수 없다.

2.10 매도자의 잘못된 안내를 이유로 매매계약이 법원의 결정에 의하여 취소된 경우 취득세 납세의무가 성립되는지

【관련 판례】 대법 2021두60977, 2022. 3. 31. (심리불속행) : 과세관청 패

- 지방세법 제7조

〈쟁점요지〉 전체 토지를 취득한 후 분할하여 매각할 수 있다는 매도자의 설명을 믿고 토지를 취득하였으나, 분할매각이 불가능하다는 것으로 알게 되어 매수자가 법원의 결정을 통해 매매계약 취소 결정을 받고 소유권을 말소한 경우에도 취득세 납세의무가 성립되는지 여부

판결요지 ••• 판결에 의하여 매매계약이 취소되었다고 하더라도 사실상 취득 이후 합의에 의한 매매계약의 해제에 해당하는 경우에는 취득세 납세의무가 성립하지 않으나, 이 사건의 경우 단순히 기망에 의해 체결된 매매계약이 판결에 의하여 취소된 것이므로 취득세 납세의무가 성립되지 아니함

- 매매계약이 무효이거나 취소된 경우에는 처음부터 취득세의 과세대상이 되는 사실상의 취득행위가 있다고 할 수 없으나, 조세소송에서 과세처분의 위법 여부를 판단하는 기준시기는 그 처분 당시라 할 것이어서 착오를 이유로 계약의 취소가 이루어졌다고 하더라도 그 착오의 내용이나 증여 의사표시를 취소하는 목적 등에 비추어 볼 때 사실상 과세처분이 이루어진 이후의 사정에 근거한 것으로서 그 실질에 있어서는 과세처분 후 매매계약을 합의해제하는 것에 불과한 경우에는 그 취소로 인한 취득세 과세처분의 효력에 대하여도 합의해제에 관한 위 법리가 그대로 적용된다(대법원 2013. 6. 28. 선고 2013두2778 판결 참조). 당초 원고가 이 사건 매매계약에 따라 한○○크에 매매대금 전액을 지급함으로써 취득세의 과세대상이 되는 취득행위가 존재하였으나, 그 뒤 이 사건 매매계약이 취소됨으로써 취소의 소급효로 처음부터 이 사건 토지에 관한 취득행위가 없었다고 봄이 타당하다.
- 이에 대하여 피고는 이 사건 매매계약에 대한 취소의 성격이 원고와 한○○크 사이의 합의해제와 유사하므로, 원고가 한○○크에 이 사건 판결에 따라 이 사건 토지를 반환하였

다고 하더라도, 이미 성립된 취득세의 납세의무에 아무런 영향이 없다는 취지로 주장한다. 살피건대, 원고는 이 사건 신고 전 이 사건 매매계약을 취소하는 내용의 이 사건 판결을 받고, 이 사건 판결에 따라 한○○크에 이 사건 토지에 관한 원고 명의의 소유권이전등기를 말소하여 이 사건 토지를 반환하였을 뿐이므로, 피고의 주장과 같이 원고가 사실상 피고의 감면된 취득세 및 지방교육세 관련 과세처분이 이루어진 이후에야 그 사정에 근거하여 이 사건 매매계약을 취소하는 등의 행위를 하였다는 등의 사정이 보이지 아니한다. 따라서 이 사건 매매계약 취소는 과세처분 후 이 사건 매매계약을 합의해제하는 것에 불과한 경우에 해당하지 아니하므로, 피고의 이 부분 주장은 이유 없다(광주지법 2020구합13103, 2021. 4. 2. 판결).

3. 신탁법상 신탁 관련 취득세 납세의무

3.1 신탁재산의 위탁자의 지위 이전이 사실상 취득에 해당되는지 및 위탁자 지위이전 취득세 납세의무 관련 개정 법률이 창설적 규정인지

【관련 판례】 대법 2017두67810, 2018. 2. 8. 판결 : 상고기각

- 지방세법 제7조 및 제9조

지방세법 제7조(납세의무자 등)

⑮ 「신탁법」 제10조에 따라 신탁재산의 위탁자 지위의 이전이 있는 경우에는 새로운 위탁자가 해당 신탁재산을 취득한 것으로 본다. 다만, 위탁자 지위의 이전에도 불구하고 신탁재산에 대한 실질적인 소유권 변동이 있다고 보기 어려운 경우로서 대통령령으로 정하는 경우에는 그러하지 아니하다.

지방세법 제9조(비과세)

③ 신탁(「신탁법」에 따른 신탁으로서 신탁등기가 병행되는 것만 해당한다)으로 인한 신탁재산의 취득으로서 다음 각 호의 어느 하나에 해당하는 경우에는 취득세를 부과하지 아니한다. 다만, 신탁재산의 취득 중 주택조합등과 조합원 간의 부동산 취득 및 주택조합등의 비조합원용 부동산 취득은 제외한다.

1. 위탁자로부터 수탁자에게 신탁재산을 이전하는 경우
2. 신탁의 종료로 인하여 수탁자로부터 위탁자에게 신탁재산을 이전하는 경우
3. 수탁자가 변경되어 신수탁자에게 신탁재산을 이전하는 경우

〈쟁점요지〉 양도인들이 쟁점부동산에 관한 지분을 모두 포기하고 그 지분을 이 사건 담보신탁계약 해지 후 원고에게 이전하기로 하는 내용의 지분양도 관련 기본계약을 체결한 경우에 있어 위탁자의 지위이전이 취득세 과세대상인 부동산의 취득에 해당되는지 여부 및 위탁자 지위이전에 관한 취득세 납세의무 규정이 창설적 규정에 해당하는지

판결요지 ••• 위탁자의 지위 이전은 취득세의 과세 대상인 부동산의 취득에 해당하지 않으므로, 새로운 위탁자가 해당 신탁재산을 사실상 취득한 것으로 볼 수 없고, 지위이전 관련 규정은 창설적 규정에 해당함

- 신탁법상의 신탁은 위탁자가 수탁자에게 특정의 재산권을 이전하거나 기타의 처분을 하여 수탁자로 하여금 신탁 목적을 위하여 그 재산권을 관리·처분하게 하는 것이므로, 부동산 신탁에서 수탁자 앞으로 소유권이전등기를 마치면 대내외적으로 소유권이 수탁자에게 완전히 이전되고 위탁자와의 내부관계에서 소유권이 위탁자에게 유보되는 것이 아니며, 그 결과 수탁자는 대내외적으로 신탁재산에 관한 관리·처분권을 갖게 된다(대법원 2011. 2. 10. 선고 2010다84246 판결 참조).
- 따라서 신탁계약이나 신탁법에 의하여 수탁자가 위탁자에 대한 관계에서 신탁 부동산에 관한 권한을 행사할 때 일정한 의무를 부담하거나 제한을 받게 되더라도 그러한 사정만으로는 위탁자가 신탁 부동산을 사실상 임의처분하거나 관리·운용할 수 있는 지위에 있다고 보기 어렵고, 따라서 이러한 위탁자의 지위 이전은 취득세의 과세 대상인 '부동산의 취득'에 해당하지 않으므로, 새로운 위탁자가 해당 신탁재산을 사실상 취득한 것으로 볼 수 없다.
- 2015. 12. 29. 신설된 지방세법 제7조 제15항은 '신탁재산의 위탁자 지위의 이전이 있는 경우에는 새로운 위탁자가 해당 신탁재산을 취득한 것으로 보되, 위탁자 지위의 이전에도 불구하고 신탁재산에 대한 실질적인 소유권 변동이 있다고 보기 어려운 경우로서 대통령령이 정하는 경우에는 그러하지 아니하다'라고 규정하고 있다. 그러나 이것은 위탁자 지위의 이전이 있는 경우 취득세를 부과함으로써 과세 공백을 메우기 위하여 특별히 마련된 조항으로서 창설적 규정이라고 보아야 한다.

※ 사안의 경우 지방세법 제7조 제15항이 신설되기 이전에 발생한 사건임.

3.2 주택분양보증 이행으로 분양대금 환급시 수탁사인 분양보증회사에게 새로운 취득이 성립되는지

【관련 판례】 대법 2015두60853, 2017. 6. 15. 판결 : 파기환송

- 같은 취지의 판례 : 대법 2014두43554, 2017. 6. 8., 대법 2015두49696, 2017. 6. 8., 대법 2015두60808, 2017. 6. 8., 대법 2014두38149, 2017. 6. 8., 대법 2014두48054, 2017. 6. 15., 대법 2015두60853, 2017. 6. 15., 대법 2015두56809, 2017. 6. 15., 대법 2015두50955, 2017. 6. 15., 대법 2015두44776, 2017. 6. 15., 대법 2015두44363, 2017. 6. 15., 대법 2015두42992, 2017. 6. 15., 대법 2015두38047, 2017. 6. 15., 대법 2014두48061, 2017. 6. 15.
- 지방세법 제9조 제3항 및 제27조 제3항

〈쟁점요지〉

1) 신탁계약을 원인으로 이전받은 부동산에 대한 주택분양보증을 이행한 경우 이를 재차 취득한 것으로 보아야 하는지,
2) 신축 중인 건축물을 수탁사 명의로 소유권이전할 때 등록세에 적용할 과표가 유상인지 무상인지

판결요지 ••• 1) 신탁이 이루어진 이상 이후 분양대금 환급은 새로운 취득으로 볼 수 없음
2) 수탁사로 소유권이전은 신탁행위로 무상이며 비과세대상

- 1) 분양보증회사가 주택분양보증을 위하여 신탁계약을 체결하고 이를 원인으로 하여 위탁자로부터 신탁재산인 토지를 이전받았다면 이는 구 지방세법 제105조 제1항에서 정한 '부동산 취득'에 해당하고, 이후 주택분양보증의 이행으로 수분양자들에게 분양대금을 환급해 주거나 신탁부동산을 제3자에게 매각한다고 하여 재차 동일한 토지를 취득하는 것으로 볼 수는 없다. 이 경우 당초 신탁계약을 원인으로 한 신탁재산 토지의 취득에 관하여 구 지방세법 제110조 제1호 가목에 의하여 취득세가 비과세되었다고 하여 달리 볼 것도 아니다. 원고인 주택도시보증공사가 주택분양신탁계약을 원인으로 이 사건 토지를 취득한 이상, 그 후에 주택분양보증의 이행을 위하여 수분양자들에게 분양대금을 환급해 주었다고 하더라도 동일한 토지를 재차 취득하는 것으로 볼 수는 없다.
- 2) 신탁법상의 신탁은 위탁자가 수탁자에게 특정한 재산권을 이전하거나 기타의 처분을 하여 수탁자로 하여금 신탁 목적을 위하여 그 재산권을 관리・처분하게 하는 것으로서 수탁자는 위와 같이 재산권을 이전받기 위하여 따로 대가를 출연하는 것이 아니므로, 수탁자가 신탁재산을 이전받아 그에 관한 소유권이전등기를 마쳤다면 무상으로 인한 소유권이전등기에 해당한다고 보아야 한다. 그리고 '무상으로 인한 소유권이전등기'에 해당하는지 여부는 등기신청서 또는 등기부의 형식적인 기재에 불구하고 등기원인 또는 권리관계의 실질에 따라 판단하여야 한다.

3.3 부동산 신탁수익권을 매수한 경우 취득세 납세의무가 성립되는지

【관련 판례】 대법원 2018두62515, 2019. 2. 28. 판결(심리불속행) : 상고기각

- 지방세법 제7조

〈쟁점요지〉 매도인과 토지매수계약을 체결한 후 매수대금 지급 전에 이를 사실상 해제하고, 관리형 토지신탁계약을 체결한 후 매도인들과 원고 간에 신탁수익권 매매계약을 새로이 체결하여 신탁수익권에 대한 대금을 지급한 경우 수익권 매수인에게 취득세 부과할 수 있는지 여부

판결요지 조세회피 의도가 없고, 매수인의 지위를 유지하면서 사실상의 매매대금을 지급한 것이라고 인정되지 않는 이상 신탁수익권의 취득에 대하여 취득세를 과세할 수는 없음

- 이 사건 각 신탁계약 및 신탁수익권 매매계약을 통해 이 사건 각 토지 등과 관련한 신탁수익권을 취득하였을 뿐, 이 사건 각 토지를 취득한 사실이 없어 그에 따른 취득세 등 납세의무를 부담하지 않는다고 봄이 상당하다.
- 납세의무자가 경제활동을 함에 있어서는 동일한 경제적 목적을 달성하기 위해서도 여러 가지의 법률관계 중 하나를 선택할 수 있는 것이고, 과세관청으로서는 특별한 사정이 없는 한 당사자들이 선택한 법률관계를 존중하여야 할 것인바(대법원 2009. 4. 9. 선고 2007두26629 판결 등 참조), 이 사건 각 신탁계약이 취득세 납세의무를 회피하기 위한 위법한 목적의 신탁 내지 가장의 법률행위에 해당하여 그 효력이 인정되지 않고 그 결과 원고가 이 사건 각 매매계약에 따른 매수인으로서의 지위를 유지한 상태에서 잔금을 지급한 것이라는 등의 사정이 인정되지 않는 이상 원고가 이 사건 각 신탁수익권 매매계약에 따라 신탁수익권을 취득한 것이 아니라 이 사건 각 토지를 취득한 것으로 볼 수는 없고, 이 사건 매매계약상의 이 사건 각 토지의 매매대금과 이 사건 신탁수익권 매매계약상의 신탁수익권 양수대금이 서로 같다는 사정만으로 이와 달리 볼 수 없다.
- 신탁수익권은 지방세법 제105조의 취득세 과세대상에 해당되지 않고, 단순히 신탁수익권을 취득한 것만으로 수익권증서에 표시된 신탁부동산을 사실상 취득하였다고 볼 수도 없으므로, 원고가 이 사건 각 신탁수익권 매매계약에 따라 신탁수익권을 취득한 것은 신탁재산을 관리・처분함에 따라 발생하는 신탁이익을 받을 수 있는 권리를 취득한 것에 불과할 뿐, 이 사건 각 토지를 사실상 취득한 것으로 볼 수 없다(서울행법 2017구합65487, 2018. 1. 11. 판결).

3.4 신탁토지의 대금을 지급하여 공동위탁자 겸 수익자가 된 경우 이를 사실상 취득으로 보아 과세할 수 있는지

【관련 판례】 대법 2004두6761, 2006. 6. 30. : 상고기각

- 지방세법 제7조

> 〈쟁점요지〉 소유권 취득의 의사 없이 채무를 승계하는 방법으로 신탁토지의 공동위탁자 및 수익자의 지위를 얻어 신탁원부에 등재된 경우에도 이를 사실상 취득으로 볼 수 있는지 여부

판결요지 ••• 신탁되어 있던 토지의 대금을 지급한 후, 신탁등기의 원부에 매수자를 공동 위탁자 겸 수익자로 등재한 경우라도 사실상 취득에 따른 취득세 납세의무가 발생함

- 지방세법 제105조 제2항은 부동산의 취득에 있어서 민법 등 관계 법령의 규정에 의한 등기 등을 이행하지 아니한 경우라도 사실상 취득한 때에는 이를 취득한 것으로 본다고 규정하고 있으며, 위 규정 소정의 사실상 취득이란 일반적으로 등기와 같은 소유권 취득의 형식적 요건을 갖추지는 못하였으나 대금의 지급과 같은 소유권 취득의 실질적 요건을 갖춘 경우를 말한다(대법원 2005. 1. 13. 선고 2003두10343 판결 참조).
- 기록에 비추어 살펴보면, 덕풍동 현대제2지역주택조합의 조합원들인 원심판결 별지 원고 목록 순번 1. 내지 29. 기재 원고들(이하 '원고 2주택조합원들'이라 한다)은 하남시 덕풍동 현대제1지역주택조합원들(이하 '1주택조합원들'이라 한다)에게 1주택조합원들의 소외 현대산업개발 주식회사(이하 '소외 회사'라 한다)에 대한 대여금 채무를 승계하는 방법으로 이 사건 토지대금을 지급한 후 이 사건 토지에 관한 1998. 9. 15.자 신탁등기의 신탁원부에 위탁자 겸 수익자로 등재되었고, 덕풍동 현대제3지역주택조합의 당초 조합원들인 원심판결 별지 원고 목록 순번 30. 내지 74. 기재 원고들(이하 '원고 3주택조합원들'이라 한다)은 원고 2주택조합원들에게 원고 2주택조합원들의 소외 회사에 대한 대여금 채무의 일부를 승계하는 방법으로 이 사건 토지 및 진입로 부지 일부의 대금을 지급한 후 이 사건 토지 및 진입로 부지에 관한 1998. 10. 30.자 신탁등기의 신탁원부에 원고 2주택조합원들과 공동 위탁자 겸 수익자로 등재된 사실, 그 후 원고 2, 3주택조합원들은 이 사건 주택사업의 공동사업자가 된 사실을 알 수 있는바, 사정이 위와 같다면 위 법리에 비추어 볼 때, 적어도 위 각 신탁등기 시점에 원고 2주택조합원들은 이 사건 토지를, 원고 3주택조합원들은 이 사건 토지와 진입로 부지의 2분의 1 지분을 사실상 취득하였다고 봄이 상당하다.

3.5 신탁계약에 의하여 수탁자 명의로 등기가 경료된 경우 중과세 대상 여부는 누구를 기준으로 판정해야 하는지

【관련 판례】 대법 2001두2720, 2003. 6. 10. : 상고기각

- 지방세법 제7조, 제13조 및 시행령 제27조

> **지방세법 시행령 제27조(대도시 부동산 취득의 중과세 범위와 적용기준)**
>
> ⑥ 법 제13조 제2항을 적용할 때 「신탁법」에 따른 수탁자가 취득한 신탁재산의 경우 취득 목적, 법인 또는 사무소 등의 설립·설치·전입 시기 등은 같은 법에 따른 위탁자를 기준으로 판단한다.

〈쟁점요지〉 신탁계약에 의하여 수탁자 명의로 등기가 경료된 경우, 등록세 중과세 대상인지 여부의 판단 기준

판결요지 신탁법상의 신탁계약에 의하여 수탁자인 부동산신탁회사 명의로 등기가 경료된 경우에 그 등기가 중과세 대상에 해당하는지 여부는 수탁자를 기준으로 하여야 함

- 구 지방세법 제138조 제1항 본문은 다음 각 호의 1에 해당하는 등기를 하는 때에는 등록세의 세율을 제131조 및 제137조에 규정한 세율의 5배로 한다고 규정하고, 제3호에서 대도시 내에서의 법인의 설립과 지점 또는 분사무소의 설치 및 대도시 내로의 법인의 본점·주사무소·지점 또는 분사무소의 전입에 따른 부동산등기와 그 설립·설치·전입 이후의 부동산등기를 들고 있는바, 등록세는 재산권 기타 권리의 취득, 이전, 변경 또는 소멸에 관한 사항을 공부에 등기 또는 등록하는 경우에 등기 또는 등록이라는 단순한 사실의 존재를 과세대상으로 하여 그 등기 또는 등록을 받는 자에게 부과하는 조세로서, 그 등기 또는 등록의 유·무효나 실질적인 권리귀속의 여부와는 관계가 없는 것이고, 이와 같은 법리는 구 지방세법 제138조 제1항 제3호 소정의 중과세의 경우에도 마찬가지이므로(대법원 1983. 2. 22. 선고 82누509 판결, 1986. 2. 25. 선고 85누858 판결 참조), 신탁법상의 신탁계약에 의하여 수탁자인 부동산신탁회사 명의로 등기가 경료된 경우에 그 등기가 구 지방세법 제138조 제1항 제3호 소정의 중과세 대상에 해당하는지 여부를 판단함에 있어서는 수탁자를 기준으로 하여야 할 것이고, 이것이 대도시 내로의 인구유입에 따른 인구집중을 막기 위한 구 지방세법 제138조 제1항 제3호의 입법 취지에도 부합하는 해석이라 할 것이다(헌법재판소 2002. 3. 28. 자 2001헌바24, 51 결정도 같은 취지이다).

※ 다만, 지방세법을 개정하여 2020년부터는 위탁자를 기준으로 중과세 여부를 판단토록 함.

3.6 신탁재산 지목변경에 따른 취득세 납세의무자가 위탁자와 수탁자 중 누구인지

【관련 판례】 대법 2010두2395, 2012. 6. 14. 판결 : 파기환송

- 지방세법 제7조 제4항

지방세법 제7조(납세의무자 등)

④ 선박, 차량과 기계장비의 종류를 변경하거나 토지의 지목을 사실상 변경함으로써 그 가액이 증가한 경우에는 취득으로 본다. (후략)

〈쟁점요지〉 신탁법상 신탁 중에 있는 토지상에 건축물이 준공되어 지목이 변경된 경우 지목변경에 따른 취득세 납세의무를 위탁자와 수탁자 중 누구로 하여야 하는지

판결요지 ••• 지목변경에 따른 취득세 납세의무는 해당 부동산의 법률적 소유권자인 수탁자에게 있다고 보아야 함

- 토지의 경우 위 각 규정에 의하여 취득세 과세대상이 되는 것은 토지의 소유권을 취득하거나 '소유하고 있는' 토지의 지목이 사실상 변경되어 그 가액이 증가한 경우인데(대법원 1984. 5. 15. 선고 83누696 판결 등 참조), 신탁법상의 신탁은 위탁자가 수탁자에게 특정의 재산권을 이전하거나 기타의 처분을 하여 수탁자로 하여금 신탁 목적을 위해 그 재산권을 관리・처분하게 하는 것이므로, 부동산 신탁에 있어 수탁자 앞으로 소유권이전등기를 마치게 되면 소유권이 수탁자에게 이전되는 것이지 위탁자와의 내부관계에 있어 소유권이 위탁자에게 유보되는 것은 아닌 점(대법원 2003. 1. 27.자 2000마2997 결정, 대법원 2011. 2. 10. 선고 2010다84246 판결 등 참조), 신탁법 제19조는 "신탁재산의 관리・처분・멸실・훼손 기타의 사유로 수탁자가 얻은 재산은 신탁재산에 속한다"고 규정하고 있는데, 위 규정에 의하여 신탁재산에 속하게 되는 부동산 등의 취득에 대한 취득세의 납세의무자도 원칙적으로 수탁자인 점 등에 비추어 보면, 신탁법에 의한 신탁으로 수탁자에게 소유권이 이전된 토지에 있어 법 제105조 제5항이 규정한 지목의 변경으로 인한 취득세의 납세의무자는 수탁자로 봄이 타당하고, 위탁자가 그 토지의 지목을 사실상 변경하였다고 하여 달리 볼 것은 아니다.

4. 부동산 명의신탁 관련 취득세 납세의무

4.1 3자간 등기명의신탁에 있어 명의신탁자의 취득세 납세의무 성립 시기를 언제로 보아야 하는지

【관련 판례】 대법 2014두43110, 2018. 3. 22. 판결(전원합의체) : 상고기각

- 같은 취지의 판례 : 대법 2012두11744, 2017. 8. 18., 대법 2013두3078, 2018. 4. 24. 판결
- 지방세법 제7조 및 부동산실명법 제4조

부동산 실권리자명의 등기에 관한 법률 제4조(명의신탁약정의 효력)

① 명의신탁약정은 무효로 한다.

② 명의신탁약정에 따른 등기로 이루어진 부동산에 관한 물권변동은 무효로 한다. 다만, 부동산에 관한 물권을 취득하기 위한 계약에서 명의수탁자가 어느 한쪽 당사자가 되고 상대방 당사자는 명의신탁약정이 있다는 사실을 알지 못한 경우에는 그러하지 아니하다.

③ 제1항 및 제2항의 무효는 제3자에게 대항하지 못한다.

〈쟁점요지〉 3자간 등기명의신탁에 있어 명의신탁 해지를 원인으로 명의신탁자에게 소유권이전등기시 취득세 납세의무 성립시기를 등기일과 잔금지급일 중 어느 날로 보아야 하는지

판결요지 3자간 등기명의신탁에 있어 명의신탁 해지를 원인으로 명의신탁자에게 소유권이전등기시 추가로 취득세 납세의무는 성립하지 않음. 명의신탁자의 취득시기는 등기일이 아닌 최초 잔금지급일이 됨

- 3자간 등기명의신탁의 명의신탁자에게 구 지방세법 제105조 제2항이 적용되지 않는다고 볼 만한 법적 근거도 없다. 따라서 명의신탁자가 부동산에 관한 매매계약을 체결하고 매매대금을 모두 지급하였다면 잔금지급일에 구 지방세법 제105조 제2항의 '사실상 취득'에 따른 취득세 납세의무가 성립한다.

- 명의신탁자가 부동산을 사실상 취득한 이후 자신의 명의가 아니라 명의수탁자 명의로 그 소유권이전등기를 마쳤더라도, 이는 취득세 납세의무가 성립한 이후에 발생한 사정에 불과하다. 더군다나 부동산실명법 제4조 제1항 및 제2항 본문에 의하여 명의신탁약정과 그에 따른 명의수탁자 명의의 등기는 무효이다. 따라서 명의수탁자 명의의 소유권이전등기를 이유로 이미 성립한 명의신탁자의 취득세 납세의무가 소급하여 소멸한다거나 성립하지 않았다고 볼 수는 없다.
- 3자간 등기명의신탁의 경우 명의신탁약정과 그에 따른 등기는 무효인 반면 매도인과 명의신탁자 사이의 매매계약은 유효하므로, 명의신탁자는 매도인에게 매매계약에 따른 소유권이전등기를 청구할 수 있고, 그 소유권이전등기청구권을 보전하기 위하여 매도인을 대위하여 무효인 명의수탁자 명의 등기의 말소를 구할 수도 있다(대법원 2002. 3. 15. 선고 2001다61654 판결 참조). 이는 명의신탁자가 명의수탁자 명의로 소유권이전등기를 마쳤다는 이유만으로 명의신탁자의 '사실상 취득'을 부정할 수 없다는 것을 뒷받침한다.
- 3자간 등기명의신탁에서 명의신탁자가 명의수탁자 명의의 소유권이전등기를 말소한 다음 그 부동산에 관하여 매도인으로부터 자신의 명의로 소유권이전등기를 마치더라도, 이는 당초의 매매를 원인으로 한 것으로서 잔금지급일에 '사실상 취득'을 한 부동산에 관하여 소유권 취득의 형식적 요건을 추가로 갖춘 것에 불과하다. 그리고 명의신탁자가 당초의 매매를 원인으로 매도인으로부터 소유권등기를 이전받는 것이 아니라 명의수탁자로부터 바로 소유권등기를 이전받는 형식을 취하였다고 하여 위와 달리 평가할 수도 없다. 따라서 어느 경우이든 잔금지급일에 성립한 취득세 납세의무와 별도로 그 등기일에 새로운 취득세 납세의무가 성립한다고 볼 수는 없다.

관련 기타 판례

1. 3자간 등기명의 신탁에 있어 매도자와 명의신탁자 간에 매매계약의 효력이 인정되고, 매수자인 명의수탁자가 매매 잔금을 지급한 이상 사실상 취득이 이루어진 것이므로 명의신탁자에게 등기 여부와 관계없이 취득세를 과세할 수 있음(대법 2005두13360, 2007. 5. 11. 판결).
2. 명의신탁자가 잔금 지급 시 사실상 취득을 한 이후에 소유권이전등기를 마치더라도 이는 '사실상 취득'을 한 부동산에 관하여 소유권 취득의 형식적 요건을 추가로 갖춘 것에 불과하여 취득세 납세의무가 성립되지 아니함(대법 2010두28151, 2013. 3. 14. 판결).

4.2 잔금지급 전에 승계계약을 통해 매수인의 지위를 수탁자로 이전하였으나 실질적인 매수대금의 원천이 위탁자인 경우의 납세의무자 및 3자간 등기명의신탁으로 볼 수 있는지

【관련 판례】 대법 2017두64897, 2018. 2. 28 판결 : 상고기각

- 지방세법 제7조

〈쟁점요지〉
1) 위탁자가 매매대금을 지급하기 전에 권리의무승계계약 및 신탁계약을 통해 신탁사에 부동산의 매수권을 양도한 경우에 있어 매매대금을 사실상 지급하는 위탁자를 납세의무자로 보아야 하는지
2) 신탁계약에 따라 매매계약을 승계받아 잔금을 지급한 수탁자가 취득세 납세의무를 지는지
3) 이 경우를 3자간 등기명의신탁으로 볼 수 있는지

판결요지 위탁자가 잔금 미지급상태에서 권리의무 승계계약 체결로 매매계약에서 탈퇴하는 경우 매수인의 지위를 그대로 유지할 수 없어 최종 매수인의 지위를 승계받은 수탁자가 취득세 납세의무 주체가 되고, 이는 3자간 등기명의신탁에도 해당하지 않음

- 원고들은 이 사건 토지의 잔금을 지급하지 않은 상태에서 이 사건 토지에 관하여 코○○신탁과 이 사건 신탁계약을 체결하는 한편 매수인으로서의 권리의무 일체를 승계하는 이 사건 승계계약을 체결하여 이 사건 매매계약에서 탈퇴하였으므로, 잔금지급일인 2009. 10. 15. 당시 원고들이 이 사건 토지에 관한 이 사건 매매계약상의 매수인 지위를 그대로 유지하고 있었다고 보기 어렵다.
- 코○○신탁은 이 사건 승계계약에 따라 이 사건 매매계약의 매수인 지위를 승계한 상태에서 그 명의로 매도인인 한○토○주○공사에게 잔금을 납부하였으므로, 잔금지급일을 기준으로 코○○신탁이 이 사건 토지의 사실상 취득자에 해당하고, 이 사건 신탁계약에서 정한 내부적 비용부담 약정에 따라 원고들이 잔금을 부담하였다고 하더라도 달리 볼 것은 아니다.
- 이 사건 신탁계약이 단지 원고들이 납부해야 할 취득세 납부를 회피하기 위한 목적에서 체결되어 무효라거나, 이 사건 신탁계약과 이 사건 승계계약이 원고들이 이 사건 토지에 관한 이 사건 매매계약상 매수인의 지위를 유지하면서 단지 이 사건 토지에 관한 등기명의를 코○○신탁 앞으로 하기 위한 3자간 등기명의신탁약정에 해당한다고 볼 수 없다.

※ 대법 2017두64798, 2018. 3. 15. 판결(심리불속행) : 상고기각
- 토지 잔금 미지급상태에서 신탁사와 신탁계약 및 권리의무 승계계약을 체결한 경우 위탁자의 취득세 납세의무는 성립하지 않고, 위탁자가 사실상 취득대금을 납부하였다고 하더라도 수탁자가 취득세 납세의무를 부담함(위탁자가 연부취득 중에 토지 잔금 50% 상당을 미지급 상태에서 신탁사와 신탁계약을 체결하였고, 사실상 위탁자 매매대금을 부담한 사안임)

4.3 "계약명의신탁"에 있어서 명의신탁자를 사실상 취득자로 보아 취득세를 부과할 수 있는지

【관련 판례】 대법 2012두14804, 2012. 10. 25. 판결 : 파기환송

- 같은 취지의 판례 : 대법 2012두28414, 2017. 7. 11., 대법 2014두8803, 2017. 7. 11.
- 지방세법 제7조

〈쟁점요지〉 수탁자가 매매계약의 당사자가 되어 매도인과 매매계약을 체결한 후, 수탁자 앞으로 등기를 이전하는 형식으로 이루어진 계약명의신탁에 있어서 매매대금을 납부한 신탁자를 사실상의 취득자로 보아 취득세 납세의무를 부과할 수 있는지 여부

판결요지 계약명의신탁에 있어 명의신탁자는 소유권이전등기청구권이 없어 취득세를 부과할 수 없음

- 명의신탁자의 입장에서는 어느 경우(매도자의 악의나 선의)에도 매도인이나 명의수탁자에게 소유권이전등기청구를 할 수 있는 지위를 갖지 못한다는 이유로, 이 사건에서 명의신탁자인 원고가 이 사건 1번 부동산의 매수대금을 실질적으로 지급하였다고 하더라도 원고는 이 사건 1번 부동산을 사실상 취득하였다고 보기 어렵다고 보아 원고에 대하여는 취득세 납세의무가 성립할 수 없다.

관련 기타 판례

- 3자간 등기명의신탁의 경우 명의신탁약정과 그에 따른 등기는 무효인 반면 매도인과 명의신탁자 사이의 매매계약은 유효하므로, 명의신탁자는 매도인에게 매매계약에 따른 소유권이전등기를 청구할 수 있고, 그 소유권이전등기청구권을 보전하기 위하여 매도인을 대위하여 무효인 명의수탁자 명의 등기의 말소를 구할 수도 있다(대법 2001다61654, 2002. 3. 15. 판결).

4.4 소유권이전등기를 아니한 선의의 계약명의신탁에 있어 명의수탁자의 취득세 납세의무가 성립되는지

【관련 판례】 대법 2015두39026, 2017. 9. 12. 판결 : 상고기각

- 지방세법 제7조

〈쟁점요지〉 선의의 계약명의신탁에 있어 잔금을 지급하였으나 소유권이전등기를 하지 아니하여도 수탁자에게 취득세 납세의무가 있는지 여부

판결요지 선의의 계약명의신탁의 경우 그 계약이 유효하므로 잔금이 지급되었다면 수탁자의 취득세 납세의무는 성립됨

- 명의신탁자와 명의수탁자가 계약명의신탁약정을 맺고 명의수탁자가 당사자가 되어 명의신탁약정이 있다는 사실을 알지 못하는 소유자와 부동산에 관한 매매계약을 체결한 경우 그 계약은 일반적인 매매계약과 다를 바 없이 유효하므로, 그에 따라 매매대금을 모두 지급하면 소유권이전등기를 마치지 아니하였더라도 명의수탁자에게 취득세 납세의무가 성립하고, 이후 그 부동산을 제3자에게 전매하고서도 최초의 매도인이 제3자에게 직접 매도한 것처럼 소유권이전등기를 마친 경우에도 마찬가지이다.
- 원고는 남△우와 이 사건 부동산의 매수자를 주식회사 디◇◇하우징 등으로 변경하기로 합의하였고, 그에 따라 주식회사 디◇◇하우징 등이 남△우로부터 직접 위 부동산을 매수하는 내용의 매매계약서가 작성되었으며, 실제로 소유권이전등기도 원고를 거치지 아니한 채 바로 주식회사 디◇◇하우징 앞으로 마쳐진 점, 원고가 자신의 명의로 소유권이전등기를 마치지 아니한 것은 그에 따른 비용이나 조세부담 등을 회피하기 위한 것으로 보일 뿐이고, 이에 관하여 납득할 만한 다른 이유나 사정도 밝혀지지 아니한 점 등에 비추어 보면, 원고는 위 부동산의 취득과 관련하여 조세의 부과징수를 곤란하게 하는 적극적인 부정행위를 하였다고 봄이 타당하므로, 원고의 위 부동산 취득에 관해서는 10년의 부과제척기간이 적용되어야 한다고 판단하였다. 원심의 위와 같은 판단에 지방세의 부과제척기간에 관한 법리를 오해하는 등의 잘못이 없다.

4.5 명의가 다름을 매도자가 알았다면 악의인 계약명의신탁에 해당되는지 및 명의수탁자에게 취득세 납세의무가 성립되는지

【관련 판례】 대법 2014두40067, 2017. 12. 13. 판결(심리불속행) : 상고기각

- 지방세법 제7조 및 경기도 도세감면조례

〈쟁점요지〉 원고의 모 김○숙가 실질적인 매수인으로 중도금과 잔금 대출을 위하여 명의만 원고로 하고 분양사도 이를 알고 있었다면, 이를 명의수탁 등기가 무효인 매도인이 악의인 계약명의신탁으로 볼 수 있는지 여부 및 명의수탁자에게 취득세 납세의무가 성립되는지

판결요지 ••• 명의만 원고이고 실질 소유자가 따로 있음을 분양사가 알고 있었다면 이는 명의수탁 등기가 무효이며 매도인이 악의인 계약명의신탁에 해당되고, 명의수탁자에게 취득세 납세의무가 성립되지 않음

- 김○숙이 이 사건 부동산에 관한 소유 명의를 원고에게 신탁하였고, 분양계약의 당사자는 원고로서 계약명의신탁이 성립한 것으로 볼 수 있으며, 매도인인 ○○건설은 이러한 명의신탁 사실을 알고 있었다고 봄이 타당하다.
- 한편 ○○건설이 그 동의로 원고가 분양권을 양수함에 있어 위 분양계약의 효과를 원고가 아닌 김○숙에게 여전히 귀속시키기로 하는 합의가 있었다고 볼 특별한 사정은 찾을 수 없다. 따라서 위에서 본 명의신탁관계를 3자간 등기명의신탁으로 보기는 어렵다.
- 계약명의신탁의 경우에도 매도인이 악의이면 명의수탁자의 등기는 무효이고 권리의 이전 자체가 이루어지지 않으므로(대법원 2012. 10. 25. 선고 2012두14804 판결 등 참조), 부동산의 소유권은 여전히 매도인에게 남아 있다.
- 매도인이 악의인 계약명의신탁에 해당하여 이 사건 부동산의 소유권을 취득하지 못한 원고에게 취득세 납세의무가 발생한다고 할 수 없다. 또한 ○○건설과 원고 사이의 위 분양계약은 원시적으로 물권변동이라는 목적을 달성할 수 없는 계약이 되어 무효이므로(대법원 2003. 9. 5. 선고 2001다32120 판결 등 참조), 명의수탁자인 원고가 ○○건설에 분양대금을 모두 지급하였다고 하여 이 사건 부동산을 사실상 취득한 것이라고 보기도 어렵다(서울고등법원 2014. 7. 9. 선고 2013누50199 판결).

관련 기타 판례

1. 부동산실명법상 특례가 인정되는 경우(종중재산의 종중원 등기, 배우자 명의등기 등)에 있어서는 명의신탁을 하는 경우에도 취득세 납세의무가 성립하고 명의신탁을 해지하는 경우에도 취득세 납세의무가 성립함(대법 2002두2079, 2002. 5. 28. 판결).
2. 피상속인이 2자간 명의신탁으로 원시취득한 교회건물에 대하여 피상속인의 2자간 명의신탁 약정은 무효이고, 그에 터 잡은 명의신탁등기 역시 무효이므로 상속인들에게 취득세 납세의무는 성립되지 않음(대법 2015두52296, 2017. 12. 13. 판결).
3. 종교단체가 본인 명의로 농지를 소유할 수 없어 부득이 개인명의로 명의신탁을 해둔 상황에서 당해 토지에 대한 지목변경이 이루어진 경우 명의신탁된 토지에 대한 경제적 이익이 명의신탁자에게 귀속되더라도 명의수탁자를 취득세 납세의무자로 보는 것이 타당함(대법 2013두26323, 2014. 3. 27. 판결).

5. 과점주주 관련 취득세 납세의무(일반)

5.1 법인의 자기주식 취득에 따라 기존주주가 과점주주가 된 경우 간주취득세 납세의무가 성립하는지

【관련 판례】 대법 2010두8669, 2010. 9. 30. : 상고기각

- 지방세법 제7조

지방세법 제7조(납세의무자 등)

⑤ 법인의 주식 또는 지분을 취득함으로써 「지방세기본법」 제46조 제2호에 따른 과점주주 중 대통령령으로 정하는 과점주주(이하 "과점주주"라 한다)가 되었을 때에는 그 과점주주가 해당 법인의 부동산등(법인이 「신탁법」에 따라 신탁한 재산으로서 수탁자 명의로 등기·등록이 되어 있는 부동산등을 포함한다)을 취득(법인설립 시에 발행하는 주식 또는 지분을 취득함으로써 과점주주가 된 경우에는 취득으로 보지 아니한다)한 것으로 본다.

〈쟁점요지〉 법인이 이사회의 결의를 거쳐 주식소각 목적으로 자기주식을 취득함에 따라 법인의 특수관계자인 주주들이 과점주주가 된 경우, 구 지방세법 제105조 제6항의 간주취득 규정이 적용되는지 여부

판결요지 ••• 당해 법인이 자기주식을 취득함으로써 기존주주가 과점주주에 해당하게 된 경우 간주취득세 납세의무가 성립되지 않음

- 구 지방세법(2007. 12. 31. 법률 제8835호로 개정되기 전의 것, 이하 같다) 제105조 제6항은, '법인의 주식 또는 지분을 취득함으로써 과점주주가 된 때'에만 그 과점주주가 당해 법인의 재산을 취득한 것으로 보아 취득세의 납세의무를 부담하도록 하고 있고, 법인이 자기주식을 취득함으로써 주주가 과점주주가 되는 경우에는 주주가 주식을 취득하는 어떠한 행위가 있었다고 보기 어려운바, 원고들은 소외 1 주식회사가 자기주식을 취득함으

로써 그 지분 비율이 증가하여 과점주주가 된 것일 뿐, 원고들이 소외 1 주식회사의 주식을 취득한 것이라고 볼 수는 없다는 이유로 소외 1 주식회사가 자기주식을 취득함으로써 원고들이 소외 1 주식회사의 과점주주가 된 것이 위 규정의 '법인의 주식을 취득함으로써 과점주주가 된 때'에 해당하지 아니한다는 취지로 판단하였다. 앞서 본 법리 및 관계 법령의 규정에 비추어 기록을 살펴보면, 원심의 위와 같은 인정 및 판단은 정당하고, 거기에 상고이유에서 주장하는 바와 같은 구 지방세법상 과점주주의 간주취득에 관한 법리를 오해한 잘못이 없다.

5.2 타주주의 신주인수 포기로 주식비율이 증가시 과점주주 취득세 납세의무 성립여부

【관련 판례】 대법 2011두12252, 2012. 6. 28. 판결 : 상고기각

- 지방세법 제7조

〈쟁점요지〉 유상증자시 일부 주주가 신주인수를 포기하여 특정주주의 주식의 비율이 증가되어 과점주주 요건(50% 초과)을 갖춘 경우 과점주주 취득세 납세의무 성립여부

판결요지 유상증자시 일부 주주가 신주인수포기로 주식 소유비율이 증가하여 과점주주가 된 경우에도 간주취득세 납세의무가 성립됨(유상증자시 과점주주의 주식취득 행위가 있었기 때문임)

- 과점주주의 간주취득세 제도를 규정한 구 지방세법(2007. 12. 31. 법률 제8835호로 개정되고 2010. 3. 31. 법률 제10221호로 전부 개정되기 전의 것, 이하 같다) 제105조 제6항이 증자에 의하여 과점주주가 되는 경우에도 적용될 뿐만 아니라 법인이 유상증자를 함에 있어 기존 주주들 중 일부가 신주인수를 포기하고 나머지 주주들이 신주를 인수하여 과점주주가 된 경우에도 적용된다.

관련 기타 판례

1. 한국무역보험공사가 구상금채권을 출자전환하는 과정에서 과점주주가 된 경우는 주식의 취득에 해당하므로 해당 주주가 의결권을 행사할 위치에 있었다면 간주취득세 과세대상에 해당함(대법 2013두18384, 2014. 1. 16. 판결).
2. A는 현금을, B는 현물출자를 약속하고 주식을 배분하였으나 B가 현물출자를 이행하지 아니

하여 A가 B의 주식을 인수하는 경우, B의 현물출자 불이행으로 최초 주식 전부가 본래 A의 소유라고 할 것이므로 해당 주식인수는 취득이 아닌 명의회복에 불과하여 납세의무 없음(대법 2014두10943, 2017. 6. 15. 판결).

5.3 과점주주의 판단요건인 '법인의 운영을 실질적으로 지배할 수 있는 지위'의 의미가 무엇인지

【관련 판례】 대법 2006두19501, 2008. 10. 23. : 상고기각

- 지방세법 제7조

〈쟁점요지〉 구 지방세법 제105조 제6항 본문에 의하여 취득세 납세의무를 부담하는 과점주주의 요건으로서 '법인의 운영을 실질적으로 지배할 수 있는 지위'의 의미

판결요지 ••• 간주취득세를 부담하는 과점주주의 경우 법인의 경영지배를 통하여 법인의 부동산 등의 재산을 사용・수익하거나 처분하는 등의 권한을 행사하였을 것을 요구하는 것은 아니고, 소유하고 있는 주식에 관하여 의결권행사 등을 통하여 주주권을 실질적으로 행사할 수 있는 지위에 있으면 족함

- 구 지방세법(2005. 12. 31. 법률 제7843호로 개정되기 전의 것, 이하 같다) 제105조 제6항 본문에 의하여 취득세의 납세의무를 부담하는 과점주주는 같은 법 제22조 제2호 소정의 형식적 요건을 갖추어야 할 뿐만 아니라 당해 과점주주가 법인의 운영을 실질적으로 지배할 수 있는 지위에 있음을 요하지만(대법원 1994. 5. 24. 선고 92누11138 판결 참조), 이때 법인의 운영을 실질적으로 지배할 수 있는 지위라 함은, 실제 법인의 경영지배를 통하여 법인의 부동산 등의 재산을 사용・수익하거나 처분하는 등의 권한을 행사하였을 것을 요구하는 것은 아니고, 소유하고 있는 주식에 관하여 의결권행사 등을 통하여 주주권을 실질적으로 행사할 수 있는 지위에 있으면 족하다고 할 것이다.

5.4 과점주주 취득세 면탈을 위해 자회사를 설립하여 우회적으로 주식을 취득한 경우 실질과세를 적용할 수 있는지

【관련 판례】 대법 2008두8499, 2012. 1. 19., 2008두13293, 2012. 2. 9. 판결 : 파기환송

- 지방세법 제7조

〈쟁점요지〉 법인이 과점주주 취득세를 회피하기 위해 2개의 자회사를 설립한 후 해당 자회사가 타법인의 주식을 각각 50%씩 취득하도록 한 경우, 실질과세 원칙을 적용하여 모회사에게 과점주주 취득세를 부과할 수 있는지 여부

판결요지 실질과세 원칙을 적용하여 실질적으로 회사를 지배 관리하는 모회사를 과점주주로 보아 간주취득세를 과세할 수 있음

- 구 지방세법 제105조 제6항을 적용함에 있어서도, 당해 주식이나 지분의 귀속 명의자는 이를 지배·관리할 능력이 없고 그 명의자에 대한 지배권 등을 통하여 실질적으로 이를 지배·관리하는 자가 따로 있으며, 그와 같은 명의와 실질의 괴리가 위 규정의 적용을 회피할 목적에서 비롯된 경우에는, 당해 주식이나 지분은 실질적으로 이를 지배·관리하는 자에게 귀속된 것으로 보아 그를 납세의무자로 삼아야 할 것이다.
- 그리고 그 경우에 해당하는지 여부는 당해 주식이나 지분의 취득 경위와 목적, 취득자금의 출처, 그 관리와 처분과정, 귀속명의자의 능력과 그에 대한 지배관계 등 제반 사정을 종합적으로 고려하여 판단하여야 할 것이다.

5.5 워크아웃 진행 중 채권금융위원회의 결정에 따라 주식을 취득한 경우 간주취득세 납세의무가 배제될 수 있는지

【관련 판례】 대법 2018두44753, 2018. 10. 4. 판결 : 파기환송

- 지방세법 제7조

〈쟁점요지〉 워크아웃이 진행 중에 채권금융위원회의 결정에 따라 주식을 취득하고 이후 위원회에 해당 주식의 의사결정권을 갖게 된 경우, 원고가 주식을 취득하는 과정에서 과점주주가 되었다고 하여 간주취득세 과세할 수 있는지 여부

판결요지 ••• 과점주주 여부는 형식상 주주명의가 아니라 그 주식에 관하여 의결권 등을 통하여 주주권을 실질적으로 행사하여 법인의 운영을 지배하는지 여부에 따라 판단하여야 하므로, 협의회에서 사실상의 의결권을 가지는 경우에는 형식상 주주에게 과점주주 간주취득세를 부과할 수 없음

- 구 지방세법 제7조 제5항 본문이 법인의 과점주주에 대하여 그 법인의 재산을 취득한 것으로 보아 취득세를 부과하는 것은 과점주주가 되면 해당 법인의 재산을 사실상 임의처분하거나 관리운용할 수 있는 지위에 서게 되어 실질적으로 그 재산을 직접 취득하는 것과 다를 바 없으므로 그 과점주주에게 담세력이 있다고 보기 때문이다. 그러므로 간주취득세 납세의무를 부담하는 과점주주에 해당하는지 여부는 주주명부상의 주주 명의가 아니라 그 주식에 관하여 의결권 등을 통하여 주주권을 실질적으로 행사하여 법인의 운영을 지배하는지 여부를 기준으로 판단하여야 한다(대법원 2016. 3. 10. 선고 2011두26046 판결 등 참조). 이러한 법리는 구 지방세법 시행령 제11조 제2항 본문에 따라 과점주주가 해당 법인의 주식을 취득하여 그가 가진 주식의 비율이 증가한 만큼 해당 법인의 부동산 등을 취득한 것으로 볼 수 있는지 여부를 판단할 때에도 마찬가지로 적용된다.
- 이러한 법리에 비추어 원심판결 이유를 살펴본다. 원심판결 이유에 의하더라도, 원고가 이 사건 주식을 취득한 것은 이 사건 협의회에서 가결한 워크아웃 절차에 따라 기존 주주의 보유주식을 5:1 비율로 무상감자하기 위한 것이었다. 원고 등은 이 사건 주식을 취득한 직후 주채권은행인 한국산업은행에 보유주식 전부에 대한 처분권을 일임함과 동시에 이 사건 협의회와 경영권포기, 주식포기 및 주주총회 의결권행사 위임 등을 내용으로 하는 이 사건 특별약정을 체결하였다. 이로써 이 사건 협의회는 이 사건 회사의 경영을 상시 관리·감독하는 등 실질적인 지배력을 행사하기에 이르렀다고 보인다. 이상에서 살펴본 것처럼, 이 사건 주식의 취득 경위와 목적, 원고 등이 이 사건 협의회에 이 사건 주식의 처분권을 위임하고 경영권포기각서를 제출하여 이 사건 회사가 채권금융기관들의 공동관리하에 들어간 점 및 이 사건 회사의 워크아웃 절차 진행경과 등을 종합하여 보면, 원고가 이 사건 주식을 취득함으로써 그 주식 비율의 증가분만큼 이 사건 회사의 운영에 대한 지배권이 실질적으로 증가하였다고 보기는 어렵다. 간주취득세 납세의무 제도의 의의와 취지 및 실질과세의 원칙에 비추어 보더라도, 지배권의 실질적 증가 여부는 해당 주식 취득 전후의 제반 사정을 전체적으로 고려하여 종합적으로 판단하는 것이 옳다. 이 점에서 원심이 이 사건 주식의 취득시점을 기준으로 그 취득분만큼 지배력이 증가되었다면서 그 후 원고 등이 그 주식포기각서 등을 제출하였다는 사정은 이미 성립한 납세의무에 어떠한 영향을 미칠 수 없다고 판단한 것은 옳지 않다.

5.6 주식 TRS 계약을 통해 재무적투자자에게 주식을 매수토록 하되 의결권을 전략적투자자가 행사할 수 있도록 한 경우 간주취득세를 과세할 수 있는지

【관련 판례】 대법 2021두54231, 2022. 1. 13. (심리불속행) : 기각(과세기관 패)

- 지방세법 제7조

〈쟁점요지〉 주식을 취득하면서 TRS 계약을 통해 전략적투자자 그룹은 해당 법인의 주식 50%를 취득하고 나머지 50% 지분은 재무적투자자가 매수하도록 하는 계약을 체결하면서, 재무적투자자에게 전략적투자자가 일반적인 이율보다 높은 이율을 지급하는 조건으로 재무적투자자의 의결권을 전략적투자자가 행사할 수 있도록 하는 계약을 체결한 경우 해당 주식을 전략적투자자가 사실상 취득한 것으로 보아 과점주주 간주취득세를 과세할 수 있는지 여부

판결요지 자금조달, 부채비율 조정 등 간주취득세 회피 목적 이외 합당한 경제적 이유로 인해 TRS 계약을 통해 주식을 인수한 경우에는 비록 재무적투자자 소유의 주식에 대하여 전략적투자자가 의결권을 행사하기로 하였더라도 해당 주식을 전략적투자자가 사실상 취득한 것으로 보아 과점주주 간주취득세를 과세할 수는 없음

- 이 부분 쟁점은, 원고 호텔들과 이 사건 외부투자자들 등 사이에 체결된 이 사건 각 거래가 조세회피 목적으로 과세요건사실(주주 1명과 그의 특수관계인들이 비상장법인인○○○의 주식을 취득함으로써 그들 소유주식의 합계가 해당 법인의 발행주식총수의 100분의 50분을 초과하면서 그에 관한 권리를 실질적으로 행사하는 자가 되는 것)에 관하여 실질과 괴리되는 비합리적인 형식이나 외관을 취한 것이라고 볼 수 있는지 여부 및 이 사건 각 거래를 유효한 것으로 인정하는 것이 실질과세 원칙이나 조세공평 원칙상 심히 부당하다고 볼 수 있는지 여부이다.
- 이 사건 주식매매계약의 인수대금의 규모, 이 사건 각 거래의 체결에 이르게 된 경위, 이 사건 각 거래의 내용 및 형식, 이 사건 스왑계약의 목적과 내용, 당시 원고 호텔들의 자금조달 사정 및 부채비율 등 재무 여건에서 알 수 있는 아래와 같은 사정들에 비추어 보면, 원고 호텔들이 이 사건 외부투자자들과 체결한 이 사건 각 거래가 과점주주에 대한 간주취득세를 회피하기 위한 목적 이외에 다른 합당한 경제적 이유를 찾을 수 없는 거래라고 단정하기 어려우므로, 원고 호텔들이 실질과 괴리되는 비합리적인 형식이나 외관을 취하였다고 볼 수 없어 이 사건 쟁점주식의 귀속 명의자인 이 사건 외부투자자들과 별개로, 원고 호텔들이 이 사건 쟁점주식의 실질 귀속자가 된다고 할 수 없다.
- TRS 계약을 체결할 경우, 전략적 투자자(SI)는 자신의 부채비율의 증가 없이 우호적인

지분 투자자를 확보하면서 장기적으로 투자에 따른 시세차익 또한 기대할 수 있다는 장점이 있고, 재무적 투자자(FI)는 일반 회사채 금리보다 높으면서도 안정적인 수익을 확보할 수 있으며, 담보로서 주식까지 확보할 수 있다는 장점이 있어 거래계에서 자주 활용되는 금융기법으로 알려져 있다. TRS 계약은 스왑매도인으로서 기초자산의 가치 하락에 따른 부담 없이 고정된 수수료를 얻고, 스왑매수인으로서는 기초자산을 직접 보유하지 아니함으로써 자산 보유에 따른 여러 규제에서 벗어나고 적은 투자금으로도 가치 상승에 따른 레버리지 효과를 누릴 수 있다는 점이 거래 당사자들에게 이익이 될 수 있다.

- 원고 호텔들은 TRS 계약 선택에 따른 경제적 효과 및 비용과 금전 차입에 따른 경제적 효과 및 비용을 각 비교 분석하여 TRS 계약을 선택한 것으로 판단되므로, 특정한 경제적 목적을 달성하기 위하여 당사자가 취한 거래 형식을 원칙적으로 존중함이 옳다. 상법 제368조 제3항에 따르면, 주주는 대리인으로 하여금 그 의결권을 행사하게 할 수 있는데, 학계의 통설적 입장은 의결권의 대리 행사를 포괄적으로 위임하는 것이 가능하다고 보고 있고, 대법원 판례 역시 7년간의 의결권의 행사에 관한 대리권 수여가 유효하다는 전제 아래, 주주가 일정기간 주주권을 포기하고 타인에게 주주로서의 의결권 행사권한을 위임하기로 약정한 사정만으로는 그 주주가 의결권을 직접 행사할 수 없게 되었다고 볼 수 없다고 판시한 바 있다(대법원 2002. 12. 24. 선고 2002다54691 판결 참조).
- 주주의 의결권 위임에 관한 이러한 법리에 비추어 볼 때, 이 사건 외부투자자들이 원고 호텔들에게 이 사건 쟁점주식에 관한 의결권의 행사를 5년간 위임한 것은 유효하지만, 그 경우에 이 사건 외부투자자들의 의결권의 행사가 부정된다거나 제한된다고 볼 수 없으므로, 이 사건 외부투자자들을 대신하여, 원고 호텔들이 이 사건 쟁점주식에 관한 주주권을 실질적으로 행사하는 정도에 이르렀다고 보기는 어렵다.
- 원고 호텔들은 이 사건 각 거래를 통하여 이 사건 쟁점주식의 취득을 5년간 법적으로 유보하되 경제적으로 그와 같거나 유사한 효과를 누리면서, 이 사건 각 거래의 만기 등 시점에 이르러 이 사건 쟁점주식의 취득 여부를 최종 결정하려고 하였던 것이라고 봄이 타당하므로, 우선매수권의 행사 등에 의한 이 사건 쟁점주식의 취득 시점 이전에 '주식의 취득'이라는 간주취득세의 과세요건이 충족되었다고 볼 수 없다. 사정이 이러하다면, ○○○렌탈 인수 과정에서 원고 호텔들이 선택한 법적 형식이 조세회피 목적의 비합리적인 거래라고 단정할 수 없고, 오히려 금전소비대차계약 등에 의해서는 도모할 수 없는 특수한 경제적 목적과 효과(부채비율 저감, 출자 확대 유보를 통한 사업경과 관찰 및 투자리스크 관리 등)를 달성하기 위한 행위라고 볼 여지도 상당하므로, 실질과세 원칙을 적용하여 함부로 그 거래 형식을 부인할 것이 아니다(서울고법 2020누48972, 2021. 9. 8. 판결).

관련 기타 판례

1. 원고가 다른 주주의 주식을 일시적으로 양도받아 6개월 이후에 시공사에게 양도한 경우, 주식을 취득하여 주주권을 행사할 의사가 없음에도 시공사의 요청으로 일시적으로 주주명부상 주식을 취득한 것으로 해두었다가 시공사에 곧바로 그 명의를 이전하기 위한 것은 간주취득세 과세대상이 아님(대법 2015두3591, 2019. 3. 28. 판결).
2. 회사정리법에 따른 회사정리절차개시 후에는 경영권이나 자산처분권 등이 관리인에 전속하므로 정리절차 개시 후에 과점주주가 된 경우 회사의 운영을 실질적으로 지배할 수 있는 지위에 있지 아니하는 셈이 되어 과세대상에 해당하지 아니함(대법 92누11138, 1994. 5. 24. 판결).
3. 회생절차가 진행 중인 법인의 일부가 물적분할되어 새로운 법인이 신설된 이후, 분할법인으로부터 분할신설법인의 주식을 모두 인수하여 새로운 과점주주가 된 경우 비록 회생절차가 진행되고 있었다 하더라도 신설법인에 이전된 채무가 없었던 점, 신설회사의 관리인이 주주권 행사를 제한한 사실이 없던 점 등을 고려하면 신설회사에 대한 실질적인 주주권을 행사할 수 있는 지위로서 과점주주 간주취득세 납세의무가 성립함(대법 2023두49240, 2023. 11. 16. 판결).

5.7 주식 취득 후 주식양도계약이 합의해제된 경우 성립한 과점주주 간주취득세 납세의무에 영향이 있는지

【관련 판례】 대법 2003두9008, 2004. 10. 15. : 상고기각

- 지방세법 제7조

〈쟁점요지〉 **양도계약을 합의해제하여 주식취득이 소급적으로 실효된 경우 성립한 과점주주 간주취득세 납세의무에 영향을 미치는지 여부**

판결요지 일단 적법하게 주식을 취득하여 과점주주가 된 경우 그 주식양도계약이 합의해제 등이 되어 실효되었다고 하더라도 당초 간주취득세 납세의무에는 영향 없음

- 과점주주가 됨에 따른 취득세 납세의무를 규정한 구 지방세법(1999. 12. 28. 법률 제6060호로 개정되기 전의 것) 제105조 제6항에서 말하는 법인의 주식의 취득이라 함은 주식의 취득자가 실질적으로 완전한 내용의 소유권을 취득하는가의 여부에 관계없이 소유권이전의 형식에 의한 주식취득의 모든 경우를 포함하는 것이고, 이 경우 과점주주에게 부과되는 취득세는 주식을 취득함으로써 과점주주가 되었다는 과세요건 사실이 존재함으로써 당연히 발생하고, 일단 적법하게 주식을 취득하여 과점주주가 된 이상 그 이후에 주식양

도계약이 합의해제되거나 해제조건의 성취 또는 해제권의 행사 등에 의하여 소급적으로 실효되었다 하더라도 이로써 이미 성립한 조세채권의 행사에 아무런 영향을 줄 수는 없다고 할 것이다(대법원 1996. 2. 9. 선고 95누12750 판결, 2001. 4. 10. 선고 99두6651 판결 등 참조).

- 원심이 인정한 바와 같이 원고 주식회사 ○○파이낸스(이하 원고 회사라고 한다)가 1999. 3. 29. 주식회사 ○○수산(이하 ○○수산이라 한다)으로부터 주식회사 ○○유통 발행의 이 사건 주식을 양수하고 그 대금을 지급한 후 주주명부의 명의를 개서하여 이를 적법하게 취득함으로써 원고들이 주식회사 ○○유통의 과점주주가 되었다면, 그 후 원고들의 주장처럼 이 사건 주식의 양도계약상의 해제조건이 성취되어 위 계약이 소급적으로 실효되었다고 하더라도 이미 성립한 조세채권의 행사에 영향을 줄 수는 없는 것이다.

5.8 과점주주 성립 전에 부동산 매매계약이 합의해제된 경우 간주취득세 과세대상에 당해 부동산이 포함되는지

【관련 판례】 대법 2011두28714, 2015. 1. 15. 판결 : 파기환송

- 지방세법 제7조 제5항

〈쟁점요지〉 과점주주가 되기 이전에 소유권이전등기청구 소송을 제기하여 승소 확정판결을 받았지만 아직 소유권이전 말소등기가 경료되지 아니한 경우 간주취득세 과세대상에 합의해제된 부동산이 포함되는지 여부

판결요지 ••• **소유권이전 말소등기가 경료되지 아니하였어도 합의해제의 효력으로 소유권이 원상회복 되었다면 과점주주 간주취득세 과세대상에 포함할 수 없음**

- 갑 주식회사가 을 등과 부동산 매매계약을 체결하고 소유권이전등기를 선이행 받은 후 매매계약을 합의해제하였고, 그에 따른 원상회복의 방법으로 을 등은 갑 회사를 상대로 진정명의회복을 원인으로 한 소유권이전등기청구 소송을 제기하여 승소 확정판결을 받았는데, 소외 1 등과 푸름시티 사이의 2007. 3. 23.자 합의해제는 민법에 규정된 법정해제에 있어서와 마찬가지로 매매계약이 처음부터 없었던 것과 동일한 법률효과의 발생을 목적으로 한 취지였다고 봄이 상당하므로,
- 합의해제로 인하여 소외 1 등과 푸름시티 사이에 있어서 푸름시티 앞으로 이전되었던 이 사건 각 부동산에 대한 소유권은 당연히 소외 1 등에게 원상태로 복귀되었다고 할 것이고, 이는 소외 1 등이 위와 같이 그 원상회복의 방법으로 말소등기를 하지 아니하고 소유권이전청구권가등기를 경료하거나 진정명의회복을 원인으로 한 소유권이전등기청구 소송을 제

기하여 승소 확정판결을 받았다고 하더라도 마찬가지라고 할 것이다.

- 그렇다면 원고가 푸룸시티의 발행주식을 모두 취득하여 과점주주가 된 2007. 6. 26. 당시 이 사건 각 부동산에 관한 소유권은 이미 소외 1 등에게 복귀되어 더 이상 푸룸시티 소유의 부동산에 해당하지 아니하게 되었으므로, 이 사건 각 부동산에 대하여는 구 지방세법 제105조 제6항 본문에서 정한 간주취득세의 과세요건을 충족하지 못하였다고 보아야 한다.

관련 기타 판례

- 아파트 입주자의 동의를 양도 등 소유권제한의 조건으로 하는 '금지사항 부기등기'가 되어 있는 부동산이라도 소유권의 이전 등에 어떠한 변동이 있는 것이 아니라 단지 그 소유권 행사에 제한이 있는 것일 뿐이므로 간주취득세 과세대상에서 제외되지 아니함(대법 2016두53968, 2016. 12. 29. 판결).

5.9 주권 발행 전에 주식을 양도한 경우 과점주주 취득세 납세의무 성립일을 언제로 보아야 하는지

【관련 판례】 대법 2011두24842, 2013. 3. 14. 판결 : 파기환송

- 지방세법 제7조

〈쟁점요지〉 회사가 주권을 발행하기 이전에 주식의 양도에 관한 계약을 체결한 경우 주식양도계약일, 주식양도대금지급일 중 언제를 과점주주 간주취득세 납세의무성립일로 볼 수 있는지

판결요지 주식매매계약 당시 체결한 주식양도의 효력발생 시기에 따름(주식양도의 효과를 유보한 경우가 아니면 통상 양도계약일에 이루어진 것으로 봄)

- 주권발행 전 주식을 양수한 사람은 주주명부상의 명의개서가 없어도 회사에 대하여 자신이 적법하게 주식을 양수한 자로서 주주권자임을 주장할 수 있다. 그리고 주권발행 전의 주식의 양도행위는 그 원인행위인 매매·증여 등 채권계약과 외형상 하나의 행위로 합체되어 행하여질 수 있고, 당사자가 특히 주식양도의 효과의 발생을 유보한 경우가 아니라면 통상 원인행위와 함께 행하여진다고 봄이 상당하다(대법원 1995. 5. 23. 선고 94다36421 판결, 대법원 2000. 3. 23. 선고 99다60993 판결 등 참조).
- 주권발행 전에 이루어진 이 사건 주식의 양도는 당사자의 의사표시만으로 효력이 발생하

는 것이므로, 원심으로서는 이 사건 약정 당시 원고와 ○○○이 이 사건 약정의 체결과 동시에 이 사건 주식을 양도하기로 하였는지, 아니면 주식양도의 효력 발생을 주식대금의 완납 시까지 유보하였는지 등을 심리하여 원고가 이 사건 주식을 취득한 때가 언제인지를 판단하였어야 했다.

- 그럼에도 원심은 … 원고가 주식대금을 모두 지급한 때에 이 사건 주식을 취득하였다고 전제한 다음, 원고가 ○○○에게 주식대금을 모두 지급한 때인 '2006. 11. 30. 14:18경'에 이 사건 주식을 취득하여 ○○○○○의 과점주주가 되었다고 판단하였으니, 이러한 원심의 판단에는 과점주주가 되는 시기에 관한 법리를 오해하여 필요한 심리를 다하지 아니함으로써 판결에 영향을 미친 위법이 있다.

※ 대법 2020두35189, 2020. 5. 28. 판결(심리불속행) : 항소기각

- 주권발행전 주식을 거래한 경우에는 별도의 약정이 없는 이상 양도계약 체결일에 주식의 거래가 있었다고 보아 과점주주 간주취득세를 부과할 수 있음

5.10 신탁등기가 되어 있는 신탁재산도 법인의 과점주주에 대한 간주취득세 과세대상에 포함되는지

【관련 판례】 대법 2014두36266, 2014. 9. 4. 판결 : 파기 환송

- 같은 취지의 판결 : 대법 2011두28714, 2015. 1. 15., 대법 2017두70557, 2018. 2. 8. 판결, 대법 2017두57257, 2017. 11. 29. 판결(심리불속행), 대법 2017두56711, 2017. 11. 23. 판결(심리불속행)
- 지방세법 제7조

지방세법 제7조(납세의무자 등)

⑤ 법인의 주식 또는 지분을 취득함으로써 「지방세기본법」 제46조 제2호에 따른 과점주주 중 대통령령으로 정하는 과점주주(이하 "과점주주"라 한다)가 되었을 때에는 그 과점주주가 해당 법인의 부동산등(법인이 「신탁법」에 따라 신탁한 재산으로서 수탁자 명의로 등기·등록이 되어 있는 부동산등을 포함한다)을 취득(법인설립 시에 발행하는 주식 또는 지분을 취득함으로써 과점주주가 된 경우에는 취득으로 보지 아니한다)한 것으로 본다.(후략)

〈쟁점요지〉 법인소유의 부동산이 신탁법에 의한 신탁으로 수탁자에게 소유권이 이전된 후 그 법인의 과점주주가 되거나 그 법인의 주식 비율이 증가된 경우 신탁한 부동산을 간주취득세 과세대상에 포함하여 과세할 수 있는지 여부

판결요지 ••• 신탁재산의 경우 위탁자가 사실상 임의처분하거나 관리운용할 수 있는 지위에 있다고 보기 어렵기 때문에 과점주주 간주취득세 과세대상에 포함할 수 없음

- 부동산 신탁에 있어 수탁자 앞으로 소유권이전등기를 마치게 되면 대내외적으로 소유권이 수탁자에게 완전히 이전되고 위탁자와의 내부관계에서 소유권이 위탁자에게 유보되는 것이 아니며, 이와 같이 신탁의 효력으로서 신탁재산의 소유권이 수탁자에게 이전되는 결과 수탁자는 대내외적으로 신탁재산에 대한 관리권을 갖게 된다(대법원 2011. 2. 10. 선고 2010다84246 판결 참조). 따라서 신탁계약이나 신탁법에 의하여 수탁자가 위탁자에 대한 관계에서 신탁 부동산에 관한 권한을 행사할 때 일정한 의무를 부담하거나 제한을 받게 되더라도 그것만으로는 위탁자의 과점주주가 신탁 부동산을 사실상 임의처분하거나 관리운용할 수 있는 지위에 있다고 보기도 어렵다.
- 이와 같은 과점주주에 대한 간주취득세제도의 취지와 신탁의 법률관계 등에 비추어 보면, 어느 법인의 부동산이 신탁법에 의한 신탁으로 수탁자에게 소유권이 이전된 후 그 법인의 과점주주가 되거나 그 법인의 주식 또는 지분 비율이 증가된 경우에는 특별한 사정이 없는 한 신탁 부동산을 그 법인이 보유하는 부동산으로 보아 그 법인의 과점주주에게 구 지방세법 제105조 제6항 등에서 정한 간주취득세를 부과할 수는 없다고 봄이 타당하다.

  ※ 다만, 지방세법을 개정하여 2017년 이후에는 신탁재산도 위탁자의 재산으로 보아 과점주주 간주취득세를 부담하도록 함

5.11 당해 법인의 주주가 아니었던 자가 기존과점주주와 특수관계를 형성하면서 새로이 과점주주가 되는 경우 간주취득세 납세의무가 성립되는지

【관련 판례】 대법 2012두12495, 2013. 7. 25. 판결 : 파기환송

- 지방세법 제7조 제5항

〈쟁점요지〉 당해 법인의 주주가 아니었던 법인이 주식의 교환으로 기존과점주주와 특수관계를 형성하면서 기존 주주의 주식을 이전받아 새로운 과점주주가 되는 경우 간주취득세 납세의무가 성립되는지 여부

판결요지 ••• 주식비율 변동이 없다면 간주취득세 납세의무 미성립

- 과점주주 집단을 형성하는 구성원이 추가되는 경우에 그로 인하여 그 과점주주 집단이

새로 소유하게 되는 것으로 보는 부동산 등과 관련하여 간주취득세를 부과하는 것은 별론으로 하고, 종전부터 그 과점주주 집단이 소유한 것으로 보는 부동산 등과 관련하여서는 기존의 과점주주로부터 그 과점주주 집단의 새로운 구성원에게 주식이 이전되더라도 특별한 사정이 없는 한 간주취득세를 부과할 수 없다고 해석하는 것이 자연스럽다.

- 이러한 점들을 종합하여 보면, 과점주주 집단 내부에서 주식이 이전되는 경우나 기존의 과점주주와 친족 기타 특수관계에 있으나 당해 법인의 주주가 아니었던 자가 기존의 과점주주로부터 그 주식의 일부 또는 전부를 이전받아 새로이 과점주주가 되는 경우(대법원 2004. 2. 27. 선고 2002두1144 판결, 대법원 2007. 8. 23. 선고 2007두10297 판결 등 참조)뿐만 아니라 당해 법인의 주주가 아니었던 자가 기존의 과점주주와 친족 기타 특수관계를 형성하면서 기존의 과점주주로부터 그 주식의 일부 또는 전부를 이전받아 새로이 과점주주가 되는 경우에도 기존의 과점주주와 새로운 과점주주가 소유한 총주식의 비율에 변동이 없다면 간주취득세의 과세대상이 될 수 없다고 할 것이다.

※ 이 건 판례의 경우 조세심판원 결정(2010지0397, 2010. 12. 30.)과 상반된 결정임.

관련 기타 판례

- 법인의 대표자와 법인의 이사 및 법인이 고용한 세무사와 같이 동일 법인의 임원 및 사용인의 관계에 있다고 하여 각 임원과 사용인 간에 특수관계가 성립되거나, 과점주주 집단 내부로 볼 수는 없음(대법 2020두31729, 2020. 4. 29. 판결).

5.12 대기업 그룹총수가 계열회사에 지배력을 행사하고 있는 경우 계열회사 간에 특수관계가 있는 것으로 보아 간주취득세 과세를 판단할 수 있는지

【관련 판례】 대법 2021두52464, 2022. 1. 13. (심리불속행) : 기각(과세기관 승)

- 지방세법 제7조

〈쟁점요지〉 대기업 그룹총수가 각 계열회사에 대한 사실상의 지배력을 행사하고 있는 상황에서 계열회사가 다른 계열회사가 가지고 있던 주식 50%를 초과하여 인수하는 경우 계열회사 간의 주식거래는 특수관계자 내부 거래로 보아 과점주주 간주취득세를 배제할 수 있는지 여부

판결요지 ••• '본인이 직접 또는 그와 경제적 연관관계 또는 가목의 관계에 있는 자를 통하여 어느 법인의 경영에 대하여 지배적인 영향력을 행사하고 있는 경우 그 법인'을 특수관계인으로 보도록 규정하고 있으므로, 영향력을 행사하는 주체는 '법인 본인'이어야 한다. 따라서 이 사건의 경우 그룹총수가 영향력을 행사하는 것이지 본인인 계열회사가 다른 계열회사에 영향력을 행사하는 것은 아니므로 계열회사 간에 특수관계에 있다고 보기는 어려움

- 구 지방세법 제7조 제5항 본문에 따라 간주취득세 납세의무를 부담하는 과점주주에 해당하는지는 주주명부상 주주 명의가 아니라 주식에 관하여 의결권 등을 통하여 주주권을 실질적으로 행사하여 법인 운영을 지배하는지를 기준으로 판단하되, 과점주주 중 특정 주주 1인의 주식 증가를 기준으로 판단하는 것이 아니라 과점주주 집단이 소유한 총 주식 비율 증가를 기준으로 판단하여야 한다. 한편 기존 과점주주와 친족 기타 특수관계에 있으나 당해 법인 주주가 아니었던 자가 기존 과점주주로부터 그 주식 일부 또는 전부를 이전받아 새로 과점주주가 되는 경우에도 기존 과점주주와 새로운 과점주주가 소유한 총 주식 비율에 변동이 없다면 간주취득세 과세대상이 될 수 없다(대법원 2013. 7. 25. 선고 2012두12495 판결, 대법원 2016. 3. 10. 선고 2011두26046 판결 등 참조).
- 국세기본법 시행령은 '본인이 「독점규제 및 공정거래에 관한 법률」에 따른 기업집단에 속하는 경우 그 기업집단에 속하는 다른 계열회사 및 그 임원'을 특수관계인의 범위에 포함시키고 있다(제1조의2 제3항 제2호 라목). 이에 반해 구 지방세기본법 시행령은 「독점규제 및 공정거래에 관한 법률」에 따른 기업집단에 속하는 경우 계열회사들이 특수관계에 해당된다는 규정을 두고 있지 아니하므로, 원고와 FF건설이 FF그룹의 계열회사에 속한다는 사정만으로 이들 사이에 특수관계가 존재한다고 단정할 수는 없다. 오히려 구 지방세기본법 시행령 제2조의2 제4항 제1호 가목이 지배적인 영향력 행사가 존재하는 경우를 '법인의 발행주식 총수 또는 출자총액의 100분의 50 이상을 출자한 경우'로 규정하고 있는 취지에 부합하기 위해서는, 같은 호 나목의 '사실상의 영향력 행사' 역시 모회사가 발행주식 총수의 100분의 50 이상을 보유하는 자회사에 준하여 임원이나 사업방침을 결정할 수 있어 당해 법인의 경영을 지배하고 있다고 인정되는 경우로 제한적으로 해석될 필요가 있다.
- 구 지방세기본법 시행령 제2조의2 제3항 제2호 나목은 '본인이 직접 또는 그와 경제적 연관관계 또는 가목의 관계에 있는 자를 통하여 어느 법인의 경영에 대하여 지배적인 영향력을 행사하고 있는 경우 그 법인'을 특수관계인의 범위에 포함하고 있으므로, 영향력을 행사하는 주체는 '법인 본인'이어야 한다. 즉 이 사건의 경우 원고 또는 FF건설이 주체가 되어 경제적 연관관계 또는 같은 호 가목의 관계에 있는 자를 통하여 상대방에 대하여 지배적인 영향력을 행사하여야 하는 것이다.

- 그런데 원고가 위와 같은 점을 뒷받침하기 위해 제출한 증거 대부분은 원고와 FF 및 FF건설 각각의 정관, 이사회 규정 및 허○○ 회장의 지시사항을 수행한 각 영업활동 보고서 등으로, 이를 통해 허○○ 회장 또는 FF가 원고나 FF건설 각각의 임원 임면권 내지는 관련 사업활동에 영향력을 행사하였다고 볼 수는 있을지라도, 위와 같은 사정이 존재한다고 하여 원고와 FF건설이 서로에게 영향력을 행사한 것이라고 볼 수는 없다. 한편, 원고는 FF건설 역시 허○○ 회장을 통해 FF 임원의 임면권 및 사업활동 등을 결정하는 지위에 있었다는 취지로도 주장하나, 설령 그와 같이 본다고 하더라도 앞서 본 바와 같이 이를 통해 FF건설이 FF가 아닌 그 자회사인 원고에게 영향력을 행사하였다고 볼 수는 없다(서울행법 2020구합50812, 2021. 1. 22. 판결).

5.13 법인의 주식을 취득하고 간주취득세를 납부한 주주가 그 법인의 자산을 취득한 후 취득세를 납부했다면 이중과세인지

【관련 판례】 대법 2006다81257, 2009. 4. 23. : 상고기각

- 지방세법 제7조

〈쟁점요지〉 법인의 주식을 취득하여 간주취득세를 납부한 과점주주가 영업양수도의 방식으로 법인의 자산 전부를 취득하고 취득세를 납부한 경우, 종전에 납부한 간주취득세 상당액 부분이 이중과세에 해당하는지 여부

판결요지 ••• 법인의 주식을 취득하여 간주취득세를 납부한 이후 해당 과점주주가 당해 법인으로부터 자산을 양수하면서 간주취득세로 납부한 상당 부분에 대한 취득세를 재차 납부하는 것은 이중과세에 해당함

- 구 지방세법(2000. 12. 29. 법률 제6312호로 개정되기 전의 것, 이하 '구법'이라 한다) 제105조 제6항 본문, 제111조 제4항, 제120조 제1항은 "법인의 주식을 취득함으로써 과점주주가 된 자는 당해 법인의 부동산, 차량 등을 취득한 것으로 보고, 그 부동산, 차량 등의 총가액을 그 법인의 주식총수로써 나눈 가액에 과점주주가 취득한 주식의 수를 곱한 금액을 과세표준으로 하여 이에 대한 취득세를 신고납부하여야 한다"고 규정하고 있고, 구 지방세법(2003. 12. 30. 법률 제7013호로 개정되기 전의 것) 제111조 제1항, 제120조 제1항은 "취득세 과세물건을 취득한 자는 취득 당시의 가액을 과세표준으로 하여 취득세를 신고납부하여야 한다"고 규정하고 있다.

- 원고에 대한 간주취득세는 실제 소외 주식회사의 자산을 취득하지는 아니하였지만 임의 처분하거나 관리운용할 수 있는 지위를 취득한 것으로 보고 그 자산 자체를 취득한 것으로 의제하여 취득세를 부과한 것이므로(대법원 1994. 5. 24. 선고 92누11138 판결 참조), 이후 원고가 영업양수도 방식으로 소외 주식회사의 자산 전부를 실제 취득하고 취득세를 납부하였다면, 그 중 원고가 이미 납부한 간주취득세 상당액 부분은 동일한 물건의 취득에 대한 이중과세에 해당한다.

5.14 현물출자로 과점주주가 되는 경우 출자부동산이 간주취득 과세대상에 포함되는지

【관련 판례】 대법 2012두331, 2012. 2. 14. 판결(심리불속행) : 상고기각

- 지방세법 제7조

〈쟁점요지〉 현물출자를 하고 주식을 취득함으로써 과점주주가 된 경우 현물출자한 부동산도 간주취득 과세대상에 포함되는지 여부

판결요지 현물출자 자산은 과점주주가 이미 지배력을 행사하고 있었던 재산이므로 과점주주 간주취득세 대상에 포함되지 아니함

- 현물출자의 경우 출자자산은 본래 출자자의 지배 아래 있던 것이므로 현물출자를 한 과점주주가 이를 지배할 수 있는 지위를 새롭게 취득하는 것이 아닐 뿐만 아니라, 자산의 출자와 주식의 취득이 서로 대가적 관계에 있어 출자자가 주식을 취득하지 못하는 경우 출자한 자산도 법인의 소유로 될 수 없는 것이므로, 위 법 조항에서 규정하는 '당해 법인의 부동산'에 과점주주가 주식을 취득하기 위하여 현물출자한 당해 부동산은 포함되지 않는다(부산고법 2011누2996, 2011. 12. 9. 판결).

관련 기타 판례

- 법인의 과점주주이었던 자가 현물출자로 주식을 교부받아 총주식보유비율이 증가한 경우, 간주취득에 따른 취득세 납세의무가 성립되지 않음(대법 2013두19523, 2013. 12. 26. 판결).

5.15 비영리사업자가 과점주주가 되어 토지를 간주취득 한 경우 간주취득세에도 비과세요건을 적용할 수 있는지(교회 신축)

【관련 판례】 대법 97누8281, 1998. 3. 13. : 파기환송

- 지방세법 제7조

〈쟁점요지〉 비영리사업자가 아닌 법인이 토지를 취득했을 때 과점주주인 비영리사업자의 간주취득세에 대하여도 비과세요건을 적용할 수 있는지 여부

판결요지 종교단체가 법인의 과점주주가 되어 토지를 간주취득 한 이후 그 토지상에 교회를 신축하게 되는 경우, 종교단체의 간주취득세는 비과세대상에 해당함

- 원심은, 원고는 종교를 목적으로 하는 비영리사업자로서 그 사업에 직접 사용하기 위하여 이 사건 부동산을 취득한 것이므로 법 제107조 제1호에 의하여 그 부분에 대한 취득세는 비과세되어야 한다는 주장에 대하여, 비공개법인의 과점주주에 대하여 취득세를 과세하도록 하는 법 제105조 제6항의 규정은 당해 법인의 취득을 일정한 요건 아래 과점주주의 취득으로 의제하는 것이므로, 이러한 과점주주의 간주취득에 대한 비과세 또는 감면 여부는 간주취득의 전제가 되는 당해 법인의 취득에 대한 비과세 또는 감면 여부를 기준으로 판단하여야 할 것인데, 원고가 과점주주가 된 소외 회사는 법 제107조 제1호 소정의 비과세대상인 비영리사업자가 아니므로 원고의 이사건 부동산의 간주취득은 취득세 비과세대상이 되지 아니한다고 판단하였다.
- 그러나 취득세 납세의무자의 하나로 규정하고 있는 법 제105조 제6항은 그 본문에서 법인의 주식 또는 지분을 주주 또는 사원으로부터 취득함으로써 제22조 제2호의 규정에 의한 과점주주가 된 때에는 그 과점주주는 당해 법인의 부동산·차량·건설·기계·입목·항공기·골프회원권 또는 콘도미니엄회원권을 취득한 것으로 본다고 규정하면서도, 같은 항 단서에서 이 법 및 기타 법령의 규정에 의하여 취득세가 비과세 또는 감면되는 부분에 대하여는 그러하지 아니하다고 규정하고 있는바, 위 단서 규정에 의하면 지방세법을 비롯한 법령에서 취득세의 비과세를 규정한 경우에 대하여는 법 제105조 제6항 본문 소정의 간주취득 규정이 적용되지 아니하는 것이고, 한편 법 제107조는 다음 각 호의 1에 해당하는 것에 대하여는 취득세를 부과하지 아니한다고 규정하면서, 그 제1호에서 제사·종교·자선·학술·기예 기타 공익사업을 목적으로 하는 대통령령으로 정하는 비영리사업자가 그 사업에 직접 사용하기 위한 부동산의 취득을 들고 있으므로, 원고의 이 사건 부동산의 간주취득이 법 제107조 제1호의 요건을 갖추었다면 그 부분에 대하여는 법 제105조 제6항 단서 규정에 의하여 취득세가 비과세된다 할 것이다.

5.16 법인이 부동산을 취득하면서 취득세를 면제받을 경우 주주의 간주취득세도 당연히 면제되는지

【관련 판례】 대법 99두6897, 2001. 1. 30. : 상고기각

- 같은 취지의 판결 : 대법 2011두27506, 2012. 2. 9. 판결(심리불속행), 대법 2019두54580, 2020. 1. 16. 판결(심리불속행)
- 지방세법 제7조

〈쟁점요지〉 과점주주의 간주취득 시, 구 지방세법 제105조 제6항 단서 소정의 취득세 비과세 또는 감면 요건의 해당 여부에 대한 판단 기준이 되는 자가 누구인지 여부

판결요지 당해 법인이 부동산 등을 취득하면서 취득세를 면제받았다고 하여 바로 과점주주로 된 자의 취득세 납세의무도 면제되는 것은 아니며, 과점주주에 대한 별도의 면제규정이 있어야만 면제됨

- 취득세 납세의무자를 규정하고 있는 구 지방세법(1997. 8. 30. 법률 제5406호로 개정되기 전의 것, 이하 '법'이라 한다) 제105조 제6항은 그 본문에서 법인의 주식 또는 지분을 주주 또는 사원으로부터 취득함으로써 제22조 제2호의 규정에 의한 과점주주가 된 때에는 그 과점주주는 당해 법인의 부동산·차량·건설·기계·입목·항공기·골프회원권 또는 콘도미니엄 회원권을 취득한 것으로 본다고 규정하면서, 같은 항 단서에서 이 법 및 기타 법령의 규정에 의하여 취득세가 비과세 또는 감면되는 부분에 대하여는 그러하지 아니하다고 규정하고 있는바, 위 단서 소정의 '취득세가 비과세 또는 감면되는 경우'라 함은 과점주주의 간주취득이 지방세법 또는 기타 법령의 규정에 의한 비과세 또는 감면 요건에 해당하는 경우라 할 것이므로, 당해 법인이 부동산 등을 취득하면서 취득세를 면제받았다고 하여 바로 과점주주로 된 자의 취득세 납세의무도 면제되는 것은 아니라 할 것이다.

5.17 기부채납으로 취득세가 비과세된 부동산을 보유한 법인의 과점주주가 됨으로써 간주취득세가 부과되는 경우에도 비과세에 해당하는지

【관련 판례】 대법 2009두20816, 2011. 1. 27. : 상고기각

- 지방세법 제7조

〈쟁점요지〉 국가 등에 기부채납 등을 조건으로 취득하여 취득세가 비과세된 부동산을 보유한 법인의 과점주주가 됨으로써 그 부동산을 취득한 것으로 간주되는 경우, 과점주주의 간주취득도 구 지방세법 제106조 제2항에서 정한 '국가 등에 기부채납 등을 조건으로 취득한 경우'에 해당하는지 여부

판결요지 ••• 기부채납을 조건으로 취득한 부동산에 대한 법인의 취득세가 비과세 되는 경우, 해당 법인의 과점주주에 대한 기부채납의 효력을 부인할 수 없는 경우에는 간주취득세 또한 비과세대상임

- 과점주주의 간주취득도 지방세법 기타 법령의 규정에 의하여 취득세 비과세 또는 감면요건에 해당하게 되면 취득세가 당연히 비과세 또는 감면되며, 그러한 법리는 2005. 12. 31. 지방세법의 개정으로 구 지방세법(2005. 12. 31. 법률 제7843호로 개정되기 전의 것) 제105조 제6항 단서 중 "과점주주에 대한 취득세 납세의무성립일 현재 이 법 및 기타 법령에 의하여 취득세가 비과세 · 감면되는 부분에 대하여는 그러하지 아니하다."는 부분이 삭제되었다고 하여 달라지지 아니한다.
- 한편 지방세법 제106조 제2항은 "국가 · 지방자치단체 또는 지방자치단체조합에 귀속 또는 기부채납(「사회기반시설에 대한 민간투자법」 제4조 제3호의 규정에 의한 방식으로 귀속되는 경우를 포함한다)을 조건으로 취득하는 부동산에 대하여는 취득세를 부과하지 아니한다."고 규정하고 있는바, ① 국가 · 지방자치단체 · 지방자치단체조합(이하 '국가 등'이라 한다)에 귀속 또는 기부채납(이하 '기부채납 등'이라 한다)을 조건으로 부동산을 취득한 법인의 과점주주가 되어 그 부동산을 취득한 것으로 간주되더라도 과점주주로 된 자가 그 기부채납 등의 효력을 부인할 수 없고, 따라서 그 부동산은 여전히 최종적으로 국가 등에 귀속될 것인 점, ② 과점주주가 당해 법인으로부터 실제로 그 부동산을 취득하는 경우에는 종전 기부채납계약을 승계하거나 새로이 국가 등과 기부채납계약을 체결함으로써 지방세법 제106조 제2항의 적용을 받을 수 있는데, 이와 실질적으로 동일하다고 보아 과세하는 간주취득에 있어서는 기부채납 등의 효과를 그대로 받음에도 취득세가 부

과된다면 형평에 반할 뿐만 아니라 지방세법 제106조의 입법 취지에도 부합하지 아니하는 점 등을 고려할 때, 국가 등에 기부채납 등을 조건으로 취득하여 취득세가 비과세된 부동산을 보유한 법인의 과점주주가 됨으로써 그 부동산을 취득한 것으로 간주되는 경우에는 그 과점주주가 기부채납 등의 효력을 부인할 수 없는 이상 그 간주취득 역시 지방세법 제106조 제2항 소정의 국가 등에 기부채납 등을 조건으로 취득한 경우에 해당한다고 봄이 상당하다.

6. 과점주주 관련 취득세 납세의무 (주식명의신탁 관련)

6.1 명의신탁 해지로 인한 주주명부상 명의개서를 주식취득으로 보아 과점주주 간주취득세를 과세할 수 있는지

【관련 판례】 대법 98두7619, 1999. 12. 28. : 상고기각

- 같은 취지의 판결 : 대법 2011두26046, 2016. 3. 10. 판결 : 파기환송
- 지방세법 제7조

〈쟁점요지〉 '명의신탁 해지로 인한 주주명부상의 명의개서'가 구 지방세법 제105조 제6항 소정의 '주주로부터의 주식취득'에 해당하는지 여부

판결요지 ••• 명의신탁하였던 주식을 원래의 소유자에게 원상회복하는 과정에서 과점주주가 된 경우 간주취득세 납세의무가 성립되지 않음

- 구 지방세법(1997. 8. 30. 법률 제5406호로 개정되기 전의 것, 이하 같다) 제105조 제6항은 '법인의 주식을 주주로부터 취득함으로써 제22조 제2호의 규정에 의한 과점주주가 된 때에는 그 과점주주는 당해 법인의 부동산 등을 취득한 것으로 본다'라고 규정하고 있다.
- 주주명부상 위 주식의 소유 명의가 소외 4인 명의로 되어 있었다고 하더라도 그들은 명의상의 주주에 불과하고 위 주식의 실질주주는 원고들이라 할 것이어서 원고 1이 위 주식에 관한 주주명부상의 주주명의를 같은 원고에게로 개서하였다고 하더라도 이는 실질주주가 주주명부상의 명의를 회복한 것에 불과하여 위 지방세법 규정에서 말하는 주주로부터 주식을 취득한 경우에 해당하지 않는다 할 것이다.

관련 기타 판례

1. 원고가 주식인수대금을 명의상의 주주에게 지급하였다는 것이 입증이 되기는 하나 명의상의 주주가 주주로서 활동을 한 사실 등이 확인되는 경우 주금을 지급한 사실만으로 명의신탁으로 인정할 수 없고, 실제 명의수탁자가 형식상의 주주에 불과하다는 것을 입증하여야만 과점주주 간주취득세를 배제할 수 있음(대법 2013두18308, 2013. 12. 27. 판결).
2. 주식이동상황명세표에 주주로 등재되어 있지 않고 형식적 주주를 대신하여 주금을 납입하였다는 객관적인 증빙을 하지 못한 경우, 주금 대납 등 실질적인 명의신탁이 이루어졌다는 객관적인 증빙자료를 제출하지 못한 경우에는 명의신탁 해지로 보아 과점주주 간주취득세를 배제할 수 없음(대법 2022두35244, 2022. 5. 26. 판결).

6.2 명의신탁 해지 후 재신탁한 주식을 양수받은 경우 간주취득세 납세의무가 성립되는지

【관련 판례】 대법 2014두13706, 2017. 5. 31. 판결 : 기각

- 지방세기본법 제46조 및 지방세법 제7조 제5항

〈쟁점요지〉 법인을 설립하면서 주식의 일부를 명의신탁하고 해지 후 그 환수할 주식을 다른 명의신탁자에게 재신탁하였다가 당초 설립자가 양수받아 명의개서하면서 과점주주에 해당된 경우 간주취득세가 성립되는지 여부

판결요지 명의신탁 해지 후 재신탁하였다가 해지하는 경우라도 법인을 설립하면서 명의신탁한 주식에 대해서는 간주취득세가 성립되지 않음

- 취득세의 납세의무를 부담하는 과점주주에 해당하는지 여부는 주주명부상의 주주 명의가 아니라 그 주식에 관하여 의결권 등을 통하여 주주권을 실질적으로 행사하여 법인의 운영을 지배하는지 여부를 기준으로 판단하여야 한다(대법원 2016. 3. 10. 선고 2011두26046 판결 참조).
- ① 원고는 주식회사 ◇◇건설(이하 '◇◇건설'이라 한다)의 실질적인 1인 주주로서 1999. 5. 28. 위 회사를 설립할 당시 발행주식의 80%를 김○자, 김○현 등에게 명의신탁하고, 2005. 5. 31. 그 중 일부를 손◎민, 김Ⓜ시에게 다시 명의신탁한 사실, ② 원고는 남△식, 박○호(이하 '남△식 등'이라고만 한다)의 ◇◇건설에 대한 투자금채권을 담보하기 위하여 2005. 5. 31. 김○자 명의의 6,000주를 남△식에게, 김○현 명의의 4,500주를 박○호에게

각각 이전한 사실, ③ 이후 원고는 남△식 등에게 투자원금과 보상금을 지급하기로 하고 2006. 10. 31. 원고 명의로 6,000주를, 명의수탁자인 손◎민, 김Ⓛ시 명의로 3,000주 및 1,500주를 다시 이전받은 사실(이하 원고와 손◎민의 각 명의개서를 '이 사건 각 명의개서'라 한다)

- 남△식 등이 명의신탁 주식 중 일부를 양수한 것은 실제로 ◇◇건설의 주주로서 권리를 행사하기 위한 것이 아니라 ◇◇건설에 대한 투자금을 보전하기 위한 양도담보에 해당하므로, 원고가 위 담보를 반환받으면서 이 사건 각 명의개서를 마쳤다고 하여 구 지방세법 제105조 제6항에 따라 '주식을 취득하여 과점주주가 된 경우'에 해당하지 아니한다.

6.3 주주명부에 등재된 자 이외의 자는 주권을 행사할 수 없다는 민사 판례가 명의신탁 해지에 따른 주식취득의 간주취득세 과세 여부에 영향을 주는지

【관련 판례】 대법 2018두49376, 2018. 11. 9. 판결 : 파기환송

- 같은 취지의 판결 : 대법 2019두56258, 2020. 1. 30.(심리불속행)
- 지방세법 제7조 제5항

〈쟁점요지〉 주주명부상 주주만이 주주로서 의결권 등 주주권을 적법하게 행사할 수 있고, 회사는 특별한 사정이 없는 이상 주주명부에 기재된 자의 주주권 행사를 부인하거나 주주명부에 기재되지 아니한 자의 주주권 행사를 인정할 수 없다는 대법원 판례(2015다248342 전원합의체)를 들어 명의신탁 해지에 따른 과점주주 간주취득세를 부과할 수 있는지 여부

판결요지 과점주주 간주취득세는 주주권을 실질적으로 행사하는 주식을 기준으로 판단하여야 하고, 이 건 쟁점과 관련이 없는 전원합의체 판결을 이유로 명의신탁 해지에 대하여 간주취득세를 부과할 수 없음

- 취득세의 납세의무를 부담하는 과점주주에 해당하는지 여부는 주주명부상의 주주 명의가 아니라 그 주식에 관하여 의결권 등을 통하여 주주권을 실질적으로 행사하여 법인의 운영을 지배하는지 여부를 기준으로 판단하여야 한다. 따라서 구 지방세법 제7조 제5항 전문, 구 지방세법 시행령 제11조 제2항 본문에 의하여 과점주주의 주식 비율이 증가되었는지 여부 역시 주주권을 실질적으로 행사하는 주식을 기준으로 판단하여야 한다(대법원 2016. 3. 10. 선고 2011두26046 판결 등 참조).

- 그런데도 원심은, 이 사건 쟁점과 직접적인 관련이 없는 대법원 2017. 3. 23. 선고 2015다248342 전원합의체 판결의 법리를 들어, 원고가 채○명에게 이 사건 주식을 명의신탁해 둔 상태였다고 하더라도 당시 의결권 등을 통하여 위 주식에 관한 주주권을 실질적으로 행사하여 법인의 운영을 지배하는 지위에 있었다고 볼 수 없다는 이유로, 원고가 2015. 12. 30. 위 주식을 취득하였음을 전제로 한 이 사건 처분이 적법하다고 판단하였다. 이러한 원심의 판단에는 간주취득세 납세의무를 부담하는 과점주주에 관한 법리를 오해하여 판결에 영향을 미친 잘못이 있다. 이를 지적하는 상고이유 주장은 이유 있다.

관련 기타 판례

1. 주식을 양수하였으나 아직 주주명부에 명의개서를 하지 아니하여 주주명부에는 양도인이 주주로 기재되어 있는 경우뿐만 아니라, 주식을 인수하거나 양수하려는 자가 타인의 명의를 빌려 회사의 주식을 인수하거나 양수하고 타인의 명의로 주주명부에의 기재까지 마치는 경우에도 회사에 대한 관계에서는 주주명부상 주주만이 주주로서 의결권 등 주주권을 적법하게 행사할 수 있고, 이러한 법리는 주주에 대하여만 아니라 회사에 대하여도 마찬가지로 적용되므로 회사는 특별한 사정이 없는 이상 주주명부에 기재된 자의 주주권 행사를 부인하거나 주주명부에 기재되지 아니한 자의 주주권 행사를 인정할 수 없음(대법 2017. 3. 23. 선고 2015다248342 전원합의체 판결).
2. 특별한 사정이 없는 한, 주주명부에 적법하게 주주로 기재되어 있는 자는 회사에 대한 관계에서 주식에 관한 의결권 등 주주권을 행사할 수 있고, 회사 역시 주주명부상 주주 외에 실제 주식을 인수하거나 양수하고자 하였던 자가 따로 존재한다는 사실을 알았든 몰랐든 간에 주주명부상 주주의 주주권 행사를 부인할 수 없으며, 주주명부에 기재를 마치지 아니한 자의 주주권 행사를 인정할 수도 없음(대법 2015다24832, 2017. 2. 3. 판결).

6.4 과점주주 판단에 있어 주식의 명의신탁에 대한 입증책임과 정도

【관련 판례】 대법 2006두19501, 2008. 10. 23. : 상고기각

- 같은 취지의 판례 : 대법 2013두10380, 2013. 9. 12.(심불), 대법 2016두34196, 2016. 5. 12, 대법 2015두39217, 2015. 6. 11., 대법 2016두65640, 2017. 3. 30.(심불), 대법 2014두5095, 2016. 5. 12.
- 지방세법 제7조

〈쟁점요지〉 과점주주에 해당하는지 여부의 판단 기준 및 주식의 소유사실에 관한 증명책임의 배분

판결요지 주식의 소유사실은 과세관청이 주주명부나 주식이동상황명세서, 법인등기부등본 등 자료에 의하여 이를 증명하면 되고, 주주명의를 도용당하였다거나 실지소유주의 명의가 아닌 차명으로 등재되었다는 등의 사정이 있는 경우에는 주주가 아님을 주장하는 그 명의자가 증명하여야 함

- 주식의 소유사실은 과세관청이 주주명부나 주식이동상황명세서, 법인등기부등본 등 자료에 의하여 이를 증명하면 되고, 다만 위 자료에 비추어 일견 주주로 보이는 경우에도 실은 주주명의를 도용당하였다거나 실지소유주의 명의가 아닌 차명으로 등재되었다는 등의 사정이 있는 경우에는 단지 그 명의만으로 위의 주주에 해당한다고 볼 수는 없으나 이는 주주가 아님을 주장하는 그 명의자가 증명하여야 할 것이다(대법원 1994. 8. 12. 선고 94누6222 판결, 대법원 2004. 7. 9. 선고 2003두1615 판결 등 참조).
- 원심은 당해 법인의 주식이동상황명세서에 원고들이 주식을 취득한 것으로 기재되어 있고 원고들 제출의 전 증거에 의해도 원고들 명의의 주식이 명의신탁되거나 그 명의가 도용되었다는 점을 믿을 수 없거나 믿기에 부족하므로 그 증명이 이루어지지 않았다고 보아 원고들이 실질주주가 아니라는 주장을 배척하였는바, 관련 증거를 기록에 비추어 살펴보면 원심의 이러한 판단은 정당한 것으로 수긍이 가고, 거기에 채증법칙 위배로 인한 법리오해나 사실오인의 위법이 없다.

관련 기타 판례

1. 주식을 취득한 후 자신이 주식의 취득대금도 지급하지 않고 법인의 운영에 참여하지도 않은 명의대여자라고 주장하는 경우 주주명부에도 불구하고 사실상 주주가 아님을 입증하지 못한다면 명의대여자로 볼 수 없음(대법 2015두49191, 2015. 10. 22. 판결).
2. 주식명의신탁계약서를 작성한 기억이 없다는 증언, 날짜를 소급하여 작성하였다는 자인, 명의수탁자가 감사로 취임하면서 회사의 의사결정에 실질적으로 관여한 점 등을 종합할 때 주식 명의신탁으로 보기는 어려움(대법 2017두38058, 2017. 7. 11. 판결).
3. 원고를 양수인으로 하여 작성된 주식등변동상황명세서가 사실과 다르다 하더라도, 이를 근간으로 과점주주 간주취득세를 부과한 처분의 하자는 사실관계의 자료를 정확히 조사하여야 비로소 하자 유무를 밝힐 수 있는 것이므로 그 하자가 외관상 명백하여 무효에 해당한다고 볼 수 없음(대법 2016두43763, 2016. 10. 27. 판결).
4. 과점주주 간주취득세 관련 소송 진행 중 납세자가 명의신탁임을 확인하는 법원의 조정성립 관련 판결을 받은 경우에도, 이는 소송의 증거로 사용할 목적으로 소 제기 및 조정이 성립한 것에 불과하고 그 판결의 효력이 제3자에 미치는 것도 아니므로, 해당 판결문을 근거로 명의신탁으로 보아 과점주주 간주취득세를 배제할 수는 없음(대법 2022두68190, 2023. 3. 16. 판결).

7. 재건축, 재개발 관련 취득세 납세의무

7.1 주택조합이 조합원용으로 제3자로부터 취득하는 토지의 취득세 납세의무자가 누구인지, 사후적으로 조합원용으로 구분하여 경정할 수 있는지

【관련 판례】 대법 2017두73679, 2018. 3. 15. 판결(심리불속행) : 상고기각

- 지방세법 제7조 제8항 및 제9조 제3항

지방세법 제7조(납세의무자 등)

⑧ 「주택법」 제11조에 따른 주택조합과 「도시 및 주거환경정비법」 제35조 제3항 및 「빈집 및 소규모주택 정비에 관한 특례법」 제23조에 따른 재건축조합 및 소규모재건축조합(이하 이 장에서 "주택조합등"이라 한다)이 해당 조합원용으로 취득하는 조합주택용 부동산(공동주택과 부대시설 · 복리시설 및 그 부속토지를 말한다)은 그 조합원이 취득한 것으로 본다. 다만, 조합원에게 귀속되지 아니하는 부동산(비조합원용 부동산)은 제외한다.

지방세법 제9조(비과세)

③ 신탁(「신탁법」에 따른 신탁으로서 신탁등기가 병행되는 것만 해당한다)으로 인한 신탁재산의 취득으로서 다음 각 호의 어느 하나에 해당하는 경우에는 취득세를 부과하지 아니한다. 다만, 신탁재산의 취득 중 주택조합 등과 조합원 간의 부동산 취득 및 주택조합 등의 비조합원용 부동산 취득은 제외한다.

〈쟁점요지〉
1. 주택조합이 조합원용으로 제3자로부터 부동산을 취득하는 경우 조합과 조합원 중 누가 취득세 납세의무자가 되는지
2. 당초 전체를 비조합원용으로 신고납부하였다가 사후적으로 소유권이전고시 시점에 조합원용과 비조합원용으로 구분하여 경정청구나 수정신고를 할 수 있는지

판결요지 •••

1. 조합이 조합원용으로 취득하는 경우 조합원이 취득한 것으로 의제되므로 조합원이 취득세 납세의무자가 되는 것으로 보아야 함.
2. 추후 이전고시에 따라 비조합원 분양용 토지의 비율이 확정되면 그에 따라 정확한 취득세액을 산정하여 수정신고나 경정청구를 할 수 있음.
   - 제7조 제1항, 제2항, 제8항의 연혁, 문언 내용과 취지 및 신탁의 법리 등에 비추어 보면, 조합이 조합원으로부터 신탁받은 금전으로 매수하여 조합 명의로 소유권이전등기를 마친 토지 중 조합원 분양용 토지는 구 지방세법 제7조 제8항 본문에 따라 조합원이 취득한 것으로 간주되므로 조합원이 취득세의 납세의무자가 되고, 비조합원 분양용 토지는 구 지방세법 제7조 제8항 단서, 제1항, 제2항에 따라 조합이 납세의무자가 되며, 후자의 경우 그 납세의무의 성립시기는 지방세법 시행령 제20조 제2항, 제13항 등에 따라 사실상의 잔금지급일 또는 등기일 등이 된다고 할 것이다(대법원 2013. 1. 10. 선고 2011두532 판결의 취지 참조).
   - 조합이 조합원으로부터 신탁받은 금전으로 사업용 토지를 취득함에 있어 잔금지급일이나 등기일 당시에는 비조합원 분양용 토지 부분과 그 외의 부분을 구획할 수 없어 조합이 납세의무를 부담하는 취득세액을 특정할 수 없는 경우, 조합으로서는 사업시행계획이나 관리처분계획에 나타난 비조합원 분양용 토지의 비율 등에 근거하여 잠정적으로 취득세액을 산정하여 신고·납부하였다가 추후 이전고시에 따라 비조합원 분양용 토지의 비율이 확정되면 그에 따라 정확한 취득세액을 산정하여 당초 신고·납부한 세액과의 차액에 대하여 수정신고나 경정청구를 함으로써 정당한 세액으로 바로 잡을 수 있다고 함이 상당하다.
   - 원고는 조합원으로부터 신탁받은 금전으로 이 사건 토지를 매수하여 그 명의로 소유권이전등기를 마치면서 피고에게 이 사건 토지 전체가 비조합원 분양용 토지에 해당한다는 전제 하에 취득세 등을 신고·납부하였는데, 그 후 이 사건 토지는 이전고시에 따라 조합원 분양용 토지와 비조합원 분양용 토지 및 공공시설의 부지로 확정되었으므로, 이 사건 토지 중 조합원 분양용 토지 부분의 경우 원고가 아닌 조합원들이 취득세 등의 납부의무를 부담한다고 할 것이다. 따라서 피고는 이 사건 토지 중 조합원 분양용 토지

부분에 관한 취득세 등의 과세표준 및 세액을 감액경정하여야 함에도 이를 거부하였으므로, 이 사건 거부처분은 위 한도에서 위법하다.

7.2 재건축주택의 일반분양분에 대한 취득세 신고시 납세자에게 유리한 방향으로 제3자로부터 구입한 토지를 안분할 수 있는지

【관련 판례】 대법 2010두1804, 2015. 10. 29. 판결 : 파기환송

- 지방세법 제7조 제8항 및 제9조 제3항

〈쟁점요지〉 매입토지와 수탁토지를 전체토지로 볼 때, 주택재건축조합이 비조합원용(일반분양분) 토지에 대해 취득세 신고를 함에 있어 납세자에게 유리하도록 매입토지를 우선 비조합원용으로 공제하고 안분계산함이 타당한지 여부

판결요지 ••• 재건축주택 일반분양분에 대한 취득세 신고대상 토지 구분시 납세자에게 유리하게 제3자로부터 매입한 토지를 우선 배분하여 산정할 수 있음

- 구 지방세법 제105조 제10항에서 정한 주택조합 등이 조합원으로부터 신탁받은 토지와 제3자로부터 매입한 토지를 기반으로 아파트와 상가 등을 신축하는 사업을 시행한 다음 이를 조합원과 조합원 외의 자에게 분양함으로써 그 토지 중 일부가 조합원에게 귀속되고 나머지가 조합원 외의 자에게 귀속된 경우, 조합원에게 귀속되지 아니하는 비조합원용 토지 중 제3자로부터 매입한 토지가 차지하는 면적은 그 실지귀속에 따라 가리는 것이 원칙이겠으나, 조합원으로부터 신탁받은 토지와 제3자로부터 매입한 토지가 전체적으로 하나의 단일한 사업부지로 사용됨으로써 그 중 어느 것이 조합원에게 귀속되고 어느 것이 조합원 외의 자에게 귀속되는지의 실지귀속을 구분할 수 없다면, 특별한 사정이 없는 한 조합원에게 귀속되지 아니하는 비조합원용 토지 중 제3자로부터 매입한 토지가 차지하는 면적은 주택조합 등이 제3자로부터 매입한 토지의 면적으로 우선하여 산정하여야 할 것이다.

※ 대법 2015두47065, 2015. 9. 3. 판결(상고이유서 미제출)의 경우 재건축주택 일반분양분에 대한 취득세 신고대상 토지에 수탁토지와 매입토지가 안분되어 포함되어야 하므로 임의적으로 납세자에게 유리하게 안분할 수 없다고 판단한 바 있음. 동 판례의 경우 상고이유서 미제출로 대법원에서 실질적으로 다루어지지 않았으므로 실무에 적용하는 데 한계가 있으므로 고등법원 결정을 파기환송한 7.3 판례가 우선 적용되어야 할 것임.

7.3 주택조합 등이 금전신탁으로 취득한 비조합원용 토지에 대하여 주택 사용검사 시점에 주택조합에 취득세를 재부과할 수 있는지

【관련 판례】 대법 2011두532, 2013. 1. 10. 판결 : 상고기각

- 지방세법 제7조 제8항 및 제9조 제3항

〈쟁점요지〉 주택조합 등이 조합원으로부터 신탁받은 금전으로 비조합원용 토지를 취득한 후 조합 명의로 취득세를 납부하고 소유권이전등기를 한 경우에도, 주택 사용검사 시점에 주택조합 등이 당해 토지를 조합원으로부터 취득한 것으로 보아 취득세를 재부과할 수 있는지 여부

판결요지 ••• 주택조합이 비조합원용으로 취득한 부동산의 경우 주택조합이 잔금지급일에 취득한 것이므로 이후 사용승인시점에 취득세를 재부과할 수 없음

- 개정 법 제110조 제1호 단서가 그 본문 적용의 배제대상으로 '주택조합 등의 비조합원용 부동산 취득'을 추가한 것은 종전의 관련 법령상 취득세 부과대상이 아니었던 '주택조합 등이 조합원으로부터 조합주택용으로 신탁에 의하여 취득하면서 신탁등기를 병행한 부동산 중 비조합원용 부동산의 취득'에 대하여 그 본문의 적용을 배제함으로써 취득세 부과대상으로 삼기 위한 것이고, 개정 시행령 제73조 제5항은 이 경우의 납세의무의 성립시기를 정한 것으로 볼 것이다. 따라서 거기에 해당하지 아니하는 '주택조합 등이 조합원으로부터 신탁받은 금전으로 매수하여 그 명의로 소유권이전등기를 마친 조합주택용 부동산 중 비조합원용 부동산의 취득'의 경우에는 개정 법 제110조 제1호 단서의 개정과 개정 시행령 제73조 제5항의 신설에도 불구하고 여전히 주택조합 등이 사실상의 잔금지급일 또는 등기일 등에 이를 취득한 것으로 보아 취득세를 부과하여야 하고, 개정 시행령 제73조 제5항에서 규정한 '주택법 제29조에 따른 사용검사를 받은 날 등'에 주택조합 등이 이를 취득한 것으로 보아 취득세를 부과할 것은 아니다.

7.4 재개발사업 관리처분계획 인가 후 입주권 상속자에게 취득세 납세의무가 있는지

【관련 판례】 대법 2014두41831, 2015. 1. 15. 판결(심리불속행) : 상고기각

- 지방세법 제6조 및 제7조 제1항 및 제2항

〈쟁점요지〉 관리처분계획을 인가받은 후 입주권을 상속받은 경우, 상속받은 입주권에 토지가 포함되었다고 볼 수 있는지 여부

판결요지 관리처분계획의 인가 이후 상속받은 입주권도 이전고시가 이루어지면 새로 건축된 공동주택에 관한 소유권 등으로 전환되기 때문에 입주권에는 토지가 포함되었다고 할 것이므로 취득세 과세대상에 해당됨

- 정비사업에 참여한 토지 등 소유자들의 종전 자산에 대한 소유권은 관리처분계획의 인가로 인하여 소멸하는 것이 아니라(다만, 도시정비법 제49조 제6항에 따라 이전고시가 있을 때까지 사용·수익이 제한될 뿐이다) 재개발사업이 진행 중인 동안에도 존속하다가 이전고시일을 기점으로 새로 분양받은 대지 또는 건축물에 대한 소유권으로 전환된다고 할 것이다.
- 따라서 이 사건 토지에 관한 소유권 역시 이전고시가 이루어지면 새로 건축된 공동주택에 관한 소유권 등으로 전환될 뿐 이 사건 관리처분계획에 따라 소멸하는 것이 아니므로, 원고가 망인으로부터 승계한 상속재산에는 이 사건 토지가 당연히 포함된다(서울행법 2013구합22857, 2014. 1. 24. 판결).

8. 지목변경 관련 취득세 납세의무

8.1 지목이 사실상 변경된 후에 토지를 취득한 후 공부상 지목을 변경한 것을 새로운 취득으로 간주하여 과세할 수 있는지

【관련 판례】 대법 97누15807, 1997. 12. 12. : 상고기각

- 지방세법 제7조

지방세법 제7조(납세의무자 등)

④ 선박, 차량과 기계장비의 종류를 변경하거나 토지의 지목을 사실상 변경함으로써 그 가액이 증가한 경우에는 취득으로 본다. (후략)

〈쟁점요지〉 지목이 사실상 변경된 후에 토지를 취득하여 그 변경된 지목에 맞게 공부상 지목을 변경한 것이 구 지방세법 제105조 제5항 소정의 간주취득에 해당하는지 여부

판결요지 지목변경 간주취득으로 보기 위해서는 우선 그 토지의 주된 사용목적 또는 용도에 따라 구분되는 지목이 사실상 변경되었을 뿐만 아니라 그로 인하여 가액이 증가되어야 하므로, 이미 그 지목이 사실상 변경된 후에 토지를 취득한 것이라면 비록 취득 후 변경된 사실상의 지목에 맞게 공부상의 지목을 변경하였다고 할지라도 이로써 당해 토지소유자가 취득세 과세물건을 새로이 취득한 것으로 간주할 수 없음

- 토지의 지목이 사실상 변경된 것을 취득세의 과세대상인 간주취득으로 보기 위하여는 우선 그 토지의 주된 사용목적 또는 용도에 따라 구분되는 지목이 사실상 변경되었을 뿐만 아니라 그로 인하여 가액이 증가되어야 하므로, 이미 그 지목이 사실상 변경된 후에 토지를 취득한 것이라면 비록 취득 후 변경된 사실상의 지목에 맞게 공부상의 지목을 변경하였다고 할지라도 이로써 당해 토지소유자가 취득세 과세물건을 새로이 취득한 것으로 간주할 수 없고, 또한 토지를 취득한 후 그 현상을 전혀 변경시키지 아니한 채 그대로 보유

하고 있다가 그 공부상의 지목을 실질에 맞게 변경하였다고 할지라도 공부상의 지목이 변경되었다는 사유만으로 당해 토지 소유자가 그 변경 시점에서 취득세 과세물건을 새로이 취득한 것으로 취급할 수는 없다고 할 것이다

- 원고가 이 사건 토지를 취득할 당시 그 상태가 사실상 대지이었고 그에 관한 취득세를 납부한 이상 공부상의 지목이 그 후에 "대"로 변경되었다고 하더라도 그 때를 기준으로 하여 다시 취득세를 부과할 것이 아님에도 불구하고 원고에게 위 공부상의 지목변경으로 인하여 토지가액의 증가분이 발생하였음을 전제로 다시 취득세 및 그에 부수한 농어촌특별세를 부과한 이 사건 과세처분은 위법하다고 판단하였는바, 기록에 의하면 원심의 이러한 사실인정 및 판단은 수긍이 가고, 거기에 소론과 같이 판결 결과에 영향이 있는 채증법칙 위배로 인한 사실오인이나 석명권 불행사에 대한 심리미진의 위법 및 지목변경에 따른 취득세 납세의무에 대한 법리오인의 위법이 있다고 할 수 없다. 논지는 이유 없다.

8.2 잡종지에 건축물을 신축하는 경우 대지로의 지목변경에 따른 취득시기를 건축물의 준공일로 볼 수 있는지

【관련 판례】 대법 2005두12756, 2006. 7. 13. : 상고기각

- 지방세법 제7조

〈쟁점요지〉 잡종지를 개간하여 준공한 상태에서 주택을 신축하는 경우 대지로 지목변경에 따른 간주취득세 납세의무 성립시기를 건축물의 준공일로 볼 수 있는지 여부

판결요지 ••• 지목변경이 있는지 여부는 토지의 형질변경 유무뿐만이 아니라 상하수도공사, 도시가스공사, 전기통신공사 유무 등 여러 사정을 종합하여 객관적으로 판단하여야 하므로, 대지에 대한 지목변경 시점은 토지 위에 주택을 완공하였을 때로 보아 취득세 납세의무 성립시기를 판단함

- 지적법상 지목이란 "토지의 주된 용도에 따라 토지의 종류를 구분하여 지적공부에 등록한 것"이므로(지적법 제2조 제7호), 지방세법 제104조 제3호에서 말하는 "토지의 지목을 사실상 변경"한다는 것은 사실상 토지의 주된 용도를 변경하는 것을 말하는데, 그 변경이 있는지 여부는 토지의 형질변경 유무뿐만이 아니라 상하수도공사, 도시가스공사, 전기통신공사 유무를 비롯하여 여러 사정을 종합하여 객관적으로 판단되어야 한다.
- 원심판결 이유에 의하면, 원심은 그 판시 사실을 인정한 다음, 이 사건 토지는 1973. 2. 6.

경 위 ○○건설이 임야에서 골프장시설지인 잡종지로 개간하여 준공한 이후 원고가 2001. 7.경 이를 취득할 때까지는 사실상 대지와 같이 형질변경된 주거나지 상태의 잡종지에 불과할 뿐이고, 택지조성공사가 완료 및 준공되었다고 볼 수는 없으며, 그 후 2003. 5. 14. 이 사건 토지 위에 주택을 완공함으로 인하여 비로소 사실상 대지로 지목변경이 이루어졌다고 봄이 상당하다고 판단하였는바, 기록에 비추어 살펴보면 원심의 위와 같은 인정 및 판단은 수긍이 되고, 거기에 상고이유에서 주장하는 바와 같이 사실을 오인하거나 지목의 사실상 변경의 의미에 관한 법리를 오해한 위법이 있다 할 수 없다.

관련 기타 판례

1. 취득 이전에 공장용지로 형질변경된 토지에 상업용 건물을 신축함으로써 이후 공업용에서 상업용으로 용도가 변경되고, 지가도 상승하였다면 간주취득세 과세대상인 사실상 지목변경에 해당됨(대법 2016두45912, 2016. 9. 28. 판결).
2. 부지조성공사가 완공되거나 건축물이 준공된 시점에 사실상 지목변경이 된 것으로 보아야 하므로, 토목공사가 진행 중인 토지를 취득한 경우에도 건축물 준공 시점에 지목변경에 따른 취득세를 과세할 수 있음(대법 2018두38673, 2018. 6. 15. 판결).

8.3 토지의 임차 · 사용자가 사실상 지목을 변경한 경우 임차인에게 지목변경 취득세를 부과할 수 있는지

【관련 판례】 대법 2017두49133, 2017. 9. 28.(심리불속행) 판결 : 상고기각

- 지방세법 제7조 제4항

〈쟁점요지〉 토지 사용승낙을 받아 골프장을 조성하고 체육시설업등록증을 교부받은 사업시행자에게 지목변경 간주취득세 납세의무가 성립하는지 여부

판결요지 ••• 토지를 임차 · 사용하는 자가 지목을 사실상 변경하였다고 하더라도 그 이익은 소유자가 향유하므로 간주취득세 납세의무자는 소유자임

- 구 지방세법 제7조 제1항은 취득세는 부동산 등을 취득한 자에게 부과한다고 규정하고, 제2항은 부동산 등의 취득은 민법 등 관계 법령에 따른 등기 · 등록 등을 하지 아니한 경우라도 사실상 취득하면 각각 취득한 것으로 보고 해당 취득물건의 소유자 또는 양수인을 각각 취득자로 한다고 규정하며, 제4항은 토지의 지목을 사실상 변경함으로써 그 가액이

증가한 경우에는 취득으로 본다고 규정하고 있다.

- ③ 설사 두⊙종합개발이 쟁점 골프장을 조성한 후 그로부터 발생하는 이익을 향유한다고 하더라도, 결국 토지의 가액의 증가로 인한 혜택은 쟁점 토지의 임차인인 두⊙종합개발이 아닌 토지소유자인 원고에게 귀속되는 것인 점, ④ 민법 제211조는 소유권자는 법률의 범위 내에서 그 소유물을 사용, 수익, 처분할 수 있는 권리가 있다고 규정하고 있는 점, ⑤ 쟁점 토지가 장래에 매각되는 경우를 상정하더라도 토지의 가액 증가 부분에 관한 이익은 위 가액 증가를 위해 비용을 지출한 두⊙종합개발이 아닌 소유물을 처분할 수 있는 권리를 가진 소유권자인 원고에게 귀속된다고 할 것인 점 등에 비추어 보면, 구 지방세법 제7조 제4항이 규정하는 지목의 변경으로 인한 취득세의 납세의무자는 쟁점 토지의 소유권자인 원고로 봄이 타당하고, 쟁점 토지를 임차하여 사용하는 두⊙종합개발이 쟁점 토지의 지목을 사실상 변경하였다고 하여 달리 볼 것은 아닌바, 원고의 위 주장은 이유 없다(수원지방법원 2016. 10. 25. 선고 2016구합61441 판결).

8.4 지목변경을 수반하지 않는 정원공사와 포장공사가 취득세 과세 대상에 해당되는지

【관련 판례】 대법 2003두5433, 2004. 11. 12. : 상고기각

- 지방세법 제7조

지방세법 제7조(납세의무자 등)

⑭「공간정보의 구축 및 관리 등에 관한 법률」 제67조에 따른 대(垈) 중「국토의 계획 및 이용에 관한 법률」 등 관계 법령에 따른 택지공사가 준공된 토지에 정원 또는 부속시설물 등을 조성·설치하는 경우에는 그 정원 또는 부속시설물 등은 토지에 포함되는 것으로서 토지의 지목을 사실상 변경하는 것으로 보아 토지의 소유자가 취득한 것으로 본다. 다만, 건축물을 건축하면서 그 건축물에 부수되는 정원 또는 부속시설물 등을 조성·설치하는 경우에는 그 정원 또는 부속시설물 등은 건축물에 포함되는 것으로 보아 건축물을 취득하는 자가 취득한 것으로 본다. (2019. 12. 31. 개정)

〈쟁점요지〉 지목변경을 수반하지 않는 일반건축물을 신축하면서 정원 및 포장공사를 한 경우 이를 건축물을 취득하기 위한 것으로 보아 건축물 신축과표에 포함할 수 있는지 여부

판결요지 정원 및 포장공사의 경우 지목변경을 위한 것이므로 지목변경을 수반하지 않는 경우에 지목변경으로 과세할 수 없고, 건축물의 취득세 과세표준에도 포함할 수 없음

- 원고는 사하전화국의 기존 정원을 포함하여, 청사부지를 제외한 나머지 부지 중 627㎡를 정원으로 확장 조성하면서 조경수대금, 식재공사비 등으로 206,790,503원(그 중 단순공사라는 이유로 과세대상에서 제외된 130,028,456원 제외)을, 청사부지와 정원부지를 제외한 나머지 부지중 1,743㎡를 아스팔트로 포장하고 그 공사비로 62,798,458원(그 중 단순공사라는 이유로 과세대상에서 제외된 34,780,829원 제외)을 각 지출한 사실, 위 공사 전후에 위 토지 부분에 대하여 지목의 변경은 없었던 사실 등을 인정한 다음, 이 사건 정원조성비와 포장공사비는 지방세법 제105조 제5항 소정의 토지의 지목을 사실상 변경함으로써 그 가액이 증가한 경우에 해당한다고 보기 어렵고, 비록 지방세법 기본통칙 제111-1호에서 아파트의 정원 및 포장공사비는 지목변경이 수반되는 경우에 과세표준에 포함시키고 있다고 하더라도, 이를 아파트를 제외한 일반 건축물에 있어서는 지목변경을 수반하지 않는 정원조성과 포장공사의 경우에 그 공사비를 건물의 과세표준에 포함되는 것으로 해석할 수 없다.

  ※ 〈참고〉 2019. 12. 31. 지방세법을 개정하여 건축물을 건축하면서 그 건축물에 부수되는 정원 또는 부속시설물 등을 조성, 설치하는 경우에는 그 정원 또는 부속시설물 등이 건축물에 포함되는 것으로 보아 건축물을 취득한 자가 취득한 것으로 보도록 하였음

8.5 공부상 지목을 변경하지 않은 채 조경 및 포장공사를 한 것에 대해 지목변경 취득세를 과세한 것이 조세법률주의나 신의칙에 반하는지

【관련 판례】 대법 2023두35982, 2023. 5. 18. 판결(심리불속행) : 상고기각

- 지방세법 제7조

〈쟁점요지〉

1. 택지개발사업이 준공되어 공부상 지목이 "대"인 토지에 아파트를 건설하면서, 해당 대지에 조경공사 및 도로포장공사를 한 경우 지방세법 제7조 제14항을 적용하여 지목변경 취득세를 과세할 수 있는지 여부
2. 동 규정이 조세법률주의에 위배되는지 및 동 규정 신설 이전에 공사를 착공한 경우 신의칙을 적용하여 과세를 배제할 수 있는지 여부

판결요지 ••• 쟁점 규정의 신설 취지는 조세형평을 구현하고자 하는 것이고, 원고의 아파트 신축 공사 의사결정 과정에서 지목변경 취득세가 중요한 요소로 작용하였다고 보기도 어려우므로 원고의 신뢰가 보호가치 있는 신뢰로 볼 수도 없음. 또한 쟁점 조항에 따른 과세표준, 취득일, 세율 등에 관한 구체적인 근거규정이 존재한다고 봄이 타당하므로 조세법률주의에 위배되지도 아니함

- 구 지방세법이 개정되기 전의 구 지방세법(2015. 12. 29. 법률 제13636호로 개정되기 전의 것, 이하 '개정 전 구 지방세법'이라 고한다)은 '토지의 지목을 사실상 변경한 경우'와 관련하여 제7조 제4항에서 '토지의 지목을 사실상 변경하여 그 가액이 증가한 경우'만을 취득으로 보아 취득세를 과세하도록 규정하고 있었다. 그런데 공간정보의 구축 및 관리 등에 관한 법률 제67조 및 같은 법 시행령 제58조에서는 건축물이 있는 토지뿐만 아니라 건축물이 없는 택지조성 공사가 준공된 토지를 모두 '대'로 구분하고 있기 때문에 개정 전 구 지방세법에 의하면 '택지공사가 준공된 토지에 건축물과 그 건축물에 접속된 정원 및 부속시설을 조성하여 위 토지의 가액이 증가한 경우'는 '토지의 지목을 사실상 변경한 경우'에 해당하지 않으므로, 토지의 가액이 증가하였더라도 취득세를 과세할 수 없는 문제가 있었다. 이에 입법자는 이 사건 조항을 신설함으로써 '토지의 지목을 사실상 변경한 경우'에 해당하지 않더라도 '택지공사가 준공된 토지에 건축물과 그 건축물에 접속된 정원 및 부속시설을 조성하여 위 토지의 가액이 증가한 경우'도 취득으로 보아 취득세를 과세하도록 규정하였다. 이 사건 조항은 단순히 지목변경을 의제하고 취득까지 간주하겠다는 것이 아니라 택지이든 전·잡종지이든 건축물이 없는 토지상에 건축물을 신축하면서 비용을 투입하여 조경 및 도로포장 공사 등을 할 경우에 건축물의 부지로 사실상 토지의 주된 용도가 변경되고 조경 및 도로포장 시설물 등이 해당 토지에 부합하여 전체 토지의 실질적 효용가치가 높아졌음은 동일함에도 불구하고, 기존 토지가 택지에 해당하면 지목을 사실상 변경한 경우에 해당하지 않아서 비과세되고 기존 토지가 전·잡종지에 해당하면 지목을 사실상 변경한 경우에 해당하여 과세되는 조세불공평을 해소하기 위하여 신설되었다고 이해된다.
- 원고가 이 사건 공사와 관련된 취득세를 납부하지 않으리라고 신뢰하였다고 하더라도, ① 조세법은 복잡·다양한 경제현상에 따라 신축적인 개정이 요구되고, 입법자가 이 사건 조항을 통하여 달성하고자 하는 조세형평 실현이라는 공익은 매우 중대한 가치를 갖는 점, ② 개정 전 지방세법에 따르더라도 '토지의 지목을 사실상 변경하여 그 가액이 증가한 경우'에는 취득세가 과세되었으므로, 납세의무자로서는 이와 유사한 경우, 즉, 건축물이 없는 택지공사가 준공된 토지를 건축물과 그 건축물에 접속된 정원 및 부속시설물의 부지로 변경한 경우와 같이 토지의 법률상 지목을 변경하지는 않았으나 토지의 현상을 변경하여 지목을 사실상 변경한 것과 같은 결과가 되었고, 이로 인하여 그 가액이 증가한 경우'에도

형평의 관점에서 취득세가 과세되리라고 예측할 수 있었다고 보이는 점, ③ 이 사건 아파트 신축공사의 규모 및 이 사건 아파트 신축공사에 투입되는 총 비용 등에 비추어 전체 취득세 등에서 이 사건 취득세 등이 차지하는 비중은 그리 크지 않을 것으로 보이고, 따라서 이 사건 취득세 등의 부과 여부가 원고가 이 사건 아파트 신축공사를 시작할지 여부를 결정하는 과정에서 중요한 요소로 작용하였다고 보기도 어려운 점 등에 비추어 보면, 원고의 위와 같은 신뢰는 단순한 기대에 불과할 뿐이지, 보호가치 있는 신뢰라고 보기는 어렵다.

- 이 사건 조항에 따른 과세표준, 취득일, 세율에 관한 구체적인 근거규정이 존재한다고 봄이 타당하므로, 이 사건 처분이 조세법률주의를 위반하였다고 볼 수 없다. 원고의 이 부분 주장은 이유 없다. 1) 이 사건 조항에 따른 과세표준은 구 지방세법 제10조 제3항을 적용하여 산출할 수 있다. 구 지방세법 제10조 제3항은 '토지의 지목을 사실상 변경한 경우에는 그로 인하여 증가한 가액을 과세표준으로 한다.'라고 규정하고 있는데, 이 사건 조항이 취득으로 보는 경우, 즉 '택지공사가 준공된 토지의 지목을 건축물과 그 건축물에 접속된 정원 및 부속시설물의 부지로 사실상 변경한 경우'도 '토지의 지목을 사실상 변경한 경우'에 해당한다고 해석할 수 있기 때문이다. 즉, 구 지방세법 제10조 제3항은 구 지방세법 제7조 제4항에 따라 취득세를 부과하는 경우뿐만이 아니라 이 사건 조항에 따라 취득세를 부과하는 경우에도 적용된다고 봄이 상당하다(수원지법 2020구합70220, 2022. 2. 10. 판결).

9. 상속 관련 취득세 납세의무

9.1 한정승인이나 특별한정승인의 경우에도 상속에 따른 취득세 납세의무가 성립하는지

【관련 판례】 대법 2005두9491, 2007. 4. 12. : 상고기각

- 같은 취지의 판례 : 대법 2017두30740, 2017. 4. 13. 판결(심불)
- 지방세법 제7조

지방세법 제7조(납세의무자 등)

⑦ 상속으로 인하여 취득하는 경우에는 상속인 각자가 상속받는 취득물건(지분을 취득하는 경우에는 그 지분에 해당하는 취득물건을 말한다)을 취득한 것으로 본다.

〈쟁점요지〉 한정승인이나 특별한정승인으로 상속을 받은 경우에도 상속에 따른 취득세 납세의무가 성립하는지 여부

판결요지 ••• 한정승인이나 특별한정승인으로 상속을 받은 경우에도 상속에 따른 취득세 납세의무가 성립함

- 부동산취득세는 재화의 이전이라는 사실 자체를 포착하여 거기에 담세력을 인정하고 부과하는 유통세의 일종으로서 부동산의 취득자가 그 부동산을 사용・수익・처분함으로써 얻어질 이익을 포착하여 부과하는 것이 아니므로, 지방세법 제105조 제1항의 '부동산취득'이란 부동산 취득자가 실질적으로 완전한 내용의 소유권을 취득하는지 여부와 관계없이 소유권이전의 형식에 의한 부동산취득의 모든 경우를 포함하는 것으로 해석된다(대법원 1984. 11. 27. 선고 84누52 판결, 1988. 4. 25. 선고 88누919 판결 등 참조). 한편, 민법 제1019조 제3항에 의한 이른바 특별한정승인의 경우 비록 상속채무가 상속재산을 초과한다 하더라도 상속으로 취득하게 될 재산의 한도로 상속채무에 대한 책임이 제한되는 점에서 민법 제

1028조에 의한 통상의 한정승인과 다를 바 없고, 상속인이 한정승인을 할 경우 책임이 제한된 상태로 피상속인의 재산에 관한 권리・의무를 포괄적으로 승계하는 것이다.

- 원심이 인용한 제1심판결 이유에 의하면, 제1심 판시 과세대상 부동산의 소유자인 피상속인이 사망한 후 제1순위 공동상속인들이 상속포기를 하고 그 공동상속인 중 피상속인의 딸 강애란이 그의 아들로서 차순위상속인 지위에 있는 원고의 법정대리인 자격으로 한정승인을 하였다는 것인바, 그렇다면 원고는 그 한정승인의 효과로서 위 부동산을 상속에 의하여 취득하였고 위 부동산이 취득세 비과세대상을 한정적으로 규정한 지방세법 제110조 제3호 소정의 비과세대상으로서 '1가구 1주택' 또는 '자경농지'에 해당하지 아니함이 분명하므로 원고에게 위 부동산에 관한 취득세 납부의무가 있다고 본 원심의 판단은 정당하다.

9.2 매매계약 체결 후 등기 전 매도자가 사망 시 상속 취득세 납세의무가 발생하는지

【관련 판례】 대법 2012두4357, 2012. 6. 14. 판결(심리불속행) : 상고기각

- 지방세법 제6조 제1호 및 제7조

〈쟁점요지〉 매매계약이 체결되고 사실상 취득이 이루어지지 아니한 상태에서 매도자가 사망하였고 이후 당초 매매계약에 근거하여 매수자에게 바로 소유권이전등기가 이루어진 경우 상속에 따른 취득세 납세의무가 있는지 여부

판결요지 상속 전에 상속재산에 대한 매매가 완결되지 않은 상태에서 상속이 개시된 경우에는 상속에 따른 취득세 납세의무가 있음

- 취득세는 부동산 등에 대하여 개별적인 취득행위가 존재할 때마다 그 부동산 등을 취득하는 자에게 부과되는 세금이고 원고가 상속으로 인하여 이 사건 부동산을 취득한 것이 명백한 이상, 이 사건 부동산이 이미 매매계약이 체결되어 매수인 앞으로 소유권이전등기가 경료될 것이 예정되어 있고, ○○○이 신고한 취득세를 피고가 수납하였다는 등의 원고가 주장하는 사정만으로는 피고가 원고에게 이 사건 부동산 취득에 따른 취득세를 부과한 것이 실질과세원칙에 반한다거나 징수권의 남용으로서 신의성실원칙 및 조세정의와 형평에 반한다고 볼 수는 없다(서울고법 2011누24844, 2012. 1. 19. 판결).

9.3 상속인들이 협의로 법정지분대로 등기를 한 이후 조정에 의하여 지분이 증가된 부분에 대해 취득세를 과세할 수 있는지

【관련 판례】 대법 2020두42767, 2020. 10. 15. 판결(심리불속행) : 항소기각

- 지방세법 제7조 제13항

지방세법 제7조(납세의무자 등)

⑬ 상속개시 후 상속재산에 대하여 등기·등록·명의개서(名義改書) 등(이하 "등기등"이라 한다)에 의하여 각 상속인의 상속분이 확정되어 등기등이 된 후, 그 상속재산에 대하여 공동상속인이 협의하여 재분할한 결과 특정 상속인이 당초 상속분을 초과하여 취득하게 되는 재산가액은 그 재분할에 의하여 상속분이 감소한 상속인으로부터 증여받아 취득한 것으로 본다.

〈쟁점요지〉 상속재산에 대하여 법원 조정을 진행 중에 상속인들이 협의에 의하여 법정지분대로 상속등기를 이행한 이후에 조정이 성립되어 지분이 증가된 상속인의 경우, 증가분에 대하여 증여에 따른 취득세를 부과한 것이 타당한지 여부

판결요지 ••• 담보설정 등을 위하여 법정지분대로 등기를 한 것은 실질적인 협의가 이루어진 것으로 볼 수 있고, 그 이후 새로운 합의가 이루어진 것은 증여의 의사에 기한 것으로 보는 것이 타당하므로 증여분 취득세 부과는 정당함

- 구 지방세법 제7조 제13항은 '상속개시 후 상속재산에 대하여 등기·등록·명의개서 등(이하 '등기 등'이라 한다)에 의하여 각 상속인의 상속분이 확정되어 등기 등이 된 후, 그 상속재산에 대하여 공동상속인이 협의하여 재분할한 결과 특정 상속인이 당초 상속분을 초과하여 취득하게 되는 재산가액은 그 재분할에 의하여 상속분이 감소한 상속인으로부터 증여받아 취득한 것으로 본다'고 규정하고 있다. 이 규정은 결국 상속재산에 관하여 공동상속인들 사이에 실질적 의미의 협의분할이 이루어져 그에 따른 등기 등이 마쳐진 후 새로운 합의에 의하여 분할하거나 증여의 의사에 기하여 지분을 이전하는 경우에 적용되는 것이라고 보아야 한다(대법원 2002. 7. 12. 선고 2001두441 판결 참조).
- 이 사건에서 원고들은 이 사건 각 이전등기를 당사자 사이의 '합의'에 의하여 마쳤다. 비록 그 목적이 원고들의 주장과 같이 상속세 납부를 위한 담보설정을 위한 것이었다고 하더라도, 그 합의의 내용은 '법정상속분 비율로 상속등기'를 하는 것이다. 원고들이 그와 같은

합의에 기하여 이 사건 각 부동산에 관하여 법정상속분에 따른 이 사건 각 이전등기를 마쳤다면 원고들은 이로써 이 사건 각 부동산을 법정상속분대로 '취득'한 것이고, 그 이후 관련 상속재산분할 사건에서 조정이 성립되어 상속분이 달라졌다면 당초 상속분보다 증가된 상속분에 대해서는 이를 '증여'받은 것으로 봄으로써 그에 따른 취득세를 부담하는 것이 취득세의 본질에도 부합한다.

- 원고들은 자신들의 소유권을 전제로 하는 법률관계를 형성하기 위하여 관련 상속재산분할 사건이 진행 중임에도 법정상속분에 따라 이 사건 각 부동산에 관한 소유권을 취득하고자 협의한 것이고, 그와 같은 소유권 취득에 기하여 이 사건 각 부동산에 관하여 근저당권을 설정하고 담보대출을 받거나 미납 세액을 납부하기도 한 것이다. 따라서 이 사건 각 이전등기는 법정상속분에 따라 상속재산의 소유권을 취득하고자 하는 원고들의 의사에 기한 것으로서, 이는 실질적 의미의 협의분할에 의하여 이루어진 것이라고 넉넉히 인정할 수 있다(서울행법 2018구합85846, 2019. 10. 11. 판결).

10. 연부취득 관련 취득세 납세의무

10.1 부동산을 연부로 취득한 경우 취득세 과세표준을 어떻게 계산해야 하는지(부분 취득으로 볼 수 있는지)

【관련 판례】 대법 85누10, 1987. 6. 23. : 상고기각

- 지방세법 제6조 및 제10조

지방세법 제6조(정의)

20. "연부(年賦)"란 매매계약서상 연부계약 형식을 갖추고 일시에 완납할 수 없는 대금을 2년 이상에 걸쳐 일정액씩 분할하여 지급하는 것을 말한다.

지방세법 제10조(과세표준의 기준)

취득세의 과세표준은 취득 당시의 가액으로 한다. 다만, 연부로 취득하는 경우 취득세의 과세표준은 연부금액(매회 사실상 지급되는 금액을 말하며, 취득금액에 포함되는 계약보증금을 포함한다. 이하 이 장에서 같다)으로 한다.

〈쟁점요지〉 자산을 연부로 취득한 경우 취득세 과세표준의 결정방법

판결요지 ••• 지방세법에 있어 연부취득의 경우에는 연부계약을 체결한 매수인이 계약상 또 사실상의 연부금지급일에 연부금을 지급한 금액에 상당하는 비율만큼 당해 재산을 부분취득하는 것으로 하여 그 지급금액을 과세표준으로 한 취득세를 부과하는 것으로 해석하여야 할 것임

- 이 사건 과세요건 성립 당시에 시행되던 지방세법 제105조 제1항은 취득세는 부동산등의 취득에 대하여 그 취득자에게 부과한다고 규정하고, 같은법 제111조는 취득세의 과세표준

은 취득당시의 가액으로 하고 다만 연부로 취득하는 경우에는 연부금액으로 한다고 규정하고 있으며, 같은조 제7항은 취득세의 과세표준이 되는 가액, 가격 또는 연부금액의 범위와 취득시기에 관하여는 대통령령으로 정한다고 규정하고, 이에 근거를 둔 같은법 시행령 제73조 제5항은 연부로 취득하는 것에 있어서는 그 계약상의 연부금 지급일을 취득일로 보아 그 연부금액(계약보증금을 포함하여 매회 지급하는 금액을 말한다)을 과세표준으로 하여 부과한다. 다만 사실상의 지급액이 연부금액(계약보증금을 포함하여 매회 지급하는 금액을 말한다)을 초과할 경우에는 그 사실상의 지급액을 과세표준으로 한다고 규정하고 있고 유상승계취득의 취득시기에 관한 원칙규정이라 할 수 있는 같은조 제1항은 계약상의 잔금 지급일에 취득한 것으로 본다고 규정하는바, 위 각 규정에 의하면 연부취득의 경우에는 계약상 또 사실상의 연부금 지급일에 연부금을 지급한 비율만큼 당해 재산을 취득하는 것으로 하여 그 금액을 과세표준으로 한 취득세를 부과하는 것으로 새겨야 할 것이다.

10.2 마지막 연부금 납부 전 매매계약을 해제하였으나 그 계약해제가 경험칙에 부합되지 않는 경우 취득세를 과세할 수 있는지

【관련 판례】 대법 2008두10591, 2011. 4. 14. : 파기환송

- 지방세법 제10조 및 시행령 제20조

지방세법 시행령 제20조(취득의 시기 등)

⑤ 연부로 취득하는 것(취득가액의 총액이 법 제17조의 적용을 받는 것은 제외한다)은 그 사실상의 연부금 지급일을 취득일로 본다.

〈쟁점요지〉 선박들을 소유한 갑 외국법인이 해운업 등을 주된 사업으로 영위하는 을 내국법인이 해외에 설립한 명목회사(Paper Company) 병 외국법인과 국적취득조건부 나용선계약을 체결하고, 을 법인은 병 외국법인과 위 선박들에 관한 정기용선계약을 체결한 뒤 해운사업에 사용해 오다가 위 나용선계약의 마지막 연부금 지급일 전 병 외국법인에 선박을 반환한 사안에서, 위 선박들에 대한 나용선계약이 해제되었다거나, 위 선박들이 갑 외국법인에 반환되었다고 추인할 수 있는지 여부

판결요지 ••• 마지막 연부금을 납부하기 전에 형식상 매매계약을 해제하였다고 하더라도, 그 계약 해제와 과세물건의 반환 사실이 논리와 경험칙에 부합되지 않는 경우 이에 대한 반증이 없다면 취득세 과세처분을 취소할 수 없음

- 구 지방세법 제111조 제1항, 제7항은 '취득세의 과세표준은 취득 당시의 가액으로 하되 연부로 취득하는 경우에는 연부금액으로 하며, 연부금액의 범위 및 그 적용과 취득시기에 관하여는 대통령령으로 정한다'고 규정하고 있고, 그 위임에 의한 구 지방세법 시행령(2008. 12. 31. 대통령령 제21215호로 개정되기 전의 것) 제73조 제5항은 '연부로 취득하는 것은 그 사실상의 연부금 지급일을 취득일로 보아 그 연부금액(매회 사실상 지급되는 금액을 말하며 취득금액에 포함되는 계약보증금을 포함한다)을 과세표준으로 하여 부과한다'고 규정하고 있다.
- 원심판결 이유에 의하면, 원심은 선박에 관해 국적취득조건부 나용선계약을 체결하는 것은 선박을 연부로 취득하는 것에 해당하고 연부취득의 경우에는 연부금을 지급한 날에 각 지급액을 과세표준으로 하는 취득세 납세의무가 성립하되 마지막 연부금을 지급하기 전에 그 계약이 해제된 때에는 과세대상물건을 처음부터 취득하지 않은 것으로 되어 취득세 납세의무가 소멸한다고 전제한 다음, 가사 대한해운을 이 사건 각 국적취득조건부 나용선계약의 실질적인 당사자로 보더라도 이 사건 각 국적취득조건부 나용선계약이 각각의 마지막 연부금 지급일 전에 해제되어 대한해운이 이 사건 각 선박을 버지니아 오션 등에 반환한 이상 대한해운은 처음부터 이 사건 각 선박을 취득하지 않은 것으로 되므로 대한해운이 이 사건 각 선박을 취득한 것을 전제로 한 이 사건 처분은 위법하다고 판단하였다.
- 그러나 원심의 판단은 다음과 같은 점에서 수긍할 수 없다.

  (1) 원심은 갑 제9호증의 1, 2, 갑 제11호증의 1 내지 4, 갑 제12호증의 1, 2, 갑 제13호증의 1 내지 4, 갑 제14호증의 1, 2, 갑 제15호증의 1, 2, 갑 제16호증의 각 기재에 의하여 이 사건 각 국적취득조건부 나용선계약이 각각의 마지막 연부금 지급일 전에 해제되어 대한해운이 이 사건 각 선박을 버지니아 오션 등에 반환한 사실(이하 '이 사건 해제 및 반선 사실'이라 한다)을 인정하였으나, 위 각 증거들에 의하면 ① 이 사건 각 선박 중 오션레지나 · 블루제니스 · 오션피스(이하 '오션레지나 등 3척'이라 한다)의 선장이 대한해운에 위 각 선박을 레비뉴 트렌드 등에 반환하였다는 내용의 통지를 한 사실, ② 레비뉴 트렌드 등이 대한해운에 이 사건 각 선박 중 블루드림 · 스타엘핀 · 스타체이서 · 글로벌하모니(이하 '블루드림 등 4척'이라 한다)를 반환받았다는 내용의 확인서를 작성해 주었고 대한해운이 그 무렵 해양수산부장관에게 블루드림 등 4척을 자신의 해운사업에 더 이상 사용하지 않겠다는 내용의 사업계획변경신고서를 제출하였으며 이에 따라 대한해운의 운항선박명세서에서 블루드림 등 4척이 삭제된 사실, ③ 2005. 12. 6. 트로픽 오션(Tropic Ocean, 버지

니아 오션 등 앞서 본 금융기관들이 설립한 9개 외국법인 중 하나임)이 스타엘핀을 제3의 회사에 매도하는 내용의 매매계약서가 작성되었고, 2006. 2. 6. 버지니아 오션이 스타체이서를 제3의 회사에 매도하는 내용의 매매계약서가 작성된 사실 등을 알 수 있을 뿐이다.

- 그런데 대한해운이 자신이 설립한 명목회사로서 아무런 인적 조직과 물적 시설을 갖지 않는 레비뉴 트렌드 등에게 오션레지나 등 3척과 블루드림 등 4척을 반환한다는 것을 쉽게 상정하기 어려울 뿐만 아니라 가사 대한해운이 위 각 선박을 레비뉴 트렌드 등에 반환하였다고 하더라도 이를 가지고 위 각 선박이 대한해운의 지배영역을 벗어나 이 사건 각 국적취득조건부 나용선계약상의 대주인 버지니아 오션 등에 반환되었다고 볼 수는 없다. 또한 대한해운이 블루드림 등 4척을 자신의 해운사업에 사용하지 않게 된 원인이 위 각 선박을 버지니아 오션 등에 반환하였기 때문인지 아니면 연부금을 완납하여 위 각 선박의 소유권을 취득한 후 이를 제3자에 매각하였기 때문인지 아니면 또 다른 사유에 기한 것인지 등을 전혀 알 수 없는 상태에서 단지 대한해운이 해양수산부장관에게 블루드림 등 4척을 더 이상 사용하지 않겠다는 내용의 사업계획변경신고서를 제출하고 이에 따라 대한해운의 운항선박명세서에서 블루드림 등 4척이 삭제되었다는 사정만으로 위 각 선박에 관한 이 사건 각 국적취득조건부 나용선계약이 해제되었다거나 대한해운이 위 각 선박을 버지니아 오션 등에 반환하였다고 추인하기는 어렵다. 뿐만 아니라 스타엘핀과 스타체이서에 관한 위 각 매매계약이 제대로 이행되었는지, 이행되었다면 트로픽 오션과 버지니아 오션이 위 각 선박을 현실로 인도하였는지 아니면 이 사건 각 국적취득조건부 나용선계약상의 대주의 지위를 양도하는 방법으로 인도하였는지 등을 알 수 없는 상태에서 단지 위 각 매매계약서가 작성되었다는 사정만으로 위 각 선박에 관한 이 사건 각 국적취득조건부 나용선계약이 해제되었다거나 대한해운이 위 각 선박을 버지니아 오션 등에 반환하였다고 추인할 수도 없다. 나아가 원심이 적법하게 채택한 증거에 의하면 대한해운이 오션피스를 반선하였다고 주장하는 1997. 2.경 실제로는 이를 제3의 회사에 매각하여 그 대금을 레비뉴 트렌드 명의의 조흥은행 싱가포르 지점 계좌에 입금한 정황이 엿보이는바, 이와 같은 사정을 고려해 보아도 앞서 본 간접사실만으로 이 사건 해제 및 반선 사실을 추인하기는 어렵다고 할 것이다. 그렇다면 원심이 이 사건 해제 및 반선 사실을 인정한 것에는 논리와 경험칙에 위배되는 추인을 하거나 증거 없이 사실인정을 함으로써 자유심증주의의 한계를 일탈하여 판결에 영향을 미친 위법이 있다. 이 점을 지적하는 피고의 상고이유 주장은 이유 있다.

10.3 경개계약에 의하여 연부취득중인 부동산의 매수인 지위가 양도된 경우 연부취득 역시 승계되는 것인지 여부

【관련 판례】 대법 97누3170, 1998. 11. 27. : 파기환송

- 지방세법 제10조

〈쟁점요지〉 연부취득중인 부동산에 관하여 매도인 · 매수인 및 제3자 사이의 경개계약에 의하여 매수인의 지위가 양도된 경우 위 제3자의 부동산 취득이 연부취득에 해당하는지 여부

판결요지 연부취득 중 경개계약이 이루어진 경우 연부취득이 매수자에게 승계되는 것이 아니므로, 경개계약 시점에서 매수자의 취득기간이 2년 미만인 경우 연부취득에 해당하지 않음

- 구 지방세법(1995. 12. 6. 법률 제4995호로 개정되기 전의 것) 제111조 제7항의 위임에 의하여 취득시기에 관하여 규정하고 있는 구 지방세법 시행령(1995. 12. 30. 대통령령 제14878호로 개정되기 전의 것, 이하 '시행령'이라 한다) 제73조 제1항 및 제5항에 의하면, 유상승계취득의 경우 계약상 · 사실상의 잔금지급일에 취득한 것으로 보되 연부로 취득하는 것에 있어서는 그 사실상의 연부금 지급일을 취득일로 보도록 규정되어 있는바, 연부취득중인 부동산에 관하여 매도인 · 매수인 및 제3자 사이의 경개계약에 의하여 매수인의 지위가 양도된 경우 위 제3자가 부동산을 취득하게 되는 것은 위 경개계약에 의한 것이므로 그 때의 부동산 취득이 시행령 제73조 제5항 소정의 연부취득에 해당하는지 여부는 위 계약의 내용에 의하여 판단되어야 할 것이고, 위 제3자가 전자의 권리를 승계하거나 의무를 인수하기로 약정하였다 하여 달리 볼 것은 아니라 할 것이다(대법원 1997. 6. 13. 선고 95누15070 판결 참조).
- 그런데 원심판결 이유 및 기록에 의하면, 원고는 1991. 8. 17. 소외 은행 및 소외인 외 6인과 사이에 부동산매매경개계약을 체결하여 매수인의 지위를 양수하면서 잔금지급일을 당초의 1992. 11. 3.에서 1992. 8. 30.로 변경하기로 약정하였고, 계약일인 1991. 8. 17.부터 기산하면 잔금지급일인 1992. 8. 30.까지의 기간이 2년에 미달하는 사실을 알 수 있으므로, 원고는 이 사건 대지 및 건물을 연부로 취득하는 것이라 할 수 없고, 원고가 대금을 완납하기도 전에 매수인의 지위를 양도한 것은 단지 부동산을 취득할 수 있는 권리를 취득하였다가 양도한 것에 불과하다 할 것이다.

10.4 토지를 연부취득 중 잔금을 납부하기 전에 권리의무승계 계약을 체결하여 매수권리를 양도한 경우에도 취득세 납세의무가 성립되는지

【관련 판례】 대법 2021두54880, 2022. 1. 27. (심리불속행) : 기각(과세기관 패)

- 지방세법 제7조

〈쟁점요지〉 공사로부터 토지를 분양받아 연부취득 중에 잔금(15%, 2.8억)을 남겨두고 제3자에게 권리의무승계계약을 체결하여 토지를 취득할 권리를 양도한 경우라도 당초 매수자에게 취득세 납세의무가 성립되는지 여부

판결요지 사실상 승계받은 자가 잔금을 납부하였고, 해당 잔금이 실질적인 잔금에 해당하는 경우라고 보아야 하므로, 당초 토지를 분양받아 중간에 그 권리를 양도한 자는 취득세 납세의무가 성립되지 아니함

- 사실상 취득이란 일반적으로 등기와 같은 소유권 취득의 형식적 요건을 갖추지는 못하였으나 대금 지급과 같은 소유권 취득의 실질적 요건을 갖춘 경우를 말하는데, 매매의 경우 사회통념상 대금 거의 전부가 지급되었다고 볼 만한 정도로 대금지급이 이행되었음을 뜻한다. 매매대금 거의 전부가 지급되었다고 볼 수 있는지는 사안에 따라 미지급 잔금 액수와 그것이 전체 대금에서 차지하는 비율, 미지급 잔금이 남게 된 경위 등 제반 사정을 종합적으로 고려하여 판단하여야 한다(대법원 2014. 1. 23. 선고 2013두18018 판결, 대법원 2018. 3. 22. 선고 2014두43110 전원합의체 판결 등 참조).
- 납세의무자는 경제활동을 하면서 동일한 경제적 목적을 달성하기 위하여 여러 가지 거래형식이나 법률관계 중 하나를 선택할 수 있다. 과세관청으로서는 특별한 사정이 없는 한 그러한 법률관계를 존중하여야 하고, 조세 부담 경감이라는 결과가 발생하였다는 사정만으로 납세의무자가 선택한 거래형식을 함부로 부인해서는 안 된다. 다만 납세의무자가 이러한 선택의 자유를 이용하여 조세 부담을 회피할 목적으로 과세요건사실에 관하여 실질과 괴리되는 비합리적인 형식이나 외관을 취한 경우라면, 실질과세 원칙상 그 형식이나 외관이 아니라 그 뒤에 숨어 있는 실질에 따라 과세할 수 있다.
- 원고 등이 6차 할부금을 납부하지 않은 상태에서 이 사건 승계계약을 체결하여 이 사건 매매계약의 매수인 지위를 □□에게 이전해 주었고, 이후 □□이 6차 할부금을 납부하였으며, 6차 할부금이 전체 매매대금의 약 15%에 달하는 점 등을 고려할 때, 원고 등이 이 사건 매매대금 거의 전부를 지급하였다고 볼 수 없다. 따라서 이와 다른 전제에서 원고

등이 이 사건 토지 소유권을 사실상 취득하였다는 피고 주장은 받아들이기 어렵다.

- '사실상 취득'이란 등기와 같은 소유권 취득의 형식적 요건을 갖출 수 있음을 전제로, 그와 같은 형식적 요건을 갖추지 못하였다고 하더라도 대금 지급과 같은 소유권 취득의 실질적 요건을 갖춘 경우에는 토지 등 소유권을 취득한 것으로 의제하기 위한 개념이다. 따라서 토지 소유권을 취득할 수 없는 자가 토지 매매대금을 실질적으로 모두 지급하였다고 하여 토지 소유권을 사실상 취득하였다고 볼 수는 없다. 그런데 원고 등의 경우 이 사건 승계계약을 체결함으로써 6차 할부금을 납부할 당시에는 이미 이 사건 토지 소유권을 취득할 수 없는 상태였다. 그렇다면 설령 김*광이 원고 등을 대리하여 6차 할부금을 납부하였다고 하더라도, 원고 등이 이 사건 토지를 사실상 취득하였다고 보기는 어렵다.(창원지법 2020구합51394, 2021. 2. 18. 판결)

※ 이 사건은 사실상 취득이 이루어졌느냐에 중점을 두어 다투어진 사안이므로, 기존 대법원 판례(대법원 1988. 10. 11. 선고 86누703 판결)에서 지방세법에 있어 연부취득의 경우에는 연부계약을 체결한 매수인이 계약상 또는 사실상의 연부금지급일에 연부금을 지급한 금액에 상당하는 비율만큼 당해 재산을 부분취득하는 것으로 볼 수 있다는 사례와는 다소 쟁점을 달리하고 있어, 연부취득 중에 그 계약이 승계된 경우 기 연부취득 부분에 대하여 소급하여 납세의무가 성립되지 않는다는 판례에 해당한다고 보기에는 한계가 있어 보임

10.5 중도금 연체상태에서 잔금을 분할납부하기로 변경하여 2년이 경과된 경우 연부취득에 해당하는지

【관련 판례】 대법 94다50212, 1995. 6. 30. : 파기환송

- 지방세법 제10조

〈쟁점요지〉 재개발사업으로 토지를 수용당함으로 인하여 상가를 대체취득하게 된 수분양자가 중도금 지급을 연체한 상태에서 잔금만을 분할 지급하기로 변경 약정한 경우, 이로 인하여 구 지방세법상 비과세대상인 연부취득의 요건을 갖추었는지 여부

판결요지 당초계약과 달리 잔금의 납부시기를 일부 변경하여 2년이 경과된 경우에는 연부취득에 해당하지 않음

- 이 사건에서 원심이 확정한 바와 같이, 원고는 사업 시행자와 계약금 및 제1차 중도금이 지급되고 이 사건 대체 취득 목적물에 대한 입주 지정이 이루어졌으나 당시 제2, 3차 중도금의 지급을 연체한 상태에서 잔금의 지급만을 2년에 걸쳐 분할 지급하기로 약정하였다는

것이므로, 이러한 사정하에서는 위 약정은 잔금 지급방법의 일부 변경에 불과한 것으로 보아야 할 것이지 위 약정으로 인하여 이 사건 점포에 대하여 연부 취득의 요건을 갖추게 된 것이라고 인정하기는 어렵다고 할 것이다.

10.6 환지처분 청산금을 2년 이상 분할납부한 경우 연부취득에 해당되는지

【관련 판례】 대법 2016두64708, 2017. 4. 13. 판결(심리불속행) : 기각

- 지방세법 제10조 및 시행령 제20조

〈쟁점요지〉 도시개발법에 근거한 환지처분 공고 안내문에 따라 증평환지의 청산금을 2년 징수유예 3년 무이자 분할 납부한 경우 이를 연부취득으로 보아 매회 청산금 납부일을 취득일로 볼 수 있는지 여부

판결요지 환지처분으로 환지를 취득하는 경우 청산금의 지급여부나 등기여부와는 무관하게 환지처분의 공고일 다음 날 환지의 소유권을 취득하게 되므로 청산금 분할징수의 사정을 들어 연부취득이라고 할 수 없음

- 구 도시개발법(2014. 5. 21. 법률 제12641호로 개정되기 이전의 것, 이하 구 도시개발법이라 한다)에 따른 환지처분으로 환지를 취득하는 경우 청산금의 지급여부나 등기여부와는 무관하게 환지처분의 공고일 다음 날 환지의 소유권을 취득하게 된다. 나아가 구 도시개발법 제46조에 따르면 시행자는 환지처분이 공고된 후에 확정된 청산금을 즉시 또는 분할징수할 있는데, 청산금을 내야 할 자가 이를 내지 아니하면 국세 또는 지방세 체납처분의 예에 따라 징수할 수 있도록 정하고 있을 뿐, 청산금을 지급하지 아니하는 경우 환지의 소유권을 박탈하는 등의 규정을 두고 있지 않다. 따라서 청산금의 납부와 환지등기는 별도의 절차와 방법에 따라 행하여지는 것으로서 어떠한 견련관계나 조건관계에 있다고 할 수 없다.
- 비록 구 도시개발법에 따라 시행자가 청산금을 분할징수 할 수 있다고 하더라도 청산금의 지급과 환지 소유권의 취득이 견련되어 있다고 볼 수 없다. 청산금 분할징수의 사정을 들어 연부취득이라고 할 수 없다(인천지방법원 2016. 4. 21. 선고 2015구합53149 판결).

10.7 연부취득하는 비업무용 토지의 중과세 유예기간의 기산일은 언제인지

【관련 판례】 대법 2003두3857, 2005. 6. 24. : 상고기각

- 지방세법 제10조

〈쟁점요지〉 연부로 취득중인 비업무용 토지의 유예기간 기산일을 각 연부금을 납부한 때로 볼 수 있는지 여부

판결요지 ••• 연부로 취득한 토지에 대한 중과대상 목적사업 직접사용 유예기간 기산일은 각 연부금을 납부한 때가 아닌 연부금 완납일 또는 완납 전 소유권이전등기일이 됨

- 연부로 취득하는 경우의 취득시기를 규정한 구 지방세법 시행령 제73조 제5항은 조세채권의 조기인식을 위하여 특례를 둔 것으로서 함부로 확장해석할 수 없고 토지의 성질상 연부금에 상응하는 부분으로 분할하여 사용할 수는 없으며 전체를 일괄적으로 사용하여야 하는 점을 감안하면, 연부취득 중인 토지에 관한 비업무용토지의 유예기간 기산일은, 원칙적으로 연부대금을 완납한 때이고, 그 대금완납 전에 소유권이전등기를 한 때에는 그 등기일이라고 봄이 상당하다.

관련 기타 판례

- 지방세특례제한법 제54조 제3항의 취득세 중과 유예기간의 기산일은 원칙적으로 연부대금을 완납한 때이고, 그 대금완납 전에 소유권이전등기를 한 때에는 그 등기일이라고 봄이 상당함(대법 2023두39939, 2023. 8. 31. 판결).

11. 취득신고 · 과세처분의 당연무효 해당 여부

11.1 납세의무가 없음에도 의무가 있는 것으로 오인하고 취득세를 자진신고납부한 경우 당연무효에 해당하는지

【관련 판례】 대법 96다3807, 1996. 4. 12. : 파기환송

- 지방세기본법 제98조

민법 제741조(부당이득의 내용)

법률상 원인없이 타인의 재산 또는 노무로 인하여 이익을 얻고 이로 인하여 타인에게 손해를 가한 자는 그 이익을 반환하여야 한다.

지방세기본법 제98조(다른 법률과의 관계)

③ 제89조에 규정된 위법한 처분에 대한 행정소송은 「행정소송법」 제18조 제1항 본문, 같은 조 제2항 및 제3항에도 불구하고 이 법에 따른 심판청구와 그에 대한 결정을 거치지 아니하면 제기할 수 없다

〈쟁점요지〉 납세의무가 없음에도 그 의무가 있는 것으로 오인하고 취득세를 자진신고납부한 경우 신고행위의 하자가 중대하고 명백한 것으로 보아 당연무효인지 여부

판결요지 ••• 주택조합이 취득세 납세의무가 없음에도 납세의무가 있는 것으로 오인하여 신고납부한 것에 불과한 경우 당연무효에 해당하지 않음

- 취득세는 신고납세방식의 조세로서 이러한 유형의 조세에 있어서는 원칙적으로 납세의무자가 스스로 과세표준과 세액을 정하여 신고하는 행위에 의하여 조세채무가 구체적으로

확정되고(과세관청은 납세의무자로부터 신고가 없는 경우에 한하여 비로소 부과처분에 의하여 이를 확정하게 되는 것이다), 그 납부행위는 신고에 의하여 확정된 구체적 조세채무의 이행으로 하는 것이며, 지방자치단체는 그와 같이 확정된 조세채권에 기하여 납부된 세액을 보유하는 것이므로, 납세의무자의 신고행위가 중대하고 명백한 하자로 인하여 당연무효로 되지 아니하는 한 그것이 바로 부당이득에 해당한다고 할 수 없고, 여기에서 신고행위의 하자가 중대하고 명백하여 당연무효에 해당하는지의 여부에 대하여는 신고행위의 근거가 되는 법규의 목적, 의미, 기능 및 하자 있는 신고행위에 대한 법적 구제수단 등을 목적론적으로 고찰함과 동시에 신고행위에 이르게 된 구체적 사정을 개별적으로 파악하여 합리적으로 판단하여야 할 것이다(대법원 1995. 2. 28. 선고 94다31419 판결 참조).

- 그런데 관계 증거와 기록에 의하면, 원고 조합이 납세의무가 없음을 인식하면서도 부득이 이 사건 취득세를 자진신고납부한 것이라고 인정하기 어렵고, 오히려 원심이 판시한 바와 같이 원고 조합은 그 납세의무가 없음에도 불구하고 그 의무가 있는 것으로 오인하고 이 사건 취득세를 자진신고납부한 것에 불과하다고 인정되고, 또 원고 조합을 납세의무자로 오인할 만한 객관적 사정도 인정되는바 사실관계가 이와 같다면, 위 신고행위의 하자가 중대하다 하더라도 명백한 것이라고 단정할 수는 없다 할 것이다.

관련 기타 판례

1. 신고납세 방식의 조세인 등록세(현재는 취득세로 통합됨)의 경우 착오로 과다하게 자진납부했다고 하여 그 차액부분에 대한 하자가 중대하고 명백하여 당연무효라고 볼 수는 없음(대법 94다40420, 1995. 9. 29. 판결).
2. 취득세에 영업권을 포함하여 신고·납부한 행위는 법 해석상 논란이 있는 부분에 관하여 원고가 납세의무가 있는 것으로 오인하여 스스로 납부한 것에 불과하여 이 사건 당초처분 중 정당세액을 초과하는 부분을 당연무효로 볼 수 없음(대법 2012다7595, 2012. 5. 24. 판결).
3. 대도시 밖으로의 공장이전에 따른 취득세 면제대상임에도 취득세를 신고·납부한 경우 그 신고행위가 당연무효에 해당하지는 않음(대법 97다52486, 1998. 3. 10. 판결).
4. 처분청 담당자의 감면대상이 아니라는 설명을 믿고 취득세를 자진신고납부하였으나, 해석상 다툼이 있었고 불복청구 등을 할 수 있었음에도 5년 7개월이 지난 시점에 비로소 소를 제기한 경우 당연무효에 해당한다고 볼 수 없음(대법 2012다204075, 2013. 2. 28. 판결).

11.2 비과세요건에 해당함에도 취득세를 신고납부한 경우 그 행위를 당연무효로 볼 수 있는지

【관련 판례】 대법 94다50212, 1995. 6. 30. : 파기환송

- 같은 취지의 판례 : 대법 2013두9762, 2013. 9. 12.(심불)
- 지방세법 제7조 및 지방세기본법 제98조

〈쟁점요지〉 납세의무자가 그 취득 및 등기 부분의 각 일부가 비과세 요건에 해당함에도 이를 오해하여 신고납부하였고 지방자치단체가 이를 수령하였다는 사정만으로 신고행위를 당연무효로 볼 수 있는지 여부

판결요지 납세자가 비과세 요건임에도 취득세를 자진신고납부한 경우 과세관청이 이를 수령하였다고 하여 당연무효로 볼 수 없음

- 취득세 · 등록세는 신고납세 방식의 조세로서 이러한 유형의 조세에 있어서는 원칙적으로 납세의무자가 스스로 과세표준과 세액을 정하여 신고하는 행위에 의하여 납세의무가 구체적으로 확정되고, 그 납부행위는 신고에 의하여 확정된 구체적 납세의무의 이행으로 하는 것이며 국가나 지방자치단체는 그와 같이 확정된 조세채권에 기하여 납부된 세액을 보유하는 것이므로 납세의무자의 신고행위가 중대하고 명백한 하자로 인하여 당연무효로 되지 아니하는 한 그것이 바로 부당이득에 해당한다고 할 수는 없다는 것이 당원의 견해인바(당원 1995. 2. 28. 선고 94다31419 판결), 이 사건에서 원심의 판단과 같이 원고가 그 취득 및 등기 부분의 각 일부가 비과세 요건에 해당함에도 이를 오해하여 신고납부하였고 피고가 이를 수령하였다는 사정만으로는 그 신고행위의 하자가 중대하고 명백한 것이라고 단정할 수 없는 것이므로, 원심이 위 신고행위의 당연무효 여부에 대하여 심리 · 판단하지 아니하고 위와 같은 이유로 납세의무의 확정력이 배제된 것으로 보아 부당이득이 성립한 것으로 판단한 데에는 자진신고납세 방식의 조세에 있어서의 부당이득의 법리를 오해하였거나 그 성립요건에 대한 심리를 다하지 아니한 위법이 있다고 할 것이므로, 이 점을 지적하는 논지도 이유가 있다.

관련 기타 판례

1. 비과세대상인 기부채납용 부동산을 취득한 후 납세자 스스로 취득세를 자진신고납부했어도 그 하자가 명백하다고 할 수 없어 당연무효에 해당하지 아니함(취득신고 후 불복청구기간내 이의신청을 하지 않고 비과세 여부 질의만 한 경우임) (대법 2012다201472, 2013. 10. 11. 판결).

2. 취득세를 신고납부함에 있어 이혼에 따른 재산분할에 해당함에도 이를 증여로 잘못 신고납부한 경우, 재산분할에 따른 것이므로 취득세 비과세대상이나 신고납부함에 있어 중대하고 명백한 하자가 있다고 보기는 어려워 당연무효로 볼 수는 없음(대법 2015다221026, 2018. 11. 9. 판결).

11.3 취득신고 후 매도자 소유의 재산이 아닌 것으로 확인된 경우에 있어 취득세 자진신고행위가 당연무효에 해당하는지

【관련 판례】 대법 2011다91470, 2013. 7. 25. 판결 : 상고기각

- 지방세법 제7조 및 지방세기본법 제98조

〈쟁점요지〉 부동산(도로)을 취득한 후 취득세를 자진신고납부하고 등기까지 마친 이후, 매도자와 국가간의 부당이득금 반환의 소에서 당해 부동산이 매도자가 아닌 국가소유로 보아야 한다는 판결이 있었던 경우, 매수자의 취득세 자진신고행위가 당연무효에 해당하여 부당이득금 반환 대상에 해당하는지 여부

판결요지 ••• 하자가 있다고 하지만 외관상 명백하다고 볼 수 없어 당연무효에 해당하지 않음

- 원납세의무자의 신고행위가 중대하고 명백한 하자로 인하여 당연무효로 되지 아니하는 한 그것이 바로 부당이득에 해당한다고 할 수 없다. 여기에서 신고행위의 하자가 중대하고 명백하여 당연무효에 해당하는지 여부는 신고행위의 근거가 되는 법규의 목적, 의미 및 기능, 하자 있는 신고행위에 대한 법적 구제수단 등을 목적론적으로 고찰함과 동시에 신고행위에 이르게 된 구체적 사정을 개별적으로 파악하여 합리적으로 판단하여야 한다(대법원 2001. 4. 27. 선고 99다11618 판결, 대법원 2009. 4. 23. 선고 2009다5001 판결 등 참조).
- 설사 원고들이 궁극적으로 이 사건 각 부동산에 관한 매매계약에 대하여 ○○○태와 ○○특별시 ○○구 사이의 소송결과를 이유로 이를 해제할 위치에 있다 할지라도, 앞서 본 바와 같이 원고들과 ○○○ 사이의 이 사건 각 부동산에 관한 매매계약은 형식적으로 적법・유효하게 체결・성립되었으므로, 과세대상이 되는 법률관계나 사실관계가 있는 것으로 인식될 만한 객관적인 사정이 있었다고 할 것이고, 위 매매계약에 해제사유가 있는지 여부는 사실관계를 정확히 조사하여야만 밝혀질 수 있는 경우에 해당하며, ○○○와 ○○특별시 ○○구 사이에 진행된 위 소송의 소송물은 부당이득금반환채권의 존부일 뿐 이

사건 각 부동산에 관한 소유권의 존부는 아니었을 뿐만 아니라 위 판결의 효력이 원고들에게 미치는 것도 아니므로, 설령 원고들의 취득세 등 신고 · 납부행위에 내용상 하자가 있다 하더라도 적어도 그 하자가 외관상 명백하다고 할 수 없으므로, 원고들의 취득세 등 신고 · 납부 행위가 당연무효임을 전제로 한 원고들의 청구는 이유 없다(서울동부지방법원 2011. 7. 11. 선고 2010가단72060 판결).

관련 기타 판례

1. 담보가등기 이후 채무를 변제하지 않아 본등기를 한 후, 법원에서 당해 본등기를 무효라는 이유로 말소를 명하는 판결이 있었던 경우, 본등기자가 당초 신고한 취득세 및 등록세에 대해 그 신고의 하자가 명백하다고 볼 수 없어 당연무효에 해당하지 아니함(대법 2011다15476, 2014. 4. 10. 판결).
2. 담보가등기 이후 본등기를 하기 전에 법인장부상 잔금을 지급하고 취득세를 자진신고하였으나, 채무변제가 이루어져 본등기를 취하한 경우 본등기 과정의 신고행위에 명백한 하자가 없다면 신고행위를 당연무효로 보기 어려움(대법 2016다262321, 2018. 12. 28. 판결).

11.4 사실관계를 조사해야만 과세처분의 하자가 밝혀질 수 있었던 경우 당해 처분을 당연무효로 볼 수 있는지

【관련 판례】 대법 94다35787, 1995. 2. 17. : 파기환송

- 지방세법 제7조 및 지방세기본법 제98조

〈쟁점요지〉 법률관계나 사실관계에 대하여 과세대상이 되는 것으로 오인할 만한 객관적인 사정이 있는 경우 이에 대한 과세처분의 효력이 있는지 여부

판결요지 과세처분에 대한 다툼이 쟁송 끝에 비로소 확정이 된 경우, 비록 과세처분에 하자가 있다고 결정되었다고 하더라도 명백한 하자로 볼 수 없어 당연무효 아님

- 지방세법에 있어서 부동산취득세는 재화의 이전이라는 사실 자체를 포착하여 거기에 담세력을 인정하고 부과하는 유통세의 일종으로서 부동산의 취득자가 그 부동산을 사용 수익 처분함으로써 얻어질 이익을 포착하여 부과하는 것이 아니므로 지방세법 제105조 제1항의 "부동산의 취득"이란 부동산의 취득자가 실질적으로 완전한 내용의 소유권을 취득

하는가의 여부에는 관계없이 소유권이전의 형식에 의한 부동산취득의 모든 경우를 포함한다고 할 것이고(당원 1984. 11. 27. 선고 84누52 판결 ; 1988. 4. 25. 선고 88누919 판결 ; 1992. 5. 12. 선고 91누10411 판결 각 참조), 한편 과세처분이 당연무효라고 하기 위하여는 그 처분에 위법사유가 있다는 것만으로는 부족하고 그 하자가 중요한 법규에 위반한 것이고 객관적으로 명백한 것이어야 하며, 하자가 중대하고도 명백한 것인가의 여부를 판별함에 있어서는 당해 과세처분의 근거가 되는 법규의 목적, 의미, 기능 등을 목적론적으로 고찰함과 동시에 구체적 사안 자체의 특수성에 관하여도 합리적으로 고찰함을 요하는바(당원 1986. 9. 23. 선고 86누112 판결 ; 1990. 11. 27. 선고 90다카10862 판결 각 참조), 과세대상이 되는 법률관계나 사실관계(소득 또는 행위)가 전혀 없는 사람에게 한 과세처분은 그 하자가 중대하고도 명백하다고 할 것이나 과세대상이 되지 아니하는 어떤 법률관계나 사실관계에 대하여 이를 과세대상이 되는 것으로 오인할 만한 객관적인 사정이 있는 경우에 그것이 과세대상이 되는지의 여부가 그 사실관계를 정확히 조사하여야 비로소 밝혀질 수 있는 경우라면 그 하자가 중대한 경우라도 외관상 명백하다고 할 수 없어 위와 같이 과세요건사실을 오인한 위법의 과세처분을 당연무효라고는 볼 수 없다고 할 것이다(당원 1982. 10. 26. 선고 81누69 판결 ; 1987. 12. 8. 선고 87누837 판결 ; 1990. 11. 27. 선고 90다카10862 판결 각 참조).

- 돌이켜 이 사건의 경우를 보면, 원고가 이 사건 부동산에 관한 위 가등기에 기한 소유권이전등기를 경료한 이상, 적어도 객관적 외형적으로는 지방세법 제105조 제1항 소정의 "부동산의 취득"에 해당한다고 보이는 사실관계가 생겨났다고 할 것이고, 위 가등기가 진정한 매매예약에 인한 소유권이전청구권보전을 위한 것이 아니라, 채권담보의 목적으로 경료된 것이었기 때문에 구 국세기본법 제35조 제2항 의하여 체납처분에 대하여 가등기에 관한 권리를 주장할 수 없어 그 가등기에 기한 위 소유권이전등기가 말소되어야 할 것이었다 할지라도 그러한 점은 사실관계를 정확히 조사한 후에야 비로소 밝혀질 수 있는 것으로서, 이 사건 과세처분 후에 원고와 소외 3간의 쟁송끝에 대법원판결로써 비로소 확정되었다는 점 등을 고려하면, 가사 이 사건 과세처분에 하자가 있다고 하더라도, 그 하자가 외관상 명백하다고는 볼 수 없다고 할 것이다.

관련 기타 판례

- 교환 약정이 제대로 이행되지 아니하였음에도 대리인이 서류를 위조하여 원고들의 의사에 반하여 소유권이전등기가 이루어졌다고 하더라도, 과세관청은 취득세 등 신고에 부합하는 실체관계가 있는지 여부에 대한 실질적 심사권이 없어 지방세법상 유효한 신고는 적법함(대법 2016두41927, 2016. 9. 8. 판결).

11.5 등기도 하지 않고 매매대금도 지급하지 않은 상태에서 취득신고를 한 경우 당연무효에 해당하는지

【관련 판례】 대법 2009두12501, 2014. 3. 27. 판결 : 상고기각

- 같은 취지의 판례 : 대법 2016다258582, 2018. 12. 28. 판결 : 상고기각
- 지방세법 제7조 및 지방세기본법 제98조

〈쟁점요지〉 등기와 같은 소유권이전의 형식도 갖추지 못하고, 계약금 등 매매대금도 지급하지 않아 실질적 취득의 요건도 갖추지 못한 상태에서 이루어진 취득신고를 당연무효로 볼 수 있는지 여부

판결요지 ••• 형식적, 실질적 취득요건을 갖추지 못한 상태에서의 취득신고는 당연무효에 해당함

- 원고가 이 사건 부동산에 관하여 등기와 같은 소유권 취득의 형식적 요건을 갖추지 못하였을 뿐만 아니라 계약금을 비롯한 매매대금의 지급이 전혀 이루어지지 아니하여 소유권 취득의 실질적 요건도 갖추지 못함에 따라 이 사건 부동산의 취득에 기초한 이익 등을 향유한 바 없는 것으로 보이는 점 등 그 판시와 같은 사정을 들어 이 사건 처분이 당연무효라고 판단하였다. 관련 법리에 비추어 기록을 살펴보면, 원심의 이유 설시에 부적절한 점이 없지 아니하나 결론적으로 이 사건 처분이 당연무효라고 판단한 조치는 수긍할 수 있다.

11.6 제3자가 취득자 모르게 법무사에게 위임하여 취득신고를 한 경우, 취득신고 및 이에 기한 징수처분이 무효인지

【관련 판례】 대법 2014두10967, 2014. 11. 27. 판결 : 상고기각

- 지방세법 제7조 및 지방세기본법 제98조

〈쟁점요지〉 제3자가 부동산 취득자의 의사와 관계없이 법무사에게 취득신고를 위임하여 취득신고를 한 경우 그 취득신고 및 이에 기초하여 이루어진 처분청의 징수처분이 무효인 처분에 해당하는지 여부

판결요지 ••• 취득자의 의사에 기하지 아니한 취득신고 및 이에 기한 징수처분은 무효인 처분에 해당함

- 이 사건 취득세 등의 신고는 ○○○가 원고 모르게 법무사 ○○○에게 위임하여 한 것으로서 원고의 의사에 기하지 아니한 채 이루어진 중대하고 명백한 하자가 있고, 사후에 원고로부터 추인을 받은 것으로 보기도 어려워 무효이며, 따라서 이에 기초하여 이루어진 취득세 등의 본세 징수처분과 그 가산세의 부과 및 징수처분에 해당하는 이 사건 처분은 무효라고 판단하였다.

11.7 면제신청이 거부된 후 취득세 가산세 부담을 회피하기 위한 목적으로 한 자진신고가 당연무효에 해당하는지

【관련 판례】 대법 99다11618, 2001. 4. 27. : 상고기각

- 지방세법 제7조 및 지방세기본법 제98조

> 〈쟁점요지〉 취득세 면제신청이 거부된 이후, 자진신고납부 해태의 가산세를 회피하기 위해 부득이 자진신고납부한 후 이의신청절차를 거친 경우 당초 신고행위에 확정력을 인정할 수 있는지 여부

판결요지 ••• 과세관청이 면제신청을 거부하여 자진신고 해태에 따른 가산세의 부담을 회피하기 위해 자진신고를 한 경우에 있어 그 신고행위는 당연무효임

- 취득세는 신고납세 방식의 조세로서 이러한 유형의 조세에 있어서는 원칙적으로 납세의무자가 스스로 과세표준과 세액을 정하여 신고하는 행위에 의하여 납세의무가 구체적으로 확정되고(과세관청은 납세의무자로부터 신고가 없는 경우에 한하여 비로소 부과처분에 의하여 이를 확정하게 되는 것이다), 그 납부행위는 신고에 의하여 확정된 구체적 납세의무의 이행으로 하는 것이며 국가나 지방자치단체는 그와 같이 확정된 조세채권에 기하여 납부된 세액을 보유하는 것이므로, 납세의무자의 신고행위가 중대하고 명백한 하자로 인하여 당연무효로 되지 아니하는 한 그것이 바로 부당이득에 해당한다고 할 수 없고, 여기에서 신고행위의 하자가 중대하고 명백하여 당연무효에 해당하는지의 여부에 대하여는 신고행위의 근거가 되는 법규의 목적, 의미, 기능 및 하자 있는 신고행위에 대한 법적 구제수단 등을 목적론적으로 고찰함과 동시에 신고행위에 이르게 된 구체적 사정을 개별적으로 파악하여 합리적으로 판단하여야 할 것이다(대법원 1995. 2. 28. 선고 94다31419 판결, 1996. 8. 23. 선고 95다44917 판결 등 참조).
- 원심은, 원고는 이 사건 제2토지에 관한 취득세가 면제대상이라고 생각하고, 자진신고납부에 앞서 과세관청에 취득세 면제신청을 하였다가 면제대상이 아니라는 회신을 받게 되자, 자진신고납부 해태에 따른 부가세의 부담 회피와 체납처분에 따른 문제점 등의 이유로 부득이 자진신고납부한 다음 바로 이의신청 및 심사청구와 행정소송을 거쳐 이 사건 민사소송에 이른 사실을 인정하고 나서, 이러한 사정에 비추어 보면 위 신고행위에 조세채무의 확정력을 인정할 여지가 없는 중대하고 명백한 하자가 있어 당연무효에 해당한다고 판단하였는바, 이는 위 법리에 비추어 정당하고 거기에 신고행위의 당연무효에 관한 법리오해의 위법이 있다고 할 수 없다.

12. 취득세 과세대상 물건 해당 여부

12.1 생산라인에 설치된 공기압축기를 건설공사용으로 기계장비로 보아 과세할 수 있는지

【관련 판례】 대법 95누3640, 1996. 3. 21. : 파기환송

- 지방세법 제6조

지방세법 제6조(정의)

8. "기계장비"란 건설공사용, 화물하역용 및 광업용으로 사용되는 기계장비로서 「건설기계관리법」에서 규정한 건설기계 및 이와 유사한 기계장비 중 행정안전부령으로 정하는 것을 말한다.

〈쟁점요지〉 석유화학 제품 생산라인에 설치하여 생산과정에 사용하고 있는 공기압축기를 취득세 과세대상 건설기계로 보아 과세할 수 있는지 여부

판결요지 석유화학제품 생산공장의 생산라인에 설치하여 사용하고 있는 공기압축기는 건설공사용이 아니어서 취득세 과세대상인 중기의 범위에 속하지 않음

- 지방세법 제104조 제2호의2 후단의 "중기"란 중기관리법에 의한 "중기"의 개념을 차용한 것으로 보여지고 (이는 위 중기관리법이 1993. 6. 11. 건설기계관리법으로 전문 개정됨과 동시에 위 지방세법의 규정도 "건설기계 : 건설기계관리법에 의한 건설기계와 내무부령으로 정하는 건설기계를 말한다"라고 개정된 점을 보면 더욱 명백해진다), 따라서 위 지방세법의 규정에서 내무부령으로 정할 수 있도록 위임한 중기의 범위는 중기관리법이 정의한 "건설공사에 사용할 수 있는" 기계류에 한정되는 것으로 해석된다.
- 이 사건 공기압축기는 원고의 석유화학제품 생산공장의 생산라인에 설치하여 사용하고 있는 생산설비의 일부라는 것이므로, 이 사건 공기압축기는 건설공사용이 아니어서 위 지

방세법이 정한 취득세 과세대상인 중기의 범위에 속하지 않는다 할 것이다.

12.2 | 플로팅 독을 선박으로 보아 취득세를 부과한 것이 타당한지

【관련 판례】 대법 2014두3945, 2014. 6. 26. 판결 : 상고기각

- 지방세법 제6조 제10호

> **지방세법 제6조(정의)**
>
> 10. "선박"이란 기선, 범선, 부선(艀船) 및 그 밖에 명칭에 관계없이 모든 배를 말한다.

〈쟁점요지〉 바다에서 선박을 만들 수 있도록 고안된 반잠수식 선박건조 야외작업장으로서, 선박을 건조할 때에는 물 위에 떠 있다가 선박이 건조되면 이를 적재하여 바다로 이동하는 플로팅 독을 취득세 과세대상 선박으로 보아 과세할 수 있는지 여부

판결요지 ••• 부양성, 적재성 및 이동성을 갖추고 있다는 점에서 플로팅 독은 취득세 과세대상 선박에 해당함

- ① 취득세의 과세대상인 선박에 해당하기 위하여 자력으로 항행할 것까지 요구되지는 않는 것으로 보이는 점, ② 이 사건 플로팅 독(Floating Dock, 이하 '플로팅 독'이라 한다)은 바다에서 선박을 만들 수 있도록 고안된 반잠수식 선박건조 야외작업장으로서, 선박을 건조할 때에는 물 위에 떠 있다가 선박이 건조되면 이를 적재하여 예인선에 끌리거나 밀려 수심이 깊은 바다로 나아간 다음 잠수함의 원리를 이용하여 가라앉는 방법으로 선박을 진수하므로 부양성, 적재성 및 이동성을 갖추고 있는 점, ③ 이 사건 플로팅 독에 대한 건조계약서에도 '근해구역 항해능력을 갖춘 선박'을 건조하는 내용 등이 담겨 있고, 이 사건 플로팅 독에 관하여 선박의 종류를 '부선'으로 하는 선박건조증명서와 선박총톤수 측정증명서가 작성된 후 선박등록 및 소유권보존등기까지 마쳐진 점, ④ 이 사건 플로팅 독은 바다에 떠 있는 상태에서 계선줄에 의하여 부두와 연결되어 있을 뿐 토지에 정착하거나 지하 또는 다른 구조물에 설치되어 있지 아니한 점 등을 종합하면, 이 사건 플로팅 독을 구 지방세법 제104조 제5호의 '선박'에 해당한다.

12.3 벌채를 전제로 취득한 수목이 취득세 과세대상 입목에 해당되는지

【관련 판례】 대법 2017두43999, 2017. 8. 23. 판결(심리불속행) : 기각

- 같은 취지의 판례 : 대법원 2017두45254, 2017. 8. 3.
- 지방세법 제6조 제11호 및 제7조 제1항 · 제2항

지방세법 제6조(정의)

11. "입목"이란 지상의 과수, 임목과 죽목(竹木)을 말한다.

〈쟁점요지〉 나무의 뿌리와 밑둥을 제외한 벌채를 전제로 취득한 경우 취득세 과세대상이 아닌 원목인지 아니면 과세대상인 입목에 해당되는지 여부

판결요지 벌채를 전제로 취득한 수목은 입목이 아니라 원목이라고 할 것이므로 취득세 과세대상에 해당되지 않음

- 계약의 목적물이 '입목'인지 여부는 법률행위 해석의 문제로서 그 거래의 내용과 당사자의 의사를 기초로 하여 판단하여야 할 것이지만, 실질과세의 원칙상 단순히 당해 계약서의 내용이나 형식에만 의존할 것이 아니라, 당사자의 의사와 계약체결의 경위, 대금의 결정방법, 거래의 경과 등 거래의 전체과정을 실질적으로 파악하여 판단하여야 한다(대법원 2010. 10. 28. 선고 2008두19628 판결 등 참조).
- 원고와 같이 관련 자격을 갖춘 매수인이 입목을 직접 벌채하여 원목을 반출하는 국유림법령상 입목의 매각에서든, 자격이 없는 매수인이 이미 벌채된 원목을 인도받아 반출하는 국유림법령상 원목의 매각에서든 매수인이 실제로 취득하는 목적물은 원목으로 동일하고, 이 사건 계약의 당사자인 원고와 대한민국의 의사는 나무의 뿌리 및 밑둥을 제외한 일부를 매각 대상으로 한 것이고, 이처럼 근주를 제외한 매각 대상을 가리켜 지상에 식재되어 생육하는 임목이라 할 수는 없다.
- 원고가 이 사건 계약에 의하여 실질적으로 취득한 목적물은 지방세법상 취득세의 과세대상으로 열거되어 있는 입목이 아니라 원목이라고 봄이 상당하므로, 피고가 이와 다른 전제에서 원고에 대하여 한 이 사건 처분은 원고의 나머지 주장에 대하여 더 나아가 볼 필요 없이 위법하다(대전고등법원 2017. 4. 19. 선고 (청주)2016누10801 판결).

12.4 회원제 골프장에서 입회금 반환청구권이 없는 연회원권을 과세대상 골프회원권으로 볼 수 있는지

【관련 판례】 대법 95누18864, 1996. 12. 19.(전원합의체) : 파기환송

- 지방세법 제6조

지방세법 제6조(정의)

14. "골프회원권"이란 「체육시설의 설치·이용에 관한 법률」에 따른 회원제 골프장의 회원으로서 골프장을 이용할 수 있는 권리를 말한다.

〈쟁점요지〉 회원제 골프장에서 입회비가 골프장 운영자금으로 사용되고 우선이용 자격의 승계·양도 및 입회비의 반환이 허용되지 않는 회원제골프장 연회원의 권리가 취득세 과세대상인지 여부

판결요지 ••• 존속기한을 정한 회원자격을 부여받는 대가로 금원을 납부하고 회원제골프장의 연회원이 된 자가 갖는 골프장시설에 대한 우선적인 이용권도 취득세 과세대상 골프회원권에 해당함

- 원심은, 원고와 같은 연회원이 납입한 입회비가 시설투자비가 아닌 컨트리클럽의 운영자금으로 사용된다는 사실을 인정한 후, 그와 같은 사실을 그 입회비가 체육시설법 제2조 제4호가 정하는 시설투자비에 해당하지 않는다는 근거의 하나로 삼았으나, 연회원이 되기 전에 연회원이 되기 위한 대가로 납부하는 입회금과 연회원이 된 후에 컨트리클럽의 회원의 지위에서 컨트리클럽의 운영을 위하여 납부하는 회비와는 분명히 구별되어야 할 것이고, 체육시설법이 골프장업자가 당해 골프장시설에 대한 우선적인 이용권을 부여하고 그 대가로 받은 입회금을 어떤 용도로 사용하였는지의 여부를 따지지 아니하고 이를 모두 시설투자비로 간주하고 있는 이상, 회원제골프장 시설의 우선적인 이용권을 취득하는 대가로 납부한 입회금을 당해 골프장업자가 골프장운영비로 사용하였는지 시설투자비를 상환하는 데 사용하였는지를 법원이 증거조사로 확정한다는 것은 무의미한 일이며, 그 증거조사 결과에 따라 어떤 골프장의 연회원권은 체육시설법상의 회원권에 해당하는 것으로, 다른 골프장의 연회원권은 그에 해당하지 않는 것으로 상반된 판단을 내려서도 안 될 것이다.
- 그렇다면, 원고가 취득한 이 사건 ○○컨트리클럽의 연회원권은 취득세의 부과대상이 되는 지방세법 제105조 제1항, 제104조 제7호의2가 정하는 골프회원권에 해당한다고 보아야 할 것임에도 불구하고, 원심은 그 판시와 같은 이유만으로 위 법조가 정하는 골프회원권

에 해당하지 아니하여 취득세부과대상이 될 수 없다고 판단하고 말았으니, 원심판결에는 지방세법상 골프회원권에 대한 법리를 오해한 위법이 있고, 그러한 위법은 판결에 영향을 미쳤음이 명백하므로, 이 점을 지적하는 논지는 이유가 있다.

관련 기타 판례

- 회원자격을 부여받는 대가로 입회금액 등을 지불하는 것은 과세대상 골프회원권이 되지만, 회원권을 취득한 자가 골프장의 개・보수공사에 소요되는 비용 등을 추가로 분담하고 골프장 이용료 등이 일부 조정되었다 하더라도 이를 새로운 골프회원권의 취득으로 볼 수 없음(대법 2007두20072, 2010. 3. 25. 판결).

12.5 지방세법 상 잔교의 의미 및 돌핀스탄이 잔교에 해당하는지 여부

【관련 판례】 대법 2000두5739, 2002. 5. 17. : 상고기각

- 지방세법 제6조 및 시행령 제5조

지방세법 제6조(정의)

4. "건축물"이란 「건축법」 제2조 제1항 제2호에 따른 건축물(이와 유사한 형태의 건축물을 포함한다)과 토지에 정착하거나 지하 또는 다른 구조물에 설치하는 레저시설, 저장시설, 도크(dock)시설, 접안시설, 도관시설, 급수・배수시설, 에너지 공급시설 및 그 밖에 이와 유사한 시설(이에 딸린 시설을 포함한다)로서 대통령령으로 정하는 것을 말한다.

지방세법 시행령 제5조(시설의 범위)

② 법 제6조 제4호 및 같은 조 제6호 나목에서 "대통령령으로 정하는 것"이란 각각 잔교(棧橋)(이와 유사한 구조물을 포함한다), 기계식 또는 철골조립식 주차장, 차량 또는 기계장비 등을 자동으로 세차 또는 세척하는 시설, 방송중계탑(「방송법」 제54조 제1항 제5호에 따라 국가가 필요로 하는 대외방송 및 사회교육방송 중계탑은 제외한다) 및 무선통신기지국용 철탑을 말한다.

〈쟁점요지〉 해안선이 아닌 해상에 쇠말뚝을 박고 설치한 돌핀스판이 시멘트 운동, 하역 작업을 지원하는 역할을 수행하는 경우 지방세법상 취득세 과세대상 잔교로 볼 수 있는지 여부

판결요지 잔교는 반드시 그것이 해안선에 직접 접하여 설치된 구조물만을 의미한다고 볼 수는 없으므로, 해상에 쇠말뚝을 박고 콘크리트로 상부시설을 한 돌핀스판은 취득세 과세대상 잔교에 해당함

- 구 지방세법 시행령(1998. 7. 16. 대통령령 제15835호로 개정되기 전의 것, 이하 같다) 제75조의2 제2호 소정의 '잔교'라 함은 계곡을 가로질러 걸쳐놓은 구조물 또는 배를 접안시키기 위하여 물가에 만든 구조물 즉, 육지에서 뻗어 나오거나 육지에서 떨어진 수심이 적당한 곳에 육지와 나란히 만들어진 것으로서 화물이나 선객이 오르내리기에 편리하도록 물 위에 설치한 구조물을 의미한다고 봄이 상당하고, 반드시 그것이 해안선에 직접 접하여 설치된 구조물만을 의미한다고 볼 수는 없다.
- 원심은, 원고가 이 사건 시멘트유통기지를 조성하면서 시멘트 운송 선박을 계류시키고 선박으로부터 시멘트유통기지로 시멘트를 운반하기 위한 설비를 구축함에 있어 그 지역의 조수간만의 차로 인하여 육상에서 바로 연결되는 다리 형태의 잔교를 건설하지 못하고 해상에 선박 접안시설인 이 사건 해상구조물을 설치하고 여기에 이 사건 운송시설을 연결하여 이 사건 해상구조물에 계류한 선박으로부터 육상으로의 시멘트 운송·하역작업을 수행하고 있는 사실, 이 사건 해상구조물은 시멘트 운송 선박을 부두에 직접 접안하지 아니하고 해상에 정박한 상태로 하역하기 위하여 부두로부터 약 52m 떨어져 있는 해상에 설치한 것으로서, 하저에 쇠말뚝(pile)을 박고 그 위에 콘크리트로 견고한 상부시설을 한 돌핀스판 7기로 구성되어 있으며, 그 돌핀스판 7기는 하역작업을 위한 작업대 1기, 정박한 선박을 옆에서 받쳐주는 접안대 2기, 정박한 선박의 유동을 막기 위하여 선두와 선미를 줄로 매어두는 정박대 4기로 구성되어 있는 사실, 운반선의 선원이나 원고 회사의 직원이 시멘트 운송 선박의 입·출항시에 각 구조물을 고정시키는 장치에 줄을 매거나 풀기 위하여 이동하도록 위 각 구조물 사이에 철판가교를 설치하여 놓은 사실을 인정한 다음, 이 사건 해상구조물은 그 구조·용도 및 기능 등을 전체적으로 살펴볼 때 선박을 접근시켜 화물의 하역이 편리하도록 해상에 설치한 구조물로서 구 지방세법 시행령 제75조의2 제2호 소정의 '잔교'에 해당한다.

관련 기타 판례

- 배와 육지, 절벽과 절벽 등을 연결하여 사람이나 물건의 이동을 할 수 있게 하는 기능이 있는 시설을 의미하므로, 요트계류장도 잔교의 범위에 포함됨(대법 2020두31521, 2020. 4. 29. 판결).

12.6 저장시설의 내부나 가까이 부착되어 있으나 저장시설과 독립된 목적과 기능을 수행하는 장치를 저장시설로 보아 과세할 수 있는지

【관련 판례】 대법 2000두7018, 2002. 5. 17. : 상고기각

- 지방세법 제6조 및 시행령 제5조

> **지방세법 시행령 제5조(시설의 범위)**
>
> 2. 저장시설: 수조, 저유조, 저장창고, 저장조(저장용량이 1톤 이하인 액화석유가스 저장조는 제외한다) 등의 옥외저장시설(다른 시설과 유기적으로 관련되어 있고 일시적으로 저장기능을 하는 시설을 포함한다)

〈쟁점요지〉 비록 저장시설인 싸이로의 내부 또는 가까이에 부착되어 있으나 싸이로와 독립된 목적과 기능을 수행하고 있는 기계장치를 싸이로의 부수시설로 보아 취득세를 과세할 수 있는지 여부

판결요지 기계장치류가 저장시설 내부 또는 가까이에 부착, 연결되어 있다고 하더라도, 일련의 장치 및 그 기능이 일관된 공정으로 연계되어야 비로소 활용할 수 있다는 점에서 싸이로 주변 기계시설이 싸이로의 기능을 보조하거나 또는 그 자체의 경제적 효용을 증대시키는 부대설비 또는 종물이라고 볼 수 없어 취득세 과세대상 저장시설로 볼 수 없음

- 이 사건 설비는 지정부산물배출업자인 원고 소송피수계인이 00포화력발전소 제5, 6호기를 운전함에 있어 석탄이 연소된 후 연기와 함께 연돌로 나가는 과정에서 집진기에 포집되는 비회를 정제하여 재활용하기 위하여 마련된 것으로서, ① 정제회 및 폐회를 일시저장하는 설비인 싸이로(Silo)와, ② 나머지 기계장치류(비회 포집설비, 정제 및 폐회 분리설비, 출하설비, 해상 압송설비, 선적설비)로 구성되어 있는데, 이 중 위 싸이로의 취득가격은 금 2,388,466,512원이고 이 사건 설비가 설치되어 있는 비회정제 주제어건물의 취득가격은 금 324,182,456원인 한편, 위 기계장치류의 취득가격은 금 12,730,129,420원이며, 비록 위 기계장치류가 위 싸이로의 내부 또는 가까이에 부착·연결되어 있다고 하더라도, 이 사건 설비를 구성하는 일련의 장치 및 그 기능이 일관된 공정으로 연계되어야 비로소 비회를 정제하여 재활용한다는 목적과 기능을 달성할 수 있고, 이를 위하여 위 싸이로, 기계장치류 등에게 각각의 목적과 기능이 배분되어 있는 사실을 인정한 다음, 위와 같은

이 사건 설비의 구성방법과 운용방식, 이에 따른 그 구성장치의 기능, 가격 등에 비추어 볼 때, 위 싸이로가 이 사건 설비의 중심적인 기능을 맡고 있고 위 기계장치류가 그 기능을 보조하거나 또는 그 자체의 경제적 효용을 증대시키는 부대설비 또는 종물이라고 볼 수 없고, 나아가 위 기계장치류가 취득세 과세대상이 되는 구 지방세법 시행령(1998. 7. 16. 대통령령 제15835호로 개정되기 전의 것) 제75조의2 제2호, 제76조 제1항 소정의 구축물 또는 구축물의 특수한 부대설비에 해당하지 아니한다고 판단하였다.

관련 기타 판례

- 저장조와 다른 저장조 또는 작업대 사이에 연결되어 운반이나 포장을 위한 시설물(에어 슬라이더, 바스켙 엘러베이터)은 저장조 자체의 경제적 효용을 증대시키는 종물로 볼 수 없어 취득세 과세대상 저장시설에 포함되지 않음(대법 2000두5739, 2002. 5. 17. 판결).

12.7 건축물 내 통신시설의 유지를 위해 설치한 발전시설을 건축물의 부수시설로 보아 과세할 수 있는지

【관련 판례】 대법 2003두5433, 2004. 11. 12. : 상고기각

- 지방세법 제6조

〈쟁점요지〉 건물 유지를 위한 것이 아니라 건물 내 통신시설의 유지를 위해 설치한 발전시설을 건축물의 부속시설로 보아 취득세를 과세할 수 있는지 여부

판결요지 건축물 지하에 설치한 발전시설이 일부만 건물유지를 위한 것으로 사용되고 주로 건물 내에 설치되어 있는 기계시설 유지(전화국내 기계설비의 비상발전용)를 위해 사용되는 경우라면 취득세 과세대상 발전시설의 개수로 볼 수 없음

- 원고는 사하전화국의 기계설비가 증가하게 되어 기존에 설치되어 있던 비상발전기만으로는 정전시에 대비할 수 없어, 1,000kw의 이 사건 발전기를 A건물 지하층에 설치하였으며, 이 사건 발전기에 의하여 발전된 전력은 전기통신업무에 80.8%, 건물 유지에 19.1%가 사용되고 있는 사실을 인정할 수 있으므로, 이 사건 발전기는 그 대부분의 용도가 업무용으로서, 그 일부분이 건물 유지에 사용된다고 하더라도 건물 자체의 효용 내지 가액을 증대시키는 것이라고 볼 수 없으므로, 구 지방세법 제104조 제4호, 구 지방세법 시행령(2000.

12. 29. 대통령령 제17052호로 개정되기 전의 것) 제76조 제1항 제2호 소정의 '건물의 특수한 부대설비'에 해당되지 않는다고 할 것이다.

12.8 양수발전소 및 진입터널 등이 취득세 과세대상 건축물의 범위에 포함되는지

【관련 판례】 대법 2012두1600, 2013. 7. 11. : 파기환송

- 지방세법 시행령 제18조

지방세법 시행령 제18조(사실상취득가격의 범위 등)

① 법 제10조의 3 제1항 각 호 외의 부분에서 "대통령령으로 정하는 사실상의 취득가격"(이하 "사실상취득가격"이라 한다)이란 해당 물건을 취득하기 위하여 거래 상대방 또는 제3자에게 지급했거나 지급해야 할 직접비용과 다음 각 호의 어느 하나에 해당하는 간접비용의 합계액을 말한다. 다만, 취득대금을 일시급 등으로 지급하여 일정액을 할인받은 경우에는 그 할인된 금액으로 하고, 법인이 아닌 자가 취득한 경우에는 제1호, 제2호 또는 제7호의 금액을 제외한 금액으로 한다.

8. 붙박이 가구 · 가전제품 등 건축물에 부착되거나 일체를 이루면서 건축물의 효용을 유지 또는 증대시키기 위한 설비 · 시설 등의 설치비용

〈쟁점요지〉 양수발전소의 지상과 지하발전소 등을 연결하는 발전소진입터널, 발전소하부진입터널, 하부조압수조진입터널, 모선터널을 발전소건축물의 부수시설로 보아 취득세 과세대상에 포함할 수 있는지 여부

판결요지 ••• 발전소건축물의 부수시설에 해당되어 취득세 과세대상임

- 이 사건 지하발전소는 지붕과 벽을 갖춘 발전시설의 일종으로서 건축법상의 건축물 또는 이와 유사한 형태의 건축물에 해당한다고 할 것인데, 이 사건 각 터널은 이 사건 지하발전소에 이르는 각종 교통로 내지는 거기에서 생산된 전력을 운반하는 송전선로로서 물리적 구조, 용도와 기능면에서 볼 때 지하발전소 자체와 분리할 수 없을 정도로 부착 · 합체되어 일체로서 효용가치를 이루고 있고, 지하발전소와 독립하여서는 별개의 거래상 객체가 되거나 경제적 효용을 가질 수 없다고 할 것이므로, 이 사건 각 터널은 이 사건 지하발전

소에 부합되었거나 그에 부수되는 시설물에 해당한다고 봄이 타당하다.

- 이러한 사정을 앞서 본 법리에 비추어 살펴보면, 피고가 이 사건 지하발전소를 신축하면서 이 사건 각 터널을 함께 설치한 이상 이 사건 지하발전소에 대한 취득세의 과세표준이 되는 취득가격에는 이 사건 지하발전소 공사비뿐만 아니라 그에 부합되거나 부수된 이 사건 각 터널 공사비 역시 포함된다고 할 것이고, 이는 이 사건 각 터널이 구 지방세법 제104조 제10호, 구 지방세법 시행령 제76조 제2호가 정한 '개수'의 대상이 되는 '20KW 이상의 발전시설'에 해당하지 아니한다고 하여 달리 볼 것이 아니다.

관련 기타 판례

- 양수발전소의 지하발전소를 건축물로 보아 이와 연결된 발전소진입터널, 발전소하부진입터널, 하부조압수조진입터널, 모선터널 등도 취득세 과세대상인 발전소 건축물의 부수시설에 포함됨(대법 2014두3976, 2014. 5. 29. 판결).

12.9 양수발전소 지하수로터널이 급·배수시설에 해당하는지

【관련 판례】 대법 2013두13716, 2014. 2. 13. 판결 : 파기환송

- 지방세법 제6조 제4호 및 시행령 제5조

지방세법 시행령 제5조(시설의 범위)

5. 급수·배수시설: 송수관(연결시설을 포함한다), 급수·배수시설, 복개설비

〈쟁점요지〉 양수발전소의 지하수로터널(도수로터널, 상부조압수조, 수직터널, 수압철관, 흡출터널, 하부조압수조, 방수터널)을 과세대상인 급·배수시설로 볼 수 있는지 아니면 일체화된 생산시설의 일부로 보아 과세대상에서 제외되는지 여부

판결요지 수로터널의 경우 급수와 배수 기능을 수행하고 있으므로 취득세 과세대상 급·배수시설로 보는 것이 타당함

- 지방세법 제6조 제4호, 지방세법 시행령 제5조 제1항 제5호가 규정하는 과세대상인 급수·배수시설이란 구조, 형태, 용도, 기능 등을 전체적으로 고려할 때 토지에 정착하거나

지하 또는 다른 구조물에 설치되어 급수와 배수기능을 발휘하는 시설을 의미하고, 과세대상이 아닌 다른 시설과 연결하여 사용된다고 하여 과세대상인 급수·배수시설에 해당하지 않는다고 볼 것은 아니다.

- 이 사건 수로터널은 그 구조, 형태, 용도, 기능 등을 전체적으로 고려할 때, 하부저수지의 물을 상부저수지로 끌어올리고, 발전설비를 통과한 물을 하부저수지로 배수하는 등 급수와 배수기능을 발휘하는 시설에 해당하므로 재산세의 과세대상인 급수·배수시설에 포함된다. 그리고 이 사건 수로터널은 지하발전소의 발전전동기와 연결되어 있기는 하나 그 구조, 형태, 용도, 기능 등에 비추어 볼 때 그와 일체화되어 급배수기능을 발휘한다고 볼 수 없으므로, 이를 재산세의 과세대상이 아닌 발전전동기의 일부에 불과하다고 볼 것도 아니다.

12.10 눈, 비를 막아주지 못한 무허가 창고가 과세대상 주택 연면적에 포함되는지

【관련 판례】 대법 2017두52856, 2017. 10. 26. 판결(심리불속행) : 상고기각

- 지방세법 제6조 제4호 및 제13조 제5항

〈쟁점요지〉 무허가로 설치되어 출입문, 외벽, 천장이 목재판넬을 이어붙인 형태로 접착이 불완전해 눈, 비를 제대로 막아주지 못하는 구조이며 주택내부와 연결된 출입문이 잠겨있는 창고가 주택 연면적 산정에 포함되는지

판결요지 ••• 눈, 비를 제대로 막아주지 못해도 지붕과 벽이 있으면 건축물이고, 잠긴 출입문은 언제든지 변동 가능하므로 주택 연면적에 포함됨

- 이 사건 창고는 이 사건 주택 바로 옆 토지에 정착한 공작물로 지붕과 벽이 있으므로 건축물에 해당하고, 비록 이 사건 창고의 출입문, 외벽, 천장이 목재 판넬을 이어 붙인 형태로 설치되어 있으며 목재 판넬 사이가 완전히 접착되어 있지 않아서 눈, 비 등을 제대로 막아주지 못하는 구조로 되어 있다고 하더라도 이 사건 창고를 건축물이 아니라고 볼 수 없다.
- 이 사건 주택 내부와 이 사건 창고 사이에 직접 출입할 수 있는 출입문이 설치되어 있는 등의 이 사건 창고의 구조 및 현황을 고려하면, 이 사건 주택과 이 사건 창고는 취득 당시 전체로서 경제적 용법에 따라 하나의 주거용으로 제공된 것으로 이 사건 창고는 이 사건 주택의 효용과 편익을 위한 부대시설로 봄이 상당하다(대법원 1987. 2. 10. 선고 86누301 판결

등 참조). 비록 제1심 법원의 현장검증 당시 위 출입문이 창고나 주택 내부에서 모두 열리지 않는 상태였다고 하더라도, 위와 같이 출입문이 설치된 이상 그와 같은 상태는 소유자의 의사에 따라 얼마든지 변동시킬 수 있는 임시적인 것으로서 그와 같은 사정만으로 위 출입문을 통한 출입이 불가능하다고 보기 어렵다(위 출입문이 주택 내부에서 보았을 때 바닥에서 약 60㎝ 정도의 높이에 설치되어 있었다고 하더라도 이와 달리 보기 어렵다)(서울고등법원 2017. 6. 30. 선고 2017누35877 판결).

관련 기타 판례

- 취득세 과세대상 건축물의 범위에 건축법상 건축물 외 이와 유사한 형태의 건축물도 포함되므로, 건축물 형태의 비닐하우스도 취득세 과세대상에 해당(존치기간 10년 등 고려) (대법 2018두33562, 2018. 5. 11. 판결).

12.11 경제적 배타수역에 위치한 가스관에 대하여 취득세를 과세할 수 있는지

【관련 판례】 대법 2020두30832, 2020. 4. 29. 판결(심리불속행) : 항소기각

- 같은 취지의 판결 : 대법 2020두31859, 2020. 4. 29.(심리불속행)
- 지방세법 제6조 제4호 및 시행령 제5조 제4호

지방세법 시행령 제5조(시설의 범위)

4. 도관시설(연결시설을 포함한다): 송유관, 가스관, 열수송관

〈쟁점요지〉 경제적 배타수역 내에 설치되어 있는 가스관에 대하여 자치단체의 과세권이 미치는지 여부, 혼합물이 포함된 천연가스를 운반하는 경우에도 가스관의 범위에 포함되는지 및 가스관을 생산시설의 일부로 보아 취득세 과세를 배제할 수 있는지 여부

판결요지 ••• 배타적경계수역에 대한 명시적인 행정구역이 구분이 존치하지 않더라도 조리상 과세권이 미친다고 볼 수 있고, 주로 가스를 이송하는 관은 과세대상 가스관의 범위에 포함되며, 주로 가스의 운송기능을 수행하는 것은 생산시설의 일부로 볼 수 없음.

- 우리 법체계에서는 공유수면의 행정구역 경계에 관한 명시적인 법령상의 규정이 존재한 바 없으므로, 공유수면에 대한 행정구역 경계가 불문법상으로 존재한다면 그에 따라야 한다. 그리고 만약 해상경계에 관한 불문법도 존재하지 않으면, 주민, 구역과 자치권을 구성요소로 하는 지방자치단체의 본질에 비추어 지방자치단체의 관할구역에 경계가 없는 부분이 있다는 것을 상정할 수 없으므로, 헌법재판소가 지리상의 자연적 조건, 관련 법령의 현황, 연혁적인 상황, 행정권한 행사 내용, 사무 처리의 실상, 주민의 사회·경제적 편익 등을 종합하여 형평의 원칙에 따라 합리적이고 공평하게 해상경계선을 획정할 수밖에 없다(헌법재판소 2015. 7. 30. 선고 2010헌라2 결정 등 참조). … 대한민국의 영해와 배타적 경제수역에도 지방자치단체의 자치권이 미치고, 이 사건 이설배관이 위치한 바다는 대한민국의 영해이므로, 위 이설배관이 위치한 바다에는 지방자치단체의 과세권이 미친다 할 것이다.
- 이 사건 이설배관 및 해저운송배관이 시작되는 육상지점은 울주군에 위치해 있고, ○○○○시 남구로부터는 5km 가량, 부산광역시 기장군으로부터는 10km 가량 떨어져 있는 점, 위 이설배관 및 해저운송배관은 별지2 도면에서 보는 바와 같이 동해-1, 동해-2 가스전을 향하여 정동 방향으로 설치되어 있고, 울주군과 울산 남구 내지 부산광역시 기장군의 각 육상경계에서 정동 방향으로 그은 가상의 경계선과 맞닿지 않는 점, 피고 이외에 위 이설배관 및 해저운송배관에 대한 과세권을 주장하는 인접 지방자치단체는 없는 점을 알 수 있다. 이러한 사정들을 앞서 본 법리에 비추어 보면, 피고가 ○○군 앞바다에 위치한 위 이설배관에 대한 취득세 및 농어촌특별세의 과세권을 가진다고 봄이 타당하다.
- 지방세법상 취득세의 과세대상인 위 '가스관'의 정의에 관한 규정은 없으나, 위 규정들의 내용과 취지에 비추어 보면, 위 '가스관'이란 구조, 형태, 용도, 기능 등을 전체적으로 고려할 때 토지에 정착하거나 지하 또는 다른 구조물에 설치되어 기체상태의 물질인 가스를 운반하는 데에 사용되는 관을 의미한다 할 것이다. … 가스전에서 채굴된 유가스로서 대부분의 천연가스와 10% 미만의 컨덴세이트 등으로 이루어진 혼합물임을 알 수 있는바, 위 이설배관 및 해저운송배관을 통하여 운반되는 주된 물질이 가스인 이상, 그것이 판매 가능한 상태로 가공되지 않았다거나 가스가 아닌 물질이 일부 혼합되어 있다하더라도, 위 이설배관은 지방세법상 취득세 과세대상인 가스관에 해당한다고 봄이 타당하다.
- 이 사건 이설배관 및 해저운송배관은 해저, 해상 및 육상생산시설 사이에서 유가스를 운반하기 위한 통로 역할을 할 뿐 이 사건 생산시설의 필수불가결한 요소로서 이와 일체를 이루는 시설에 해당한다거나 위 생산시설에 부합되어 있다고 보기는 어렵다. 따라서 이 사건 이설배관이 취득세의 과세대상이 아닌 이 사건 생산시설에 연결하여 사용되고 있다는 사정만으로 취득세의 과세대상인 '가스관'에 해당하지 않는다고 볼 수는 없으므로(대법원 2014. 2. 13. 2013두13716 판결 참조), 원고의 위 주장은 받아들일 수 없다(부산고법 2019누20440, 2019. 12. 13. 판결).

12.12 철도보수용 복합침목교정장비 및 자갈정리장비를 차량으로 보아 취득세를 과세할 수 있는지

【관련 판례】 대법 2022두67487, 2023. 3. 16. 판결(심리불속행) : 상고기각

- 지방세법 제6조 제7호

지방세법 제6조(정의)

7. "차량"이란 원동기를 장치한 모든 차량과 피견인차 및 궤도로 승객 또는 화물을 운반하는 모든 기구를 말한다.

지방세법 시행령 제7조(원동기를 장치한 차량의 범위)

① 법 제6조 제7호에서 "원동기를 장치한 모든 차량"이란 원동기로 육상을 이동할 목적으로 제작된 모든 용구(총 배기량 50시시 미만이거나 최고정격출력 4킬로와트 이하인 이륜자동차는 제외한다)를 말한다.

〈쟁점요지〉 철도용 복합침목교정장비 및 자갈정리장비를 취득세 과세대상 차량인 "원동기를 장치한 모든 차량" 또는 "궤도로 승객 또는 화물을 운반하는 모든 기구"의 범위에 포함되는지 여부

판결요지 비록 육상의 이동이 유일하거나 주된 목적이 아니더라도 과세대상에서 제외되는 것이라고 볼 근거가 없으며, 쟁점 장비의 경우 승객이나 화물을 운반하는 기능도 포함되어 있으므로 취득세 과세대상 차량의 범위에 포함됨

- 이 사건 장비들은 구 지방세법 제6조 제7호의 "원동기를 장치한 모든 차량"으로 지방세법 시행령 제7조 제1항의 "원동기로 육상을 이동할 목적으로 제작된 모든 용구"에 해당한다고 할 것이다. … 지방세법 시행령 제7조 제1항은 위 구 지방세법 제6조 제7호의 '원동기를 장치한 차량'의 범위에 관하여 '원동기로 육상을 이동할 목적으로 제작된 모든 용구'라고 규정한다. 여기서 '육상을 이동할 목적으로 제작된 용구'의 의미를, '육상 이동이 유일하거나 주된 목적일 것'이라고 한정하여 해석할 근거는 없다. 오히려 조세실무에서는 '육상을 이동할 수 있는 기능이 탑재되어 제작된 용구'라면 육상 이동을 목적으로 제작된 용구에 해당한다고 해석하면서, 골프장의 코스정리차량, 벙커정리기, 다목적 작업차, 공장 내부의 승용식 전동청소차 등도 차량의 범위에 포함시켜 취득세를 부과해 오고 있다(피고가

2022. 10. 17. 제출한 '행정자치부 질의회신' 참조). … ㉣ 한편, 지방세법 시행령 제7조 제1항의 '육상을 이동할 목적'에서 '육상'이라 함은 '해상', '공중'에 대비되는 개념으로, 육상에 개설된 궤도를 이동하는 경우도 육상 이동에 포함된다고 해석해야 한다.

- 이 사건 장비들이 구 지방세법 제6조 제7호에서 정한 '궤도로 승객 또는 화물을 운반하는 모든 기구'에 해당하는지에 관하여 본다. 비록 이 사건 장비들의 주된 목적이 '열차 궤도상의 침목을 다지거나 자갈을 정리하는 작업수행'에 있고, 사람 및 화물의 운반에 있지 않다고 하더라도, 이 사건 장비들은 아래와 같이 그 주된 목적을 이루기 위하여 사람과 화물을 운반하는 기능도 갖추고 있으므로, 이 사건 장비들은 '궤도로 승객 또는 화물을 운반하는 모든 기구'에 포함된다고 할 것이다.…이 사건 장비들 중 '복합침목교정장비'는 전후방 운전실 내・외부에 소형공구 및 비상용 부품을 적재할 수 있는 공구박스가 설치되어 있고 [갑 제9호증의 1(철도용품 공사규격서) 8면], '철도용 자갈정리장비'는 운전실에 정비를 위한 자재를 적재할 수 있는 공간이 설치되어 있으며[갑 제9호증의 2(철도용품 공사규격서) 8면], 위 각 적재공간을 통해 필요한 자갈 등 화물을 적재하여 이를 운반할 수 있으므로, 이 사건 장비들은 모두 '화물을 운반하는 기구'에 해당한다(대구고법 2022누2795, 2022. 11. 11. 판결).

13. 취득세 납세지

13.1 리스차량의 자동차등록원부에 기재된 사용본거지가 취득세 납세지인지 아니면 실제 이용지인지

【관련 판례】 대법 2016두40139, 2017. 11. 9 판결 : 상고기각

- 같은 취지의 판례 : 대법 2016두41514, 2017. 11. 9., 2016두55643, 2017. 11. 9.
- 지방세법 제8조 제1항 제2호

지방세법 제8조(납세지)

① 취득세의 납세지는 다음 각 호에서 정하는 바에 따른다.

2. 차량: 「자동차관리법」에 따른 등록지. 다만, 등록지가 사용본거지와 다른 경우에는 사용본거지를 납세지로 하고, 철도차량의 경우에는 해당 철도차량의 청소, 유치(留置), 조성, 검사, 수선 등을 주로 수행하는 철도차량기지의 소재지를 납세지로 한다.

〈쟁점요지〉 법인이 자동차등록을 하면서 등록관청으로부터 주사무소 소재지 외의 다른 장소인 지점 등을 사용본거지로 인정받아 그 장소가 자동차등록원부에 사용본거지로 기재된 경우, 차량의 취득세 납세지가 어디인지(원칙적으로 자동차등록원부에 기재된 사용본거지인지)

판결요지 법인이 자동차등록을 하면서 등록관청으로부터 주사무소 소재지 외의 다른 장소를 사용본거지로 인정받아 그 장소가 자동차등록원부에 사용본거지로 기재되었다면, 차량의 취득세 납세지가 되는 '사용본거지'는 법인의 주사무소 소재지가 아니라 '자동차등록원부에 기재된 사용본거지'를 의미함

- 구 지방세법(2014. 1. 1. 법률 제12153호로 개정되기 전의 것) 제8조 제1항 제2호(이하 '이 사건 조항'이라고 한다)는 차량의 취득세 납세지를 자동차관리법에 따른 등록지로 하되, 다만 등록지가 사용본거지와 다른 경우에는 사용본거지를 납세지로 한다고 규정하고 있

다. 자동차관리법의 위임을 받은 구 자동차등록령(2013. 3. 23. 대통령령 제24443호로 개정되기 전의 것, 이하 같다) 제2조 제2호는 '사용본거지'를 '자동차의 소유자가 자동차를 주로 보관・관리 또는 이용하는 곳으로서 국토해양부령으로 정하는 일정한 장소'로 정의하고 있고, 구 자동차등록규칙(2013. 3. 23. 국토교통부령 제1호로 개정되기 전의 것, 이하 같다) 제3조 제1항은 위 등록령 제2조 제2호에서 '국토해양부령으로 정하는 일정한 장소'란 자동차 소유자가 개인인 경우에는 그 소유자의 주민등록지(제1호), 자동차 소유자가 법인인 경우에는 그 법인의 주사무소 소재지(제2호)를 말한다고 규정하고 있으며, 제2항은 법인의 주사무소 소재지 외의 다른 장소를 사용본거지로 인정받으려는 자동차 소유자는 그 사유를 증명하는 서류를 등록관청에 제출하여야 한다고 규정하고 있다.

- 이러한 관련 규정의 문언과 체계에 더하여 이 사건 조항의 입법취지와 개정 경위, 자동차등록의 법적 성격과 취득세 납세지의 의의 등 다음과 같은 사정들을 종합하여 볼 때, 법인이 자동차등록을 하면서 등록관청으로부터 주사무소 소재지 외의 다른 장소를 사용본거지로 인정받아 그 장소가 자동차등록원부에 사용본거지로 기재되었다면, 그 등록이 당연무효이거나 취소되었다는 등의 특별한 사정이 없는 한 차량의 취득세 납세지가 되는 이 사건 조항의 '사용본거지'는 법인의 주사무소 소재지가 아니라 '자동차등록원부에 기재된 사용본거지'를 의미한다고 보아야 한다.
- 리스회사인 원고가 각 지점 소재지를 사용본거지로 하여 자동차등록을 하고 그 각 지점을 관할하는 지방자치단체에 취득세를 신고・납부한 사건에서, 「① 지방세법은 차량의 취득세 납세지에 대하여 객관적이고 일률적인 기준을 마련하고자 자동차 관리에 관한 사항을 제도적으로 규율하고 있는 자동차관리법상의 자동차등록 개념을 그대로 차용하고 있는 점, ② 지방세법이 2010. 12. 27. 법률 제10416호로 개정되면서 제8조 제1항 제2호의 단서에 '등록지가 사용본거지와 다른 경우에는 사용본거지를 납세지로 한다'는 내용이 신설되었으나, 차량의 취득세 납세지 판정 기준은 실질적으로 달라지지 않은 점, ③ 자동차등록 관계 법령은 법인의 지점 등 주사무소 소재지 외의 다른 장소를 사용본거지로 신청하는 경우에도 그 지점 등이 갖추고 있는 인적・물적 설비에 관한 자료제출을 요구하고 있지 않은 점, ④ 구 자동차등록규칙 제3조 제2항의 법인의 주사무소 소재지 외의 사용본거지도 실제로 자동차를 주로 보관・관리 또는 이용하는 곳이 아니라 자동차등록 당시 자동차 소유자가 이를 예정한 곳으로서 등록관청에 의하여 사용본거지로 인정받은 곳이라고 보아야 하는 점 등의 사정에 비추어 보면, 위 취득세 납세지는 자동차등록원부에 기재된 위 각 지점이라고 보아야 하므로 원고의 취득세 납부는 적법한 납세지에 한 것으로서 유효하고, 따라서 위 취득세를 환급하여 달라는 원고의 경정청구를 거부한 피고들의 처분은 적법하다」는 취지로 판단하여 원고의 상고를 기각한 사례임.

14. 취득세 비과세 (국가취득, 기부채납, 신탁, 임시건축물 등)

14.1 서울대 법인을 국가로 보아 취득세를 감면할 수 있는지

【관련 판례】 대법 2018두57803, 2019. 1. 17. 판결(심리불속행) : 상고기각

- 지방세법 제9조 제1항

지방세법 제9조(비과세)

① 국가 또는 지방자치단체(다른 법률에서 국가 또는 지방자치단체로 의제되는 법인은 제외한다. 이하 같다), 「지방자치법」 제176조 제1항에 따른 지방자치단체조합(이하 "지방자치단체조합"이라 한다), 외국정부 및 주한국제기구의 취득에 대해서는 취득세를 부과하지 아니한다. 다만, 대한민국 정부기관의 취득에 대하여 과세하는 외국정부의 취득에 대해서는 취득세를 부과한다.

〈쟁점요지〉 서울대에서 국립대학법인으로 변경된 것을 형식적 이전에 불과한 것으로 볼 수 있는지 및 서울대학법 부칙 규정을 들어 국가의 지위를 승계하였다고 보아 취득세를 비과세할 수 있는지 여부

판결요지 법인화된 서울대를 국가로 볼 수 없고, 형식적인 소유권의 이전으로 볼 수도 없어 비과세 권리가 승계된 것으로도 볼 수 없으며, 종전의 권리를 승계한다는 서울대학법상의 부칙을 신의칙 규정으로 보아 취득세를 비과세할 수 없음

- 양여재산이 종전 서울대가 관리하던 것이라고 하더라도, 종전 서울대는 고등교육법, 국립학교 설치령에 따라 국가가 설립·경영하는 대상으로서 영조물에 불과한 반면 원고는 구 서울대학법에 따라 국립대학법인으로 설립되었고, 앞의 1.의 나.에서 본 바와 같이 원고가 서울대학법 제22조 제1항에 따라 쟁점 양여재산을 '양여'의 형식으로 국가로부터 이전받

은 이상, 이는 구 지방세법 제6조 제1호에서 정한 '취득'에 해당한다고 봄이 타당하다.

- 한국산업기술평가원 등이 해산되고 그와 목적이 동일한 새로운 비영리법인인 한국산업기술진흥원 등이 설립되면서 신설된 한국산업기술진흥원 등이 해산 전 한국산업기술평가원 등의 재산을 승계하는 사안에 대한 것으로 … 위 유권해석 대상 사안은 신설된 국립대학법인이 국가로부터 양여의 형식으로 국유재산을 이전받은 것인데다 위와 같은 등기부 표시에 관한 경과조치 규정도 없는 이 사건과는 그 내용이 다르다.
- 서울대법 부칙 제8조 제1항의 규정만으로 취득세 등 지방세 부과처분을 하지 아니할 것이라는 피고의 공적인 견해표명이 있었다거나 원고가 이에 대하여 보호가치 있는 신뢰를 형성하였다고 보기 어려우므로 이 사건 처분이 신뢰보호의 원칙을 위반한 것이라고 볼 수 없다. 이와 다른 전제에 있는 원고의 주장은 이유 없다(서울고법 2018누36624, 2018. 8. 22. 판결).

14.2 국토이용계획변경결정이 있었다는 사정만으로 기부채납의 합의가 있던 걸로 보아 취득세를 비과세할 수 있는지

【관련 판례】 대법 2003다43346, 2005. 5. 12. : 상고기각

- 지방세법 제9조 제2항

지방세법 제9조(비과세)

② 국가, 지방자치단체 또는 지방자치단체조합(이하 이 항에서 "국가등"이라 한다)에 귀속 또는 기부채납(「사회기반시설에 대한 민간투자법」 제4조 제3호에 따른 방식으로 귀속되는 경우를 포함한다. 이하 이 항에서 "귀속등"이라 한다)을 조건으로 취득하는 부동산 및 「사회기반시설에 대한 민간투자법」 제2조 제1호 각 목에 해당하는 사회기반시설에 대해서는 취득세를 부과하지 아니한다.

〈쟁점요지〉 국토이용계획변경운용지침 및 세부시행기준 내지 지방자치단체장의 국토이용계획변경결정시기와 지방자치단체장이 주택건설사업계획에 대한 승인결정을 한 시기 중 어느 시점부터를 기부채납 부동산으로 볼 것인지 여부

판결요지 ••• 국토이용계획변경결정이 있었다는 사정만으로 기부채납의 대상이 되는 공공시설용

지의 위치나 면적이 특정되었다거나 또는 기부채납의 합의가 있었다고 인정하기도 어렵고, 주택건설사업계획에 대한 승인결정을 할 무렵에 비로소 기부채납에 대한 의사의 합치가 있었던 것으로 볼 수 있어 사업승인 이후에 취득한 부동산만 비과세 대상에 해당함

- 원심은, 그 채택 증거에 의하여 판시 사실을 인정한 다음, 고양시장의 1999. 5. 7.자 '국토이용계획변경운용지침'과 같은 해 6. 30.자 '세부시행기준'은 국토이용계획상 용도지역을 준농림지역에서 준도시지역으로 변경하는 데에 필요한 행정관청 내의 운용지침과 그 세부시행기준을 마련한 것에 불과하여 이와 같은 '운용지침'과 '세부시행기준'에 용도지역의 변경과 관련된 운영기준이나 요건 등을 정하고 있다고 하더라도 그러한 사정만으로 원고와 고양시장과 사이에 기부채납의 합의가 있었다거나 또는 공공시설용지로 사용될 토지의 위치나 면적이 특정되었다고 보기 어렵고, 또 고양시장의 2000. 11. 17.자 국토이용계획변경결정은 국토이용계획상 이 사건 사업부지의 용도지역을 준농림지역에서 준도시지역으로 변경하는 결정에 불과하여 이로써 원고의 권리의무관계에 직접적으로 어떠한 영향을 미치는 것이 아닐 뿐만 아니라 원고는 그 당시까지 공동주택이 건설될 대지면적은 물론이고 공공시설용지의 면적이나 그 비율조차 구체적으로 확정하지 못한 점 등에 비추어 보면, 국토이용계획변경결정이 있었다는 사정만으로 기부채납의 대상이 되는 공공시설용지의 위치나 면적이 특정되었다거나 또는 기부채납의 합의가 있었다고 인정하기도 어려우며, 고양시장이 2001. 1. 26.경 주택건설사업계획에 대한 승인결정을 할 무렵에 기부채납의 대상이 되는 공공시설용지의 위치나 면적이 어느 정도 특정되어 고양시장이 원고에게 구체적으로 공공시설용지로 편입될 토지에 관하여 기부채납을 하도록 승인조건을 부과한 때에 비로소 원고와 고양시장과 사이에 기부채납에 대한 의사의 합치가 있었던 것으로 볼 수 있으므로, 그 사업승인결정 이후에 취득하는 토지만이 지방세법 제106조 제2항 및 제126조 제2항 소정의 '국가 또는 지방자치단체에 기부채납을 조건으로 취득하는 부동산'으로 취득세 및 등록세의 비과세대상이 된다고 판단하였다.
- 관계 법령 및 기록에 비추어 살펴보면, 위와 같은 원심의 사실인정과 판단은 옳은 것으로 수긍이 가고, 거기에 취득세 및 등록세의 비과세대상에 관한 법리를 오해한 위법 등이 있다고 할 수 없다.

관련 기타 판례

- 임대주택 사업용 토지를 취득하기 이전에 공공용지 부분에 대한 위치나 면적이 특정된 상태에서 기부채납 관련 협의가 진행되었을 경우, 기부채납 약정 전에 취득했더라도 비과세를 적용할 수 있음(대법 2022두49311, 2022. 10. 27. 판결).

14.3 정비기반시설 부지로 예정된 토지를 취득하고 사업시행인가를 받은 경우 기부채납 비과세대상에 해당하는지

【관련 판례】 대법 2010두6977, 2011. 7. 28. : 상고기각

- 지방세법 제9조 제2항

〈쟁점요지〉 갑 주식회사가 도시환경정비구역안 정비기반시설 부지로 예정되어 있는 토지를 취득하여 등기를 마친 후 사업시행인가를 받은 사안에서, 토지 취득 및 그에 관한 등기가 비과세대상으로 정한 '국가 등에 귀속을 조건'으로 한 부동산의 취득 및 그 부동산에 관한 등기에 해당하는지 여부

판결요지 ••• 기부채납에 따른 취득세 비과세가 되기 위해서는 부동산을 취득할 당시에 그 취득자가 당해 부동산을 국가 등에 귀속시키는 것이 사실상 확정되어 있어야 하므로, 도시환경정비사업에 따른 예정지로 지정되었다고 하더라도 사업시행인가가 이루어지지 전에 취득한 경우에는 비과세대상이 아님

- 구 지방세법(2010. 3. 31. 법률 제10221호로 전부 개정되기 전의 것, 이하 같다) 제106조 제2항, 제126조 제2항에 의하면 국가·지방자치단체 또는 지방자치단체조합(이하 '국가 등'이라고 한다)에 귀속을 조건으로 취득하는 부동산 및 그 부동산의 등기에 대하여는 취득세 및 등록세를 과세하지 아니한다. 위 규정의 입법 취지는, 국가 등에 귀속을 조건으로 부동산을 취득하고 그에 관한 등기를 하는 것은 그 부동산을 국가 등에 귀속시키기 위한 잠정적이고 일시적인 조치에 불과하므로 국가 등이 직접 부동산을 취득하고 그에 관한 등기를 하는 경우와 동일하게 평가할 수 있다고 보아 그 경우 취득세 및 등록세를 비과세하는 구 지방세법 제106조 제1항, 제126조 제1항과 같은 취지에서 취득세 및 등록세를 비과세하겠다는 데에 있으므로, 위 규정에 의하여 취득세 및 등록세가 비과세되기 위해서는 부동산을 취득하고 그에 관한 등기를 할 당시에 그 취득자가 당해 부동산을 국가 등에 귀속시키는 것이 사실상 확정되어 있어야 한다고 할 것이다.
- 구 도시정비법은 도시환경정비사업을 직접 시행하는 토지등 소유자가 도시· 주거환경정비기본계획 및 정비계획에 따라 정비기반시설 부지로 예정되어 있는 토지를 취득한 경우라도 그 처분에 아무런 제한을 두고 있지 않으므로 사업시행인가를 받지 않은 채 언제든지 이를 제3자에게 처분할 수 있고 사업시행인가 후에도 구 도시정비법 제65조 제2항에 의하여 그 토지가 국가 등에 최종적으로 귀속되기 전까지는 이를 제3자에게 처분할 수 있다. 따라서 비록 토지등 소유자가 도시환경정비사업을 시행할 의도로 정비기반시설 부지로 예정되어 있는 토지를 취득한 후 사업시행인가를 받았고 그 후 그 토지가 실제로

국가 등에 귀속되었다고 하더라도, 그 취득 및 그에 관한 등기는 그 토지를 국가 등에 귀속시키기 위한 잠정적이고 일시적인 조치에 불과하다고 단정할 수 없을 뿐만 아니라 그 취득 및 그에 관한 등기 당시에 그 취득자가 그 토지를 국가등에 귀속시키는 것이 사실상 확정되어 있다고 볼 수도 없으므로, 구 지방세법 제106조 제2항, 제126조 제2항에 의한 취득세 및 등록세의 비과세대상에 해당하지 아니한다고 할 것이다.

관련 기타 판례

1. 소유권이전등기를 마칠 당시에는 사업계획승인이나 기부채납약정이 존재하지 않았지만 구체적인 기부채납 협의가 진행 중이었고 그 후 주택건설사업계획변경승인을 받아 관할시에 기부채납한 경우에도 기부채납에 따른 취득세 비과세대상에 해당함(대법 2011두17363, 2011. 11. 10. 판결).
2. 토지거래 허가구역 내 토지를 취득한 경우 납세의무의 성립시기는 잔금지급일로 보아야 하므로, 잔금지급일 이후에 실시계획인가가 이루어진 경우에는 취득시기 이후에 기부채납 사실이 확정된 것으로 보아 비과세를 적용하기 어려움(대법 2012두16695, 2012. 11. 29. 판결).
3. 향후 국가에 귀속될 예정이라도 취득세가 비과세되기 위해서는 귀속을 조건으로 취득하여야 하는데, 그런 사실이 확인되지 않으므로 비과세는 불가함(대법 2015두44783, 2015. 9. 24. 판결).
4. 도시개발사업의 시행자로 승계를 받은 자가 실시계획승인 이전에 취득한 토지라도, 취득 당시 위치와 면적이 확정되어 취득 시점에 국가에 귀속되는 것이 구체적으로 협의되고 있었고, 결과적으로도 모두 국가 등에 귀속된 경우 비과세대상으로 보는 것이 타당함(대법 2023두53720, 2023. 12. 28. 판결).

14.4 국가가 아닌 공사와 교환을 원인으로 취득하는 경우에도 기부채납에 따른 비과세를 적용할 수 있는지

【관련 판례】 대법 2014두4757, 2014. 7. 10. 판결 : 상고기각

- 지방세법 제9조 제2항

〈쟁점요지〉 위 토지에 대하여 국가에서 항만공사로 그 귀속을 변경하여 시행자 명의로 소유권보전등기를 하였다가 공사명의로 소유권이전등기를 한 경우에도 취득세 비과세대상 기부채납을 조건으로 취득하는 부동산으로 볼 수 있는지 여부

판결요지 국가가 아닌 공사 앞으로 귀속된 경우에는 기부채납에 따른 비과세를 적용할 수 없음

- 이 사건 안벽을 포함한 이 사건 전체 매립지에 관하여 2010. 8. 18. 국가가 아닌 울산항만공사 앞으로 교환을 원인으로 한 소유권이전등기가 마쳐졌음을 이유로, 이 사건 전체 매립지는 구 지방세법 제106조 제2항 등에서 취득세 등의 비과세대상으로 정한 '국가에 귀속 또는 기부채납을 조건으로 취득한 부동산'에 해당하지 아니한다.

관련 기타 판례

- 구 「도시 및 주거환경정비법」 제30조의3에 따라 LH공사에 기부채납하는 재건축소형주택의 부속토지의 경우 LH공사는 국가나 지자체로 볼 수 없어 국가 등에 기부채납한 것으로 보아 취득세를 비과세할 수 없음(대법 2013두8370, 2013. 8. 22. 판결).

14.5 다른 경제적 이익을 취득할 목적이 있었던 경우에도 취득세 비과세대상인 기부채납으로 볼 수 있는지

【관련 판례】 대법 2005두14998, 2006. 1. 26. : 상고기각

- 지방세법 제9조 제2항

〈쟁점요지〉 부동산을 국가에 공여함에 있어 경제적 이익을 취득할 목적이 있었다고 하더라도 부동산의 공여가 기부채납의 형식으로 되어 있고, 국가도 이를 승낙하는 채납의 의사표시를 한 경우, 위 부동산이 취득세 등의 비과세대상에 해당하는지 여부

판결요지 부동산을 국가에 공여함에 있어 인허가조건의 성취, 무상사용권 취득 또는 무상양여 등 다른 경제적 이익을 취득할 목적이 있었다고 하더라도 당해 부동산의 공여 자체가 기부채납의 형식으로 되어 있고, 국가도 이를 승낙하는 채납의 의사표시를 한 이상, 기부채납에 따른 취득세 비과세대상에 해당됨

- 지방세법 제106조 제2항, 제126조 제2항에 의하면, '국가에 기부채납을 조건으로 취득하는 부동산'은 취득세 등의 비과세대상인바, 기부채납은 기부자가 그의 소유재산을 국가나 지방자치단체의 공유재산으로 증여하는 의사표시를 하고 국가나 지방자치단체는 이를 승낙하는 채납의 의사표시를 함으로써 성립하는 증여계약이나(대법원 1996. 11. 8. 선고 96다20581 판결 참조), 국유재산법 제9조에서 기부채납의 개념을 순수하게 대가성이 없는 무상의 기증만으로 한정하고 있지 아니한 점에 비추어 보면, 부동산을 국가에 공여함에 있어 인허

가조건의 성취, 무상사용권 취득 또는 무상양여 등 다른 경제적 이익을 취득할 목적이 있었다고 하더라도 당해 부동산의 공여 자체가 기부채납의 형식으로 되어 있고, 국가도 이를 승낙하는 채납의 의사표시를 한 이상, 지방세법 제106조 제2항, 제126조 제2항에 정한 취득세 등의 비과세대상에 해당된다고 보아야 할 것이다.

- 원심이 같은 취지에서, 원고 회사는 국가에 기부채납하기 위하여 이 사건 토지를 취득하였고, 원고 회사가 이 사건 토지를 취득할 때에는 비록 기부채납에 대한 최종승인이 이루어지지는 아니하였으나, 이미 기부채납 목적물이 이 사건 토지 등으로 충분히 특정된 상태에서 구체적인 기부채납 협의가 진행중이었으며, 결국 그 후 원고 회사가 이 사건 토지를 그 지상에 신축한 건물과 함께 국가에 기부채납하였다는 이유로, 이 사건 토지는 지방세법 제106조 제2항, 제126조 제2항 소정의 비과세대상인 '국가 등에 기부채납을 조건으로 취득하는 부동산'에 해당한다고 판단한 것은 정당하고, 거기에 상고이유의 주장과 같은 법리오해의 위법이 없다.

14.6 민자역사 건물을 사용 후 국가에 무상귀속하기로 한 경우 비과세대상 기부채납으로 볼 수 있는지

【관련 판례】 대법 2007두15643, 2010. 3. 25. : 상고기각

- 지방세법 제9조 제2항

〈쟁점요지〉 민자역사 건물의 일부 시설은 원칙적으로 건설회사의 소유로 하되 국유철도재산에 대한 점용허가기간이 경과한 후 철도청장이 원상회복의무를 면제한 때에는 국가에 무상귀속시키기로 한 사안에서 그 시설을 취득세 비과세대상으로 볼 수 있는지 여부

판결요지 ••• 민자역사 내 상업시설이 점용허가기간 30년이 만료된 이후 곧바로 국가에 귀속되는 것이 아니라 원칙적으로 원상회복하되 예외적으로 원상회복이 불가능하거나 부적당하여 철도청장이 원상회복의무를 면제한 때에 비로소 국가의 소유로 될 경우에는 취득세 비과세대상 기부채납용 부동산으로 볼 수 없음

- 지방세법 제106조 제2항은 "국가·지방자치단체 또는 지방자치단체조합에 귀속 또는 기부채납(사회기반시설에 대한 민간투자법 제4조 제3호의 규정에 의한 방식으로 귀속되는 경우를 포함한다.
- 원심은 채용 증거를 종합하여 그 판시 사실을 인정한 다음, 이 사건 건물은 원고의 점용허

가기간 30년이 만료된 이후 곧바로 국가에 귀속되는 것이 아니라, 원칙적으로 원상회복하되 예외적으로 원상회복이 불가능하거나 부적당하여 철도청장이 원상회복의무를 면제한 때에 비로소 국가의 소유로 될 수 있을 뿐인데, 그 취득시점에서 원상회복이 불가능하다고 단정할 수도 없으므로, 국가에 귀속 또는 기부채납을 조건으로 취득한 부동산에 해당하지 아니하여 지방세법 제106조 제2항 소정의 취득세 비과세대상에 해당하지 않는다고 판단하였다.

- 앞서 본 규정과 기록에 비추어 살펴보면, 원심의 위와 같은 판단은 정당하고, 거기에 상고이유에서 주장하는 지방세법 제106조 제2항 소정의 취득세 비과세대상에 관한 법리오해 등의 위법이 없다.

14.7 LH가 군부대를 지어주고 기존 군부대용지를 양여받은 경우 양여받은 토지에 대하여 기부채납 비과세를 적용할 수 있는지

【관련 판례】 대법 2018두36455, 2018두36462(병합), 2018. 6. 15. 판결(심리불속행) : 상고기각(과세기관 일부승)

- 지방세법 제9조 제2항

〈쟁점요지〉 LH가 평택 군부대시설을 지어주고 부지를 양여받은 경우 미군부지 취득을 기부채납 비과세로 볼 수 있는지 여부

판결요지 ••• 양여 받는 토지의 경우 기부채납하는 부동산이 아니므로 비과세할 수 없음

- 지방세법 제9조 제2항은 '국가 등에 귀속 또는 기부채납을 조건으로 취득하는 부동산 및 「사회기반시설에 대한 민간투자법」 제2조 제1호 각 목에 해당하는 사회기반시설에 대해서는 취득세를 부과하지 아니한다.'고 규정하고 있다. 위 규정의 입법 취지는, 국가 등에 귀속 또는 기부채납을 조건으로 부동산을 취득하는 것은 부동산을 국가 등에 귀속시키거나 기부채납하기 위한 잠정적이고 일시적인 조치에 불과하므로 국가 등이 직접 부동산을 취득하는 경우와 동일하게 평가할 수 있다고 보아 그 경우 취득세를 비과세하는 지방세법 제9조 제1항과 같은 취지에서 취득세를 비과세하겠다는 데에 있다. 따라서 위 규정에 의하여 취득세가 비과세되기 위해서는 부동산을 취득할 당시에 취득자가 그 부동산을 국가 등에 귀속시키거나 기부채납하는 것이 사실상 확정되어 있어야 한다(대법원 2011. 7. 28. 선고 2010두6977 판결 참조).

- 위 법리에 따라 살펴본다. 위 인정사실에 의하면 원고가 이 사건 토지를 취득한 것은 그 부동산을 국가에 귀속시키거나 기부채납하려는 것이 아니라 제3자에게 매각하여 평택기지 건설에 이용된 사업비를 조달하기 위한 것이다. 이처럼 원고가 이 사건 토지를 국가에 귀속 또는 기부채납하기 위하여 취득한 것이 아니라면, 이를 국가 등이 직접 이 사건 토지를 취득하는 경우와 동일하게 평가하여 취득세를 비과세할 수는 없다. 또한 원고가 국가에 기부채납하기 위하여 평택기지 건설에 필요한 토지를 취득하였다면 그 토지는 지방세법 제9조 제2항에 따라 취득세가 비과세될 것이므로, 그 건설비용 보전을 위하여 받은 이 사건 토지까지 취득세를 비과세하게 된다면 원고는 이중으로 취득세를 내지 않는 결과가 된다. 따라서 원고는 지방세법 제9조 제2항에 따른 취득세 비과세 규정을 적용받을 수 없다.

관련 기타 판례

- 지방세법 제9조 제2항의 비과세 규정은 국가 등에 귀속 등을 조건으로 취득하는 부동산에 대하여 감면을 하겠다는 취지이므로, 정비사업의 시행자가 용도폐지된 정비기반시설용 토지를 국가 등으로부터 무상양여받는 것은 취득세 감면대상에 해당하지 아니함(대법 2019두43900, 2019. 9. 26. 판결).

14.8 자치단체에 기부채납하기로 한 모노레일카의 본체, 주행레일 및 전기시설이 비과세대상 부동산에 해당하는지

【관련 판례】 대법 2012두21130, 2013. 2. 14. 판결 : 상고기각(과세기관 일부 승)

- 지방세법 제9조 제2항

〈쟁점요지〉 모노레일카 사업을 민자사업으로 추진하면서, 그 시설물을 준공 후 20년간 민자사업자가 무상으로 운용하다가 운영기간 종료 후 지자체에 무상으로 기부채납하기로 한 경우 모노레일카 본체, 주행레일 및 전기시설을 취득세 비과세대상 기부채납용 부동산으로 볼 수 있는지

판결요지 ••• 모노레일카 본체는 차량에 해당하여 비과세대상에 해당하지 않고, 주행레일 및 전기시설은 비과세대상 부동산(건축물)에 해당함

- 이 사건 시설물 중 주행레일과 전기시설은 토지에 정착하는 공작물 등에 속하므로 법 제

106조 제2항 소정의 '기부채납을 조건으로 취득하는 부동산'에 해당하나, 모노레일카 본체는 지방세법상의 차량에 해당할 뿐 법 제106조 제2항 소정의 부동산에 해당하지 않음.

14.9 건축물이 있는 토지취득 이후 토지만을 기부채납하는 경우 건축물도 기부채납 비과세를 적용할 수 있는지

【관련 판례】 대법 2020두35295, 2020. 6. 11. 판결(심리불속행) : 항소기각

- 지방세법 제9조 제2항

〈쟁점요지〉 LH공사가 건축물이 존치하는 토지를 취득한 이후에 건축물은 철거하고 사업종료 시점에 토지만을 기부채납하는 경우 건축물 부분에 대하여 기부채납 비과세를 적용할 수 있는지 여부

판결요지 ••• 기부채납 조건으로 취득하는 당해 부동산 자체만을 비과세대상으로 보아야 함.

- 지방세법 제9조 제2항 본문의 입법 취지는, 국가 등에 귀속 또는 기부채납을 조건으로 부동산을 취득하는 것은 그 부동산을 국가 등에 귀속시키기 위한 잠정적이고 일시적인 조치에 불과하므로, 국가 등이 직접 부동산을 취득하는 경우와 동일하게 평가할 수 있다고 보아 그 경우 취득세 등을 비과세하겠다는 데에 있다(대법원 2011. 7. 28. 선고 2010두6977 판결 참조).
- 위와 같은 다른 조항과의 체계, 입법취지 등에 문언적 해석을 더하여 보면, 지방세법 제9조 제2항 본문은 국가 등에 귀속 또는 기부채납을 조건으로 취득하는 '당해 부동산 자체'에 대한 취득세 비과세를 규정하고 있을 뿐인바, 이를 두고 귀속 또는 기부채납을 이행하기 위하여 또는 이를 목적으로 취득하는 다른 부동산에 대해서까지 취득세를 과세하지 않겠다는 의미로 해석할 수는 없다(서울고법 2019누54858, 2020. 1. 16. 판결).

14.10 신탁받은 금전으로 부동산을 매수한 경우 비과세대상 신탁재산의 이전에 해당하는지

【관련 판례】 대법 98두10950, 2000. 5. 30. : 상고기각

- 지방세법 제9조 제3항

지방세법 제9조(비과세)

③ 신탁(「신탁법」에 따른 신탁으로서 신탁등기가 병행되는 것만 해당한다)으로 인한 신탁재산의 취득으로서 다음 각 호의 어느 하나에 해당하는 경우에는 취득세를 부과하지 아니한다. 다만, 신탁재산의 취득 중 주택조합등과 조합원 간의 부동산 취득 및 주택조합등의 비조합원용 부동산 취득은 제외한다.

1. 위탁자로부터 수탁자에게 신탁재산을 이전하는 경우
2. 신탁의 종료로 인하여 수탁자로부터 위탁자에게 신탁재산을 이전하는 경우
3. 수탁자가 변경되어 신수탁자에게 신탁재산을 이전하는 경우

〈쟁점요지〉 구 지방세법 제110조 제1호 (나)목 및 제128조 제1호 (나)목 소정의 신탁재산의 의미 및 처음에 금전을 신탁하였다가 나중에 그 돈으로 매수한 부동산이 취득세 및 등록세의 비과세대상인 신탁재산에 해당하는지 여부

판결요지 ••• 비과세대상 신탁재산은, 신탁 시에 신탁등기가 병행된 신탁재산을 말한다 할 것이므로 처음에 금전을 신탁하였다가 나중에 그 돈으로 매수한 부동산은 비과세대상으로서의 신탁재산에 해당되지 않음

- 구 지방세법(1997. 8. 30. 법률 제5406호로 개정되기 전의 것) 제110조는 취득세의 비과세대상을 열거하면서 제1호로 "신탁(신탁법에 의한 신탁으로서 신탁등기가 병행되는 것에 한한다)으로 인한 신탁재산의 취득으로서 다음 각 목의 1에 해당하는 취득"이라고 규정한 다음, (나)목에서 "신탁의 종료 또는 해지로 인하여 수탁자로부터 위탁자에게 신탁재산을 이전하는 경우의 취득"이라고 규정하고 있고, 제128조는 등록세의 비과세대상으로서 제1호로 "신탁(신탁법에 의한 신탁으로서 신탁등기가 병행되는 것에 한한다)으로 인한 재산권 취득의 등기 또는 등록으로서 다음 각 목의 1에 해당하는 등기·등록"이라고 규정한 다음, (나)목에서 위탁자만이 신탁재산의 원본의 수익자가 된 신탁재산을 수탁자가 수익자에게 이전할 경우의 재산권 취득의 등기 또는 등록이라고 규정하고 있는바, 위 각 조항에서의 신탁재산은, 신탁시에 신탁등기가 병행된 신탁재산을 말한다 할 것이므로 처음에

금전을 신탁하였다가 나중에 그 돈으로 매수한 부동산은 위 지방세법 조항에서 말하는 비과세대상으로서의 신탁재산에 해당되지 않는다 할 것이다.

14.11 수탁자 명의로 건물 신축 후 신탁등기만을 병행한 경우 등록세 비과세대상에 해당하는지

【관련 판례】 대법 2001두2720, 2003. 6. 10. : 상고기각

- 지방세법 제9조 제3항

〈쟁점요지〉 위탁자로부터 수탁자에게 재산권이 이전됨이 없이 수탁자가 자신의 명의로 소유권보존등기를 하면서 신탁등기를 병행한 것에 지나지 않는 경우 등록세를 비과세할 수 있는지 여부

판결요지 수탁자 명의로 소유권보전등기 후 신탁등기를 병행한 데 지나지 않은 경우에는 신탁에 따른 비과세대상이 아님

- 구 지방세법(1998. 12. 31. 법률 제5615호로 개정되기 전의 것, 이하 같다) 제128조는 다음 각 호의 1에 해당하는 것에 대하여는 등록세를 부과하지 아니한다고 하면서 제1호 ㈎목에서 신탁(신탁법에 의한 신탁으로서 신탁등기가 병행되는 것에 한한다)으로 인한 재산권 취득의 등기로서 '위탁자로부터 수탁자에게 이전하는 경우의 재산권 취득의 등기'를 들고 있는바, 이 규정의 해석상으로는 위탁자로부터 수탁자에게 재산권이 이전됨으로써 재산권 취득이 일어나는 경우의 등기 또는 등록만이 등록세 비과세대상이라 할 것이고, 토지의 수탁자가 신탁계약에 따라 그 토지상에 건물을 신축한 다음 자신의 명의로 소유권보존등기를 하면서 신탁등기를 병행한 데 지나지 않는 경우에는 그 등기가 위 규정 소정의 등록세 비과세대상에 해당한다고 할 수 없다.

14.12 가설건축물 축조신고서상 존치기간과 관계없이 사실상의 존치기간을 기준으로 비과세할 수 있는지

【관련 판례】 대법 2016두34875, 2016. 6. 9. 판결(심리불속행) : 상고기각

- 지방세법 제9조 제5항

지방세법 제9조(비과세)

⑤ 임시흥행장, 공사현장사무소 등(제13조 제5항에 따른 과세대상은 제외한다) 임시건축물의 취득에 대하여는 취득세를 부과하지 아니한다. 다만, 존속기간이 1년을 초과하는 경우에는 취득세를 부과한다.

〈쟁점요지〉 임시건축물의 사실상 존속기간은 1년 미만이라도 건축법에 따른 가설건축물 축조신고서에 기재된 존치기간이 1년 초과로 신고된 경우 취득세를 과세할 수 있는지 여부

판결요지 ••• 축조신고서 존치기간에도 불구하고 사실상 존속기간을 적용

- 건축법상 가설건축물 축조신고서에 기재된 존치기간은 해당 가설건축물을 축조하려는 자가 착공 전에 그 존치기간을 예상하여 기재해 둔 것에 불과하여 해당 가설건축물의 축조 후 철거시까지 사실상 존속기간과 다를 가능성이 얼마든지 있으므로, 위 가설건축물 축조신고서에 기재된 존치기간을 기준으로 해당 건축물이 위와 같은 특성을 갖는지 여부를 판단할 수는 없다(부산지방법원 2015구합21224, 2015. 9. 24.).
- 이 사건 가설건축물의 사실상 사용 가능일은 ① 이 사건 가설건축물 건축을 위한 공사도급계약서상 이 사건 가설건축물의 오픈일이 2013. 12. 21.로 기재되어 있는 점, ② 이 사건 가설건축물에 관한 소방시설 완공검사증명서가 2014. 2. 20. 발급된 점, ③ 피고는 원고가 2014. 3. 8. 이 사건 가설건축물을 취득하였다고 보아 이 날을 기준으로 원고에게 취득세를 부과한 점 등에 비추어 빨라도 2013. 12. 21. 이후라고 봄이 상당하고, 이 사건 가설건축물의 사실상 사용 불가능일은 ① 이 사건 오피스텔 건축을 위한 터파기공사가 2014. 10. 22. 시작된 점, ② 이 사건 가설건축물의 존치기간이 2014. 10. 31.로 정정된 점, ③ 이 사건 가설건축물 철거 작업을 하던 인부가 2014. 11. 29. 떨어져 사망한 점 등에 비추어 늦어도 2014. 11. 29. 이전이라고 봄이 상당함에 비추어 보면, 이 사건 가설건축물의 실제 존속기간이 1년 미만이라고 할 것이다(부산고등법원 2015누23427, 2016. 2. 4.).

15. 취득세 과표산정 적용기준 (시가표준액, 안분 등)

15.1 교환취득 과정에서 교환차액을 증여하기로 한 경우 해당 증여가액을 취득세 과세표준에 포함할 수 있는지

【관련 판례】 대법 2019두45074, 2019. 11. 28. 판결 : 파기환송

- 지방세법 제10조의3 및 시행령 제18조

지방세법 제10조의3(유상승계취득의 경우 과세표준)

① 부동산등을 유상거래(매매 또는 교환 등 취득에 대한 대가를 지급하는 거래를 말한다. 이하 이 장에서 같다)로 승계취득하는 경우 취득당시가액은 취득시기 이전에 해당 물건을 취득하기 위하여 다음 각 호의 자가 거래 상대방이나 제3자에게 지급하였거나 지급하여야 할 일체의 비용으로서 대통령령으로 정하는 사실상의 취득가격(이하 "사실상취득가격"이라 한다)으로 한다.

1. 납세의무자 (2023. 12. 29. 신설)
2. 「신탁법」에 따른 신탁의 방식으로 해당 물건을 취득하는 경우에는 같은 법에 따른 위탁자 (2023. 12. 29. 신설)
3. 그 밖에 해당 물건을 취득하기 위하여 비용을 지급하였거나 지급하여야 할 자로서 대통령령으로 정하는 자 (2023. 12. 29. 신설)

지방세법 시행령 제18조(사실상취득가격의 범위 등)

① 법 제10조의3 제1항 각 호 외의 부분에서 "대통령령으로 정하는 사실상의 취득가격"(이하 "사실상취득가격"이라 한다)이란 해당 물건을 취득하기 위하여 거래 상대방 또는 제3자에게 지급했거나 지급해야 할 직접비용과 다음 각 호의 어느 하나에 해당하는 간접비용의 합계액을 말한다.

〈쟁점요지〉 부동산을 교환으로 취득을 하면서 교환차액(교환대상 부동산 감정평가액 – 교환취득 부동산 감정평가액)을 증여하기로 한 경우 해당 교환차액을 취득세 과세표준에 포함할 수 있는지 여부

판결요지 취득세 과세표준은 과세물건을 취득하는 데 든 사실상의 취득가격을 의미하고, 증여가액은 취득을 하는데 들었다고 볼 수 없으며, 이를 조건 부담액 또는 이에 준하는 비용으로도 볼 수도 없으므로 교환차액을 취득세 과세표준에 포함할 수 없음. 즉 교환으로 취득하는 부동산의 감정평가액이 취득세 과세표준이 됨

- 가. 지방세법 제10조 제1항 본문은 "취득세의 과세표준은 취득 당시의 가액으로 한다."라고 규정하고 있다. 위 조항에서 취득세의 과세표준으로 규정한 '취득 당시의 가액'은 원칙적으로 부동산 등 과세물건을 취득하는 데 든 사실상의 취득가액을 의미한다(대법원 2003. 9. 26. 선고 2002두240 판결 참조).
- 이 사건 감정평가 차액 2,645,851,000원 상당액은 원고가 ○○학원에 증여한 것으로 이 사건 각 부동산을 취득하는 데 들었다고 할 수 없으므로, 이 사건 각 부동산의 취득세 과세표준은 그 감정평가액 상당인 3,097,556,000원이라고 보아야 한다. 원고가 ○○학원에 증여한 위 감정평가 차액 상당액이 취득가격에 포함되는 간접비용인 구 지방세법 시행령(2017. 7. 26. 대통령령 제28211호로 개정되기 전의 것, 이하 같다) 제18조 제1항의 '취득대금 외에 당사자의 약정에 따른 취득자 조건 부담액(제5호)'이나 '이에 준하는 비용(제7호)'에 해당한다고 볼 수도 없다. 그런데도 원심은 그 판시와 같은 이유로, 이 사건 각 부동산의 취득세 과세표준은 이 사건 교환대상 부동산의 감정평가액으로 보아야 하고, 설령 이 사건 각 부동산의 감정평가액을 구 지방세법 시행령 제18조 제1항의 '거래 상대방에게 지급하였거나 지급하여야 할 직접비용'으로 보더라도, 이 사건 감정평가 차액은 '이 사건 각 부동산을 취득하기 위한 조건 부담액이나 이에 준하는 비용'으로서 취득가격에 포함되는 간접비용에 해당한다고 판단하였다. 이러한 원심의 판단에는 취득세 과세표준에 관한 법리를 오해하여 판결에 영향을 미친 잘못이 있다.

※ 적극적으로 금원 등을 지출하는 방법뿐만 아니라 소극적으로 보유자산 등을 포기하는 방법을 통해 당해 물건을 취득하는 경우가 있을 수 있고, 이러한 경우에는 당해 물건을 취득하기 위해 포기한 자산 등의 경제적 가치를 취득가액으로 봄이 타당하다는 판례[대법 2015두41616, 2015. 8. 27. 판결(심리불속행)]와 다소 상반된 견해임. 다만, 이 건 판례의 경우 교환으로 취득하는 부동산의 감정평가액을 과표로 하였다는 점에서 사안을 달리하는 것으로 보임

15.2 취득세를 자진신고 한 이후에 실제지급한 금액이 적다는 이유로 과세표준의 경정을 요구할 수 있는지

【관련 판례】 대법 2019두40833, 2019. 8. 14. 판결(심리불속행) : 항소기각

- 지방세법 제10조의3 및 시행령 제18조

〈쟁점요지〉 부동산의 실제 거래가액은 350,000,000원이 아니라 16,000,000원이므로 취득세 등의 과세표준 산정이 잘못되었다고 보아 과세표준을 경정할 수 있는지 여부
- 실제 지급한 금액이 적었던 이유가 금전채무 해결 등의 조건이 있었던 사례임

판결요지 ••• 제3자의 금전채무를 해결하는 조건의 매매계약이었던 점, 공시가격이 당초 신고한 금액과 유사한 점 등을 고려시 당초 신고한 과세표준 금액에 잘못이 없다고 판단

- 원고와 김○○는 이 사건 각 토지 매매계약을 체결함에 있어 원고가 김○○의 정○○에 대한 금전채무(원리금이 3억 2,000만 원에 이른다) 및 이 사건 각 토지에 대한 가압류 등을 해결하기로 하면서 매매대금을 3억 5,000만 원으로 정하였다고 봄이 타당하다. 따라서 피고가 이 사건 처분의 과세표준을 3억 5,000만 원으로 산정한 것이 위법하다고 볼 수 없다. 이와 다른 전제에 있는 원고의 주장은 이유 없다.
- 원고와 김00가 이 사건 각 토지 매매계약을 체결한 2013년 무렵 이 사건 각 토지의 공시가액도 142,485,000원에 이른다(서울고법 2018누48566, 2019. 3. 6. 판결).

15.3 토지 전체를 일괄 취득한 경우 부분별 감정평가액과 면적비율 중 어느 것을 과세표준 산정의 기준으로 삼아야 하는지

【관련 판례】 대법 2012두16404, 2014. 9. 26. 판결 : 파기환송

- 지방세법 제10조

〈쟁점요지〉 취득자가 1필지의 토지를 취득하면서 부분별로 가치를 가리지 않고 일괄 대금을 정하여 매수한 경우라도, 면적비율이 아닌 부분별로 그 가치를 감정평가한 금액을 기준으로 안분하여 취득세 과세표준을 산정할 수 있는지 여부

판결요지 부분별로 구분하지 않고 일괄 대금을 정하여 취득한 경우에는 단위면적당 균일가격으로 볼 수 있으므로, 부분별 감정가액이 아닌 면적비율로 안분하여야 함

- 취득 당시 1필지 토지 중 일부만이 취득세 비과세대상인 경우에는 비과세대상 부분을 제외한 나머지 과세대상 부분에 관하여만 취득세의 과세표준을 산정하여야 한다. 이 경우 취득자가 1필지의 토지를 취득하면서 그 부분별 가치의 우열을 가리지 않고 토지 전체를 일괄하여 대금을 정하여 매수하였다면 이는 토지 전체를 단위면적당 균일한 가격으로 매수한 것으로 볼 수 있으므로, 과세대상 부분에 대한 취득세의 과세표준이 되는 취득 당시의 가액은 해당 토지 전체의 취득가액 중 해당 토지의 전체 면적에서 과세대상 부분의 면적이 차지하는 비율에 따라 안분하여 산정된 가액으로 봄이 타당하다(대법원 1995. 2. 24. 선고 94누10184 판결, 대법원 2013. 6. 13. 선고 2011두18441 판결 등 참조).

15.4 취득세 과표산정에 오류가 있더라도 정당세액 범위 내인 경우 적법한 것인지

【관련 판례】 대법 2015두60259, 2016. 3. 24. 판결(심리불속행) : 기각

- 지방세법 제10조 및 시행령 제18조

〈쟁점요지〉 토지의 취득세 과세표준 산정에 오류가 있으나 정당세액의 범위 내인 경우 당해 부과처분 위법의 범위

판결요지 과표산정에 오류가 있더라도 정당세액 범위 이내라면 취소대상은 아님

- 피고가 과세표준액을 산정함에 있어 이 사건 토지의 매도인인 김○○이 자진신고한 내역에 따라 이 사건 토지의 지목변경 이후의 개별공시지가가 ㎡당 1,590,000원임을 전제로 위 금액에서 2006. 1. 1. 기준 개별공시지가를 뺀 금액에 이 사건 토지의 면적을 곱하는 방식으로 과세표준액을 산정하는 오류를 범하였다고 하더라도, 부과고지된 세액이 정당한 산출세액의 범위를 넘지 아니한 이상 이를 이 사건 처분의 취소사유로 주장할 수는 없다(서울고등법원 2015. 12. 9. 2014누69701 판결).

15.5 사고 등으로 시가가 현저히 낮은 중기에 대한 시가표준액이 높을 때 시가표준액 적용을 배제하고 시가를 과세표준으로 삼을 수 있는지

【관련 판례】 대법 94누1333, 1994. 5. 27. : 상고기각

- 지방세법 제10조의5

지방세법 제10조의5(무상취득 · 유상승계취득 · 원시취득의 경우 과세표준에 대한 특례)

① 제10조의2 및 제10조의3에도 불구하고 차량 또는 기계장비를 취득하는 경우 취득당시가액은 다음 각 호의 구분에 따른 가격 또는 가액으로 한다.

2. 차량 또는 기계장비를 유상승계취득하는 경우: 사실상취득가격. 다만, 사실상취득가격에 대한 신고 또는 신고가액의 표시가 없거나 그 신고가액이 제4조 제2항에 따른 시가표준액보다 적은 경우 취득당시가액은 같은 항에 따른 시가표준액으로 한다.

② 제1항에도 불구하고 천재지변으로 피해를 입은 차량 또는 기계장비를 취득하여 그 사실상취득가격이 제4조 제2항에 따른 시가표준액보다 낮은 경우 등 대통령령으로 정하는 경우 그 차량 또는 기계장비의 취득당시가액은 대통령령으로 정하는 바에 따라 달리 산정할 수 있다.

〈쟁점요지〉 사고가 난 중기에 대한 시가표준액을 산정함에 있어 그 사실상의 시가가 시가표준액보다 현저히 낮은 경우 해당 시가표준액을 위법한 것으로 보아 시가를 과세표준으로 삼을 수 있는지 여부

판결요지 시가가 과세시가표준액보다 현저히 낮아 불합리한 경우에는 그 과세시가표준액은 효력을 인정할 수 없다 할 것이어서, 그러한 경우에는 과세시가표준액이 결정되지 아니한 것으로 보아 재산세 과세기준일 현재의 시가를 기준으로 삼아야 할 것임

- 지방세법 제187조에 의하면 재산세의 과세표준은 재산가액으로 하되 그 가액은 과세시가표준액으로 한다고 규정되어 있으며, 같은법 시행령 제80조 제2항에 의하면 중기에 있어서는 도지사(서울특별시장, 직할시장 포함)가 조사결정한 매년 1.1. 현재의 시가를 과세시가표준액으로 하고, 다만 1.1. 현재 없었거나 과세시가표준액이 결정되지 아니한 과세대상물인 경우에는 과세사실이 발생한 때의 시가를 기준으로 한다는 취지로 규정되어 있는바, 위 규정을 종합하면 중기에 대한 재산세의 과세표준은 원칙적으로 도지사가 조사결정한 과세시가표준액에 의하여야 할 것이고, 다만 여기서 도지사가 조사결정하는 과세시가표

준액은 1.1. 당시의 시가를 적정하게 반영한 가액이어야 하며, 만약 그 시가가 과세시가표준액보다 현저히 낮아 불합리한 경우에는 그 과세시가표준액은 효력을 인정할 수 없다 할 것이어서, 그러한 경우에는 과세시가표준액이 결정되지 아니한 것으로 보아 재산세 과세기준일 현재의 시가를 기준으로 삼아야 할 것이다(당원 1990. 10. 30. 선고 90누6194 판결 ; 1992. 7. 14. 선고 91누4072 판결 참조).

- 이 사건 중기는 원고가 1991. 8. 9. 이를 취득하여 같은 해 12. 중기관리법에 따라 명의등록을 마쳤기는 하나, 그전에 이미 사고로 인하여 제기능을 상실한 폐기물로서 이 사건 재산세 과세기준일인 1992. 5. 1. 현재까지도 그 수리가 본격적으로 이루어지지 못한 상태에 있었음을 엿볼 수 있는바, 원고의 그 취득시로부터 위 과세기준일까지의 기간, 그 수리정도 등에 비추어 볼 때 위 과세기준일 현재 이 사건 중기의 시가는 그 취득가격인 위 금 250,000,000원 정도에 불과하다고 보여질 뿐임에도 그보다 10배 이상으로 조사결정된 위 과세시가표준액은 당시의 시가를 적정하게 반영하지 않은 불합리한 것으로서 그 효력을 인정할 수 없고, 따라서 이 사건 중기에 대하여는 위 과세기준일 당시 그 재산세 과세시가표준액이 결정되지 아니한 것으로 보아 위 과세기준일 현재의 시가를 기준으로 삼아야 할 것이므로, 위 취득가격을 과세표준으로 삼아 이 사건 중기에 대한 재산세 및 교육세를 산정한 원심판결은 위와 같은 위법에도 불구하고 결론이 정당하여 이 점을 비난하는 논지는 결국 받아들일 것이 못된다.

※ 2021.12.28. 개정으로 입법된 지방세법 제10조의5 제2항은 동 판례의 취지를 반영한 것임.

15.6 신고납부 기한 중에 공시지가가 공시된 경우 해당 공시지가를 시가표준액으로 사용할 수 있는지

【관련 판례】 대법 2001두531, 2001. 11. 9. : 상고기각

- 지방세법 시행령 제2조

> **지방세법 시행령 제2조(토지 및 주택의 시가표준액)** 「지방세법」(이하 "법"이라 한다) 제4조 제1항 본문에 따른 토지 및 주택의 시가표준액은 「지방세기본법」 제34조에 따른 세목별 납세의무의 성립시기 당시에 「부동산 가격공시에 관한 법률」에 따라 공시된 개별공시지가, 개별주택가격 또는 공동주택가격으로 한다.

〈쟁점요지〉 취득일 또는 등기일에는 당해 연도의 개별공시지가가 고시되지 않았으나 취득세나 등록세의 납부기한 안에 당해 연도의 개별공시지가가 고시된 경우, 당해 연도의 개별공시지가를 적용할 수 있는지 여부

판결요지 ••• 취득세 신고납부기한 중에 새로운 공시지가가 공시되었다고 하더라도 이를 시가표준액으로 사용할 수는 없고 납세의무 성립일 현재 공시되어 있는 전년도 개별공시지가를 시가표준액으로 사용하는 것이 타당함

- 지방세법 시행령 제80조의2 제1항 단서는 개별공시지가의 기준일은 매년 1월 1일이지만 그 개별공시지가를 산정하기 위한 토지 현황 등의 조사에 필요한 시간 때문에 그 공시는 기준일로부터 상당기간이 경과한 후에나 가능하게 되는 현실을 고려하여, 새로운 개별공시지가가 공시되지 아니한 상태에서 토지를 취득하거나 토지에 관한 등기를 하는 경우에 이미 공시되어 있는 개별공시지가 중 시가에 근접하다고 볼 수 있는 직전 연도의 개별공시지가를 적용하여 토지를 평가하도록 함으로써 당해 연도의 개별공시지가가 공시되기 전이라도 납세의무자나 과세관청으로 하여금 조세법률관계를 미리 예상하거나 조기에 확정할 수 있도록 하여 법적 안정성과 예측가능성을 기함에 그 취지가 있는 것으로서, 위 규정의 적용에 따른 직전 연도의 개별공시지가에 의한 시가표준액이 시가보다 현저히 높아 불합리한 경우에는 납세의무자가 이를 다투어 적용을 배제할 수 있으므로 위 시행령 조항이 취득세의 과세표준은 취득 당시의 가액을, 등록세의 과세표준은 등기 당시의 가액을 기준으로 하도록 한 모법의 규정에 반하거나 실질과세의 원칙에 반하여 무효라고 할 수 없고, 한편 위 시행령 제80조의2 제1항 단서의 규정에 비추어 취득세의 경우 취득일, 등록세의 경우 등기일에 당해 연도의 개별공시지가가 고시되지 않았던 이상 취득세나 등록세의 납부기한 안에 당해 연도의 개별공시지가가 고시되었다고 하여 당해 연도의 개별공시지가를 적용할 수는 없다고 할 것이다.

※ 동 판례는 구법을 기준으로 판시된 것으로, 취지는 현행 지방세법 시행령 제2조에 반영됨

관련 기타 판례

※ 취득세 과세표준 전면 개정 이전 판례의 경우 참고 시 유의

1. 공용부분이 특정구분소유자들만 위한 것이 외형상 명백하지 아니한 경우에는 공용부분의 일부를 특정구분소유자가 사용하고 있다는 현황만으로 이를 특정구분소유자에게 귀속하여 시가표준액을 산정할 수는 없음(대법 2004두11473, 2005. 10. 27. 판결).
2. 건축물의 시가표준액을 산정하면서 단독주택에 대한 감산율 적용 시 다가구주택 중 1구의 연면적이 60㎡ 이하인 경우도 포함된다고 보아 10%의 감산율을 적용할 수 있음(대법 2010두8942, 2011. 12. 8. 판결).
3. 증축에 대한 시가표준액을 산정함에 있어 기초공사를 하였는지 여부는 건물전체가 아닌 증축된 부분을 기준으로 판단하여야 하므로, 옥상에 증축된 것은 기초공사를 하지 않은 것으로 보아 시가표준액을 산정하여야 함(대법 2010두8942, 2011. 12. 28. 판결).
4. 건축물 시가표준액을 산정함에 있어 합목적적 해석이 불가피하고, 입법 취지 등을 고려 시 대규모점포의 범위에 열거되어 있지 않는 복합쇼핑몰도 대규모 점포의 범위에 포함됨(대법 2018두55500, 2018. 12. 13. 판결).
5. 토지의 지목변경에 따라 인근 표준지보다 이용 상황이 유사한 멀리 있는 표준지를 적용하여 과세표준을 산정한 것은 위법하지 않음(대법 2015두41890, 2015. 8. 19. 판결).
6. 지목변경에 따른 취득세 시가표준액 산출을 위한 개별공시지가 산정에 있어 지목은 다르나 용도지역, 이용상황, 도로접면이 유사한 토지를 비교표준지로 선정한 것은 관계 법령 및 지침에 따른 것으로 적법함(대법 2016두42395, 2016. 9. 8. 판결).
7. 전소판결, 즉 공시송달에 의한 판결은 법원이 당사자의 주장과 그에 따른 증명 여부를 심리하여 결론이 도출되는 것으로, 구 지방세법 제10조 제5항 제3호에 따라 사실상의 취득가액이 인정되는 판결에 의한 취득을 보는 것이 타당함(대법 2023두39960, 2023. 8. 18. 판결).
8. 도시개발사업에 있어 여러 지구를 나누어 사업을 진행하는 과정에서 일부 지구의 지목변경이 완료된 경우, 사실상 취득가격이 아닌 택지조성원가를 기준으로 지목변경에 따른 취득세를 과세하는 것은 위법하고 단위면적당 공사비, 조성공사비 비율 등 합리적인 안분기준으로 특정 지역의 직접비용과 간접비용을 산정하여 과세하는 것은 적법함(대법 2023두43136, 2023. 9. 21. 판결).

16. 취득세 과세표준 포함 여부 (개별 항목별 판단)

16.1 매수과정에서 지급이 확정된 위탁수수료를 사실상의 취득가격에 포함되는 비용으로 보아 과세할 수 있는지

【관련 판례】 대법 2003두6856, 2004. 10. 28. : 상고기각

- 지방세법 제10조의3 및 시행령 제18조

지방세법 제10조의3(유상승계취득의 경우 과세표준)

① 부동산등을 유상거래(매매 또는 교환 등 취득에 대한 대가를 지급하는 거래를 말한다. 이하 이 장에서 같다)로 승계취득하는 경우 취득당시가액은 취득시기 이전에 해당 물건을 취득하기 위하여 다음 각 호의 자가 거래 상대방이나 제3자에게 지급하였거나 지급하여야 할 일체의 비용으로서 대통령령으로 정하는 사실상의 취득가격(이하 "사실상취득가격"이라 한다)으로 한다.

1. 납세의무자 (2023. 12. 29. 신설)
2. 「신탁법」에 따른 신탁의 방식으로 해당 물건을 취득하는 경우에는 같은 법에 따른 위탁자 (2023. 12. 29. 신설)
3. 그 밖에 해당 물건을 취득하기 위하여 비용을 지급하였거나 지급하여야 할 자로서 대통령령으로 정하는 자 (2023. 12. 29. 신설)

지방세법 시행령 제18조(사실상취득가격의 범위 등)

① 법 제10조의3 제1항 각 호 외의 부분에서 "대통령령으로 정하는 사실상의 취득가격"(이하 "사실상취득가격"이라 한다)이란 해당 물건을 취득하기 위하여 거래 상대방 또는 제3자에게 지급했거나 지급해야 할 직접비용과 다음 각 호의 어느 하나에 해당하는 간접비용의 합계액을 말한다.

〈쟁점요지〉 감정수수료 및 위탁수수료 등의 취득절차비용을 과세표준에 포함하여 취득세 등을 부과한 처분은 타당한지 여부

판결요지 ●●● 취득시기 이전에 지급원인이 발생 또는 확정된 것이면 족하고 반드시 취득 이전에 지급된 비용에 국한되는 것은 아니며, 매수과정에서 지급한 각종 위탁수수료도 포함됨

- 구 지방세법 시행령(2000. 12. 29. 대통령령 제17652호로 개정되기 전의 것) 제82조의3 제1항은 '취득세의 과세표준이 되는 취득가격은 과세대상물건의 취득의 시기를 기준으로 그 이전에 당해 물건을 취득하기 위하여 거래상대방 또는 제3자에게 지급하였거나 지급하여야 할 일체의 비용[소개수수료, 설계비, 연체료, 할부이자 및 법인세법 제16조 제11호의 규정에 의한 건설자금에 충당한 금액의 이자 등 취득에 소요된 직접간접비용(부가가치세를 제외)을 포함]을 말한다'고 규정하여 위 비용을 취득가격의 일부로 규정하였는바, 이는 「지방세법」 제111조 제7항의 위임취지에 따라 같은 조 제5항의 규정에 의한 취득세의 과세표준이 되는 가격인 '사실상의 취득가격'의 범위를 구체화한 것으로서, 물건의 취득시기를 기준으로 그 이전에 당해 물건을 취득하기 위한 것으로 한정하고 있으므로, 이를 모법의 위임 근거가 없거나 그 위임 취지에 위배된 무효의 규정이라고 할 수 없다(대법원 2001. 4. 27. 선고 99두12090 판결 참조).
- 이 사건 위탁수수료는, 원고가 이 사건 토지를 매수함에 있어 '토지매수구역선의 확정, 제보상비의 부담, 토지지장물의 보상가액 및 영농보상비 산출통보, 감정측량등기공탁소송공고 등의 법정수수료와 제세공과금, 문화재 발굴 및 이전비 부담, 제시 보상물건의 착오 또는 추가발생분의 조사확정, 지장물의 철거비 및 이전비 부담, 보상대상 물건의 감정평가 보상가격결정 등'의 업무에 관한 위탁계약에 따라 지급한 것으로서, 이 사건 토지의 취득에 소요된 비용이라고 할 것이므로 취득세의 과세표준인 사실상의 취득가격에 포함된다고 할 것이다.
- 사실상의 취득가격의 범위에 관하여 규정하고 있는 구 지방세법 시행령 제82조의3 제1항의 규정 내용에 비추어, '취득가격'에 포함되는 비용은 과세대상 물건의 취득시기 이전에 지급원인이 발생 또는 확정된 것이면 족하고 반드시 취득 이전에 현실적으로 지급된 비용에 국한되는 것은 아니라고 보아야 한다.

16.2 송전철탑 설치공사 중 발생되는 진입로 공사비, 주변 복구비용 등을 취득세 과세표준에 포함시킬 수 있는지

【관련 판례】 대법 2009두5350, 2009. 9. 10. : 상고기각

- 지방세법 제10조의3 및 시행령 제18조

〈쟁점요지〉 송전철탑의 취득비용이 취득에 소요된 직접 · 간접비용에 포함되는지 여부

판결요지 ••• **송전철탑을 설치함에 있어 발생하는 진입로 공사비, 헬기장 · 삭도장 · 송전철탑 주변 복구비용 및 철탑 애자부분은 취득세 과세대상 송전철탑의 취득가격에 포함됨**

- 구 지방세법 시행령(2006. 12. 30. 대통령령 제19817호로 개정되기 전의 것, 이하 같다) 제82조의3 제1항 본문은 '취득세의 과세표준이 되는 취득가격은 과세대상물건의 취득의 시기를 기준으로 그 이전에 당해 물건을 취득하기 위하여 거래상대방 또는 제3자에게 지급하였거나 지급하여야 할 일체의 비용[소개수수료, 설계비, 연체료, 할부이자 및 건설자금에 충당한 금액의 이자 등 취득에 소요된 직접 · 간접비용(부가가치세를 제외한다)을 포함하되, 법인이 아닌 자가 취득하는 경우에는 연체료 및 할부이자를 제외한다]을 말한다'고 규정하고 있는바, 여기서 말하는 '취득가격'에는 과세대상물건의 취득시기 이전에 거래상대방 또는 제3자에게 지급원인이 발생 또는 확정된 것으로서 당해 물건 자체의 가격은 물론 그 이외에 실제로 당해 물건 자체의 가격으로 지급되었다고 볼 수 있거나 그에 준하는 취득절차비용도 간접비용으로서 이에 포함된다고 할 것이다(대법원 1996. 1. 26. 선고 95누4155 판결 등 참조).
- 원심판결 이유에 의하면 원심은, 이 사건의 경우 진입도로 공사비, 삭도장 · 헬기장 공사비, 훼손지복구비, 대체산림조성비 등(이하 '진입도로 공사비 등'이라고 한다)은 이 사건 각 송전철탑 설치공사의 특성상 반드시 설치해야 하거나 그 지출이 필수적으로 요구되는 비용으로서, 당해 과세물건인 송전철탑을 취득하기 위하여 필요 · 불가결한 준비행위 또는 그 수반행위에 소요된 것이므로, 이 사건 각 송전철탑의 취득비용에 당연히 포함되는 것이고, 따라서 이와 다른 전제에서 진입도로 공사비 등이 송전철탑이라는 주체구조부와 일체가 되는 부분이 아니라서 취득가격에 포함되지 않는다는 취지의 원고 주장은 이유 없다고 판단하였다.

관련 기타 판례

1. 공사대금에 포함된 하자보수충당금 및 퇴직급여충당금 상당액은 취득과 직접 또는 간접으로 관련된 비용으로서 취득가격에 포함되어야 함(대법 2007두17373, 2010. 2. 11. 판결).
2. 토지를 매수하여 그 지상에 건축물을 신축하면서 대리사무보수, 신탁보수 및 컨설팅계약에 따른 용역비를 지급한 경우 건축물의 취득 전에 이루어진 직·간접적인 부대비용으로서 취득가격에 포함됨(대법 2009두22034, 2011. 1. 13. 판결).
3. 채권입찰제로 공급하는 공동주택건설용지를 매입하는 과정에서 발생하는 제3종 국민주택채권의 처분손실은 의무부담비용으로서 취득가격에 포함됨(대법 2011두15473 및 2011두27773, 2013. 1. 16. 판결).
4. 골프장 건설과정에서 투입한 접대비, 인근주민 찬조금, 급여, 복리후생비, 교통비, 차량유지비, 통신비, 수도광열비, 운반비, 도서인쇄비는 골프장 취득에 관한 비용에 해당함(대법 2013두5517, 2013. 9. 12. 판결).
5. 학교용지부담금은 공동주택 신축을 위해 필수적으로 부담하여야 하는 비용이므로 취득가격에 포함하는 것이 타당함(대법 2019두34975, 2019. 6. 13. 판결).
6. 공동주택을 신축함에 있어 대출을 위해 지급한 주택사업금융보증 수수료는 건축을 위해 소요된 간접비용에 해당하므로 취득가격에 포함됨(대법 2019두62628, 2020. 4. 9. 판결).
7. 토지구획정리사업의 취득세 과세표준 산정에 있어 취득세 과세표준은 조합에 대한 대여금이나 도급공사비에 한정되는 것이 아니라 사업시행 약정 전후로 소요된 경비일체를 포함한 사업비 전체를 말함(대법 2015두41616, 2015. 8. 27. 판결).
8. 골프장을 인수하면서 기존 골프장 회원들에게 입회보증금을 반환지급한 경우, 인수한 입회보증금반환채무는 그 부동산을 취득하기 위한 대가로서 사실상의 취득가격에 포함한다고 해석함이 타당함(대법 2023두36336, 2023. 5. 18. 판결).

16.3 취득의 대상이 아닌 물건이나 권리에 관한 비용(주택분양보증수수료)을 취득세 과세표준에 포함시킬 수 있는지

【관련 판례】 대법 2009두12150, 2010. 12. 23. : 상고기각

- 지방세법 제10조의3 및 시행령 제18조

〈쟁점요지〉 '취득가격'의 범위 및 취득의 대상이 아닌 물건이나 권리에 관한 것(주택분양보증수수료)이어서 당해 물건 자체의 가격이라고 볼 수 없는 경우 취득세 과세표준으로 삼을 수 있는지 여부

판결요지 ••• 주택분양보증수수료의 경우 취득의 대상이 아닌 물건이나 권리에 관한 것이어서 당해 물건 자체의 가격이라고 볼 수 없어 취득세 과세표준에 포함되지 아니함

- 구 지방세법(2005. 12. 31. 법률 제7843호로 개정되기 전의 것) 제111조 제5항 제3호, 제7항, 구 지방세법 시행령(2010. 1. 1. 대통령령 제21975호로 개정되기 전의 것) 제82조의3 제1항 본문 규정에서 말하는 '취득가격'에는 과세대상물건의 취득시기 이전에 거래상대방 또는 제3자에게 지급원인이 발생 또는 확정된 것으로서 당해 물건 자체의 가격(직접비용)은 물론 그 이외에 실제로 당해 물건 자체의 가격으로 지급되었다고 볼 수 있거나(취득자금이자, 설계비 등) 그에 준하는 취득절차비용(소개수수료, 준공검사비용 등)도 간접비용으로서 이에 포함된다 할 것이나, 그것이 취득의 대상이 아닌 물건이나 권리에 관한 것이어서 당해 물건 자체의 가격이라고 볼 수 없는 것이라면 과세대상물건을 취득하기 위하여 당해 물건의 취득시기 이전에 그 지급원인이 발생 또는 확정된 것이라도 이를 당해 물건의 취득가격에 포함된다고 보아 취득세 과세표준으로 삼을 수 없다.
- 아파트 건설회사가 공동주택(아파트) 및 단지 내 상가를 신축하기로 하고 대한주택보증주식회사와 주택분양보증계약을 체결한 후 주택분양보증수수료를 지급하고 위 건축물에 대한 사용승인을 받은 다음 위 주택분양보증수수료를 제외한 공사대금 등을 과세표준으로 하여 취득세 등을 신고 · 납부한 사안에서, 주택분양보증은 사업주체가 파산 등의 사유로 분양계약을 이행할 수 없게 되는 경우 수분양자들에게 당해 주택의 분양(사용검사를 포함한다)의 이행 또는 입주금의 환급을 책임지는 보증으로서, 사업주체의 신축건물 취득을 보증하기 위한 제도가 아니라 사업주체의 수분양자에 대한 분양계약(판매계약) 이행을 보증하기 위한 제도인 점 등 여러 사정을 종합하여 보면, 위 주택분양보증수수료는 건축물 자체의 가격은 물론 그 이외에 실제로 건축물 자체의 가격으로 지급되었다고 볼 수 있거나 그에 준하는 취득절차비용 등 간접비용에도 포함된다고 할 수 없으므로, 건축물의 취득가격에 산입하여 한 과세부과 처분은 위법하다.

16.4 도시개발사업에 따른 사업권의 양수비를 취득세 과세표준에 포함할 수 있는지

【관련 판례】 대법 2013두3641, 2013. 6. 27. 판결 : 항소기각

- 지방세법 제10조의3 및 시행령 제18조

〈쟁점요지〉 도시개발사업을 추진하면서 얻은 신용 · 명성 · 거래선과 같은 영업상의 이점과 사업시행 등에 있어서 가질 수 있는 우선적인 지위 등의 일환으로 지급받은 사업권의 양수비를 취득세 과세대상인 토지를 취득하기 위한 비용으로 보아 과표에 포함할 수 있는지 여부

판결요지 토지와는 별도의 권리에 해당하므로 과표에 포함할 수 없음

- 취득의 대상이 아닌 물건이나 권리에 관한 것이어서 당해 물건의 가격에 해당한다고 볼 수 없다면, 당해 물건의 취득시기 이전에 그 지급원인이 발생 또는 확정된 것이라도 이를 당해 물건의 취득가격에 포함된다고 보아 취득세의 과세표준으로 삼을 수 없다(대법원 2010. 12. 23. 선고 2009두12150 판결 등 참조).
- 원고가 ○○○○○ 주식회사와 주식회사 ○○건설로부터 양수한 각 사업권은 그들이 ○○○○구역 도시개발사업을 추진하면서 얻은 신용 · 명성 · 거래선과 같은 영업상의 이점과 사업시행 등에 있어서 가질 수 있는 우선적인 지위 등으로서 취득세의 과세대상인 토지와는 별도의 권리이므로, 그 각 사업권 양수비를 이 사건 토지의 취득가격에 산입하여서는 아니됨.

※ 이 사건의 경우 사업권 양수비에 취득세 과세대상인 대출취급수수료 등이 일부 포함되어 있으나, 이를 구분하기 어려워 전체를 부과취소 하였는바, 처분청에서는 부과제척기간이 도과하였다 하더라도 소송에 따른 제척기간 특례를 적용하여 과세대상을 구분하여 1년 이내에 재차 부과할 수 있음에 유의

16.5 건물신축과 관련한 자문수수료, 정산하지 않은 분양시행이익을 취득세 과세표준에 포함할 수 있는지

【관련 판례】 대법 2013두22178, 2014. 2. 13. 판결(심리불속행) : 상고기각

- 지방세법 제10조의3 및 시행령 제18조

〈쟁점요지〉 건축물 신축에 따른 경영진단과 사업수지 검토 등을 위해 지급한 자문수수료, 분양을 위한 자문수수료 및 신축공사 후 분양사업의 시행이익을 정산하여 도급공사비 증액방식으로 지급하기로 하였으나 정산이 이루어지지 않아 지급하지 않은 비용을 취득세 과세표준에 포함할 수 있는지 여부

판결요지 ••• **건축 신축에 따른 사업수지 자문료는 과표에 산입되나, 분양 자문수수료 및 정산이 이루어지지 않은 외주비용은 산입되지 않음**

- '취득가격'에는 과세대상 물건의 취득시기 이전에 지급원인이 발생 또는 확정된 것으로서 당해 물건 자체의 가격(직접비용)은 물론 그 밖에 실제로 당해 물건 자체의 가격으로 지급되었다고 볼 수 있거나(취득자금이자, 설계비 등) 그에 준하는 취득절차비용(소개수수료, 준공검사비용 등)도 간접비용으로서 이에 포함된다 할 것이나, 다만 그것이 과세대상 물건이 아닌 다른 물건이나 권리에 관하여 지급된 것이라면 이는 '취득가격'에 포함되지 아니한다(대법원 1996. 1. 26. 선고 95누4155 판결, 대법원 1997. 12. 26. 선고 97누10178 판결 등 참조) -(의정부지법 2011구합4201, 2013. 3. 19. 판결).
- 수행한 용역업무의 내용은 이 사건 건축물의 신축에 따른 전반적인 경영진단과 사업수지 검토 및 각종 세무·회계 문제의 검토 등으로서 이 사건 건축물의 신축 및 그에 따른 사업성 판단을 위하여 필요불가결한 행위라고 볼 수 있고, 제1, 2 용역계약 대금은 이를 위하여 지출된 직·간접적인 부대비용에 해당한다고 봄이 타당하므로 이 사건 건축물의 취득가격에 포함되어야 한다(서울고법 2013누10245, 2013. 9. 26. 판결).
- 이 사건 건축물 중 아파트의 분양에 필요한 기초자료를 조사하고 적정한 분양조건 및 분양가격을 제시하여 분양을 원활하게 진행하기 위한 것으로서 이 사건 건축물의 취득(신축)과는 관계가 없는 것이라고 봄이 타당하므로, 제3 용역계약 대금은 이 사건 건축물의 취득가격에서 제외되어야 한다(서울고법 2013누10245, 2013. 9. 26. 판결).
- 원고가 이 사건 건축물의 신축공사 후 그 분양사업의 시행이익을 정산하여 그 중 20%를 현대건설에게 도급공사비 증액 방식으로 지급하기로 한 사실, 그러나 이 사건 처분 후인 2011. 10. 14.까지도 원고와 현대건설 사이에 시행이익 정산에 관한 다툼이 있어 위와 같은

공사비 증액이 실현되지 못한 사실이 인정되고, 위 인정사실에 비추어 보면 원고가 계정별 원장(외주비 부분)에 시행이익 60억 원을 계상한 것은 추정치에 불과한 것으로 보이므로, 원고의 이 부분 주장은 이유 있다(의정부지법 2011구합4201, 2013. 3. 19. 판결).

관련 기타 판례

1. 골프장 운영을 위한 코스관리 · 컨설팅 비용은 취득과 무관한 비용으로서 취득가액에 포함되지 아니함(대법 2013두5517, 2013. 9. 12. 판결).
2. 토지를 제한된 용도에 사용하고 공공지원시설을 자치단체에 낮은 가격으로 분양하는 조건으로 토지를 저렴하게 공급받은 경우 해당 할인액은 별개의 부동산인 건물의 분양과 관련된 것이므로 토지의 취득가격에 포함할 수 없음(대법 2018두36233, 2018. 5. 30. 판결).
3. 민사소송상 고충, 분묘 굴이에 따른 고충 및 분묘이장을 위한 비용, 증여세 대납 비용 등은 취득을 위한 자체비용으로 볼 수 없어 취득세 과세표준에 포함할 수 없음(대법 2018두62836, 2019. 2. 18. 판결).
4. 신탁회사가 관리형신탁에 따라 공동주택을 신축함에 있어 위탁자로부터 받은 관리형신탁수수료는 애초에 비용으로 볼 수 없으므로 취득세의 과세표준에는 포함될 수 없음(대법 2020두32937, 2020. 5. 14. 판결).
5. 관리신탁에 따른 신탁회사가 건축물을 신축하는 과정에서 시행사인 위탁자에게 지급한 각종 운영비가 건축물 신축을 위한 간접비용으로 사용한 것인지를 과세관청이 객관적으로 입증하지 못한 경우 건축물 신축과표에 포함할 수 없음(대법 2021두58530, 2022. 3. 17. 판결).
6. 재건축조합 운영비는 판매비용과 그 관련 부대비용으로 보아 신축 과표에서 제외하고, 감정평가비용은 취득에 필요한 용역비용으로, 조합이 대납한 조합원 이주비 대출이자 비용은 취득을 위한 조건부담액으로 보아 신축 과표에 포함하는 것이 타당함(대법 2022두45944, 2022. 9. 29. 판결).

16.6 법원 경매과정의 유치권 해소 비용이 취득세 과표에 포함되는지

【관련 판례】 대법 2016두50631, 2016. 12. 1. 판결(심리불속행) : 기각

- 지방세법 제10조의3 및 시행령 제18조

〈쟁점요지〉 **법원 경매과정에서 유치권을 신고한 경우로서, 유치권 해소를 위해 지출한 비용이 취득한 물건의 과세표준에 포함되는지 여부**

판결요지 ••• 유치권 인정에 대한 다툼이 있는 경우로서 그 해소 비용을 과세표준에 포함시키려면 과세권자가 이를 입증해야 되는 바, 입증하지 못하면 과세표준에 포함할 수 없음 ⇒ 다만, 적법한 유치권으로 인정되고, 이의 해소를 위해 지출되어진 비용이라면 취득세 과세표준에 포함된다고 할 것임

- △△건설이 2012. 8. 4. 이 사건 경매절차에서 유치권 신고를 한 사실은 앞서 본 바와 같으나 이는 민사집행법 제90조에 정해진 경매절차의 이해관계인(제4호 참조)으로 인정받기 위한 절차에 불과하고 실무상 집행법원은 위 신고를 형식적으로 심사할 뿐이어서 경매절차에서 유치권자로 신고하였다는 사정만으로 실체적으로 적법한 유치권자로 인정되지는 않는다. 따라서 취득세부과처분 취소소송에서 과세근거가 되는 과세표준에 대한 증명책임이 원칙적으로 과세관청에 있는 이상, 과세관청인 피고가 원고가 이 사건 부동산을 경락받기 이전에 △△건설의 위 부동산에 관한 유치권이 적법하게 성립되었다는 점을 증명해야 한다.
- 그러나, 앞서 본 인정사실에 의하면 △△건설이 ○○원으로부터 8회에 걸쳐 기성회차에 따라 이 사건 공사대금 합계 37,527,600,000원을 전부 지급받았다고 봄이 상당하고, 이와 달리 △△건설과 ○○원 사이에 이 사건 공사 관련 도급변경 계약이 추가적으로 체결되었다거나 미지급 공사대금이 남아 있어 △△건설이 신고한 유치권의 피담보채권이 존재한다는 점에 대한 피고의 주장・입증이 없으므로, 이와 전제를 달리 한 이 사건 처분은 더 나아가 살필 필요 없이 위법하다(서울행정법원 2015. 11. 13. 선고 2015구합68246 판결).

※ 대법 2019두44385, 2019. 8. 30. 판결(심리불속행) : 항소기각

- 경매취득시 유치권을 소멸시켜야만 완전한 취득이 가능하므로 유치권자가 경매로 유치부동산을 취득한 경우에는 당해 유치권비용을 취득세 과표에 산입하는 것이 타당함

16.7 공매과정에서 지급한 공용부분 체납 관리비를 경매물건 취득 과세표준에 포함할 수 있는지

【관련 판례】 대법 2022두42042, 2022. 12. 1. 판결 : 파기환송

- 지방세법 제10조의3 및 시행령 제18조

〈쟁점요지〉 집합건물을 경매로 취득하면서 공용부분에 대한 관리비 체납액을 승계하여 부담한 경우, 해당 비용을 집합건물의 취득가격에 포함할 수 있는지 여부

판결요지 취득자 조건 부담액과 채무인수액은 당사자 약정에 의한 것만을 의미하고, 체납 관리비는 경매물건과 대가관계에 있다고 보기도 어려우며, 체납 관리비는 경매물건을 취득함에 따라 발생하는 비용에 해당하므로, 경매물건의 취득가격에 포함할 수 없음.

- 관련 규정의 내용과 입법취지, 공용부분 체납관리비 승계의 근거 및 취지 등에 비추어 보면, 이 사건 체납관리비는 구 지방세법 시행령 제18조 제1항 제5호 또는 제7호에서 정한 간접비용에 해당한다고 볼 수 없다. 그 구체적인 이유는 다음과 같다.
- 1) 구 지방세법 시행령 제18조 제1항 제5호가 사실상의 취득가격에 포함하는 간접비용으로 정한 '취득자 조건 부담액과 채무인수액'은 당사자의 약정에 따른 것만을 의미한다고 보아야 한다. 그런데 이 사건 체납관리비는 당사자의 약정이 아니라 법률의 규정에 따라 원고에게 승계된 것이므로 위 조항에서 정한 간접비용에 해당한다고 볼 수 없다.
- 2) 다음과 같은 사정에 비추어 보면, 이 사건 체납관리비가 구 지방세법 시행령 제18조 제1항 제5호의 비용에 준하는 비용으로서 같은 항 제7호에서 정한 간접비용에 해당한다고 보기도 어렵다. 가) 구 지방세법 시행령 제18조 제1항 제5호가 '당사자의 약정에 따른 취득자 조건 부담액과 채무인수액'을 사실상의 취득가격에 포함하도록 규정한 것은, 그러한 금액은 취득하는 과세대상 물건과 대가관계에 있고, 실질적으로 해당 물건의 가격으로 지급되는 것으로 볼 수 있기 때문이다. 나) 그런데 경매절차에서 구분건물의 매수인은 체납관리비의 승계 여부와 관계없이 매각대금을 다 내면 매각의 목적인 권리를 취득하고(민사집행법 제135조), 전 소유자가 체납한 공용부분 관리비 채무를 인수하는 것은 경매절차에서 매각되는 구분건물을 취득하기 위한 법정매각조건에도 해당하지 않는다. 따라서 특별한 사정이 없는 한 매수인이 집합건물법 제18조에 따라 승계하는 공용부분 체납관리비는 경매절차에서 취득하는 구분건물과 대가관계에 있다고 보기 어렵다. 다) 이 사건 체납관리비는 원고가 이 사건 부동산을 취득하기 위하여 인수한 채무라기보다는 이 사건 부동산을 취득함에 따라 비로소 부담하게 된 채무에 불과하다고 볼 수 있다. 다. 그런데도 원심은 그 판시와 같은 이유만으로 이 사건 체납관리비가 구 지방세법 시행령 제18조 제1항 제5호 또는 제7호에서 정한 간접비용에 해당한다고 보고, 같은 전제 하에 있는 이 사건 처분이 적법하다고 판단하였다. 원심의 이러한 판단에는 사실상의 취득가격의 범위 등에 관한 법리를 오해하여 판결에 영향을 미친 잘못이 있다. 이를 지적하는 상고이유 주장은 이유 있다.

16.8 영업권이 존재하나 그 가액이 불분명한 경우 취득가격을 어떻게 산정해야 하는지

【관련 판례】 대법 2008두22280, 2011. 4. 14. : 상고기각

- 지방세법 제10조의3 및 시행령 제18조

〈쟁점요지〉 토지대금과 영업권 대금의 구별이 불가능한 경우 공시지가 초과분 상당액을 영업권으로 보아 해당 부분을 취득가격에서 제외할 수 있는지 여부

판결요지 ••• **골프장용 토지를 취득하면서 영업권의 대가가 특정되어 있지는 않지만 그 양수대가에 포함되어 있는 경우에는, 토지대금과 영업권 대금의 구별이 사실상 불가능한 이상 공시지가를 초과하는 나머지 부분을 영업권의 양수대가로 보아 취득가격에서 제외함**

- 사업계획승인 그 자체의 재산적 가치를 부인할 수 없고, 이 사건 제1토지의 전전인수자인 원고가 골프장 영업을 정상적으로 영위하기 위해서는 별개의 계약 체결을 통해 사업계획승인 등의 법률상의 지위를 인수하는 것이 필수불가결하며, 이 사건 사업양수도 계약서상 사업계획승인 등의 영업권 대가가 특정되어 있지는 않지만 그 양수대가에 영업권의 대가도 포함되어 있다고 보아야 하고, 이 사건 제2토지 대금과 골프장 사업계획승인 등 영업권에 대한 대금의 구별이 사실상 불가능한 이상 공시지가를 초과하는 나머지 부분을 사업계획승인 등 영업권 양수대가로 보는 것은 불가피하다고 할 것이므로, 쟁점금액은 이 사건 영업권 양수대가에 해당한다고 보아 이에 반하는 취지의 이 사건 증액경정처분은 위법하다.

16.9 준공된 아파트의 분양권을 거래시 프리미엄가액을 포함하여 취득세 과세표준 적용할 수 있는지

【관련 판례】 대법 2016두33605, 2016. 5. 12. 판결(심리불속행) : 기각

- 같은 취지의 판결 : 대법 2016두33599, 2016. 5. 12., 대법 2016두33704, 2016. 5. 12. 판결
- 지방세법 제10조의3 및 시행령 제18조

〈쟁점요지〉 준공된 아파트의 분양권을 양도한 경우 취득세 과세표준이 당초 분양받은 금액인지 아니면 프리미엄 등이 붙은 사실상 거래가액인지 여부

판결요지 ••• 프리미엄이 포함된 금액이 취득세 과세표준이 됨

- ① 이 사건 양도계약 당시 이 사건 아파트는 완공되어 있었으므로, 이 사건 양도계약은 분양권의 전매라기보다는 주식회사 ○○과 주식회사 △△ 사이에 체결된 계약의 매수인의 지위를 양수하는 계약이고, 그에 따라 원고가 주식회사 △△△로부터 이 사건 아파트에 관하여 소유권이전등기를 경료받은 점, ② 건설 중인 아파트의 분양권을 양도하는 경우 아직 분양대상 아파트가 완공되지 않은 상태이므로, 아파트 자체가 존재하지 않는 상태에서 분양을 받을 수 있는 권리만이 양도되는 것이지만, 이 사안의 경우 완공되어 소유권보존등기가 완료된 아파트를 매수할 수 있는 매수인의 지위를 양도하는 것이므로, 이 사건 양도계약을 통하여 취득하려는 목적물이 구체적으로 실재하고 있다는 점에서 분양권 양도와는 다른 점, ③ 주식회사 ○○과 주식회사 △△△△△ 사이의 매매대금뿐만 아니라 이에 더하여 주식회사 ○○에게 추가로 지급하기로 약정한 금액 484,200,000원 역시 원고가 이 사건 아파트를 취득하는 대가로 지불한 금액이고, 원고가 이 사건 아파트를 제3자에게 매각할 때 거래금액을 정함에 있어서 이렇게 대가로 지불한 금액 전부를 가격에 반영할 것으로 보이는 점 등을 종합하여 보면, 이 사건 아파트의 '사실상의 취득가격'은 원고가 주식회사 ○○에게 지급한 매매대금인 3,233,800,000원이라고 할 것이다(서울고법(춘천)2015누177, 2016. 1. 18.).

16.10 도시가스 인입배관 설치에 따라 사용자가 부담하는 부분까지를 취득자의 과세표준에 포함할 수 있는지

【관련 판례】 대법 2015두39828, 2015. 7. 10. 판결(심리불속행) : 상고기각

- 지방세법 제10조의3 및 시행령 제18조

〈쟁점요지〉 도시가스 인입배관 설치에 따라 사용자가 50% 부담하고 있는 해당 공사비를 취득세 과세표준에 포함하고 가산세를 부과할 수 있는지 여부

판결요지 ••• 도시가스공급규정에 의하여 원고들이 부담하는 인입배관 공사비의 50% 상당액이라고 할 것이고, 도시가스사용자가 시공자에게 지급한 인입배관 공사비 분담금은 원고들의 인입배관 취득가격에 포함된다고 할 수 없음

- 취득세를 과세함에 있어 해당 물건의 취득에 소요된 비용인지 여부는 취득시기를 기준으

로 객관적으로 보아 취득자 자신의 부담으로 귀속될 것인지, 또 그 취득으로 인한 것인지에 따라 가려야 한다(대법원 1994. 4. 26. 선고 93누6003 판결).

- 이 사건에서 원고들의 인입배관 취득가격은 구「지방세법 시행령」제18조 제1항에 따라 원고들이 인입배관을 취득하기 위하여 시공자에게 지급한 비용(객관적으로 보아 인입배관의 취득을 위하여 취득자인 원고들 자신의 부담으로 귀속되는 비용), 즉 도시가스공급규정에 의하여 원고들이 부담하는 인입배관 공사비의 50% 상당액이라고 할 것이고, 도시가스사용자가 시공자에게 지급한 인입배관 공사비 분담금은 원고들의 인입배관 취득가격에 포함된다고 할 수 없다. 또한 구「지방세법 시행령」제18조 제2항 제2호 및 제5호는 '「도시가스사업법」에 따라 가스를 이용하는 자가 분담하는 비용 및 이에 준하는 비용'을 취득가격에서 제외하고 있고, 도시가스사용자의 인입배관 공사비 분담금은 여기에 해당한다고 할 수 있으므로, 위 분담금은 이러한 점에서도 원고들의 인입배관 취득가격에서 제외되어야 한다.

16.11 특정차입금 건설자금 이자에 대한 취득세 과표 산입기간 및 산입금액 판단기준

【관련 판례】 대법 2013두5517, 2013. 9. 12. : 일부 파기환송

- 지방세법 제10조의3 및 시행령 제18조

〈쟁점요지〉 특정차입금 건설자금 이자에 대한 취득세 과표산정시 차입금을 실제사용기간부터 기산하여야 하는지 아니면 사용하기 전에 미리 차입한 경우라도 그에 관한 이자를 모두 포함하여야 하는지 여부 및 차입금을 일시 예치하면서 발생한 이자를 차감하는 것이 타당한지 여부

판결요지 ••• 자본화 기간 동안 모든 이자비용을 포함하여야 하고 이자비용에서 일시예금에 따른 이자수익을 차감하여야 함

- 구 지방세법상 취득세의 과세표준에 산입되는 건설자금이자는 법인세법상 손금불산입 대상인 건설자금이자와 마찬가지로 특정차입금의 차입일부터 해당 자산의 취득일 등까지 발생한 이자에서 특정차입금의 일시예금에서 생기는 수입이자를 차감하는 방법으로 산정하여야 하고, 설령 특정차입금을 실제로 사용하기 전에 미리 차입을 하였다고 하더라도 그에 관한 이자는 여전히 해당 자산의 취득에 소요된 비용에 해당하므로 이를 취득세의 과세표준에서 제외할 것은 아니다(대법원 2010. 4. 29. 선고 2009두17179 판결 참조).

- 특정차입금의 경우 자본화기간 동안 발생한 모든 이자비용에서 같은 기간에 발생한 이자수익을 차감하는 방법으로 건설자금이자를 산정하여야 한다고 본 것은 앞서 본 법리에 따른 것으로서 정당하다. 따라서 이와 달리 특정차입금이 실제로 건설자금에 사용되기 전까지 발생한 이자를 취득세의 과세표준에 산입할 건설자금이자에서 제외하여야 한다는 원고의 상고이유 제1, 2점 및 특정차입금의 일시예금에서 생기는 이자수익을 특정차입금에 대한 이자에서 차감하는 방법으로 취득세의 과세표준에 산입할 건설자금이자를 산정할 것이 아니라는 피고의 상고이유 제2점은 모두 받아들일 수 없다.

16.12 일반차입금 이자를 건축물 신축과표에 포함하기 위한 충분한 입증책임 및 비과세 관행이 성립되는지

【관련 판례】 대법 2014두46935, 2018. 3. 29. 판결 : 파기환송

- 지방세법 제10조의3 및 시행령 제18조

〈쟁점요지〉 일반차입금 이자를 건축물 신축과표에 포함함에 있어 그 신축을 위해 해당 차입금이 사용되었다는 충분한 입증이 되지 않은 경우에도 취득세 과세표준에 포함할 수 있는지 여부 및 2006. 1. 23. 이전 분에 대한 비과세 관행 성립여부

판결요지 건설자금에 충당한 일반차입금 이자가 과세물건의 취득에 소요되었다면 취득세 과세표준에 포함하고, 그 증명책임은 과세관청에 있다고 할 것임. 따라서 과세관청이 해당 차입금을 건물 신축비용에 사용하였다는 충분한 소명이 필요함. 한편 2006. 1. 23. 이전에 발생한 지급이자 부분은 비과세 관행이 성립하였으므로 과세표준에 포함할 수 없음

- 구 지방세법이 건설자금에 충당한 차입금의 이자를 취득세의 과세표준에 포함하도록 규정하는 것은 그것이 취득을 위하여 간접적으로 소요된 금액임을 근거로 한다(대법원 2010. 4. 29. 선고 2009두17179 판결 등 참조). 그렇다면 어떠한 자산을 건설 등에 의하여 취득하는 데에 사용할 목적으로 직접 차입한 자금의 경우 그 지급이자는 취득에 소요되는 비용으로서 취득세의 과세표준에 포함되지만, 그 밖의 목적으로 차입한 자금의 지급이자는 납세의무자가 자본화하여 취득가격에 적정하게 반영하는 등의 특별한 사정이 없는 한 그 차입한 자금이 과세물건의 취득을 위하여 간접적으로 소요되어 실질적으로 투자된 것으로 볼 수 있어야 취득세의 과세표준에 합산할 수 있다고 할 것이다.

- 또한 과세요건사실의 존재 및 과세표준에 대한 증명책임은 과세관청에게 있으므로, 그 밖의 목적으로 차입한 자금의 지급이자가 과세물건의 취득을 위하여 소요되었다는 점에 관하여도 원칙적으로 과세관청이 그 증명책임을 부담한다고 보아야 한다(대법 2014두46935, 2018. 3. 29. 판결).
- 건설자금이자의 과세표준 산입과 관련하여 2006. 1. 23. 이전에 납세의무가 성립하는 부분에 대하여까지 과세표준에 산입하는 것은 신뢰보호의 원칙 내지 소급과세금지의 원칙에 위반된다고 할 것이나, 그 이후 성립하는 부분에 대하여 취득세 등의 과세표준에 산입하는 것은 적법하다고 봄이 타당한바, 이 사건 건설자금이자 중 2006. 1. 23. 이전에 발생한 부분은 원고의 이 사건 부동산 취득으로 인하여 발생하는 취득세 등의 과세표준에 포함된다고 보기 어려우므로, 이 사건 처분 중 2006. 1. 23. 이전에 발생한 건설자금이자에 관한 부분은 위법하다고 할 것이다(의정부지법 2013구합1466, 2014. 2. 11. 판결).

※ 대법 2019두30294, 2019. 4. 25. 판결(심리불속행) : 상고기각
- 일반차입금을 건설자금으로 사용하였는지에 대한 입증 책임은 처분청에게 귀속되고, 납세자가 일반차입금의 성격을 구체적으로 밝히지 못하였다고 하여 해당 차입금의 이자 전부를 취득세 과세표준에 포함할 수는 없음

16.13 토지 연부취득 과정에서 발생하는 이자비용을 연부취득 시점까지만 포함시키는 것이 타당한지

【관련 판례】 대법 2019두52607, 2020. 1. 16. 판결(심리불속행) : 항소기각

- 지방세법 제10조의3 및 시행령 제18조

〈쟁점요지〉 토지를 연부취득하는 과정에서 발생하는 건설자금이자 비용을 취득세 과세표준에 포함함에 있어서, 각 연부취득 시점을 기준으로 하여야 하는지 아니면 최종 연부취득 시점까지 하여야 하는지 여부

판결요지 연부금지급일에 연부금을 지급한 금액에 상당하는 비율만큼 재산을 부분 취득하는 것으로 하여 그 지급금액을 과세표준으로 한 취득세를 부과하는 점 등을 고려시 각 연부취득 시점까지의 이자만을 취득세 과세표준에 포함하여야 함

- ㉠ 지방세법 제7조는 취득세는 과세물건을 사실상 취득하는 때에 납세의무가 성립하도록 규정하고 있고 구 지방세법 시행령 제20조 제5항은 연부로 취득하는 것은 연부금 지급일을 취득일로 보도록 규정하고 있어 연부계약으로 물건을 취득하는 경우에는 각 연부금 지급시기마다 납세의무가 성립되는 점, ㉡ 지방세법에 있어 연부취득의 경우에는 연부계약을 체

결한 매수인이 계약상 또는 사실상의 연부금지급일에 연부금을 지급한 금액에 상당하는 비율만큼 재산을 부분 취득하는 것으로 하여 그 지급금액을 과세표준으로 한 취득세를 부과하는 것으로 해석하여야 하는 점(대법원 1988. 10. 11. 선고 86누703 판결 등 참조), ㉢ 부동산 취득세는 부동산 소유권의 이전이라는 사실 자체에 대하여 부과되는 유통세의 일종으로서 부동산을 사용, 수익, 처분함으로써 얻게 될 경제적 이익에 대하여 부과되는 것이 아닌 점(대법원 2003. 8. 19. 선고 2003두4331 판결 참조), ㉣ 구 지방세법 시행령 제18조 제1항 본문은 취득시기를 기준으로 그 이전에 해당 물건을 취득하기 위하여 거래 상대방 또는 제3자에게 지급하였거나 지급하여야 할 직접비용과 '다음 각 호의 어느 하나에 해당하는 간접비용'의 합계액을 취득가격 또는 연부금액으로 한다고 규정하고 있어 각 호의 비용은 취득시기 이전에 소요된 비용으로 제한되어야 하는 점, ㉤ 납세자가 해당 과세물건을 연부취득하는 경우와 일반적인 방법으로 취득하는 경우는 취득세 과세대상이 되는 사실상의 취득행위가 동일하지 아니하므로 그에 따른 취득세 과세표준도 달라질 수 있는 점 등에 비추어 보면 연부취득의 취득세 과세표준은 각 연부금 지급일 이전에 지급원인이 발생 또는 확정된 것으로 해당 연부금 지급에 상당하는 비율의 물건을 취득하기 위하여 지출한 직접비용과 간접비용으로 한정되어야 하는 점, ④ 피고는 또한 원고가 1차 연부금 지급을 위한 대출금의 이자 비용 등을 지급한 것은 2차 연부금 지급을 위한 대출금을 받기 위한 자격을 갖추기 위해 필수적인 것이므로 2차 연부금 지급에 따른 간접비용에 해당한다는 취지로 주장하나, 그것이 취득의 대상이 아닌 물건이나 권리에 관한 것이어서 당해 물건 자체의 가격이라고 볼 수 없는 것이라면 과세대상물건을 취득하기 위하여 당해 물건의 취득시기 이전에 그 지급원인이 발생 또는 확정된 것이라도 이를 당해 물건의 취득가격에 포함된다고 보아 취득세 과세표준으로 삼을 수 없는바(대법원 2010. 12. 23. 선고 2009두12150 판결 참조), 피고 주장의 비용은 2차 연부취득을 위한 물건 자체의 가격이라고 볼 수 없는 점』 등을 종합하면, 이 사건 비용은 이 사건 토지의 1차 연부취득 및 2차 연부취득에 대한 취득세의 과세표준인 취득가액에 포함되는 비용에 해당한다고 볼 수 없다(서울고법 2019누32643, 2019. 8. 23. 판결).

관련 기타 판례

1. 아파트 사업계획변경승인일 이전에 지출된 금융비용(①), 건축물 신축과 무관하고 부지매입에 따른 차입금에 대한 금융비용(②), 대출수수료(③)가 건축물 취득일 전에 발생하였더라도 부지매입에 관계된 비용이라면 건축물 신축비용으로 볼 수 없음(대법 2017두57301, 2017. 12. 7. 판결).
2. 소득세법, 법인세법, 기업회계 기준 등에도 불구하고 공사대금 지급 지체를 이유로 지급한 지연이자도 취득세 과세표준이 되는 취득가격의 범위에 포함됨(대법 2014두41640, 2014. 12. 24. 판결).

16.14 취득시점(사용승인) 이후에 공사가 이루어진 부분에 대하여 취득세 과표에 포함하여 과세할 수 있는지

【관련 판례】 대법 2013두7681, 2013. 9. 12. : 상고기각

- 지방세법 제7조, 제10조의3 및 시행령 제18조

지방세법 제7조(납세의무자)

③ 건축물 중 조작(造作) 설비, 그 밖의 부대설비에 속하는 부분으로서 그 주체구조부(主體構造部)와 하나가 되어 건축물로서의 효용가치를 이루고 있는 것에 대하여는 주체구조부 취득자 외의 자가 가설(加設)한 경우에도 주체구조부의 취득자가 함께 취득한 것으로 본다.

〈쟁점요지〉 건축물 부대설비에 대한 건축공사 도급계약의 체결이나 공사대금 지급의 약정이 이루어진 경우 취득시기(준공시기)와 관계없이 주체구조부를 건축한 건축주에게 당해 부대시설에 대한 취득세를 부과할 수 있는지 여부

(이 사건의 경우 부대설비를 설치한 수분양자가 대수선에 따른 취득세를 납부하였음에도 임시사용승인일 이전에 건축된 부분에 대하여 주체구조부 소유자인 건축주에게 당해 부대시설에 대한 취득세를 재부과한 사례임)

판결요지 ••• 취득시기를 기준으로 공사완료 된 부분의 기성고에 대하여만 취득세 과세표준에 포함할 수 있음

- 취득시기 이전에 지급원인이 발생 또는 확정된 비용은 건축공사 도급계약의 체결이나 공사대금 지급의 약정 이행기가 도래하였다는 것 또는 그때까지 이미 지급한 공사대금 금액을 의미하는 것이 아니라 취득시기까지 실제 공사가 완료된 부분의 기성고 금액을 뜻한다고 보아야 한다. 따라서 건물 일부의 수분양자 등이 주체구조부와 일체가 되고 건축물의 효용가치를 증대시키는 부대설비 등의 가설공사를 하였으나 당해 건축물의 임시사용승인일 등 그 취득일까지 가설을 완료하지 못한 경우에는 그때까지의 기성고 비율에 따른 공사비 상당만을 취득세의 과세표준에 포함시킬 수 있을 뿐이고, 취득일 이전에 그에 관한 공사도급계약을 체결하였다거나 기성고를 초과하는 공사대금을 미리 지급하였다고 하더라도 그 도급계약금액이나 기성고를 초과하는 공사대금은 이를 취득세의 과세표준에 포함시킬 수 없다. 취득일 이후의 공사로 인한 부분은 독립적으로 취득세의 과세대상이 되는 경우에 한하여 주체구조부 소유자 또는 수분양자 등에게 별도로 취득세를 부과할 수

있을 뿐이다(법 제104조 제4호, 제10호 참조). 그리고 취득세부과처분 취소소송에서 과세근거가 되는 과세표준에 대한 증명책임은 원칙적으로 과세관청에 있으므로, 수분양자 등이 가설한 부분이 주체구조부와 일체가 되고 그 효용을 증대시키는 것이라는 점 및 취득시기까지 기성고의 금액 등에 대해서도 과세관청이 증명할 책임이 있다고 할 것이다(이 사건의 경우 처분청에서 기성고에 대하여 객관적으로 입증하지 못해 패소하였음).

관련 기타 판례

1. 수분양자가 발코니 공사비용을 지불하였더라도 그 비용은 주체구조부 취득자인 원시취득자의 취득가격에 포함되어야 함(대법 2015두59877, 2016. 3. 24. 판결).
2. 발코니의 경우 주체구조부 규정이 적용되어 확장공사비는 시행사의 원시취득 가격에 포함하는 것이 타당하나, 이외의 옵션 부대시설은 건축물의 일부로 볼 수 없어 수분양자가 지불한 비용을 시공사의 취득가격에 포함되지 아니함(대법 2018두31535, 2018. 4. 26. 판결).

16.15 시스템에어컨, 광파오븐, 안전방충망, 태양차단필름, 주방가구 등을 취득세 과세표준에 포함할 수 있는지

【관련 판례】 대법 2020두32937, 2020. 5. 14. 판결(심리불속행) : 항소기각

- 지방세법 제7조, 10조의3 및 시행령 제18조

〈쟁점요지〉 공동주택 신축과정에서 투입된 설치된 시스템에어컨, 광파오븐, 안전방충망, 태양차단필름, 주방가구 등을 공동주택 신축과표에 포함할 수 있는지 여부

판결요지 시스템에어컨 등 부대시설은 건축물과 분리할 수 없을 정도로 일체의 효용을 이룬다고 볼 수도 없으므로 공동주택 신축과표에 포함할 수 없음

- ① 이 사건 부대시설에 대하여는 수분양자들에게 설치 여부와 설치 품목에 대한 선택권이 있었기에, 관리신탁회사인 원고가 이 사건 아파트를 취득할 당시부터 이 사건 부대시설의 설치가 당연히 예정되어 있었다고 볼 수 없는 점, ② 지방세법 제7조 제3항은 "건축물 중 조작 설비, 그 밖의 부대설비에 속하는 부분으로서 그 주체구조부와 하나가 되어 건축물로서의 효용가치를 이루고 있는 것에 대하여는 주체구조부 취득자 외의 자가 가설한 경우에도 주체구조부의 취득자가 함께 취득한 것으로 본다"고 규정하므로, 취득세의 과세대상

인 부대설비인지 여부는 단지 분리가 어렵다거나 분리하면 효용을 해한다는 등에 의해서가 아니라 '건축물의 주체구조부와 하나가 되어 건축물로서의 효용가치를 이루었는지' 여부에 따라 판단되어야 하는바, 이 사건 부대시설이 이 사건 아파트의 거실, 침실 등의 일부분으로서 물리적 구조, 용도와 기능면에서 이 사건 아파트와 분리할 수 없을 정도로 부착·합체되어 일체로서 효용가치를 이루고 있다고는 보기 어려운 점, ③ 이 사건 아파트 입주자모집공고에 "이 사건 부대시설은 시공상의 문제로 일정시점 이후에는 추가품목 선택의 계약 및 취소가 불가능하고 그 설치 위치를 임의로 지정할 수 없다"고 되어 있으나, 이는 대규모 아파트 건축공사의 특성상 일정시점 이후에는 각 입주자의 사정을 반영하여 이미 시공이 마쳐진 부분을 개별적으로 취소하거나 변경하기가 어렵기 때문이지 이 사건 부대시설의 분리나 위치 변경이 물리적 또는 기능적으로 불가능하기 때문은 아닌 점 등을 종합하여 보면, 이 사건 부대시설비용은 이 사건 아파트에 대한 취득세 과세표준에 포함되지 않는다고 봄이 타당하다(광주고법(전주) 2019누1611, 2020. 1. 8. 판결).

16.16 방송국 시설 중 배턴장치, 덕트, 단자함, 조명설비 등에 대하여 건축물로 보아 신축건물 취득세 과세표준에 포함할 수 있는지

【관련 판례】 대법 2020두41832, 2020. 10. 15. 판결(심리불속행) : 항소기각

- 지방세법 제7조, 10조의3 및 시행령 제18조

> **〈쟁점요지〉 방송국의 방송시설 중 배턴장치, 덕트, 단자함, 조명설비 등을 건축물의 일부로 보아 건축물 취득에 따른 취득세 과세표준에 포함할 수 있는지 여부**

판결요지 ••• 쟁점 전기, 조명시설 등의 경우 건축물과 일체를 이루어 건축물의 효용을 증가시키고, 건물과 분리가 어렵고 분리시 그 가치가 현저히 저하되며, 자유로운 이동도 어려운 점 등을 고려시 건축물의 일부로 보아 건축물 과표에 포함하는 것이 타당함

- 시설물의 물리적 구조, 용도와 기능면에서 볼 때 건축물 자체와 분리할 수 없을 정도로 부착·합체되어 일체로서 효용가치를 이루고 있고, 건축물과 독립하여서는 별개의 거래상 객체가 되거나 경제적 효용을 가질 수 없는 경우 시설물이 건축물에 부합되거나 부수되었다고 볼 수 있다(대법원 2013. 7. 11. 선고 2012두1600 판결 등 참조).
- ① 이 사건 시설은 이 사건 건물 중 방송촬영을 하기 위하여 마련된 공간인 스튜디오 등에

구축된 조명과 방송설비로서, 이는 방송프로그램 제작을 위하여 필수적인 부대시설에 해당하여 방송용 스튜디오로 설계된 이 사건 건물 자체의 효용을 증가시키는 시설인 점, ② 이 사건 시설은 설계·제작 단계부터 설치될 공간의 구조와 너비에 맞추어 시설물의 규격과 수량이 정해졌고, 이 사건 건물의 내·외벽, 천장, 바닥 등을 관통하는 슬리브와 배관을 설치하고, 전원케이블, 단자함 등을 연결하는 방법으로 설치된 것이므로, 이를 이 사건 건물과 분리하는 것이 용이하지 아니하고, 이 사건 건물에서 분리되어서는 효용을 다할 수 없는 것으로 보이는 점, ③ 일부 조명시설의 경우 조명 자체의 탈·부착은 가능하다고 볼 여지가 있으나, 이 또한 이 사건 건물의 벽체 등에 매립된 배선으로 연결되어 있어 이를 해체한 후 다시 사용하기 위해서는 전기배선공사 등의 작업을 다시 거쳐야 하는 것으로 보이고, 그 규모나 설치형태에 비추어 이를 자유롭게 이동하여 사용할 수 있다고 보기는 어려운 점 등을 종합하면 이 사건 시설은 구 지방세법 제7조 제3항에 따른 건축물의 부대설비에 속하는 부분으로서 그 주체구조부와 하나가 되어 건축물로서의 효용가치를 이루고 있다고 봄이 상당하다(서울행법 2018구합64474, 2019. 7. 11. 판결).

관련 기타 판례

1. 봉안당 신축 시 설치된 납골안치시설은 건물에 부속되어 이 사건 건물자체의 효용을 증가시키는데 필수적인 시설로서 그 설치비용은 취득세 과세표준에 포함됨(대법 2016두35434, 2016. 6. 28. 판결).
2. 잔금을 치르기 전 건물 리모델링에 따른 ① 조경시설(1층, 15층, 옥상), ② 옥상 LED간판 및 잔넬 간판, ③ 방송시스템 및 특수조명 공사 비용 중 조경공사비는 취득가액에 포함되나, 옥상 LED간판 및 잔넬 간판, 방송시스템 및 특수조명 공사비는 건축물 취득가액에 포함되지 않음(대법 2017두46257, 2017. 8. 18. 판결).
3. 냉동설비의 경우 건물과 분리가 물리적으로 용이하여 건축물과 일체를 이룬다고 보기 어렵고, 타 장소에 이전설치도 용이하며, 창고를 다른 용도로 전환이 가능하므로 쟁점 냉동설비를 냉동창고의 일부로 보아 취득세를 과세할 수 없음(대법 2019두4136, 2019. 8. 30. 판결).

16.17 화단공사, 소방설비, 위생설비 등 설치비용을 개축에 따른 취득세 과세표준에 포함할 수 있는지

【관련 판례】 대법 89누6853, 1990. 6. 22. : 상고기각

- 지방세법 제10조

〈쟁점요지〉 구 지방세법 상 건축물의 주요구조부나 특수한 부대설비 이외의 부대설비에 대한 개축이 취득세의 부과대상인지 여부

판결요지 ••• **개축과 관련 없는 화단 등 공사, 소방설비, 위생설비 등의 비용은 개축에 따른 취득가격에 포함할 수 없음**

- 지방세법(1986. 12. 31. 법률 제3878호로 개정되기 이전의 것) 제105조 제1항, 제3항, 제111조 제3항의 규정에 의하여 "건축물의 개축"은 "부동산의 취득"의 하나로서 취득세의 과세대상이 되며, 그 과세표준은 개축으로 인하여 증가한 가액으로 하도록 되어 있고, 한편 제104조 제11호에는 "개축"은 건축물의 주요구조부(벽, 기둥, 바닥, 마루, 지붕 또는 승강설비 등을 말한다)의 1종 이상에 대하여 개축한 것으로서 그 개축비가 자본적 지출로 인정되는 것을 말하므로 건축물의 주요구조부를 개축하거나 건축물의 특수한 부대설비(지방세법 제104조 제4호, 동시행령 제75조의2 제1호, 제76조 제1항, 동시행규칙 제40조의3) 공사로 인하여 건축물의 가액이 증가하면 이는 취득세의 부과대상이 되지만 그 이외의 각종 부대설비에 대한 개축은 취득세의 부과대상이 되지 아니한다.
- 원고가 지출한 그 소유의 이 사건 건물에 대한 총공사비 가운데 주요구조부 등에 대한 개축비 금 406,859,135원 중 금 350,043,732원만이 취득세부과대상인 건물의 개축으로 인하여 증가된 가액에 해당되고, 그 나머지 화단등 공사, 소방설비, 위생설비, 위생 및 전기설비, 공기구, 비품비용등은 취득세부과대상인 건축물의 개축에 해당되지 아니하므로 피고가 이 부분 공사도 건축물의 개축에 포함된다고 하여 한 이 사건 과세처분은 그 한도내에서 위법하다.

16.18 건축물의 증개축공사와 함께 수리가 이루어진 경우 수리비를 취득세 과세표준에 포함시킬 수 있는지

【관련 판례】 대법 95누3626, 1995. 9. 29. : 상고기각

- 지방세법 제10조

〈쟁점요지〉 건축물의 증·개축과 함께 수리비가 지출된 경우 그 수리비를 증축 부분이나 개축 부분에 종속되는 것으로 보아 취득세를 과세할 수 있는지 여부

판결요지 기존건축물의 증·개축을 함께 하였다 하더라도 개축과 관련이 없는 기존 건축물의 수리비를 증·개축부분의 종물이라 하여 과세대상으로 삼을 수는 없음

- 지방세법 제105조 제3항, 구지방세법 제111조 제3항, 제104조 제11호(1993.6. 11. 법률 제4561호로 개정되기 전의 것)에 의하면 건축물의 증·개축의 경우에는 그로 인하여 당해 건축물의 가액이 증가한 것에 한하여 취득세의 과세대상이 되며, 그 과세표준은 그에 소요되는 금액 또는 그로 인하여 증가한 가액으로 하고, 여기서 개축이란 건축물의 주요 구조부(벽·기둥·바닥·들보·지붕 또는 건축물의 특수한 부대설비를 말한다)의 1종 이상에 대하여 다시 축조한 것으로서 그 축조비가 자본적 지출로 인정되는 것을 말한다고 규정하고 있으므로, 기존 건축물의 증축과 개축을 함께 하였다 하더라도 증축 및 위 규정에서 말하는 개축에 소요되는 금액만이 취득세의 부과대상이 된다 할 것이고, 위 규정의 개축과 아무런 관련이 없는 기존 건축물의 수리비를 증축 부분이나 개축 부분의 종물이라 하여 과세대상으로 삼을 수는 없다.

16.19 준공과 동시에 소유권이 국가로 귀속되는 호안제방 및 연료하역부두의 부지를 취득세 과세표준에 포함시킬 수 있는지

【관련 판례】 대법 2000두7018, 2002. 5. 17. : 상고기각

– 지방세법 제10조의3 및 시행령 제18조

> **〈쟁점요지〉 준공과 동시에 소유권이 국가로 귀속되는 시설의 부지에 대해 공사비 전체를 면적비율로 안분하여 과세표준을 설정하고 취득세를 과세할 수 있는지 여부**

판결요지 호안제방 및 연료하역부두의 부지가 준공과 동시에 그 소유권이 국가로 귀속되는 이상, 그 공사비 전체를 비과세대상으로 보아야 하지 이를 총 공사비에 합한 후 면적비율로 안분하여 과표로 적용할 수 없음

– 지방세법 제111조 제1항, 제5항 제3호는 취득세의 과세표준은 취득 당시의 가액으로 하되 법인장부 등에 의하여 취득가격이 입증되는 경우에는 그 장부상 가액을 사실상의 취득가격으로 보아 이에 의하도록 규정하고 있고, 구 지방세법 시행령(2000. 12. 29. 대통령령 제17052호로 개정되기 전의 것) 제82조의3 제1항은 취득세의 과세표준이 되는 취득가격은 과세대상 물건의 취득의 시기를 기준으로 그 이전에 당해 물건을 취득하기 위하여 거래상대방 또는 제3자에게 지급하였거나 지급하여야 할 일체의 비용을 말한다고 규정하고 있는 바, 공유수면매립법에 의하여 공유수면매립면허를 받아 부지매립공사, 호안축조공사 및 연료하역부두축조공사 등을 시행한 후 매립된 토지를 취득한 경우, 법인장부 등에 의하여 위 각 공사비가 구분되어 있어 취득대상 매립지에 대한 부지매립공사비를 알 수 있다면 당해 부지매립공사비를 취득세의 과세표준이 되는 사실상의 취득가격으로 보아야 할 것이고, 축조된 호안제방 및 연료하역부두가 매립된 토지의 조성 및 유실방지를 위하여 필요불가결하거나 또는 매립된 토지의 편익에 제공되는 시설이라고 하더라도, 그 호안제방 및 연료하역부두의 부지가 공유수면매립면허의 인가 · 승인조건에 따라 공유수면매립공사의 준공과 동시에 그 소유권이 국가로 귀속되는 이상, 위 각 공사비를 모두 합한 총 공사비를 매립된 모든 토지의 총 면적의 비율로 안분하여 과세대상 매립지의 면적에 상응하는 금액을 과세표준이 되는 취득가격으로 볼 수는 없다고 할 것이다(대법원 1983. 2. 8. 선고 82누72 판결 참조).

16.20 자치단체에 납부한 도로원인자 부담금, 하천원인자 부담금, 기반시설 부담금 등이 공동주택 취득가액에 포함되는지

【관련 판례】 대법 2015두47386, 2015. 11. 26. 판결 : 상고기각

- 지방세법 제10조의3 및 시행령 제18조

〈쟁점요지〉 **기부채납되는 기반시설 설치 공사비용으로 피고에게 납부한 도로원인자 부담금, 하천원인자 부담금, 기반시설 부담금 등이 취득세 과세대상인 공동주택 취득가액에 포함되는지 여부**

판결요지 **도로원인자 부담금, 하천원인자 부담금, 기반시설 부담금 등이라도 공동주택 취득가액에 포함됨**

- 취득가격에는 과세대상물건의 취득시기 이전에 거래상대방 또는 제3자에게 지급하여야 할 원인이 발생 또는 확정된 것으로서 당해 물건 자체의 가격은 물론 그 외에 실제로 당해 물건의 취득대가로 지급되었다고 볼 수 있거나 그에 준하는 취득절차비용도 간접비용으로서 이에 포함된다(대법원 2009. 9. 10. 선고 2009두5343 판결 참조).
- 구 지방세법 제106조 제2항과 제126조 제2항은 취득세 및 등록세의 비과세대상을 기부채납조건으로 취득하는 '부동산 및 그 부동산의 등기'로 한정하고 있고, 기부채납에 사용되는 비용까지 그 비과세대상에 포함되어야 한다고 볼 수는 없다는 이유로, 이 사건 분담금이 결과적으로 피고에게 귀속되는 기반시설의 설치를 위한 것이므로 구 지방세법 제106조 제2항과 제126조 제2항에 따라 취득세 등 과세표준에서 제외되어야 한다는 원고의 주장을 배척하였다. 앞서 본 규정과 기록에 비추어 살펴보면 원심의 이러한 판단은 정당하고, 거기에 상고이유 주장과 같이 취득세 등 비과세대상의 범위에 관한 법리를 오해한 위법이 없다.

16.21 기반시설 부담금과 기반시설 설치공사비가 토지개발사업의 지목변경 취득세 과세표준에 포함되는지

【관련 판례】 대법 2019두56654, 2022. 10. 27. 판결 : 상고기각

- 지방세법 제10조의3 및 시행령 제18조

〈쟁점요지〉 토지개발사업을 시행하면서 사업시행자가 부담하는 기반시설 부담금(하수도원인자부담금 및 폐기물처리시설설치부담금)과 기반시설 설치공사비(도로 및 포장공사비, 하천공사비 등)를 지목변경에 따른 취득세 과세표준에서 제외할 수 있는지 여부

판결요지 ••• 기반시설 설치비용과 부담금은 지목변경에 따른 토지 사용승인 이전에 필수적으로 부담하여야 하는 것이므로 지목변경 과세표준에 포함되고, 분양원가에 포함하여 그 비용이 회수되므로 기부채납 비과세 취지에 반하지도 않음

- 원고가 승인받은 실시계획에 따라 기반시설을 설치하고 관계법령 등에 따른 기반시설 부담금을 납부하지 않고서는 이 사건 토지에 대한 사용승인을 받을 수 없고 지목변경 신청도 할 수 없다는 등 판시와 같은 이유로, 기반시설 부담금과 기반시설 설치공사비는 이 사건 토지의 지목변경에 든 비용으로서 이 사건 간주취득세의 과세표준에 포함된다.
- 기반시설 부담금과 기반시설 설치공사비를 이 사건 간주취득세의 과세표준에 포함시키는 것은 실질적으로 국가 등에 귀속 등을 조건으로 설치되는 사회기반시설에 대하여 취득세를 부과하는 결과가 되므로 구 지방세법 제9조 제2항의 취지에 비추어 부당하다고 주장하였다. 원심은, 원고가 기반시설 부담금과 기반시설 설치공사비를 택지조성원가에 포함시켜 회수하게 되므로 이를 이 사건 간주취득세의 과세표준에 포함시킨다고 하여 구 지방세법 제9조 제2항의 취지에 반하는 것은 아니라는 이유로 원고의 주장을 배척하고, 결국 이 사건 처분이 정당하다.

※ 대법 2019두36193, 2019. 6. 13. 판결(심리불속행) : 상고기각

- 기반시설 설치비용 및 부담금은 지목변경과는 무관한 비용이고, 향후 이 사건 토지를 분양받은 자들이 건축물을 신축하는 경우 부담하게 될 비용을 미리 부담한 것으로 볼 여지가 있다는 상반된 견해의 판결이 있으나, 2019두56654 판결의 결론을 인용하는 것이 합리적임.

16.22 선박이 접안하는 안벽을 토지로 보아 공유수면 매립에 따른 취득세 과표에 포함할 수 있는지

【관련 판례】 대법 2014두4757, 2014. 7. 10. 판결 : 상고기각

- 지방세법 제6조 제4호 및 제10조의4

〈쟁점요지〉 공유수면 매립을 통한 부두 축조과정에서 선박이 접안하는 안벽과 관련된 공사비 등을 토지의 원시취득과 관련된 비용으로 보아 과표에 포함할 수 있는지 여부 (납세자의 경우 별도의 시설물로 과세대상에서 제외된다고 주장)

판결요지 안벽은 전체 공유수면 매립지의 일부로 취득세 과세대상 토지에 해당하므로, 그 관련 공사비 등을 과표에 포함하는 것이 타당함

- 취득세 과세대상인 시설물의 범위를 별도로 규정한 취지는, 토지의 가액 증가나 토지의 조성 여부를 묻지 않고 그와 같은 시설물의 취득을 토지와 분리하여 과세대상으로 포착하려는 데 있을 뿐 지목 변경으로 토지의 가액이 증가하거나 공유수면의 매립 등으로 토지가 조성되는 경우에 토지의 구성 부분을 이루는 시설물을 토지의 일부로 보아 취득세를 과세하는 것까지 부정하려는 것은 아니다(대법원 1992. 11. 10. 선고 92누5270 판결 참조). … 이 사건 안벽은 이 사건 전체 매립지의 일부로서 취득세의 과세대상에 해당한다고 봄이 타당하다는 이유로, 이 사건 안벽과 관련된 공사비와 그 부대비용을 취득세의 과세표준에 포함하여 원고 현대중공업에게 취득세 등을 부과한 이 사건 처분은 적법하다.

17. 취득의 시기

17.1 당좌수표를 교부함으로써 매매대금을 지급한 경우 취득시기인 잔금지급일은 언제인지

【관련 판례】 대법원 96누1375, 1996. 11. 15. : 상고기각

- 지방세법 제10조의7 및 시행령 제20조

지방세법 제10조의7(취득의 시기)

제10조의 2부터 제10조의 6까지의 규정을 적용하는 경우 취득물건의 취득유형별 취득시기 등에 관하여 필요한 사항은 대통령령으로 정한다.

지방세법 시행령 제20조(취득의 시기 등)

② 유상승계취득의 경우에는 사실상의 잔금지급일(신고인이 제출한 자료로 사실상의 잔금 지급일을 확인할 수 없는 경우에는 계약상의 잔금지급일을 말하고, 계약상 잔금 지급일이 명시되지 않은 경우에는 계약일부터 60일이 경과한 날을 말한다)에 취득한 것으로 본다. 다만, 해당 취득물건을 등기·등록하지 않고 다음 각 호의 어느 하나에 해당하는 서류로 계약이 해제된 사실이 입증되는 경우에는 취득한 것으로 보지 않는다.

〈쟁점요지〉 잔금 지급방법으로 당좌수표를 교부하고 이후 결제한 경우 토지의 취득시기인 잔금지급일을 언제로 봐야 하는지

판결요지 그 매매잔대금 지급의 방법으로 당좌수표를 교부한 경우에는 특별한 사정이 없는 한 그 수표가 결제되었을 때에 잔금의 지급이 있었다고 보아야 하므로, 그 토지의 취득시기는 당좌수표의 결제일이 됨

- 구 지방세법(1994. 12. 22. 법률 제4794호로 개정되기 전의 것) 제111조 제5항, 같은법 시행령(1995. 12. 30. 대통령령 제14878호로 개정되기 전의 것) 제73조 제1항 규정에 의하면 국·도·시·군(국·도·시·군)으로부터의 유상 승계취득에 대한 취득세에 있어서 그 취득시기는 사실상의 잔금지급일이 된다 할 것이다.
- 원심이 확정한 바에 의하면, 원고 법인은 1994. 7. 8. 소외 경기도로부터 이 사건 토지를 대금 6,687,351,720원에 매수하기로 하는 매매계약을 체결한 후 1994. 7. 21. 잔금 947,351,720원의 지급조로 그 액수를 액면금으로 한 원고 발행의 당좌수표를 납부하고, 위 당좌수표는 다음 날인 1994. 7. 22. 결제되었다는 것인바, 이와 같이 매매잔대금 지급의 방법으로 당좌수표를 교부한 경우에는 특별한 사정이 없는 한 그 수표가 결제되었을 때에 잔금의 지급이 있었다고 보아야 할 것이므로 사실상의 잔금지급일 즉 이 사건 토지의 취득시기는 위 당좌수표가 결제된 1994. 7. 22.이 된다 할 것이다.

17.2 건물 준공 이전 건축물의 일부를 사실상 사용한 경우 취득의 범위(취득시기)는 어떻게 결정되는지

【관련 판례】 대법 97다42687, 1997. 12. 12. : 상고기각

- 지방세법 제10조의7 및 시행령 제20조

지방세법 시행령 제20조(취득의 시기 등)

⑥ 건축물을 건축 또는 개수하여 취득하는 경우에는 사용승인서(「도시개발법」 제51조 제1항에 따른 준공검사 증명서, 「도시 및 주거환경정비법 시행령」 제74조에 따른 준공인가증 및 그 밖에 건축 관계 법령에 따른 사용승인서에 준하는 서류를 포함한다. 이하 이 항에서 같다)를 내주는 날(사용승인서를 내주기 전에 임시사용승인을 받은 경우에는 그 임시사용승인일을 말하고, 사용승인서 또는 임시사용승인서를 받을 수 없는 건축물의 경우에는 사실상 사용이 가능한 날을 말한다)과 사실상의 사용일 중 빠른 날을 취득일로 본다.

〈쟁점요지〉 건축물이 완전히 준공되기 전 일부를 사실상 사용하는 경우 전체 건축물을 취득한 것으로 보아 과세할 수 있는지 여부

판결요지 ••• 신축건물이 준공되기 전에 사실상 사용하는 경우에 있어, 취득의 범위는 전체 건축물이 아닌 실제사용부분만 취득한 것으로 보는 것임

- 이 사건 당시 시행중이던 지방세법 시행령 제73조 제4항은 "건축허가를 받아 건축하는 건축물에 있어서는 준공검사일(준공검사 이전에 사실상 사용하거나 가사용 승인을 받은 경우에는 그 사실상의 사용일 또는 가사용 승인일)을 취득일로 본다."고 규정하고 있는바, 원심이 적법하게 확정한 바와 같이 소외 1이 이 사건 104세대 아파트 1동의 공사를 진행 중 공정의 90% 정도가 진행된 상태에서 1993. 1. 25. 준공검사를 받지 아니한 채 그 수분양자 중 7세대를 사전 입주시켜 해당 세대의 건물을 사실상 사용하게 한 것이라면, 위 소외 1은 사실상의 사용일인 1993. 1. 25. 당시에는 아파트 1동 중 사전 입주한 7세대에 대하여만 이를 취득한 것으로 되어 그 건물 부분에 한하여 취득세 납세의무가 성립한다고 할 것이다.

17.3 소유권보존등기가 이루어진 미준공 건축물을 신탁으로 이전받은 뒤 사용승인을 받은 경우 건축물의 원시취득자는 누구인지

【관련 판례】 대법 2020두49997, 2023. 12. 28. : 파기환송

- 지방세법 제10조의7 및 시행령 제20조

〈쟁점요지〉 가압류결정으로 사용승인이 이루어지지 않은 건물이 소유권보존등기가 된 상태에서 신탁으로 수탁자에게 소유권이 이전된 이후 사용승인이 이루어진 경우, 해당 건축물의 원시취득자를 위탁자와 수탁자 중 누구로 보아 취득세를 과세해야 하는지 여부

판결요지 건축물의 원시취득시기(사용승인)가 도래하기 전에 소유권보존등기, 사용승인 신청 등이 있었다고 하더라도 원시취득이 이루어졌다고 볼 수 없고, 원시취득에 따른 취득세 납세자는 원시취득 시점의 건축물 소유자인 수탁자로 보아야 함

- 건축물을 건축하여 취득하는 경우의 취득시기에 관하여 '사용승인서를 내주는 날(사용승인서를 내주기 전에 임시사용승인을 받은 경우에는 그 임시사용승인일을 말하고, 사용승인서 또는 임시사용승인서를 받을 수 없는 건축물의 경우에는 사실상 사용이 가능한 날을 말한다)과 사실상의 사용일 중 빠른 날을 취득일로 본다'고 규정하고 있다. 한편 같은 조 제13항은 '제1항, 제2항 및 제5항에 따른 취득일 전에 등기 또는 등록을 한 경우에는 그 등기일 또는 등록일에 취득한 것으로 본다'고 규정하면서도 건축물을 건축하여 취득하는 경우에 관한 제6항을 그 적용대상에서 제외하고 있다.
- 이러한 관련 규정의 체계와 문언 및 그 내용 등에 비추어 보면, 건축물을 건축하여 취득하

는 경우에는 사용승인일과 사실상의 사용일 중 빠른 날이 그 건축물의 취득일이 되고, 당시의 건축물 소유자가 취득세 등의 납세의무자에 해당한다고 보아야 한다. 이와 같은 건축물의 취득시기가 도래하기 전까지는, 비록 사회통념상 독립한 건물이라고 볼 수 있는 형태와 구조를 갖추었고 그 건물에 대하여 사용승인을 신청하였다거나 소유권보존등기를 마쳤다 하더라도 그 건물에 대하여 취득세 등 납세의무가 성립하였다고 볼 수 없다. 그런데도 원심은 건축물을 신축하는 경우 사회통념상 독립한 부동산으로서 건물의 요건을 갖춘 시점에 취득세 등 납세의무가 성립한다는 잘못된 전제에서, 이 사건 건축물의 신축에 따른 취득세 등 납세의무자를 소외 회사라고 판단하였다. 이러한 원심의 판단에는 취득세 등 납세의무의 성립요건 및 납세의무자 등에 관한 법리를 오해하여 판결에 영향을 미친 잘못이 있다.

17.4 개발사업에서 공급하는 토지의 매매대금을 대부분 납부하고 추후 정산하기로 한 경우 취득시기는 언제인지

【관련 판례】 대법 97누7097, 1998. 1. 23. : 상고기각

- 지방세법 제10조의7 및 시행령 제20조

〈쟁점요지〉 당초의 매매대금이 존재했으나 추후 대금의 정산약정이 있었고, 이에 따라 청산금이 지급된 경우 해당 부동산의 취득시기를 언제로 봐야 하는지 여부

판결요지 ••• 위치 및 경계가 특정된 토지를 일정한 금액을 매매대금으로 정하되 추후에 측량결과에 따라 면적의 증감이 있는 경우에는 대금을 정산하기로 한 경우에는 당초의 매매대금이 모두 지급된 때가 취득시기가 되고, 매매대금의 지급 후 면적증가가 밝혀져 청산금을 지급하였다고 하여 청산금이 지급된 때가 취득시기가 된다고 할 수는 없음.

- 취득세에 있어서의 취득시기를 정하고 있는 구 지방세법 시행령(1995. 12. 30. 대통령령 제14878호로 개정되기 전의 것, 이하 '시행령'이라 한다) 제73조 제1항은 유상승계취득의 경우에는 그 계약상의 잔금지급일에 취득한 것으로 본다. 다만, 국가・지방자치단체 및 지방자치단체조합으로부터의 취득 등에 해당하는 유상승계취득의 경우에는 그 사실상의 잔금지급일에 취득한 것으로 본다고 규정하고 있고, 그 제3항은 취득일 이전에 등기 또는 등록한 경우에는 그 등기일 또는 등록일에 취득한 것으로 본다고 규정하고 있다.
- 원고가 위치 및 경계가 특정된 이 사건 토지를 일정한 금액을 매매대금으로 정하되 추후에 측량결과에 따라 면적의 증감이 있는 경우에는 대금을 정산하기로 하는 약정 하에 매

수한 후 당초의 매매대금을 모두 지급한 것이라면, 당초의 매매대금이 모두 지급된 때가 사실상의 잔금지급일이라고 봄이 상당하므로 그 때가 이 사건 토지의 취득시기가 된다고 할 것이고, 매매대금의 지급 후 면적증가가 밝혀져 청산금을 지급하였다고 하여 청산금이 지급된 때가 취득시기가 된다고 할 수는 없다고 할 것이다.

관련 기타 판례

- 산업단지 내 토지를 분양받고 분양대금을 납부한 이후 사후 면적증가에 따른 정산이 이루어진 경우, 사실상 토지의 위치와 면적이 특정된 상태에서 매매대금을 납부하였다면 비록 사후 면적정산에 의한 청산금을 납부하더라도 당초 매매대금을 납부한 시점이 해당 토지의 취득시기에 해당함(대법 2021두58394, 2022. 3. 17. 판결).

17.5 매매대금 완납 전 토지사용승낙을 받은 경우 취득시기는 언제인지

【관련 판례】 대법 97누10710, 1998. 3. 27. : 상고기각

- 지방세법 제10조의7 및 시행령 제20조

〈쟁점요지〉 **매매대금을 전부 지급하기 전에 토지사용승낙을 받아 공장을 준공하였을 경우 토지의 취득시기를 토지사용승낙일 또는 공장준공일로 볼 수 있는지 여부**

판결요지 ••• 매매잔대금을 지급하기 전에 토지사용승낙을 받아 건축허가를 얻은 다음 공장을 준공한 사정이 있다고 하더라도, 토지의 사실상 취득일을 위 잔대금 지급일보다 앞선 위 토지사용승낙일 또는 공장건물의 준공일로 볼 수는 없음

- 원심판결의 이유와 기록에 의하여 살펴보면, 원고는 1992. 11. 19. 광양군으로부터 광양초남공단 내의 이 사건 토지(공업용지)를 대금 3억 원에 매수하기로 하는 매매계약을 체결하고, 계약금 3,000만 원만을 지급한 상태에서 광양군으로부터 토지사용승낙을 받은 후 1993. 2. 1. 건축허가를 얻어 1994. 3. 30. 공장을 준공하였으며, 1995. 7. 27. 매매잔대금을 지급하고 1995. 9. 22. 소유권이전등기를 경료하였다가 1996. 5. 30. 이 사건 토지를 소외 주식회사 삼보강업에 매각하였음을 알 수 있는바, 사실관계가 위와 같다면 원고가 매매잔대금을 지급하기 전에 토지사용승낙을 받아 건축허가를 얻은 다음 공장을 준공한 사정이

있다고 하더라도 구 지방세법(1997. 8. 30. 법률 제5406호로 개정되기 전의 것) 제276조 제1항, 제105조 제2항, 같은법 시행령 제73조의 규정상 이 사건 토지의 사실상 취득일을 위 잔대금 지급일보다 앞선 위 토지사용승낙일 또는 공장건물의 준공일로 볼 수는 없다고 할 것이다. 이와 같은 취지의 원심 판단은 정당하고, 거기에 상고이유로 주장하는 바와 같은 위법이 있다고 할 수 없다.

17.6 공유수면 매립에 따른 매립지 취득의 경우 취득시기는 언제인지

【관련 판례】 대법 98두11502, 1999. 6. 11. : 상고기각

- 지방세법 제10조의7 및 시행령 제20조

〈쟁점요지〉 공유수면 매립면허 소유자로부터 매립지를 유상승계취득하는 경우 취득시기를 언제로 보아야 하는지

판결요지 ••• 공유수면 매립면허를 받은 자로부터 매립지를 유상승계 취득하는 경우 잔금지급일을 취득시기로 보는 것이 원칙이나, 잔금지급일 이후에 원시취득일이 도래하는 경우에는 그 원시취득일이 매립지의 승계취득일이 되는 것이고, 준공검사전에 사용승낙을 받은 경우에 사용승낙일을 취득일로 보도록 한 규정은 원시취득자인 매립면허 사업자만을 대상으로 하는 것이지 매립지를 분양받은 자가 매립자로부터 사용승낙을 받은 경우를 말하는 것은 아님

- 구 지방세법 시행령(1991. 12. 31. 대통령령 제13536호로 개정되기 전의 것, 이하 같다) 제73조 제3항은 토지의 유상승계취득의 경우 원칙적으로 계약상의 잔금지급일에, 다만, 잔금을 계약상의 지급일 전에 사실상 지급한 경우와 구 지방세법 제111조 제5항 및 제6항에 해당하는 유상승계취득의 경우에는 사실상의 잔금지급일에 취득한 것으로 보는 한편, 같은 시행령 제73조 제10항은 관계 법령의 규정에 의하여 매립·간척 등으로 토지를 원시취득하는 경우에는 공사준공인가일을 취득일로 보되, 다만, 공사준공인가일 전에 사용승낙이나 허가를 받은 경우에는 사용승낙일 또는 허가일을 취득일로 본다고 규정하고 있는바, 매립면허 등을 받은 자로부터 위 매립지 등을 매수하여 이를 취득하는 경우는 토지의 유상승계취득에 해당하므로, 다른 특별한 사정이 없는 한, 위 제73조 제3항에 의한 유상승계취득의 취득일(계약상의 잔금지급일 또는 사실상의 잔금지급일)에 위 매립지 등을 취득한다고 봄이 원칙이고, 다만, 그 유상승계취득의 취득일 이후에 매립면허 등을 받은 자의

원시취득의 취득일이 도래하는 경우에는 그 원시취득의 취득일을 매수인의 위 매립지 등 취득일로 보아야 할 것이다.

17.7 대물변제로 부동산을 취득한 경우 취득시기는 언제인지

【관련 판례】 대법 98두17067, 1999. 11. 12. : 상고기각

- 지방세법 제10조의7 및 시행령 제20조

민법 제466조(대물변제)

채무자가 채권자의 승낙을 얻어 본래의 채무이행에 갈음하여 다른 급여를 한 때에는 변제와 같은 효력이 있다.

〈쟁점요지〉 대물변제를 통해 부동산을 취득했을 경우 소유권이전등기를 경료하지 않아도 사실상 취득으로 보아 과세할 수 있는지 여부

판결요지 대물변제에 따른 급부가 부동산의 소유권이전인 때에는 그 소유권이전등기를 완료하여야만 대물변제가 성립되어 기존채무가 소멸하는 것이므로, 소유권이전등기를 경료한 때가 취득시기가 됨

- 지방세법(1997. 8. 30. 법률 제5406호로 개정되기 전의 것) 제29조 제1항 제1호는, 취득세는 취득세 과세물건을 취득하는 때에 그 납세의무가 성립한다고 규정하고, 같은 법 제105조 제2항은, 부동산의 취득에 있어서는 민법 등 관계 법령의 규정에 의한 등기 등을 이행하지 아니한 경우라도 사실상으로 취득한 때에는 취득한 것으로 본다고 규정하고 있으며, 여기에서 사실상의 취득이라 함은 일반적으로 등기와 같은 소유권취득의 형식적 요건을 갖추지는 못하였으나 대금의 지급과 같은 소유권취득의 실질적 요건을 갖춘 경우를 말하는 것인바(대법원 1993. 9. 28. 선고 92누16843 판결 등 참조), 대물변제는 본래의 채무에 갈음하여 다른 급부를 현실적으로 하는 때에 성립하는 요물계약으로서, 다른 급부가 부동산의 소유권이전인 때에는 그 소유권이전등기를 완료하여야만 대물변제가 성립되어 기존채무가 소멸하는 것이므로, 채권자로서는 그 소유권이전등기를 경료하기 이전에는 소유권취득의 실질적 요건을 갖추었다고 할 수 없고, 따라서 소유권이전등기를 경료한 때에 당해 부동산을 취득하는 것으로 보아야 할 것이다.

17.8 명의신탁해지를 원인으로 한 소유권이전등기청구의 소에서 승소한 경우 취득시기는 언제인지

【관련 판례】 대법 2000두9311, 2002. 7. 12. : 파기환송

- 지방세법 제10조의7 및 시행령 제20조

〈쟁점요지〉 구 지방세법 제105조 제1항, 제2항 소정의 '부동산의 취득'과 '사실상의 취득'의 의미 및 명의신탁관계를 해지한 단계이거나 명의신탁해지를 원인으로 한 소유권이전등기청구의 소에서 승소판결을 받고 그로 인한 소유권이전등기를 마치지 아니한 경우, 위 '부동산 취득'이나 '사실상 취득'에 해당하는지 여부

판결요지 명의신탁해지를 원인으로 한 소유권이전등기의 소에 따라 소유권을 이전받는 경우에 있어 그 취득시기는 판결일이 아니라 소유권이전등기일이 됨

- 구 지방세법(1994. 12. 22. 법률 제4794호로 개정되기 전의 것, 이하 같다) 제105조 제1항에서 규정하는 '부동산의 취득'이란 소유권 이전의 형식에 의한 부동산 취득의 모든 경우를 포함하는 것으로서 명의신탁이나 명의신탁해지로 인한 소유권이전등기를 마친 경우도 여기에 해당되고(대법원 1990. 3. 9. 선고 89누3489 판결, 1992. 5. 12. 선고 91누10411 판결 등 참조), 그 제2항에서 규정하는 '사실상 취득'이란 소유권 취득의 형식적 요건(등기 · 등록)을 갖추지 못하였으나 소유권 취득의 실질적 요건을 갖춘 것을 뜻하는 것이다(대법원 1993. 9. 28. 선고 92누16843 판결 등 참조).
- 그런데 명의신탁관계를 해지한 단계이거나, 명의신탁해지를 원인으로 한 소유권이전등기청구의 소에서 승소판결을 받고 그로 인한 소유권이전등기를 마치지 아니한 경우에는 같은 법 제105조 제1항의 '부동산 취득'에 해당하지 아니함은 물론, 소유권 취득의 실질적 요건을 갖추었다고 볼 수도 없어 같은 법조 제2항의 '사실상 취득'을 하였다고도 할 수 없다.

17.9 점유취득시효가 완성된 부동산의 취득시기는 언제인지

【관련 판례】 대법 2003두13342, 2004. 11. 25. : 상고기각

- 지방세법 제10조의7 및 시행령 제20조

민법 제245조(점유로 인한 부동산소유권의 취득기간)

① 20년간 소유의 의사로 평온, 공연하게 부동산을 점유하는 자는 등기함으로써 그 소유권을 취득한다.

② 부동산의 소유자로 등기한 자가 10년간 소유의 의사로 평온, 공연하게 선의이며 과실없이 그 부동산을 점유한 때에는 소유권을 취득한다.

지방세법 시행령 제20조(취득의 시기 등)

⑫ 「민법」 제245조 및 제247조에 따른 점유로 인한 취득의 경우에는 취득물건의 등기일 또는 등록일을 취득일로 본다.

〈쟁점요지〉 부동산에 관한 점유취득시효가 완성된 경우 해당 부동산의 취득시기를 법원판결일로 볼 수 있는지 여부

판결요지 ••• 부동산 점유 시효취득에 따른 취득세 취득시기는 법원판결일이 아닌 시효완성일이 됨

- 취득세는 본래 재화의 이전이라는 사실 자체를 포착하여 거기에 담세력을 인정하고 부과하는 유통세의 일종으로 취득자가 재화를 사용·수익·처분함으로써 얻을 수 있는 이익을 포착하여 부과하는 것이 아니어서 취득자가 실질적으로 완전한 내용의 소유권을 취득하는가의 여부에 관계없이 사실상의 취득행위 자체를 과세객체로 하는 것이고(대법원 1998. 12. 8. 선고 98두14228 판결 등 참조), 지방세법 제105조 제2항은 취득세의 과세객체가 되는 부동산 취득에 관하여 민법 기타 관계 법령에 의한 등기·등록 등을 이행하지 아니한 경우라도 사실상으로 취득한 때에는 이를 취득한 것으로 보도록 규정하고 있으므로, 부동산에 관한 점유취득시효가 완성되면 취득자는 유상승계취득에 있어 잔금이 청산된 경우와 같이 등기명의인에 대하여 소유권이전등기청구권을 가지게 되는 등 그 자체로 취득세의 과세객체가 되는 사실상의 취득행위가 존재한다고 봄이 상당하다.

※ 2021년 12월 31일 시행령 개정을 통해 점유시효취득의 경우 취득일을 명문화하여 규정함.

17.10 공사대금으로 체비지를 이전받은 경우 취득시기는 언제인지

【관련 판례】 대법 2003두7453, 2004. 12. 24. : 상고기각

- 지방세법 제10조의7 및 시행령 제20조

〈쟁점요지〉 건설업자가 토지구획정리사업시행자로부터 공사대금으로 체비지를 이전받은 경우의 취득시기를 체비지대장 등재일, 토지인도일이나 토지대장 등재일로 볼 수 있는지 여부

판결요지 ··· **토지구획정리 사업시행자로부터 공사대금으로 체비지를 이전받은 경우에는 토지를 인도받거나 체비지대장에 등재된 때가 취득시기가 됨**

- 취득세는 본래 재화의 이전이라는 사실 자체를 포착하여 거기에 담세력을 인정하고 부과하는 유통세의 일종으로 취득자가 재화를 사용·수익·처분함으로써 얻을 수 있는 이익을 포착하여 부과하는 것이 아니어서 취득자가 실질적으로 완전한 내용의 소유권을 취득하는가의 여부에 관계 없이 사실상의 취득행위 자체를 과세객체로 하는 것이고(대법원 1998. 12. 8. 선고 98두14228 판결 등 참조), 토지구획정리사업시행자로부터 체비지를 양수한 자는 토지의 인도 또는 체비지대장에의 등재 중 어느 하나의 요건을 갖추면 당해 토지에 관하여 물권 유사의 사용수익권을 취득하여 당해 체비지를 배타적으로 사용·수익할 수 있음은 물론이고 다시 이를 제3자에게 처분할 수도 있는 권능을 가지며, 그 후 환지처분공고가 있으면 그 익일에 최종적으로 체비지를 점유하거나 체비지대장에 등재된 자가 그 소유권을 원시적으로 취득하게 되는 것인 점에 비추어 보면(대법원 1998. 10. 23. 선고 98다36207 판결, 2003. 11. 28. 선고 2002두6361 판결 등 참조), 건설업자가 토지구획정리사업시행자로부터 공사대금으로 체비지를 이전받은 경우에는 토지를 인도받거나 체비지대장에 등재된 때에 취득세의 과세요건이 충족되어 이 때에 취득행위가 있었던 것으로 볼 것이다.

17.11 주택분양보증에 따라 대한주택보증이 취득하는 부동산의 취득시기는 언제인지

【관련 판례】 대법 2004두1087, 2005. 7. 28. : 상고기각

- 지방세법 제10조의7 및 시행령 제20조

〈쟁점요지〉 주택분양보증의 이행에 따라 취득하는 주택 및 그 부속토지의 취득시기의 결정방법

판결요지 ••• 주택분양보증에 따른 취득시기는 주택건설사업자가 부도 등으로 사회통념상 당해 주택 건축공사를 완공할 능력을 상실하게 됨으로써 수분양자들에 대하여 그 분양계약상의 주택공급의무를 이행할 수 없는 것이 객관적으로 밝혀짐에 따라 대한주택보증 주식회사가 분양이행의 방법으로 보증채무를 이행하기로 결정하고 자금을 투입을 시작한 이후가 취득시기가 됨

- 구 지방세법(2000. 12. 29. 법률 제6312호로 개정되고, 2003. 5. 29. 법률 제6916호로 개정되기 전의 것) 제269조 제5항은 대한주택보증 주식회사가 주택건설촉진법 제47조의7 제1항 제1호의 규정에 의한 주택분양보증의 이행을 위하여 취득하는 분양계약이 된 주택 및 그 부속토지에 대하여는 취득세를 면제한다고 규정하는 한편, 그 부칙 제1조에서는 위 감면규정을 2001. 1. 1.부터 시행하도록 규정하고 있는바, 주택분양보증제도의 취지와 분양보증채무의 이행절차 등에 비추어 보면, 주택분양보증을 한 대한주택보증 주식회사가 분양계약이 된 주택 및 그 부속토지를 취득하는 시기는 특별한 사정이 없는 한 주택건설사업자가 부도 등으로 인하여 공사가 중단되고 공사재개를 위한 자구노력이 수포로 돌아가 사회통념상 당해 주택 건축공사를 완공할 능력을 상실하게 됨으로써 수분양자들에 대하여 그 분양계약상의 주택공급의무를 이행할 수 없는 것이 객관적으로 밝혀짐에 따라 대한주택보증 주식회사가 분양이행의 방법으로 보증채무를 이행하기로 결정한 이후가 될 것이다(대법원 2001. 5. 29. 선고 2000다66003 판결 등 참조).

17.12 공유물분할 소송에서 현물분할의 조정이 성립하였을 경우 취득시기는 언제인지

【관련 판례】 대법 2011두1917, 2013. 11. 21. : 상고기각

- 지방세법 제10조의7 및 시행령 제20조

〈쟁점요지〉 공유물분할의 소송절차에서 현물분할의 협의에 따른 조정이 성립하였을 경우 그 조정이 성립한 때에 소유권을 취득한 것으로 볼 수 있는지 여부

판결요지 법원의 조정절차에 의하여 공유물에 관한 현물분할의 협의가 성립하여 조정이 성립하였다고 하더라도, 그 즉시 공유관계가 소멸하고 각 공유자에게 그 협의에 따른 새로운 법률관계가 창설되는 것은 아니므로, 공유물에 대한 이전등기를 마칠 때 비로소 소유권을 취득하게 됨

- 공유물분할의 소송절차 또는 조정절차에서 공유자 사이에 공유토지에 관한 현물분할의 협의가 성립하여 그 합의사항을 조서에 기재함으로써 조정이 성립하였다고 하더라도, 그와 같은 사정만으로 재판에 의한 공유물분할의 경우와 마찬가지로 그 즉시 공유관계가 소멸하고 각 공유자에게 그 협의에 따른 새로운 법률관계가 창설되는 것은 아니라고 할 것이고, 공유자들이 협의한 바에 따라 토지의 분필절차를 마친 후 각 단독소유로 하기로 한 부분에 관하여 다른 공유자의 공유지분을 이전받아 등기를 마침으로써 비로소 그 부분에 대한 대세적 권리로서의 소유권을 취득하게 된다고 보아야 할 것이다.

17.13 골프장 지목변경에 따른 취득시기가 도래하지 않았다고 보아 처분청에서 취득신고를 반려한 것이 위법한 것인지

【관련 판례】 대법 2013두26996, 2014. 4. 10. 판결(심리불속행) : 항고기각

- 지방세법 제18조, 제20조 및 제21조

〈쟁점요지〉 납세자가 골프장에 대한 지목변경이 사실상 완료되었다고 보아 취득신고를 하였음에도 처분청에서 취득시기가 도래하지 않았다고 보아 신고서를 반려한 것이 위법한 것인지 여부

판결요지 ••• 골프장 취득시기가 도래하지 않아 신청서를 반려한 처분은 적법함

- 토지의 지목변경에 의한 간주취득의 시기는 전·답·임야에 대한 산림훼손(임목의 벌채 등), 형질변경(절토, 성토, 벽공사 등), 농지전용 등의 공사뿐만 아니라 잔디의 파종 및 식재, 수목의 이식, 조경작업 등과 같은 골프장으로서의 효용에 공하는 모든 공사를 완료하여 골프장 조성공사가 준공됨으로써 체육용지로 지목변경이 되는 때이므로, 토목공사는 물론 잔디 파종 및 식재비용, 임목의 이식비용 등 골프장 조성에 들인 비용은 모두 토지의 지목변경으로 인한 가액증가에 소요된 비용으로서 지목변경에 의한 간주취득의 과세표준에 포함되고, 또한 중과세율이 적용되어야 하는바(대법원 2001. 7. 27. 선고 99두9919 판결 등 참조), 원고가 주장하는 입목의 취득가액도 토지의 지목변경으로 인한 가액증가에 소요된 비용으로서 지목변경에 의한 간주취득의 과세표준에 포함된다고 할 것이므로 그것만을 따로 떼어내 취득시기를 달리 취급할 것은 아니다(서울고법 (춘천)2013누227, 2013. 11. 13. 판결).
- 원고가 지목이 사실상 변경되었다고 주장하는 2010. 12. 31. 당시 이 사건 골프장이 완공되었거나 사실상 사용되고 있었다고 볼 수는 없다 할 것이므로, 이 사건 처분은 적법하고, 이와 전제가 다른 원고의 주장은 이유 없다(춘천지법 2012구합483, 2013. 1. 18. 판결).

17.14 건축을 수반하는 지목변경의 취득시기를 언제로 보아야 하는지

【관련 판례】 대법 2017두35844, 2018. 3. 29. 판결 : 상고기각

- 지방세법 제10조 및 시행령 제20조 제10항

〈쟁점요지〉 아파트를 신축하는 과정에서 지목변경이 이루어진 경우 그 지목변경에 따른 취득시기를 언제로 보아야 하는지

판결요지 ••• 건축물 공사가 수반되는 경우 해당 토지가 건축물 부속토지로서의 기능을 갖추게 되는 시점에 비로소 그 지목이 사실상 변경된다고 보아야 함

- 구 측량·수로조사 및 지적에 관한 법률(2011. 3. 30. 법률 제10485호로 개정되기 전의 것) 제2조 제24호에 의하면, '지목'이란 토지의 주된 용도에 따라 토지의 종류를 구분하여 지적공부에 등록한 것이므로, 구 지방세법 제105조 제5항에서 토지의 지목을 사실상 변경한다는 것은 토지의 주된 용도를 사실상 변경하는 것을 의미한다. 이때의 변경이 있는지 여

부는 토지의 현황이 물리적으로 변경되었는지 여부뿐만 아니라 상하수도공사, 도시가스 공사, 전기통신공사 유무를 비롯하여 여러 사정을 종합하여 객관적으로 판단되어야 한다(대법원 2006. 7. 13. 선고 2005두12756 판결 등 참조).

- 어느 토지 지상에 건축물 공사가 수반되는 경우 해당 토지가 건축물 부속토지로서의 기능을 갖추게 되는 시점에 비로소 그 지목이 사실상 변경된다고 보아야 하는데, 이 사건 토지는 이 사건 아파트가 완공됨으로써 주된 용도가 사실상 대지로 변경되었으므로, 그 전에 이미 지급되거나 지급원인이 발생한 이 사건 조경공사비는 이 사건 토지의 지목변경에 관한 취득세의 과세표준에 포함되어야 한다고 판단하였다.

17.15 채권자 대위등기가 되어 있는 미사용승인 건축물의 원시취득 시기를 대위등기일과 사용승인일 중 언제로 보아야 하는지

【관련 판례】 대법 2018두33845, 2018. 7. 11. 판결 : 파기환송

- 지방세법 제18조, 제20조 및 제21조

〈쟁점요지〉 사용승인이나 사실상 사용이 이루어지지 않은 건축물에 채권자 대위등기가 이루어지는 경우 해당 건축물의 원시취득 시기를 대위등기일과 추후 추가공사 후 사용승인일 중 어느 것으로 보아야 하는지 여부

판결요지 사용승인이나 사실상 사용이 되지 않은 건축물의 경우 소유권보전등기가 되었다고 하여 원시취득에 따른 취득시기가 도래한 것으로 볼 수 없고, 차후 추가공사를 하여 사용 승인된 시점이 취득시기에 해당함

- 구 지방세법(2016. 12. 27. 법률 제14475호로 개정되기 전의 것, 이하 같다) 제10조 제7항의 위임에 따른 구 지방세법 시행령(2018. 2. 9. 대통령령 제28627호로 개정되기 전의 것, 이하 같다) 제20조 제6항 본문은 건축물을 건축하여 취득하는 경우 취득세 과세대상이 되는 취득시기에 관하여 '사용승인서를 내주는 날(사용승인서를 내주기 전에 임시사용승인을 받은 경우에는 그 임시사용승인일을 말하고, 사용승인서 또는 임시사용승인서를 받을 수 없는 건축물의 경우에는 사실상 사용이 가능한 날을 말한다)과 사실상의 사용일 중 빠른 날을 취득일'로 보도록 규정하고 있다. 한편 같은 조 제13항은 '제1항, 제2항 및 제5항에 따른 취득일 전에 등기 또는 등록을 한 경우 그 등기일 또는 등록일에 취득'한 것으로 보도록 규정하면서도 건축물을 건축하여 취득하는 경우에 관한 제6항을 그 적용대

상에서 제외하고 있다.

- 이러한 관련 규정의 체계 및 내용에 비추어 보면, 사용승인서(또는 임시사용승인서)를 받을 수 없고 사실상 사용도 가능하지 않은 미완성 건축물을 매수하여 소유권이전등기를 마친 경우라면 소유권이전등기와 무관하게 그 이후의 사용승인일(또는 임시사용승인일)과 사실상의 사용일 중 빠른 날이 그 건물의 취득일이 된다고 보아야 한다.

17.16 매매계약이 원인무효로 판결된 이후 추인으로 유효한 등기가 된 경우에 있어 취득세 납세의무 성립시기

【관련 판례】 대법 2018두62836, 2019. 2. 18. 판결(심리불속행) : 상고기각

- 지방세법 제10조의7 및 시행령 제20조

〈쟁점요지〉 부동산 거래에 대하여 원인무효의 판결이 있은 이후에 일부 보상금 등을 추가로 지급하고 당초 소유권이전등기를 유효한 것으로 하여 추인된 경우 당해 부동산의 취득시기를 당초 무효인 계약으로 보아야 하는지 아니면 추인 계약을 새로운 취득으로 보아 취득세를 과세하여야 하는지 여부

판결요지 ••• 무효인 경우 그 계약이 유효가 될 수는 없는 것이므로, 당초 신고한 취득세는 소멸되고 추인된 시점에 새로운 계약이 있었다고 보아 추인시점을 취득세 납세의무 성립시기로 보아야 함

- 위 인정사실에 위 관련 규정을 비추어 보면, 이 사건 매매계약은 종중 소유의 토지에 관하여 처분권한 없는 자에 의하여 적법한 처분결의 없이 처분이 이루어진 것으로 무효라고 할 것이고, 이 사건 각 소유권이전등기가 원인 없는 무효의 등기가 분명한 이상 그것이 말소되지 않은 채 남아있다 하여 원고가 이 사건 각 토지를 취득한 것으로 보기는 어렵다(대법원 1964. 11. 24. 선고 64누84 판결, 대법원 2000. 10. 27. 선고 2000다22881 판결 각 참조). 또한 무효인 법률행위는 당사자가 무효임을 알고 추인할 경우 새로운 법률행위를 한 것으로 간주할 뿐이고 소급효가 없는 것이므로(대법원 1992. 5. 12. 선고 91다26546 판결 참조), 이 사건 약정은 그 약정 시에 새로운 매매계약을 체결한 것으로 간주될 뿐인바, 원고는 이 사건 매매계약에 따른 소유권이전등기 시점이 아니라 이 사건 약정에 따른 대금을 지급한 2016. 3. 21.에야 비로소 이 사건 각 토지를 취득한 것으로 보아야 하므로, 원고의 위 주장은 이유 없다(수원지법 2017구합67972, 2018. 1. 9. 판결).

17.17 정비사업시행으로 용도폐지된 구 정비기반시설을 국가로부터 무상 양여받은 경우 그 취득시기가 언제인지 및 납세의무자를 조합원으로 볼 수 있는지

【관련 판례】 대법 2019두53075, 2020. 1. 16. 판결 : 항소기각

- 지방세법 제10조의 7 및 시행령 제20조

지방세법 시행령 제20조(취득의 시기 등)

① 무상취득의 경우에는 그 계약일(상속 또는 유증으로 인한 취득의 경우에는 상속 또는 유증 개시일을 말한다)에 취득한 것으로 본다. (후략)

〈쟁점요지〉 재건축사업에 있어 정비사업시행으로 인하여 용도 폐지된 구 정비기반시설을 사업시행자가 취득함에 있어 그 취득시기를 준공일이 아닌 실시계획인가일로 볼 수 있는지 여부 및 해당 무상양여 토지의 납세의무자를 조합원과 조합 중 누구로 보아야 하는 지 여부

판결요지 ••• 무상승계취득에 있어 계약에 의한 경우에는 그 계약의 성립일이 취득시기에 해당하나, 계약에 의한 경우가 아닌 경우에는 법률에서 정하고 있는 취득시기가 타당하므로 도시정비법상에서 정하고 준공일을 취득시기로 보는 것이 타당하고, 제3자(무상양여분 포함)로부터 취득한 토지는 우선적으로 일반분양에 귀속되는 것으로 보아야 하므로 납세의무자는 조합임

- 구 「도시 및 주거환경정비법」(2017. 2. 8. 법률 제14567호로 전부개정되기 전의 것, 이하 '구 도시정비법'이라고 한다) 제65조 제2항은 "시장 · 군수 또는 주택공사 등이 아닌 사업시행자가 정비사업의 시행으로 새로이 설치한 정비기반시설은 그 시설을 관리할 국가 또는 지방자치단체에 무상으로 귀속되고, 정비사업의 시행으로 인하여 용도가 폐지되는 국가 또는 지방자치단체 소유의 정비기반시설은 그가 새로이 설치한 정비기반시설의 설치비용에 상당하는 범위 안에서 사업시행자에게 무상으로 양도된다."라고 규정하고 있다. 위 조항 후단에 따라 사업시행자가 용도폐지되는 정비기반시설을 구성하는 부동산을 취득하는 것은 무상의 승계취득에 해당하는데(대법원 2019. 4. 3. 선고 2017두66824 판결 등 참조), 이에 대한 취득세 납세의무 성립일인 취득시기는 구 도시정비법 제65조 제4항에서 정한 '정비사업이 준공인가되어 관리청에 준공인가통지를 한 때'라고 봄이 타당하다. 그 이유는 다음과 같다.

- 계약에 의한 무상승계취득의 경우에는 그 취득원인이 되는 계약이 성립하면 그 자체로 사실상의 취득이 있다고 볼 수 있다. 반면 상속 또는 유증으로 인한 무상승계취득의 경우에는 성질상 '계약일'을 상정할 수 없을 뿐만 아니라 그 소유권변동시기가 법률에 규정되어 있어서 그 시기 이전에는 사실상의 취득이 있다고 보기 어렵다. 구 지방세법 시행령 제20조 제1항 본문은 이러한 점을 고려하여 상속 또는 유증으로 인한 무상승계취득의 경우에는 계약에 의한 무상승계취득의 경우와는 달리 그 취득시기를 소유권변동시기로 규정한 것이다.
- 그런데 구 도시정비법 제65조 제2항 후단에 의한 취득 역시 계약에 의한 취득이 아니어서 '계약일'을 상정할 수 없고, 아래에서 보는 바와 같이 소유권변동시기가 법률에 규정되어 있으므로, 그 이전에는 사실상의 취득이 있다고 보기 어려워, 결국 그 취득시기는 상속 또는 유증의 경우에 준하여 판단할 수밖에 없다. 그렇다면 그 취득시기는 법률에 정한 소유권변동시기가 되어야 한다. 구 도시정비법 제65조 제4항은 '제2항 후단의 규정에 의한 정비기반시설은 그 정비사업이 준공인가되어 관리청에 준공인가통지를 한 때에 사업시행자에게 귀속 또는 양도된 것으로 본다'는 취지로 규정하여, 정비사업의 시행으로 인하여 용도가 폐지되는 정비기반시설의 소유권변동시기가 '정비사업이 준공인가되어 관리청에 준공인가통지를 한 때'임을 명확히 하고 있다.
- 이 사건 토지는 모두 조합원에게 귀속되지 않는 비조합원용 토지로서 주택재건축조합인 원고가 그 취득세 등의 납세의무자라고 판단하였다. 관련 규정과 법리에 따라 기록을 살펴보면, 이러한 원심의 판단에 이 사건 토지의 취득세 납세의무자에 관한 판단을 누락하는 등의 잘못이 없다.

※ 하급심 : 대구지법 2017구합24235, 2018. 8. 17. 판결

- 조합원으로부터 신탁받은 토지와 제3자로부터 매입한 토지가 전체적으로 하나의 단일한 사업부지로 사용됨으로써 그중 어느 것이 조합원에게 귀속되고 어느 것이 조합원 외의 자에게 귀속되는지의 실지귀속을 구분할 수 없다면, 특별한 사정이 없는 한 조합원에게 귀속되지 아니하는 비조합원용 토지 중 제3자로부터 매입한 토지가 차지하는 면적은 주택재건축조합이 제3자로부터 매입한 토지의 면적으로 우선하여 산정하여야 한다(대법원 2015. 10. 29. 선고 2010두1804 판결 등 참조). … 결국 이 사건 토지는 모두 조합원에게 귀속되지 아니하는 비조합원용 부동산으로서 지방세법 제7조 제8항 단서에 따라 주택재건축조합인 원고가 그 취득세 등의 납세의무자가 되므로, 원고의 이 부분 주장 또한 이유가 없다.

17.18 개인이 분양아파트 취득 시 지급하는 후불제 이자를 취득 잔금으로 보아 취득시기를 정할 수 있는지

【관련 판례】 대법 2022두42778, 2022. 8. 25.(심리불속행)

- 지방세법 제10조의 7 및 시행령 제20조

> **〈쟁점요지〉 개인이 분양으로 아파트를 취득하면서, 잔금납부 이후에 후불제 이자를 추가로 지급한 경우 후불제 이자 납부시점을 취득시기로 보아 신고납부기한을 정할 수 있는지 여부(후불제 이자 지급 시점을 취득시기로 보면 기한 내 신고납부한 것으로 보아 가산세가 배제되는 사안임)**

판결요지 후불제 이자의 경우 할부 또는 연부 계약에 따른 이자 상당액에 해당하고, 할부 또는 연부 계약에 따른 이자 상당액은 개인이 취득자인 경우 과세표준에서 제외되므로 후불제 이자 납부시점을 취득시기로 볼 수 없음

- 법인이 아닌 자가 유상승계취득 하는 경우로서 법인장부 등에 따라 취득가격이 증명되는 경우'에 있어서의 취득세 과세표준이 되는 취득 당시의 사실상의 취득가격은, 취득시기를 기준으로 그 이전에 해당 물건을 취득하기 위하여 거래 상대방 또는 제3자에게 지급하였거나 지급하여야 할 직접비용 등(할부 또는 연부 계약에 따른 이자 상당액 및 연체료는 제외된다)만을 말하고, 그 취득가격에 대한 사실상의 잔금지급일에 취득한 것으로 간주된다. 위와 같은 관계규정에 비추어 볼 때, 이 사건 아파트에 관하여 구 지방세법상 취득세의 과세표준이 되는 취득가격은 원고가 이 사건 아파트를 분양받아 소유권이전등기를 경료받기 위하여 지급한 모든 비용을 말하는 것이 아니라, 분양공급계약상의 공급대금과 발코니 확장대금의 합계금액만을 말하고, 원고가 추가로 지출한 후불제이자는 이에 포함되지 않는다 할 것이며, 그 취득의 시기는 위와 같은 취득세의 과세표준이 되는 취득가격에 대한 사실상의 잔금지급일을 말하는 것이므로(취득세의 과세표준에 포함되지 않는 금액에 대하여는 취득의 시기나 취득세의 신고·납부기한을 논할 아무런 이유가 없다), 결국 이 사건 아파트에 대한 취득세의 과세표준이 되는 취득가격에 관한 사실상의 잔금지급일은 2018. 3. 29.로 봄이 상당하고, 원고가 그로부터 60일 이내에 취득세 등의 과세표준에 세율을 적용하여 산출한 세액을 신고·납부하지 않음에 따라 나온 쟁점가산세 신고·납부는 정당하다 할 것이다(수원지법 2021구합280, 2021. 7. 8.).

18. 납세의무 성립시기 및 신고납부 시기

18.1 토지거래 허가구역지역 내의 토지취득에 따른 취득세 신고·납부 기준일

【관련 판례】 대법 2012두16695, 2012. 11. 29. 판결(상고기각) 및 2012두17575, 2012. 11. 29.(심리불속행) 판결 : 과세기관 일부 패

- 같은 취지의 판결 : 대법 2015두60259, 2016. 3. 24. 판결, 대법 2012두20984, 2014. 4. 10. 판결(파기환송)
- 지방세법 제20조 제1항

지방세법 제20조(신고 및 납부)

① 취득세 과세물건을 취득한 자는 그 취득한 날(「부동산 거래신고 등에 관한 법률」 제10조 제1항에 따른 토지거래계약에 관한 허가구역에 있는 토지를 취득하는 경우로서 같은 법 제11조에 따른 토지거래계약에 관한 허가를 받기 전에 거래대금을 완납한 경우에는 그 허가일이나 허가구역의 지정 해제일 또는 축소일을 말한다)부터 60일(중략) 이내에 그 과세표준에 제11조부터 제13조까지, 제13조의2, 제13조의3, 제14조 및 제15조의 세율을 적용하여 산출한 세액을 대통령령으로 정하는 바에 따라 신고하고 납부하여야 한다.

〈쟁점요지〉 토지거래 허가구역 내에서 토지를 취득한 경우 그 신고납부 기준일을 잔금지급일과 토지거래 허가일 중 언제를 기준으로 하여야 하는지

판결요지 토지에 대한 납세의무 성립시기는 잔금지급일이나, 신고납부 시기는 토지거래 허가일을 기준으로 하여 30일 내 취득세를 신고납부하면 됨

- 토지거래 허가구역지역 내의 토지에 관한 매매계약이 토지거래 허가를 받지 아니하여 유동적 무효 상태에 있다면, 구 지방세법 시행령 제73조 제1항 각 호에서 취득시기로 정한

사실상 또는 계약상 잔금지급일이 도래하였다고 하더라도 그 매매계약이 확정적으로 유효하게 되었다고 할 수 없으므로 취득세 신고·납부의무가 있다고 할 수 없고, 그 후 토지거래 허가를 받거나 토지거래 허가구역 지정이 해제되는 등의 사유로 그 매매계약이 확정적으로 유효하게 되었을 때 비로소 취득세 신고·납부의무가 있다고 할 것이므로, 구 지방세법 제120조 제1항에 따른 취득세 신고·납부는 그때부터 30일 이내에 하면 된다고 해석함이 타당하다.

※ 현행법상으로는 60일로 개정되어 있음에 유의

관련 기타 판례

- 토지거래계약허가구역 내 토지 거래의 경우 토지거래계약허가 시점에서 그 매매계약은 소급하여 유효한 계약이 되므로, 취득세 부과에 있어서의 토지의 취득시기는 잔금지급일로 보아야 함(대법 2015두60259, 2016. 3. 24. 판결).

18.2 주상복합아파트의 상가부분 부속토지에 대한 대도시 내 취득세 중과세액의 신고납부기준일

【관련 판례】 대법 2012두6407, 2013. 2. 15. 판결 : 일부 파기환송

- 지방세법 제13조 제2항, 제20조 및 시행령 제20조

〈쟁점요지〉 주상복합아파트 상가부분의 부속토지를 대도시 내 취득세 중과세함에 있어 중과세액의 신고납부 기준일을 건축허가일, 건축착공일 및 착공유예기간(3년) 종료일 중 언제로 보아야 하는지

판결요지 ••• 건축착공일을 기준으로 중과세액을 신고납부하여야 함

- 주택건설사업 업종에서 주상복합아파트를 신축할 목적으로 부동산을 취득한 경우에 그 취득시점에서 아직 건축허가 등에 의하여 주택과 판매시설의 면적이 확정되지 아니하여 등록세 중과세 대상인 판매시설을 위한 부지 지분을 특정할 수 없는 때에는 등록세 과세물건의 등기 후에 등록세 중과세 대상이 되는 경우의 신고·납부 절차를 정한 구 지방세법 제150조의2 제2항에 따라 처리함이 상당하며, 따라서 취득 후 3년이 지나도록 주택건설을 위한 착공을 하지 아니한 경우는 물론이고 주택건설을 위한 착공을 한 경우라도 위

에서 본 바와 같이 판매시설 면적의 비율에 따른 판매시설 건설 부지 사용을 겸용하는 범위 내에서는 그 때부터 30일 이내에 그 부분에 관한 등록세 중과세에 대하여 신고·납부하여야 할 것이다.

18.3 등기 접수 전까지 취득세를 납부토록 규정한 지방세법 시행령 규정이 모법에 위반되어 위법한 것으로 볼 수 있는지

【관련 판례】 대법 2017두47403, 2020. 10. 15. 판결 : 파기환송

- 지방세법 제20조 제4항

> **지방세법 제20조(신고 및 납부)**
>
> ④ 제1항부터 제3항까지의 신고·납부기한 이내에 재산권과 그 밖의 권리의 취득·이전에 관한 사항을 공부(公簿)에 등기하거나 등록[등재(登載)를 포함한다. 이하 같다]하려는 경우에는 등기 또는 등록 신청서를 등기·등록관서에 접수하는 날까지 취득세를 신고·납부하여야 한다.

〈쟁점요지〉 등기대상 부동산 취득세에 대하여 등기관서에 접수하는 날까지 한정한 지방세법 시행령 규정이 위임근거 없이 이루어진 것으로 모법에 위반되는지 여부

판결요지 ••• 법령의 개정 연혁, 등기 절차 등으로 종합적으로 고려해 볼 때 지방세법만으로도 충분히 등기접수일로 해석이 가능하므로 위임근거가 없는 모법위반으로 볼 수 없음

- 법률의 시행령은 그 법률에 의한 위임이 없으면 개인의 권리·의무에 관한 내용을 변경·보충하거나 법률에 규정되지 아니한 새로운 내용을 정할 수는 없지만, 시행령의 내용이 모법의 입법 취지와 관련 조항 전체를 유기적·체계적으로 살펴보아 모법의 해석상 가능한 것을 명시한 것에 지나지 아니하거나 모법 조항의 취지에 근거하여 이를 구체화하기 위한 것인 때에는 모법의 규율 범위를 벗어난 것으로 볼 수 없으므로, 모법에 이에 관하여 직접 위임하는 규정을 두지 않았다고 하더라도 이를 무효라고 볼 수는 없다(대법원 2016. 12. 1. 선고 2014두8650 판결 등 참조).
- 납세의무자는 취득세 과세물건을 등기 또는 등록하려면 등기 또는 등록의 신청서를 등기·등록관서에 접수하는 날까지 취득세를 신고·납부하여야 하고, 설령 등기관이 등기

신청서의 접수일 다음 날까지 취득세 등의 보정을 허용한다고 하여 취득세의 신고·납부기한이 변경된다고 볼 수는 없으므로, 구 지방세법 제20조 제4항이 정한 재산권 등의 이전 등을 등기 또는 등록하려는 경우의 취득세 신고·납부기한인 "등기 또는 등록을 하기 전까지"는 이 사건 시행령 조항이 정한 바와 같이 "등기 또는 등록의 신청서를 등기·등록관서에 접수하는 날까지"를 의미한다고 봄이 상당하다. 따라서 이 사건 시행령 조항은 구 지방세법 제20조 제4항의 해석 가능한 것을 명시한 것이거나 이를 구체화한 것으로서 구 지방세법 제20조 제4항이 이에 관하여 직접 위임하는 규정을 두지 않았더라도, 무효라고 볼 수 없다.

- 원고의 주장과 같이 구 지방세법 제20조 제4항의 "등기 또는 등록을 하기 전까지"를 "등기 또는 등록절차가 완료되는 날까지"로 보는 경우, 재산권 등의 이전 등을 등기 또는 등록하려는 경우의 취득세 신고·납부기한은 등기 또는 등록절차가 완료되는 날이 되는데, 그 등기 또는 등록절차는 취득세가 납부되지 아니한 상태에서는 완료될 수 없으므로, 결국 과세관청이 구 지방세법 제21조에 근거하여 구 지방세법 제20조 제4항이 정한 취득세 신고·납부기한의 미준수로 가산세를 징수하는 경우는 존재할 수 없게 된다. 따라서 구 지방세법 제20조 제4항의 "등기 또는 등록을 하기 전까지"는 "등기 또는 등록의 신청서를 등기·등록관서에 접수하는 날까지"로 해석할 수밖에 없다.
- 취득세 납세의무자는 등기신청의 접수번호에 따른 등기의 우선순위 확보를 위해 자신의 필요에 따라 등기신청을 먼저 하고 나중에 취득세를 납부하는 경우가 있을 수 있고, 나아가 등기신청을 먼저 한 경우라도 가산세 부담을 피하기 위하여 등기신청을 취하할 것인지 또는 순위확보의 이익을 위하여 보정명령에 응하여 취득세를 납부할 것인지 선택할 수 있으며, 그렇지 않은 경우라도 이는 법령을 준수하지 아니한 결과에 불과하므로, 이를 두고 보정명령에 응한 자를 부당하게 차별하는 것이라고 볼 수 없다.

※ 동 판례의 내용은 법령 개정을 통해 현행 지방세법에 명시적으로 반영되었음.

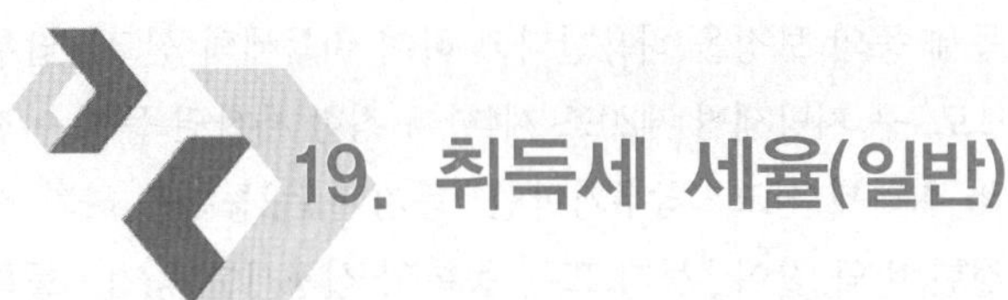

19. 취득세 세율(일반)

19.1 사인증여를 상속으로 보아 등록세 세율을 적용할 수 있는지

【관련 판례】 대법 2013두6138, 2013. 10. 11. 판결 : 상고기각

- 지방세법 제11조 제1항 제1호

> **지방세법 제11조(부동산 취득의 세율)**
>
> ① 부동산에 대한 취득세는 제10조의2부터 제10조의6까지의 규정에 따른 과세표준에 다음 각 호에 해당하는 표준세율을 적용하여 계산한 금액을 그 세액으로 한다.
>
> 1. 상속으로 인한 취득
>
> 가. 농지: 1천분의 23
>
> 나. 농지 외의 것: 1천분의 28
>
> 2. 제1호 외의 무상취득: 1천분의 35.

〈쟁점요지〉 사인증여를 원인으로 한 취득을 상속에 의한 취득으로 보아 0.8%의 등록세 세율을 적용하여야 하는지 아니면 상속 외 무상취득으로 보아 1.5%의 세율을 적용하여야 하는지 여부 및 사인증여에 따른 취득세 신고납부시기를 상속개시일부터 6개월을 적용할 수 있는지 여부

판결요지 ••• 상속인이 아닌 자가 사인증여로 취득하는 것을 상속으로 보아 세율 및 신고납부시기 적용 불가함

- 각 규정의 문언 내용과 관련 규정의 개정 연혁, 상속인 아닌 자가 사인증여로 인하여 부동산의 소유권을 취득하는 경우를 일반적인 증여로 인하여 부동산의 소유권을 취득하는 경우와 달리 취급할 합리적인 이유를 찾기 어려운 점 등을 종합하여 보면, 상속인 아닌 자가 사인증여로 인하여 부동산의 소유권을 취득하는 것은 구 지방세법 제131조 제1항 제2호에서 규정한 '상속 이외의 무상으로 인한 소유권의 취득에 해당하여 '부동산가액의 1,000분

의 15'의 등록세율이 적용된다고 봄이 타당하다.

- 상속으로 인한 취득에 대하여 6월의 신고납부기간을 정한 것은 민법 제1019조 제1항이 상속인에게 상속포기 등을 선택할 수 있는 기간을 부여하고 있음을 고려한 것으로 보이는 점 등을 종합하여 보면, 상속인 아닌 자가 사인증여로 취득세 과세물건을 취득한 경우 구 지방세법 제120조 제1항에 따른 취득세의 신고·납부는 증여자의 사망일로부터 30일 이내에 하여야 한다고 해석함이 타당하다.

19.2 등기를 행하지 않은 상속 취득에 대하여 등록면허세 세율을 공제하고 취득세 세율을 적용할 수 있는지

【관련 판례】 대법 2017두74672, 2018. 4. 26. 판결 : 파기환송

- 지방세법 제6조 제1호 및 제11조 제1항 제1호

〈쟁점요지〉 상속이 개시되었으나 상속등기를 이행하지 않은 경우 취득세 과세시 등록분에 대한 세율을 제외하고 2%의 세율만 적용하여 취득세를 과세할 수 있는지 여부

판결요지 종래와는 달리 부동산을 상속한 경우 통합 취득세의 과세대상이 되는 것 외에는 별도로 등록면허세의 과세대상이 될 여지가 없으므로, 상속등기가 마쳐지지 않았다는 이유로 별도의 세목인 등록면허세에 관한 세율을 고려하여 취득세율을 낮추어 2%를 적용할 수 없음

- 구 지방세법(2014. 1. 1. 법률 제12153호로 개정되기 전의 것, 이하 같다)은 제6조 제1호에서 취득세의 과세대상인 취득에 무상취득의 하나인 상속을 포함하면서, 제11조 제1항 제1호 (나)목(이하 '이 사건 조항'이라고 한다)에서 '농지 외의 부동산을 상속으로 취득한 경우 취득세는 제10조의 과세표준에 1천분의 28을 적용하여 계산한 금액을 그 세액으로 한다'라고 규정하고 있다. 그렇다면 농지 외의 부동산을 상속한 경우에 상속에 따른 등기를 마쳤는지를 따질 것 없이 그에 관한 취득세 납세의무가 성립하고, 다른 특례 규정이 없다면 그 세율은 이 사건 조항에 따라야 한다.
- 한편 구 지방세법 제15조 제2항이 등기·등록을 요하지 않는 취득 중 개수로 인한 취득(1호), 제7조 제5항에 따른 과점주주의 취득(3호) 등과 같은 특정한 취득에 대하여는 중과기준세율인 1천분의 20을 적용하여 계산한 금액을 그 세액으로 하도록 특례 규정을 두고 있으나, 상속을 원인으로 한 취득에 관하여는 그러한 특례 규정이 없다.

- 지방세법이 2010. 3. 31. 법률 제10221호로 전부 개정되기 전에는 등기가 필요한 부동산의 취득과 관련하여 취득을 과세대상으로 한 취득세와 등기행위 자체를 과세대상으로 한 등록세가 별도로 존재하였으나, 그 개정에서 세목 체계를 간소화하기 위해 취득과 관련된 등록세의 과세대상을 취득세의 그것에 통합하고 이러한 통합 취득세의 세율을 취득세와 등록세의 그것들을 합산한 것으로 조정하였으며, 취득과 관련이 없는 등록세의 나머지 과세대상에 대하여는 별도의 세목인 등록면허세를 신설하였다. 그렇다면 종래와는 달리 부동산을 상속한 경우 통합 취득세의 과세대상이 되는 외에는 별도로 등록면허세의 과세대상이 될 여지가 없으므로, 그 세율을 정할 때 상속에 따른 등기가 마쳐지지 않았다는 이유로 별도의 세목인 등록면허세에 관한 세율을 고려하거나 반영할 이유가 없다. 구 지방세법 제28조 제1항 제1호 (나)목에서 상속으로 인한 소유권이전등기에 대하여 등록면허세의 세율을 규정하여 두고 있기는 하나, 이것은 통합 취득세를 납부할 의무가 있는 경우를 전제로 한 것이 아니라 단지 구 지방세법 제23조 제1호 단서에 의하여 취득을 원인으로 하지 아니하여 취득세가 아닌 등록면허세를 납부할 의무가 있을 때에만 적용되는 것에 불과하다. 이러한 지방세법의 개정취지, 관련 규정들의 문언과 체계 등을 종합하면, 상속인이 상속을 원인으로 농지 외의 부동산을 취득하였으나 등기를 마치지 아니한 경우에도 이 사건 조항에 따른 취득세율이 적용된다고 봄이 타당하다.

19.3 등기원인을 매매로 하였으나 그 실질이 명의신탁해지로 인한 소유권이전등기에 불과할 경우 어떤 등록세율을 적용하는지

【관련 판례】 대법 98두6364, 1999. 12. 10. : 파기환송

- 지방세법 제11조

〈쟁점요지〉 명의신탁약정에 의하여 수탁자 명의로 소유권에 관한 등기를 경료하였다가 명의신탁을 해지한 후 명의신탁자 앞으로 매매를 원인으로 한 소유권이전등기를 경료한 경우, 구 지방세법 제131조 제1항 제2호 소정의 '무상으로 인한 소유권의 취득'에 해당하는지 여부

판결요지 법인에 관한 어떠한 등기가 어느 세율에 해당하는지는 실질과세의 원칙에 의하여 그 명칭이나 형식과 관계없이 실질 내용에 따라야 하므로, 명의신탁해지의 경우 비록 형식적으로 매매의 형태로 하였다고 하더라도 무상취득에 해당하는 세율을 적용하여야 함(현행: 35/1,000)

- 구 지방세법(1995. 12. 6. 법률 제4995호로 개정되기 전의 것, 이하 '법'이라고 한다) 제131조 제1항은 '부동산에 관한 등기를 받을 때에는 다음 각 호의 표준세율에 의하여 등록세를 납부하여야 한다'고 하면서, 제2호에서 제1호(상속으로 인한 소유권의 취득) 이외의 '무상으로 인한 소유권의 취득'의 경우에는 부동산가격의 1,000분의 15로, 제3호 제2목에서 제1호 및 제2호 이외의 원인으로 인한 농지 이외의 부동산 소유권의 취득의 경우 부동산 가액의 1,000분의 30으로 각 규정하고 있고, 법 제131조 제1항 제2호가 다른 등록세율보다 낮은 1,000분의 15의 세율을 적용하기 위한 요건으로 '무상으로 인한 소유권의 취득'이라고 규정하면서 이에 관한 증거방법을 특별히 제한하고 있지 아니할 뿐만 아니라, 법 제65조에 의하여 지방세에 준용되는 실질과세 원칙의 정신에 비추어 볼 때 등기신청서 또는 등기부의 형식적인 기재에 불구하고 등기원인 또는 권리관계의 실질에 따라 '무상으로 인한 소유권의 취득'에 해당하는지 여부를 판단하여야 할 것이다. 따라서 부동산에 관하여 명의신탁약정에 의하여 명의수탁자 명의로 소유권에 관한 등기를 경료하였다가 명의신탁을 해지하고 명의신탁자 앞으로 소유권이전등기를 경료하면서 그 등기원인을 매매로 하였다고 하더라도 그 등기의 실질이 명의신탁해지로 인한 소유권이전등기인 이상 법 제131조 제1항 제2호 소정의 등록세율이 적용된다.

19.4 공공시설 기부채납에 대응하여 용도폐지 된 공공용지를 양여받은 경우 유상 교환으로 보아 취득세 세율을 적용할 수 있는지

【관련 판례】 대법 2017두66824, 2019. 4. 3. 판결 : 상고기각

- 같은 취지의 판결 : 대법 2018두35841, 2019. 4. 11. 판결, (추)대법 2019두43900, 2019. 9. 26. 판결(심리불속행)
- 지방세법 제6조 제1호 및 제11조 제1항

〈쟁점요지〉 개발사업을 추진함에 있어 새로이 설치한 기반시설을 기부채납하는 대신에 국가 등으로부터 용도폐지 된 공공용지를 양여받는 경우, 이를 무상 취득이 아닌 유상교환으로 보아 기부채납하는 공공시설의 가치를 과세표준으로 유상세율을 적용하여 취득세를 과세할 수 있는지 여부

판결요지 정비기반시설을 사업시행자에게 무상양도 하도록 강제하는 것이고 그에 따라 용도폐지되는 정비기반시설을 국가 등으로부터 무상 양도받아 취득하는 것이므로, 무상취득으로 보아 해당하는 세율을 적용하는 것이 타당함

- 구 도시 및 주거환경정비법(2017. 2. 8. 법률 제14567호로 전부 개정되기 전의 것) 제65조 제2항은 '시장 · 군수 또는 주택공사 등이 아닌 사업시행자가 정비사업의 시행으로 새로이 설치한 정비기반시설은 그 시설을 관리할 국가 또는 지방자치단체에 무상으로 귀속되고, 정비사업의 시행으로 인하여 용도가 폐지되는 국가 또는 지방자치단체 소유의 정비기반시설은 그가 새로이 설치한 정비기반시설의 설치비용에 상당하는 범위 안에서 사업시행자에게 무상으로 양도된다'고 정하고 있다(이하 전단 부분을 '이 사건 전단 규정'이라 하고, 후단 부분을 '이 사건 후단 규정'이라 한다).
- 이는 민간 사업시행자에 의하여 새로이 설치된 정비기반시설을 이 사건 전단 규정에 따라 당연히 국가 또는 지방자치단체에 무상귀속되는 것으로 함으로써 공공시설의 확보와 효율적인 유지 · 관리를 위하여 국가 등에게 그 관리권과 함께 소유권까지 일률적으로 귀속되도록 하는 한편, 그로 인한 사업시행자의 재산상 손실을 합리적인 범위 안에서 보전해 주기 위하여 이 사건 후단 규정에 따라 새로 설치한 정비기반시설의 설치비용에 상당하는 범위 안에서 용도폐지 되는 정비기반시설을 사업시행자에게 무상양도 하도록 강제하는 것이다(대법원 2007. 7. 12. 선고 2007두6663 판결, 대법원 2014. 2. 21. 선고 2012다82466 판결 등 참조).
- 따라서 사업시행자는 이 사건 후단 규정에 의하여 용도폐지 되는 정비기반시설을 국가 등으로부터 무상으로 양도받아 취득할 따름이고 따로 그에 대한 대가를 출연하거나 소유권을 창설적으로 취득한다고 볼 사정도 없는 이상, 사업시행자가 위 정비기반시설을 구성하는 부동산을 취득한 것은 무상의 승계취득에 해당하므로, 그에 따른 과세표준과 구 지방세법 제11조 제1항 제2호에서 정한 세율 등을 적용한 취득세 등을 납부할 의무가 있다.

19.5 수용재결에 따른 사업시행자의 취득이 승계인지 아니면 원시인지

【관련 판례】 대법 2016두34783, 2016. 6. 23. 판결 : 기각

- 지방세법 제11조 제1항 제3호 및 제7호

지방세법 제11조(부동산 취득의 세율)

① 부동산에 대한 취득세는 제10조의2부터 제10조의6까지의 규정에 따른 과세표준에 다음 각 호에 해당하는 표준세율을 적용하여 계산한 금액을 그 세액으로 한다.

3. 원시취득: 1천분의 28
7. 그 밖의 원인으로 인한 취득

가. 농지: 1천분의 30
나. 농지 외의 것: 1천분의 40

〈쟁점요지〉 수용재결에 의한 사업시행자의 부동산 취득이 승계취득에 해당되는지 아니면 원시취득에 해당되는지 여부

판결요지 수용재결에 따른 사업시행자의 취득은 원시취득에 해당됨

- 원심은 그 판시와 같은 사실을 인정한 다음, 공익사업을 위한 토지 등의 취득 및 보상에 관한 법률에 따른 수용재결의 효과로서 수용에 의한 사업시행자의 소유권 취득은 토지 등 소유자와 사업시행자와의 법률행위에 의한 승계취득이 아니라 법률의 규정에 의한 원시취득에 해당하는 점, 지방세법은 이 사건 조항의 원시취득에서 수용재결에 의한 부동산의 취득을 제외하는 규정을 따로 두고 있지 않은 점 등을 종합하면, 이 사건 각 부동산의 취득은 이 사건 조항에서 정한 원시취득에 해당하므로 '1천분의 28'의 표준세율이 적용되어야 하고, 수용에 따른 등기가 소유권보존등기가 아닌 소유권이전등기의 형식으로 경료된다거나 종전 소유자가 양도소득세를 부담한다는 사정만으로는 달리 볼 수 없다는 이유로, 이와 다른 전제에서 이루어진 이 사건 처분은 위법하다고 판단하였다.
- 앞서 본 규정과 관련 법리에 비추어 기록을 살펴보면, 원심의 위와 같은 판단에 상고이유 주장과 같이 실질과세의 원칙이나 이 사건 조항의 해석에 관한 법리를 오해한 위법이 없다.

19.6 환지처분 이전에 시행자로부터 체비지를 취득한 것을 원시취득으로 보아 취득세 세율을 적용할 수 있는지

【관련 판례】 대법원 2022두52843, 2022. 12. 1.(심리불속행) : 상고기각

- 지방세법 제11조

〈쟁점요지〉 토지구획정리사업에 따른 체비지를 환지처분 이전에 시행자로부터 취득한 경우 승계취득이 아닌 원시취득으로 보아 취득세 세율을 적용할 수 있는지 여부

판결요지 비록 환지처분 전 체비지를 매수하는 경우 종전 권리의 제한이나 하자를 승계하지 아니하나, 동 권리의 소멸은 환지처분의 효과로 인한 것이지 체비지의 매매에 따

른 것이 아니며 사안의 경우 타인으로부터 체비지에 대한 물권 유사의 사용수익권을 취득함으로써 토지를 배타적으로 지배할 수 있게 되었으므로 이는 승계취득에 해당함.

- 다음과 같은 사실이나 사정을 종합해 보면, 원고는 이 사건 토지를 승계취득하였다고 봄이 타당하다. 원고 주장은 이유 없다.
- ① 취득세는 본래 재화의 이전이라는 사실 자체를 포착하여 거기에 담세력을 인정하고 부과하는 유통세의 일종으로 취득자가 재화를 사용·수익·처분함으로써 얻을 수 있는 이익을 포착하여 부과하는 것이 아니어서 취득자가 실질적으로 완전한 내용의 소유권을 취득하는가의 여부에 관계없이 사실상의 취득행위 자체를 과세객체로 한다(대법원 1998. 12. 8. 선고 98두14228 판결 참조). 여기서 "취득"이란 취득자가 취득물건에 대하여 포괄적·배타적 지배력을 행사할 수 있는 지위를 의미한다. 한편 소유권과 같은 물권의 원시취득이란 어떤 물권이 타인의 물권에 기함이 없이 특정인에게 새로 발생하는 것을 말하고, 물권의 승계취득이란 어떤 물권이 타인의 물권에 기하여 특정인에게 승계되는 것을 의미한다. 토지구획정리사업시행자가 환지처분 전에 토지를 체비지로 지정하면, 그 시행자는 장래 환지처분 시 취득하게 되는 소유권의 전신과 같은 물권 유사의 사용수익권을 취득하여 체비지를 배타적으로 사용·수익할 수 있고, 구획정리사업의 비용을 충당하기 위해 체비지를 처분할 수도 있다. 이때 시행자의 체비지 처분으로 체비지를 매수한 사람이 취득하는 권리는 시행자가 취득한 물권 유사의 사용수익권으로서 그 권리에 기해 매수인도 체비지를 배타적으로 사용·수익할 수 있고 다시 이를 제3자에게 처분할 수도 있다(구 토지구획정리사업법 제54조, 제57조 제4항, 제62조 제6항 참조). 이 사건 토지는 체비지이고, 원고는 환지처분 전에 토지구획정리사업시행자인 평택시장으로부터 이 사건 토지를 매수하였다. 앞서 본 법리 등에 비추어 보면, 원고는 환지처분 전 매매를 통해 ○○시장이 이 사건 토지에 관하여 취득한 물권 유사의 사용수익권을 취득함으로써 이 사건 토지를 배타적으로 지배할 수 있게 되었으므로 원고의 이 사건 토지 취득행위는 승계취득에 해당한다.
- ② 원고는 구 토지구획정리사업법 제62조 제1항에 따르면 환지처분 전에 체비지를 매수하는 경우 체비지에 대한 종전 권리의 제한이나 하자를 승계하지 않기 때문에 이는 원시취득에 해당한다고 주장한다. 그러나 체비지의 경우 종전 토지에 존재하던 권리가 소멸하는 것은 환지처분의 효과로 인한 것이지 체비지 매매 등 처분행위의 효과로 인한 것이 아니다. 따라서 「공익사업을 위한 토지 등의 취득 및 보상에 관한 법률」에 따른 수용재결의 효과로 인해 토지나 물건에 관한 종전 권리가 소멸하므로 2016. 12. 27. 법률 제14475호로 개정되기 전 구 지방세법 하에서 부동산을 수용재결로 취득한 경우를 원시취득으로 보았던 것(대법원 2016. 6. 23. 선고 2016두34783 판결 참조)과 동일하게 환지처분 전에 체비지를 매수한 경우를 원시취득이라고 볼 수는 없다.

19.7 미준공 건물을 소유권이전등기 후 추가로 공사를 시행하여 준공시 취득세 과세표준 및 세율 적용 방법

【관련 판례】 대법원 2018두30716, 2018. 4. 26. : 상고기각

- 지방세법 제10조 및 제11조 제3호

〈쟁점요지〉 미준공 상태에서 소유권보존등기가 된 건축물의 소유권을 이전받은 후 추가 공사를 하여 준공시 취득세 과세표준 및 세율적용 방법

판결요지 미준공 상태의 건축물의 소유권을 이전하는 등기시에는 소유권이전에 따른 등록면허세가 과세되고, 이후 추가로 공사를 하여 원시취득하는 경우에는 그 건물 전체에 대하여 원시취득으로 보아 취득세를 과세하며, 과세표준은 취득가격을 알 수 없으므로 시가표준액이 과세표준이 됨

- 하나의 과세물건인 이 사건 아파트에 관한 취득세율을 적용함에 있어 과세물건의 일부에 대해서는 승계취득을 전제로, 나머지에 대해서는 원시취득임을 전제로 서로 다른 세율을 적용할 수는 없으며, 환급 이행금은 주택분양보증계약에 따라 보증사고 발생 시 환급책임을 지기로 한 때문이지, 이 사건 미완성 아파트를 취득하기 위해서가 아니므로 사실상의 취득가격으로 볼 수는 없고, 미완성 아파트 부분에 관해서는 사실상의 취득가격이 있다고 볼 수 없는 이상, 이 사건 취득세의 과세물건인 완성된 이 사건 아파트의 사실상의 취득가격을 확정할 수 없으며, 취득 당시 시가표준액이 되어야 함.

19.8 부동산을 경매로 취득한 것을 원시취득으로 보아 원시취득 세율을 적용할 수 있는지

【관련 판례】 대법 2019두54849, 2020. 1. 16. (심리불속행) : 기각

- 같은 취지 : 대법원 2018두67442, 2019. 4. 12. 판결(심불), 대법 2019두57121, 2020. 2. 13.(심리불속행), 대법 2019두59264, 2020. 2. 27.(심리불속행), 대법 2020두30368, 2020. 4. 9.(심리불속행), 대법 2020두36847, 2020. 6. 25.(심리불속행), 대법 2020두41177, 2020. 9. 24.(심리불속행), 대법 2020두42699, 2020. 10. 15.(심리불속행), 대법 2020두46639, 2020. 11. 26.(심리불속행)

– 지방세법 제11조 제1항 제3호

〈쟁점요지〉 부동산을 임의경매절차에서 경락받아 소유권이전등기를 마친 경우 이를 승계취득이 아닌 원시취득으로 보아 취득세 세율을 적용할 수 있는지 여부

판결요지 경매에 의한 부동산 취득은 민법상 '원시취득'이 아닌 '승계취득'에 해당한다고 보아야 하고, 세법상 관점에서도 이를 원시취득으로 취급할 합리적인 이유가 있다고 볼 수 없으므로 원시취득이 아닌 승계취득 세율을 적용하는 것이 타당함

– ① '경매'는 채무자 재산에 대한 환가절차를 국가가 대행해 주는 것일 뿐 본질적으로 매매의 일종에 해당하는 점(대법원 1993. 5. 25. 선고 92다15574 판결 등 참조), ② 부동산 경매시 당해 부동산에 설정된 선순위 저당권 등에 대항할 수 있는 지상권이나 전세권 등은 매각으로 인해 소멸되지 않은 채 매수인에게 인수되며, 매수인은 유치권자에게 그 유치권의 피담보채권을 변제할 책임이 있는 등(민사집행법 제91조 제3 내지 5항, 제268조), 경매 이전에 설정되어 있는 당해 부동산에 대한 제한이 모두 소멸되는 것이 아니라 일부 승계될 수 있는 점, ③ 민법 제578조는 경매가 사법상 매매임을 전제로 매도인의 담보책임에 관한 규정을 두고 있는 점, ④ 대법원은 일관되게 직접적으로 경매로 일한 부동산의 소유권 취득이 승계취득에 해당한다는 입장(대법원 1991. 4. 23. 선고 90누6101 판결, 대법원 1991. 8. 27. 선고 91다3703 판결, 대법원 2000. 10. 27. 선고 2000다34822 판결 등 참조)인 점, ⑤ 대법원은 경매로 인한 소유권의 취득이 승계취득임을 전제로 미성년자의 매수신청을 무효라고 하거나 매수인의 선의취득을 인정하고 있는 점(대법원 1969. 11. 19.자 69마989 결정, 대법원 1998. 3. 27. 선고 97다32680 판결 참조), ⑥ 지방세기본법 제20조 제3항은 '이 법 및 지방세 관계법의 해석 또는 지방세 행정의 관행이 일반적으로 납세자에게 받아들여진 후에는 그 해석 또는 관행에 따른 행위나 계산은 정당한 것으로 보며, 새로운 해석 또는 관행에 따라 소급하여 과세되지 아니한다.'라고 규정하고 있는바, 과거 조세실무상 경매로 인한 소유권취득은 승계취득으로 취급된 것으로 보이는 점, ⑦ 공익사업을 위한 토지 등의 취득 및 보상에 관한 법률(이하 '토지보상법'이라 한다) 상의 수용은 일정한 요건 하에 그 소유권을 사업시행자에게 귀속시키는 행정처분으로서 이로 인한 효과는 소유자가 누구인지와 무관하게 사업시행자가 그 소유권을 취득하게 하는 원시취득에 해당하나(대법원 2018. 12. 13. 선고 2016두51719 판결 참조), 이에 반하여 경매를 원인으로 한 소유권 취득은 성질상 사법상 매매로서 행정처분인 토지보상법 상의 수용과는 엄밀히 구분되는 점 등을 종합하면, 경매절차를 통한 부동산취득은 '승계취득'이라고 봄이 타당하다(부산지법 2019구합20977, 2019. 5. 24. 판결).

19.9 공유물 분할시 당초 지분권을 초과하는 부분도 공유물분할에 따른 취득세율을 적용 가능한지

【관련 판례】 대법 2016두32008, 2016. 5. 12. 판결(심리불속행) : 기각

- 지방세법 제11조 제1항 제5호

지방세법 제11조(부동산 취득의 세율)

① 부동산에 대한 취득세는 제10조의2부터 제10조의6까지의 규정에 따른 과세표준에 다음 각 호에 해당하는 표준세율을 적용하여 계산한 금액을 그 세액으로 한다.

5. 공유물의 분할 또는 「부동산 실권리자명의 등기에 관한 법률」 제2조 제1호 나목에서 규정하고 있는 부동산의 공유권 해소를 위한 지분이전으로 인한 취득(등기부등본상 본인 지분을 초과하는 부분의 경우에는 제외한다): 1천분의 23

〈쟁점요지〉 공유물분할계약에 따라 특정지분을 단독으로 소유하면서 당초 지분권을 초과하는 부분도 공유물분할에 따른 저율의 취득세율을 적용할 수 있는지 여부

판결요지 ••• 당초 지분권을 초과하는 부분은 공유물분할로 볼 수 없음

- 공유인 부동산등과 그 밖의 공유물을 일괄하여 분할하는 경우에는 분할 후 자산가액의 비율이 원래의 공유지분의 범위를 넘어서는 것인지 또는 원래의 공유지분의 비율과 분할 후 자산가액의 비율과의 차이에 따른 정산을 하였는지 여부 등은 취득세의 과세물건인 부동산등만을 기준으로 분할 후 자산가액의 비율과 원래의 공유지분의 비율을 비교하는 방식으로 판단하여야 한다.
- 앞서 본 바와 같이 원고와 문○○은 이 사건 각 부동산을 포함한 병원 동업 관련 자산과 부채를 일괄하여 분할하였으나, 취득세의 과세와 관련하여서는 그 분할 대상 자산 중 취득세의 과세물건에 해당하는 이 사건 각 부동산만을 기준으로 지방세법 제11조 제1항 제5호가 정한 공유물의 분할에 해당하는지를 판단하여야 한다. 원고와 문○○은 이 사건 각 부동산에 관하여 1/2 지분씩을 보유하고 있다가 이 사건 공유물분할계약에 따라 제1부동산을 문○○의 단독소유로, 제2 내지 4부동산을 원고의 단독소유로 분할하였음은 앞서 본 바와 같으므로, 원고가 취득한 제2 내지 4부동산의 가액이 원고의 원래 공유지분의 범위인 이 사건 각 부동산의 가액 중 1/2에 해당하는 금액을 넘어서지 않는 한도 내에서는 지방세법 제11조 제1항 제5호 소정의 공유물의 분할에 해당한다고 보아야 하지만, 그 범위를 넘어서는 부분은 이에 해당한다고 볼 수 없다(수원지방법원 2014구합55916, 2015. 7. 21.).

20. 취득세 세율 적용(주택 유상거래)

20.1 주택 '개인 간 유상거래'에 경매가 포함되는 것으로 보아 감면을 적용할 수 있는지

【관련 판례】 대법 2007두4438, 2008. 2. 15. : 파기환송

- 지방세법 제11조 제1항 제8호

지방세법 제11조(부동산 취득의 세율)

8. 제7호 나목에도 불구하고 유상거래를 원인으로 주택(중략)을 취득하는 경우에는 다음 각 목의 구분에 따른 세율을 적용한다.
   가. 취득당시가액이 6억원 이하인 주택: 1천분의 10
   나. 취득당시가액이 6억원을 초과하고 9억원 이하인 주택: 다음 계산식(생략)에 따라 산출한 세율. 이 경우 소수점 이하 다섯째 자리에서 반올림하여 소수점 넷째 자리까지 계산한다.
   다. 취득당시가액이 9억원을 초과하는 주택: 1천분의 30

〈쟁점요지〉 구 지방세법 제273조의2에 정한 '개인 간 유상거래'에 경매가 포함되는지 여부

판결요지 ••• 매도자인 소유자의 의사와 관계없이 결정된다는 점에서 일반적인 매매와 동일하게 보아 주택유상거래에 따른 감면세율을 적용할 수 없음

- 조세법률주의의 원칙상 조세법규의 해석은 특별한 사정이 없는 한 법문대로 해석하여야 하고 합리적 이유 없이 확장해석하거나 유추해석하는 것은 허용되지 않지만, 법규 상호

간의 해석을 통하여 그 의미를 명백히 할 필요가 있는 경우에는 조세법률주의가 지향하는 법적 안정성 및 예측가능성을 해치지 않는 범위 내에서 입법 취지 및 목적 등을 고려한 합목적적 해석을 하는 것은 불가피하다고 할 것이다.

- 따라서 원심도 인정한 바와 같은 이 사건 감경조항의 입법 취지 및 목적에 비추어 볼 때, 이미 종전부터 사실상 취득가격을 취득세 등의 과세표준으로 하고 있어 부동산 실거래가 신고제도 시행 이후에도 아무런 세부담의 증가가 없는 경매로 인한 주택의 취득까지 이 사건 감경조항의 적용대상에 포함시키려 한 것으로는 보이지 않는 점, 경매의 사법상 효력이 매매와 유사하다고는 하나 매매가 당사자 사이의 의사합치에 의한 것임에 반하여 경매는 매도인의 지위를 갖는 소유자의 의사와 무관하게 법원이 그 소유물을 매도하는 것이어서 그 경매가격의 형성에 소유자의 의사는 전혀 반영될 여지가 없으며, 구 지방세법은 취득세 등의 과세표준에 관한 규정에서 경매에 의한 주택의 취득을 일반적인 개인 간의 매매에 의한 주택의 취득과 구분하여 달리 규정하고 있어 구 지방세법상의 취득세 등과 관련해서는 경매를 일반적인 개인 간의 매매와 동일하게 보기는 어려운 점 등을 종합해 보면, 이 사건 감경조항에서 정하고 있는 '개인 간에 유상거래를 원인으로 취득・등기하는 주택'에는 경매로 인하여 취득・등기하는 주택은 포함되지 아니하는 것으로 해석함이 타당하다고 할 것이다.

20.2 환지계획 등에 따라 청산금을 지급하고 취득한 주택이 주택유상거래 감면대상인지

【관련 판례】 대법 2011두1146, 2013. 9. 12. 판결 : 파기환송

- 지방세법 제11조 제1항 제8호

〈쟁점요지〉 도시환경정비사업에 따른 환지계획 등에 따라 조합원이 청산금을 지급하고 취득하는 신축주택을 유상거래를 원인으로 취득한 것으로 보아, 주택유상거래에 따른 취득세 감면을 적용할 수 있는지 여부

판결요지 ••• 거래를 원인으로 취득한 것으로 볼 수 없어 감면대상이 아님

- 구 지방세법 제273조의2(이하 '이 사건 경감조항'이라 한다)는 '유상거래를 원인으로 취득하는 주택'에 대하여는 그 취득세의 100분의 50을 경감하도록 규정하고 있다. 이는 2006. 1. 1.부터 부동산 실거래가 신고제도가 시행됨에 따라 거래세 부담이 가중되고 주택에 대

한 보유세가 증가한 데 대한 보완방완으로 거래세의 부담을 완화함으로써 국민의 주거안정 지원과 주택거래 활성화를 도모하려는 취지에서 도입된 것이다. 따라서 이는 재산을 '유상'으로 취득하였을 뿐 아니라 '거래'를 원인으로 취득한 경우에 해당하여야만 적용된다 할 것이다.

- 위와 같은 각 법령 규정의 입법취지와 청산금의 성격 등을 종합해 보면, 도시환경정비사업 등에 의한 조합원의 신축 주택 취득은 '거래'를 원인으로 하는 주택의 취득이라고 볼 수 없고 조합원이 신축 주택을 취득하면서 청산금을 부담하였다고 하여 달리 볼 수도 없다. 따라서 도시환경정비사업 등에 의하여 신축 주택 등을 취득한 조합원이 부담하는 청산금에 대한 취득세에 대해서는 이 사건 경감조항이 적용될 수 없다고 보아야 한다.

20.3 독립된 주거형태 갖추지 못한 기숙사가 주택유상거래 감면대상인지

【관련 판례】 대법 2013두10403, 2013. 10. 17. 판결 : 파기환송

- 같은 취지의 판례 : 대법 2014두6920, 2014. 8. 20. 판결(심리불속행)
- 지방세법 제11조 제1항 제8호

〈쟁점요지〉 공장 등의 종업원 등을 위하여 쓰이는 독립된 주거형태를 갖추지 못한(공동으로 화장실, 샤워실, 세면장 사용) 건축법상의 기숙사를 주택유상거래 감면대상 주택으로 볼 수 있는지 여부

판결요지 ••• 유상거래 감면대상 주택으로 볼 수 없음

- 구 지방세법(2010. 3. 31. 법률 제10221호로 전부 개정되기 전의 것, 이하 같다) 제273조의2는 "유상거래를 원인으로 취득·등기하는 주택에 대한 취득세는 제112조 제1항의 규정에 의한 세율을 적용하여 산출한 세액의 100분의 50을 경감하고, 등록세는 제131조 제1항 제3호 (2)목의 규정에 의한 세율을 적용하여 산출한 세액의 100분의 50을 경감한다."고 규정(이하 '이 사건 법률 규정'이라 한다)하여, 그 경감 대상을 '주택'으로 삼고 있다.
- 구 지방세법 제104조는 취득세에서 사용하는 용어를 정의하면서 제4호에서 '건축물'에 '건축법 제2조 제1항 제2호의 규정에 의한 건축물'을 포함하고 있고, 구 건축법(2008. 3. 21. 법률 제8974호로 전부 개정되기 전의 것, 이하 같다) 제2조 제1항 제2호, 제2호의2, 제2항 및 그 위임에 의한 구 건축법 시행령(2006. 10. 26. 대통령령 제19714호로 개정되기 전의 것, 이하 같다) 제3조의4 [별표 1]은 건축물을 그 용도에 따라 제1호 단독주택, 제2호 공동주택 등으

로 구분하고, 그 제2호에서 공동주택의 하나로 "(라)목 기숙사(학교 또는 공장 등의 학생 또는 종업원 등을 위하여 쓰는 것으로서 공동취사 등을 할 수 있는 구조를 갖추되, 독립된 주거의 형태를 갖추지 아니한 것, 이하 '건축법상 기숙사'라 한다)"를 규정하고 있다.

- 한편 구 지방세법 제180조는 재산세에서 사용하는 용어를 정의하면서 제3호에서 재산세의 과세대상인 '주택'을 '주택법 제2조 제1호의 규정에 의한 주택'으로 규정하고, 구 주택법(2009. 2. 3. 법률 제9405호로 개정되기 전의 것, 이하 같다) 제2조 제1호, 제2호 및 그 위임에 의한 주택법 시행령 제2조 제1항이 '공동주택의 종류와 범위는 건축법 시행령 [별표 1] 제2호 (가)목 내지 (다)목의 규정이 정하는 바에 의한다'고 규정하고 있어, 재산세에 관하여는 건축법상 기숙사가 '주택'의 범위에서 제외되어 있다.
- 이와 같이 구 지방세법은 제104조 제4호에서 건축법상 기숙사가 취득세의 과세대상인 '건축물'에 해당된다는 것을 규정하고 있을 뿐 취득세와 등록세에 관하여 '주택'에 관한 정의를 두고 있지 않고, 또한 재산세에서 정하고 있는 '주택'의 개념은 위 '건축물'과는 일치하지 않음에 비추어 보면, 취득세와 등록세에 관한 구 지방세법의 개별 규정에서 '건축물'이 아닌 '주택'이라는 용어를 사용하고 있는 경우에 그 '주택'에 포함되는 건축물의 범위는 각 규정의 취지와 목적에 따라 달리 해석되어야 할 것이다.
- 그리고 이 사건 법률 규정을 도입한 취지와 목적은 2005년 부동산 세제 개편으로 '부동산 가격공시 및 감정평가에 관한 법률'에 의한 개별주택가격과 공동주택가격이 주택의 시가표준액이 되는 등 취득세와 등록세 과세표준이 상승함에 따른 납세의무자의 급격한 세부담 증가를 완화하고 주택거래의 활성화를 도모하기 위한 데에 있다. 그러나 건축법상 기숙사는 '부동산 가격공시 및 감정평가에 관한 법률'에 의하여 그 가격이 공시되는 공동주택에 포함되지 않을 뿐만 아니라, 그 건축물의 용도가 학교 또는 공장 등의 학생 또는 종업원 등을 위하여 쓰는 것으로서 통상적으로는 자주 거래되지 않으므로 주택거래의 활성화와는 거리가 있다. 이에 따라 2010. 3. 31. 제정된 지방세특례제한법 제2조 제3호도 '공동주택이란 주택법 제2조 제2호에 따른 공동주택을 말하되, 기숙사는 제외한다'고 규정함으로써 그와 같은 취지를 확인하고 있다.
- 이와 같은 구 지방세법 등의 관련 규정들의 내용과 이 사건 법률 규정의 입법 목적 등을 종합하여 보면, 이 사건 법률 규정에 의하여 취득세와 등록세에 관한 세액 경감의 대상이 되는 '주택'은 구 지방세법 제104조 제4호에서 정한 '건축물'과는 구별되는 것으로서 건축법상 기숙사는 그 '주택'에 포함되지 않는다고 보아야 할 것이다.

관련 기타 판례

1. 오피스텔이 사실상 주거용으로 사용된다 하더라도 그것은 당초 업무시설로 건축된 것이므로 주택거래 활성화와는 거리가 있어 주택 유상거래 감면을 적용할 수 없음(대법 2013두13945, 2013. 11. 28. 판결).
2. 주택이 취득 당시 철거 등의 절차가 진행되어 주거용으로서의 기능을 상당 부분 상실함으로써 정상적인 주거생활에 사용할 수 없는 건축물에 해당한다면 유상거래 감면을 적용받을 수 있는 주택의 취득으로 볼 수 없음(대법 2015두40002, 2015. 8. 27. 판결).
3. 특정건축물 정리에 관한 특별조치법에 따라 구청장이 작성한 무허가건물관리대장에 등재되어 철거되지 않은 사실상의 주택의 경우 준공검사필증 등 특정건축물정리법에 의하여 양성화를 위한 모든 절차를 마지지 아니한 경우에는 주택유상거래 세율을 적용할 수 없음(대법 2019두45326, 2019. 10. 17. 판결).

20.4 건축물등기는 되어 있으나 건축물대장 기재 및 사용승인이 나지 않은 건축물에 주택 유상거래 세율적용이 가능한지

【관련 판례】 대법 2018두33845, 2018. 7. 11. 판결 : 파기환송

- 지방세법 제11조 제1항 제8호

지방세법 제11조(부동산 취득의 세율)

8. 제7호 나목에도 불구하고 유상거래를 원인으로 주택 [「주택법」 제2조 제1호의 주택으로서 「건축법」에 따른 건축물대장 · 사용승인서 · 임시사용승인서나 「부동산등기법」에 따른 등기부에 주택으로 기재된 주거용 건축물과 그 부속토지를 말한다. 이하 이 조에서 같다] 을 취득하는 경우에는 다음 각 목의 구분에 따른 세율을 적용한다.

〈쟁점요지〉 취득 당시 건축물대장에 주택으로 기재되지도, 사용승인을 받지도 아니하고 사실상 사용도 하고 있지 아니한 주택에 대하여 주택유상거래 세율을 적용하여 줄 수 있는지 여부

판결요지 취득 당시 그 건축물의 구조가 주거에 적합하지 않은 상태로서 건축물대장에 주택으로 기재된 바 없고 실제 주거용으로 사용될 수 없는 경우에는 등기가 되어 있더라도 주택유상거래 세율 적용대상 주택으로 볼 수 없음

- 이 사건 세율 규정은 구 지방세법 제11조 제1항 제7호 (나)목에서 유상거래를 원인으로 한 농지 외의 부동산에 관한 취득세율을 1천분의 40으로 규정한 것과 달리 유상거래를 원인으로 취득하는 주택의 취득세율을 인하한 것으로서, 주택거래에 따른 취득세 부담을 완화하여 주거안정 및 주택거래 정상화를 도모하기 위한 것이다.
- 이와 같은 이 사건 세율 규정의 내용과 입법취지를 종합하면, 이 사건 세율 규정에 따른 취득세율이 적용되는 경우는 세대의 구성원이 장기간 독립한 주거생활을 할 수 있는 구조로서 건축물대장에 주택으로 기재되고 주거용으로 사용될 수 있는 건축물과 그 부속토지를 납세자가 유상거래를 원인으로 취득한 경우에 한정된다고 봄이 타당하다.
- 이러한 법리에 비추어 볼 때, 매수인이 주택의 용도로 건축 중인 미완성 건축물 및 그 부속토지를 매수하고 그에 관한 소유권이전등기를 마쳤다고 하더라도 당시 그 건축물의 구조가 주거에 적합하지 않은 상태로 건축물대장에 주택으로 기재된 바 없고 실제 주거용으로 사용될 수 없는 경우에는 위와 같은 소유권이전등기를 마쳤다는 사정만으로 그 건축물의 부속토지에 관하여 이 사건 세율 규정에 따른 취득세율이 적용된다고 볼 수는 없다. 또한 위와 같이 매수인이 미완성 건축물을 취득한 이후 추가공사를 완료하고 사용승인을 받아 건축물대장에 등록하였다고 하더라도 이는 '건축물대장에 주택으로 기재된 건축물을 유상거래를 원인으로 취득'한 것이 아니므로, 그 건축물에 관하여 이 사건 세율 규정에 따른 취득세율이 적용된다고 볼 수도 없다.

20.5 상가를 주택으로 사실상 용도변경한 경우 주택으로 보아 주택유상거래 세율을 적용할 수 있는지

【관련 판례】 대법 2019두51260, 2019. 12. 27. 판결(심리불속행) : 항소기각

- 지방세법 제11조 제1항 제8호

지방세법 제11조(부동산 취득의 세율)

8. 제7호 나목에도 불구하고 유상거래를 원인으로 주택 [「주택법」 제2조 제1호의 주택으로서 「건축법」에 따른 건축물대장·사용승인서·임시사용승인서나 「부동산등기법」에 따른 등기부에 주택으로 기재{「건축법」(법률 제7696호로 개정되기 전의 것을 말한다)에 따라 건축허가 또는 건축신고 없이 건축이 가능하였던 주택(법률 제7696호 건축법 일부개정법률 부칙 제3조에 따라 건축허가를 받거나 건축신고가 있는 것으로 보는 경우를

포함한다)으로서 건축물대장에 기재되어 있지 아니한 주택의 경우에도 건축물대장에 주택으로 기재된 것으로 본다}된 주거용 건축물과 그 부속토지를 말한다. 이하 이 조에서 같다] 을 취득하는 경우에는 다음 각 목의 구분에 따른 세율을 적용한다.

〈쟁점요지〉 상가를 주택으로 용도변경한 경우 주택유상거래 세율을 적용할 수 있는지 여부 및 과거 상가를 주택으로 용도변경시 건축허가나 신고 없이도 가능하였던 경우 예외를 인정할 수 있는지 여부

판결요지 ••• 원칙적으로 공부상 주택으로 기재되지 않는 이상 주택유상거래 세율을 적용할 수 없고, 예외적으로 건축허가나 신고 없이 건축이 가능하였던 주택만이 유상거래 세율적용이 가능하므로, 건축 당시 신고나 허가가 필요하였던 건축물의 경우 추후에 주택으로 사실상 용도변경 하였더라도 주택으로 공부를 변경하지 않은 이상 유상거래 세율을 적용할 수 없음

- 지방세법 제11조 제1항 제8호는 원칙적으로 '주택법 제2조 제1호에 따른 주택으로서 건축법 제38조에 따른 건축물대장에 주택으로 기재되고, 건축물의 용도가 주거용인 건축물과 그 부속토지'를 취득세율 특례가 인정되는 '주택'으로 규정하고 있다. 그런데 이 사건 건축물의 건축물대장상 용도는 '소매점(근린생활시설)'이므로, 설령 이 사건 건축물의 취득 당시 현황이 '주택'이라 하더라도, 이 사건 건축물 중 쟁점 건축물은 원칙적으로 취득세율 특례가 인정되는 '주택'에 해당하지 않는다.
- 다만, 지방세법 제11조 제1항 제8호는 '건축법(법률 제7696호로 개정되기 전의 것)에 따라 건축허가 또는 건축신고 없이 건축이 가능하였던 주택(법률 제7696호 건축법 일부개정법률 부칙 제3조에 따라 건축허가를 받거나 건축신고가 있는 것으로 보는 경우를 포함한다)은 건축물대장에 기재되어 있지 않은 경우에도 예외적으로 건축물대장에 주택으로 기재된 것으로 의제'하는 특별한 예외를 인정하고 있다. 이는 건축법이 2005. 11. 8. 법률 제7696호로 개정되어 건축허가나 건축신고 없이 건축할 수 있는 건축물의 범위를 축소하면서, 위 개정 전 건축허가나 건축신고 없이 건축된 건축물에 대하여는 건축물대장에 기재되어 있지 않더라도 그 신뢰를 보호하여 취득세율 특례가 인정되는 '주택'으로 의제하겠다는 취지이다. 그런데 이 사건 건축물과 같이 애초에 소매점으로 건축허가를 받아 건축물대장에 소매점(근린생활시설)으로 기재되어 있는 경우는 위 예외조항이 적용되는 경우가 아니다.
- 취득세에 관해서는 취득세의 납세의무가 성립하는 취득 당시를 기준으로 관련 법령을 적용하여야 하는데, 원고 등의 이 사건 건축물 취득 당시에 시행되는 현행 건축법 제19조,

건축법 시행령 제14조에 따르면 '근린생활시설'을 '단독주택'으로 용도변경하는 것은 신고 없이 허용되지 않으므로, 무단 용도변경을 이유로 쟁점 건축물을 취득세율 특례가 인정되는 '주택'으로 의제할 수 없다. 따라서 원고의 위 주장은 받아들이기 어렵다(서울행법 2018구합5345, 2019. 1. 11. 판결).

20.6 구분소유적 공유관계에 있는 주택의 특정부분을 취득한 경우, 특정부분만을 기준으로 취득세 유상거래 감면비율을 적용할 수 있는지

【관련 판례】 대법 2013두8295, 2013. 9. 26. 판결 : 상고기각

- 지방세법 제11조 제2항 및 농특세법 제4조 제9호

지방세법 제11조(부동산 취득의 세율)

② 제1항 제1호・제2호・제7호 및 제8호의 부동산이 공유물일 때에는 그 취득지분의 가액을 과세표준으로 하여 각각의 세율을 적용한다.

〈쟁점요지〉 공부상 공유지분으로 되어 있으나 각 세대가 하나의 건축물 안에서 독립적으로 주거생활이 가능한 주택(구분소유적 공유관계)의 특정부분을 지분으로 취득한 경우, 당해 주택의 전체가 아닌 취득한 특정부분만을 기준으로 주택유상거래 감면비율 및 농특세 비과세 여부를 판단할 수 있는지

판결요지 ••• 취득한 특정부분만을 기준으로 감면 및 비과세 여부를 판단하여야 함

- 각 세대가 하나의 건축물 안에서 각각 독립된 주거생활을 영위할 수 있는 구조로 된 주택으로서 사회관념상 독립한 거래의 객체가 될 정도의 주택에 관하여 그 위치와 면적이 특정되고 구조상・이용상 독립성이 있는 일부분을 2인 이상이 각각 구분소유하기로 하는 약정을 하고 등기만은 편의상 각 구분소유의 면적에 해당하는 비율로 공유지분등기를 함으로써 공유자들 사이에 상호 명의신탁관계에 있는 이른바 구분소유적 공유관계가 성립한 경우에는 구 지방세특례제한법 제40조의2 소정의 취득세 경감비율 및 구 농어촌특별세법 제4조 제9호 소정의 농어촌특별세 비과세 여부는 각 공유자가 소유하는 특정부분에 대한 취득가액 및 그 주거전용면적을 기준으로 판단하여야 할 것이다.

20.7 공유지분으로 주택을 취득시 지분 취득가액과 전체 주택가액 중 어느 것을 기준으로 주택 세율을 적용하는지

【관련 판례】 대법 2016두32367, 2016. 4. 28. 판결(심리불속행) : 기각

- 같은 취지의 판례 : 대법 2016두40047, 2016. 7. 22., 대법 2016두39894, 2016. 7. 29., 대법 2016두35816, 2016. 6. 23., 대법 2016두40047, 2016. 7. 22., 대법 2016두39894, 2016. 7. 29., 대법 2013두7117, 2013. 7. 25. 판결
- 지방세법 제11조 제2항

〈쟁점요지〉 수인이 하나의 주택을 공유지분으로 취득한 때에 그에 적용되는 취득세율을 결정함에 있어 그 주택 전체의 가액을 기준으로 할 것인지 아니면 각 공유지분의 가액을 기준으로 할 것인지 여부

판결요지 주택의 공유지분을 취득했더라도 전체 주택가액을 기준으로 취득세율을 적용함이 타당함

- 수인이 하나의 주택을 공유지분으로 취득한 때에 그에 적용되는 취득세율은 각 공유지분의 가액이 아니라 주택 전체의 가액을 기준으로 판단하여야 한다고 봄이 상당하다. 따라서 같은 전제에서 이루어진 이 사건 거부처분은 적법하고, 원고들의 주장은 이유 없다.
- 주택의 공유자들이 위와 같은 구분소유적 공유관계에 있지 않음에도 공유물이라는 이유만으로 각 공유지분의 가액을 기준으로 취득세율을 결정하게 되면 이른바 지분 쪼개기 등의 편법을 통하여 이를 악용할 수 있고, 중산층의 주택 구입에 따른 세부담 완화를 통한 주거안정의 도모라는 제1규정(지방세법 제11조 제1항 제8호)의 입법취지가 크게 훼손될 수 있다(서울행정법원 2015구합4792, 2015. 7. 10.).

※ 대법 2017두30344, 2017. 4. 13. 판결(심리불속행) : 기각

- 같은 취지의 판례 : 대법 2017두32067, 2017. 4. 28., 대법 2017두32968, 2017. 4. 28., 대법 2017두34476, 2017. 4. 28., 대법 2017두34582, 2017. 4. 28. 판결
- 유상거래에 있어 2013. 8. 28. 전체주택의 지분가액을 취득 당시 가액으로 하였는바, 이는 과세표준 산정기준을 '취득지분의 가액'으로 한다는 것으로 적용세율을 '취득지분의 가액'으로 한다는 의미는 아님

20.8 상속주택의 일부지분만을 보유하고 있는 경우에도 1주택을 소유한 것으로 보아 주택유상거래 감면을 적용하는 것이 타당한지

【관련 판례】 대법 2013두24747, 2014. 3. 27. 판결 : 상고기각

- 지방세특례제한법 제40조의2

지방세특례제한법 제40조의2(주택거래에 대한 취득세의 감면)

① 유상거래를 원인으로 제10조에 따른 취득 당시의 가액이 9억원 이하인 주택을 취득하여 다음 각 호의 어느 하나에 해당하게 된 경우에는 같은 법 제11조 제1항 제7호 나목의 세율을 적용하여 산출한 취득세의 100분의 75를, (중략), 각각 경감한다. 다만, 9억원 이하의 주택을 제2호의 경우로 취득하여 취득세를 경감받고 정당한 사유 없이 그 취득일부터 3년 이내에 1주택으로 되지 아니한 경우에는 경감된 취득세의 3분의 1을 추징한다.

1. 1주택이 되는 경우
2. 대통령령으로 정하는 일시적 2주택이 되는 경우

〈쟁점요지〉 **상속주택의 일부 지분(11분의 2)을 보유한 상태에서 새로운 1주택을 취득함으로써 2주택을 초과 보유하게 된 경우 일시적 2주택에 대한 감면규정의 적용을 배제하고 취득세를 부과한 것이 적법한지 여부**

판결요지 ••• 상속 주택의 일부 지분만을 소유한 경우에도 1주택을 소유한 것으로 보아 주택유상거래에 따른 취득세 감면여부를 판단하는 것이 타당함

- 이 사건 감면조항을 적용할 때 주택의 공유지분을 제외하고 보유주택의 수를 산정할 수는 없다고 전제한 다음, 원고가 이 사건 종전 주택, 그리고 이 사건 상속주택의 11분의 2 지분을 보유한 상태에서 다시 이 사건 주택을 취득함으로써 2주택을 초과 보유하게 된 이상 이 사건 주택의 취득에 대하여는 애초 이 사건 감면조항이 적용될 여지가 없다고 판단하였다. 나아가 원심은, 이 사건 감면조항에서 말하는 '주택'의 의미는 사람의 주거용인 건물을 가리키는 것임이 사전상으로 명백하고, '일시적 2주택'의 범위도 지방세특례제한법 시행령 제17조의2에서 명확하게 정하고 있으며, 여기에 이 사건 감면조항의 취지와 관련 규정의 문언 내용 및 체계 등을 더하여 보면, 이 사건 감면조항의 적용에 있어서 보유주택의 수를 산정할 때 상속한 주택 지분이 제외되지 아니한다고 해석하는 것이 충분히 가능하다.

관련 기타 판례

1. 종중으로부터 명의신탁 받은 주택(지분)이라도 감면대상을 판단하는 주택 수 산정대상에 포함됨(대법 2015두60877, 2016. 4. 15. 판결).
2. 주택 유상거래에 따른 취득세 감면요건인 보유주택 수 산정에 있어 소득세법과 달리 지특법에는 취득세 감면대상 유상거래 주택 수에 임대주택을 제외하는 별도의 규정이 없으므로 임대주택도 주택 수에 포함됨(대법 2016두60027, 2017. 2. 15. 판결).

21. 취득세 세율특례

21.1 상속 특례세율 적용에 있어 주민등록신고된 세대와 사실상 생계를 같이하지 않으면 1가구의 범위에서 제외되는지

【관련 판례】 대법 2014두42377, 2015. 1. 15. 판결(심리불속행) : 상고기각

- 지방세법 제15조

지방세법 제15조(세율의 특례)

① 다음 각 호의 어느 하나에 해당하는 취득에 대한 취득세는 제11조 및 제12조에 따른 세율에서 중과기준세율을 뺀 세율로 산출한 금액을 그 세액으로 하되, 제11조 제1항 제8호에 따른 주택의 취득에 대한 취득세는 해당 세율에 100분의 50을 곱한 세율을 적용하여 산출한 금액을 그 세액으로 한다.

2. 상속으로 인한 취득 중 다음 각 목의 어느 하나에 해당하는 취득
   가. 대통령령으로 정하는 1가구 1주택의 취득
   나. 「지방세특례제한법」 제6조 제1항에 따라 취득세의 감면대상이 되는 농지의 취득

〈쟁점요지〉 공동 상속자이면서 주택을 소유한 동생의 주소지에 주민등록전입신고만 하였을 뿐 생계를 같이하지 않았을 경우, 동생과 별도의 세대로 간주하여 상속 특례세율이 적용되는 '1가구'로 볼 수 있는지 여부

판결요지 상속 특례세율을 적용하는 '1가구'의 범위는 '세대별 주민등록표에 기재되어 있는 세대주와 그 가족'으로 엄격하게 판단하여야 함

- '1가구'는 동일 세대에서 생계를 같이하는 경우로 한정하여 축소 해석할 수는 없고, 법문언대로 '세대별 주민등록표에 기재되어 있는 세대주와 그 가족'으로 엄격하게 해석하여 세대별 주민등록표의 기재에 따라 획일적으로 판단하여야 할 것이다.
- 원고는 부동산을 상속받아 취득할 당시 다른 주택을 소유하고 있었던 동생이 세대주로

기재되어 있는 세대별 주민등록표에 세대원으로 기재되어 있었던 점, 이 사건 부동산을 취득할 당시 29세, 26세, 22세로 모두 성년인데다가 원고와 함께 살고 있었다고 볼 만한 자료가 없는 점, 이 사건 부동산을 취득할 때까지 10년 이상 계속해서 위 세대별 주민등록표에 세대원으로 기재되어 있었던 점 등을 감안하면, 원고가 동생과 생계를 같이 하지 않았다는 사정만으로 이 사건 부동산의 취득이 '1가구 1주택'의 취득에 해당한다고 할 수는 없다(광주지법 선고 2014. 8. 28. 2014누5421 판결).

관련 기타 판례

- 외국민의 국내거소신고사실증명을 주민등록법에 따른 주민등록표로 보아 상속에 따른 1가구1주택에 따른 세율특례 규정을 적용할 수는 없음(대법 2013두27128, 2014. 4. 24. 판결).

21.2 '재산분할로 인한 취득'에 사실혼 해소도 이혼에 따른 재산분할로 보아 세율특례를 적용할 수 있는지

【관련 판례】 대법 2016두36864, 2016. 8. 30. 판결 : 파기환송

- 지방세법 제15조 제1항 제6호

지방세법 제15조(세율의 특례)

6.「민법」 제834조, 제839조의2 및 제840조에 따른 재산분할로 인한 취득

민법 제839조의2(재산분할청구권)

① 협의상 이혼한 자의 일방은 다른 일방에 대하여 재산분할을 청구할 수 있다.

〈쟁점요지〉 재판상 이혼에도 불구하고 사실혼 관계를 유지하다가 사실혼 관계를 해소하면서 재산분할이 이루어진 경우에도 '재산분할로 인한 취득'으로 볼 수 있는지 여부

판결요지 ••• 사실혼 해소 관련 재산분할도 취득세 세율특례 대상 '재산분할로 인한 취득'에 해당됨

- 이 사건 법률조항에서의 민법 제834조 및 제839조의2는 협의상 이혼 시 재산분할에 관한 규정이지만, 민법 제839조의2는 민법 제843조에 따라 재판상 이혼 시 준용되고 있고, 혼인 취소는 물론 사실혼 해소의 경우에도 해석상 준용되거나 유추적용되는데, 이는 부부공동 재산의 청산의 의미를 갖는 재산분할은 부부의 생활공동체라는 실질에 비추어 인정되는 것이라는 점에 근거한다(대법원 1995. 3. 10. 선고 94므1379 판결 등 참조).
- 위 각 법률조항의 내용 및 체계, 입법 취지, 사실혼 해소의 경우에도 민법상 재산분할에 관한 규정이 준용되는 점, 법률혼과 사실혼이 혼재된 경우 재산분할은 특별한 사정이 없는 한 전체 기간 중에 쌍방의 협력에 의하여 이룩한 재산을 모두 청산 대상으로 하는 점(대법원 2000. 8. 18. 선고 99므1855 판결 등 참조), 실질적으로 부부의 생활공동체로 인정되는 경우에는 혼인신고의 유무와 상관없이 재산분할에 관하여 단일한 법리가 적용됨에도 불구하고 세법을 적용함에 있어서는 혼인신고의 유무에 따라 다르게 과세하는 것은 합리적이라고 보기 어려운 점, 사실혼 여부에 관하여 과세관청으로서는 이를 쉽게 파악하기 어렵다 하더라도 객관적 자료에 의해 이를 증명한 사람에 대해서는 그에 따른 법률효과를 부여함이 상당한 점 등을 더하여 보면, 이 사건 법률조항은 사실혼 해소 시 재산분할로 인한 취득에 대해서도 적용된다고 보는 것이 옳다.

21.3 법원이 확정한 등기부상 공유지분 초과분까지 세율특례가 적용될 수 있는지

【관련 판례】 대법 2017두50768, 2017. 10. 31. 판결(심리불속행) : 상고기각

- 지방세법 제11조 제1항 제5호, 제7호 및 제15조 제1항 제4호

지방세법 제15조(세율의 특례)

4. 공유물ㆍ합유물의 분할 또는 「부동산 실권리자명의 등기에 관한 법률」 제2조 제1호 나목에서 규정하고 있는 부동산의 공유권 해소를 위한 지분이전으로 인한 취득(등기부등본상 본인 지분을 초과하는 부분의 경우에는 제외한다)

지방세법 제15조(세율의 특례)

① 다음 각 호의 어느 하나에 해당하는 취득에 대한 취득세는 제11조 및 제12조에 따른 세율에서 중과기준세율을 뺀 세율로 산출한 금액을 그 세액으로 하되, 제11조 제1항 제8호에 따른 주택의 취득에 대한 취득세는 해당 세율에 100분의 50을 곱한 세율을 적용하여 산출한 금액을 그 세액으로 한다. 다만, 취득물건이 제13조 제2항에 해당하는 경우에는 이 항 각 호 외의 부분 본문의 계산방법으로 산출한 세율의 100분의 300을 적용한다.

4. 공유물·합유물의 분할 또는 「부동산 실권리자명의 등기에 관한 법률」 제2조 제1호 나목에서 규정하고 있는 부동산의 공유권 해소를 위한 지분이전으로 인한 취득(등기부등본상 본인 지분을 초과하는 부분의 경우에는 제외한다)

〈쟁점요지〉 등기부상 공유지분 면적을 초과하여 구분소유하고 있음을 인정하는 법원의 확정판결이 있는 경우 법원이 인정한 초과면적에 대하여도 특례세율을 적용할 수 있는지 여부

판결요지 등기부상 공유지분 보다 법원의 확정판결로 특정하여 구분소유하는 면적이 많다고 하더라도 등기부상 공유지분을 초과하는 면적에 대하여는 특례세율을 적용할 수 없음

- 구 지방세법 제15조 제1항 제4호는 구분소유적 공유권 해소를 위한 지분이전으로 인한 취득의 경우 특례세율을 적용하도록 하면서 괄호에서 "등기부등본상 본인 지분을 초과하는 부분의 경우에는 제외한다"고 규정함으로써 문언상 등기부상 공유지분에 해당하는 면적을 초과하는 부분은 특례세율의 적용 대상이 아님을 명확히 하고 있다.
- 비록 법원의 확정판결에 의해 취득자가 특정하여 구분소유하고 있는 면적과 등기부상 공유지분이 다르다는 점이 인정되었다 하더라도 확정판결에 의해 인정된 면적을 기준으로 특례세율을 적용하는 것은 타당하지 않다.
- 이른바 구분소유적 공유를 해소하기 위한 지분이전으로 인한 취득의 경우에는 취득자의 등기부상 공유지분에 해당하는 면적에 한하여 특례세율이 적용되고 취득자의 등기부상 공유지분을 초과하는 부분에 대하여는 특례세율의 적용이 배제된다고 보아야 하고, 법원의 판결 등에 의해 취득자가 특정하여 구분소유하고 있는 면적이 등기부상 공유지분에 해당하는 면적을 초과하고 있음이 인정되었다 하여 달리 볼 것은 아니다(서울행정법원 2017. 1. 11. 선고 2016구합6771 판결).

관련 기타 판례

- 등기 당시 실질과 다르게 균등지분으로 신고하였다면, 비록 실제 공유지분에 따라 분할하였다 하더라도 등기부등본상 공유지분 초과분에 대해서는 특례세율 적용이 불가함(대법 2017두52313, 2017. 10. 31. 판결).

21.4 여러 개의 공유부동산을 일괄분할하는 경우에도 세율특례대상에 해당하는지 및 공유지분이 없는 부동산의 경우에도 일괄분할시 공유물분할에 해당하는지

【관련 판례】 대법 2022두58742, 2023. 2. 2. 판결(심리불속행) : 기각

- 지방세법 제11조 제1항 제5호

〈쟁점요지〉
1. 상속인들이 공유 중에 있는 여러 개의 부동산을 일괄하여 분할할 경우에도 공유물분할에 따른 세율특례를 적용하여 낮은 취득세율을 적용할 수 있는지 여부
2. 일괄분할 공유자 중 1인이 공유지분을 가지고 있지 않은 부동산의 경우에도 세율특례대상 공유물 분할에 해당하는지 여부

판결요지 여러 개의 공유물 또는 공유자산을 일괄하여 분할함에 있어 각 공유물을 그 지분비율에 따라 하나하나 분할하는 대신 지분비율과 각 공유물의 가액을 고려하여 특정 공유물 전체에 대한 단독소유권을 취득하는 경우에도 공유물분할의 법리가 적용되나, 1인이 공유지분이 없는 부동산은 세율특례대상에 해당하지 않음.

- 공유물의 분할이라 함은 법률상으로는 공유자 상호간의 지분의 교환 또는 매매라고 볼 것이나 실질적으로는 공유물에 대하여 관념적으로 그 지분에 상당하는 비율에 따라 제한적으로 행사되던 권리 즉 지분권을 분할로 인하여 취득하는 특정 부분에 집중시켜 그 특정 부분에만 존속시키는 것으로 그 소유형태가 변경된 것에 불과한 것이므로(대법원 1998. 3. 10. 선고 98두229 판결 등 참조) 그 실질을 중요시하여 지방세법 제11조 제1항 제5호는 공유물의 분할로 인한 부동산 취득에 대하여 일반적인 부동산 취득의 경우보다 낮은 취득세율을 규정하고 있다. 나아가 공유물의 분할은 그 객체인 물건의 제반 상황을 종합적으로 고려한 합리적인 방법으로 지분비율에 따라야 할 것이고, 여기에서의 지분비율은 원칙적으

로 지분에 따른 가액(교환가치)의 비율에 의하여야 할 것이다. 그런데 공유자들이 협의에 의하여 공유물을 분할하는 경우 원래의 공유지분을 초과하여 취득한 부분에 관한 권리의 이전은 단순한 소유형태의 변경에 불과하다고 볼 수는 없을 것이므로 지방세법 제11조 제1항 제5호 소정의 공유물의 분할에 해당한다고 볼 수 없고, 이러한 취지에서 지방세법 제11조 제1항 제5호는 '등기부등본상 본인 지분을 초과하는 부분의 경우'에는 공유물의 분할에 관한 낮은 취득세율이 적용되지 않음을 명시적으로 규정하고 있다. 따라서 공유물의 분할 후 자산가액의 비율이 원래의 공유지분의 범위를 넘어서는 것이라거나 또는 원래의 공유지분의 비율과 분할 후 자산가액의 비율과의 차이에 따른 정산을 하였다는 등의 특별한 사정이 없는 한, 협의에 의한 공유물 분할은 원래의 공유지분에 따라 분할한 것으로서 지방세법 제11조 제1항 제5호가 정한 공유물의 분할에 해당한다고 보아야 하지만, 위와 같은 특별한 사정이 있는 경우에는 원래의 공유지분의 범위를 넘어서는 부분에 관한 권리의 이전은 위 규정이 정한 공유물의 분할에 해당한다고 할 수 없다. 이러한 법리는 지분교환의 형식으로 한 개의 공유물을 분할하여 그중 특정 부분에 대한 단독소유권을 취득하는 경우는 물론 여러 개의 공유물 또는 공유자산을 일괄하여 분할함에 있어 각 공유물을 그 지분비율에 따라 하나하나 분할하는 대신 지분 비율과 각 공유물의 가액을 함께 고려하여 그중 한 개 이상씩의 특정 공유물 전체에 대한 단독소유권을 취득하는 경우에도 마찬가지로 적용된다(대법원 1999. 12. 24. 선고 98두10387 판결 등 참조). 또한, 일정한 요건이 갖추어진 경우에는 공유자 상호간에 금전으로 경제적 가치의 과부족을 조정하게 하여 분할을 하는 것도 현물분할의 한 방법으로 허용되고, 여러 사람이 공유하는 물건을 현물분할하는 경우에는 분할을 원하지 않는 나머지 공유자는 공유로 남는 방법도 허용된다고 보아야 할 것이다(대법원 1993. 12. 7. 선고 93다27819 판결 등 참조).

- ○○○○○관광호텔은 이 사건 교환계약 당시 원고 송○○, 송○○, 송○○과 송△△가 이를 공유하고 있었을 뿐, 원고 이○○는 이를 공유하고 있지 않았는바, 원고들과 송△△가 상호간에 이 사건 교환계약을 통하여 ○○○○○관광호텔 부분을 분할하려 했다고 보기는 어렵다. 원고들은 원고 이○○가 나머지 원고들 및 송△△와 상속재산 전부에 관하여 '상속으로 인한 공유관계'를 형성하고 있었다고도 주장하나, 원고 이○○가 해당 부동산을 상속받지 않은 이상 망인의 상속인이라는 이유만으로 다른 상속인들과 공유관계를 유지하고 있다고 볼 수 없으므로, 원고들의 이 부분 주장도 이유 없다.
- 앞서 살펴본 법리에 의하더라도 "㉠ 공유물의 분할 후 자산가액의 비율이 원래의 공유지분의 범위를 넘어서는 것이라거나 또는 ㉡ 원래의 공유지분의 비율과 분할 후 자산가액의 비율과의 차이에 따른 정산을 하였다는 등의 특별한 사정이 없는 한, 협의에 의한 공유물 분할은 원래의 공유지분에 따라 분할한 것으로서 공유물의 분할에 해당"하는바, 위 ㉠의 경우 원칙적으로 분할 후 자산가액의 비율이 원래의 공유지분의 범위를 넘어서는 경우

원래의 공유지분의 범위에서는 공유물 분할에 해당한다고 봄이 합리적일 것이고, 그렇다면 위 ㉡의 경우에도 마찬가지로 원래의 공유지분의 비율과 분할 후 자산가액의 비율과의 차이에 따른 정산이 이루어졌다면 원래의 공유지분의 범위에서는 공유물 분할에 해당하여 특례세율(0.3%)이 적용되고, 정산 등을 통하여 원래의 공유지분의 범위를 넘어서 취득한 부분에 한하여만 일반세율(4%)이 적용된다고 해석함이 타당하다. 이러한 법리는 원고들이 공유물(순번 1 내지 7 부동산)과 비공유물(○○○○○관광호텔)을 모두 이 사건 교환계약의 대상으로 삼아 한꺼번에 분할하였다고 하더라도 원고들이 공유하고 있던 부동산의 분할 범위 내에서는 그대로 적용되어야 할 것이므로, 이 사건 교환계약에 공유물과 비공유물이 혼재되어 있어 공유물 분할의 법리를 적용할 수 없다는 피고의 주장 또한 받아들이지 않는다(서울고법 2021누62845, 2022. 9. 15. 판결).

22. 대도시 내 법인 본점, 공장신증설 등 취득세 중과세(구 취득세 중과)

22.1 법인이 동일 대도시 내에 건물을 신축한 후 본점을 이전하는 경우 취득세 중과대상에 해당하는지

【관련 판례】 대법 2012두6551, 2012. 7. 12. 판결 : 파기환송

- 같은 취지의 판례 : 대법 2012두25569, 2013. 2. 28. 판결(심리불속행) : 상고기각
- 지방세법 제13조 제1항

지방세법 제13조(과밀억제권역 안 취득 등 중과)

① 「수도권정비계획법」 제6조에 따른 과밀억제권역에서 대통령령으로 정하는 본점이나 주사무소의 사업용으로 신축하거나 증축하는 건축물(「신탁법」에 따른 수탁자가 취득한 신탁재산 중 위탁자가 신탁기간 중 또는 신탁종료 후 위탁자의 본점이나 주사무소의 사업용으로 사용하기 위하여 신축하거나 증축하는 건축물을 포함한다)과 그 부속토지를 취득하는 경우와 같은 조에 따른 과밀억제권역(「산업집적활성화 및 공장설립에 관한 법률」을 적용받는 산업단지 · 유치지역 및 「국토의 계획 및 이용에 관한 법률」을 적용받는 공업지역은 제외한다)에서 공장을 신설하거나 증설하기 위하여 사업용 과세물건을 취득하는 경우의 취득세율은 제11조 및 제12조의 세율에 중과기준세율의 100분의 200을 합한 세율을 적용한다.

〈쟁점요지〉 대도시 내에 본점을 가지고 있던 법인이 동일 대도시 내에 건축물을 신축하여 기존 본점을 이전하는 경우 대도시 내 본점 사업용 부동산의 취득으로 보아 취득세를 중과할 수 있는지 여부

판결요지 ●●● 과세대상을 신축과 증축으로 한정하는 것으로 법률을 개정한 이후에는 동일 대도시 내 본점의 이전인지 여부와 관계없이 중과대상임

- 지방세법 제112조 제3항은 1998. 12. 31. 법률 제5615호로 개정되기 전과 달리 그 입법취지를 반영하여 과밀억제권역 안에서 본점 또는 주사무소의 사업용 부동산을 취득하는 경우 중 인구유입과 산업집중의 효과가 뚜렷한 신축 또는 증축에 의한 취득만을 그 적용대상으로 규정하고 그 입법취지에 어울리지 않는 그 밖의 승계취득 등은 미리 그 적용대상에서 배제하였으므로 조세법률주의의 원칙상 위 규정은 특별한 사정이 없는 한 법문대로 해석하여야 하고 더 이상 함부로 축소 해석하여서는 아니되는 점, 과밀억제권역 안에서 신축 또는 증축한 사업용 부동산으로 본점 또는 주사무소를 이전하면 동일한 과밀억제권역 안의 기존 사업용 부동산에서 이전해오는 경우라 하더라도 전체적으로 보아 그 과밀억제권역 안으로의 인구유입이나 산업집중의 효과가 없다고 할 수 없는 점 등을 종합하면, 과밀억제권역 안에서 본점 또는 주사무소용 건축물을 신축 또는 증축하여 취득하면 동일한 과밀억제권역 안에 있던 기존의 본점 또는 주사무소에서 이전해 오는 경우라고 하더라도 구 지방세법 제112조 제3항에 의한 취득세 중과대상에 해당한다고 봄이 타당하다.
  ※ 이 건 판례의 경우 동일 대도시 내 본점 이전은 중과대상으로 볼 수 없다는 기존 판례(대법 99두5269, 2000. 10. 10.)와는 의견을 달리함에 유의(법 개정으로 기존 판례 적용 배제)
  ※ 대법 2012두25569, 2013. 2. 28(심리불속행) 판결 : 상고기각
  - 기존 대법 판례의 경우 동일 대도시 내 본점의 신축이전은 취득세 중과대상이 아니라고 판시하고 있음에도, 중과대상을 신축과 증축으로 한정하는 것으로 지방세법이 개정된 이후에는 판례의 변경에 해당하거나 헌재의 결정과도 상반되는 것으로 볼 수 없음.

관련 기타 판례

- 동일 대도시 내에 있는 본점의 일부 기능을 법인이 신축한 건축물로 이전한 경우 본점사업용 부동산으로 보아 취득세를 중과세 할 수 있음(대법 2014두1116, 2014. 5. 29. 판결).

22.2 본점용 부동산 인근에 설치된 기업부설연구소 및 공용건물의 취득세 중과가 배제될 수 있는지

【관련 판례】 대법 2022두66088, 2023. 3. 16. 판결(심리불속행) : 상고기각

- 지방세법 제13조

〈쟁점요지〉 본점용 부동산 인근에 별도로 설치된 기업부설연구소, 공장 등의 직원이 공용으로 사용하는 부동산에 대해 과밀억제권역 안 취득세 중과세를 배제할 수 있는지 및 기업부설연구소 비율에 해당하는 부분이라도 중과세를 배제할 수 있는지 여부

판결요지 ••• 본점용 부동산과 유기적인 역할을 하고 있는 공용시설은 중과대상 본점용 부동산에 해당하고, 기업부설연구소라고 하여 본점용 부동산에 해당하지 않는다고 단정할 수 없으며, 설사 기업부설연구소가 중과대상이 아니라고 하더라도 이 사건 공용건물은 그 전부가 중과대상에 해당함

- 이 사건 부동산은 이 사건 사업장의 운영에 이바지하는 공용 건축물이라고 할 것이므로 법인의 본점 또는 주사무소의 사무소로 사용하는 부동산의 부대시설용 부동산에 해당하고, 달리 구 지방세법 시행령 제25조에서 규정하는 기숙사, 합숙소 등의 복지후생시설과 같은 제외대상에 해당하지 않는다. 따라서 이 사건 부동산은 구 지방세법 제13조 제1항 및 제16조 제1항 제1호의 본점용 부동산에 해당하여 중과세율이 적용된다고 봄이 타당하다.
- 또한 원고는 기업부설연구소가 본점용 부동산에 해당하지 않음을 전제로 이 사건 부동산이 기업부설연구소의 부대시설로도 사용되기 때문에 이 사건 부동산 중 기업부설연구소 전용면적이 차지하는 비율 상당 부분은 본점용 부동산의 취득으로 볼 수 없어 일반세율이 적용되어야 한다고 주장하나, 이 사건 사업장은 공업지역 내 공장과 임대부동산 등을 제외하고는 나머지 전체가 유기적으로 결합되어 본점으로서 중추적인 의사결정을 수행하는 역할을 하는 것으로 보이는 점, 이 사건 기업부설연구소가 별도의 연구단지로 구획되어 있는 것이 아니라 이 사건 사업장 내에 함께 존재하는 점 등에 비추어 보면, 이 사건 기업부설연구소는 법인의 본점 또는 주사무소의 사무소로 사용하는 부동산 또는 그 부대시설용 부동산의 범주에 포함된다고 봄이 타당하므로, 원고의 위 주장도 이유 없다.
- 가사 이 사건 기업부설연구소가 본점용 부동산이 아니라고 하더라도, ① 이 사건 부동산은 그 전부가 법인의 본점 또는 주사무소의 사무소로 사용하는 부동산의 부대시설임이 명확하고 기업부설연구소가 없더라도 본점용 부동산을 위한 필수적 부대시설로서 기능하는 점, ② 이 사건 부동산은 당초부터 본점용 부동산의 부대시설로서 기능할 것을 주된

목적으로 취득된 것이고 기업부설연구소의 부대시설로서 동시에 이용된다는 사정만으로 이 사건 부동산의 취득 용도를 본점용 부동산용과 기업부설연구소용으로 면적을 구분하여 과세하는 것은 타당하지 않은 점, ③ 과밀억제권역에서 본점용 부동산을 취득하는 경우 중과세율을 부과하는 취지는 과밀억제권역 안으로의 인구유입과 산업집중의 효과를 억지하고자 하는 것이므로 이 사건 부동산 전체에 대하여 중과세율을 부과하는 것이 구 지방세법 제13조 제1항의 취지에도 부합하는 점 등에 비추어 보면, 이 사건 부동산을 본점용 부동산으로 보아 중과세율을 적용하는 데 별다른 방해가 되지 아니한다(수원지법 2019구합69743, 2021. 4. 22. 판결).

22.3 과밀억제권역 내 본점 또는 주사무소에 함께 설치되는 영업장소 및 부대시설이 취득세 중과세 대상에 해당하는지

【관련 판례】 대법 2000두222, 2001. 10. 23. 판결 : 상고기각

- 지방세법 제13조

〈쟁점요지〉 과밀억제권역 안에서 취득하는 법인의 본점 또는 주사무소에 영업장소가 함께 설치되는 경우, 그 영업장소 및 부대시설 부분도 취득세 중과세 대상에 해당하는지 여부

판결요지 본점과 함께 설치되는 백화점의 매장, 은행의 영업장, 탕비실, 창고 등은 사무실과 구분되는 영업장으로서 취득세 중과대상에 해당하지 않음

- 구 지방세법(1994. 12. 22. 법률 제4794호로 개정되어 1998. 12. 31. 법률 제5615호로 개정되기 전의 것) 제112조 제3항, 같은법 시행령(1994. 12. 31. 대통령령 제14481호로 개정된 것) 제84조의2 제3항에 의하면, 수도권정비계획법 제6조의 규정에 의한 과밀억제권역 안에서 법인의 본점 또는 주사무소의 사무소로 사용하는 부동산과 그 부대시설용 부동산을 취득한 경우에는 취득세를 중과세하고 있는바, 그 취지는 이러한 지역 내에서 인구유입과 산업집중을 현저하게 유발시키는 본점 또는 주사무소의 신설 및 증설을 억제하려는 것이므로, 백화점 등 유통업체의 매장이나 은행본점의 영업장 등과 같이 본점 또는 주사무소의 사무소에 영업장소가 함께 설치되는 경우에 그 영업장소 및 부대시설 부분은 취득세 중과세 대상에 해당하지 않는다 할 것이다.

22.4 방송국 프로그램 제작부서의 사무실을 본점용 부동산으로 보아 취득세를 중과세 할 수 있는지

【관련 판례】 대법 2020두41832, 2020. 10. 15. 판결(심리불속행) : 항소기각

- 지방세법 제13조 제1항

〈쟁점요지〉 방송국의 보도국, 드라마국, 라디오국, 예능국 등 방송프로그램 제작부서의 사무실을 본점용 부동산으로 보아 취득세를 중과세할 수 있는지 여부

판결요지 방송국의 핵심적인 사업인 방송프로그램의 기획, 구성, 제작, 편집에 필요한 구체적인 의사결정이나 실행행위 역시 사업수행과정에서의 중요한 의사결정 및 실행행위에 해당하므로 이를 행하는 제작부에 대하여 본점으로 보아 중과세하는 것이 타당함

- 본점의 '사무소'로 사용하는 부동산이라 함은, 법인이 영위하는 사업에 관한 주요한 의사결정 및 업무수행과 경영, 인사, 재무, 총무, 기획 등 관리행위가 이루어지는 장소를 말한다고 볼 수 있고, 반면 본점의 사무소와 함께 설치되었더라도 본점에서 이루어지는 주요한 의사결정, 업무수행, 관리행위 등과 구분되는 단순하고 부수적인 행위나 사실적 행위 또는 대외적으로 제품 및 서비스를 제공하거나 영업활동 등이 이루어지는 장소는 본점의 '사무소'에 해당한다고 보기는 어려운바, 위 '사무소'에 해당하는지 여부는 해당 법인이 영위하는 사업의 종목이나 특성 등을 모두 고려하여 개별적 · 구체적으로 판단하여야 한다.
- 원고의 전반적인 경영 · 관리에 필요한 사항뿐 아니라, 원고가 수행하는 핵심적인 사업인 방송프로그램의 기획, 구성, 제작, 편집에 필요한 구체적인 의사결정이나 실행행위 역시 사업수행과정에서의 중요한 의사결정 및 실행행위로 봄이 타당하고, 이와 같은 활동이 이루어지는 장소를 본점의 사무소에 해당하는 것으로 볼 수 있다.
- 부과처분에서 중과세 대상으로 인정된 부분은 대부분 원고의 방송프로그램을 편성, 보도, 제작하는 업무에 종사하는 직원들이 회차별 방송프로그램의 제작을 위한 회의 및 촬영준비를 하거나, 촬영본 중 방송용 부분을 편집하고, CG 등의 효과를 삽입하는 등 개별적인 방송프로그램의 제작과 관련하여 방송프로그램의 기획, 구성, 편집 등 실무적인 업무를 수행하는 공간이고, 다만 공간의 구획과 면적 및 시설의 배치 등에 약간의 차이가 있을 뿐이며, 원고도 위 중과세 대상 부분이 개별 방송프로그램의 제작과 관련한 실무적인 업무를 수행하는 공간이라는 전제 하에 이를 본점의 사무소로 볼 수 없다는 취지로 주장하는 것으로 보인다. 그런데 앞서 본 판단기준에 의하면 위와 같은 방송프로그램의 제작과 관련한 기획, 구성, 편집 등의 실무 역시 원고의 중요한 사업활동인 방송프로그램의 제작

과 관련하여 업무종사자들 사이에 방송프로그램의 구성과 편집 방향 등에 대한 지속적인 의견의 교환 및 의사결정이 필요한 업무이므로, 이를 사업수행에서의 중요한 의사결정 및 실행행위가 필요한 행위에 해당한다고 봄이 상당하다. 따라서 위 공간을 전부 본점의 사무소에 해당하는 것으로 볼 수 있고, 이 부분 원고의 주장은 모두 이유 없다(서울행법 2018구합64474, 2019. 7. 11. 판결).

22.5 새로이 부동산을 임차하여 공장을 이전하는 경우 그 부동산의 임대인에 대해 취득세 중과세규정을 배제할 수 있는지

【관련 판례】 대법 96누2880, 1996. 8. 23. 판결 : 상고기각

- 지방세법 제13조

〈쟁점요지〉 부동산을 임차하여 공장을 경영하던 자가 새로이 부동산을 임차하여 기존의 공장을 이전하는 경우 그 임차부동산 소유자에 대하여 취득세 중과세의 예외조항을 적용할 수 있는지 여부

판결요지 타인 소유 부동산을 임차하여 공장을 경영하던 자가 다른 곳에 있는 제3자의 부동산을 새로이 임차하여 기존의 공장을 이전하는 경우 그 임차부동산의 소유자에 대한 관계에서는 그와 같은 이전을 취득세 중과대상에서 제외되는 공장의 이전에 해당하는 것으로 볼 수는 없으므로, 해당 부동산 취득 후 5년 내 공장을 신축하여 임대한 자는 공장 신·증설에 따른 중과대상에 해당함

- 지방세법 제112조 제3항은 대통령령이 정하는 대도시 내에서 공장을 신설 또는 증설하기 위하여 사업용 과세물건을 취득하는 경우에는 그 취득세를 중과한다고 규정하고, 같은법 시행령(1994. 12. 31. 대통령령 제14481호로 개정되기 전의 것) 제84조의2 제2항 제2호는 위 조항에 의한 공장신설에서 제외되는 것으로 "당해 대도시 내에서의 공장이전, 다만 타인 소유의 공장을 임차하여 공장을 경영하던 자가 공장신설일로부터 2년 이내에 그 공장시설을 이전하는 경우를 제외한다."고 규정하고 있는바, 위 각 조항 및 관련 규정의 취지에 비추어 취득세 중과대상인 대도시 내에서의 공장신설에서 제외되는 '공장이전'은 자기 소유 부동산에서 공장을 경영하던 자가 기존의 공장을 폐쇄하고 다른 곳에 위치한 부동산을 새로이 취득하여 그 곳으로 공장을 이전하는 경우 또는 타인 소유 부동산을 임차하여 공장을 경영하던 자가 그 공장신설일로부터 2년이 지나 기존의 공장을 폐쇄하고 그 시설을 새로이 취득한 부동산으로 이전하는 경우를 가리킨다고 보는 것이 상당하므로, 이와는

달리 타인 소유 부동산을 임차하여 공장을 경영하던 자가 다른 곳에 있는 제3자의 부동산을 새로이 임차하여 기존의 공장을 이전하는 경우 그 임차부동산의 소유자에 대한 관계에서는 그와 같은 이전을 취득세 중과대상에서 제외되는 공장의 이전에 해당하는 것으로 볼 수는 없다고 할 것이다.

23. 대도시 내 법인의 지점 등 중과세 (구 등록세 중과)

23.1 대도시에서 법인 설립 후 5년 내 부동산을 취득하면 사용목적과 관계없이 중과세율을 적용한 것이 타당한지

【관련 판례】 대법 2012두13511, 2015. 3. 26. 판결 : 상고기각

- 지방세법 제13조 제2항 및 시행령 제27조 제3항

지방세법 제13조(과밀억제권역 안 취득 등 중과)

② 다음 각 호의 어느 하나에 해당하는 부동산(「신탁법」에 따른 수탁자가 취득한 신탁재산을 포함한다)을 취득하는 경우의 취득세는 제11조 제1항의 표준세율의 100분의 300에서 중과기준세율의 100분의 200을 뺀 세율(제11조 제1항 제8호에 해당하는 주택을 취득하는 경우에는 제13조의2제1항 제1호에 해당하는 세율)을 적용한다.

1. 대도시에서 법인을 설립하거나 지점 또는 분사무소를 설치하는 경우 및 법인의 본점・주사무소・지점 또는 분사무소를 대도시 밖에서 대도시로 전입함에 따라 대도시의 부동산을 취득(그 설립・설치・전입 이후의 부동산 취득을 포함한다)하는 경우
2. 대도시에서 공장을 신설하거나 증설함에 따라 부동산을 취득하는 경우

지방세법 시행령 제27조(대도시 부동산 취득의 중과세 범위와 적용기준)

③ 법 제13조 제2항 제1호에 따른 대도시에서의 법인 설립, 지점・분사무소 설치 및 법인의 본점・주사무소・지점・분사무소의 대도시 전입에 따른 부동산 취득은 해당 법인 또는 행정안전부령으로 정하는 사무소 또는 사업장(이하 이 조에서 "사무소등"이라 한다)이 그 설립・설치・전입 이전에 법인의 본점・주사무소・지점 또는 분사무소의 용도로 직접 사용하기 위한 부동산 취득(채권을 보전하거나 행사할 목적으로 하는 부동산 취득은 제외한다. 이하 이 조에서 같다)으로 하고, 같은 호에 따른 그 설립・설치・전입 이후의 부동산 취득

은 법인 또는 사무소등이 설립·설치·전입 이후 5년 이내에 하는 업무용·비업무용 또는 사업용·비사업용의 모든 부동산 취득으로 한다. 이 경우 부동산 취득에는 공장의 신설·증설, 공장의 승계취득, 해당 대도시에서의 공장 이전 및 공장의 업종변경에 따르는 부동산 취득을 포함한다.

〈쟁점요지〉 대도시에서 법인 설립 후 5년 이내에 부동산을 취득하면 그 사용목적과 관계없이 일률적으로 취득세 중과세율을 적용하는 것이 타당한지 여부

판결요지 ••• **대도시에서 법인 또는 사무소 등이 설립·설치·전입 이후 5년 이내에 부동산을 취득하였다는 요건만 갖추면 그 용도를 불문하고 취득세 중과대상에 해당됨**

- 대도시에서 법인 설립, 지점·분사무소 설치 및 법인의 본점·주사무소·지점·분사무소의 대도시 전입에 따라 부동산을 취득하는 경우와 그 설립·설치·전입 이후 5년 이내에 대도시 내에서 부동산을 취득하는 경우를 구분하여, 전자의 경우에는 법인의 본점·주사무소·지점 또는 분사무소의 용도로 직접 사용할 목적으로 부동산을 취득하는 경우에 한하여 취득세 중과대상이 되고, 후자의 경우에는 법인 또는 사무소 등이 설립·설치·전입 이후 5년 이내에 부동산을 취득하였다는 요건만 갖추면 그 용도를 불문하고 취득세 중과대상이 된다고 할 것이다.
- 원고가 대도시인 ○○시에서 법인을 설립하고 5년 이내에 대도시인 서울특별시에서 이 사건 부동산을 취득한 이상, 이 사건 부동산은 구 지방세법 제13조 제2항 제1호, 구 지방세법 시행령 제27조 제3항 후단에 따라 취득세 중과대상에 해당한다고 보아 이 사건 처분이 적법하다고 판단하고, 이 사건 부동산이 원고의 본점·주사무소·지점 또는 분사무소의 용도로 직접 사용하기 위해 취득한 부동산이 아니라거나, 입법목적에 부합하지 아니하여 취득세 중과대상이 되지 않는다는 원고의 주장을 배척하였다. 원심의 판단은 정당하다.

관련 기타 판례

- 대도시 내의 법인이 기존의 공유 부동산을 분할하는 것은 실질적으로 공유 부동산에 분산된 지분을 특정 부분에 집중시켜 그 소유형태를 변경한 것에 불과하여 부동산의 새로운 취득에 따른 인구집중의 효과가 있다고 보기 어려우므로 중과세 대상 취득에 해당하지 아니함(대법 2010두19812, 2012. 3. 29. 판결).

23.2 인적 조직의 고용형식이 반드시 법인에 직속하는 형태를 취해야만 지점 또는 분사무소로 볼 수 있는지

【관련 판례】 대법 2008두18496, 2011. 6. 10. : 상고기각

- 지방세법 제13조

〈쟁점요지〉 구 지방세법 제138조 제1항 제3호의 등록세 중과 요건인 '대도시 내 지점 또는 분사무소 설치에 따른 부동산등기'에서 '지점 또는 분사무소'의 의미와 그 인적 조직의 고용형식이 반드시 당해 법인에 직속하는 형태를 취해야 하는지 여부

판결요지 등록세 중과 요건인 대도시 내에서의 지점 또는 분사무소의 설치에 따른 부동산등기에 있어 지점 또는 분사무소는 부가세법 등에 등록된 사업장으로서 그 명칭 여하를 불문하고 인적·물적 설비를 갖추고 계속하여 당해 법인의 사무 또는 사업이 행하여지는 장소를 말하는바, 여기서 인적 설비는 당해 법인의 지휘·감독하에 인원이 상주하는 것을 뜻할 뿐이고 그 고용형식이 반드시 당해 법인에 직속하는 형태를 취할 것을 요구하는 것은 아님

- 구 지방세법(2005. 12. 31. 법률 제7843호로 개정되기 전의 것) 제138조 제1항 제3호, 구 지방세법 시행령(2008. 2. 29. 대통령령 제20708호로 개정되기 전의 것) 제102조 제2항 및 구 지방세법 시행규칙(2008. 3. 24. 행정안전부령 제10호로 개정되기 전의 것) 제55조의2의 각 규정에 의하면, 등록세 중과 요건인 대도시 내에서의 지점 또는 분사무소의 설치에 따른 부동산등기에 있어 지점 또는 분사무소는 법인세법·부가가치세법 또는 소득세법의 규정에 의하여 등록된 사업장으로서 그 명칭 여하를 불문하고 인적·물적 설비를 갖추고 계속하여 당해 법인의 사무 또는 사업이 행하여지는 장소를 말하는바, 여기서 말하는 인적 설비는 당해 법인의 지휘·감독하에 인원이 상주하는 것을 뜻할 뿐이고 그 고용형식이 반드시 당해 법인에 직속하는 형태를 취할 것을 요구하는 것은 아니다(대법원 1998. 4. 24. 선고 98두2737 판결, 대법원 2007. 8. 24. 선고 2005두13469 판결 참조).

※ 다만, 2014년 이후에는 지방세법 시행규칙 제6조가 개정되어 개별세법에서의 형식적 등록 여부와 관계없이 등록대상 사업장에 해당하기만 하면 사무소 등의 범위에 포함될 수 있도록 변경됨.

관련 기타 판례

- 법인이 대도시 내에 위치한 골프사업용 부동산을 취득한 후 이를 다른 법인에게 임대가 아닌 위탁운영 형식으로 운영하는 경우에 있어, 위탁법인이 골프장 사업에 대한 지휘·감독권이 없고 수탁법인의 전적인 책임하에 운영하고 있는 경우 이를 지점으로 보아 중과할 수 없음(대법 2014두4023, 2014. 6. 26. 판결).

23.3 임대한 사무실을 법인의 대표자가 간헐적 사용시 등록세 중과대상 본·지점에 해당하는지

【관련 판례】 대법 2016두39122, 2016. 7. 29. 판결(심리불속행) : 기각

- 지방세법 제13조 제2항

〈쟁점요지〉 A법인과 B법인의 대표자 甲이 B법인의 사무실을 임차하여 사용하면서, A법인 또한 간헐적으로 B법인의 사무실을 사용하는 경우 이를 사실상 A법인의 본·지점 사용으로 보아 중과세할 수 있는지 여부

판결요지 원고의 대표자와 별개 법인의 대표자가 동일인이라고 하더라도 원고가 별개의 법인에게 사무실을 임대하고서 간헐적으로 사용한 경우에는 대도시 내 본·지점 사용(전입)으로 볼 수 없음

- 한편, 여기서 말하는 부동산등기는 반드시 그 부동산의 전부가 법인 또는 지점 등의 업무에 사용되어야 한다거나 취득 당시 그 부동산의 전부를 법인의 본점 또는 지점 등으로 사용할 의사가 있어야만 하는 것은 아니라고 하더라도, 법인 또는 지점 등의 설립·설치·전입과 부동산 취득 사이에 '관련성'이 인정되는 경우의 등기만을 의미한다고 해석하여야 하고, 법인 또는 지점 등이 그 설립·설치·전입과 관련 없이 취득한 부동산을 그 후에 법인의 본점 또는 지점 등으로 사용하게 된 경우의 부동산등기까지 포함하는 것은 아니다(대법원 2001. 4. 10. 선고 99두1618 판결 등 참조).
- 원고와 같이 규모가 작은 부동산 임대사업자인 경우 사무실에 임직원이 상주하거나 전기, 수도, 전화 등을 꾸준히 사용할 필요가 있지는 않을 것으로 보이는 반면, 운송업, 운수관련 서비스업 등을 영위하는 ○○티엠피의 경우 여러 지역에 사무실과 임직원을 두고 지속적으로 업무를 수행할 필요가 있을 것으로 보이는바, 따라서 현재 ○○티엠피의 사장실로

쓰이고 있는 이 사건 203호에서 이루어지는 주된 업무는 김○혁이 ○○티엠피의 대표이사로서 수행하는 업무로 볼 여지도 충분하고, 현재 김○혁이 이 사건 203호에서 원고의 대표이사로서의 일부 업무를 간헐적으로 처리하고 있다고 하더라도 그러한 사정만으로 이 사건 203호가 원고의 본점으로 사용되고 있다고 보기는 어렵다(서울고등법원 2015누55532, 2016. 4. 20.).

23.4 형식상 지점을 설치하였으나 사실상 본점을 이전한 경우에 등록세가 중과세되는지

【관련 판례】 대법 89누7207, 1990. 2. 13. : 상고기각

- 지방세법 제13조

〈쟁점요지〉 **대도시 내에서 사실상 본점을 이전하면서 형식상 지점설치등기를 한 경우 등록세 중과세 여부**

판결요지 대도시 내에 본점을 설치하고 있던 법인이 당해 대도시 내에 있는 다른 부동산을 취득하여 지점을 설치하였으나 사실상 본점을 이전한 경우에 해당할 때에는 등록세 중과요건을 결한 것임

- 지방세법 제138조 제1항, 같은법 시행령(1985. 8. 26. 개정 대통령령 제11751호) 제102조 제2항의 각 규정취지는 대도시 내로의 인구유입에 따른 인구집중을 막기 위하여 대도시 내에서의 법인의 설립, 지점 또는 분사무소의 설치 및 대도시 내로의 법인의 본점, 주사무소, 지점 또는 분사무소의 전입에 따른 부동산등기와 그 설립, 설치, 전입 이후의 부동산등기에 대하여 등록세를 중과세하려는 것이므로, 대도시 내에 본점을 설치하고 있던 법인이 당해 대도시 내에 있는 다른 부동산을 취득하여 형식적으로 지점설치등기를 하였으나 실제로는 종전의 본점을 폐쇄하고 위 지점설치등기를 한 새로 취득한 부동산소재지에 인적, 물적 설비를 이전하여 사실상 본점을 이전한 경우에 해당할 때에는 위 제138조 제1항 제3호 소정의 등록세 중과세 요건을 결하게 된다고 할 것이다.

관련 기타 판례

1. 종전의 본점 소재지에 아무런 인적·물적 영업설비를 갖추고 있지 아니하다가 지점 설치를 한 부동산에 비로소 인적·물적 영업설비를 갖추었다면, 이는 사실상 본점의 이전으로 볼 수 없어 등록세 중과요건에 포함됨(대법 98두11786, 1999. 5. 14. 판결).
2. 경기소재에 본점등기를 하고 있으나 서울소재 사무실에서 본점업무의 일부를 수행하고 있었다고 하여 당해 서울 사무소를 실질적인 본점으로 보아 경기도에서 서울시로 본점을 전입하기 위해 취득한 부동산을 중과 배제할 수 없음. [경기 본점의 근무인원 및 규모가 더 큰 사례](대법 2013두15620, 2014. 2. 13. 판결).
3. 본점을 이전하면서 종전 본점을 폐쇄하지 아니한 채 기존 인적·물적 설비를 대부분 유지하면서 더 큰 영업점을 설치 및 이전하였다면 이는 사실상 본점의 이전이거나 형식적 지점 설치가 아닌, 본점의 추가 설치에 해당되므로 중과대상임(대법 2017두48505, 2017. 9. 28. 판결).
4. 등기부상 본점 소재지에도 불구하고 대도시 내 본점 역할을 수행하는 장소가 따로 있어 사실상 이를 이전한 것에 불과하다면 취득세 중과대상에 해당되지 않음(대법 2017두63795, 2017. 12. 21. 판결).

23.5 지점의 일부를 분리하여 독립 후 해당 지점용 건축물을 신축하여 지점으로 사용하는 경우 등록세 중과대상에 해당하는지

【관련 판례】 대법 98두1673, 1999. 3. 26. : 파기환송

- 지방세법 제13조

〈쟁점요지〉 지점의 일부가 독립되어 취득한 부동산이 지점의 자금계정으로 처리, 동 지점의 자산으로 등재되었다는 사실이 구 지방세법 시행령 제102조 제2항 소정의 등록세 중과대상인 법인이 대도시 내에서 지점을 설치한 이후 5년 이내에 취득하는 부동산등기 판단에 영향을 주는지 여부

판결요지 지점의 일부를 분리하여 독립된 지점을 설치한 이후 5년 이내에 해당 지점용 건축물을 신축한 후 지점으로 사용하는 경우에도 지점설치 이후의 부동산등기로 보아 중과대상에 해당함

- 지방세법 제138조 제1항 제3호, 같은법 시행령 제102조 제2항의 규정에 의하면, 법인이 대도시 내에서 지점을 설치한 이후 5년 이내에 취득하는 일체의 부동산등기는 등록세 중과대상이 되는 것인바(대법원 1996. 7. 26. 선고 95누14855 판결 참조), 원심이 인정한 사실관계

에 의하더라도 원고 법인은 그 지점인 수원보상사무소를 설치한 이후 5년 이내에 이 사건 건물을 신축하여 소유권보존등기를 경료하고, 이 사건 건물에 수원지점과 함께 수원보상사무소를 입주시켰다는 것이므로 적어도 수원보상사무소가 사용하는 이 사건 건물 부분의 소유권보존등기는 중과대상에 해당함이 분명하고, 이 사건 건물의 취득 주체나 소유권보존등기 명의자는 어디까지나 원고 법인인 만큼 원심 판시와 같이 이 사건 건물의 신축자금이 수원지점의 자금계정으로 처리되어 동지점의 자산으로 등재되어 있다 하더라도 이는 원고 법인의 내부적인 문제에 불과하여 결론을 달리할 사정이 되지 아니한다.

23.6 부동산 취득 이후에 지점이 설치된 경우 중과세 납세의무 성립시기가 부동산 등기일인지 아니면 지점설치일인지

【관련 판례】 대법 91누10619, 1992. 5. 12. : 상고기각

- 지방세법 제13조

〈쟁점요지〉 대도시 내에서의 법인의 지점설치에 따른 부동산등기에 대하여 중과하는 등록세의 과세요건 및 부동산등기를 먼저 경료하고 이후 지점이 설치되었을 경우, 중과되는 등록세 납세의무의 성립시기

판결요지 ••• 지점설치 이전에 취득한 부동산등기는 부동산등기를 먼저 경료하였다 하더라도 이후 지점이 설치되었을 경우에 비로소 중과세요건이 충족되어 그때 납세의무가 성립함.

- 지방세법 제138조 제1항 제3호에 의하면 대도시 내에서의 법인의 지점설치에 따른 부동산등기에 대하여는 등록세의 세율을 일반세율의 5배로 한다는 취지로 규정하고, 같은법 시행령 제102조 제2항에서 법 제138조 제1항 제3호에서 법인의 지점설치에 따른 부동산등기라 함은 당해 지점의 설치 이전에 취득하는 일체의 부동산등기를 말한다는 취지로 규정하고 있는바, 위 규정에 의하면 대도시 내에서의 지점설치에 따른 부동산등기에 대하여 중과하는 등록세의 과세요건은 대도시 내에서의 부동산등기 및 이후 지점설치의 2가지라 할 것이고, 따라서 대도시 내에서 부동산등기를 먼저 경료하였다 하더라도 이후 지점이 설치되었을 경우에 비로소 중과되는 등록세의 과세요건이 충족되어 그때 납세의무가 성립한다 함이 상당하다 할 것이다.

※ 현재는 취득세로 통합되었으므로 취득세 과세요건에 따라 납세의무 성립을 판단해야 함.

23.7 다른 지점 등과 관계되어 취득한 부동산의 등기가 등록세 중과대상이 되는 '일체의 부동산등기'에 해당하는지

【관련 판례】 대법 2003두7620, 2006. 4. 27. : 파기환송

- 지방세법 제13조

〈쟁점요지〉 구 지방세법 시행령 제102조 제2항에 정한 등록세 중과대상이 되는 '일체의 부동산등기'의 의미 및 여기에 다른 지점 등과 관계되어 취득한 부동산의 등기까지 포함되는지 여부

판결요지 ••• '일체의 부동산등기'라 함은 당해 법인(본점) 또는 당해 지점 등과 관계되어 그 설립·설치·전입 이후 5년 이내에 취득하는 일체의 부동산등기를 의미하는 것이므로, 그 부동산의 전부가 당해 법인(본점) 또는 당해 지점 등에 사용되어야 하는 것은 아니라 하더라도 다른 지점 등과 관계되어 취득한 부동산의 등기까지 포함하는 것은 아니라 할 것임

- 구 지방세법(1998. 12. 31. 법률 제5615호로 개정되기 전의 것, 이하 '법'이라 한다) 제138조 제1항 제3호는 대도시 내에서의 법인 또는 지점 등의 설립·설치·전입 이후의 부동산등기를 등록세 중과대상의 하나로 규정하고, 구 지방세법 시행령(2000. 12. 29. 대통령령 제17052호로 개정되기 전의 것, 이하 '시행령'이라 한다) 제102조 제2항은 법 제138조 제1항 제3호에서 "그 설립·설치·전입 이후의 부동산등기"라 함은 법인 또는 지점 등이 설립·설치·전입 이후 5년 이내에 취득하는 업무용·비업무용 또는 사업용·비사업용을 불문한 일체의 부동산등기를 말한다고 규정하고 있는바, 여기서 등록세 중과대상이 되는 '일체의 부동산등기'라 함은 당해 법인(본점) 또는 당해 지점 등과 관계되어 그 설립·설치·전입 이후 5년 이내에 취득하는 일체의 부동산등기를 의미하는 것이므로, 그 부동산의 전부가 당해 법인(본점) 또는 당해 지점 등에 사용되어야 하는 것은 아니라 하더라도 다른 지점 등과 관계되어 취득한 부동산의 등기까지 포함하는 것은 아니라 할 것이다.

23.8 대도시 외 본점에서 본점의 주된 기능을 유지하고 있는 경우에도 대도시 내 본점 전입으로 보아 중과세 할 수 있는지

【관련 판례】 대법 2015두55462, 2016. 2. 18. 판결(심리불속행) : 기각

- 지방세법 제13조 제2항

〈쟁점요지〉 대도시 외에 설립한 본점 외에 대도시 내에 업무수행 사무실을 설치·운영한 경우 구 등록세 중과대상 대도시 내 본점 전입에 해당 여부

판결요지 ••• 대도시 외에서 인적·물적 설비를 유지하면서 중요한 의사결정 등 사업총괄 본점의 기능을 유지하였다면 대도시 내 전입에 해당되지 않음

- ② 원고의 주주총회에서 이 사건 각 회사가 지명하는 이사들을 선출한 사실, ④ 그 외에도 원고의 이사회는 원고의 설립목적과 관련된 중요한 의사결정을 수행한 사실, ⑤ 원고의 주주총회는 모두 용인본점에서 개최되었으며, 이사회는 대부분 용인본점에서 개최되었고 일부는 서울 르네상스 호텔에서 개최된 사실은 앞서 살펴본 바와 같다. 여기에 본점은 원칙적으로 두 곳에 동시에 존재할 수 없는 점, 용인본점과 관련된 전화 및 인터넷사용료, 주유비 등의 비용지출 규모가 대치동사무소 또는 방배동사무소의 설치 또는 폐지에 별다른 영향을 받지 않고 계속 일정하게 유지되었던 점 등을 더하여 보면, 위에서 인정한 사실만으로는 용인본점의 기능이 대치동사무소 또는 방배동사무소로 이전되어 대치동사무소 또는 방배동사무소가 원고의 영업에 관하여 총괄적 지휘를 한 주된 영업소가 되었다고 보기 부족하고, 달리 이를 인정할 증거가 없다.
- 따라서 용인본점은 대치동사무소 또는 방배동사무소의 설치 또는 폐지와 무관하게 일정한 인적·물적 설비를 유지하면서 이 사건 사업과 관련한 중요한 의사결정을 통해 이 사건 사업을 총괄한 영업소로서 본점으로서의 기능을 유지했다고 봄이 타당하다(서울고등법원 2015. 10. 14. 선고 2014누73120 판결).

23.9 서울시 외 대도시에서 서울로 전입한 후 5년 이내에 서울시 외 대도시 내의 부동산을 취득한 경우 등록세 중과대상인지

【관련 판례】 대법 2001두10974, 2003. 8. 19. : 파기환송

- 지방세법 제13조

지방세법 제13조(과밀억제권역 안 취득 등 중과)

② 1. 대도시에서 법인을 설립하거나 지점 또는 분사무소를 설치하는 경우 및 법인의 본점·주사무소·지점 또는 분사무소를 대도시 밖에서 대도시로 전입(「수도권정비계획법」 제2조에 따른 수도권의 경우에는 서울특별시 외의 지역에서 서울특별시로의 전입도 대도시로의 전입으로 본다. 이하 이 항 및 제28조 제2항에서 같다)함에 따라 대도시의 부동산을 취득(그 설립·설치·전입 이후의 부동산 취득을 포함한다)하는 경우

〈쟁점요지〉 수도권 지역에서 설립된 지 5년이 경과한 법인이 서울특별시 이외의 수도권 지역에서 서울특별시로 전입한 후 5년 내에 서울특별시가 아닌 수도권 지역에 소재한 부동산을 취득한 경우 등록세 중과세 대상이 되는지 여부

판결요지 ••• 서울시 외 대도시 내에서 법인설립후 5년이 경과한 법인이 서울시로 전입한 이후 5년 이내에 서울시 외 대도시 내에 소재한 부동산을 취득한 경우 대도시 내 본점 전입 이후 5년 이내 취득하는 부동산으로 보아 중과할 수 없음

- 구 지방세법(2000. 12. 29. 법률 제6312호로 개정되기 전의 것, 이하 '법'이라고 한다) 제138조 제1항은 법인이 다음 각 호의 1에 해당하는 등기를 하는 때에는 등록세의 세율을 일반 세율의 3배로 중과세한다고 규정하면서, 그 제3호에서 대도시 내에서의 법인의 설립과 지점 또는 분사무소의 설치 및 대도시 내로의 법인의 본점·주사무소·지점 또는 분사무소의 전입에 따른 부동산등기와 그 설립·설치·전입 이후의 부동산등기를 등록세 중과세 대상으로 정하고 있고, 구 지방세법 시행령(2000. 12. 29. 대통령령 제17052호로 개정되기 전의 것, 이하 '시행령'이라고 한다) 제102조 제1항은 법 제138조 제1항 제1호에서 '대통령령으로 정하는 대도시'라 함은 수도권정비계획법 제6조의 규정에 의한 과밀억제권역(공업배치및공장설립에관한법률의 적용을 받는 산업단지를 제외한다)을 말한다고 규정하고, 제2항은 법 제138조 제1항 제3호에서 '법인의 설립과 지점 또는 분사무소의 설치 및 대도시 내로의 법인의 본점·주사무소·지점 또는 분사무소의 전입에 따른 부동산등

기'라 함은 당해 법인 또는 지점 등이 그 설립·설치·전입(수도권의 경우 서울특별시 외의 지역에서 서울특별시 내로의 전입은 대도시 내로의 전입으로 본다. 이하 이 조에서 같다) 이전에 취득하는 일체의 부동산등기를 말하며, '그 설립·설치·전입 이후의 부동산등기'라 함은 법인 또는 지점 등이 설립·설치·전입 이후 5년 이내에 취득하는 업무용·비업무용 또는 사업용·비사업용을 불문한 일체의 부동산등기를 말한다고 규정하는 한편, 그 제4항에서는 법 제138조 제1항 제3호의 규정에 의한 대도시 내로의 법인의 본점·주사무소·지점 또는 분사무소의 전입에 따른 부동산등기와 그 전입 이후의 부동산등기는 당해 대도시 외의 법인이 당해 대도시 내로의 본점·주사무소·지점 또는 분사무소의 전입에 따른 등기를 말한다고 규정하고 있고, 수도권정비계획법 제6조와 같은법 시행령(2002. 7. 24. 대통령령 제17683호로 개정되기 전의 것) 제9조는 과밀억제권역에 속하는 도시로 서울특별시, 인천광역시(일부 지역 제외) 외에 고양시 등 경기지역의 여러 도시들을 규정하고 있다.

- 위 법령의 규정들을 종합해 보면, 수도권정비계획법 제6조에 규정된 과밀억제권역에 속하는 도시들은 하나의 대도시에 포함되어 그 중 한 도시에서 다른 도시로 본점을 이전하더라도 이는 하나의 대도시 내에서의 이전에 불과하여 원칙적으로 대도시 내로의 전입에 해당하지 아니하지만, 예외적으로 서울특별시 이외의 과밀억제권역에 속하는 도시에서 서울특별시로 이전하는 경우에는 시행령 제102조 제2항에 의하여 대도시 내로의 전입으로 간주되는바, 이는 대도시 중에서도 특히 서울특별시 내로의 인구집중이나 경제집중으로 인한 폐단을 방지하기 위한 조세정책적인 이유에서 인천광역시나 경기도지역에 있는 대도시에서 서울특별시로 전입하는 경우에는 특별히 등록세를 중과하겠다는 취지인데, 이와 같이 서울특별시 이외의 과밀억제권역에서 서울특별시로 전입한 법인의 전입 이후의 부동산등기가 등록세 중과 대상이 되는 경우에도 시행령 제102조 제4항은 그 부동산등기의 범위를 당해 대도시 외의 법인이 당해 대도시 내로의 전입에 따른 등기를 말한다고 한정하고 있으므로, 그 취득하는 부동산이 새로 전입하는 당해 대도시인 서울특별시 내에 소재하고 있는 경우에 한하여 그 부동산등기가 등록세 중과세 대상이 된다고 보는 것이 법령의 취지에 부합하는 타당한 해석이라고 할 것이다.

23.10 대도시 내 본점전입에 따른 등록세 중과대상에 본점사무실 이외의 본점사업 활동용 부동산도 포함되는지

【관련 판례】 대법 2012두20984, 2014. 4. 10. 판결 : 파기환송

- 지방세법 제13조 제2항

〈쟁점요지〉 등록세 중과대상인 법인이 대도시 내로 전입 이전에 '본점의 용도로 직접 사용하기 위하여 취득하는 부동산'의 범위에 법인의 본점사무실 이외의 용도로 사용하는 법인이 인적 · 물적 설비를 갖추고 본점의 사업활동에 하는 장소도 포함되는지 여부

판결요지 ••• 본점사무실 이외 본점의 사업활동을 하는 사업장용 부동산도 중과대상에 해당함

- 규정의 문언 내용, 입법 취지 및 개정 연혁, 관련 규정의 체계 등에 비추어 보면, 구 지방세법 시행령 제102조 제2항 전문에서 말하는 '법인이 본점의 용도로 직접 사용하기 위하여 취득하는 부동산'에는 법인이 본점의 사무실 용도로 직접 사용하기 위하여 취득하는 부동산뿐만 아니라 법인이 인적 · 물적 설비를 갖추어 본점의 사업활동 장소로 사용하기 위하여 취득하는 부동산도 포함된다고 해석함이 상당하다.
- 원고의 본점은 이 사건 사업시설에서 노인복지시설사업을 영위한 것으로 보이므로, 이 사건 커뮤니티시설 및 요양시설 중 이 사건 사무실 부분을 제외한 나머지 부분의 경우에도 원고가 인적 · 물적 설비를 갖추어 본점의 사업인 노인복지시설사업에 사용하는 곳은 구 지방세법 제138조 제1항 제3호, 구 지방세법 시행령 제102조 제2항 전문에 따른 등록세 중과대상에 해당한다고 볼 여지가 크다. 따라서 원심으로서는, 이 사건 커뮤니티시설 및 요양시설 중 이 사건 사무실 부분을 제외한 나머지 부분에 대하여 원고가 인적 · 물적 설비를 갖추어 본점의 사업인 노인복지시설사업에 사용하기 위하여 취득한 곳이 있는지를 심리하여 판시 제1처분의 위법 여부 및 그 범위를 판단하였어야 한다.

23.11 법인의 사업을 양수하여 종전의 사무실을 분사무소로 사용하는 경우 등록세 중과대상에 해당하는지

【관련 판례】 대법 92누12742, 1993. 5. 25. : 상고기각

- 지방세법 제13조

〈쟁점요지〉 영업양수인이 영업양도인이 설치한 지점 사무실을 양수받아 분사무소로 사용하는 경우 지방세법 제138조 제1항 제3호 소정의 "지점설치 이후의 부동산등기"로서 등록세 중과 대상인지 여부

판결요지 종전에 없던 새로운 사무실을 설치한 것이 아니라 사업양수도계약에 따라 종전부터 존재하고 있던 양도법인의 지점 사무실을 그 소속만을 양수법인의 지점으로 바꾸어 유지·존속시킨 것에 불과한 경우에는 중과대상이 아님

- 원고가 1990. 9. 19. 영업양수도계약에 따라 소외 주식회사 대한조선공사(주식회사 한진중공업으로 상호변경됨)의 항업부문 영업 및 관련자산 일체를 양수하게 됨으로써 위 소외 회사의 항업부문 영업을 위하여 설치된 서울지점이 사용하고 있던 이 사건 부동산을 취득함과 동시에 그 지점 사무실을 원고의 분사무소 형태로 유지시킨 것이라면, 원고는 종전에 없던 새로운 사무실을 설치한 것이 아니라 종전부터 존재하고 있던 소외 회사의 서울지점 사무실을 그 소속만 원고의 지점으로 바꾸어 유지 존속시킨 것에 불과하다고 할 것이고, 이는 대도시의 인구집중 억제를 위하여 마련된 지방세법 제138조 제1항의 규정취지에도 어긋나지 아니하므로 이와 같은 경우에는 위 법조 제1항 제3호가 정하는 '대도시 내에서의 지점설치 이후의 부동산등기'로서 등록세 중과세대상에 해당하지 아니한다고 할 것이다.

관련 기타 판례

1. 법인으로부터 양수하는 경우와 달리 개인사업자로부터 사업을 포괄양수하는 경우에는 중과배제할 수 없음(대법 2011두14777, 2013. 7. 12. 판결).
2. 대도시 내에서 법인이 공장의 생산설비를 포괄적으로 승계취득 하면서 기존의 공장을 그대로 인수하여 소속만 변경한 것은 새로운 지점의 설치로 볼 수 없어 중과대상에서 제외됨(대법 2015두36669, 2015. 10. 29. 판결).

23.12 모회사의 채권을 인수한 후 이를 보전할 목적으로 부동산을 취득한 경우 등록세 중과배제로 볼 수 있는지

【관련 판례】 대법 2013두20202, 2014. 1. 16. 판결(심리불속행) : 상고기각

- 지방세법 제13조 및 시행령 제27조 제3항

지방세법 시행령 제27조(대도시 부동산 취득의 중과세 범위와 적용기준)

③ 법 제13조 제2항 제1호에 따른 대도시에서의 법인 설립, 지점·분사무소 설치 및 법인의 본점·주사무소·지점·분사무소의 대도시 전입에 따른 부동산 취득은 해당 법인 또는 행정안전부령으로 정하는 사무소 또는 사업장(이하 이 조에서 "사무소등"이라 한다)이 그 설립·설치·전입 이전에 법인의 본점·주사무소·지점 또는 분사무소의 용도로 직접 사용하기 위한 부동산 취득(채권을 보전하거나 행사할 목적으로 하는 부동산 취득은 제외한다. 이하 이 조에서 같다)으로 하고, 같은 호에 따른 그 설립·설치·전입 이후의 부동산 취득은 법인 또는 사무소등이 설립·설치·전입 이후 5년 이내에 하는 업무용·비업무용 또는 사업용·비사업용의 모든 부동산 취득으로 한다. 이 경우 부동산 취득에는 공장의 신설·증설, 공장의 승계취득, 해당 대도시에서의 공장 이전 및 공장의 업종변경에 따르는 부동산 취득을 포함한다.

〈쟁점요지〉 모회사의 공사비 채권을 인수할 목적으로 설립된 법인이 모회사로부터 당해 공사비 채권을 인수하고 담보신탁물인 채무법인의 부동산을 취득한 후 당해 부동산 내의 시설을 운영하는 사업을 정상화시킨 후에 매각하기 위해 일시적으로 지점을 설치하고 사업을 영위한 경우라도 당해 부동산을 채권보전용 부동산으로 보아 등록세 중과세를 배제할 수 있는지 여부

판결요지 구상금 채권을 회수하기 위해 취득한 것이므로 등록세 중과배제 대상 채권보전용 부동산등기에 해당함

- 담보신탁 목적물인 이 사건 부동산을 공매절차에서 낙찰받고, 이 사건 부동산에 대한 1순위 우선수익권과 상계하여 그 대금을 정산하였는바, 이 사건 부동산등기는 원고의 담보권을 실행하는 과정에서 원고의 채권이 직접적으로 행사된 결과이므로 채권을 행사하기 위한 목적에서 이루어진 부동산등기에 해당한다.
- 구 지방세법 시행령 제102조 제2항은 등록세 중과세 대상에서 제외되는 부동산등기에 대하여 '채권을 보전하거나 행사할 목적으로 하는 부동산등기'라고 규정하고 있을 뿐 채권의 발생 원인이나 부동산의 취득경위에 관하여 아무런 제한을 두고 있지 않다. 따라서 원고

가 이 사건 부동산 취득과정에서 행사한 이 사건 구상금채권 등이 자신의 사업운영에서 발생한 채권이 아니라 ○○건설로부터 인수한 채권이라는 사정을 근거로 이 사건 부동산 등기가 등록세 중과대상에서 제외되는 부동산등기에 해당하지 아니한다고 할 수 없다.

- 매각에 상당한 시간이 소요될 수 있고 이 사건 시설의 운영성과에 따라 매각가격이 달라질 수 있는 이 사건 부동산의 특성, 원고가 설립되어 이 사건 부동산을 취득하게 된 경위, 원고가 설립될 당시 ○○그룹 및 ○○건설의 재무구조 및 자금상황이 좋지 않았던 점, ○○○○와 원고가 이 사건 시설을 운영하면서 영업손실을 입은 점, ○○그룹 또는 ○○건설이 이 사건 부동산의 매각을 위하여 노력한 점 등에 비추어 보면, ○○그룹 또는 ○○건설이 원고를 설립하여 이 사건 부동산을 취득한 주된 목적은 이 사건 구상금채권 등을 회수하기 위한 것이며 피고의 주장과 같이 이 사건 부동산을 취득하여 레저사업을 영위하기 위한 것이 아님을 알 수 있다(서울고법 2012누17140, 2013. 8. 16. 판결).

관련 기타 판례

- 중과 제외대상 '채권을 보전하거나 행사할 목적으로 하는 등기'에는 전매차익으로 임대차보증금 등 채권의 회수불능에 따른 손해를 만회할 목적에서 비롯된 부동산 취득등기는 포함되지 않음(대법 2008두15091, 2011. 4. 28. 판결).

23.13 영화 상영관을 대도시 내 등록세 중과 배제대상 업종으로 볼 수 있는지

【관련 판례】 대법 2013두19844, 2014. 2. 13. 판결 : 상고기각

- 지방세법 제13조 제2항 및 시행령 제26조

지방세법 제13조(과밀억제권역 안 취득 등 중과)

② 다만, 대도시에 설치가 불가피하다고 인정되는 업종으로서 대통령령으로 정하는 업종(이하 이 조에서 "대도시 중과 제외 업종"이라 한다)에 직접 사용할 목적으로 부동산을 취득하는 경우의 취득세는 제11조에 따른 해당 세율을 적용한다.

지방세법 시행령 제26조(대도시 법인 중과세의 예외)

① 법 제13조 제2항 각 호 외의 부분 단서에서 "대통령령으로 정하는 업종"이란 다음 각 호에 해당하는 업종을 말한다.

1. 「사회기반시설에 대한 민간투자법」 제2조 제3호에 따른 사회기반시설사업(같은 조 제9호에 따른 부대사업을 포함한다)

〈쟁점요지〉 영화상영관을 대도시 내 중과 배제업종인 사회기반시설사업으로 볼 수 있는지 여부(사회기반시설사업 중 민간투자방식으로 설치한 시설물만 중과배제대상 사회기반시설로 볼 수 있는지)

판결요지 ••• 민간투자방식 이외의 방법으로 설치한 영화상영관도 등록세 중과배제 대상 사회기반시설사업에 해당함

- 구 지방세법 시행령 제101조 제1항 제3호가 규정하는 등록세 중과 제외업종은 사회기반시설에 대한 민간투자법 제2조 제2호에 규정된 사회기반시설사업이면 충분하고 같은 법이 정한 방식과 절차에 따라 시행된 사회기반시설사업에 국한되는 것으로 볼 수 없다.
- 같은 취지에서 원심이, 원고가 대도시 내에서 지점을 설치한 후 5년 이내인 2008. 1. 10. 마친 이 사건 부동산등기는 영화상영관을 운영하는 사업에 관한 것으로서 그 사업이 사회기반시설에 대한 민간투자법이 정한 방식과 절차에 따라 시행되는지와 관계없이 등록세 중과 제외업종에 관한 부동산등기에 해당한다고 판단한 것은 정당하고, 거기에 구 지방세

법 제101조 제1항 제3호가 규정하는 등록세 중과 제외업종의 범위 등에 관한 법리를 오해한 잘못이 없다.

※ 이 사건 판례의 경우 유권해석(세정-4532, 2004. 12. 10.) 및 심판결정(조심 2011지0542, 2012. 4. 12.)과 상이한 해석을 하고 있으므로, 해석변경이나 제도보완이 필요해 보임.

관련 기타 판례

- 중과제외업종인 사회간접자본시설사업에는 사회간접자본시설인 가스공급시설의 신설·증설 또는 개량에 관한 사업뿐만 아니라 그 운영에 관한 사업도 포함된다고 보아야 할 것임(대법 2005두166, 2005. 12. 8. 판결).

23.14 대규모 점포가 아닌 유통사업을 영위하면서 일부 매장을 판매점, 음식점 등으로 임대한 경우 취득세 중과배제 대상에서 제외할 수 있는지

【관련 판례】 대법 2019두39918, 2019. 9. 10. 판결 : 파기환송

- 지방세법 제13조 제2호 및 시행령 제26조

지방세법 시행령 제26조(대도시 법인 중과세의 예외)

① 법 제13조 제2항 각 호 외의 부분 단서에서 "대통령령으로 정하는 업종"이란 다음 각 호에 해당하는 업종을 말한다.

6. 「유통산업발전법」에 따른 유통산업, 「농수산물유통 및 가격안정에 관한 법률」에 따른 농수산물도매시장·농수산물공판장·농수산물종합유통센터·유통자회사 및 「축산법」에 따른 가축시장

〈쟁점요지〉 대규모 점포에 해당하지 않은 점포를 마트라는 상호로 농수산물, 공산품 등의 도·소매업을 영위하면서, 일부 매장을 판매점, 미용원, 일반음식점 등의 용도로 각각 임대한 경우, 임대가 허용되는 매장의 전부 또는 일부를 임대하는 경우로 보아 취득세 중과세를 배제할 수 있는지

판결요지 판매시설 등의 용도로 제3자에게 임대한 건물 부분도 직영하는 매장과 마찬가지로 유통산업에 제공되는 매장에 해당하므로, 이 사건 건물이 유통산업발전법에 따른

대규모점포(등록을 하였는지) 등에 해당하는지와 관계없이, 대도시 중과 제외 업종에 직접 사용되는 것으로 보는 것이 타당함

- 구 지방세법(2016. 12. 27. 법률 제14475호로 개정되기 전의 것, 이하 같다) 제13조 제2항 본문 제1호, 제8항, 구 지방세법 시행령(2016. 12. 30. 대통령령 제27710호로 개정되기 전의 것, 이하 같다) 제27조 제3항은 '대도시에서 법인 설립 이후 5년 이내에 취득하는 모든 부동산'에 대하여 취득세를 중과하도록 하고 있다. 다만 구 지방세법 제13조 제2항 단서는 '대도시에 설치가 불가피하다고 인정되는 업종으로서 대통령령이 정하는 업종(이하 '대도시 중과 제외 업종'이라 한다)에 직접 사용할 목적으로 취득하는 부동산'을 취득세 중과의 예외로 정하고, 그 위임에 따른 구 지방세법 시행령 제26조 제1항 제6호는 '유통산업발전법에 따른 유통산업'(이하 '유통산업'이라 한다)을 대도시 중과 제외 업종의 하나로 들고 있다.
- 구 지방세법 제13조 제3항 제1호 (가)목과 제2호 (나)목은 '정당한 사유 없이 부동산 취득일부터 1년이 경과할 때까지 대도시 중과 제외 업종에 직접 사용하지 않거나 부동산 취득일부터 2년 이상 해당 업종 또는 용도에 직접 사용하지 않고 다른 업종이나 다른 용도에 사용・겸용하는 경우' 해당 부분에 대하여는 제2항 본문에 따른 중과세율을 적용하도록 하고 있다.
- 구 지방세법 제13조 제4항은 "제3항을 적용할 때 대통령령으로 정하는 임대가 불가피하다고 인정되는 업종에 대하여는 직접 사용하는 것으로 본다."라고 정하고 있다. 그 위임에 따른 구 지방세법 시행령 제26조 제4항 제2호는 '유통산업'을 임대가 불가피하다고 인정되는 업종의 하나로 들면서 다만 그 범위를 '유통산업발전법에 따라 임대가 허용되는 매장의 전부 또는 일부를 임대하는 경우 임대하는 부분'에 한정하고 있다.
- 위 각 규정의 문언과 체계와 함께 유통산업발전법의 내용 등에 비추어 보면, 구 지방세법 시행령 제26조 제4항 제2호에 정한 '유통산업발전법에 따라 임대가 허용되는 매장'이 유통산업발전법에서 정한 대규모점포 등(대규모점포와 준대규모점포를 의미한다. 이하 같다)에 국한된다고 볼 수 없다. 따라서 특별한 사정이 없는 한 유통산업에 제공되는 매장 일부가 제3자에게 임대되었다는 이유만으로 해당 부분에 대하여 중과세율에 따른 취득세가 부과되어야 한다고 볼 수도 없다.

관련 기타 판례

1. 대도시 내에서 법인이 도소매업 개설허가를 받은 자로부터 상가의 일부를 분양받아 은행의 지점을 설치한 경우에는 중과제외 업종에 직접 사용되는 것으로 볼 수 없음(대법 98두10462, 1999. 11.26. 판결).
2. 부동산투자회사가 백화점을 취득한 후 유통회사에 그 전체를 임대한 경우, 취득 당시 유통산업을 영위할 의사가 없었고 임대한 이후에도 해당 부동산에 대한 관리・감독권을 행사하지

도 않은 경우에는 중과제외되는 유통산업에 해당한다고 볼 수 없음(대법 2022두66125, 2023. 3. 16. 판결).

23.15 주상복합아파트의 상가부분 부속토지가 대도시 내 취득세 중과대상인지

【관련 판례】 대법 2012두6407, 2013. 2. 15. 판결 : 일부 파기환송

- 지방세법 제13조 제2항

지방세법 시행령 제26조(대도시 법인 중과세의 예외)

① 법 제13조 제2항 각 호 외의 부분 단서에서 "대통령령으로 정하는 업종"이란 다음 각 호에 해당하는 업종을 말한다.

3. 「해외건설촉진법」에 따라 신고된 해외건설업(해당 연도에 해외건설 실적이 있는 경우로서 해외건설에 직접 사용하는 사무실용 부동산만 해당한다) 및 「주택법」 제4조에 따라 국토교통부에 등록된 주택건설사업(주택건설용으로 취득한 후 3년 이내에 주택건설에 착공하는 부동산만 해당한다)

〈쟁점요지〉 **주상복합아파트 상가부분의 부속토지를 대도시 내 취득세 중과제외 업종인 주택건설사업용 부동산으로 볼 수 있는지 여부**

판결요지 ••• 상가부분 부속토지의 경우 대도시 내 취득세 중과대상에 해당하고, 건축착공일을 기준으로 중과세액을 신고납부하여야 함

- 주택건설사업 업종에서 취득한 부동산이라고 하더라도 주택건설용으로 취득하여 실제로 이에 사용되는 경우에 한하여 대도시 법인의 등록세 중과세 대상에서 벗어날 수 있고 주택건설과 다른 용도로 겸용하는 경우에는 그 때부터 등록세 중과세 대상이 되는 것에 비추어 보면, 주상복합아파트를 신축할 경우라 하더라도 주택과 구분되는 판매시설을 건축하기 위하여 그 부지로 취득・사용되는 토지 부분에 대하여는 등록세 중과세 대상이 된다 할 것이며, 주택과 판매시설의 공동부지로 취득・사용되는 토지의 경우에는 판매시설 면적의 비율에 따른 토지의 지분이 판매시설을 위한 부지에 해당하는 것으로 보아 등록세 중과세 대상이 된다고 봄이 상당하다.

23.16 기존 법인간 합병 이후 기존 본점을 지점으로 등록하고 5년 이내 그 지점과 관계되는 부동산을 취득한 경우 등록세 중과대상인지

【관련 판례】 대법 2011두12726, 2013. 7. 11. 판결 : 상고기각

- 지방세법 제13조 제2항 및 시행령 제27조 제5항

지방세법 시행령 제27조(대도시 부동산 취득의 중과세 범위와 적용기준)

⑤ 법 제13조 제2항 제1호를 적용할 때 대도시에서 설립 후 5년이 경과한 법인(이하 이 항에서 "기존법인"이라 한다)이 다른 기존법인과 합병하는 경우에는 중과세 대상으로 보지 아니하며, 기존법인이 대도시에서 설립 후 5년이 경과되지 아니한 법인과 합병하여 기존법인 외의 법인이 합병 후 존속하는 법인이 되거나 새로운 법인을 신설하는 경우에는 합병 당시 기존법인에 대한 자산비율에 해당하는 부분을 중과세 대상으로 보지 아니한다.

〈쟁점요지〉 기존법인간 합병과정에서 피합병법인의 종전 본점이나 지점 소재지에 존속법인의 지점을 설치한 다음 그로부터 5년 이내에 그 지점에 관계되는 부동산을 취득하여 등기하는 경우 등록세 중과세 해당여부

판결요지 기업구조조정 촉진을 위해 중과세 부담을 완화하고자 하는 것이므로 합병으로 기존 본점을 지점으로 등록한 후 5년 이내에 그 지점과 관계되는 부동산을 취득한 경우에도 등록세 중과대상에 해당하지 아니함

- 법령규정의 문언 내용과 관련 규정의 전체적인 체계 및 합병에 통상적으로 수반되는 등기에 대하여 등록세 중과세의 부담을 완화하여 기업의 구조조정을 촉진하려는 시행령 제102조 제7항의 입법 취지 등을 종합하여 보면, 기존법인이 다른 법인과 합병하는 과정에서 피합병법인의 종전 본점이나 지점 소재지에 존속법인의 지점을 설치한 다음 그때부터 5년 이내에 그 지점에 관계되는 부동산을 취득하여 등기하는 경우에도 그 부동산등기에 대하여 시행령 제102조 제7항이 적용된다고 봄이 타당하다.
- 같은 취지에서 원심이, 기존법인인 원고가 역시 기존법인인 주식회사 ○○○○○를 흡수합병하여 주식회사 ○○○○○의 종전 본점 소재지에 원고의 지점을 설치한 다음 그때부터 5년 이내에 위 지점의 영업에 사용되던 부동산을 취득하여 마친 이 사건 부동산등기에 대하여도 시행령 제102조 제7항이 적용된다고 판단한 것은 정당하고, 거기에 상고이유에

서 주장하는 바와 같이 시행령 제102조 제7항의 적용범위에 관한 법리를 오해한 위법이 없다.

23.17 주택용지를 취득 후 3년 이내 사용하지 못한 정당한 사유에 합병이 포함될 수 있는지

【관련 판례】 대법 2011두5940, 2013. 12. 26. 판결 : 상고기각

- 지방세법 시행령 제26조 제1항 제3호

〈쟁점요지〉 대도시 내에서 신설법인이 대도시 내 등록세 중과대상에서 제외되는 주택건설용 토지를 취득한 이후, 대도시 내 설립된 지 5년이 경과된 법인과 합병되어 당해 토지를 주택건설 이외의 용도로 사용하게 된 경우, 정당한 사유가 있다고 보아 존속법인에게 부과된 피합병법인의 등록세 중과세액을 취소할 수 있는지 여부

판결요지 합병 후 존속법인이 3년 이내에 직접 사용하지 않은 경우에는 합병을 이유로 등록세 중과를 배제할 수 있는 정당한 사유가 있다고 볼 수 없음

- 합병 후 존속법인이 소멸법인의 부동산 취득 등기일로부터 3년 이내에 이를 주택건설사업에 직접 사용하지 아니하거나 다른 업종에 사용 또는 겸용한 경우에는 합병 후 존속법인이 중과세율에 의한 등록세를 추가 납부할 의무를 부담한다고 보아야 하고, 그 흡수합병이 기업의 구조개선 등을 위하여 불가피하였다는 등의 사정은 위와 같은 중과 대상에서 제외되는 '정당한 사유'에 해당하는지 여부의 판단에서 고려될 수 있을 뿐이라 할 것이다. … 이 사건 도시환경정비구역 내 건축물의 주용도 변경은 원고와 ○○○의 요청이 주된 원인이 되어 이루어진 것으로서, 원고와 ○○○의 합병이 거기에 어떠한 영향을 미친 것은 아니고 오히려 원고와 ○○○는 이 사건 토지를 주택건설 이외의 용도에 사용함에 따라 부과될 등록세 중과 처분을 피하는 것을 주된 목적으로 하여 위와 같은 흡수합병에 이르렀다고 보이므로, 이러한 건축물의 주용도 변경이나 흡수합병이 있었다고 하여 합병 후 존속법인인 원고가 이 사건 토지를 구 지방세법 시행령 제101조 제2항 본문에서 정한 3년의 유예기간 내에 주택건설사업에 사용하지 못하거나 다른 용도로 사용한 것에 대하여 정당한 사유가 있었다고 볼 수는 없다.

23.18 등기 당시 도시형업종 공장 신·증설을 위한 목적으로 취득한 것이 인정되지 않은 경우에도 중과배제 업종으로 볼 수 있는지

【관련 판례】 대법 2001두3280, 2002. 9. 27. : 상고기각

- 지방세법 제13조

〈쟁점요지〉 법인 또는 지점 등의 부동산 취득이 등록세 중과대상에서 제외되는 도시형업종 공장의 신설 또는 증설에 따른 부동산 취득에 해당되기 위하여 당해 부동산을 현실적으로 사용하고 있어야 하는지 여부

판결요지 도시형업종 공장 신·증설에 따른 등록세 중과대상에서 제외되기 위해서는 등기 당시 현실적으로 그 부동산을 도시형업종 공장의 건축물 및 부속토지로 사용하고 있지는 아니하더라도 도시형업종 공장의 신설 또는 증설을 위한 목적으로 취득하였음은 인정되어야 함

- 구 지방세법(1995. 12. 6. 법률 제4995호로 개정되기 전의 것, 이하 '법'이라 함) 제138조 제1항 제3호, 제4호, 제3항, 구 지방세법 시행령(1995. 12. 30. 대통령령 제14878호로 개정되기 전의 것, 이하 '시행령'이라 함) 제102조 제1항, 제2항, 제6항, 제84조의2 제2항, 구 지방세법시행규칙(1995. 12. 30. 내무부령 제668호로 개정되기 전의 것, 이하 '시행규칙'이라 함) 제55조, 제47조 제1항의 각 규정을 종합하면, 대도시 내에서 법인 또는 지점 등이 그 설립·설치·전입 이전에 취득하는 일체의 부동산등기와 그 설립·설치·전입 이후 5년 이내에 취득하는 일체의 부동산등기 및 대도시 내에서의 공장의 신설 또는 증설에 따른 부동산등기에 대하여는 등록세를 중과하되, 공업배치및공장설립에관한법률 소정의 도시형업종에 해당하는 공장을 신설 또는 증설하기 위하여 부동산을 취득하는 경우에는 중과대상에서 제외하는 것이지만, 이러한 사유로 등록세 중과대상에서 제외되기 위해서는 등기 당시 현실적으로 그 부동산을 도시형업종 공장의 건축물 및 부속토지로 사용하고 있지는 아니하더라도 도시형업종 공장의 신설 또는 증설을 위한 목적으로 취득하였음은 인정되어야 하는 것이다(대법원 1996. 10. 15. 선고 95누13623 판결 참조).

23.19 사립학교 법인의 대도시 내로의 주사무소 전입에 따른 등기를 등록세 중과대상에서 제외할 수 있는지

【관련 판례】 대법 2012두28940, 2013. 5. 9. 판결 : 상고기각

- 지방세법 제13조 제2항 및 지방세특례제한법 제41조 제5항

〈쟁점요지〉 사립학교 법인의 대도시 외에서 대도시 내로 주사무소 전입에 따른 등록세 중과를 적용함에 있어 법인설립으로 보아 과표 및 세율을 적용하기 때문에, 이를 등록세 비과세대상인 사립학교 법인의 설립 등기로 보아 중과세를 배제할 수 있는지 여부

판결요지 설립등기와 전입에 따른 등기는 별개의 과세객체이므로 설립등기가 중과세 배제된다고 하여 전입에 따른 등기까지 등록세 중과세를 배제할 수 없음

- 구 지방세법 제127조 제1항 제3호가 사립학교법에 의한 학교법인 등의 '설립과 합병의 등기'에 대하여만 등록세 비과세의 혜택을 부여하도록 규정한 것은 다른 등기에 관하여는 그러한 혜택을 부여할 필요가 없다는 정책적 판단을 반영한 것으로 보이는 점, 구 지방세법 제138조 제1항 제2호 후문은 등록세 중과세대상인 법인등기에 대하여 중과세제도의 취지에 부합하도록 그 세율의 적용에 관하여만 본점 또는 주사무소의 전입을 법인의 설립으로 보도록 하는 규정일 뿐 등록세 비과세대상을 정하는 규정이 아닌 점 등에 비추어 보면, 사립학교법에 의한 학교법인 등이 대도시 외에서 대도시 내로 주사무소를 전입함에 따른 등기는 구 지방세법 제138조 제1항 제2호에 의한 등록세 중과세대상에 해당한다고 할 것이다.

23.20 폐업하였다가 다시 사업자등록 후 5년 이내 주주 변경시 중과대상 휴면법인 인수에 해당하는지

【관련 판례】 대법 2015두54582, 2016. 1. 28. 판결(심리불속행) : 기각

- 지방세법 제13조 제2항 및 시행령 제27조

지방세법 제13조(과밀억제권역 안 취득 등 중과)

② 다음 각 호의 어느 하나에 해당하는 부동산을 취득하는 경우의 취득세는 … (후략)

1. 대도시에서 법인을 설립[대통령령으로 정하는 휴면(休眠)법인(이하 "휴면법인"이라 한다)을 인수하는 경우를 포함한다. 이하 이 호에서 같다]하거나 지점 또는 분사무소를 설치하는 경우 및 법인의 본점·주사무소·지점 또는 분사무소를 대도시 밖에서 대도시로 전입함에 따라 대도시의 부동산을 취득(그 설립·설치·전입 이후의 부동산 취득을 포함한다)하는 경우

지방세법 시행령 제27조(대도시 부동산 취득의 중과세 범위와 적용기준)

① 법 제13조 제2항 제1호에서 "대통령령으로 정하는 휴면(休眠)법인"이란 다음 각 호의 어느 하나에 해당하는 법인을 말한다.

3. 「부가가치세법 시행령」 제13조에 따라 폐업한 법인(이하 "폐업법인"이라 한다)

〈쟁점요지〉 폐업신고를 마쳤다가 다시 사업자등록을 하고 5년 이내에 주주를 변경한 경우 취득세 중과대상인 5년 이내 휴면법인 인수에 해당 여부

판결요지 폐업하였다가 다시 사업자등록 후 5년 이내 주주 변경시 취득세 중과대상 휴면법인 인수에 해당됨

- 구 지방세법이 '휴면법인의 인수'를 '법인의 설립'과 동일하게 보아 취득세 중과세 대상으로 삼고 있는 것은, 법인을 설립하는 대신에 휴면법인의 주식 전부를 매수한 다음 법인의 임원, 자본, 상호, 목적사업 등을 변경함으로써 실질적으로는 법인 설립의 효과를 얻으면서도 대도시 내 법인 설립에 따른 부동산 취득 시 등록세 또는 취득세의 중과를 회피하는 행위가 성행함에 따라 이를 규제하기 위한 것이다. 따라서 외관상 휴면법인의 인수에 해당함이 분명함에도 이를 '폐업법인의 차명주주로부터 소유자 명의를 회복한 것'에 지나지 않는다고 판단함에 있어서는 신중을 기할 필요가 있다.
- 주식의 소유관계는 과세관청이 주주명부나 주식이동상황명세서 또는 법인등기부등본 등 자료에 의하여 이를 입증하면 되고, 다만 위 자료에 비추어 일견 주주로 보이는 경우에도 실은 주주명의를 도용당하였거나 실질소유주의 명의가 아닌 차명으로 등재되었다는 등의 사정이 있는 경우에는 단지 그 명의만으로 주주에 해당한다고 볼 수는 없으나, 이는 명의상 주주가 실제 주주가 아님을 주장하는 자가 입증하여야 한다(대법원 2004. 7. 9. 선고 2003두1615 판결 등 참조).
- 원고 회사의 주식등변동상황명세서에 위 강○○, 조○○, 차○○이 원고 회사의 주식 각 2,000주를 보유한 주주라고 명시되어 있는 사실, 원고 회사의 법인등기부등본에도 원고

회사의 설립 시부터 2차 사업자등록 직전인 2010. 1. 2.까지 강○○, 차○○이 이사, 조○○이 감사로 재직하였다고 등재되어 있는 사실이 인정되는바, 특별한 사정이 없는 한 강○○, 조○○, 차○○은 원고 회사의 실제 주주였다고 볼 것이고, 이와 달리 볼 특별한 사정, 즉 위 3인이 차명주주에 불과하다는 점은 이를 주장하는 원고가 증명하여야 한다.

- 이 사건에서 원고가 제출한 증거만으로는 강○○, 조○○, 차○○이 원고 회사 주식의 실질소유주가 아니었음을 인정하기에 부족하고 달리 이를 인정할 증거가 없다(서울행정법원 2015. 4. 23. 선고 2014구합18916 판결).

23.21 휴면법인의 판단기준인 '법인 인수일'을 어떻게 판단하여야 하는지 및 단순한 사업활동을 '사업 실적'으로 볼 수 있는지

【관련 판례】 대법 2023두40939, 2023. 7. 13. 판결(심리불속행) : 기각

- 지방세법 제13조 제2항 및 시행령 제25조, 제27조

지방세법 시행령 제25조(본점 또는 주사무소의 사업용 부동산)

② 법 제13조 제2항 제1호에 따른 휴면법인의 인수는 제1항 각 호의 어느 하나에 해당하는 법인에서 최초로 그 법인의 과점주주(「지방세기본법」 제46조 제2호에 따른 과점주주를 말한다)가 된 때 이루어진 것으로 본다. (2023. 3. 14. 개정)

지방세법 시행령 제27조(대도시 부동산 취득의 중과세 범위와 적용기준)

① 법 제13조 제2항 제1호에서 "대통령령으로 정하는 휴면(休眠)법인"이란 다음 각 호의 어느 하나에 해당하는 법인을 말한다.

6. 법인 인수일 이전 2년 이상 사업 실적이 없고, 인수일 전후 1년 이내에 인수법인 임원의 100분의 50 이상을 교체한 법인

〈쟁점요지〉 휴면법인을 인수한 이후 부동산 취득 이전에 과점주주의 변동이 있었던 경우, 휴면법인 판단 기준인 '법인 인수일 이전 2년 이상 사업 실적이 없는 경우'에서의 인수일을 ①최초 과점주주가 된 날과 ②과점주주 변동이 있었던 날 중 어느 날로 판단하여야 하는지 및 단순히 사업 활동이 있었던 경우를 '사업 실적'으로 볼 수 있는지 여부

판결요지 비록 '변경 후 과점주주'가 법인을 인수할 때를 기준으로는 휴면법인이 아니라 할지라도, 취득세 중과세 적용대상인 휴면법인을 판단하기 위해서는 '변경 전 과점주주'가 법인을 인수할 때를 기준으로 하는 것이 타당하고, 이 때의 '사업 실적'이란 단순한 사업 활동과는 구별되는 개념이며 이를 입증할 책임은 납세자에게 있음

- 종전 시행령 규정이 위와 같이 개정된 이유는 수도권 내에서 휴면법인을 인수하는 경우 새로운 법인의 설립과 동일하게 보아 취득세 및 등록면허세를 중과세하는데, 중과 범위가 일반 신설법인과 다르고 적용시점이 모호한 점이 있기 때문이다. 종전 시행령 규정에 의하면 중과제도는 주주가 아닌 법인 자체에 대한 과세임에도 휴면법인 인수관련 과점주주 비율만큼만 중과하게 되어 입법취지(중과세 회피 차단)나 과세체계에 맞지 않는 측면이 있고, 과점주주 지분 비율 기준으로 과세할 경우 휴면법인 인수 후 지분비율이 변동할 경우 중과적용 시점에 대한 혼선(예를 들어 휴면법인을 인수하고 과점주주 비율이 재차 변동한 이후 부동산 취득 시 부동산 취득시점인지 또는 휴면법인 인수 시점인지 등)이 발생한다. 따라서 개정 시행령 규정은 이러한 문제를 해결하기 위하여 '휴면법인의 인수는 휴면법인에 해당하는 법인에서 최초로 그 법인의 과점주주가 된 때 이루어진 것'이라는 점을 명확히 한 것으로, 지방세법상 휴면법인 인수시기에 대한 판단에 있어 종전 시행령 규정과 달리 보는 것이 아니고 단지 문언해석상 혼선이 있는 부분을 명확히 한 것일 뿐이다. 이러한 개정 취지에 따라 종전 시행령 규정에 따라 휴면법인을 인수한 경우 역시 '최초 인수시점'을 기준으로 해당 과점주주 비율만큼 중과세 적용을 받게 된다. 그리고 위 입법취지에 비추어 보면, 위에서 언급한 '최초 인수시점'은 한 명의 과점주주를 기준으로 그 과점주주가 최초로 과점주주가 된 때를 의미하는 것이므로, 대도시 부동산 취득에 관한 중과세 기간의 적용을 받는 도중 과점주주 변경이 이루어진 경우, 즉 법인의 설립(휴면법인 인수) 이후 5년 이내에 부동산 취득을 하였는데 그 부동산 취득 전에 과점주주 변경이 이루어진 경우에는 과점주주 별로 과점주주가 된 때(최초 인수시점)에 해당 법인이 휴면법인이었는지 여부를 각기 판단하여야 한다고 봄이 상당하다. 따라서 설령 '변경 후 과점주주'가 법인을 인수할 때를 기준으로는 휴면법인이 아닌 경우라 하더라도 '변경 전 과점주주'가 법인을 인수할 때를 기준으로 휴면법인인 경우에는 '변경 전 과점주주'의 법인 인수 시점을 기준으로 중과세 적용대상인 부동산 취득이 있는지 여부를 살펴야 할 것이다.
- 과점주주의 법인 인수 시점을 기준으로 역산하여 2년의 기간 동안 법인의 매출이 존재한

다는 사정은 납세의무자인 원고에게 유리한 것일 뿐만 아니라 그 기초가 되는 사실관계도 대부분 원고의 지배영역 안에 있어 피고로서는 증명이 곤란할 것인바, 증명의 곤란이나 당사자 사이의 형평을 고려할 때 원고로 하여금 위와 같은 사정을 증명하게 하는 것이 합리적이라 보이므로, 위와 같은 사정에 대한 증명책임은 원고에게 있다고 봄이 타당하다(대법원 2020. 6. 25. 선고 2019두36971 판결 등 참조). ① '실적'의 사전적 의미는 '실제로 이룬 업적이나 공적'이므로 '사업 실적'이란 사업 활동을 통해 실제로 발생시킨 구체적인 매출 등의 결과물, 업적 등으로 보아야 할 것이고, 이는 '사업 활동' 그 자체와는 구별되는 개념인 점, ② 지방세법이 '휴면법인의 인수'를 '법인의 설립'과 동일하게 보아 취득세 중과세 대상으로 삼고 있는 것은 실질적으로 폐업에 준하여 사업실적이 없는 법인을 통한 취득세 중과 회피의 방지, 즉 법인을 설립하는 대신에 휴면법인의 주식 전부를 매수한 다음 법인의 임원, 상호, 목적사업 등을 변경하는 방식을 통해 실질적으로는 법인 설립의 효과를 얻으면서도 대도시 내 법인 설립에 따른 부동산 취득 시 취득세의 중과를 회피하는 행위를 규제하기 위한 것인 점, ③ 이 사건에서도 손○○ 측은 한동안 매출이 존재하지 않던 원고의 주식 전부를 매수한 다음 그 임원, 상호, 목적사업 등을 변경하고 원고를 통해 이 사건 사업을 추진하였는바, 휴면법인 인수를 통해 법인 설립의 효과를 얻으려 했던 것으로 보이는 점, ④ 그런데 손○○ 측은 원고를 인수하기 이전부터 원고 명의를 이용하여 이 사건 사업 관련 업무를 추진하였고, 이 사건 사업은 대도시(서울) 내 부동산 취득을 예정하고 있었는바, 손○○ 측은 실제로는 원고의 인수인으로서 원고 명의를 이용하여 활동하면서도 형식적으로만 원고의 인수일을 늦추는 방법을 통해, 원고가 휴면법인이 아닌 외관을 형성한 후 원고를 인수함으로써 대도시 내 법인 설립에 따른 부동산 취득 시 취득세의 중과를 회피하고자 하는 의도를 가졌던 것으로 봄이 상당한 점, ⑤ 실무상 매출 자체가 존재하지 않더라도 제반 사정을 고려하여 예외적으로 '사업 실적'이 있는 것으로 인정해 주는 경우가 있다 하더라도, 중과세 규제를 회피하고자 하는 의도가 다분하다고 보이는 이 사건과 같은 경우까지 이러한 예외적인 경우에 준하여 보호할 필요성은 없다고 보이는 점 등을 고려하면, 원고 명의로 1차 법인 인수 이전 시기에 일부 사업 활동이 이루어졌다는 것만으로 원고에게 여하의 '사업 실적'이 존재한다거나 그에 따라 원고가 1차 법인 인수 당시 휴면법인이 아니었다고 해석하는 것은 타당하지 못하다.

24. 법인의 주택 취득 등 중과세

24.1 2주택이 존치하는 1필지의 주택부속토지를 취득한 경우에도 1세대 2주택의 취득으로 보아 취득세 중과세율을 적용할 수 있는지

【관련 판례】 대법 2022두60394, 2023. 2. 2. 판결(심리불속행) : 상고기각

- 지방세법 제13조의2

지방세법 제13조의2(법인의 주택 취득 등 중과)

① 주택(제11조 제1항 제8호에 따른 주택을 말한다. 이 경우 주택의 공유지분이나 부속토지만을 소유하거나 취득하는 경우에도 주택을 소유하거나 취득한 것으로 본다. 이하 이 조 및 제13조의 3에서 같다)을 유상거래를 원인으로 취득하는 경우로서 다음 각 호의 어느 하나에 해당하는 경우에는 제11조 제1항 제8호에도 불구하고 다음 각 호에 따른 세율을 적용한다. (2020. 8. 12. 신설)

2. 1세대 2주택(대통령령으로 정하는 일시적 2주택은 제외한다)에 해당하는 주택으로서 「주택법」 제63조의 2 제1항 제1호에 따른 조정대상지역(이하 이 장에서 "조정대상지역"이라 한다)에 있는 주택을 취득하는 경우 또는 1세대 3주택에 해당하는 주택으로서 조정대상지역 외의 지역에 있는 주택을 취득하는 경우: 제11조 제1항 제7호 나목의 세율을 표준세율로 하여 해당 세율에 중과기준세율의 100분의 200을 합한 세율

〈쟁점요지〉 본인 주택과 제3자의 주택이 존치하고 있는 1필지의 주택부속토지를 취득하는 경우에도 1세대 2주택의 취득으로 보아 주택분 취득세를 중과세할 수 있는지 여부

판결요지 1필지에 건축된 복수의 주거용 건축물 소유자 중 한 명이 자신의 건축물에 관한 부속토지의 사용권원을 확보하기 위한 목적으로 부속토지를 취득하면서, 다른 건축물을 소유할 의사가 없음을 명백히 한 경우에는 1세대 2주택의 취득으로 보아 중과세

할 수 없음

- 지방세법의 2020. 8. 12.자 개정이유는, "주택 실수요자를 보호하고 투기수요를 근절하기 위하여 법인이 주택을 취득하거나 1세대가 2주택 이상을 취득하는 경우 등은 주택 취득에 따른 취득세율을 상향하고, 단기보유주택 양도 및 다주택자의 조정대상지역 내 주택 양도에 대한 지방소득세 중과세율을 인상하는 한편, 법인의 주택 양도소득에 대한 지방소득세 추가세율을 인상함으로써 실수요자 중심의 주택보유를 유도하여 서민의 주거안정을 도모하려는 것"이다.
- 지방세법 제13조의2 제1항 제2호의 "1세대 2주택에 해당하는 주택으로서 조정대상지역에 있는 주택을 취득하는 경우"를 해석할 때, 1필지에 건축된 복수의 주거용 건축물 소유자 중 한 명이 자신의 건축물에 관한 부속토지의 사용권원을 확보하기 위한 목적으로 부속토지를 취득하면서, 다른 건축물을 소유할 의사가 없음을 명백히 한 경우에는, 위 조항이 정한 1세대 2주택의 취득에 해당하지 않는다고 봄이 타당하다.…대법원은 구 종합부동산세법(2008. 12. 26. 법률 제9273호로 개정되기 전의 것)이 문제된 사안[해당 원고가 지분을 소유하고 있는 토지 위에 있는 제3자 소유의 건축물이 공부상 용도인 근린생활시설과 달리 불법으로 주택 용도로 변경되어 사용되고 있었고, 해당 원고가 이를 사용하는 데 관여하거나 승낙한 적이 없는 사실관계]에서, 위 주택의 불법 용도변경으로 인해 사후적으로 해당 원고가 지방세법상 주택분 재산세의 납세의무자가 되었다 하더라도 그에게 위 건물에 관한 종합부동산세 납세의무를 부담하게 할 수는 없으므로, 위 토지 지분의 가격을 과세가액으로 반영할 수는 없다고 판단하여, 납세의무자 소유의 토지에 제3자 소유의 주택이 존재하는 사안에 관하여 합목적적 해석을 하였다[대법원 2010. 12. 23. 선고 2010두16608 판결 및 그 하급심 참조. 이후 종합부동산세법은 하나의 주택(주택의 부속토지만을 소유한 경우는 제외)과 다른 주택의 부속토지만을 함께 소유한 자의 경우, 종합부동산세에 대한 조세부담을 완화하여 주기 위하여 2009. 5. 27. 법률 제9710호 개정으로 제8조 제4항을 신설하였다]…매매계약의 체결과 잔금지급은 모두 소유권 취득이라는 같은 목적을 위해 이루어지는 일련의 행위이므로 매매계약 체결 시점에 가졌던 신뢰도 보호할 가치가 있는 점, 과세대상이 될 원인행위를 한 이후에 세법이 불리하게 개정되고 납세의무가 성립하는 시점이 개정 세법 시행일 이후에 도래하게 된 경우, 이 사건 부칙조항을 그대로 적용하면 납세의무의 존부와 내용, 범위에 관한 납세의무자의 신뢰에 반하는 점을 고려하면, 2020. 8. 12.자 개정 전 원인행위로 주택을 취득하였음에도 구법을 적용받지 못하는 납세의무자에 대해서는 합목적적 해석의 필요성이 더욱 크다(의정부지법 2021구합12027, 2022. 4. 14. 판결).

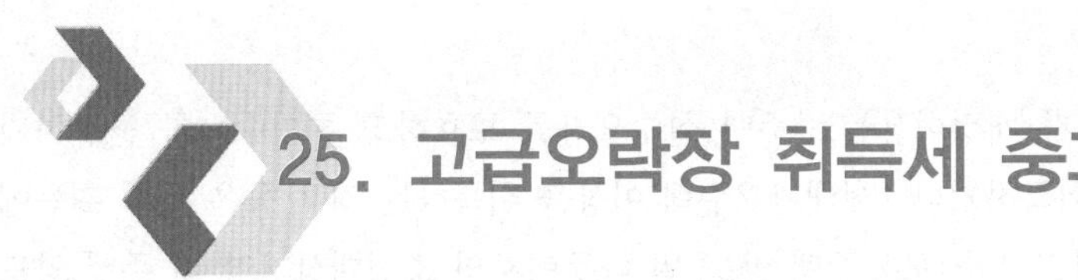

25. 고급오락장 취득세 중과세

25.1 건물 취득자의 동의 없이 임차인이 고급오락장을 설치한 경우 취득자에게 취득세 중과할 수 있는지

【관련 판례】 대법 92누13271, 1993. 6. 8. : 상고기각

- 지방세법 제13조 제5항 제4호

지방세법 제13조(과밀억제권역 안 취득 등 중과)

⑤ 다음 각 호의 어느 하나에 해당하는 부동산등을 취득하는 경우(고급주택 등을 구분하여 그 일부를 취득하는 경우를 포함한다)의 취득세는 제11조 및 제12조의 세율과 중과기준세율의 100분의 400을 합한 세율을 적용하여 계산한 금액을 그 세액으로 한다. 이 경우 골프장은 그 시설을 갖추어 「체육시설의 설치·이용에 관한 법률」에 따라 체육시설업의 등록(시설을 증설하여 변경등록하는 경우를 포함한다. 이하 이 항에서 같다)을 하는 경우뿐만 아니라 등록을 하지 아니하더라도 사실상 골프장으로 사용하는 경우에도 적용하며, 고급주택·고급오락장에 부속된 토지의 경계가 명확하지 아니할 때에는 그 건축물 바닥면적의 10배에 해당하는 토지를 그 부속토지로 본다.

4. 고급오락장: 도박장, 유흥주점영업장, 특수목욕장, 그 밖에 이와 유사한 용도에 사용되는 건축물 중 대통령령으로 정하는 건축물과 그 부속토지. (후략)

〈쟁점요지〉 임차인이 건물 취득자의 동의 없이 고급오락장을 설치한 경우 건물 취득자에게 취득세를 중과할 수 있는지 여부

판결요지 건물 임차인이 취득자의 의사에 기하지 아니하고 고급오락장을 설치한 경우에는 취득자가 그 후 이를 추인하거나 그 시설을 그대로 유지하여 경제적 이익을 누리는 등으로 그 설치를 용인하였다고 볼 만한 특별한 사정이 없는 한 취득자에게 중과추징할 수 없음

- 원심판결 이유기재에 의하면 원심은, 원고를 대리한 소외 1이 소외 2가 이 사건 건물부분에서 단순히 풍속영업에 해당하는 무도장영업을 한다고 하여 이 소외인과 임대계약을 체결하였는데, 동인이 원고나 위 소외 1의 승낙을 받지 아니하고 식품위생법 소정의 무도유흥접객업에 필요한 무도장 등의 시설을 갖추고 1991. 1. 18. 관할 관청인 피고로부터 영업허가를 얻었으나, 원고와 위 소외 1이 뒤늦게 이 사실을 알고 위 소외 2에게 강력하게 항의하여 위 소외 2가 위 영업을 하지 못하고 1991. 1. 24. 휴업신고를 내고 1991. 3. 11. 폐업신고하였다는 사실을 인정한 다음, 위 소외 2는 원고나 위 소외 1의 의사에 기하지 아니하고 고급오락장인 무도유흥음식점을 설치하였다가 원고나 위 소외 1의 강력한 항의로 인하여 위 허가받은 날로부터 단기간 내에 영업을 하지 못하게 되었으니 원고에게 중세율을 적용할 수 없다고 판시하였다.
- 당해 건물을 임차받은 자가 취득자의 의사에 기하지 아니하고 고급오락장을 설치한 경우에는 취득자가 그 후 이를 추인하거나 그 시설을 그대로 유지하여 그로 인한 경제적 이익을 누리는 등으로 그 설치를 용인하였다고 볼 만한 특별한 사정이 없는 한 취득자에게 중세율에 의한 취득세를 추징할 수 없다.

관련 기타 판례

1. 취득 후 바로 고급오락장이 아닌 용도로 변경하려는 조치가 없었고, 중과세 처분 시점에 와서야 원상회복을 요청한 경우라면 취득세 중과세를 배제할 수 없음(대법 2015두48556, 2015. 11. 12. 판결).
2. 임차인이 임의로 창고를 개조하여 영업장이 고급오락장에 해당된 후 임대인이 그 설치의 추인이나 경제적 이익을 누리는 등 용인한 사정이 없다면 임대인에게 중과세율로 취득세를 부과할 수 없음(임차인이 임대인의 동의 없이 창고를 영업장으로 개조하여 고급오락장에 해당된 경우 임대인에게 중과세율로 취득세를 부과할 수 있는지가 쟁점이 된 사안임)(대법 2016두60041, 2017. 2. 23. 판결).
3. 임차인이 무단으로 객실을 추가로 설치하였다는 사실을 임대인이 알지 못하였다는 증거가 불명확하다면 임대인에게 지방세 중과세는 타당함(대법 2017두59642, 2017. 11. 23. 판결).

25.2 유흥접객원이 없고 단란주점 형태로 영업하는 사업장을 고급오락장으로 보아 중과세 할 수 있는지

【관련 판례】 대법 97누9154, 1997. 9. 26. : 상고기각

- 지방세법 제13조 제5항 제4호

〈쟁점요지〉 유흥접객원이 없을 뿐만 아니라 실제적인 영업형태의 현황은 특수조명과 같은 유흥시설을 갖추지 아니한 채 여전히 단란주점 영업의 형태로 운영되었을 경우 고급오락장으로 볼 수 있는지 여부

판결요지 ••• 유흥접객원이 없고 실제적인 영업현황도 특수조명과 같은 유흥시설을 갖추지 아니한 채 단란주점영업의 형태로 운영되고 있다면 중과대상 고급오락장으로 볼 수 없음

- 구 지방세법시행규칙(1993. 9. 10. 내무부령 제592호로 개정된 후 1995. 12. 30. 내무부령 제668호로 개정되기 전의 것, 이하 '시행규칙'이라 한다) 제46조의2 제1항 제5호 (2)목은, 구 지방세법 시행령(1995. 12. 30. 대통령령 제14878호로 개정되기 전의 것) 제84조의3 제1항 제1호의3의 위임에 따라 구 지방세법(1995. 12. 6. 법률 제4995호로 개정되기 전의 것) 제112조 제2항 소정의 취득세 중과대상인 '고급오락장'의 한 종류로서 룸살롱 및 요정 영업장소를 규정함에 있어서, 식품위생법에 의한 유흥주점 영업 중 "별도의 반영구적으로 구획된 2개 이상의 객실을 갖추고 유흥접객원으로 하여금 손님의 유흥을 돋우는 유흥주점으로서 전체적인 영업형태가 객실을 위주로 하는 룸살롱 및 요정 영업장소"라고 규정하고 있는바, 이러한 중과대상이 되는 영업장소인지 여부를 판단하는 기준은 현황을 객관적으로 판단하여 고급오락장으로서의 실체를 갖추고 있었는지 여부에 달려 있는 것일 뿐 영업을 함에 있어 인,허가를 받았는지 여부는 묻지 아니하며(대법원 1993. 5. 27. 선고 92누15154 판결, 대법원 1993. 4. 27. 선고 93누74 판결 등 참조), 또한 조세법규는 그 문언에 따라 엄격히 해석되어야 하고 그 확장해석이나 유추해석이 금지되는 점에 비추어 볼 때 취득세의 중과대상인 룸살롱에 해당하기 위하여는 적어도 식품위생법에 의한 유흥주점 영업으로서 별도의 반영구적으로 구획된 2개 이상의 객실을 갖추고 유흥접객원으로 하여금 손님의 유흥을 돋우며 그 전체적인 영업형태가 객실을 위주로 하는 영업장소이어야 한다.

25.3 고급오락장용 건축물이 아닌 그 부속토지만을 취득하는 경우에도 취득세 중과대상에 해당하는지

【관련 판례】 대법 2003두2847, 2004. 3. 12. : 상고기각

- 지방세법 제13조 제5항 제4호

〈쟁점요지〉 고급오락장용 건축물의 부속토지만을 취득하는 경우에도 취득세 중과대상인지 여부

판결요지 고급오락장용 건축물과 부속토지의 소유자가 달라도 중과세가 배제되지 않으므로, 그 부속토지만 취득하는 경우도 중과대상임

- 지방세법 제112조 제2항 제4호에 의하면 고급오락장에 해당하는 도박장·유흥주점영업장·특수목욕장 기타 이와 유사한 용도에 사용되는 건축물 중 대통령령이 정하는 건축물과 그 부속토지를 취득하는 경우의 취득세율은 일반세율의 100분의 500으로 한다고 규정하고 있고, 구 지방세법 시행령(2001. 12. 31. 대통령령 제17447호로 개정되기 전의 것) 제84조의3 제3항에서는 고급오락장에 해당하는 "대통령령이 정하는 건축물과 그 부속토지"라 함은 다음 각 호의 1에 해당하는 용도에 사용되는 건축물과 그 부속토지를 말한다고 하면서 제5호로 식품위생법에 의한 유흥주점영업을 들고 있는바, 위 각 규정의 내용에다가 지방세법에서 고급오락장 등의 사치성 재산에 대하여 취득세를 중과하는 것은 비생산적인 사치성 재산의 취득을 억제하기 위한 것임을 감안하면, 여기에서 취득세 중과대상인 고급오락장에는 고급오락장용 건축물뿐 아니라 그 부속토지도 포함되는 것이어서 반드시 고급오락장용 건축물을 취득하는 경우에만 그 부속토지가 중과대상이 되는 것은 아니며, 또한 그 건축물과 부속토지의 소유자가 다르다고 하여 중과세 대상에서 제외되는 것도 아니라고 할 것이다.

25.4 소규모 공간에 손님들이 노래를 부르거나 공연을 관람할 목적으로 설치한 장소를 무도장으로 보아 중과세할 수 있는지

【관련 판례】 대법 2005두197, 2006. 3. 10. : 상고기각

- 지방세법 제13조 제5항 제4호

〈쟁점요지〉 유흥주점에 노래를 부르거나 춤을 출 소규모의 공간이 마련되어 있으나 그 규모가 미미하고, 손님들이 춤을 추는 것은 영업의 부수적인 것에 불과한 경우 이를 재산세가 중과되는 '무도유흥주점 영업장소'로 볼 수 있는지 여부

판결요지 '무도유흥주점 영업장소'라 함은 손님들이 춤을 출 수 있는 공간(무도장)이 설치된 모든 영업장소를 가리키는 것이 아니라 그 영업형태나 춤을 출 수 있는 공간의 규모 등을 고려하여 손님들이 춤을 출 수 있도록 하는 것을 주된 영업형태로 하고 또 그에 상응하는 규모로 객석과 구분된 무도장이 설치된 유흥주점의 영업장소만을 말하므로, 소규모 공간에 손님들이 노래를 부르거나 공연을 관람을 목적으로 설치한 장소를 무도장으로 보기 어려움

- 구 지방세법(2002. 12. 30. 법률 제6838호로 개정되기 전의 것) 제112조 제2항 제4호, 제188조 제1항 제2호 (2)목, 구 지방세법 시행령(2002. 12. 30. 대통령령 제17849호로 개정되기 전의 것) 제84조의3 제3항 제5호 (가)목 등의 규정에 의하면, 식품위생법에 의한 유흥주점영업으로서 손님이 춤을 출 수 있도록 객석과 구분된 무도장을 설치한 무도유흥주점 영업장소(영업장 면적이 100㎡를 초과하는 것에 한한다)에 사용되는 건축물과 그 부속토지는 고급오락장용 건축물로서 그 재산가액에 1,000분의 50의 중과세율을 적용한 재산세를 부과하도록 규정하고 있고, 구 식품위생법 시행령(2003. 4. 22. 대통령령 제17971호로 개정되기 전의 것) 제7조 제8호 (라)목은 유흥주점영업을 주로 주류를 조리·판매하는 영업으로서 유흥종사자를 두거나 유흥시설을 설치할 수 있고 손님이 노래를 부르거나 춤을 추는 행위가 허용되는 영업으로 규정한 다음, 그 제8조 제3항에서 유흥주점영업을 하는 자가 설치할 수 있는 유흥시설이라 함은 유흥종사자 또는 손님이 춤을 출 수 있도록 설치한 무도장을 말한다고 규정하고 있다.
- 위 각 규정의 취지 등을 종합하여 보면, 재산세 중과세율이 적용되는 '무도유흥주점 영업장소'라 함은 손님들이 춤을 출 수 있는 공간(무도장)이 설치된 모든 유흥주점의 영업장소를 가리키는 것이 아니라 그 영업형태나 춤을 출 수 있는 공간의 규모 등을 고려하여 손님들이 춤을 출 수 있도록 하는 것을 주된 영업형태로 하고 또 그에 상응하는 규모로,

객석과 구분된 무도장이 설치된 유흥주점의 영업장소만을 말한다고 보는 것이 상당하다고 할 것이다.

25.5 고급오락장 이외 용도로 사용하기 위해 취득 후 바로 용도변경을 한 경우 중과대상인지

【관련 판례】 대법 2009두23938, 2012. 2. 9. 상고기각

- 지방세법 제13조 제5항 제4호

〈쟁점요지〉 취득당시 고급오락장으로 사용하던 부동산을 취득 후 바로 다른 용도로 사용하기 위해 그 현황을 변경시킨 경우에도 취득세를 중과할 수 있는지 여부

판결요지 ••• 취득 후 바로 용도를 변경시킨 경우 중과할 수 없음

- 취득세 중과세 규정의 입법취지가 사치·향락적 소비시설의 유통을 억제하고자 하는 데 있는 점 등을 고려하면, 취득 당시의 현황이 고급오락장이더라도 그 취득 전후의 객관적 사정에 비추어 취득자가 이를 취득한 후 바로 고급오락장이 아닌 다른 용도로 이용하고자 함을 명확히 확인할 수 있을 뿐만 아니라, 나아가 취득자가 취득 후 짧은 기간 안에 실제 고급오락장이 아닌 용도로 사용하기 위해 그 현황을 변경시킨 경우까지 취득세를 중과세할 수는 없다고 보아야 한다.

※ 이 판례는 2007. 12. 31. 지방세법을 개정하여 고급오락장용 건축물을 취득한 후 30일 이내에 고급오락장이 아닌 용도로 사용하거나 다른 용도로 사용하기 위하여 용도변경공사를 착공하는 경우 중과대상에서 제외한다는 규정을 신설하기 전 납세의무 성립한 건임에 유의

25.6 건물 내 부설주차장 면적을 포함하여 취득세 중과대상 고급오락장을 판단하는 것이 타당한지

【관련 판례】 대법 2013두3474, 2013. 5. 23. 판결(심리불속행) : 항소기각

- 지방세법 제13조 제5항 제4호

〈쟁점요지〉 건물 내 부설주차장 면적 중 고급오락장 부분에 해당하는 안분면적을 포함하여 취득세 중과대상인 고급오락장에 해당하는지 여부를 판단하는 것이 적법한 것인지 (원고는 공용주차장이 건물 내 함께 위치한 모텔전용으로 사용되므로 고급오락장 면적에 포함할 수 없다는 주장임)

판결요지 ••• 주차장을 고급오락장 면적에 포함하여 중과세를 판단하는 것이 타당함

- ① 통상 건물 내 부설주차장은 특정 용도에 배타적으로 사용할 수 있도록 설계되지 아니한 이상 건물 이용객 전체의 편의제공을 위해 제공되는 시설인 점, ② 이 사건 건물 중 1층 주차장도 건물 내 유일한 주차장이고, 특정인만이 출입, 사용하기 위한 시설(장치)이 존재하지 아니하는 점, ③ 이 사건 건물은 1층 주차장 바로 옆 출입구 계단을 이용하여 지하층 유흥주점과 2층 모텔로 이동하도록 개방되어 있고, 모텔의 전용주차장이라는 표식도 없었던 점(기둥에 '외부차량주차금지'라는 표식만이 있었다), ④ 유흥주점을 위한 별도의 주차장이 없으므로, 유흥주점 종사자나 이용객은 1층 주차장을 이용할 수밖에 없을 것으로 보이는 점, ⑤ 갱신되기 이전에 작성된 각 임대차계약서에도 1층 주차장 이용에 관한 내용은 언급되어 있지 아니한 점, ⑥ 1층 옥내주차장은 건축물대장상 근린생활시설로 되어 있으나, 재산세의 과세대상 물건이 공부상 등재현황과 사실상의 현황이 상이한 경우에는 사실상의 현황에 의하여 재산세를 부과하여야 하는 점(지방세법 시행령 제143조) 등을 고려할 때, 1층 옥내주차장은 이 사건 제1처분의 과세기준일인 2010. 6. 1. 당시 유흥주점과 모텔의 주차장으로 사용되었다고 봄이 타당하므로, 1층 옥내주차장의 면적을 안분하여 이를 유흥주점 면적에 포함시켜 재산세 등을 중과한 이 사건 제1처분은 적법하다(서울행법 2012구합4357, 2012. 7. 27. 판결).

25.7 남자인 유흥접객원이 고급오락장 요건인 유흥접객원에 해당되는지

【관련 판례】 대법 2017두48376, 2017. 9. 21. 판결(심리불속행) : 상고기각

- 지방세법 제13조 제5항 및 같은 법 시행령 제28조 제5항 제4호

지방세법 시행령 제28조(골프장 등의 범위와 적용기준)

⑤ 법 제13조 제5항 제4호 본문에서 "대통령령으로 정하는 건축물과 그 부속토지"란 다음 각 호의 어느 하나에 해당하는 용도에 사용되는 건축물과 그 부속토지를 말한다. 이 경우 고급오락장이 건축물의 일부에 시설되었을 때에는 해당 건축물에 부속된 토지 중 그 건축물의 연면적에 대한 고급오락장용 건축물의 연면적 비율에 해당하는 토지를 고급오락장의 부속토지로 본다.

4. 「식품위생법」 제37조에 따른 허가 대상인 유흥주점영업으로서 다음 각 목의 어느 하나에 해당하는 영업장소(공용면적을 포함한 영업장의 면적이 100제곱미터를 초과하는 것만 해당한다)
   가. 손님이 춤을 출 수 있도록 객석과 구분된 무도장을 설치한 영업장소(카바레 · 나이트클럽 · 디스코클럽 등을 말한다)
   나. 유흥접객원(남녀를 불문하며, 임시로 고용된 사람을 포함한다)을 두는 경우로, 별도로 반영구적으로 구획된 객실의 면적이 영업장 전용면적의 100분의 50 이상이거나 객실 수가 5개 이상인 영업장소(룸살롱, 요정 등을 말한다)

〈쟁점요지〉 식품위생법상 유흥종사자는 부녀자인 유흥접객원으로 규정하고 있는 바, 남자인 유흥접객원을 두는 경우도 취득세 및 재산세 중과세대상 고급오락장 요건의 하나인 유흥접객원으로 볼 수 있는지 여부

판결요지 지방세법상 유흥접객원도 식품위생법상 부녀자인 유흥접객원을 원용하므로, 남성 룸 디제이들은 재산세 중과대상 유흥접객원에 해당되지 않음

- 식품위생법 시행령 제22조 제1항이 유흥종사자를 '손님과 함께 술을 마시거나 노래 또는 춤으로 손님의 유흥을 돋우는 부녀자인 유흥접객원을 말한다'고 규정하고 있는 점에 비추어 보면, 재산세의 중과대상 중 지방세법 시행령 제28조 제5항 제4호 나목 소정의 유흥주점에 해당하기 위하여는 적어도 식품위생법에 의한 유흥주점영업으로서 부녀자인 유흥접객원을 두어야 할 것이다.

- 설령 위 룸 디제이들이 유흥접객원에 해당한다고 하더라도, ① 위 남성 룸 디제이들은 부녀자인 유흥접객원에 해당하지 아니하는 점, ④ 부녀자인 유흥접객원을 둔 유흥주점과 달리 남성 유흥접객원을 둔 유흥주점 용도로 사용되는 건축물과 그 부속토지에 대하여 취득세나 재산세를 중과하지 않을 경우 조세공평주의에 다소 어긋나거나 고급오락장 등 사치성 재산에 재산세를 중과세하려는 지방세법의 입법취지에 반할 여지가 있기는 하나, 조세법규는 그 문언에 따라 엄격히 해석되어야 하므로 위와 같은 문제는 입법적으로 해결되어야 할 것으로 보이는 점 등에 비추어 보면, 이 사건 건물이 지방세법 제13조 제5항 제4호, 같은 법 시행령 제28조 제5항 제4호 나목 소정의 고급오락장 용도에 사용되는 건축물과 그 부속토지에 해당한다고 보기 어렵다(서울행정법원 2016. 10. 28. 선고 2016구합71324 판결).

※ 2017. 12. 29. 개정을 통해 현행법상으로는 유흥접객원의 판단에 있어 남녀를 불문함.

25.8 고급오락장이 아닌 용도변경공사 미착공에 정당한 사유가 있는 경우 중과세 배제될 수 있는지

【관련 판례】 대법 2017두56681, 2017. 11. 29. 판결 : 파기환송

- 지방세법 제13조 제5항 제4호

〈쟁점요지〉 무도유흥주점으로 사용되던 부동산을 취득하여 30일 이내에 용도변경공사를 착공하지 못하였다고 하더라도, 용도변경공사를 착공하지 못한 특별한 사정을 정당한 사유로 인정하여 중과세율을 제외할 수 있는지

판결요지 ••• 납세자가 책임질 수 없는 장애가 있었고 그 장애가 해소되자마자 곧바로 용도변경공사를 착공한 경우라면 취득세 중과세율을 배제할 수 있는 정당한 사유가 있다고 보아야 함

- 고급오락장 취득 전후의 객관적 사정에 비추어 취득자가 취득 후 바로 고급오락장이 아닌 다른 용도로 이용하고자 하였으나 책임질 수 없는 장애로 인하여 취득 후 30일 이내에 용도변경공사를 착공하지 못하였고, 그러한 장애가 해소되는 즉시 용도변경공사를 착공하려는 의사가 명백한 경우라면, 취득세 중과세율을 적용할 수 없는 정당한 사유가 있다고 보아야 한다.
- 비록 원고가 무도유흥주점으로 사용되던 이 사건 부동산을 취득한 날부터 30일 이내에 용도변경공사를 착공하지 못하였다고 하더라도, 용도변경공사를 착공하지 못한 데에는

원고에게 책임지울 수 없는 장애가 있었다고 할 것이고, 그러한 장애가 해소되자마자 곧바로 용도변경공사를 착공하려고 한 이상, 이 사건 부동산의 취득에 대하여는 고급오락장 취득에 따른 취득세 중과세율을 적용할 수 없는 정당한 사유가 있다고 봄이 타당하다. 또한 이와 같이 고급오락장용 부동산의 취득에 따른 취득세 중과세율을 적용할 수 없는 장애가 취득 시점에 연이은 재산세 과세기준일까지 계속되었고, 그러한 장애사유가 없었다면 재산세 과세기준일에 용도변경공사가 이루어졌을 것으로 보이는 특별한 사정이 존재하므로, 고급오락장용 부동산의 보유에 따른 재산세 중과세율 역시 적용할 수 없다고 봄이 타당하다.

26. 고급주택 취득세 중과세

26.1 고급주택 판정 시 주거용으로 사용되지 않는 부분은 제외하고 계산해야 하는지

【관련 판례】 대법 86누648, 1987. 1. 20. : 상고기각

- 지방세법 제13조

지방세법 제13조(과밀억제권역 안 취득 등 중과)

3. 고급주택: 주거용 건축물 또는 그 부속토지의 면적과 가액이 대통령령으로 정하는 기준을 초과하거나 해당 건축물에 67제곱미터 이상의 수영장 등 대통령령으로 정하는 부대시설을 설치한 주거용 건축물과 그 부속토지. 다만, 주거용 건축물을 취득한 날부터 60일[상속으로 인한 경우는 상속개시일이 속하는 달의 말일부터, 실종으로 인한 경우는 실종선고일이 속하는 달의 말일부터 각각 6개월(납세자가 외국에 주소를 둔 경우에는 각각 9개월)] 이내에 주거용이 아닌 용도로 사용하거나 고급주택이 아닌 용도로 사용하기 위하여 용도변경공사를 착공하는 경우는 제외한다.

〈쟁점요지〉 고급주택 여부를 판단함에 있어 주거용으로 사용되지 않는 부분을 제외해야 하는지 여부

판결요지 1구의 주거용 건물 중 주거용으로 쓰여지지 않고 있는 부분(주택의 창고와 지하실을 공장으로 개조사용)이 있는 경우에는 이를 제외한 주거용으로 쓰여지는 부분만을 기준으로 하여 고급주택 여부를 가려야 함

- 지방세법 시행령 제76조 제3항 제1호가 주거용 건물로서 주거 외의 용도에 쓰여지는 부분이 있는 경우에는 주거용으로 쓰여지는 부분만을 주택으로 본다고 규정하고 있고, 위 규정은 같은법 시행령 제84조의 3 제1항 제2호 소정의 고급주택의 전제요건으로서 주택인가 여부를 결정함에 있어서도 그대로 적용될 수 밖에 없으므로, 1구의 주거용 건물 중 주거용

으로 쓰여지지 않고 있는 부분이 있는 경우에는 이를 제외한 나머지인 주거용으로 쓰여지는 부분만을 기준으로 하여 위 시행령 소정의 고급주택인가 여부를 가려야 할 것

관련 기타 판례

1. 건축물 사용승인 후 추가로 다락방에 돌음 계단을 설치하고 PIT실에 출입문을 설치하는 공사한 경우 사실상 연면적이 늘어난 경우에는 해당 면적을 포함하여 판단하는 것이 타당함(대법 2012두2191, 2012. 5. 10. 판결).
2. 지하층과 1층 간의 내부통로를 합판으로 막아 놓은 경우, 철거가 용이하고 구성원이 동일한 가족이라면 내부계단을 막았다고 하더라도 고급주택 취득세 중과를 배제할 수 없음(대법 2012두18608, 2012. 11. 29. 판결).
3. 옥탑면적이 건축법에 따라 공부상 연면적에 포함되지는 아니하였으나 실제 주택과 일체를 이루어 주거용으로 쓰일 구조를 가지고 있다면 고급주택의 판단기준인 연면적에 산입하여 판단할 수 있음(대법 2013두12126, 2013. 9. 26. 판결).
4. 건축물대장상 다가구주택이라도 1가구가 주거용으로 사용 시는 고급주택 중과세 가능함(대법 2015두50252, 2015. 12. 10. 판결).
5. 건축물대장상 근린생활시설(소매점)로 되어 있더라도 주거용으로 사용되는 것이 확인되는 경우에는 지하층을 주거면적에 포함하여 취득세를 고급주택 중과세 할 수 있음(대법 2015두43827, 2015. 12. 10. 판결).

26.2 부속토지의 일부를 취득하지 못한 경우 고급주택 판정기준에 해당 미취득토지를 포함시킬 수 있는지

【관련 판례】 대법 87누678, 1988. 2. 9. : 파기환송

- 지방세법 제13조

〈쟁점요지〉 고급주택 취득자가 그 부속토지의 일부를 취득하지 못한 경우에도 그 면적까지를 고급주택 여부를 결정하는 대지면적에 포함시킬 수 있는지 여부

판결요지 고급주택을 취득한 자가 종전에 그 건물 전체 부속토지의 일부를 취득하지 못한 경우에 있어서는 해당 토지가 독립된 경제적 용도에 사용할 수 없어서 당해 건물의 대지로만 사용될 것이라거나 또는 건물취득자가 그에 대한 사용권 등을 가지고 있어서 사실상 그 건물사용을 위한 부지로 공여하게 된다고 볼만한 특별한 사정이 없는 한

건물취득자가 실제 취득한 토지 면적만을 기준으로 고급주택 여부를 결정하여야 함

- 지방세법 시행령 제84조의3 제1항 제2호 (2)목은 지방세법 제112조 제2항에 의하여 취득세의 중과세율이 적용되는 고급주택의 하나로 1구의 건물의 대지면적이 662평방미터를 초과하는 것으로서 그 건물의 과세시가표준액이 금 1,500만원을 초과하는 주거용 건물을 들고 있는데 이는 일정규모 이상의 주거용 건물소유자가 그 건물사용을 위하여 과다한 토지를 공여하는 것을 억제하려는데 그 뜻이 있는 것이므로 위에서 규정한 '1구의 건물의 대지면적'은 그 건물의 소유자가 건물사용을 위하여 사실상 공여한 부속토지의 면적만을 가리키는 것으로 보아야 할 것이다.
- 따라서 위 규정에 의한 고급주택에 해당하던 주거용건물의 새로운 취득자가 종전에 그 건물사용을 위하여 공여된 전체 부속토지의 일부를 취득하지 못한 경우에 있어서는 그 취득하지 못한 토지가 독립된 경제적 용도에 사용할 수 없어서 당해 건물의 대지로만 사용될 것이라거나 또는 건물취득자가 그 취득하지 못한 토지에 대한 사용권 등을 가지고 있어서 사실상 그 건물 사용을 위한 부지로 공여하게 된다고 볼 만한 특별한 사정이 없는 한 건물취득자가 실제로 취득한 토지의 면적만으로 그 건물의 고급주택 여부를 결정하여야 할 것이고 이와 같은 이치는 건물취득자가 공유로 되어 있는 종전 부속토지의 일부 지분을 취득하지 못한 경우에도 특별한 사정이 없는 한 그 취득하지 못한 지분면적까지를 고급주택 여부를 결정하는 대지면적에 포함시킬 수는 없다 할 것이다.
- 그리고 고급주택을 사치성 재산의 일부로 구분하여 취득하는 경우에 적용되는 지방세법 제112조 제2항 후단과 같은법 시행령 제84조의3 제2항은 건물취득자가 취득하지 못한 종전 부속토지의 일부와 일부지분이 그 주택의 대지면적에 포함되지 아니하여 고급주택에 해당하지 않는 것이라면 이를 적용할 여지가 없다 하겠다.

26.3 1구 건물의 대지면적 판정 시 토지의 권리관계, 소유형태 또는 필지수를 고려해야 하는지

【관련 판례】 대법 93누7013, 1994. 2. 8. : 파기환송

- 지방세법 제13조

〈쟁점요지〉 고급주택에 해당하는 건물의 일부를 구분하여 취득하는 경우뿐만 아니라 건물과 대지를 구분하여 그중 하나를 취득하거나 대지의 일부를 구분하여 취득하는 경우에도 취득세가 중과세되는지 여부

판결요지 ••• 1구의 건물의 대지인지 여부를 판단함에 있어서는 토지의 권리관계 · 소유형태 또는 필지수를 불문한다고 할 것임

- 지방세법 제112조 제2항 전단은 대통령령으로 정하는 고급주택을 취득하는 경우에는 취득세를 중과세하도록 하고 그 위임에 따라 같은법 시행령 제84조의 3 제1항 제2호에서 고급주택은'다음 각 목의 1에 해당하는 주택과 그 대지로 한다'고 규정한 다음 (2)목에서'1구의 건물의 대지면적이 662㎡를 초과하는 것으로서 그 건물의 과세시가표준액이 1,500만원을 초과하는 주거용 건물'을 들고 있는데, 일정규모 이상의 주거용 건물의 소유자가 그 건물사용을 위하여 과다한 토지를 공여하는 것을 억제하려는 위 규정의 취지에 비추어 볼 때 주거용 건물과 그 부속토지가 위와 같은 요건을 갖추어 고급주택에 해당하면 그 건물과 토지 전부를 사치성 재산으로 보아 취득세를 중과세한다는 것이고, 한편, 같은법 제112조 제2항 후단과 같은법 시행령 제84조의 3 제2항은 고급주택을 사치성 재산의 일부로 구분하여 취득하는 경우에도 취득세를 중과세한다는 것이므로 고급주택에 해당하는 건물의 일부를 구분하여 취득하는 경우뿐만 아니라 건물과 대지를 구분하여 그중 하나를 취득하거나 대지의 일부를 구분하여 취득하는 경우에도 취득세가 중과세되는 것으로 봄이 상당하다. 나아가, 위 시행령 조항에서 '1구의 건물의 대지면적'은 건물의 소유자가 건물사용을 위하여 사실상 공여하는 부속토지의 면적을 뜻한다 할 것이고(대법원 1988. 2. 9. 선고 87누678 판결), 이러한 1구의 주택에 부속된 토지인지 여부는 당해 토지의 취득당시 현황과 이용실태에 의하여 결정되고 토지의 권리관계 · 소유형태 또는 필지수를 불문한다 할 것이다.

관련 기타 판례

- 1구의 건물의 대지인지의 여부를 판단함에 있어서는 당해 주택과 경제적 일체를 이루고 있는 토지로서 사회통념상 주거생활공간으로 인정되는 대지를 뜻하는 것이므로, 그 대지는 반드시 1필지의 토지임을 요하지 아니하고 그 대지가 수 필지로 이루어진 경우 소유자가 동일할 필요도 없다 할 것임(대법 87누678, 1988. 2. 9. 판결).

26.4 주택 주위의 농수로를 복개한 토지를 주택의 부속토지로 보아 고급주택 여부를 판단할 수 있는지

【관련 판례】 대법 2014두38040, 2014. 10. 30. 판결 : 파기환송

- 같은 취지의 판례 : 대법 2014두40302, 2014. 11. 13. 판결
- 지방세법 제13조 제5항

〈쟁점요지〉 주택 주위에 설치되어 있는 울타리 내에 있는 농수로를 복개한 후 그 위에 잔디와 수목을 식재한 경우 해당 농수로용 토지를 주택의 부속토지에 포함하여 고급주택으로 보아 취득세를 중과세 할 수 있는지 여부

판결요지 ••• 농수로 매설부지로 사용되고 있고 주택의 효용과 편익을 위한 시설인 마당이나 정원 등으로 사용하기에 적합하지 않아 주택의 부속토지에 포함할 수 없음

- 구 지방세법 제112조 제2항 제3호, 구 지방세법 시행령 제84조의3 제3항 제2호에서 말하는 '주거용 건축물의 부속 토지'란 해당 주거용 건축물과 경제적 일체를 이루고 있는 토지로서 사회통념상 주거생활공간으로 인정되는 대지를 뜻하고, 여기에 해당하는지는 해당 토지의 취득 당시 현황과 이용실태에 의하여 결정된다(대법원 1993. 5. 25. 선고 92누12667 판결, 대법원 1994. 2. 8. 선고 93누7013 판결 등 참조).
- ① … 농수로 매설부지로 사용하여 온 사실, ② … 농수로를 이 사건 제2토지 지하로 이설하는 공사를 하였고, 그 원상복구과정에서 농수로의 관거 보호와 토사유출 방지 등을 위하여 이 사건 제2토지 지상에도 돌을 쌓고 잔디와 수목을 식재한 사실, ③ … 경사가 심하여 외관상 평지인 이 사건 제1토지와 쉽게 구분될 뿐만 아니라, 곳곳에 전봇대가 세워져 있어 이 사건 주택의 효용과 편익을 위한 시설인 마당이나 정원 등으로 사용하기에 적합하지 않은 사실 등을 알 수 있다. … 위와 같은 이 사건 주택의 신축 당시 이 사건 제2토지의 현황과 이용실태 등에 비추어 보면, 이 사건 제2토지가 이 사건 주택과 경제적 일체를 이루고 있는 토지로서 사회통념상 주거생활공간으로 인정되는 이 사건 주택의 부속 토지에 해당한다고 보기는 어렵다.

관련 기타 판례

- 1구내에 위치한 지목이 전, 과수원으로 되어 있는 토지가 사실상 주택의 텃밭으로 사용되고 있고, 본체와 별도 건축되어 있는 주택의 부속건물이 관리동 수준에 불과한 경우 공부상 지목에 관계없이 이를 주택의 부속토지로 보아 고급주택 여부를 판단할 수 있음(대법 2014두37351, 2014. 9. 24. 판결).

26.5 개발제한구역 내 건축이 제한된 농지를 고급주택 부속토지로 사용하는 경우 일반 대지의 공시지가를 기준으로 지목변경 간주취득세 과표로 사용할 수 있는지

【관련 판례】 대법 2014두9578, 2014. 11. 13. 판결 : 상고기각

- 지방세법 제13조 제5항

〈쟁점요지〉 개발제한구역 내 주택신축이 제한된 농지를 주택의 부속토지로 사용하고 있는 경우 당해 농지를 대지와 일단지의 토지로 보아 건축이 가능한 대지의 공시지가와 해당 농지의 공시지가의 차액을 과표로 하여 고급주택의 지목변경에 따른 간주취득세를 부과할 수 있는지(고급주택에 해당하여 중과세율 적용)

판결요지 주택신축이 제한되는 농지를 주택신축이 허용되는 대지와 일단의 토지로 보아 대지의 개별공시지가를 그대로 적용하여 지목변경에 따른 간주취득세 과세표준을 산정할 수 없음

- 여러 필지의 토지가 일단을 이루어 용도상 불가분의 관계에 있는 경우에는 특별한 사정이 없는 한 그 일단의 토지 전체를 1필지로 보고 토지특성을 조사하여 그 전체에 대하여 단일한 가격으로 평가함이 상당하지만, 여기에서 '용도상 불가분의 관계에 있는 경우'란 일단의 토지로 이용되고 있는 상황이 사회적 · 경제적 · 행정적 측면에서 합리적이고 당해 토지의 가치 형성적 측면에서도 타당하다고 인정되는 관계에 있는 경우를 말한다(대법원 2001. 7. 27. 선고 99두8824 판결, 대법원 2013. 10. 11. 선고 2013두6138 판결 등 참조).
- 이 사건 주택부지와 쟁점토지가 모두 개발제한구역 내에 위치하고 있으나 이 사건 주택부지에는 주택의 신축이 허용되는 반면, 쟁점토지의 경우에는 형질변경이 금지되어 용도가 제한되는 등 그 가치가 명확히 구분되는 점 등을 종합하여 보면, 이 사건 주택부지와 쟁점

토지는 용도상 불가분의 관계에 있는 일단의 토지에 해당하지 아니하고, 이를 별개의 토지로 보아 평가함이 상당하다는 이유로, 이들 토지를 일단의 토지로 보아 이 사건 주택부지의 개별공시지가를 그대로 적용하여 쟁점토지의 지목 변경에 따른 취득세의 과세표준을 산정한 이 사건 처분은 위법하다.

26.6 불법증축을 한 주택에 대하여 증축부분을 합산하여 주택가격을 산정 후 고급주택으로 보아 중과세할 수 있는지

【관련 판례】 대법 2019두46367, 2019. 10. 31. 판결(심리불속행) : 항고기각

- 지방세법 제4조

〈쟁점요지〉 불법으로 증축한 주택을 취득한 경우 증축부분을 합산하여 새로이 개별주택가격을 산정한 후 그 가격을 기준으로 고급주택 중과세 요건을 판단하여 취득세를 중과세 할 수 있는지 여부

판결요지 증축부분을 배제하고 개별주택가격을 산정하는 것이 현저히 불합리하지 아니하고, 개별주택 가격산정에도 일부 잘못이 있더라도 개별주택가격이 공시되지 않은 것으로 보아 주택가격을 재산정하여 고급주택 취득세 중과세 요건을 판단할 수 없음

- 불법증축된 부분의 면적과 위치, 형상 등에 비추어 볼 때, 이 사건 건물의 일부에 불법증축된 제시외 건물이 있다는 사정만을 들어 이 사건 제1주택의 공시된 개별주택가격이 현저하게 불합리한 것이라고 보기는 어렵다. 따라서 이 사건 건물에 일부 불법증축된 부분이 있다는 사정만을 들어 구 지방세법 제111조 제2항 제1호 단서의 규정에 따라 이 사건 제1주택의 가액을 새로 산정할 수는 없다.
- 기존의 건축물을 증축한 경우의 증축분은 같은 조 제3항의 적용대상임이 분명하고, 그 외 기존의 건축물이나 신축 또는 재축한 건축물 등이 같은 조 제2항의 적용대상이 된다고 할 것이다(대법원 2011. 12. 8. 선고 2010두8942 판결 참조). 피고는 이 사건 건물에 불법증축부분이 있다는 이유를 들어 구 지방세법 제111조 제2항 제1호 단서의 규정에 따라 이 사건 제1주택의 전체가액을 새로이 산정하였는바, 이와 같은 산정방식은 구 지방세법 제111조 제2항, 제3항의 규정체계에 어긋나는 것으로 판단된다.
- 피고가 제출한 증거들만으로는 이 사건 제1주택의 가액이 피고가 주장하는 바와 같은 금액이라고 보기는 어렵고, 달리 이를 인정할 만한 증거도 없다. 피고의 위 주장은 어느 모로 보나 받아들일 수 없다(서울고법 2018누67796, 2019. 6. 12. 판결).

관련 기타 판례

- 종전법령에 따라 일반주택에 해당되었더라도 이후 증축한 경우라면 증축 당시의 법령에 따라 고급주택에 해당 여부를 판단하여야 할 것임(대법 2015두45694, 2015. 9. 24. 판결).

26.7 고급주택이 아닌 용도로 사용하기 위하여 용도변경공사에 착공하는 경우의 의미

【관련 판례】 대법 2004다58901, 2005. 12. 23. : 상고기각

- 지방세법 제13조

〈쟁점요지〉 건축물의 용도변경신고를 하거나 사업계획승인신청을 한 것만으로 고급주택이 아닌 것으로 볼 수 있는지 여부

판결요지 ••• '고급주택이 아닌 용도로 사용하기 위하여 용도변경공사에 착공하는 경우'라고 함은 단순히 건축물의 용도변경신고를 하거나 사업계획승인신청을 한 것만으로는 부족하고 구체적으로 용도변경공사에 착공한 것으로 볼 수 있을 만한 건축행위가 이루어진 시점을 의미함

- 지방세법 제107조와 제127조 제1항은 취득세 중과세대상이 되는 같은 법 제112조 제2항 제3호 소정의 '고급주택'에 대하여는 취득세(등록세) 비과세규정을 적용하지 아니한다고 규정하고, 지방세법 제112조 제2항 제3호는 주거용 건축물(고급주택)을 취득한 날부터 30일 이내에 주거용이 아닌 용도로 사용하거나 고급주택이 아닌 용도로 사용하기 위하여 용도변경공사에 착공하는 경우에는 고급주택으로 보지 아니한다고 규정하고 있는바, 여기서 '고급주택이 아닌 용도로 사용하기 위하여 용도변경공사에 착공하는 경우'라고 함은 단순히 건축물의 용도변경신고를 하거나 사업계획승인신청을 한 것만으로는 부족하고 구체적으로 용도변경공사에 착공한 것으로 볼 수 있을만한 건축행위가 이루어진 시점을 의미하는 것으로 보아야 한다.

26.8 불가피한 사유로 용도변경공사 착공이 지연되었을 경우 중과세를 배제할 수 있는지

【관련 판례】 대법 2006두1524, 2006. 4. 27. : 상고기각

- 지방세법 제13조

〈쟁점요지〉 불가피하게 용도변경공사 착공이 지연되는 사정이 있었을 경우 법문상 "건축물을 취득한 날"을 소유권 취득일이 아닌 사실상 지배확보일 등으로 해석할 수 있는지 여부

판결요지 ••• 고급주택을 취득 후 명도지연 등 불가피한 사유가 있어 용도변경공사 착공이 지연되었다고 하더라도 중과세를 배제할 수 없음

- 조세법률주의의 원칙상 과세요건이나 비과세요건 또는 조세감면요건을 막론하고 조세법규의 해석은 특별한 사정이 없는 한 법문대로 해석할 것이고 합리적 이유없이 확장해석하거나 유추해석하는 것은 허용되지 않는다 할 것이다(대법원 2004. 3. 12. 선고, 2002두5955 판결 참조). 구지방세법(2003. 12. 30. 법률 제7013호로 개정되기 전의 것, 이하 같다) 제112조 제2항 제3호는 취득세 중과세대상인 고급주택을 규정하면서, 단서에서 고급주택인 주거용 건축물을 취득한 날부터 30일 이내에 주거용이 아닌 용도로 사용하거나 고급주택이 아닌 용도로 사용하기 위하여 용도변경공사에 착수한 경우에 한하여 중과세대상에서 제외하고 있는바, 위 단서규정에서 말하는 "건축물을 취득한 날"이라 함은 소유권을 취득한 날을 의미하는 것으로 해석해야 할 것임이 위 법리상 명백하고, 원고에게 조세회피의 의도가 없었고 원고의 종국적 목적이 고급주택을 일반주택으로 용도 전용함으로써 국민생활의 균형있는 발전을 도모하자는 데 있으며 가능한 노력을 다하였음에도 불구하고 불가피하게 용도변경공사 착공이 지연되었다는 등의 사정이 있다 하여 "건축물을 취득한 날"을 건축물을 인도받은 날 또는 사실상 지배를 확보한 날 등으로 달리 해석할 수 없다 할 것이니, 이와 반대의 견지에서 원심판결을 논박하는 상고이유의 주장은 받아들일 수 없다.

관련 기타 판례

- 경매로 취득한 건물의 주차장이 주거공간으로 불법 개조되어 있는 사실을 확인하고 부동산 인도일부터 1개월이 지난 후 착공하여 주차장으로 원상복구한 경우에도 취득일로부터 30일이 지났다면 중과세 대상임(대법 2016두54725, 2017. 1. 18. 판결).

26.9 채권보전 목적으로 취득 · 매도한 경우 고급주택 중과세에 해당하는지

【관련 판례】 대법 2016두41958, 2016. 8. 26. 판결(심리불속행) : 기각

- 지방세법 제13조 제5항 제3호

〈쟁점요지〉 고급주택으로 사용 · 수익할 의사 없이 1년 이내에 매도하여 당초 채권보전 목적을 달성한 경우에도 취득세 중과세대상에 해당되는지 여부

판결요지 ••• 채권보전 목적이나 고급주택으로 사용 여부와는 별개로 취득 당시에 고급주택에 해당되면 취득세 중과세대상에 해당됨

- 지방세법 제13조 제5항 제3호 단서는 '주거용 건축물을 취득한 날부터 30일 이내에 주거용이 아닌 용도로 사용하거나 고급주택이 아닌 용도로 사용하기 위하여 용도변경공사를 착공하는 경우'에는 고급주택의 취득으로 인한 중과세율의 적용을 제외한다고 규정하고 있으므로 주거용이나 고급주택으로 사용할 의사가 없는 양수인으로서는 용도변경을 통해 중과세율의 적용을 피할 수 있다.
- 위와 같은 관련 법령의 취지 등에 비추어 보면, 납세의무자가 주거용으로 사용할 목적으로 취득하였는지 여부 및 현실적으로 고급주택으로 사용하였는지 여부는 고급주택의 취득에 대한 중과세율의 적용 여부에 영향을 주는 것은 아니므로 원고가 채권을 보전할 목적으로 이 사건 주택을 취득하여 이를 주거용으로 사용하지 아니한 채 매도하였다고 하더라도 취득 당시 이 사건 주택의 현황이 고급주택에 해당하는 이상 위 주택의 취득에는 지방세법 제13조 제5항 제3호에 따라 중과세율이 적용된다(수원지방법원 2015구합60458, 2015. 10. 8. 판결).

27. 별장 취득세 중과세(폐지)

별장 취득세 중과세 관련 판례

(2023. 3. 14. 개정을 통해 중과규정이 폐지됨에 따라 기존 판례의 주요내용만을 남김.)

1. 별장 여부는 그 취득목적이나 경위, 당해 건물이 휴양 등에 적합한 지역에 위치하는지 여부, 주거지와의 거리, 당해 건물의 본래의 용도와 휴양 등을 위한 시설의 구비 여부, 건물의 규모, 가액, 사치성 및 관리형태, 취득 후 소유자와 이용자와의 관계, 이용자의 범위와 이용목적과 형태, 상시 주거의 주택 소유 여부 등 구체적 사정을 종합적으로 고려하여 합리적으로 판단하여야 함(대법 93누21224, 1995. 4. 28. 판결).
2. 건물부분의 소유는 회사이고 부속토지 부분의 소유는 개인인 경우에도 건물 및 부속토지의 구분소유와 관계없이 별장으로 사용시에는 중과할 수 있음(대법 2012두11676, 2012. 9. 13. 판결).
3. 형식상 콘도미니엄이라 할지라도 실질에 있어 별장에 해당되는 경우 중과대상에 해당함(대법 2013두21465, 2014. 2. 14. 판결, 대법 2014두13058, 2015. 1. 15. 판결, 대법 2016두38365, 2016. 8. 19. 판결, 대법 2014두12529, 2015. 3. 12. 판결 등).
4. 전입신고도 되지 아니한 휴양콘도미니엄이라도 고속도로를 이용한 출퇴근 기록 등 상시 거주용으로 확인되는 경우 별장으로 볼 수 없음(대법 2016두64616, 2017. 3. 30. 판결).
5. 건물을 임대하고 있어 업무용에 사용하고 있는 경우라 할지라도 영업사실 등 임대계약 사실의 진정성이 의심되는 임대계약서 및 임대차 경위서 등 서류만으로는 별장이 아닌 업무시설로 보기 어려움(대법 2014두42162, 2015. 1. 15. 판결).
6. 법인이 별장을 취득한 후 매각을 위해 이를 제공하고 단지 일시적으로 직원이 사용한 경우, 임직원들의 휴양 목적이 아닌 매각을 목적으로 별장을 제공하였다면 중과대상 별장으로 보아 중과세할 수 없음(대법 2018두64528, 2019. 3. 14. 판결).

28. 골프장 취득세 중과세

28.1 골프장 토지에 식재된 임목의 구입 및 식재비용을 골프장용 토지의 취득비용에 포함되는지

【관련 판례】 대법 1997누2245, 1999. 9. 3. : 파기환송

- 지방세법 제13조

> **지방세법 제13조(과밀억제권역 안 취득 등 중과)**
>
> 2. 골프장: 「체육시설의 설치ㆍ이용에 관한 법률」에 따른 회원제 골프장용 부동산 중 구분등록의 대상이 되는 토지와 건축물 및 그 토지 상(上)의 입목

〈쟁점요지〉 골프장 조성을 위하여 골프장 토지에 식재된 임목이 입목에관한법률 제2조 소정의 입목에 해당하는 경우, 그 구입 및 식재비용이 취득세 중과대상인 골프장용 토지의 취득비용에 포함되는지 여부

판결요지 입목에 해당하지 아니하는 경우에는 토지에 포함하여 중과세 할 수 있으나, 골프장 준공 이후에 투입된 개별입목비의 경우 지목변경에 따른 간주취득세 과표에 포함되지 아니함

- 구 지방세법 제112조 제2항은 대통령령이 정하는 골프장의 취득을 취득세 중과의 대상으로 정하고 있고, 그 위임을 받은 같은법 시행령 제84조의3 제1항 제1호의2는 골프장은 "회원제골프장용 부동산으로서 체육시설의설치ㆍ이용에관한법률시행령 제4조 제2항의 규정에 의한 등록대상이 되는 모든 토지와 건축물"을 말한다고 규정하고 있다. 따라서 골프장 조성에 따른 토지의 지목변경에 의한 간주취득의 경우에 있어서 골프장 조성에 들인 비용은 당연히 취득세의 과세표준이 되고 골프장용 토지의 취득을 위한 것으로서 중과세율이

적용되어야 한다(대법원 1990. 7. 13. 선고 89누5638 판결, 1998. 6. 26. 선고 96누12634 판결 등 참조). 그러므로 골프장조성을 위하여 임목을 식재하였다고 하더라도 원래 미등기의 수목 또는 임목은 토지의 구성 부분이 되어 토지의 일부분이 됨에 그치는 것이므로(대법원 1976. 11. 24.자 76마275 결정 참조), 비록 그 수목 또는 임목이 지방세법상 별도의 취득세 과세대상 물건에 해당한다 하더라도, 그 구입 및 식재비용은 원칙적으로 토지의 지목변경으로 인한 가액증가에 소요된 비용으로서 지목변경에 의한 간주취득의 과세표준에 포함되고, 이 또한 골프장용 토지의 취득을 위한 것이므로 중과세율이 적용되어야 할 것이다(대법원 1998. 6. 26. 선고 96누12634 판결 참조). 그러나 골프장의 조성을 위하여 골프장용 토지에 식재된 임목이 입목에관한법률 제2조에 의하여 등기된 수목의 집단으로서 '입목'에 해당하는 경우에는 지방세법상 별개의 취득세 과세대상물건에 해당할 뿐만 아니라 토지의 구성 부분을 이루지 아니하여 사법상 별개의 물건으로 취급되고, 그 가액 또한 토지에 대한 유익비가 될 수 없으므로 그 입목의 가액을 토지의 지목변경으로 인한 가액증가에 소요된 비용으로 볼 수 없어, 이를 구 지방세법 시행령 제84조의3 제1항 제1호의2 소정의 취득세 중과대상인 골프장용 '토지'의 취득을 위한 것이라고 하여 중과세율을 적용함은 조세법의 해석, 적용에 요구되는 엄격해석의 원칙에 합치하지 아니한 확대해석으로 허용될 수 없다 할 것이다.

28.2 골프장 지목변경 간주취득세 과세표준의 범위 및 골프장 내에 위치한 자연상태의 조경지가 취득세 중과대상인지

【관련 판례】 대법 1999두9199, 2001. 7. 27. : 상고기각

- 지방세법 제13조

〈쟁점요지〉 골프장 조성에 따른 토지의 지목변경에 의한 간주취득의 과세표준의 범위 및 골프장에 식재된 입목에 대하여 이른바 명인방법을 취하지 않은 경우 그 입목의 구입 및 식재비용은 골프장 조성에 따른 간주취득 대상에 해당하는지 및 골프장 내에 위치한 자연상태의 조경지가 취득세 중과대상에 해당하기 위한 요건

판결요지 ••• 골프장 조성을 위해 투입한 토목공사는 물론 잔디 파종 및 식재비용, 임목의 이식비용 등이 모두 간주취득세 과표에 포함되고, 명인방법을 취하지 않은 입목은 지목변경 간주취득세 대상에 포함되며, 골프장의 운영 및 유지 · 관리에 활용되지 않는 임야는 중과대상 골프장용 토지에 해당되지 아니함

- 구 지방세법(1994. 12. 22. 법률 제4794호로 개정되기 전의 것) 제105조 제5항, 제112조 제2항, 제112조의2 제1항, 구 지방세법 시행령(1994. 12. 31. 대통령령 제14481호로 개정되기 전의 것) 제73조 제8항, 제82조, 제84조의3 제1항 제1호의2 각 규정에 의하면, 골프장 조성에 따른 토지의 지목변경에 의한 간주취득의 시기는 전 · 답 · 임야에 대한 산림훼손(임목의 벌채 등), 형질변경(절토, 성토, 벽공사 등), 농지전용 등의 공사뿐만 아니라 잔디의 파종 및 식재, 수목의 이식, 조경작업 등과 같은 골프장으로서의 효용에 공하는 모든 공사를 완료하여 골프장 조성공사가 준공됨으로써 체육용지로 지목변경이 되는 때이므로, 토목공사는 물론 잔디 파종 및 식재비용, 임목의 이식비용 등 골프장 조성에 들인 비용은 모두 토지의 지목변경으로 인한 가액증가에 소요된 비용으로서 지목변경에 의한 간주취득의 과세표준에 포함되고, 또한 중과세율이 적용되어야 한다.
- 골프장에 식재된 입목에 대하여 이른바 명인방법을 취한 것으로 볼 수 없다는 이유로 그 입목의 구입 및 식재비용은 골프장 조성에 따른 간주취득 대상에 해당한다.
- 구 지방세법 시행령(1994. 12. 31. 대통령령 제14481호로 개정되기 전의 것) 제84조의3 제1항 제1호의2 규정은 취득세 중과대상인 골프장에 관하여, 회원제 골프장용 부동산으로서 체육시설의설치 · 이용에관한법률시행령 제4조 제2항의 규정에 의한 등록대상이 되는 모든 토지와 건축물이라고 정의하고 있고, 구 체육시설의설치 · 이용에관한법률시행령(1994. 6. 17. 대통령령 제14284호로 전문 개정된 후 1996. 5. 28. 대통령령 제15003호로 개정되기 전의 것) 제20조 제4항 제4호 및 부칙 제11조에 의하면, 등록대상의 하나로 '골프장의 운영 및 유지 · 관리에 활용되고 있는 조경지(자연상태를 포함한다) 및 골프장의 유지 · 관리에 사용되는 토지'를 규정하고 있으므로, 골프장 내에 위치한 자연상태의 조경지가 여기서 말하는 등록대상으로서 취득세 중과대상에 해당한다고 하기 위하여는 골프장의 운영 및 유지 · 관리에 활용되고 있는 것이라야 한다. 기록에 비추어 살펴보면, 원심이 자연상태 그대로인 이 사건 잔여면적 중의 토지 283,396㎡에 관하여, 이는 골프장의 운영 및 유지 · 관리에 활용되고 있지 아니하므로, 취득세 중과대상에 해당하지 아니한다고 판단한 것은 수긍할 수 있고, 거기에 취득세 중과대상인 조경지에 관한 법리오해 등의 위법이 있다고 할 수 없다.

28.3 골프장 내 토지의 부합물인 구축물 · 코스부분이 토지 취득세 과세대상에 포함되는지

【관련 판례】 대법 2017두50348, 2017. 10. 26. 판결 : 상고기각

- 지방세법 제6조 및 제10조

〈쟁점요지〉 골프장 취득 시 토지의 부합물에 해당하는 주차장, 카트도로 등 구축물계정으로 분류된 토지부분과 코스계정으로 분류된 골프장 코스로 조성된 토지부분이 취득세 과세대상에 해당되는지 여부

판결요지 ••• 토지와 구별되는 별개의 매매목적물로 계약하고 금액을 안분하였다고 하더라도 법인장부에 기재된 구축물 · 코스의 취득가격은 토지에 부합된 것이므로 토지분 취득세 과표에 포함하는 것이 타당함

- 이 사건 구축물과 이 사건 코스가 이 사건 토지에 부합되었다 하더라도 그 가치를 개별적으로 평가하는 것이 가능하고, 원고는 ◈◈시멘트와 이 사건 구축물과 이 사건 코스를 이 사건 토지와는 구별되는 별개의 매매목적물로 보아 이 사건 계약을 체결하였고 자산실사를 통하여 각 매매목적물에 대한 매매대금을 안분하기로 약정하였다. 원고 또한 이 사건 구축물 중 생활용수배관설비 등 23개의 취득가격은 이 사건 토지의 취득가격에 포함되어 있지 아니함을 전제로 이 사건 토지의 취득가격을 ○○원으로 신고하였다.
- 이와 달리 이 사건 구축물 · 코스 등의 취득가격이 이 사건 토지의 취득가격에 이미 반영되어 있다고 보면, 원고가 ◈◈시멘트에 영업권 명목으로 지급하는 돈이 지나치게 많아질 뿐만 아니라 이 사건 합의서에서 영업권의 취득대가를 333,557,565원으로 정한 것과도 어긋나게 된다. 따라서 피고가 원고의 법인장부에 기재된 이 사건 구축물 · 코스의 취득가격을 과세표준에 포함하여 취득세 및 등록세 등을 과세한 것은 적법하므로, 결국 원고의 위 주장은 이유 없다(대전고등법원 2017. 5. 31. 선고 (청주)2017누2685 판결).

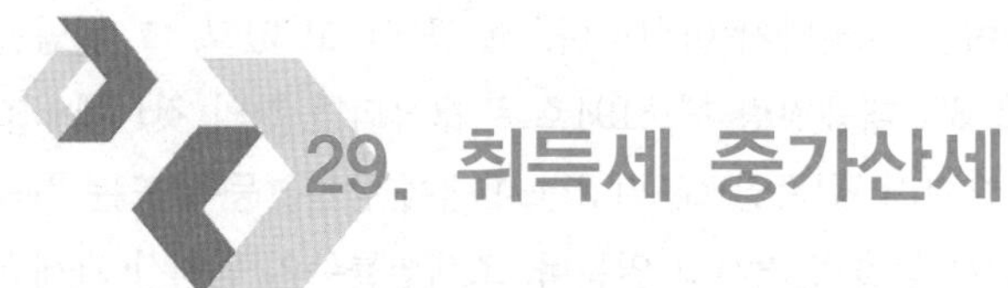

29. 취득세 중가산세

29.1 농지취득자격이 없어 소유권이전등기를 마치지 못한 상태에서 토지를 매각한 경우에도 미등기 전매 중가산세가 적용되는지

【관련 판례】 대법 2004두6136, 2005. 10. 13. : 상고기각

- 지방세법 제21조

> **지방세법 제21조(부족세액의 추징 및 가산세)**
>
> ② 납세의무자가 취득세 과세물건을 사실상 취득한 후 제20조에 따른 신고를 하지 아니하고 매각하는 경우에는 제1항 및 「지방세기본법」 제53조, 제55조에도 불구하고 산출세액에 100분의 80을 가산한 금액을 세액으로 하여 보통징수의 방법으로 징수한다. 다만, 등기·등록이 필요하지 아니한 과세물건 등 대통령령으로 정하는 과세물건에 대하여는 그러하지 아니하다.

〈쟁점요지〉 건설회사가 농지가 대부분인 토지를 공동으로 매수한 후 농지취득자격이 없어 소유권이전등기를 마치지 않고 있다가 2년 이내에 그 취득의 등기를 하지 아니하고 매각한 경우 중가산세가 적용되는지 여부

판결요지 ••• 법인이 택지개발예정지구 내에서 농지취득자격이 없어 부득이 부동산을 취득 후 본인 명의로 소유권이전등기를 하지 못한 상태에서 이에 대한 취득신고를 하지 아니하고 매각한 경우라도 미등기 전매에 따른 80% 가산세 대상임

- 구 지방세법 제121조 제2항은 "취득세납세의무자가 취득세과세물건을 사실상 취득한 후 그 취득일로부터 2년 내에 제120조의 규정에 의한 신고납부를 하지 아니하고 매각하는 경우에는 제1항의 규정에 불구하고 제111조 및 제112조 제1항의 규정에 의한 산출세액에 100분의 80을 가산한 금액을 세액으로 하여 보통징수의 방법에 의하여 징수한다. 다만 대

통령령이 정하는 과세물건에 대하여는 그러하지 아니하다."고 규정하고 있고, 그 위임을 받아 구 지방세법 시행령(2003. 12. 30. 대통령령 제18194호로 개정되기 전의 것) 제86조의2는 중가산세에서 제외되는 재산으로서 '취득일로부터 2년 이내에 등기·등록 또는 취득신고를 한 후 매각한 과세물건'(제1호) 등을 열거하고 있는바, 조세법률주의 원칙상 과세요건이거나 비과세요건 또는 조세감면요건을 막론하고 조세법규의 해석은 특별한 사정이 없는 한 법문대로 해석할 것이고 합리적 이유 없이 확장해석하거나 유추해석하는 것은 허용되지 않는다(대법원 1994. 2. 22. 선고 92누18603 판결, 2004. 5. 27. 선고 2002두6781 판결등 참조).

- 그런데 위 지방세법 규정의 입법 목적에 비추어 그 미등기 전매에 조세회피목적이나 전매이익 취득 등 투기목적이 없을 뿐만 아니라 취득자에게 책임을 물을 수 없는 부득이한 사정으로 인하여 그 자산의 취득에 관한 등기를 할 수 없었던 경우에는 위 규정에 의한 가산세의 중과 대상에서 제외된다고 하더라도, 원심이 적법하게 채택한 증거 및 기록에 의하면, 원고와 우연산업이 이 사건 토지를 취득한 날로부터 2년 이내에 그 취득의 등기를 하지 아니하고 매각한 것은 원고 등이 건설업을 영위하는 법인으로서 농지취득자격이 없어서 그 대부분이 농지인 이 사건 토지에 관한 소유권이전등기를 마칠 수 없었기 때문이라는 것인데, 원고 등은 처음부터 위와 같은 사정을 알고서 이 사건 토지를 취득하였고, 위와 같은 사정만으로는 원고 등이 이 사건 토지를 그 취득일로부터 2년 이내에 취득신고를 하지 아니하고 매각한 데에 부득이한 사정이 있는 경우라 할 수도 없으므로 위 시행령 각 호의 경우에 준하여 중가산세에서 제외되는 재산에 해당한다고 보기는 어렵다.

Part 4

지방세법(재산세)

1. 재산세 납세의무자
2. 재산세 부과처분의 당연무효 여부
3. 토지분 재산세 과세대상(별도합산)
4. 토지분 재산세 과세대상 구분(분리과세)
5. 재산세 비과세
6. 고급오락장 재산세 중과세
7. 회원제골프장 재산세 중과세
8. 재산세 과세표준 적용
9. 재산세 세부담 상한 적용
10. 도시지역분 재산세

1. 재산세 납세의무자

1.1 재산세 납세의무자인 '사실상의 소유자'의 의미는 무엇인지

【관련 판례】 대법 2005두15045, 2006. 3. 23. : 파기환송

- 지방세법 제107조

지방세법 제107조(납세의무자)

① 재산세 과세기준일 현재 재산을 사실상 소유하고 있는 자는 재산세를 납부할 의무가 있다. 다만, 다음 각 호의 어느 하나에 해당하는 경우에는 해당 각 호의 자를 납세의무자로 본다.

1. 공유재산인 경우: 그 지분에 해당하는 부분(지분의 표시가 없는 경우에는 지분이 균등한 것으로 본다)에 대해서는 그 지분권자
2. 주택의 건물과 부속토지의 소유자가 다를 경우: 그 주택에 대한 산출세액을 제4조 제1항 및 제2항에 따른 건축물과 그 부속토지의 시가표준액 비율로 안분계산(按分計算)한 부분에 대해서는 그 소유자

〈쟁점요지〉 토지 매수인이 매도인과 사이에 지상 건물을 매도인이 철거하기로 약정한 후, 그 철거의무이행의 담보를 위하여 매수인 앞으로 건물에 대한 무상양여계약을 체결하고 소유권이전청구권 보전을 위한 가등기를 마친 경우 매수인을 위 건물의 '사실상의 소유자'로 볼 수 있는지 여부

판결요지 ••• 재산세 납세의무자인 '사실상 소유자'라 함은 공부상 소유자로 등재한 여부를 불문하고 당해 재산에 대한 실질적인 소유권을 가진 자를 말함

- 구 지방세법(2002. 12. 30. 법률 제6852호로 개정되어 2003. 7. 1.부터 시행되기 전의 것, 이하 '구 지방세법'이라 한다) 제182조 제1항은 재산세 과세기준일 현재 재산세과세대장에 재산의 소유자로 등재되어 있는 자를 재산세 납세의무자로 하되, 다만 권리의 양도·도시계획사업의 시행 또는 기타 사유로 인하여 재산세과세대장에 등재된 자의 권리에 변

동이 생겼거나 재산세과세대장에 등재가 되지 아니하였을 때에는 사실상 소유자를 재산세 납세의무자로 하도록 규정하고 있고, 구 지방세법 제235조의2 제2호, 제239조 제1항, 제260조의2에 의하면, 도시계획세, 공동시설세, 지방교육세는 모두 재산세 납세의무자를 각 해당세의 납세의무자로 정하고 있는바, 지방세법 제182조 제1항 소정의 '사실상 소유자'라 함은 공부상 소유자로 등재된 여부를 불문하고 당해 재산에 대한 실질적인 소유권을 가진 자를 말한다고 보아야 할 것이다.

- 그런데 원심이 적법하게 인정한 바와 같이 원고가 부산조선공업으로부터 이 사건 토지를 매수하면서 부산조선공업과 사이에 그 지상의 이 사건 건물을 부산조선공업이 철거하기로 약정하였다고 하더라도, 원고가 부산조선공업과 사이에 이 사건 건물에 관하여 무상양여계약을 체결하는 한편, 소유권이전청구권 보전을 위한 가등기까지 경료하였다면, 이 사건 재산세 과세기준일 현재 철거되지 아니한 이 사건 건물에 대한 사용·수익·처분권은 원고에게 있다고 보아야 하고, 따라서 원고는 이 사건 건물에 대한 '사실상의 소유자'라고 봄이 상당하며, 위 무상양여계약이나 가등기가 그 철거의무이행의 담보를 위한 것이라고 하여 달리 볼 것은 아니다.

관련 기타 판례

- 건물 외벽에 철거공사를 위한 그물망이 둘러 있고 일부 유리창, 타일, 대리석 등의 외장재가 파손되었으나 건물의 기둥, 지붕, 콘크리트 외벽과 내력벽 등이 철거되지 않은 등, 건물형태와 기능을 갖추고 있고 교환가치가 있다면 철거 중이라고 하더라도 재산세 과세대상 건축물에 해당함(대법 2022두32078, 2022. 3. 22. 판결).

1.2 주택의 부속토지만 증여한 이후 계속해서 해당 주택에 거주하고 있는 자를 주택의 건축물 부분의 사실상 소유자로 보아 재산세를 과세할 수 있는지

【관련 판례】 대법 2020두41245, 2020. 9. 24. 판결(심리불속행) : 항소기각

- 지방세법 제107조

〈쟁점요지〉 원고가 주택의 부속토지를 부인에게 증여한 이후 부인이 이를 매도하면서 매매계약서에 부속토지만을 매도하였으며, 매도 이후에도 해당 주택에 원고가 계속 거주하고 있는 경우 원고를 사실상의 소유자로 보아 재산세를 과세한 것이 타당한지 여부

판결요지 ••• 매매계약서상 건축물 부분은 포함되지 않는 이상, 해당 주택분에 대한 재산세는 당초 소유자이면서 사용자인 원고를 사실상의 소유자로 보아 과세하는 것이 타당함

- 이 사건 토지는 원고가 1997. 11. 11. 원고의 처에게 증여한 후 ○○○가 2009. 1. 12. 처로부터 매수한 것으로 당초 원고의 소유였고, 원고는 이 사건 토지상의 이 사건 주택에 거주하여 온 것으로 보이는 점, ② ○○○는 2009. 2. 3. 피고에게 이 사건 토지에 관한 취득세 및 등록세 신고를 하면서 이 사건 토지 외 4필지의 부동산에 관한 부동산매매계약서를 첨부하여 제출하였는데, 위 취득세 및 등록세 신고서와 부동산매매계약서에는 이 사건 주택이 포함되어 있지 않았던 점 등을 종합하여 보면, ○○○가 아닌 원고가 이 사건 주택을 '사실상 소유하고 있는 자'에 해당한다고 봄이 상당하다. … ○○○에게 이 사건 주택을 제외한 이 사건 토지에 관한 재산세만을 부과한 사실을 인정할 수 있으므로 이중과세에도 해당하지 않는다(전주지법 2019구합1590, 2019. 10. 30. 판결).

1.3 국가명의로 되어 있던 토지가 원인무효로 말소된 경우 판결 이전 과세기간의 재산세를 승소자에게 과세할 수 있는지

【관련 판례】 대법 2010두4964, 2012. 12. 13. : 상고기각

- 지방세법 제107조

〈쟁점요지〉 판결이 확정되어 토지의 진정한 소유자임이 밝혀졌으나 과세기준일 당시에 소유자로서의 권능을 실제로 행사하지 못하였음에도 재산세 납세의무가 성립하는지 여부

판결요지 국가를 상대로 제기한 소유권보존등기 말소등기청구소송에서 진정한 소유자임이 밝혀져 승소 확정판결을 받은 경우, 승소자는 그 과세기준일 당시 해당 토지에 대한 소유자로서의 권능을 실제로 행사하였는지 여부와 관계없이 판결 확정 전의 과세기간에 대하여도 재산세 납세의무자가 됨

- 구 지방세법(2005. 1. 5. 법률 제7332호로 개정되기 전의 것, 이하 '종전 지방세법'이라 한다) 제234조의9 제1항 및 구 지방세법(2010. 3. 31. 법률 제10221호로 전부 개정되기 전의 것, 이하 '구 지방세법'이라 한다) 제183조 제1항은 과세기준일 현재 토지나 재산을 사실상 소유하고 있는 자를 종합토지세 또는 재산세의 납세의무자로 규정하고 있다. 종합토지세와 재산세의 입법 목적과 성격 등에 비추어 보면, 위 각 규정에서 '토지나 재산을 사실상 소유하고 있는 자'라 함은 공부상 소유자로 등재된 여부를 불문하고 당해 토지나 재산에 대한 실질적인 소유권을 가진 자를 말한다고 보아야 할 것이다(대법원 1996. 4. 18. 선고 93누1022 전원합의체 판결, 대법원 2006. 3. 23. 선고 2005두15045 판결 등 참조).
- 사실관계를 앞서 본 법리에 비추어 살펴보면, 이 사건 토지에 관하여 대한민국 명의로 원인무효인 소유권보존등기가 경료된 상태에서 대한민국이 위 토지를 사실상 사용・수익하여 왔더라도, 원고가 대한민국을 상대로 제기한 소유권보존등기 말소등기청구소송에서 원고가 진정한 소유자임이 밝혀져 승소 확정판결을 받은 이상 원고는 그 과세기준일 당시 이 사건 토지에 대하여 소유자로서의 권능을 실제로 행사하였는지 여부와 관계없이 위 판결 확정 전의 과세기간에 대하여도 사용・수익・처분권능을 행사할 수 있는 지위에 있는 자로서 특별한 사정이 없는 한 사실상 소유자에 해당한다고 할 것이므로 이 사건 토지에 대한 종합토지세 또는 재산세의 납세의무자라고 할 것이다.

1.4 위탁자가 수익자에게 신탁재산의 권리를 전부 이전한 경우 수익자를 재산세 납세의무자로 볼 수 있는지

【관련 판례】 대법 2010두26223, 2012. 5. 10. 판결 : 파기환송

- 지방세법 제107조 제2항 제5호

지방세법 제107조(납세의무자)

② 제1항에도 불구하고 재산세 과세기준일 현재 다음 각 호의 어느 하나에 해당하는 자는 재산세를 납부할 의무가 있다.

5. 「신탁법」 제2조에 따른 수탁자(이하 이 장에서 "수탁자"라 한다)의 명의로 등기 또는 등록된 신탁재산의 경우에는 제1항에도 불구하고 같은 조에 따른 위탁자(후략). 이 경우 위탁자가 신탁재산을 소유한 것으로 본다.

〈쟁점요지〉 신탁계약서상 신탁재산에 대한 실질적 관리처분권 및 그로부터 생기는 수익 모두를 위탁자에서 수익자에게 귀속시킨 경우, 그에 대한 재산세 납세의무자를 위탁자에서 수익자로 변경할 수 있는지 여부

판결요지 ••• 지방세법에서 별도의 규정을 두고 있는 경우에는 실질에 관계없이 법 규정에 따라 위탁자를 재산세 납세의무자로 보아야 함

- 조세법률주의의 원칙상 조세법규는 특별한 사정이 없는 한 법문대로 해석할 것이고 합리적 이유 없이 확장해석이나 유추해석을 하는 것은 허용되지 않는다. 구 지방세법(2005. 1. 5. 법률 제7332호로 개정된 후 2010. 3. 31. 법률 제10221호로 전부 개정되기 전의 것, 이하 '지방세법')은 제183조 제1항에서 '재산세 과세기준일 현재 재산을 사실상 소유하고 있는 자는 재산세를 납부할 의무가 있다'고 하면서도, 같은 조 제2항에서 '제1항의 규정에 불구하고 재산세 과세기준일 현재 다음 각 호의 1에 해당하는 자는 재산세를 납부할 의무가 있다'고 규정하면서 제5호로 '신탁법에 의하여 수탁자 명의로 등기·등록된 신탁재산의 경우에는 위탁자'를 들고 있다. 원래 부동산을 신탁하여 수탁자 앞으로 소유권이전등기를 마치게 되면 그 소유권은 대내외적으로 수탁자에게 완전히 이전되고, 위탁자와의 내부관계에서조차 위탁자에게 유보되어 있는 것이 아니다.
- 그럼에도 지방세법이 위와 같이 신탁법에 의하여 수탁자 명의로 등기된 신탁재산에 대하여는 위탁자에게 재산세 납부의무가 있다고 명확하게 규정하고 있는 이상, 설사 신탁계약

상 신탁재산에 대한 실질적 관리처분권 및 그로부터 생기는 수익이 모두 수익자에 귀속되는 것으로 되어 있다고 하더라도 그에 대한 재산세 납부의무가 위 법문과 달리 위탁자가 아닌 수익자에게 있다고 할 수는 없다.

1.5 지역주택조합으로 신탁등기가 되지 않은 신탁재산에 대하여 조합원별로 합산하여 토지분 재산세를 과세할 수 있는지

【관련 판례】 대법 2016두50846, 2019. 10. 31. 판결 : 항고기각

- 지방세법 제107조

〈쟁점요지〉 지역주택조합원으로부터 받은 금전으로 업무대행사가 토지를 취득하여 신탁회사에 신탁하고 있는 경우, 사실상의 수탁자인 주택조합(설립전)에게 신탁한 재산으로 보아 사실상의 위탁자인 조합원 별로 합산하여 토지분 재산세를 과세할 수 있는지 여부

※ 지역주택조합의 신탁재산이 조합명의로 신탁등기되어 있지 않고 위탁자는 매도인, 수탁자는 신탁회사로 등기되어 있는 사안임

판결요지 ••• 재산세 과세기준일 현재 조합명의로 신탁등기가 이루어지지 아니한 경우에는 수탁자(조합)의 신탁재산으로 볼 수 없으므로 위탁자별로 합산하여 과세할 수 없음

- 신탁법에 따른 신탁은 위탁자가 수탁자에게 특정의 재산을 이전하거나 그 밖의 처분을 하여 수탁자로 하여금 신탁 목적을 위하여 그 재산을 관리·처분하게 하는 것이다(신탁법 제2조). 부동산의 신탁에서 수탁자 앞으로 소유권이전등기를 마치기 전에는 해당 부동산 자체가 수탁자의 신탁재산으로 편입되지 않는다. 기록에 따르면, 과세기준일인 2013. 6. 1. 현재 이 사건 각 토지에 관하여 원고 앞으로 소유권이전등기를 마친 적이 없으므로, 이 사건 각 토지는 원고와 조합원들 사이에서 신탁법상 신탁재산으로 편입되지 않았다.
- 한편 상고이유에서 들고 있는 대법원 2014. 11. 27. 선고 2012두26852 판결은, 과세기준일 당시 해당 부동산에 관하여 수탁자인 지역주택조합 명의로 소유권이전등기를 마친 경우로서 해당 부동산이 신탁법상 신탁재산으로 편입된 사안이므로, 이 사건에 원용하기에 적절하지 않다.

참조 판례(대법원 2014. 11. 27. 선고 2012두26852 판결)

- 신탁법상 신탁계약이 이루어져 수탁자 앞으로 부동산의 소유권이전등기가 마쳐지면 대내외적으로 소유권이 수탁자에게 완전히 이전되어 수탁자는 신탁의 목적에 따라 신탁재산인 부동산을 관리·처분할 수 있는 권능을 갖게 되고 수탁자는 신탁의 목적 범위 내에서 신탁재산을 관리·처분하여야 하는 신탁계약상의 의무만을 부담하며 위탁자와의 내부관계에 있어서 부동산의 소유권이 위탁자에게 유보되어 있는 것이 아니므로, 신탁법에 따른 신탁등기가 마쳐지지 아니한 경우 신탁재산인 부동산에 관한 사실상의 소유자는 수탁자로 보아야 한다.
- 위탁자별로 구분된 신탁법상 신탁재산인 토지나 주택의 종합부동산세 과세표준은 수탁자가 보유한 모든 토지나 주택의 재산세 과세표준을 합산할 것이 아니라, 위탁자별로 구분하여 그 신탁재산의 재산세 과세표준을 합산한 금액에서 각각 일정한 과세기준금액을 공제하는 방법으로 산정하여야 한다고 봄이 타당하므로, 종합부동산세의 납세의무자인 수탁자는 위탁자별로 산정한 각각의 종합부동산세액과 자신의 고유재산에 관하여 산정한 종합부동산세액을 합산한 금액을 납부할 의무가 있다고 보아야 한다.

1.6 토지구획정리사업시행자가 체비지를 지정하여 제3자에게 처분하는 경우 재산세 납세의무자를 누구로 보아야 하는지

【관련 판례】 대법 2002두6361, 2003. 11. 28. : 상고기각

- 지방세법 제107조

지방세법 제107조(납세의무자)

② 제1항에도 불구하고 재산세 과세기준일 현재 다음 각 호의 어느 하나에 해당하는 자는 재산세를 납부할 의무가 있다.

6. 「도시개발법」에 따라 시행하는 환지(換地) 방식에 의한 도시개발사업 및 「도시 및 주거환경정비법」에 따른 정비사업(재개발사업만 해당한다)의 시행에 따른 환지계획에서 일정한 토지를 환지로 정하지 아니하고 체비지 또는 보류지로 정한 경우에는 사업시행자

〈쟁점요지〉 토지구획정리사업시행자가 체비지를 지정하여 제3자에게 처분하는 경우, 그 매수인이 사용수익권과 소유권을 취득하는 시기

판결요지 ••• 토지구획정리사업시행자가 환지처분 전에 체비지 지정을 하여 이를 제3자에게 처분하는 경우 그 매수인이 토지의 인도 또는 체비지대장에의 등재 중 어느 하나의 요건을 갖추었다면, 체비지 대장상의 소유자가 재산세 납세의무자가 됨

- 지방세법 제234조의9 제1항은, 종합토지세 과세기준일 현재 제234조의8의 규정에 의한 토지를 사실상으로 소유하고 있는 자는 종합토지세를 납부할 의무가 있다고 규정하고 있는바, 종합토지세는 과다한 토지 보유를 억제하여 지가 안정과 토지 소유의 저변 확대를 도모하기 위하여 도입된 정책세제로서, 수익세적 재산세라 할 것이므로, 이와 같은 종합토지세의 입법 목적 및 성격 등에 비추어 볼 때, 여기에서 '토지를 사실상으로 소유하고 있는 자'라 함은 공부상 소유자로 등재된 여부를 불문하고 당해 토지에 대한 실질적인 소유권을 가진 자를 말한다고 보아야 할 것이다(대법원 1996. 4. 18. 선고 93누1022 전원합의체 판결 참조). 그리고 토지구획정리사업시행자가 환지처분 전에 체비지 지정을 하여 이를 제3자에게 처분하는 경우 그 매수인이 토지의 인도 또는 체비지대장에의 등재 중 어느 하나의 요건을 갖추었다면 매수인은 당해 토지에 관하여 물권유사의 사용수익권을 취득하여 당해 체비지를 배타적으로 사용·수익할 수 있음은 물론이고 다시 이를 제3자에게 처분할 수도 있는 권능을 가지며, 그 후 환지처분공고가 있으면 그 익일에 최종적으로 체비지를 점유하거나 체비지대장에 등재된 자가 그 소유권을 원시적으로 취득하게 되는 것이다(대법원 1996. 2. 23. 선고 94다31280 판결, 1998. 10. 23. 선고 98다36207 판결 등 참조).

1.7 도시개발지구 내 토지에 대하여 환지예정지를 기준으로 재산세를 부과하는 것이 타당한지

【관련 판례】 대법 2020두33053, 2020. 5. 14. 판결(심리불속행) : 항소기각

- 지방세법 제107조

〈쟁점요지〉 도시개발사업지구 내 토지에 대하여 환지예정지를 기준으로 토지분 재산세를 과세하는 것이 타당한 것인지 여부

판결요지 ••• 환지예정지가 지정되면 종전 토지에 대한 권리가 사라지고 환지예정지에 대한 권리가 발생되므로, 환지예정지를 사실상 소유한 것으로 보아 재산세를 과세하는 것이 타당함

- 도시개발법 제36조 제1항은 "환지예정지가 지정되면 종전 토지의 소유자는 환지예정지

지정의 효력발생일로부터 환지처분이 공고되는 날까지 환지예정지에 대하여 종전과 같은 내용의 권리를 행사할 수 있으며 종전의 토지는 사용하거나 수익할 수 없다."고 규정하고 있고, 같은 조 제3항은 "환지예정지 지정의 효력이 발생한 경우 해당 환지예정지의 종전 소유자는 이를 사용하거나 수익할 수 없으며 제1항에 따른 권리의 행사를 방해할 수 없다."고 규정하고 있다. 또한, 환지예정지 지정의 효력이 발생한 후 종전 토지 소유자는 환지예정지를 처분할 수 있고, 환지예정지를 대상으로 하여 매매계약이 체결되는 경우 그 매매목적물은 장차 확정될 환지를 대상으로 한 것으로 보아야 한다(대법원 1990. 5. 25. 선고 89다카14998 판결 등 참조). 이러한 점에 비추어 보면, 종전토지의 소유자는 경제적 · 실질적인 관점에서 볼 때 환지예정지를 사실상 지배하는 자로서 재산세가 예정하고 있는 정도의 담세력을 가진다고 할 것이므로, 지방세법 제107조 제1항 본문 소정의 사실상 소유자에 해당한다고 할 것이다(대법원 2017. 3. 9. 선고 2016두56790 판결 참조). 환지예정지를 사용 · 수익함에 있어서 일정한 법적 또는 사실상의 제한이 존재한다거나, 또는 실제 사용 · 수익을 하지 아니하고 있다는 등의 사정이 있다 하더라도 달리 볼 것이 아니다. 또한 재산의 실질적인 소유자에 대하여 과세함으로써 공정한 과세 및 지방재정의 확충이라는 목적을 달성하기 위하여 적절한 수단으로서 과도하게 원고의 재산권을 침해하는 것으로도 볼 수 없다(인천지법 2019구합50100, 2019. 7. 14. 판결).

1.8 파산선고 후 재단채권에 부과된 재산세를 파산관재인이 아닌 체납자에게 부과한 것이 무효인지

【관련 판례】 대법 2019두43597, 2019. 9. 26. 판결(심리불속행) : 항고기각

- 지방세법 제107조

지방세법 제107조(납세의무자)

② 제1항에도 불구하고 재산세 과세기준일 현재 다음 각 호의 어느 하나에 해당하는 자는 재산세를 납부할 의무가 있다.

8. 「채무자 회생 및 파산에 관한 법률」에 따른 파산선고 이후 파산종결의 결정까지 파산재단에 속하는 재산의 경우 공부상 소유자

〈쟁점요지〉 파산선고 후에 납세의무가 발생한 재산세를 체납자에게 부과·징수한 것이 무효에 해당하는지 여부

판결요지 파산선고 후에 발생한 파산재단에 대한 재산세는 재단채권에 해당되어 파산관재인이 납세의무자가 되므로 체납자에게 과세한 것은 무효임

- 파산선고 전의 원인으로 인한 것이더라도 지방세징수법에 의하여 징수할 수 있는 청구권은 재단채권이 되므로(채무자회생법 제473조 제2호 본문) 피고가 원고의 파산선고(2014. 10. 27.) 전인 2014. 9. 1. 원고에게 부과·고지한 2014년도 정기분 재산세 등 채권은 재단채권이 된다. 또한 파산선고에 따라 원고가 파산선고 당시 가진 모든 재산은 파산재단에 속하게 되는데(채무자회생법 제382조 제1항), 2015년도 정기분 재산세 등은 파산재단에 속하는 이 사건 부동산에 관하여 발생한 것이므로 재단채권에 해당한다(채무자회생법 제473조 제2호 단서). 한편, 원고가 2016. 8. 19. 면책결정을 받았다고 하더라도 채무자회생법 제566조 제1호에 따라 조세에 대하여는 책임이 면제되지 아니한다.
- 2015년도 정기분 재산세 등은 파산재단에 속하는 이 사건 부동산에 관하여 발생한 것이므로 재단채권에 해당하고, 재단채권에 해당하는 조세채권의 납세의무자는 파산관재인이므로 위 재산세 등에 대한 부과·고지의 상대방은 파산관재인이어야 한다. 그런데도 피고는 2015. 9. 1.자 2015년도 정기분 재산세 등 65,370원의 부과처분을 파산관재인이 아닌 원고에게 하였는데, 이는 납세의무자가 아닌 자에게 한 과세처분으로 그 하자가 중대하고 명백하다고 봄이 타당하므로 위 처분은 무효로 보아야 한다.

1.9 채권자취소권으로 인해 일탈재산이 원상회복된 경우 회복 전 재산세 납세의무자를 누구로 보아야 하는지

【관련 판례】 대법 98두11458, 2000. 12. 8. : 상고기각

- 지방세법 제107조

민법 제406조(채권자취소권)

① 채무자가 채권자를 해함을 알고 재산권을 목적으로 한 법률행위를 한 때에는 채권자는 그 취소 및 원상회복을 법원에 청구할 수 있다. 그러나 그 행위로 인하여 이익을 받은 자나 전득한 자가 그 행위 또는 전득당시에 채권자를 해함을 알지 못한 경우에는 그러하지 아니하다.

〈쟁점요지〉 채권자가 채권자취소권을 행사하여 수익자와 전득자를 상대로 사해행위 취소와 일탈재산의 원상회복을 구하는 판결을 받아 그 등기 명의를 원상회복시킨 경우, 재산세 납세의무자인 사실상 소유자가 누구인지

판결요지 ••• 민법 제406조의 채권자취소권의 행사로 인한 사해행위의 취소와 일탈재산의 원상회복은 채권자와 수익자 또는 전득자에 대한 관계에 있어서만 그 효력이 발생할 뿐이고 채무자가 직접 권리를 취득하는 것이 아니므로, 원상회복을 구하는 판결로 인해 그 등기 명의를 원상회복시켰다고 하더라도 재산세 납세의무자인 사실상의 소유자는 수익자라고 할 것임

- 지방세법 제182조 제1항은 과세기준일 현재 재산세과세대장에 소유자로 등재되어 있는 자를 재산세 납세의무자로 하고, 다만 권리의 양도 기타 사유로 인하여 재산세과세대장에 등재된 자의 권리에 변동이 생겼거나 재산세과세대장에 등재되지 아니하였을 때에는 사실상 소유자를 납세의무자로 한다고 규정하고 있는바, 위 규정의 취지는 원칙적으로 재산세는 당해 재산의 과세대장에 소유자로 등재된 사람이 납세의무를 부담하는 것이지만 재산세과세대장에 소유자로 등재되어 있는 자로부터 재산을 매수하여 그 대금 전액을 지불한 경우와 같이 실질적인 소유권 변동이 있는 경우에는 재산세과세대장상의 소유자 명의에 불구하고 그 재산을 사실상 소유하는 사람에게 재산세 납세의무를 부담시킨다는 것이다(대법원 1994. 11. 11. 선고 93누22043 판결 참조). 한편, 민법 제406조의 채권자취소권의 행사로 인한 사해행위의 취소와 일탈재산의 원상회복은 채권자와 수익자 또는 전득자에 대한 관계에 있어서만 그 효력이 발생할 뿐이고 채무자가 직접 권리를 취득하는 것이 아니므로 채권자가 수익자와 전득자를 상대로 사해행위취소와 일탈재산의 원상회복을 구하는 판결을 받아 그 등기 명의를 원상회복시켰다고 하더라도 재산세 납세의무자인 사실상의 소유자는 수익자라고 할 것이다.

1.10 철도건설사업이 완공되어 공용이 개시된 후에 철도자산의 소유권의 귀속자를 누구로 보아 재산세를 과세해야 하는지

【관련 판례】 대법 2009두8045, 2011. 11. 10. : 파기환송

- 지방세법 제109조

지방세법 제109조(비과세)

① 국가, 지방자치단체, 지방자치단체조합, 외국정부 및 주한국제기구의 소유에 속하는 재산에 대하여는 재산세를 부과하지 아니한다.

〈쟁점요지〉 건축물대장이나 등기부에 사업자가 소유자로 등재되어 있더라도 공용이 개시되었다면 소유권을 국가에 귀속된 것으로 보아 비과세할 수 있는지 여부

판결요지 철도건설사업이 완공되거나 단위사업이 끝나 공용이 개시된 후에는 건축물대장이나 부동산등기부에 사업자가 소유자로 등재되어 있다 하더라도 그 소유권이 국가에 귀속되어 재산세 비과세대상임

- 구 지방세법(2010. 1. 1. 법률 제9924호로 개정되기 전의 것, 이하 같다)은 제239조 제1항에서 시·도는 소방시설 기타 공공시설에 필요한 비용에 충당하기 위하여 그 시설로 인하여 이익을 받는 자에 대하여 공동시설세를 부과할 수 있다고 규정하면서, 제241조에서 그 부과징수에 관한 사항은 특별시, 광역시 또는 도의 조례가 정하도록 위임하고 있고, 이에 따라 서울특별시세 조례 제63조 제1항, 인천광역시세 조례 제113조 제1항 및 경기도 도세 조례 제32조 제1항은 소방시설에 요하는 공동시설세는 과세기준일 현재 건축물 또는 선박을 소유하는 자에게 부과한다고 규정하고 있다. 그리고 구 지방세법 제183조 제1항은 과세기준일 현재 재산을 소유하는 자는 재산세를 납부할 의무가 있다고 규정하고, 제235조의2, 제260조의2는 과세기준일 현재 재산세 납세의무가 있는 자는 도시계획세, 지방교육세를 납부할 의무가 있다고 규정하고 있다.
- 한편 철도산업발전기본법 제23조 제5항 제1호 및 같은 법 시행령 제32조 제2항 제3호는 원고(철도산업발전기본법 및 한국철도시설공단법에 의하여 철도시설의 건설 및 관리 등을 목적으로 2003. 12. 31. 설립된 공법인이다)가 2004. 1. 1. 철도청이 건설 중인 철도자산에 관한 권리와 의무를 포괄하여 승계하되 당해 철도자산이 완공된 때에 그에 관한 권리와 의무가 다시 국가에 귀속된다고 규정하고 있고, 구 한국철도시설공단법(2009. 1. 30. 법

률 제9391호로 개정되기 전의 것) 제24조 제1항 본문 및 같은 법 시행령(2009. 7. 1. 대통령령 제21608호로 개정되기 전의 것) 제25조 제1항, 제3항은 원고가 철도건설법 등에 의하여 실시계획의 승인을 얻은 단위사업이 끝나 공용이 개시된 때에 국가는 원고가 그 사업과 관련하여 취득한 자산과 부채를 포괄하여 승계한다고 규정하고 있다.

- 위 각 규정의 내용을 종합하면, 원고가 2004. 1. 1. 국가(철도청)로부터 포괄승계받았거나 철도건설사업과 관련하여 직접 취득한 철도자산에 대한 공동시설세, 재산세, 도시계획세 및 지방교육세(이하 '공동시설세 등'이라 한다)의 납세의무는 당해 철도자산과 관련된 철도건설사업이 완공되거나 단위사업이 끝나 공용이 개시되기 전에는 원고가 이를 부담하지만, 그 후에는 그 소유권이 국가에 귀속되므로 원고가 이를 부담하지 않는다고 할 것이다.

1.11 건물의 일부 사용이 제한된 상태에 있는 경우 재산세 과세대상에서 제외되는지

【관련 판례】 대법 1999두110, 2001. 4. 24. : 상고기각

- 지방세법 제105조

지방세법 제105조(과세대상)

재산세는 토지, 건축물, 주택, 항공기 및 선박(이하 이 장에서 "재산"이라 한다)을 과세대상으로 한다.

〈쟁점요지〉 건물의 지하층의 일부가 부분 도괴되어 관할 관청이 건물붕괴의 우려가 있다는 이유로 대피명령, 경계구역 설정 및 사용금지명령을 하여 현재 건물의 사용 · 수익이 제한된 상태에 있는 경우 재산세 과세대상인지 여부

판결요지 재산세는 보유하는 재산에 담세력을 인정하여 부과되는 수익세적 성격을 지닌 보유세로서, 재산가액을 그 과세표준으로 하고 있어 그 본질은 재산소유 자체를 과세요건으로 하는 것이므로, 당해 재산이 훼손되거나 일부 멸실 혹은 붕괴되고 그 복구가 사회통념상 거의 불가능하게 된 정도에 이르러 재산적 가치를 전부 상실하게 된 때에는 재산세 과세대상이 되지 아니하나, 현실적으로 당해 재산을 그 본래의 용도에 따라 사용 · 수익하였는지 여부는 과세요건이 아니므로, 처분청의 건물붕괴의 우려에 따른 대피명령 등으로 건물의 사용 · 수익이 일시적으로 제한되었다고 하여 과세대상에서 제외되는 것은 아님

- 재산세는 보유하는 재산에 담세력을 인정하여 부과되는 수익세적 성격을 지닌 보유세로서, 재산가액을 그 과세표준으로 하고 있어 그 본질은 재산소유 자체를 과세요건으로 하는 것이므로, 당해 재산이 훼손되거나 일부 멸실 혹은 붕괴되고 그 복구가 사회통념상 거의 불가능하게 된 정도에 이르러 재산적 가치를 전부 상실하게 된 때에는 재산세 과세대상이 되지 아니하나(대법원 1995. 4. 11. 선고 94누9757 판결 참조), 재산세에 있어 현실적으로 당해 재산을 그 본래의 용도에 따라 사용・수익하였는지 여부는 그 과세요건이 아니라고 할 것이다(대법원 1984. 4. 10. 선고 83누682 판결 등 참조).
- 이 사건 건물이 노후되어 그 지하층의 기둥이 파손되면서 기둥 일부가 기울고 천장과 벽체의 곳곳에 균열이 발생하자 관할 관청인 피고가 철제빔으로 기둥을 보강하는 등 응급복구 조치를 취한 다음 건물붕괴의 우려가 있다는 이유로 거주자에 대한 대피명령과 함께 건물에 대한 정밀안전진단의 실시를 명하고, 이어 이 사건 건물을 경계구역으로 설정하여 정밀안전진단결과 안전하다고 판단될 때까지 사용금지를 명함으로써 현재 이 사건 건물은 그 사용・수익이 제한된 상태에 있으나 원고등 이 사건 건물의 소유자들이 아직 정밀안전진단을 실시하지 않고 있는 사실을 인정한 다음, 위와 같은 사정만으로는 이 사건 건물이 훼손되거나 일부 멸실 혹은 붕괴됨으로 인하여 재산적 가치를 전부 상실하였다고 볼 수 없고, 사용금지명령이 있은 이후에도 이 사건 건물 중 일부에 관하여 5차례에 걸쳐 매매가 이루어진 점에 비추어 이 사건 건물은 그 교환가치를 여전히 보유하고 있다고 보여지므로, 이 사건 건물은 여전히 재산세 과세대상인 건물에 해당한다.

1.12 제3자가 토지를 불법 점유한 경우 공부상 소유자의 재산세 납세의무가 소멸되는지

【관련 판례】 대법 2012두11843, 2012. 8. 30. 판결(심리불속행) : 상고기각

- 지방세법 제107조

〈쟁점요지〉 제3자가 토지를 불법점유하여 건축함으로써 토지를 사용할 수 없는 경우 당해 토지의 사실상 소유자를 불법 점유자로 보아 재산세를 부과할 수 있는지 여부

판결요지 ••• **점유와 상관없이 등기부상 소유자가 재산세 납세의무자임**

- 지방세법 제107조에 의하면 재산세의 납세의무는 점유와는 상관없이 사실상 소유자에게 있는 것인바, 을 제1호증의 기재 및 변론 전체의 취지를 종합하면 원고는 1988. 6. 8. 이

사건 토지에 관하여 그 명의로 소유권이전등기를 마치고 현재까지 이를 소유하여 온 사실을 인정할 수 있다. 따라서 원고가 주장하는 사정만으로는 ○○○ 등이 이 사건 토지의 사실상 소유자라고 할 수 없고, 피고가 원고의 재산권을 부당하게 침해하였다고 인정할 만한 증거도 없으므로, 이 사건 토지에 대한 재산세 납부의무자를 원고로 보아 피고가 한 이 사건 처분은 적법하다(춘천지법 2011구합1861, 2012. 2. 17. 판결).

관련 기타 판례

1. 지적공부상 경계를 침범하여 제3자가 토지를 무단점유하여 공부상 소유자가 해당 토지를 사용하지 못해 재산권이 침해되었을 경우, 재산세 납세의무는 점유와 관계없이 사실상의 소유자에게 부과하는 것이므로, 공부상 소유자에게 부과하는 것이 타당함(대법 2014두6944, 2014. 7. 24. 판결).
2. 준공검사 여부와 무관하게 주택으로 사실상 사용되고 있는 경우 재산세 과세대상이 되고, 전 건축주가 무단으로 사용을 허가하여 제3자가 점유하고 있는 관계로 명도소송이 진행되고 있어 소유자로서 실질적인 권리를 행사하고 있지 못한 경우에도 판결에 의하여 소유권이 확정된 이상 실제 건물을 사용하고 있는지 여부와 관계없이 재산세 납세의무를 부담함(대법 2014두7381, 2014. 8. 20. 판결).

1.13 국가 등으로부터 연부취득 중에 있는 재산에 대하여 잠정적으로 사용승낙을 받은 경우 매수자를 재산세 납세의무자로 볼 수 있는지

【관련 판례】 대법 2013두15675, 2014. 4. 24. 판결 : 상고기각

- 지방세법 제107조

지방세법 제107조(납세의무자)

② 제1항에도 불구하고 재산세 과세기준일 현재 다음 각 호의 어느 하나에 해당하는 자는 재산세를 납부할 의무가 있다.

4. 국가, 지방자치단체, 지방자치단체조합과 재산세 과세대상 재산을 연부(年賦)로 매매계약을 체결하고 그 재산의 사용권을 무상으로 받은 경우에는 그 매수계약자

〈쟁점요지〉 지자체로부터 연부취득 중에 있는 재산에 대한 무상 사용승낙을 받았으나 그것이 건축허가를 위한 잠정적인 사용승낙을 받은 것에 불과하고, 건축 착공 등과 같은 독자적으로 사용·수익할 수 있는 권리를 부여받지 못한 경우에도 매수계약자를 재산세 납세의무자로 볼 수 있는지

판결요지 독자적으로 사용·수익할 수 있는 권리를 부여받지 못한 경우에는 매수계약자를 재산세 납세의무자로 볼 수 없음

- 구 지방세법 제183조 제2항 제4호의 취지는, 재산세 비과세대상인 국가·지방자치단체·지방자치단체조합의 소유에 속하는 재산에 관하여 연부로 매매계약을 체결한 자가 매매대금을 완납하지 아니하여 아직 사용·수익·처분에 관한 실질적인 소유권을 취득하지 못하였다 하더라도, 연부매매계약의 특성과 재산세의 수익세적 성격 등에 비추어 당해 재산을 무상으로 사용·수익할 수 있는 권리를 부여받은 경우에는 사실상 소유자와 유사한 담세력이 있다고 보아 예외적으로 그를 재산세 납세의무자로 삼고자 하는 것이다. 따라서 국가·지방자치단체·지방자치단체조합으로부터 연부로 매수한 당해 재산을 이용·관리할 수 있는 승낙을 받았다고 하더라도, 그것이 당해 재산을 잠정적으로 보존·유지·관리한다거나 제한적인 목적에서 일시적으로 이용하도록 하는 승낙을 받은 것에 불과하고 당해 재산을 독자적으로 사용·수익할 수 있는 권리를 부여받은 것이 아닌 경우에는 그 매수계약자가 구 지방세법 제183조 제2항 제4호에 따라 재산세 납세의무를 진다고 할 수 없다.

관련 기타 판례

- 법원경매로 취득 후 등기한 건물의 전유부분이 실제 차량통행로 등으로 사용되어 구조·이용상 독립성을 갖추지 못하고 있어 법원결정에 의하여 구분소유권이 인정되지 않았다면 전유부분의 사실상 소유자로 볼 수 없어 재산세 납세의무가 없음(대법 2012두11119, 2012. 8. 30. 판결).

1.14 취득세의 취득시기를 재산세 납세의무자 변동시기로 준용할 수 있는지

【관련 판례】 대법 94누13831, 1995. 5. 23. : 상고기각

- 지방세법 제107조

〈쟁점요지〉 토지의 사실상 소유자가 되는 시기를 판단함에 있어 지방세법 시행령을 준용하여 계약상 잔금지급일을 취득일로 볼 수 있는지 여부

판결요지 ••• 취득의 시기에 대하여는 재산세에 관한 별도의 규정이 없으므로, 취득세에 있어서의 취득의 시기에 관한 지방세법 시행령 규정을 준용하여야 할 것임

- 지방세법 제234조의 9는 종합토지세 납세의무자를 "종합토지세 과세기준일 현재 토지를 사실상으로 소유하고 있는 자"라고 규정하고 있으므로, 토지를 사실상 취득한 때에 비로소 종합토지세를 납부할 의무가 있다고 할 것인데, 그 취득의 시기에 대하여는 종합토지세에 관한 별도의 규정이 없으므로, 취득세에 있어서의 취득의 시기에 관한 지방세법 시행령 제73조를 준용하여야 할 것인바, 그 시행령 규정에 의하면 매매등 유상승계취득의 경우에는 그 계약상의 잔금지급일을 취득일로 본다.

1.15 건축주 명의변경 당시 공정률이 98%에 이르렀을 경우 재산세 납세의무자인 사실상 소유자는 누구인지

【관련 판례】 대법 2005두2261, 2006. 11. 9. : 상고기각

- 지방세법 제107조

〈쟁점요지〉 공정률이 98%에 이른 상태에서 건축주 명의변경 후 건물이 완공되어 채권자 명의로 사용승인신청이 된 경우 당초 건축주를 재산세 납세의무자인 사실상 소유자로 보는 것이 타당한지 여부

판결요지 ••• 채권담보 목적으로 신축 중인 건물에 대한 건축주 명의변경 및 사용승인신청을 채권자 명의로 하였다고 하더라도, 명의 변경 당시 건물의 신축공사 공정률이 이미 98%

정도에 이르렀다면 당초 건축주를 재산세 납세의무자인 사실상의 소유자로 보는 것이 타당함

- 지방세법 제29조 제1항 제1호는 취득세는 취득세 과세물건을 취득하는 때에 그 납세의무가 성립한다고 규정하고, 지방세법 제105조 제2항은 부동산의 취득에 있어서는 민법 등 관계 법령의 규정에 의한 등기 등을 이행하지 아니한 경우라도 사실상으로 취득한 때에는 취득한 것으로 본다고 규정하고 있으며, 여기에서 사실상의 취득이라 함은 일반적으로 등기와 같은 소유권 취득의 형식적 요건을 갖추지는 못하였으나 대금의 지급과 같은 소유권 취득의 실질적 요건을 갖춘 경우를 말하는 것이다(대법원 2001. 6. 12. 선고 2000두499 판결 참조).
- 원심이 확정한 사실관계에 의하면, 원고는 종전 건축주인 소외 1 주식회사(이하 '소외 1 회사'이라고만 한다)에 대한 토지매매대금 채권의 담보 목적으로 신축 중인 이 사건 건물에 대하여 원고 및 소외 2 앞으로의 건축주 명의변경 및 사용승인신청에 이른 것으로 보이고, 위와 같이 건축주 명의가 변경될 당시 이 사건 건물의 신축공사 공정률이 이미 98% 정도에 이르렀다는 것이므로, 그 후 신축공사가 마무리되고 변경된 건축주인 원고 및 소외 2 명의로 이 사건 건물의 사용승인신청이 이루어졌다 하더라도 이 사건 건물의 신축으로 인한 원시취득자는 원고가 아니라 종전의 건축주인 소외 1 회사라 할 것이며, 나아가 위와 같은 건축주명의변경 및 사용승인신청이 있었다는 사정만으로는 원고가 그 당시에 이 사건 건물 중 1/2 지분을 소외 1 회사로부터 승계하여 사실상 취득한 것으로 보기도 어렵다 할 것이고, 달리 이를 인정할 만한 자료도 발견되지 아니한다.

1.16 도정법상 청산금 지급기간이 경과한 경우 사업시행자가 토지등 소유자에게 청산금지급이나 소유권이전 없더라도 사업시행자에게 재산세 납세의무가 발생되는지

【관련 판례】 대법 2016두31074, 2016. 4. 15. 판결 : 기각

- 지방세법 제107조

〈쟁점요지〉 사업시행자가 토지등소유자에게 청산금 지급 또는 소유권이전 미이행에도 불구하고 도정법상 현금청산 지급기간이 도과한 경우 사업시행자를 사실상 재산세 납세의무자로 볼 수 있는지 여부

판결요지 재산세 납세의무는 도정법상 현금청산 지급기일과 무관하게 청산금 지급 또는 소유권이전으로 발생함

- 구 도시 및 주거환경 정비법(2013. 12. 24. 법률 제12116호로 개정되기 전의 것, 이하 '도시정비법'이라 한다) 제47조 제1호는 토지등소유자가 분양신청 기간 내에 분양신청을 하지 아니한 경우, 사업시행자에게 분양신청 기간의 종료일부터 150일 이내에 청산금을 지급해야 할 의무를 규정하고 있을 뿐이므로, 위 청산금 지급기간이 경과한다고 해서 토지등소유자가 소유하는 부동산의 소유권이 사업시행자에게 당연히 귀속된다고 할 수는 없으며, 사업시행자가 토지등소유자에게 청산금을 지급하고, 토지등소유자와 사업시행자가 소유부동산에 관한 소유권이전등기를 마쳐야 비로소 그 소유권이 사업시행자에게 이전된다고 해석된다(민법 제186조 참조).
- 따라서 원고가 이 사건 조합으로부터 청산금을 지급받지도 않았고, 그에 대응하여 이 사건 토지에 관한 소유권이전등기도 마치지 않은 이 사건에 있어서, 이 사건 조합이 이 사건 토지의 '사실상의 소유자'라고 해석할 수는 없으므로, 원고의 이 부분 주장은 그 사실관계에 대하여 판단하기 전에 주장 자체로 받아들일 수 없다(서울행정법원 2014구합20933, 2015. 5. 14.).

관련 기타 판례

- 공무원 임용시험에 응시하기 위하여 주소를 이전하였다는 사정만으로는 위 조항 단서에서 정한 "기타 이와 유사한 부득이한 사유"에 해당한다고 볼 수도 없음(대법 2012두9840, 2012. 6. 14. 판결).

1.17 재산세 과세기준일 이전에 준공된 임대주택이 과세기준일 이후 도정법상 이전고시 된 경우 재산세를 건축주에게 과세할 수 있는지

【관련 판례】 대법 2019두43894, 2019. 10. 17. 판결(심리불속행) : 항고기각

- 지방세법 제107조 및 시행령 제20조 제6항

〈쟁점요지〉 재산세 과세기준일 이전에 준공인가 되었으나, 과세기준일 이후에 소유권이전고시가 이루어진 지방자치단체에 기부채납하기로 한 임대주택에 대하여 과세기준일에 취득시기가 도래하지 않은 것으로 보아 재산세 과세를 배제할 수 있는지 여부 및 매매계약서상의 자치단체가 원시취득한다는 문구를 들어 자치단체를 원시취득자로 볼 수 있는지 여부

판결요지 ••• 소유권이전고시에 의한 취득은 토지 등 소유자에 한정되고 일반분양 및 임대주택분은 포함되지 않으므로, 건축물의 원칙적 취득시기인 사용승인일을 취득시기로 보아 재산세를 과세하는 것이 타당하고, 계약서상의 내용만으로 자치단체가 임대주택을 원시취득한 것으로 볼 수 없음

- 구 도시정비법 제54조에 의하여 이전고시 다음 날에 대지 또는 건축물에 대한 소유권을 취득하는 '분양받을 자'는 관리처분계획에 의하여 분양받을 자로 정하여진 토지등소유자를 의미하고, 관리처분계획에 의하여 분양받을 자로 정하여지지 아니한 일반 분양분, 임대주택분에 대한 수분양자는 이러한 '분양받을 자'에 해당하지 아니한다. 따라서 이 사건 아파트(일반 분양분, 임대주택분)에 대하여는 구 도시정비법 제54조에 따른 소유권 이전으로 취득하는 경우의 취득일을 규정하고 있는 구 지방세법 시행령 제20조 제6항 단서는 준용될 여지가 없고, 같은 항 본문이 준용되어야 한다(서울고법 2018누69099, 2019. 5. 16. 판결).
- 원고와 서울특별시는 2015. 11. 19. 이 사건 임대아파트에 관한 매매계약을 체결하면서 "원고는 잔금 수령 후 서울특별시에 건축시설 및 대지에 관한 소유권보존등기 절차를 이행하여야 한다."고 정하였고(제3조 제1항), 그에 따라 이 사건 임대아파트는 2016. 10. 20. 서울특별시 앞으로 소유권보존등기가 마쳐졌으나, 원고와 서울특별시는 최종 잔금을 소유권 이전 고시일 이후에 지급하기로 하였고(제2조 제4항), 소유권보존등기 이전에 부과되었거나 부과될 제세공과금은 원고가 납부하기로 하였으므로(제3조 제2항), 원고와 서울특별시 사이에 이 사건 아파트를 서울특별시가 원시취득하기로 합의하였다고 보기 어렵다(서울행법 2017구합79684, 2018. 9. 21. 판결).

1.18 소유권 귀속이 불분명하여 사용자를 납세의무자로 하는 경우의 구체적 의미가 무엇인지

【관련 판례】 대법 93누1022, 1996. 4. 18. : 상고기각

- 지방세법 제107조

지방세법 제107조(납세의무자)

③ 재산세 과세기준일 현재 소유권의 귀속이 분명하지 아니하여 사실상의 소유자를 확인할 수 없는 경우에는 그 사용자가 재산세를 납부할 의무가 있다.

〈쟁점요지〉 체비지예정지에 대하여 토지구획정리사업의 시행자가 지방세법 제234조의9 제3항에 정한 토지의 "사용자"로서 종합토지세를 납부할 의무를 부담하는지 여부

판결요지 ••• '소유권의 귀속이 분명하지 아니하여 사실상의 소유자를 확인할 수 없는 경우'는 소유권 귀속 자체에 분쟁이 생겨 소송 중에 있거나 공부상 소유자가 생사불명 또는 행방불명되어 오랫동안 그 소유자가 관리하고 있지 아니한 상태에 있는 재산 등을 말함

- 그리고 지방세법 제234조의9 제3항은, 종합토지세 과세기준일 현재 소유권의 귀속이 분명하지 아니하여 사실상의 소유자를 확인할 수 없는 경우에는 그 사용자가 종합토지세를 납부할 의무가 있다고 규정하고 있으므로, 토지의 사용자는 그가 사용 수익하고 있는 토지가 종합토지세 과세기준일 현재 "소유권의 귀속이 분명하지 아니하여 사실상의 소유자를 확인할 수 없는 경우"에 해당하는 때에 한하여 비로소 종합토지세 납부의무를 진다고 할 것인데, 위에서 본 종합토지세의 입법목적 및 성격 등에 비추어 볼 때, 이는 소유권의 귀속 자체에 분쟁이 생겨 소송중에 있거나 공부상 소유자가 생사불명 또는 행방불명되어 오랜 기간 동안 그 소유자가 관리하고 있지 아니한 상태에 있는 토지 등을 말한다고 보아야 할 것이다.
- 그런데 원심이 적법히 인정한 사실관계에 의하면, 이 사건 종합토지세 과세기준일인 1991. 6. 1. 현재 이 사건 토지는 시행자가 제3자에게 이를 처분하지 아니한 상태에서 관리하고 있고, 이 사건 토지에 대하여 환지처분의 공고가 있지 아니하였다는 것이므로, 이 사건 토지가 위에서 본 지방세법 제234조의9 제3항에 정한 "소유권의 귀속이 분명하지 아니하여 사실상의 소유자를 확인할 수 없는 경우"에 해당한다고 볼 수는 없을 뿐만 아니라, 시행자인 원고는 이 사건 토지를 일시 관리하는 지위에 있을 뿐이므로, 종합토지세의 수익세적인 성격에 비추어 지방세법 제234조의9 제3항에 정한 "사용자"에 해당한다고 볼 수도 없다고 할 것이다.

1.19 건설회사가 시공 도중 도산하였고 수분양자들은 잔대금도 청산하지 않은 채 입주한 경우 재산세 납세의무자는 누구인지

【관련 판례】 대법 1999두5580, 2001. 2. 9. : 상고기각

- 지방세법 제107조

〈쟁점요지〉 아파트 건축 및 분양회사가 건축공정 약 90% 상태에서 도산하여 그 공사가 중단되자 수분양자들이 공사비를 분담하여 마무리 공사를 하였으나 미준공 상태로 있고 수분양자들은 잔대금도 청산하지 아니한 채 아파트에 입주한 경우, '소유권의 귀속이 분명하지 아니하여 소유권자를 알 수 없는 경우'에 해당하여 수분양자들이 사용자로서 재산세 납세의무자에 해당하는지 여부

판결요지 건설회사가 도산하여 그 존재가 유명무실하게 되었다거나 수분양자들이 분양잔금을 납부하지 않은 상태에서 미준공 아파트에 입주하여 점유·사용하면서 권리자 행세를 하고 있다고 하더라도 이를 '소유권의 귀속이 분명하지 아니하여 소유권자를 알 수 없는 경우'에 해당한다고 할 수 없어, 입주자를 재산세 납세의무자로 볼 수 없음

- 지방세법 제182조 제1항은 "재산세 과세기준일 현재 재산세과세대장에 재산의 소유자로 등재되어 있는 자는 재산세를 납부할 의무가 있다. 다만, 권리의 양도·도시계획사업의 시행 또는 기타 사유로 인하여 재산세과세대장에 등재된 자의 권리에 변동이 생겼거나 재산세과세대장에 등재가 되지 아니하였을 때에는 사실상 소유자가 재산세를 납부할 의무를 진다."고 규정하고, 그 제2항은 "소유권의 귀속이 분명하지 아니하여 소유권자를 알 수 없는 경우에는 그 사용자가 재산세를 납부할 의무를 진다."고 규정하고 있다.
- 원심이 적법하게 확정한 사실에 의하면, 원고들은 1989. 10. 12.부터 1991. 11. 20.까지 사이에 소외 대동건설 주식회사(이하 '소외 회사'라 한다)로부터 소외 회사가 시공하는 이 사건 아파트 1세대씩(이하 '이 사건 각 아파트'라고 한다)을 분양받았으나, 소외 회사가 1992. 4. 27. 건축공정 약 90% 상태에서 도산하여 이 사건 아파트의 공사가 중단되었고, 이에 원고들을 비롯한 이 사건 아파트의 수분양자들이 공사비를 분담하여 페인트공사, 조경공사 등 마무리공사를 하였으나 공사하자 등으로 현재까지 준공검사는 받지 못하고 있고, 원고들을 비롯한 수분양자들은 소외 회사와 분양대금정산에 관한 합의를 보지 못하여 분양잔금 또는 중도금 일부를 청산하지 아니한 채 이 사건 각 아파트에 입주하였다는 것이다.
- 그렇다면 소외 회사가 공사를 중단할 당시의 공정도에 비추어 이 사건 각 아파트는 건축주인 소외 회사가 원시취득한 소외 회사의 소유라 할 것이고, 다만 그 이후 이 사건 과세기준일 이전에 분양대금의 정산결과 원고들의 잔금지급의무가 소멸하였음이 입증된다면 (위와 같이 소외 회사가 공사를 중단하여 원고들이 마무리공사를 하였을 뿐만 아니라 기

록에 의하면 이 사건 아파트의 부지는 이미 제3자에게 경락되었음이 엿보인다) 원고들은 위 법 제182조 제1항 단서의 '사실상 소유자'가 될 수 있을 것이나, 피고가 주장하는 바와 같이 소외 회사가 도산하여 그 존재가 유명무실하게 되었다거나 원고들이 이 사건 아파트에 입주하여 점유 · 사용하면서 권리자 행세를 하고 있다 하여 곧 이 사건 부과처분의 처분사유인 '소유권의 귀속이 분명하지 아니하여 소유권자를 알 수 없는 경우'에 해당한다고 할 수 없다 할 것이다.

관련 기타 판례

- 아파트 동 · 호수 분양이 무효로 확정되었으나 수분양자가 당초 분양받은 아파트에 임시로 거주하고 있는 경우에 해당 재산을 일시 관리하는 주택조합은 재산세 납세의무를 지는 조합원 주택의 사실상 소유자 또는 사용자에 해당되지 아니함(대법 2014두2980, 2014두2997(병합), 2016. 12. 29. 판결).

1.20 공부상 생활형숙박시설을 사실상의 현황에 따라 주택으로 재산세를 과세할 수 있는지 여부

【관련 판례】 대법 2019두56357, 2020. 2. 13. 판결(심리불속행) : 항소기각

- 지방세법 제106조

지방세법 제104조(정의)

3. "주택"이란 「주택법」 제2조 제1호에 따른 주택을 말한다. 이 경우 토지와 건축물의 범위에서 주택은 제외한다.

지방세법 제106조(과세대상의 구분 등)

③ 재산세의 과세대상 물건이 토지대장, 건축물대장 등 공부상 등재되지 아니하였거나 공부상 등재현황과 사실상의 현황이 다른 경우에는 사실상의 현황에 따라 재산세를 부과한다. 다만, 재산세의 과세대상 물건을 공부상 등재현황과 달리 이용함으로써 재산세 부담이 낮아지는 경우 등 대통령령으로 정하는 경우에는 공부상 등재현황에 따라 재산세를 부과한다.

〈쟁점요지〉 공부상 생활형숙박시설로 되어 있으나, 현황상 각 호수별로 화장실이 딸린 독립된 구조이고 세탁기, 에어컨, 냉장고, 인덕션, 전자레인지, 텔레비전, 소파, 침대, 식탁, 신발장 등이 설치되어 있는 경우, 재산세 현황과세를 적용하여 주택으로 재산세를 과세할 수 있는지 여부

판결요지 ••• 생활형숙박시설은 건축법상 숙박시설에 해당하고 그 현황도 생활형숙박시설과 일치하므로 숙박시설로 과세하는 것이 타당함. 공부상 구분을 배제하고 주택으로 과세하는 것은 위법을 조장하는 것으로 인정하기 어려움

- 지방세법 제111조 제1항 제2호 및 제3호에 의하면, 주택은 건축물에 비하여 표준세율이 감경되므로, 지방세법상 주택인지 건축물인지 여부를 판명함에 있어서는 법문에 따라 엄격하게 해석하여야 한다. 지방세법 제104조 제2호, 제6조 제4호, 건축법 제2조 제1항 제2호, 제2항 제15호 등을 종합하면, 건축법상 숙박시설은 건축물로 재산세를 부과하도록 하고 있고, 그 숙박시설은 건축법 시행령 제3조의5 [별표1]에서 세분하고 있다. 3) 그런데 앞서 가.항에서 인정한 사실에 의하면, 이 사건 건물은 수개의 개별 호실로 나누어져 취사시설, 세탁시설, 가구 등이 이미 설치되어 있고, 건축법 시행령 제3조의5 [별표1] 15. 가.에서 정의하는 생활숙박시설(공중위생관리법 제2조 제1항 제2호, 제2항, 같은 법 시행령 제4조 제1호 나목 참조)의 요건을 갖추고 있음을 알 수 있다. 그리고 이는 이 사건 건물의 등기부 및 건축물대장상 용도가 생활숙박시설 또는 숙박시설로 되어 있는 것과도 일치한다. 따라서 이 사건 건물을 모두 지방세법 제111조 제1항 제2호 다목의 '그 밖의 건축물'로 보고 재산세, 지역자원시설세, 지방교육세를 부과한 이 사건 각 처분은 적법하다.
- 지방세법 시행령 제119조의 사실상 현황을 따질 때에는 객관적인 현황을 근거로 하여야 하고 원고들과 임차인들의 의도를 고려할 것은 아닌 점, 앞서 가.항에서 인정한 사실과 같이 이 사건 건물에는 각종 시설이 마련되어 있어 원고들이 이를 숙박업으로 이용하는데 지장이 없는 것으로 보이는 점, 이 사건 건물의 임차인들이 수도요금이 포함된 관리비와 도시가스요금, 전기요금을 별도로 부담하였다고 하더라도 그러한 공과금 납부 부담이 주택일 경우에만 발생한다고 볼 수 없는 점, 원고들이 숙박업으로 사업자등록을 하지 않았다거나 부가가치세를 환급받지 않았다는 사정도 원고들이 숙박업 대신 임대업 등으로 사업자등록을 하였던 행위에 기인한 것인 점, 이 사건 건물을 공부상의 용도인 생활숙박시설이 아니라 주택으로 보고 재산세를 과세한다면 원고들의 불법 용도변경을 묵인하거나 권장하는 결과가 되는 점, 원고들은 별도의 구조변경 없이 이 사건 건물의 용도를 생활숙박시설에서 주택으로 변경신고할 수 있는데도, 원고들의 현재 여건상 용도변경신고를 하는 것은 어렵다는 의견을 밝히고 있는 점 등을 고려하여 보면, 원고들의 주장을 받아들일 수 없다(수원고법 2019누10807, 2019. 10. 2. 판결).

관련 기타 판례

- 지방세법에서 주택분 재산세 과세대상을 주택법상 주택으로 규정하고, 주택법상 오피스텔의 경우 준주택으로 규정하고 있음에도 지방세법 시행령에서 공부상 현황과 사실상 현황이 다른 경우 사실상의 현황에 따라 과세한다고 규정하고 있으므로, 오피스텔을 사실상의 현황에 따라 주택으로 취급하여 재산세 등을 부과한 처분은 적법함(대법 2023두47435, 2023. 11. 16. 판결).

2. 재산세 부과처분의 당연무효 여부

2.1 등기부 등을 통해 토지의 소유자가 아님을 명백히 알 수 있었음에도 오인하여 과세한 경우 당연무효에 해당하는지

【관련 판례】 대법 98두13140, 1999. 10. 12. : 파기환송

- 지방세법 제107조

〈쟁점요지〉 등기부상 토지의 소유자 아닌 자를 소유자로 오인하여 한 종합토지세 부과처분이 당연무효인지 여부

판결요지 등기부 등에 의하여 토지의 소유자가 아님이 일견 명백하게 알 수 있음에도 이를 오인하여 재산세를 제3자에게 과세한 것은 당연무효에 해당함

- 지방세법은 "종합토지세 과세기준일 현재 토지를 사실상 소유하고 있는 자는 종합토지세를 납부할 의무가 있다."고 규정함으로써(제234조의9 제1항) 소유권변동이 있었음에도 미쳐 등기되지 아니한 상태에서의 사실상 소유자에게 과세할 수 있도록 하였고, 사실상 소유자를 파악하기 위하여 토지 소유자로 하여금 토지 소유권 변동 등의 사유가 발생된 토지로서 그 등기가 이행되지 아니한 경우에는 과세기준일로부터 10일 이내에 당해 토지의 소재지를 관할하는 시장·군수에게 신고하도록 하였으며(제234조의21 제1항), 신고가 사실과 일치하지 아니하거나 신고가 없는 경우에는 시장·군수로 하여금 이를 직권으로 조사하여 과세대장에 등재할 수 있게 하되(같은 조 제5항) 직권으로 토지의 소유자로 인정되는 자를 종합토지세 과세대장에 등재한 때에는 직권등재통지서에 의하여 그 토지의 소유자로 인정되는 자에게 통지하고 종합토지세 과세대장 상부여백에 신고에 의한 등재와 구별할 수 있게 표시하도록 하였다(지방세법시행규칙 제104조의18 제3항).
- 이 사건의 경우 기록상 쟁점 토지의 소유자가 원고에게로의 소유권의 변동을 신고하였다거나 피고가 직권으로 원고를 쟁점 토지의 소유자로 인정하여 이를 종합토지세 과세대장에 등재하고 그 등재사실을 원고에게 통지하였음을 엿볼 수 있는 자료가 없으므로 피고는

원고를 쟁점 토지에 대한 사실상 소유자로 인정하여 이 사건 부과처분을 한 것이 아니라 쟁점 토지에 대한 소유자를 원고로 오인함으로써 원고에게 이 사건 부과처분을 한 것임을 알 수 있다.

- 그런데 기록에 의하면 이 사건 부과처분의 과세기준일 현재 토지의 등기부등본상 쟁점 토지의 소유자가 원고가 아닌 자로 등재되어 있음을 알 수 있는바, 그렇다면 쟁점 토지의 소유자가 원고가 아님은 일견 명백하게 알 수 있는 것이어서 원고를 쟁점 토지의 소유자로 오인한 것은 그 하자가 외관상 일견 명백하다고 보아야 할 것이다.

2.2 재산세 비과세대상인지의 판단에 있어 구체적인 확인이 필요한 경우 과세처분을 당연무효라고 할 수 있는지

【관련 판례】 대법 2000다17339, 2001. 6. 29. : 상고기각

- 지방세기본법 제98조, 지방세법 제109조

지방세법 제109조(비과세)

③ 다음 각 호에 따른 재산(제13조 제5항에 따른 과세대상은 제외한다)에 대하여는 재산세를 부과하지 아니한다. (후략)

1. 대통령령으로 정하는 도로·하천·제방·구거·유지 및 묘지 (2010. 3. 31. 개정)

〈쟁점요지〉 토지 부분이 비과세대상인 사도에 해당하는지 여부에 관하여는 구체적으로 확인해 보아야만 판단할 수 있는 경우, 위 부과처분에 대한 하자가 외관상 명백하다고 볼 수 있는지 여부

판결요지 ••• 비과세대상인 사도에 대하여 재산세를 과세하였다고 하더라도 구체적인 사실관계를 파악하여야만 비과세 여부를 확인가능한 경우에는 당연무효로 볼 수 없음

- 원심은, 제1심판결을 인용하여, 이 사건 계쟁 토지 중 일부를 제외한 부분은 지방세법 및 같은법 시행령 소정의 용도구분에 의한 비과세대상인 사도에 해당함에도 피고들이 원고들에게 1992년도 및 1993년 귀속 종합토지세, 도시계획세 및 교육세 등을 부과하였으므로 그 부과처분은 중대한 하자가 있는 것이나, 이 사건 계쟁 토지 부분은 원고들 소유의 백화점, 호텔, 놀이시설 등을 둘러싸고 있는 부분으로 이를 이용하는 고객들과 차량들이 많이 이용하고 있고, 지상에는 원고들이 고객을 위하여 설치한 화단이나 벤치 등 많은 부대시

설이 있는 점 등 그 판시와 같은 사정에 비추어, 비과세대상인 사도에 해당하는지 여부는 원고들 소유의 위 시설 등을 이용하는 고객뿐 아니라 일반인이 아무런 제약 없이 이를 사용하고 있는지 구체적으로 확인해 보아야만 판단될 수 있는 것이므로 위 하자가 외관상 명백하다고 볼 수는 없다고 하여, 이 사건 종합토지세 등의 부과처분이 당연무효라고 할 수 없다고 판단하였다.

- 일반적으로 과세대상이 되는 법률관계나 사실관계(소득 또는 행위)가 전혀 없는 사람에게 한 과세처분은 그 하자가 중대하고도 명백하다고 할 것이지만, 과세대상이 되지 아니하는 어떤 법률관계나 사실관계에 대하여 이를 과세대상이 되는 것으로 오인할 만한 객관적인 사정이 있는 경우에 그것이 과세대상이 되는지의 여부가 그 사실관계를 정확히 조사하여야 비로소 밝혀질 수 있는 경우라면, 그 하자가 중대한 경우라도 외관상 명백하다고 할 수 없으므로 과세요건 사실을 오인한 위법의 과세처분을 당연무효라고 볼 수 없다(대법원 1998. 1. 23. 선고 97다31144 판결 등 참조).
- 이러한 법리를 전제로 기록을 살펴보면, 원고들의 이 사건 부과처분에 중대한 하자가 있기는 하나 그 하자가 외관상 명백하다고 할 수 없다고 본 원심의 사실인정과 판단은 정당한 것으로 수긍할 수 있고, 거기에 상고이유의 주장과 같은 법리오해의 위법은 없다.

2.3 공용부분의 지분을 잘못 계산하여 재산세를 부과한 것이 당연무효에 해당되는지

【관련 판례】 대법 2013다208456, 2013. 9. 26. 판결(소액사건심판) : 상고기각

- 지방세법 제107조

〈쟁점요지〉 집합건물의 공용부분에 대한 실제 지분을 잘못 계산하여 재산세 등을 부과한 처분이 당연무효에 해당하여 부당이득금 반환대상에 해당하는지 여부

판결요지 ••• 사실관계 조사가 필요하다는 점에서 당연무효에 해당하지 아니함

- 과세대상이 되지 아니하는 어떤 법률관계나 사실관계에 대하여 이를 과세대상이 되는 것으로 오인할 만한 객관적인 사정이 있는 경우에 그것이 과세대상이 되는지의 여부가 그 사실관계를 정확히 조사하여야 비로소 밝혀질 수 있는 경우라면 그 하자가 중대한 경우라도 외관상 명백하다고 할 수 없어 과세요건사실을 오인한 위법의 과세처분을 당연무효라고는 볼 수 없다(대법원 2001. 7. 10. 선고 2000다24986 판결 등 참조).

- 이 사건에 돌아와 보건대, 을 제1, 2호증의 각 기재에 의하면, 피고가 지방세법의 관계법령에 따라 개별 집합건축물대장에 기재된 공용부분 면적을 근거로 하여 원고 소유 구분건물에 대한 재산세 등을 부과한 사실이 인정된다. 따라서, 피고가 설령 이 사건 집합건물의 공용부분에 대한 원고의 지분에 해당하는 면적을 오인하여 재산세 등을 부과하였다고 할지라도 위와 같이 개별 집합건축물대장에 기재된 공용부분 면적을 근거로 과세된 이상 그 처분을 당연무효라고 할 수 없으므로, 피고의 과세처분이 당연무효임을 전제로 한 원고의 청구는 나머지 점에 관하여 더 나아가 살필 필요 없이 이유 없다(서울남부지법 2013나50867, 2013. 6. 27. 판결).

관련 기타 판례

- 토지분 재산세를 과세함에 있어 과세대상 구분을 잘못하거나 공시지가를 잘못 산정하였다 해도 사실관계나 법률해석상 다툼이 있는 경우에는 그 사안이 명백하다고 볼 수 없어 당연무효에 해당하지 아니함(대법 2020두46301, 2020. 11. 26. 판결).

2.4 상속 전 별도의 매수자가 있음에도 주된 상속자에게 재산세를 부과한 것이 당연무효에 해당하는지

【관련 판례】 대법 2012두12228, 2014. 3. 27. 판결 : 상고기각

- 지방세법 제107조

〈쟁점요지〉 상속개시 이후 상속 전 매수자가 소유권이전등기의 소에 의하여 매수자의 명의로 이전등기가 경료한 경우에 있어, 판결 이전 상속신고 등이 이루어지지 아니하여 주된 상속인에게 재산세를 부과한 것이 당연무효에 해당하는지 여부

판결요지 상속 전 매매 여부는 사실관계를 정확히 조사하여야만 비로소 밝혀질 수 있는 사안이므로 당연무효로 볼 수 없음

- 행정처분의 대상이 되지 아니하는 어떤 법률관계나 사실관계에 대하여 이를 처분의 대상이 되는 것으로 오인할 만한 객관적인 사정이 있는 경우로서 그것이 처분대상이 되는지의 여부가 그 사실관계를 정확히 조사하여야 비로소 밝혀질 수 있는 때에는 비록 이를 오인한 하자가 중대하다고 할지라도 외관상 명백하다고 할 수 없다(대법원 2004. 10. 15. 선고 2002

다68485 판결, 대법원 2007. 3. 16. 선고 2006다83802 판결 등 참조).

- 2008년 종합부동산세 및 재산세의 과세기준일인 2008. 6. 1. 당시까지 이 사건 토지에 관하여 상속등기가 이루어지지 아니하고 사실상의 소유자가 신고되지도 아니하였던 이상, 망인의 공동상속인으로서 연장자인 원고를 이 사건 토지의 재산세 납세의무자로 보고 한 피고의 이 사건 처분을 무효로 볼 수는 없다고 판단하였다.

3. 토지분 재산세 과세대상(별도합산)

3.1 공사에 착수하지 못한 정당한 사유가 있는 경우 그 부속토지를 "건축 중인 건축물"의 부속토지로 볼 수 있는지

【관련 판례】 대법 95누7857, 1995. 9. 26. : 파기환송

- 지방세법 제106조 및 시행령 제103조

지방세법 제106조(과세대상의 구분 등)

① 2. 별도합산과세대상: 과세기준일 현재 납세의무자가 소유하고 있는 토지 중 다음 각 목의 어느 하나에 해당하는 토지

가. 공장용 건축물의 부속토지 등 대통령령으로 정하는 건축물의 부속토지

나. 차고용 토지, 보세창고용 토지, 시험·연구·검사용 토지, 물류단지시설용 토지 등 공지상태(空地狀態)나 해당 토지의 이용에 필요한 시설 등을 설치하여 업무 또는 경제활동에 활용되는 토지로서 대통령령으로 정하는 토지

다. 철거·멸실된 건축물 또는 주택의 부속토지로서 대통령령으로 정하는 부속토지

지방세법 시행령 제103조(건축물의 범위 등)

① 제101조 제1항에 따른 건축물의 범위에는 다음 각 호의 건축물을 포함한다.

3. 「건축법」에 따른 건축허가를 받거나 건축신고를 한 건축물로서 같은 법에 따른 공사계획을 신고하고 공사에 착수한 건축물(후략). 다만, 과세기준일 현재 정당한 사유 없이 6개월 이상 공사가 중단된 경우는 제외한다.

〈쟁점요지〉 과세기준일 현재 건축공사에 착수하지 못한 데에 정당한 사유가 있는 경우, 건축하고자 하는 건축물의 부속토지가 종합토지세 별도합산과세대상 토지에 해당하는지 여부

판결요지 별도합산 대상 "건축 중인 건축물"의 부속토지라 함은 '과세기준일 현재 공사에 착수한 경우'만을 말하고 그 착공에 필요한 준비작업을 하고 있는 경우까지 포함한다고 볼 수는 없음

- 조세법규의 해석은 특별한 사정이 없는 한 법문대로 해석하여야 하고 합리적인 이유없이 확장해석하거나 유추해석하는 것은 허용되지 않는다고 할 것이다.
- 지방세법 제234조의15 제3항은 별도합산과세표준은 과세기준일 현재 납세의무자가 소유하고 있는 전국의 모든 건축물의 부속토지 중 대통령령으로 정하는 건축물의 부속토지의 합산액으로 한다라고 규정하고, 이를 받아 구 지방세법 시행령(1993.12.31. 및 1994.12.31. 개정되기 전의 것) 제194조의14 제1항은 위 대통령령으로 정하는 건축물에는 "건축중인 경우"를 포함하되 과세기준일 현재 건축기간이 경과하였거나 정당한 사유없이 6월 이상 공사가 중단된 경우는 제외한다고 규정하고 있는바, 종합토지세는 보유하는 토지에 담세력을 인정하여 과세하는 수익세적 성격을 지닌 재산세로서 당해 토지를 보유하는 동안 매년 독립적으로 과세기준일 현재의 토지의 현황이나 이용상황에 따라 구분되는 것이므로(당원 1995. 3. 17. 선고 94누 8686 판결 참조), 위 시행령 제194조의14 제1항이 정하는 "건축중인 건물"이라 함은 과세기준일 현재 공사에 착수한 경우만을 말하고 그 착공에 필요한 준비작업을 하고 있는 경우까지 포함한다고 볼 수는 없다 할 것이고, 과세기준일 현재 착공을 하지 못한 것에 정당한 사유가 있다 하더라도 건축하고자 하는 건축물의 부속토지는 위 시행령 제194조의 14 제1항 소정의 건축중인 건축물의 부속토지에 해당한다고 볼 수 없는 것이다.

관련 기타 판례

- 건축물을 신축하기 위해 기존 지상 구조물을 철거하는 것은 건축을 위한 준비작업에 불과하므로 '건축 중'으로 볼 수 없고, 정당한 사유가 있는지 여부는 불문함(대법 2012두13641, 2012. 9. 27. 판결).

3.2 정당한 사유 없이 6월 이상 공사가 중단된 건축물의 부속토지를 별도합산대상으로 볼 수 있는지

【관련 판례】 대법 2000두9854, 2002. 7. 23. : 상고기각

- 지방세법 제106조

〈쟁점요지〉 종합토지세의 종합합산과세표준에서 제외되는 '건축물의 부속토지'에 정당한 사유 없이 공사가 6월 이상 중단된 건축중인 건축물의 부속토지가 포함되는지 여부

판결요지 ••• 소유권보전등기가 되어 있더라도 준공처리가 되지 아니한 경우에는 건축 중인 건축물에 해당하나, 6개월 이상 건축이 중단된 경우에는 별도합산대상이 아님

- 구 지방세법(1995. 12. 6. 법률 제4995호로 개정되기 전의 것 및 개정된 것) 제234조의15 제2항, 제3항, 구 지방세법 시행령(1994. 12. 31. 대통령령 제14481호로 개정되기 전의 것, 1996. 12. 31. 대통령령 제15211호로 개정되기 전의 것, 1998. 7. 16. 대통령령 제15835호로 개정되기 전의 것) 제194조의14 제1항에 따르면 종합토지세의 종합합산과세표준에서 제외되는 '건축물의 부속토지'에는 완공된 건축물뿐 아니라 건축중인 건축물의 부속토지도 포함되나, 건축중인 건축물에 대하여 정당한 사유 없이 공사가 6월 이상 중단된 경우 그 부속토지는 이에 해당하지 아니한다.
- 원심이, 이 사건 건물은 건축중에 공사가 중단된 건물로서 비록 소유권보존등기가 되어 있지만 이를 완공된 건축물로 볼 수는 없고, 또 종합토지세의 과세표준은 당해 토지를 보유하는 동안 매년 독립적으로 과세기준일 현재 토지의 현황이나 이용상황에 따라 구분되는 것으로서 이 사건 건물이 종합토지세 시행 이전부터 지방세법상 재산세 과세대상이 되었어도 이 사건 각 과세기준일 현재 완공되지 아니한 이상 이는 위 각 규정에 정하여진 '건축물'이 아니라 '건축중인 건축물'에 해당한다고 판단한 것은 정당하고, 거기에 상고이유의 주장과 같은 법리오해 등의 위법이 없으며, 종합토지세 시행에 따른 구 지방세법(1989. 6. 16. 법률 제4128호) 부칙 제5조 때문에 이를 달리 볼 것도 아니다.

관련 기타 판례

1. 시공사의 귀책으로 6개월 이상 공사가 중단된 경우 정당한 사유를 인정하여 별도합산을 적용할 수 없음(대법 2012두9680, 2012. 6. 22. 판결).
2. 흙막이벽체 안정화 공사는 그 중단기간의 장기화에 따른 안전조치에 불과하고, 공사중단은 사업상 필요에 따라 스스로 선택한 것으로서 정상적인 노력과 추진을 다하였음에도 부득이

건축공사를 중단할 수밖에 없게 된 경우라고 할 수 없어 이 사건 공사가 6개월 이상 중단된 데에 정당한 사유로 보기는 어려움(대법 2015두39828, 2015. 7. 23. 판결).

3. 재산세 과세기준일(6. 1.) 이전에 흙막이 작업의 필수적 전제가 되는 규준틀을 설치한 경우 그 설치시점에 이미 건축물 신축공사가 시작되었다고 할 것으로 당해 부속토지는 별도합산 과세대상에 해당됨(대법 2016두58406, 2017. 3. 15. 판결).

3.3 환지예정지로 지정된 토지의 기존 공장용 건축물이 멸실예정으로서 비과세된 경우 별도합산을 적용할 수 있는지

【관련 판례】 대법 2023두30529, 2023. 4. 27.: 상고기각

- 지방세법 제106조

〈쟁점요지〉 도시개발사업지구 내 환지예정지에 있던 기존 공장용 건축물이 철거예정으로서 건축물분 재산세가 비과세되고 있던 경우, 해당 부속토지에 대해 공장용 건축물의 부속토지 또는 철거·멸실된 건축물의 부속토지 등으로 보아 재산세를 별도합산할 수 있는지 여부

판결요지 ••• 기존 공장용 건축물이 재산적 가치를 상실했다고 판단하여 비과세되었던 점, 환지예정지는 종전의 토지와 별개의 토지로서 재산세는 환지예정지의 현황에 따라 과세되어야 하는 점 등을 고려했을 때 이 사건 토지를 별도합산대상으로 볼 수 없음

- 환지 방식으로 도시개발사업을 시행하는 과정에서 환지예정지 지정의 효력이 발생한 경우, 종전 토지 소유자는 재산세 과세기준일 당시 환지예정지를 사실상 소유하고 있는 자로서 재산세 납세의무를 부담하고(대법원 2017. 3. 9. 선고 2016두56790 판결 참조), 이러한 경우 종전 토지가 아니라 재산세 과세대상 물건인 환지예정지의 현황에 따라 재산세가 부과된다. 원심은, 지목, 위치, 면적, 토지이용상황 등에 비추어 이 사건 환지예정지는 이 사건 종전 토지와 별개의 토지로서 '공장용 건축물의 부속토지' 또는 '철거·멸실된 건축물의 부속토지'를 비롯하여 별도합산과세대상 토지를 한정적으로 규정한 지방세법 제106조 제1항 제2호 각 목의 토지 중 어디에도 해당하지 않는다는 등 판시와 같은 이유로, 이 사건 환지예정지가 재산세 종합합산과세대상 토지에 해당한다고 판단하였다.

※ 하급심 판결(수원고법 2021누16105, 2022. 12. 16. 판결)

- 앞서 본 것과 같이 재산세는 보유하는 재산에 담세력을 인정하여 부과되는 수익세적 성격을 지닌 보유세로서, 재산가액을 과세표준으로 하고 있고 그 본질은 재산소유 자체를 과세요건으

로 하는 것이다. 따라서 재산이 훼손되거나 일부 멸실 혹은 붕괴되고 그 복구가 사회통념상 거의 불가능하게 된 정도에 이르러 재산적 가치를 전부 상실하게 된 때에는 재산세 과세대상이 되지 않는다(대법원 2001. 4. 24. 선고 99두110 판결 참조). 이에 피고는 이 사건 건축물이 재산적 가치를 상실하여 재산세를 부과하는 것이 적절하지 않은 것으로 보아 2018년과 2019년에 이 사건 건축물에 대한 재산세에 관하여 비과세결정을 하였다(지방세법 제109조 제3항 제5호, 같은 법 시행령 제108조 제3항 참조). 그리고 이 사건 건축물은 이 사건 종전토지에 있었는데, 지목, 위치, 면적, 토지이용상황 등에 비추어 볼 때, 이 사건 환지예정지는 이 사건 종전토지와 같은 토지가 아니라 전혀 별개의 토지이다. 이러한 사정에 비추어 보면, 이 사건 환지예정지를 지방세법 제106조 제1항 제2호 가목, 다목에서 규정하고 있는 "공장용 건축물의 부속토지" 또는 "철거·멸실된 건축물의 부속토지"로 볼 수 없다.

3.4 별도합산 대상 개발사업에 제공되는 토지의 범위에 제3자 소유도 포함되는지 및 별도합산 종기시점인 사용허가에 단순 인허가용도 포함되는지

【관련 판례】 대법원 2019두30638, 2019. 4. 24. 판결(심리불속행) : 상고기각

- 지방세법 시행령 제103조 제1항 제3호

지방세법 시행령 제103조(건축물의 범위 등)

① 제101조 제1항에 따른 건축물의 범위에는 다음 각 호의 건축물을 포함한다.

3. 「건축법」에 따른 건축허가를 받거나 건축신고를 한 건축물로서 같은 법에 따른 공사계획을 신고하고 공사에 착수한 건축물[개발사업 관계법령에 따른 개발사업의 시행자가 소유하고 있는 토지로서 같은 법령에 따른 개발사업 실시계획의 승인을 받아 그 개발사업에 제공하는 토지(법 제106조 제1항 제3호에 따른 분리과세대상이 되는 토지는 제외한다)로서 건축물의 부속토지로 사용하기 위하여 토지조성공사에 착수하여 준공검사 또는 사용허가를 받기 전까지의 토지에 건축이 예정된 건축물(관계 행정기관이 허가 등으로 그 건축물의 용도 및 바닥면적을 확인한 건축물을 말한다)을 포함한다]. 다만, 과세기준일 현재 정당한 사유 없이 6개월 이상 공사가 중단된 경우는 제외한다.

〈쟁점요지〉 별도합산 대상 개발사업의 시행자가 개발사업에 제공하는 토지의 범위에 제3자인 수탁자가 소유하고 있는 토지도 포함되는지 및 별도합산의 종기인 사용허가일의 범위에 실제 사용이 아닌 단순히 인허가를 받기 위한 사용허가의 경우에도 포함되는지 여부

판결요지 법문상 토지소유자가 개발사업에 제공할 것을 별도합산 요건으로 규정하고 있지 않으므로 수탁자의 소유 토지도 포함되고, 사용허가는 실질적인 사용허가를 의미하므로 단순 인허가를 위한 사용허가는 이에 포함되지 아니함

- 이 사건 괄호 규정은 별도합산과세대상 토지로서 건축 중인 건축물의 부속토지의 범위에 관하여 '개발사업 관계법령에 따른 개발사업의 시행자가 개발사업 실시계획의 승인을 받아 그 개발사업에 제공하는 토지'라고만 규정하고 있을 뿐이고, '개발사업의 시행자가 그 개발사업에 제공하는 토지를 법률상 및 사실상 소유하고 있을 것'까지 그 요건으로 정하고 있지 않다.
- 이 사건 각 토지는 사업시행자인 ○○토지주택공사가 이 사건 사업에 관한 지구계획을 승인받아 이 사건 사업에 제공하는 토지임에도, 피고가 이 사건 괄호 규정이 사업시행자가 직접 그 토지를 법률상 및 사실상 소유하는 경우에만 적용된다고 보아 별도합산과세대상에 해당되지 않는다고 해석하는 것은, 위 법문의 규정과 달리 합리적 이유 없이 확장해석하거나 유추해석한 것에 해당된다.
- 한편 위 토지사용승낙서는 그 용도가 '인허가용'으로 제한되어 있는 점, 위 토지사용승낙서에는 사용승낙조건으로 '건축허가신청용으로 발급하는 것이므로 공사착공 및 분양승인 신청 등 해당 토지를 실제 사용하려는 경우에는 별도의 사용승낙서를 발급받아야 한다'고 기재되어 있는 점, … 이 사건 각 토지를 실제로 사용한 바도 없는 것으로 보이는 점, … 등에 비추어 보면, 토지사용승낙서 발급 사실만을 들어 이 사건 각 토지가 이 사건 괄호 규정에서 말하는 '건축물의 부속토지로 사용하기 위하여 토지조성공사에 착수하여 사용허가를 받기 전까지의 토지'에 해당하지 않는다고 보기는 어렵다(수원지법 2017구합71278, 2018. 6. 19. 판결).

※ 현재는 법령이 개정되어 개발사업 시행자가 토지를 소유할 것을 요건으로 함.

3.5 건축규제로 건축물 시가표준액이 부속토지가액의 2%에 미달하게 된 경우 재산세 별도합산 적용이 배제되는 것이 타당한지

【관련 판례】 대법 2012두22713, 2013. 1. 31. 판결(심리불속행) : 상고기각

- 지방세법 제106조 및 시행령 제101조

지방세법 시행령 제101조(별도합산과세대상 토지의 범위)

① 법 제106조 제1항 제2호 가목에서 "공장용 건축물의 부속토지 등 대통령령으로 정하는 건축물의 부속토지"란 다음 각 호의 어느 하나에 해당하는 건축물의 부속토지를 말한다.

2. 건축물(제1호에 따른 공장용 건축물은 제외한다)의 부속토지 중 다음 각 목의 어느 하나에 해당하는 건축물의 부속토지를 제외한 건축물의 부속토지로서 건축물의 바닥면적(건축물 외의 시설의 경우에는 그 수평투영면적을 말한다)에 제2항에 따른 용도지역별 적용배율을 곱하여 산정한 면적 범위의 토지
   가. 법 제106조 제1항 제3호 다목에 따른 토지 안의 건축물의 부속토지
   나. 건축물의 시가표준액이 해당 부속토지의 시가표준액의 100분의 2에 미달하는 건축물의 부속토지 중 그 건축물의 바닥면적을 제외한 부속토지

〈쟁점요지〉 지구단위계획에 포함되어 건축물의 신·증축이 제한됨으로써 건축물의 시가표준액이 부속토지의 2%에 미달하게 된 경우, 당해 부속토지를 나대지로 보아 토지분 재산세를 과함에 있어 별도합산을 배제하고 종합합산대상으로 본 것이 적법한지 여부

판결요지 ··· 건축규제로 신·증축이 어렵다고 하더라도 별도합산을 적용할 수는 없음

- 재산세의 과세표준은 과세기준일 현재의 재산의 현황이나 이용상황에 따라 구분되는 것이므로 과세기준일 현재 각종 공법상의 규제로 인하여 증·개축 허가 등을 받지 못하였다는 등의 사유는 별도합산과세대상토지 해당 여부를 좌우할 사유가 된다고 볼 수도 없는 점(대법원 2009. 10. 29. 선고 2007두7741 판결, 대법원 2001. 4. 24. 선고 99두110 판결 등 참조) 등을 종합하여 보면, 2010년도 재산세 과세기준일 현재 이 사건 건물의 시가표준액이 그 부속토지인 이 사건 토지의 시가표준액의 2%에 미달하는 이상, 비록 원고가 공법상 규제에 의하여 이 사건 건물에 대한 증·개축 등을 하지 못하여 그 시가표준액이 하락하였다고 하더라도 이 사건 토지는 종합합산과세대상에 해당한다고 봄이 상당하므로, 이와 다른 전제에서 한 원고의 주장은 이유 없음(서울행법 2011구합29595, 2011. 12. 14. 판결).

3.6 골프장의 원형보전지, 조경녹지, 관리시설을 운동시설로 보아 별도합산을 할 수 있는지

【관련 판례】 대법 2011두31819, 2012. 4. 13. 판결 : 상고기각

- 지방세법 제106조 및 시행령 제101조 제3항 제9호

지방세법 시행령 제101조(별도합산과세대상 토지의 범위)

③ 9. 경기 및 스포츠업을 경영하기 위하여 「부가가치세법」 제8조에 따라 사업자등록을 한 자의 사업에 이용되고 있는 「체육시설의 설치 · 이용에 관한 법률 시행령」 제2조에 따른 체육시설용 토지(골프장의 경우에는 「체육시설의 설치 · 이용에 관한 법률」 제10조의2 제2항에 따른 대중형 골프장용 토지로 한정한다)로서 사실상 운동시설에 이용되고 있는 토지

〈쟁점요지〉 구 지방세법(2006년 이전)에 의할 경우 골프장 내 원형보전지, 조경녹지, 관리시설을 필수운동시설 중 운동시설로 보아 재산세 별도합산 대상으로 볼 수 있는지 여부

판결요지 ••• 녹지, 관리시설 등은 운동시설로 볼 수 없으므로 별도합산으로 볼 수 없고 종합합산 과세대상에 해당함

- 골프장업의 필수시설 중 운동시설은 '골프코스'를 의미하는 것으로, 관리시설은 '골프코스 주변, 러프지역, 절토지 및 성토지'를 의미하는 것으로 해석하여야 할 것이고, 그 외에 골프코스 지역에 사이 간격, 안전망, 티그라운드 등을 설치하도록 하고, 골프코스 주변 등 지역에 조경을 설치하도록 규정한 것은 필수시설에 대한 세부적 설치 사항을 규정한 것에 불과할 뿐 원고의 주장과 같이 '조경'만 관리시설로 해석하는 것은 부당하다고 할 것이다.
- 따라서 관리시설에 해당하는 이 사건 조성녹지에 대하여 별도합산과세대상으로 분류할 법적 근거는 전혀 없고 역시 분리과세대상 토지에 해당되지 아니함은 당사자 사이에 다툼이 없는 바, 피고의 이 사건 처분 중 2005년부터 2007년까지의 이 사건 조성녹지에 대하여 종합합산과세대상으로 분류하여 부과한 부분도 적법하다.

3.7 법정주차 면적 이외 실제 주차장으로 사용하는 토지도 별도합산 토지로 보아 토지분 재산세를 과세할 수 있는지

【관련 판례】 대법 2019두42174, 2019. 9. 10. 판결(심리불속행) : 항고기각

- 지방세법 제106조 및 시행령 제101조 제3항 제11호

지방세법 시행령 제101조(별도합산과세대상 토지의 범위)

③ 11. 「주차장법 시행령」 제6조에 따른 부설주차장 설치기준면적 이내의 토지(법 제106조 제1항 제3호 다목에 따른 토지 안의 부설주차장은 제외한다) (후략)

〈쟁점요지〉 지방세법 시행령에서 주차장 면적에 대하여 제한하는 규정이 없고 부설주차장 설치기준은 최소한의 주차 예정 대수를 정한 것일 뿐이므로 실제 주차장으로 사용한 면적을 기준으로 별도합산을 적용할 수 있는지 여부

판결요지 법령상 설치가 강제되는 부분에 대하여 세부담을 완화하기 위한 취지이므로, 실제 사용하는 면적이 아닌 법령상 설치가 강제되는 주차면적 이내에 한하여 별도합산이 적용되는 것임

- 별도합산과세대상이 되는 '「주차장법 시행령」 제6조에 따른 부설주차장 설치기준면적 이내의 토지'란 위 시행령에 따라 설치가 강제되는 설치기준면적을 의미한다고 판단되므로, 이에 따라 원고가 설치하여 건축물대장에 기재된 1대(25.3㎡)에 대한 면적을 기준으로 별도합산과세대상을 판단하여야 한다.
- 지방세법 시행령이 「주차장법 시행령」 제6조에 따른 부설주차장 설치기준면적 이내의 토지를 별도합산과세대상으로 보는 것은, 이처럼 법령상 설치가 강제되는 부설주차장 확보를 위하여 토지를 소유하는 경우 그 지방세 부담을 덜어주려는 취지로 보인다.
- 「여객자동차 운수사업법」 등에 따른 운송사업의 면허・등록조건에 따라 사용하는 차고용 토지로서 최저보유차고면적기준의 1.5배에 해당하는 면적 이내의 토지 등 법에 따라 소유가 강제되는 면적을 기준으로 별도합산과세대상을 정하고 있고, 사실상 사용 면적을 기준으로 별도합산과세대상을 정하고 있지는 않다(서울행법 2018구합66784, 2019. 1. 25. 판결).

4. 토지분 재산세 과세대상 구분(분리과세)

4.1 부동산실명법 시행 이전 토지를 매수하여 명의신탁한 이후 실명법 시행 전에 신탁해지한 토지에 대하여 계속 '소유'한 것으로 보아 분리과세를 적용할 수 있는지

【관련 판례】 대법 99두1328, 2000. 8. 22. : 상고기각

- 지방세법 제106조

지방세법 제106조(과세대상의 구분 등)

① 토지에 대한 재산세 과세대상은 다음 각 호에 따라 종합합산과세대상, 별도합산과세대상 및 분리과세대상으로 구분한다.

3. 분리과세대상: 과세기준일 현재 납세의무자가 소유하고 있는 토지 중 국가의 보호·지원 또는 중과가 필요한 토지로서 다음 각 목의 어느 하나에 해당하는 토지

〈쟁점요지〉 종합토지세 분리과세대상 토지의 구체적 범위를 정한 지방세법 시행령 제194조의15 제5항 소정의 '소유'에는 당해 토지를 매수한 후 제3자에게 명의신탁한 경우를 포함하는지 여부

판결요지 1989.12.31. 이전에 개발제한구역 안의 임야를 매수하여 제3자에게 명의신탁하여 두었다가 부동산실명법 시행 전인 1995년경 신탁을 해지하고 자신 앞으로 소유권 이전등기를 경료한 경우에는 분리과세를 적용할 수 있음

- 지방세법 제234조의15 제2항 제4호, 제234조의16 제3항 제1호는 산림의 보호육성을 위하여 필요한 임야 및 종중 소유 임야로서 대통령령으로 정하는 임야를 종합토지세의 분리과세대상 토지로 규정하고 있고, 지방세법 시행령 제194조의15 제2항은 제5호, 제6호에서 개발제한구역 안의 임야 및 상수원보호구역 안의 임야를 분리과세대상 토지로 들고 있으며, 제5항은 그 구체적 범위를 개발제한구역 안의 임야는 1989. 12. 31. 이전부터, 상수원보호구역 안의 임야는 1990. 5. 31. 이전부터 소유하는 것에 한정하고 있는바, 여기에서 말하는 '소유'에는 임야를 매수한 후 제3자에게 명의신탁해 둔 경우를 포함한다고 봄이 상당하다.

4.2 비영리사업자가 합병 이후에도 종전부터 소유한 것으로 보아 분리과세 적용이 가능한지

【관련 판례】 대법 2016두50877, 2016. 12. 15. 판결(심리불속행) : 기각

- 지방세법 제106조

〈쟁점요지〉 합병에 따른 포괄승계방식으로 토지를 취득한 경우 합병한 이후에도 종전부터 소유하고 있는 것으로 보아 분리과세를 적용할 수 있는지

판결요지 합병의 효력 발생 시점은 합병등기를 마친 때이므로, 합병 이후에는 종전부터 소유하고 있는 것으로 보아 분리과세를 적용할 수 없음

- 구 사립학교법 제40조는 "합병 후 존속하는 학교법인 또는 합병에 의하여 설립된 학교법인은 합병에 의하여 소멸된 학교법인의 권리 · 의무를 승계한다"고 규정하고 있다. 위 규정은 합병 후 존속 또는 신설된 학교법인이 소멸된 학교법인의 모든 권리 · 의무를 포괄적으로 승계하며 이 경우의 승계는 법률상 당연히 이루어지는 것이어서 각 권리 · 의무에 관하여 개별적으로 이전할 필요가 없다는 뜻일 뿐, 존속 또는 신설된 학교법인의 권리 · 의무 승계 시점이 소멸된 학교법인이 그 권리 · 의무를 취득한 시점으로 소급한다는 의미가 아니다.
- 원고는, 구 지방세법 제106조 제1항 제3호 마목 및 같은 법 시행령 제102조 제5항 제13호가 '취득'이 아닌 '소유'를 기준으로 분리과세대상을 정하고 있고 구 사립학교법상 합병의 본질은 법인격의 합일이므로, 존속법인인 원고는 소멸법인인 △△학원이 이 사건 각 토지를 취득하여 소유한 시점부터 계속 소유하고 있었던 것으로 보아야 한다고 주장하나, '취득'과 '소유'는 그 개념 본질상 분리하여 해석 · 적용할 수 없고, 원고가 주장하는 인격합일설에 의하더라도 합병의 효력이 발생하는 시점은 합병등기를 마친 때이므로, 원고가 그 합병의 효력이 발생하기 전부터 이 사건 각 토지를 소유하고 있었다고 볼 수 없다. 따라서 원고의 위 주장은 이유 없다(서울고등법원 2016. 8. 17. 선고 2016누36743 판결).

관련 기타 판례

- 1995. 12. 31. 이전부터 소유한 학교 등 비영리법인의 토지를 1996. 1. 1. 합병으로 취득한 경우 합병 후 존속법인이 권리 · 의무를 승계한다는 인격합일설에 따르더라도 그 효력시기는 합병등기 이후부터이므로 분리과세 적용은 불가함(대법 2017두44787, 2017. 9. 7. 판결, 대법 2018두37519, 2018. 6. 15. 판결).

4.3 과세기준일 현재 분리과세 요건을 갖추지 못한 정당한 사유가 있다면 이를 고려할 수 있는지

【관련 판례】 대법 99두7265, 2001. 5. 29. : 상고기각

- 지방세법 제106조

> **〈쟁점요지〉 종합토지세 분리과세대상토지를 정하고 있는 구 지방세법 시행령 제194조의15 제1항 제2호 각 목이나 같은 조 제4항 각 호가 예시적 규정인지 여부**

판결요지 재산세의 과세표준은 매년 독립적으로 과세기준일 현재의 토지의 현황이나 이용상황에 따라 구분되는 것이므로, 과세기준일 현재 분리과세 요건을 갖추지 못한데 정당한 사유가 있는지 여부는 분리과세를 판단하기 위한 사유가 되지 못함

- 법 제234조의15 제2항은 종합토지세의 종합합산과세표준에 관하여 규정하면서, 그 예외로 제3호에서 대통령령으로 정하는 공장용지·전·답·과수원 및 목장용지의 가액을, 제6호에서 제3호 내지 제5호의 규정에 의한 토지와 유사한 토지 및 종합토지세를 분리과세하여야 할 상당한 이유가 있는 것으로서 대통령령으로 정하는 토지를 규정하고 있고, 이에 기하여 시행령 제194조의15 제1항은 개인·영농조합법인·농어촌진흥공사·사회복지사업가 등이 소유하는 농지를, 시행령 제194조의15 제4항은 각종 공기업법에 의한 공법인이 그 업무수행과 관련하여 소유하고 있는 토지, 광업법·주택건설촉진법 등 특별법에 의하여 일정한 사업자가 취득한 토지 중 일정한 토지, 그리고 공유수면매립법에 의하여 매립 또는 간척한 토지로서 공사준공인가일부터 4년이 경과되지 아니한 토지 등을 규정하고 있는바, 조세법규는 특별한 사정이 없는 한 법문대로 해석하여야 하고, 합리적인 이유 없이 확장해석하거나 유추해석하는 것은 허용되지 않는 점(대법원 1995. 3. 17. 선고 94누8686 판결, 1995. 9. 26. 선고 95누7857 판결 등 참조), 앞서 본 종합토지세의 분리과세제도의 취지, 종합토지세는 보유하는 토지에 담세력을 인정하여 과세하는 수익세적 성격을 지닌 재산세로서 당해 토지를 보유하는 동안 매년 독립적으로 납세의무가 발생하고, 따라서 과세표준도 매년 독립적으로 과세기준일 현재의 토지의 현황이나 이용상황에 따라 구분되는 것이므로 과세기준일 현재 위 지방세법령이 규정한 요건에 해당하지 아니하는 이상 그 요건에 해당하지 못한 데에 정당한 사유가 있는지 여부는 위 법령 소정의 분리과세대상토지 해당 여부를 좌우하는 사유가 되지 못하는 점(대법원 1995. 3. 17. 선고 94누8686 판결, 1997. 9. 9. 선고 96누15558 판결 등 참조) 등에 비추어 보면, 예외적으로 분리과세대상토지를 규정하고 있는 시행령 제194조의15 제1항 제2호 각 목이나 같은 조 제4항 각 호는 예시적 규정이 아니라 한정적 규정으로 보아야 할 것이다.

4.4 자동차 수선만을 목적으로 사용되는 건축물의 부속토지를 재산세 분리과세대상 공장으로 볼 수 있는지

【관련 판례】 대법 2009두9390, 2011. 9. 8. : 상고기각

- 지방세법 제106조 및 시행령 제102조

지방세법 제106조(과세대상의 구분 등)

① 3. 가. 공장용지·전·답·과수원 및 목장용지로서 대통령령으로 정하는 토지

지방세법 시행령 제102조(분리과세대상 토지의 범위)

① 1. 공장용지: 제101조 제1항 제1호 각 목에서 정하는 지역에 있는 공장용 건축물(제103조 제1항 제2호 및 제3호의 건축물을 포함한다)의 부속토지로서 행정안전부령으로 정하는 공장입지기준면적 범위의 토지. (후략)

〈쟁점요지〉 토지에 대한 재산세 과세대상과 관련하여, 자동차정비사업 목적으로만 사용되는 건축물의 부속토지가 재산세 분리과세대상에 해당하는지 여부

판결요지 제조나 가공을 수반하지 않고 자동차정비 등 수선의 목적에만 사용하는 건축물의 부속토지는 재산세 분리과세대상이 되는 제조시설용(공장용) 건축물의 부속토지에 해당한다고 보기 어려움

- 시행령 제131조의2 제3항 제6호가 자동차정비사업장용 토지는 별도합산과세대상에 해당한다고 명시하고 있는 점, 시행규칙 제72조의 문언과 취지에 비추어 제조나 가공을 수반하지 않고 자동차정비 등 수선의 목적에만 사용하는 건축물의 부속토지는 분리과세대상이 되는 제조시설용 건축물의 부속토지에 해당한다고 보기 어려운 점, 시행령 제132조 제1항 제1호의 위임에 따라 시행규칙 제74조가 공장용 건축물의 부속토지 중 분리과세대상의 범위에 해당하는 공장입지기준면적을 정함에 있어 자동차정비사업장용 토지에 관하여는 아무런 규정을 두고 있지 않는 점 등을 고려하면, 자동차정비사업의 목적에만 사용되는 건축물의 부속토지는 시행령 제132조 제1항 제1호에 의한 재산세 분리과세대상이 아니라 시행령 제131조의2 제3항 제6호에 의한 재산세 별도합산과세대상에 해당한다고 할 것이다.

4.5 분리과세대상이고 지목이 농지이면 제한없이 최저 분리과세세율(0.07%)의 적용이 가능한지

【관련 판례】 대법 2012두1136, 2012. 4. 26. 판결(심리불속행) : 상고기각

- 지방세법 제106조 및 시행령 제102조

지방세법 시행령 제102조(분리과세대상 토지의 범위)

① 2. 전 · 답 · 과수원

가. 전 · 답 · 과수원(이하 이 조에서 "농지"라 한다)으로서 과세기준일 현재 실제 영농에 사용되고 있는 개인이 소유하는 농지. 다만, 특별시 · 광역시(군 지역은 제외한다) · 특별자치시 · 특별자치도 및 시지역(읍 · 면 지역은 제외한다)의 도시지역의 농지는 개발제한구역과 녹지지역(「국토의 계획 및 이용에 관한 법률」 제6조 제1호에 따른 도시지역 중 같은 법 제36조 제1항 제1호 각 목의 구분에 따른 세부 용도지역이 지정되지 않은 지역을 포함한다. 이하 이 항에서 같다)에 있는 것으로 한정한다.

〈쟁점요지〉 재산세 분리과세대상 토지이고 그 지목이 농지이면, 실제영농에 사용여부나 지역적 제한없이 분리과세 세율 중 최저세율 0.07%를 적용받을 수 있는지

※ 분리과세대상인 도시개발사업에 공여되는 토지(구 지방세법 시행령 제102조 제5항 제24호)로써 해당 지목이 농지인 경우, 0.2%가 아닌 0.07%의 분리과세 세율을 적용받을 수 있는지 여부

판결요지 실제영농에 사용되고 지역제한 범위 내에서만 0.07%의 세율을 적용받을 수 있음

- 지방세법 제182조 제1항 제3호의 '전 · 답 · 과수원 및 목장용지'로서 지방세법 제188조 제1항 제1호 다목 (3)에 따라 과세표준액의 1,000분의 0.07의 표준세율을 적용받기 위하여는 이 사건 처분의 과세기준일인 2008. 6. 1. 실제 영농에 사용되고 있는 개인이 소유하고 있는 농지일 뿐 아니라, 광역시지역의 도시지역 안의 농지로서 개발제한구역과 녹지지역 안에 있어야 할 것이다(인천지법 2010구합522, 2010. 7. 2. 판결).

※ 다만, 대법 2019두51031, 2019. 12. 12. 판결(심리불속행)의 경우 위 대법판례와 상반된 견해를 보이고 있으나,

- 입법취지에 부합되지 않고 후행 대법 2020두38027, 2020. 8. 13. 판결(심리불속행)에서 분리과세를 적용할 수 없다고 결정한바 있으므로 분리과세 적용할 수 없는 것으로 해석하는 것이 바람직해 보임
- (대법 2019두51031, 2019. 12. 12. 판결(심리불속행)) 지방세법 제106조 제1항은 토지에 대한 재산세 분리과세대상 요건을 규정하고 있고, 지방세법 제111조 제1항 제1호 다.목은 분리과세대

상 토지에 대한 세율을 별도로 규정하고 있는데, 위 다.목은 분리과세대상 토지에 적용될 재산세의 표준세율에 관하여 1) 전 · 답 · 과수원 · 목장용지 및 임야에 대해서는 과세표준의 1천분의 0.7, 2) 골프장 및 고급오락장용 토지에 대해서는 과세표준의 1천분의 40, 3) 그 밖의 토지에 대해서는 과세표준의 1천분의 2를 규정하고 있는바, 과세표준의 1천분의 0.7의 세율이 적용되기 위해서는 분리과세대상 토지가 되는 전 · 답 · 과수원 · 목장용지 및 임야이면 되고, 그 밖에 다른 요건이 필요하지 않음은 문언상 명백하다. 위와 같은 조세법률주의 원칙에 비추어 위 지방세법 규정을 살펴보면, 분리과세대상 토지에 해당하는 전 · 답 · 과수원 · 목장용지 및 임야에 대해서는 일괄적으로 과세표준에 대하여 1천분의 0.7의 세율을 적용하여야 하고, 그 소유주체가 누구인지 등에 따라 세율을 달리 정할 수 없다. 설령 피고나 그 밖의 지방자체단체에서 종중이 아닌 비영리단체가 소유하는 토지에 대해서는 지방세법 제111조 제1항 제1호 다.목 3)의 그 밖의 토지에 해당한다고 보아 과세표준의 1천분의 2의 세율을 적용하여 온 해석례나 관행이 존재한다고 하더라도 이는 위 지방세법 규정에 반하는 행정편의적인 확장해석이나 유추적용에 해당하므로 받아들일 수 없다.(광주고법(제주)2018누1666, 2019. 8. 14. 판결)

- (대법 2020두38027, 2020. 8. 13. 판결(심리불속행)) – 분리과세대상 토지에 해당함을 전제로 구 지방세법 제111조 제1항 제1호 다목 1)에서 그 세율을 과세표준의 1천분의 0.7로 정하고 있는 '전 · 답 · 과수원'의 의미를 별도로 정의하고 있는 규정은 없으나, 위 규정 적용의 전제가 되는 분리과세대상 토지의 범위를 정하고 있는 구 지방세법 제106조 제1항 제3호와 구 지방세법 시행령(2016. 12. 30. 대통령령 제27710호로 개정되기 전의 것, 이하 같다) 제102조에서 '전 · 답 · 과수원'의 의미에 관하여 규정하고 있으므로, 구 지방세법 제111조 제1항 제1호 다목 1)의 '전 · 답 · 과수원'의 의미는 구 지방세법 제106조 제1항 제3호와 구 지방세법 시행령 제102조에서 정하고 있는 '전 · 답 · 과수원'의 의미와 같은 것으로 보아야 할 것인데, 구 지방세법 제106조 제1항 제3호 가목은 '전 · 답 · 과수원으로서 대통령령이 정하는 토지'를 분리과세대상 토지로 규정하고 있고, 이에 따른 구 지방세법 시행령 제102조 제1항 제2호 가목은 위 '전 · 답 · 과수원'에 관하여 "전 · 답 · 과수원으로서 과세기준일 현재 실제 영농에 사용되고 있는 개인이 소유하는 농지. 다만, 특별시지역, 광역시지역(군지역은 제외한다) 및 시지역(읍 · 면지역은 제외한다)의 도시지역의 농지는 개발제한구역과 녹지지역(국토의 계획 및 이용에 관한 법률 제6조 제1호에 따른 도시지역 중 같은 법 제36조 제1항 제1호 각 목의 구분에 따른 세부용도지역이 지정되지 않은 지역을 포함한다)에 있는 것으로 한정한다."라고 규정하고 있으므로, 과세기준일 현재 실제 영농에 사용되고 있는 개인이 소유하는 전 · 답 · 과수원이 특별시지역, 광역시지역(군지역 제외) 및 시지역(읍 · 면 지역 제외)의 도시지역에 위치하고 있는 경우에 그 전 · 답 · 과수원이 과세표준의 1천분의 0.7의 세율이 적용되는 구 지방세법 제111조 제1항 제1호 다목 1)의 분리과세대상 토지인 전 · 답 · 과수원에 해당하기 위해서는 그 전 · 답 · 과수원이 개발제한구역 또는 녹지지역으로 지정되어 있거나 도시지역 중 세부 용도지역이 지정되지 않은 지역에 위치하여야 한다. 그런데 이 사건 토지는 국토의 계획 및 이용에 관한 법률 제6조에 따른 도시지역으로서 세부 용도지역이 제2종 일반주거지역으로 지정되어 있을 뿐, 개발제한구역이나 녹지지역으로 지정되어 있지 않으므로, 실제로 영농에 사용되고 있다고 하더라도 과세표준의 1천분의 0.7의 세율이 적용되는 구 지방세법 제111조 제1항 제1호 다목 1)의 분리과세대상 토지인 전 · 답 · 과수원에 해당하지 않는다.(인천지법 2017구합903, 2018. 6. 7. 판결)

※ 한편, 2019년말에 지방세법을 개정하여 2020년부터는 분리과세 대상 중 지방세법 제106조 제1항 제3호 가목(공장용지 · 전 · 답 · 과수원 및 목장용지로서 대통령령으로 정하는 토지)에 해당하는 토지만을 0.07% 저율 분리과세할 수 있도록 변경

관련 기타 판례

1. 비록 공부상 지목이 답이나 전이지만, 실제로는 그곳에서 직접 영농을 하는 것이 아니라 다른 곳에서 재배한 꽃과 나무를 화분에 옮겨 심은 상태로 보관·판매하는 장소의 용도로 사용되고 있다면 분리과세대상 농지로 볼 수 없음(대법 2012두6926, 2012. 6. 28. 판결).
2. 분리과세하여 오던 공부상 지목이 '전'이었던 토지상에 아무런 작물을 재배하거나 경작한 흔적이 없는 경우 소급하여 종합합산한 세액으로 재산세를 추가 과세할 수 있음(대법 2013두35044, 2014. 2. 28. 판결).
3. 도시지역의 농지는 영농에 사용중이라도 개발제한구역이나 녹지지역에 해당되지 않는다면 분리과세할 수 없음(대법 2016두36406, 2016. 6. 23. 판결, 대법 2014두44373, 2015. 2. 12. 판결).

4.6 GB 내의 골프장의 원형보전지를 분리과세대상 임야로 볼 수 있는지

【관련 판례】 대법 2012두9727, 2012. 9. 11. : 상고취하

- 지방세법 제106조

지방세법 제106조(과세대상의 구분 등)

① 3. 나. 산림의 보호육성을 위하여 필요한 임야 및 종중 소유 임야로서 대통령령으로 정하는 임야

〈쟁점요지〉 개발제한구역(GB) 내의 위치하고 있는 회원제골프장 내의 원형보전지를 토지분 재산세 저율 분리과세대상 임야로 볼 수 있는지 여부

판결요지 원형보전지의 경우 체육용지로 보아야 하므로 저율 분리과세대상 임야가 아님(종합합산과세 대상에 해당)

- 이 사건 원형보전지의 주된 용도는 산림의 보호육성을 위하여 필요한 임야가 아닌 골프장의 효용과 경관 조성을 위하여 원형대로 보존된 체육용지에 해당한다고 할 것이다(일부 토지의 경우 자연림으로서 보전되고 있으나, 이는 원형대로 보존되는 원형보전지의 속성에 따른 것일 뿐 그로써 체육용지로서의 현황이 달라진다고 볼 수는 없다)(서울고법 2011누

24851, 2012. 4. 4. 판결).

※ 아래 종합부동산세 판례의 경우에도 종합합산 과세가 정당하다고 판단

– 대법원 2011. 9. 8. 선고 2011두10188 판결

구 지방세법 시행령(2006. 12. 30. 대통령령 제19817호로 개정되기 전의 것) 제131조의2 제3항(이하 '이 사건 시행령 조항'이라 한다)은 구 지방세법 제182조 제1항 제2호의 위임에 따라 '체육시설의 설치·이용에 관한 법률에 의한 대중체육시설업자가 대중체육시설업의 시설기준에 따라 설치하여야 하는 필수시설 중 운동시설용 토지'(제10호) 등을 별도합산과세하여야 할 상당한 이유가 있는 토지로 규정하면서 회원제골프장 내 토지 중 원형이 보전되는 임야(이하 '원형보전임야'라 한다)는 여기에 포함하고 있지 않다.

체육시설의 설치·이용에 관한 법률 제13조 제1항, 같은 법 시행령 제12조 등의 규정에 의하면, 골프장업 사업계획 승인을 받거나 그 사업계획의 변경 승인을 받기 위해서는 골프장사업계획지 내의 산림에 대한 원형보전지 확보율이 20% 이상이 되어야 하는데, 이는 임야에 대한 형질변경의 한계를 설정한 것으로 볼 수 있는 점, 일반적으로 골프장 내 원형보전임야는 홀과 홀의 경계나 골프코스 외곽에 자연스럽게 위치하여 안전사고를 예방함과 아울러 골프장의 조경 및 경관에도 중요한 역할을 하고 있으므로, 골프장 내 골프코스 등 다른 토지와 일체가 되어 골프장을 구성하고 있다고 봄이 상당한 점, 구 지방세법 제188조 제1항 제1호 (다)목, 제182조 제1항 제3호 (다)목, 제112조 제2항 제2호가 회원제골프장용 토지를 고율의 분리과세대상으로 분류하는 한편, 취득세도 중과하도록 규정하고 있는 사정에 비추어 볼 때, 회원제골프장 내 토지 중 원형보전임야의 경우 비록 법률상 그 보유가 강제되고 개발이나 분리처분이 금지된다고 하더라도 구 지방세법 제182조 제1항 제2호가 예정하고 있는 별도합산과세대상에 당연히 포함된다고 보기는 어려운 점, 원고가 제출한 자료만으로는 원형보전임야를 종합합산과세대상으로 분류하여 종합부동산세를 과세함으로 인하여 골프장의 개설 및 운영이 사실상 불가능하게 되었다거나 짧은 기간 내에 사실상 부동산가액 전부를 조세 명목으로 무상으로 몰수하는 결과를 가져오게 된다고 보기도 어려운 점, 그리고 종합부동산세의 입법 목적 및 재산세와의 관계 등을 고려하면, 이 사건 시행령 조항이 헌법상의 실질적 조세법률주의나 조세공평주의 등을 위반하였다거나 재산권 및 직업선택의 자유를 침해하였다고 보기 어렵고, 나아가 모법의 위임범위를 벗어났다고 보기도 어렵다. 원심이 같은 취지에서 이 사건 시행령 조항이 무효가 아님을 전제로 원고 소유의 이 사건 골프장 내 원형보전임야가 종합합산과세대상에 해당한다고 보고 한 피고의 이 사건 처분이 적법하다고 판단한 것은 정당하다.

4.7 부속시설인 테니스장, 자재야적장, 창고 등 발전시설에 직접적으로 사용되지 않는 토지를 분리과세할 수 있는지

【관련 판례】 대법 2001두3525, 2003. 8. 22. : 상고기각

- 지방세법 제106조 및 시행령 제102조

지방세법 제106조(과세대상의 구분 등)

① 3. 바. 에너지·자원의 공급 및 방송·통신·교통 등의 기반시설용 토지로서 대통령령으로 정하는 토지

지방세법 시행령 제102조(분리과세대상 토지의 범위)

⑥ 5. 「전기사업법」에 따른 전기사업자가 「전원개발촉진법」 제5조 제1항에 따른 전원개발사업 실시계획에 따라 취득한 토지 중 발전시설 또는 송전·변전시설에 직접 사용하고 있는 토지 (후략)

〈쟁점요지〉 테니스장, 자재야적장, 전기설비 보수교육장, 창고 등이 **분리과세대상 토지의 하나인 '발전시설 또는 송전·변전시설에 직접 사용하고 있는 토지'에 해당하는지 여부**

판결요지 발전시설 또는 송전·변전시설에 "직접적으로" 사용되지 않는 토지는 분리과세대상에서 제외된다고 보아야 하므로, 테니스장, 자재야적장, 전기설비 보수교육장, 창고 등으로 이용되거나 타인이 무상으로 임차하여 사용하고 있거나 일부 녹지 상태로 그대로 남아있는 토지는 분리과세대상이 아님

- 조세법규는 특별한 사정이 없는 한 법문대로 해석하여야 하고, 합리적인 이유 없이 확장해석하거나 유추해석하는 것은 허용되지 아니하며, 특히 감면요건 규정 가운데에 명백히 특혜규정이라고 볼 수 있는 것은 엄격하게 해석하는 것이 조세공평의 원칙에도 부합하는 점, 위 시행령 제194조의15 제4항이 규정하고 있는 분리과세대상이 되는 토지는 각종 공기업법에 의한 공법인이 그 업무수행과 관련하여 소유하고 있는 토지, 광업법·주택건설촉진법 등 특별법에 의하여 취득한 토지 중 일정한 토지, 그리고 공유수면매립법에 의하여 매립 또는 간척한 토지로서 일정한 요건에 해당하는 토지 등에 한정되는 것인데, 공법인 등이 목적사업인 공공사업을 보다 효율적으로 수행할 수 있도록 하기 위하여 공익적인

목적으로 사용하거나 소유하고 있는 토지를 종합합산과세표준에서 제외하여 예외적으로 저율의 분리과세를 함으로써 조세부담을 경감하여 주는 특혜규정이라는 점 등 종합토지세 제도의 목적과 그 분리과세제도의 취지 등에 비추어 보면, 위 시행령 소정의 '… 발전시설 또는 송전 · 변전시설에 직접 사용하고 있는 토지'는 법문 그대로 발전시설 또는 송전 · 변전시설에 "직접" 사용하고 있는 토지에 한정되고 발전시설 또는 송전 · 변전시설에 "직접적으로" 사용되지 않는 토지는 분리과세대상에서 제외된다고 보아야 할 것이다.

관련 기타 판례

1. '발전시설 또는 송전 · 변전시설에 직접 사용하고 있는 토지'에는 발전시설 또는 송전 · 변전시설 자체가 들어서 있는 토지만이 아니라 그러한 시설들의 가동 · 운영에 필수불가결한 토지도 포함되므로, 경계구역 내의 토지는 필수토지로 분리과세대상이나 그 외 경계구역 밖의 나대지, 보안유지를 위한 임야, 공원용지 등은 포함된다고 할 수 없음(대법 2009두5008, 2011. 7. 14. 판결).
2. 발전사업 특성상 정비업무는 발전소 내에서 이루어져야 하는 등 발전소 가동 · 운영에 필수불가결한 토지로서 발전설비정비 등을 위탁업체에 임차한 경우에도 직접 사용에 해당됨(대법 2016두47383, 2016. 10. 27. 판결).
3. 집단에너지사업법상 집단에너지사업의 허가가 있으면 전기사업법에 따른 발전사업의 허가를 받은 것으로 본다는 의제규정은 해당 규정에서만 효력이 있을 뿐이므로, 집단에너지사업법에 따라 전기사업의 허가를 받은 자를 전기사업법에 따른 전기사업자로 보아 토지분 재산세 분리과세를 적용할 수 없음(대법 2021두40027, 2023. 9. 14. 판결).

4.8 산업단지 내 야적장 및 물류적치장을 토지분 재산세 분리과세 대상으로 볼 수 있는지

【관련 판례】 대법 2022두67470, 2023. 4. 13. : 상고기각

- 지방세법 제106조 및 시행령 제102조

지방세법 제106조(과세대상의 구분 등)

① 3. 아. 그 밖에 지역경제의 발전, 공익성의 정도 등을 고려하여 분리과세하여야 할 타당한 이유가 있는 토지로서 대통령령으로 정하는 토지

지방세법 시행령 제102조(분리과세대상 토지의 범위)

⑧ 4. 「산업입지 및 개발에 관한 법률」에 따라 지정된 산업단지와 「산업집적활성화 및 공장설립에 관한 법률」에 따른 유치지역 및 「산업기술단지 지원에 관한 특례법」에 따라 조성된 산업기술단지에서 다음 각 목의 어느 하나에 해당하는 용도에 직접 사용되고 있는 토지

나. 「산업집적활성화 및 공장설립에 관한 법률 시행령」 제6조 제5항에 따른 폐기물 수집운반·처리 및 원료재생업, 폐수처리업, 창고업, 화물터미널이나 그 밖의 물류시설을 설치·운영하는 사업, 운송업(여객운송업은 제외한다), 산업용기계장비임대업, 전기업, 농공단지에 입주하는 지역특화산업용 토지, 「도시가스사업법」 제2조 제5호에 따른 가스공급시설용 토지 및 「집단에너지사업법」 제2조 제6호에 따른 집단에너지공급시설용 토지

〈쟁점요지〉 **산업단지 내 토지를 야적장 및 물류적치장으로 활용하고 있는 경우 창고업, 화물터미널이나 그 밖의 물류시설을 설치·운영하는 사업, 운송업에 해당하는 것으로 보아 토지분 재산세를 분리과세할 수 있는지 여부**

판결요지 ••• 물품의 일시적 보관에 사용되는 경우 창고업으로 볼 수 없으며, 화물터미널에 준하는 정도의 물류시설이 설치되어 있는 것으로도 볼 수 없고 화물 운송 과정에서 일시적으로 야적·적치하는 데 사용하는 토지를 화물 운송업에 '직접' 사용된다고 보기에도 어려우므로 쟁점토지는 재산세 분리과세대상이 아님

- 이 사건 부동산 중 일부는 원고가 제3자로부터 선박 블록, 원목 등의 하역 및 운송에 관한 도급을 받아 원고가 이를 수행하는 과정에서 위 물품을 일시적으로 보관하는 데 사용되는 것으로 보일 뿐(갑 제8호증의 1, 2, 5, 갑 제9호증의 1, 2, 4), 원고가 제3자에 대하여 창고업을 영위하고 있다거나 이 사건 토지가 창고업의 용도에 직접 사용되고 있다고 보기 어려운 점,
- 분리과세로 인하여 조세감면의 효과가 발생하는 점 등에 비추어 볼 때 '그 밖의 물류시설을 설치·운영하는 사업'은 모든 물류시설을 의미하는 것이 아니라 '화물터미널'에 준하는 정도로 일정한 시설을 갖춘 물류시설을 설치·운영하는 사업을 의미하는 것으로 봄이 타당하다. 이 사건에서 원고가 제출한 증거들만으로는 이 사건 부동산이 화물터미널에 해당한다고 보기 어렵고, 화물터미널에 준하는 정도로 일정한 시설을 갖추었다고 보기도 어려우며, 달리 그와 같이 볼 만한 증거가 없다
- 이 사건 부동산 중 일부는 원고가 화물을 야적하거나 적치하고 있으나, 이는 화물 운송 자체에 사용되는 것이 아니라 화물을 운송하는 과정에서 일시적·부수적으로 화물을 야적·

적치하는 데 사용되는 것이어서 화물 운송업에 '직접' 사용되는 토지라고 보기 어려운 점 등에 비추어 보면, 원고가 제출한 증거들만으로는 이 사건 부동산이 운송업의 용도에 직접 사용되는 토지에 해당한다고 인정하기에 부족하고, 달리 그와 같이 볼 만한 증거가 없다(광주지법 2020구합13738, 2021. 7. 8. 판결).

4.9 도시개발사업 실시계획 고시 이후 일시 농지로 사용하고 있는 토지에 대하여 분리과세 적용이 가능한지

【관련 판례】 대법 2013두8622, 2013. 8. 30. 판결(심리불속행) : 상고기각

- 지방세법 제106조 및 시행령 제102조

지방세법 제106조(과세대상의 구분 등)

① 3. 사. 국토의 효율적 이용을 위한 개발사업용 토지로서 대통령령으로 정하는 토지

지방세법 시행령 제102조(분리과세대상 토지의 범위)

⑦ 4. 「도시개발법」 제11조에 따른 도시개발사업의 시행자가 그 도시개발사업에 제공하는 토지(주택건설용 토지와 산업단지용 토지로 한정한다)와 종전의 「토지구획정리사업법」(법률 제6252호 토지구획정리사업법폐지법률에 의하여 폐지되기 전의 것을 말한다. 이하 이 호에서 같다)에 따른 토지구획정리사업의 시행자가 그 토지구획정리사업에 제공하는 토지(주택건설용 토지와 산업단지용 토지로 한정한다)(후략)

〈쟁점요지〉 도시개발사업 실시계획을 고시한 이후에도 재산세 과세기준일 현재에 종전과 같이 농지로 사용되고 있는 토지에 대하여 도시개발사업용 토지에 대한 분리과세 적용을 배제하고 종합합산으로 토지분 재산세를 부과할 수 있는지 여부

판결요지 ••• 실시계획인가 이후에는 일시 농지로 사용된다고 하더라도 분리과세 적용을 배제할 수 없음

- 조세법률주의 원칙상 과세요건이나 비과세요건 또는 조세감면요건을 막론하고 조세법규의 해석은 특별한 사정이 없는 한 법문대로 해석할 것이고, 합리적 이유 없이 확장해석하

거나 유추해석하는 것은 허용되지 아니하는바(대법원 2004. 5. 28. 선고 2003두7392 판결 참조), 이 사건 각 토지는 이 사건 사업에 제공된 토지로서 저율의 분리과세를 할 합리적인 이유가 있음에도 피고가 종전과 동일하게 이 사건 각 토지를 농지로 경작하고 있다는 사정에만 주목하여 주택건설사업에 제공된 토지에 해당되지 않는다고 보는 것은, 피고가 위 법문의 규정과 달리 합리적 이유 없이 확장해석하거나 유추해석한 것에 해당된다(인천지법 2012구합2676, 2012. 10. 12. 판결).

※ 이 사건 판례는 기존 유권해석(지방세운영-4134, 2010. 9. 7.) 및 조세심판결정(조심 2012지75, 2012. 7. 26.)과 상이한 결정에 해당함.

4.10 분리과세대상인 '도시개발사업에 공여하는 주택건설용 토지'에 공공기반시설도 포함되는지

【관련 판례】 대법 2009두15760, 2010. 2. 11.: 상고기각

- 지방세법 제106조

〈쟁점요지〉 재산세 분리과세대상인 '도시개발사업에 공여하는 주택건설용 토지'에 '주택건설에 필수불가결하게 수반되는 시설용 토지'가 포함되는지 여부

판결요지 ••• 분리과세대상인 '도시개발사업에 공여하는 주택건설용 토지'라 함은 주택부지만을 의미하는 것이 아니라 주택건설에 필수불가결하게 수반되는 시설용 토지(도로 등 교통시설, 공원, 녹지, 학교 등은 입주민들의 생활편익과 쾌적한 주거환경을 위한 공공시설 또는 기반시설용 토지)를 포함하는 것으로 봄이 상당함

- 구 지방세법(2008. 2. 29. 법률 제8864호로 개정되기 전의 것, 이하 '법'이라고만 한다) 제182조 제1항은 토지에 대한 재산세 과세대상을 종합합산과세대상, 별도합산과세대상 및 분리과세대상으로 구분한 후, 그 제3호에서는 분리과세대상으로 공장용지 · 전 · 답 · 과수원 및 목장용지로서 대통령령이 정하는 토지(가목), 산림의 보호육성을 위하여 필요한 임야 및 종중소유 임야로서 대통령령이 정하는 임야(나목), 골프장용 토지와 고급오락장용 토지로서 대통령령이 정하는 토지(다목)를 각 나열하는 외에, '가목 내지 다목의 규정에 의한 토지와 유사한 토지로서 분리과세하여야 할 상당한 이유가 있는 것으로서 대통령령이 정하는 토지(라목)'를 규정하고 있고, 구 지방세법 시행령(2008. 5. 27. 대통령령 제20794호로 개정되기 전의 것, 이하 '시행령'이라고만 한다) 제132조 제4항 제24호 본문은

도시개발법 제11조의 규정에 의한 도시개발사업의 시행자가 그 '도시개발사업에 공여하는 주택건설용 토지'를 분리과세대상으로 규정하고 있다.

- 한편, 토지에 대한 재산세의 분리과세제도는 정책적 고려에 따라 중과세 또는 경과세의 필요가 있는 토지에 대하여 예외적으로 별도의 기준에 의하여 분리과세함으로써 종합합산과세에서 오는 불합리를 보완하고자 하는 것으로서, 위 시행령 규정에서 '도시개발사업에 공여하는 주택건설용 토지'를 분리과세대상으로 규정한 입법취지는 도시개발사업의 시행자가 도시개발사업을 보다 효율적으로 수행할 수 있도록 하기 위하여 공익적인 목적으로 사용되는 토지를 종합합산과세표준에서 제외하여 예외적으로 저율의 분리과세를 함으로써 조세부담을 경감하여 주는 데 있는 것으로 보인다.
- 위와 같은 법과 시행령의 규정 내용 및 그 입법취지 등을 종합하여 보면, 분리과세대상인 '도시개발사업에 공여하는 주택건설용 토지'라 함은 주택부지만을 의미하는 것이 아니라 주택건설에 필수불가결하게 수반되는 시설용 토지를 포함하는 것으로 봄이 상당하다.

관련 기타 판례

1. 도시개발사업 지구 내 체비지 및 보류지로 지정된 토지 중 그 용도가 주차장, 공공청사, 학교, 문화집회시설 용지인 경우 주택건설에 필수 불가결한 용지이므로 주택건설용 토지로 보아 토지분 재산세 분리과세대상에 해당함(대법 2012두10086, 2013. 6. 13. 판결, 대법 2012두16688, 2013. 7. 25. 판결).
2. 양 법률 간에 시행방식이나 수용권 등에 차이가 있으므로 구 도시계획법에 따라 도시계획이 결정되고 동법에 따라 추진되는 시가지조성사업을 이후 관련 사업을 흡수통합한 도시개발법에 따라 추진된 도시개발사업으로 보아 토지분 재산세를 분리과세할 수는 없음(대법 2011두23665, 2013. 7. 25. 판결 등).
3. 주택건설에 필수불가결하게 수반되는 학교용지로 제공하기로 되어 있는 토지에 대하여 도시개발사업 준공 이후 학교설립요건 미비 등으로 장기간 국가에서 동 토지를 매수하지 않고 있는 경우에는 준공 이전까지만 분리과세 가능하고 준공 이후에는 정당한 사유가 있는지 여부에 불문하고 분리과세할 수 없음(대법 2013두24235, 2014. 2. 27. 판결).

4.11 주택법상 사업계획 승인이 면제대상인 경우에도 재산세 분리과세 적용이 가능한지

【관련 판례】 대법 2011두3289, 2015. 9. 10. 판결 : 상고기각

- 지방세법 제106조 및 시행령 제102조

지방세법 시행령 제102조(분리과세대상 토지의 범위)

⑦ 7. 「주택법」에 따라 주택건설사업자 등록을 한 주택건설사업자(같은 법 제11조에 따른 주택조합 및 고용자인 사업주체와 「도시 및 주거환경정비법」 제24조부터 제28조까지 또는 「빈집 및 소규모주택 정비에 관한 특례법」 제17조부터 제19조까지의 규정에 따른 사업시행자를 포함한다)가 주택을 건설하기 위하여 같은 법에 따른 사업계획의 승인을 받은 토지로서 주택건설사업에 제공되고 있는 토지(「주택법」 제2조 제11호에 따른 지역주택조합·직장주택조합이 조합원이 납부한 금전으로 매수하여 소유하고 있는 「신탁법」에 따른 신탁재산의 경우에는 사업계획의 승인을 받기 전의 토지를 포함한다)

〈쟁점요지〉 주택법상 주택건설사업 중 사업계획 승인이 면제된 사업에 제공된 토지에 대해 주택법상 사업계획 승인을 받아 주택건설사업에 공여되는 토지처럼 재산세 분리과세 적용이 가능한지 여부

판결요지 ••• 주택법에 의한 사업계획 승인이 면제되는 토지는 사업계획 승인을 받아 주택건설사업에 공여되는 토지로 볼 수 없어 재산세 분리과세 적용이 불가함

- 구 지방세법 시행령 제132조 제5항 제8호는 주택건설사업에 공여되고 있는 토지 중 주택건설사업자가 국민 다수의 주거생활에 필요한 주택의 건설과 공급을 위하여 투기적 목적 없이 일시적으로 보유하는 토지로서 공익성이 클 뿐만 아니라 용도지역에 따라 일정한 규모 이상에 이른 경우에 주택법상 사업계획승인 대상으로 삼아 엄격한 규율을 받도록 한 정책적 결단을 반영하여 그와 같은 규모 이상의 사업이 시행되는 토지에 대하여만 분리과세의 혜택을 부여하는 것이다.
- 따라서 주택법상 사업계획승인 대상이 아닌 토지는 그것이 주택건설사업에 공여되고 있는 토지라고 하더라도 구 지방세법 시행령 제132조 제5항 제8호에서 정한 분리과세대상 토지에 포함되지 아니한다(대법원 2015. 4. 16. 선고 2011두5551 전원합의체 판결 참조)고 할 것이다.

4.12 한국토지공사가 임대를 목적으로 소유하고 있는 토지를 공급 목적용으로 보아 재산세를 분리과세할 수 있는지

【관련 판례】 대법 2013두10687, 2013. 10. 11. : 상고기각

- 지방세법 제106조

지방세법 시행령 제102조(분리과세대상 토지의 범위)

⑦ 11. 「한국토지주택공사법」에 따라 설립된 한국토지주택공사가 같은 법에 따라 타인에게 토지나 주택을 분양하거나 임대할 목적으로 소유하고 있는 토지(임대한 토지를 포함한다) 및 「자산유동화에 관한 법률」에 따라 설립된 유동화전문회사가 한국토지주택공사가 소유하던 토지를 자산유동화 목적으로 소유하고 있는 토지

〈쟁점요지〉 한국토지공사가 재산세 과세기준일 현재 임대를 목적으로 소유하고 있는 토지를 타인에게 공급할 목적으로 소유하고 있는 토지로 보아 토지분 재산세를 분리과세할 수 있는지 여부

판결요지 ••• 한국토지공사법에서 공급과 임대를 구분하고 있는 점 등을 고려시 공급목적으로 소유하고 있는 토지로 볼 수 없어 분리과세 적용 불가

- 한국토지공사의 업무범위를 규정한 구 한국토지공사법 제9조 제1항 제1호가 토지의 '공급'과 '임대'를 구분하고 있고, 조세법률주의에 기초한 조세법규 엄격해석의 원칙상 구 지방세법 시행령 제132조 제5항 제1호 소정의 '공급'에는 소유권 처분이 수반되지 않는 '임대'는 포함되지 않는다고 해석하여야 하며, ③ 한국토지공사는 대한주택공사 또는 원고와 그 설립목적이나 업무가 같다고 보기 어려운 이상, 한국토지공사에 대하여만 '임대'할 목적으로 소유하고 있는 토지를 분리과세대상 토지로 규정하지 아니한 구 지방세법 시행령 제132조 제5항 제1호가 종합합산과세제도의 취지에 반한다든가 조세평등주의에 위배된다고 볼 수 없다는 등의 이유로, 피고가 이 사건 토지를 종합합산과세대상 토지에 해당하는 것으로 보아 원고에게 2008년분 및 2009년분 각 재산세 등을 부과한 이 사건 처분은 적법하다.

※ 다만, 한국토지공사와 대한주택공사가 통합되면서 현행 지방세법 시행령이 개정되어 한국토지주택공사가 임대를 목적으로 소유하고 있는 토지도 분리과세대상에 포함되었음에 유의

4.13 분리과세를 적용함에 있어 합병, 상속과 달리 무상출연에 대하여 영속성을 인정하지 않는 것이 헌법에 위배되는지

【관련 판례】 대법 2017두43678, 2017. 8. 24. 판결(심리불속행) : 상고기각

- 지방세법 제106조 및 시행령 제102조

지방세법 시행령 제102조(분리과세대상 토지의 범위)

⑨ 제1항 제2호 라목·바목 및 제2항 제4호·제6호에 따른 농지와 임야는 1990년 5월 31일 이전부터 소유(중략)하는 것으로 한정하고, 제1항 제3호에 따른 목장용지 중 도시지역의 목장용지 및 제2항 제5호 각 목에서 규정하는 임야는 다음 각 호의 어느 하나에 해당하는 것으로 한정한다.

1. 1989년 12월 31일 이전부터 소유(1990년 1월 1일 이후에 해당 목장용지 및 임야를 상속받아 소유하는 경우와 법인합병으로 인하여 취득하여 소유하는 경우를 포함한다)하는 것

〈쟁점요지〉 1990. 1. 1. 이후 도시지역 안의 개발제한구역 임야를 취득원인이 상속 또는 법인합병으로 무상취득하면 분리과세로 규정하면서 같은 무상인 무상출연을 제외한 것은 과도한 재산권 침해로 평등의 원칙에 위배되는지 여부

판결요지 ••• 도시지역 안의 개발제한구역 임야의 취득원인을 유·무상으로 구별하지 아니하고 분리과세를 배제한 것은 입법자의 입법형성권의 범위를 벗어난 것은 아님

- 종합토지세의 분리과세제도는 정책적 고려에 따라 중과세 또는 경과세의 필요가 있는 토지에 대하여 예외적으로 별도의 기준에 의하여 분리과세함으로써 종합합산과세에서 오는 불합리를 보완하고자 하는 데에 그 취지가 있다. 이와 같은 종합토지세의 분리과세제도의 취지에 비추어 보면, 분리과세요건을 규정하는 권한은 입법자의 입법형성권의 범위에 속한다고 할 것이다(대법원 2001. 5. 29. 선고 99두7265 판결 참조).
- 재산권의 본질적 내용인 사적 유용성과 원칙적인 처분권한을 여전히 토지소유자에게 남겨 놓는 한도 내의 재산권 제한이고, 현재와 같이 세율이 낮은 상태에서는 매년 종합토지세를 부과한다 하더라도 짧은 기간 내에 사실상 토지가액 전부를 조세 명목으로 징수함으로써 토지재산권을 무상으로 몰수하는 효과를 가져오는 것도 아닌바[헌법재판소 2001. 2. 22. 선고 99헌바3·46(병합) 결정 참조], 지방세법 시행령 제102조 제6항이 1990. 1. 1. 이후에 도시지역 안의 개발제한구역의 목장용지와 개발제한구역의 임야를 취득한 경우 취득원인이 무상인지 유상인지를 구별하지 아니하고 분리과세대상에서 제외하도록 규정한 것이 입법

자의 입법형성권의 범위를 벗어난 것이라고 볼 수 없다(수원지방법원 2016. 8. 31. 선고 2016구합62536 판결).

4.14 비영리사업자의 범위에 유치원을 포함하여 재산세 분리과세를 적용할 수 있는지

【관련 판례】 대법 2019두55903, 2023. 8. 31. 판결 : 상고기각

- 지방세법 제106조 및 시행령 제102조

지방세법 제106조(과세대상의 구분 등)

3. 아. 그 밖에 지역경제의 발전, 공익성의 정도 등을 고려하여 분리과세하여야 할 타당한 이유가 있는 토지로서 대통령령으로 정하는 토지

지방세법 시행령 제102조(분리과세대상 토지의 범위)

⑧ 법 제106조 제1항 제3호 아목에서 "대통령령으로 정하는 토지"란 다음 각 호에서 정하는 토지(법 제106조 제1항 제3호 다목에 따른 토지는 제외한다)를 말한다.

1. 제22조 제2호에 해당하는 비영리사업자가 소유하고 있는 토지로서 교육사업에 직접 사용하고 있는 토지. 다만, 수익사업에 사용하는 토지는 제외한다.

지방세법 시행령 제22조(비영리사업자의 범위)

법 제11조 제1항 제2호 단서에서 "대통령령으로 정하는 비영리사업자"란 각각 다음 각 호의 어느 하나에 해당하는 자를 말한다.

2. 「초·중등교육법」 및 「고등교육법」에 따른 학교, 「경제자유구역 및 제주국제자유도시의 외국교육기관 설립·운영에 관한 특별법」 또는 「기업도시개발 특별법」에 따른 외국교육기관을 경영하는 자 및 「평생교육법」에 따른 교육시설을 운영하는 평생교육단체

〈쟁점요지〉 비영리사업자의 범위에 영유아보육법에 따른 유치원을 포함하여 초·중등교육법에 따른 학교와 유사하게 재산세 분리과세를 적용할 수 있는지 여부

판결요지 ••• 분리과세 대상에 포함할 것인가는 입법형성권에 속하고, 입법자가 유치원과 학교를 구분하여 분리과세를 달리 정한 것으로 판단되며, 양자를 차별하는 것이 형평에 반하는 것이라고 보기도 어려워 유치원을 비영리사업자의 범위에 포함하지 않는 것으로 보아 재산세 분리과세를 배제하는 것은 적법함

- 토지에 대한 재산세의 분리과세제도는 정책적 고려에 따라 중과세 또는 경과세의 필요가 있는 토지에 대하여 예외적으로 별도의 기준에 의하여 분리과세를 함으로써 종합합산과세에서 오는 불합리를 보완하고자 하는 데에 그 취지가 있다. 이러한 분리과세제도의 취지에 비추어 보면, 분리과세요건을 규정하는 권한은 입법자의 입법형성권의 범위에 속한다(대법원 2001. 5. 29. 선고 99두7265 판결, 대법원 2013. 7. 26. 선고 2011두19963 판결 등 참조).
- 개정 전 지방세법의 위임에 따라 개정 전 지방세법 시행령은 비영리사업자의 범위를 제79조 제1항 각 호에서 일괄 규정하였는데, 제2호는 '초・중등교육법에 의한 학교를 경영하는 자'를, 제6호는 '영유아보육법에 의한 영유아보육시설을 운영하는 자'를 비영리사업자의 하나로 들고 있었다. 구 초・중등교육법(2004. 1. 29. 법률 제7120호로 개정되기 전의 것) 제2조 제1호는 '유치원'을 학교의 종류 중 하나로 규정하고 있었는데, 2004. 1. 29. 법률 제7120호로 유치원의 설립・운영에 관한 근거법률인 유아교육법이 별도로 제정되어 2005. 1. 30. 시행됨에 따라 위 조항은 삭제되었고, '초・중등교육법에 의한 학교'에서 '유치원'이 제외되었다. … 개정 지방세법 시행령 제79조 제1항 각 호는 비영리사업자의 범위를 규정하면서 '영유아보육법에 의한 영유아보육시설을 운영하는 자'를 삭제하였고, 유아교육법이 제정되었음에도 '유아교육법에 의한 유치원을 운영하는 자'를 새로 추가하지도 않았다. 그 결과, 영유아보육법에 의한 영유아보육시설 및 유아교육법에 의한 유치원의 경우에 그 사업에 직접 사용하지 않는 토지를 영유아보육시설 또는 유치원을 운영하는 자가 1995. 12. 31. 이전부터 소유하고 있다는 이유만으로는 더 이상 재산세를 분리과세하지 않게 되었으므로, 초・중등교육법에 의한 초・중・고등학교 등의 경우보다 세법상 불리한 취급을 받게 되었으나, 다른 한편으로 영유아보육시설 및 유치원을 운영하려고 하는 자에 대하여도 취득세・등록세를 면제하게 된 측면에서는 초・중・고등학교 등의 경우보다 세법상 유리한 취급을 받게 되었다.
- 유아교육법에 의한 유치원 또는 그 경영자를 초・중등교육법에 의한 학교 또는 그 경영자와 구별하여 취급하고자 하는 입법자의 의도에 따라 유아교육법에 의한 유치원을 경영하는 자를 구 지방세법령의 '비영리사업자'에 포함시키지 않은 것이고, 유치원을 경영하는 자가 소유하는 토지를 재산세 분리과세대상에서 제외한 것이 초・중・고등학교 경영자와의 형평에 반한다고 볼 수 없다는 등 판시와 같은 이유로, 유아교육법에 의한 유치원을 경영하는 자가 구 지방세법 시행령 제22조에서 규정한 '비영리사업자'에 해당한다고 볼 수 없고, 쟁점 토지는 재산세 분리과세대상에 해당하지 않는다.

5. 재산세 비과세

5.1 사업비용 전액을 국고지원받아 취득한 매립지를 국가의 사실상 소유에 속하는 것으로 보아 재산세를 비과세할 수 있는지

【관련 판례】 대법 98두17623, 1999. 2. 23. : 상고기각

- 지방세법 제109조

지방세법 제109조(비과세)

① 국가, 지방자치단체, 지방자치단체조합, 외국정부 및 주한국제기구의 소유에 속하는 재산에 대하여는 재산세를 부과하지 아니한다. (후략)

〈쟁점요지〉 사업비용 전액을 국고로부터 지원받아 매립지를 취득하고 이를 지역농민들에게 일시 경작케 하고 경작료를 징수하였을 경우 토지를 재산세 비과세대상으로 볼 수 있는지

판결요지 국가로부터 사업비 전액을 보조받아 매립한 토지를 지역주민에게 임대하여 주는 경우라도, 국가가 소유한 것으로 보아 재산세를 비과세할 수 없음

- 구 지방세법(1995. 12. 6. 법률 제4995호로 개정되기 전의 것, 이하 '법'이라 한다) 제234조의8 및 제234조의9 제1항의 각 규정에 의하여 종합토지세의 납세의무자는 원칙적으로 과세기준일인 현재 공부상 소유자로 등재된 여부를 불문하고 과세대상 토지에 대한 실질적인 소유권을 가진 자를 뜻하는 점(대법원 1996. 4. 18. 선고 93누1022 전원합의체 판결 참조)에 비추어 볼 때, 법 제234조의11 제1항에서 종합토지세의 비과세대상으로 규정하고 있는 '국가의 소유에 속하는 토지'라 함은 공부상의 명의 여부에 관계없이 국가의 사실상 소유에 속하는 토지를 가리킨다고 할 것이지만, 원고가 직접 공유수면을 매립하는 농업종합개발사업을 시행한 결과 공유수면매립법 제29조 제3항의 규정에 의하여 그 매립지의 소유권을 취득한 경우에는, 비록 원고가 국가가 설치한 정부투자기관으로서 그 사업비용 전액을 국

고로부터 지원받아 시행하였고 그 매립지를 국가의 감독하에 관리·처분하여야 하는 지위에 있었다고 할지라도, 당해 매립지를 원고가 보유하는 동안 이를 지역농민들로 하여금 일시 경작케 하고 경작료를 징수하였던 이상, 그 소유권은 법률상으로 뿐만 아니라 사실상으로도 국가와 별개로 독립한 법인격을 가진 공법인인 원고에게 귀속된다고 할 것이므로, 이러한 토지를 두고 여기서 말하는 국가의 소유에 속하는 토지라고 할 수 없어 위 법조에 의한 종합토지세의 비과세대상이 아니라고 할 것인바, 같은 취지의 원심 판단은 정당하고, 거기에 소론과 같은 원고 공사의 법적 지위 및 실질과세의 원칙에 관한 법리 오해의 위법이 있다고 할 수 없다. 논지는 이유 없다.

관련 기타 판례

1. 새만금사업을 한국농어촌공사에 위탁하고 소유권을 공사로 등기하였으나 공사가 사용, 수익, 처분권이 없고 사실상 그 권한을 국가가 행사하는 경우, 공사 앞으로 소유권 보전등기가 되어 있다고 하더라도 공사가 사용, 수익, 처분권이 없고 그에 대한 권한을 국가가 행사한다면 국가를 사실상의 소유자로 보아 재산세 납세의무를 지우는 것이 타당함(대법 2020두43548, 2020. 11. 5. 판결).
2. 한국농어촌공사가 농지관리기금을 재원으로 하여 조성한 매립지를 공사 명의로 소유권등기하여 보유하고 있는 토지의 경우, 농어촌공사법 등을 고려할 때 국가로 귀속되는 농업기반시설 이외의 토지는 원칙적으로 국가가 아닌 공사로 귀속된다고 보는 것이 타당하므로 국가소유로 보아 비과세할 수 없음(대법 2023두37315, 2023. 8. 18. 판결).

5.2 인접토지의 공공용 사업으로 인해 토지를 사용하지 못하게 된 경우 당해 토지를 비과세대상으로 볼 수 있는지

【관련 판례】 대법 99두5511, 2000. 12. 12. : 상고기각

- 지방세법 제109조

지방세법 제109조(비과세)

② 국가, 지방자치단체 또는 지방자치단체조합이 1년 이상 공용 또는 공공용으로 사용(1년 이상 사용할 것이 계약서 등에 의하여 입증되는 경우를 포함한다)하는 재산에 대하여는 재산세를 부과하지 아니한다. 다만, 다음 각 호의 어느 하나에 해당하는 경우에는 재산세를 부과한다.

1. 유료로 사용하는 경우
2. 소유권의 유상이전을 약정한 경우로서 그 재산을 취득하기 전에 미리 사용하는 경우

〈쟁점요지〉 인접토지의 공용 사용으로 인하여 당해 토지를 사용하지 못하게 된 경우, 당해 토지가 지방세법 제234조의11 제2항 소정의 종합토지세 비과세대상에 해당되는지 여부

판결요지 인접토지의 공용 또는 공공용 사용으로 인하여 토지를 소유자가 사용하지 못하였다고 하여 당해 토지를 재산세 비과세대상 공공용으로 사용하는 토지로 볼 수 없음

- 지방세법(1994. 12. 22. 법률 제4794호로 개정된 것) 제234조의11 제2항에 의하면 국가·지방자치단체 및 지방자치단체조합이 1년 이상 공용 또는 공공용에 사용하는 토지에 대하여는 종합토지세를 부과하지 아니한다고 규정하고 있는데, 위 규정 소정의 비과세대상은 국가 등이 공용 또는 공공용으로 사용하는 토지만을 말한다 할 것이고, 인접토지의 공용 또는 공공용 사용으로 인하여 당해 토지를 소유자가 사용하지 못하였다고 하여 당해 토지가 위 규정에 의한 비과세대상이 될 수는 없다 할 것이다.

관련 기타 판례

- 공사 소유 부동산을 수산물도매시장으로 제공받아 그 운영을 자치단체가 출자한 법인에게 위탁하고 있고, 수탁법인이 공사에게 해당 부동산의 사용 대가로 사용료를 지급하고 있는 경우와 같이 국가 등이 타인 소유 부동산을 공용으로 사용하더라도 그 재산의 소유자가 그로인해 수익을 얻고 있다면 재산세 비과세 요건을 구비한 것으로 볼 수 없고, 그 비용이 일반 임대료 보다 낮다거나 부담을 자치단체 출자 법인이 지급한다고 하더라도 납세의무에 영향을 미치지 않음(대법 2019두54290, 2020. 1. 30. 판결).

5.3 학교용지를 기부조건부 양여 방식으로 취득하는 과정에서 재산세 납세의무자 및 비과세 적용 기준

【관련 판례】 대법 2023두44030, 2023. 8. 31. 판결(심리불속행) : 상고기각

- 지방세법 제109조

〈쟁점요지〉 개발사업으로 조성한 토지의 일부를 학교용지(학교 신축건물 포함)로 기부채납하고 그 반대급부로 종전에 용도폐지된 구 학교용지를 양여받기로 한 경우에 있어, 당초 약정과 달리 학교시설을 신축한 이후에도 학교용지를 기부채납하지 않고 용도폐지된 구 학교용지를 양여받고 있지 않은 상태에서 학교용지에 대한 재산세 납세의무자를 학교로 보거나 국가등이 무상사용하는 것으로 보아 비과세를 할 수 있는지 여부

판결요지 쟁점 계약은 기부채납 하기로 하는 증여계약과 양여하기로 하는 양여계약이 서로 대가적 관계에 있는 약정으로 보아야 하므로 구 학교용지에 대한 양여계약이 이행되지 않은 경우에는 기부채납도 이행되었다고 볼 수 없어 기부채납 예정토지의 소유권은 여전히 원고에게 있다고 보는 것이 타당하고, 대가관계에 있다는 점에서 무상취득으로 보아 취득시기를 정할 수도 없으며, 국가 등이 무상으로 사용하는 것으로 보아 비과세할 수도 없음

- 이 사건 업무협약은 원고가 이 사건 학교용지와 학교건물을 참가인에게 기부채납하기로 하는 증여의 계약과 참가인이 종전 학교용지와 종전 학교건물을 원고에게 양여하기로 하는 양여의 계약이 서로 대가적 관계에서 있는 약정으로 봄이 타당하고, 따라서 유상행위에 해당한다.
- 기부채납은 증여계약으로 채권계약에 불과하여, 그 이행으로서 소유권이전등기를 마치기 전까지는 소유권이 이전되지 않는데, 이 사건 학교용지에 대한 소유 명의가 여전히 원고에게 남아있음은 앞서 본 것과 같으므로, 이 사건 학교용지의 소유자는 원고로 봄이 타당하고, 이와 다른 전제에서 기부채납 절차가 완료되었다는 원고의 주장은 이유 없다. 원고는, 기부채납은 무상의 승계취득에 해당하고, 구 지방세법 시행령 제20조에 따라 기부채납 부동산의 사실상 취득시기는 '기부채납에 관한 의사표시가 합치된 날'로 보아야 하므로, 참가인은 이 사건 업무협약 체결일인 2017. 11. 30. 또는 기부채납원 제출일인 2018. 7. 31. 무렵 이 사건 학교용지를 사실상 취득하였다고 주장한다.
- 살피건대, 구 지방세법 시행령 제20조 제1항 본문이 '무상승계취득의 경우에는 그 계약일에 취득한 것으로 본다'고 규정하고 있으나, 앞서 살펴본 것과 같이 이 사건 업무협약은 유상행위로 봄이 타당하므로 이 사건 학교용지 취득의 법률관계를 무상승계취득으로 보

기 어려울 뿐만 아니라 위 규정은 취득세 부과를 위한 과세물건의 취득시기에 관한 규정으로 재산세 납세의무자인 '사실상 소유자'가 되는 시기에 관한 규정이 아니므로 이 사건에 그대로 적용할 수는 없다. 따라서 원고의 위 주장은 이유 없다.

- 이 사건 업무협약은 유상행위로 봄이 타당하고, 참가인이 이 사건 업무협약에 따라 그 소유권을 취득하기 전인 2020. 3. 1. 순천삼○중학교를 이전하여 그 무렵부터 이 사건 학교용지를 사용하고 있는 사실은 앞서 본 것과 같으므로, 이 사건 학교용지의 사용은 구 지방세법 제109조 제2항 단서 제2호가 규정하는 비과세 제외사유인 '소유권의 유상이전을 약정한 경우로서 그 재산을 취득하기 전에 미리 사용하는 경우'에 해당한다(광주고법 2022누12257, 2023. 5. 25. 판결).

5.4 토지가 불특정 다수인의 통행로로 사용되는 '대지안의 공지'를 비과세대상 도로로 볼 수 있는지

【관련 판례】 대법 2002두2871, 2005. 1. 28. : 상고기각

- 지방세법 제109조 및 시행령 제108조

지방세법 제109조(비과세)

③ 다음 각 호에 따른 재산(제13조 제5항에 따른 과세대상은 제외한다)에 대하여는 재산세를 부과하지 아니한다. 다만, 대통령령으로 정하는 수익사업에 사용하는 경우와 해당 재산이 유료로 사용되는 경우의 그 재산(제3호 및 제5호의 재산은 제외한다) 및 해당 재산의 일부가 그 목적에 직접 사용되지 아니하는 경우의 그 일부 재산에 대하여는 재산세를 부과한다.

1. 대통령령으로 정하는 도로·하천·제방·구거·유지 및 묘지

지방세법 시행령 제108조(비과세)

① 법 제109조 제3항 제1호에서 "대통령령으로 정하는 도로·하천·제방·구거·유지 및 묘지"란 다음 각 호에서 정하는 토지를 말한다.

1. 도로: 「도로법」에 따른 도로(같은 법 제2조 제2호에 따른 도로의 부속물 중 도로관리시설, 휴게시설, 주유소, 충전소, 교통·관광안내소 및 도로에 연접하여 설치한 연구시설은 제외한다)와 그 밖에 일반인의 자유로운 통행을 위하여 제공할 목적으로 개설한 사설도로. 다만, 「건축법 시행령」 제80조의2에 따른 대지 안의 공지는 제외한다.

〈쟁점요지〉 건축법 등 관계 규정에 의하여 건축선으로부터 띄어야 할 거리를 둠으로 인하여 생긴 공지(공지)가 불특정 다수인의 통행에 제공된 경우, 구 지방세법 시행령 제194조의7 제1호 단서에서 규정하는 '대지 안의 공지'로서 비과세대상에서 제외되는지 여부

판결요지 ••• 건축법상 대지 안의 공지에 해당하기는 하나, 일반인의 통행로로 제공되는 사도의 요건을 갖추고 있는 경우라면 재산세 비과세대상 도로에 해당함

- 지방세법(이하 '법'이라 한다) 제234조의12 제6호, 구 지방세법 시행령(1999. 12. 31. 대통령령 제16673호로 개정되기 전의 것, 이하 '시행령'이라 한다) 제194조의7 제1호 본문에서 종합토지세를 부과하지 않는 것으로 규정된 '일반인의 자유로운 통행에 공할 목적으로 개설한 사도'는 사도법 제4조에 의한 허가를 받아 개설된 사도에 한정되는 것이 아니고, 처음부터 일반인의 자유로운 통행에 공할 목적으로 개설한 사도는 물론 사도의 소유자가 당초 특정한 용도에 제공할 목적으로 설치한 사도라고 하더라도 당해 사도의 이용실태, 사도의 공도에의 연결상황, 주위의 택지의 상황 등 제반 사정에 비추어 사도의 소유자가 일반인의 통행에 대하여 아무런 제약을 가하지 않고 있고, 실제로도 널리 불특정 다수인의 통행에 이용되고 있다면 그러한 사도는 모두 이에 포함된다고 할 것이고(대법원 1993. 4. 23. 선고 92누9456 판결, 2001. 5. 8. 선고 99두8633 판결 등 참조), 또 종합토지세가 토지의 예상 수익력에 착안하여 담세력을 인정하는 수익세적 재산세인 점, 법 제234조의12와 시행령 제194조의7의 각 호 규정이 주로 공용 또는 공익에 제공되는 토지를 종합토지세의 비과세대상으로 규정하고 있고, 이에 따라 토지의 사실상의 현황이 일반인들의 자유로운 통행에 제공되는 사도로 이용되고 있는 경우에는 토지소유자의 독점적이고 배타적인 사용・수익이 어려우므로 이를 비과세대상으로 규정하고 있는 점 등에 비추어 보면, 시행령 제194조의7 제1호 단서가 건축법 소정의 '대지 안의 공지'를 비과세대상에서 제외하는 것으로 규정한 취지는, 건축법 등 관계 규정에 의하여 건축선이나 인접대지경계선으로부터 띄어야 할 거리를 둠으로 인하여 생긴 공지에 대하여 당해 대지소유자가 그 소유건물의 개방감과 안정성을 확보하고 고객을 유치하기 위한 목적 등으로 그 사용・수익 방법의 하나로 임의로 일반공중의 통행로로 제공하는 경우 등과 같이 계속하여 독점적이고 배타적인 지배권(사용수익권)을 행사할 가능성이 있는 것을 전제로 한 것이라고 봄이 상당하므로, 그 공지의 이용현황, 사도의 조성경위, 대지소유자의 배타적인 사용가능성 등을 객관적・종합적으로 살펴보아, 대지소유자가 그 소유 대지 주위에 일반인들이 통행할 수 있는 공적인 통행로가 없거나 부족하여 부득이하게 그 소유 공지를 불특정 다수인의 통행로로 제공하게 된 결과 더 이상 당해 공지를 독점적・배타적으로 사용・수익할 가능성이 없는 경우에는 위 단서 소정의 '대지 안의 공지'에 해당하지 않는 것으로 보아야 할 것이다.

관련 기타 판례

1. 사도의 소유자가 일반인의 통행에 대하여 아무런 제약을 가하지 않고 있으며 실제로도 널리 불특정 다수인의 통행에 이용되고 있다면 사도법에 의한 허가를 받지 않았어도 그러한 사도 역시 재산세 비과세대상 도로에 포함됨(대법 2002두2871, 2005. 1. 28. 판결).
2. 대지 안의 공지가 공도와 연접하여 사도로 있더라도 일반인의 통행에 공여되어 사도의 역할을 수행하고 있다면 비과세대상 도로에 해당함(대법 2023두50004, 2023. 11. 16. 판결).

5.5 도로공사 지사사무실 부지가 재산세 비과세대상 '도로'에 해당되는지

【관련 판례】 대법 2016두49658, 2016. 4. 28. 판결 : 기각

- 지방세법 제109조

〈쟁점요지〉 도로에 인접한 한국도로공사의 지역지사사무실 부지를 도로법상 '도로의 부속물'로 보아 재산세 비과세대상인 '도로법에 따른 도로'에 해당된다고 볼 수 있는지 여부

판결요지 한국도로공사의 지역지사사무실 부지라도 재산세 비과세대상 도로법상의 '도로'에 해당됨

- 구 도로법(2014. 1. 14. 법률 제12248호로 전부개정되기 전의 것, 이하 같다) 제2조에서 정한 '도로의 부속물'은 지방세법 제109조 제3항 제1호 및 지방세법 시행령 제108조 제1항 제1호에서 정한 '도로법에 따른 도로'로서 비과세대상에 해당하고, '도로의 부속물'에는 해당 시설과 그 부지가 포함되며 또한 해당 시설의 유지·관리에 필요한 부대시설 및 그 부지도 포함된다.
- 원고 소속 ○○지사의 사무소용 건물(이하 '이 사건 건물'이라 한다)이 설치되어 있는 원심 판시 제1토지 및 제2토지는 전체적으로 구 도로법 제2조 제1항 제4호에서 정한 '도로구조의 보전과 안전하고 원활한 도로교통의 확보, 그 밖에 도로의 관리에 필요한 시설 및 공작물'로서 '도로의 부속물'에 해당한다.
- 위 제1, 2토지에 있는 주차장, 테니스장, 조경시설, 법면 등은 모두 이 사건 건물이나 차고, 정비고, 적치장 등의 원활한 이용을 위하여 조성된 것으로서 이 사건 건물 등과 유기적 일체를 이루고 있으므로, 도로의 관리에 필요한 시설 및 공작물로서 '도로의 부속물'에 해당한다.

- 위와 같은 원심의 판단에 상고이유 주장과 같이 지방세법 제109조 제3항 제1호 및 지방세법 시행령 제108조 제1항 제1호에서 정한 '도로법에 따른 도로', 지방세법 제109조 제3항 단서에서 정한 '해당 재산의 일부가 그 목적에 직접 사용되지 아니하는 경우' 등에 관한 법리를 오해하거나 자유심증주의의 한계를 벗어나 이 사건 건물 및 위 제1, 2토지의 현황에 관한 판단을 그르친 위법이 없다.

관련 기타 판례

- 도로의 부속물인 휴게소의 건설 예정 부지에 불과할 뿐, 아직 그 휴게소의 형태를 갖추지 못하고 있다면 재산세가 비과세되는 '도로의 부속물'로 볼 수 없음(설령 휴게시설이 설치되었다 하더라도 수익사업용으로 보아야 하므로 재산세 부과됨)(대법 2015두59167, 2016. 3. 24. 판결).

5.6 고속도로 휴게시설 및 그 부속토지를 수익사업에 사용한 것으로 보아 재산세 비과세를 배제한 것이 적법한지

【관련 판례】 대법 2011두17165, 2013. 4. 25. 대법 2011두6394 · 2011두10683 · 2011두15244 2013. 4. 26., 판결 : 파기환송

- 같은 취지의 판례 : 대법 2013두13310, 2013. 10. 17. 판결(심리불속행) : 상고기각
- 지방세법 제109조

〈쟁점요지〉 한국도로공사에서 고속국도에 위치한 휴게시설을 제3자에게 임대하고 임대료를 징수하고 있는 경우 휴게시설과 그 부속토지를 수익사업에 사용한 것으로 보아 재산세 비과세를 배제하는 것이 적법한지 여부

판결요지 ••• 수익사업에 해당하여 재산세 비과세를 배제하는 것이 타당함

- 원고가 공법인으로서 법률에서 정한 바에 따라 휴게시설을 설치 · 관리할 의무가 있고, 휴게시설과 그 부속토지에서 발생한 임대료 수익의 대부분을 원고의 설립목적에 부합하는 공익적 용도에 사용하였다 하더라도, 이 사건 각 토지의 임대행위는 객관적으로 보아 그 자체로 수익성을 가지거나 수익을 목적으로 하는 것일 뿐만 아니라 그 규모와 횟수 등에 비추어 부동산 임대사업 활동으로 볼 수 있는 정도의 계속성과 반복성이 있으므로 수익사업에 해당한다고 볼 수밖에 없고, 따라서 이 사건 각 토지는 수익사업에 사용되고 있다고 보아야 한다.

5.7 국가로부터 부당이득금을 받은 경우에도 토지를 유료로 사용하는 것에 해당하는지

【관련 판례】 대법 2010두4964, 2012. 12. 13. : 상고기각

- 지방세법 제109조

〈쟁점요지〉 도로가 개인소유라는 판결에 따라 국가로부터 부당이득금을 받은 경우에도 도로를 유료로 사용하는 경우로 보아 비과세대상에서 제외되는지 여부

판결요지 ••• 원인무효 소송 판결에 의하여 도로가 개인소유로 결정되고 이를 근거로 개인이 국가로부터 도로사용에 따른 부당이득금을 받게 된 경우에는 도로를 유료로 사용하는 것에 해당되어 재산세 비과세대상이 아님

- 종전 지방세법 제234조의12 제6호 및 그 위임에 따른 구 지방세법 시행령(2005. 1. 5. 대통령령 제18669호로 개정되기 전의 것) 제194조의7 제1호, 그리고 구 지방세법 제186조 제4호 및 그 위임에 따른 구 지방세법 시행령(2008. 5. 27. 대통령령 제20794호로 개정되기 전의 것) 제137조 제1항 제1호는 도로법상의 도로인 토지에 대하여는 종합토지세 또는 재산세를 부과하지 아니하되, 당해 토지가 유료로 사용되는 경우에는 예외로 하도록 규정하고 있다. 이들 규정의 취지와 법문에서 유료의 개념에 아무런 제한을 가하지 아니한 점 등에 비추어 보면, 여기서 '유료로 사용되는 경우'라 함은 어떤 명목으로든 당해 토지의 사용에 대하여 대가가 지급되는 경우를 말하고, 그 사용이 대가적 의미를 갖는다면 그 사용기간의 장단이나, 그 대가의 지급이 1회적인지 또는 정기적이거나 반복적인 것인지를 묻지 아니한다(대법원 1993. 9. 14. 선고 92누15505 판결 등 참조).
- 대한민국이 원고에게 지급한 부당이득금은 이 사건 토지의 이용에 대한 대가로서의 성격을 가지므로 이 사건 토지는 유료로 사용되었다고 보아야 하므로, 이 사건 각 과세기준일 현재 이 사건 토지는 종합토지세 또는 재산세의 비과세대상에 해당하지 아니한다.

관련 기타 판례

- 농촌진흥청이 청사신축을 위해 한국토지주택공사로부터 연부로 토지를 취득하면서 최종할부금을 납부하기로 한 날 이후의 공사명의로 부과된 조세 및 공과금을 부담하기로 한 경우, 이는 내부적 약정으로 보일 뿐 토지의 사용대가를 정한 것으로 보기는 어려우므로 유료사용으로 볼 수 없음(대법 2017두59741, 2017. 11. 29. 판결, 대법 2017두59758, 2017. 11. 29. 판결 등).

5.8 지적공부상 묘지가 아니더라도 현황상 묘지인 경우 재산세를 비과세할 수 있는지

【관련 판례】 대법 2011두24156, 2012. 1. 12. 판결(심리불속행) : 상고기각

- 지방세법 제109조 제3항 제1호 및 시행령 제108조 제1항 제6호

지방세법 시행령 제108조(비과세)

① 법 제109조 제3항 제1호에서 "대통령령으로 정하는 도로 · 하천 · 제방 · 구거 · 유지 및 묘지"란 다음 각 호에서 정하는 토지를 말한다.

6. 묘지: 무덤과 이에 접속된 부속시설물의 부지로 사용되는 토지로서 지적공부상 지목이 묘지인 토지

〈쟁점요지〉 지적공부상 묘지에 한정하여 비과세토록 한 지방세법 시행령 규정이 모법에 위반되어, 지적공부상 묘지가 아니더라도 현황상 묘지인 경우라도 재산세를 비과세하는 것이 타당한지 여부 및 별도합산 대상으로 볼 수 있는지 여부

판결요지 ••• **비과세대상을 한정한 시행령 규정이 모법 위반이 아니므로 비과세 불가함**

- 이 사건 시행령 규정 부분이 조세평등주의에 반하거나 모법의 위임범위를 벗어난 무효의 규정이라고 할 수 없다. 또한, 이 사건 시행령 규정 부분은 현황이 묘지인 것을 전제로 하여 지적공부도 묘지일 것을 요하므로 실질과세 원칙에 위배된다고 볼 수도 없다.
- 지방세법 시행령 제131조의2 제3항 제13호는 별도합산과세대상 토지의 하나로 장사 등에 관한 법률 제13조 제3항에 따른 설치 · 관리허가를 받은 법인묘지용 토지로서 지적공부상 지목이 묘지인 토지를 들고 있으므로, 현황이 묘지라 하더라도 지적공부상 지목이 묘지가 아닌 경우에는 별도합산과세대상 토지에 해당하지 않는다(서울고법 2010누42074, 2011. 8. 24. 판결).

6. 고급오락장 재산세 중과세

6.1 무도장시설 등이 철거되어 고급오락장으로서의 실질적 요건을 갖추지 못한 경우 재산세가 중과되는지

【관련 판례】 대법 87누113, 1987. 5. 26. : 상고기각

- 지방세법 제111조

> **지방세법 제111조(세율)**
>
> ① 재산세는 제110조의 과세표준에 다음 각 호의 표준세율을 적용하여 계산한 금액을 그 세액으로 한다.
>
> 2. 건축물
>
> 가. 제13조 제5항에 따른 골프장, 고급오락장용 건축물: 과세표준의 1천분의 40

〈쟁점요지〉 영업허가는 취소되지 않았지만 시설이 모두 철거되는 등 고급오락장으로서의 실질을 상실한 경우에도 재산세 중과대상에 해당하는지 여부

판결요지 재산세 과세기준일 현재 고급오락장에 대한 영업허가는 취소되지 않았지만 무도시설이 철거되는 등 고급오락장으로서의 실질적 요건을 갖추고 있지 아니한 경우에는 중과대상에 해당하지 않음

- 지방세법 제78조의4가 정하는 고급오락장등 사치성재산에 대하여 중과세율을 적용하려면 그것이 재산세납기개시일 현재 반드시 그 사치성용도에 현실적으로 사용하고 있음을 요하지 않는다 하더라도 적어도 그 현황이 객관적으로 영업장으로서의 실체를 갖는 등 사치성재산으로서의 요건은 갖추어야 할 것이다.
- 같은 취지에서 원심이 원고가 소외인에게 이 사건 무도장 건물을 그 판시와 같이 임대하였다가 위 소외인이 월 임료를 연체하였음을 이유로 건물 명도소송을 제기하여 가집행이

붙은 승소판결을 받고서 1985. 8. 3. 강제집행에 의하여 그곳에 설치된 무도장시설을 모두 철거하고, 그 건물마저 명도받은 사실을 확정한 다음 이 사건 재산세납기개시일 현재 비록 그 영업허가가 취소되지는 아니하였지만 그 건물이 고급오락장으로서의 실질적 요건을 갖추지 못하였는데도 이에 대하여 이 사건 과세처분을 한 것은 위법하다고 판시한 것은 정당하고 거기에 주장하는 바와 같은 법리오해의 위법이 없다.

6.2 유흥주점이 휴업 중이더라도 기본시설 등 실체를 존치하고 있다면 재산세 중과대상에 해당하는지

【관련 판례】 대법 89누3922, 1990. 1. 25. : 상고기각

- 지방세법 제111조

〈쟁점요지〉 휴업중인 무도유흥음식점의 영업장소로서 기본시설이 존치되어 있는 건축물과 그 부속 토지에 대한 재산세 중과세율의 적용여부

판결요지 유흥주점영업이 휴업 중에 있었더라도 그 영업허가를 계속 유지하기 위하여 유흥주점 등 기본시설을 존치하여 둔 채 휴업신고를 계속하여 왔다면 그 건물의 사실상의 현황이 유흥주점영업의 장소로서 실체를 구비하고 있는 것으로서 재산세 중과대상 고급오락장에 해당함

- 무도유흥음식점 영업이 휴업중에 있었다고 하더라도 무도유흥음식점 영업허가를 계속 유지하기 위하여 무도장등 기본시설을 존치하여 둔 채 휴업신고를 계속하여 왔다면, 그 건물의 사실상의 현황이 무도유흥음식점 영업장으로서의 실체를 구비하고 있는 것으로서, 지방세법(1986.12.31. 법률 제3878호로 개정되기 전의 것) 제188조 제1항 제2호 (2)목, 제3항, 같은법 시행령(1989.8.24. 대통령령 제12783호로 개정되기 전의 것) 제142조 제1항 제2호 (4)목, 같은법 시행규칙 제78조의4 제1항 제8호 소정의 고급오락장용 건축물이라고 보아야 할 것이므로, 위 각 무도유흥음식점 영업장소인 건축물과 그 건물에 부속된 토지에 대하여는 위 지방세법 제188조 제1항 제1호 (2)목과 제2호 (2)목 소정의 중과세율을 적용한 재산세를 부과하여야 한다.

관련 기타 판례

1. 재산세 과세기준일 직전에 유흥주점에 대한 폐업신고를 하였으나, 이후에도 계속 유흥주점 허가 및 내부시설을 유지하고 있었고 그 건물을 사용하였던 것이 간접적으로 확인되는 경우 그 건물은 사실상 유흥주점 영업장소의 실체를 구비한 것으로 볼 수 있으므로 재산세 중과대상 고급오락장에 해당함(대법 2012두28148, 2013. 3. 28. 판결 등).
2. 과세기준일에는 영업이 일시 중단되었더라도 유흥주점 영업허가가 존치하고, 언제든지 영업할 수 있는 영업설비가 유지되고 있다면 중과세 대상에 해당됨(대법 2014두43660, 2015. 2. 12. 판결).

6.3 경계벽을 없애고 2개의 사업장을 1개의 사업장으로 운영하고 있는 유흥주점을 사실상 1개의 사업장으로 보아 재산세를 중과세할 수 있는지

【관련 판례】 대법 2014두9516, 2014. 9. 2. 판결(상고이유서 미제출) : 상고기각

- 지방세법 제111조

지방세법 시행령 제28조(별장 등의 범위와 적용기준)

4. 「식품위생법」 제37조에 따른 허가 대상인 유흥주점영업으로서 다음 각 목의 어느 하나에 해당하는 영업장소(공용면적을 포함한 영업장의 면적이 100제곱미터를 초과하는 것만 해당한다)
   가. 손님이 춤을 출 수 있도록 객석과 구분된 무도장을 설치한 영업장소(카바레 · 나이트클럽 · 디스코클럽 등을 말한다)
   나. 유흥접객원(남녀를 불문하며, 임시로 고용된 사람을 포함한다)을 두는 경우로, 별도로 반영구적으로 구획된 객실의 면적이 영업장 전용면적의 100분의 50 이상이거나 객실 수가 5개 이상인 영업장소(룸살롱, 요정 등을 말한다)

〈쟁점요지〉 2개호의 건물에 각각의 유흥주점 허가를 받았으나, 경계벽을 없애고 반영구적인 객실 5개를 설치한 후 출입구를 하나로 내어 영업을 하고 있는 경우 사실상 1개의 사업장으로 보아 중과세 요건을 판단하여 재산세를 중과세할 수 있는지 여부

판결요지 ••• 사실상 1개의 사업장으로 보아 중과요건을 판단하여 재산세를 중과세할 수 있음

- 원고는 501호와 502호의 경계벽을 없애 영업장 면적이 100㎡를 초과하고 5개의 객실을 둔 하나의 영업장을 운영하면서 유흥접객원을 둠으로써 지방세법 제111조 제1항 제2호 가목에서 정한 고급오락장용 건축물(유흥주점 영업장)을 소유한 것으로 봄이 타당함(창원지법 2012구합4294, 2013. 7. 16. 판결).

관련 기타 판례

1. 별도의 임대차 계약을 통해 유흥주점과 룸카페로 운영되고 있는 영업장이 임대차계약서 분리 후에도 제1, 2영업장은 하나의 출입구를 이용하는 등 종전과 같은 하나의 유흥음식점으로 사용한 경우 중과세 대상에 해당됨(대법 2014두43103, 2015. 1. 29. 판결).
2. 유흥주점 출입구로 사용되는 계단실 면적은 재산세 중과기준이 되는 객실면적에 포함되지 않음(대법 2016두35977, 2016. 6. 23. 판결).

6.4 음주시 춤출 수 있는 서비스 공간을 제공한 경우 중과대상 무도장에 해당되는지

【관련 판례】 대법 2017두50799, 2017. 10. 16. 판결(심리불속행) : 상고기각

- 지방세법 제111조

〈쟁점요지〉 대학생등 젊은이들의 음주문화를 반영하여 다양한 이벤트를 즐기거나 춤을 출 수 있도록 서비스를 제공하는 경우 재산세 중과세 대상인 객석과 구분하여 춤을 출 수 있는 무도장을 갖추었다고 볼 수 있는지 여부

판결요지 ••• 춤 출 수 있는 스테이지가 있고, 더 비싼 주류를 주문할 경우 객석에 앉을 수 있다면 객석과 구분된 무도장을 설치한 영업장소에 해당함

- ② 이 사건 업소의 객석과 통로 사이에는 원형 스테이지 7개, 반타원형 스테이지 2개, 직사각형 스테이지 4개가 설치되어 있고 각 스테이지에는 바닥과 천장을 연결하는 봉이 설치되어 있는데, 위 각 스테이지로 손님들이 오르내릴 수 있고 그 위에서 춤을 출 수 있도록 되어 있다.
- ⑤ 이 사건 업소에서 객석에 앉기 위해서는 '타워'라고 칭하는 4만 원 이상의 주류 등을

주문하여야 하고 그렇지 않을 경우에는 객석에 앉지 못하고 서서('스탠딩') 술을 마시도록 되어 있다. 이 사건 업소에서 판매하는 일반 메뉴의 세트 가격은 1 BOTTLE 평일 11만 원, 주말 13만 원, 스페셜 메뉴의 세트 가격은 2 BOTTLE 평일 20만 원, 주말 25만 원, 3 BOTTLE 평일 30만 원, 주말 35만 원이다. 이 사건 업소의 영업방침은 더 비싼 주류를 주문할 경우 더 좋은 객석에 앉을 수 있도록 하고 있다.

- ⑥ 위와 같은 이 사건 업소의 영업형태, 구조 및 설치된 시설물의 종류・용도・규모 등을 고려하면 이 사건 업소의 객석을 제외한 대부분이 손님이 춤을 추는 장소로 활용되고 있는 것으로 보이며 그 규모가 이 사건 업소의 전체 규모에 비하여 결코 작다고 볼 수 없다. 따라서 이 사건 업소는 손님이 춤을 출 수 있도록 객석과 구분된 무도장을 설치한 영업장소에 해당한다(부산고등법원 2017. 5. 19. 선고 2017누20163 판결).

관련 기타 판례

1. 술을 마시면서 일부 손님들이 춤을 추는 것이 비록 열악한 공간에서 이루어지는 부수적인 것에 불과하다 하더라도 객석과 구분된 무도장에서 손님들이 춤을 출 수 있도록 하는 것을 주된 영업형태로 하는 유흥주점이라면 재산세 중과대상에 해당됨(대법 2017두55947, 2017. 12. 7. 판결).
2. 소유명의인이나 상호 및 영업장은 별도로 되어 있으나, 사실상 내부통로를 통하여 하나의 유흥주점 영업장으로 사용한 경우 실제 운영자 및 영업장 출입구가 같고, 조리시설을 공동으로 사용 등의 기타 정황을 볼 때 단란주점이 유흥주점으로 사용되어 재산세 중과됨(대법 2017두59154, 2017. 12. 21. 판결).

6.5 유흥접객원 고용사실이 입간판, 담당공무원의 증언을 통해 입증되었다면 재산세를 중과할 수 있는지

【관련 판례】 대법 2022두41263, 2022. 9. 1. 판결(심리불속행) : 상고기각

- 지방세법 제111조

〈쟁점요지〉 유흥주점허가를 받은 영업소(룸소주방)의 입간판(선수대기) 및 세무담당공무원 출장복명서 등을 통해 영업장에서 유흥접객원을 고용한 것으로 인정하여 재산세 중과대상 고급오락장을 운영한 것으로 보아 중과세 할 수 있는지 여부

판결요지 ••• 유흥접객원이 있음을 안내하는 입간판 및 담당공무원의 출장 내용 등을 통해 유흥접객원을 고용한 사실이 입증되었다고 볼 수 있어 재산세 중과세 처분이 적법함

- 다음의 사정들을 종합하면, 임○○은 이 사건 룸소주방에서 유흥접객원을 두고 영업을 하였다고 인정되므로, 이 사건 룸소주방은 중과세율의 적용 대상인 고급오락장에 해당한다…. 2019. 4. 및 2019. 11. 위 건물 앞을 촬영한 각 사진의 영상에 의하면, 건물 앞에는 "W선수대기 3F"라고 기재된 입간판이 설치되어 있고, 그 입간판에는 임○○의 휴대폰 전화번호가 기재되어 있다. 원고들은 "W선수대기"의 의미가 불분명하다고 다투나, 원고들 스스로 소장에서 "남자도우미(일명 선수)"라고 기재하고, 임○○에 대한 증인신문에서도 원고들의 소송대리인이 "인근 다른 가게들 중 밖에 선수(접객원) 대기라는 광고 배너를 세워두고 영업을 하는 곳도 있지요"라고 질문하였으므로, "W선수대기"는 유흥접객원의 고용 사실을 알리는 취지의 광고라고 볼 수 있다…. 이 사건 룸소주방에 대한 현장조사를 하였던 피고의 직원인 당심 증인 장○○의 증언에 의하면, 피고의 직원 오○○, 장○○은 2020. 6. 4. 현장조사 당시 유흥접객원의 고용 여부에 대하여 질문을 하였는데, 점장 이○○이 '유흥접객원이 없다'고 대답하여 사실조사확인서의 "접객원 고용 여부"의 "정기" 및 "수시"란에 모두 × 표시를 하였으나, '사후에 확인되면 불이익을 받을 수 있다'는 오○○의 말에 이○○이 '손님들이 남자도우미를 불러달라고 하면 불러준다'고 대답하였고, 그에 따라 사실조사확인서의 "접객원 고용 여부" 중 "수시"란의 × 표시를 지우고 V 표시를 하였으며, 이○○이 이러한 기재 내용을 확인한 후 사실조사확인서에 서명한 다음 오○○이 이를 정리하여 사실조사확인서에 "남자접객원을 수시로 불러 줌"이라고 기재하였다. 장○○의 위와 같은 증언 내용은 위 가), 나)항에서 살핀 사실에 부합할 뿐만 아니라 오○○이나 장○○이 허위로 사실조사확인서를 작성하거나 증언을 할 특별한 사정이 있음을 인정할 증거가 없으므로, 장○○의 위 증언은 믿을 수 있다(광주고법 2021누12373, 2022. 4. 14. 판결).

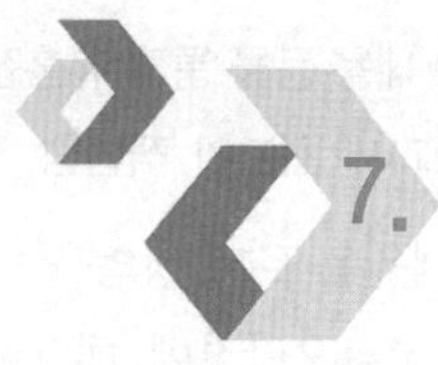

7. 회원제골프장 재산세 중과세

7.1 회원제골프장으로 등록하고 대중제골프장으로만 사용하는 경우 고율의 재산세 분리과세 적용이 가능한지

【관련 판례】 대법 2012두11904, 2013. 2. 15. 판결 : 파기환송

- 지방세법 제111조

지방세법 제111조(세율)

① 재산세는 제110조의 과세표준에 다음 각 호의 표준세율을 적용하여 계산한 금액을 그 세액으로 한다.

2. 건축물

가. 제13조 제5항에 따른 골프장, 고급오락장용 건축물: 과세표준의 1천분의 40

지방세법 제13조(과밀억제권역 안 취득 등 중과)

2. 골프장: 「체육시설의 설치 · 이용에 관한 법률」에 따른 회원제 골프장용 부동산 중 구분등록의 대상이 되는 토지와 건축물 및 그 토지 상(上)의 입목

〈쟁점요지〉 체육시설법에 따라 회원제골프장으로 등록하였으나, 실제로는 회원을 모집하지 아니하고 대중제골프장으로만 운영하고 있는 경우에도 고율의 재산세 분리과세를 적용할 수 있는지 여부

판결요지 ••• 고율의 재산세 분리과세를 적용할 수 없음

- 구 지방세법과 구 지방세법 시행령 규정을 비롯한 관련 법령 규정들의 입법취지, 문언 표현과 규정 내용 및 실질과세의 원칙과 현황부과의 원칙 등을 종합하면, 재산세 분리과세 대상이 되는 회원제골프장용 토지는 특별한 사정이 없는 이상 실제로 회원제골프장으로

사용되고 있는 토지이어야 하고, 체육시설법에 따라 회원제골프장업으로 체육시설업 등록을 하였더라도 실제로는 대중골프장으로만 운영한 경우 그 토지는 구 지방세법 제182조 제1항 제3호 다목, 제112조 제2항 제2호에서 정한 재산세 분리과세대상이 되지 않는다고 보아야 함(대법원 1997. 4. 22. 선고 96누11129 판결 등 참조).

- 그럼에도 원심은 이와 다른 전제에서 원고가 체육시설법에 따라 회원제골프장업의 등록을 하면서 이 사건 토지를 구분등록하였다는 사정만을 근거로 이 사건 토지가 실제로 회원제골프장으로 사용되는지에 관하여 심리하지 아니한 채 이를 구 지방세법이 규정한 재산세 분리과세대상에 해당한다고 보고, 이 사건 토지가 실제로는 대중골프장으로 사용되고 있어서 별도합산과세대상에 해당한다는 원고의 주장을 배척한 제1심의 판단을 그대로 유지하였으므로, 거기에는 구 지방세법 제182조 제1항 제3호 (다)목, 제112조 제2항 제2호에 관한 법리를 오해하여 심리를 다하지 아니함으로써 판결 결과에 영향을 미친 위법이 있다. 이를 지적하는 상고이유의 주장은 이유 있다.

관련 기타 판례

1. 회원제골프장으로 등록하였으나 대중골프장으로 운영하여 사실상 대중골프장에 해당됨에도 재산세 등을 회원제골프장으로 보아 중과세했다 하더라도 해석에 다툼이 있는 점 등에 비추어 그 하자가 명백하다고 할 수 없어 과세처분을 무효로 볼 수 없음(대법 2015다205512, 2016. 3. 10. 판결).
2. 출자전환으로 회원권이 존치하고 있다고 보기 어렵고, 과세기준일 현재 대중제로 운영하고 있다면 사실상 운영현황이 대중제로 운영되고 있는 것으로 보아 회원제골프장에 대한 중과세를 할 수 없음(대법 2018두35889, 2018. 5. 31. 판결).
3. 과세기준일 현재 대중제골프장으로 사용하지 않는 것이 분명하지 않은 이상, 회원제로 등록되어 있고 그 인가가 유지되는 경우라면 대중제골프장으로 사용하기 위한 인・허가 절차를 준비하고 있다고 해도 회원제골프장으로 보아 중과세하는 것이 타당함(대법 2018두57629, 2019. 1. 17. 판결).

7.2 회원제골프장 스프링클러 시설이 중과대상 급배수시설에 해당하는지

【관련 판례】 대법 2011두25142, 2013. 9. 26.[4] 판결 : 상고기각

- 지방세법 제111조

〈쟁점요지〉 체육시설법에 따라 실제로 따로 구분등록이 되어 있지 아니한 회원제골프장내 살수시설(스프링클러)이 재산세 중과대상 급배수시설에 해당하는지 여부 및 비과세 관행이 성립된 것으로 볼 수 있는지 여부

판결요지 ••• 구분등록 대상이 되는 경우라면 구분등록을 하지 않았더라도 중과대상에 해당하고, 단순히 과세가 누락되었다고 하여 비과세 관행의 성립으로 볼 수 없음

- 지방세법 제104조 제4호, 제180조 제2호의 규정에 따라 취득세와 재산세 등의 부과 대상이 되는 급·배수시설 등의 시설물은 그것이 골프장의 용도에 직접 사용되는 경우에는 실제로 따로 구분등록이 되었는지 여부와는 상관없이 지방세법 제188조 제1항 제2호 (가)목의 중과세율이 적용되는 골프장용 건축물에 해당한다고 봄이 타당하다. 원심은 그 판시와 같은 사실인정 아래 원고가 운영하는 회원제골프장인 '○○○컨트리클럽'의 골프코스 지하에 잔디 관리를 위하여 설치된 이 사건 살수시설은 지방세법 제104조 제4호, 제180조 제2호에 규정된 급·배수시설로서 골프장의 용도에 직접 사용되고 있으므로, 체육시설법 시행령 제20조 제3항에 의한 구분등록을 하였는지와 상관없이 재산세에 관하여 위 중과세율이 적용되는 회원제골프장용 건축물에 해당한다.
- 피고가 원고에 대하여 재산세 등을 과세할 수 있음을 알면서도 어떤 특별한 사정에 의하여 과세하지 않는다는 의사가 있었다거나 위와 같은 의사가 대외적으로 표시된 적이 있었다거나, 이 사건 살수시설에 대하여 비과세하는 것이 원고가 아닌 불특정 다수의 일반 납세자들에게 정당한 것으로 이의 없이 받아들여져 납세자가 그와 같은 해석 또는 관행을 신뢰하는 것이 무리가 아니라고 인정될 정도에 이르렀다고 인정할 증거가 없다.

---

4) 같은 취지의 판례 : 2011두29656, 2013. 9. 26. ; 2012두218, 2013. 9. 26. 판결 : 상고기각, 대법 2012두10426, 2013. 10. 11. ; 2012두8892, 2013. 10. 17. ; 2012두9871, 2013. 10. 17. ; 2012두14880, 2013. 10. 17. ; 2012두201, 2013. 10. 24. ; 2012두1785, 2013. 10. 24. ; 2012두6032, 2013. 10. 24. ; 2012두8861, 2013. 10. 24. ; 2012두8878. 2013. 10. 24. ; 2012두9192, 2013. 10. 24. ; 2012두10468, 2013. 10. 24. ; 2012두13863, 2013. 10. 24. ; 2012두15906, 2013. 10. 31. 판결 ; 대법 2013두27234, 2014. 4. 10. 판결(심리불속행)

7.3 개발제한구역 회원제골프장 내 원형보전 임야 중 외곽 순수 임야를 저율 분리과세할 수 있는지

【관련 판례】 대법 2013두24617, 2014. 3. 14. 판결(심리불속행) : 항고기각

- 지방세법 제111조

> 〈쟁점요지〉 개발제한구역에 위치한 회원제골프장 내 원형보전 임야 중 골프장 외곽경계에 위치하고 있어 골프장의 효용과 경관 조성을 위한 임야로 보기 어려운 경우, 당해 임야를 산림보호 육성에 필요한 개발제한구역 내 임야로 보아 저율분리과세를 적용할 수 있는지(이 사건의 경우 종부세 과세대상에서 제외할 수 있는지가 다툼이 된 사안임)

판결요지 ••• 개발제한구역 내 골프장 외곽에 위치하여 골프장 시설과 일체가 되지 않은 임야는 저율 분리과세대상에 해당함

- 쟁점 원형보전지 중 일부분은 골프장 외곽경계에서 다른 임야와 접하면서 급경사를 이루고 있는 사실이 인정되는바, 이와 같이 골프장 외곽경계 밖의 임야와 자연스럽게 이어져 급경사를 이루고 있으면서 수목이 생육하고 있는 토지로서 개발제한구역 안에 위치한 임야의 경우에는 골프장 내 골프코스 등 다른 토지와 일체가 되어 골프장을 구성하는 토지라고 보기는 어렵고, 산림의 보호육성을 위하여 필요한 임야로 볼 수 있어, 이러한 부분은 종합합산과세 대상토지로 볼 수 없고, 분리과세대상 토지에 해당한다고 할 것이다(서울고법 2012누20337, 2013. 11. 8. 판결).

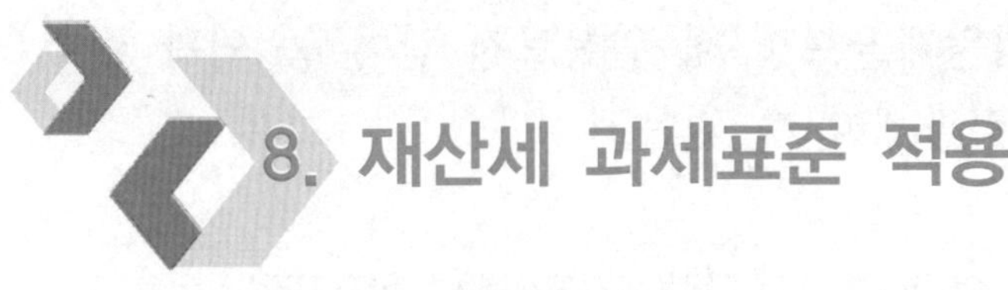

8. 재산세 과세표준 적용

8.1 주유소 건축물 시가표준액 산정시 주유소 방화벽, 세차기, 콘크리트바닥 등도 함께 포함되는지

【관련 판례】 대법 2012두13825, 2012. 10. 11. 판결(심리불속행) : 상고기각

- 지방세법 제110조

지방세법 제110조(과세표준)

① 토지·건축물·주택에 대한 재산세의 과세표준은 제4조 제1항 및 제2항에 따른 시가표준액에 부동산 시장의 동향과 지방재정 여건 등을 고려하여 다음 각 호의 어느 하나에서 정한 범위에서 대통령령으로 정하는 공정시장가액비율을 곱하여 산정한 가액으로 한다.

1. 토지 및 건축물: 시가표준액의 100분의 50부터 100분의 90까지
2. 주택: 시가표준액의 100분의 40부터 100분의 80까지. 다만, 제111조의2에 따른 1세대 1주택은 100분의 30부터 100분의 70까지

〈쟁점요지〉 **재산세 별도합산 배제대상인 건축물 시가표준액이 부속토지의 시가표준액의 3%에 미달하는 토지를 정함에 있어 건축물 시가표준액 산정시 주유소 내의 세차기, 방화벽, 콘크리트 바닥 등 딸린 시설물도 함께 포함하는 것이 타당한지 여부**

판결요지 ••• 건축물에 딸린 시설물로 보아야 하므로 건축물 시가표준액에 포함됨

- 지방세법 제180조 제2호, 제104조 제4호, 건축법 제2조 제1항 제2호에 의하면 토지에 정착하는 공작물 중 지붕과 기둥 또는 벽이 있는 것(이하 '건물'이라 한다)에 딸린 시설물은 시가표준액 계산대상인 건축물에 해당하는바, 이 사건 특수방화벽은 앞에서 본 바와 같이 이 사건 주유소에 화재가 발생하였을 경우 인접해 있는 다른 건물로 불이 번지는 것을 방지하기 위한 시설물로서 사회통념상 주유소 시설과 일체가 되어 그 보존을 위하여 필요

하고 경제적 효용을 증가시키는 건물에 딸린 시설물이고, 이 사건 콘크리트바닥도 앞에서 본 바와 같이 이 사건 건물에 부수하여 땅으로 기름이 스며들거나 화재가 발생하였을 경우 불이 번지는 것을 방지하기 위하여 필요한 시설물이므로 각 지방세법상 시가표준액 계산대상인 건축물이다(서울행법 2011구합4145, 2011. 7. 13. 판결).

- 건축법상 건축물을 그 용도에 따라 구분한 건축법 제2조 제2항 제19호, 동법 시행령 제3조의4 [별표 1]은 이 사건 세차기와 같은 기계식 세차설비는 위험물 저장시설 및 처리시설인 주유소에 포함된다고 규정하고 있으므로, 이 사건 세차기는 지방세법상 시가표준액 계산대상인 건물에 부수하는 시설물이다(서울행법 2011구합4145, 2011. 7. 13. 판결).

※ 위 대법 판례에서는 하급심 의견을 그대로 받아들여 방화벽, 세차기, 콘크리트포장 등을 시가표준액 산정대상 건축물에 포함된다는 취지로 결정하였으나, 이는 그간 세정운영과 상반되므로 이를 바로 일반화하여 적용하는 것은 다소 무리가 있어 보임.

8.2 내용연수를 고려하지 않고 주택가격을 산정하여 재산세를 부과한 것이 위법한 것인지

【관련 판례】 대법 2014두36693, 2014. 7. 24. 판결(심리불속행) : 상고기각

- 지방세법 제110조

〈쟁점요지〉 주택 내용연수의 노후율을 적용하지 않고 산정한 주택가격을 기준으로 주택분 재산세를 부과한 것이 위법한 것인지 여부

판결요지 비교표준주택에 내용연수, 경과연수 등을 고려하여 주택가격을 산정한 것이므로 적법함

- 피고는 2013. 4. 23. 이 사건 주택과 유사한 이용가치를 가지고 있는 같은 동 ○○○-○에 있는 주택을 비교표준주택으로 선정하여 비교하고, 이 사건 주택의 주용도, 부속용도, 증개축여부, 내용연수, 경과연수 등을 종합적으로 고려하여 이 사건 주택에 대한 2013. 1. 1. 기준 개별주택가격을 58,100,000원으로 결정하고, 2013. 4. 30. 이를 고시한 사실, 원고는 2013. 5. 20. 피고에게 위 개별주택가격 산출에 대한 이의신청을 하였고, 피고는 2013. 6. 24. 원고에게 기각결정을 통보한 사실을 인정할 수 있다. 위 인정사실에 의하면, 이 사건 주택에 대한 2013년도 개별주택가격은 이 사건 주택과 유사한 이용가치를 지니고 있는 주택을 비교표준주택으로 선정하여 개별요인의 차이를 적절하게 반영한 것으로 보이고,

달리 「부동산 가격공시 및 감정평가에 관한 법률」 등에 위반하여 산정되었다고 볼 아무런 자료가 없다(춘천지법 2013구합2073, 2014. 2. 7. 판결).

8.3 토지와 건축물을 구분하는 재산세 시가표준액의 산정방식이 위법한지

【관련 판례】 대법 2015두37730, 2015. 5. 14. 판결(심리불속행) : 상고기각

- 지방세법 제110조

〈쟁점요지〉 재산세의 과세표준이 국세의 기준시가 산정기준과 다르고, 상가의 건축물과 토지가 일괄 거래됨에도 이를 나누어 재산세 과세표준으로 산정하는 것이 위법한지 여부

판결요지 재산세 과세표준 산정방식은 국세의 경우와 반드시 같아야 할 근거는 없고, 산정의 효율성, 적정한 조세징수비용 등 여러 공익적 요소까지 고려하여 정하여야 할 입법 정책의 문제로서 위법하다고 볼 수 없음

- 지방세인 재산세는 재산에 담세력을 인정하여 부과되는 조세로, 재산세의 과세표준을 산정하기 위해 재산을 평가하는 방식은 합리적인 요소를 바탕으로 한 객관적인 방식이어야 할 것이지만 그 방식이 국세의 경우와 반드시 같아야 할 근거는 없다. 원고와 선정자들이 구분소유하고 있는 지하상가 점포의 각 집합건물 내의 층수나 위치 등 입지조건은 그 집합건물의 부지 또는 개별 대지권 자체의 특성이 아니라 구분건물의 고유한 특성에 불과한 것이므로 그 구분건물에 대한 시가표준액을 산정하는 과정에서 반영하면 충분하다.
- 피고는 관계 법령에서 정한 절차와 기준에 따라 이 사건 각 토지의 시가표준액을 산정하였다. 일정한 경우 건축물과 이에 딸린 토지를 일괄하여 그 가액을 산정하는 방식이 건축물과 이에 딸린 토지가 일괄하여 거래되는 거래현실에 보다 부합하는 면이 있다 하더라도 그 산정방식은 재산세 과세표준의 효율적인 산정, 적정한 조세징수비용, 안정적인 세수 확보 가능성 등 여러 공익적 요소까지 고려하여 정하여야 할 입법정책의 문제이다(서울고등법원 2015. 1. 21. 선고 2014누58879 판결).

8.4 건축물대장 기재 내용과 달리 규약에 의한 면적을 기준으로 재산세 과표를 적용할 수 있는지

【관련 판례】 대법 2015두58386, 2016. 3. 10. 판결(심리불속행) : 기각

- 지방세법 제110조

〈쟁점요지〉 집합건물의 공용부분 면적을 사용승인신청서 및 건축물대장상의 기재된 내용과 달리하여 공유자들의 규약에 의하여 재산세의 과세표준으로 산정할 수 있는지 여부

판결요지 ••• 건축물대장상 공용면적 기준의 재산세 과표산정이 적법함

- 이 사건 건물은 전유부분 건물의 주용도 및 그 위치, 구조 등에 따라 공용부분에 화장실이나 복도의 존재 여부를 달리하거나 복도 및 주차장의 면적 비율을 달리하고 있는 등으로 일부의 구분소유자들에게 제공되는 일부 공용면적이 있고, 일부 구분소유자들마다 제공되는 그 일부 공용면적도 차이가 있으므로, 이 사건 건물의 구분소유자의 공용부분의 면적 비율은 전유부분의 면적 비율과 비례한다고 할 수 없다.
- 이 사건 건물의 구분소유자들의 공용부분의 면적은 분양면적에 포함되어 분양계약이 이루어졌다고 볼 수 있고 그 세부면적을 토대로 사용승인을 거쳐 건축물대장에 등재된 점, 각 공유자의 지분에 관하여는 규약으로 전유부분의 면적 비율과 달리 정할 수 있으나 이와 같이 달리 정한 규약이 없는 점, 이처럼 공유자의 지분권에 관하여 정한 규약이 없는 이상 분양자와 수분양자들 사이에 사용승인신청서 및 건축물대장에 기재된 내용과 같은 공용부분 면적이 포함된 분양면적을 토대로 분양계약이 체결되었으므로 그 내용대로 공유자의 지분이 정하였다고 볼 수 있는 점 등을 종합하여 보면, 피고가 이 사건 점포에 관한 재산세의 과세표준을 산정함에 있어 비13~15호의 각 공용부분 면적을 건축물대장의 기재 내용을 기준으로 한 것은 적법하다(서울고등법원 2015. 11. 18. 2014누70640 판결).

8.5 재산세 과세표준을 취득 당시 실거래가액으로 적용할 수 있는지

【관련 판례】 대법 2017두35257, 2017. 5. 31. 판결(심리불속행) : 기각

- 지방세법 제110조

〈쟁점요지〉 재산세를 과세함에 있어 토지 및 건물의 시가표준액보다 취득 당시의 실거래가액 내지 시가가 낮을 경우 낮은 실거래가액 내지 시가에 따라 재산세를 과세할 수 있는지 여부

판결요지 재산세를 과세함에 있어 취득 당시의 실거래가액 내지 시가는 고려 대상이 될 수 없음

- 재산세는 과세대상 물건의 소유사실에 대하여 담세력을 인정하여 그 소유자에게 과세하는 것으로, 재산의 취득·이전이라는 사실 자체에 담세력을 인정하여 부과하는 이른바 '유통세'에 해당하는 취득세와는 본질적인 차이가 있는바, 재산세를 과세함에 있어 취득 당시의 실거래가액은 고려 대상이 될 수 없다.
- 그리고 이 사건 각 처분의 근거가 된 지방세법 제110조 제1항 및 제4조 제1항은 토지와 건축물에 대한 재산세의 과세표준을 산정할 때 시가표준액을 기준으로 한다고 규정하고 있을 뿐, 보충적으로 시가를 기준으로 하는 규정을 두고 있지도 않다. 지방세법이나 부동산 가격공시 및 감정평가에 관한 법률 등 관계 법령은 객관적인 평가가치인 시가표준액이 시가를 정확하게 반영할 수 있도록 하는 장치를 마련하고 있고, 납세의무자는 개별공시지가결정 자체를 다투거나 부과처분취소소송에서 개별공시지가결정의 위법을 독립된 위법사유로 다툴 수 있는 등 시가표준액을 다툴 수 있는 방법이 있으므로, 위 규정으로 인한 불이익이 달성하고자 하는 공익에 비하여 크다고 보기 어려우므로 위 규정이 원고의 재산권을 침해한다고 볼 수 없다[구 지방세법(2010. 3. 31. 법률 제10221호로 전부개정되기 전의 것) 제187조 제1항 제1호에 관한 헌법재판소 2014. 5. 29. 선고 2012헌바432 전원재판부 결정](의정부지방법원 2016. 6. 7. 선고 2014구합2152 판결).

8.6 과세기준일 6. 1. 이전에 개발공사가 착수되면 공시가격이 없다고 보아 재산정한 가액으로 과표를 적용할 수 있는지

【관련 판례】 대법 2017두37253, 2017. 6. 15. 판결(심리불속행) : 기각

- 지방세법 제110조

〈쟁점요지〉 과세기준일(6. 1.) 이전에 이미 확정예정지번(블록, 롯트)이 부여된 토지의 개발공사에 착수하여 기준공정률이 8%인 경우, 재산세 부과에 있어 '개별공시지가가 공시되지 아니한 경우'로 볼 수 있는지 여부

판결요지 개발사업 확정예정지번이 부여되고 개발이 진행되어 토지 특성이 실질적으로 달라진 상태라면 '공시지가가 없는 토지'로 봄이 타당함

- '개별공시지가가 없는 토지'라 함은 지목변경 전 토지에 관한 개별공시지가가 고시되어 있다고 하더라도 지적법상의 지목변경으로 인하여 개별공시지가 산정의 기초자료가 되는 토지 특성이 달라져서 지목변경 전의 개별공시지가를 지목변경 후의 그것으로 보는 것이 불합리하다고 볼 '특별한 사정'이 있는 경우에 있어서의 당해 토지를 의미한다(대법원 2009. 5. 14. 선고 2007두13180 판결 취지).
- 이 사건 과세기준일인 2015. 6. 1. 현재 이미 이 사건 토지들에 대하여 이 사건 개발사업에 따른 확정예정지번이 부여되고 전체 사업부지 평탄화 작업 등이 일정 부분 진행된 결과, 개별공시지가 산정의 기초자료가 되는 토지 특성이 실질적으로 달라진 상태이다.
- 이러한 사정에 더하여, 공부상 등재 현황이 아닌 '사실상 현황'을 재산세 부과기준으로 한 구 지방세법 시행령의 규정 및 앞서 본 대법원 판례의 취지 등을 고려하면, 비록 개별공시지가가 고시되어 있고, 사업목적인 공장용지로 지목변경이 이루어지지는 않았다고 하더라도, 이 사건 과세기준일인 2015. 6. 1. 현재 이 사건 토지들에 대한 위 개별공시지가를 그대로 시가표준액으로 적용하는 것이 불합리하다고 볼 '특별한 사정'이 있고, 따라서 이 사건 토지들에 대하여는 '개별공시지가가 공시되지 아니한 경우'에 해당한다고 봄이 상당하다(부산고등법원 2017. 2. 6. 선고 2016누22308 판결).

8.7 경락가 등 현행 시가를 초과한 건축물 가액 산정이 위법한지

【관련 판례】 대법 2015두43667, 2015. 9. 10. 판결(심리불속행) : 상고기각

- 지방세법 제110조

〈쟁점요지〉 경기불황에 따라 부동산의 가격이 전반적으로 하락하고 있음에도 당초 경락가격이나 시가를 크게 초과하여 건축물의 가액을 산정하여 재산세를 과세한 것이 위법한지 여부

판결요지 ••• 법원감정가가 시장가격을 반영하지 못한 점, 피고의 시가표준액 산정이 현저하게 불합리하다고 보기 어려운 점 등을 감안 시 위법하다고 볼 수 없음

- ① 감정평가 방법에는 거래사례를 비교하는 방법(시장접근법), 투입한 원가에 기초하는 방법(비용접근법), 예상되는 수익을 분석하는 방법(소득접근법) 등이 있는데, 피고는 관계법령이 정하는 바에 따라 건축물의 신축가격을 토대로 하면서도 구조, 용도, 위치, 부대시설 등 수익성과 시장성에 관한 요소를 두루 감안하여 건축물의 시가표준액을 산정한 반면, 법원감정인은 거래사례를 비교하는 방법으로만 가액평가를 한 점, ② 특히, 법원감정인은 하나의 거래사례만을 기초로 개별요인을 비교하여 건축물의 가액을 산정하였는바, 선정한 거래사례의 구체적인 거래 경위 등이 밝혀지지 않은 상태에서 이를 보편적인 시장가격의 지표로 삼을 근거가 부족한 점, ③ 원고가 이 사건 부동산을 경락받았을 당시 건축물과 대지권을 합한 전체 감정평가액이 21억 4,500만 원에 이르렀고, 이 사건 부동산의 분양가 역시 건축물 898,280,000원, 대지권 511,892,000원으로 합계 1,410,172,000원이었던 점에 비추어 보면, 이후 불황에 따른 부동산 가격의 하락을 감안하더라도 법원감정은 건축물의 가격을 지나치게 낮게 평가한 것으로 보이는 점, ④ 건축물의 시가표준액은 그 자체로 재산세 부과를 위한 과세표준이 되는 것이 아니라 지방세법 제110조 제1항, 같은 법 시행령 제109조에 의하여 공정시장가액비율인 100분의 70만 과세표준으로 반영되는 점 등에 비추어 보면 법원감정이나 원고가 경락받은 금액만으로 기준으로 피고가 산정한 건축물의 시가표준액이 시가나 기타 사정에 비추어 현저하게 불합리하다고 보기에 부족하고 달리 이를 인정할 증거가 없다(서울행정법원 2014. 5. 2. 선고 2013구합14863 판결).

관련 기타 판례

1. 공매로 11.6억 원에 취득한 부동산에 대한 재산세 부과시 시가표준액을 41.8억 원으로 산정하여 과세한 경우라도, 재산세 과세표준은 취득세와 달리 거래가격 기준이 아니며, 공매는 특성상 저가에 낙찰되는 경우가 있고, 공정시장가액비율(70%)을 반영함으로써 어느 정도 시

가를 반영하고 있으므로 현저하게 불합리하다고 볼 수 없음(대법 2017두49812, 2017. 10. 16. 판결).
2. 건물 1층의 매매시가가 2・3층 보다 현저하게 높음에도 이러한 시가차이를 합리적으로 반영하지 않고 건축물분 재산세를 부과하였다 해도 시가와 현저한 차이가 없는 이상 실거래가격을 반영하지 못한다고 하여 위법하다고 볼 수 없음.
3. 건물의 시가가 재산세 과세표준액의 1/10에도 미치지 못한다면 현행 시가를 전혀 반영하지 못하여 불합리하다고 할 것이므로 위법함(대법 2015두43797, 2015. 9. 10. 판결).

8.8 선행 표준지공시지가 하자에 대한 다툼 없이 재산세 부과처분 취소소송에서 표준공시지가의 위법성을 다툴 수 있는지 및 감정평가액과 시가표준액 간에 큰 차이가 있는 경우 위법한 시가표준액이 되는지

【관련 판례】 대법 2018두50147, 2022. 5. 13. 판결 : 파기환송

- 지방세법 제110조

〈쟁점요지〉 표준지공시지가에 대한 이의를 제기하는 행정소송 등을 먼저 거치지 않은 상태에서 재산세 부과처분 취소소송에서 공시지가의 하자를 주장할 수 있는지 여부 및 단순히 감정평가액과 시가표준액 간에 큰 차이가 있다는 이유로 재산세 과세표준이 위법하다고 볼 수 있는지 여부

판결요지 선행처분인 공시지가의 결정에 대한 불복절차 없이 재산세 부과처분 취소소송에서 공지지가의 위법성을 다툴 수 없으며, 시가표준액 산정요소의 구체적인 하자를 검토하지 않고 단순히 감정평가액과 시가표준액의 차이가 크다는 이유로 시가표준액이 위법하다고 볼 수 없음

- 표준지로 선정된 토지의 표준지공시지가를 다투기 위해서는 처분청인 국토교통부장관에게 이의를 신청하거나 국토교통부장관을 상대로 공시지가결정의 취소를 구하는 행정심판이나 행정소송을 제기해야 한다. 그러한 절차를 밟지 않은 채 토지 등에 관한 재산세 등 부과처분의 취소를 구하는 소송에서 표준지공시지가결정의 위법성을 다투는 것은 원칙적으로 허용되지 않는다(대법원 1995. 11. 10. 선고 93누16468 판결, 대법원 1997. 9. 26. 선고 96누7649 판결 참조). 그런데도 원심은 원고가 이 사건 소송에서 표준지공시지가결정의 위법성을 다툴 수 있다고 판단하였다. 원심판결에는 재산세 등 부과처분 취소소송에서 표준지공시지

가결정의 위법성을 다툴 수 있는지 여부에 관한 법리 등을 오해하여 판결에 영향을 미친 잘못이 있다. 이를 지적하는 상고이유 주장은 정당하다. 원심이 원용한 대법원 2008. 8. 21. 선고 2007두13845 판결은 표준지 인근 토지의 소유자가 토지 등의 수용 경과 등에 비추어 표준지공시지가의 확정 전에 이를 다투는 것이 불가능하였던 사정 등을 감안하여 사업시행자를 상대로 수용보상금의 증액을 구하는 소송에서 비교표준지공시지가결정의 위법을 독립된 사유로 주장할 수 있다고 본 것으로 이 사건과 사안이 다르므로 이 사건에 원용하기에 적절하지 않다.

- 원심은 이 사건 부동산에 대한 시가표준액이 원심 감정인 등의 감정가액과 상당히 차이가 난다는 등의 이유로 시가표준액 산정이 현저하게 불합리하여 위법하고, 이를 기초로 피고가 원고에게 한 이 사건 부동산에 관한 2015년 귀속 재산세 등 부과처분 역시 위법하다고 판단하였다. 이 사건 토지는 표준지로서 그 시가표준액은 표준지공시지가결정에 따라 그대로 정해진다. 그런데 위에서 보았듯이 원고는 이 사건 소송에서 이 사건 토지에 대한 표준지공시지가결정의 위법성을 다툴 수 없으므로, 설령 이 사건 토지에 대한 감정가액이 시가표준액이 되는 표준지공시지가를 상당히 초과하더라도 이러한 이유만으로 시가표준액 산정이 위법하다고 볼 수 없다. 이 사건 건축물에 대한 시가표준액은 거래가격 등을 고려하여 정한 기준가격에 건축물의 구조, 용도, 위치와 잔존가치 등 여러 사정을 반영하여 정한 기준에 따라 결정된다. 따라서 법원이 이 사건 건축물에 대한 시가표준액 결정이 위법하다고 판단하기 위해서는 위 각 산정 요소의 적정 여부를 따져보아야 하고, 이를 따져보지 않은 채 단지 이 사건 건축물에 대한 시가표준액이 그 감정가액과 상당히 차이가 난다거나 이 사건 건축물의 시가표준액을 결정할 때 위치지수로 반영되는 이 사건 토지의 공시지가가 과도하게 높게 결정되었다는 등의 사정만으로 섣불리 시가표준액 결정이 위법하다고 단정할 수 없다.

관련 기타 판례

- 공시가격 현실화율이 법제화되지 않은 상태에서 산정된 공동주택가격이 위법하다고 볼 수 없고, 선행처분에 해당하는 공시가격의 하자를 먼저 다투지 아니하고 바로 재산세 부과처분의 하자를 다투는 소송에서 그 가격의 하자를 다툴 수 없음(대법 2022두43344, 2022. 9. 1. 판결).

9. 재산세 세부담 상한 적용

9.1 재산세 세율을 일시적으로 낮춘 것을 감면으로 보아 세부담 상한 적용이 가능한지

【관련 판례】 대법 2012두13634, 2012. 10. 25. 판결 : 파기환송 및 대법 2012두14064, 2012. 10. 25. 판결 : 상고기각, 대법 2012두17759, 2012. 10. 25. 판결(심리불속행) : 상고기각

- 지방세법 제110조 제3항 및 제122조

지방세법 제110조(과세표준)

③ 제1항에 따라 산정한 주택의 과세표준이 다음 계산식에 따른 과세표준상한액보다 큰 경우에는 제1항에도 불구하고 해당 주택의 과세표준은 과세표준상한액으로 한다. (계산식 생략)

지방세법 제122조(세 부담의 상한)

해당 재산에 대한 재산세의 산출세액(제112조 제1항 각 호 및 같은 조 제2항에 따른 각각의 세액을 말한다)이 대통령령으로 정하는 방법에 따라 계산한 직전 연도의 해당 재산에 대한 재산세액 상당액의 100분의 150을 초과하는 경우에는 100분의 150에 해당하는 금액을 해당 연도에 징수할 세액으로 한다. 다만, 주택의 경우에는 적용하지 아니한다.

※ 주택 세부담 상한제는 2023. 3. 개정을 통해 폐지되었으며, 대신 과세표준상한제도가 신설되었음. 주택 이외 재산에 대해서는 기존 세부담상한제가 계속적용되며 변경된 규정은 2024. 1. 1부터 시행.

〈쟁점요지〉 수도권 외의 지역 회원제골프장에 대한 토지분 재산세 세율을 4%에서 2%로 일시적으로 낮추어 준 것을 감면으로 보아 재산세 세부담 상한을 적용할 수 있는지 여부

판결요지 ••• 감면규정으로 보아 재산세 세부담상한을 적용하는 것이 타당함

- 입법경위와 목적, 내용에 비추어 볼 때, 이 사건 괄호안 규정은 그 실질에서 수도권 외 지역의 골프장에 한하여 예외적, 한시적으로 조세부담을 경감하여 주는 규정으로서 시행령 제142조 제3호에서 말하는 '감면규정'에 해당한다고 봄이 상당하며, 이 사건 괄호안 규정이 단지 지방세의 과세면제 및 경감에 관한 법 제5장이나 조세특례제한법 등에 규정되어 있지 않다는 점이나 조문의 형식, 체계만을 이유로 이 사건 괄호 안 규정이 시행령 제142조 제3호에서 말하는 '감면규정'에 해당하지 않는다고 할 것은 아니다.

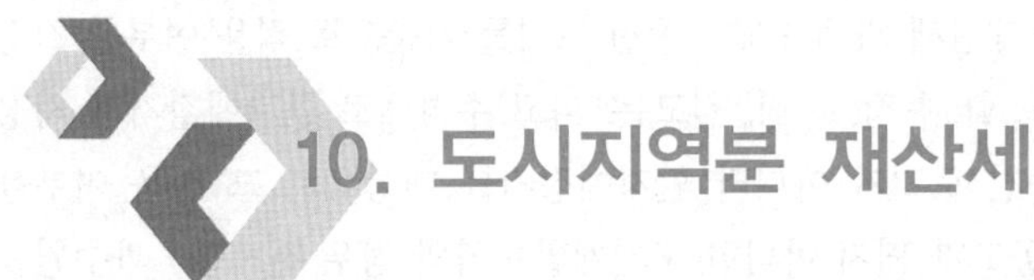

10. 도시지역분 재산세

10.1 환지처분 공고 이전이라도 종전 토지 현황(농지)이 아닌 환지예정지(공동주택용지)를 기준으로 재산세 도시지역분을 과세할 수 있는지

【관련 판례】 대법 2013두352, 2013. 4. 25.(심리불속행) : 상고기각

- 지방세법 제112조

> **지방세법 제112조(재산세 도시지역분)**
>
> ① 지방자치단체의 장은 「국토의 계획 및 이용에 관한 법률」 제6조 제1호에 따른 도시지역 중 해당 지방의회의 의결을 거쳐 고시한 지역(이하 이 조에서 "재산세 도시지역분 적용대상 지역"이라 한다) 안에 있는 대통령령으로 정하는 토지, 건축물 또는 주택(이하 이 조에서 "토지등"이라 한다)에 대하여는 조례로 정하는 바에 따라 제1호에 따른 세액에 제2호에 따른 세액을 합산하여 산출한 세액을 재산세액으로 부과할 수 있다.
>
> 1. 제110조의 과세표준에 제111조의 세율 또는 제111조의 2 제1항의 세율을 적용하여 산출한 세액
> 2. 제110조에 따른 토지등의 과세표준에 1천분의 1.4를 적용하여 산출한 세액

〈쟁점요지〉 도시개발사업 추진에 따른 환지예정지 지정이 있는 경우 종전 토지가 아닌 환지예정지를 사실상 소유한 것으로 보아, 종전 토지의 현황(농지)이 아닌 환지예정지(공동주택용지)의 현황을 기준으로 환지처분 공고가 있기 이전이라도 재산세 도시지역분을 과세할 수 있는지 여부

판결요지 ••• **환지예정지를 지정하면 환지예정지를 기준으로 재산세 도시지역분을 과세할 수 있음**

- 원고가 과세기준일 현재 이 사건 토지를 사실상 소유하고 있는 것으로 볼 수 있는 점에, 이 사건 재산세는 환지예정지인 이 사건 토지의 가액을 기준으로 과세표준을 산정하였는바

(생략), 이와는 달리 그에 관한 재산세 과세특례는 종전 토지를 기준으로 적용 여부를 결정하여야 한다는 것은 타당하다고 할 수 없는 점, 원고는, 피고 주장대로 환지예정지가 지정된 경우 재산세 과세특례는 종전 토지가 아니라 환지예정지를 대상으로 그 적용 여부를 결정하여야 한다면, 환지처분 공고가 되지 아니한 도시개발구역의 경우 전 · 답 · 과수원 · 목장용지 · 임야를 재산세 과세특례 대상에서 제외하고 있는 지방세법령의 규정 취지에 반하는 결과가 된다는 취지로 주장하나(생략), 환지예정지의 지목이 전 · 답 · 과수원 · 목장용지 · 임야인 경우가 없다는 것은 독자적인 견해에 불과한 점 등을 보태어 보면, 이 사건 재산세 과세특례의 적용 여부는 환지예정지인 이 사건 토지를 기준으로 하여야 하고, 따라서 이 사건 토지의 지목 및 사용 현황이 공동주택용 토지인 이상 이 사건 토지는 지방세법 제112조 제1항, 같은 법 시행령 제111조 제1호, 같은 법 시행규칙 제57조 제1호에 따라 재산세 과세특례 대상이라고 보는 것이 타당하다(서울고법 2012누20610, 2012. 12. 7. 판결).

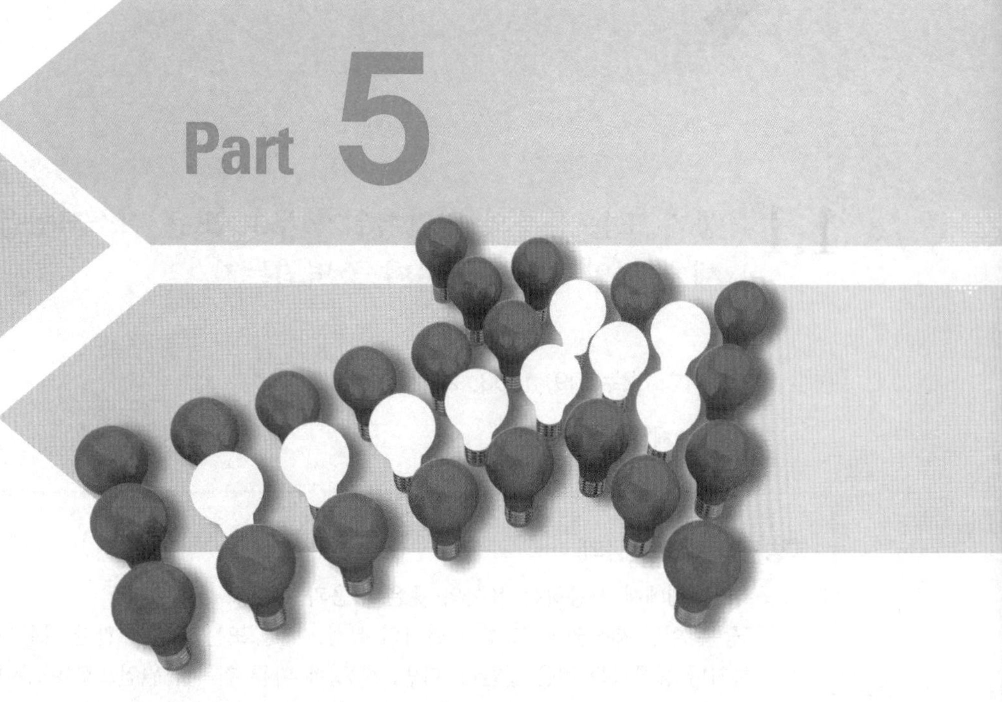

지방세법(기타세목)

1. 등록면허세
2. 지방소득세
3. 자동차세
4. 주민세
5. 담배소비세
6. 지역자원시설세

1. 등록면허세

1.1 등기 또는 등록의 원인행위가 무효 또는 취소되었을 경우 등록세 납세의무가 소급하여 소멸되는지

【관련 판례】 대법 82누509, 1983. 2. 22. : 상고기각

- 지방세법 제23조

지방세법 제23조(정의)

등록면허세에서 사용하는 용어의 뜻은 다음과 같다.

1. "등록"이란 재산권과 그 밖의 권리의 설정·변경 또는 소멸에 관한 사항을 공부에 등기하거나 등록하는 것을 말한다. 다만, 제2장에 따른 취득을 원인으로 이루어지는 등기 또는 등록은 제외하되, 다음 각 목의 어느 하나에 해당하는 등기나 등록은 포함한다.(후략)

〈쟁점요지〉 등기 또는 등록의 원인행위무효 또는 취소의 경우 등록세 과세요건의 소급적 결여 여부

판결요지 등록세는 재산권 기타 권리의 취득·이전·변경 또는 소멸에 관한 사항을 공부에 등기 또는 등록하는 경우에 이를 담세력의 표현으로 보고 지방자치단체의 재정수입을 위하여 부과하는 조세이므로 일단 위와 같은 등기 또는 등록행위가 있으면 그 과세요건이 충족되는 것이며, 등기 또는 등록자체에 하자가 있어 법률상 등기 또는 등록된 효과를 인정할 수 없는 경우가 아닌 한 그 등기 또는 등록의 원인행위가 무효 또는 취소되었음을 이유로 그 등기 또는 등록의 말소를 명하는 판결이 선고되었다고 하여 납세의무가 소급하여 소멸되는 것이 아님

- 지방세 중 등록세는 재산권 기타 권리의 취득·이전·변경 또는 소멸에 관한 사항을 공부에 등기 또는 등록하는 경우에 이를 담세력의 표현으로 보고 지방자치단체의 재정수입을

위하여 부과하는 조세이므로 일단 위와 같은 등기 또는 등록행위가 있으면 그 과세요건이 충족되는 것이며, 등기 또는 등록자체에 하자가 있어 법률상 등기 또는 등록된 효과를 인정할 수 없는 경우가 아닌 한 그 등기 또는 등록의 원인행위가 무효 또는 취소되었음을 이유로 그 등기 또는 등록의 말소를 명하는 판결이 선고되었다고 하여 등록세의 과세요건이 소급하여 결여되기에 이른다고 볼 수는 없다. 이러한 법리는 지방세법 제138조에 의한 대도시 전입에 대한 중과세의 경우도 마찬가지이며 달리 해석할 이유가 없는 것이다.

1.2 부동산등기법상 부적법하여 말소되어야 하는 등기에도 등록세를 부과할 수 있는지

【관련 판례】 대법 2004두6761, 2006. 6. 30. : 상고기각

- 지방세법 제23조

〈쟁점요지〉 부동산등기법 제55조 제2호의 '사건이 등기할 것이 아닌 때'에 해당하여 말소되어야 하는 등기인 경우 등록세 부과대상으로 볼 수 없는지 여부

판결요지 ••• 부동산등기법 제55조 제2호의 "사건이 등기할 것이 아닌 때"에 해당하는 것으로서 부적법하여 말소되어야 할 등기의 경우 등기 또는 등록의 효과를 인정할 수 없어 등록세 부과대상에 해당하지 아니함

- 기록에 의하면, 비법인사단인 덕풍동 현대제3지역주택조합의 당초 조합원들인 원고 3주택조합원들은 2000. 11.경 원고 66, 원고 67, 원고 71이 조합에서 탈퇴하고 그 대신 원고 75, 원고 76, 원고 77이 조합에 가입한 사실을 간과하고 위 제3지역주택조합에 대한 이 사건 등록세 등 부과처분의 취소를 구하는 소를 제기하였다가 이 사건 제1심 소송계속중 원고 75, 원고 76, 원고 77을 공동소송인으로 추가하는 신청을 하였고, 이에 제1심법원은 위 원고들의 동의를 받아 위 원고들을 공동소송인으로 추가하는 결정을 한 후 제1심판결을 선고한 사실을 알 수 있는바, 위와 같은 제1심법원의 조치는 정당하고, 거기에 상고이유로 지적하는 바와 같은 원고적격에 관한 법리오해 등의 위법이 없다.
- 원심이 그 채용 증거를 종합하여, 위 제3지역주택조합에 대한 등록세 등 부과처분의 근거가 된 1998. 10. 30.자 신탁등기는 신탁자의 변경을 초래하는 것으로서 부동산등기법 제55조 제2호의 '사건이 등기할 것이 아닌 때'에 해당하는 것으로서 부적법하여 말소되어야 할 등기라는 사실을 인정한 다음, 위 신탁등기는 등기 또는 등록의 효과를 인정할 수 없어

등록세 부과대상이 되는 등기가 아니라고 판단한 것은 관계 법령과 기록에 비추어 정당하고, 거기에 등록세에 관한 법리를 오해하거나 실질과세의 원칙을 위반한 위법 등이 없다.

1.3 취·등록세 통합 이후 등기가 이루어진 원인무효의 취득에 대하여 등록면허세를 과세할 수 있는지

【관련 판례】 대법 2017두35684, 2018. 4. 10. 판결 : 상고기각

- 지방세법 제23조

〈쟁점요지〉 취득세를 신고하고 등기까지 마친 매매계약이 사후적으로 무효로 확인된 경우 구취득세와 구등록세를 통합한 이후에도 등기분에 대하여 등록면허세를 과세할 수 있는지 여부

판결요지 취득을 원인으로 이루어지는 등기 등이 사후적으로 등록면허세의 과세대상이 되는 것을 예정하고 있지 않기 때문에 취득행위가 무효가 되어 취득세 납세의무가 소멸한 이상 등기가 수반되었다고 하여 별도로 등록면허세를 과세할 수 없음

- 지방세법은 2010. 3. 31. 법률 제10221호로 전부 개정되면서 세목 체계를 간소화하기 위해 종래 등록세 중 취득과 관련된 과세대상을 취득세로 통합하고 나머지 과세대상에 대하여는 별도의 세목인 등록면허세를 신설하였다.
- 이에 따라 구 지방세법(2015. 12. 29. 법률 제13636호로 개정되기 전의 것, 이하 같다) 제2장은 취득세를 규정하면서 제6조 제1호에서 취득세의 과세대상인 취득을 '매매 등과 그 밖에 이와 유사한 취득으로서 원시취득, 승계취득 또는 유상·무상의 모든 취득'으로 정의하고 있다. 그리고 제3장은 등록면허세를 규정하면서 제23조 제1호에서 등록면허세의 과세대상인 등록을 '재산권과 그 밖의 권리의 설정·변경 또는 소멸에 관한 사항을 공부에 등기하거나 등록하는 것'으로 정의하고, 그 단서에서 '제2장에 따른 취득을 원인으로 이루어지는 등기 또는 등록'을 제외하고 있다.
- 그런데 구 지방세법은 등록면허세의 과세대상인 등록에서 취득을 원인으로 이루어지는 등기 등을 제외하면서 법률상 유효한 취득을 원인으로 한 등기로 한정하고 있지는 않다. 따라서 등기의 원인이 무효인 경우라도 그 등기 자체가 등록면허세의 과세대상인 등록에서 제외되는 이른바 '취득을 원인으로 이루어지는 등기'가 아니라고 할 수는 없다.
- 그리고 구 지방세법은 제30조 제1항에서 등록에 대한 등록면허세의 신고납부기한을 '등록을 하기 전까지'로 규정하고 있는 등 취득을 원인으로 이루어지는 등기 등이 사후적으로

등록면허세의 과세대상이 되는 것을 예정하고 있지 않다.

- 한편 2010. 3. 31. 개정된 지방세법에서 취득세의 세율을 종래의 취득세와 등록세를 합산한 것으로 조정하고, 구 지방세법 제28조 제1항 제1호 나목에서 부동산 소유권이전등기에 대한 등록면허세의 세율을 규정하여 두고 있기는 하지만, 조세법률주의 원칙상 이러한 사정만으로 등록면허세의 과세대상을 취득을 원인으로 등기가 이루어진 후 등기의 원인이 무효로 밝혀진 경우까지 확대할 수는 없다.
- 이러한 지방세법의 개정취지, 관련 규정들의 문언과 체계 등을 종합하면, 구 지방세법 제6조 제1호에서 정한 취득이라면 취득세의 과세 여부만 문제될 뿐 등록면허세의 과세대상은 아니라고 할 것이고, 그 취득을 원인으로 등기가 이루어진 후 등기의 원인이 무효로 밝혀져 취득세 과세대상에 해당하지 않더라도 등록면허세 납세의무가 새롭게 성립하는 것은 아니라고 봄이 타당하다.

1.4 사용승인이 이루어지지 않은 소유권보전등기가 된 건축물을 경매로 취득한 후 등기를 한 경우 등록면허세 과세제외 대상인지

【관련 판례】 대법 2022두36087, 2022. 6. 16.(심리불속행)

- 지방세법 제23조

〈쟁점요지〉 사용승인이 이루어지지 않고 공매를 목적으로 강제로 소유권보전등기가 된 건축물을 공매로 취득한 이후 추가 공사를 통해 사용승인을 받은 경우 취득세만 과세되고 소유권이전에 따른 등록면허세는 과세가 배제되는지 여부

판결요지 사용승인이 이루어지지 않은 건축물의 경우 소유권이전등기시 취득세 납세의무는 성립하지 않으나 소유권이전에 따른 등록면허세 납세의무가 발생함. 한편 취득세 납세의무는 이후 추가공사를 마무리하고 사용승인을 할 때 비로소 성립함

- 구 지방세법 제23조 제1호 단서는 '제2장에 따른 취득을 원인으로 이루어지는 등기'를 등록면허세의 부과대상에서 제외하고 있다. 한편, 같은 법 제27조 제1항은 부동산의 등록에 대한 등록면허세의 과세표준은 등록 당시의 가액으로 한다고 규정하고, 제28조 제1항 제1호는 부동산 등기의 종류에 따른 등록면허세 세율을 규정하여 부동산에 관한 등기도 등록면허세 과세대상에 포함하고 있다. 구 지방세법은 취득을 원인으로 이루어지는 등기에 해당하지 않는 부동산에 관한 등기를 명확하게 등록면허세의 과세대상으로 삼고 있다. 사용

승인서를 받을 수 없고 사실상 사용도 가능하지 않은 미완성 건축물을 매수하여 소유권이전등기를 마친 경우라면 소유권이전등기와 무관하게 그 이후의 사용승인일과 사실상의 사용일 중 빠른 날이 건물의 취득일이 된다고 보아야 한다(대법원 2018. 7. 11. 선고 2018두33845 판결 참조). 따라서 사용승인서를 받지 못하였고 사실상 사용이 가능하지 않아 취득세 납세의무가 발생하지 아니한 부동산에 관한 등기는 구 지방세법 제23조 제1호 단서의 '취득을 원인으로 이루어지는 등기'에 해당하지 않고, 구 지방세법 제27조 제1항, 제28조 제1항 제1호가 정한 등록면허세의 과세대상이 된다(대전지법 2019구합107479, 2021. 6. 1. 판결).

1.5 미준공 건축물을 신탁으로 소유권 이전하는 경우 소유권 이전에 따른 등록면허세를 과세할 수 있는지

【관련 판례】 대법 2021두61178, 2023. 12. 28. : 파기환송

- 지방세법 제23조

〈쟁점요지〉 건축물 사용승인이 이루어지지 않은 미준공 건축물을 소유권보존등기 후 신탁을 원인으로 소유권 이전하는 경우 지방세법 제23조 단서의 '제 2장에 따른 취득을 원인으로 이루어지는 등기'에 해당하지 않는 것으로 보아 등록면허세를 과세할 수 있는지 여부

판결요지 건축물 사용승인이 이루어지지 않았다고 할지라도 신탁재산의 이전은 취득을 원인으로 이루어지는 등기에 해당한다고 볼 수 있고, 종전에 신탁재산의 이전에 대해 등록세를 비과세하였던 점 등에 비추어도 이 사건 등기를 등록면허세 과세대상에 해당한다고 볼 수 없음

- 원심은, 그 판시와 같이 이 사건 건물은 구 지방세법상 건축에 따른 건축물의 취득시기가 도래하지 않아 취득세 과세요건을 충족하지 못하였으므로 그러한 상태에서 마쳐진 이 사건 등기는 등록면허세의 과세대상이 된다고 판단하였다.
- 그러나 앞서 본 관련 규정의 문언과 체계, 구 지방세법의 개정 경과 및 위탁자와 수탁자 사이에 이루어지는 신탁재산에 관한 형식적인 소유권 이전을 취득세 비과세대상으로 규정한 취지 등에 비추어 보면, 이 사건 등기는 구 지방세법 제23조 제1호 단서에서 정한 '제2장에 따른 취득을 원인으로 이루어지는 등기'에 해당하여 등록면허세 과세대상에서 제외된다고 봄이 타당하다. 그 구체적인 이유는 다음과 같다.

  1) 구 지방세법 제7조 제1항의 '부동산 취득'은 특별한 사정이 없는 한 부동산 취득자가

실질적으로 완전한 내용의 소유권을 취득하는지 여부와 관계없이 소유권이전등기를 넘겨받는 등으로 부동산을 취득하는 모든 경우를 포함한다(대법원 2017. 6. 8. 선고 2015두49696 판결 등 참조). 구 지방세법 제9조 제3항 제1호는 신탁법상 신탁을 원인으로 수탁자가 위탁자로부터 신탁재산을 이전받는 것 또한 제7조 제1항의 '취득'에 해당함을 전제로 일정한 요건 하에 취득세를 부과하지 않도록 한 것이다.

2) 2010. 3. 31. 법률 제10221호로 전부 개정된 지방세법(이하 '2010년 지방세법'이라고 한다)은 세목 체계를 간소화하기 위해 등기행위 자체를 과세대상으로 하던 종래 등록세 중 취득과 관련된 과세대상을 취득세의 과세대상에 통합하고, 이러한 통합 취득세의 세율을 종래 취득세와 등록세의 세율들을 합산한 것으로 조정하였으며, 취득과 관련이 없는 등록세의 나머지 과세대상에 대하여는 별도의 세목인 등록면허세를 신설하였다. 이러한 세목 체계는 구 지방세법 및 현행 지방세법까지도 그대로 유지되고 있다. 그렇다면 위탁자로부터 수탁자에게로의 신탁재산의 이전이 구 지방세법 제2장에서 정한 취득에 해당하는 이상, 그 신탁재산의 취득을 원인으로 한 소유권이전등기는 통합 취득세의 과세 여부가 문제될 뿐 별도로 등록면허세의 과세대상이 될 여지가 없다. 2010년 지방세법에서 신탁법상 신탁을 원인으로 수탁자가 위탁자로부터 이전받은 재산권 취득의 등기를 등록세 비과세대상으로 규정한 종전 지방세법 제128조가 삭제된 것도 같은 맥락에서 이해할 수 있고, 종전과 달리 위 조항이 삭제됨에 따라 위와 같은 등기가 등록면허세 과세대상으로 새로이 포함되었다고 보기는 어렵다.

3) 구 지방세법 제9조 제3항 제1호는 위탁자로부터 수탁자에게 신탁재산을 이전하는 경우의 취득을 취득세 비과세대상으로 규정하고 있으므로, 수탁자의 신탁재산 취득을 원인으로 한 이 사건 등기에 대해서는 취득세 납세의무가 성립할 여지가 없다. 따라서 구 지방세법에서 정한 취득시기가 도래하지 않아 이 사건 등기 당시 이 사건 건물이 취득세 과세요건을 충족하지 못하였더라도, 그러한 이유만으로 이 사건 등기를 취득과 관련 없이 이루어진 소유권이전등기로서 등록면허세 과세대상에 해당한다고 볼 수는 없다.

4) 따라서 원고가 ○○홀딩스와 신탁계약을 체결하고 이를 원인으로 위탁자인 ○○홀딩스로부터 신탁재산인 이 사건 건물을 이전받은 이상 이는 구 지방세법 제7조 제1항의 '부동산 취득'에 해당하고, 그에 따라 이루어진 이 사건 등기는 '구 지방세법 제2장에 따른 취득을 원인으로 이루어지는 등기'에 해당한다.

- 그럼에도 원심은 이 사건 등기가 등록면허세 과세대상에 해당한다는 잘못된 전제에서 이 사건 처분이 적법하다고 판단하였다. 이러한 원심의 판단에는 등록면허세 과세대상 등에 관한 법리를 오해하여 판결에 영향을 미친 잘못이 있다. 이를 지적하는 상고이유 주장은 이유 있다.

관련 기타 판례

- 사용승인 또는 사실상 사용하지 아니하여 취득이 성립하지 아니하는 경우에는 취득세 과세 대상 목적물이 존재하지 아니하는 것이므로, 미준공 건축물에 대해서는 대금을 치르고 등기를 마쳤다고 하더라도 취득의 시기에 아무런 영향을 미치지 않고, 다만 구 지방세법 제28조 제1항 제1호 (나)목 1)의 1천분의 20의 등록면허세율이 적용된다고 봄이 타당하다(대법 2022두36087, 2022. 6. 16. 판결).
- [대법원 2018. 7. 11. 선고 2018두33845 판결에 의하여 파기환송된 후 선고된 대전고등법원(청주) 2018. 12. 11. 선고 2018누1023 판결과 대구고등법원 2017. 11. 24. 선고 2016누5854 판결에서도, 이 사건 건물과 같이 미준공 건물에 대하여 등기를 마친 경우 추후 사용승인일에 부과되는 중과기준세율 1천분의 20을 적용한 취득세와는 별도로 1천분의 20의 등록면허세율을 적용한 등록면허세를 납부하는 것이 정당하다고 판시].

1.6 비과세대상 등록세를 자진신고 납부한 것이 당연무효에 해당하는지

【관련 판례】 대법 2012다23382, 2014. 1. 16. 판결 : 파기환송

- 같은 취지의 판결 : 대법 2011다102592, 2013다212707, 2014. 2. 27. 판결 : 상고기각
- 지방세법 제26조

지방세법 제26조(비과세)

② 다음 각 호의 어느 하나에 해당하는 등기·등록 또는 면허에 대하여는 등록면허세를 부과하지 아니한다.

1. 「채무자 회생 및 파산에 관한 법률」 제6조 제3항, 제25조 제1항부터 제3항까지, 제26조 제1항, 같은 조 제3항, 제27조, 제76조 제4항, 제362조 제3항, 제578조의 5 제3항, 제578조의 8 제3항 및 제578조의 9 제3항에 따른 등기 또는 등록

〈쟁점요지〉 지방세법에 회사의 정리에 관하여 법원의 촉탁으로 인한 등기에 대하여는 등록세를 비과세토록 규정되어 있음에도 잘못된 유권해석과 등기예규에 따라 등록세를 자진납부한 경우, 이를 당연무효로 보아 부당이득금 반환 대상으로 볼 수 있는지 여부(2009. 9. 8. 비과세대상이라고 유권해석 변경)

판결요지 비과세대상에 해당되어 중대한 하자가 있으나, 자진납부에 하자가 명백하지 않아 당연무효로 볼 수 없음

- 신고납부방식의 조세채무와 관련된 과세요건이나 조세감면 등에 관한 법령의 규정이 특정 법률관계나 사실관계에 적용되는지 여부가 법리적으로 명확하게 밝혀져 있지 아니한 상태에서 과세관청이 그 중 어느 하나의 견해를 취하여 해석 · 운영하여 왔고 납세의무자가 그 해석에 좇아 과세표준과 세액을 신고 · 납부하였는데, 나중에 과세관청의 해석이 잘못된 것으로 밝혀졌더라도 그 해석에 상당한 합리적 근거가 있다고 인정되는 한 그에 따른 납세의무자의 신고 · 납부행위는 하자가 명백하다고 할 수 없어 이를 당연무효라고 할 것은 아니다.
- 앞서 본 법리 등 관련 법리에 비추어 보면, 원심이 이 사건 유상증자 등기는 구 지방세법 제128조 제3호에서 규정하고 있는 등록세 비과세대상에 해당하므로 이 사건 등록세 신고납부행위에 중대한 하자가 있다고 판단한 것은 정당하다. 따라서 이 점을 다투는 상고이유 주장 부분은 이유 없다.
- 이 사건 신고납부행위는 법 해석에 합리적인 다툼의 여지가 있는 부분에 관하여 납세의무가 있는 것으로 오인하여 등록세 등을 자진납부한 것에 불과하여 당시에 그 하자가 명백하였다고는 볼 수 없다.

1.7 경매신청시 등록세 과세표준인 '채권금액'에 원금에 대한 이자가 포함되는지

【관련 판례】 대법 2003두12097, 2004. 11. 11. : 상고기각

- 지방세법 제27조

지방세법 제27조(과세표준)

④ 채권금액으로 과세액을 정하는 경우에 일정한 채권금액이 없을 때에는 채권의 목적이 된 것의 가액 또는 처분의 제한의 목적이 된 금액을 그 채권금액으로 본다.

〈쟁점요지〉 경매신청시 등록세의 과세표준이 되는 '채권금액'에 원금 이외에 원금에 대한 이자도 포함되는지 여부

판결요지 ••• 경매신청시 청구금액에 채권원금 이외에 이자까지 기재하여 신청하였다면 원금뿐 아니라 그 이자 역시 과세표준에 포함됨

- 담보권의 실행을 위한 경매신청을 함에 있어 신청서에 피담보채권의 범위를 표시하도록 한 취지는 경매신청 단계에서 신청의 원인이 되는 피담보채권을 특정시키기 위한 것일 뿐 아니라 신청채권자의 청구채권액을 신청서에 표시된 금액을 한도로 확정시키기 위한 것이어서 이와 같이 청구채권액이 경매신청서에 기재된 청구금액을 한도로 확정되는 것에 비추어 보면, 지방세법 제131조 제1항 제7호 (1)목에서 경매신청시 등록세의 과세표준으로 규정한 '채권금액'이란 바로 경매신청서에 기재된 청구금액을 의미하는 것이고, 한편 여기서의 '채권금액'은 그 용어 자체에서 채권원금뿐만 아니라 원금에 대한 이자도 포함하는 것임이 문리상 명백하므로, 경매신청시 청구금액에 채권원금 이외에 이자까지 기재하여 신청하였다면 원금뿐 아니라 그 이자 역시 채권금액, 즉 과세표준에 포함되는 것이다.

관련 기타 판례

- 부동산에 관한 처분금지가처분등기의 경우 일정한 채권금액이 없는 것으로 보아 채권금액이 아닌 당해 부동산의 가액을 등록세 과표로 보는 것이 타당함(대법 2011두9683, 2013. 2. 28. 판결).

1.8 액면가액이 아닌 액면미달가액을 기준으로 등록면허세를 부과할 수 있는지 및 액면가액으로 바로 수정신고를 한 경우 가산세 면제 대상에 해당하는지

【관련 판례】 대법 2021두62898, 2022. 4. 14. (심리불속행)

- 지방세법 제27조

〈쟁점요지〉 법인이 자본금 변경등기를 하면서 액면가액이 아닌 실제로 납입한 액면미달가액을 기준으로 등록면허세 과세표준을 산정하는 것이 타당한지 및 사후에 바로 액면가액으로 수정신고를 한 경우 가산세를 면할 정당한 사유가 있는지 여부

판결요지 ••• 실제 납입액이 아닌 등기부 상의 금액인 액면가액을 과세표준으로 삼는 것이 타당하고, 법문상 실제 납입액으로 충분히 오해할 소지가 있으므로 바로 수정신고를 한 경

우 가산세를 배제할 정당한 사유에 해당함

- 회사의 자본금은 발행주식의 액면총액임이 원칙이고(상법 제451조 제1항), 미상각액은 주식발행초과금이나 이익잉여금으로 상각될 것이 예정되어 있는 점, 따라서 법인등기부의 자본금 변경등기는 실제로 증가된 액면미달가액이 아니라 자본금인 액면가액을 기본으로 하여 이루어지도록 되어 있는 점, 등록면허세는 등록행위 자체를 과세물건으로 하는 행위세적 성격을 지닌 조세이고, 등록면허세의 납세의무자는 등록의 유・무효나 실질적인 권리귀속여부와는 관계가 없는 외형상의 권리자인 점 등의 사정에 비추어 보면, 법인등기부의 자본금 변경등기 시 등록면허세의 과세표준은 변경된 발행주식의 액면총액에 의하여야 한다고 해석함이 타당하다.
- 단순한 법률의 부지나 오해의 범위를 넘어 납세의무자가 그 의무를 알지 못한 것에 책임을 귀속시킬 수 없는 합리적인 이유가 있을 때와 같이 그 의무를 게을리 한 점을 비난할 수 없는 정당한 사유가 있는 경우에는 가산세를 부과할 수 없다. 원고는 이 사건 변경등기 절차 완료 직후 피고 소속 담당공무원에게 이미 신고・납부한 등록면허세 등의 적정 여부에 관하여 문의하였고, 그 안내에 따라 당초 신고・납부시점으로부터 6일 만에 쟁점차액을 과세표준으로 하여 수정신고・납부를 하였는바, 앞서 인정한 사실을 통해 알 수 있는 다음과 같은 사정들에 비추어 보면, 원고가 이 사건 변경등기에 관한 등록면허세 등의 신고・납부를 다소 늦게 한 데에 비난할 수 없는 정당한 사유가 인정된다. 원고의 이 부분 주장은 이유 있다. 앞서 본 바와 같이 등록에 대한 등록면허세는 증가된 자본금 액수를 과세표준으로 하여야 함에도 이 사건 과세근거법령은 '납입한 금액의 1천분의 4'를 등록면허세액으로 규정하고 있어, 그 문언만을 놓고 보면 상법 제417조 제1항에 따른 액면미달발행과 같이 액면가액과 실제 납입된 주금이 상이한 경우 마치 실제 납입된 주금을 기준으로 세액을 산출하여야 하는 것으로 오인될 여지가 충분하다(서울행법 2019구합78814, 2020. 10. 30. 판결).

1.9 주식회사를 유한회사로 조직변경한 경우 법인설립 등기세율이 적용되는지

【관련 판례】 대법 2010두6731, 2012. 2. 9. 판결 : 상고기각

- 지방세법 제28조

지방세법 제28조(세율)

① 6. 법인 등기

가. 상사회사, 그 밖의 영리법인의 설립 또는 합병으로 인한 존속법인

1) 설립과 납입: 납입한 주식금액이나 출자금액 또는 현금 외의 출자가액의 1천분의 4(세액이 11만 2천 5백원 미만인 때에는 11만 2천 5백원으로 한다. 이하 이 목부터 다목까지에서 같다)

바. 그 밖의 등기: 건당 4만2백원

〈쟁점요지〉 주식회사를 유한회사로 조직변경할 경우 법인 등록세 세율을 법인의 새로운 설립(불입금액의 0.4%)으로 보아야 하는지 아니면 기타 등기로 보아 건당 23,000원을 적용할지 여부

판결요지 ••• 법인의 동일성이 유지되는 것으로 보아 기타등기에 해당하는 당 23,000원의 등록세 세율적용하는 것이 타당

- 상법상 주식회사의 유한회사에서의 조직변경은 주식회사가 법인격의 동일성을 유지하면서 조직을 변경하여 유한회사로 되는 것이다. 그럼에도 주식회사의 해산등기와 유한회사의 설립등기를 하는 것은 유한회사의 등기기록을 새로 개설하는 방편일 뿐이고, 주식회사가 해산하고 유한회사가 설립되기 때문이 아니다. 또한 이러한 조직변경이 있더라도 구 지방세법 제137조 제1항 제1호 제1목에서 등록세의 과세표준으로 삼고 있는 신규출자가 이루어지지 아니한다. 이러한 점들을 종합하여 볼 때, 주식회사의 조직변경에 따른 유한회사의 설립등기는 구 지방세법 제137조 제1항 제1호 제1목의 적용대상이라고 할 수 없다.

1.10 설립등기를 경료하지 않았어도 실질적인 설립행위가 있었다고 평가되는 경우 이를 법인의 설립으로 보아 등록세를 중과할 수 있는지

【관련 판례】 대법 2007두26629, 2009. 4. 9. : 파기환송

- 지방세법 제28조

지방세법 제28조(세율)

② 다음 각 호의 어느 하나에 해당하는 등기를 할 때에는 그 세율을 제1항 제1호 및 제6호에 규정한 해당 세율(제1항 제1호 가목부터 라목까지의 세율을 적용하여 산정된 세액이 6천원 미만일 때에는 6천원을, 제1항 제6호 가목부터 다목까지의 세율을 적용하여 산정된 세액이 11만2천500원 미만일 때에는 11만2천500원으로 한다)의 100분의 300으로 한다. 다만, 대도시에 설치가 불가피하다고 인정되는 업종으로서 대통령령으로 정하는 업종(이하 이 조에서 "대도시 중과 제외 업종"이라 한다)에 대해서는 그러하지 아니하다.

1. 대도시에서 법인을 설립(설립 후 또는 휴면법인을 인수한 후 5년 이내에 자본 또는 출자액을 증가하는 경우를 포함한다)하거나 지점이나 분사무소를 설치함에 따른 등기
2. 대도시 밖에 있는 법인의 본점이나 주사무소를 대도시로 전입(전입 후 5년 이내에 자본 또는 출자액이 증가하는 경우를 포함한다)함에 따른 등기. 이 경우 전입은 법인의 설립으로 보아 세율을 적용한다.

〈쟁점요지〉 설립등기를 마친 후 폐업을 하여 사업실적이 없는 상태인 법인의 주식 전부를 제3자가 매수한 후 법인의 임원, 자본, 상호, 목적사업 등을 변경한 경우, '법인의 설립'으로 보아 등록세를 중과할 수 있는지 여부

판결요지 휴면법인의 인수 후 임원, 자본, 상호, 목적사업 등을 변경하였다 하여 이를 '법인의 설립'에 해당한다고 보아 등록세를 중과하는 것은 조세법규의 확장 또는 유추해석으로 허용될 수 없음

- 구 지방세법(2001. 12. 29. 법률 제6549호로 개정되기 전의 것, 이하 '법'이라 한다) 제138조 제1항은 그 제1호에서 '대도시 안에서의 법인의 설립 후 5년 이내에 자본증가에 따른 등기'를, 제3호에서 '대도시 내에서의 법인의 설립과 지점 또는 분사무소의 설치 및 대도시 내로의 법인의 본점·주사무소·지점 또는 분사무소의 전입에 따른 부동산등기와 그 설립·설치·전입 이후의 부동산등기'를 각 등록세 중과대상으로 규정하고 있고, 구 지방

세법 시행령(2008. 2. 29. 대통령령 제20708호로 개정되기 전의 것) 제102조 제2항은 "법 제138조 제1항 제3호에서 그 설립·설치·전입 이후의 부동산등기라 함은 법인 또는 지점 등이 설립·설치·전입 이후 5년 이내에 취득하는 업무용·비업무용 또는 사업용·비사업용을 불문한 일체의 부동산등기를 말한다"고 규정하고 있다.

- 원심은 그 판시와 같은 사실을 인정한 다음, 법에서의 설립에 관한 규정형식 및 법 제138조의 입법 취지 등을 고려하면 법 제138조 제1항 제1호와 제3호에서 규정하는 법인의 설립은 설립등기에 의한 설립만을 의미하는 것이 아니라 설립등기를 경료하지는 않았지만 실질적인 설립으로 평가할 수 있는 행위가 있는 경우도 포함된다고 해석함이 상당하다는 전제하에,(중략) 원고 법인의 실질적인 설립행위가 있었다고 평가함이 상당하다는 이유로 피고들의 이 사건 각 부과처분이 적법하다고 판단하였다.
- 그러나 지방세법에서 '법인의 설립'에 관하여 일반적인 법리와는 다른 별도의 정의 규정을 두고 있지 아니한 이상, 법 제138조 제1항 제1호와 제3호에서 규정하는 '법인의 설립' 역시 '설립등기에 의한 설립'을 뜻하는 것으로 해석하여야 할 것이다. 따라서 설립등기를 마친 후 폐업을 하여 사업실적이 없는 상태에 있는 법인의 주식 전부를 제3자가 매수한 다음 법인의 임원, 자본, 상호, 목적사업 등을 변경하였다 하여 이를 위 조항이 규정하는 '법인의 설립'에 해당한다고 볼 수는 없다 할 것이고, 가사 그러한 행위가 등록세 등의 중과를 회피하기 위한 것으로서 이를 규제할 필요가 있다 하더라도 그와 같은 행위의 효력을 부인하는 개별적이고 구체적인 법률 규정을 두고 있지 않은 조세법하에서 그 행위가 위 조항의 '법인의 설립'에 해당한다고 보아 등록세를 중과하는 것은 조세 법규를 합리적 이유 없이 확장 또는 유추해석하는 것으로서 허용될 수 없다 할 것이다.

1.11 서울시 외 대도시에서 서울시로 전입이 등록면허세 중과대상에 해당하는지(모법 위반에 해당하는지)

【관련 판례】 대법 2016두65602, 2018. 11. 29. 판결 : 파기환송

- 지방세법 제28조

〈쟁점요지〉 서울시 외에 위치한 대도시에서 서울시로의 전입에 대한 중과세 규정이 모법을 위반한 것으로 보아 취득세 중과세를 배제할 수 있는지 여부

판결요지 ••• 전입은 기존 장소에서 새로운 장소로 이동하는 것을 당연한 전제로 하는 것인 만큼,

법인의 본점 등을 특정하는 '대도시 밖에 있는'이라는 요건은 전입하는 새로운 대도시가 아닌 장소에 있다는 의미로서 '대도시로 전입하는'이라는 요건을 부연하여 설명하는 것에 불과하므로 모법 위반에 해당하지 않음

- 대도시의 인구집중 억제 및 환경보존 등을 위하여 마련된 구 지방세법(2014. 1. 1. 법률 제12153호로 개정되기 전의 것) 제28조 제2항은 대도시를 '수도권정비계획법 제6조에 따른 과밀억제권역(산업집적활성화 및 공장설립에 관한 법률을 적용받는 산업단지는 제외한다)'으로 정하면서 등록면허세의 세율을 통상의 법인등기보다 중과하는 요건으로, 제1호에서 '대도시에서 법인을 설립하거나 지점이나 분사무소를 설치함에 따른 등기'를 규정한 데 이어, 제2호(이하 '이 사건 법률 조항'이라고 한다)에서 '대도시 밖에 있는 법인의 본점이나 주사무소를 대도시로 전입함에 따른 등기'를 규정하고 있다.
- 한편 같은 조 제5항은 '제2항에 따른 등록면허세의 중과세 범위와 적용기준, 그 밖에 필요한 사항'을 대통령령으로 정하도록 하고 있는데, 그 위임에 따른 구 지방세법 시행령(2016. 12. 30. 대통령령 제27710호로 개정되기 전의 것) 제45조 제4항은 "법 제28조 제2항 제2호를 적용할 때 대도시로의 전입 범위에 관하여는 제27조 제3항을 준용한다"라고 정하고 있고, 제27조 제3항 본문의 괄호(이하 '이 사건 시행령 괄호조항'이라고 한다)는 "수도권의 경우 서울특별시 외의 지역에서 서울특별시로의 전입은 대도시로의 전입으로 본다"라고 정하고 있다.
- 이 사건 법률 조항은 법인의 본점 등을 대도시에 설립하는 것과 마찬가지 이유에서 법인의 본점 등을 대도시로 전입하는 것을 규제하기 위한 것이고, 전입은 기존 장소에서 새로운 장소로 이동하는 것을 당연한 전제로 하는 것인 만큼, 법인의 본점 등을 특정하는 '대도시 밖에 있는'이라는 요건은 전입하는 새로운 대도시가 아닌 장소에 있다는 의미로서 '대도시로 전입하는'이라는 요건을 부연하여 설명하는 것으로 볼 수 있다.
- 등록면허세의 중과세 범위 등을 정하도록 한 위임규정에 근거한 이 사건 시행령 괄호조항은 서울특별시 이외의 대도시에서 서울특별시로 이전하는 경우를 특별히 대도시로의 전입으로 간주하고 있는데, 이는 이 사건 법률 조항의 취지를 구체화하여 대도시 중에서도 특히 서울특별시로의 인구집중이나 경제집중으로 인한 폐단을 방지하기 위하여 예외적으로 마련된 것이다(대법원 2003. 8. 19. 선고 2001두10974 판결 참조).
- 따라서 대도시 밖에 있는 법인만이 본점 등을 대도시로 이전한 것이어야 이 사건 법률 조항이 적용되는 것은 아니고, 서울특별시 이외의 대도시에 있는 법인이라도 본점 등을 서울특별시로 이전한 경우라면 이 사건 법률 조항에 따라 등록면허세가 중과된다고 보아야 한다.

1.12 특별법 인가를 받은 경우 주택건설사업 등록을 하지 않은 경우도 중과배제 가능한지

【관련 판례】 대법 2017두31538, 2019. 1. 10. 판결 : 파기환송

- 지방세법 제28조

〈쟁점요지〉 경제자유구역개발사업 실시계획 승인을 받음으로써 같은 법 제11조 제1항 제39호에 따라 구 주택법 제16조의 사업계획 승인을 받은 것으로 의제되는 경우 대도시 중과세 제외 업종인 구 주택법 제9조의 주택건설사업 등록을 한 것으로 볼 수 있는지 여부

판결요지 ••• 특별법에 따라 실시계획인가를 받았다고 하더라도 주택법에 의한 건설사업등록을 하지 아니한 경우에는 중과배제할 수 없음.

- 법인을 설립하고 자본을 증가할 당시 그러한 법인설립 및 자본증가에 관한 법인등기에 대하여 등록면허세를 납부한 후, 그 법인의 본점을 대도시로 전입함에 따라 그러한 본점 이전에 관한 법인등기에 대하여 구 지방세법 제28조 제2항 제2호에 의해 법인설립에 관한 세율을 기초로 중과세율을 적용하여 등록면허세를 납부하게 되었다고 하더라도, 구 지방세법 제30조 제2항의 규정 등을 들어 '법인설립 및 자본증가에 관한 종전의 법인등기에 대하여 이미 납부한 등록면허세의 세액'을 '그 후 이루어진 본점 이전에 관한 법인등기에 대하여 중과세율을 적용한 등록면허세의 세액'에서 공제할 수는 없다. 그 이유는 다음과 같다. 원고가 법인설립 및 증자 당시 그에 관한 법인등기에 대하여 이미 납부한 등록면허세와, 이 사건에서 원고가 본점을 대도시 밖에서 대도시로 전입하면서 본점 이전이라는 법인등기에 대하여 납부하여야 하는 등록면허세는 아래에서 보는 바와 같이 그 과세대상을 달리한다.
- 구 경제자유구역법 제9조에 따른 경제자유구역개발사업 실시계획 승인을 받음으로써 같은 법 제11조 제1항 제39호에 따라 구 주택법 제16조의 사업계획 승인을 받은 것으로 의제된다고 하더라도, 구 주택법의 규정 체계 등 그 판시와 같은 사정을 고려하면, 대도시 중과세 제외 업종인 구 주택법 제9조의 주택건설사업 등록을 한 것으로 볼 수 없고, ② 설령 원고가 본점 이전 당시 구 주택법 제9조의 주택건설사업 등록에 필요한 요건을 모두 갖추고 있었다고 하더라도, 실제로 국토해양부에 주택건설사업 등록을 하지 않은 이상, 그와 같은 사정만으로 구 지방세법 시행령 제26조 제1항 제3호에서 규정한 바와 같이 주택건설사업을 국토해양부에 등록한 것과 동등하게 평가할 수 없다.

2. 지방소득세

2.1 증액경정된 법인세를 과세표준으로 하는 법인세할 주민세 납세의무의 성립시기는 언제인지

【관련 판례】 대법 2002두7852, 2004. 7. 8. : 상고기각

- 지방세법 제86조

지방세법 제86조(납세의무자 등)

① 「소득세법」에 따른 소득세 또는 「법인세법」에 따른 법인세의 납세의무가 있는 자는 지방소득세를 납부할 의무가 있다.

② 제1항에 따른 지방소득세 납부의무의 범위는 「소득세법」과 「법인세법」에서 정하는 바에 따른다.

〈쟁점요지〉 법인세 납세의무자가 법인세 신고를 하지 아니하였거나 그 신고내용에 오류·탈루가 있어 세무서장이 결정 또는 경정을 하는 경우에는 그 결정 또는 경정처분을 한 때에 법인세할 주민세의 납세의무가 성립하는지 여부

판결요지 법인세를 결정 또는 경정한 경우에는 그 결정 또는 경정처분을 한 때에 비로소 법인세할 주민세의 과세표준이 되는 법인세액이 확정되어 법인세할 주민세의 납세의무가 성립함

- 구 지방세법(1999. 12. 28. 법률 제6060호로 개정되기 전의 것, 이하 '법'이라 한다) 제177조의2 제1항은, 법인세할 주민세의 납세의무자는 원칙적으로 당해 사업연도 종료일부터 120일 내에 관할 시장·군수에게 주민세를 신고납부하되, 법인세법 또는 국세기본법에 의하여 세액이 결정 또는 경정되는 경우에는 그 고지서의 납부기한으로부터 30일 내에 이를 신고납부하여야 한다고 규정하고, 제3항은 법인세할 주민세의 납세의무자가 신고납부를

하지 아니하거나 신고납부세액이 제178조의 규정에 의하여 산출한 세액에 미달할 때에는 제178조의 규정에 의하여 산출한 세액 또는 그 부족세액에 100분의 20을 가산한 금액을 세액으로 하여 보통징수의 방법에 의하여 징수하도록 규정하며, 제178조 제1항은 법인세할 주민세는 법인세법의 규정에 의하여 신고하거나 결정・경정된 법인세로서 납세의무자가 납부하여야 할 세액의 총액에 제176조 제2항의 세율을 적용하여 계산한다고 규정하고, 제2항은 법인세법의 규정에 의하여 신고한 법인세의 결정・경정으로 인하여 세액이 달라진 경우에는 그 결정・경정된 세액에 따라 주민세를 추징한다고 규정하고 있다.

- 위 규정들의 취지에 비추어 보면, 법인세할 주민세의 납세의무는 원칙적으로 법인세 납세의무 성립일인 당해 사업연도 종료일에 성립하는 것이어서 이 경우 납세의무자는 그 사업연도 종료일로부터 120일 내에 관할 시장・군수에게 주민세를 신고납부하여야 하는 것이지만, 법인세 납세의무자가 법인세 신고를 하지 아니하였거나 그 신고내용에 오류・탈루가 있어 세무서장이 결정 또는 경정을 하는 경우에는 그 결정 또는 경정처분을 한 때에 비로소 과세물건인 법인세액이 확정되어 법인세할 주민세의 납세의무가 성립한다고 할 것이므로 이 경우에 납세의무자는 그 고지서의 납부기한으로부터 30일 내에 관할 시장・군수에게 주민세를 신고납부하여야 하고, 이를 게을리한 때에는 관할 시장・군수는 법 제178조 제2항이 정하는 바에 따라 그 결정 또는 결정된 법인세액을 과세표준으로 하여 세액을 결정한 다음 가산세를 더하여 법인세할 주민세를 추징할 수 있는 것이다.

2.2 | 특별징수하는 주민세의 납세의무 성립시기는 언제인지

【관련 판례】 대법 2003두8814, 2004. 12. 10. : 상고기각

- 지방세법 86조

〈쟁점요지〉 특별징수하는 주민세의 납세의무 성립시기를 원천징수하여야 할 때로 보아야 하는지 여부

판결요지 ••• 특별징수하는 지방소득세는 그 과세표준이 되는 소득세를 원천징수하여야 할 때, 즉 원천징수의무자가 소득금액 또는 수입금액을 지급하는 때에 그 납세의무가 성립함

- 지방세법(1999. 12. 28. 법률 제6060호로 개정되기 전의 것, 이하 '지방세법'이라고만 한다) 제29조 제2항 제1호, 제179조의3 제1항, 국세기본법(1998. 12. 28. 법률 제5579호로 개정되기 전의 것) 제21조 제2항 제1호, 제22조 제2항 제3호에 의하면, 특별징수하는 주민세는

그 과세표준이 되는 소득세를 원천징수하는 때에 그 납세의무가 성립하고, 원천징수하는 소득세에 있어서는 소득금액 또는 수입금액을 지급하는 때에 그 납세의무가 성립함과 동시에 확정되며, 소득세법에 의하여 소득세를 원천징수할 경우에는 당해 원천징수의무자는 원천징수할 소득세액에 지방세법 제176조 제2항의 규정에 의한 세율을 적용하여 계산한 소득세할 주민세액을 소득세와 동시에 특별징수하여야 한다고 규정하고 있는바, 위 규정들을 종합하여 보면, 특별징수하는 주민세는 그 과세표준이 되는 소득세를 원천징수하여야 할 때, 즉 원천징수의무자가 소득금액 또는 수입금액을 지급하는 때에 그 납세의무가 성립한다고 보아야 할 것이다.

2.3 국세기본법에 의하여 법인세 납부기한 연장을 받은 경우 구 법인세할 주민세 신고기한도 연장되는지

【관련 판례】 대법 2012두10987, 2012. 9. 27. 판결 : 항소기각

- 지방세법 제86조

〈쟁점요지〉 국세기본법에 따라 법인세 납부기한의 연장을 받은 경우 구 법인세할 주민세 신고기한까지 자동으로 연장될 수 있는지 여부

판결요지 법인세 납부기한이 연장되었다고 하여 법인세할 주민세 신고기한까지 자동으로 연장되지는 않음

- 국세기본법에 의하여 법인세의 납부기한이 연장승인되었다 하더라도 관할관청인 지방자치단체장에 의한 별도의 연장승인이 없는 한 법인세할 주민세의 신고기한까지 연장되는 것이 아니라고 해석하는 것은 어렵지 않아 보이므로 위 해석에 의의(疑意)로 인한 견해의 대립이 있다고 할 수 없고, 그 결과 원고가 이 사건 주민세 신고기한을 알지 못한 것이 무리가 아니었다고 봄이 타당하고, 결국 원고에게 이 사건 주민세 신고의무를 이행하지 못한 정당한 사유가 있다고 할 수 없다(부산고법 2011누4367, 2012. 4. 27. 판결).

2.4 법인세 부과처분의 하자를 이유로 법인세분 지방소득세의 취소를 구할 수 있는지

【관련 판례】 대법 2013두659, 2013. 5. 24. 판결 : 항소기각

- 지방세법 86조

〈쟁점요지〉 법인세 부과처분에 대한 불복과는 별개로 과세표준이 되는 당해 법인세액의 결정이 위법하다는 이유로 그 취소를 구함과 동시에 별도로 그 위법을 이유로 특별징수하는 법인세분 지방소득세의 처분의 취소를 구할 수 있는지 여부

판결요지 ••• 법인세 부과처분의 하자를 이유로 지방소득세 부과취소를 구할 수 있음

- 법인세할 주민세는 법인세법의 규정에 의하여 부과되는 법인세액을 과세표준으로 하여 당해 시·군 내에서 법인세의 납세의무가 있는 법인에게 부과하는 것이어서 법인세의 납세의무의 존재를 전제로 하고 있는 것이나, 법인세법에 의하여 부과되는 법인세액은 법인세할 주민세의 과세표준에 지나지 아니하므로, 법인세 부과처분에 대한 불복과는 별개로 과세표준이 되는 당해 법인세액의 결정이 위법하다는 이유로 그 취소를 구함과 동시에 별도로 그 위법을 이유로 법인세할 주민세의 부과처분의 취소를 구할 수 있다(대법원 1996. 9. 24. 선고 95누15445 판결 등 참조). 그리고 이러한 법리는 법인세와 법인세할 주민세를 원천징수·특별징수하는 처분의 취소를 구하는 경우에도 마찬가지로 적용된다고 할 것이다.

2.5 법인세할 주민세 과세시 타 시·군 내에 있는 건축물 면적을 포함하지 않고 안분계산하여 과세할 수 있는지 및 타 시·군소재 면적에 대한 입증책임

【관련 판례】 대법 2013두26194, 2014. 4. 10. 판결 : 항고기각

- 지방세법 제89조 제2항 및 시행령 제88조

지방세법 제89조(납세지 등)

② 제1항 제2호 단서에 따라 둘 이상의 지방자치단체에 법인의 사업장이 있는 경우 또는 각 연결법인의 사업장이 있는 경우에는 대통령령으로 정하는 기준에 따라 법인지방소득세

를 안분하여 그 소재지를 관할하는 지방자치단체의 장에게 각각 신고납부하여야 한다.

〈쟁점요지〉 관할구역 외 시·군 사업장에서도 동일한 건축물을 가지고 있음에도, 해당 시·군 내 사업장의 건축물만을 법인세할 안분대상 연면적에 포함하여 법인세할 주민세를 과세할 수 있는지 및 다른 시·군에 위치한 사업장 내 건축물의 면적에 대한 입증책임이 처분을 한 처분청에 있는지 여부(원자력발전소 내 관로 시설에 대하여 특정 시·군에서만 당해 시군의 사업장 면적에 포함하여 법인세할 주민세를 안분과세한 사례임)

판결요지 ••• 다른 시·군에 소재 사업장 면적을 포함시키지 않고 안분계산하여 과세하는 것은 위법하고, 다른 시·군의 사업장 면적에 대한 입증책임은 과세를 한 처분청에 있음

- 법인세할 주민세의 과세표준이 되는 법인세 총액을 사업장이 소재하는 시·군별로 공정하게 안분하기 위한 것이므로, 이 사건 산식 중 '당해 시·군 내 건축물 연면적'과 '법인의 총건축물 연면적'은 동일한 기준에 의하여 산정되어야 한다. 그리고 이때 사업장 소재지 시·군별로 하는 법인세할 주민세 부과처분은 각각 별개의 처분이므로, 어느 시·군의 법인세할 주민세 부과처분이 불복기간의 경과 등으로 확정되어 더 이상 다툴 수 없게 되었다고 하더라도, 다른 시·군에 납부하여야 할 법인세할 주민세를 계산할 때에는 법인세할 주민세 부과처분이 확정된 시·군에 소재하는 건축물의 연면적도 그 확정된 부과처분에서 적용한 기준이 아니라 법령에서 정한 정당한 기준에 따라 산정하여 '법인의 총건축물 연면적'을 계산하여야 한다.
- 일반적으로 조세부과처분의 취소소송에서 과세요건사실에 관한 증명책임은 과세관청에 있으므로, 과세관청이 구체적인 소송과정에서 과세요건사실을 직접 증명하거나 경험칙에 비추어 과세요건사실이 추정되는 사실을 밝히지 못하면 그 과세처분은 과세요건을 충족시키지 못한 위법한 처분이 된다(대법원 2013. 3. 28. 선고 2010두20805 판결 등 참조). 원심은, 이 사건 처분을 한 피고가 이 사건 처분의 전제사실인 다른 시·군의 관할구역 내에 있는 관로의 면적을 주장·증명할 책임이 있고, 그 면적의 산정이 불가능하지 아니함에도 이를 산출할 수 있는 자료를 제출하지 아니하여 정당한 법인세할 주민세를 계산할 수 없다는 이유로, 이 사건 처분 중 원고가 취소를 구하는 부분을 모두 취소하였고 이는 정당함.

관련 기타 판례

1. 지방소득세 신설 전의 과세기간 소득세에 대하여 지방소득세 신설 이후에 소득세를 결정한 경우 부칙에서 개정 후 신고 또는 결정하는 부분부터 개정안을 적용하도록 규정하고 있으므로 지방소득세 명칭으로 과세할 수 있음(대법 2011두9683, 2013. 2. 28. 판결).

※ 지방세법(2010. 1. 1. 법률 제9924호) 부칙 제4조

2. 지방소득세 과세표준을 정함에 있어 외국납부세액에 대하여는 법인세법의 산정방식을 준용, 지방소득세에 대하여 세액공제를 받지 못하는 경우에는 손금산입 또는 익금불산입을 통해 공제를 받을 수 있음(대법 2019두58698, 2020. 3. 12. 판결).

2.6 세무서장이 부과고지한 지방소득세에 대하여 세무서장을 피고로 하여 소를 제기할 수 있는지

【관련 판례】 대법 2022두43221, 2022. 8. 31.(심리불속행)

- 지방세기본법 제90조

〈쟁점요지〉 개인지방소득세 경정 또는 결정분에 대하여 세무서장이 지방세법에서 정하는 바에 따라 부과고지한 경우 세무서장을 피고로 하여 소를 제기할 수 있는지

판결요지 비록 세무서장이 부과고지를 하였다고 하더라도 자치단체의 장이 경정 또는 결정한 것으로 보아야 하므로 세무서장이 아닌 자치단체의 장을 상대로 소를 제기하는 것이 타당함

- 관할 세무서장이 위 지방세법 부칙 제13조 제2항에 따라 지방소득세를 부과고지 하였다고 하더라도 그 지방소득세 부과처분의 과세주체는 납세지 관할 지방자치단체의 장이라고 보아야 하므로, 지방소득세 과세처분 취소를 구하는 항고소송은 세무서장이 아니라 납세의무자의 소득세 납세지를 관할하는 시장·군수를 피고로 하여야 한다(대법원 2016. 12. 29. 선고 2014두205 판결 등 참조). 따라서 이 사건 소 중 개인지방소득세 부과처분 취소를 구하는 부분은 피고적격이 없는 자를 상대로 한 것이어서 부적법하다 할 것이다(수원지법 2020구합672, 2021. 6. 10. 판결).

관련 기타 판례

- 세무서의 지방소득세 부과는 자치단체로부터 처분 권한을 위임받은 것이 아니라, 단순히 부과고지 업무만을 대행한 것에 불과하므로 세무서장은 지방소득세에 대한 피고적격이 없음(대법 2023두40588, 2023. 8. 18. 판결).

2.7 국세인 양도소득세가 패소 확정 판결되면, 그에 따른 지방소득세 청구를 심리하지 않고 배척할 수 있는지

【관련 판례】 대법 2022두45791, 2022. 9. 29.(심리불속행)

- 지방세법 제85조

〈쟁점요지〉 국세인 양도소득세 소송에서 원고 패소로 확정된 경우, 납세자가 해당 양도소득에 따른 지방소득세에 대해 제기한 소송의 심리를 하지 않고 배척할 수 있는지 여부

판결요지 지방소득세의 경우 국세의 부가세가 아니라 독립세이므로, 비록 국세인 양도소득세에 대해 패소판결을 했다고 하더라도, 지방소득세에 대하여는 해당 판결 결과와 별개로 심리를 하여 적법 여부 등을 다툴 수 있음

- ①양도소득에 관한 지방소득세는 국세인 소득세에 대한 부가세가 아니라 지방세로서 독립세에 해당하고, ②별도로 정한 표준세율이 적용될 뿐만 아니라, 지방자치단체의 조례에서 정한 바에 따라 그 표준세율이 가감될 수도 있으며, ③지방자치단체의 장은 세무서장 또는 지방국세청장이 결정·경정한 자료 등을 근거로 하여 동일한 과세표준을 적용하여야 할 뿐, 지방소득세를 결정·경정·환급하면서 세액을 계산하는 주체는 여전히 지방자치단체의 장이다. 따라서 설령 납세자가 세무서장 또는 지방국세청장을 상대로 한 소득세 부과처분 취소소송에서 패소판결을 받아 확정되었다고 하더라도, 납세자가 지방자치단체의 장을 상대로 양도소득에 관한 지방소득세 부과처분을 다투는 항고소송에 소의 이익이 없다고 볼 수는 없고,[5] 두 소송의 소송당사자가 다르므로 패소확정판결의 기판력이 미친다고 볼 수도 없다. 그렇다면 양도소득에 대한 지방소득세 부과처분을 다투는 항고소송에서 법원은, 설령 양도소득세 부과처분 취소소송에서 납세자인 원고가 패소하였다고 하더라도 그러한 사정만으로 원고의 청구를 배척할 것이 아니라, 과세표준, 세율 등에 관하여 나아가 심리하고 판단하여야 한다(서울고법 2021누67147, 2022. 4. 28. 판결).

5) 위 대법원 2016. 12. 29. 선고 2014두205 판결에서 설시하듯이, 납세자가 세무서장 또는 지방국세청장을 상대로 한 소송에서 과세표준의 위법을 주장하여 승소할 경우, 지방자치단체의 장은 위 과세표준에 따르도록 법률상 강제되므로, 납세자로서는 지방자치단체의 장을 상대로 별도로 지방소득세 소득세분 부과처분의 취소를 구하는 소를 제기할 필요는 없다. 다만 지방자치단체의 장이 과세표준을 달리하여 지방소득세 소득세분 부과처분을 결정·경정·환급하는 경우에는 여전히 납세자는 지방자치단체의 장을 상대로 소를 제기하여야 할 것이다.

3. 자동차세

3.1 자동차를 도난당하였어도 등록을 말소하지 않은 경우 자동차세와 면허세 납부의무를 면할 수 없는지

【관련 판례】 대법 90누9704, 1991. 6. 25. : 파기환송

- 지방세법 제125조

지방세법 제125조(납세의무자)

① 자동차 소유에 대한 자동차세(이하 이 절에서 "자동차세"라 한다)는 지방자치단체 관할 구역에 등록되어 있거나 신고되어 있는 자동차를 소유하는 자에게 부과한다.

〈쟁점요지〉 자동차를 도난당한 소유자가 자동차등록원부상 말소등록절차를 거치지 아니한 경우의 자동차세와 면허세의 납부의무 유무

판결요지 ••• 자동차의 소유자가 이를 도난당하여 그 운행이익을 향유하지 못하고 있다고 하더라도 자동차등록원부상 말소등록 절차를 거치지 아니한 이상 자동차세의 납부의무를 면하지 못함

- 자동차세는 자동차의 소유사실을 과세요건으로 하여 부과되는 재산세적인 성질의 조세이고 면허세 역시 자동차의 등록명의자에 대하여 부과되는 것이므로 자동차의 소유자가 이를 도난당하였다고 하더라도 자동차등록원부상 말소등록절차를 거치지 아니한 이상 여전히 그 소유권을 보유하고 있어 자동차세와 면허세의 납부의무를 면치 못한다고 볼 것이다.

3.2 명의도용으로 등록된 자동차에 대하여 등록원부를 기준으로 자동차세를 과세하는 것이 무효인 처분인지

【관련 판례】 대법 2022두33590, 2022. 5. 13.(심리불속행)

- 지방세법 제125조

〈쟁점요지〉 노숙자의 취업알선을 미끼로 신분증 등을 도용하여 자동차를 등록한 이후 등록된 자동차가 대포차가 된 경우 해당 자동차에 대한 자동차세를 명의자에게 부과한 처분이 무효인 처분에 해당하는지 여부

판결요지 ••• 선하자가 중대하고, 제3자의 신뢰를 보호할 필요성이 없으며, 과세행정의 법적안정성을 크게 해지는 경우가 아니므로 무효로 볼 수 있음

- 과세처분에 대해서 당연무효를 주장하는 것은 제소기간의 제한을 받지 아니하고 언제든지 다툴 수 있어 그 예외를 인정함에 신중을 기하여야 하지만, 일반적으로 과세처분의 존재를 신뢰하는 제3자의 보호를 고려할 필요가 없고, 납세의무자에게 과세처분에 의한 불이익을 감수시키는 것이 현저히 부당하다고 인정되는 것과 같은 예외적인 사정이 있는 경우에는 과오에 의한 하자는 처분을 당연무효로 하는 것으로 해석하는 것이 타당하다. 결국 과세요건 등에 관한 중대한 하자가 있는 경우 납세의무자가 감수해야 할 불이익과 과세행정의 안정을 비교하여 납세의무자가 침해받는 불이익이 현저하게 큰 반면 제3자의 보호필요성 등 과세행정의 법적 안정성이 크게 저해되지 아니하는 경우와 같이 특별한 사정이 인정되는 예외적인 경우에는 과세처분을 당연무효로 볼 수 있다.
- 과세행정의 안정과 그 원활한 운영의 요청을 참작하더라도 이 사건 처분에 중대한 하자가 있고 납세의무자에게 그 처분에 따른 불이익을 감수시키는 것이 납세의무자의 권익구제 등의 측면에서 현저하게 부당하다고 볼 만한 특별한 사정이 있는 때에 해당한다고 보이므로, 이 사건 처분은 무효라고 판단된다(서울고법 2021누46225, 2022. 1. 12. 판결).

3.3 1996. 12. 9. 이후 승합차로 등록된 7~10인승 자동차를 승합차로 보아 자동차세를 과세할 수 있는지

【관련 판례】 대법 2013두19059, 2013. 12. 27. 판결(심리불속행) : 상고기각

- 지방세법 제127조

〈쟁점요지〉 1996. 12. 9. 이후(이 사건의 경우 2000. 1. 29.) 자동차등록원부상 승합자동차로 등록되어 있는 7~10인승 자동차를 승합자동차로 보아 자동차세를 부과할 수 있는지 여부

판결요지 ••• 등록원부에도 불구하고 승용자동차로 분리되어 자동차세가 과세됨

- 이 사건 부칙의 문언상 '이 규칙 시행 당시 승합자동차로 구분되어 등록한 자동차'란 개정된 시행규칙의 시행일인 그 공포일 현재 이미 승합자동차로 등록이 되어 있는 자동차를 의미한다고 해석되기 때문에, 7인 이상 10인 이하를 운송하기에 적합한 자동차로서 개정된 시행규칙 제2조 제1항 제1호 및 제2호와 별표 1의 시행 이후에도, 즉 2001. 1. 1. 이후에도 구 시행규칙에 의하여 승합자동차로 분류되기 위하여는 1996. 12. 9. 이전에 등록한 자동차이어야 한다. 따라서 7인 이상 10인 이하를 운송하기에 적합한 자동차로서 개정된 시행규칙 시행일 이후 새로이 등록하는 자동차는 자동차의 종별구분에 관한 구 시행규칙 제2조가 적용되는 2000. 12. 31.까지는 승용자동차로, 개정된 시행규칙 제2조 제1항이 적용되는 2001. 1. 1.부터는 승합자동차로 분류된다. 비록 동일한 자동차에 대하여 시행규칙 조문의 시행일 전후로 그 구분이 달라진다 하더라도, 시행규칙의 공포 이후에 새로이 등록하는 자동차의 소유자들은 이미 개정된 시행규칙의 존재 및 그 시행일을 인지하고 있을 것이므로 자신이 소유한 자동차가 계속 승합자동차로 자동차세가 부과될 것이라고 신뢰할 수 없다(서울행법 2012구합25101, 2012. 11. 30. 판결).

4. 주민세

4.1 재산분 주민세를 과세함에 있어 사업소가 공실로 있는 경우 과세대상에서 제외할 수 있는지

【관련 판례】 대법 2020두44626, 2020. 10. 29. 판결(심리불속행) : 항소기각

- 지방세법 제74조 및 제80조

지방세법 제74조(정의)

2. "사업소분"이란 지방자치단체에 소재한 사업소 및 그 연면적을 과세표준으로 하여 부과하는 주민세를 말한다.

지방세법 제80조(과세표준)

사업소분의 과세표준은 과세기준일 현재의 사업소 및 그 연면적으로 한다.

〈쟁점요지〉 재산분 주민세 과세대상인 고시텔을 운영함에 있어 과세기준일 현재 공실로 남아 있는 부분을 과세대상에서 제외하고 과세할 수 있는지 여부

판결요지 ••• **언제라도 사업소로 활용이 가능한 상태라며 비록 일시적으로 공실에 해당한다고 하더라도 재산분 주민세 과세대상에서 배제할 수 없음**

- 고시텔로서의 인적 및 물적 설비를 갖추고 계속하여 영업을 하고 있는 사실, 이 사건 고시텔 중 일부 호실이 공실로 남아 있고, 지하 주차장도 사용되지 않은 채 비어 있는 사실, 위 공실과 지하 주차장의 사용이 물리적으로 불가능하지는 않은 사실은 당사자 사이에 다툼이 없는바, 이러한 사실관계에서 알 수 있는 다음과 같은 사정, 즉 ① 원고가 휴업이나 폐업 없이 이 사건 고시텔을 계속 운영하고 있는 점, ② 고시텔의 특성상 공실 여부는 수

시로 변경이 가능하고, 이 사건 고시텔 중 일부 호실이 공실로 남아 있는 것은 원고의 주관적 사정에 불과한 점, ③ 지하 주차장은 원고나 위 건물의 임차인들이 공동으로 사용할 수 있는 공용부분에 해당하는 점, ④ 공실과 지하 주차장을 일시 사용하지 않더라도, 이를 완전히 폐쇄하는 등 물리적으로 사용이 현저히 곤란하거나 불가능하지 않은 이상, 언제든지 본래 용도로 다시 사용할 수 있는 점 등에 비추어 보면, 이 사건 고시텔 중 공실과 지하 주차장 역시 고시텔로서의 인적 및 물적 설비를 갖추고 계속하여 사업 또는 사무가 이루어지는 장소에 해당한다 할 것이므로, 피고가 구 지방세법 제74조, 제80조, 지방세법 시행령 제78조 제1항에 따라 위 공실 면적을 과세표준에 포함하고, 지방세법 시행령 제78조 제2항에 따라 지하 주차장 면적 중 '기계실과 지하 주차장을 제외한 전용면적에서 이 사건 고시텔이 차지하는 면적 비율'에 상응하는 부분을 산정하여 이를 과세표준에 포함한 것에 어떠한 위법이 있다고 볼 수 없다(서울행법 2019구합408, 2019. 11. 14. 판결).

4.2 댐과 송수관을 "저장시설"이나 "기계장치"로 보아 재산할 사업소세를 부과할 수 있는지

【관련 판례】 대법 2000두1744, 2001. 12. 24. : 상고기각

- 지방세법 제74조

〈쟁점요지〉 댐과 송수관이 재산분 과세대상 사업소 연면적 산정대상에 포함되는 사업소용 건축물의 범위에 포함되는지 여부

판결요지 재산분 과세대상 사업소 연면적의 산정대상에 포함되는 사업소용 건축물의 범위에 "저장시설"은 규정에 명시적으로 열거된 수조, 저유조, 싸이로, 저장조에 한정되고, "기계장치"는 동력으로 움직여서 일정한 일을 하게 만든 도구로써 일정한 장소에 고정된 것과 그 기계의 작동에 필수적인 부대설비를 뜻하므로, 댐과 송수관은 이에 해당하지 않음

- 재산할 사업소세의 과세표준이 되는 사업소 연면적의 산정대상에 포함되는 사업소용 건축물의 범위에 관한 시행령 제202조 제1항 제2호의 시설물 중 '저장시설'은 그 규정에 명시적으로 열거된 수조, 저유조, 싸이로, 저장조에 한정되고, '기계장치'는 동력으로 움직여서 일정한 일을 하게 만든 도구로써 일정한 장소에 고정된 것과 그 기계의 작동에 필수적인 부대설비를 뜻한다.

- 원심이 같은 취지에서, 이 사건 댐과 송수관이 시행령 제202조 제1항 제2호의 저장시설이나 기계장치에 해당하지 아니한다고 판단한 것은 옳고, 거기에 상고이유의 주장과 같은 법리오해 등의 잘못이 없다. 따라서 피고의 상고이유도 받아들일 수 없다.

4.3 동일 건물 내 여러 사업장이 있는 경우 각각의 사업장을 별개의 사업소로 보기 위한 판단기준이 무엇인지

【관련 판례】 대법 2008두10188, 2008. 10. 9. : 상고기각

- 지방세법 제74조

〈쟁점요지〉 동일 건물 내 위치한 통신회사 지역본부 내 각 지사, 부, 팀을 각각 별개의 영업소로 볼 수 있는지 여부

판결요지 ••• 동일 건물 내 또는 인접한 장소에 동일 사업주에 속하기는 하나 그 기능과 조직을 달리하는 2개 이상의 사업장이 있는 경우 그 각각의 사업장을 별개의 사업소로 볼 것인지의 여부는 그 각 사업장의 인적, 물적 설비에 독립성이 인정되어 각기 별개의 사업소로 볼 수 있을 정도로 사업 또는 사무 부문이 독립되어 있는지 여부에 의해 가려져야 할 것으로서, 이는 사업소세의 목적, 장소적 인접성과 각 설비의 사용관계, 사업 상호 간의 관련성과 사업수행방법, 사업조직의 횡적·종적 구조와 종업원에 대한 감독 구조 등 실질 내용에 관한 제반 사정을 종합하여 판단하여야 할 것이므로, 동일 건물내 위치한 통신회사 지역본부 내 각 지사, 부, 팀은 각각 별개의 영업소로 보기 어려움

- 사업소세는 지방자치단체의 환경개선 및 정비에 필요한 비용에 충당하기 위하여 해당 지역 내에 사업소를 둔 자로부터 징수하는 목적세이고, 여기서 사업소라 함은 사업 또는 사무를 수행하기 위하여 설치한 인적·물적 설비로서 계속하여 사업 또는 사무가 이루어지는 장소를 말하는 것인바(지방세법 제243조 제1호), 동일 건물 내 또는 인접한 장소에 동일 사업주에 속하기는 하나 그 기능과 조직을 달리하는 2개 이상의 사업장이 있는 경우 그 각각의 사업장을 별개의 사업소로 볼 것인지의 여부는 그 각 사업장의 인적·물적 설비에 독립성이 인정되어 각기 별개의 사업소로 볼 수 있을 정도로 사업 또는 사무 부문이 독립되어 있는지 여부에 의해 가려져야 할 것으로서, 이는 건물의 간판이나 사무소의 표지 등과 같은 단순히 형식적으로 나타나는 사업장의 외관보다는 사업소세의 목적, 장소적 인접성과 각 설비의 사용관계, 사업 상호간의 관련성과 사업수행방법, 사업조직의 횡적·종적

구조와 종업원에 대한 감독 구조 등 실질 내용에 관한 제반 사정을 종합하여 판단하여야 할 것이다.

관련 기타 판례

1. 1동의 건물 내부에 보험회사의 각 지점별 영업부가 존치하는 경우 교육장, 강당 등을 공동으로 이용하고 있는 점, 개별 지점등기를 하지 않음 점, 영업소별 인사이동에 제한이 없는 점 등을 종합적으로 고려시 각 영업소의 전체를 하나의 사업소로 보는 것이 타당함(대법 2016두53562, 2018. 4. 26. 판결).
2. 1동의 백화점 건물 내부에 마트, 아울렛, 영화관이 함께 존치하고 있는 경우 주차장 등 공용장소와 설비의 이용관계가 명확히 구분되지 않는 점, 별도의 재무제표를 작성하지 않는 점, 종업원의 이동 등 인적 교류의 가능성이 있는 점 등을 고려시 각 사업장 전체를 하나의 사업소로 보는 것이 타당함(대법 2016두58765, 2018. 4. 26. 판결).
3. 1개의 건축물 내부에 각 지역별 은행 영업본부가 존재하는 경우 물적 설비가 본점 등 다른 사업장과 뚜렷이 구분되지 않는 점, 상호 유기적인 협력관계에 있는 업무를 수행하는 것으로 볼 수 있는 점, 종업원의 이동 등 인적 교류의 가능성이 있는 점 등을 고려시 각 사업장 전체를 하나의 사업소로 보는 것이 타당함(대법 2016두53593, 2018. 4. 26. 판결).

4.4 구 방송법상 방송위원회가 사업소세 비과세대상에 해당하는지

【관련 판례】 대법 1998두9295, 2000. 8. 22. : 상고기각

- 지방세법 제77조

지방세법 제77조(비과세)

① 다음 각 호의 어느 하나에 해당하는 자에 대하여는 주민세를 부과하지 아니한다.

1. 국가, 지방자치단체 및 지방자치단체조합

〈쟁점요지〉 구 방송법상의 방송위원회가 국가기관으로서 지방세법상 사업소세의 비과세대상인지 여부

판결요지 ••• 방송위원회는 그 설치의 법적 근거, 법에 의하여 부여된 직무, 위원의 임명절차 등을

종합하여 볼 때 국가기관으로서 지방세법상 사업소세의 비과세대상에 해당함

- 구 방송법(2000. 1. 12. 법률 제6139호로 전문 개정되기 전의 것)상의 방송위원회는 그 설치의 법적 근거, 법에 의하여 부여된 직무, 위원의 임명절차 등을 종합하여 볼 때 국가기관으로서 지방세법상 사업소세의 비과세대상에 해당된다. 방송위원회 운영의 주된 재원이 방송광고로 인한 수익이라 하여 달리 볼 것은 아니다.

4.5 감정평가법인의 주주인 감정평가사들이 주민세 과세요건인 '종업원'에 해당하는지

【관련 판례】 대법 2007두17083, 2009. 5. 14. : 상고기각

- 지방세법 제74조

지방세법 제74조(정의)

3. "종업원분"이란 지방자치단체에 소재한 사업소 종업원의 급여총액을 과세표준으로 하여 부과하는 주민세를 말한다.

〈쟁점요지〉 외형적으로는 각자 독립하여 업무를 수행하나 실질은 회사로부터 급여를 지급받고 회사의 고유업무를 수행하는 등 고용관계에 있는 경우 '종업원'에 해당한다고 볼 수 있는지 여부

판결요지 종업원분 주민세 과세요건인 '종업원'은 사업주 등과 체결한 계약의 명칭이나 형식 등을 불문하고 그 실질에 있어 당해 사업소에 근무하거나 근로를 제공하여 사업에 종사하면서 당해 사업소로부터 급여를 지급받는 사람을 말하므로, 감정평가법인의 주주인 감정평가사들이 회사와 단순한 위임관계를 넘어 실질적 고용관계가 있다면 종업원에 해당함

- 지방세법(이하 '법'이라 한다) 제243조 제6호는 종업원할 사업소세의 과세요건이 되는 '종업원'이라 함은 "사업소에 근무하거나 사업소로부터 급여를 지급받는 임원·직원 기타 종사자로서 대통령령으로 정하는 자를 말한다'고 규정하고 있고, 그 위임에 따른 구 지방세법 시행령(2008. 2. 29. 대통령령 제20708호로 개정되기 전의 것, 이하 '법 시행령'이라 한다) 제204조는 그 제1항에서 "법 제243조 제6호에서 '임원·직원 기타 종사자로서 대통령령으로 정하는 자'라 함은 사업주 또는 그 위임을 받은 자와의 계약에 의하여 당해 사업에

종사하는 자를 말한다"고 한 다음, 제2항에서 "제1항의 계약은 그 명칭 · 형식 또는 내용을 불문한 일체의 고용계약을 말한다"고 규정하고 있다.

- 위 각 규정의 문언 내용과 체계, 법 시행령 제204조의 개정 경과 등을 종합하여 보면, 법 제243조 제6호 소정의 '종업원'은 사업주 등과 체결한 계약의 명칭이나 형식 등을 불문하고 그 실질에 있어 당해 사업소에 근무하면서 근로를 제공하여 사업에 종사하면서, 당해 사업소로부터 급여를 지급받는 사람을 말한다고 하겠다.
- 원고 회사 주주인 감정평가사들이 비록 외형상으로는 원고 회사의 구성원으로서 각자 독립하여 업무를 수행하는 것처럼 보이거나 그 중 일부는 이사 또는 감사의 지위에서 원고 회사의 중요한 정책 결정 및 집행에 관여하는 등의 사정이 있다고 하더라도, 그 실질에 있어서는 모두 원고 회사에서 근무하면서 회사고유의 사무인 감정평가업무를 직접 수행하고, 그 대가로 원고 회사로부터 정관 및 보수규정에 따라 정해진 급여를 지급받아 왔으며, 그에 대한 갑종근로소득세를 신고해 오는 등의 근무형태와 보수의 내용에 비추어, 이 사건 감정평가사들은 원고 회사와 사이에 단순한 위임관계를 넘어 실질적 고용관계에 있다고 보아, 종업원할사업소세의 과세요건인 종업원에 해당한다.

4.6 건설시공참여자에게 고용된 근로자를 시공사의 종업원으로 보아 주민세를 과세할 수 있는지

【관련 판례】 대법 2010두8027, 2010. 10. 28. : 상고기각

- 지방세법 제74조

〈쟁점요지〉 건설회사가 아파트 신축공사 일부분을 하도급받은 후 이를 나누어 시공참여계약을 시공참여자들과 개별적으로 체결하고 그 공사를 진행한 경우 시공참여자들에 의해 고용된 근로자들이 건설회사의 종업원인지 여부

판결요지 ••• 건설사업 현장에 참여하는 시공참여자에게 고용된 근로자를 시공사의 종업원으로 보아 종업원분 주민세를 과세할 수는 없음

- 구 지방세법(2010. 1. 1. 법률 제9924호로 개정되기 전의 것, 이하 같다) 제243조 제6호는 종업원할사업소세의 과세요건이 되는 '종업원'이라 함은 "사업소에 근무하거나 사업소로부터 급여를 지급받는 임원 · 직원 기타 종사자로서 대통령령으로 정하는 자를 말한다."고 규정하고 있고, 그 위임에 따른 구 지방세법 시행령(2008. 2. 29. 대통령령 제20708호로 개

정되기 전의 것) 제204조는 그 제1항에서 "법 제243조 제6호에서 '임원 · 직원 기타 종사자로서 대통령령으로 정하는 자'라 함은 사업주 또는 그 위임을 받은 자와의 계약에 의하여 당해 사업에 종사하는 자를 말한다."고 한 다음, 제2항에서 "제1항의 계약은 그 명칭 · 형식 또는 내용을 불문한 일체의 고용계약을 말한다."고 규정하고 있다. 위 각 규정의 문언 내용과 체계, 위 시행령 제204조의 개정 경과 등을 종합하여 보면, 구 지방세법 제243조 제6호 소정의 '종업원'은 사업주 등과 체결한 계약의 명칭이나 형식 등을 불문하고 그 실질에 있어 당해 사업소에 근무하거나 근로를 제공하여 사업에 종사하면서 당해 사업소로부터 급여를 지급받는 사람을 말한다고 하겠다(대법원 2009. 5. 14. 선고 2007두17083 판결 참조).

4.7 자치단체에서 요양병원을 의료법인에게 위탁 운영시 의료법인의 사업장으로 보아 종업원분 주민세 과세할 수 있는지

【관련 판례】 대법원 2018두61338, 2019. 2. 18. 판결(심리불속행) : 상고기각

- 지방세법 제75조 제3항

지방세법 제75조(납세의무자)

③ 종업원분의 납세의무자는 종업원에게 급여를 지급하는 사업주로 한다.

〈쟁점요지〉 자치단체에서 요양병원의 운영을 의료법인에게 위탁하여 운영하는 경우 해당 사업장을 자치단체가 아닌 의료법인의 사업장으로 보아 종업원분 주민세의 납세의무를 의료법인이 부담하여야 하는지 여부

판결요지 ••• 수탁자의 책임하에 독립적으로 운영되는 경우에는 수탁자인 의료법인의 사업장으로 보아 주민세 종업원분을 과세하는 것이 타당함

- ① ○○시는 2012. 12. 31. 원고와 사이에 이 사건 병원에 대하여 위탁기간 2013. 1. 1.부터 2017. 12. 31.까지로 하는 위탁계약을 체결하면서, 원고는 수탁재산을 선량한 관리자로서 의무를 다하여야 하며, 시설물의 개 · 보수 등 유지관리에 대한 책임을 지고, 병원운영에 따른 일체의 경비를 부담하여야 한다고 약정한 사실이 인정되는바, 원고는 창원시로부터 이 사건 병원운영에 관한 독자적이고 포괄적인 권한을 취득한 점, ② 위 위탁계약상 진료비 등 수입은 병원운영, 시설물 유지관리 및 재투자에 사용하기로 약정하였던바, 진료비

등 병원수입은 원고 법인에 귀속되고 지방자치단체의 회계에 귀속되지 않으므로, 원고에게 경제적 독립성이 있는 점, ③ 위탁계약에 의하면, 창원시가 관계공무원으로 하여금 시설운영사항을 감독하거나 장부 및 서류를 점검하게 할 수 있도록 약정하였는바, 이는 사후적 감독만이 가능한 것으로 원고의 병원운영에 독자성을 인정한 것으로 해석되는 점, ④ 원고는 지방자치단체가 아닌 별도의 법인격을 가지고 있어 대외적으로 민・형사상 책임이 있고, 병원인력의 배치, 병원운영에 관한 의사결정권한이 있으며, 의료기관 등록대상, 의료기관개설허가증 등에서 지방자치단체와는 별도 단체로 인정되어 활동하는 점 등을 고려할 때, 원고는 지방자치단체와는 구분되는 별도의 사업주에 해당한다고 봄이 타당하다(창원지법 2018구단11068, 2018. 6. 20. 판결).

4.8 상여로 처분된 금액도 종업원할 과세표준 근로소득에 포함되는지

【관련 판례】 대법 2014두37313, 2014. 9. 5. 판결(심리불속행) : 상고기각

- 지방세법 제84조의2

지방세법 제84조의2(과세표준)

종업원분의 과세표준은 종업원에게 지급한 그 달의 급여 총액으로 한다.

〈쟁점요지〉 소득처분에 의해 상여로 처분된 금액이 주민세 종업원분 과세표준 계산시 포함되는지 여부

판결요지 ••• **법인세법에 따라 상여로 처분된 금액도 종업원분 과세대상 근로소득에 포함됨.**

- 구 소득세법(2006. 12. 30. 법률 제8144호로 개정되기 전의 것) 제20조 제1항은 근로소득은 당해연도에 발생한 다음 각 호의 소득으로 하되 법인세법에 따라 상여로 처분된 금액도 근로소득으로 포함하고 있다. 이러한 관계 규정에 의하면, 원고에 대한 도봉세무서장의 세무조사 결과에 따라 경정 결정된 법인소득금액 중 사업연도별 소득금액조정합계표상 상여로 처분된 소득금액은 과세표준에 포함된다(서울행법 2013구합6237, 2013. 12. 5. 판결).

5. 담배소비세

5.1 니코틴 농축액을 희석한 니코틴 용액 제조가 담배 제조행위에 해당되는지

【관련 판례】 대법 2016두50709, 2017. 1. 12. 판결 : 기각

- 지방세법 제47조 및 제48조

지방세법 제47조(정의)

담배소비세에서 사용하는 용어의 뜻은 다음과 같다.

1. "담배"란 다음 각 목의 어느 하나에 해당하는 것을 말한다.
   가. 「담배사업법」 제2조에 따른 담배
   나. 가목과 유사한 것으로서 연초(煙草)의 잎이 아닌 다른 부분을 원료의 전부 또 는 일부로 하여 피우거나, 빨거나, 증기로 흡입하거나, 씹거나, 냄새 맡기에 적합한 상태로 제조한 것
   다. 그 밖에 가목과 유사한 것으로서 대통령령으로 정하는 것

지방세법 제48조(과세대상)

① 담배소비세의 과세대상은 담배로 한다.

〈쟁점요지〉 니코틴 농축액에 글리세린을 혼합·희석하여 니코틴 용액을 제조한 것이 지방세법상 새로운 담배제품 제조행위에 해당되는지 여부

판결요지 ••• 니코틴 농축액을 희석하여 니코틴 용액을 제조한 것은 새로운 담배제품 제조행위에 해당됨

- ① 이 사건 니코틴 용액은 연초의 잎 등에서 니코틴을 추출하여 빨기에 적합한 상태로 제조한 것으로서 구 담배사업법 제2조에서 정의하고 있는 '담배'에 해당하고, 구 지방세법 제48조 제2항은 이러한 전자담배를 담배소비세 과세대상으로 규정하고 있는 점, ② 전자담배의 경우 니코틴 용액을 기화시켜 체내에 흡입하기 위한 전자장치는 그 자체로는 독자적 효용이 없으므로 이 사건 니코틴 용액이 담배에 해당하는지 여부는 위와 같이 전자장치와 결합하여 흡입하는 경우를 상정하여 판단하여야 하는 점, ③ 원고는 니코틴 농축액에 글리세린, 식용 알코올, 증류수, 향료 등을 첨가하여 다양한 향미와 기능을 구비한 이 사건 니코틴 용액을 만들어 판매하였고, 이는 자신의 기술과 노하우를 적용하여 고부가가치의 새로운 전자담배 상품을 만들어 낸 것이어서 제조행위에 해당하는 점, ④ 지방세법은 담배의 수입과 별도로 담배의 제조 단계에서 담배소비세를 납부하도록 하고 있으므로, 단순 니코틴 농축액과 이 사건 니코틴 용액에 대해 과세상 취급을 달리할 합리적 근거가 있는 점 등을 종합하여 보면, 원고는 구 지방세법상 담배인 이 사건 니코틴 용액의 제조자로서 담배소비세를 납부할 의무가 있다고 판단하였다.

5.2 담배소비세 인상 전에 담배를 반출하여 보관하다가 인상 이후에 도매업자에게 배송한 경우 인상 전 담배소비세를 적용할 수 있는지

【관련 판례】 대법 2020두52375, 2023. 7. 13. 판결 : 파기환송

- 지방세법 제49조

〈쟁점요지〉 담배제조자가 인상된 담배소비세를 면탈하기 위하여 담배소비세 인상 이전에 미리 담배를 제조장에서 반출 후 임시창고에 보관하다가, 인상 이후에 이를 도매업자에게 배송한 경우 납세의무의 성립시기를 '담배를 제조장에서 반출한 날'로 보아 인상 전 세율을 적용할 수 있는지 여부

판결요지 담뱃세 인상에 따른 차액을 얻기 위해 인상 이전의 통상적인 행위 또는 거래 형태에서 벗어나 제조장에서 일시적으로 담배를 옮긴 것에 불과하다면, 이를 제조장에서 반출한 것으로 볼 수 없으므로 이 경우 임시창고에서 각 물류센터로 옮긴 시점을 납세의무 성립일로 보아 인상된 세율을 적용하는 것이 타당함

- 원심의 판단 중 '이 사건 제1담배 가운데 2014. 12. 31. 이전에 이 사건 임시창고에서 이 사건 각 물류센터로 옮긴 담배'에 대하여 개정 세율을 적용할 수 없다고 본 부분은 정당하

다. 그러나 원심의 판단 중 '이 사건 제1담배 가운데 2015. 1. 1. 이후에 이 사건 임시창고에서 이 사건 각 물류센터로 옮긴 담배'(이하 '이 사건 쟁점 담배'라고 한다)에 대하여 개정 세율을 적용할 수 없다고 본 부분은 수긍하기 어렵다. 그 구체적인 이유는 다음과 같다. 가) 제조자는 제조장에서 담배를 반출할 때 담배소비세 등을 신고 · 납부하고, 납부한 담배소비세 등을 판매가격에 포함하여 판매함으로써 이를 회수하게 된다. 이 과정에서 제조자는 제조장 반출시점부터 판매시점까지 담배소비세 등에 대한 금융비용을 부담하게 되는데, 이러한 부담을 줄이기 위해 원고는 이 사건 제조공장에서 보세구역인 이 사건 각 물류센터로 담배를 옮길 때에는 구 지방세법상 미납세반출 대상 담배로 신고하였다가, 도매업자 등으로부터 주문을 받아 이 사건 각 물류센터에서 담배를 반출하는 시점에 담배소비세 등을 신고 · 납부하여 왔다. 그러나 원고는 담뱃세 인상을 앞두고 위와 같은 통상적인 유통구조와 달리 이 사건 제조공장에서 그 인근에 위치한 이 사건 임시창고로 이 사건 제1담배를 옮겼다. 나) 그런데 원심판결 이유와 기록에 의하여 알 수 있는 다음과 같은 사정에 비추어 보면, 이 사건 임시창고는 담배 공급의 편의를 위한 통상적인 물류센터로서의 역할과 기능을 수행하였다고 보기 어렵고, 담뱃세의 인상차액을 취하기 위하여 담뱃세가 인상되기 전에 이 사건 제조공장에서 담배를 반출하기 위해 일시적인 방편으로 마련된 장소에 불과하다고 봄이 상당하다. 다) 담배소비세의 성격, 이 사건 부칙규정을 비롯한 개정 후 지방세법의 입법취지 등에 비추어 볼 때, 이처럼 제조자가 담뱃세의 인상차액을 얻기 위하여 담뱃세가 인상되기 전에 통상적인 행위 또는 거래 형태에서 벗어나서 제조장에서 일시적인 방편으로 마련된 장소로 담배를 옮긴 것에 불과하다면, 이를 제조장에서 반출한 것으로 볼 수 없다. 따라서 원고가 이 사건 제1담배를 이 사건 제조공장에서 이 사건 임시창고로 옮긴 때가 아니라, 이 사건 임시창고에서 이 사건 각 물류센터로 옮긴 때 비로소 제조장에서 반출한 것으로 보아야 하므로, 개정 후 지방세법이 시행된 2015. 1. 1. 이후에 제조장에서 반출된 이 사건 쟁점 담배에 대하여는 이 사건 개정규정에서 정한 개정 세율을 적용할 수 있다.

5.3 근거규정 없이 제공받은 납세담보의 행사로 수령한 담배소비세분 교육세 상당 보험금을 부당이득으로 보아 반환청구할 수 있는지

【관련 판례】 대법 2004다58277, 2005. 8. 25. : 파기환송

- 지방세법 제49조

지방세법 제49조(납세의무자)

① 제조자는 제조장으로부터 반출(搬出)한 담배에 대하여 담배소비세를 납부할 의무가 있다.

〈쟁점요지〉 무효인 납세보증보험에 기한 피보험자의 보험금지급청구에 기하여 보험금 명목의 급부를 이행한 납세보증사업자가 직접 그 급부의 귀속자를 상대로 부당이득반환청구를 할 수 있는지 여부

판결요지 ••• 담배소비세분 교육세에 대하여는 납세의무자로부터 납세담보를 제공받을 수 있다는 근거규정이 없으므로, 납세담보를 제공받은 행위는 무효이고, 무효인 납세담보권의 행사로서 이루어진 위 교육세에 해당하는 보험금을 청구하여 수령한 것은 부당이득에 해당함

- 조세채권은 국세징수법에 의하여 우선권 및 자력집행권이 인정되는 권리로서 사법상의 채권과는 그 성질을 달리하므로 조세채권의 성립과 행사는 법률에 의해서만 가능한 것이고, 세법에 의하지 아니한 사법상의 계약에 의하여 조세채무를 부담하게 하거나 이를 보증하게 하여 이들로부터 조세채권의 종국적 만족을 실현하는 것은 허용될 수 없는 것이므로(대법원 1988. 6. 14. 선고 87다카2939 판결 등 참조), 납세담보도 세법이 그 제공을 요구하도록 규정된 경우에 한하여 과세관청이 요구할 수 있고, 따라서 세법에 근거 없이 제공한 납세담보는 공법상 효력이 없다고 할 것이나(대법원 1990. 12. 26. 선고 90누5399 판결 참조), 한편 납세담보를 제공할 수 있는 세법상 근거가 없다고 할지라도 납세의무자와 납세보증보험사업자 사이에 이를 납세보증보험의 대상으로 하는 납세보증보험계약을 체결하는 것까지 막을 수는 없고, 다만 이러한 경우 그 납세보증보험계약은 과세관청에 대하여 효력이 없을 뿐이라고 할 것이다.
- 보증보험이란 피보험자와 어떠한 법률관계를 가진 보험계약자의 채무불이행으로 인하여 피보험자가 입게 될 손해의 전보를 보험자가 인수하는 것을 내용으로 하는 손해보험으로

형식적으로는 채무자의 채무불이행을 보험사고로 하는 보험계약이나 실질적으로는 보증의 성격을 가지고 보증계약과 같은 효과를 목적으로 하는 것이고(대법원 2000. 12. 8. 선고 99다53483 판결 참조), 납세보증보험사업자가 무효인 납세보증보험에 기한 피보험자의 보험금지급청구에 기하여 보험금 명목의 급부를 이행한 경우 그 급부의 귀속자는 법률상 원인 없이 이득을 얻고 그로 인하여 납세보증보험사업자에게 손해를 가하였다고 할 것이어서, 납세보증보험사업자는 직접 그 급부의 귀속자를 상대로 이미 이행한 급부를 부당이득으로 반환을 청구할 수 있다고 하여야 할 것이다.

5.4 세무조사에 불응하고 매출자료의 제공 거부 등의 행위에 대하여 담배소비세 가산세를 부과할 수 있는지

【관련 판례】 대법 2016두50709, 2017. 1. 12. 판결 : 기각

- 지방세법 제61조

지방세법 제61조(부족세액의 추징 및 가산세)

② 다음 각 호의 어느 하나에 해당하는 경우에는 그 산출세액 또는 부족세액의 100분의 30에 해당하는 금액을 징수하여야 할 세액에 가산하여 징수한다.

5. 과세표준의 기초가 될 사실의 전부 또는 일부를 은폐하거나 위장한 경우

〈쟁점요지〉 세무조사에 불응하고 매출자료의 제공을 거부하는 등의 행위를 과세표준의 기초사실 은폐·위장 행위로 보아 가산세를 부과할 수 있는지

판결요지 ••• 단순히 세무조사를 거부할 뿐만 아니라 적극적으로 과세자료를 은폐하였다고 봄이 상당하므로 담배소비세 가산세 부과대상에 해당됨

- 원고는 당초 세무조사에 불응하며 판매자료의 제공을 거부하였고 그로부터 약 3개월이 지난 후 실시된 압수수색에 의하여 확보할 수 있었던 판매자료는 극히 일부에 불과하였던 점, 부가가치세법 제71조는 '사업자는 자기의 납부세액 또는 환급세액과 관계되는 모든 거래사실을 대통령령으로 정하는 바에 따라 장부에 기록하여 사업장에 갖추어 두어야 하고, 그와 같은 장부 및 세금계산서 등을 그 거래사실이 속하는 과세기간에 대한 확정신고 기한 후 5년간 보존하여야 한다.'라고 규정하고 있음에도 원고는 위 조사대상기간 동안의

판매자료의 상당 부분이 남아 있지 않은 이유에 관하여 납득할 만한 주장, 증명을 하지 못하고 있는 점을 더하여 보면, 원고는 단순히 세무공무원의 질문·검사권에 불응한 것이 아니라 적극적으로 과세표준의 기초가 될 사실의 대부분을 은폐하였다고 봄이 타당하다. 그리고 위 조사대상기간의 과세자료 중 상당 부분이 남아 있지 않았던 이상 원고의 과세자료 은폐행위가 위 조사대상기간에 대하여 이루어졌다고 볼 수 있으므로, 피고들이 위 조사대상기간을 가산세의 부과대상기간으로 정한 것이 위법하다고 볼 수도 없다(수원지방법원 2015. 11. 24. 선고 2015구합890 판결).

6. 지역자원시설세

6.1 원자력발전에 대한 지역자원시설세 과세표준인 '발전량'이 의미하는 바가 무엇인지

【관련 판례】 대법 2008두17363, 2011. 9. 2. : 상고기각

- 지방세법 제146조

지방세법 제146조(과세표준과 세율)

② 특정시설분 지역자원시설세의 과세표준과 표준세율은 다음 각 호와 같다.

2. 원자력발전: 발전량 킬로와트시(kWh)당 1원

〈쟁점요지〉 원자력발전에 대한 지역개발세의 과세표준과 관련하여 구 지방세법 제257조 제1항 제5호에서 정한 '발전량'의 개념이 '판매량'과 구별되는 것인지 여부

판결요지 ••• 원자력발전에 대한 지역자원시설세 과세표준이 되는 '발전량'은 '판매량'과 구별되는 개념으로서 '생산된 발전량'으로 해석하는 것이 타당함

- 구 지방세법 제257조 제1항 제5호는 원자력발전에 대한 지역개발세의 과세표준과 표준세율을 '발전량 1킬로와트시당 0.5원'으로 규정하고, 구 지방세법 제253조의 위임에 의한 구 지방세법 시행령(2005. 12. 31. 대통령령 제19259호로 개정되어 2006. 1. 1.부터 시행된 것) 제216조 제5호는 지역개발세 과세대상의 하나로 '원자력발전: 원자력발전소에서 생산된 전력'이라고 규정하고 있다.
- 위 규정의 문언과 입법 취지 및 조세법률주의의 원칙상 조세법규의 해석은 특별한 사정이 없는 한 법문대로 해석하여야 하고 합리적 이유 없이 확장해석하거나 유추해석하는 것은 허용되지 않는 점 등을 고려하면, 원자력발전에 대한 지역개발세의 과세표준이 되는 구 지방세법 제257조 제1항 제5호의 '발전량'은 '판매량'과 구별되는 개념으로서 '생산된 발전

량'으로 해석하는 것이 타당하다.

6.2 원자력발전에 대한 지역자원시설세는 부과지역에 관한 조례가 정해져야만 부과할 수 있는지

【관련 판례】 대법 2008두17363, 2011. 9. 2. : 상고기각

- 지방세법 제147조

지방세법 제147조(부과 · 징수)

⑥ 지역자원시설세를 부과할 지역과 부과 · 징수에 필요한 사항은 해당 지방자치단체의 조례로 정하는 바에 따른다.

〈쟁점요지〉 구 지방세법 제253조에서 정한 원자력발전에 대한 지역개발세의 경우, 부과요건의 하나인 부과지역에 관한 조례가 정해져야만 부과할 수 있는지 여부

판결요지 ••• 원자력발전에 대한 지역자원시설세는 그 부과요건의 하나인 부과지역에 관한 조례가 정해져야만 비로소 부과지역이 대외적으로 확정되어 이를 부과할 수 있음

- 2005. 12. 31. 법률 제7843호로 개정되어 2006. 1. 1.부터 시행된 구 지방세법(2010. 3. 31. 법률 제10221호로 전부 개정되기 전의 것, 이하 같다) 제253조는 '대통령령이 정하는 원자력발전'을 지역개발세의 과세대상으로 추가하였는데, 그 법 제258조 제1항에는 "지역개발세를 부과할 지역과 부과징수에 관하여 필요한 사항은 도조례가 정하는 바에 의한다."고 규정되어 있었으므로, 원자력발전에 대한 지역개발세는 그 부과요건의 하나인 부과지역에 관한 조례가 정해져야만 비로소 부과지역이 대외적으로 확정되어 이를 부과할 수 있게 된다(대법원 1979. 3. 27. 선고 79누24 판결 참조).

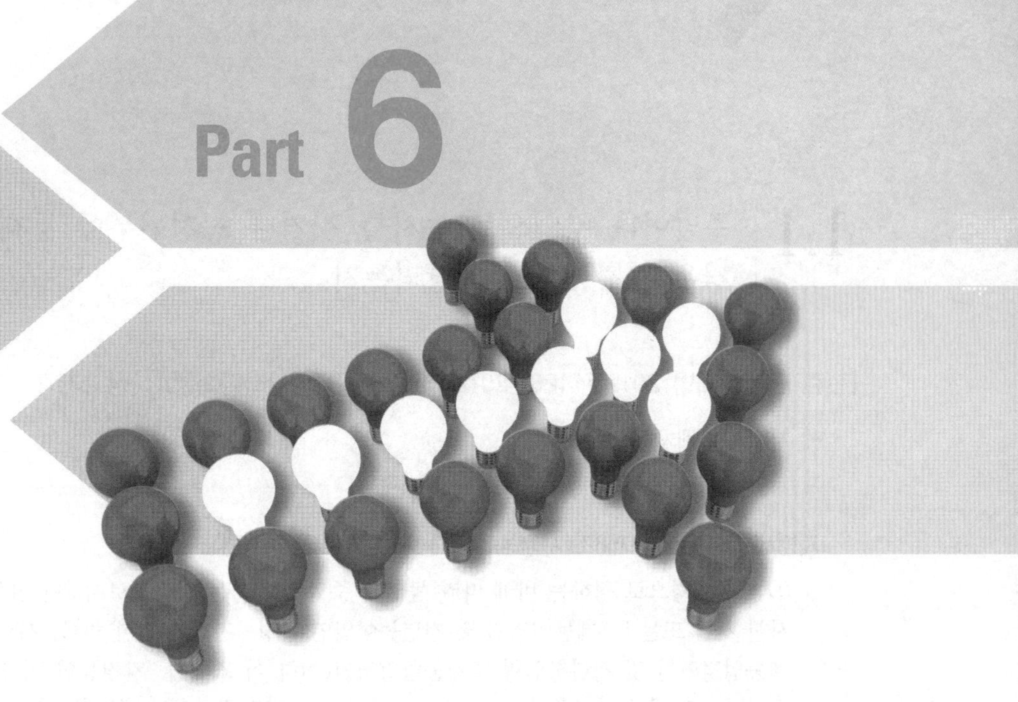

지방세특례제한법 및 감면조례

1. 자경농민에 대한 감면
2. 농업법인, 농협 등에 대한 감면
3. 장애인, 국가유공자 차량 감면 등에 대한 감면
4. 노인복지시설, 의료법인 등에 대한 감면
5. 영유아보육시설, 유치원 등에 대한 감면
6. 연금공단 등에 대한 감면
7. 임대주택에 대한 감면
8. 소규모주택 분양, 생애최초, 분양보증 등 주택 공급에 대한 감면
9. 학교에 대한 감면
10. 기숙사 및 산학협력단에 대한 감면
11. 학술연구, 기술진흥, 장학단체에 대한 감면
12. 평생교육단체 등에 대한 감면
13. 기업부설연구소, 친환경건축물 등에 대한 감면
14. 종교단체 등에 대한 감면
15. 관광단지에 대한 감면
16. 신용보증 지원에 대한 감면
17. 분할, 합병 등에 대한 감면
18. 중소기업통합, 법인전환, 현물출자, 지주회사 등 법인구조조정 감면
19. 기업재무구조 개선 등에 대한 감면
20. 벤처기업, 지식산업센터 등에 대한 감면
21. 창업중소기업 등에 대한 감면
22. 물류단지에 대한 감면
23. 토지 등 수용에 따른 대체취득 감면
24. 도시개발사업, 도시정비사업 등에 따른 감면
25. 택지개발용 토지(LH공사) 등에 대한 감면
26. 산업단지 등에 대한 감면
27. 외국인투자기업 등에 대한 감면
28. 법인 및 공장의 지방이전 등에 대한 감면
29. 신협, 새마을금고 등에 대한 감면
30. 지방공사 등에 대한 감면
31. 공공기관 이전 등에 대한 감면
32. 시장정비사업 등에 대한 감면
33. 사권제한토지, 천재지변 대체취득 등에 대한 감면
34. 감면규정 해석기준
35. 추징규정 해석기준
36. 정당한 사유 판단 기준
37. 직접사용 및 고유업무 개념
38. 법령개정 및 부칙규정 등 해석기준
39. 조례감면

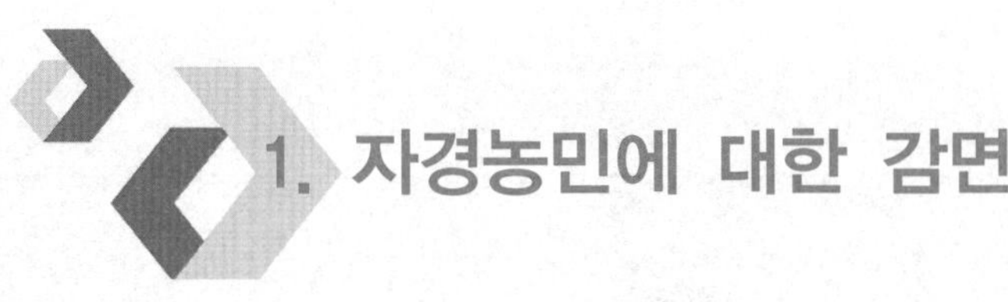

1. 자경농민에 대한 감면

1.1 주말이나 부업으로 농사를 짓거나 농지원부에 등재되어 있는 경우 자경농민에 해당되는지

【관련 판례】 대법 2012두1426, 2012. 4. 26. 판결(심리불속행) : 상고기각

- 지방세특례제한법 제6조

지방세특례제한법 제6조(자경농민의 농지 등에 대한 감면)

① 대통령령으로 정하는 바에 따라 농업을 주업으로 하는 사람으로서 2년 이상 영농에 종사한 사람 또는 「후계농어업인 및 청년농어업인 육성·지원에 관한 법률」 제8조에 따른 후계농업경영인 및 청년창업형 후계농업경영인(이하 이 조에서 "자경농민"이라 한다)이 대통령령으로 정하는 기준에 따라 직접 경작할 목적으로 취득하는 대통령령으로 정하는 농지(이하 이 절에서 "농지"라 한다) 및 관계 법령에 따라 농지를 조성하기 위하여 취득하는 임야에 대해서는 취득세의 100분의 50을 2026년 12월 31일까지 경감한다.(후략)

〈쟁점요지〉 농업이 주된 직업이 아닌 자가 주말이나 부업으로 농사를 짓거나 농지원부 등재되어 있는 경우 취득세 감면대상 자경농민으로 볼 수 있는지 여부

판결요지 ••• 농지원부가 판단의 절대적 기준이 될 수 없어 부업으로 농사를 짓는 경우에는 취득세 감면대상 자경농민에 해당하지 않음

- 감면을 받기 위해 필요한 요건인 '직접 농업에 종사하는 경우'라 함은 반드시 전업농일 필요는 없으나, 농업이 주된 직업이 아니면서 부업 내지 주말에만 농사를 지은 경우라면 여기서 말하는 '직접 농업에 종사하는 경우'에 해당한다고 보기 어렵다고 할 것임.
- 농지원부는 농지를 효율적으로 이용하고 관리하기 위하여 작성되는 행정자료에 불과한 것으로서 농지원부에 등재되었다는 사정만으로는 자경농민으로 단정할 수 없음(서울고법 2011누27164, 2011. 12. 15. 판결).

1.2 농지소재지로부터 20㎞ 이상 떨어진 곳에 거주하더라도 자경농민에 대한 감면을 적용할 수 있는지

【관련 판례】 대법 2013두22840, 2014. 2. 14. 판결(심리불속행) : 상고기각

- 지방세특례제한법 제6조

〈쟁점요지〉 교통수단 발전으로 20㎞에 밖에 거주하더라도 자경이 충분히 가능함에도 물리적인 거리의 개념만으로 파악하여 이를 벗어난 거리에 거주하고 있다고 하여 취득세 감면을 배제하는 것이 거주이전 자유 등에 위배되어 위법한 처분에 해당하는지 여부

판결요지 자경의 거리를 20㎞ 이내로 제한하여 감면을 배제하더라도 거주이전 자유 등에 위배되지 않음

- 지방세특례제한법 제6조 제1항은 자경농민을 보호·육성하기 위하여 자경농민의 농지취득에 대하여 취득세를 감경하는 규정을 두면서도, 그런 한편으로 그와 관련한 탈법이나 부재지주의 농지소유 등에 따른 폐단을 억제하는 차원에서 지방세특례제한법 시행령 제3조 제1항은 직접 2년 이상 농업에 종사한 사람이 농지를 취득하는 경우에도 그가 '농지의 소재지로부터 20킬로미터 이내의 지역에 거주'할 것을 그 추가적인 요건으로 규정하고 있는바, 위 규정상의 '20킬로미터'는 단순히 물리적인 거리를 의미함이 법문상 명백하다 할 것이고, 이를 원고가 주장하는 것처럼 속도와 시간을 반영한 거리('거리 = 속도 × 시간')로 새길 수 있는 법령상의 그 어떠한 근거도 없다(대전지법 2012구합5550, 2013. 5. 15. 판결).
- 자경농민의 농지취득에 대하여 일정한 요건이 충족되는 경우에 지방세의 감경이라는 특혜를 부여하는 취지의 규정일 뿐, 이들 규정으로 인하여 원고의 직업의 자유나 거주이전의 자유가 직접 침해된다고 보기 어려울 뿐만 아니라, 취득세 감경과 관련한 탈법이나 부재지주의 농지소유 등에 따른 폐단을 억제하는 차원에서 취득세 감경의 혜택을 받고자 하는 농업인은 누구나 평등하게 그 취득한 농지의 소재지로부터 20킬로미터 이내의 지역에 거주할 것을 요구하는 위 시행령 규정이 평등의 원칙에 위배된다고 보기도 어렵다(대전지법 2012구합5550, 2013. 5. 15. 판결).

1.3 농지 취득 후 일부만을 농지로 사용하는 경우 영농에 직접 사용하지 아니한 것으로 보아 감면분 취득세를 추징할 수 있는지

【관련 판례】 대법 2014두4771, 2014. 5. 2. 판결(상고이유서 미제출) : 상고기각

- 지방세특례제한법 제6조

지방세특례제한법 제6조(자경농민의 농지 등에 대한 감면)

④ 대통령령으로 정하는 바에 따라 「농업·농촌 및 식품산업 기본법」 제3조 제5호에 따른 농촌지역으로 이주하는 귀농인(이하 이 항에서 "귀농인"이라 한다)이 대통령령으로 정하는 기준에 따라 직접 경작 또는 직접 사용할 목적으로 대통령령으로 정하는 귀농일(이하 이 항에서 "귀농일"이라 한다)부터 3년 이내에 취득하는 농지, 「농지법」 등 관계 법령에 따라 농지를 조성하기 위하여 취득하는 임야 및 제2항에 따른 농업용 시설(농지, 임야 및 농업용 시설을 취득한 사람이 그 취득일부터 60일 이내에 귀농인이 되는 경우 그 농지, 임야 및 농업용 시설을 포함한다)에 대해서는 취득세의 100분의 50을 2024년 12월 31일까지 경감한다. <u>다만, 귀농인이 다음 각 호의 어느 하나에 해당하는 경우에는 경감된 취득세를 추징하되, 제3호 및 제4호의 경우에는 그 해당 부분에 한정하여 경감된 취득세를 추징한다.</u>

3. 정당한 사유 없이 다음 각 목의 어느 하나에 해당하는 경우
   다. 농업용 시설의 취득일부터 1년 이내에 해당 용도로 직접 사용하지 아니하는 경우

〈쟁점요지〉 농지를 취득한 이후 전체 토지의 일부에만 채소를 심어 재배하고 있고 대부분 개간되지 않고 방치되어 있는 경우 유예기간 내 영농에 직접사용하지 않은 것으로 보아 감면분 취득세를 추징하는 것이 타당한지 여부

판결요지 ••• 영농에 직접 사용한 것으로 보기 어려워 추징대상에 해당함

- 이 사건 제1토지 중 일부가 밭으로 개간되어 파, 배추 등 농작물이 재배되고 있는 사실은 다툼이 없다. 그러나 위 인정사실과 각 증거에 의하여 인정되는 다음과 같은 사정, 즉 이 사건 각 토지 중 위 경작부분 외에는 대부분 개간되지 않고 방치되어 있는 것으로 보이고, 특히 이 사건 제2토지는 수풀이 우거져 임야와 다름없는 상태로 보이는 점, … 이 사건 각 토지에 관하여 농지원부가 작성되어 있지 않고, 원고가 경작을 위하여 지출한 영농비용이나 농작물을 수확한 후 얻은 수익금 내역에 대한 자료도 보관하고 있지 않아 소규모의 경작만을 한 것으로 보이는바, 약 2,000㎡에 이르는 토지 일부에 조합원 1명이 소규모로 채소를 경작한 것을 원고의 목적사업인 영농활동으로 보기는 어려운 점 등을 종합하여

보면, 원고는 이 사건 각 토지를 그 용도인 영농에 직접 사용하지 않았다고 봄이 상당하다 (창원지법 2012구합3604, 2013. 4. 9. 판결).

1.4 감면 유예기간 내에 농지를 일시적으로 판매시설로 사용한 경우 취득세 추징대상에 해당되는지

【관련 판례】 대법 2014두35918, 2015. 4. 23. 판결(심리불속행) : 상고기각

- 지방세특례제한법 제6조

지방세특례제한법 제6조(자경농민의 농지 등에 대한 감면)

④ 3. 정당한 사유 없이 다음 각 목의 어느 하나에 해당하는 경우

가. 농지의 취득일부터 2년 이내에 직접 경작하지 아니하는 경우

나. 임야의 취득일부터 2년 이내에 농지의 조성을 시작하지 아니하는 경우

〈쟁점요지〉 농지 취득 후 일시적으로 판매시설로 전환하였으나 2년의 유예기간이 경과되기 이전부터 다시 화훼재배 농지로서 포도묘목 재배 등에 사용한 경우 타용도 사용으로 보아 추징대상에 해당되는지 여부

판결요지 농지 취득 후 2년 이상 경작하지 않았다면 일시적이나마 타용도 사용은 추징대상에 해당되며, 2년 만료시점에 다시 농지로 사용했더라도 달리 볼 수 없음

- 이 사건 건축물에 ○○○○○○ 주식회사의 간판을 설치하고 이 사건 건축물을 잔디, 튤립, 수선화 등을 판매하는 판매시설로 사용하였음이 확인되었는바, 원고는 이와 같이 이 사건 토지를 취득한 지 채 1년도 지나지 않아 이 사건 토지를 다른 용도로 사용하였다.
- 지방세특례제한법 제6조 제1항의 취지는 자경농민이 직접 경작할 목적으로 취득하는 농지와 농지를 조성하기 위하여 취득한 임야에 대하여는 취득세의 50%를 경감하되, 이러한 규정의 잠탈을 막기 위해 '자경농민이 농지 등을 취득한 후 2년 이내에 직접 경작하지 않거나 농지 조성을 시작하지 않는 경우와 '농지를 2년 이상 경작하지 않은 상태에서 매각·증여 또는 다른 용도로 사용하는 경우'에 경감된 취득세를 추징하는 것으로 보인다. 그런데 원고는 이 사건 토지를 취득한 후 이를 직접 경작하기 시작하였으므로 경감된 취득세를 추징당하지 않기 위해서는 이를 2년 이상 경작할 것이 요구된다 할 것인데, 원고가 2년 이

상 경작하지 않은 상태에서 이 사건 토지를 다른 용도로 사용한 이상 지방세특례제한법 제6조 제1항 단서에 따라 원고로부터 경감된 취득세를 추징하여야 할 것이고, 원고가 이 사건 토지를 취득한 지 2년이 되는 시점에 이 사건 토지를 농지로 사용하는지의 여부에 따라 달리 볼 것은 아니라 할 것이다(서울고등법원 2014. 12. 24. 선고 2014누63086 판결).

1.5 직접 경작이 확인되지 않는 경우에 있어 농지원부에 등재되고 과수를 식재한 경우 자경농민에 해당되는지

【관련 판례】 대법 2016두62467, 2017. 3. 16. 판결(심리불속행) : 기각

- 지방세특례제한법 제6조

〈쟁점요지〉 농지원부에 등재되고 토지에 매실나무를 식재한 경우 취득세 감면대상에 해당하는 자경농민으로 볼 수 있는지 여부

판결요지 ••• 농지원부에 등재되고 매실나무를 식재한 경우라도 직접 경작한 사실이 입증되지 않으면 자경농민으로 볼 수 없음

- 과세처분 취소소송에서의 이와 같은 비과세요건이나 공제요건 등에 대한 증명책임은 원칙적으로 납세의무자인 원고에게 있다 할 것인바(대법원 2009. 7. 9. 선고 2007두4049 판결 등 참조),
- ① 피고는 2015. 4.경 이 사건 각 토지에 관한 현지 확인조사를 실시하였는데, 이 사건 ○○리 토지는 경작된 흔적이 보이지 않고 이 사건 △△리 토지는 수년째 방치되어 있는 것으로 확인된 점(을 제3호증), ② 2011년 및 2012년 촬영된 항공사진 상으로는 이 사건 각 토지에 매실나무가 식재되어 있기보다 나대지와 비슷한 상태로 보이는 점, ③ 농지원부는 농지를 효율적으로 이용하고 관리하기 위하여 작성되는 행정자료에 불과한 것으로서 농지원부에 등재되었다는 사정만으로는 자경농민으로 단정할 수 없는 점, ④ 원고는 2010년 및 2011년 작성된 영수증과 거래명세표를 제출하였을 뿐, 농작물의 수확내역이나 농약, 비료 구입내역 등 원고가 직접 노동력을 투입하여 경작하였다고 볼 만한 객관적·구체적인 자료는 제출하지 못한 점 등을 종합하여 보면, 원고가 이 사건 각 토지를 취득일로부터 2년 내에 직접 경작하였다고 인정할 수 없다(의정부지방법원 2016. 4. 19. 선고 2015구합1439 판결).

2. 농업법인, 농협 등에 대한 감면

2.1 농업법인이 임야 내에서 농작물을 경작하면서 건축 준비를 한 경우 고유업무에 직접 사용한 것으로 보아 추징을 배제할 수 있는지

【관련 판례】 대법 2013두35037, 2014. 2. 13. 판결(심리불속행) : 상고기각

- 지방세특례제한법 제11조

지방세특례제한법 제11조(농업법인에 대한 감면)

① 다음 각 호의 어느 하나에 해당하는 농업법인 중 경영상황을 고려하여 대통령령으로 정하는 법인(이하 이 조에서 "농업법인"이라 한다)이 대통령령으로 정하는 기준에 따라 영농에 사용하기 위하여 법인설립등기일부터 2년 이내(대통령령으로 정하는 청년농업법인의 경우에는 4년 이내)에 취득하는 농지, 관계 법령에 따라 농지를 조성하기 위하여 취득하는 임야 및 제6조 제2항 각 호의 어느 하나에 해당하는 시설에 대해서는 취득세의 100분의 75를 2026년 12월 31일까지 경감한다.

〈쟁점요지〉 농업법인이 농산물 가공공장 및 보관창고 등을 신축하기 위해 취득한 임야에 고구마, 고추 등을 재배하면서 건축을 준비하고 있는 과정에 추징유예기간 1년이 경과한 경우 고유업무에 직접 사용한 것으로 보아 취득세 추징을 배제할 수 있는지 여부

판결요지 감면목적에 사용한 것으로 볼 수 없어 추징배제대상이 아님

- ① 원고는 이 사건 지방세 감면신청 당시 이 사건 부동산의 사용목적을 '농산물 가공공장 및 보관창고' 또는 '농산물 가공판매 및 사무실·창고'라고 명시하였는바, 원고가 주장하는 조림과 농작물 경작은 이 사건 신청 당시 명시한 위 사용목적 어디에도 해당하지 않고, 오히려 공장 및 창고, 사무실의 부지로 이용하기 위해서는 나무와 농작물을 제거해야 할

필요까지 있는 것으로 보이는 점, ② 원고는 이 사건 부동산 일부에서 농작물을 재배한 사실은 있으나 그 재배규모나 관리 현황 등에 비추어, 이를 원고의 정관에 기재된 고유목적사업인 농산물 가공판매, 농산물 도・소매업 등을 위한 것으로 보기 어려운 점, ③ 이 사건 부동산은 위 인정사실에서 이미 본 것처럼 대부분 임야상대로 방치되어 있을 뿐, 원고가 이 사건 부동산에 신청목적과 같이 공장 및 창고를 설치하기 위한 공사를 시작하였다거나, 공사를 위한 준비행위를 하고 있는 것으로 볼 만한 흔적들이 전혀 없는 점 등을 종합해 보면, 원고가 이 사건 부동산을 취득한 후 1년 이내에 이를 그 지방세 감면을 받기 위한 신청 용도나 원고의 고유목적사업에 직접 사용하였다고 보기는 어렵다고 할 것이다 (대전지법 2013구합668, 2013. 6. 5. 판결).

2.2 농업법인이 화훼유통에 사용한 토지를 영농에 사용한 것으로 보아 감면할 수 있는지

【관련 판례】 대법 2022두30782, 2022. 3. 31. (심리불속행)

- 지방세특례제한법 제11조

> **지방세특례제한법 제11조(농업법인에 대한 감면)**
>
> ③ 제1항 및 제2항에 대한 감면을 적용할 때 다음 각 호의 어느 하나에 해당하는 경우 그 해당 부분에 대해서는 감면된 취득세를 추징한다.
>
> 2. 해당 용도로 직접 사용한 기간이 3년 미만인 상태에서 매각・증여하거나 다른 용도로 사용하는 경우

〈쟁점요지〉 농업법인이 비닐하우스에서 주로 화분 등을 설치·판매하고 있는 경우 비닐하우스용 토지를 영농이 아닌 화훼유통 시설로 보아 취득세 등 감면을 배제하는 것이 타당한지 여부

판결요지 ••• **비닐하우스에 판매용 화분을 주로 비치하여 영업을 하고 있는 경우에는 영농이 아닌 화훼유통시설로 보아 감면을 배제하는 것이 타당함**

- 감면을 적용할 때 해당 용도로 직접 사용한 기간이 3년 미만인 상태에서 매각・증여하거나 다른 용도로 사용하는 경우 그 해당 부분에 대해서는 감면된 취득세를 추징한다고 규정하고 있다(제3항 제2호). 이는 농업법인은 기업적 농업경영을 하는 영리목적의 상법상 회

사에 준하는 법인으로서 취득하는 부동산의 지목이나 면적 등에 특별한 제한이 없어 자경 농민과 달리 대규모 농지를 취득할 개연성이 높고, 농업법인에 대한 부동산 취득세 감면 제도가 시세차익을 목적으로 한 부동산 투기에 악용될 위험성이 매우 큰 점을 고려한 것이다(헌법재판소 2018. 2. 22. 선고 2016헌바420 결정 참조).

- 원고는 이 사건 토지를 취득한 후 3년 미만인 상태에서 영농이 아닌 다른 용도인 유통에 사용한 것으로 봄이 상당하고, 이를 이유로 한 이 사건 처분은 적법하다.

1) 이 사건 토지 5,344㎡ 중 약 730㎡가 주차장으로 사용되고 있는바, 이는 이 사건 토지를 영농 목적으로 사용하기 위해 필요한 주차장의 면적을 현저히 초과한 것으로, 묘목 구입 등을 위하여 방문하는 소비자들을 위한 것으로 보이고, 원고 농원의 고객뿐 아니라 인접 식당에 출입하는 차량도 위 주차장을 사용하고 있다.

2) 피고가 2019. 4. 5. 촬영한 사진에 의하면, 이 사건 토지 지상 비닐하우스 내부공간의 대부분을 가격표가 붙은 판매용 화분이 차지하고 있고, 포장대, 판매대, 테이블과 의자가 갖춰진 휴게공간, 컨테이너 박스 등이 설치되어 있으며, 식재된 묘목 또는 포트에 담겨 재배되는 묘목이 차지하는 면적은 일부분에 불과하고, 농원 입구에 식재된 묘목에도 '판매용' 팻말이 붙어 있다. 게다가 원고는 기존 비닐하우스 철거 후 새로이 비닐하우스를 설치하였음에도 종전 전차인 임정학이 사무실로 사용하던 시흥동 25-5 토지 지상의 비닐하우스는 계속 사무실 용도로 사용하였다(수원지법 2019구합69729, 2021. 4. 1. 판결).

2.3 출입구 무단 점유로 유예기간 내 농업법인이 영농에 사용하지 못한 데 정당한 사유가 있는 것으로 볼 수 있는지

【관련 판례】 대법 2018두42153, 2018. 8. 30. 판결 : 상고기각

- 지방세특례제한법 제11조

〈쟁점요지〉 농업법인이 영농에 사용하기 위하여 취득한 부동산을 제3자가 무단으로 점유하고 있어 출입구를 확보하지 못해 소송 등을 통해 명도받는 과정에서 유예기간이 도과된 경우 유예기간 내 사용하지 못한 정당한 사유가 있는 것으로 볼 수 있는지 여부

판결요지 ••• 토지를 취득할 당시 위 토지 위에 주차장과 적치장이 존재하여 당장 경작하기 어렵다는 사정을 이미 알고 있었던 경우라면 정당한 사유를 인정하기 어려움

- 을 3, 6, 9호증, 갑 15호증의 각 기재 및 변론 전체의 취지를 종합하여 알 수 있는 다음과 같은 사정들, 즉 ① 원고는 이 사건 토지를 취득할 당시 위 토지 위에 주차장과 적치장이 존재하여 당장 경작하기 어렵다는 사정을 이미 알고 있었던 점, ② 위 적치물을 수거한 2012. 5.경 이후에는 위 토지의 경작이 가능했음에도 2014. 8.경까지도 여전히 상당한 부분에서는 경작이 이루어지지 않은 것으로 보이는 점, ③ 설령 원고 주장과 같이 2012. 6.경 우○상○가 통행로 위에 컨테이너를 설치한 후 이 사건 토지에 농기계 등의 출입이 불가능해졌다고 하더라도, 원고가 우○상○를 상대로 2013. 4. 8.에 비로소 주위토지통행권확인을 구하는 소를 제기하는 등 소송의 경과나 원고가 2014. 1. 20. 이후에 비로소 공로로 통하는 다리를 건설한 점(원고는 다리 건설을 위한 토지 매입에 시간이 많이 들었다고 주장하나, 원고가 주장하는 바와 같이 인접토지의 매도인을 찾기 어려웠고 매도인을 찾더라도 그들이 시세보다 매우 높은 가격을 요구하였던 등의 사정을 고려하더라도 농기계 등의 출입이 불가능해진 2012. 6.경부터 다리 건설에 필요한 토지를 매입한 2013. 7. 11.까지 1년이 넘는 시간이 경과되었다) 등을 보면 원고가 즉시 통행로를 확보하여 위 토지를 영농에 사용하기 위한 진지하고 충분한 노력을 다한 것으로 보이지 아니하는 점 등에 비추어 보면, 앞서 인정한 사실만으로는 원고가 이 사건 토지 중 영농에 직접 사용하지 않은 부분에 대하여 영농에 직접 사용하지 못한 데에 정당한 사유가 있다고 보기에 부족하고, 달리 이를 인정할 만한 증거가 없다. 따라서 원고의 이 부분 주장은 받아들일 수 없다.

2.4 농업법인이 토지 중 일부만을 감면목적에 사용하고 있는 경우에도 전체를 감면 배제할 수 있는지

【관련 판례】 대법 2018두42153, 2018. 8. 30. 판결 : 파기환송

- 지방세특례제한법 제11조

〈쟁점요지〉 농업법인이 취득한 부동산의 일부만을 영농에 사용하는 경우 그 전체를 감면목적에 사용하지 아니한 것으로 보아 재산세 감면을 배제할 수 있는지 여부

판결요지 농업법인이 재산세 과세기준일 현재 그 소유 토지 중 일부를 영농에 직접 사용하고 있는 경우 그 일부에 대해서는 이 사건 조항에 따라 재산세의 100분의 50이 경감된다고 봄이 타당함

- 구 지방세특례제한법(2015. 12. 29. 법률 제13637호로 개정되기 전의 것, 이하 같다) 제11

조 제2항(이하 '이 사건 조항'이라고 한다)은 농업법인의 운영을 지원하고 장려하기 위하여 '농업법인이 영농·유통·가공에 직접 사용하기 위하여 취득하는 부동산의 경우, 과세기준일 현재 해당 용도에 직접 사용하는 부동산에 대하여는 재산세의 100분의 50을 경감한다.'라고 규정하고 있다.

- 이 사건 조항의 입법취지와 문언의 내용 및 관련 규정의 체계 등에서 알 수 있는 다음과 같은 사정을 종합하면, 농업법인이 재산세 과세기준일 현재 그 소유 토지 중 일부를 영농에 직접 사용하고 있는 경우 그 일부에 대해서는 이 사건 조항에 따라 재산세의 100분의 50이 경감된다고 봄이 타당하다.
- 재산세는 보유하는 토지 등에 담세력을 인정하여 부과되는 조세로서 당해 토지를 보유하는 동안 매년 독립적으로 납세의무가 발생하므로 과세표준도 매년 독립적으로 과세기준일 현재의 토지의 현황이나 실제 이용상황에 따라 구분하여야 한다.
- 구 지방세특례제한법 제178조 제1호는 '부동산에 대한 감면을 적용할 때 정당한 사유 없이 그 취득일부터 1년이 경과할 때까지 해당 용도로 직접 사용하지 아니하는 경우 그 해당 부분에 대해서만 감면된 취득세를 추징'하도록 규정하고 있는데, 토지 중 일부만을 해당 용도로 직접 사용한 경우의 재산세 감면에 관하여도 위와 같은 취득세 감면의 경우와 달리 볼 이유가 없다.
- 구 지방세특례제한법 제22조 제2항 등은 '사회복지법인 등이 과세기준일 현재 해당 사업에 직접 사용하는 부동산에 대하여는 재산세를 면제하되 해당 재산의 일부가 그 목적에 직접 사용되지 아니하는 경우의 그 일부 재산에 대하여는 재산세를 면제하지 않는다.'라고 규정하고 있고, 이와 같이 지방세특례제한법은 토지 중 일부만 재산세 감면요건에 해당하는 경우 그 일부에 대해서만 재산세를 감면하도록 하고 있는데, 이는 확인적 규정으로 볼 수 있다.

2.5 농협 생필품매장 등이 재산세 경감대상 구판사업용에 해당되는지

【관련 판례】 대법 2014두46461, 2016. 5. 12. 판결 : 기각

- 지방세특례제한법 제14조

> **지방세특례제한법 제14조(농업협동조합 등의 농어업 관련 사업 등에 대한 감면)**
>
> ① 농업협동조합중앙회(제3호만 해당한다), 수산업협동조합중앙회, 산림조합중앙회가 구매·판매 사업 등에 직접 사용하기 위하여 취득하는 다음 각 호의 부동산(중략)에 대해서는 취득세의 100분의 25를, 과세기준일 현재 그 사업에 직접 사용하는 부동산에 대해서는 재산세의 100분의 25를 각각 2026년 12월 31일까지 경감한다.
>
> 1. 구매·판매·보관·가공·무역 사업용 토지와 건축물
> 2. 생산 및 검사 사업용 토지와 건축물
> 3. 농어민 교육시설용 토지와 건축물

〈쟁점요지〉 농협중앙회의 생필품매장, 특정매입매장, 임대매장, 농협은행 등이 재산세가 경감되는 구판사업 등 또는 농수산물 유통시설에 직접 사용하게 하는 부동산에 해당되는지 여부

판결요지 ••• 농협중앙회의 생필품매장 등은 재산세 경감대상이 되는 구판사업용 부동산 등에 해당되지 않음

- 원심은 이 사건 감면조항 및 농수산물유통법 등의 관련 규정 내용과 입법목적, 조세감면 규정의 엄격해석 원칙 등을 이유로 이 사건 감면조항에 의한 재산세 경감대상인 '농수산물 유통시설'은 '농수산물에 관한' 유통시설만을 의미하는 것으로 해석하면서, 농수산물 유통시설의 설치·운영에 필수불가결한 것이 아닌 생필품매장, 특정매입매장, 임대매장, 농협은행 등은 위 재산세 감면대상인 '농수산물 유통시설'에 포함된다고 할 수 없다고 판단하였다. 또한 구 농수산물유통법에 규정된 '농수산물 종합유통센터'에 농수산물의 판매 및 물류 관련 편의시설 등이 포함되는 것으로 규정되어 있다고 하더라도 이 사건 감면조항의 해석을 달리할 것이 아니라고 보았다.
- 원심판결 이유를 위 구 지방세법 규정의 개정 연혁 등에 비추어 살펴보면, 원심이 이 사건 감면조항에 규정된 '농수산물 유통시설'의 의미에 대하여 이는 농수산물유통법에서 차용한 개념이 아니라 세법에서 독자적으로 정한 것으로서 그 의미를 제한적으로 해석하여야 한다고 보는 전제에서 그 설시와 같은 이유로 이 사건 처분이 적법하다고 판단한 것은 옳다.

2.6 중앙회가 농협유통(하나로마트)에 임대한 경우 고유업무의 직접사용에 해당되는지

【관련 판례】 대법 2016두49587, 2016. 12. 1. 판결(심리불속행) : 기각

- 지방세특례제한법 제14조

〈쟁점요지〉 농협중앙회가 유통자회사인 농협유통에 임대하여 생필품 등을 판매한 경우 재산세 감면대상인 구매·판매 등에 직접사용에 해당되는지

판결요지 ••• **농협중앙회와 하나로마트 운영주체인 농협유통은 별개의 법인격이므로 농협유통이 임차·운영한 경우 직접사용으로 볼 수 없음**

- ④ 원고의 목적사업에 '그 밖에 설립 목적의 달성에 필요한 사업으로서 농림축산식품부장관의 승인을 받은 사업'이 포함되어 있어(농업협동조합법 제57조 제1항 제10호) 하나로마트 △△점을 운영하는 것 자체가 목적사업이라고 해석될 여지도 있으나, 하나로마트 △△점의 운영주체인 농협유통은 원고와는 별개의 법인격인데다가 괄호 안에서 유통자회사를 원고와 구분하여 규정하고 있고, 위 법령상 '구판사업 … 에 직접 사용하기 위하여' 또는 '구매·판매 사업 등에 직접 사용하기 위하여'로 규정하고 있으므로 하나로마트 △△점 운영이 여기에 해당한다고 해석하기에 무리가 있는 점, 농협유통은 원고와 달리 수익을 목적으로 설립된 법인으로 공익목적법인인 원고와 동일하게 취급할 수 없으므로, 위 법령에 제한을 둔 것으로 볼 수 있는 점 등을 고려할 때, 위 법령에서의 '직접 사용'은 농업협동조합중앙회가 사용하는 경우를 의미하고, 임대 등은 여기에 해당하지 않는다고 해석함이 타당하므로, 원고의 위 주장(구판사업의 범위 등)은 더 나아가 살펴볼 필요 없이 이유 없다(서울행정법원 2014. 3. 21. 선고 2013구합55772 판결).

2.7 농수산물유통 지방공사가 취득한 부동산 중 소매점 등 편의시설을 목적사업에 직접 사용하는 것으로 보아 감면할 수 있는지

【관련 판례】 대법 2018두54637, 2018. 12. 13. 판결(심리불속행) : 상고기각(과세기관 일부 승)

- 지방세특례제한법 제15조

지방세특례제한법 제15조(한국농수산식품유통공사 등의 농어업 관련 사업 등에 대한 감면)

① 「한국농수산식품유통공사법」에 따라 설립된 한국농수산식품유통공사와 「농수산물유통 및 가격안정에 관한 법률」 제70조 제1항에 따른 유통자회사가 농수산물종합직판장 등의 농수산물 유통시설과 농수산물유통에 관한 교육훈련시설에 직접 사용(「농수산물 유통 및 가격안정에 관한 법률」 제2조 제7호부터 제9호까지의 규정에 따른 도매시장법인, 시장도매인, 중도매인 및 그 밖의 소매인이 해당 부동산을 그 고유업무에 사용하는 경우를 포함한다. 이하 이 조에서 같다)하기 위하여 취득하는 부동산에 대해서는 취득세의 100분의 50을, 과세기준일 현재 그 시설에 직접 사용하는 부동산에 대해서는 재산세의 100분의 50을 각각 2025년 12월 31일까지 경감한다.

〈쟁점요지〉 서울시에서 설립한 농수산물유통공사가 취득한 부동산 중 회판매장, 약국 등 유통지원시설의 경우에도 고유업무에 직접사용하는 것으로 보아 감면을 할 수 있는지 여부

판결요지 ••• 수산물인 회를 조리하여 바로 판매하는 장소는 그 밖의 소매인의 범위에 포함되어 감면대상이나, 이외 양념판매장, 약국, 소매점 등은 수산물의 유통과 관계없으므로 감면대상에 해당하지 아니하고 가산세를 배제할 정당한 사유도 없음

- 이 사건 회 판매 식당을 운영하는 상인은 식당에 설치된 수조에서 수산물을 소비자가 고르면 이를 손질하여 판매하는 업을 영위하는 자이므로 수산물의 판매 또는 유통에 종사하는 소매인에 해당하고, 이는 이 사건 회 판매 식당에서 수산물을 판매함과 아울러 이를 회로 손질하여 주고, 손질된 회를 즉석에서 먹을 수 있도록 식당 내에 공간과 식기, 양념 등을 함께 제공하고 있다고 하여 달리 볼 수 없다. 따라서 이 사건 쟁점 시설 중 이 사건 회 판매 식당 부분은 위에서 본 원고의 '고유업무'에 '직접 사용'되는 부동산으로서 이 사건 감면규정에 따른 취득세 및 재산세 등의 감면대상에 해당한다고 할 것이므로, 이 부분 원고의 주장은 이유 있다.
- 이 사건 감면규정의 문언 내용과 그 입법 목적, 지방공기업법, 농수산물 가격안정법 및

이 사건 서울특별시 조례 등에 따른 원고의 설립 목적 등을 고려할 때, 이 사건 감면규정에서 정한 '그 밖의 소매인 등이 해당 부동산을 그 고유업무에 사용하는 경우'라 함은 원고로부터 이 사건 건물 중 일부를 임차한 상인이 직접 농수산물의 유통 또는 판매업을 영위하거나 그에 준하는 영업을 하는 경우에 한하고, 그 외의 소매인 등은 여기에 포함된다고 할 수 없다 할 것인데, 이 사건 양념식당을 운영하는 상인은 소비자가 구매한 농수산물을 시장 내에서 먹을 수 있도록 식기, 조리도구, 밑반찬 및 장소 등의 편의나 서비스를 제공하는 자일 뿐 '농수산물'의 판매 또는 유통에 종사하는 자에 해당한다고 볼 수 없고, 이 사건 쟁점시설 중 이 사건 회 판매 식당과 이 사건 양념식당을 제외한 나머지 시설 부분의 경우 이 사건 건물 내 상인과 건물 이용자는 물론 일반 시민들을 상대로 한 수익사업 시설에 해당할 뿐 농수산물의 유통 또는 판매 시설에 해당하지 않는다.

- 그러나, 갑 제7 내지 15호증, 을 제2호증의 각 기재 및 변론 전체의 취지에 의하여 인정되는 다음과 같은 사정들을 종합하면, 위에서 인정한 사실만으로는 원고가 이 사건 쟁점 시설 중 이 사건 회 판매 식당을 제외한 나머지 시설 부분과 관련한 취득세와 재산세 등을 납부하지 아니한 것에 정당한 사유가 있다고 할 수 없다. 따라서 피고가 원고에게 이 사건 쟁점 시설 중 이 사건 회 판매 식당을 제외한 나머지 시설 부분에 대한 지방세 및 재산세 등과 관련하여 가산세를 부과한 것은 적법하고, 이를 다투는 원고의 주장은 이유 없다(서울고법 2017누77222, 2018. 6. 27. 판결).

3. 장애인, 국가유공자 차량 감면 등에 대한 감면

3.1 종전 장애인 차량 추징기간이 경과하면 추가 구입한 장애인 차량도 감면을 받을 수 있는지

【관련 판례】 대법 2015두40682, 2015. 7. 10. 판결(심리불속행) : 상고기각

- 지방세특례제한법 제17조

지방세특례제한법 제17조(장애인용 자동차에 대한 감면)

① 대통령령으로 정하는 장애인(제29조 제4항에 따른 국가유공자등은 제외하며, 이하 이 조에서 "장애인"이라 한다)이 보철용·생업활동용으로 사용하기 위하여 취득하여 등록하는 다음 각 호의 어느 하나에 해당하는 자동차로서 취득세 또는 「지방세법」 제125조 제1항에 따른 자동차세(이하 "자동차세"라 한다) 중 어느 하나의 세목(稅目)에 대하여 먼저 감면을 신청하는 1대에 대해서는 취득세 및 자동차세를 각각 2024년 12월 31일까지 면제한다.

〈쟁점요지〉 취득세를 감면받았던 종전 장애인 차량의 추징기간이 경과하면, 종전 장애인 차량을 보유하면서 추가로 구입한 장애인 차량에 대해서도 취득세 감면을 적용받을 수 있는지 여부

판결요지 장애인용 차량에 대한 감면규정은 보철용·생업활동용 자동차 1대에 한하여 세제혜택을 주려는 것으로 추가로 보유하는 차량은 감면대상에 해당되지 않음

- 장애인용 자동차에 대한 감면규정은 장애인 등에 대한 사회복지·지원이라는 정책적 차원에서 보철용·생업활동용으로 사용하기 위한 자동차 1대에 한하여 세제혜택을 주려는 것이고, 구 지방세특례제한법 제17조 제2항 추징규정은 위 감면규정을 이용하여 세 감면을 받은 뒤 단기간 내에 차량을 타인에게 양도하거나 본인이 아닌 다른 사람을 위하여 사용하는 등 세제혜택을 부당하게 이용하는 문제를 방지하기 위하여 규정한 것이며,

- 만약 그렇지 않고 원고 주장처럼 종전 자동차 등록일로부터 1년이 지났다는 사정만으로 종전 자동차를 보유하고 있는 상태에서 새로 취득하는 이 사건 자동차에 대하여도 취득세를 감면할 수 있다면 원고에게 동시에 취득세 감면대상 자동차를 2대 허용하는 셈이 될 뿐만 아니라, 원고는 매년 1대씩 취득세 없이 자동차를 취득할 수 있다는 결론에 이르게 된다. 이는 취득세 면제 자동차를 1대로 한정하고 있는 구 지방세특례제한법 제17조 제1항, 법 시행령 제8조 제2항에 반하는 부당한 결과가 된다(부산고등법원 2015. 3. 27. 선고 (창원)2014누11833 판결).

3.2 장애인이 다른 자치단체의 선수로 활동하기 위해 일시적으로 세대를 분가했을 경우 '부득이한 사유'에 해당하는지

【관련 판례】 대법 2007두3299, 2007. 4. 26. : 파기환송

- 지방세특례제한법 제17조

지방세특례제한법 제17조(장애인용 자동차에 대한 감면)

③ 제1항 및 제2항을 적용할 때 장애인 또는 장애인과 공동으로 등록한 사람이 자동차 등록일부터 1년 이내에 사망, 혼인, 해외이민, 운전면허취소, 그 밖에 이와 유사한 부득이한 사유 없이 소유권을 이전하거나 세대를 분가하는 경우에는 면제된 취득세를 추징한다.(후략)

〈쟁점요지〉 장애인인 원고가 형식상으로만 주민등록을 이전하였다가, 얼마후 다시 주민등록을 원상으로 회복한 경우 장애인 차량에 대한 취득세 등 감면 적용여부

판결요지 추징을 배제할 수 있는 "부득이한 사유"란 "사망·혼인·해외이민·운전면허취소의 사유에서 볼 수 있듯이 국내에서 더 이상 운전을 하지 못할 사유이거나 동거가족이 불가피하게 변경되는 사유만을 가리키므로, 세대분가 이유가 다른 구의 수영선수로 활동하기 위한 경우에는 이에 해당하지 않음

- 서울시 조례 제3조 제1항 본문은 "주민등록법에 의한 세대별 주민등록표에 기재되어 있는 장애인의 직계존·비속, 장애인의 직계비속의 배우자, 장애인의 형제·자매는 장애인 본인과 공동명의로 등록하는 경우"에만 면세를 해 주도록 정하고 있는바, 이와 같이 본문 규정이 "주민등록법에 의한 세대별 주민등록표"를 명시하고 있는 이상, 그 단서 규정의

"세대" 역시 주민등록표상의 세대를 가리킨다고 해석하여야 할 것이다. 이렇게 해석하는 경우 실질적인 세대분가가 없으면서도 면제되었던 취득세·등록세 등을 추징당하는 사례들이 생길 수 있으나, 이는 주민등록표와 자신의 실제 주거지를 일치시키지 않고 허위신고를 한 데서 기인한 것이라고 보아야 한다.

- 또한 서울시 조례 제3조 제1항 단서의 "부득이한 사유"란 같은 단서 규정이 예시한 "사망·혼인·해외이민·운전면허취소의 사유에서 볼 수 있듯이 국내에서 더 이상 운전을 하지 못할 사유이거나 동거가족이 불가피하게 변경되는 사유만을 가리킨다고 보는 것이 합당하므로, 이 사건의 원고처럼 다른 구의 수영선수로 활동하기 위하여 주소를 이전하였다는 사유는 위 부득이한 사유에 해당한다고 볼 수 없다.

관련 기타 판례

1. 공무원 임용시험에 응시하기 위하여 주소를 이전하였다는 사정만으로는 위 조항 단서에서 정한 "기타 이와 유사한 부득이한 사유"에 해당한다고 볼 수도 없음(대법 2012두9840, 2012. 6. 14. 판결).
2. 사채업자들의 빚 독촉을 피하고, 질병치료를 위하여 세대를 분가하였다고 하더라도 이는 국내에서 더 이상 운전을 하지 못할 사유이거나 동거가족이 불가피하게 변경되는 사유로 볼 수 없음(대법 2012두28421, 2013. 4. 11. 판결).
3. 장애인과 공동등록한 자동차로 자동차세 등을 감면받은 자동차에 대해 세대분가를 한 이상 장애인을 위하여 사용하는지 여부를 불문하고 추징 대상에 해당함(대법 2014두35928, 2014. 6. 26. 판결).
4. 주택담보대출을 받기 위해 주소를 형식적으로 일시 이전한 경우, 추징 사유인 세대분가는 주민등록표를 기준으로 판단하여야 하므로 비록 형식적으로 세대를 분가하였다고 하더라도 추징을 배제할 수 있는 정당한 사유가 있다고 볼 수 없음(대법 2022두35206, 2022. 5. 26. 판결).

3.3 장애인 공동명의자 간 세대분리한 기간 동안에 자동차세가 면제되는지

【관련 판례】 대법 2015두60839, 2016. 3. 24. 판결(심리불속행) : 기각

- 지방세특례제한법 제17조

〈쟁점요지〉 **공동명의자와 사실상 함께 거주하고 있으나 개인사정으로 주민등록표상 세대만 분리한 경우 분리기간 동안의 자동차세 면제대상 해당 여부**

판결요지 ●●● 주민등록표의 세대분리기간에는 자동차세가 면제되지 않음

- 지방세특례제한법 제17조 제1항, 같은 법 시행령 제8조 제2항에서 장애인이 배우자, 직계비속 등과 공동명의로 자동차를 등록하는 경우에는 주민등록법에 따른 세대별 주민등록표에 의하여 세대를 함께 하는 것이 확인되는 경우에 한하여 자동차세를 면제하도록 규정하고 있으므로, 해당 자동차를 장애인과 공동명의로 등록한 직계비속이 장애인과 실질적으로 세대를 함께 하고 있다고 하더라도 주민등록표에 의하여 세대를 함께 하는 것이 확인되지 않는 경우에는 자동차세가 면제되지 않는다고 봄이 타당하다(대법원 2007. 4. 26. 선고 2007두3299 판결 참조)(서울고등법원 2015. 12. 1. 선고 2015누46545 판결).
- 앞서 본 바와 같이 원고와 윤○○는 이 사건 자동차를 공동명의로 취득할 당시에는 세대별 주민등록표상 함께 등재되어 있었으나, 윤○○가 2014. 3. 7. 이 사건 제2주소지로 전입하여 세대를 분리한 이후 이 사건 자동차세의 마지막 과세기간이 끝나는 날인 2014. 6. 30.까지 세대별 주민등록표상 원고와 함께 등재되어 있지 않았으므로, 이를 이유로 피고가 2014. 3. 7.부터 2014. 6. 30.까지를 과세기간으로 하여 이 사건 처분을 한 것은 적법하고, 이를 다투는 원고의 위 주장은 이유 없다(인천지방법원 2015. 5. 26. 선고 2014구단2055 판결).

3.4 자동차세 감면대상을 신규차량으로 변경하여 주겠다는 답변이 있었던 경우 감면차량 변경이 가능한지

【관련 판례】 대법 2014두36822, 2014. 8. 20. 판결(심리불속행) : 상고기각

- 지방세특례제한법 제17조 제1항

〈쟁점요지〉 처분청 담당자가 자동차세 감면대상을 새로이 취득한 차량으로 바꾸어 주겠다는 설명을 하였던 경우 신의칙을 적용하여 신규차량에 대하여 감면을 적용할 수 있는지 여부

판결요지 ••• 담당자의 답변이나 의견에 따라 좌우될 수 없으므로 자동차세 감면대상을 신규차량으로 변경할 수 없음.

- 자동차 관련 세금의 면제는 법령이 정하는 바에 따라 이루어지는 것일 뿐 담당 공무원의 답변이나 의견 여하에 따라 좌우되는 것이 아니고 특별한 사정이 없는 한 담당 공무원의 답변이나 의견 표명만으로 그 상대방에게 보호받을 수 있는 신뢰가 형성되었다고 볼 수도 없는 것이므로 이와 다른 전제에 선 원고의 이 부분 주장은 그 자체로 이유 없다(서울고법 2013누45869, 2014. 4. 22. 판결).

4. 노인복지시설, 의료법인 등에 대한 감면

4.1 건축물대장상 용도나 설치신고가 노인복지시설 감면요건에 해당되는지

【관련 판례】 대법 2017두42361, 2017. 7. 11. 판결(심리불속행) : 기각

- 지방세특례제한법 제20조

지방세특례제한법 제20조(노인복지시설에 대한 감면)

「노인복지법」 제31조에 따른 노인복지시설을 설치·운영하기 위하여 취득하는 부동산에 대해서는 다음 각 호에서 정하는 바에 따라 지방세를 2026년 12월 31일까지 감면한다.

1. 대통령령으로 정하는 무료 노인복지시설로 직접 사용하기 위하여 취득하는 부동산에 대해서는 취득세를 면제하고, 과세기준일 현재 노인복지시설로 직접 사용(종교단체의 경우 해당 부동산의 소유자가 아닌 그 대표자 또는 종교법인이 해당 부동산을 노인복지시설로 사용하는 경우를 포함한다)하는 부동산에 대해서는 재산세의 100분의 50을 경감한다. (후략)

〈쟁점요지〉 노인요양원으로 이용하더라도 건축물대장상 용도가 근린생활시설이고 노인의료복지시설 설치신고가 되어 있지 않은 경우 감면대상 여부

판결요지 ••• 건축물대장상 용도나 의료복지시설 설치신고 여부에도 불구하고 실질로 노인복지시설로 이용하고 있다면 지방세 감면대상에 해당함

- 결국 구 지특법 제20조 제1호의 적용대상인 '노인복지법 제31조에 따른 노인의료복지시설'인지 여부는 건물의 건축물대장상 용도나 그에 대하여 노인의료복지시설 설치신고가 되어 있는지 여부와는 아무런 관련이 없고, 앞서 본 바와 같이 실제로 이 사건 건물 1, 2층이

처음부터 노인의료복지시설로 사용되어 왔고 이후 피고에 의하여 매 과세기준일 무렵 그 사실이 확인되어 온 이상, 이 사건 건물 1, 2층은 구 지특법 제20조 제1호의 적용 대상인 '노인복지법 제31조에 따른 노인복지시설'이라고 보아야 한다.

- 따라서 이와 다른 전제에 선 이 사건 처분은 원고의 나머지 주장에 관하여 더 나아가 살필 필요 없이 위법하다고 봄이 상당하다(특히 이 사건 처분 중 각 취득세 부과처분에 관하여 덧붙이자면, 구 지특법 제94조는 다른 특별한 규정이 있는 경우를 제외하고는 감면된 취득세를 추징하는 경우로서 '정당한 사유 없이 그 취득일로부터 1년이 경과할 때까지 해당 용도로 직접 사용하지 아니하는 경우'와 '해당 용도로 직접 사용한 기간이 2년 미만인 상태에서 매각 · 증여하는 경우'로 정하고 있으므로, 위 규정의 반대해석상 위 각 경우가 아니라면 감면된 취득세를 나중에 부과할 수 없다고 보이고, 이 사건 건물 1, 2층이 위 각 경우에 해당하지 아니함이 명백해 보임에도 피고는 이에 대하여 감면된 취득세를 부과하였으므로, 이러한 점에 있어서도 이 사건 처분 중 각 취득세 부과처분은 위법함을 지적해둔다)(서울행정법원 2016. 8. 26. 선고 2016구합56448 판결).

4.2 장기요양급여 수급자가 아닌 자가 있는 경우에도 무료 노인복지시설로 보아 감면할 수 있는지

【관련 판례】 대법 2017두73945, 2018. 3. 15. 판결(심리불속행) : 상고기각

- 지방세특례제한법 제20조

〈쟁점요지〉 국가 등이 전액 비용부담하거나 장기요양급여 수급자인 경우 이외 장기요양급여 수급자로 판정받지 않은 노인이 있는 경우에는 무료 노인복지시설로 보아 감면을 할 수 있는지 여부

판결요지 ••• 장기요양급여 수급자로 지정받지 아니한 자가 있는 경우에는 유료 노인복지시설로 보는 것이 타당함

- 취득세 등 면제요건인 '무료 노인복지시설'이라고 함은, ① 해당 노인복지시설의 입소비용(이용비용 포함)을 국가 또는 지방자치단체가 전액 부담하는 노인복지시설이거나 ② 해당 노인복지시설의 입소자 전부가 장기요양급여수급자이거나 위와 같이 비용을 부담하지 않는 노인들로서 그 중 장기요양급여수급자는 통상적인 실비 범위 내의 비급여대상 비용과 본인부담금만을 지급하면 되는 노인복지시설을 의미한다고 보아야 한다. 따라서 이와 다른 전제에서 구 지방세특례제한법 제20조 제1호가 조세법률의 명확성 원칙에 위배된다

는 원고의 제1주장은 이유 없다.

- 장기요양급여수급자로 판정받지 않은 노인들까지 장기요양인정을 신청하였다는 이유만으로 노인복지시설에 입소시킨다면, 장기요양급여수급자로 판정받기 어려운 노인들을 일단 수용한 후 국민건강보험공단으로부터 이들이 장기요양급여수급자로 판정받지 못하였음을 통보받을 때까지 시설에서 요양 등을 제공한 데 따른 비용 전부를 부담시킬 수 있게 되는바, 이는 해당 노인복지시설이 실질적으로는 유료 시설로 운영되는 것과 마찬가지 결과가 된다. 이러한 경우까지 해당 노인복지시설을 무료 노인복지시설로 보아 해당 노인복지시설의 설치 · 운영을 위하여 부동산을 취득한 자에게 취득세 등을 면제해 주는 것은 구 지방세특례제한법 제20조 제1호의 입법 취지에 반한다(의정부지법 2016구합8765, 2017. 6. 13. 판결).

4.3 사회복지법인의 수영장을 일반인들도 사용하고 대가를 지급하는 경우 수익사업으로 보아 감면을 배제하여야 하는지

【관련 판례】 대법 96누14845, 1997. 2. 28. : 파기환송

- 지방세특례제한법 제22조

지방세특례제한법 제22조(사회복지법인등에 대한 감면)

③ 제1항 각 호에 해당하는 법인 또는 단체(이하 이 조에서 "사회복지법인등"이라 한다)가 과세기준일 현재 해당 사회복지사업에 직접 사용(종교단체의 경우 해당 부동산의 소유자가 아닌 그 대표자 또는 종교법인이 해당 부동산을 사회복지사업의 용도로 사용하는 경우를 포함한다. 이하 이 조에서 같다)하는 부동산(대통령령으로 정하는 건축물의 부속토지를 포함한다)에 대해서는 다음 각 호에서 정하는 바에 따라 지방세를 2025년 12월 31일까지 각각 감면한다. 다만, 수익사업에 사용하는 경우와 해당 재산이 유료로 사용되는 경우의 그 재산 및 해당 재산의 일부가 그 목적에 직접 사용되지 아니하는 경우의 그 일부 재산에 대해서는 감면하지 아니한다.

〈쟁점요지〉 사회복지법인의 수영장을 일반인들로 하여금 이용하게 하고 그 대가로 이용요금을 받은 것이 수익사업에 해당하는지 여부

판결요지 ••• 사회복지법인이 장애인들의 사회적응력을 향상시키기 위해 건립한 수영장이라고 하더라도 일반인에게 계속적 반복적으로 그 대가를 수령하고 있다면 수익사업으로 보아 감면을 적용할 수 없음

- 구 지방세법(1991. 12. 14. 법률 제4415호로 개정되기 전의 것) 제184조 제1호 및 제234조의12 제2호는 종교·제사·자선·학술·기예 기타 공익사업을 목적으로 하는 대통령령으로 정하는 비영리사업자가 그 사업에 직접 사용하는 재산 등에 대하여는 재산세 등을 부과하지 아니한다. 다만 재산 등을 유료로 사용하는 경우와 그 재산 등의 일부를 그 목적에 사용하지 아니하는 경우의 그 일부 재산 등에 대하여는 그러하지 아니하다고 규정하고, 개정 후의 위 각 조항은 그 본문 단서에 위와 같은 비과세대상에서 제외하는 것의 하나로 대통령령이 정하는 수익사업에 사용하는 경우를 각 추가하였다.
- 개정 전의 위 각 조항이 규정하는 '유료로 사용하는 경우'라 함은 당해 재산 등의 사용에 대하여 사용자가 비영리사업자에게 대가를 지급하는 경우를 말하는 것으로서 그 사용이 대가적 의미를 갖는다면 사용기간의 장단이나 대가의 지급방법 및 그 대가의 다과 등은 이를 묻지 아니한다고 할 것이고(당원 1993. 9. 14. 선고 92누15505 판결 참조), 어느 사업이 수익사업에 해당하는지의 여부는 그 사업이 수익성을 가진 것이거나 수익을 목적으로 하면서 그 규모, 횟수, 태양 등에 비추어 사업활동으로 볼 수 있는 정도의 계속성과 반복성이 있는지의 여부 등을 고려하여 사회통념에 따라 합리적으로 판단하여야 하는 것이다(당원 1994. 4. 15. 선고 93누22623 판결 참조).
- 사실관계가 원심이 확정한 바와 같이 이 사건 수영장의 이용대상이 장애인 이외에 일반인을 포함하여 아무런 제한이 없으며 운영시간 또한 일반 영리목적의 수영장과 조금도 다름이 없을 뿐만 아니라, 일반인 이용자(92.6%)를 포함한 대부분의 이용자들(99.2%)이 이용료를 부담하고 있는 데다가 그 이용요금 또한 인근 수영장의 50~68%에 달하는 것이라면 이 사건 수영장의 운영은 수익성이 있거나 수익을 목적으로 하는 것이라고 봄이 상당하다.

4.4 민법상 비영리사단법인이 사회복지시설을 직접 운영하지 않지만 사회복지사업법상 사회복지사업을 영위하는 경우 지방세를 감면할 수 있는지

【관련 판례】 대법 2012두24276, 2013. 2. 14. 판결(심리불속행) : 상고기각

- 지방세특례제한법 제22조

〈쟁점요지〉 구 보건사회부장관의 허가를 받아 설립된 민법상 비영리사단법인(기아대책기구)이 보육원 등 사회복지시설을 직접 운영하지는 않지만 사회복지사업법상 사회복지사업을 영위하는 경우 지방세 감면대상에 해당하는지 여부

판결요지 사회복지사업을 목적으로 하는 단체의 경우 사회복지시설을 직접 운영하지 않는 경우 감면대상에 해당하지 않음

- 구 지방세법 시행령 제79조 제1항 제3호 등은 '사회복지사업법에 의하여 설립된 사회복지법인'을 비영리사업자로 규정하고 있는바, 사회복지사업법상의 사회복지법인이 사회복지사의 채용・교육, 목적사업의 수행, 잔여재산의 처리 등에 관하여 법률상 엄격한 감독을 받는 점을 감안할 때, 이러한 감독을 받지 아니하는 그 밖의 법인은 설령 비영리법인으로서 그 운영방식이 사회복지법인의 그것과 상당히 유사하다고 하더라도 위 조항에 따른 비영리사업자에서 제외되는 것으로 해석된다(서울고법 2012누10187, 2012. 9. 21. 판결).
- 구 지방세법 시행령 제79조 제1항 제4호 등에서 말하는 '양로원・보육원・모자원・한센병자 치료보호시설 등 사회복지사업을 목적으로 하는 단체'는 위에서 열거된 사회복지시설을 직접 운영하는 단체로 한정된다고 해석함이 상당하고, 원고가 위에서 열거된 사회복지시설을 직접 운영하는 단체가 아닌 이상 지방세 비과세요건 중 위 주체에 관한 요건을 충족하였다고 보기 어렵다(서울고법 2012누10187, 2012. 9. 21. 판결).

4.5 의료법인이 사업용 재산을 신탁한 경우 재산세 감면을 배제하는 것이 타당한지

【관련 판례】 대법 2018두59427, 2019. 10. 31. 판결 : 항고기각

- 지방세특례제한법 제38조 제1항

지방세특례제한법 제38조(의료법인 등에 대한 과세특례)

① 「의료법」 제48조에 따라 설립된 의료법인이 의료업에 직접 사용하기 위하여 취득하는 부동산에 대해서는 취득세를, 과세기준일 현재 의료업에 직접 사용하는 부동산에 대해서는 재산세를 다음 각 호에서 정하는 바에 따라 각각 경감한다.

1. 2024년 12월 31일까지 취득세의 100분의 30(감염병전문병원의 경우에는 100분의 40)을, 재산세의 100분의 50(감염병전문병원의 경우에는 100분의 60)을 각각 경감한다.

〈쟁점요지〉 의료법인이 재산세 감면대상 사업용 재산에 대하여 자금조달 목적으로 담보신탁을 한 경우 재산세 감면이 배제되는지 여부

판결요지 재산세 감면 여부는 납세의무자를 기준으로 판단하여야 하고 수탁자의 경우 감면주체인 의료법인에 해당하지 않으므로 재산세 감면대상이 아님

- 신탁법에 의한 신탁으로 수탁자에게 소유권이 이전된 부동산에 대하여 구 지방세특례제한법(2014. 12. 31. 법률 제12955호로 개정되기 전의 것과 2018. 12. 24. 법률 제16008호로 개정되기 전의 것) 제38조 제1항(이하 '이 사건 특례규정'이라 한다)이 적용되는지 여부는 재산세 납세의무자인 수탁자를 기준으로 판단하여야 함을 전제로, 이 사건 부동산에 대한 재산세 납세의무자인 원고가 이 사건 특례규정의 의료법인에 해당하지 않으므로 원고에게 이 사건 특례규정이 적용되지 아니한다고 판단하였다.
- 관련 법리와 기록에 비추어 살펴보면, 원심의 위와 같은 판단은 정당하고 거기에 상고이유 주장과 같은 부동산 담보신탁 및 이 사건 특례규정의 재산세 감면요건에 관한 법리를 오해한 잘못이 없다.

※ 현재 재산세 납세의무자가 위탁자로 다시 변경되었으므로 결론이 달라질 수 있음에 유의.

4.6 의료법인이 노인의료복지시설을 설치·운영하는 것을 의료업으로 보아 취득세를 면제할 수 있는지

【관련 판례】 대법 2013두18582, 2014. 2. 13. 판결 : 파기환송

- 지방세특례제한법 제20조

〈쟁점요지〉 의료법인이 의료법에서 부대사업으로 정하고 있는 노인의료복지시설 중 하나인 노인요양시설을 운영하는 것을 의료업에 직접 사용하는 것으로 보아 취득세를 면제할 수 있는지

판결요지 의료법인에 대한 감면과 노인복지시설에 대한 감면을 별도로 규정하고 있는 점을 고려시 의료법인의 노인요양시설의 운영을 감면대상 의료업으로 볼 수 없음

- 구 지방세법(2010. 3. 31. 법률 제10221호로 전부 개정되기 전의 것, 이하 같다) 제287조 제2항은 '의료법 제48조의 규정에 의하여 설립된 의료법인이 의료업에 직접 사용하기 위하여 취득하는 부동산에 대하여는 취득세와 등록세를 면제한다. 다만 그 취득일부터 1년 내에 정당한 사유 없이 의료업에 직접 사용하지 아니하는 경우 또는 그 사용일부터 2년 이상 의료업에 직접 사용하지 아니하고 매각하거나 다른 용도로 사용하는 경우 그 해당 부분에 대하여는 면제된 취득세와 등록세를 추징한다'고 규정하고 있다.
- 한편 의료법은 제3조 제1항에서 의료업을 '의료인이 공중 또는 특정 다수인을 위하여 하는 의료·조산의 업'으로 정의하고 제49조 제1항에서 '의료법인이 의료기관에서 할 수 있는 의료업무 외에 다음의 부대사업을 할 수 있다'고 규정하면서, 제3호에서 '노인복지법 제31조 제2호에 따른 노인의료복지시설의 설치·운영'을 들고 있다. 그런데 구 노인복지법(2011. 6. 7. 법률 제10785호로 개정되기 전의 것, 이하 같다) 제31조 제2호, 제34조 제1항 제1호는 노인의료복지시설의 하나인 '노인요양시설'을 '치매·중풍 등 노인성질환 등으로 심신에 상당한 장애가 발생하여 도움을 필요로 하는 노인을 입소시켜 급식·요양과 그 밖에 일상생활에 필요한 편의를 제공함을 목적으로 하는 시설'로 정의하고 있다.
- 법령의 문언내용 및 2010. 3. 31. 법률 제10220호로 제정되어 2011. 1. 1.부터 시행된 지방세특례제한법이 의료법인 등에 대한 과세특례(제38조)와 별도로 노인복지시설에 사용하기 위하여 취득한 부동산에 대한 취득세 감면규정(제20조)을 둔 입법취지 등을 종합하여 보면, 구 노인복지법에 따른 노인요양시설을 설치·운영하는 데에 제공되는 부동산은 의료법인이 의료업에 직접 사용하는 것이라고 할 수 없으므로, 구 지방세법 제287조 제2항이 정한 취득세 등의 면제대상에 해당하지 않는다.

5. 영유아보육시설, 유치원 등에 대한 감면

5.1 교회 대표자 명의로 유치원 허가를 받은 경우도 취득세 감면대상에 해당되는지

【관련 판례】 대법 2012두232, 2012. 4. 26. 판결(심리불속행) : 상고기각

– 지방세특례제한법 제19조

> **지방세특례제한법 제19조(어린이집 및 유치원에 대한 감면)**
>
> ① 「영유아보육법」에 따른 어린이집 및 「유아교육법」에 따른 유치원(이하 이 조에서 "유치원등"이라 한다)으로 직접 사용하기 위하여 취득하는 부동산에 대해서는 취득세를 2024년 12월 31일까지 면제하고, 「영유아보육법」 제14조에 따라 직장어린이집을 설치하여야 하는 사업주가 같은 법 제24조 제3항에 따라 법인·단체 또는 개인에게 위탁하여 운영하기 위하여 취득하는 부동산에 대해서는 취득세의 100분의 50을 2024년 12월 31일까지 경감한다.

〈쟁점요지〉 사단인 교회명의로 유치원 허가를 득할 수 없어 교회 대표자 명의로 허가를 득하여 유치원을 설치·운영하고자 교회명의로 취득한 부동산의 취득세 감면대상 여부

판결요지 ••• 설립인가를 받거나 받을 수 있는 자가 취득하는 경우에만 감면 가능하므로 취득자와 운영자가 상이한 경우에는 취득세 감면대상에 해당하지 아니함

– 구 지방세법 제272조 제5항에서 취득세 및 등록세 면제대상으로 정한 '유아교육법에 의한 유치원을 설치·운영하기 위하여 취득하는 부동산'이란 유아교육법이 정한 바에 따라 적법한 유치원 설립인가를 받았거나 받을 수 있는 '법인 또는 사인'이 그 유치원을 설치·운영하기 위하여 취득하는 부동산을 의미하는 것이고, 유아교육법에 따라 적법한 유치원 설립인가를 받을 수 없는 '법인 아닌 사단'이 유치원의 설치·운영 목적으로 취득한 부동산은 설령 그 법인 아닌 사단의 대표자 이름으로 유아교육법에 따른 유치원 설립인가를 받

았다고 하더라도 구 지방세법 제272조 제5항의 취득세 및 등록세 면제대상에 해당하지 않는다고 보아야 한다.

※ 어린이집의 경우 취득자와 설치운영자가 상이하여도 감면대상이라는 판례[대법 2011두29755, 2012. 3. 15.(심리불속행기각)]가 있으나, 이는 심리불속행기각 사건이므로 적용에 한계가 있어 보임.

5.2 영유아보육시설을 공유로 취득한 후 위탁 경영하는 경우는 취득세 추징대상이 되는지

【관련 판례】 대법 2011두29755, 2012. 3. 15. 판결(심리불속행) : 상고기각

- 지방세특례제한법 제19조, 제178조

지방세특례제한법 제19조(어린이집 및 유치원에 대한 감면, 2023. 12. 29 신설)

③ 제1항에 따라 취득세를 감면받은 자가 다음 각 호의 구분에 따른 사유에 해당하는 경우 그 해당 부분에 대해서는 감면된 취득세를 추징한다.

1. 유치원등으로 직접 사용하기 위하여 부동산을 취득한 경우: 다음 각 목의 어느 하나에 해당하는 경우
   나. 해당 용도로 직접 사용한 기간이 2년 미만인 상태에서 매각·증여하거나 다른 용도로 사용하는 경우

지방세특례제한법 제178조(감면된 취득세의 추징)

① 부동산에 대한 감면을 적용할 때 이 법에서 특별히 규정한 경우를 제외하고는 다음 각 호의 어느 하나에 해당하는 경우 그 해당 부분에 대해서는 감면된 취득세를 추징한다.

1. 정당한 사유 없이 그 취득일부터 1년이 경과할 때까지 해당 용도로 직접 사용하지 아니하는 경우

〈쟁점요지〉 영유아보육시설을 설치·운영하기 위해 부동산을 공유지분으로 취득한 후 공유취득자 중 1인을 대표자 및 시설장으로 하여 위탁경영토록 한 경우에도 '직접사용'하지 않은 것으로 보아 추징할 수 있는지 여부

판결요지 ••• 직접 사용하지 않은 것으로 보아 추징할 수 없음

- 지방세법 제272조 제5항 단서가 추징사유 중 하나로 들고 있는 '당해 용도에 직접 사용하지 아니하는 경우'에서 말하는 '직접 사용'이란 의미는 당해 재산 용도가 직접 그 본래 업무에 사용하는 것이면 충분하고, 그 사용 방법이 스스로 그와 같은 용도에 제공하거나 혹은 제3자에게 임대 또는 위탁하여 그와 같은 용도에 제공하는지 여부는 가리지 않는다(대법원 2011. 1. 27. 선고 2008두15039 판결 참조).
- 따라서 설령 원고 ○○○이 이 사건 어린이집을 직접 운영하지 않고 원고 □□□에게 임대 또는 위탁하여 어린이집을 경영하게 하였다고 하더라도 이 사건 건물 지하 1층 및 지상 1층이 어린이집으로 사용되고 있으므로 위 건물 부분에 관하여 원고 ○○○에게 취·등록세 추징사유가 없다(서울고법 2011누6174, 2011. 10. 19. 판결).

※ 이 사건은 판례는 5-1 유치원 판례와 쟁점을 다소 달리하고 있음. 5-1 판례는 당초 감면요건을 쟁점으로 하고 있는 반면, 이 건 판례는 추징요건을 쟁점으로 하고 있음(위탁경영을 추징요건인 직접사용하지 않은 것으로 볼 수 없다는 견해)

5.3 남편에게 부동산을 임대 후 어린이집을 운영토록 하는 경우 취득세 추징대상에 해당하는지

【관련 판례】 대법 2019두34968, 2019. 5. 30. 판결(심리불속행) : 상고기각

- 지방세특례제한법 제19조 제1항

지방세특례제한법 제19조(어린이집 및 유치원에 대한 감면)

③ 제1항에 따라 취득세를 감면받은 자가 다음 각 호의 구분에 따른 사유에 해당하는 경우 그 해당 부분에 대해서는 감면된 취득세를 추징한다.

1. 유치원등으로 직접 사용하기 위하여 부동산을 취득한 경우: 다음 각 목의 어느 하나에 해당하는 경우
   나. 해당 용도로 직접 사용한 기간이 2년 미만인 상태에서 매각·증여하거나 다른 용도로 사용하는 경우

〈쟁점요지〉 부동산 소유자가 유치원을 운영하다가 2년 이내에 남편에게 무상임대하고 남편 명의로 어린이집을 운영하도록 하는 경우 감면된 취득세가 추징대상에 해당하는지 여부

판결요지 ••• 직접사용이란 부동산 소유자가 어린이집을 설치·운영하는 것을 의미하므로, 남편

에게 임대 후 운영토록 하는 경우에는 추징 대상에 해당함

- 구 지방세특례제한법(2017. 12. 26. 법률 제15295호로 개정되기 전의 것) 제2조 제1항 제8호는 '직접 사용'이란 부동산의 소유자가 해당 부동산을 사업 또는 업무의 목적이나 용도에 맞게 사용하는 것을 말한다고 규정하고 있으므로(구 지방세특례제한법 제19조 제2항은 영유아어린이집으로 사용되는 부동산에 대한 재산세의 면제와 관련하여서는 부동산 소유자가 직접 사용하는 경우와 부동산 소유자와 사용자가 서로 다른 경우를 구분하여 규정하고 있다), 영유아보육법에 따른 영유아어린이집을 설치·운영하기 위하여 취득하여 그 취득세가 면제된 부동산의 경우에 있어서 취득세 추징 사유에 관한 규정인 지방세특례제한법 제178조 제2호의 '해당 용도로 직접 사용'이란 그 부동산을 취득한 소유자가 그 부동산을 영유아어린이집의 설치·운영의 용도로 사용하는 것을 의미한다고 봄이 타당하다.
- 원고가 2014. 4. 23. 이 사건 신축건물을 신축하여 그 무렵부터 이 사건 신축건물 및 토지에서 이 사건 어린이집을 운영하다가, 2016. 2. 1. 김○철에게 이 사건 신축건물을 임대차기간 2016. 2. 15.부터 2020. 2. 15.까지로 정하여 임대하고, 2016. 2. 26. 이 사건 어린이집의 대표자를 원고에서 김○철로 변경하였으므로, 원고는 2014. 4. 23.경 이 사건 신축건물 및 토지를 이 사건 어린이집의 설치·운영의 용도로 사용하기 시작한 때부터 2년이 되기 전인 2016. 2. 26. 이후로는 이 사건 신축건물 및 토지를 자신이 설치·운영하는 어린이집의 용도가 아닌 다른 용도로 사용한 것이고, 이는 지방세특례제한법 제178조 제2호의 취득세 추징 사유에 해당한다(인천지법 2017구합55019, 2018. 9. 20. 판결).

※ 이 사건 판례는 2014년 지방세특례제한법상 '직접사용'에 대한 정의규정이 신설된 이후의 판례이므로 추정요건을 쟁점으로 하나 5-2와 또다시 결론을 달리하고 있으므로 유의.

5.4 유치원을 공동 상속받은 경우 대표자 외의 상속인 지분도 감면 대상에 해당되는지

【관련 판례】 대법 2013두13754, 2013. 10. 25. 판결(심리불속행) : 상고기각

- 같은 취지의 판결 : 대법 2014두10844, 2014. 10. 30. 판결(심리불속행)
- 지방세특례제한법 제19조

〈쟁점요지〉 유치원을 공동으로 상속받아 상속인 중 1인이 대표자로 유치원을 운영하고 있는 경우 대표자 외 다른 상속자 지분도 감면할 수 있는지 여부 및 다른 상속자 지분을 무상으로 사용하는 경우 감면대상인지 여부

판결요지 ••• 상속자가 운영에 참여하지 않는 이상 무상여부와 관계없이 감면 배제됨

- 유치원에 직접 사용하는 부동산에 대하여 재산세 등을 면제하는 것은 유치원에 직접 사용하기 위한 부동산의 보유에 대하여 재산세 등을 면제함으로써 유치원의 확충을 쉽게 하기 위한 세제적 뒷받침 조치인 점, 그런데 유치원의 운영자가 아닌 자가 보유하는 부동산이 실제로 유치원에 사용된다고 하여 재산세 등을 면제하더라도 그 효과가 직접 유치원을 운영하는 자에게까지 미친다고 볼 수 없는 점 등을 종합하면, 여기서 '유치원에 직접 사용하는 부동산'이라 함은 재산세 등 과세대상인 부동산의 소유자가 유치원의 실질적인 운영자로서 과세기준일 현재 유치원의 용도에 사용하는 부동산을 말한다고 보는 것이 타당하다. … 부동산의 소유자와 다른 사람이 설립·경영자로 인가받은 경우 그 부동산의 소유자로서는 인가받은 설립·경영자가 아니라 자신이 실질적 운영자임을 입증할 필요가 있다.
- 설령 원고 지분이 무상으로 삼오유치원의 사용에 제공되고 있다고 하더라도 원고가 삼오유치원의 실질적인 운영자가 아닌 이상 여기에 구 지방세법 제272조 제5항이나 구 지방세특례제한법 제42조 제5항이 적용될 수 없고, 재산세는 재산소유 자체를 과세요건으로 하는 보유세로서 현실적으로 당해 재산을 사용·수익하였는지는 그 과세요건도 아니므로 (대법원 2001. 4. 24. 선고 99두110 판결 등 참조), 이로써 이 사건 처분이 위법하다고 볼 수 없다 (인천지법 2012구합4146, 2012. 12. 20. 판결).

5.5 유치원의 운영자가 아닌 자가 보유한 부동산이 유치원으로 사용되는 경우 재산세를 면제할 수 있는지

【관련 판례】 대법 2013두26538, 2014. 3. 27. 판결(심리불속행) : 상고기각

- 지방세특례제한법 제19조, 제178조

〈쟁점요지〉 유치원의 운영자가 아닌 제3자(공동상속자)의 소유로 되어 있는 부동산을 유치원의 용도로 사용되고 있는 경우 당해 부동산을 유치원에 직접 사용하는 부동산으로 보아 재산세를 면제할 수 있는지 여부

판결요지 ••• 부동산의 소유자가 당해 유치원을 설립·운영하지 아니하는 경우에는 재산세 감면 대상으로 볼 수 없음

- 구 지방세특례제한법 제42조 제5항은 해당 부동산 소유자가 과세기준일 현재 유치원에 직접 사용하는 부동산에 대하여는 재산세 및 지역자원시설세를 면제한다고 규정하고 있는데, 위와 같이 유치원에 직접 사용하는 부동산에 대하여 재산세 등을 면제하는 것은 유치원에 직접 사용하기 위한 부동산의 보유에 대하여 재산세 등을 면제함으로써 유치원의 확충을 쉽게 하기 위한 세제적 뒷받침 조치인 점, 그런데 유치원의 운영자가 아닌 자가 보유하는 부동산이 실제로 유치원에 사용된다고 하여 재산세 등을 면제하더라도 그 효과가 직접 유치원을 운영하는 자에게까지 미친다고 볼 수 없는 점 등을 종합하면, 여기서 '유치원에 직접 사용하는 부동산'이라 함은 재산세 등 과세대상인 부동산의 소유자가 유치원의 실질적인 운영자로서 과세기준일 현재 유치원의 용도에 사용하는 부동산을 말한다고 보는 것이 타당하다(인천지법 2012구합2607, 2012. 12. 20. 판결).

5.6 교지에 포함되지 않고 간헐적으로 사용하는 운동장 등을 감면 대상으로 볼 수 있는지

【관련 판례】 대법 2019두55903, 2023. 8. 31. 판결 : 상고기각

- 지방세특례제한법 제19조,

〈쟁점요지〉 간헐적으로 운동장, 텃밭, 체험학습장으로 사용되며 교지에 포함되어 있지 않은 토지를 영유아보육시설에 직접 사용하는 것으로 보아 재산세를 감면할 수 있는지 여부

판결요지 교지에 포함되어 있지 않은 이상 간헐적으로 원아들의 운동장 등으로 사용하고 있다는 사정만으로 유치원에 직접 사용하는 것으로 보아 재산세를 감면할 수 없음

- 구 지방세특례제한법 제19조 제2항은 '부동산 소유자가 과세기준일 현재 유아교육법에 따른 유치원에 직접 사용하는 부동산에 대해서는 재산세를 2018년 12월 31일까지 면제한다.' 고 규정하고, 같은 법 제2조 제1항 제8호에 의하면, "직접 사용"이란 부동산의 소유자가 해당 부동산을 사업 또는 업무의 목적이나 용도에 맞게 사용하는 것을 말한다. 따라서 부동산의 소유자가 해당 부동산을 유치원에 직접 사용한다고 함은 실제로 해당 부동산을 유치원의 교육사업 자체에 사용하는 것을 뜻하고, 유치원의 교육사업 자체에 사용하는 것인지는 유치원의 설치목적 등을 고려하여 그 실제의 사용관계를 기준으로 객관적으로 판단하여야 할 것이다(대법원 2002. 4. 26. 선고 2000두3238 판결 참조).… 2008. 12. 21.경 소○유치원에 대하여 이루어진 원칙변경인가 당시 쟁점 토지는 원고가 운영하던 소○유치원의 교지・실습지, 교사 등에서 제외되어 있었던 사실은 앞서 본 바와 같으므로, 특별한 사정

이 없는 한 쟁점 토지는 이 사건 처분 당시 소○유치원의 교육사업 자체에 사용되고 있었다고 볼 수 없다. 나아가, 갑 제6 내지 12호증(가지번호 있는 것은 각 가지번호 포함)의 각 기재 및 영상에 의하면, 원고가 쟁점 토지 중 일부를 간헐적으로 소○유치원에 재학 중인 원아들의 운동장, 텃밭, 체험학습장 등으로 사용하고 있었던 것으로 보이기는 한다. 그러나 쟁점 토지가 유아교육법 및 그 시행령에서 정한 교지 · 실습지, 교사 등에 포함되어 있지도 않고, 원고가 쟁점 토지 중 실제로 소○유치원의 교육사업에 사용되고 있는 부분을 구체적으로 특정하지도 못하고 있는 이 사건에서, 위와 같이 쟁점 토지 중 일부가 간헐적으로 원아들의 운동장 등으로 사용되고 있었다는 사정만으로는 쟁점 토지를 원고가 2016. 6. 1. 현재 소○유치원에 직접 사용하는 부동산이라고 판단할 수는 없다. 이와 다른 전제에서 하는 원고의 이 부분 주장은 이유 없다(수원지법 2017구합70107, 2019. 1. 10. 판결).

6. 연금공단 등에 대한 감면

6.1 국민연금공단이 과세기준일 현재 감면목적에 직접 사용하고 있지 않는 부동산의 경우 재산세 감면대상에 해당되는지

【관련 판례】 대법 2012두8113, 2012. 7. 26. 판결(심리불속행) : 상고기각

- 지방세특례제한법 제24조

지방세특례제한법 제24조(연금공단등에 대한 감면)

① 「국민연금법」에 따른 국민연금공단이 같은 법 제25조에 따른 업무에 직접 사용하기 위하여 취득하는 부동산에 대하여는 다음 각 호에서 정하는 바에 따라 2014년 12월 31일까지 지방세를 감면한다.

1. 「국민연금법」 제25조 제4호에 따른 복지증진사업을 위한 부동산에 대하여는 취득세 및 재산세를 면제한다.
2. 「국민연금법」 제25조 제7호에 따라 위탁받은 그 밖의 국민연금사업을 위한 부동산에 대하여는 취득세 및 재산세의 100분의 50을 경감한다.

〈쟁점요지〉 국민연금공단이 부동산을 감면목적사업에 사용하기 위해 취득하였으나 재산세 과세기준일 현재 감면목적사업에 직접사용하고 있지 아니한 경우, 즉 감면요건에 과세기준일 현재 "직접사용"하고 있을 것을 요건으로 규정하고 있지 아니한 경우 감면을 배제할 수 있는지 여부

판결요지 ••• 감면요건에 직접사용이 없으므로 감면을 배제할 수 없음

- 지방세법 제273조 제1항 제2호는 '업무에 직접사용하기 위하여 취득하는 부동산'을 대상으로 하고 있을 뿐이고, 문언상 별도로 재산세 과세기준일 현재 그 '부동산을 업무에 직접 사용할 것'을 요건으로 하지 않고 있다. 따라서 지방세법 제273조 제1항 제2호에 따른 경감규정은 원고가 국민연금법 제25조 제7호 소정의 업무를 수행하기 위하여 토지를 취득하

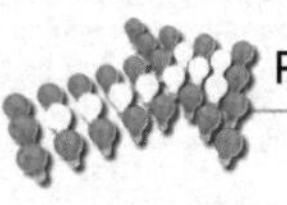

기만 하면 적용하게 되는 것이고, 별도로 지방세 과세기준일 현재 그와 같은 목적으로 직접 사용될 것을 요건으로 하지 아니한다(서울고법 (춘천)2011누1240, 2012. 3. 28. 판결).

7. 임대주택에 대한 감면

7.1 다가구주택을 공동주택으로 보아 임대주택 감면을 적용할 수 있는지

【관련 판례】 대법 2017두36953, 2020. 6. 11. 판결 : 항소기각

- 지방세특례제한법 제31조

지방세특례제한법 제31조(임대주택 등에 대한 감면)

① 「공공주택 특별법」에 따른 공공주택사업자 및 「민간임대주택에 관한 특별법」에 따른 임대사업자(중략)가 임대할 목적으로 공동주택(해당 공동주택의 부대시설 및 임대수익금 전액을 임대주택관리비로 충당하는 임대용 복리시설을 포함한다. 이하 이 조에서 같다)을 건축하는 경우 그 공동주택에 대해서는 다음 각 호에서 정하는 바에 따라 지방세를 2024년 12월 31일까지 감면한다. 다만, 토지를 취득한 날부터 정당한 사유 없이 2년 이내에 공동주택을 착공하지 아니한 경우는 제외한다.

〈쟁점요지〉 각 호수별로 독립된 주거생활을 할 수 있는 다가구주택을 신축하여 임대주택 사업에 공여하는 경우, 공동주택을 신축한 것으로 보아 임대주택 취득세 감면을 적용할 수 있는지 여부

판결요지 지방세특례제한법 상에 공동주택에 대한 정의를 둔 이상 건축법 상 공동주택에 해당하는 주택만 공동주택에 해당되므로, 다가구주택은 공동주택의 범위에 포함되지 아니함. 다가구주택도 공동주택으로 볼 수 있다는 과거 판례는 세법상 공동주택에 대한 정의 규정이 없을 때의 사안이므로 이 사건에 적용할 수 없음

- 이 사건 법률조항은 임대주택의 건설 및 분양을 촉진하여 장기적인 주거생활의 안정을 도모하기 위하여 임대사업자가 취득한 임대주택에 대하여 취득세 감면의 혜택을 부여하

면서도, 조세형평 등을 고려하여 감면대상의 범위를 임대주택의 구체적 취득방법 등에 따라 제한하면서 그 임대주택을 원칙적으로 전용면적이 60㎡ 이하인 '주택법 제2조 제2호에 따른 공동주택'에 한정하고 있다(대법원 2017. 6. 15. 선고 2017두32401 판결 참조).

- 한편 구 주택법(2016. 1. 19. 법률 제13782호로 개정되기 전의 것, 이하 같다) 제2조 제2호는 '공동주택'을 "건축물의 벽·복도·계단이나 그 밖의 설비 등의 전부 또는 일부를 공동으로 사용하는 각 세대가 하나의 건축물 안에서 각각 독립된 주거생활을 할 수 있는 구조로 된 주택을 말하며, 그 종류와 범위는 대통령령으로 정한다."라고 규정하고 있다. 그 위임에 따른 구 주택법 시행령(2016. 8. 11. 대통령령 제27444호로 개정되기 전의 것, 이하 같다) 제2조 제1항은 '공동주택'의 종류와 범위를 용도별 건축물의 종류를 정하고 있는 구 건축법 시행령(2016. 2. 11. 대통령령 제26974호로 개정되기 전의 것, 이하 같다) 제3조의5 [별표 1] 제2호 가목 내지 다목에 따라 아파트, 연립주택, 다세대주택으로 한정하고 있다. 반면 구 건축법 시행령 제3조의5 [별표 1] 제1호 다목은 다가구주택을 '단독주택'의 하나로 들면서 주택으로 쓰는 층수, 1개 동의 주택으로 쓰이는 바닥면적, 거주할 수 있는 세대수 등과 같은 다가구주택의 요건을 정하고 있다.
- 위와 같은 관련 규정의 문언과 체계, 이 사건 법률조항의 취지, 특히 구 지방세특례제한법에서 '공동주택'에 관하여 별도의 정의규정을 두고 있는 점 등을 종합하면, 이 사건 법률조항에 의하여 취득세가 면제되는 '공동주택'은 구 건축법 시행령 제3조의5 [별표 1] 제2호 가목 내지 다목에서 정한 아파트, 연립주택 및 다세대주택을 의미하는 것이고, 특별한 사정이 없는 한 구 건축법 시행령 제3조의5 [별표 1] 제1호 다목에서 정한 다가구주택은 공동주택에 포함되지 않는다고 보아야 한다.
- 원고와 선정자는 구 건축법 시행령 제3조의5 [별표 1] 제1호 다목에서 정한 다가구주택의 요건을 충족하고 공부상 등재현황도 단독주택인 이 사건 건물 전체를 하나의 주택으로 보아 김한복으로부터 1/2지분씩 취득하였다고 봄이 타당하므로, 그 취득 당시 이 사건 건물은 구 지방세특례제한법 제2조 제1항 제3호에서 정한 '공동주택'에 해당한다고 볼 수 없어 이 사건 법률조항에 따른 취득세 면제대상에 해당하지 않는다.
- 한편 원고가 상고이유에서 들고 있는 대법원 판결들은 관련법령에서 별도의 정의규정을 두고 있지 않았을 때의 판시이거나 사안이 다른 것으로서 이 사건에서 원용하기에 적절하지 아니하다.

7.2 임대주택 부속토지 취득 후 기간 내 임대사업자 등록을 하지 않은 경우 감면배제되는지

【관련 판례】 대법 2022두49311, 2022. 10. 27. 판결

- 지방세특례제한법 제31조

지방세특례제한법 제31조(임대주택 등에 대한 감면)

① 「공공주택 특별법」에 따른 공공주택사업자 및 「민간임대주택에 관한 특별법」에 따른 임대사업자(토지에 대해서는 「주택법」 제15조에 따른 사업계획승인을 받은 날 또는 「건축법」 제11조에 따른 건축허가를 받은 날부터 60일 이내로서 토지 취득일부터 1년 6개월 이내에 해당 임대용 부동산을 임대목적물로 하여 임대사업자로 등록한 경우를 포함한다)가 임대할 목적으로 공동주택(해당 공동주택의 부대시설 및 임대수익금 전액을 임대주택관리비로 충당하는 임대용 복리시설을 포함한다. 이하 이 조에서 같다)을 건축하는 경우 그 공동주택에 대해서는 다음 각 호에서 정하는 바에 따라 지방세를 2024년 12월 31일까지 감면한다. 다만, 토지를 취득한 날부터 정당한 사유 없이 2년 이내에 공동주택을 착공하지 아니한 경우는 제외한다.

〈쟁점요지〉 임대주택 건설용 부속토지를 추가로 취득하고 60일 이내에 해당 토지를 임대목적물로 추가하여 임대사업자 변경신고를 하지 않은 경우 감면이 배제되는지 여부

판결요지 임대주택 건설용 부지를 추가로 취득한 후 60일 이내에 임대목적물로 추가하여 임대사업자 등록사항 변경신고를 하지 않는 경우 감면대상에서 제외됨.

- 민간임대주택법에 따른 임대사업자가 구 지방세특례제한법 제31조 제1항 본문 제1호에 따라 취득세를 면제받기 위해서는, 적어도 임대용 부동산 취득일부터 60일 이내에 해당 임대용 부동산을 임대목적물로 하여 임대사업자로 등록하여야 한다. 당초 임대사업자 등록을 하였다가 추가로 다른 임대용 부동산을 취득한 경우에 추가한 부동산에 대한 취득세를 면제받기 위해서도 그 취득일로부터 60일 이내에 해당 부동산을 임대목적물로 추가하는 임대사업자 등록사항 변경신고를 하여야 한다.
- ① 원고는 2018. 6. 28. 임대사업자등록을 마친 다음, 2018. 7. 10. 당초 부지를 취득한 사실, ② 이후 원고가 2018. 11. 9. 및 2018. 12. 24. 추가 부지를 순차로 취득하였으나, 그로부터 60일 이내에 추가 부지를 임대목적물로 추가하는 임대사업자 등록사항 변경신고를 하지 않은 사실, ③ 원고는 추가 부지 취득일로부터 60일이 훨씬 지난 시점인 2019. 8. 6.에서야

비로소 위와 같은 변경사항에 대한 신고의무를 이행한 사실이 인정된다. 나아가, 원고가 당초 부지에 관한 임대사업자등록 당시 추가 부지에 대한 부분까지 명확하게 특정 · 포함하였다고 볼 객관적인 자료를 찾기 어렵고, 달리 60일의 신고기한 내 위와 같은 신고의무를 이행하지 못한 데 정당한 사유가 있다고 볼 사정도 찾기 어렵다(서울행법 2020구합84426, 2021. 9. 16. 판결).

※ 2021년 12월 28일 법 개정을 통해 임대주택 건설과 관련된 토지의 경우 임대사업자 등록기간 요건을 종전 '취득일부터 60일 이내'에서 '사업승인일/건축허가일로부터 60일 이내로서 토지 취득일부터 1년 6개월 이내'로 완화하였음.

관련 기타 판례

1. 임대주택 사업용 토지를 취득 후 취득세를 감면받았으나 60일 내 임대목적물 등록을 하지 않아 사후적으로 취득세가 과세되는 경우, 최초 신고 시 과세표준 전체를 신고하여 산출세액이 정당하게 신고되었다면 과소신고 가산세의 부과대상에는 해당하지 아니함(대법 2022두49311, 2022. 10. 27. 판결).
2. 토지를 임대목적물로 등록하지 아니한 경우라도, 취득 후 60일 이내에 임대사업자 등록을 하였다면 임대주택 감면대상에 해당함(대법 2023두53720, 2023. 12. 28. 판결).

※ 2016년 개정으로 임대목적물 등록조건이 포함되기 이전의 규정을 대상으로 함에 유의

7.3 미분양 공동주택을 임대용으로 전환 시 취득세 감면대상 임대사업자가 되기 위해 임대사업자 등록을 마쳐야 하는지

【관련 판례】 대법 2017두42224, 2017. 8. 23. 판결(심리불속행) : 상고기각

- 지방세특례제한법 제31조, 제33조

지방세특례제한법 제33조(주택 공급 확대를 위한 감면)

① 대통령령으로 정하는 주택건설사업자가 공동주택(해당 공동주택의 부대시설 및 복리시설을 포함하되, 분양하거나 임대하는 복리시설은 제외한다. 이하 이 조에서 같다)을 분양할 목적으로 건축한 전용면적 60제곱미터 이하인 5세대 이상의 공동주택(해당 공동주택의 부속토지를 제외한다. 이하 이 항에서 같다)과 그 공동주택을 건축한 후 미분양 등의 사유로 제31조에 따른 임대용으로 전환하는 경우 그 공동주택에 대해서는 2014년 12월 31일까지 취득세를 면제한다.

〈쟁점요지〉 지특법 제33조 제1항의 공동주택을 건축한 후 미분양 등의 사유로 제31조에 따른 임대용으로 전환하는 경우, 취득일부터 60일 이내에 임대사업자등록을 마쳐야만 취득세 감면대상에 해당되는지 여부

판결요지 ••• 미분양 등의 사유로 제31조에 따른 임대용으로 전환하는 경우는 제31조 준용이 감면요건이므로 60일 이내에 임대사업자등록을 마쳐야 함

- 법 제31조 제1항은 "임대주택법 제2조 제4호에 따른 임대사업자(임대용 부동산 취득일로부터 60일 이내에 임대사업자로 등록한 경우를 포함한다)가 임대할 목적으로 공동주택을 건축하는 경우 그 공동주택" 등을 임대주택에 대한 취득세 감면대상으로 규정하고 있으므로, 임대할 목적으로 공동주택을 취득한 자가 지방세특례제한법에 의한 취득세 감면 규정을 적용받기 위해서는 임대사업자로 등록하여야 하고, 그 등록은 부동산 취득일로부터 60일 이내에 하여야만 가능하다고 해석된다.
- 따라서, 이 사건 조항은 다소 불분명하지만, "미분양 등의 사유로 제31조에 따른 임대용으로 전환하는 경우"라고 규정되어 법 제31조 제1항을 준용하도록 하면서도 그 준용에 아무런 제한을 가하지 않았으므로, 이 사건 조항에 기하여 취득세 감면을 받으려면, 법 제31조 제1항 전단 규정과 같이 "임대주택법 제2조 제4호에 따른 임대사업자로 등록하여야 하고, 그 등록기간도 부동산 취득일로부터 60일 이내에 하여야 한다"는 요건을 갖추어야 한다고 해석함이 상당하다(제주지방법원 2016. 7. 20. 2015구합5348 판결).

7.4 매수 후 용도변경한 자로부터 임대주택 취득이 최초 분양에 해당되는지

【관련 판례】 대법 2017두32401, 2017. 6. 15. 판결 : 파기환송

- 같은 취지의 판례 : 대법 2018두37731, 2018. 5. 15. 판결(심리불속행) : 상고기각
- 지방세특례제한법 제31조

지방세특례제한법 제31조(임대주택 등에 대한 감면)

② 임대사업자가 임대할 목적으로 건축주로부터 공동주택 또는 「민간임대주택에 관한 특별법」 제2조 제1호에 따른 준주택 중 오피스텔(그 부속토지를 포함한다. 이하 이 조에서 "오피스텔"이라 한다)을 최초로 분양받은 경우 그 공동주택 또는 오피스텔에 대해서는 다

음 각 호에서 정하는 바에 따라 지방세를 2024년 12월 31일까지 감면한다. (후략)

〈쟁점요지〉 기존 건축물을 매수하여 오피스텔로 개축 및 용도변경한 사업자로부터 분양형식으로 취득하여 임대할 경우 취득세 감면대상인 임대할 목적으로 오피스텔을 건축주로부터 최초로 분양받은 경우에 해당되는지 여부

판결요지 ••• 최초분양은 건축행위를 통한 분양을 전제로 하므로 매수 및 용도변경한 자로부터의 취득은 건축주로부터 최초 분양에 해당되지 않음

- 이 사건 조항 후단에서 정하고 있는 '건축주로부터 최초로 분양받은 경우'란 건축행위를 통한 건축물의 분양을 그 전제로 하는 것이므로, 임대사업자가 이 사건 조항 후단에 의하여 취득세 감면의 혜택을 누리기 위해서는 건축물을 건축한 자로부터 분양계약에 따라 임대주택을 최초로 매입하여 취득하여야 한다.
- ② 주식회사 △△원디앤씨는 2011. 8. 11. 위 건물 4, 5, 6, 7, 9층을 취득하여 상하수도설비공사, 전기 등 인테리어 공사, 경량공사를 시행하였고, 2012. 3. 7.경 해당 부분에 대하여 '공동주택(아파트)'으로의 용도변경 등이 이루어진 사실, ③ 원고는 위와 같이 용도변경된 부분 중 2세대를 2011. 10. 15. 매입하고, 2012. 4. 9. 그에 대한 임대사업자등록을 마쳤으며 그 무렵 이를 취득한 사실 등을 알 수 있다.
- 이러한 사실관계를 앞서 본 법리에 비추어 살펴보면, 주식회사 △△원디앤씨는 이미 신축된 건물을 매수한 다음 그 용도를 근린생활시설에서 공동주택으로 변경하였을 뿐 이를 건축하지 아니하였으므로, 원고가 위 회사로부터 그 중 일부를 매입하였다고 하더라도 이 사건 조항 후단에서 정한 '건축주로부터 최초로 분양받은 경우'에 해당한다고 할 수 없다.

관련 기타 판례

- 재건축조합의 조합원이 신축된 공동주택을 분양받아 이를 임대용으로 사용하는 경우 재건축에 있어 조합원이 분양받은 주택은 조합원이 원시취득한 것으로 보고 있으므로, 조합원이 임대주택을 신축한 것으로 보아 임대주택 감면을 적용할 수 있음(대법 2020두39389, 2020. 9. 9. 판결).

7.5 기존 임대주택을 매입하여 임대할 경우 기존 사업자의 임대기간도 의무임대기간에 포함되는지 및 신고납부가 당연 무효인지

【관련 판례】 대법 2015두43407, 2018. 10. 25. 판결 : 상고기각

- 지방세특례제한법 제31조

지방세특례제한법 제31조(임대주택 등에 대한 감면)

③ 제1항 및 제2항을 적용할 때 「민간임대주택에 관한 특별법」 제43조 제1항 또는 「공공주택 특별법」 제50조의2 제1항에 따른 임대의무기간에 대통령령으로 정한 경우가 아닌 사유로 다음 각 호의 어느 하나에 해당하는 경우에는 감면된 취득세를 추징한다.

1. 임대 외의 용도로 사용하거나 매각·증여하는 경우
2. 「민간임대주택에 관한 특별법」 제6조에 따라 임대사업자 등록이 말소된 경우

〈쟁점요지〉 임대사업자가 기존 임대주택을 매수하여 임대주택으로 사용하던 중 임대주택사업자 등록이 말소되어 추징요건인 의무임대기간 내에 다른 용도로 사용하는 경우에 있어 의무임대기간 산정시 기존 사업자가 임대한 기간도 포함되는지 여부 - 신고납부 행위가 무효인지

판결요지 ••• 기존 사업자의 임대기간을 합산하여 의무임대기간을 산정하는 것이 타당하나, 취득세 신고행위 자체가 무효라고 볼 수는 없음

- 구 도세 감면조례 제16조 제3항은 "임대주택법 제16조 제1항 및 동법 시행령 제13조 제1항의 규정에 의한 임대의무기간 내에 임대주택법 제16조 제3항 및 동법 시행령 제13조 제2항의 규정에서 정한 경우가 아닌 사유로 임대 이외의 용도로 사용하거나 매각하는 경우에는 감면된 취득세와 등록세를 추징한다"라고 규정하고, 구 임대주택법 제16조 제1항 제4호, 같은 법 시행령(2011. 3. 2. 대통령령 제22689호로 개정되기 전의 것) 제13조 제1항은 매입임대주택의 경우 임대의무기간을 '해당 임대주택의 임대개시일부터 5년'이라고 규정하고 있으며, 한편 원고의 임대사업자 등록이 말소될 당시부터 역산하여 성호건설이 이 사건 잔존아파트를 각 임대한 시점까지 계산하면 위에서 본 5년의 기간이 경과되었으나, 원고가 성호건설로부터 이 사건 잔존아파트를 매입한 후 각 임대한 시점까지는 5년이 경과되지 않은 사실은 당사자 사이에 다툼이 없다.
- 그런데, ① 구 임대주택법 제1조는 임대주택 건설을 촉진하고 국민의 주거생활을 안정시키는 것을 목적으로 하고 있음을 규정하고, 제16조 제2항은 '임대주택을 매각하는 매매계

약서에는 임대주택을 매입하는 자가 임대주택을 매각하는 자의 임대사업자로서의 지위를 승계한다는 뜻을 분명하게 밝혀야 한다'고 규정하고 있어 해당 임대주택을 매입한 임대사업자는 기존 임대사업자의 권리 · 의무를 포괄적으로 승계하도록 정하고 있는바, 위 '임대의무기간'의 산정에 관하여만 새로운 임대사업자와 기존 임대사업자간에 위와 같은 승계를 부정해야 할 별다른 근거가 없고, 임대의무기간을 정한 것은 최소한 그 기간 동안 임대주택으로서의 성격을 부여하여 매입 대신 임차를 원하는 국민의 주거생활의 안정을 도모하려는 취지라고 할 것이며, 나아가 임대사업자 사이에서는 임대주택의 매각에 관하여 임대의무기간의 경과 여부를 따로 제한하지도 않는 점, ② 국토교통부의 분양전환승인에 관한 업무처리 또한 위와 같고(갑 제15호증 참조), 광양시장도 원고가 이 사건 잔존아파트를 매입한 시점부터 계산하면 임대의무기간이 만료되지 않았음에도 위 잔존아파트에 관한 분양전환을 승인한 점 등 제반 사정에 비추어 보면, 원고의 임대의무기간은 종전 임대사업자인 성호건설의 임대기간까지 합산함이 상당하므로, 원고가 그 임대사업자 등록 말소 당시 구 도세 감면조례 제16조 제3항에 규정한 '임대의무기간'은 경과되었다고 보아야 한다.

- ① 원고는 자신의 임대사업자 등록이 말소된 후 불과 1개월 정도만에 자진하여 이 사건 취득세 등 신고에 이른 점, ② 원고의 이와 같은 자진신고 과정에 ○○시나 피고 소속 공무원들의 적극적인 관여나 개입이 있었다든가, 위 공무원들이 원고가 면제대상이 아니어서 취득세 등을 신고 · 납부하지 않을 경우 불이익을 받을 것이라고 고지하는 등의 사정은 보이지 않는 점(○○시 소속 담당공무원은 원고 대표이사의 문의를 받고서 원고의 임대사업자 등록이 말소되어 감면받은 취득세 등의 추징사유가 되므로 이를 신고 · 납부하도록 안내한 정도일 뿐, 더 나아가 원고가 이를 이행하지 않을 경우 불이익을 받게 된다고 고지하지는 않은 것으로 보인다), ③ 원고가 취득세 등의 납세의무가 없는 것으로 생각하였음에도 자진신고하지 않을 경우 입게 될 불이익 때문에 부득이하게 신고하였다는 등의 사정도 보이지 않는 점 등에 비추어 보면, 원고가 이 사건 잔존아파트 취득 당시 면제 받은 그 부분 취득세 등이 추징요건에 해당하지 아니함에도 이를 신고 및 납부하였고 과세관청이 이를 수령하였다는 사정만으로는 이 사건 취득세 등 신고의 하자가 중대 · 명백하여 피고가 이를 부당이득하였다고 할 수 없다(광주고법 2015. 4. 30. 선고 2014누6257 판결 참조).

7.6 건설임대주택사업자로부터 5년 단기임대주택을 취득하여 단기에 매각할 의도가 있었던 경우 8년 장기임대주택으로 보아 감면을 할 수 있는지

【관련 판례】 대법 2021두54187, 2022. 1. 27. (심리불속행) : 기각(과세기관 승)

- 지방세특례제한법 제31조

〈쟁점요지〉 임대주택사업자가 건설임대주택사업자로부터 5년 단기 임대아파트를 취득한 후 단기에 분양전환이 목적이었던 경우 해당 임대아파트를 8년 장기임대아파트로 보아 취득세를 감면할 수 있는지 여부

판결요지 아파트를 취득할 당시에 장기임대주택으로 사용할 목적이 아닌 분양전환할 목적으로 취득하였다면 장기임대 목적으로 취득한 주택으로 볼 수 없어 장기임대주택에 대한 취득세 감면을 적용할 수 없음

- 원고가 이 사건 아파트를 취득할 당시 8년 이상의 장기임대 목적을 가지고 있었다는 점은 취득세 등의 감면 요건에 해당하고, 이와 같은 조세의 감면 요건은 특별한 사정이 없는 한 납세의무자에게 입증책임이 있다(대법원 1994. 10. 21. 선고 94누996 판결, 대법원 2008. 10. 23. 선고 2008두7830 판결 등 참조). 그런데 이 사건 아파트의 취득 당시 원고에게 8년 이상의 장기임대 목적이 있었는지 여부는 원고의 내부적인 의사에 불과하므로, 그 입증을 위해서는 이를 외부에서 인정할 수 있는 객관적인 사정이 필요하다. 따라서 원고가 이 사건 아파트를 취득하게 된 경위, 이 사건 아파트의 보유 기간과 처분 내역 등 여러 가지 사정을 종합하여, 원고가 이 사건 아파트의 취득 당시 이를 8년 이상 장기간 임대할 구체적인 계획을 가지고 있었음이 객관적으로 입증되어야만 그 목적이 존재하였음을 인정할 수 있고, 원고가 막연히 8년 이상의 장기임대를 희망하면서 이 사건 아파트를 취득하였다는 사정만으로는 그 목적이 존재하였음을 인정하기 어렵다(대법원 2002. 12. 24. 선고 2001두2133 판결 등의 취지 참조).
- 원고는 2000. 5. 29. 설립되어 2006. 5.경부터 부동산 임대업・매매업 등을 영위하여 온 회사로서, 이 사건 아파트 이외에도 공공건설임대주택 등 주거용 부동산의 임대사업자로부터 해당 주택을 포함한 임대사업자의 지위를 포괄적으로 양수한 후 임대 운용을 하다가 이를 제3자에게 매각하는 등의 방법으로 사업을 영위하여 왔다. 이와 같이 원고가 전문적으로 이와 같은 사업을 하여 온 이상, 원고로서는 합계 1,467억 5,000만 원에 이 사건 아파트 587세대를 매수하여 이를 임대하다가 제3자에게 매각하는 사업을 함에 있어서는 구체

적인 사업계획을 수립하였을 것으로 추정된다. 또한, 그와 같은 원고의 내부적인 사업계획에 이 사건 아파트를 8년 이상 장기임대할 목적이 분명하게 드러나지 않는 이상, 원고가 그와 같은 목적을 가지고 있었다고 인정하기는 어렵다. 더욱이 이 법원에서 그와 같은 사업계획의 제출을 권고하였음에도 불구하고, 원고는 그와 같은 자료가 없다는 이유로 이를 제출하지 아니하였다. 원고가 자료를 보유하고 있음에도 자신에게 불리할 것으로 판단하여 제출하지 아니한 것이든, 아니면 그러한 자료가 실제로 존재하지 아니하는 것이든, 이 사건 아파트의 취득 무렵에 원고 회사 내부적으로 이 사건 아파트를 8년 이상 장기임대할 구체적인 사업계획을 세웠음이 증거로 입증되지 아니하는 이상, 원고에게 그와 같은 목적이 있었음이 외부에 객관적으로 드러났다고 볼 수는 없다.

- 이 사건 아파트는 공공건설임대주택으로서 그 임대의무기간이 5년이므로, 이 사건 아파트 임대사업자인 ○○무설의 지위를 포괄적으로 승계한 원고는 그 임대의무기간 5년이 경과하고 자격을 갖춘 임차인들이 분양전환을 신청할 경우에 분양전환을 해 줄 의무를 부담할 가능성이 있다. 원고는 이 사건 아파트의 매매계약 당시 그 매매계약서에 위와 같은 임대의무기간 및 분양전환 의무 등을 명시하였으므로, 이 사건 아파트 중 상당 부분을 8년 이상 임대하지 못할 가능성이 매우 높음을 분명하게 인식하고 있었다고 볼 수 있다. 이와 같이 이 사건 아파트의 법적 성격과 매매계약서의 내용상 원고가 이 사건 아파트의 취득 당시 이 사건 아파트를 8년 이상 장기임대하지 못할 가능성이 높음을 인식하였다는 사정도 원고에게 8년 이상 장기임대 목적이 없었음을 뒷받침한다(대전고법 2021누10956, 2021. 9. 16. 판결).

7.7 문화재 발굴로 착공이 지연된 경우, 추징을 배제할 수 있는 정당한 사유로 인정할 수 있는지

【관련 판례】 대법 2023두53720, 2023. 12. 28. : 기각

- 지방세특례제한법 제31조

〈쟁점요지〉 임대주택용 토지에 대한 추징 유예기간(2년) 내에 착공을 하지 못한 경우, 그 정당한 사유에 문화재 발굴이 포함될 수 있는지

판결요지 ••• 사업구역의 전 구간에 걸쳐 다량의 문화재가 매장되어 있어 장기간 발굴조사 등이 진행된 경우 추징이 배제되는 정당한 사유가 있는 것으로 볼 수 있음

- 비록 토지 보상 등에 관한 문제로 인해 매장문화재 발굴조사 등이 일부 지체된 것으로 보이기는 하나, 이 사건 사업구역의 전 구간에 걸쳐 다량의 문화재가 매장되어 있어 장기간 발굴조사 등이 진행되고 있었던 상황이었음을 고려하면, 2016. 10.경부터 2019. 3.경까지는 이 부분 임대주택 부지를 취득한 날부터 2년 이내에 임대주택을 착공할 수 없는 법령상의 장애사유가 있었던 것으로 볼 수 있고, 원고는 그 법령상의 장애사유가 제거된 2019. 3.경부터 2년 이내인 2019. 10. 29. 이 사건 임대주택 부지에서 임대주택을 착공하였다(광주고법 2021누12441, 2023. 8. 24. 판결).

8. 소규모주택 분양, 생애최초, 분양보증 등 주택 공급에 대한 감면

8.1 주공에 임대용으로 매도한 경우도 분양목적 공동주택 취득세 감면을 받을 수 있는지

【관련 판례】 대법 2012두751, 2012. 5. 9. 판결 : 상고기각

- 지방세특례제한법 제33조

지방세특례제한법 제33조(주택 공급 확대를 위한 감면)

① 대통령령으로 정하는 주택건설사업자가 공동주택(해당 공동주택의 부대시설 및 복리시설을 포함하되, 분양하거나 임대하는 복리시설은 제외한다. 이하 이 조에서 같다)을 분양할 목적으로 건축한 전용면적 60제곱미터 이하인 5세대 이상의 공동주택(해당 공동주택의 부속토지를 제외한다. 이하 이 항에서 같다)과 그 공동주택을 건축한 후 미분양 등의 사유로 제31조에 따른 임대용으로 전환하는 경우 그 공동주택에 대해서는 2014년 12월 31일까지 취득세를 면제한다.

〈쟁점요지〉 주택건설사업자가 신축한 주택을 대한주택공사의 임대용 주택으로 매도한 경우, 감면대상 '분양을 목적으로 건축한 5세대 이상의 공동주택'으로 볼 수 있는지 여부

판결요지 ••• 주택건설업자가 주택공사에 매도한 경우라도 감면대상 분양목적 공동주택에 해당함

- 재건축사업 시행자인 원고가 건축하여 구 도시정비법 제30조의2에서 정한 바에 따라 대한주택공사에 매도한 273세대의 재건축임대주택이 감면조례 제14조 제1항에서 정한 '분양을 목적으로 건축한 5세대 이상의 공동주택'에 해당한다.

8.2 공동주택을 일괄매각한 경우 취득세 감면대상 '분양'에 해당되는지

【관련 판례】 대법 2016두46212, 2016. 11. 10. 판결(심리불속행) : 기각

- 지방세특례제한법 제32조 및 제33조

> **지방세특례제한법 제32조(한국토지주택공사의 소규모 공동주택 취득에 대한 감면 등)**
>
> ① 한국토지주택공사가 임대를 목적으로 취득하여 소유하는 대통령령으로 정하는 소규모 공동주택(이하 이 조에서 "소규모 공동주택"이라 한다)용 부동산에 대해서는 취득세 및 재산세의 100분의 25를 각각 2024년 12월 31일까지 경감한다.

〈쟁점요지〉 LH공사와의 매매약정에 따라 소규모 공동주택을 신축하여 LH공사에 일괄매각한 경우, 취득세 감면대상인 분양할 목적으로 소규모 공동주택을 건축한 경우에 해당되는지 여부

판결요지 ••• '분양'에는 '일괄매각'이 포함되지 아니하므로 공동주택을 신축하여 LH공사에 일괄매각한 경우는 취득세 감면대상에 해당되지 않음

- 주택건설사업자가 처음부터 LH공사에게 일괄매각하기로 약정한 후 전용면적 60㎡ 이하인 5세대 이상의 공동주택을 건축하여 LH공사에게 일괄매각한 경우 LH공사가 구 지방세특례제한법 제32조에 따라 취득세를 면제받았다면 그로써 공동주택의 공급 장려라는 입법목적은 충분히 달성된 것으로 볼 수 있으므로, 동일한 입법목적을 가진 이 사건 조항의 '분양'에 '일괄매각'도 포함되는 것으로 해석하는 것은 특혜규정의 과다한 중복적용이라고 할 것이므로, 동일한 입법목적을 달성하기 위해 같은 수단을 중복하여 사용할 수 있다고 하여 이 사건 조항의 '분양'에 '일괄매각'이 포함되는 것으로 해석할 수는 없다.
- 또한, 구 지방세특례제한법에서 정하고 있는 취득세의 감면 여부는 취득세납부의무의 성립 시기를 기준으로, 각각의 감면 조항에서 규정한 요건의 충족 여부에 따라 개별적으로 판단되어야 하므로, 원고로부터 이 사건 건물을 일괄매수한 LH공사가 구 지방세특례제한법 제32조의 요건에 따라 취득세를 면제받았다 하더라도 이를 들어 동일한 법적 지위에 있는 원고를 부당하게 차별한 것으로 볼 수 없다(광주고등법원 전주 2016누1184, 2016. 7. 11. 판결).

관련 기타 판례

- 건축 진행과정에서 분양공고 등을 하여 분양을 진행하다 준공 이후에 공사와 협의하여 일괄 매각을 한 경우 건축 착공시부터 준공시까지 분양 의도가 있었다면 '분양할 목적'으로 취득한 것으로 보아야 하므로 준공 이후에 일괄 협의 매각을 하였다고 하여 감면을 배제할 수 없음(대법 2020두42781, 2020. 10. 15. 판결).

8.3 소규모주택 건설사업자가 2월 내 등기하지 못한데 정당사유를 적용할 수 있는지

【관련 판례】 대법 2012두10383, 2012. 9. 13. 판결(심리불속행) : 상고기각

- 지방세특례제한법 제33조 제1항

〈쟁점요지〉 주택건설사업자가 취득세 등 감면대상 소규모공동주택을 신축한 후 2월 이내에 등기를 하지 못한 데 대하여 추징을 배제할 수 있는 정당한 사유에 관한 규정을 두지 않은 경우에도 추징을 배제할 수 있는지 여부

판결요지 ••• 해당 규정에 정당한 사유를 적용할 근거 규정이 없는 이상 감면 적용이 불가함

- 이 사건 조례 제12조 제1항은 주택건설사업자 등의 공동주택 분양에 대한 취득세 등 면제를 규정한 것인 반면, 위 조례 제12조 제2항은 소규모 주택을 취득하는 서민들에 대한 취득세 등 면제를 규정한 것으로서, 양 조항은 그 지원 대상자와 지원 요건 등이 상이하다. 그런데, 앞서 인정한 바와 같이 원고는 이 사건 조례 제12조 제1항에 의하여 취득세 및 등록세의 감면을 구하나 그 조항이 정한 요건을 충족시키지 못하였음을 이유로 이 사건 처분을 받았는바, 이러한 원고에 대하여 위 조례 제12조 제2항에서 정한 조세감면요건을 유추 또는 확장하여 적용할 아무런 근거가 없다(대전고법(청주) 2011누229, 2012. 4. 12. 판결).

8.4 주택도시보증공사가 미준공 아파트를 인도받아 준공한 경우에도 분양보증의 이행으로 보아 취득세를 감면할 수 있는지

【관련 판례】 대법 2018두30716, 2018. 4. 26. 판결 : 상고기각

- 지방세특례제한법 제34조

지방세특례제한법 제34조(주택도시보증공사의 주택분양보증 등에 대한 감면)

① 「주택도시기금법」에 따른 주택도시보증공사(이하 "주택도시보증공사"라 한다)가 같은 법 제26조 제1항 제2호에 따른 주택에 대한 분양보증을 이행하기 위하여 취득하는 건축물로서 분양계약이 된 주택에 대해서는 취득세의 100분의 50을 2016년 12월 31일까지 경감한다.

〈쟁점요지〉 주택도시보증공사가 미완성 아파트를 인도받아 임의로 직접 이를 완공하여 사용승인을 받은 경우 이를 분양보증의 이행으로 보아 추가공사 부분에 대해서도 지특법 제34조를 적용하여 취득세를 감면할 수 있는지 여부

판결요지 ••• '분양보증'에는 '분양이행' 뿐만 아니라 '환급이행'도 포함되므로 미준공 아파트 인도 후 추가 공사에 따른 아파트의 완성에 따른 취득세도 감면대상에 해당함

- 지방세특례제한법 제34조 제1항에서는 원고가 '주택에 대한 분양보증을 이행하기 위하여 취득하는 건축물'에 관하여 취득세를 감면하도록 규정되어 있는데, 이 '분양보증'에는 '분양이행'뿐만 아니라 환급이행'도 포함되는 것임이 분명하며, 원고가 건축 중이던 이 사건 아파트를 인도받은 후 추가공사를 통하여 이 사건 아파트를 완성하여 취득한 것 역시 분양보증의 이행을 수행하기 위한 업무에 포함된다고 봄이 타당하므로 분양계약이 된 세대에 대하여는 지방세특례제한법 제34조 제1항에 따라 취득세의 100분의 50이 경감되어야 한다.

9. 학교에 대한 감면

9.1 학교법인이 부동산 매각대금으로 학교시설을 설치한 경우 부동산을 목적사업에 직접사용한 것으로 볼 수 있는지

【관련 판례】 대법 94누224, 1994. 10. 28. : 상고기각

- 지방세특례제한법 제41조

지방세특례제한법 제41조(학교 및 외국교육기관에 대한 면제)

① 「초·중등교육법」 및 「고등교육법」에 따른 학교, 「경제자유구역 및 제주국제자유도시의 외국교육기관 설립·운영에 관한 특별법」 또는 「기업도시개발 특별법」에 따른 외국교육기관을 경영하는 자(이하 이 조에서 "학교등"이라 한다)가 해당 사업에 직접 사용하기 위하여 취득하는 부동산(대통령령으로 정하는 기숙사는 제외한다)에 대해서는 취득세를 2024년 12월 31일까지 면제한다.(후략)

〈쟁점요지〉 토지를 매각하고 그 대금으로 학교시설을 설치한 경우 학교법인의 비영리사업에 직접 사용하는 것으로 볼 수 있는지 여부

판결요지 부동산의 매각대금을 학교설치 비용으로 사용하더라도 취득세 비과세를 적용할 수 없음

- 구 지방세법(1991.12.14. 법률 제4415호로 개정되기 전의 것) 제107조, 제127조 제1항, 같은법 시행령 제79조 제1항 제2호, 제94조 제1항에 의하면 교육을 목적으로 하는 학교법인이 그 사업에 직접 사용하기 위하여 취득·등기하는 부동산에 대하여는 취득세·등록세를 부과하지 아니하고, 다만 취득일로부터 1년 이내에 정당한 사유 없이 취득·등기물건의 전부 또는 일부를 그 사업에 직접 사용하지 아니한 경우 그 부분에 대하여는 취득세·등록세를 부과하도록 되어 있는바, 사립학교법 제28조와 같은법 시행령 제12조 등 관계규

정의 취지에 비추어 보면 학교법인이 교육용 기본재산에 편입된 토지를 그 사업에 직접 사용한다고 함은 학교법인이 설치·경영하는 사립학교의 교지, 체육장 등과 같이 당해 토지의 사용용도가 학교법인의 교육사업 자체에 직접 사용되는 것을 뜻한다고 보아야 할 것이다(당원 1984. 7. 24. 선고 84누224 판결 참조).

9.2 학교법인이 취득한 부동산을 총장관사로 사용하는 경우 목적사업에 직접 사용한 것으로 볼 수 있는지

【관련 판례】 대법 2004다58901, 2005. 12. 23. : 상고기각

- 지방세특례제한법 제41조

〈쟁점요지〉 학교법인이 산하 대학교 총장의 관사로 사용하기 위하여 부동산을 취득한 후 실제로 총장이 그곳에 거주하면서 각종 업무를 보고 있는 경우, 학교법인이 위 부동산을 그 목적사업에 직접 사용하는 경우에 해당하는지 여부

판결요지 대학 총장관사의 경우 총장이 그곳에 거주하면서 각종 업무 보고를 받고, 총장은 목적사업을 수행하는 데에 필요불가결한 중추적인 지위에 있는 점 등에 비추어 보면, 총장관사는 목적사업에 직접 사용하는 것으로 취득세 등 감면대상임

- 지방세법 제107조 제1호와 제127조 제1항 제1호는 제사·종교·자선·학술·기예 기타 공익사업을 목적으로 하는 대통령령으로 정하는 비영리사업자가 그 사업에 사용하기 위한 부동산의 취득 및 그 등기에 대하여는 취득세와 등록세를 부과하지 아니한다고 규정하고 있는바, 위 각 규정에서 비영리사업자가 당해 부동산을 '그 사업에 사용'한다고 함은 현실적으로 당해 부동산의 사용용도가 비영리사업 자체에 직접 사용되는 것을 뜻하고, '그 사업에 사용'의 범위는 당해 비영리사업자의 사업목적과 취득목적을 고려하여 그 실제의 사용관계를 기준으로 객관적으로 판단하여야 한다(대법원 2002. 4. 26. 선고 2000두3238 판결, 2002. 10. 11. 선고 2001두878 판결 등 참조).
- 원심판결 이유에 의하면 원심은, 호원대학교를 경영하는 학교법인인 원고가 총장이 거주할 관사로 사용하기 위하여 이 사건 제3부동산을 취득한 후 실제로 총장이 그곳에 거주하면서 각종 업무를 보고 있는 사실을 인정한 다음, 총장이 원고 산하 대학교의 목적사업을 수행하는 데에 필요불가결한 중추적인 지위에 있는 점 등에 비추어 보면, 이는 원고가 그 목적사업에 직접 사용하는 경우에 해당하는 것으로 보아야 한다고 판단하였다.

9.3 학교가 구성원에게 제공한 구외 사택 또는 숙소용 오피스텔이 취득세 감면대상인지

【관련 판례】 대법 2013두21953, 2014. 3. 13. 판결 : 파기환송

- 지방세특례제한법 제41조 제1항

〈쟁점요지〉 비영리사업자인 학교가 구성원인 외국인교수의 사택이나 숙소용으로 제공하기 위해 취득한 학교 구외 위치한 오피스텔이 취득세 감면대상인 학교의 목적사업에 직접사용하기 위한 부동산으로 볼 수 있는지 여부

판결요지 ••• 사택이나 숙소의 제공이 단지 구성원의 편의를 도모하기 위한 것이라면 감면대상에 해당하지 않음

- 비영리사업자가 당해 부동산을 '그 사업에 사용'한다고 함은 현실적으로 당해 부동산의 사용용도가 비영리사업 자체에 직접 사용되는 것을 뜻하고, '그 사업에 사용'의 범위는 당해 비영리사업자의 사업목적과 취득목적을 고려하여 그 실제의 사용관계를 기준으로 객관적으로 판단하여야 한다(대법원 2009. 5. 28. 선고 2009두4708 판결 등 참조). 그리고 비영리사업자가 구성원에게 사택이나 숙소를 제공한 경우 그 구성원이 비영리사업자의 사업 활동에 필요불가결한 중추적인 지위에 있어 사택이나 숙소에 체류하는 것이 직무 수행의 성격도 겸비한다면 당해 사택이나 숙소는 목적사업에 직접 사용되는 것으로 볼 수 있지만, 사택이나 숙소의 제공이 단지 구성원에 대한 편의를 도모하기 위한 것이거나 그곳에 체류하는 것이 직무 수행과 크게 관련되지 않는다면 그 사택이나 숙소는 비영리사업자의 목적사업에 직접 사용되는 것으로 볼 수 없다.
- 원심판결 이유에 의하면, 원고는 외국어 교육 환경을 개선하고 대학교육의 국제화 추세에 부응할 목적 등에서 외국인 교원을 충원하였고, 원고가 채용한 외국인 교원은 ○○대학교 영어영문학과, 독일지역학과, 프랑스지역학과, 일어일문학과, 철학과, 행정학과, 국제무역통상학과, 회계학과, 중국대학, 음악학부 등에서 조교수, 초빙교수 등으로 근무하는 사실, 원고는 ○○대학교가 서울이 아닌 지역에 있어 외국인 교원의 주거 편의를 제공하고자 이 사건 각 오피스텔을 취득한 사실을 알 수 있다.
- 위와 같은 사정 즉, ○○대학교에 근무하는 외국인 교원의 지위와 근무현황, 그리고 이 사건 각 오피스텔의 위치와 취득 목적 등에 비추어 보면, ○○대학교에 근무하는 외국인 교원들이 원고의 목적사업인 대학교육에 필요불가결한 중추적인 지위에 있다거나 그들이 이 사건 각 오피스텔에 체류하는 것이 직무 수행의 성격을 겸비하는 것으로는 볼 수 없으므로 이 사건 각 오피스텔은 원고의 목적사업에 직접 사용되는 것으로 보기 어렵다.

- 중고등학교를 운영하는 학교법인이 기숙사를 신축하기 위해 취득한 부동산을 추징 유예기간 3년이 경과할 때까지 교직원 또는 원어민교사 숙소 및 게스트하우스로 사용한 경우 사택이나 숙소의 제공이 단지 구성원의 편의를 도모하기 위한 것에 불과하여 학교의 목적사업에 직접 사용된 것으로 볼 수 없어 취득세 등 추징대상에 해당함(대법 2014두40296, 2014. 11. 27. 판결).

9.4 학교부지 내 임야를 학교용에 직접사용하는 것으로 보아 비과세할 수 있는지

【관련 판례】 대법 2012두3187, 2012. 5. 9. 판결(심리불속행) : 상고기각

- 지방세특례제한법 제41조

〈쟁점요지〉 학교부지 내 녹지로 활용하기 위하여 취득한 임야를 학교사업에 직접 사용하는 것으로 보아 비과세 할 수 있는지 여부

판결요지 ··· 비과세대상에 해당함(토지의 일괄취득, 건축이 부적합하여 녹지로 활용되고 있는 점, 다른 학교 시설물 들을 원활히 건축하고 있는 점, 임야의 외형상 현황이 녹지로 활용될 수밖에 없는 측면 등 고려)

- 구 지방세법(2009. 5. 21. 법률 제9685호로 개정되기 전의 것, 이하 '지방세법'이라고 한다) 제107조, 제127조에서 비영리사업자가 당해 부동산을 '그 사업에 사용'한다고 함은 현실적으로 당해 부동산의 사용용도가 비영리사업 자체에 직접 사용되는 것을 뜻하고, '그 사업에 사용'의 범위는 당해 비영리사업자의 사업목적과 취득목적을 고려하여 그 실제의 사용관계를 기준으로 객관적으로 판단하여야 한다(대법원 2005. 12. 23. 선고 2004다58901 판결 참조) -(부산고법 2010누4902, 2012. 1. 13. 판결).

관련 기타 판례

- 공부상 교지 내에 위치한 교육용 재산으로 등록되어 있고 GPS측량 실습을 위한 장소로 사용하는 임야의 경우 교지 내에 포함되더라도 교육용에 제공되지 않는 경우 교육사업에 직접 사용한 것으로 볼 수 없고, GPS측량을 위한 실습장으로 일시 사용한 경우에는 교육용으로 볼 수 없음(대법 2018두58820, 2019. 1. 17. 판결).

9.5 고등교육법에 따른 학교가 창업보육센터를 운영할 경우 이를 창업보육센터용으로 직접사용하기 위한 부동산으로 볼 수 있는지

【관련 판례】 대법 2014두45680, 2015. 5. 14. 판결 : 파기환송

- 지방세특례제한법 제41조

〈쟁점요지〉 고등교육법에 따른 학교가 창업보육센터 사업자로서 창업보육센터를 운영할 경우 이를 창업보육센터용으로 직접사용하기 위한 부동산으로 볼 수 있는지 여부

판결요지 ••• 학교가 학생 등 그 구성원이 아닌 일반인을 대상으로 시설과 장소를 제공하는 경우는 교육사업에 직접 사용하는 것으로 볼 수 없음

- 학교가 부동산을 그 사업에 직접 사용한다고 함은 현실적으로 해당 부동산을 학교의 교육사업 자체에 사용하는 것을 뜻하고, 학교의 교육사업 자체에 사용하는 것인지는 해당 학교의 사업목적과 부동산의 취득목적을 고려하여 그 실제의 사용관계를 기준으로 객관적으로 판단하여야 한다(대법 2002. 4. 26. 선고 2000두3238 판결).
- 고등교육법에 따른 학교가 창업보육센터 사업자로서 학생 등 그 구성원이 아닌 일반인을 대상으로 창업의 성공 가능성을 높일 수 있도록 경영, 기술분야에 대한 지원활동을 하면서 창업자를 위한 시설과 장소로 그 소유 부동산을 제공하는 경우에는 특별한 사정이 없는 한 교육사업에 직접 사용하는 것으로 볼 수 없다.

9.6 학교가 부동산을 위탁 또는 임대하여 금전을 수령한 경우 이를 수익사업에 사용한 것으로 볼 수 있는지

【관련 판례】 대법 2005두10590, 2006. 12. 8. : 파기환송

- 지방세특례제한법 제41조

지방세특례제한법 제41조(학교 및 외국교육기관에 대한 면제)

① … 다만, 다음 각 호의 어느 하나에 해당하는 경우 그 해당 부분에 대해서는 면제된 취득세를 추징한다.

1. 해당 부동산을 취득한 날부터 5년 이내에 수익사업에 사용하는 경우

〈쟁점요지〉 학교법인이 학생 및 교직원의 후생복지시설로 사용할 목적으로 취득한 부동산을 제3자에게 위탁 또는 임대하여 계약보증금, 복지장학금 및 임대료 등의 명목으로 금원을 받은 경우 위 부동산을 수익사업에 사용한 것으로 볼 수 있는지 여부

판결요지 ●●● 학생 및 교직원들의 후생복지시설(학생 및 교수식당, 매점, 서점, 사진관, 안경점, 우체국, 은행 등)로 운영되고 있고 그 운영계약 등에 의하여 그로부터의 이탈이 엄격히 통제되고 있으며, 달리 임대사업으로서의 수익성이 있다거나 임대수익을 목적으로 한 것이라고 볼 증거가 없는 경우에는 수익사업으로 볼 수 없고, 고유의 업무를 수행하기 위하여 별도의 재화나 용역을 유료로 공급할 필요가 있어 그 재화나 용역을 공급하는 장소로서 당해 부동산을 사용하는 것이고 그 재화나 용역의 사용자로부터 지급받는 금원이 재화나 용역의 대가에 불과하다면 당해 부동산을 유료사용으로 볼 수 없어 재산세 등 감면을 배제할 수 없음

- 법 제184조 제1호 및 제234조의12 제2호에 의하면, 위 각 조항 소정의 비영리사업자가 그 사업에 직접 사용하는 부동산 또는 토지에 대하여는 재산세 또는 종합토지세를 부과하지 아니하나, 당해 부동산을 유료로 사용하게 하거나 당해 토지가 유료로 사용되는 경우 등에는 재산세 및 종합토지세를 부과한다고 규정하고 있고, 여기서 당해 부동산을 유료로 사용하게 하거나 당해 토지가 유료로 사용되는 경우라 함은 당해 부동산 또는 토지의 사용에 대하여 사용자가 그 대가를 지급하는 것을 말하는 것이므로(대법원 1997. 2. 28. 선고 96누14845 판결, 1998. 1. 23. 선고 97누8731 판결 등 참조), 비영리사업자가 그 고유의 업무를 수행하기 위하여 별도의 재화나 용역을 유료로 공급할 필요가 있어 그 재화나 용역을 공급하는 장소로서 당해 부동산이나 토지를 사용하는 것이고 그 재화나 용역의 사용자로부터 지급받는 금원이 재화나 용역의 대가에 불과하다면 당해 부동산이나 토지를 유료로 사용하게 한 때에 해당한다고 할 수 없을 것이며, 한편 재화 또는 용역의 제공은 제3자에게 위탁 또는 임대차 등의 방법으로도 할 수 있다고 할 것인바, 위와 같은 경우 비영리사업자가 제3자로부터 관리비 또는 임대료 등의 명목으로 받는 금원이 당해 부동산 또는 토지의 사용대가인지 또는 비영리사업자가 직접 재화나 용역을 공급하고 받을 대가의 일부를 간접징수하는 것에 불과한지의 여부는, 비영리사업자의 고유의 업무와 관련하여 당해 재화나 용역을 제공할 필요성, 당해 재화나 용역을 제3자에게 위탁 또는 임대의 형식으로 관리・운영할 필요성과 합리성, 그 대상고객, 판매품목, 판매가격 및 그 결정구조, 특히 비영리사업자에게 지급되는 금액이 재화나 용역의 가격결정에 미치는 영향과 비영리사업자와 제3자에 대한 관계 등을 종합하여 판단하여야 할 것이다.

관련 기타 판례

- 학교가 국제관을 신축하여 일부를 임대하여 음식점 및 숙박시설로 사용케 하고 임대의 대가로 사실상 수입이라고 볼 수 있을 정도의 장학기금을 수령하였다면 당해 건물은 수익사업에 사용한 것으로 취득세 등 감면이 배제됨(대법 2000두3238, 2002. 4. 26. 판결).
※ 사실관계에 따라 결론이 달라짐에 유의

9.7 학교시설이 없는 토지가 제3자에게 임대되어 사용되는 경우에도 교육용 부동산이 될 수 있는지

【관련 판례】 대법 2002두6668, 2004. 7. 8. : 상고기각

- 지방세특례제한법 제41조

〈쟁점요지〉 토지가 제3자에게 임대되어 경작되고 있으며 학교로서의 아무 시설도 갖춰지지 않은 경우 이를 학교의 업무용 부동산으로 볼 수 있는지 여부

판결요지 학교소유의 전, 답이 제3자에게 임대되어 경작되고 있을 뿐만 아니라 토지 상에 학교로서의 아무런 시설도 갖추어져 있지 아니한 경우에는 감면대상 부동산으로 볼 수 없음

- 원심판결 이유에 의하면, 원심은 판시와 같은 사실을 인정한 다음, 사립학교법 및 그 위임을 받은 대학설립 · 운영규정이 원고가 운영하는 전문대학의 경우 일정한 면적 이상의 교지를 확보하도록 규정하고 있고, 이를 확보하지 않을 경우 학교운영에 치명적인 불이익을 주도록 되어 있어, 사실상 원고 운영의 전문대학은 법령이 정한 교지 및 교사를 확보하는 것이 강제되어 있으므로, 원고가 이 사건 토지를 취득한 것은 법이 정하는 교지 및 교사면적을 확보하기 위한 것으로서 그 취득 및 보유에 정당한 사유가 있는지와 무관하게 이를 업무용 부동산으로 보아야 한다는 원고의 주장에 대하여, 사립학교법 제5조 및 그 위임을 받은 대학설립 · 운영규정 제5조 제1항에서 학교법인이 기준면적 이상의 교지를 확보하도록 규정하고 있으나 대학설립 · 운영규정 제5조 제2항은 "제1항에서 '교지'라 함은 농장, 연습림, 사육장, 목장, 양식장, 어장 및 약초원 등 실습지를 제외한 학교구내의 모든 용지를 말한다."고 규정하고 있고, 이 사건 토지 중 전, 답이 소외인들에게 임대되어 경작되고 있을 뿐만 아니라 이 사건 토지에 학교로서의 아무런 시설도 갖추어져 있지 아니하

여 이를 '학교구내'의 용지라고 볼 수 없으므로, 이 사건 토지가 학교구내의 용지로서 교지임을 전제로 하는 원고의 주장은 이유 없다고 판단하였다.

- 원심의 위와 같은 판단에는 이 사건 토지가 원고의 업무용 부동산으로 볼 수 없다는 것으로 원고의 위 주장을 배척한 취지가 포함되어 있는 것이므로, 원심판결에 상고이유의 주장과 같은 판단유탈의 위법이 있다고 할 수 없다.

9.8 학교가 영상관 건물을 제3자에게 제공하고 일시 학생실습장으로 사용하고 있으나 기부금을 받은 경우 수익사업으로 보아 감면을 배제하는 것이 타당한지

【관련 판례】 대법 2014두40333, 2014. 11. 27. 판결(심리불속행) : 상고기각

- 지방세특례제한법 제41조

〈쟁점요지〉 영상고등학교가 영상관 건물을 제3자의 프로게이머 온라인 생중계 장소로 제공하고 하고 있고, 프로그램 제작에 차질이 없는 범위 내에서 학생들의 실습장소로 제공하고 있으나, 매월 기부금을 받고 있는 경우 당해 부동산을 임대수익사업용으로 보아 감면을 배제하는 것이 타당한지 여부

판결요지 ••• 교육사업에 직접 사용하는 것이 아니라 부동산 임대에 사용한 것으로 보아야 하므로 감면배제가 타당함

- 비영리사업자가 당해 부동산을 '그 사업에 사용'한다고 함은 당해 부동산을 현실적으로 비영리사업 자체에 직접 사용하는 것을 뜻하고, '그 사업에 사용'의 범위는 당해 비영리사업자의 사업목적과 취득목적을 고려하여 그 실제의 사용관계를 기준으로 객관적으로 판단하여야 한다(대법원 1996. 1. 26. 선고 95누13104 판결, 대법원 2002. 4. 26. 선고 2000두3238 판결, 대법원 2009. 6. 11. 선고 2007두20027 판결 등 참조)(서울행법 2013구합12980, 2013. 12. 5. 판결).
- ① 원고는 2010. 2.부터 ○○○으로부터 매월 8,000,000원을 기부금 형식으로 지급받았는바, 이는 이 사건 쟁점 부분을 사용하는 대가로서 실질적으로 월차임에 해당하는 것으로 보이는 점, ② 원고가 2008. 2.부터 2년간은 ○○○으로부터 매월 기부금 형식의 금원을 받지는 않았으나, 이는 ○○○이 자신의 비용으로 이 사건 쟁점 부분에 스튜디오 등 시설물을 설치하고 이를 원고에게 기부함에 따른 대가로 매월 기부금 형식의 금원 지급을 면제받은 것으로 보이는 점, … ⑤ 원고는 영상학과 수업을 위하여 이 사건 쟁점 부분을 필

요시마다 일시적으로 사용한 것으로 보이나, 이는 ○○○의 프로그램 제작에 차질이 없는 범위 내에서 그래텍과 협의하여 이루어진 것으로서 이 사건 쟁점 부분의 주된 용도는 그래텍의 프로그램 제작을 위한 것이라고 보이는 점 등에 비추어 보면, 이 사건 쟁점 부분은 교육사업에 직접 사용된 것이 아니라, 수익사업의 하나인 부동산 임대업을 위해 사용된 것으로 봄이 타당하다(서울행법 2013구합12980, 2013. 12. 5. 판결).

관련 기타 판례

- 비영리사업자인 학교가 고유사업에 사용하기 위해 부동산을 취득한 후 유예기간 내에 일시적으로 임대하였다가 본래의 목적으로 사용한 경우 그 임대면적, 수입금액, 계약대상자(3명) 등을 고려할 때 추징대상 수익사업으로 봄이 타당함(대법 2000두3238, 2002. 4. 26. 판결).

9.9 학교에게 토지를 매각하기로 하고 선금만 수령한 상태에서 토지를 이용할 수 있게 한 경우 무상제공으로 볼 수 있는지

【관련 판례】 대법 2004두190, 2005. 2. 18. : 파기환송

- 지방세특례제한법 제41조

〈쟁점요지〉 제3자가 비영리사업자와 토지매매계약을 체결하고 선금을 받은 상태에서 해당 비영리사업자에게 토지를 이용할 수 있게 한 경우 이를 무상으로 제공한 것으로 보아 비과세할 수 있는지 여부

판결요지 ••• 제3자가 학교에게 토지를 유상 매각하기로 하고 선금을 받은 상태에서 학교 시설의 건축에 사용하게 한 경우는 당해 토지는 비과세대상에 해당한다고 볼 수 없음

- 구법 제234조의12 제2호에 의하면, 제사, 종교, 자선, 학술, 기예 기타 공익사업을 목적으로 하는 비영리사업자가 그 사업에 직접 사용하는 토지에 대하여는 종합토지세를 비과세하되, 다만 이를 수익사업에 사용하거나 당해 토지가 유료로 사용되는 경우에는 비과세에서 제외하도록 규정하고 있는 바, 이와 같은 종합토지세 비과세제도는 비영리사업자가 당해 토지를 소유하면서 직접 공익사업에 사용하는 경우에는 비과세를 통하여 재정지원을 하고, 제3자가 비영리 공익사업자에게 그 소유의 토지를 제공하는 경우에는 제3자에 대하여 비과세함으로써 공익사업을 활성화하고자 하는 데에 그 취지가 있다 할 것이며, 위 단서 규정에서 유료로 사용되는 경우라 함은 당해 토지의 사용에 대하여 대가가 지급되는

것을 말하는 것으로서, 그 사용이 대가적 의미를 갖는다면 사용기간의 장단이나, 대가의 지급이 1회적인지 또는 정기적이거나 반복적인지, 대가의 다과 혹은 대가의 산출방식 여하를 묻지 아니하는 것이므로(대법원 1993. 9. 14. 선고 92누15505 판결 참조), 제3자가 비영리 공익사업자에게 토지를 제공함으로써 종합토지세가 비과세되기 위하여는 제3자가 토지사용권을 공익사업에 출연한 경우 등과 같이 당해 토지 자체를 무상으로 사용하게 하는 경우로 제한되어야 한다.

- 그런데 원심이 확정한 사실관계에 의하더라도, 원고는 이 사건 제2토지를 비영리 공익사업자인 ○○○학원에게 유상으로 매각하기로 하고 다만, 학교개교시기에 맞추기 위하여 매매대금 중 일부인 15억 원을 선금으로 지급받고 건물신축공사를 위한 사용상의 편의를 제공한 것이므로, 이 사건 종합토지세의 과세기준일 현재 ○○○학원이 매매계약에 따른 잔금을 청산하는 등으로 사실상의 소유권을 취득하여 그가 납세의무자로 되었다면 몰라도 위와 같은 사정만으로 제3자인 원고가 ○○○학원에게 이 사건 제2토지를 무상으로 사용하게 한 것이라고 볼 수는 없다.

9.10 학교 설립인가 받을 예정자를 학교를 경영하는 자로 볼 수 있는지

【관련 판례】 대법 2017두42378, 2017. 7. 27. 판결(심리불속행) : 기각

- 지방세특례제한법 제41조

〈쟁점요지〉 취득 당시 학교에 사용할 목적으로 학교 설립인가 절차를 진행 중에 있었고, 설립인가를 받은 이후 학교에 사용한 경우로서 취득 당시 학교 설립인가를 받을 예정자도 학교를 경영하는 자로 볼 수 있는지 여부

판결요지 초중등교육법상 학교를 경영하는 자는 설립인가를 받은 자만을 의미하므로 설립인가를 받을 예정자는 학교를 경영하는 자로 볼 수 없음

- 초·중등교육법에 의하면, 학교를 설립·경영하기 위해서는 법령에 정한 설립기준을 갖추어 관할 교육감의 인가를 받아야 하고(제4조 제1, 2항), 학교의 설립인가(또는 변경인가)를 받지 아니하고 학교를 운영하거나 거짓 또는 그 밖의 부정한 방법으로 설립인가(변경인가)를 받은 경우에는 형사처벌을 받게 되며, 시설 폐쇄명령까지 받도록 정하여져 있는 점(제63조 제1항, 제65조 제1항, 제67조 제2항) 등에 비추어 보면, 취득세 면제 대상자 중 하나인 '초·중등교육법에 의한 학교를 경영하는 자'라 함은 초·중등교육법이 정하는 일정한

요건과 절차에 따라 학교 설립인가를 받은 자만을 의미한다고 해석하는 것이 규정의 문언이나 취지에 부합한다(대법원 2006. 1. 26. 선고 2005두2070 판결 참조).

- 학교의 설립인가를 받을 것을 예정하고 있는 자는 학교의 설립인가 절차를 밟는 단계에 따라 그 위치가 각기 다를 수 있는데, 그 중 일부를 설립인가 절차의 단계에 따라 달리 취급하거나 이미 학교의 설립인가를 받아 학교를 경영하는 자와 같이 취급할 근거가 없으므로, 학교의 설립인가를 받을 것을 예정하고 있는 자 중 일부에 대하여 학교의 설립인가를 받은 자와 같이 취급하여 면제규정을 적용하는 것은 취득세 면제 대상의 기준이 불명확하게 될 우려가 있다(서울고등법원 2017. 4. 5. 선고 2016누62827 판결).

9.11 부속병원 주차장 임대 시 취득세, 재산세 감면대상에 해당되는지

【관련 판례】 대법 2017두47502, 2017. 9. 21. 판결(심리불속행) : 상고기각

- 지방세특례제한법 제41조

> **지방세특례제한법 제41조(학교 및 외국교육기관에 대한 면제)**
>
> ⑦ 제1항부터 제6항까지의 규정에도 불구하고 「고등교육법」 제4조에 따라 설립된 <u>의과대학</u>(한의과대학, 치과대학 및 수의과대학을 포함한다)<u>의 부속병원</u>이 의료업에 직접 사용하기 위하여 취득하는 부동산에 대해서는 취득세를, 과세기준일 현재 의료업에 직접 사용하는 부동산에 대해서는 재산세를 다음 각 호에서 정하는 바에 따라 각각 경감한다.
>
> 1. 2024년 12월 31일까지 취득세의 100분의 30(감염병전문병원의 경우에는 100분의 40)을, 재산세의 100분의 50(감염병전문병원의 경우에는 100분의 60)을 각각 경감한다.

〈쟁점요지〉 의과대학 부속병원 주차장을 제3자에게 유료로 임대하고, 직원 및 환자가족 이외 이용객들로부터 주차요금을 징수하게 한 경우 주차장이 취득세 및 재산세의 감면대상에 해당되는지 여부

판결요지 ••• 주차장은 부속병원 필수시설이므로 임대라도 수익사업에 해당되지 않아 취득세 면제대상이나 유료 사용 부분은 재산세 과세대상임

- 이 사건 주차장은 주로 △△대학교 의과대학 부속병원의 환자나 그 가족, 방문객이 주로

이용하고, 위 주차장의 이용차량 중 무료이용차량의 비율이 약 75%에 달하는바, 이 사건 주차장은 △△대학교 의과대학 부속병원이 의료업을 경영함에 있어 환자 등의 접근의 편의를 위한 필수적인 재산으로서, 이 사건 주차장이 없다면 △△대학교 의과대학 부속병원 운영에 큰 지장이 초래될 것으로 보이므로, 원고가 이 사건 주차장을 효율적으로 관리하기 위하여 제3자에게 임대한 것은 공중 또는 특정 다수인을 위하여 하는 의료·조산의 업을 운영함에 있어 반드시 필요한 것으로서, 구 지방세특례제한법 제2조 제1항 제2호에 의하여 이를 수익사업으로 볼 수 없다.

- 원고가 이 사건 주차장을 △△대학교 의과대학 부속병원의 운영을 위하여 사용하고 있는 이상 이를 수익사업에 사용하는 것으로 볼 수 없음은 앞서 본 바와 같으나, 앞서 인정한 사실관계에 의하면, 이 사건 주차장은 일부 이용객으로부터 유료로 사용되고 있으므로, 이 사건 주차장에 대한 재산세와 지역자원시설세는 구 지방세특례제한법(2011. 12. 31. 법률 제11138호로 개정되기 전의 것, 2013. 1. 1. 법률 제11618호로 개정되기 전의 것, 2015. 12. 29. 법률 제13637호로 개정되기 전의 것)의 각 제41조 제2항 단서에 의하여 면제되지 아니하고, 이 사건 주차장이 재산세의 과세대상이 되는 이상, 지방세법 제150조 제6호의 지방교육세의 과세대상이 된다(대전지방법원 2016. 11. 30. 선고 2015구합104519 판결).

관련 기타 판례

1. 간호전문대학 부속병원은 구 지방소득세 종업원분(현 주민세 종업원분) 면제대상인 의과대학 등 부속병원에 해당하지 아니함(대법 2015두47928, 2015. 11. 26. 판결).
2. 직접적 의료행위 없는 의료원의 기획조정실, 경영전략국 등의 경우 의료지원을 위한 업무는 의료업에 직접 사용한다고 보기 어려우므로 설령 기존 심사결정 등에 의해 감면이 이루어졌다고 할지라도 주된 사무실로 이용되는 경우까지 '의료업에 직접 사용된다'고 보아 취득세를 경감할 수 없음(대법 2018두62775, 2019. 2. 28. 판결).

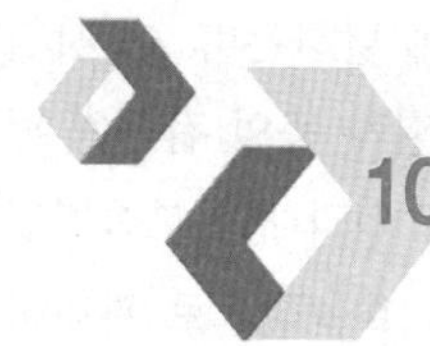

10. 기숙사 및 산학협력단에 대한 감면

10.1 대학 구내 위치하고 있고 수익사업에 사용된다고도 볼 수 없는 기숙사용 부동산취득에 대하여 감면분 농특세를 부과할 수 있는지

【관련 판례】 대법 2014두7060, 2014. 8. 20. 판결(심리불속행) : 상고기각

- 지방세특례제한법 제42조

지방세특례제한법 제42조(기숙사 등에 대한 감면)

① 학교등이 대통령령으로 정하는 기숙사(「한국사학진흥재단법」 제19조 제4호 및 제4호의 2에 따른 기숙사로 한정한다)로 사용하기 위하여 취득하는 부동산에 대해서는 취득세를, 과세기준일 현재 해당 용도로 사용하는 부동산에 대해서는 재산세 및 주민세 사업소분(「지방세법」 제81조 제1항 제2호에 따라 부과되는 세액으로 한정한다. 이하 이 조에서 같다)을 각각 2024년 12월 31일까지 면제한다.

〈쟁점요지〉 대학교 구내에 위치하고 있고 수익사업에도 사용되고 있지 아니한 기숙사의 경우라도 기숙사에 대한 감면규정(지특법 제42조 제1항)만 적용되고, 학교 등에 대한 감면규정(지특법 제41조 제1항)은 적용되지 않는 것으로 보아 취득세 감면분 농어촌특별세를 부과할 수 있는지

판결요지 기숙사에 대한 감면규정이 신설되었다고 하여 학교 등에 대한 감면규정의 적용을 배제할 수 없으므로, 취득세 감면분 농특세를 부과할 수 없음

- 지방세특례제한법 제42조 제1항을 둔 취지는 대학교가 취득하는 기숙사 건물의 경우에는 수익사업에 사용하는 경우라서 같은 법 제41조 제1항에 의해 취득세를 감면받을 수 없는 경우이더라도 특별히 한시적으로 취득세를 감면받을 수 있게 함으로써 대학교 기숙사의 신축을 위한 민간투자 활성화의 유인을 마련하고자 하는 데 있으므로, 만약 수익사업에

사용하지 아니하는 대학교 기숙사까지도 같은 법 제41조 제1항이 아닌 같은 법 제42조 제1항을 근거로 취득세를 감면받는다고 해석한다면, 수익사업에 사용하지 아니하는 대학교 기숙사의 경우 같은 법 제41조 제1항이 적용되어 취득세는 물론 농어촌특별세까지 면제받을 수 있었던 것이 같은 법 제42조 제1항으로 인해 오히려 농어촌특별세의 부과대상에 해당하게 되는바, 이는 특별히 같은 법 제42조 제1항을 둔 입법취지에 반하는 해석으로서 불합리하다고 할 것임(서울고법 2013누21788, 2014. 4. 22. 판결).

10.2 산학협력단이 사용하는 부동산을 대학의 직접사용으로 볼 수 있는지

【관련 판례】 대법 2017두36861, 2017. 6. 15. 판결(심리불속행) : 기각

- 지방세특례제한법 제42조

〈쟁점요지〉 고용노동부로부터 직업교육훈련 컨소시엄 운영사업자로 지정된 대학의 산학협력단이 직업교육훈련장으로 사용하는 부동산을 대학이 교육사업에 직접 사용하는 부동산으로 보아 취득세 등 감면대상에 해당 여부

판결요지 대학과 별도의 법인인 산학협력단이 사용하고 있다면, 학교의 교육사업 자체에 사용된다고 볼 수 없어 취득세 감면대상에 해당되지 않음

- 산학협력단은 원고와 별개의 법인으로 산학협력단의 회계와 원고의 교비회계는 분리되어 있으며, 산학협력단의 2011년도 결산서에는 쟁점건축물과 관련하여 건물취득자금으로 776,000,000원을 지출한 것으로 처리되어 있고, 2012년도부터 쟁점건축물의 감가상각비도 산학협력단의 회계에 반영되고 있다.
- 산학협력단의 홈페이지에는 '산학협력단은 산업교육진흥 및 산학협력촉진에 관한 법률의 규정에 따라 본교의 산업교육을 진흥하고 산학협력을 촉진함으로써 본교와 국가의 발전에 이바지함을 목적으로 설립되었다. 대학의 산학협력 사업을 총괄, 관리하는 전담조직으로 특수법인의 성격을 가지며, 산학협력 연구 활동을 체계적으로 지원하기 위한 기구이다.'라고 소개하면서 총괄사업 중 하나로 '고용노동부 국가인력자원개발 컨소시엄 사업'을 명시하고 있다.
- 산학협력단의 조직도에 의하면 산학협력단 소속 과장이 국가인적자원개발 컨소시엄 사업의 운영을 담당하고 있다.

- 국가인적자원개발 컨소시엄 사업이 ○○대학교와 관련된 업무라고 하더라고 별도의 법인인 산학협력단에서 이를 담당하면서 쟁점건축물을 사용하는 경우까지 이를 ○○대학교가 직접 쟁점건축물을 사용하는 것으로 보기 어렵다(수원지방법원 2016. 9. 9. 선고 2015구합69363 판결).

11. 학술연구, 기술진흥, 장학단체에 대한 감면

11.1 학술의 연구와 발표가 부대사업의 하나에 불과한 경우 비과세 대상인 학술연구단체로 볼 수 있는지

【관련 판례】 대법 94누7515, 1995. 5. 23. : 파기환송

- 지방세특례제한법 제45조

지방세특례제한법 제45조(학술단체 및 장학법인에 대한 감면)

① 대통령령으로 정하는 학술단체가 학술연구사업에 직접 사용하기 위하여 취득하는 부동산에 대해서는 취득세를, 과세기준일 현재 학술연구사업에 직접 사용하는 부동산에 대해서는 재산세를 각각 2024년 12월 31일까지 면제한다. 다만, 제45조의2에 따른 단체는 제외한다.

〈쟁점요지〉 대한의학협회가 구 지방세법 시행령 제79조 제1항 제16호 소정의 학술연구단체인지 여부

판결요지 ••• 학술연구단체라 함은 학술의 연구와 발표를 그 주된 목적으로 하는 단체를 의미한다고 할 것이고 학술의 연구와 발표가 부대사업의 하나에 불과한 경우에는 이에 해당하지 아니하므로, 의도의 앙양과 의권신장, 의료인의 보수교육과 공제사업 등을 목적으로 하면서 그 부대사업으로 의학, 의술에 관한 연구 및 학술지의 제작과 배포를 하고 있는 대한의학협회는 학술연구단체로 볼 수 없음

- 지방세법 제184조, 제234조의 12는 다음 각 호의 부동산 및 토지에 대하여는 재산세와 종합토지세를 부과하지 아니한다라고 규정하고 같은 법 제184조 제1호, 제234조의 12 제2호에서 제사, 종교, 자선, 학술, 기예, 기타 공익사업을 목적으로 하는 대통령령으로 정하는 비영리사업자가 그 사업에 사용하는 부동산과 토지를 규정하고 있고, 같은법 시행령 제

136조, 제194조의 6 제2항에서는 법 제184조, 법 제234조의 12 제2호에서 대통령령으로 정하는 비영리사업자라 함은 제79조의 규정에 의한 비영리사업자를 말한다고 하고, 제79조 제1항(1994.12.31. 대통령령 제14483호로 개정되기 전의 것)에 의하면, 대통령령으로 정하는 비영리사업자라 함은 다음 각호에 게기하는 자를 말한다고 하고 나서 제1호에서 제27호에 이르기까지 그 대상을 하나하나 규정하고 있고, 그 중 제16호는 정부로부터 허가 또는 인가를 받거나 특별법의 적용을 받는 학술연구단체, 장학단체, 기술진흥단체, 문화예술단체, 체육진흥단체, 청소년단체를 규정하고 있으므로, 재산세 및 종합토지세 등의 비과세대상에 해당하기 위하여는 공익을 목적으로 하는 비영리사업자로서 같은법 시행령 제79조 제1항 각호의 1에 해당하는 사업자라야 할 것이고, 그 조항은 비과세대상인 사업자를 제한적으로 열거한 규정으로 보아야 할 것이어서 그 조항에 해당하지 아니하는 사업자라면 비록 공익을 목적으로 하는 비영리사업자라 하더라도 이를 재산세 등의 비과세대상에 해당한다고 할 수 없을 것이다. 그리고 위 제16호 소정의 학술연구단체라 함은 같은 규정의 취지에 비추어 학술의 연구와 발표를 그 주된 목적으로 하는 단체를 의미한다고 할 것이고 학술의 연구와 발표가 부대사업의 하나에 불과한 경우에는 이를 같은 조항에 정한 학술연구단체로 볼 수 없다 할 것이다.

관련 기타 판례

- 법인등기부등본에 '회원 상호간의 친목 도모'도 원고의 목적으로 규정하고 있는 점 등을 고려했을 때 한국외교협회를 학술의 연구와 발표를 '주된 목적'으로 하는 단체에 해당한다고 볼 수 없음(대법 2018두42559, 2019. 1. 17. 판결).

11.2 특정연도의 장학금 지급실적이 적어 다른 목적사업보다 비중이 작은 경우에도 장학단체로 보아 감면을 적용할 수 있는지

【관련 판례】 대법 2016두50037, 2018. 11. 29. 판결 : 파기환송

- 지방세특례제한법 제45조

지방세특례제한법 제45조(학술단체 및 장학법인에 대한 감면)

② 「공익법인의 설립·운영에 관한 법률」에 따라 설립된 장학법인(이하 이 조에서 "장학법인"이라 한다)에 대해서는 다음 각 호에서 정하는 바에 따라 지방세를 2024년 12월 31일까지 감면한다.

1. 장학법인이 장학사업에 직접 사용하기 위하여 취득하는 부동산에 대해서는 취득세를, 과세기준일 현재 장학사업에 직접 사용하는 부동산에 대해서는 재산세를 각각 면제한다.
2. 장학법인이 장학금을 지급할 목적으로 취득하는 임대용 부동산에 대해서는 취득세의 100분의 80을, 과세기준일 현재 해당 임대용으로 사용하는 부동산에 대해서는 재산세의 100분의 80을 각각 경감한다.

〈쟁점요지〉 법인의 목적사업이 다양하게 규정되어 있고 부동산 취득 당시의 장학금 지급비율이 가장 많은 비중을 차지하지 않는 경우에도 장학단체로 보아 취득세를 감면할 수 있는지 여부

판결요지 전반적으로 장학사업이 부수사업이 불과한 것이 아니라 주된 목적사업에 해당하는 경우에는 비록 특정 연도의 사업의 비중이 다른 목적사업보다 낮더라도 장학단체로 보아 취득세를 감면할 수 있음

- 이 사건 면제조항에서 정한 '장학단체'란 그 규정의 취지에 비추어 '학자금·장학금 기타 명칭에 관계없이 학생 등의 장학을 목적으로 금전을 지급·지원하거나, 금전에 갈음한 물건·용역 또는 시설을 설치·운영 또는 제공하거나 지원하는 장학사업을 주된 목적으로 하는 단체'를 의미하고, 장학사업이 그 부대사업의 하나에 불과한 단체는 위 조항에서 정한 '장학단체'에 해당한다고 볼 수 없다. 어느 단체가 '장학단체'에 해당하는지 여부는 단체의 명칭 여하에 불문하고 설립근거인 법령, 정관의 목적사업, 주된 수행업무 등 실질적인 활동내역, 예산집행상황 등을 종합적으로 고려하여 판단하여야 한다(대법원 2008. 6. 12. 선고 2008두1115 판결 등 참조).
- 이 사건 부동산 취득을 전후로 한 다음과 같은 객관적인 사정 등을 앞서 본 법리에 비추어 보면, 원고의 설립근거인 공익법인의 설립·운영에 관한 법률, 원고 정관의 목적사업, 주

된 수행업무 등 실질적인 활동내역, 예산집행상황 등을 종합적으로 고려했을 때, 원고는 장학사업을 부대사업이 아닌 주된 목적으로 하는 단체로서 이 사건 면제조항의 장학단체에 해당하므로, 원고의 이 사건 부동산 취득에 대한 취득세 등이 면제되어야 한다.

- 그러나 2012년까지는 원고 설립의 초기단계로서 집행된 예산의 규모가 미미할 뿐만 아니라, 이 사건 부동산의 취득과 같이 많은 비용이 소요되는 장학사업을 안정적으로 수행하기 위해서는 시간이 다소 필요할 것으로 보이므로, 원고가 설립 초기부터 바로 장학사업에 착수하지 않았다는 이유만으로 원고가 장학단체가 아니라 단정할 수 없다.
- 또한 주무관청의 직접적인 감독을 받게 되는 한국마사회 특별적립금 지원사업과 달리 2013년 원고의 자체예산 사업에서는 장학사업의 비중이 69.61%로 가장 높고, 2013년 원고의 전체 예산집행실적 1,095,000,000원 중 장학사업과 어업인 의료지원 사업의 차이는 매우 근소하다. 반면 이 사건 부동산의 취득가액은 그 자체로 4,652,340,000원에 이르는데, 이를 고려하면 2013년 원고의 사업 중 가장 큰 비중을 차지하는 것은 단연 장학사업이라 할 것이고, 2013년까지 연도별 합산 누적 예산집행액에서도 장학사업이 약 47.6%를 차지하는 만큼 원고의 장학사업을 단순한 부대업무라고 보기도 어렵다.
- 사정이 이러하다면, 자신의 기본재산을 처분하여 취득한 부동산을 실제 기숙사 용도로 제공하고 있고, 장학금 지원사업 등 장학사업을 더욱 확장하여 수행하고 있는 원고에게, 이 사건 부동산의 취득에 대한 세제혜택을 부여하는 것이 장학단체의 건전한 설립·운영을 전제로 공익사업인 장학사업을 활성화하고 장려하고자 하는 이 사건 면제조항의 입법취지에도 부합한다.

11.3 재단법인인 장학단체가 소유부동산의 일부를 분묘수호 등의 목적으로 사용하는 경우에도 장학금지급용 부동산으로 보아 재산세를 경감할 수 있는지

【관련 판례】 대법 2020두47878, 2020. 12. 24. 판결(심리불속행) : 항소기각

- 지방세특례제한법 제45조

> 〈쟁점요지〉 재단법인인 장학단체가 임대소득의 70% 정도를 장학사업에 사용하고 있는 경우 소유재산 중 조상의 분묘수호 등의 용도로 사용하고 있는 임야 등에 대하여도 장학단체에 대한 재산세 감면을 적용할 수 있는지 여부

판결요지 ••• 장학단체가 주된사업으로 장학사업을 경영하더라도 해당 부동산이 장학금지급을 위한 임대수익용으로 사용되는 것이 아닌 경우에는 면제 또는 경감대상으로 볼 수 없어, 장학단체가 소유하고 있는 분묘수호 목적의 토지는 경감대상이 아님

- 이 사건 면제조항이 정한 장학단체가 "그 고유업무에 직접 사용하는 부동산"은 그 법인의 본질적인 속성상 지니고 있는 공익적 성격의 업무, 즉 학자금 · 장학금 기타 명칭에 관계없이 학생 등의 장학을 목적으로 금전을 지급 · 지원하거나, 금전에 갈음한 물건 · 용역 또는 시설을 설치 · 운영 또는 제공하거나 지원하는 장학사업에 직접 사용하는 부동산에 한정된다고 봄이 타당하다. 이 사건 경감조항이 정한 '임대용으로 사용하는 부동산'은 장학금을 지급할 목적으로 임대용으로 사용하는 부동산을 의미한다고 봄이 타당하다.
- 재단법인의 기본재산은 재단법인의 실체인 동시에 법인의 목적을 수행하기 위한 기본적인 수단이고, 이 사건 각 부동산은 원고의 정관에서 기본재산으로 정해져 있기는 하다. 그러나 이 사건 면제조항이나 경감조항은 모두 해당 부동산이 각 그 고유업무 또는 용도로 실제 사용되는 것을 전제하고 있으므로, 단순히 재단법인의 기본재산이라는 사정만으로 그 부동산에 대해 면제조항과 경감조항이 당연히 적용된다고 볼 수는 없다. 이 사건 부동산 중 분묘가 설치되어 선산으로 사용된다는 토지, 재실로 사용되고 있다는 건물 등은 모두 그 부동산 자체가 기계유씨 종중이라는 특정 단체와 관련하여 사용되고 있을 뿐이어서 이를 사회 일반의 이익에 공여하는 목적에 직접 사용되는 부동산이라고 보기 어렵고, 기계유씨 종중의 분묘를 수호하고 해당 종중의 공동선조의 제사를 지낸다는 것만으로 장학사업과 어떠한 관련이 있다고 보기도 어렵다. 따라서 이 사건 부동산 중 분묘가 설치되어 선산으로 사용된다는 토지, 재실로 사용되고 있다는 건물 등을 이 사건 면제조항의 적용대상이 되는 장학단체의 고유업무에 직접 사용하는 부동산에 해당한다고 볼 수 없다 (의정부지법 2018구합14177, 2019. 12. 5. 판결).

11.4 장학단체가 부동산 임대수입을 얻고 장학금을 지급하지 않은 경우 기 감면한 재산세를 소급과세 할 수 있는지

【관련 판례】 대법 2013두26965, 2014. 3. 27. 판결(심리불속행) : 상고기각

- 지방세특례제한법 제45조

〈쟁점요지〉 장학단체가 부동산 임대수입을 얻고서도 그 장학금을 지급하지 아니한 경우, 그 기간 동안에 부과하지 아니하였던 재산세를 당초 감면요건을 구비하지 못하였던 것으로 보아 소급하여 과세할 수 있는지 여부(과세 예고문에 추징이라 표현이 있어 구 지방세법상에는 추징규정이 없음에도 소급추징을 하는 것은 위법하다는 주장)

판결요지 ••• 장학금을 지급하지 아니한 경우 추징한 것이 아니라 부과하지 않았던 재산세를 부과한 것에 해당하므로 적법한 과세처분에 해당함

- 지방세 과세예고 당시 '추징'이라는 문구를 사용하였다고 하더라도 이는 단순히 미부과하였던 재산세를 부과하였다는 의미에 불과하고, 피고가 2012. 7. 12. 원고에게 한 2008년도 내지 2010년도 재산세의 각 부과처분(이하 '이 사건 각 처분')은 지방세법 제288조 제5항 단서에 따라 감경하였던 재산세를 추징한 것이 아니라, 구 지방세법(2010. 3. 31. 법률 제10221호로 전면개정되기 전의 것) 제29조, 지방세기본법 제34조에 근거하여, 감경함으로써 부과하지 아니하였던 재산세를 부과·고지한 것이라고 봄이 타당하다.
- 이 사건 부동산이 지방세법 제288조 제5항 소정의 재산세 등의 감경대상에 해당하기 위하여는 취득세·등록세와 마찬가지로 '장학금을 지급할 목적으로 임대용으로 사용하는 부동산'이어야 하고, 임대수익을 얻고 있음에도 장학금을 지급하지 않고 있다면 특별한 사정이 없는 한 장학금을 지급할 목적이 없다고 보아야 한다(부산고법 2013누1928, 2013. 11. 27. 판결).

12. 평생교육단체 등에 대한 감면

12.1 법인의 인재개발원이 지방세 감면대상 평생교육시설에 해당되는지

【관련 판례】 대법 2016두41842, 2016. 9. 30. 판결(심리불속행) : 기각

- 지방세특례제한법 제44조

지방세특례제한법 제44조(평생교육시설 등에 대한 감면)

① 대통령령으로 정하는 평생교육시설에 사용하기 위하여 취득하는 부동산에 대해서는 취득세를, 과세기준일 현재 평생교육시설에 직접 사용하는 부동산(해당 시설을 다른 용도로 함께 사용하는 경우 그 부분은 제외한다)에 대해서는 재산세를 다음 각 호에서 정하는 바에 따라 각각 감면한다.

1. 2019년 12월 31일까지는 취득세 및 재산세를 각각 면제한다.
2. 2020년 1월 1일부터 2024년 12월 31일까지 취득하는 부동산에 대해서는 다음 각 목의 구분에 따라 취득세 및 재산세를 각각 경감한다.(후략)

〈쟁점요지〉 원고의 인재개발원이 평생교육시설로 신고되었으나 원고 및 그 계열사 소속 임·직원의 업무수행능력 향상교육 등에 사용되어진 경우 지방세 감면대상인 평생교육시설에 해당되는지 여부

판결요지 불특정 다수가 아닌 법인 소속 임·직원의 업무수행능력 향상교육에 주로 사용된 경우 지방세 감면대상 평생교육시설에 해당되지 않음

- 평생교육은 특정 집단 또는 계층에 한정하지 아니하고 일반 지역사회 주민 등 불특정 다수를 대상으로 하는 교육을 당연히 전제하는 것으로 보이는바, 원고가 지식·인력개발사업 관련 평생교육시설로 신고된 이 사건 교육시설에서 불특정 다수가 아닌 원고 또는 계열회사의 임·직원에 대한 교육을 주로 진행하였으므로, 이 사건 교육시설은 구 평생교육

법 제38조에서 정한 지식·인력개발 관련 평생교육시설에 직접 사용하는 부동산이라고 할 수 없다. 원고의 주장은 이유 없다.

- 원고가 지식·인력개발 관련 평생교육시설로 신고된 이 사건 교육시설에서 원고의 임·직원 및 ○○○투자증권, △△자동차, □□글로비스, □□다이모스, □□라이프생명보험과 같은 원고의 계열회사 등 사실상 □□자동차그룹 소속 임·직원을 대상으로 교육을 하였을 뿐이므로, 설령 다양한 형태의 지식·인력개발 교육이 실시되었다고 하더라도 불특정 다수를 대상으로 지식정보의 제공과 교육훈련을 통한 인력개발을 목적으로 하는 지식·인력개발 관련 평생교육이 이루어졌다고 보기는 어렵다(서울고등법원 2015누61995, 2016. 5. 10. 판결).

12.2 부동산 취득 후 평생교육시설 사용에 1년이 경과한 경우 취득세 추징대상에 해당되는지

【관련 판례】 대법 2017두31118, 2017. 4. 13. 판결(심리불속행) : 기각

- 지방세특례제한법 제44조

지방세특례제한법 제44조(평생교육시설 등에 대한 감면)

⑤ 제1항 및 제4항을 적용할 때 다음 각 호의 어느 하나에 해당하는 경우 그 해당 부분에 대해서는 감면된 취득세 및 재산세를 추징한다.

2. 정당한 사유 없이 그 취득일부터 3년이 지날 때까지 해당 용도로 직접 사용하지 아니하는 경우

〈쟁점요지〉 건물을 리모델링하여 평생교육시설로 사용하고자 계획하고 있었으나 기존 임차인의 퇴거 지연 및 지역주민 민원 등으로 1년이 경과한 경우 취득세 추징대상 및 재산세 부과대상에 해당되는지 여부

판결요지 ••• 평생교육시설에 사용을 계획하고 있었다고 하더라도 부동산 취득일부터 1년이 경과하였다면 취득세 추징대상 및 재산세 과세대상에 해당

- 구 지방세특례제한법 제44조의 위임에 따른 구 지방세특례제한법 시행령 제21조는 "제44조에서 '대통령령으로 정하는 평생교육시설'이란 다음 각 호에서 정하는 것을 말한다."고

규정하면서 '평생교육법에 따라 인가・등록・신고・보고된 평생교육시설'(제1호)을 규정하고 있는데, 이 사건 부동산은 평생교육시설로 등록된 사실이 없다.

- 학교의 '해당 사업'이라 함은 학교의 교육사업 자체를 의미하는 것이고, 해당 사업에 '직접 사용'된다 함은 해당 부동산의 사용용도가 학생 및 교직원의 교육 및 연구활동에 직접 사용되는 것에 한하는 것으로 해석함이 상당한바, 이 사건 건물 일부에 전자피아노, 드럼, 선풍기, 스피커, 옷걸이 등 물품이 보관되고 있다거나 원고가 이 사건 건물을 강의실 용도로 사용할 의사를 가지고 있었다는 것만으로는 이 사건 건물을 객관적으로 해당 사업에 직접 사용한 것으로 보기 어렵다.
- 원고는 이 사건 부동산의 취득일로부터 1년이 경과한 2015. 4. 7.까지, 그리고 재산세 과세기준일인 2015. 6. 1.에도 이 사건 부동산을 평생교육시설 용도로 직접 사용하지 않은 사실을 인정할 수 있다(인천지방법원 2016. 6. 23. 선고 2015구합1728 판결).

12.3 교육 용지를 증여한 이후 계속 교육용으로 사용하는 경우 평생교육용으로 직접 사용하는 것으로 보아 재산세를 감면할 수 있는지

【관련 판례】 대법 2020두37505, 2020. 7. 29. 판결(심리불속행) : 항소기각

- 지방세특례제한법 제43조

지방세특례제한법 제43조(평생교육단체 등에 대한 면제)

① 「평생교육법」에 따른 교육시설을 운영하는 평생교육단체(이하 이 조에서 "평생교육단체"라 한다)가 해당 사업에 직접 사용하기 위하여 취득하는 부동산에 대해서는 취득세를 2019년 12월 31일까지 면제한다.

〈쟁점요지〉 교육용지를 증여한 이후 계속 교육용으로 사용하다가 관련 법률 위반으로 소유권이 원상회복된 경우에 있어, 제3자 소유의 부동산이더라도 교육용으로 사용되는 경우 직접사용으로 보아 재산세 감면을 적용할 수 있는지 여부

판결요지 지특법 정의 규정에서 직접 사용의 개념을 소유자가 용도에 맞게 사용하는 것으로 명확히 규정한 이상 교육용에 사용하는 경우라도 소유자가 아닌 이상 직접 사용의

범위에 포함되지 않음

- 이 사건 조항이 정한 '직접 사용'이란 부동산이 평생교육시설로 사용되는 것을 의미할 뿐만 아니라 그 사용 주체가 부동산의 소유자일 것을 요건으로 한다고 새겨야 하므로, 이와 다른 전제에 선 원고의 주장은 이유 없다.
- 이는 재산의 소유자가 자신의 재산을 지방세특례제한법이 정한 사회적 · 공익적 목적 등을 위해 사용할 경우 세금을 감면하여 줌으로써 그와 같은 활동을 지원하고 장려하기 위한 취지로 보인다.
- 구 지방세특례제한법 제2조 제8호는 "직접 사용"이란 부동산 · 차량 · 건설기계 · 선박 · 항공기 등의 '소유자'가 해당 부동산 등을 사업 또는 업무의 목적이나 용도에 맞게 사용하는 것을 말한다고 규정하고 있다. 따라서 구 지방세특례제한법상 직접 사용의 주체는 개별 조항에서 달리 정함이 없는 한 부동산 등의 소유자로 보아야 한다.
- 지방세특례제한법에서 자주 사용하는 용어인 '직접 사용'에 대하여 그 정의규정이 따로 존재하지 않아 그동안 소유자가 해당 부동산 등을 그 해당 목적에 사용하는 것으로 한정하여야 하는지(인적 감면), 아니면 제3자가 해당 부동산 등을 해당 목적에 사용하는 경우에도 그 소유자에게 감면을 적용할 것인지(물적 감면)에 대하여 법령 해석상 다툼의 소지가 있었다. 이에 2014. 1. 1. 법률 제12175호로 개정된 지방세특례제한법에서 정의규정을 신설하여 '직접 사용'의 주체를 부동산 등의 소유자로 명확히 함으로써 해당 부동산의 소유자가 아닌 제3자가 사용하는 경우는 감면이 배제되는 것을 원칙으로 하였다.
- 지방세특례제한법상의 '직접 사용'의 주체를 부동산 소유자로 한정하되 어린이집 및 유치원, 노인복지시설, 문화재 등 일부 시설에 관해서는 그 사용용도 및 목적, 지원 필요성 등을 감안하여 부동산 소유자가 아닌 제3자가 해당 용도대로 사용하는 경우에도 감면이 인정되는 예외를 명시적으로 규정한 것으로서, 위 각 규정의 문언 및 그 해석을 들어 이 사건 조항 또한 구 지방세특례제한법 제2조 제8호에서 정한 바와 달리 부동산 소유자가 아닌 자가 해당 부동산을 사용한 경우에도 '직접 사용'에 해당한다고 볼 것은 아니다(서울행법 2018구합87118, 2019. 7. 12. 판결).

13. 기업부설연구소, 친환경건축물 등에 대한 감면

13.1 이미 면세대상으로 인정받은 연구소를 그대로 이전하는 경우 재차 과기처장관의 연구소 인정이 필요한지

【관련 판례】 대법 85누444, 1987. 10. 26. : 상고기각

- 지방세특례제한법 제46조

지방세특례제한법 제46조(연구개발 지원을 위한 감면)

① 기업이 대통령령으로 정하는 기업부설연구소(이하 이 조에서 "기업부설연구소"라 한다)에 직접 사용하기 위하여 취득하는 부동산(부속토지는 건축물 바닥면적의 7배 이내인 것으로 한정한다. 이하 이 조에서 같다)에 대해서는 취득세의 100분의 35(중략)를, 과세기준일 현재 기업부설연구소에 직접 사용하는 부동산에 대해서는 재산세의 100분의 35(신성장동력・원천기술 관련 기업부설연구소의 경우에는 100분의 50)를 각각 2025년 12월 31일까지 경감한다.

〈쟁점요지〉 지방세면세대상 연구소로 인정받은 기업부설연구소를 이전하는 경우 다시 과기처장관의 면세대상연구소 인정의 여부

판결요지 지방세 면세대상연구소로 인정을 받아 연구활동을 하여오던 기존의 기업부설연구소를 인적・물적시설 일체를 그대로 이전하는 경우에는 다시 과학기술처장관의 면세대상연구소 인정을 받아야 할 필요는 없다고 할 것임

- 지방세법(1986.12.31. 법률 제3878호로 개정되기 전의 것) 제110조의3 제3항 제13호 및 제128조의2 제3항 제15호에 의하면, 대통령령이 정하는 기업부설연구소용에 직접 사용하기 위하여 취득하는 부동산에 대하여는 그 취득세 및 등록세를 면제한다(다만, 건물바닥면적

의 7배를 초과하는 부속토지는 그러하지 아니하다)라고 규정하고 있고 이에 따른 지방세법 시행령(1984.4.6. 대통령령 제11399호로 개정되기 전의 것) 제79조의10 및 제98조의5에서는 위 지방세법 조항에서 "대통령령이 정하는 기업부설연구소"라 함은 독립된 연구용 시설 및 기자재를 갖추고 30인 이상의 연구전담요원(자연계분야 학사 이상의 학위를 가진 자이어야 한다)이 상시근무하는 연구소로서 과학기술처장관이 인정하는 것을 말한다고 정의하고 있는 바, 위와 같은 연구소용 부동산취득에 대하여 면세혜택을 주는 것은 기업의 과학기술연구를 장려하여 고도의 기술혁신을 이룩하는데 그 취지가 있다할 것이다.

- 비록 원고가 당초 취득한 이 사건 토지상에 연구소용 건물을 건축하지 아니하고 이 사건 토지에 대하여 환지받은 위 연구단지 내의 토지상에 연구소용 건물을 건축하게 되었다 하더라도 이 사건 토지취득의 목적이 궁극적으로 연구소용 건물부지로 사용할 연구단지 내의 토지를 취득함에 있었고 결국 그 목적대로 이루어졌으므로 원고는 기업부설연구소용으로 직접 사용하기 위하여 이 사건 토지를 취득한 것이라고 못볼바 아니고, 또한 과학기술처장관으로부터 지방세면세대상 연구소로 인정을 받아 연구활동을 하여오던 기존의 기업부설연구소를 위 인정과 같은 사정으로 그 인적·물적시설 일체를 그대로 이전하는 경우에는 위 면세규정의 입법취지로 볼 때 다시 과학기술처장관의 면세대상연구소 인정을 받아야 할 필요는 없다 할 것이다.

13.2 면적축소 신고 보완요청을 기업부설연구소로 인정받은 것으로 보아 취득세 등을 감면할 수 있는지

【관련 판례】 대법 2014두7275, 2014. 9. 4. 판결 : 파기 환송

- 지방세특례제한법 제46조

> 〈쟁점요지〉 한국산업기술진흥협회장이 현지확인을 거쳐 연구공간 면적을 축소하여 신고하도록 보완 요청한 것을 해당 면적에 대하여 기업부설연구소로 확정적으로 인정한 것으로 보아, 비록 인정서를 교부받지 않았더라도 감면요건을 갖춘 것으로 보아 취득세를 감면할 수 있는지 여부

판결요지 ••• 면적 축소 보완요청이 있었다고 하더라고 그를 연구소로 확정적으로 인정한 것으로 볼 수 없어, 취득세 감면을 적용할 수 없음

- ① 협회장이 2009. 5. 12. 원고에게 한 보완요청은 기업부설연구소 신고요령 제10조의 규정에 따른 것으로서, '보완요청한 사항이 이행될 때까지는 변경신고서 등의 접수가 유예되

며, 기한 내에 보완이 이루어지지 않을 경우에는 제출된 서류가 반려된다'는 취지의 통보로 보일 뿐이고, 한국산업기술진흥협회 차장 ○○○도 같은 취지에서 원고에게 보완접수를 안내한 것으로 보이는 점, ② 보완요청일로부터 30일이 지나도록 원고가 아무런 보완조치를 취하지 아니하자 협회장이 2009. 6. 12. 원고에게 기업부설연구소 변경신고서를 반려한 점, ③ 원고는 2011. 11. 9. 변경신고서를 다시 제출하면서 비로소 101동과 102동의 연구공간 전용면적을 800.76㎡로 변경신고하였고, 원고가 당초 변경신고한 면적 1,036.2㎡ 중 위 101동, 102동의 연구공간 전용면적은 790.8㎡에 불과하였던 점 등을 종합하여 보면, 원고의 2009. 3. 30.자 변경신고에 대하여 협회장이 2009. 5. 12.경 현지확인을 거쳐 연구공간 전용면적을 축소하여 신고하도록 보완요청을 하였다는 사정만으로는 협회장이 그 무렵 이 사건 건물 중 보완요청에서 제외된 800.76㎡ 부분을 기업부설연구소로 확정적으로 인정하였다고 보기 어렵다.

13.3 감면 유예기간 내에 기업부설연구소로 인정받은 경우 재산세 감면의 적용시점 및 감면이 적용되는 공용면적의 범위

【관련 판례】 대법 2015두39477, 2015. 6. 23. 판결(심리불속행) : 상고기각

- 지방세특례제한법 제46조

〈쟁점요지〉

1. 기업부설연구소에 사용할 목적으로 취득한 부동산에 대하여 4년 이내에 인정을 받을 경우 재산세 면제의 적용시점은 언제인지
2. 기업부설연구소로 인정받은 면적 이외 지하식당, 매점, 기계실, 지하주차장, 로비 등 공용면적도 감면대상에 포함되는지 여부

판결요지 ① 유예기간 내에 인정받은 경우 종국적으로 감면요건을 갖춘 것이 되어 기업부설연구소용에 직접 사용할 목적으로 취득한 부동산에 대하여 취득 당시부터 받은 재산세 면제의 효과는 계속되므로 취득일 이후 재산세는 면제대상이 됨 ② 전체 공용부분 중 기업부설연구소용으로 인정받은 전용면적이 차지하는 비율에 해당하는 공용면적은 기업부설연구소용에 직접 사용된다고 봄이 타당함

- ① 기업부설연구소가 위 기간 내에 설립되지 않으면(해제조건) 종국적으로 감면요건이 이행되지 못하게 되어 재산세 면제의 효과는 위 해제조건의 성취 시점인 '당해 부동산 취득일로부터 4년을 경과한 시점'에 소급하여 소멸하는 것이다. 반면 이 사건 시행령 조항에

서 정한 기간 내에 기업부설연구소를 설치하여 인정받은 경우에는 종국적으로 감면요건을 갖춘 것이 되어 기업부설연구소용에 직접 사용할 목적으로 취득한 부동산에 대하여 취득 당시부터 받은 재산세 면제의 효과는 기업부설연구소를 설치하여 인정받은 이후에도 계속되는 것이다.

- 원고는 2007. 4. 25. 이 사건 건축물에 관하여 사용승인을 받음으로써 이를 취득하였고, 그로부터 4년 이내인 2009. 5. 29. 이 사건 건축물 및 그 부속토지에 관하여 기업부설연구소 인정을 받았다. 이와 같은 경우 원고로서는 이 사건 시행령 조항이 규정하는 바와 같이 '토지 또는 건축물을 취득한 후 4년 이내'에 기업부설연구소 인정을 받았으므로, 기업부설연구소용으로 이 사건 건축물을 취득한 2007. 4. 25. 이후의 재산세에 대하여 면제를 받아야 한다고 해석함이 타당하다. 즉 원고가 이 사건 건축물을 취득한 2007. 4. 25.부터 이에 관하여 기업부설연구소 인정을 받은 2009. 5. 29.까지 기간은 이 사건 시행령 조항이 기업부설연구소 설립에 필요한 기간으로 부여한 것이므로, 그 기간 내의 재산세는 면제되어야 한다고 해석하여야 한다.
- ② 원고가 기업부설연구소로 인정받은 전용부분의 정상적인 이용을 위해서는 위와 같은 공용부분의 이용이 필수적이라고 보이므로, 위 공용부분 중 '이 사건 건축물의 전체 전용면적에서 기업부설연구소용으로 인정받은 전용면적이 차지하는 비율'에 해당하는 면적 역시 기업부설연구소용에 직접 사용되고 있다고 보는 것이 타당하다. 이 사건 건축물의 부속토지 중 위 건축물 면적에 상응하는 면적 역시 재산세가 면제되어야 한다(서울고등법원 2015. 1. 29. 선고 2014누50189 판결).

13.4 기업부설연구소의 지정이 취소된 경우 감면된 취득세 등을 추징할 수 있는지

【관련 판례】 대법 2019두32283, 2019. 5. 10. 판결(심리불속행) : 상고기각

- 지방세특례제한법 제46조

〈쟁점요지〉 기업부설연구소에 대한 지정이 취소된 경우 이를 추징요건인 연구소를 폐쇄하거나 다른 용도로 사용한 것으로 보아 감면된 취득세 등을 추징할 수 있는지 여부

판결요지 ••• 추징처분은 감면처분과 별개의 처분이므로, 연구소 지정은 추징요건에 해당하지 않기 때문에 이를 이유로 추징하는 것은 위법함

- 구 지방세법 제282조 단서는 '연구소 설치 후 4년 이내에 정당한 사유 없이 연구소를 폐쇄하거나 다른 용도로 사용하는 경우'에는 면제된 취득세와 등록세를 추징한다고 규정하고 있다. 이때의 추징 처분은 면제된 취득세 등을 새로운 부과처분의 형태로 추징하는 것으로, 구 지방세법 제282조 본문에 해당하지 않을 경우 과세되는 원칙적인 취득세와 등록세 부과처분과는 그 요건을 달리하는 별개의 처분이다.
- 구 지방세법 제282조 본문, 같은 법 시행령 제228조가 기업부설연구소로의 인정을 취득세와 등록세의 면제 요건으로 정하고 있는 것과 달리, 구 지방세법 제282조 단서는 추징의 요건으로 연구소 설치 후 4년 이내에 정당한 사유 없이 '연구소를 폐쇄'하거나 '다른 용도로 사용'한 경우로 정하고 있을 뿐, 기업부설연구소의 인정취소를 추징의 요건으로 정하고 있지는 않다.
- 원고의 신청에 따라 2012. 4. 24. 서초캠퍼스 18, 19층이 연구활동 중단(자진 취소)을 이유로 기업부설연구소 인정이 취소되었더라도 원고의 주장과 같이 서초캠퍼스 18, 19층은 연구소(Convergence연구소)로 계속 사용되었다고 보이므로, 이 사건 취득세 등 부과처분은 구 지방세법 제282조 단서의 추징 요건을 갖추지 못하여 위법하다(서울행법 2017구합57134, 2018. 7. 27. 판결).

13.5 기업부설연구소 신축부지로 취득한 토지를 합의로 매매계약을 해제한 경우 취득세 등 감면을 배제하는 것이 타당한지

【관련 판례】 대법 2011두27551, 2013. 11. 28. 판결 : 상고기각

- 지방세특례제한법 제46조 및 시행령 제23조

> 〈쟁점요지〉 취득세 등 감면대상 기업부설연구소를 신축하기 위한 토지의 매매대금의 지급을 완료하여 취득세 납세의무가 성립한 이후 회사의 경영 및 자금사정으로 매도자와 합의하에 매매계약을 해제한 경우 사후 감면요건을 갖추지 못한 것으로 보아 과세하는 것이 타당한지 여부

판결요지 사후감면요건 미비에 따른 납세의무가 성립된 이상 이후 합의해제 하더라도 납세의무에 영향을 줄 수 없어 과세대상에 해당되므로 감면 배제가 타당함

- 기업부설연구소용에 직접 사용할 목적으로 부동산을 취득하였다고 하더라도 이 사건 시행령조항에서 정한 기업부설연구소를 설치하지 못한 경우에는 처음부터 이 사건 법률조항 본문에 따른 취득세 등의 면제대상에서 제외되어 원칙대로 과세되는 것이고, 이때의

부과처분은 면제된 취득세 등을 새로운 부과처분의 형태로 추징하는 이 사건 법률조항 단서에 의한 추징처분과는 그 요건을 달리하는 별개의 처분이라고 할 것이다.

- 부동산에 관한 매매계약을 체결하고 매매대금을 모두 지급하면 소유권이전등기를 마치지 아니하였더라도 취득세의 과세대상이 되는 사실상의 취득행위가 존재하게 되어 그에 대한 조세채권이 당연히 성립하고, 그 후 합의에 의하여 매매계약을 해제하고 그 부동산을 반환하였더라도 이미 성립한 조세채권의 행사에 영향을 줄 수 없다(대법원 1998. 12. 8. 선고 98두14228 판결 등 참조). 원심이, 원고들이 2008. 9. 10. 경기도에 이 사건 토지에 대한 매매대금의 지급을 완료하여 이 사건 토지를 사실상 취득함으로써 그에 따른 취득세 납세의무가 성립한 이상 그 후 원고들이 경기도와의 합의에 의하여 이 사건 토지에 대한 매매계약을 해제하였다고 하더라도 이미 성립한 조세채권의 행사에 영향을 줄 수 없다.

13.6 국토부가 고시한 기관의 에너지성능점수만 감면요건으로 유효한지

【관련 판례】 대법 2017두36922, 2017. 6. 9. 판결(심리불속행) : 기각

- 지방세특례제한법 제47조의2 제1항 제2호

지방세특례제한법 제47조의2(녹색건축 인증 건축물에 대한 감면)

① 신축(증축 또는 개축을 포함한다. 이하 이 조에서 같다)하는 건축물(「건축법」 제2조 제1항 제2호에 따른 건축물 부분으로 한정한다. 이하 이 조에서 같다)로서 다음 각 호의 요건을 모두 갖춘 건축물(취득일부터 70일 이내에 다음 각 호의 요건을 모두 갖춘 건축물을 포함한다)에 대해서는 취득세를 100분의 3부터 100분의 10까지의 범위에서 대통령령으로 정하는 바에 따라 2026년 12월 31일까지 경감한다.

2. 「녹색건축물 조성 지원법」 제17조에 따라 인증받은 건축물 에너지효율등급(이하 이 조에서 "에너지효율등급"이라 한다)이 대통령령으로 정하는 기준 이상일 것

〈쟁점요지〉 친환경건축물에 대한 취득세 감면대상 요건에 해당되는 건축물에 대한 에너지성능점수는 국토교통부가 고시한 기관에 의하여 산정된 것만이 유효하다고 인정되는지 여부

판결요지 취득세 감면규정 적용요건에 에너지성능점수 산출기관 지정을 규정하고 있지 않으므로, 국토부 비고시 기관의 에너지성능점수도 유효함

- 구 지방세특례제한법 제47조 제2항 제2호는 이 사건 감면규정의 적용요건 중 하나로 구 건축법(2011. 5. 30. 법률 제10755호로 개정되기 전의 것, 이하 같다) 제66조 제2항에 따른 효율적 에너지 관리에 관한 기준이 대통령령으로 정하는 기준 이상일 것을 요구하고 있고, 구 건축법 제66조 제2항은 "국토해양부장관은 대통령령으로 정하는 용도와 규모의 건축물에 대한 효율적인 에너지 관리와 건축 폐자재의 활용을 위하여 필요한 설계·시공·감리 및 유지·관리에 관한 기준을 정하여 고시할 수 있다."고 규정하고 있을 뿐, 에너지성능점수를 산출할 수 있는 기관의 지정에 관한 내용은 고시에 위임하고 있지 않다. 실제로 구 건축법 제66조 제2항의 위임에 따라 에너지성능점수에 관한 구체적 내용을 정하고 있는 구 건축물의 에너지절약설계기준(국토해양부 고시 제2010-1031호, 이하 같다)은 에너지성능점수를 산출할 수 있는 기관의 지정에 관한 내용은 규정하고 있지 않다.
- 또한 구 건축물의 설비기준 등에 관한 규칙 제22조 제2항은 건축허가신청 등을 받은 행정청이 에너지절약계획서의 적절성 등을 검토하기 위해 '필요한 경우'에 에너지관리공단 등 에너지관련 전문기관에 '자문'할 수 있도록 규정되어 있는 것이며, 반드시 에너지관리공단으로부터 에너지성능점수를 확인받아야 한다는 취지의 규정이 아님이 명백하다.
- 따라서 이 사건 감면규정의 요건 중 하나인 에너지성능점수를 에너지관리공단만이 산정할 수 있다는 점은 이 사건 처분의 정당한 사유가 될 수 없다(창원지방법원 2016. 7. 12. 선고 2015구합23562 판결).

14. 종교단체 등에 대한 감면

14.1 진리마음수련회 유지재단이 취득세 감면대상 종교단체에 해당되는지

【관련 판례】 대법 2017두31101, 2017. 4. 28. 판결(심리불속행) : 기각

- 지방세특례제한법 제50조

지방세특례제한법 제50조(종교단체 또는 향교에 대한 면제)

① 종교단체 또는 향교가 종교행위 또는 제사를 목적으로 하는 사업에 직접 사용하기 위하여 취득하는 부동산에 대해서는 취득세를 면제한다.

〈쟁점요지〉 재단은 일반인들을 대상으로 마음수련활동이 종교와 직접 관련이 없음을 홍보하고 마음수련활동 참가자들로부터 참가비를 지급받은 진리마음수련회 유지재단이 취득세 감면대상 종교단체에 해당되는지 여부

판결요지 ••• 홍보과정의 오해 표현을 종교활동 본질의 부정요소로 보기 어렵고, 실비수준 참가비를 영리활동으로 보기 어려워 종교단체로 봄이 타당함

- 원고 재단은 일반인들을 대상으로 마음수련활동의 낮은 단계 과정이 종교와는 무관하다면서 이를 명상 프로그램으로 홍보하기도 하였다. 그러나 앞서 본 원고 재단의 사업계획서 내용, 종교활동은 기본적으로 광범위하고 자유로운 형태의 선교 및 포교활동을 수반하고 있으며, 일응의 신흥 종교로 볼 수 있는 '마음수련'을 일반 대중에게 널리 전파하는 과정에서 일부 오해의 여지가 있는 표현이 사용되었다고 하더라도 그에 대한 본질적인 의미는 원고 재단이 추구하는 종교의 본질 및 활동 범위에서 제한적으로 평가함이 상당하다. 따라서 원고 재단이 마음수련활동을 일반인들에게 전파하고 이를 알리는 과정에서 일부 오해의 여지가 있는 표현이 사용되었다는 점 등은 원고 재단의 종교활동의 본질을 부정하

는 요소로 삼기 어렵다.

- 원고 재단은 마음수련활동 참가자들로부터 참가비를 지급받았다. 그러나 마음수련활동 참가기간, 참가자들에게 기본적으로 숙식이 제공되는 점, 원고 재단이 법인 설립 허가 신청시 충청남도지사에게 제출하였던 사업계획서 중 사업수지예산서에도 참가비 및 수익사업을 통한 재원 등을 원고 재단의 수입으로 충당한다는 내용이 포함되어 있는 점 등에 의하면, 원고 재단이 참가자들로부터 지급받은 참가비가 실비 수준을 부당하게 초과한다거나 이를 원고 재단의 수익 내지 영리활동으로 평가하기 어렵다. 나아가 원고 재단의 손익계산서 기재에 의하면, 마음수련활동 회비 수입액은 원고 재단의 인건비 등을 포함한 총 비용보다 작고, 별도의 기부금 수입액이 없는 한 순수익이 발생하는 구조가 아님을 충분히 파악할 수 있다(대전고등법원 2016. 12. 14. 2016누11658 판결).

14.2 종중이 지방세 감면대상 '제사를 목적으로 하는 단체'에 해당되는지

【관련 판례】 대법 2015두40958, 2016. 2. 18. 판결 : 파기환송

- 지방세특례제한법 제50조

〈쟁점요지〉 종중이 지특법 제50조 제2항에 따른 재산세 등 감면대상에 해당하는 '제사를 목적으로 하는 단체'에 해당되는지 여부

판결요지 ••• 종중은 '제사를 목적으로 하는 단체'에 해당되지 않음

- 이 사건 감면조항은 특정인이나 특정집단이 아닌 불특정 다수인의 이익을 위하여 다중의 보편적 문화를 지원하는 차원에서 지방세 감면혜택을 부여하는 데에 그 취지가 있는 점, 이 사건 감면조항의 내용이나 체계에 비추어 볼 때 해당 규정의 제사는 불특정 다수인에게 개방된 종교와 유사한 사회적 기능과 역할을 수행하고 그 단체는 그러한 성격의 제사를 주된 목적으로 할 것을 전제한다고 보아야 하는 점, 반면 종중이 봉행하는 공동선조의 제사는 조상숭배의 사상에 바탕을 둔 우리의 특유한 관습으로서 보존가치가 있는 전통문화이기는 하지만 주된 기능과 역할이 특정한 범위의 후손들을 위한 것에 그치는 점, 종중은 공동선조의 제사뿐만 아니라 공동선조의 분묘수호와 종중 재산의 보존·관리, 종원 상호간의 친목 등 다양한 목적을 위하여 구성되는 자연발생적인 종족집단이므로 제사만을 목적으로 한다고 보기도 어려운 점 등을 종합하여 보면, 종중은 그 목적과 본질에 비추어

볼 때 일부 제사 시설을 보유하고 선조의 제사를 봉행하더라도 '제사를 목적으로 하는 단체'에 포함되지 아니한다.

14.3 선교회 대표자가 거주하는 사택을 취득세 감면대상으로 볼 수 있는지

【관련 판례】 대법 2011두15183, 2012. 5. 24. 판결 : 파기환송

- 지방세특례제한법 제50조

〈쟁점요지〉 선교회 대표자가 거주하는 주택을 종교활동의 중추적인 요소로 보아 취득세 등을 감면할 수 있는지 여부

판결요지 ••• 선교회 대표자는 종교활동의 필수불가결 요소가 아니므로 비과세 불가함

- 구 지방세법(2010. 3. 31. 법률 제10221호로 전부 개정되기 전의 것) 제107조 및 제127조 제1항은 용도구분에 의한 취득세 · 등록세 비과세사유를 규정하면서 그 중 하나로 제1호에서 '제사 · 종교 · 자선 · 학술 · 기예 기타 공익사업을 목적으로 하는 대통령령으로 정하는 비영리사업자가 그 사업에 사용하기 위한 부동산의 취득 및 등기'를 들고 있고, 각 본문 단서에서는 취득 · 등기일로부터 3년 이내에 정당한 사유 없이 그 용도에 직접 사용하지 아니한 경우 또는 그 사용일부터 2년 이상 그 용도에 직접 사용하지 아니하고 매각하거나 다른 용도로 사용하는 경우 그 해당 부분에 대하여 취득세 · 등록세를 부과한다고 규정하고 있는데, 위 규정에서 비영리사업자가 당해 부동산을 '그 사업에 사용'한다고 함은 현실적으로 당해 부동산을 비영리사업 자체에 직접 사용하는 것을 뜻하고, '그 사업에 사용'의 범위는 당해 비영리사업자의 사업목적과 취득목적을 고려하여 그 실제의 사용관계를 기준으로 객관적으로 판단하여야 한다(대법원 2002. 10. 11. 선고 2001두878 판결, 대법원 2009. 6. 11. 선고 2007두20027 판결 등 참조).
- ① 원고의 대표자는 이사장이고, 원고의 임원 중 하나인 대표는 이사회 결의로 이사 중에서 선출되어 이사회의 지휘를 받아 선교회 본부의 업무를 관장하고 집행하는 기관에 불과한 점, ② 이 사건 아파트 취득 당시 대표이던 소외 2는 ○○○교회의 위임목사로 재직하고 있었던 점, ③ 원고는 이사장이나 이사들은 상근하지 않고 대표(원고는 '대표선교사'라고 표현하나 정관에는 대표선교사라는 직책은 없다)가 상근하면서 원고의 실질적인 업무를 총괄한다고 주장하지만, 대표의 구체적인 업무내용이나 소외 2가 실제로 대표로 활동

하면서 한 구체적인 업무내용을 알 수 있는 자료 또는 대표가 선교사를 대표하는 지위에 있다는 자료가 없는 점, ④ 원고의 설립목적은 불어권 지역에 대한 선교활동에 관한 것으로서 이사회의 지휘를 받아 본부의 업무를 관장한다는 대표에 대한 사택 제공이 원고의 종교사업에 반드시 필요하다고 보이지 않는 점을 종합해 보면, 원고의 대표는 원고의 종교사업을 수행함에 있어 필요불가결한 중추적 지위에 있다고 보이지 않고, 원고의 사업목적을 고려하더라도 이 사건 아파트는 그 사업에 직접 사용되는 것이라고 할 수 없으므로, 이 사건 아파트는 위 각 규정에 정한 비과세대상에 해당하지 않는다고 할 것이다.

※ 대법원 2016두48249(2016.11.24.) - 선교단체 대표이사 숙소를 필수불가결 요소로 봄

관련 기타 판례

1. 교회의 종교 활동에 필요불가결한 중추적인 지위에 있다고는 할 수 없는 교회 부목사, 성당의 은퇴 신부의 구외 사택은 감면대상에 포함되지 않음(대법 2009두4708, 2009. 5. 28., 2007두20027, 2009. 6. 11., 2012두24719, 2013. 1. 15. 판결).
2. 은퇴 이후에도 설교, 강연, 심방 등 사목활동을 담당하고 있는 원로목사도 담임목사처럼 교회의 종교활동에 필요불가결한 중추적인 지위에 있다고는 볼 수 없음(대법 2016두47611, 2016. 11. 24. 판결).
3. 해외 선교사 및 신학생의 숙소(기와침식)로 주로 사용하는 주택은 종교활동의 부수적인 시설에 불과하고 선교사는 종교단체의 중추적인 요소로 볼 수 없으므로, 해당 주택을 종교용으로 사용하는 것으로 보아 감면할 수 없음(대법 2019두33934, 2019. 5. 30. 판결).

14.4 선교단체 대표이사 숙소가 종교단체 직접사용 부동산에 해당되는지

【관련 판례】 대법 2016두48249, 2016. 11. 24. 판결(심리불속행) : 기각

- 지방세특례제한법 제50조

〈쟁점요지〉 비영리사업자인 선교단체의 대표이사와 그 가족이 거주하는 주택을 종교단체가 해당 사업에 직접사용하는 부동산으로 볼 수 있는지 여부

판결요지 ••• 선교단체 대표이사 숙소도 종교단체 직접사용 부동산에 해당됨

- 비영리사업자가 구성원에게 사택이나 숙소를 제공한 경우 그 구성원이 비영리사업자의

사업 활동에 필요불가결한 중추적인 지위에 있어 사택이나 숙소에 체류하는 것이 직무 수행의 성격도 겸비한다면 당해 사택이나 숙소는 목적사업에 직접 사용되는 것으로 볼 수 있지만, 사택이나 숙소의 제공이 단지 구성원에 대한 편의를 도모하기 위한 것이거나 그곳에 체류하는 것이 직무 수행과 크게 관련되지 않는다면 그 사택이나 숙소는 비영리사업자의 목적사업에 직접 사용되는 것으로 볼 수 없다(대법원 2009. 5. 28. 선고 2009두4708 판결, 대법원 2014. 3. 13. 선고 2013두21953 판결 등 참조).

- 드와잇 ○○ 스트론은 원고를 대표하는 지위에 있는 이사로서 이사회 회의를 주재하고, 원고의 업무를 통괄하는 업무를 수행하였으므로, 원고의 목적사업(전도, 선교, 교육, 자선, 의료 및 기타 사회복리를 위한 사업에 필요한 재산 관리 등)을 수행함에 있어서 필요불가결한 인적요소라고 할 것이다. 따라서 원고의 대표자인 드와잇 ○○ 스트론이 그 재임 중 거주한 이 사건 주택은 그 실제의 사용관계를 기준으로 객관적으로 판단할 때 원고의 비영리사업 자체에 직접 사용된 것으로 볼 수 있고, 피고가 주장하는 바와 같이 드와잇 ○○ 스트론 및 그의 배우자로서 이 사건 주택에 함께 거주한 소니아 ○○○ 스트론이 원고 외의 다른 법인의 이사로도 재직하였다거나, 대학교수로서 영어 과목 등을 강의한 사실이 있다는 것만으로 이와 달리 보기 어렵다(서울행정법원 2015. 12. 24. 선고 2015구합69393 판결).

※ 대법원 2011두15183(2012.5.24.) : 선교단체 대표자를 필수불가결 요소로 보지 않음

1. 성당에 파견된 수녀들은 성당의 원활한 사업수행에 필요불가결하고, 수녀들에게 제공된 숙소에서 기도모임, 교리교육 등이 이루어져 종교용에 직접 사용되었음(대법 2014두557, 2015. 9. 15. 판결).
2. 특정 단체나 분야를 수행하는 특수사목 사제도 본당 사목처럼 종교단체의 중추적인 지위자에 해당됨(대법 2015두48495, 2015. 11. 26. 판결).
3. 법사승려 등은 종교단체의 원활한 사업수행에 필요불가결한 존재에 해당하므로 쟁점 건물을 법사승려 등의 숙소 및 수행공간으로 사용되는 경우에는 종교용으로 사용하는 것으로 보아 취득세 감면하는 것이 타당함(대법 2017두66275, 2018. 2. 8. 판결).

14.5 교회가 교회인근에 추가로 설치한 부설주차장에 사용된 토지가 비과세대상에 해당하는지

【관련 판례】 대법 2008두1368, 2008. 6. 12. : 상고기각

- 지방세특례제한법 제50조

〈쟁점요지〉 교회가 주차장으로 사용하기 위해 취득한 대지가 지방세법 제186조의 비과세대상에 해당하는지 여부

판결요지 기존 교회의 부설주차장이 법정규모 이하인지, 교회와의 거리, 신도수 및 신도들 보유차량의 현황, 기존 주차장 이용현황 등을 종합적으로 고려하여 부설주차장의 추가설치가 필수불가결한 경우에는 해당 주차장용 부동산을 감면대상으로 볼 수 있음

- 지방세법 제186조, 제238조의2, 제242조에 의하면, 지방세법 제186조에서 규정한 제사・종교・자선・학술・기예 등 비영리사업자가 그 공익사업에 직접 사용하는 부동산 등 재산에 대하여는 재산세 등이 부과되지 않는 반면, 그 재산이 수익사업에 사용되는 경우와 유료로 사용되는 경우 및 그 재산의 일부가 그 목적에 직접 사용되지 아니하는 경우의 그 일부 재산에 대하여는 그러하지 아니하고, 이때 위 비영리사업자가 그 재산을 공익사업에 직접 사용하는 것인지 여부는 당해 비영리사업자의 사업목적과 취득목적을 고려하여 그 실제의 사용관계를 기준으로 객관적으로 판단하여야 한다(대법원 2002. 4. 26. 선고 2000두3238 판결 등 참조).
- 제1심의 채택 증거와 기록에 의하면, 피고가 제출한 행정심판례 내지 감사원 결정례 등에 의하더라도 기존 교회의 주차 공간 협소로 인해 교회에 인접한 단독주택을 취득・철거한 후 교회 부설주차장으로 이용하는 경우에는 기존 교회의 부설주차장이 법정규모 이하인지 여부, 교회로부터 부설주차장까지의 거리, 신도수 및 신도들 보유차량의 현황 등을 종합적으로 고려하여 교회의 집회 등 각종 종교행사를 위해 부설주차장의 추가설치가 필수불가결한 경우에는 비과세대상으로 보는 등 비영리단체의 사업체에 부설된 주차장의 경우에도 그 규모 및 사업목적 등에 비추어 합리적 범위 내의 것이라면 그 사업수행에 객관적으로 필요한 것으로 행정 실무상 취급되고 있다는 점, 단독주택 밀집지역에 위치한 원고 교회의 경우 적정 규모의 주차 공간을 확보하는 것은 주민들과의 마찰을 피하면서 그 목적사업인 종교활동을 영위함에 합리적으로 필요한 것으로 보이는 점 등의 사정들이 존재함을 알 수 있다.
- 위와 같은 사정들을 토대로 앞서 본 법리와 종합하여 전체적으로 살펴보면, 이 사건 대지

는 지방세법 제186조에서 정한 비과세요건을 충족한다고 볼 수 있으므로, 원심판결은 비록 그 이유의 설시에 있어 미흡한 점은 있으나 그 결론에 있어서는 정당하다.

관련 기타 판례

1. 토지 취득 후 교회건물을 신축하지 않은 상태에서 기존 교회 본당의 임시주차장으로 사용하는 경우 고유업무에 직접 사용한 것으로 볼 수 없음(대법 97누14644, 1997. 12. 12. 판결).
2. 종교시설로부터 직선거리로 약 437m 떨어진 부동산을 취득하여 주차공간으로 사용할 경우 직선거리 200m를 초과하여 부설주차장 설치기준에 불부합하므로 종교시설의 부설주차장으로 볼 수 없음(대법 2016두37430, 2016. 7. 7. 판결).

14.6 기도원 인근 잡종지가 재산세 감면대상 종교 목적용에 해당되는지

【관련 판례】 대법 2017두58274, 2017. 10. 31. 판결(심리불속행) : 상고기각

- 지방세특례제한법 제50조

〈쟁점요지〉 기도원 인근의 토지로서 지목은 대지이나 사실상 잡종지 상태로 있는 경우 종교를 목적으로 사용되는 부동산으로 볼 수 있는지 여부

판결요지 ••• 공부상 대지라도 수풀이 무성하게 우거져 상당기간 동안 관리되지 않는 토지는 종교 목적에 사용된다고 볼 수 없음

- 이 사건 토지는 수풀이 무성하게 우거져 사람들의 접근자체가 용이해 보이지 않고, 상당한 기간 동안 관리되지 않고 방치되어 온 것으로 보인다. 피고도 이러한 점을 들어 이 사건 토지가 공부상 대지로 등재되어 있음에도 실제 사용현황을 잡종지로 보았다.
- 원고는 이 사건 토지를 기도원의 녹지로 사용하고 있고, 이 사건 토지 지하에 상수도 시설이 설치되어 있다고 주장하나, 제출된 증거만으로는 이 사건 토지가 자연녹지지역으로 지정 또는 녹지로 조성되었다거나 지하에 상수도 시설이 설치되어 있다고 인정하기에 부족하고, 달리 이를 인정할 만한 증거가 없을 뿐만 아니라 설령 원고의 주장과 같이 이 사건 토지가 녹지로 사용되거나 상수도 시설이 설치되어 있다 하더라도, 그와 같은 사정만으로 이 사건 토지가 지방세특례제한법 제50조 제2항 소정의 '해당 사업에 직접 사용'되는 토지

에 해당한다고 단정할 수 없다(수원지방법원 2017. 4. 11. 선고 2016구합2015 판결).

관련 기타 판례

1. 개발제한구역 토지 내 비닐하우스 형태의 가건물에 대해 현장조사 당시 사실상 창고 용도로 사용한 것으로 확인되었다면 사용 현황을 종교용으로 볼 수 없어 토지분 재산세 면제대상이 아님(대법 2013두22994, 2014. 2. 13. 판결).
2. 취득한 부동산을 농작물을 심어 주일 식사 등에 제공하거나 불우이웃을 돕기 위한 자선행사 등에 사용하거나 해당 토지에 컨테이너를 설치하여 종교행사를 위한 다양한 물품을 보관하기 위한 공간으로 사용하는 경우 종교용으로 사용하는 것으로 보아 취득세 등을 감면할 수 없음(대법 2020두41467, 2020. 9. 24. 판결).

14.7 사찰로부터 1.9km 정도의 농지 등이 전통사찰보존지에 해당되는지

【관련 판례】 대법 2017두42286, 2017. 8. 24. 판결(심리불속행) : 기각

- 지방세특례제한법 제50조

지방세특례제한법 제50조(종교단체 또는 향교에 대한 면제)

⑤ 사찰림(寺刹林)과 「전통사찰의 보존 및 지원에 관한 법률」 제2조 제1호에 따른 전통사찰이 소유하고 있는 경우로서 같은 조 제3호에 따른 전통사찰보존지에 대해서는 재산세(「지방세법」 제112조에 따른 부과액을 포함한다)를 면제한다.

〈쟁점요지〉 사찰로부터 269m 내지 1.9km 정도 떨어져 농지 등으로 사용되는 토지가 재산세 감면대상인 경내지(전통사찰보존지)에 해당되는지 여부
※ 당시 지특법에는 경내지로 규정되어 있었으나 현행 지특법상 전통사찰보존지로 개정되었음.

판결요지 ••• 사찰이 농지 등을 조선시대부터 관리해 왔고, 수취한 쌀이 제례의식 등에 사용되므로 재산세 감면대상 전통사찰보존지에 해당됨. 다만, 경작료를 받고 있는 농지는 '유료' 사용으로 보아 재산세 과세대상에 해당됨

- 전통사찰보존법의 개정취지는 '경내지'의 의미가 위와 같이 좁게 해석되는 것을 방지하기

위한 데에 있는 것으로 보인다. 이에 더하여 전통사찰보존법 제2조 제3호 및 그 (라)목에서 '전통사찰보존지'를 '불교의 의식, 승려의 수행 및 생활과 신도의 교화를 위하여 사찰에 속하는 토지로서 다음 각 목의 토지'라고만 정의하고 있는 점, 지방세특례제한법 제50조 제5항 단서 중 '해당 재산의 일부가 그 목적에 직접 사용되지 아니하는 경우의 그 일부 재산에 대해서는 면제하지 아니한다'라는 문구는 '그 목적에 직접 사용되지 않는 토지라도 경내지(전통사찰보존지)에 해당할 수 있다'고 반대해석할 수 있는 점을 종합하여 보면, '전통사찰보존지'에 해당하기 위하여는 불교의 의식, 승려의 수행 및 생활과 신도의 교화를 위하여 사찰에 속하는 토지이면 충분하고, 당해 전통사찰과 지리적·공간적으로 밀접한 관련성을 가질 필요는 없으며, 위 목적에 직접 사용되는 토지로 한정할 것도 아니다.

- 원고 사찰이 조선시대 정조로부터 사찰 운영을 위해 이 사건 각 토지를 하사받아 현재까지 보유·관리해 온 점, 이 사건 각 토지에서 수취한 쌀이 실제 제례의식, 승려의 식사 제공, 후원 등에 사용된 점 등에 비추어 볼 때, 이 사건 각 토지는 불교의 의식, 승려의 수행 및 생활과 신도의 교화를 위하여 사찰에 속하는 토지로서 전통사찰보존지에 해당한다(서울고등법원 2017. 3. 21. 선고 2016누73605 판결).

14.8 납골당 부지의 취득 및 사용을 종교 목적사업의 직접 사용으로 보아 취득세 등을 감면받을 수 있는지

【관련 판례】 대법 2009두11171, 2011. 10. 27. : 상고기각

- 지방세특례제한법 제50조

〈쟁점요지〉 납골당 부지는 비영리사업자인 원고가 종교 목적사업에 사용하기 위하여 취득하였다고 볼수 있는지 및 이 사건 임야를 그 목적사업에 직접 사용하였다고 볼 수 있는지 여부

판결요지 ••• 납골공원을 관리·운영하는 것은 종교의식에 따른 장례절차 수행 및 종교행사 등을 통하여 원고가 신봉하는 종교를 널리 알리고, 저렴한 비용(수익사업 아닌 경우)으로 납골당을 사용할 수 있는 특혜를 제공하여 회원과 회우를 확보하고자 하는 전도 및 선교에 그 본질적인 목적이 있다 할 것이므로, 종교의식을 위하여 직접 사용되는 납골당 부분뿐만 아니라, 조경시설, 주차장 및 진입도로 등 부대시설도 추모시설에 필수적으로 수반되는 시설이라고 보아 취득세 등을 감면할 수 있으나, 이러한 시설이 없는 단순 임야의 경우 감면이 배제됨

- 구 「지방세법」 제107조 제1호, 제127조 제1항 제1호에 의하면, 종교 기타 공익사업을 목적

으로 하는 비영리사업자가 그 사업에 사용하기 위한 부동산의 취득에는 취득세, 등록세를 부과하지 아니한다고 규정하고 있는바, 위 각 규정에서 비영리사업자가 당해 부동산을 '그 사업에 사용'한다고 함은 당해 부동산을 현실적으로 비영리사업 자체에 직접 사용하는 것을 뜻하고, '그 사업에 사용'의 범위는 당해 비영리사업자의 사업목적과 취득목적을 고려하여 그 실제의 사용관계를 기준으로 객관적으로 판단하여야 한다(대법원 1996. 1. 26. 선고 95누13104 판결, 대법원 2002. 4. 26. 선고 2000두3238 판결, 대법원 2009. 6. 11. 선고 2007두20027 판결 등 참조).

- 사실관계에 의하면 원고가 ○○공원을 관리·운영하는 것은 종교의식에 따른 장례절차 수행 및 종교행사 등을 통하여 원고가 신봉하는 종교를 널리 알리고, 저렴한 비용으로 납골당을 사용할 수 있는 특혜를 제공하여 회원과 회우를 확보하고자 하는 전도 및 선교에 그 본질적인 목적이 있다 할 것이고, 종교의식을 위하여 직접 사용되는 납골당 부분뿐만 아니라, 노인복지시설, 조경시설, 주차장 및 진입도로 등 부대시설도 추모시설에 필수적으로 수반되는 편의시설이거나 원고가 ○○공원을 건립하면서 인근 주민들과 마찰을 피하고 협조를 구하기 위하여 건축한 시설로서 원고의 목적 수행에 필요한 시설이라고 할 것이므로, 이 사건 납골당 부지는 비영리사업자인 원고가 종교 목적사업에 사용하기 위하여 취득하였다고 봄이 상당하다.

14.9 종교단체 부설 유치원을 종교목적 사용으로 보아 감면을 할 수 있는지

【관련 판례】 대법 2013두529, 2013. 4. 11. 판결(심리불속행) : 상고기각

- 지방세특례제한법 제50조

> 〈쟁점요지〉 종교단체(재단법인)의 정관상 목적사업에 유치원 경영이 포함되어 있는 경우 이를 종교단체의 고유업무로 보아 감면을 적용할 수 있는지 여부(추징유예기간 3년을 적용 가능한지)

판결요지 ••• 유치원은 종교단체의 고유업무로 볼 수 없어 감면적용 불가함

- 종교단체라는 이유만으로 그 고유의 목적과 직접 관련이 없는 사업에 사용되는 부동산의 취득에까지 취득세 등 비과세 혜택을 주는 것은 타당하지 않고, 유치원 운영이 원고의 본질적 사업이거나 그 사업에 필요불가결하다고 보기 어려우며, 설령 원고가 유치원을 운영하려는 목적 중의 하나가 그 고유의 목적사업인 선교에 있다 하더라도 이 사건 토지의

주된 용도가 교육시설이라는 사실에는 변함이 없고, 위 유치원의 교육이 선교를 목적으로 하지 않는 보통의 유치원과 본질적으로 다르다고 볼 증거가 없는 점 등의 여러 사정을 고려하면 이 사건 토지의 취득은 구 지방세법 제107조 제1호, 제127조 제1항 제1호의 비과세대상에 해당하지 않는다고 할 것이다(서울고법 2012누18631, 2012. 11. 22. 판결).

※ 기존 판례[대법 2010두22986, 2011. 2. 24.(심리불속행기각)]의 경우 종교단체라고 하더라도 직접 인가 등을 받아 유치원을 영위하는 경우 유치원에 대한 감면규정을 적용할 수 있다는 취지이고, 이 건 판례는 종교단체가 유치원을 운영하는 것을 종교용에 직접 사용한 것으로 보고 비과세 할 수 없다는 것으로 양자 간에 다소 차이가 있음.

관련 기타 판례

1. 교회가 초·등교육법에 따라 적법한 설립인가를 받지 않고 설립·운영하는 대안학교 및 유치원용 부동산의 경우 교회가 종교용뿐만 아니라 학교용으로도 직접 사용한 것으로 볼 수 없어 감면대상 아님(대법 2013두7247, 2013. 7. 25. 판결).
2. 대안학교는 사실상 일반 교육시설에 해당하므로 종교용으로 보기 어렵고, 비인가 대안학교는 교육서비스의 일종인 수익사업에 해당하므로 취득세 등을 감면할 수 없으며 추징대상에 해당함(대법 2022두33392, 2022. 5. 12. 판결).
3. 비록 무상으로 사용하도록 하더라도 종교용이 아닌 상가, 도서관, 대안학교 등으로 사용하는 부동산의 경우 종교용으로 보아 감면할 수 없음(대법 2022두33729, 2022. 5. 26. 판결).

14.10 교회가 취득한 부동산을 복지사업을 위해 사용하는 경우 종교사업에 사용하는 것으로 보아 취득세를 감면할 수 있는지

【관련 판례】 대법 2013두1997, 2013. 3. 15. 판결(상고이유서 미제출) : 상고기각

- 지방세특례제한법 제50조

〈쟁점요지〉 교회가 부동산을 취득 후 선교를 위해 당해 부동산을 여성노숙자 쉼터인 비영리 복지시설로 사용하고 있는 경우 이를 종교사업에 직접 사용하는 것으로 보아 취득세를 감면할 수 있는지 여부

판결요지 ••• 종교사업의 필수불가결한 시설로 볼 수 없어 감면할 수 없음

- 이 사건 처분 당시 원고가 이 사건 토지 및 건물을 여성노숙자를 위한 쉼터 등으로 사용하기 위하여 취득한 사실은 원고가 자인하고 있는바, 원고가 현재 선교 목적으로 직접 이

사건 건물을 여성노숙자를 위한 쉼터 등의 시설로 사용하고 있다 하더라도, 여성노숙자를 위한 쉼터 등의 시설 운영이 비영리 복지사업이기는 하지만 그것이 원고의 목적사업인 종교사업에 필요불가결한 것이어서 그 사용을 종교사업 자체에 직접 사용하는 것이라고 하기는 어려운 점 등에 비추어 볼 때, 이 사건 토지 및 건물은 원고가 종교사업에 사용한 것으로 볼 수 없음(대구고법 2012누2246, 2012. 12. 28. 판결).

14.11 관리의 대가로 향교관리인에게 토지를 무상으로 경작하게 한 경우 취득세 등이 감면되는지

【관련 판례】 대법 2001두878, 2002. 10. 11. : 상고기각

- 지방세특례제한법 제50조

〈쟁점요지〉 향교재단이 기본재산으로 출연받아 취득한 토지를 향교관리인에게 향교관리의 대가로 무상으로 경작하도록 한 경우 토지를 '그 사업에 사용'한 것으로 볼 수 있는지 여부

판결요지 ••• **향교가 소유하고 있는 농지를 향교관리인에게 향교관리의 대가로 무상 사용토록 하는 경우에는 감면이 배제됨**

- 구 지방세법(2000. 12. 29. 법률 제6312호로 개정되기 전의 것) 제107조 및 제127조 제1항은 용도구분에 의한 취득세 · 등록세 비과세사유를 규정하면서 그 중의 하나로 제1호에서 공익사업을 목적으로 하는 비영리사업자가 그 사업에 사용하기 위한 부동산의 취득 및 등기를 들고 있고, 각 본문 단서에서는 취득 · 등기일로부터 1년 이내에 정당한 사유없이 취득 · 등기한 부동산의 전부 또는 일부를 그 사업에 사용하지 아니한 경우에는 그 부분에 대하여는 취득세 · 등록세를 부과한다고 규정하고 있는바, 그 각 규정에서 비영리사업자가 당해 부동산을 '그 사업에 사용'한다고 함은 현실적으로 당해 부동산의 사용용도가 비영리사업 자체에 직접 사용되는 것을 뜻하고(대법원 1994. 10. 28. 선고 94누224 판결 참조), '그 사업에 사용'의 범위는 당해 비영리사업자의 사업목적과 취득목적을 고려하여 그 실제의 사용관계를 기준으로 객관적으로 판단되어야 하는 것이다(대법원 1996. 1. 26. 선고 95누13104 판결, 2000. 4. 26. 선고 2000두3238 판결 등 참조).
- 기록 중의 증거들과 대조하면서 위의 법리에 비추어 살펴보니, 원심이, 향교재단인 원고가 이 사건 토지를 출연받아 재단의 기본재산으로 하였음에도 이 사건 토지를 현실적으로 제사 등의 원고의 목적사업에 직접 사용하지 않은 이상, 원고가 향교관리인으로 하여금

문묘의 관리·보전, 석전대제 봉행의 준비 등 향교를 관리하는 일을 하게 하고, 그 대가로 이 사건 토지를 무상으로 경작하도록 하였다는 사실을 인정한 후, 그 사정만으로는 원고가 이 사건 토지를 그 사업에 사용한 것으로는 볼 수 없다고 판단한 것은 정당하고, 거기에 필요한 심리를 다하지 아니하였다거나 증거법칙에 위반하였다거나 비영리사업자에 대한 취득세·등록세 비과세요건인 '그 사업에 사용'의 판단 기준에 관한 법리를 오해하였다는 등의 위법이 없다.

14.12 종교단체가 취득당시 원인으로 고유업무에 직접사용하지 못한 경우 정당한 사유가 있다고 볼 수 있는지

【관련 판례】 대법 2011두27223, 2012. 2. 23. 판결 : 상고기각

- 지방세특례제한법 제50조

〈쟁점요지〉 종교단체가 취득당시의 존재하고 있던 요인 때문에 유예기간 내에 고유업무에 직접사용하지 못한 경우 감면분 취득세 추징을 배제할 수 있는 정당한 사유가 있다고 볼 수 있는지 여부

판결요지 ••• 취득당시 원인과 동일한 이유 때문이라면 정당한 사유 인정 불가함

- 원고가 이 사건 토지를 취득할 당시에 이 사건 토지의 출입을 위한 진입로 개설을 하지 못하면 건물을 신축하지 못하여 종교사업에 사용할 수 없다는 등의 장애사유를 알았거나 알 수 있었고 결국 그와 같은 장애사유를 해소하지 못하여 종교사업에 토지를 사용하지 못한 것으로 보아, 그 사용하지 못한 데에 정당한 사유가 인정되지 않는다고 판단한 제1심 판결의 이유와 결론을 인용하였다. 이러한 원심의 결론은 위 법리와 기록에 비추어 수긍할 수 있고, 거기에 상고이유에서 주장하는 바와 같은 법리오해의 위법이 있다고 볼 수 없다.

14.13 사실상 매수자금을 교회가 지급하였음에도 착오로 교회 대표자 명의로 부동산을 취득한 경우 취득세 감면대상에 해당하는지

【관련 판례】 대법 2013두15545, 2013. 11. 14. 판결(심리불속행) : 상고기각

- 지방세특례제한법 제50조

〈쟁점요지〉 사실상 재단법인인 교회에서 부동산 매수자금을 조달하였으나 착오로 교회대표자 명의로 소유권이전등기를 마쳤으나, 이후 당해 부동산을 교회에 증여한 후 교회 예배당으로 사용하고 있는 경우 실질과세를 적용하여 취득세를 감면할 수 있는지 여부

판결요지 종교단체 명의가 아닌 대표자 개인 명의로 취득이 이루어진 이상 감면을 적용할 수 없음

- 이 사건 부동산의 매수자금은 재단법인 ○○○○교회의 개척지원자금과 이 사건 교회의 재정으로 조달되었으나, 원고의 명의로 매각허가결정을 받아 이 사건 부동산에 관하여 소유권이전등기를 마쳤다는 원고의 주장에 의하더라도 매수대금의 부담 여부와는 관계없이 원고가 이 사건 부동산의 소유권을 적법하게 취득한 이상 취득세 납세의무가 성립하고, 이 사건 교회가 예배당으로 사용하기 위하여 교회 명의가 아닌 그 대표자인 원고의 명의로 이 사건 부동산을 취득한 경우에도 종교단체에 대한 취득세 면제를 규정한 구 지방세특례제한법 제50조 제1항에 해당하는 것으로 확장해석을 하거나 유추해석을 할 수는 없다 (수원지법 2012구합7807, 2012. 12. 5. 판결).

14.14 종교시설로 용도변경이 불허된 종교시설이 재산세 등 감면대상에 해당되는지

【관련 판례】 대법 2015두58928, 2016. 3. 10. 판결(심리불속행) : 기각

- 지방세특례제한법 제50조

〈쟁점요지〉 종교단체가 운동시설을 종교시설로 사용하면서 건물의 용도변경 신청을 하였으나 허가가 반려(3회)된 경우, 종교 목적사업에 직접 사용하는 부동산으로 재산세 등을 감면할 수 있는지 여부

판결요지 ••• 용도변경 불허가처분에도 종교시설로 사용함은 임시적 · 불법적인 사용이므로 재산세 등 감면대상 종교목적 사용으로 볼 수 없음

- 원고는 이 사건 건물을 원고 교회 학생회의 예배 등을 위한 장소로 사용하고 있으므로 그 현실적 · 객관적인 사용현황만을 기준으로 보면 이 사건 건물을 '종교를 목적으로 하는 사업에 직접 사용'하고 있다고 할 수 있다.
- 피고가 이 사건 건물에 대한 용도변경을 불허가한 것이 반드시 위법하다고 단정할 수 없는 반면, 오히려 이 사건 건물의 용도변경을 불허가할 공익상의 필요가 있고, 이는 그 불허가로 인하여 원고가 입게 되는 불이익을 정당화할 만큼 중대한 것이어서 피고의 용도변경 불허가처분이 적법하다고 볼 여지가 충분히 있는 점(대법원 2014. 2. 13. 선고 2012두27367 판결 참조), 원고는 피고의 불허가처분에 대하여 행정심판이나 행정소송을 제기하여 그 취소를 청구하지도 않은 점 등에 비추어 보면, 원고가 이 사건 건물을 종교시설로 사용하는 것은 이 사건 건물의 용도에 관한 법적 규제를 위반하여 사용하는 것으로서 언제든지 시정명령의 대상이 되는 임시적 · 불법적인 사용이라고 할 수밖에 없으므로, 결국 이 사건 건물은 구 지방세특례제한법 제50조 제2항 본문 소정의 '종교를 목적으로 하는 사업에 직접 사용하는 부동산'에 해당한다고 할 수 없다(서울고등법원 2015. 11. 19. 2015누40721 판결).

14.15 종교목적 건축물의 신축설계 중인 경우 목적사업에 사용으로 볼 수 있는지

【관련 판례】 대법 2016두37676, 2016. 6. 23. 판결(심리불속행) : 기각

- 지방세특례제한법 제50조

〈쟁점요지〉 종교단체가 건축물 신축을 위해 설계가 진행중인 경우 종교 목적사업에 사용한다고 볼 수 있는지 여부

판결요지 ••• 건축물 신축을 위한 설계가 진행 중인 경우는 건축공사에 착수한 것으로 볼 수 없어 목적사업에 사용한다고 볼 수 없음

- 종교의식에 일시 사용되었다는 사정만으로는 이 사건 부동산이 원고의 수도자 양성사업 등 목적사업에 직접 사용되었다고 볼 수 없고, 이 사건 각 부동산이 원고의 종교의식에 상시 사용되었다는 점을 인정할 만한 증거는 없다. 나아가 종교용 건물의 설계가 진행 중

이었다고 하더라도 이를 종교단체가 해당 사업에 직접 사용하고 있었다고 평가할 수 없다. 달리 재산세 과세기준일인 2014. 6. 1. 당시 이 사건 각 부동산이 원고의 목적사업에 직접 사용되고 있었다고 인정할 만한 증거가 없다.

- 나아가 '건축 중'이라 함은 과세기준일 현재 공사에 착수한 경우를 말하고, 그 착공에 필요한 준비작업을 하고 있는 경우까지 포함한다고 할 수 없는바(대법원 1997. 9. 9. 선고 96누15558 판결 등 참조), 을 제3호증의 기재에 변론 전체의 취지를 종합하면, 원고는 2015. 2. 26. ○○구청장으로부터 수도원 신축을 위한 건축허가를 받았고, 2015. 6. 23.에서야 착공신고를 한 사실이 인정되고, 원고가 건축물의 신축을 위해 설계를 의뢰하여 그 설계가 진행 중이었다고 하더라도 이를 건축공사에 착수한 것으로 볼 수는 없으므로, 과세기준일인 2014. 6. 1. 당시에는 원고가 수도원 신축을 위한 건축공사에 착수하였다고 볼 수 없다(서울행정법원 2015구합3003, 2015. 7. 23.).

14.16 교회가 직접 임대차계약을 체결할 수 있음에도 전 소유자 명의로 임대계약을 체결한 경우 당해 부동산을 수익사업에 사용한 것으로 볼 수 있는지

【관련 판례】 대법 2013두2693, 2013. 3. 15. 판결(상고이유서 미제출) : 상고기각

- 지방세특례제한법 제50조

지방세특례제한법 제50조(종교단체 또는 향교에 대한 면제)

① … 다만, 다음 각 호의 어느 하나에 해당하는 경우 그 해당 부분에 대해서는 면제된 취득세를 추징한다.

1. 해당 부동산을 취득한 날부터 5년 이내에 수익사업에 사용하는 경우
2. 정당한 사유 없이 그 취득일부터 3년이 경과할 때까지 해당 용도로 직접 사용하지 아니하는 경우
3. 해당 용도로 직접 사용한 기간이 2년 미만인 상태에서 매각·증여하거나 다른 용도로 사용하는 경우

〈쟁점요지〉 매매예약 당시 교회가 직접 임대차계약을 체결할 수 있는 상태에 있었음에도 전 소유자인 매도자 명의로 임대차계약서를 작성한 이후, 교회가 당해 부동산을 취득하고 그 임대차계약을 유지한 경우 수익사업에 사용한 것으로 보아 유예기간 내라도 바로 추징할 수 있는지 여부

판결요지 ••• 수익사업에 사용한 것으로 보아 비과세를 배제하고 바로 과세 가능

- 805호 부동산에 관한 매매예약서가 작성될 당시에는 아직 원고 명의로 직접 등기를 마치기 위한 준비작업이 완료되지 않은 관계로 일단 원고 대표 명의로 매매예약서를 작성한 것이나, 위 매매예약과 동시에 805호 부동산에 관한 임대차계약 체결 권한은 이미 원고 측으로 이전되었고, 나아가 2007. 12.경부터는 원고가 사단법인 ○○○○○○○○○○○의 회원단체로 인정받고, 고유번호를 부여받는 등 비법인사단으로서의 실체를 갖춰 직접 임대차계약을 체결하거나 부동산등기용 등록번호를 부여받을 수 있는 상태에 있었음에도, 비과세 혜택 등을 유지할 목적으로 전 소유자인 ○○○ 명의로 임대차계약서를 작성하고 원고 대표의 확인인만을 날인해 두었을 뿐, 실제 ○○○와 사이에 임대차계약을 체결한 것은 원고라고 봄이 상당하다. 따라서 원고는 805호 부동산을 수익사업에 사용하였으므로, 3년의 유예기간을 기다릴 필요 없이 바로 취득세 부과대상임(의정부지법 2011구합3055, 2012. 6. 12. 판결).

14.17 신학원이 소유 건물에서 학원을 운영하고 있는 경우 해당 건물에 대한 주민세 재산분의 감면을 배제할 수 있는지

【관련 판례】 대법원 2019두32405, 2019. 5. 10. 판결(심리불속행) : 상고기각

- 지방세특례제한법 제50조

〈쟁점요지〉 정관상 업무를 종교활동과 그 관련업무를 기재하고 건물에서 ○○○ 신학교 평생교육원, ○○○신학교, 총회신학대학원, 박사원 등의 명칭으로 하여 실질적으로 학원을 운영하는 경우 수익사업으로 보아 주민세 재산분 감면을 배제할 수 있는지

판결요지 ••• 정관상 종교활동을 목적사업으로 등록하고 있더라고 실제 교육서비스업에 해당하는 학원을 운영하고 있는 경우, 해당 건물에서 수익사업을 영위하는 것으로 보아 주민세 재산분 감면을 배제하는 것이 타당함

- 원고는 주무관청에 종교단체로 등록한 사실이 없고, 비수익사업 주체에 해당하는 고등교육법상 학교 또는 평생교육법상 평생교육시설로 주무관청으로부터 설립인가를 받았다고 인정할 증거도 없으며, 오히려 서울특별시 서부교육지원청 교육장에게 학원으로 등록하여 이 사건 건물에서 ○○○신학교 평생교육원, ○○○신학교, 총회신학대학원, 박사원 등의 명칭으로 학원을 운영 중인데, 통계청장이 고시한 한국표준산업분류에 따르면 학원은

교육서비스업의 일종으로 수익사업이다.

- 이 사건 건물은 대강당실, 강의실 6개, 도서실, 열람실, 원장실, 교무실, 원생실, 상담실, 열람실 등으로 구성되어 있어 학원의 용도로 사용되기에 적합하고, 규모가 작은 4층 성가대실(15.14㎡)을 제외하고는 예배당 등 종교행위를 위한 시설은 없는 것으로 보인다. 원고가 이 사건 건물에서 운영하는 ○○○신학교 평생교육원에서는 일반인도 수강대상으로 하는 심리상담사 1급, 심리상담사 2급 강의를 유상(48시간에 35만 원)으로 개설하고 있는데, 이를 '종교의 보급 기타 교화에 현저히 기여하는 사업' 또는 원고의 고유의 사업목적을 위한 실비 수준의 용역제공이라고 보기도 어렵다(서울행법 2018구합227, 2018. 6. 22. 판결).

14.18 교회 소유부동산을 개인이 어린이집으로 사용하는 경우 취득세를 감면할 수 있는지 및 공용부분도 추징대상에 포함할 수 있는지

【관련 판례】 대법 2019두41522, 2019. 8. 29. 판결(심리불속행) : 항소기각

- 지방세특례제한법 제50조

〈쟁점요지〉 교회 소유부동산을 어린이집으로 사용하는 경우 종교용으로 보아 감면을 할 수 있는지, 교회가 아닌 개인이 운영하는 경우라도 감면대상으로 볼 수 있는지 및 추징대상에 어린이집 전용부분 비율에 해당하는 공용부분도 추징대상으로 볼 수 있는지 여부

판결요지 어린이집은 종교활동과 밀접한 관련성이 없고 필요불가결한 시설도 아니므로 종교용으로 볼 수 없고, 교회가 직접 운영하지 않는 경우에는 감면요건을 구비한 것으로 볼 수 없으며, 전용부분에 해당하는 공용부분도 추징대상에 포함되는 것이 타당함

- 이 사건 부동산은 원고의 종교 목적사업의 본질적 내용이라 할 것인 예배 및 선교와 밀접한 관련성이 있다고 할 수 없을 뿐만 아니라 이를 위하여 필요불가결한 시설로 볼 수도 없고, 설령 이 사건 부동산의 일부가 일요일에 교회 유아실 등으로 사용되고 있다는 사정이 있다 하더라도 그 주된 사용 목적은 이 사건 어린이집 운영을 위한 것인 이상 이를 원고의 종교행위 목적사업 자체에 직접 사용하였다고 볼 수는 없다.
- 피고의 담당 직원이 원고 소유의 부동산에 대한 실측을 하여 전용 면적의 비율에 따라 공용 면적을 안분하여 산출한 이 사건 어린이집 사용 면적이 건물 231.45㎡(전용 면적 128.64㎡ + 공용 면적 102.81㎡) 및 토지 250.02㎡임을 확인한 후 이를 이 사건 부동산의

과세표준으로 삼아 이 사건 처분을 내린 사실이 인정된다 … 이 사건 처분의 과세면적 산정에 위법이 있다고 할 수 없다.

- 구 지방세특례제한법 제19조 제1항에서 취득세 면제대상자로 정한 '영유아보육법에 따른 영유아어린이집을 설치·운영하기 위하여 부동산을 취득하는 자'란 영유아보육법이 정한 바에 따라 적법한 설립인가 또는 변경인가를 받아 그 어린이집을 설치·운영하기 위하여 부동산을 취득하는 자를 의미하는 것이고, 적법한 어린이집 설립인가 또는 변경인가를 받지 아니한 자가 어린이집 설치·운영 목적으로 취득한 부동산은 구 지방세특례제한법 제19조 제1항의 취득세 면제대상에 해당하지 않는다고 보아야 한다(대법원 2006. 1. 26. 선고 2005두2070 판결 등 참조)(수원지법 2018구합64178, 2018. 8. 9. 판결).

14.19 종교단체가 2년 이상 고유업무에 직접 사용하고 수익사업용으로 전환한 경우 비과세를 배제하는 것이 타당한지

【관련 판례】 대법 2012두26678, 2013. 3. 28. 판결 : 파기환송

- 지방세특례제한법 제50조

(참고)구 지방세법 제107조(용도구분에 의한 비과세)

다음 각호의 1에 해당하는 것(제112조 제2항의 규정에 의한 과세대상을 제외한다)에 대하여는 취득세를 부과하지 아니한다. 다만, 대통령령이 정하는 수익사업에 사용하는 경우와 취득일부터 1년(제1호의 경우에는 3년) 이내에 정당한 사유없이 그 용도에 직접 사용하지 아니하는 경우 또는 그 사용일부터 2년 이상 그 용도에 직접 사용하지 아니하고 매각하거나 다른 용도로 사용하는 경우 그 해당 부분에 대하여 취득세를 부과한다.

〈쟁점요지〉 종교단체가 부동산을 취득 후 2년 이상 종교용으로 직접 사용한 이후 수익사업인 임대용으로 전환한 경우 비과세 배제대상으로 보아 취득세 등을 부과할 수 있는지 여부

판결요지 유예기간(2년) 안에 수익사업에 사용하는 경우 추징하겠다는 취지의 규정으로 보아야 하므로 비과세를 배제하고 취득세 등을 부과할 수 없음

- 구 지방세법(2010. 3. 31. 법률 제10221호로 전부 개정되기 전의 것, 이하 '지방세법'이라 한다) 제107조 및 제127조 제1항은 용도구분에 의한 취득세·등록세 비과세를 규정하면

서 그 사유 중의 하나로 각 제1호에서 '제사 · 종교 · 자선 · 학술 · 기예 기타 공익사업을 목적으로 하는 대통령령으로 정하는 비영리사업자가 그 사업에 사용하기 위한 부동산의 취득 및 등기'를 들고 있고, 각 본문 단서에서는 '대통령이 정하는 수익사업에 사용하는 경우와 취득일 · 등기일부터 3년 이내에 정당한 사유 없이 그 용도에 직접 사용하지 아니한 경우 또는 그 사용일부터 2년 이상 그 용도에 직접 사용하지 아니하고 매각하거나 다른 용도로 사용하는 경우 그 해당 부분에 대하여 취득세 · 등록세를 부과한다'고 규정하고 있다. 한편 구 지방세법 시행령(2010. 9. 20. 대통령령 제22395호로 전부 개정되기 전의 것) 제78조의2 제1항, 제93조의2 등은 부동산을 임대하여 수익이 발생하는 사업을 지방세법 제107조 및 제127조 제1항에서 말하는 '대통령령이 정하는 수익사업'의 하나로 규정하고 있다.

- 지방세법 제107조 단서 및 제127조 제1항 단서는 비영리사업자가 비과세된 부동산을 공익사업의 용도로 직접 사용하기 시작할 유예기간을 부여하되 유예기간 동안에 수익사업에 사용하는 경우와 그 유예기간 이후에도 정당한 사유 없이 공익사업에 사용을 시작하지 않는 경우 또는 그 사용일부터 일정한 기간 동안 공익사업에 사용하지 않은 경우 등에는 취득세 · 등록세를 부과하고, 일정한 기간 동안 공익사업의 용도로 사용하면 그 후부터는 취득세 · 등록세를 부과하지 않겠다는 내용을 규정한 것으로 보는 것이 입법취지나 목적에 부합하는 해석이라고 할 것이다. 따라서 지방세법 제107조 제1호 및 제127조 제1항 제1호에 규정된 비영리사업자가 해당 부동산을 2년 이상 공익사업의 용도에 직접 사용하였다면 그 후에 매각하거나 임대 등 다른 용도로 사용하더라도 지방세법 제107조 단서 및 제127조 제1항 단서에 규정된 부과사유에 해당하지 아니하여 비과세된 취득세 · 등록세를 부과할 수 없다.

※ 당시 입법상으로는 수익사업 사용에 대한 기간이 명시되지 않았기 때문에 나온 결론임에 유의. 현행 법상으로는 수익사업에 사용하는 경우에 대한 유예기간을 5년으로 명시하였음.

14.20 종교단체가 유예기간 내에 산하재단에 증여하여 계속 종교용에 사용하는 경우도 추징대상에 해당되는지

【관련 판례】 대법 2016두34707, 2016. 6. 10. 판결(심리불속행) : 기각

- 같은 취지의 판결 : 대법 2019두41447, 2019. 9. 10. 판결(심리불속행)

- 지방세특례제한법 제50조

〈쟁점요지〉 종교단체가 종교용으로 취득한 부동산을 사용 2년 이내에 산하재단에 증여하여 계속 종교용에 사용하는 경우 추징대상에 해당되는지 여부

판결요지 ••• 종교용도에 계속 사용하더라도 사용 2년 이내에 법인격을 달리한 재단에 증여시는 추징대상에 해당함

- 구 지방세법(2005. 12. 31. 법률 제7843호로 개정된 것, 이하 같다) 제107조 및 제127조 제1항의 용도구분에 의한 취득세, 등록세 비과세규정에서 '종교단체가 부동산을 그 사업에 직접 사용'한다고 함은 종교단체가 그 부동산의 소유자 또는 사실상 취득자의 지위에서 현실적으로 이를 종교단체의 업무 자체에 직접 사용하는 것을 의미한다고 봄이 타당하다.
- 앞서 본 인정사실 및 변론 전체의 취지를 종합하면, 원고와 소외 재단은 별도의 정관을 두고, 대표자, 이사회, 소재지도 달리하는 등 독립적인 법인임을 알 수 있고, 이를 앞서 본 법리에 비추어 살펴보면, 원고가 이 사건 부동산을 소외 재단에 증여하여 소유자로서의 지위를 상실한 이후에는 이 사건 부동산의 소유자 또는 사실상 취득자의 지위에서 원고의 해당 사업에 직접 사용하고 있다고 볼 수 없으므로, 원고가 이 사건 부동산을 그 사용일부터 2년 이내에 증여한 이상 이 사건 추징조항에서 정한 추징사유가 발생하였다고 봄이 타당하고, 소외 재단이 이 사건 면제조항에서 정한 취득세 면제대상 법인에 해당한다거나 이 사건 부동산이 소외 재단에 증여된 이후에도 종교집회장인 ○○교 추부교당의 용도로 사용되고 있다고 하여 달리 보기는 어렵다(대전고등법원 2015누12432, 2016. 1. 21.).

15. 관광단지에 대한 감면

15.1 이미 사용수익이 개시된 관광시설용 부동산을 취득한 경우 취득세 등이 감면되는지

【관련 판례】 대법 2004두404, 2005. 7. 14. : 상고기각

- 지방세특례제한법 제54조

지방세특례제한법 제54조(관광단지 등에 대한 과세특례)

① 「관광진흥법」 제55조 제1항에 따른 관광단지개발사업시행자가 관광단지개발사업을 시행하기 위하여 취득하는 부동산에 대해서는 취득세의 100분의 25를 2025년 12월 31일까지 경감하며, 해당 지역의 관광단지 조성 여건, 재정 여건 등을 고려하여 100분의 25의 범위에서 조례로 정하는 율을 추가로 경감할 수 있다.

〈쟁점요지〉 관광단지개발사업시행자가 관광단지개발사업을 시행하기 위하여 취득하는 부동산의 범위에 이미 관광사업에 사용, 수익이 이루어지고 있는 부동산도 포함되는지 여부

판결요지 '관광단지개발사업을 시행하기 위하여 취득하는 부동산'이라 함은 아직 사용·수익이 개시되지 아니한 상태에 있는 부동산만을 의미한다고 봄이 상당하므로, 사용·수익이 개시된 부동산은 감면대상이 아님

- 지방세법 제277조 제1항 소정의 감면대상인 '관광단지개발사업시행자가 관광단지개발사업을 시행하기 위하여 취득하는 부동산'이라 함은 관광단지개발사업의 시행자가 개발계획에 따라 개발사업을 완료할 때까지 취득하는 모든 부동산을 가리키는 것이 아니라, 관광단지의 개발사업을 시행하고 있는 과정에서 취득하는 부동산과 이미 관광시설에 제공된 부동산일 경우 아직 사용·수익이 개시되지 아니한 상태에 있는 부동산만을 의미한다고 봄이 상당하다(대법원 1993. 4. 13. 선고 92누13172 판결 등 참조).
- 원심은, 그 채용 증거들을 종합하여 판시와 같은 사실을 인정한 다음, 원고는 이미 쌍용양

회공업 주식회사가 관광시설로 조성하여 사용·수익하고 있던 휴양시설인 용평리조트 관련 자산(선취득자산은 제외, 이하 '이 사건 자산'이라 한다)을 양수한 것이므로, 이 사건 자산은 지방세법 제277조 제1항 소정의 '관광단지개발사업시행자가 관광단지개발사업을 시행하기 위하여 취득하는 부동산'에 해당하지 않는다는 이유로, 이 사건 자산에 관하여 등록세 및 지방교육세 등을 부과한 이 사건 처분은 적법하다고 판단하였는바, 위 법리에 비추어 기록을 살펴보면, 이러한 원심의 판단은 옳고, 거기에 상고이유 주장과 같은 법리 오해 등의 위법이 있다고 할 수 없다.

15.2 관광진흥법에 의한 관광단지개발사업 시행자의 범위에 승인을 받지 않는 민간개발도 포함되는지

【관련 판례】 대법 2014두12505, 2015. 5. 28. 판결 : 상고 일부 기각 및 파기환송

- 지방세특례제한법 제54조

〈쟁점요지〉 취득세 감면대상 관광단지개발사업시행자의 범위에 관광단지 조성계획의 승인을 받지 않은 민간개발자도 포함할 수 있는지 여부

판결요지 ··· 관광단지개발사업시행자는 관광단지의 지정은 물론 관광진흥법에 따라 조성계획의 승인까지 받은 사업시행자를 의미하므로 미승인 민간개발자는 포함되지 않음

- 관광진흥법 제55조 제2항도 '사업시행자'가 '조성계획의 승인을 받은 자'임을 전제로 규정하고 있는 점, 반면 관광진흥법상 관광단지의 지정단계에서는 그 사업을 시행하는 자를 지정하는 절차 등에 대하여 전혀 규정하고 있지 아니하므로 관광단지를 개발하려는 민간개발자가 조성계획의 승인을 받기 전까지는 관광진흥법상 어떠한 구체적인 지위나 자격을 부여받은 것으로 볼 수 없는 점, 1991. 12. 14. 법률 제4415호로 개정되기 전의 구 「지방세법」 제110조의3 제2항 제14호 및 제128조의2 제2항 제14호는 '관광진흥법에 의한 사업시행자'가 관광단지개발사업을 위하여 취득하는 토지 및 그 정착물에 관한 취득세 및 그 등기에 대한 등록세를 면제하도록 규정하고 있었는데, 구 지방세법 제277조 제1항은 위 조항들을 이어받은 것인 점 등에 비추어 보면,
- 구 지방세법 제277조 제1항에서 정한 '관광진흥법에 의한 관광단지개발사업시행자'는 관광단지의 지정은 물론 관광진흥법에 따라 조성계획의 승인까지 받은 사업시행자를 의미하며 관광단지 조성계획의 승인이나 관광진흥법 제55조 제2항에 따른 시·도지사의 승인

을 받지 아니한 채 취득한 부동산은 구 지방세법 제277조 제1항에 따른 취득세와 등록세의 감면대상이 될 수 없다.

15.3 경제자유구역법상 사업시행자를 관광단지개발사업의 시행자로 보아 감면을 적용할 수 있는지

【관련 판례】 대법 2018두38499, 2018. 6. 28. 판결(심리불속행) : 상고기각

- 지방세특례제한법 제54조 제1항

〈쟁점요지〉 경제자유구역법 제11조 제1항 제13호의 규정에 의하여 관광진흥법 제54조에 따른 관광단지 조성계획의 승인을 받은 것으로 본다는 의제 규정으로 취득세 감면요건인 관광진흥법 제55조 제1항의 관광단지개발사업시행자의 지정이 있었던 것으로 볼 수 있는지 여부

판결요지 ••• 경제자유구역법 제9조에 의하여 경제자유구역개발사업 실시계획을 승인받아 관광진흥법 제54조 제1항의 관광단지 조성계획 승인을 받은 것으로 의제되더라도 구 지방세특례제한법 제54조 제1항에서 규정하는 "관광진흥법 제55조 제1항에 따른 관광단지개발사업시행자"에 해당한다고 볼 수 없음

- 주된 인·허가에 관한 사항을 규정하고 있는 어떠한 법률에서 주된 인·허가가 있으면 다른 법률에 의한 인·허가를 받은 것으로 의제한다는 규정을 둔 경우에는, 주된 인·허가가 있으면 다른 법률에 의한 인·허가가 있는 것으로 보는 데 그치는 것이고, 거기에서 더 나아가 다른 법률에 의하여 인·허가를 받았음을 전제로 한 다른 법률의 모든 규정들까지 적용되는 것은 아니다(대법원 2015. 4. 23. 선고 2014두2409 판결 등 참조).
- 원고가 경제자유구역법 제9조에 의하여 경제자유구역개발사업 실시계획을 승인받아 같은 법 제11조 제1항 제13호에 의하여 관광진흥법 제54조 제1항의 관광단지 조성계획 승인을 받은 것으로 의제되더라도 구 지방세특례제한법 제54조 제1항에서 규정하는 "관광진흥법 제55조 제1항에 따른 관광단지개발사업시행자"에 해당한다고 볼 수 없다.
- ① 구 지방세특례제한법 제54조 제1항은 과세특례 대상자를 '관광진흥법 제55조 제1항에 따른 관광단지개발사업시행자'로 규정하고 있고, 관광진흥법 제55조 제1항은 '조성계획의 승인을 받아 조성계획 사업을 시행하는 자'를 관광단지개발사업시행자로 규정하고 있는 바, 위 조항들에 따르면 구 지방세특례제한법 제54조 제1항의 과세특례 대상자는 '관광진흥법에 따른 조성계획 승인을 받아 조성계획 사업을 시행하는 자'라고 할 것이고, '다른

법률에 따른 개발사업 시행자가 조성계획 승인을 받은 것으로 의제되는 경우'까지 포함하는 것으로 확장 해석하는 것은 조세법률주의의 엄격해석 원칙에 반한다(광주지법 2016구단12168, 2017. 6. 15. 판결).

15.4 관광단지개발사업에 있어 사업시행자인 위탁자가 신탁 후 지목변경을 한 경우 수탁자에게도 감면을 적용할 수 있는지

【관련 판례】 대법 2016두42487, 2019. 10. 31. 판결 : 항고기각

- 같은 취지의 판결 : 대법 2016두52248, 2019. 10. 31. 판결
- 지방세특례제한법 제54조

〈쟁점요지〉 관광단지개발사업에 있어 사업시행자인 위탁자가 개발사업용 토지를 담보를 목적으로 신탁하고 이후 신탁된 상태에서 지목변경이 이루어진 경우 납세의무자인 수탁자를 사업시행자의 지위에 있는 것으로 보아 간주 취득세를 감면할 수 있는지 여부

판결요지 ••• 지목변경 간주취득세 납세의무자인 수탁자가 사업시행자에 해당하지 않는 경우에는 신탁재산에 대한 지목변경 간주취득세를 감면할 수 없음

- 신탁법에 의한 신탁으로 수탁자에게 소유권이 이전된 토지의 지목이 사실상 변경됨으로써 가액이 증가한 경우, 위탁자가 그 토지의 지목을 사실상 변경하였다고 하더라도 간주취득세의 납세의무자는 위탁자가 아니라 수탁자이다(대법원 2012. 6. 14. 선고 2010두2395 판결 참조). 따라서 간주취득세의 납세의무자인 수탁자가 관광단지개발사업시행자로서 관광단지개발사업을 시행하기 위하여 해당 토지의 지목이 사실상 변경됨으로써 가액이 증가한 것으로 볼 수 있어야 이 사건 특례규정을 적용할 수 있다.
- 원심은 그 판시와 같이 이 사건 각 토지의 지목변경으로 인한 간주취득세의 납세의무자인 원고가 관광단지개발사업시행자임을 인정할 아무런 증거가 없으므로, 이 사건 각 토지의 지목변경으로 인한 가액증가에 따라 원고에게 부과되는 간주취득세에 관하여 이 사건 특례규정을 적용하지 아니한 이 사건 처분이 적법하다.

  ※ 대법 2016두52248, 2019. 10. 31. 판결(산업단지개발사업) – 가산세 배제 안됨
- 신탁법에 의한 신탁으로 수탁자에게 소유권이 이전된 토지에 대하여 구 지방세특례제한법(2013. 1. 1. 법률 제11616호로 개정되기 전의 것) 제78조 제2항(이하 '이 사건 감면조항'이라 한다)이 적용되는지 여부는 취득세 납세의무자인 수탁자를 기준으로 판단하여야 함

을 전제로, 이 사건 토지의 사실상 지목변경 당시 취득세 납세의무자로서 수탁자인 원고가 산업입지 및 개발에 관한 법률 제16조에 따른 산업단지개발사업의 시행자가 아니어서 이 사건 감면조항이 적용되지 않는다고 판단하였다.

- 원고가 납세의무위반을 회피하기 위하여 진지한 노력을 다하였다고 볼 만한 객관적인 자료가 없는 점 등 그 판시와 같은 사정에 비추어 보면, 원고에게 취득세를 신고·납부할 것을 기대하는 것이 무리라거나 그 의무해태를 탓할 수 없는 정당한 사유가 있다고 보기 어렵다고 판단하였다.

16. 신용보증 지원에 대한 감면

16.1 지역신용보증재단이 임대목적으로 취득한 부동산이 감면대상에 해당되는지

【관련 판례】 대법 2012두11775, 2012. 9. 27. 판결 : 상고기각

- 지방세특례제한법 제56조

> **지방세특례제한법 제56조(기업의 신용보증 지원을 위한 감면)**
>
> ③ 「지역신용보증재단법」에 따라 설립된 신용보증재단에 대해서는 다음 각 호에서 정하는 바에 따라 2025년 12월 31일까지 지방세를 경감한다.
>
> 1. 「지역신용보증재단법」 제17조 제2호에 따른 신용보증업무에 직접 사용하기 위하여 취득하는 부동산에 대해서는 취득세의 100분의 50을 경감한다.
> 3. 과세기준일 현재 신용보증업무에 직접 사용하는 부동산에 대해서는 재산세의 100분의 50을 경감한다.

〈쟁점요지〉 지역신용보증재단이 임대목적으로 취득한 부동산을 감면대상 업무인 기본재산의 관리 또는 그에 부수되는 업무로 보아 취득세 등을 감면할 수 있는지 여부

판결요지 ••• 부동산임대업은 기본재산의 관리업무에 포함되지 않아 감면대상 아님

- 지역신용보증재단법 제7조 제1항에서 정한 출연금을 기본재산으로 관리하면서 업무운용상 필요한 지출에 충당하고 그 여유금은 금융기관에 예치하거나 같은 법 제31조 제2, 3호에서 정한 채권을 매입하는 데 사용하여야 하는바, 원고가 기본재산인 출연금으로 같은 법 제17조에서 정한 업무에 사용할 건물로 이 사건 건물을 취득한 뒤 부득이한 사정으로 남는 부분을 임대한 것이 아니라 처음부터 상당부분을 임대할 목적으로 이 사건 건물을 취득하였고 그 임대수익이 적지 아니하므로 이 사건 건물 중 임대부분은 기본재산의 관리업무나 그에 부수되는 업무에 직접 사용하기 위하여 취득한 경우에 해당하지 않는다고

보아, 이는 구 ○○특별시세 감면조례 제27조 제1항에 의한 취득세 및 등록세의 면제대상이 아니다.

17. 분할, 합병 등에 대한 감면

17.1 취득세 감면요건인 법인의 적격분할에 대한 구체적인 해석 기준

【관련 사건】 대법 2016두45219, 2018. 6. 28. 판결 : 상고기각

- 지방세특례제한법 제57조의2

지방세특례제한법 제57조의2(기업합병 · 분할 등에 대한 감면)

③ 다음 각 호의 어느 하나에 해당하는 재산을 2024년 12월 31일까지 취득하는 경우에는 취득세의 100분의 75를 경감한다. 다만, 제1호의 경우 2019년 12월 31일까지는 취득세의 100분의 75를, 2020년 12월 31일까지는 취득세의 100분의 50을, 2024년 12월 31일까지는 취득세의 100분의 25를 각각 경감하고, 제7호의 경우에는 취득세를 면제한다.

2. 「법인세법」 제46조 제2항 각 호(물적분할의 경우에는 같은 법 제47조 제1항을 말한다)의 요건을 갖춘 분할(같은 법 제46조 제3항에 해당하는 경우는 제외한다)로 인하여 취득하는 재산. 다만, 분할등기일부터 3년 이내에 같은 법 제46조의3 제3항(물적분할의 경우에는 같은 법 제47조 제3항을 말한다) 각 호의 어느 하나에 해당하는 사유가 발생하는 경우(같은 항 각 호 외의 부분 단서에 해당하는 경우는 제외한다)에는 경감받은 취득세를 추징한다.

〈쟁점요지〉 취득세 감면요건인 적격분할의 판단에 있어 '분리하여 사업 가능한 독립된 사업부문', '분할하는 사업부문의 자산 및 부채가 포괄적으로 승계될 것', '승계받은 사업을 계속 영위할 것', '분할대가 전액이 주식'이어야 한다는 규정의 해석기준

판결요지 ••• 독립적으로 사업이 가능하다면 단일 사업부문의 일부를 분할하는 것도 가능하고, 분할하기 어려운 것은 승계되지 않더라도 기업의 실질적 동일성을 해치지 않으며, 처분 또는 직접 사용 여부는 입법 취지와 해당 사업 내용을 고려하여 실제의 사용관계를 기준으로 객관적으로 판단하고, 분할 신설법인으로 이전하는 대가로 분할 신

설법인이 주식만을 취득하여야 한다는 것을 의미함

- 가. 구 조세특례제한법(2010. 1. 1. 법률 제9921호로 개정되기 전의 것, 이하 같다)은 "법인세법 제46조 제1항 각호(물적분할의 경우에는 같은 법 제47조 제1항)의 요건을 갖춘 분할로 인하여 취득하는 재산"에 관하여 등록세와 취득세를 면제한다고 규정함으로써(제119조 제1항 제10호, 제120조 제1항 제9호), 법인세 특례와 동일한 기준에 의해 분할 관련 취득세 등 면제 혜택을 부여하고 있다.
- 물적분할에 대한 과세이연 규정은 1998. 12. 28. 법인세법 전부개정으로 합병·분할 등 기업조직재편 세제를 도입할 때 마련된 것으로서, 회사가 기존 사업의 일부를 별도의 완전자회사로 분리하는 조직형태의 변화가 있었으나 지분관계를 비롯하여 기업의 실질적인 이해관계에는 변동이 없는 때에는, 이를 과세의 계기로 삼지 않음으로써 회사분할을 통한 기업구조조정을 지원하기 위한 취지이다. 아래에서 보는 구 법인세법령의 개별 요건들은 이러한 실질적 동일성 기준을 구체화한 것이다.
- '분리하여 사업 가능한 독립된 사업부문'이라는 요건[구 법인세법 시행령(2010. 6. 8. 대통령령 제22184호로 개정되기 전의 것, 이하 같다) 제82조 제3항 제1호]은, 기능적 관점에서 분할 이후 기존의 사업활동을 독립하여 영위할 수 있는 사업부문이 분할되어야 함을 뜻한다. 독립된 사업활동이 불가능한 개별 자산만을 이전하여 사실상 양도차익을 실현한 것에 불과한 경우와 구별하기 위함이다. 독립적으로 사업이 가능하다면 단일 사업부문의 일부를 분할하는 것도 가능하다.
- '분할하는 사업부문의 자산 및 부채가 포괄적으로 승계될 것'이라는 요건(구 법인세법 시행령 제82조 제3항 제2호)은 위 독립된 사업부문 요건을 보완하는 것으로서, 해당 사업활동에 필요한 자산·부채가 분할신설법인에 한꺼번에 이전되어야 함을 뜻한다. 다른 사업부문에 공동으로 사용되는 자산·부채 등과 같이 분할하기 어려운 것은 승계되지 않더라도 기업의 실질적 동일성을 해치지 않는다.
- '승계받은 사업을 계속 영위할 것'이라는 요건[구 법인세법(2009. 12. 31. 법률 제9898호로 개정되기 전의 것, 이하 같다) 제46조 제1항 제3호]은, 분할 전후 사업의 실질적 동일성이 유지되도록 하는 것으로서, 분할등기일이 속하는 사업연도 종료일 전에 승계한 고정자산가액의 2분의 1 이상을 처분하거나 승계한 사업에 직접 사용하지 아니한 경우에는 사업의 폐지와 다름없다고 본다(구 법인세법 시행령 제83조 제4항, 제80조 제3항). 처분 또는 직접 사용 여부는 입법 취지와 해당 사업 내용을 고려하여 실제의 사용관계를 기준으로 객관적으로 판단하여야 한다.
- '분할대가 전액이 주식'이어야 한다는 요건(구 법인세법 제47조 제1항 괄호 안, 제46조 제1항 제2호)은, 분할법인이 분할되는 사업부문의 자산·부채를 분할신설법인으로 이전하는 대가로 분할신설법인 주식만을 취득하여야 한다는 것으로서, 지분관계의 계속성을 정한 것이다.

- 원심 판시의 사실관계를 위와 같은 법리에 비추어 살펴보면, 이 사건 분할은 아래에서 보듯이 조직형태의 변화가 있을 뿐, 기업의 실질적인 동일성은 계속 유지되어, 구 법인세법령에 정한 과세이연 요건을 모두 충족한 것으로 봄이 타당하다.
- 오○아○ 주○회○(이하 '오○아○'라고 한다)의 ○○공장 화학제품제조 사업부문과 도시개발 사업부문은 기존의 다른 사업부문에서 독립하여 사업활동의 영위가 충분히 가능한 사업부문이다. 이들 사업부문의 내용과 기능적 특성상 기존 사업부문의 종업원들이 일부를 제외하고 분할신설법인인 원고로 옮겨가지 않았다는 점을 들어 독립된 사업부문의 분할이 아니라고 할 수 없다.

관련 기타 판례

1. 법인을 물적분할 함에 있어 분할되는 사업부분의 받을어음 및 매출채권을 승계하지 않은 경우 적격 물적분할 요건을 갖추지 못한 것으로 보아 물적분할에 따른 조세특례제한법상 취득세 감면을 배제할 수 있음(대법 2011두30502, 2012. 4. 12. 판결).
2. 등록세 중과제외 대상 적격분할 여부를 판단함에 있어, 법인을 물적분할시 분할되는 사업부분의 사업장 부지를 일부 승계하지 아니한 경우 적격분할에 해당하지 아니함(대법 2012두2726, 2012. 5. 24. 판결).

17.2 분할법인으로부터 승계받은 고정자산의 범위에 보유 주식이 포함되는지 및 사업의 계속성을 전체 사업장을 기준으로 판단하는지

【관련 판례】 대법 2016두51535, 2017. 1. 25. 판결 : 파기환송

- 지방세특례제한법 제57조의2

〈쟁점요지〉 승계받은 사업의 폐지 여부를 판단함에 있어 분할전 회사로부터 승계받은 고정자산의 범위에 부동산 이외 주식이 포함되는지 여부 및 사업의 계속성 판단시 승계받은 전체 사업장을 기준으로 하는지 여부

판결요지 승계받은 고정자산의 범위에 주식이 포함되며, 승계받은 사업의 계속이나 폐지의 판단은 개별사업장이 아닌 승계받은 사업 전체를 기준으로 함

- 분할신설법인이 분할법인으로부터 지배목적으로 보유하는 주식과 그와 관련한 자산・부채로 구성된 사업부문을 적격분할의 요건을 갖추어 승계받은 경우에는, 앞서 본 규정의 문언 내용과 입법 취지, 그리고 지배목적으로 보유하는 주식은 기업지배라는 사업의 성격상 그 발행기업의 운영 및 통제에 직접 사용되는 것이므로 매각에 의한 시세차익을 얻기 위해 보유하는 일반적인 투자주식과는 그 목적과 기능에 있어서 구별되는 점, 지배목적 보유 주식으로 구성된 사업부문의 경우에 유형자산 외에 당초 승계받은 주식의 대부분을 매각한 때에도 그 사업의 계속성과 연속성을 부정하는 것이 타당한 점 등을 종합하여 볼 때, 그 사후관리를 위하여 승계받은 사업의 폐지 여부를 판단함에 있어서 지배목적 보유 주식의 가액을 분할법인으로부터 승계한 고정자산가액에 포함시켜 판정하여야 한다.
- 그리고 적격분할 과세특례에 대한 사후관리는 적격분할의 요건에 상응하는 것으로서 기업 전체적으로 회사분할이라는 조직변경에 불구하고 그 사업이 계속되는지를 확인하기 위한 것이므로, 그 폐지 역시 위 규정의 문언과 취지에 따라 개별 사업부문이나 개별 사업장이 아닌 승계받은 사업 전체를 기준으로 판단하여야 한다.

17.3 법인분할 후 흡수합병된 경우 사업의 영속성을 유지한 것으로 보아 법인분할에 따른 감면을 적용할 수 있는지

【관련 판례】 대법 2018두42184, 2018. 10. 25. 판결 : 파기환송

- 지방세특례제한법 제57조의2

〈쟁점요지〉 법인을 인적분할한 이후 1년 이내에 분할신설법인이 흡수합병된 경우 법인의 영속성이 없는 것으로 보는 '분할신설법인이 분할법인으로부터 승계한 사업용 고정자산을 처분하거나 승계한 해당 사업에 직접 사용하지 아니하는 경우'에 해당되는지 여부

판결요지 분할신설법인이 분할등기일이 속하는 사업연도의 종료일 전에 합병법인에 흡수합병되어 해산하였더라도, 분할신설법인이 분할법인으로부터 승계받은 사업을 합병법인이 다시 승계하여 분할등기일이 속하는 사업연도의 종료일까지 계속 영위한 경우에는 사업의 계속 요건을 충족한 것으로 봄이 타당함

- 구 조세특례제한법(2010. 1. 1. 법률 제9921호로 개정되기 전의 것, 이하 같다) 제119조 제1항 제10호 및 제120조 제1항 제9호는 '법인세법 제46조 제1항 각 호의 요건을 갖춘 인적분할'로 인하여 취득하는 재산의 등기에 대한 등록세 및 그 취득에 대한 취득세를 각 면제

하도록 규정하여 법인세 특례와 동일한 기준에 의해 분할 관련 취득세 등 면제 혜택을 부여하고 있다.

- 회사분할에 대한 과세이연 규정은 1998. 12. 28. 법인세법 전부개정으로 합병·분할 등 기업조직재편 세제를 도입할 때 마련된 것으로서, 회사가 기존 사업의 일부를 별도의 회사로 분리하는 조직형태의 변화가 있었으나 지분 관계를 비롯하여 기업의 실질적인 이해관계에는 변동이 없는 때에는, 이를 과세의 계기로 삼지 않음으로써 회사분할을 통한 기업구조조정을 지원하기 위한 취지이다. 구 법인세법령은 아래와 같이 이러한 실질적 동일성 기준 중 사업의 계속 요건을 구체화하여 규정하고 있다.
- 구 법인세법(2009. 12. 31. 법률 제9898호로 개정되기 전의 것, 이하 같다) 제46조 제1항 제3호는 '분할신설법인이 분할등기일이 속하는 사업연도의 종료일까지 분할법인으로부터 승계받은 사업을 계속 영위할 것'을 과세이연 요건의 하나로 규정하고 있고, 같은 조 제2항 후문은 '분할신설법인이 분할법인으로부터 승계받은 사업을 분할신설법인과 합병한 법인이 다시 승계하는 경우에는 사업의 폐지로 보지 아니한다'고 규정하며, 같은 조 제4항은 위 제1, 2항의 규정을 적용할 때 승계받은 사업의 계속 또는 폐지에 관한 판정기준 등에 관하여 필요한 사항은 대통령령으로 정하도록 하고 있다. 그 위임을 받은 구 법인세법 시행령(2010. 6. 8. 대통령령 제22184호로 개정되기 전의 것, 이하 같다) 제82조 제4항, 제80조 제3항 전문은 '분할신설법인이 분할등기일이 속하는 사업연도의 종료일 이전에 분할법인으로부터 승계한 사업용 고정자산가액의 2분의 1 이상을 처분하거나 승계한 해당 사업에 직접 사용하지 아니하는 경우에는 승계받은 사업을 계속 영위하지 않은 것으로 한다'고 규정하고 있다. 이들 규정의 문언내용과 체계, 입법목적과 취지 등을 종합하면, 분할신설법인이 분할법인으로부터 승계받은 사업을 분할신설법인과 합병한 법인이 다시 승계하는 경우에는 구 법인세법 시행령 제82조 제4항, 제80조 제3항 전문이 규정하는 '분할신설법인이 분할법인으로부터 승계한 사업용 고정자산을 처분하거나 승계한 해당 사업에 직접 사용하지 아니하는 경우'에 해당한다고 볼 수 없다. 따라서 분할신설법인이 분할등기일이 속하는 사업연도의 종료일 전에 합병법인에 흡수합병되어 해산하였더라도, 분할신설법인이 분할법인으로부터 승계받은 사업을 합병법인이 다시 승계하여 분할등기일이 속하는 사업연도의 종료일까지 계속 영위한 경우에는 구 법인세법 제46조 제1항 제3호에서 정한 사업의 계속 요건을 충족하였다고 보는 것이 타당하다.

17.4 사업의 인·허가를 신청한 단계에 있는 경우 분할신설법인의 직접사용에 해당되는지

【관련 판례】 대법 2014두36235, 2016. 8. 18. 판결(심리불속행) : 기각

- 지방세특례제한법 제57조의2

〈쟁점요지〉 분할신설법인이 취득한 토지에 사업을 위한 용역계약을 체결하고 인·허가 신청한 경우 승계한 사업에 직접사용으로 볼 수 있는지 여부

판결요지 ••• 분할등기일이 속하는 사업연도 종료일까지 공사 착수에 이르지 못한 경우 직접사용으로 볼 수 없음

- 분할신설법인인 원고는 분할법인인 주식회사 화○로부터 폐기물처리사업 등을 승계한 이후 분할등기일이 속하는 사업연도의 종료일인 2009. 12. 31.에 이르기까지 주식회사 ○○기술과 사이에 이 사건 토지에 관한 토목설계 및 실시계획인가에 관한 용역계약을 체결하고, 해당 관청에 도시계획시설사업(폐기물처리시설) 사업시행자지정 및 실시계획인가신청서만을 제출하였을 뿐, 그때까지 이 사건 토지에 폐기물매립장을 설치하기 위한 공사에 착수하지 아니하였음은 물론이고 해당 관청으로부터 사업시행자지정 및 실시계획인가도 받지 못하였다는 것인바, 이러한 사정이라면 원고가 분할등기일이 속하는 사업연도의 종료일인 2009. 12. 31.까지 이 사건 토지를 폐기물처리사업에 직접 사용하였다고 보기 어렵고, 달리 이를 인정할 만한 증거가 없다(부산고등법원 2013누20325, 2014. 3. 26. 판결).

17.5 법인분할 과정에서 이전되는 전세권 설정등기에 따른 등록면허세가 분법 후 조특법 규정에 따라 감면될 수 있는지

【관련 판례】 대법 2013두24839, 2014. 3. 14. 판결(심리불속행) : 항고기각

- 지방세특례제한법 제57조의2 및 구 조세특례제한법 제120조 제1항 제6호(2010. 12. 31. 폐지)

〈쟁점요지〉 법인의 적격분할 과정에서 분할된 법인명의로 이전되는 전세권등기에 따른 등록면허세를 조특법 제120조 제1항 제6호 소정의 적격분할로 인하여 취득하는 재산으로 보아 감면할 수 있는지 여부(분법 이전에는 전세권 이전등기의 경우에도 등록세 감면대상으로 보아 왔음에도 분법 과정에서 사전예고 없이 감면을 배제한 것은 개정취지에 부합되지 않는다고 보아 현행 감면규정에서도 여전히 감면대상에 포함된다고 해석할 수 있는지 여부)

판결요지 ••• 전세권이전등기는 등록면허세 과세대상에 해당하기 때문에 이에 대한 조특법 감면규정이 폐지된 이상 감면을 적용할 수 없음

- 행정안전부장관에 대한 사실조회결과에 변론 전체의 취지를 종합하여 인정되는 다음과 같은 사정들을 종합하면, 이 사건 전세권이전등기는 '지방세법 제2장에 따른 취득을 원인으로 이루어지는 등기 또는 등록'에 해당한다고 볼 수 없어 개정 조특법 제120조 제1항 제6호 소정의 '적격분할(법인세법 제46조 제2항 각 호의 요건을 갖춘 분할)로 인하여 취득하는 재산'에 해당하지 아니하므로, 그와 반대의 전제에 선 원고의 주장은 모두 이유 없다(서울고법 2013누10511, 2013. 10. 25. 판결).
- 기업구조조정의 실체를 갖춘 적격분할의 경우 분할법인 등에게 여러 세제혜택을 주는 법인세법과 조특법의 관계 규정의 취지에 비추어 적격분할로 인하여 취득하는 재산에 대하여는 소유권 이외의 재산권의 경우에도 여전히 등록면허세를 면제할 필요성이 있다고 하더라도 이는 입법적으로 해결하여야 할 문제로 보이는 점(서울고법 2013누10511, 2013. 10. 25. 판결)

17.6 현물출자에 따른 취득세 감면 이후 흡수합병된 경우 추징사유인 처분에 해당하는지

【관련 판례】 대법 2022두65924, 2023. 3. 16. 판결(심리불속행) : 상고기각

- 지방세특례제한법 제57조의2

지방세특례제한법 제57조의2(기업합병 · 분할 등에 대한 감면)

④ 「조세특례제한법」 제32조에 따른 현물출자 또는 사업 양도 · 양수에 따라 2024년 12월 31일까지 취득하는 사업용 고정자산(「통계법」 제22조에 따라 통계청장이 고시하는 한국표준산업분류에 따른 부동산 임대 및 공급업에 대해서는 제외한다)에 대해서는 취득세의 100분의 75를 경감한다. 다만, 취득일부터 5년 이내에 대통령령으로 정하는 정당한 사유 없이 해당 사업을 폐업하거나 해당 재산을 처분(임대를 포함한다) 또는 주식을 처분하는 경우에는 경감받은 취득세를 추징한다.

〈쟁점요지〉 개인사업자가 사업용 부동산을 현물출자하여 법인을 설립하면서 취득세를 감면받은 이후 추징 유예기간 이내에 흡수합병되어 해당 부동산의 소유권을 합병법인에게 이전한 경우 추징 사유인 처분에 해당하는 것으로 볼 수 있는지 여부

판결요지 ••• 흡수합병에 의하여 소멸기업의 자산이 존속기업으로 이전되는 경우 추징 사유인 처분의 범위에 포함됨

- 흡수합병에 의하여 소멸기업의 자산이 존속기업으로 승계되는 경우는 이 사건 추징조항에서 추징사유로 규정한 '처분'에 해당된다고 봄이 타당하고, 이 사건 합병에 조세특례제한법 시행령으로 정하는 정당한 사유가 없다고 인정되는 이상 위 추징사유가 충족되었다고 할 것이므로, 원고의 이 부분 주장은 이유 없다.
- '처분'의 사전적 의미는 '처리하여 치운다는 것'을 뜻하고, '처분행위'라 함은 재산의 현상 또는 그 성질을 변하게 하는 사실적 행위 및 재산의 변동을 생기게 하는 법률적 행위를 포함한다(대법원 2015. 6. 23. 선고 2014다50913 판결 참조). 한편, 지방세법에서는 취득세의 과세대상인 '취득'에 관하여 "매매, 교환, 상속, 증여, 기부, 법인에 대한 현물출자, 건축, 개수, 공유수면의 매립, 간척에 의한 토지의 조성 등과 그 밖에 이와 유사한 취득으로서 원시취득(수용재결로 취득한 경우 등 과세대상이 이미 존재하는 상태에서 취득하는 경우는 제외한다), 승계취득 또는 유상 · 무상의 모든 취득을 말한다."고 정의하고 있고(제6조 제1호), 법인의 합병, 분할 및 조직변경을 원인으로 부동산 등을 취득하는 경우가 취득세의 과세대상에

해당함을 전제로 하여 과세표준, 세율에 관한 특례를 규정하고 있다(제10조의5, 제15조).

- 비록, 지방세법이 '처분'의 개념을 달리 정의하고 있지 않지만, 위와 같은 '처분'의 사전적 의미 및 이와 대비되는 관계에 있는 '취득'에 관한 지방세법의 문언과 내용, 체계 등에 비추어 보면, 취득세의 과세대상인 '취득'에 해당하는 합병이 있는 경우 당연히 그 상대방의 '처분'도 존재한다고 봄이 합리적이다. 또한, 이 사건과 같이 합병 전후의 지배주주가 동일하여 그 이전되는 자산에 관한 실질적인 영향력 내지 지배력의 변화가 없더라도, 이 사건 추징조항이 '임대'를 '처분'에 포함하여 자산에 대한 소유관계의 변동이 없는 사실상의 이전 행위까지 추징사유로 규율하고 있는 점을 더하여 볼 때, 그 합병에 따라 실질적으로 얻을 수 있는 이익이 있는지 여부는 이 사건에 있어 '처분'의 존재를 인정하는 데에 고려할 요소로 보기 어렵다.
- 흡수합병은 회사가 법인격의 동일성을 유지하면서 법률상의 조직을 변경하여 다른 종류의 회사로 되는 상법상의 조직변경과는 달리 합병 후에 존속하는 회사가 소멸하는 회사의 권리의무를 포괄적으로 승계할 뿐이어서(상법 제530조 제2항, 제235조), 합병 전후 회사 간에 그 인격의 동일성이 유지되지 않아 실질적으로 동일한 사업주가 사업의 운영형태만을 바꾸는 것으로 볼 수 없다. 설령, 합병 전후 회사의 각 지배주주가 동일하더라도, 회사는 주주와 독립된 별개의 권리주체라는 점에서 기존 사업주에서 새로운 사업주로의 변경이 있다고 보아야 하므로, 이는 이 사건 제1면제조항이 현물출자로 취득하는 사업용 고정자산에 대한 취득세를 면제하는 취지에 부합하지 않는다(창원지법 2021구합50510, 2022. 4. 28. 판결).

18. 중소기업통합, 법인전환, 현물출자, 지주회사 등 법인구조조정 감면

18.1 임대업에 사용하던 재산을 중소기업간 통합 후 철거하고 건물 신축 후 일부를 분양이나 자가사용한 경우 사업의 동질성 유지 결여로 보아 감면배제할 수 있는지

【관련 판례】 대법 2014두37931, 2014. 10. 15. 판결(심리불속행) : 상고기각

- 지방세특례제한법 제57조의2 및 조세특례제한법 시행령 제28조

지방세특례제한법 제57조의2(기업합병 · 분할 등에 대한 감면)

③ 5.「조세특례제한법」 제31조에 따른 중소기업 간의 통합에 따라 설립되거나 존속하는 법인이 양수하는 해당 사업용 재산(「통계법」 제22조에 따라 통계청장이 고시하는 한국표준산업분류에 따른 부동산 임대 및 공급업에 해당하는 중소기업이 양수하는 재산은 제외한다). 다만, 사업용 재산을 취득한 날부터 5년 이내에 같은 조 제7항 각 호의 어느 하나에 해당하는 사유가 발생하는 경우에는 경감받은 취득세를 추징한다.

조세특례제한법 시행령 제28조(중소기업 간의 통합에 대한 양도소득세의 이월과세 등)

① 법 제31조 제1항에서 "대통령령으로 정하는 업종을 경영하는 중소기업 간의 통합"이란 제29조 제3항에 따른 소비성서비스업(중략)을 제외한 사업을 영위하는 중소기업자(중략)가 당해 기업의 사업장별로 그 사업에 관한 주된 자산을 모두 승계하여 사업의 동일성이 유지되는 것으로서 다음 각호의 요건을 갖춘 것을 말한다.

1. 통합으로 인하여 소멸되는 사업장의 중소기업자가 통합 후 존속하는 법인 또는 통합으로 인하여 설립되는 법인(이하 이 조에서 "통합법인"이라 한다)의 주주 또는 출자자일 것

2. 통합으로 인하여 소멸하는 사업장의 중소기업자가 당해 통합으로 인하여 취득하는 주식 또는 지분의 가액이 통합으로 인하여 소멸하는 사업장의 순자산가액(통합일 현재의 시가로 평가한 자산의 합계액에서 충당금을 포함한 부채의 합계액을 공제한 금액을 말한다. 이하 같다) 이상일 것

〈쟁점요지〉 개인사업자가 임대업에 사용하던 건물을 현물출자를 통해 부동산 매매 및 분양 · 임대 업무를 하는 다른 법인사업자와 중소기업간 통합을 한 이후, 현물출자한 건물을 철거하고 더 큰 규모의 건물을 신축한 후 신축 건물의 일부를 분양 또는 자가사용한 경우(임대부분 면적은 기존보다 4배 증가) 사업의 동질성이 유지되지 않은 것으로 보아 감면을 배제할 수 있는지 여부

판결요지 ••• 중소기업의 대형화를 통한 경쟁력 강화 입법취지를 고려시 임대면적이 확대된 경우, 일부를 분양 또는 자가 사용하였다고 하여 사업의 동질성이 유지되지 않은 것으로 보아 감면을 배제할 수 없음

- 「조세감면규제법 시행령(1981. 12. 31. 대통령령 제10670호로 전부개정된 것)은 제38조 제2항에서 '중소기업 간 통합'의 요건 중 하나로 '사업의 동일성 유지'를 규정함으로써 비로소 '사업의 동일성 유지'가 '중소기업 간 통합'의 요건이 되었다. 그런데 이와 같이 '사업의 동일성 유지'가 '중소기업 간 통합'의 요건으로 규정된 것은 중소기업 간 통합의 형식만 갖추었을 뿐 실질적으로는 단순한 자산의 양도에 불과한 경우 과세특례규정이 적용되는 문제점을 개선하기 위한 것으로 해석된다. 결국 '사업의 동일성 유지'는 이러한 제 · 개정 연혁과 중소기업의 대형화를 통한 경쟁력 강화라는 입법취지에 부합하게 해석되어야 한다.… 원고가 이 사건 신건물 중 임대한 면적은 약 10,306.67㎡로서 배준석이 이 사건 구건물 중 임대한 면적인 2,356.58㎡의 약 4.3배에 달하여, 원고와 ○○○의 중소기업 간 통합 이후 임대사업이 대형화되었다.… 원고가 이 사건 신건물 중 일부를 분양한 이유는 건축비를 조달하기 위한 것으로 그 이외에 별다른 이유는 없어 보인다.… 임대사업에 사용하던 부동산을 통합 법인에 양도한 후 통합 법인이 그 부동산을 자가사용 및 일부 임대하는 경우 사업의 동일성이 유지되지 않는다」라는 국세청 예규를 제시하고 있으나, 국세청 예규는 과세관청 내부의 사무처리준칙에 불과하여 법원이나 국민을 기속하는 법규적 효력이 있다고 볼 수 없다. … 원고와 ○○의 중소기업 간 통합은 사업의 동일성이 유지되는 경우로서 취득세 면제대상에 해당한다고 봄이 상당하다(서울행법 2013구합56171, 2013. 11. 1. 판결).

18.2 중소기업 간 통합에 따른 취득 주식에 부동산 취득 이후 취득하는 주식도 포함되는지

【관련 판례】 대법원 2018두40188, 2018. 7. 20. 판결 : 파기환송

- 지방세특례제한법 제57조의2

〈쟁점요지〉 중소기업 간 통합에 따른 감면요건을 판단함에 있어 부동산 취득 이후 발행한 경우라도 통합의 대가로 취득하는 주식이기만 하면 순자산 가액 이상의 주식의 범위에 포함되는지 여부

판결요지 감면요건 규정에서 중소기업간 통합으로 인하여 취득하는 주식은 그 취득시점에 아무런 제한을 두지 않고 있으므로 사업용 재산 취득 이후라도 '통합의 대가로 취득하는 주식'이기만 순자산 가액 이상의 주식의 범위에 포함됨

- 구 조세특례제한법(2014. 12. 23. 법률 제12853호로 개정되기 전의 것, 이하 같다) 제120조 제1항 제2호, 제31조 제1항, 제2항 및 조세특례제한법 시행령 제28조 제1항 제2호(이하 위 법령을 통틀어 '이 사건 쟁점조항'이라고 한다)는 중소기업 간의 통합에 의하여 존속하는 법인(이하 '존속법인'이라고 한다)이 통합으로 인하여 소멸하는 기업(이하 '소멸기업'이라고 한다)으로부터 해당 사업용 재산을 양수하는 경우, 소멸기업의 중소기업자가 존속법인의 주주이고, 그가 당해 통합으로 인하여 취득하는 주식의 가액이 소멸기업의 순자산가액(통합일 현재의 시가로 평가한 자산의 합계액에서 충당금을 포함한 부채의 합계액을 공제한 금액을 말한다) 이상이 되면, 존속법인이 양수하는 해당 사업용 재산의 취득세를 면제하도록 규정하고 있다.
- 이 사건 쟁점조항에 의하면, 존속기업이 소멸기업으로부터 취득하는 사업용 재산에 관한 취득세를 면제받기 위해서는 소멸기업의 중소기업자가 '당해 통합으로 인하여 취득하는 주식의 가액'이 소멸기업의 순자산가액 이상이어야 한다. 이때 '당해 통합으로 인하여 취득하는 주식'은 이 사건 쟁점조항이 그 취득시점에 아무런 제한을 두지 않고 있으므로 그 문언에 충실하게 사업용 재산 취득 이후라도 '통합의 대가로 취득하는 주식'이기만 하면 이에 포함된다고 봄이 타당하다. 한편 존속기업이 발행하여 소멸기업의 중소기업자가 취득한 주식이 이러한 주식에 해당하는지는 법률행위 해석의 문제로서 그 거래의 내용과 당사자의 의사를 기초로 판단하여야 할 것이지만, 실질과세의 원칙상 당해 계약서의 내용이나 형식과 아울러 당사자의 의사와 계약체결의 경위, 대금의 결정방법, 거래의 경과 등 거래의 전체과정을 실질적으로 파악하여 판단하여야 한다.

18.3 사실상 사업을 영위하지 않던 경우 감면대상 중소기업 간 통합에 해당되는지

【관련 판례】 대법 2022두50946, 2022. 11. 17. 판결 : 상고기각

- 지방세특례제한법 제57조의2

〈쟁점요지〉 사실상 사업을 영위하지 않던 자가 현물출자를 통한 중소기업 간 통합을 하는 경우 감면대상이 되는지 여부

판결요지 ••• 독립된 별개의 영업 실체를 가진 중소기업을 운영하였다고 볼 수 없는 경우 그 자산의 양도는 중소기업 간의 통합에 따른 감면대상으로 볼 수 없음.

- 자산의 양도가 구 조특법 제120조 제1항 제2호, 제31조에 정해진 '중소기업 간의 통합'에 의한 것에 해당하여 자산 취득으로 인한 취득세 등을 면제받기 위해서는 해당 거래가 구 조특법 제31조 제2항에 의하여 위임받은 구 조세특례제한법 시행령(2015. 2. 3. 대통령령 제26070호로 개정되기 전의 것, 이하 '구 조특법 시행령'이라 한다) 제28조 제1항에 정한 요건을 충족하여야 한다. 구체적으로 위 시행령 제28조 제1항은 '사업을 영위하는 중소기업자(중소기업기본법에 의한 중소기업자)가 당해 기업의 사업장별로 그 사업에 관한 주된 자산을 모두 승계하여 사업의 동일성이 유지될 것'(본문)과, '통합으로 인하여 소멸하는 사업장의 중소기업자가 당해 통합으로 인하여 취득하는 주식 또는 지분의 가액이 통합으로 인하여 소멸하는 사업장의 순자산가액(통합일 현재의 시가로 평가한 자산의 합계액에서 충당금을 포함한 부채의 합계액을 공제한 금액)이상일 것'(제2호)을 요구하고 있다. 그리고 과세처분 취소소송에서 이와 같은 비과세요건이나 공제요건 등에 대한 증명책임은 원칙적으로 납세의무자에게 있다(대법원 2009. 7. 9. 선고 2007두4049 판결 등 참조). 유○○이 자신의 명의로 관광숙박업 인허가를 진행하고 이 사건 토지를 원고에게 양도한 일련의 활동은 원고를 설립하고 이를 통하여 관광숙박업을 영위하기 위한 준비행위에 불과하다고 보는 것이 자연스럽고, 유○○이 원고와 독립된 별개의 영업 실체를 가진 중소기업을 운영하였다고 보기 어렵다.

18.4 개인기업의 법인전환에 있어 현물출자 전에 인출한 예금이 개인사업자의 자산에 포함되는지

【관련 판례】 대법 2016두62771, 2017. 3. 9. 판결(심리불속행) : 기각

- 지방세특례제한법 제57조의2 및 조세특례제한법 제32조

지방세특례제한법 제57조의2(기업합병 · 분할 등에 대한 감면)

④ 「조세특례제한법」 제32조에 따른 현물출자 또는 사업 양도 · 양수에 따라 2024년 12월 31일까지 취득하는 사업용 고정자산(중략)에 대해서는 취득세의 100분의 75를 경감한다. 다만, 취득일부터 5년 이내에 대통령령으로 정하는 정당한 사유 없이 해당 사업을 폐업하거나 해당 재산을 처분(임대를 포함한다) 또는 주식을 처분하는 경우에는 경감받은 취득세를 추징한다.

조세특례제한법 제32조(법인전환에 대한 양도소득세의 이월과세)

① 거주자가 사업용고정자산을 현물출자하거나 대통령령으로 정하는 사업 양도 · 양수의 방법에 따라 법인(대통령령으로 정하는 소비성서비스업을 경영하는 법인은 제외한다)으로 전환하는 경우 그 사업용고정자산에 대해서는 이월과세를 적용받을 수 있다. 다만, 해당 사업용고정자산이 주택 또는 주택을 취득할 수 있는 권리인 경우는 제외한다.

〈쟁점요지〉 개인사업자가 법인으로 전환하면서 현물출자 바로 직전에 예금을 인출하여 자산이 축소된 경우, 인출 예금을 개인사업자의 자산에 포함하여 순자산가액을 산출하여야 하는지 여부

판결요지 ••• 현물출자를 통한 법인전환 시의 순자산가액은 현물출자 당시를 기준으로 산출하므로 현물출자 이전에 인출된 예금은 자산에 포함되지 않음

- 현물출자 당시 당해 사업장의 순자산가액이 외부 유출됨이 없이 설립법인의 자본금으로 그대로 승계되었는지 여부만 문제될 뿐 현물출자 이전과 비교해서 축소되었는지 여부는 더 이상 문제될 여지가 없게 되었고, 이는 설립법인의 자본충실이 확보되면 그 규모는 종전에 비하여 축소되더라도 취득세 면제 등의 과세특례를 인정하여 법인전환을 촉진시키자는 데 그 취지가 있는 것으로 볼 수가 있다.
- 그러므로 이 사건에서, 한△희가 '△△정밀'이라는 개인사업체를 운영하여 오다가 2011. 2.

28. 그 자산 중 보통예금 901,493,822원을 인출한 후, 그 다음 날인 2011. 3. 1.자로 나머지 토지와 건물 등 사업용 재산 2,923,512,339원을 포함한 사업을 현물출자할 당시 당해 사업장의 순자산가액은 위 사업용 재산가액에서 당시 부채총액 1,510,734,839원을 공제한 나머지 1,412,777,500원이었고, 이것이 그 후 2011. 5. 12.자로 설립된 원고의 자본금과 같은 금액이었던 이상, 현물출자 대상이었던 위 사업용 재산에 관하여는 취득세 등이 면제된다고 할 것이다(서울고등법원 2016. 11. 9. 선고 2016누45549).

18.5 사업양수도계약 전의 차입금이 순자산가액 산출시 부채로 계상되는지

【관련 판례】 대법 2016두62474, 2017. 3. 9. 판결(심리불속행) : 기각

- 지방세특례제한법 제57조의2

〈쟁점요지〉 사업양수도방식을 통해 법인으로 전환하면서 사업양수도계약 바로 직전에 자기 자본 회수를 위해 부동산을 담보로 금융기관으로부터 차입한 경우, 순자산가액 산출시 차입금을 부채로 계상하여야 하는지 여부

판결요지 ••• 법인전환 사업양수도계약 전의 차입금이라도 이를 자본인출금으로 사용한 경우(초과인출금 미발생)는 순자산가액 산출시 부채로 계상할 수 있음

- 조세특례제한법 시행령 제29조 제2항이 법인전환으로 인한 취득세 등의 감면대상이 되기 위한 사업양수도방법에 관하여 '해당 법인에게 사업에 관한 모든 권리와 의무를 포괄적으로 양도하는 것'이라고 규정한 것은, 일정한 영업목적에 의하여 조직화된 유기적 일체로서의 영업재산이 영업의 동일성을 유지하면서 개인기업주로부터 법인으로 양도되는 것을 의미하는 것으로서, 그러한 영업의 동일성이 유지되는 한 개인기업의 영업재산 일부가 법인에게 양도되지 않거나 법인전환에 앞서 개인기업의 자본구성에 일부 변경이 있더라도 무방하다고 할 것이다.
- 한편, 개인사업자가 부동산임대사업에 자기자본을 투입한 후 그 투입자본을 회수하기 위하여 자금을 차입하여 이를 자본인출금으로 사용한 경우에는 차입금으로 인하여 초과인출금이 발생하지 않는 한 그 차입금채무는 총수입금액을 얻기 위하여 직접 사용한 것으로 부채에 포함된다(대법원 2010. 1. 14. 선고 2009두11874 판결 등 참조)고 할 것이다(서울고등법원 2016. 11. 9. 선고 2016누45532 판결).

18.6 개인기업의 법인전환 후 2년 내에 흡수 합병된 경우 추징대상 처분에 해당되는지

【관련 판례】 대법 2015두50481, 2015. 12. 10. 판결(심리불속행) : 상고기각

- 지방세특례제한법 제57조의2

〈쟁점요지〉 개인기업 법인전환하면서 취득세를 감면받고, 2년 내에 법인합병으로 소멸된 경우, 취득세 추징대상인 2년 이내 처분에 해당되는지 여부

판결요지 ••• **법인전환 후 2년 내 흡수합병된 경우는 추징대상 처분에 해당됨**

- 따라서 지방세법은 소유권 이전의 형식에 의한 취득의 모든 경우를 취득세 과세대상으로 파악하여 존속・신설법인이 소멸법인의 자산을 이전받는 형식 자체를 취득세의 과세대상인 '취득'으로 파악하는 것으로 보이는 점(대법원 2010. 7. 8.자 2010두6007 판결, 대법원 1995. 5. 12. 선고 94다28901 판결 등 참조),
- 개인사업자인 조재관이 대구 미즈맘으로 전환된 후 구 조세특례제한법 제120조 제5항 단서에서 정한 기간 동안 지속적으로 사업을 영위하지 아니한 채 원고에게 흡수합병된 경우에도 취득세 등 면제 규정을 적용하는 것은 개인사업의 법인전환을 장려하기 위한 제도의 취지에 부합한다고 보기 어려운 점 등을 종합하면, 원고가 이 사건 흡수합병을 통하여 이 사건 부동산을 이전받은 것은 대구 미즈맘이 이 사건 부동산을 원고에게 처분한 것에 해당한다고 봄이 타당하다. 따라서 원고의 위 주장은 이유 없다(대구지방법원 2015. 2. 11. 선고 2014구합2104 판결).

18.7 현물출자로 법인전환시 감면대상인 '신설법인이 취득하는 재산'의 범위에 광업권도 포함되는지

【관련 판례】 대법 2006두12494, 2008. 10. 23. : 상고기각

- 지방세특례제한법 제57조의2 및 구 조세특례제한법 제120조

지방세특례제한법 제57조의2(기업합병 · 분할 등에 대한 감면)

③ 3. 「법인세법」 제47조의2에 따른 현물출자에 따라 취득하는 재산. 다만, 취득일부터 3년 이내에 같은 법 제47조의2 제3항 각 호의 어느 하나에 해당하는 사유가 발생하는 경우(같은 항 각 호 외의 부분 단서에 해당하는 경우는 제외한다)에는 경감받은 취득세를 추징한다.

〈쟁점요지〉 신설법인의 설립등기일 현재 5년 이상 계속하여 사업을 영위한 내국법인이 현물출자하는 경우에 그 신설법인이 취득하는 재산이 현물출자 자산의 양도차익에 대한 과세이연 규정의 적용대상인 재산에 한정되는지 여부

판결요지 현물출자에 따른 양도소득세 이월과세 적용 대상에 포함되어 있지 아니한 광업권 등 무형고정자산도 현물출자에 따른 취득세 감면대상에 포함됨

- 구 조세특례제한법(2006. 12. 30. 법률 제8146호로 개정되기 전의 것, 이하 '구법'이라 한다) 제120조 제1항 제6호는 '제38조의 규정에 의한 현물출자에 따라 취득하는 재산'의 취득에 대하여 취득세를 면제한다는 취지로 규정하고 있고, 구법 제38조 제1항 제1호, 제2호는 '신설법인의 설립등기일 현재 5년 이상 계속하여 사업을 영위한 내국법인이 주식 또는 대통령령이 정하는 자산을 현물출자하는 경우에 그 당해 주식 또는 자산의 양도차익 상당액에 대하여 과세를 이연받을 수 있다'는 취지로 규정하고 있는바, 구법 제38조 제1항 제2호의 위임을 받은 구 조세특례제한법 시행령(2006. 2. 9. 대통령령 제19329호로 개정되기 전의 것) 제35조 제1항 제3호 및 구 조세특례제한법 시행령(2002. 12. 30. 대통령령 제17829호로 개정되기 전의 것) 제3조 제2항, 구 조세특례제한법 시행규칙(2008. 4. 29. 부령 제16호로 개정되기 전의 것) 제3조 제1항 등의 규정에 의하면, 구법 제38조 제1항 제2호 소정의 '대통령령이 정하는 자산'에 광업권 등의 무형고정자산은 포함되어 있지 않다.
- 그런데 구법 제38조는 현물출자를 하는 법인에게 적용되는 규정이고, 구법 제120조 제1항 제6호는 현물출자에 의하여 신설되는 법인에게 적용되는 규정으로서, 신설법인의 설립등기일 현재 5년 이상 계속하여 사업을 영위한 내국법인이 현물출자한 재산 중 양도차익에

대한 과세이연을 적용받을 수 있는 재산과 그 현물출자한 재산의 취득에 따른 취득세를 면제받을 수 있는 재산을 어느 범위로 정할 것인가는 입법정책에 관한 문제이므로 반드시 그 범위가 일치하여야 하는 것은 아니며, 과세이연 규정인 구법 제38조에서 정한 자산의 범위에 광업권 등의 무형고정자산이 포함되어 있지 않더라도 구법 제120조 제1항 제6호는 취득세를 면제받을 수 있는 범위를 '재산'이라고만 규정하고 있고, 다만 그 재산의 취득이 구법 제38조의 규정에 의한 현물출자에 의하여 이루어질 것을 요구하고 있을 뿐이므로, 구법 제120조 제1항 제6호에서 '제38조의 규정에 의한 현물출자에 따라 취득하는 재산'이라 함은 제38조의 규정에 의하여 '신설법인의 설립등기일 현재 5년 이상 계속하여 사업을 영위한 내국법인이 현물출자하는 경우에 그 신설법인이 취득하는 재산'을 의미하는 것으로 해석함이 상당하고, 이와 달리 현물출자 자산의 양도차익에 대한 과세이연 규정의 적용 대상인 재산에 한정하여 해석할 것은 아니라고 하겠다(대법원 2008. 9. 25. 선고 2006두13695 판결 참조).

18.8 일부 소액 자산을 제외하고 순자산가액을 산정하여 현물출자를 한 경우에도 현물출자에 따른 감면을 적용할 수 있는지

【관련 판례】 대법 2014두36990, 2014. 8. 26. 판결(심리불속행) : 상고기각

- 지방세특례제한법 제57조의2 및 구 조세특례제한법 제32조, 제119조 및 제120조

〈쟁점요지〉 취득금액이 매우 소액인 재산을 자산이 아닌 비용으로 인식하여 순자산가액을 산정한 후 법인전환에 따른 취득세 감면을 적용할 수 있는지 여부

판결요지 ••• 소액자산의 경우 비용으로 인식하여 자산에서 제외하고 순자산가액을 산정할 수 있음

- 구 소득세법 시행령 제67조 제4항은 '감가상각자산으로서 그 취득가액이 거래단위별로 100만 원 이하인 것에 대하여는 (감가상각액의 필요경비계산에 관한) 제62조 제1항의 규정에 불구하고 이를 그 사업용으로 제공한 날이 속하는 연도의 필요경비에 산입한다. 다만, 당해 고유업무의 성질상 대량으로 보유하는 자산(제1호), 당해 사업의 개시 또는 확장을 위하여 취득한 자산(제2호)의 어느 하나에 해당하는 것은 그러하지 아니하다'라고 규정하고 있는바, 이 사건 주차요금징수실은 ○○○이 2006. 6. 21. 200,000원에 이를 매수한 사실은 앞서 본 바와 같고, 위 구 소득세법 시행령 제67조 제4항 단서 각 호에서 규정하고 있는 자산에

도 해당하지 아니하므로, 결국 법인전환 전 사업장의 2006년도 필요경비로 산입된 것으로 보아야 할 것이지, 별도로 법인전환 전 사업장의 자산으로 평가하여서는 아니 된다고 할 것이다(부산지법 2013구합889, 2013. 11. 28.).

18.9 사모투자(투자목적)전문회사를 공정거래법상 지주회사로 보아 과점주주 간주취득세를 감면할 수 있는지

【관련 판례】 대법 2011두13682, 2014. 1. 16. 판결 : 파기환송

- 같은 취지의 판례 : 대법 2011두2798, 2011두16643, 2011두19017, 2011두20413, 2011두20420, 2014. 1. 16. 판결 ; 2011두2781, 2011두19178, 2014. 1. 23. 판결 ; 2011두17295, 2011두20437, 2014. 1. 29. 판결 ; 대법 2011두21478, 2014. 2. 13. 판결 ; 2011두14241, 2014. 2. 27. 판결
- 지방세특례제한법 제57조의2

지방세특례제한법 제57조의2(기업합병 · 분할 등에 대한 감면)

⑤ 다음 각 호의 어느 하나에 해당하는 경우에는 「지방세법」 제7조 제5항에 따라 과점주주가 해당 법인의 부동산등(같은 조 제1항에 따른 부동산등을 말한다)을 취득한 것으로 보아 부과하는 취득세를 2024년 12월 31일까지 면제한다.

3. 「독점규제 및 공정거래에 관한 법률」에 따른 지주회사(중략)가 되거나 지주회사가 같은 법 또는 「금융지주회사법」에 따른 자회사의 주식을 취득하는 경우. 다만, 해당 지주회사의 설립 · 전환일부터 3년 이내에 「독점규제 및 공정거래에 관한 법률」에 따른 지주회사의 요건을 상실하게 되는 경우에는 면제받은 취득세를 추징한다.

〈쟁점요지〉 자본시장법(구 간접투자법)에 따른 사모투자전문회사 또는 투자목적회사가 공정거래법에서 규정하고 있는 지주회사의 형식적 요건을 충족하더라도 10년 동안 공정거래법에 의한 지주회사에 관한 적용을 받지 않는 경우 공정거래법상의 지주회사로 보아 과점주주 간주취득에 따른 취득세를 감면할 수 있는지 여부

판결요지 ••• 사모펀드의 경우 과점주주 간주취득세 감면대상 공정거래법상 지주회사로 볼 수 없음

- 지주회사를 간주취득세의 부과대상에서 제외하는 이 사건 법률조항의 입법취지는 지주회

사의 설립이나 지주회사로의 전환에 대하여 세제혜택을 줌으로써 소유와 경영의 합리화를 위한 기업의 구조조정을 지원하려는 데 있다. 그런데 구 간접투자법상 사모투자전문회사나 투자목적회사는 투자한 회사의 기업가치를 높여 창출한 수익을 투자자에게 배분하는 것을 주된 목적으로 하여 설립된 회사로서, 수직적 출자구조를 통하여 자회사의 사업을 지속적으로 지배함으로써 소유와 경영의 합리화를 도모하려는 목적으로 설립된 공정거래법상 지주회사와는 설립목적이나 기능 등이 전혀 다르다. 이러한 이유로 구 간접투자법상 사모투자전문회사나 투자목적회사의 경우에는 공정거래법 제2조 제1호의2 등에서 정한 지주회사의 요건을 형식적으로 갖추었더라도 이를 모두 지주회사로 취급하여 공정거래법상 각종 행위제한에 관한 규정을 적용하는 것이 적절하지 아니하므로, 구 간접투자법 제144조의17 제1항은 앞서 본 바와 같이 일정한 요건을 충족하는 사모투자전문회사나 투자목적회사에 대하여는 10년간 공정거래법의 지주회사에 관한 규정을 적용하지 아니하도록 규정하고 있다.

- 그리고 구 간접투자법 제144조의17 제3항 본문은 '사모투자전문회사 및 투자목적회사에 대하여는 제144조의7 제1항 제1호 또는 제2호의 요건을 충족하는 경우 그 요건을 충족한 날부터 10년이 되는 날까지는 금융지주회사법에 의한 금융지주회사로 보지 아니한다'고 규정하고 있고, 그 문언의 내용과 이 사건 법률조항의 입법취지 등에 비추어 보면 위 규정에 따라 금융지주회사로 보지 아니하는 구 간접투자법상 사모투자전문회사나 투자목적회사에 대하여는 이 사건 법률조항이 적용되지 아니한다고 봄이 타당할 것인데, 사모투자전문회사나 투자목적회사가 일반 지주회사인지 아니면 금융지주회사인지에 따라 이 사건 법률조항의 적용을 달리할 합리적인 이유가 없다.
- 이와 같은 관련 규정의 문언 내용과 입법취지 및 체계, 사모투자전문회사 또는 투자목적회사와 지주회사의 설립목적 및 기능상 차이, 그리고 1999. 12. 28. 법률 제6045호로 개정된 조세특례제한법에 이 사건 법률조항(당시에는 제120조 제5항 제8호)이 신설될 당시에는 구 간접투자법에 사모투자전문회사나 투자목적회사에 관한 규정이 아직 도입되지 아니하였던 점 등을 종합하면, 공정거래법의 지주회사에 관한 규정이 적용되지 아니하는 구 간접투자법상 사모투자전문회사나 투자목적회사에 대하여는 이 사건 법률조항도 적용되지 아니한다고 해석함이 타당하다.

18.10 지주회사가 일반회사를 자회사로 편입하는 경우 간주취득세 감면대상에 해당되는지

【관련 판례】 대법 2016두59713, 2017. 4. 13. 판결 : 파기환송

- 지방세특례제한법 제57조의2

〈쟁점요지〉 지주회사가 계열회사가 아닌 국내 회사를 자회사로 새로 편입하면서 과점주주가 된 경우에도 간주취득세 감면대상에 해당하는 '지주회사가 된 경우'에 해당되는지 여부

판결요지 ••• 기존 지주회사가 일반회사를 새로이 자회사로 편입하면서 과점주주가 되는 경우도 간주취득세 감면대상에 해당됨

- 지주회사를 간주취득세 부과대상에서 제외하고 있는 이 사건 감면조항의 입법취지는 지주회사의 설립이나 지주회사로의 전환에 대하여 세제혜택을 줌으로써 소유와 경영의 합리화를 위한 기업의 구조조정을 지원하려는 데에 있다(대법원 2014. 1. 23. 선고 2011두2781 판결 등 참조). 그렇다면 이미 공정거래법에 따른 지주회사로 설립 내지는 전환되었더라도 국내 회사를 자회사로 새로이 편입하여 그 국내 회사에 대한 지주회사가 되는 기업구조조정이 있는 경우에는 새로 지주회사를 설립하는 경우와 마찬가지로 여전히 이 사건 감면조항에 따른 세제혜택을 부여할 필요가 있다. 그리고 일반지주회사가 사업내용을 지배할 목적으로 일정한 요건을 갖추어 계열회사가 아닌 국내 회사를 자회사로 새로이 편입하기 위하여 해당 국내 회사의 주식을 일시에 취득함으로써 지주회사 및 과점주주가 되는 것은 공정거래법상 원칙적으로 허용된다.
- 이와 같은 이 사건 감면조항의 문언과 아울러 지주회사에 대한 세제혜택의 취지 및 공정거래법에 의하여 허용되는 지주회사의 자회사 편입 유형 등을 종합하여 보면, 이미 공정거래법에 따라 설립 내지는 전환된 지주회사가 계열회사가 아닌 국내 회사의 주식을 일시에 취득함으로써 그 국내 회사를 자회사로 새로 편입하여 그 국내 회사의 과점주주가 된 경우에도, 이 사건 감면조항에서 정하고 있는 '지주회사가 된 경우'에 해당한다고 보아야 한다.

19. 기업재무구조 개선 등에 대한 감면

19.1 한국무역보험공사를 금융기관으로 보아 대출금 출자전환 시 주식취득에 따른 과점주주 간주취득세를 감면할 수 있는지

【관련 판례】 대법 2013두18384, 2014. 1. 16. 판결 : 항소기각

- 지방세특례제한법 제57조의3

지방세특례제한법 제57조의3(기업의 재무구조 개선 등에 대한 감면)

① 다음 각 호에 해당하는 재산의 취득에 대해서는 취득세를 2024년 12월 31일까지 면제한다.

1. 「금융산업의 구조개선에 관한 법률」 제2조 제1호에 따른 금융기관, 한국자산관리공사, 예금보험공사, 정리금융회사가 같은 법 제10조 제2항에 따른 적기시정조치(영업의 양도 또는 계약이전에 관한 명령으로 한정한다) 또는 같은 법 제14조 제2항에 따른 계약이전 결정을 받은 부실금융기관으로부터 양수한 재산

〈쟁점요지〉 한국무역보험공사를 금융기관으로 보아 조특법상 간주취득세 감면 규정(금융기관이 법인에 대한 출자금을 출자전환하는 과정에서의 주식을 취득하는 경우)을 적용할 수 있는지 여부

판결요지 한국무역보험공사는 금융기관으로 볼 수 없으므로 감면대상으로 볼 수 없음

- 구 조세특례제한법(2010. 12. 27. 법률 제10406호로 개정되기 전의 것, 이하 '구 조특법'이라 한다) 제120조 제6항은 "다음 각 호의 어느 하나에 해당하는 사유로 지방세법 제22조 제2호에 따른 과점주주에 해당하게 되는 경우 그 과점주주에 대해서는 같은 법 제105조 제6항을 적용하지 아니한다."고 규정하면서, 그 제4호에서 '금융기관이 법인에 대한 대출금을 출자로 전환함에 따라 해당 법인의 주식 또는 지분을 취득하는 경우'를 들고 있으나, 구 조특법 제120조 제6항 제4호에서 정한 '금융기관'에 관하여는 별도로 정의규정을 두고 있지 않다.

- 구 조특법 제120조 제6항 제4호가 별도로 '금융기관'에 관한 정의를 하고 있지 않은 이상, '이 법에서 특별히 정하는 경우를 제외하고는 제3조 제1항 제1호부터 제19호까지에 규정된 법률에서 사용하는 용어의 예에 따른다'고 규정한 구 조특법 제2조 제2항에 의하여 '금융기관'의 의미를 파악하여야 한다고 전제한 다음, 제3조 제1항 제16호가 들고 있는 '금융실명거래 및 비밀보장에 관한 법률' 및 그 시행령에 규정된 '금융기관'에는 원고가 포함되어 있지 아니하여 원고를 구 조특법 제120조 제6항 제4호 소정의 '금융기관'으로 볼 수 없다는 이유로, 구 조특법 제120조 제6항 제4호의 특례규정을 적용하지 않고 원고에게 취득세 등을 부과한 이 사건 각 처분은 적법하다.

20. 벤처기업, 지식산업센터 등에 대한 감면

20.1 벤처집적시설 감면 업종인 전문디자인업을 판단함에 있어 전시시설 설치·제작을 수반하는 경우에도 포함할 수 있는지

【관련 판례】 대법 2019두57794, 2020. 2. 27. 판결(심리불속행) : 항소기각

- 지방세특례제한법 제58조

지방세특례제한법 제58조(벤처기업 등에 대한 과세특례)

① 「벤처기업육성에 관한 특별법」에 따라 지정된 벤처기업집적시설 또는 신기술창업집적지역을 개발·조성하여 분양 또는 임대하거나 직접 사용(중략)할 목적으로 취득(「산업집적활성화 및 공장설립에 관한 법률」 제41조에 따른 환수권의 행사로 인한 취득을 포함한다)하는 부동산에 대해서는 취득세 및 재산세(벤처기업이 직접 사용하는 경우는 과세기준일 현재 직접 사용하는 부동산으로 한정한다)의 100분의 35(중략)를 각각 2026년 12월 31일까지 경감한다. 다만, 그 취득일부터 3년 이내에 정당한 사유 없이 벤처기업집적시설 또는 신기술창업집적지역을 개발·조성하지 아니하는 경우 또는 부동산의 취득일부터 5년 이내에 벤처기업집적시설 또는 신기술창업집적지역의 지정이 취소되거나 「벤처기업육성에 관한 특별법」 제17조의3 또는 제18조 제2항에 따른 요건을 갖춘 날부터 5년 이내에 부동산을 다른 용도로 사용하는 경우에 해당 부분에 대해서는 경감된 취득세와 재산세를 추징한다.

〈쟁점요지〉 벤처집적시설 입주기업에 대한 감면을 적용함에 있어 감면 업종인 지식산업의 하나인 전문디자인업을 판단함에 있어, 매출액의 상당 부분이 전시시설의 설치·제작과 관련된 경우에도 주된 업종을 전문디자인업으로 보아 감면을 적용할 수 있는지 여부

판결요지 전시시설을 기획, 고안하는 업무는 디자인업에 해당하고, 동 디자인을 결합시킨 전시부스를 제작하는 것은 디자인업의 부수적 업무이거나 제조업에 해당하므로 감면 대상 업종인 전문디자인업 또는 제조업에 해당함

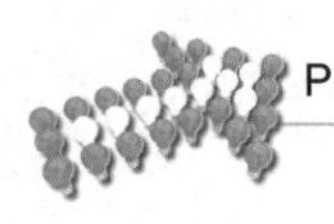

- 이 사건 조례가 전문디자인업을 비롯한 산업집적법 제28조의5 제1항 제1호에 따른 사업을 목적으로 지식산업센터에 입주하는 경우 취득세 등을 면제하는 취지는 해당 사업의 활성화를 세제적으로 뒷받침하기 위함이다. 따라서 이 사건 조례 제21조 제2항 단서가 규정하는 추징 사유인 '해당 사업에 직접 사용하지 않은 경우'에 해당하는지 여부는 해당 사업의 내용을 고려하여 실제 사용관계를 기준으로 객관적으로 판단하여야 한다(대법원 1999. 10. 8. 선고 98두12949 판결, 대법원 2016. 8. 18. 선고 2014두36235 판결 등 참조).
- 원고는 구매자로부터 전시시설 설치를 의뢰받아 이 사건 부동산에서 설계, 디자인, 실물모형제작 등 업무를 하며, 다른 지역(하남시, 남양주시)에 위치한 건물을 임차하여 전시용 부스를 제작한 후, 전시장에 제작된 부스를 설치하고 전시기간이 종료하면 부스를 철거하는 회사로 구 전시산업발전법 제2조 제5호 (다)목의 전시장치사업자에 해당한다.
- 원고가 이 사건 부동산에서 실제 영위하는 사업은 전문디자인과 제조업이 결합된 것으로서 이 사건 조례가 규정하는 감면업종에 해당하므로, 이 사건 처분은 처분사유가 인정된다고 볼 수 없다. 따라서 이를 다투는 원고의 주장은 이유 있고, 이 사건 처분은 위법하므로 취소되어야 한다.
- 전시 목적에 따라 부스에 결합시킬 글자체를 포함하여 형상 · 모양 · 색채를 기획, 고안하는 업무는 디자인업에 해당하고, 위 디자인을 결합시킨 전시부스를 제작하는 것은 디자인업의 부수적 업무이거나 제조업에 해당한다. 한편 원고가 직접 제조한 전시부스를 전시장에 설치하는 것은 전시 목적 디자인의 특성상 그 표현 방법에 해당하거나 제조업에 부수하는 업무에 불과하다. 이와 같이 디자인 및 부스 제작 업무와 그 설치 업무를 분리하기 어려운 이상 설치 행위만을 구분하여 건설업에 해당한다고 볼 수 없다(서울고법 2019누34472, 2019. 10. 17. 판결).

20.2 벤처기업집적시설 지정 전에 취득한 부동산에 대하여 감면을 적용할 수 있는지

【관련 판례】 대법 2014두35942, 2014. 11. 13. 판결 : 상고기각

- 지방세특례제한법 제58조

〈쟁점요지〉 벤처기업집적시설로 지정되기 이전에 취득한 부동산을 「벤처기업육성에 관한 특별조치법」에 따라 지정하는 벤처기업집적시설 사업시행자가 벤처기업집적시설을 개발 · 조성하여 분양 또는 임대할 목적으로 취득한 부동산으로 보아 취득세 등을 면제할 수 있는지 여부

판결요지 ••• 벤처기업집적시설을 개발ㆍ조성하기 위하여 취득한 부동산인 이상, 벤처기업집적시설로 지정되기 전에 취득한 것도 취득세 등의 감면대상에 해당함

- ① 구 지방세법 제276조 제3항은 취득세 등이 감면되는 납세의무의 주체를 '벤처기업집적시설의 사업시행자'로 규정하고 있으나, 벤처기업육성에 관한 특별조치법에는 그에 관하여 아무런 정함이 없는 점, ② 구 지방세법 제276조 제3항 본문에 따라 벤처기업집적시설로 지정되기 전에 취득한 부동산에 대하여 취득세 등을 감면받았다고 하더라도, 그 취득일부터 3년 이내에 정당한 사유 없이 벤처기업집적시설을 개발ㆍ조성하지 않는 등의 일정한 사유가 발생하면 과세관청으로서는 구 지방세법 제276조 제3항 단서에 따라 감면된 취득세 등을 추징할 수 있으므로, 벤처기업집적시설의 지정 전에 취득한 부동산을 취득세 등의 감면대상에서 제외할 현실적인 필요성도 크지 않는 점 등을 종합하여 보면, 벤처기업집적시설을 개발ㆍ조성하기 위하여 취득한 부동산인 이상, 벤처기업집적시설로 지정되기 전에 취득한 것도 구 지방세법 제276조 제3항에서 정한 취득세 등의 감면대상에 해당한다고 봄이 타당하다.

※ 현행 지방세특례제한법의 경우 「벤처기업육성에 관한 특별조치법」에 따라 지정된 벤처기업집적시설로 규정하고 있어 지정 이전에 취득한 경우 감면을 적용할 수 없다는 주장이 가능(다툼)

20.3 지식산업센터 건축 중 신탁으로 수탁자가 설립승인을 받은 경우 위탁자를 지방세 감면대상 설립자로 볼 수 있는지

【관련 판례】 대법 2016두53951, 2017. 1. 12. 판결(심리불속행) : 기각

- 지방세특례제한법 제58조의2 제1항

지방세특례제한법 제58조의2(지식산업센터 등에 대한 감면)

① 「산업집적활성화 및 공장설립에 관한 법률」 제28조의2에 따라 지식산업센터를 설립하는 자에 대해서는 다음 각 호에서 정하는 바에 따라 2025년 12월 31일까지 지방세를 경감한다.(후략)

〈쟁점요지〉 지식산업센터 건축허가를 받아 건축 중에 신탁하여 수탁자가 설립승인을 받은 경우 위탁자를 지방세 감면대상 설립자로 볼 수 있는지 여부

판결요지 ••• 지식산업센터 설립사업의 마무리 단계에서 신탁된 사정만으로 설립자로서 자격을 상실했다고 봄은 입법취지에 어긋남(감면대상에 해당)

- 피고는 최초 입주 시부터 부동산 임대 및 공급업을 영위할 수 있는 것은 지식산업센터의 설립자에 한하는데, 이 사건의 경우 지식산업센터의 설립승인을 받은 것은 원고 ○○씨티가 아닌 원고 한국자산신탁이므로, 원고 ○○씨티는 적법하게 입주계약을 체결한 것으로 볼 수 없다고 주장한다.
- 살피건대, 원고 ○○씨티가 이 사건 토지 상에 아파트형공장을 설립하기 위해 한국산업단지공단과 입주계약을 체결하고, 이 사건 토지를 취득하였음은 앞서 본 바와 같고, 갑 제6호증의 기재에 변론 전체의 취지를 종합하면, 원고 ○○씨티가 2008. 12. 29. 아파트형공장 신축을 위한 건축허가까지 받은 사실이 인정되는바, 원고 ○○씨티가 지식산업센터 설립사업의 마무리 단계에서 위 지식산업센터의 소유권을 원고 한국자산신탁에 신탁하였다는 사정만으로 지식산업센터의 설립자로서 위 센터에 입주할 자격을 상실한다고 보는 것은 지식산업센터의 원활한 설립을 지원하기 위한 산업집적법의 취지에 어긋나는 해석으로서 허용되지 아니한다. 피고의 위 주장은 이유 없다(서울행정법원 2015. 10. 15. 선고 2015구합59037 판결).

20.4 지식산업센터를 부동산 임대사업자에게 임대한 경우에도 감면을 적용할 수 있는지

【관련 판례】 대법 2017두74085, 2018. 4. 10. 판결 : 파기환송

- 같은 취지의 판례 : 대법원 2018두50031, 2018. 10. 25. 판결(심리불속행) : 상고기각
- 지방세특례제한법 제58조의2

지방세특례제한법 제58조의2(지식산업센터 등에 대한 감면)

① 1. (전략) 다만, 다음 각 목의 어느 하나에 해당하는 경우 그 해당 부분에 대해서는 경감된 취득세를 추징한다.

나. 분양 또는 임대하기 위하여 부동산을 취득하는 경우로서 다음의 어느 하나에 해당하는 경우

1) 정당한 사유 없이 그 취득일부터 1년이 경과할 때까지 착공하지 아니한 경우
2) 그 취득일부터 5년 이내에 사업시설용으로 분양·임대하지 아니하거나 다른 용도로 사용하는 경우

〈쟁점요지〉 지식산업센터를 분양·임대하기 위하여 신축한 이후 5년 이내에 해당 건축물을 임대사업자에게 임대하는 경우를 추징요건인 다른 용도로 임대한 것으로 보아 감면된 취득세를 추징할 수 있는지 여부

판결요지 ••• 산업집적법은 지식산업센터를 설립한 자가 해당 지식산업센터에서 직접 제조업 등의 사업을 하는 자에게 이를 분양하거나 임대할 것을 예정하고 있으므로 임대사업자에게 임대한 경우에는 추징요건인 다른 용도로 임대한 것에 해당하는 것으로 보아야 함

- 이는 지식산업센터를 신축하거나 증축하여 사업시설용으로 직접 사용하거나 사업시설용으로 분양하거나 임대하고자 하는 자에게 세제 혜택을 주어 산업의 집적을 활성화하고 지식산업센터를 원활하게 설립할 수 있도록 지원하려는 것으로서, 지식산업센터를 신축하였으나 이를 사업시설용이 아닌 다른 용도로 분양하거나 임대하는 경우에도 그 혜택을 주려는 취지가 아님이 분명하다.
- 한편 산업집적법 제28조의4 제1항은 지식산업센터를 설립한 자가 지식산업센터를 분양 또는 임대하려는 경우에는 착공 후 산업통상자원부령이 정하는 바에 따라 모집공고안을 작성하여 시장 등의 승인을 받아 공개로 입주자, 즉 '지식산업센터를 분양 또는 임대받아 제조업이나 그 밖의 사업을 하는 자'를 모집하여야 한다고 정하고 있다. 이처럼 산업집적법은 지식산업센터를 설립한 자가 해당 지식산업센터에서 직접 제조업 등의 사업을 하는 자에게 이를 분양하거나 임대할 것을 예정하고 있다.
- 이러한 관련 규정의 체계, 내용과 입법취지 등을 종합하면, 지식산업센터를 신축하였으나 그 취득일부터 5년 이내에 이를 사업시설용으로 직접 사용하지 않을 자에게 분양하거나 임대한 경우에는, 그것을 사업시설용으로 직접 사용할 자에게 분양하거나 임대한 것과 마찬가지로 볼 수 있는 등의 특별한 사정이 없는 한, 해당 부분에 관하여 경감받은 취득세는 이 사건 추징규정에 따라 추징할 수 있다고 보아야 한다.

20.5 벤처기업확인서를 받기 이전에 사업용 부동산을 취득한 경우에도 감면을 적용할 수 있는지 여부

【관련 판례】 대법 2019두61977, 2020. 3. 26. 판결(심리불속행) : 항소기각

- 지방세특례제한법 제58조의3

지방세특례제한법 제58조의3(창업중소기업 등에 대한 감면)

② 2026년 12월 31일까지 창업하는 「벤처기업육성에 관한 특별법」 제2조 제1항에 따른 벤처기업 중 대통령령으로 정하는 기업으로서 창업일부터 3년 이내에 같은 법 제25조에 따라 벤처기업으로 확인받은 기업(이하 이 조에서 "창업벤처중소기업"이라 한다)이 최초로 확인받은 날(이하 이 조에서 "확인일"이라 한다)부터 4년 이내(대통령령으로 정하는 청년창업벤처기업의 경우에는 5년 이내)에 취득하는 부동산에 대해서는 다음 각 호에서 정하는 바에 따라 지방세를 경감한다.

〈쟁점요지〉 벤처기업요건을 모두 갖춘 경우 벤처기업확인서를 교부받기 이전에 사업용 부동산을 취득한 경우에도 예비벤처확인서 사례를 들어 창업벤처중소기업에 대한 취득세 감면을 적용할 수 있는지 여부

판결요지 감면요건을 벤처기업으로 확인받은 날부터 4년으로 규정하고 있으므로 확인받기 이전은 감면요건이 불비한 것이고, 예비인증과 같은 공적인 확인을 받지 않는 경우에는 감면을 적용할 수 없음

- 구 지방세특례제한법 제58조의3 제1항은 '중소기업'과 '벤처기업'을 명확히 구분하여, 전자의 경우에는 '창업일로부터 4년간', 후자의 경우에는 '기술보증기금 등 대통령령으로 정하는 기관 등의 장으로부터 벤처기업으로 확인받은 날로부터 4년간' 취득세를 경감하도록 규정하고 있다. 위와 같은 구 지방세특례제한법 제58조의3의 문언 내용과 규정 형식 등에 비추어 보면, 벤처기업의 경우에는 기술보증기금 등 대통령령으로 정하는 기관 등의 장으로부터 벤처기업으로 확인받은 이후 비로소 취득한 부동산에 대하여만 그 취득세를 경감하도록 해석하는 것이 조세엄격해석주의의 법리에 부합한다.
- 기술보증기금 등으로부터 예비벤처기업확인을 받은 기업은 최소한 벤처기업으로서의 요건 중 일부를 충족하였다는 점에 관하여 공적인 확인절차를 거친 것이므로, 이와 같은 확인절차를 거치지 아니한 채 벤처기업으로서의 요건만 충족한 이 사건과는 그 사안을 달리하여 위 판결의 법리가 이 사건에도 적용된다고 볼 수는 없다(창원지법 2019구합5163, 2019. 6. 27. 판결).

21. 창업중소기업 등에 대한 감면

21.1 휴업·사실상폐업 중인 사업체의 자산을 인수(임차)하여 창업한 경우에도 취득세 감면대상에 창업중소기업으로 볼 수 있는지 여부

【관련 판례】 대법 2011두11549, 2014. 3. 27. 판결 : 파기환송

- 지방세특례제한법 제58조의3

지방세특례제한법 제58조의3(창업중소기업 등에 대한 감면)

① 2026년 12월 31일까지 과밀억제권역 외의 지역에서 창업하는 중소기업(이하 이 조에서 "창업중소기업"이라 한다)이 대통령령으로 정하는 날(이하 이 조에서 "창업일"이라 한다)부터 4년 이내(대통령령으로 정하는 청년창업기업의 경우에는 5년 이내)에 취득하는 부동산에 대해서는 다음 각 호에서 정하는 바에 따라 지방세를 경감한다.(후략)

⑥ 제1항부터 제4항까지의 규정을 적용할 때 다음 각 호의 어느 하나에 해당하는 경우는 창업으로 보지 아니한다.

1. 합병·분할·현물출자 또는 사업의 양수를 통하여 종전의 사업을 승계하거나 종전의 사업에 사용되던 자산을 인수 또는 매입하여 같은 종류의 사업을 하는 경우. 다만, 종전의 사업에 사용되던 자산을 인수하거나 매입하여 같은 종류의 사업을 하는 경우 그 자산가액의 합계가 「부가가치세법」 제5조 제2항에 따른 사업개시 당시 토지·건물 및 기계장치 등 대통령령으로 정하는 사업용자산의 총가액에서 차지하는 비율이 100분의 50 미만으로서 대통령령으로 정하는 비율 이하인 경우는 제외한다.
2. 거주자가 하던 사업을 법인으로 전환하여 새로운 법인을 설립하는 경우
3. 폐업 후 사업을 다시 개시하여 폐업 전의 사업과 같은 종류의 사업을 하는 경우
4. 사업을 확장하거나 다른 업종을 추가하는 경우 등 새로운 사업을 최초로 개시하는 것으로 보기 곤란한 경우

〈쟁점요지〉 종전 사업체의 유휴설비나 사실상 폐업한 사업체의 자산을 임차하여 동종의 사업을 개시하는 경우에도 창업중소기업으로 보아 취득세를 감면할 수 있는지 여부

판결요지 ••• 원시적인 사업창출의 효과가 없으면 창업으로 볼 수 없으므로 기존 설비를 임차하여 창업한 경우 창업중소기업 감면대상에 해당하지 않음

- 그 취지는 새로운 사업을 최초로 개시함으로써 원시적인 사업창출의 효과가 있는 경우에만 소득세 또는 법인세의 감면혜택을 주려는 데 있다고 봄이 상당하다. 이러한 관련 규정의 취지와 문언 내용 등에 비추어 보면, 종전의 사업에 사용되던 자산을 인수 또는 매입하여 동종의 사업을 영위한 경우에는 그것이 설령 종전 사업체의 유휴설비를 이용하거나 사실상 폐업한 업체의 자산을 이용하여 사업을 개시하는 경우에 해당하더라도 원시적인 사업창출의 효과가 없으므로, 조특법 제6조 제4항 제1호 본문이 창업의 범위에서 제외한 '종전의 사업에 사용되던 자산을 인수 또는 매입한 경우'에 해당한다고 봄이 타당하다. 그리고 여기에서 말하는 '자산을 인수한 경우'에는 자산을 임차하여 사용하는 경우도 포함된다.

21.2 창업중소기업 영위업종의 형식과 실질이 다른 경우 실질을 기준으로 판단할 수 있는지

【관련 판례】 대법 2016두30576, 2016. 4. 15. 판결(심리불속행) : 기각

- 지방세특례제한법 제58조의3

〈쟁점요지〉 창업중소기업의 사업자등록증 등 형식적 기재내용과 실제로 영위하는 업종이 다른 경우 동종업종 해당 여부

판결요지 ••• 창업중소기업 동종업종 여부는 사업자등록증 등 형식적 기재에도 불구하고 실제 영위하는 업종의 내용에 따라 판단하여야 함

- 구 조세특례제한법 제120조 제3항 소정의 '창업중소기업'에 해당 여부는 조세특례제한법 제6조에 의하여 판단하여야 할 것인데(대법원 2007. 4. 26. 선고 2006두18614 판결 참조), 창업으로 보지 아니하는 경우를 규정한 같은 법 제6조 제6항에 해당하는지 여부를 판단함에 있어서는 사업자등록증, 법인등기부의 형식적 기재에 의할 것이 아니라 실제 영위하는 사업의 실질적인 내용에 따라 판단하여야 하고, 실제 영위하는 사업의 실질적인 내용을 판단

하기 위하여는 구 조세특례제한법 제2조 제3항에 따라 한국표준산업분류상의 분류기준을 고려하여야 한다.

- 피고는 원고 회사의 법인등기부와 ○○○○코리아의 사업자등록증상 업종의 기재가 동일한 점을 고려하면 원고 회사와 ○○○○코리아가 사실상 동종의 사업을 영위하면서 단지 그 규모만 확장한 것이라고 보아야 한다고 주장하나, 법인등기부의 사업목적이나 사업자등록증의 사업 종목은 실제 영위하고 있는 업종뿐만 아니라 장차 영위하려고 하는 업종까지 망라적으로 기재되는 경우가 많아 그것만 보아서는 당해 회사가 구체적으로 어떠한 업종의 사업을 영위하는지 알기 어려운바, 그 중 공통되는 일부를 택하여 서로 같은 업종이라고 할 수 없고, 이와 달리 형식적 기준만을 가지고 과세 여부를 결정한다면 이를 악용하여 실질적으로 같은 종류의 사업을 영위하면서도 위 분류만을 다르게 기재하는 경우에 과세하지 못한다는 결론에 이르러 부당하다(수원지법 2014구합55756, 2015. 7. 7.).

관련 기타 판례

1. 창업 승인 받은 "절삭가공 및 유사 처리업"과 종전 기업의 "구조용 금속 판제품 및 금속공작물 제조업"의 경우 양자는 명백하게 다른 업종으로서 취득세 등 감면대상에 해당함(대법 2017두36069, 2017. 5. 31. 판결).
2. 개인사업자가 신설된 법인의 대표자가 되어 종전과 동일한 업종을 영위하는 경우 창업으로 보기 어려움(대법 2019두48721, 2019. 11. 14. 판결).

21.3 최초 운송사업으로 창업 후 자동차부품제조업을 추가하여 해당 사업을 개시한 경우 업종추가로 보아 창업감면을 배제할 수 있는지

【관련 판례】 대법 2019두45432, 2019. 9. 25. 판결(심리불속행) : 항고기각

- 지방세특례제한법 제58조의3

〈쟁점요지〉 최초 운송사업으로 창업 후 매출이 미미한 상태(1년간 2,500천원)에서 자동차제조업을 추가하여 관련 부동산을 취득한 후 해당 사업을 영위(1분기 157백만원)하는 경우에도 업종 추가로 보아 창업에 따른 감면을 배제하는 것이 타당한지 여부

판결요지 ••• 최초 창업업종이 아닌 새로운 업종을 추가한 경우에는 비록 추가한 업종의 매출액

비중이 높더라도 업종추가에 해당하므로, 추가된 업종을 영위하기 위해 취득한 부동산은 감면대상에 포함할 수 없음(창업지원법을 그대로 준용할 수 없음)

- '사업의 확장'이나 '다른 업종의 추가'는 해당 중소기업이 이미 동종 또는 이종의 사업을 영위하고 있음을 전제로 한 개념이고, 이와 같이 해당 중소기업이 영위하고 있는 기존 사업이 있는 경우에는 사업을 확장하거나 업종을 추가하더라도 이는 해당 중소기업이 '최초로 개시'하는 사업이 아니므로, 창업이 아니라고 보고 있는 것이다.
- 원고 회사는 2015. 1. 12. 설립 후 화물자동차운송주선업 등을 영위하다가 2015. 7. 또는 8.경 다른 업종인 자동차부품제조업을 추가하였으므로(원고 회사의 주장과 같이 주업종이 자동차부품제조업으로 변경되었다고 하더라도 달리 볼 것은 아니다), 이는 구 지방세특례제한법 제100조 제6항 제4호에서 말하는 "다른 업종을 추가하는 경우 등 새로운 사업을 최초로 개시하는 것으로 보기 곤란한 경우"에 그대로 해당된다.
- 구 지방세특례제한법 제100조 제6항 각 호에 따라 창업에서 제외되는 것이 명확하거나 같은 항 각 호를 기준으로 한 창업의 범위가 구 창업지원법 시행령 제2조 제1항 각 호를 기준으로 한 창업의 범위보다 좁은 경우라면, 함부로 구 창업지원법 및 같은 법 시행령을 근거로 창업(취득세 면제대상)의 범위를 확대해서는 안 될 것이다.
- 원고 회사를 설립하여 최초로 화물자동차운송주선사업 등을 개시한 것이 창업에 해당되지 않아 원고 회사는 당초 창업중소기업이 아니었는데, 몇 달 후에 추가한 업종의 매출이 훨씬 더 크다는 등의 사정만으로 원고 회사가 다시 창업중소기업이 된다고 보기 어렵다 (울산지법 2018구합5462, 2019. 1. 24. 판결).

관련 기타 판례

- 기존 사업에서 새로운 사업을 추가하여 그로 인한 매출액이 50%를 넘는다고 주장하더라도 추가 업종에 대한 매출액이 정확하게 확인되지 않고, 추가한 업종이 구 한국표준산업분류표상 동일한 세분류에 속한다면 창업으로 볼 수 없음(대법 2016두51559, 2016. 12. 15. 판결).

21.4 기존법인과 특수관계에 있는 자까지 확대하여 그 특수관계에 있는 자가 설립한 법인에 대한 창업여부를 따져 창업중소기업 감면을 적용할 수 있는지

【관련 판례】 대법 2020두41948, 2020. 10. 15. 판결(심리불속행) : 항소기각

- 지방세특례제한법 제58조의3

〈쟁점요지〉 기존법인의 주주이자 대표자의 아들 명의로 법인을 신설하여 기존법인이 수행하던 업종과 동일한 업종을 영위하는 경우 기존 법인의 사업의 확장으로 보아 창업중소기업 감면을 배제할 수 있는지 여부

판결요지 신설법인의 경우 기존법인의 대표자의 자녀가 대주주로 참여하고 있으나, 그 대표의 업무를 기존법인에서 사실상 수행하고 있으며, 기존법인과 영위하는 업종이 동일하며, 매출처도 대부분 겹치는 점 등 종합적으로 고려해 보면 창업이라기보다는 기존법인의 사업의 확장으로 보아 취득세 감면을 배제하는 것이 타당함

- 구 조세특례제한법 제6조 제6항 제4호는 '구 조세특례제한법 제6조 제1항의 요건을 갖춘 새로운 중소기업 등이 설립되었더라도, 해당 중소기업 등이 하고자 하는 사업이 새로운 사업이 아니라 기존에 다른 개인이나 법인이 하던 사업의 확장이나 업종 추가에 불과한 경우 등에 해당하여 위 중소기업이 새로운 사업을 최초로 개시하는 것으로 보기 어려운 경우에는 이를 창업으로 보지 않는다.'라는 취지임이 분명하다.
- 한편 설립된 중소기업이 하고자 하는 사업이 새로운 사업인지 아니면 기존 사업의 확장이나 업종 추가 등에 불과한지는 해당 중소기업의 설립 경위, 기존에 사업을 영위하던 개인 또는 법인과 신설 중소기업의 출자자 구성, 전자가 후자의 설립이나 운영에 관여한 정도, 양자가 운영하는 사업의 유사성과 관련성, 양자 사이의 거래 현황과 규모 및 인적·물적 설비를 공유하는 정도 등을 종합하여 판단하여야 한다. 이처럼 구 조세특례제한법 제6조 제6항 제4호를 해석함에 있어 중요한 것은 '사업' 자체가 새로운 것인지 여부이고, 사업 확장과 업종 추가 또는 중소기업 신설 주체가 누구인지는 '새로운 사업'인지를 판단하는 데 있어 참작할 요소에 불과하다. 따라서 위 규정이 사업 확장이나 업종 추가 주체를 명시하지 않았다는 이유로 과세요건명확주의에 반한다고 볼 것도 아니다.
- ① ○○○은 교사였던 사람으로 원고 설립 전 레미콘과 아스콘 생산 및 판매 등에 관한 경험이 전혀 없었던 점, ② 원고는 아버지 ○○○로부터 증여받은 30억 원으로 원고를 설립한 점 ③ 원고 설립에 필요한 업무는 ○○산업 직원들이 담당한 것으로 보이고 ○○○

이 그에 실질적으로 관여하였다고 볼 증거도 없는 점, ④ 원고와 ○○산업의 임원 구성이 겹치고, 두 회사가 하는 사업이 유사한 점, ⑤ 원고 설립 후에도 회사 운영에 관한 최종적인 의사결정은 ○○○가 한 점, ⑥ 원고는 회사 운영에 필요한 최소한의 회계조직조차 갖추지 못한 채 그 업무를 ○○산업과 그 임원에게 일임하였고, 그 밖에 원고의 다른 업무도 ○○산업 직원이 처리하였으며, ○○○이 그에 실질적으로 관여하였다고 볼 별다른 증거도 없는 점 등에 비추어 과연 원고가 회사 운영에 필요한 독자적인 조직을 갖추었는지도 의문인 점, ⑥ 원고가 특수관계회사로부터 매입한 비용은 매출원가의 30%를 넘으며 2017년에는 56%에 달하는 점, ⑦ 이처럼 원고의 1인 주주이자 대표이사인 ○○○이 별다른 사업 경험이 없고 원고 운영에 실질적으로 관여한 것으로 보이지도 않음에도, 원고는 공장을 신축한 다음 해인 2015년에는 매출원가만 약 118억 원에 달하였고, 2015년에는 매출원가만 약 231억 원에 달할 정도로 급성장한 점 등의 사정에 비추어 보면, 원고의 사업은 ○○산업이 하던 사업의 확장 또는 업종 추가에 불과할 뿐이고, 원고가 새로운 사업을 최초로 개시하여 원시적인 사업 창출 효과가 있었다고 보기는 어렵다(창원지법 2018구합52929, 2019. 11. 14. 판결).

관련 기타 판례

1. 공동으로 온천을 운영하던 자가 인근에 다른 호텔을 새롭게 운영하는 경우 공동명의 사업자와 단독사업자의 경우 별개의 사업자에 해당하는 점, 온천 운영과 호텔운영은 다른 업종인 점, 새로운 물적 및 인적 시설이 증가된 점을 고려시 창업으로 보아 감면을 하는 것이 타당함(대법 2020두41078, 2020. 9. 24. 판결).
2. 기존 법인의 대표자와 가족관계에 있는 자를 통해 새로운 법인을 설립하여 대부분 동일한 업종을 영위하고 있고, 기존 법인과 거래처도 중복되는 경우 새로운 사업을 개시한 것이 아닌 단순한 사업의 확장으로 보아 창업중소기업 감면을 배제하는 것이 타당하고, 취득세 감면 규정상의 창업의 범위는 중소벤처기업부의 창업 기준과 동일하게 적용되지 아니함(대법 2020두42910, 2020. 10. 15. 판결).
3. 법인 대표자의 배우자가 영위하던 사업장과 동일한 장소의 부동산을 취득한 후 유사업종(다만, 형식상 표준산업분류표상은 이종)을 영위하고 매출처가 유사하며 일부 직원을 승계하였으며 사무실을 공동으로 사용하는 경우, 종전 사업자와 특수관계에 있고, 사업장이 동일하며, 업종이 유사하고, 매출처가 중복되며, 직원을 승계 받는 등 사실상 종전 사업자의 사업을 그대로 승계한 것으로 보이는 경우에는 창업으로 볼 수 없음(대법 2021두59090, 2022. 3. 17. 판결).

21.5 하도급주였으나 설비와 인력을 제공한 경우 제조업에 해당되는지

【관련 판례】 대법 2017두51495, 2017. 10. 31. 판결(심리불속행) : 상고기각

- 지방세특례제한법 제58조의3

지방세특례제한법 제58조의3(창업중소기업 등에 대한 감면)

④ 창업중소기업과 창업벤처중소기업의 범위는 다음 각 호의 업종을 경영하는 중소기업으로 한정한다. 이 경우 제1호부터 제8호까지의 규정에 따른 업종은 「통계법」 제22조에 따라 통계청장이 고시하는 한국표준산업분류에 따른 업종으로 한다.

2. 제조업

〈쟁점요지〉 발주업체로부터 제품제작 하도급을 받은 후 다시 일부 제작에 대하여 재하도급을 주었으나, 원고 회사의 일부인력과 생산 도구 및 설비를 이용한 경우 제조업을 영위하는 창업중소기업에 해당되는지 여부

판결요지 ••• 원고가 제품제작 설비를 갖추고 있었고, 원고의 직원이 재하도급 회사의 인력에 대하여 작업지시를 하는 등 원고의 책임과 감독 하에 제품을 제작·납품하였으므로 제조업을 영위하는 창업중소기업에 해당됨

- 원고는 이 사건 부동산에 철도차량 부품 제조를 위하여 2013년에 회전용접 JIG, 크레인, 용접기, 에어탱크 등 합계 260,659,000원 상당의 기계장치 및 60,000,000원 상당의 전기시설장치를 설치하고, 2014년에는 23,000,000원 상당의 호이스트 크레인을 설치하는 등 제조시설을 갖추었고, 대표이사 김○윤 외에 3명의 직원을 고용하였다.
- 원고는 철도차량 부품을 제작함에 있어 무◇기업(무◇기업이 폐업한 이후에는 태○기업과 하도급계약을 체결하였다, 이하 무◇기업과 태○기업을 합하여 '무◇기업 등'이라고 한다)과 사이에 하도급계약을 체결하고, 무◇기업 등의 작업자들로 하여금 이 사건 부동산에서 원고가 제공한 설비, 원재료, 전력 등을 이용하여 원고의 작업지시 하에 철도차량 부품 제작 작업을 하도록 하였고, 무◇기업 등은 하도급대금으로 원고와 대△중공업 사이의 원도급대금에는 크게 미치지 못하는 인건비 상당의 금액을 지급받았다. 이와 같은 제작 과정에서 원고의 직원 중 현대로템 주식회사에서 30년 이상 근무하여 전동차 제작에 관한 전문지식을 가진 윤○영은 무◇기업 등의 작업자들에게 작업지시를 하는 등 현장을 관리·감독하

였고, 윤○덕은 현장에서 절단, 용접 작업 등을 직접 수행하면서 현장 주임으로 근무하였다. 이에 비추어 보면 원고는 무◇기업 등으로부터 인력을 공급받았을 뿐 자신의 책임과 감독 하에 철도 차량 부품을 직접 제작하여 대△중공업에 납품하였다고 할 것이다(부산고등법원 2017. 6. 21. 선고 (창원)2016누12021 판결).

21.6 인허가를 받은 것을 직접사용으로 볼 수 있는지 및 유예기간 중 일부 기간 동안 정당한 사유가 있었던 경우라도 추징을 배제할 수 있는지

【관련 판례】 대법 2023두49721, 2023. 11. 9. 판결(심리불속행) : 상고기각

- 지방세특례제한법 제58조의3

지방세특례제한법 제58조의3(창업중소기업 등에 대한 감면)

⑦ 다음 각 호의 어느 하나에 해당하는 경우에는 제1항 제1호 및 제2항 제1호에 따라 경감된 취득세를 추징한다. 다만, 「조세특례제한법」 제31조 제1항에 따른 통합(이하 이 조에서 "중소기업간 통합"이라 한다)을 하는 경우와 같은 법 제32조 제1항에 따른 법인전환(이하 이 조에서 "법인전환"이라 한다)을 하는 경우는 제외한다.

1. 정당한 사유 없이 취득일부터 3년 이내에 그 부동산을 해당 사업에 직접 사용하지 아니하는 경우

〈쟁점요지〉

1. 창업중소기업 감면을 적용하면서 공장등록을 하고 사업허가를 받은 것을 직접 사용으로 보아 취득세를 감면할 수 있는지 여부
2. 추징 유예기간 중 일정한 기간 동안 추징을 배제할 정당한 사유가 있었더라도 나머지 기간에는 정당한 사유가 없었던 경우 추징 대상으로 볼 수 있는지 여부

판결요지 ••• 공장등록 및 사업허가 등은 준비행위에 불과하므로 직접 사용으로 보아 감면할 수 없고, 유예기간 중 일부 기간 동안 정당한 사유가 인정되더라도 다른 기간에 그러한 사유가 없다면 추징 대상에 해당함

- 원고가 이 사건 건물이 경계를 침범한 타인 소유의 토지를 추가 취득하고, 공장 진입로를 개설하며, 공장등록 및 액화석유가스 충전사업 허가를 받았다고 하더라도, 이는 모두 이

사건 부동산을 원고의 목적사업에 직접 사용하는 행위라기보다는 이를 위한 준비행위에 불과하다(대법원 2009. 3. 12. 선고 2006두11781 판결 참조).

- 재산의 취득자가 정당한 사유 없이 유예기간이 경과할 때까지 취득 재산을 해당 사업에 직접 사용하지 않았는지 여부는 특별한 사정이 없는 한 그 취득일을 기준으로 기산하여 판단하여야 하고, 유예기간 중 일정한 기간 동안 취득 재산을 해당 사업에 직접 사용하지 아니한 데에 정당한 사유가 있다고 하더라도, 나머지 기간 동안에도 취득 재산을 해당 사업에 직접 사용하지 아니한 데에 정당한 사유가 있는지 여부를 심리하여 과세처분의 적법 여부를 판단하여야 한다(대법원 2022. 11. 17. 선고 2022두47063 판결 참조) … 원고가 2018. 12. 5.까지 이 사건 부동산을 목적사업에 직접 사용하지 아니한 데에 정당한 사유가 있는 것으로 보더라도, 원고에게는 2018. 12. 6.부터 2020. 3. 27.까지 15개월 이상의 시간이 남아 있었다. 그럼에도 불구하고 앞서 본 바와 같이 2020. 2. 27. 당시 이 사건 건물에 종전 소유자의 상호가 그대로 남아있었고, 이 사건 건물이 공실 상태로 있었는바, 원고가 위 기간 동안 이 사건 부동산을 목적사업에 직접 사용하지 아니한 데에 정당한 사유가 존재한다고 볼 수 없다(대전고법 2023누10714, 2023. 7. 18. 판결).

22. 물류단지에 대한 감면

22.1 창고에서 제품을 일부 가공한 자가물류도 물류사업에 해당되는지

【관련 판례】 대법 2017두45414, 2017. 9. 14. 판결(심리불속행) : 상고기각

- 지방세특례제한법 제71조

> **지방세특례제한법 제71조(물류단지 등에 대한 감면)**
>
> ② 물류단지에서 대통령령으로 정하는 물류사업(이하 이 항에서 "물류사업"이라 한다)을 직접 하려는 자가 물류사업에 직접 사용하기 위해 취득하는 대통령령으로 정하는 물류시설용 부동산(이하 이 항에서 "물류시설용 부동산"이라 한다)에 대해서는 2025년 12월 31일까지 취득세의 100분의 50을 경감하고, 2025년 12월 31일까지 취득하여 과세기준일 현재 물류사업에 직접 사용하는 물류시설용 부동산에 대해서는 그 물류시설용 부동산을 취득한 날부터 5년간 재산세의 100분의 35를 경감한다.

〈쟁점요지〉 화주기업의 창고시설에서 제품의 운송, 보관, 하역을 위한 일부 가공이 이루어진 자가물류도 지방세 감면대상 물류사업에 포함되는지 여부

판결요지 ••• 지방세 감면대상 물류사업이란 자기가 보유하거나 관리하는 재화에 대하여 자기의 시설 · 장비 · 인력 등을 사용하여 물류활동을 하는 이른바 '자가물류'를 포함하는 개념이므로 지방세 감면대상에 해당됨

- 반면 이 사건 창고시설에서, 원고는 매입처로부터 완제품 상태로 매입한 철근, 철에이치빔, 철판, 고철 등을 적치하여 두었다가 이를 기보철강 주식회사 등 매출처에 판매한 후 매출처로 운송하기 위해 상차하는 작업 등 운송작업을 하고, 운송 · 보관에 필요하거나 매

출처의 요구가 있는 일부 경우에 산소절단공구와 같은 절단기계로 철재 등의 길이를 조정하는 작업을 한다.

- 지방세특례제한법에는 '물류사업'의 정의규정이 존재하지 아니하고 있고 이에 관한 준용규정도 마련되어 있지 아니한바, 앞서 든 증거에 변론 전체의 취지를 종합하여 알 수 있는 아래와 같은 사정에 비추어 '물류사업'이란 자기가 보유하거나 관리하는 재화에 대하여 자기의 시설·장비·인력 등을 사용하여 물류활동을 하는 이른바 '자가물류'를 포함하는 개념으로서 원고가 이 사건 부동산에서 영위하고 있는 자가물류사업 역시 이 사건 조항에서 규정하고 있는 물류사업에 해당한다고 봄이 타당하다(인천지방법원 2016. 10. 7. 선고 2016구합51393 판결).

22.2 수탁자의 임대창고 방식을 '물류사업을 직접 하려는 자'로 볼 수 있는지

【관련 판례】 대법 2016두37232, 2016. 7. 29. 판결(심리불속행) : 기각

- 지방세특례제한법 제71조 제2항

〈쟁점요지〉 관리형토지신탁계약에 따른 수탁자를 지특법 제71조에 따른 취득세 감면대상 '물류단지에서 물류사업을 직접하려는 자'로 볼 수 있는지 여부

판결요지 물류창고에서 '임대창고' 내지 '수탁창고' 방식으로 영위한 경우 취득세 감면대상 '물류사업을 직접하려는 자'로 볼 수 있음

- 원고가 '물류사업을 직접 하려는 자'에 해당하는지 여부는 이 사건 물류창고의 취득자인 원고가 수행하는 업무의 내용에 따라 판단하여야 한다.
- 이 사건 물류창고 중 '임대창고' 방식 외의 부분은 소외 회사가 화주들과 사이에 물품보관계약을 체결하여 '수탁창고' 방식으로 운영하였다고 볼 수 있는데, 원고와 소외 회사 사이에 명시적인 경영위탁계약서가 작성되지 않았더라도, ㉠ 이 사건 물류창고는 원고의 소유이므로 소외 회사가 이 사건 물류창고에서 '수탁창고' 방식의 운영을 하기 위하여는 원고의 권한 부여가 필요하고, ㉡ 원고가 대외적으로 소외 회사가 이 사건 물류창고의 위탁경영업체임을 밝힌 바 있으며(갑 제26호증), ㉢ 소외 회사는 이 사건 신탁계약의 위탁자로서 신탁계약에 따라 원고에게 명시적으로 위임한 업무 이외의 업무로서 사업 시행을 위하여 필요하다고 원고가 인정하는 업무 일체를 수행하여야 하므로(이 사건 신탁계약 특약사항 제6조 제1항, 제2항 제10호), 소외 회사는 원고로부터 이 사건 물류창고의 운영에 관하

여 위탁을 받은 것으로 볼 수 있다. 따라서 원고는 이 사건 물류창고 중 '임대창고' 방식 외의 부분을 소외 회사에게 업무를 위탁하여 '수탁창고' 방식으로 운영하였다고 평가할 수 있다(서울고등법원 2015누53987, 2016. 4. 6.).

관련 기타 판례

- 물류사업자가 창고를 직접 운영하는 것이 아니라 임대 방식으로 운영하는 경우에도 물류정책기본법 등이 정한 물류사업 중 하나인 물류시설운영업(창고업)에 직접 사용하였다고 볼 수 있음(대법 2018두46643, 2018. 10. 4. 판결).

22.3 물류단지 내에서 이미 준공된 물류시설을 취득하는 경우 취득세 감면여부 및 감면대상 물류사업용 부동산의 범위를 제한한 구 시행령 규정이 위임근거가 없는지

【관련 판례】 대법 2012두17391, 2012. 11. 29. 판결 : 항소기각

- 지방세특례제한법 제71조 및 시행령 제33조

지방세특례제한법 시행령 제33조(물류사업의 범위 등)

① 법 제71조 제2항에서 "대통령령으로 정하는 물류사업"이란 「물류정책기본법」 제2조 제1항 제2호에 따른 물류사업을 말한다.

② 법 제71조 제2항에서 "대통령령으로 정하는 물류시설용 부동산"이란 「물류시설의 개발 및 운영에 관한 법률」 제2조 제7호에 따른 일반물류단지시설(「유통산업발전법」 제2조 제3호에 따른 대규모점포는 제외한다)을 설치하기 위해 「물류시설의 개발 및 운영에 관한 법률」 제27조에 따른 물류단지개발사업의 시행자로부터 취득하는 토지와 그 토지 취득일부터 5년 이내에 해당 토지에 신축하거나 증축하여 취득하는 건축물(토지 취득일 전에 신축하거나 증축한 건축물을 포함한다)을 말한다.

〈쟁점요지〉
1. 물류단지 내에서 이미 준공된 물류시설을 취득하는 경우 취득세 감면여부
   - 물류사업을 영위하고자 하는 자가 물류단지 내에서 이미 물류용 건축물이 설치되어 있는 부동산을 취득하는 경우에도 취득세를 감면할 수 있는지 여부
2. 감면대상 물류사업용 부동산의 범위를 제한한 구 지방세법 시행령 규정이 위임근거가 없는지

판결요지 •••

1. 이미 물류시설이 설치된 부동산을 취득하는 경우는 감면대상 아님
   - 구 지방세법 제280조 제5항 및 구 지방세법 시행령 제226조의2 제2항은 물류사업을 영위하고자 하는 자가 물류단지시설을 새로 설치하기 위하여 토지와 건축물을 취득하는 경우에 취득세와 등록세를 면제하는 규정이므로 물류사업을 영위하고자 하는 자가 이미 설치되어 있는 물류단지시설을 취득하는 경우는 위 규정의 적용대상이 아니다.
2. 모법에 위임근거가 없다고 할 수 없음
   - 구 지방세법 제280조 제5항이 '대통령령이 정하는 물류단지 안에서 취득하는 부동산'이라고 규정한 것은 대통령령으로 정하는 대상을 '물류단지'로 한정한 것이 아니라 '물류단지 안에서 취득하는 부동산'으로 한 것이므로 구 지방세법 시행령 제266조의2 제2항에 대한 모법의 위임근거가 없지 않다.

22.4 물류터미널 내 주유소가 물류사업용 부동산에 해당되는지

【관련 판례】 대법 2015두40514, 2015. 7. 9. 판결(심리불속행) : 상고기각

- 지방세특례제한법 제71조

〈쟁점요지〉 물류터미널 단지 내의 대로변에 위치하여 불특정 · 일반인 다수의 차량이 이용할 수 있는 주유소의 경우 이를 취득세 감면대상에 해당하는 물류사업용 부동산으로 볼 있는지 여부

판결요지 ••• 주유소가 물류터미널 부지 안에 위치해 있더라도 그 구조, 물류터미널 내에서의 접근가능성, 일반 도로에서의 접근가능성, 독자적인 영업가능성 등을 고려할 시 기능적 보조관계에 있지 않아 물류사업용 부동산으로 보기는 어려움

- ① 이 사건 주유소는 대로변에 위치하고 있고 '○○ ○○뱅크' 폴사인을 갖추고 있어, ○○종합물류단지를 통행하는 불특정 · 다수의 차량을 상대로 석유판매업을 하는 것이 가능한

점, ② 실제 이 사건 주유소에서 석유판매업을 시작한 2011. 2.경부터 2014. 6.경까지 판매된 유류 중 59.1%만이 원고의 직영차량에 판매되었고 나머지는 계열사 차량이나 계열사 직원차량(21.8%), 기타 차량(19.8%)에 판매되어 상당량이 불특정 다수의 차량에 판매된 점, ③ 이 사건 물류터미널과 이 사건 주유소 사이에 담이 있어 위 물류터미널 내 차량은 물류터미널 정문으로 나와서 공로를 통해서만 이 사건 주유소로 갈 수 있는 것으로 보이는 점 등을 종합하여 보면, 이 사건 주유소는 비록 이 사건 물류터미널 부지 안에 위치해 있기는 하지만 그 구조, 물류터미널 내에서의 위치 및 접근가능성, 일반 도로에서의 접근가능성 및 독자적인 영업가능성 등의 면에서 이 사건 물류터미널과 구조적·지리적으로 결합 또는 접속되어 있어 밀접한 관계에 있다거나 기능적 보조관계에 있다고 보기는 어렵다.

- 따라서 이 사건 주유소를 물류터미널에 딸린 시설로 볼 수 없고, 다만 앞서 본 사정에 비추어 보면, 물류시설법 제2조 제8호 라목 소정의 지원시설(물류단지의 종사자 및 이용자의 생활과 편의를 위한 시설)에 해당한다(서울고등법원 2015. 4. 1. 선고 2014누63406 판결).

22.5 조합의 물류시설을 매각 후 조합원이 사용토록 한 경우 추징대상 매각에 해당되는지

【관련 판례】 대법 2016두57366, 2017. 2. 23. 판결(심리불속행) : 기각

- 같은 취지 대법원 판례 : 2016두57373(2017. 2. 23.), 2016두55674(2017. 2. 23.)
- 지방세특례제한법 제71조 및 제178조

지방세특례제한법 제178조(감면된 취득세의 추징)

① 부동산에 대한 감면을 적용할 때 이 법에서 특별히 규정한 경우를 제외하고는 다음 각 호의 어느 하나에 해당하는 경우 그 해당 부분에 대해서는 감면된 취득세를 추징한다.

1. 정당한 사유 없이 그 취득일부터 1년이 경과할 때까지 해당 용도로 직접 사용하지 아니하는 경우
2. 해당 용도로 직접 사용한 기간이 2년 미만인 상태에서 매각·증여하거나 다른 용도로 사용하는 경우

〈쟁점요지〉 조합이 토지를 구입하여 물류단지시설을 건설하고 조합원들이 물류사업에 사용하게 할 목적으로 그 소유권을 이전한 경우 매각에 해당되는지
※ (사실관계) LH로부터 조합명의로 토지를 분양받아 2년 기간 미만에 조합원에게 재매각함

판결요지 ••• 물류시설로 직접 사용한 기간이 2년 미만인 상태에서 조합원에게 매각한 경우 비록 다른 용도로 사용하지 않더라도 추징대상에 해당됨

- 이 사건 규정은 '매각 · 증여하거나 다른 용도로 사용하는 경우'에 추징하도록 하고 있어, 비록 다른 용도로 사용하지 아니하더라도 매각 · 증여를 한 이상 추징 대상으로 삼고 있고, '직접 사용한 기간이 2년 미만인 상태에서 매각 · 증여'한 이상 위 매각 · 증여가 직접 사용에 해당하는지 여부 또한 묻지 않고 추징 대상으로 삼겠다는 취지로 해석함이 법 문언에 충실한 해석이다.
- 이 사건 규정에서 말하는 직접 사용이란 부동산 취득자가 해당 용도로 사용하는 것을 의미한다 할 것이므로, 원고가 제3자에게 이 사건 각 토지를 매도한 이상 직접 사용에 해당하지 아니하는 것으로 보아야 한다. 그리고 이 사건 규정의 해석상, 직접 사용한 기간이 2년 미만인 상태에서 매각한 경우에는 취득세 등을 추징하여야 하고 매각의 상대방이 조합원인 경우에 관하여 특별히 취급하고 있지 아니한바, 이 사건 원고와 같은 조합이 직접 사용한 기간이 2년 미만인 상태에서 조합원에게 매각한 경우에도 이 사건 규정에 해당한다고 판단된다(부산고등법원 2016. 9. 30. 선고 2016누21022 판결).

23. 토지 등 수용에 따른 대체취득 감면

23.1 '부재 부동산 소유자'의 판단요건 및 판단 시 피상속인과 상속인의 거주기간을 합산하여 볼 수 있는지

【관련 판례】 대법 2000두1836, 2002. 8. 23. : 파기환송

- 지방세특례제한법 제73조 및 시행령 제34조

지방세특례제한법 제73조(토지수용 등으로 인한 대체취득에 대한 감면)

① 관계 법령에 따라 토지 등을 수용할 수 있는 사업인정을 받은 자(중략)에게 부동산 등이 매수, 수용 또는 철거된 자(중략)가 계약일 또는 해당 사업인정 고시일(중략) 이후에 대체취득할 부동산등에 관한 계약을 체결하거나 건축허가를 받고, 그 보상금을 마지막으로 받은 날(중략)부터 1년 이내(중략)에 다음 각 호의 구분에 따른 지역에서 종전의 부동산등을 대체할 부동산등을 취득하였을 때(중략)에는 그 취득에 대한 취득세를 면제한다.

② 제1항에도 불구하고 「지방세법」 제13조 제5항에 따른 과세대상을 취득하는 경우와 대통령령으로 정하는 부재부동산 소유자가 부동산을 대체취득하는 경우에는 취득세를 부과한다.

지방세특례제한법 시행령 제34조(수용 시의 초과액 산정기준)

② 법 제73조 제2항에서 "대통령령으로 정하는 부재부동산 소유자"란 「공익사업을 위한 토지 등의 취득 및 보상에 관한 법률」 등 관계 법령에 따른 사업고시지구 내에 매수·수용 또는 철거되는 부동산을 소유하는 자로서 다음 각 호에 따른 지역에 계약일(사업인정고시일 전에 체결된 경우로 한정한다) 또는 사업인정고시일 현재 1년 전부터 계속하여 주민등록 또는 사업자등록을 하지 아니하거나 1년 전부터 계속하여 주민등록 또는 사업자등록을 한 경우라도 사실상 거주 또는 사업을 하고 있지 아니한 거주자 또는 사업자(법인을 포함한다)를 말한다. 이 경우 상속으로 부동산을 취득하였을 때에는 상속인과 피상속인의 거주기간을 합한 것을 상속인의 거주기간으로 본다.

〈쟁점요지〉 사업인정 고시일 전에 피상속인이 수용되는 당해 부동산이 소재하거나 그에 연접한 구·시·읍·면 지역에서 사실상 거주하였으나 주민등록을 마치지 아니한 경우, 피상속인의 거주기간을 상속인의 거주기간과 합산할 수 있는지 여부

판결요지 ••• 부재부동산 소유주를 판단함에 있어 상속인과 피상속인이 각각 수용되는 부동산 소재지에 주민등록을 두고 사실상 거주하지 아니한 경우에는 거주기간을 합산하여 판단할 수 없음

- 법 제109조 제1항의 요건에 해당하는 대체부동산의 취득의 경우라고 하더라도 법 제109조 제2항 및 시행령 제79조의3 제2항이 정한 '부재 부동산 소유자'의 대체부동산의 취득에 해당하지 아니하여야만 대체부동산의 취득에 따른 취득세 및 등록세가 비과세된다고 할 것이고, 여기에서 말하는 '부재 부동산 소유자'에 해당하지 않기 위하여는 원칙적으로 사업인정 고시일 당시의 소유자로서 수용되는 당해 부동산이 소재하거나 그에 연접한 구·시·읍·면 지역에 1년 이상 주민등록을 하고, 사실상 거주한 사실이 인정되어야 할 것이다.
- 한편, 시행령 제79조의3 제2항 단서에서 '상속으로 부동산을 취득하는 때에는 상속인과 피상속인의 거주기간을 합한 것을 상속인의 거주기간으로 본다.'는 규정을 두어 예외를 인정하는 취지는 피상속인이 수용되는 당해 부동산이 소재하거나 그에 연접한 구·시·읍·면 지역에 주민등록을 마치고 사실상 거주한 경우 만약 그가 사망하지 않고 생존하였더라면 사업인정 고시일 현재 1년 간의 주민등록과 거주라는 요건을 구비하여 대체 부동산의 취득에 따른 취득세 및 등록세를 비과세받을 수 있었을 것인데, 피상속인이 1년 간의 주민등록과 거주라는 요건을 갖추기 전에 사망하고, 상속인도 미처 1년 간의 주민등록과 거주라는 요건을 갖추지 못한 상태에서 사업인정 고시가 됨으로써 피상속인의 사망에 따른 거주기간의 중단으로 인하여 상속인이 입게 되는 불이익을 구제하기 위하여 피상속인의 거주기간을 상속인의 거주기간과 합산하고자 하는 데에 있다.
- 그런데 사업인정 고시일 전에 피상속인이 수용되는 당해 부동산이 소재하거나 그에 연접한 구·시·읍·면 지역에서 사실상 거주하였으나 주민등록을 마치지 아니하였거나 그와 반대로 위의 지역에 주민등록을 하였더라도 사실상 거주하지 아니한 경우에는 설령 사업인정 고시일 현재 피상속인이 사망하지 아니하였다고 하더라도 그 피상속인은 '부재 부동산 소유자'에 해당하여 대체 부동산의 취득에 따른 취득세와 등록세에 대하여 법 제109조 제1항 및 제127조의2 제2항이 적용되어 비과세될 여지가 없게 된다.
- 따라서 시행령 제79조의3 제2항 단서에 의하여 피상속인의 거주기간을 상속인의 거주기간에 합산함으로써 대체 부동산의 취득에 따른 취득세 및 등록세가 비과세되기 위하여는 피상속인이 수용되는 당해 부동산이 소재하거나 그에 연접한 구·시·읍·면 지역에 주민등록을 마치고 사실상 거주를 하고 있어야 하고, 피상속인이 위의 지역에 사실상 거주

하였으나 주민등록을 하지 아니한 경우에는 피상속인의 거주기간을 상속인의 거주기간과 합산할 수 없다.

관련 기타 판례

- 개인소유 부동산에 개인사업자등록을 하고 있던 중 개인사업을 법인으로 전환한 경우, 개인과 법인의 경우 별개의 납세의무 주체이므로 양자를 별개로 보아 사업기간(1년)을 판단하여야 함(대법 2011두14524, 2012. 3. 15. 판결).

23.2 질병 치료를 위해 주민등록을 일시 이전한 경우는 대체취득 비과세 판단 시 부재지주에서 배제할 수 있는지

【관련 판례】 대법 2013두14528, 2013. 11. 15. 판결(심리불속행) : 상고기각

- 지방세특례제한법 제73조

〈쟁점요지〉 수용부동산 소재지에 주민등록을 유지하고 있다가 질병치료를 위해 일시 주민등록을 이전하였으나 실제적으로는 양주소지에 모두 거주하고 있었고, 처와 자녀들은 계속 수용부동산 소재지에 주민등록을 유지하고 있었던 경우 대체취득 비과세 배제대상자인 부재지주에 해당하지 않는 것으로 볼 수 있는지 여부

판결요지 ••• 조세법률주의 원칙상 주민등록을 이전한 이상 부재지주에 해당함

- 원고의 주장과 같이 원고의 처와 자녀들이 이 사건 수용부동산에 주민등록을 그대로 유지하면서 거주하였다고 하더라도, 조세법률주의의 원칙상 과세요건이거나 비과세요건 또는 조세감면요건을 막론하고 조세법규의 해석은 특별한 사정이 없는 한 법문대로 해석할 것이고 합리적 이유 없이 확장해석하거나 유추해석하는 것은 허용되지 아니하며, 특히 감면요건 규정 가운데에 명백히 특혜규정이라고 볼 수 있는 것은 엄격하게 해석하는 것이 조세공평의 원칙에도 부합하는바, 앞에서 본 바와 같이 원고의 처와 자녀들은 이 사건 수용부동산의 소유자가 아니므로, 지방세특례제한법 제73조 제1, 2항, 같은 법 시행령 제34조 제2항 소정의 취득세 감면 요건에 해당되지 아니하고, 원고의 처와 자녀들의 주민등록을 원고의 주민등록으로 해석하는 것은 법문에 반하므로, 위와 같은 사정만으로 원고가 "부재부동산 소유자"에 해당되지 않는다고 볼 수 없다(인천지법 2012구합1383, 2012. 8. 17. 판결).

23.3 부가가치세법상 사업자등록 대상이 아닌 하치장을 수용지역 내 사업자등록을 하지 않은 것으로 보아, 대체취득 감면배제 대상 부재지주로 볼 수 있는지

【관련 판례】 대법 2014두2904, 2014. 5. 29. 판결(심리불속행) : 상고기각(과세 기관 승)

- 지방세특례제한법 제73조

〈쟁점요지〉 부가가치세법상 사업자등록 대상이 아닌 물품의 적재와 반출만 하는 하치장용 부동산이 수용된 경우, 대체취득에 따른 감면이 배제되는 수용부동산 소재지역 내에 사업자등록을 하지 않은 부재부동산 소유자로 보는 것이 타당한지 여부(이 건의 경우 부가가치세법상 하치장 등록을 하지 않았고 상시 근무자도 없는 창고 보관시설이었음)

판결요지 ••• 부가가치세법상 사업자등록대상 사업장이 아니더라도, 수용되는 부동산 소재지역 인근에 사업자등록을 하고 있지 않는 경우 부재부동산 소유자에 해당함

- 이 사건 부동산은 재고 조화를 보관하는 창고 용도로만 사용되어 부가가치세법 시행령 제4조 제2항의 재화의 보관・관리시설에 해당한다고 봄이 상당하다 할 것이고, 따라서 이 사건 부동산은 사업자 또는 그 사용인이 상시 주재하지 않을 뿐만 아니라 거래가 이루어지는 장소도 아니어서 부가가치세법 제5조 제1항의 사업자등록 대상이 되는 사업장에 해당한다고 할 수는 없으나, 그렇다 하더라도 원고의 사업장이 ○○ ○○구 ○○동 75-16 ○○○○○ 2동 218호로서 원고가 그곳에 사업자등록을 하고 있고, 지방세특례제한법 시행령 제34조 제2항 각 호가 규정한 지역 내에 사업자등록을 하지 아니한 부재부동산 소유자에 해당한다는 점에는 변함 없음(수원지법 2012구합15228, 2013. 6. 13. 판결).

관련 기타 판례

- 종중은 비법인사단으로서 '사업자'에 해당되어 수용된 토지에 사업자등록을 하지도 아니하고 실제 위 토지에서 사업을 수행하지도 아니한 이상 부재부동산 소유자에 해당함(대법 2008두19864, 2010. 12. 23. 판결).

23.4 대체취득에 따른 부재부동산 소유자를 판단함에 있어 최초가 아닌 변경된 사업인정고시일을 기준으로 판단할 수 있는지

【관련 판례】 대법 2019두57084, 2020. 2. 27. 판결(심리불속행) : 항소기각

- 지방세특례제한법 제73조

〈쟁점요지〉 수용에 따른 대체취득 감면 상의 부재부동산 소유자를 판단함에 있어 거주 조건의 판단기준인 1년 이상 거주를 최초 사업인정고시일이 아닌 변경된 사업인정고시일을 기준으로 판단할 수 있는지 여부

판결요지 ••• 수용으로 기반을 잃는 것에 대한 보상차원의 감면이므로 최초 수용이 확정된 시점(최초 사업인정고시일)을 기준으로 판단하는 것이 타당하므로 사업시행변경인가일을 기준으로 판단할 수 없음

- 대체취득하는 부동산에 대하여 취득세를 부과하지 않으면서 부재부동산 소유자에 대하여는 취득세를 부과하는 위 각 규정의 취지는 수용 등으로 인하여 부득이하게 생활의 기반이나 사업의 기반을 잃게 되는 거주자 또는 사업자를 조세정책적인 차원에서 지원하기 위하여 그들이 대체취득하는 부동산에 대하여 취득세를 비과세하되, 수용 등이 이루어지는 부동산 소재지에서 일정기간 계속하여 주민등록 또는 사업자등록을 하지 아니하거나 주민등록 또는 사업자등록을 한 경우에도 사실상 거주 또는 사업을 하고 있지 않는 경우에는 지원의 필요성이 있다고 할 수 없으므로 이러한 부재부동산 소유자는 비과세대상에서 제외하고자 하는 것인바(대법원 2010. 12. 23. 선고 2008두19864 판결, 대법원 2014. 4. 24. 선고 2013두15590 판결 등 참조), 이와 같은 위 각 규정의 취지를 고려하면 구 지방세특례제한법 시행령 제34조 제2항이 정한 '사업인정고시일'이란 관계법령에 따라 부동산이 매수, 수용 또는 철거되는 것으로 고시된 '최초 사업인정고시일'을 의미하는 것으로 봄이 타당하고, 최초 사업시행계획인가의 주요 부분을 실질적으로 변경하는 내용의 사업시행계획변경인가가 있었다고 하더라도 특별한 사정이 없는 한 사업시행변경인가의 고시일을 기준으로 부재부동산 소유자에 해당하는지 여부를 판단하여야 한다고 볼 수는 없다(서울행법 2018구합66807, 2019. 5. 16. 판결).

관련 기타 판례

1. 대체취득에 따른 취득세 감면을 배제하는 부재부동산소유자의 거주기간 판단기준인 "계약일"은 '당해 사업인정고시일 전의 계약일'만을 뜻하므로 사업인정고시일 이후에 계약하는 경우는 포함되지 아니함(대법 2012두27596, 2013. 4. 11. 판결).
2. 사업인정고시일 이후에 건축허가를 받아 수용에 따른 마지막 보상금을 받은 날부터 1년 이내에 대체취득하는 부동산에 대한 취득세 감면을 적용함에 있어 구 택지개발촉진법 하에서는 택지개발계획 승인·고시일을 사업인정고시일로 보아야 하기 때문에 택지개발예정지구 지정·고시일로 볼 수 없음(대법 2013두15590, 2014. 4. 24. 판결).

23.5 신탁재산에 대하여 위탁자를 기준으로 대체취득에 따른 감면을 적용할 수 있는지

【관련 판례】 대법 2017두61508, 2020. 6. 11. 판결 : 항소기각(과세기관 일부 승)

- 지방세특례제한법 제73조

〈쟁점요지〉 신탁되어 있던 토지에 대하여 보금자리주택사업을 추진하면서 대체취득에 따른 취득세 감면을 적용하면서 부재지주에 대한 판단을 위탁자를 기준으로 하여 감면을 적용할 수 있는지 여부

판결요지 수탁자가 계약자인 경우 수탁자가 취득세 납세의무자가 되고, 사업인정고시일 현재 수탁자가 아닌 위탁자가 소유주인 경우에는 수탁자에게 대체취득에 따른 감면을 적용할 수 없음

- 이 사건 토지의 매매계약은 원고를 매수인으로 하여 체결되었고 그 매매대금도 원고 명의로 지급하였으며 원고 명의로 소유권이전등기가 경료된 점, 지방세법 제9조 제3항 제1호에서 신탁으로 인한 신탁재산의 취득세 면제대상은 위탁자로부터 수탁자에게 신탁재산을 이전하는 경우로서 신탁등기가 병행되는 것을 의미하나, 이 사건 토지의 경우 원고가 매매계약을 체결하고 소유권이전등기를 경료하였을 뿐 이 사건 위탁자들 명의로 매매계약이 체결되거나 소유권이전등기가 경료된 적이 없는 점 등을 종합하여 보면, 이 사건 토지의 취득자는 원고라 할 것이다. 따라서 이 사건 토지의 취득세 납세의무자는 원고이다(서울행법 2016구합72273, 2016. 11. 18. 판결).

- 서울강남보금자리주택사업지구의 사업인정고시일인 2009. 6. 3. 당시 종전 토지의 소유자는 원고가 아니라 이 사건 위탁자들이었던 점, 원고는 위 2009. 6. 3. 이후인 2010. 3. 5. 비로소 종전 토지에 대한 신탁계약을 체결하고 종전 토지의 소재지에서 사업을 시작한 점, 원고는 2014. 8. 29. 이 사건 토지에 관하여 소유권이전 및 신탁등기를 경료한 점 등에 비추어 보면, 원고는 위 사업인정고시일 현재 종전 토지의 소유자가 아닌데다가 … (그러므로 수탁자인 원고를 기준으로 하여도 원고가 위 '부재부동산 소유자'에 해당하지 아니하여 이 사건 감면규정이 적용될 수 있다는 취지의 원고 주장은 받아들일 수 없다)(서울고법 2016누82593, 2017. 8. 18. 판결).

23.6 주택에 관한 지정지역을 주택 외의 부동산에 대하여도 효력이 있는 것으로 보아 대체취득 관련 제한규정을 적용할 수 있는지

【관련 판례】 대법 2009두23082, 2011. 8. 25. : 파기환송

- 지방세특례제한법 제73조

〈쟁점요지〉 구 소득세법 시행령 제168조의3 제1항에 따른 주택에 관한 지정지역이 그 지역에 있는 주택 외의 부동산에 관하여 법적 효력을 지니는지 여부 및 주택에 관한 지정지역에서 주택 외의 부동산을 대체취득하는 경우 구 지방세법 제109조 제1항 제1호 (다)목 단서 조항이 적용되는지 여부

판결요지 ••• 주택에 관한 지정지역은 그 지역에 소재하는 주택에 관해서만 지정지역으로서의 법적 효력을 지니므로, 주택에 관한 지정지역에서 주택 외의 부동산을 대체취득하는 경우에는 있어 동 제한 규정이 적용되지 않음

- 구 소득세법 시행령 제168조의3은 지정지역의 지정기준을 주택매매가격상승률과 지가상승률로 이원화하고 있고, 그에 따라 재정경제부장관도 지정지역을 주택에 관한 지정지역과 주택 외의 부동산에 관한 지정지역으로 구분하여 지정하고 있는 점, 주택에 관한 지정지역은 그 지역에 소재하는 주택의 매매가격상승률이 일정수준 이상으로 높아 주택에 대한 투기적 수요가 우려되어 그에 대한 세제상의 불이익을 가할 목적으로 지정된 지역이므로 그와 같은 투기적 수요의 우려가 없는 주택 외의 부동산에 대해서까지 그 지정지역에 소재한다는 이유만으로 주택의 경우와 동일하게 세제상의 불이익을 가하는 것은 지정지역의 취지에 반하는 점 등을 고려하면, 주택에 관한 지정지역은 그 지역에 소재하는 주택

에 관해서만 지정지역으로서의 법적 효력을 지니며 그 외의 부동산에 관하여는 그와 같은 법적 효력이 없다고 보아야 하고, 이러한 법리는 지방세법에서 인용하고 있는 지정지역에 관하여도 그대로 적용된다고 할 것이므로 주택에 관한 지정지역에서 주택 외의 부동산을 대체취득하는 경우는 이 사건 단서 조항에 해당하지 않는다고 해석함이 타당하다.

24. 도시개발사업, 도시정비사업 등에 따른 감면

24.1 도시환경정비사업에서 용도폐지된 정비기반시설을 취득한 것을 사업시행자의 체비지나 보류지의 취득으로 보아 감면할 수 있는지

【관련 판례】 대법 2018두35841, 2019. 4. 11. 판결 : 상고기각(과세기관 일부 승)

- (추) 같은 취지 : 대법 2019두43900, 2019. 9. 26. 판결(심리불속행)
- 지방세특례제한법 제74조 제3항

지방세특례제한법 제74조(도시개발사업 등에 대한 감면)

③ 「도시개발법」에 따른 도시개발사업의 사업시행자가 해당 도시개발사업의 시행으로 취득하는 체비지 또는 보류지에 대해서는 취득세의 100분의 75를 2025년 12월 31일까지 경감한다.

※ 개정으로 인해 제1항, 제2항이 삭제되었으며 체비지 또는 보류지 관련 내용이 제3항으로 이동함.

〈쟁점요지〉 도시환경정비사업을 진행함에 있어 사업시행자가 용도폐지된 정비기반시설을 무상승계 취득하는 경우 사업시행자의 체비지 및 보류지 취득으로 보아 감면할 수 있는지

판결요지 ●●● 사업시행자의 지위에서 용도폐지된 정비기반시설을 취득한 것에 불과하므로 체비지 또는 보류지의 취득에 해당하지 않음

- 원고가 소유자 지위가 아닌 사업시행자 지위에서 이 사건 용도폐지 정비기반시설을 취득한 것에 불과하고, 이 사건 용도폐지 정비기반시설이 체비지 또는 보류지에도 해당하지

아니하므로, 구 지방세특례제한법(2014. 12. 31. 법률 제12955호로 개정되기 전의 것, 이하 같다) 제74조 제1항 본문에 따라 취득세가 면제된다고 볼 수 없다.

※ (추) 원고는 이 사건 신설 정비기반시설 토지의 소유자 지위가 아닌 이 사건 사업시행자 지위에서 관리처분계획이 아닌 도시정비법 제65조 제2항에 따라 이 사건 용도폐지 정비기반시설 토지를 취득한 것에 불과하고, 취득세가 비과세되는 체비지 등은 사업시행자가 미리 환지계획이나 관리처분계획에서 체비지 등으로 정하여 환지처분의 공고나 분양처분의 고시가 있은 후에 취득하는 것을 의미하므로(대법원 2009. 6. 23. 선고 2007두3275 판결 참조), 원고가 위와 같이 취득한 이 사건 용도폐지 정비기반시설 토지가 지방세특례제한법 제74조 제1항에서 말하는 체비지 또는 보류지에 해당한다고 할 수 없으며, 원고가 피고로부터 인가받은 관리처분계획에 보류지에 관한 사항이 포함되어 있다는 것만으로 이와 달리 볼 수 없다(서울행법 2017구합76869, 2018. 5. 24. 판결).

24.2 도시정비사업을 시행하면서 사업시행자가 매각을 전제로 취득하는 임대주택을 체비지로 보아 취득세를 감면할 수 있는지

【관련 판례】 대법 2019두53518, 2020. 1. 9. 판결(심리불속행) : 항소기각

- 같은 취지 : 대법 2019두53914, 2020. 1. 16. 판결(심리불속행)
- 지방세특례제한법 제74조

〈쟁점요지〉 도시정비사업을 시행하면서 사업시행자가 지자체 등에 일괄 매각을 전제로 취득하는 임대주택을 사업시행자가 취득하는 체비지 또는 보류지로 보아 취득세를 감면할 수 있는지 여부

판결요지 취득세가 면제되는 체비지 또는 보류지는 사업시행자가 미리 환지계획이나 관리처분계획에서 체비지 또는 보류지로 정하거나 그에 따라 체비지 또는 보류지로 간주되는 것만을 의미하므로 관리처분 계획에 체비지로 구분되지 않은 임대주택은 감면대상 체비지에 해당하지 않음

- 이 사건 임대주택은 이 사건 면제규정에서 취득세 면제 대상으로 정한 '도시정비법에 따른 도시환경정비사업의 시행으로 사업시행자가 취득하는 체비지 또는 보류지'에 해당한다고 볼 수 없다. … 구 도시정비법 제55조 제2항은 '도시개발법에 의한 보류지 또는 체비지'로 간주하기 위한 요건을 직접 규정하고 있고, 이에 따르면 구 도시정비법 제46조에 의하여 토지등소유자에 대하여 '분양신청을 받은 후 잔여분이 있는 경우'이어야 한다. 그러나 이 사건 임대주택은 구 도시정비법 제48조 제3항에서 규정한 '분양신청을 받은 후 잔여분'이라고 할 수 없다.
- 원고는 도시개발법 및 도시정비법상 사용되는 토지 또는 건축시설은 환지, 보류지 또는

체비지 중 어느 하나로 분류될 수밖에 없는데, 이 사건 임대주택이 환지가 아님이 명백한 이상 보류지 또는 체비지로 보아야 한다고 주장한다. 그러나 위 주장은 다음과 같은 이유로 받아들일 수 없다…도시개발법 제34조 제1항에서 규정한 환지방식의 보류지 또는 체비지는 '토지'만을 말하는데, 구 도시정비법 제55조 제2항은 '건축물'도 이에 포함시키고 있는 점, 구 도시정비법 제65조 제2항 후단에 따라 사업시행자가 취득하는 용도폐지 정비기반시설은 환지, 보류지 또는 체비지 중 어디에도 해당한다고 볼 수 없는 점(대법원 2019. 4. 11. 선고 2018두35841 판결 참조) 등을 고려하여 보더라도, 도시개발법상 환지방식에서의 토지 분류가 도시정비법상 관리처분계획방법에 그대로 적용된다고 보기 어렵다. … 이 사건 면제규정에 의하여 취득세가 면제되는 체비지 또는 보류지는 사업시행자가 미리 환지계획이나 관리처분계획에서 체비지 또는 보류지로 정하거나 그에 따라 체비지 또는 보류지로 간주되는 것만을 의미한다고 봄이 타당하다(대법원 2009. 6. 23. 선고 2007두3275 판결 등 참조).

- 이 사건 감경규정은 '도시정비법 제8조에 따른 주택재개발사업의 시행자가 같은 법 제48조에 따른 해당 사업의 관리처분계획에 따라 취득하는 주택에 대하여 취득세의 100분의 75를 경감'하고 있을 뿐이므로, 도시환경정비사업조합의 시행자가 취득한 주택은 이 사건 감경규정의 적용 대상이라고 할 수 없다(서울고법 2019누32001, 2019. 9. 4.).

24.3 도시정비법을 개정하면서 타법 개정으로 감면대상이 확대된 경우 개정된 법률에 따라 감면대상을 확대 적용하는 것이 타당한지

【관련 판례】 대법 2020두45766, 2020. 11. 12. 판결(심리불속행) : 항소기각

- 지방세특례제한법 제74조

〈쟁점요지〉 도시정비법에 대한 용어정의를 개정하면서 종전 주택재개발사업과 종전 도시환경정비사업을 통합하여 재개발사업으로 명칭을 변경하고, 타법 개정을 통해 지방세특례제한법상의 용어를 개정하는 과정에서 그 감면범위가 확대된 경우 타법개정으로 추가된 종전 도시환경정비사업용 토지에 대하여도 취득세를 감면할 수 있는지 여부

판결요지 타법 개정을 통해 감면대상이 확대된 경우라도 조세법률주의 원칙상 임의로 감면을 배제할 수 없고, 감면을 배제하려는 입법의도가 있었다고 보기에도 단언하기도 어

려워 감면을 적용하는 것이 타당함

- 도시정비법이 2017. 2. 8. 법률 제14567호로 개정되면서 지방세특례제한법도 부수적으로 함께 개정됨에 따라 이 사건 조항의 취득세 감경대상에 도시환경정비사업도 포함되게 된 점, 이 사건 조항이 2018. 12. 24. 법률 제16041호로 개정되면서 취득세 감면 대상이 재개발사업 중 종전의 주택재개발사업과 주거환경개선사업 중 종전의 주거환경개선사업만으로 한정된 점은 인정된다. 그러나 앞서 본 사정들과 갑 제6호증의1,2, 갑 제7호증의 각 기재 및 변론 전체의 취지에 의하여 인정되는 아래와 같은 사정들을 종합하면, 위 사유만으로 이 사건 조항에서 종전 도시환경정비사업을 취득세 감경대상에 포함시키고 있는 것이 단순한 입법상 미비라고 볼 수도 없으므로 피고의 위 주장은 받아들이지 않는다.
- 종전의 도시환경정비사업 역시 '재개발사업'에 포함되므로(도시정비법 제2조 제2호 나목) 이 사건 조항의 문언상 취득세 감면 대상인 재개발사업에도 종전의 도시환경정비사업이 포함되는데, 조세법률주의의 원칙상 조세감면요건의 경우에도 조세법규의 해석은 특별한 사정이 없는 한 법문대로 해석하여야 할 것이고 합리적 이유 없이 축소·확장해석하거나 유추해석하는 것은 허용되지 않는다.
- 이 사건 조항의 개정형태(타법개정)는 재개발사업 등의 정의규정이 도시정비법(제2조)에 위치함에 따른 것으로서, 그러한 법령 개정 형식만을 이유로 취득세감면대상에서 도시환경정비사업을 배제하려는 입법자의 의도를 추단하기는 어렵다.
- 오히려 입법자는 단순히 '주택재개발사업'이라는 용어만을 '재개발사업'으로 수정한 것이 아니라 '주택재개발사업 및 도시환경정비사업'도 일괄적으로 '재개발사업'으로 개정하였는데, 이는 지방세특례제한법상 '주택재개발사업'이 종전 주택재개발사업 및 종전 도시환경정비사업을 모두 통칭하는 '재개발사업'으로 개정된 것을 단순히 입법 미비라고 보기 어렵게 하는 사정이다…취득세 감면 대상을 재개발사업 중 종전의 주택재개발사업, 주거환경개선사업 중 종전의 주거환경개선사업으로 한정하였던 부분이 2020. 1. 15. 법률 제16865호로 개정되면서 삭제되어 재차 취득세 감면 대상이 재개발사업 및 주거환경개선사업 전반으로 확대되었다(서울고법 2019누68741, 2020. 6. 26. 판결).

24.4 주택재개발 사업시행자에게 허가조건으로 사업지구와 인접한 토지를 취득하도록 하고 이를 처분청에서 재매입하기로 한 경우 취득세 면제할 수 있는지

【관련 판례】 대법 2014두40975, 2014. 11. 14. 판결(상고이유서 미제출) : 상고기각

- 지방세법 제9조 및 지방세특례제한법 제74조

〈쟁점요지〉 주택재개발 사업시행자에게 사업 허가조건으로 개발정비구역에 포함되어 있지 아니한 인근 하천구역 예정지의 토지를 취득하도록 한 후 당해 토지를 처분청에서 유상으로 재매입하도록 한 경우, 당해 토지를 '주택개발사업의 대지 조성을 위하여 취득하는 토지' 또는 '지자체에 귀속을 조건으로 취득하는 부동산'으로 보아 취득세 등을 면제할 수 있는지 여부

판결요지 ••• 주택재개발정비구역에 포함되어 있지 아니한 토지는 주택재개발사업의 대지 조성을 위해 취득하는 부동산으로 보기 어렵고, '귀속'이란 법률규정에 의한 소유권의 취득만을 의미하므로 법률행위에 의한 유상 매입은 취득세 면제대상이 아님

- 취득세가 면제되는 부동산을 '주택재개발사업을 위하여 취득하는 부동산'이라고 규정하지 아니하고 '대지 조성을 위하여 취득하는 부동산'이라고 한정적으로 규정한 점, 주택개발사업 자체가 정비구역 내로 한정되는 점 등을 종합적으로 고려하면, 결국 위 규정에 의하여 취득세가 면제되는 부동산은 주택재개발사업의 시행자가 그 사업이 예정하는 대지 조성 자체를 위하여 취득하는 부동산에 한정된다고 할 것이다.
- 귀속의 의미에 대해서는 지방세법이나 다른 법률에서 정의된 바 없지만, 국토의 계획 및 이용에 관한 법률 제65조, 도시 및 주거환경정비법 제65조 등 다른 법률에서는 법률행위가 아닌 법률의 규정에 의한 소유권의 취득이란 의미로 사용되고 있는 점(대법원 1999. 4. 15. 선고 96다24897 전원합의체 판결 참조), … 결국 지방세법 제9조 제2항에서의 비과세는 법률의 규정에 의한 소유권의 일방적 이전(귀속)과 무상성(기부채납)에 각기 근거하고 있다고 볼 수 있는 점 등을 종합하면, 지방세법 제9조 제2항에서 말하는 '귀속'이란 법률행위가 아닌 법률의 규정에 의한 소유권의 취득을 의미한다고 보아야 한다. 그렇다면 설령 원고의 주장대로 피고가 이 사건 인가조건을 부가하여 이 사건 주택재개발사업을 인가할 당시 원고가 이 사건 인가조건에 따라 취득할 이 사건 부동산에 대해 피고가 이를 유상으로 재매입하기로 했다 하더라도, 이는 법률행위에 의한 소유권의 취득에 불과하여 지방세법 제9조 제2항의 '귀속'의 조건이 있었다고 볼 수 없다(부산지법 2013구합2342, 2014. 4. 18. 판결).

도시개발사업 관련 참고 판례

(구 지방세특례제한법 제74조 제1항, 2023. 3. 14 개정으로 지방세법 이관, 과세체계 전면 개편)

1. 구 지방세법 제109조 제3항 소정의 '사업시행인가 당시 소유자(상속인을 포함한다)'에는 개발사업시행인가 당시의 소유자만이 감면대상에 해당될 수 있고 여기에는 상속인은 포함되나, 수증자는 소유자나 상속인의 범위에 포함되지 않음(대법 99다45734, 1999. 12. 21. 판결).
2. 사업시행인가 이후 당해 재개발사업구역 내의 대지 또는 건축시설의 소유권을 취득하고 사업시행변경인가를 받아 사업시행자로 된 경우에는 위 조항 소정의 '사업시행인가 당시 소유자'에 해당하지 아니함(대법 99두3829, 2001. 6. 12. 판결).
3. 환지계획 등에 의한 취득부동산의 가액의 합계액은 도심재개발사업에 의하여 취득하는 부동산의 가액이라고 보아야 하므로 위 가액에서 건축공사비 상당액 공제가 불가능함(대법 2010두1736, 2010두1828, 2012. 5. 10. 판결).
4. 사업시행자만이 토지 등의 소유자인 경우 관리처분 없이 사업을 시행하더라도 취득세 감면대상 환지계획 등에 의한 취득으로 볼 수 있으나, 이 경우 투입된 건축비용은 사실상 청산금에 해당되어 종국적으로는 취득세 감면이 배제됨(대법 2014두38262, 2014. 10. 15. 판결).
5. 도시개발사업 과정에서 주택을 신축하면서 이루어진 지목변경은 환지 자체로 인한 취득에 해당하지 않아 취득세를 감면할 수 없음(대법 2017두35844, 2018. 3. 29. 판결).
6. 법인이 분할되며 자산을 승계받은 경우, 그 취득시기는 분할신설법인의 승계일로 보아 도시정비사업에 따른 감면기준인 "사업시행인가 이후 환지 이전에 부동산을 승계취득"했는지를 판단해야 함(대법 2022두52342, 2022. 12. 1. 판결).

25. 택지개발용 토지(LH공사) 등에 대한 감면

25.1 LH공사가 장기 임대를 목적으로 취득한 60㎡ 초과 주택에 대하여 감면할 수 있는지

【관련 판례】 대법 2011두26398, 2012. 1. 27. 판결(심리불속행) : 상고기각

- 지방세특례제한법 제76조

지방세특례제한법 제76조(택지개발용 토지 등에 대한 감면)

① 한국토지주택공사가 국가 또는 지방자치단체의 계획에 따라 제3자에게 공급할 목적으로 대통령령으로 정하는 사업에 사용하기 위하여 일시 취득하는 부동산에 대해서는 취득세의 100분의 20을 2019년 12월 31일까지 경감한다.

〈쟁점요지〉 LH공사가 장기 임대를 목적으로 취득한 60㎡ 초과 주택을 국가 등의 계획에 따라 제3자에게 공급할 목적으로 일시취득한 부동산으로 보아 취득세 등을 면제할 수 있는지 여부

판결요지 ••• 국가계획으로 일시 취득한 부동산으로 감면대상임

- 이 사건 아파트는 국가의 계획에 따라 제3자에게 공급할 목적으로 대통령령이 정하는 사업에 사용하기 위하여 일시 취득한 부동산이라고 할 것이므로, 구 지방세법 제289조 제1항에 따라 취득세와 등록세가 면제되고, 등록세의 납세의무를 전제로 하는 지방교육세도 면제된다고 보아야 하며, 따라서 이 사건 처분은 위법하다(대전고법 (청주)2010누1072, 2011. 9. 28. 판결).

25.2 LH공사가 10년간 임대 후 분양전환 목적으로 취득한 주택에 대하여 취득세 등을 감면할 수 있는지

【관련 판례】 대법 2011두7144, 2012. 11. 29. 판결 : 상고기각

- 지방세특례제한법 제32조, 제76조

지방세특례제한법 제32조(한국토지주택공사의 소규모 공동주택 취득에 대한 감면 등)

① 한국토지주택공사가 임대를 목적으로 취득하여 소유하는 대통령령으로 정하는 소규모 공동주택(이하 이 조에서 "소규모 공동주택"이라 한다)용 부동산에 대해서는 취득세 및 재산세의 100분의 25을 각각 2024년 12월 31일까지 경감한다.

〈쟁점요지〉 LH공사가 10년간 임대주택으로 사용하다 분양전환을 목적으로 취득한 주택을 국가 등의 계획에 따라 제3자에게 공급할 목적으로 일시취득한 부동산으로 보아 취득세 등을 면제할 수 있는지 여부

판결요지 국가 등 계획에 의하여 일시취득한 부동산으로 보아 감면할 수 있음

- 이 사건 아파트를 취득할 당시부터 이를 취득하였다가 그 임대기간 경과 후 분양전환하여 제3자에게 매각 공급할 것을 예정하고 있었고, 구 지방세법 제289조 제1항의 입법 취지를 비롯하여 원심이 들고 있는 사정들을 종합하여 보면, 원고는 이 사건 아파트를 제3자에게 매각할 때까지 잠정적으로 취득·보유하는 것으로 봄이 상당하다. 따라서 이 사건 아파트가 위 조항에서 말하는 '제3자에게 공급할 목적으로 일시 취득하는 부동산'에 해당한다고 본 원심의 결론은 수긍할 수 있다.

25.3 택지개발사업 시행에 있어 무상귀속계약이 체결되지 아니한 학교용지에 대하여 재산세를 면제할 수 있는지

【관련 판례】 대법 2015두56236, 2016. 3. 24. 판결(심리불속행) : 기각

- 지방세특례제한법 제76조

〈쟁점요지〉 택지개발사업계획에는 학교용지로 지정되었으나, 지자체에 무상귀속계약을 체결하지 아니한 학교용지가 재산세 면제대상에 해당되는지 여부

판결요지 ••• 지자체로 무상귀속계약이 미체결되었더라도 학교용지 조성 · 개발계획이 택지개발 실시계획에 포함되어 승인되었다면 면제대상에 해당됨

- 택지개발사업의 시행자가 공공기관이고, 그 시행자가 교육감의 의견을 듣고 학교용지의 조성 · 개발계획을 포함한 실시계획을 수립하여 지정권자로부터 승인을 받은 경우, 그 실시계획에 포함된 학교용지는 아직 지방자치단체에 학교용지를 무상으로 귀속시킨다는 내용의 수의계약이 체결되지 않았다고 하더라도, 특별한 사정이 없는 한 실시계획에 따라 지방자치단체에 무상으로 귀속될 토지라고 봄이 타당하다.
- 원고는 2010. 7.경 ○○도 교육감, ○○도 ○○○○ 교육감과 이 사건 사업지구 내에 조성될 학교용지의 구체적인 위치, 면적, 개수 등에 관한 협의를 진행한 사실, 원고는 이를 바탕으로 이 사건 학교용지를 학교용지로 조성 · 개발한다는 계획을 포함한 실시계획을 수립하여 2012. 7. 6. 택지개발촉진법에 따른 개발계획 및 실시계획의 변경승인을 받은 사실이 인정되는바, 결국 공공기관인 원고가 이 사건 학교용지를 학교용지로 조성 · 개발한다는 계획을 포함한 실시계획을 승인받았으므로 이 사건 학교용지는 이 사건 사업지구를 관할하는 지방자치단체인 ○○도에 무상으로 귀속될 토지라고 봄이 타당하다(서울고등법원 2015. 10. 6. 선고 2015누43522 판결).

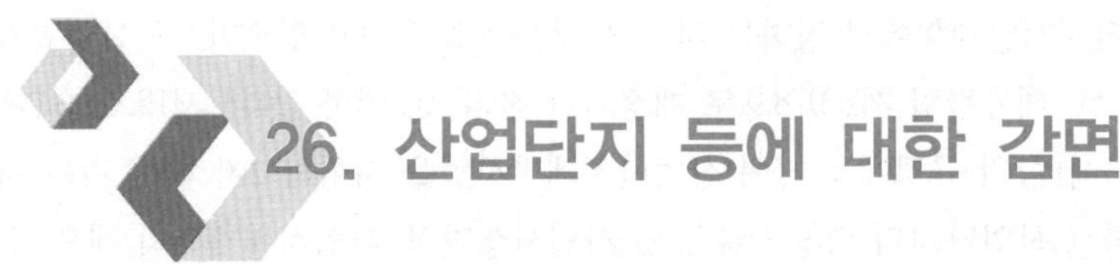

26. 산업단지 등에 대한 감면

26.1 산업단지개발사업 시행자로 지정 전에 취득한 부동산도 감면 대상에 해당되는지

【관련 판례】 대법 2017두49171, 2017. 9. 28. 판결(심리불속행) : 상고기각

- 지방세특례제한법 제78조

지방세특례제한법 제78조(산업단지 등에 대한 감면)

① 「산업입지 및 개발에 관한 법률」 제16조에 따른 산업단지개발사업의 시행자 또는 「산업기술단지 지원에 관한 특례법」 제4조에 따른 사업시행자가 산업단지 또는 산업기술단지를 조성하기 위하여 취득하는 부동산에 대해서는 취득세의 100분의 35를, 조성공사가 시행되고 있는 토지에 대해서는 재산세의 100분의 35(수도권 외의 지역에 있는 산업단지의 경우에는 100분의 60)를 각각 2025년 12월 31일까지 경감한다. (후략)

〈쟁점요지〉 산업단지개발사업 시행자로 지정되기 전에 취득한 부동산도 취득세 등 감면대상인 산업단지를 조성하기 위해 취득하는 부동산에 해당되는지 여부

판결요지 ••• 지특법상 시행자를 구 산업입지법상의 산업단지개발사업의 시행자로 정하고 있으며 여기서 시행자는 산업단지지정권자의 지정을 받을 것을 요구하므로 감면대상은 지정받은 이후 취득한 부동산에 한정됨

- 구 지방세특례제한법 제78조 제1항 본문은 산업단지를 조성하기 위해 취득하는 부동산에 대한 취득세 등이 감면되는 납세의무의 주체를 '구 산업입지법 제16조에 따른 산업단지개발사업의 시행자'로 규정하고 있고, 구 산업입지법 제16조 제1항은 '산업단지개발사업의 시행자'라는 표제로 산업단지개발사업은 다음 각 호의 자 중에서 '산업단지지정권자의 지

정'에 의하여 산업단지개발계획에서 정하는 자가 시행한다고 정하고 있으며, 구 산업입지법 시행령(2016. 2. 11. 대통령령 제26978호로 개정되기 전의 것, 이하 같다) 제19조 제4항, 제5항은 법 제16조 제1항의 규정에 의하여 산업단지개발사업을 시행하고자 하는 자는 사업을 시행하고자 하는 산업단지의 명칭·위치 및 사업시행면적, 사업시행계획의 개요, 위치도, 사업계획서, 자금조달계획서 등을 제출하도록 하고 있다.

- 이처럼 구 지방세특례제한법 제78조 제1항 본문이 조세감면요건을 정하면서 감면주체를 구 산업입지법 제16조에 따른 산업단지개발사업의 시행자로 정하고 있는 점, 구 산업입지법 제16조 제1항은 산업단지개발사업의 시행자에 관해 규정하면서 산업단지지정권자의 지정을 받을 것을 요구하고 있는 점, 이는 조세감면 혜택을 부여하기 전에 신청인이 산업단지개발사업을 수행할 의사나 능력이 있는지 구체적으로 확인하기 위한 취지인 것으로 보이는 점 등에 비추어보면, 구 지방세특례제한법 제78조 제1항 본문이 정하는 조세감면 대상은 산업단지지정권자에 의해 사업시행자로 지정된 자가 산업단지를 조성하기 위해 취득한 부동산에 한정된다고 해석함이 상당하다(부산고등법원 2017. 5. 31. 선고 (창원)2016누11486 판결).

26.2 산업단지개발사업시행자인 위탁자가 토지를 신탁하고 산업단지를 개발하고 있는 경우 수탁자에 대해 분리과세 및 재산세 감면 여부

【관련 판례】 대법 2016두50754, 2019. 10. 31. 판결 : 항고기각

- 같은 취지 : 대법 2019두54221, 2020. 1. 30.(심리불속행)
- 지방세특례제한법 제78조

〈쟁점요지〉 산업단지개발사업 시행자인 위탁자가 사업용 토지를 신탁한 상태에서 조성공사를 시행하고 있는 경우 납세의무자가 수탁자에 해당한다고 하더라도 토지분 재산세 분리과세 및 지특법에 의한 재산세 감면을 할 수 있는지 여부

판결요지 신탁재산의 납세의무자인 수탁자를 기준으로 분리과세 및 감면 여부를 판단하여야 하므로 사업시행자가 아닌 수탁자에 대하여는 분리과세 및 재산세 감면을 적용할 수 없음

- 신탁법에 의한 신탁으로 수탁자에게 소유권이 이전된 부동산이 구 지방세법(2015. 12. 29.

법률 제13636호로 개정되기 전의 것) 제106조 제1항 제3호 (마)목의 위임에 따른 구 지방세법 시행령(2015. 7. 24. 대통령령 제26431호로 개정되기 전의 것) 제102조 제5항 제18호(이하 통틀어 '이 사건 분리과세조항'이라 한다)가 정하는 분리과세대상에 해당하는지 여부와 위 부동산에 대하여 구 지방세특례제한법(2015. 12. 29. 법률 제13637호로 개정되기 전의 것) 제78조 제1항(이하 '이 사건 감면조항'이라 한다)이 적용되는지 여부는 재산세 납세의무자인 수탁자를 기준으로 판단하여야 함을 전제로, 이 사건 사업토지의 재산세 납세의무자인 원고가 '산업입지 및 개발에 관한 법률'상 산업단지조성사업의 시행자가 아니어서 이 사건 사업토지는 이 사건 분리과세조항이 정하는 분리과세대상에 해당하지 아니하고, 이 사건 감면조항도 적용되지 아니한다고 판단하였다.

※ 서울고법 2016누21077, 2016. 8. 19. 판결(하급심)

- 구 지방세법(2014. 1. 1. 법률 제12153호로 개정되기 전의 것) 제107조 제2항 제5호가 신탁법에 따라 수탁자 명의로 등기된 신탁재산의 경우에는 위탁자를 납세의무자로 규정한 것과 달리 현행 지방세법이 수탁자를 납세의무자로 규정하면서, 부칙 제17조 제2항에서 지방세특례제한법에 따라 감면하였거나 감면하여야 할 재산세에 대해서는 그 감면기한이 종료될 때까지 위 개정법에 따라 새롭게 납세의무자가 되는 수탁자에게도 해당 감면규정이 적용될 수 있도록 하는 한시적 경과규정을 두었다. 이와 같이 법 개정 시 부칙으로 한시적 경과규정을 두는 입법자의 의사는 그 시한이 경과하면 더는 구법을 적용될 수 없도록 하겠다는 것이고, 지방세법의 관련법인 지방세특례제한법이 그 이후 이 사건 감면조항을 수차 개정하면서도 신탁법상 신탁에 따라 납세의무자가 달라지는 경우를 고려한 개정은 하지 아니하였는바, 지방세법상 납세의무자 규정과 이 사건 감면규정의 개정 취지는 결국 신탁법상의 신탁이 이루어져 수탁자가 토지에 대한 납세의무자가 된 경우 그 토지상에 산업단지조성공사가 시행되고 있다고 하더라도 더는 재산세 감면을 하지 않겠다는 의미이다.

관련 기타 판례

- 사업시행자 지정에 관한 의제 규정이 있는 경우에는 의제 법률에 따라 사업시행자로 지정된 것으로 볼 수 있으므로 경제자유구역법상 사업시행자를 산업입지법상의 사업시행자로 보아 산업단지 감면을 적용할 수 있음(대법 2020두39044, 2020. 8. 27. 판결).

26.3 산업단지용 토지를 분양받은 자로부터 지위를 승계하여 소유권을 취득한 경우에도 취득세 및 등록세가 면제되는지

【관련 판례】 대법 2007두21341, 2010. 1. 14. : 상고기각

- 지방세특례제한법 제78조

〈쟁점요지〉 산업단지 안에서 공장용 건축물을 신축하거나 증축하고자 하는 자가 산업단지 안의 토지를 분양받은 자로부터 그 지위를 승계하여 당해 토지에 대한 분양잔금을 지급하고 최초로 그 소유권을 취득한 경우, 그 토지 전부에 대한 취득세와 등록세가 구 지방세법 제276조 제1항 규정에 의한 면제대상에 포함되는지 여부

판결요지 ●●● 산업단지 안에서 공장용 건축물을 신 · 증축하고자 하는 자가 산업단지 안의 토지를 분양받은 자로부터 그 지위를 승계하여 당해 토지에 대한 분양잔금을 지급하고 최초로 그 소유권을 취득한 경우에도 감면대상임

- 구 지방세법(2005. 1. 5. 법률 제7332호로 개정되기 전의 것) 제276조 제1항(이하 '이 사건 규정'이라 한다)은 '산업입지 및 개발에 관한 법률에 의하여 지정된 산업단지와 산업집적활성화 및 공장설립에 관한 법률에 의한 유치지역 및 산업기술단지지원에 관한 특례법에 의하여 조성된 산업기술단지 안에서 공장용 건축물 · 연구시설 및 시험생산용 건축물을 신축하거나 증축하고자 하는 자가 취득하는 부동산에 대하여는 취득세와 등록세를 면제한다'라고 규정하고 있는바, 위 규정의 내용, 입법 취지 및 입법 연혁 등에 비추어 보면, 산업단지 안에서 공장용 건축물을 신축하거나 증축하고자 하는 자가 산업단지 안의 토지를 분양받은 자로부터 그 지위를 승계하여 당해 토지에 대한 분양잔금을 지급하고 최초로 그 소유권을 취득한 경우 당해 토지 전부에 대한 취득세와 등록세(이하 '취득세 등'이라 한다)는 이 사건 규정에 의한 면제대상에 포함된다고 봄이 상당하다.

26.4 산업단지 개발사업시행자의 공유물분할등기가 등록세 감면대상이 되는지

【관련 판례】 대법 2011두26077, 2012. 3. 15. 판결 : 상고기각

- 지방세특례제한법 제78조

〈쟁점요지〉 산업단지개발사업의 공동시행자가 산업단지를 조성하는 과정에서 그 부지를 공동으로 취득한 이후 분양 등을 위해 공유물분할 등기를 행한 경우, 당해 분할등기에 대하여도 등록세를 감면할 수 있는지 여부

판결요지 ••• 공유물 분할도 취득의 개념에 포함되므로 취득등기 외 공유물 분할등기도 감면대상에 해당함

- 산업단지개발사업의 원활한 시행을 돕기 위하여 그 사업시행자가 산업단지의 조성에 수반하여 취득하는 부동산의 등기에 대하여 등록세 면제의 혜택을 주는 데 있는 점, 여러 사람이 산업단지개발사업을 공동으로 시행하는 경우에는 이를 단독으로 시행하는 경우와 달리 산업단지의 조성을 위하여 공동으로 부동산을 취득하였다가 그 공유 부동산에 대한 분할의 절차가 불가피하게 수반될 수 있으며 이러한 절차에 대하여 위와 같은 등록세 면제의 혜택을 배제할 합리적 이유가 없는 점 등을 종합하여 보면,
- 산업단지개발사업의 공동시행자들이 산업단지를 조성하는 과정에서 그 부지용 토지를 공동으로 취득하였다가 각자 소유할 토지의 위치와 면적을 특정할 수 있게 되어 그 지상에 산업용 건축물을 신축하거나 그 토지를 분양 또는 임대할 목적으로 그에 관한 공유물분할 등기를 마친 경우 그 분할등기도 위 각 규정의 적용대상이 되어 등록세가 면제된다고 함이 타당하다.

26.5 산업단지 내 공장용 건축물을 신축한 이후 부속토지를 취득한 경우에도 감면대상이 되는지

【관련 판례】 대법 2018두33968, 2018. 5. 15.(심리불속행) : 상고기각

- 지방세특례제한법 제78조

〈쟁점요지〉 산업단지 내에서 토지를 임차하여 그 지상에 공장용건축물을 신축한 이후 4년 3개월이 지나 그 부속토지를 취득한 경우 해당 토지에 대하여 취득세를 감면할 수 있는 지 여부

판결요지 ••• 이미 공장용 건축물이 건축되어 있던 토지를 매수한 것이므로 취득세 감면대상에 해당하지 아니함

- 소유자인 한국토지주택공사로부터 사용승낙을 받아 쟁점 토지 지상에 공장용 건축물을 신축하여 사용하여 오다가 신축한 지 약 4년 3개월이 지난 시점에서야 쟁점 토지를 매수하였는바, 원고는 공장용 건축물이 이미 건축되어 있는 쟁점 토지를 매수한 것이라 할 것이어서, 쟁점 토지의 취득 시점을 기준으로 보면 쟁점 토지는 산업용 건축물 등을 건축하려는 자가 취득하는 부동산에 해당한다고 보기 어렵고, 산업용 건축물 등을 건축하려는 자가 취득하는 부동산에 '산업용 건축물이 건축되어 있는 토지'가 포함된다고 해석하는 것은 합리적 이유 없이 확장해석하거나 유추해석하는 것에 해당하여 조세법률주의 원칙상 허용되지 않는다고 할 것이다(수원지법 2017구합818, 2017. 9. 26. 판결).

※ 위 판례와 다른 행정안전부 법령해석 사례(지방세특례제도과-914, 2020. 4. 24.)

- 임대전용 산업단지 내 토지를 임차하여 산업용건축물 등을 신축하고 임대의무기간 종료 이후에 해당 부속토지를 매수하는 경우 취득세 감면대상에 해당됨

26.6 산업단지개발사업 시행자가 산업단지 내 개발사업계획에 포함되지 않은 주거용 공동주택을 취득한 경우 취득세를 감면할 수 있는지

【관련 판례】 대법 2019두45180, 2019. 10. 18. 판결(심리불속행) : 항고기각

- 지방세특례제한법 제78조

지방세특례제한법 제78조(산업단지 등에 대한 감면)

② 제1항에 따른 사업시행자가 산업단지 또는 산업기술단지를 개발·조성한 후 대통령령으로 정하는 산업용 건축물등(이하 이 조에서 "산업용 건축물등"이라 한다)의 용도로 분양 또는 임대할 목적으로 취득·보유하는 부동산에 대해서는 다음 각 호에서 정하는 바에 따라 지방세를 경감한다.

〈쟁점요지〉 산업단지개발사업 시행자가 산업단지 내에서 당초 개발사업계획에 포함되어 있지 아니한 공동주택을 건축하여 취득한 경우, 산업단지를 개발·조성하여 분양·임대하기 위하여 취득한 부동산으로 보아 취득세를 감면할 수 있는지 여부

판결요지 산업단지 개발사업계획에 포함되어 있지 않고 분양수익을 산업시설용지의 가격인하 용도로 사용하지 않았다면 감면대상 부동산에 포함되지 않음

- 원고가 구 지특법 제78조 제2항에 따라 취득세 등 감면대상을 받으려면 원고가 산업단지개발사업시행자로서 2013년도 산업입지법에 근거하여 같은 법 제2조 제9호 소정의 산업단지개발사업을 시행한 결과로 취득한 부동산이어야 하고, 원고가 산업단지개발사업시행자라 하더라도 2013년도 산업입지법 제2조 제9호 소정의 산업단지개발사업을 시행한 결과로 취득하지 않은 것은 위 감면대상에 해당하지 않는다고 봄이 타당하므로, 이와 다른 전제에 선 원고의 주장은 이유 없다.
- 구 지특법 제78조 제2항이 취득세 등을 감면받는 주체에 관하여 '산업단지개발사업의 사업시행자'라고 규정하고 있으므로, 같은 항에 의하여 취득세 등이 감면되는 부동산 역시 '산업단지개발사업시행자가 2013년도 산업입지법을 근거로 하여 산업단지개발사업을 시행한 결과로 취득한 부동산'을 의미한다고 보아야 한다.
- 원고가 2016. 5.경 대구광역시장으로부터 승인받은 산업단지개발사업 실시계획(을 제4호증의 29)에는 공동주택 신축부지 조성사업이 기재되어 있으나, 공동주택을 신축하는 사업은

기재되어 있지 않다. 대구광역시장이 산업입지법에 따라 이 사건 산업단지의 실시계획에 공동주택 신축사업을 편입하는 내용으로 실시계획을 변경하지 아니한 이상, 원고로부터 이 사건 공동주택의 분양계획서를 제출받았다고 하더라도 구 산업입지법에 따른 실시계획의 변경을 승인한 것으로 볼 수 없다.

- 만일 이 사건 공동주택 건축사업이 이 사건 산업단지 개발사업에 포함되어 있었다면 원고로서는 구 산업입지법 제38조에 따라 이 사건 공동주택 건축사업으로 발생한 분양수익을 기반시설 설치 등 대통령령이 정하는 산업시설용지의 가격인하 용도로 사용하였어야 하는데, 원고가 이 사건 공동주택 건축사업으로 발생한 분양수익을 위와 같은 용도로 사용하였다고 인정할 만한 증거가 제출되지 않았다(대구고법 2018누3753, 2019. 5. 24. 판결).

관련 기타 판례

- 산업단지 준공 이전에 취득한 산업용 건축물인 잔교도 감면대상에 포함되고, 산업단지 시설로 함께 조성된 산업단지로 미고시된 시설물도 산업단지 안의 산업용건축물로 볼 수 있음. 가스저장조 설치 요건으로 규정된 이격거리 이내의 토지의 경우 저장조 시설의 부속토지에 해당함(대법 2019두63058, 2020. 4. 9. 판결).

26.7 정당한 사유 소멸일을 기산일로 보아 추징 유예기간을 산정할 수 있는지

【관련 판례】 대법 2022두47063, 2022. 11. 17. 판결 : 파기환송

- 지방세특례제한법 제78조

지방세특례제한법 제78조(산업단지 등에 대한 감면)

③ 제1항에 따른 사업시행자가 산업단지 또는 산업기술단지를 개발·조성한 후 직접 사용하기 위하여 취득·보유하는 부동산에 대해서는 다음 각 호에서 정하는 바에 따라 지방세를 경감한다.

1. 제1항에 따른 사업시행자가 신축 또는 증축으로 2025년 12월 31일까지 취득하는 산업용 건축물등에 대해서는 취득세의 100분의 35를, 그 산업용 건축물등에 대한 재산세의 납세의무가 최초로 성립하는 날부터 5년간 재산세의 100분의 35(수도권 외의 지역에 있는 산업단지의 경우에는 100분의 60)를 각각 경감한다. 다만, 다음 각 목의 어느 하나에 해

당하는 경우 그 해당 부분에 대해서는 경감된 지방세를 추징한다.
가. 정당한 사유 없이 그 취득일부터 3년 이내에 해당 용도로 직접 사용하지 아니하는 경우

〈쟁점요지〉 산업단지 입주자가 토지를 취득한 이후 유예기간(3년) 이내에 직접사용하지 못한 데에 정당한 사유가 있는 경우, 취득일이 아닌 정당한 사유가 소멸한 날을 기준으로 유예기간의 기산일을 산정할 수 있는지 여부

판결요지 추징 유예기간의 산정은 취득일을 기준으로 하여야 하는 것이지, 정당한 사유가 있다고 하여 그 사유의 소멸일을 기준으로 유예기간을 산정할 수는 없음.

- 이 사건 추징규정은 정당한 사유 없이 그 취득일부터 3년(이하 '유예기간'이라 한다)이 경과할 때까지 해당 용도로 직접 사용하지 아니하는 경우 그 해당 부분에 대해서는 제4항에 따라 감면된 취득세를 추징한다고 규정하고 있다. 이 사건 추징규정을 둔 입법취지와 문언에 비추어 보면, 사업시행자 외의 자가 산업단지 등에서 취득하여 취득세를 감면받은 부동산을 정당한 사유 없이 유예기간이 경과할 때까지 해당 용도로 직접 사용하지 않았는지 여부는 특별한 사정이 없는 한 그 취득일을 기준으로 기산하여 판단하여야 한다.
- 원심은, 그 판시 증거들을 종합하여 이 사건 토지는 소외 회사의 산업단지 조성공사가 마무리 된 2016년 4월 무렵부터 사용가능하였다는 사실을 인정한 다음 원고가 이러한 사정을 과실 없이 알 수 없었다는 등의 이유를 들어 당초 이 사건 토지에 관한 매매계약에서 정한 토지사용가능일인 2016. 6. 30.에 이르러서야 비로소 원고가 이 사건 토지를 사용할 수 있었다고 보아야 하고, 그때로부터 3년이 경과하기 전인 2019. 5. 16. 이 사건 토지 위에 완공된 공장건물에 대한 사용승인을 받음으로써 이 사건 토지를 해당 용도로 직접 사용하였으므로, 이와 다른 전제의 이 사건 처분은 위법하다고 판단하였다. 다. 그러나 앞서 본 이 사건 추징규정의 내용 및 법리에 비추어 보면 원심의 이러한 판단은 그대로 받아들이기 어렵다. 즉 원심의 판단과 같이 원고가 2016. 6. 30. 전에는 이 사건 토지를 사용할 수 없어 해당 용도로 직접 사용하지 아니한 데에 정당한 사유가 있었다고 보더라도, 원고가 이 사건 토지를 취득한 2015. 3. 18.부터 3년의 유예기간이 경과한 2018. 3. 18.까지 이 사건 토지를 해당 용도로 직접 사용하지 아니한 이상, 2016. 6. 30.부터 2018. 3. 18.까지 이 사건 토지를 해당 용도로 직접 사용하지 아니한 데에도 정당한 사유가 있는지 여부를 심리하여 이 사건 처분의 적법 여부를 판단하였어야 한다. 라. 그런데도 원심은 이 부분에 대한 아무런 심리 없이 취득일이 아닌 2016. 6. 30.부터 3년이 경과하기 전에 원고가 이 사건 토지를 직접 사용하였다는 이유만으로 이 사건 처분이 위법하다고 판단하고 말았다. 원심의 이러

한 판단에는 이 사건 추징규정이 정한 정당한 사유에 관한 법리를 오해하는 등으로 심리를 다하지 아니하여 판결 결과에 영향을 미친 잘못이 있다.

26.8 산업단지 내에서 증축한 산업용 건축물을 중소기업자가 아닌 자에게 임대한 경우 추징대상에 해당되는지

【관련 판례】 대법 2012두17179, 2012. 11. 29. 판결 : 파기환송

- 지방세특례제한법 제78조

지방세특례제한법 제78조(산업단지 등에 대한 감면)

④ 제1항에 따른 사업시행자 외의 자가 제1호 각 목의 지역(이하 "산업단지등"이라 한다)에서 취득하는 부동산에 대해서는 제2호 각 목에서 정하는 바에 따라 지방세를 경감한다.

2. 경감 내용

가. 산업용 건축물등을 신축하기 위하여 취득하는 토지와 신축 또는 증축하여 취득(취득하여 중소기업자에게 임대하는 경우를 포함한다)하는 산업용 건축물등에 대해서는 취득세의 100분의 50을 2025년 12월 31일까지 경감한다.

〈쟁점요지〉 산업단지 내에서 산업용 건축물을 증축한 후 이를 중소기업자가 아닌 제3자에게 임대한 경우, 산업용 건축물 등의 용도에 직접 사용하지 아니한 것으로 보아 감면분 취득세를 추징할 수 있는지 여부

판결요지 ••• 중소기업자가 아닌 자에게 임대 시 추징대상에 해당함

- 구 지방세법 제276조 제1항은 그 본문의 괄호규정(이하 '이 사건 괄호규정'이라 한다)에서 '공장용 부동산을 중소기업자에게 임대하고자 하는 경우'를 예외적으로 그 본문에 의한 취득세와 등록세 면제대상에 포함시키고 있는바, 위 규정의 입법취지와 개정연혁, 그 본문과 단서의 관계 등에 비추어 볼 때, 이 사건 괄호규정의 '공장용 부동산'은 그 본문규정의 '산업용 건축물'과 달리 보기 어렵다고 할 것이고, 따라서 산업용 건축물 등을 신축 또는 증축하고자 하는 자가 부동산을 취득하더라도 스스로 이를 산업용 건축물 등의 용도에 직접 사용하지 아니하고 제3자에게 임대할 목적이 있는 경우에는 그 임대가 이 사건 괄호규정이 정하는 중소기업자에 대한 임대가 아닌 한 구 지방세법 제276조 제1항 본문에 의

한 취득세와 등록세의 면제대상에 해당하지 않는다고 해석함이 상당하다.

※ '직접사용'의 의미에 임대·위탁의 경우에 포함된다는 대법판례(2008두15039, 2011. 1. 27.)를 인용하여 산업용 건축물로만 사용하면 제3자에게 임대한 경우에도 추징대상이 아니라는 하급심의 결정을 파기한 사례임.

26.9 산업단지 입주자가 신축한 건축물을 협력회사에 임대하여 위탁운영하는 경우 감면을 적용할 수 있는지

【관련 판례】 대법 2020두43586, 2020. 11. 5. 판결(심리불속행) : 항소기각

- 지방세특례제한법 제78조

〈쟁점요지〉 산업단지입주자가 신축한 건축물을 협력회사에 임대하여 주고 물류사업에 제공하도록 관리, 감독권을 행사하고 있는 경우 직접사용으로 볼 수 있는지 및 감면이 인정되는 중소기업에 임대하는 경우를 판단함에 있어 해당 건축물이 공장용 건축물로 한정되는지 여부

판결요지 직접사용이라 함은 부동산의 소유자가 사업에 직접 사용하는 것을 의미하므로 협력사에게 임대 후 관리, 감독권을 행사한다고 하여 직접사용으로는 볼 수 없으나, 취지상 '공장용 부동산'을 '산업용 건축물'과 달리 볼 필요가 없으므로 중소기업에게 임대하는 경우는 감면대상에 해당함

- 구 지방세특례제한법 제78조 제4항은 그 본문 괄호규정(이하 '이 사건 괄호규정'이라 한다)에서 '공장용 부동산을 중소기업자에게 임대하고자 하는 경우'를 예외적으로 그 본문에 의한 취득세 면제대상에 포함시키고 있다. 위 규정의 입법취지와 개정연혁, 그 본문과 단서의 관계 등에 비추어 볼 때, 이 사건 괄호규정의 '공장용 부동산'은 그 본문규정의 '산업용 건축물'과 달리 보기 어렵고, 따라서 산업용 건축물 등을 신축 또는 증축하고자 하는 자가 부동산을 취득하더라도 스스로 이를 산업용 건축물 등의 용도에 직접 사용하지 아니하고 제3자에게 임대할 목적이 있는 경우에는 그 임대가 이 사건 괄호규정이 정하는 중소기업자에 대한 임대가 아닌 한 구 지방세특례제한법 제78조 제4항 본문에 의한 취득세와 지방세 감면대상에 해당하지 않는다고 해석하여야 한다(대법원 2012. 11. 29. 선고 2012두17179 판결 참조).
- 법률의 개정 취지는 직접 사용의 주체를 구분하지 아니할 경우 제3자 임대 등 다른 수익적 방법이 있는 경우까지 과도한 감면혜택으로 이어지는 불합리한 점이 있으므로, 그와 같은 경우에는 그 사용의 주체를 명확히 하여 특례를 제한함으로써 건전한 지방재정 운영

및 공평과세 실현에 이바지하려는 구 지방세특례제한법의 입법 목적에 맞추려는 것으로 보이는데, 앞서 살펴본 관련 법령의 취지 등에 비추어 개정 전이라고 하더라도 '직접 사용'을 위 문언과 달리 해석하여야 할 이유가 없는 점 등을 종합하여 보면, 원고의 주장처럼 원고가 이 사건 협력회사들에 임대한 이 사건 쟁점건물이 오로지 원고의 물류사업을 위해 제공되고 있고, 원고가 이 사건 협력업체들을 지휘·통제하면서 관리·감독한다는 이유로 원고가 이 사건 쟁점건물을 직접 사용하였다고 보기는 어렵다.

- 다만 위에서 본 바와 같이 산업용 건축물 등을 신축 또는 증축하고자 하는 자가 부동산을 취득하더라도 스스로 이를 산업용 건축물 등의 용도에 직접 사용하지 아니하고 제3자에게 임대할 목적이 있는 경우 그 임대가 이 사건 괄호규정이 정하는 중소기업자에 대한 임대라고 한다면 구 지방세특례제한법 제78조 제4항 본문에 의한 취득세와 지방세 감면대상에 해당한다고 볼 것임(대전고법 2019누11857, 2020. 6. 19. 판결).

관련 기타 판례

1. 산업단지 내에서 공장용지를 취득한 후 이를 중소기업자에게 임대하여 임차인이 산업용건축물 등을 신축한 경우 산업용건축물이 건축되지 않은 공장용지를 임대한 것으로서 감면대상 아님(대법 2012두23426, 2013. 2. 28. 판결).
2. 중소기업자의 범위에 관한 「중소기업법 시행령」 규정상의 대기업이 발행주식의 30% 이상을 소유하지 않은 기업일 것을 해석함에 있어, 대기업이 중소기업의 주식을 간접적으로 30% 이상 소유한 경우라도 중소기업에 해당함(다만, 관련법 개정으로 2012. 1. 1.부터는 중소기업에서 배제)(대법 2013두23768, 2014. 5. 16. 판결).
3. 중소기업에게만 임대하는 것으로 감면조건을 규정하고 있으므로 대기업에게 임대하는 것은 목적사업에 직접 사용한다고 볼 수 없으므로 추징대상에 해당함(대법 2020두40143, 2020. 8. 7. 판결).

26.10 산업단지 산업시행자 겸 입주자가 산업단지 조성 전에 취득한 토지에 대해 입주자 감면을 적용할 수 있는지

【관련 판례】 대법 2023두30246, 2023. 3. 30. 판결(심리불속행) : 상고기각

- 지방세특례제한법 제78조

〈쟁점요지〉 산업단지 사업시행자이면서 입주자에 해당하는 자가 산업단지 조성 전에 취득한 부동산에 대해 지방세특례제한법 제78조 제4항의 입주자 감면규정을 적용하여 취득세를 감면할 수 있는지 여부

판결요지 ••• **입법체계, 입법연혁 등을 고려할 때, 사업시행자 겸 입주자의 경우에는 지방세특례제한법 제78조 제1항 내지 제3항이 적용되고, 제4항의 감면은 적용대상이 되지 않으므로 산업단지 조성 전 취득한 쟁점토지에 입주자 감면을 적용할 수 없음**

- 구 지방세특례제한법 제78조는 산업단지 조성사업의 단계별, 취득목적별로 상세히 구분하여 취득세 등 감면대상을 정하고 있다. 한편, 제1항 내지 3항과 달리 제4항에 감면주체가 명시되어 있지는 않다. 그런데 제4항은 조문 전체의 체계 및 문언상, 조성이 완료된 산업단지에서 산업용 건축물 등을 취득하는 경우에 관한 규정으로 해석되고, 사업시행자가 산업단지 조성 완료 후 직접 사용하기 위해 취득하는 산업용 건축물 등에 관하여는 같은 조 제3항에서 별도로 규율하고 있는 것으로 보이는 점에서, 제4항의 적용대상은 '산업단지가 조성된 후 산업단지에 입주하는 기업이 취득하는 산업용 건축물 등'이라고 보는 것이 논리적 · 체계적이다. … 종래 구 지방세법 제276조 제1항에 대하여 '산업단지개발사업의 시행자가 조성한 산업단지가 활성화될 수 있도록 시행자 등으로부터 분양받은 토지와 그 위에 신축 또는 증축될 산업용 건축물 등에 지방세 감면 혜택을 주려는 데 그 입법취지가 있고, 위 규정에 의해 취득세 등이 면제되는 토지는 이미 산업단지로 조성된 토지를 의미한다'라고 해석되고 있었으므로(대법원 2011. 12. 27. 선고 2011두21133 판결 등 참조), 위 조항과 사실상 동일한 내용인 구 지방세특례제한법 제78조 제4항도 같은 취지의 규정으로 볼 수 있다. 또한 이미 동일한 규정에 대한 어느 정도 확립된 해석이 존재하고 있었던 이상, 위와 같이 해석하더라도 조세법률주의가 지향하는 법적 안정성이나 예측가능성을 해치게 된다고 할 수 없다.
- 구 지방세특례제한법 제78조 제4항은 조성이 완료된 산업단지가 활성화될 수 있도록 산업단지 입주기업이 취득하는 부동산에 대하여 취득세 등 감면 혜택을 주는 규정이다. 즉, 위 규정은 감면주체의 제한(입주기업)뿐만 아니라 시기의 제한(산업단지 조성 완료 후)

도 있다. 따라서 위 규정의 적용대상은 산업단지 조성이 완료된 후에 산업단지에 입주하는 기업이 취득하는 부동산에 한정되고, 입주기업의 지위를 가지고 있다고 하더라도 산업단지가 조성되기 전에 취득한 부동산에 대하여는 적용될 수 없다(대전지법 2020구합105530, 2022. 1. 13. 판결).

26.11 토지 취득 이후 산업단지 조성 없이 매각처분 하는 등의 경우 취득세가 추징되는지

【관련 판례】 대법 2002두11752, 2004. 4. 28. : 상고기각

- 지방세특례제한법 제78조

지방세특례제한법 제78조(산업단지 등에 대한 감면)

① (전략) 다만, 다음 각 호의 어느 하나에 해당하는 경우에는 경감된 취득세 및 재산세를 추징한다.

1. 산업단지 또는 산업기술단지를 조성하기 위하여 취득한 부동산의 취득일부터 3년 이내에 정당한 사유 없이 산업단지 또는 산업기술단지를 조성하지 아니하는 경우에 해당 부분에 대해서는 경감된 취득세를 추징한다.

〈쟁점요지〉 토지를 취득한 후 정당한 사유 없이 산업단지를 조성하지 않은 채 3년 이내에 이를 타에 매각처분하는 등으로 산업단지를 조성하지 아니하게 된 경우 취득세가 추징되는지 여부

판결요지 추징요건인 3년 이내 산업단지를 조성하지 아니한 경우에는 기간경과뿐만 아니라 산업단지를 조성하지 않고 정당한 사유 없이 매각처분하는 등으로 산업단지를 조성하지 않은 경우도 포함됨

- 구 지방세법(2000. 12. 29. 법률 제6312호로 개정되기 전의 것, 이하 '구 지방세법'이라 한다) 제276조 제2항은 산업입지및개발에관한법률 제16조의 규정에 의한 산업단지개발사업의 시행자가 산업단지를 조성하기 위하여 취득하는 부동산 및 산업단지 조성공사가 완료된 후에 공장용 건축물 등을 신축하거나 증축하기 위하여 취득하는 부동산에 대하여는 취득세와 등록세를 면제하되, 다만 산업단지를 조성하기 위하여 취득한 부동산의 취득일부터 3년 이내에 정당한 사유 없이 산업단지를 조성하지 아니하거나, 공사가 완료된 후에

정당한 사유 없이 3년 이내에 공장용 건축물 등을 신축하거나 증축하지 아니하는 경우에는 감면된 취득세와 등록세를 추징한다고 규정하고 있는바, 위 법규정 소정의 추징사유인 '산업단지를 조성하기 위하여 취득한 부동산의 취득일부터 3년 이내에 정당한 사유 없이 산업단지를 조성하지 아니하는 경우'라 함은, 그 취득일부터 3년 이내에 정당한 사유 없이 산업단지를 조성하지 아니하고 위 기간을 경과한 경우뿐만 아니라, 토지를 취득한 후 정당한 사유 없이 산업단지를 조성하지 않은 채 3년 이내에 이를 타에 매각처분하는 등으로 산업단지를 조성하지 아니하게 된 경우도 포함하는 취지라고 새기는 것이 타당하다고 할 것이다(대법원 1983. 3. 22. 선고 81누242 판결, 1989. 2. 28. 선고 88누5969 판결 등 참조).

관련 기타 판례

1. 토지를 취득한 후 바로 건축에 착수하지 않아 3년이 경과한 뒤 준공이 이루어져 추징유예기간 내 사용승인을 받지 못한 경우에는 추징을 배제할 수 있는 정당한 사유에 해당하지 아니함(대법 2022두49748, 2022. 11. 10. 판결).
2. 한국토지주택공사가 산업단지를 조성하면서 유예기간 3년 내 산업단지 조성을 완료하지 못한 경우 추징요건에 해당하며, 산업단지 조성을 단계별로 나누어 추진한 사실, 사업 초기에 문화재 발굴조사 및 지장물 철거가 일시적으로 있었던 사실, 산업입지법에 따른 개발기간이 연장되었다는 사실 등은 추징을 배제할 정당한 사유에 해당하지 아니함(대법 2022두58087, 2023. 1. 12. 판결).

26.12 사업시행자가 산업단지 조성 후 해당 토지에 건축물을 신축하지 않은 경우 토지분 취득세를 추징할 수 있는지

【관련 판례】 대법 2018두43590, 2018. 8. 30. 판결(심리불속행) : 기각

- 지방세특례제한법 제78조

구 지방세법 제276조(산업단지 등에 대한 감면)

② (전략) 다만, 산업단지 또는 산업기술단지를 조성하기 위하여 취득한 부동산의 취득일부터 3년 내에 정당한 사유없이 산업단지 또는 산업기술단지를 조성하지 아니하거나, 공사가 완료된 후에 정당한 사유없이 3년 내에 산업용 건축물 등을 신축하거나 증축하지 아니하는 경우 그 해당 부분에 대하여는 감면된 취득세·등록세 및 재산세를 추징한다.

〈쟁점요지〉 산업단지사업시행자가 산업단지를 조성한 토지에 취득세를 감면받았는데 3년 이내 산업용건축물을 신축하지 아니하였다고 하여 감면받은 토지분에 대한 취득세를 추징할 수 있는지 여부

판결요지 구 지특법 제276조 제2항에서는 추징대상으로 볼 수도 있으나, 항을 분리하여 개정된 이후에는 준공된 토지에 대하여 3년 이내에 산업용건축물을 신축하지 아니하였다고 하여 추징할 수 없음

- 구 지방세법(2010. 3. 31. 법률 제10221호로 개정되기 전의 것, 이하 '구 지방세법'이라 한다) 제276조 제2항은 산업단지를 조성하기 위하여 취득하는 부동산에 대한 취득세를 면제하도록 한 후 '사업시행자가 산업단지를 조성하지 아니하거나 공사가 완료된 후에 산업용 건축물 등을 신·증축하지 않은 경우'도 산업단지를 조성하기 위하여 취득하는 부동산에 대해 감면된 취득세를 추징하도록 규정하였으나, 구 지방세특례제한법이 2010. 3. 31. 법률 제10220호로 제정되면서 사업시행자가 산업단지를 조성하지 않은 경우와 공사가 완료된 후 산업용 건축물 등을 신·증축하지 않은 경우를 달리 규정하여 구 지방세특례제한법 제78조와 유사한 체제, 형식 및 내용을 갖추게 되었으므로, 구 지방세특례제한법 제78조에 대한 해석이 구 지방세법 제276조 제2항에 따른 해석과 동일하게 이루어져야 한다고 볼 수 없다. 한편 지방세특례제한법(2016. 12. 27. 법률 제14477호로 개정된 것) 제78조 제3항에서는 위 ⑤에서 본 바와 같은 입법적인 오류가 시정되었으나, 위와 같은 법률의 개정에도 불구하고 산업단지 조성공사가 완료된 후 산업용 건축물 등을 신·증축하지 않은 경우에 추징할 수 있는 취득세에 '산업단지를 조성하기 위하여 취득하는 부동산에 대해 감면된 취득세'를 포함하지 않았음은 해석상 명백하다(부산고법 (창원)2018누10111, 2018. 5. 2. 판결).

26.13 매각을 목적으로 취득한 산업단지 내 산업용 건축물로 보아 추징 가능 여부 및 산업단지 내 일반 편의 및 판매시설을 감면대상 산업용 건축물로 볼 수 있는지

【관련 판례】 대법 2010두29253, 2012. 9. 13. 판결 : 상고기각

- 지방세특례제한법 제78조

〈쟁점요지〉
1. 매각을 목적으로 취득한 산업단지 내 산업용 건축물로 보아 추징 가능 여부
   - 산업단지 내에서 산업용 건축물을 신축함에 있어 당초 임대가 아닌 매각을 목적으로 취득한 것으로 보아 감면한 취득세를 추징할 수 있는지 여부
2. 산업단지 내 일반 편의 및 판매시설을 감면대상 산업용 건축물로 볼 수 있는지 여부
   - 산업단지 내 불특정다수인을 상대로 한 일반 편의 및 판매시설을 공장과 관련된 유통시설로 보아 취득세 감면대상 산업용 건축물로 볼 수 있는지 여부

판결요지

1. 사실관계상 매각을 목적으로 취득한 것으로 볼 수 없어 감면배제 못함
   - 비록 원고가 부동산개발업이나 부동산 분양업을 영위하는 회사라고 하더라도, 그러한 사정만으로는 이 사건 철강동이 원고가 당초부터 매각할 목적으로 신축한 부동산에 해당하여 구 지방세법 제276조 제1항 본문에서 규정한 취득세와 등록세 등의 감면대상에서 제외된다고 볼 수 없다 … 원고가 이 사건 철강동을 매각할 목적으로 신축하였다고 하더라도 그러한 사정만으로 곧바로 이 사건 철강동이 구 지방세법 제276조 제1항 본문에서 규정한 취득세와 등록세 등의 감면대상에서 제외된다고 볼 수 없다는 원심의 판단은 가정적·부가적 판단에 불과하다. 원고가 당초부터 매각할 목적으로 이 사건 철강동을 신축한 것으로 볼 수 없다는 원심의 판단이 정당한 이상, 설령 원심의 위와 같은 가정적·부가적 판단에 상고이유의 주장과 같은 위법이 있다고 하더라도 판결 결과에 영향을 미칠 수 없으므로, 그에 관한 상고이유의 주장은 받아들일 수 없다.

     ※ 이 건 판례의 경우 당초 산업단지 내 산업용 건축물을 매각을 목적으로 취득한 경우 감면을 배제할 수 있는지에 대하여 구체적으로 판단하지 않아, 감면을 배제할 수도 있다는 여지를 남김
2. 일반 편의 및 판매시설은 감면대상 산업용 건축물에 해당하지 않음.
   - 이 사건 건축물 중 철강동은 철강제조업을 영위함에 필요한 제조시설 등을 갖춘 사업장 내지 이와 직접 관련된 유통시설용 건축물에 해당한다고 할 것이나, 비즈니스센터동과 프라자동은 그 내부 직원이나 고객뿐만 아니라 인근 거주자 등 불특정 다수인을

대상으로 한 일반 편의시설 내지 판매시설일 뿐 위 산업단지 내의 공장 등에서 생산된 제품을 판매하는 등으로 그 공장 등과 직접 관련된 유통시설용 건축물에 해당된다고 볼 수 없고, 위 공장 등에서 근무하는 종업원의 복지후생 등을 위하여 설치된 부대시설로 볼 수도 없으므로, 위 비즈니스센터동과 프라자동은 지방세법 제276조 제1항 본문에서 말하는 '산업용 건축물 등'에 해당한다고 할 수 없다(하급심-지법).

26.14 1개의 필지 내에 2년 이상 사용한 공장용 건축물이 있는 경우, 그 토지의 일부를 매각한 경우라도 추징할 수 없는지

【관련 판례】 대법 2014두10479, 2014. 11. 13. 판결(심리불속행) : 상고기각

- 지방세특례제한법 제78조

〈쟁점요지〉 1필지 내에 2개의 공장용 건축물이 있고 1개의 산업용 건축물이 2년 이상 사용된 경우 다른 공장용 건축물 및 그 부속토지를 매각한 경우라도 추징이 배제되는지 여부(실제 2년 이상 산업용 건축물의 부속토지로 사용된 부분 이외의 토지에 대하여도 추징이 배제되는지 여부)

판결요지 ••• 공장용도에 2년 이상 직접사용하지 아니한 부분에 한정하여 추징함이 타당함

- 구 지방세법 제276조 제1항 단서는 '취득일부터 3년 내에 정당한 사유 없이 산업용 건축물 등의 용도에 직접 사용하지 아니하는 경우 또는 그 사용일부터 2년 이상 산업용 건축물 등의 용도로 직접 사용하지 아니하고 매각하거나 다른 용도로 사용하는 경우 그 해당 부분에 대하여는 면제된 취득세 · 등록세 및 재산세를 추징한다'고 규정하고 있는바, 위 규정의 문언 및 입법 취지에 비추어 볼 때, 토지를 공장의 용도에 직접 사용하는지 여부 즉, 당해 토지가 공장 부지에 해당하는지 여부는 토지의 실질적인 이용 상황에 따라 객관적으로 결정하여야 한다. … 원고가 이 사건 나머지 토지 중 산업용 건축물 등의 용도로 직접 사용한 부분은 제1공장의 바닥면적인 398㎡와 옥외공작물인 저수조의 수평투영면적인 280㎡을 합한 면적인 678㎡와 그 주위를 둘러싼 일부분의 토지일 뿐이어서 피고가 건축물 면적 비율로 안분하여 산출한 면적을 초과하지는 않는 것으로 봄이 타당하므로, 결과적으로 피고가 이 사건 나머지 토지 중 16,139.56㎡ 부분에 대하여 제2공장의 부지로 보아 취득세 등을 추징한 처분은 적법하다(울산지법 2012구합83, 2013. 5. 16. 판결).

26.15 산업단지 감면 후 유예기간 내 산업단지기관이 지정한 자에게 매각한 경우 감면된 취득세의 추징을 배제할 수 있는지

【관련 판례】 대법 2017두64903, 2018. 1. 31. 판결(심리불속행) : 상고기각

- 지방세특례제한법 제78조

〈쟁점요지〉
1. 유예기간 내에 매각한 경우를 유예기간 내에 해당 용도에 직접 사용하지 않은 것으로 보아 추징할 수 있는지
2. 산업단지기관이 진행한 절차에 따라 토지를 매각한 것이므로 쟁점 토지를 해당 용도에 직접 사용한 것으로 볼 수 있는지 및 쟁점 토지를 산업단지기관에 반납함에 따라 이 사건 토지를 더 이상 사용할 수 없게 된 것을 쟁점 토지를 해당 용도로 사용할 수 없는 정당한 사유가 있는 것으로 볼 수 있는지
3. 산업단지기관이 지정한 자에게 쟁점 토지를 매각한 것을 산업단지관리기관에게 환매한 것과 마찬가지로 보아 추징을 배제할 수 있는지

판결요지

1. 추징유예기간 내에 매각한 경우를 3년 이내에 해당 용도에 사용하지 않은 것으로 해석할 수 있음.
2. 진행절차에 따라 매각한 것을 직접 사용으로 볼 수 없고, 자금사정으로 매각한 것이므로 정당한 사유에도 해당하지 않음.
3. 관리기관이 지정하는 자가 산업용지를 환매하는 경우를 추징면제 요건에서 제외한 이상, 이를 관리기관에 환매한 것으로 보아 감면을 적용할 수 없음.
   - 산업단지 등에 대한 지방세 감면 및 추징에 관한 규정의 체계와 문언, 개정 연혁과 취지 등에 의하면, 이 사건 추징조항 중 제1호는 정당한 사유 없이 해당 부동산 취득일부터 3년이 경과하기까지 해당 용도에 사용하지 않은 경우를, 제2호는 해당 부동산을 취득일로부터 3년이 경과하기 전에 해당 용도로 사용하기는 하였으나 그 사용 기간이 2년 미만인 상태에서 매각・증여하거나 다른 용도로 사용하여 지방세 감면 목적을 달성하기 어려운 경우를 의미하는 것으로 해석할 수 있고, 이와 같이 해석한다면 위 제1호의 추징사유에는 3년 이내에 정당한 사유 없이 취득한 부동산을 타에 매각처분하는 등으로 3년이 경과할 때까지 이를 해당 용도로 사용하지 아니하게 된 경우도 포함된다.
   - 원고가 이 사건 토지를 해당 용도로 사용하지 않은 상태에서 ○○구청장이 진행한 분양절차에 따라 선정된 ○○ 주식회사에 이 사건 토지를 매각하였다고 하여 이를 이 사

건 토지를 용도에 맞도록 사용한 것이라고 볼 수 없고(해당 용도로 직접 사용한 기간이 2년 이상이 되지 않는 상태에서의 '매각'은 별도로 제2호의 추징사유를 구성할 뿐이다), 원고가 이 사건 토지를 ○○ 주식회사에 매각하여 해당 용도로 사용하지 못하게 된 것은 원고도 인정하는 바와 같이 원고의 자금사정 등에 기인한 것으로 이 사건 토지를 사용할 수 없는 정당한 사유가 있다고 볼 수도 없다.

- 과세형평 등을 이유로 감면 대상과 범위를 축소, 조정하기 위해 지방세법이 2006. 12. 30. 법률 제8147호로 개정되면서 추징 예외 사유에서 '당해 산업단지관리기관 · 산업기술단지관리기관이 지정하는 자에게 환매하는 경우'가 삭제된 것은 앞에서 본바와 같고, 산업단지 등에서 취득하는 부동산을 단기에 매각하는 경우 중 관리기관이 지정하는 자가 환매하는 경우까지 취득세 등의 추징을 면제한다면, 산업집적활성화법 제39조에 의하여 거의 모든 환매에 대하여 취득세 등의 추징을 면제하게 됨으로써 지방자치단체의 세수 감소와 아울러 일반 토지취득자와 비교하여 볼 때 조세부담의 불평등이 가중되는 문제가 발생할 수 있고, 이와 같은 제반사정을 고려할 때, 관리기관이 환매하는 때에 한하여 취득세 등의 추징을 면제하고, 관리기관이 지정하는 자가 산업용지를 환매하는 경우를 추징면제 요건에서 제외한 것은 합리적인 이유가 있다고 할 것이므로(헌법재판소 2012. 4. 24. 선고 2010헌가87 결정 참조), 이와 다른 전제에서 나온 원고의 위 주장은 받아들일 수 없다(부산고법 2017누21890, 2017. 9. 22. 판결).

27. 외국인투자기업 등에 대한 감면

27.1 외국인투자기업으로서의 요건을 갖추어 등록하기 전에 취득한 재산이 취득세 및 재산세 감면대상인지

【관련 판례】 대법 94누9696, 1995. 7. 11. : 상고기각

- 지방세특례제한법 제78조의3

지방세특례제한법 제78조의3(외국인투자에 대한 감면)

① 「외국인투자 촉진법」 제2조 제1항 제6호에 따른 외국인투자기업이나 출연을 한 비영리법인(이하 이 조에서 "외국인투자기업"이라 한다)이 「조세특례제한법」 제121조의2 제1항에 해당하는 외국인투자(이하 이 조에서 "외국인투자"라 한다)에 대해서 2025년 12월 31일까지 같은 법 제121조의2 제6항에 따른 감면신청(이하 이 조에서 "조세감면신청"이라 한다)을 하여 같은 조 제8항에 따라 감면결정(이하 이 조에서 "조세감면결정"이라 한다)을 받은 경우에는 다음 각 호에서 정하는 바에 따라 지방세를 감면한다. 다만, 지방자치단체가 조례로 정하는 바에 따라 감면기간을 15년까지 연장하거나 감면율을 높인 경우에는 다음 각 호에도 불구하고 조례로 정한 기간 및 비율에 따른다.

〈쟁점요지〉 외국인투자의 인가를 받기도 전에 취득한 재산은 조세감면의 대상이 될 수 있는지 여부

판결요지 ••• 외국인투자기업이 신고한 사업을 하기 위하여 취득·보유하는 재산의 범위에는 외투기업으로서 요건을 갖추어 등록한 후에 취득한 재산세 대하여만 재산세 감면대상이 되고, 등록 전에 취득한 재산은 재산세 감면대상에 해당하지 않음

- 구 외자도입법(1991. 1. 14. 법률 제4316호로 개정되기 전의 것) 제14조 제4항은 "외국인투자기업이 인가받은 사업을 영위하기 위하여 취득·보유하고 있는 재산에 대한 취득세 및 재산세는 당해 기업이 등록한 후에 취득·보유하는 재산에 한하여 당해 기업의 외국인

투자비율에 따라 등록한 날로부터 5년간 면제한다. 다만, 외국인투자의 인가를 받은 외국투자가가 출자한 기업이 등록 전에 당해 사업의 본래의 목적으로 취득한 재산이 있는 때에는 당해 재산에 대한 취득세 및 재산세는 당해 기업의 외국인투자비율에 따라 재산을 취득한 날로부터 5년 간 면제한다"고 규정하고 있는바(1989. 6. 16. 법률 제4128호 지방세법 중 개정법률 부칙 제3조 제4항에 의하여 위 규정 중 취득세 및 재산세는 각각 취득세·재산세 및 종합토지세로 개정되었다), 이는 국민경제의 건전한 발전과 국제수지의 개선에 이바지하는 외자를 효과적으로 유치·보호하고 이를 적절히 관리하기 위하여 마련한 외자도입에 따른 조세지원제도의 하나로서, 위 규정 본문은 외국인 투자가가 인가받은 외자도입을 완료하여 외국인투자기업 등록을 한 이후 인가받은 사업을 영위하기 위하여 취득·보유하는 재산에 한하여 등록한 날로부터 5년간 조세감면의 혜택을 준다는 원칙규정이고, 위 규정 단서는 외국인투자가가 인가받은 출자 목적물의 납입을 완료하여 외국인투자기업 등록을 하기까지는 상당한 시일이 소요되는 점을 고려하여 외국인투자의 인가를 받은 외국투자가가 출자한 기업이 등록 전에 당해 사업 본래의 목적으로 취득한 재산이 있는 때에는 당해 재산을 취득한 날로부터 5년간 조세감면의 혜택을 준다는 예외규정이라 할 것이므로, 외국인투자의 인가를 받기도 전에 취득한 재산은 조세감면의 대상이 될 수 없을 뿐 아니라, 등록 전에 취득한 재산에 대하여는 단서에서 별도로 규정하고 있는 점에 비추어 볼 때, 위 규정 본문에서 "등록한 후에 취득·보유하는 재산"이라고 한 것은 취득세에 있어서는 "등록한 후에 취득하는 재산"을, 재산세와 종합토지세에 있어서는 "등록한 후에 취득하여 보유하는 재산"을 의미하는 것이라고 해석하여야 할 것이다.

27.2 외국인투자기업으로 등록하기 이전부터 취득하여 보유하고 있던 재산을 외투법인의 재산세 감면대상에 포함할 수 있는지

【관련 판례】 대법 2012두29219, 2013. 4. 11. 판결(심리불속행) : 항소기각

- 지방세특례제한법 제78조의3

〈쟁점요지〉 조특법에 따라 외국인투자기업에 대한 재산세 감면을 적용함에 있어 외국인투자기업으로서 신고를 하고 조세감면결정을 받기 이전에 기존 법인이 취득하여 보유하고 있던 재산의 경우에도 감면대상에 포함할 수 있는지 여부

판결요지 ••• 외투기업으로 등록하기 전에 보유하고 있던 재산의 경우 감면대상에 포함되지 아니함

- 개정된 구 외자도입법 규정에 대하여도 감면대상인 재산은 '외국인투자기업으로 등록한 후'에 취득하여 보유하는 재산을 의미하는 것으로 해석되었으며(대법원 1995. 7. 1. 선고 94누9696 전원합의체 판결 참조), 위와 같은 규정이 감면기간 및 비율 등 세부사항에 관하여만 개정되어 외국인투자 촉진법을 거쳐 조세특례제한법에 규정되기에 이른 점 등에 비추어 보면, 법 제121조의2 제4항 본문 소정의 '외국인투자기업이 신고한 사업을 하기 위하여 취득·보유하는 재산'은 외국인투자기업으로 등록한 후에 취득하여 보유하게 된 재산을 의미하는 것으로 해석하여야 하므로, 피고가 원고에 대하여 원고가 외국인투자기업으로 등록하기 이전에 보유하고 있던 이 사건 부동산에 관한 재산세 및 지방교육세를 부과한 이 사건 처분은 적법하고, 이를 다투는 원고의 주장은 이유 없다(전주지법 2012구합499, 2012. 8. 28. 판결).

※ 대법원의 경우 외투기업으로 등록 전에 취득하여 보유하고 있던 재산도 감면대상이라는 판단(대법 92누1568, 1992. 12. 22. 판결)을 1995년 전원합의체 판결(대법 94누9696, 1995. 7. 1. 판결)을 통해 변경하였음에 유의

27.3 외국인투자기업의 공장 밖의 기숙사가 재산세 감면대상에 해당되는지

【관련 판례】 대법 2015두48464, 2015. 11. 17. 판결(심리불속행) : 상고기각

- 지방세특례제한법 제78조의3

〈쟁점요지〉 외국인투자기업이 근로자용 기숙사를 공장 밖에 설치하는 경우에도 재산세 감면대상으로 볼 수 있는지 여부

판결요지 ••• **외투기업 공장용지 밖에 설치된 기숙사도 감면대상에 해당됨**

- ③ 조세특례제한법 시행령 제116조의2 제1항은 "조세특례제한법 제121조의2 제1항 제1호의 규정에 의하여 법인세·소득세·취득세 및 재산세를 감면하는 외국인투자는 기획재정부장관이 연 1회 이상 「외국인투자촉진법」 제27조에 따른 외국인투자위원회의 심의를 거쳐 정하는 산업지원서비스업 또는 고도의 기술을 수반하는 사업을 영위하기 위하여 공장시설(한국표준산업분류상의 제조업 외의 사업의 경우에는 사업장을 말한다)을 설치 또는 운영하는 경우로 한다"고 규정하고 있는데, 위 규정은 법 제121조의2 제1항 제1호의 규정에 의하여 법인세·소득세·취득세 및 재산세를 감면하는 '외국인투자'의 요건을 규정한 것이어서, 조세특례제한법 제121조의2 제4항에 따른 재산세 감면 규정과 관계가 없는 것으로 보이는 점, ④ 따라서 조세특례제한법 시행령 제116조의2 제1항 규정에 따라 공장시설만 재산세 감면대상이 됨을 전제로 하여 구 공업배치 및 공장설립에 관한 법률 시행령 및 시행규칙 규정을 근거로 공장용지 밖에 설치된 이 사건 기숙사는 공장시설로 볼 수 없다는 피고의 주장은 부당한 점 등에 비추어 보면, 이 사건 각 기숙사는 원고가 신고한 사업을 하기 위하여 보유하는 재산에 해당한다고 봄이 타당하므로, 이와 다른 전제에서 한 피고의 이 사건 처분은 위법하다(수원지방법원 2015. 1. 14. 선고 2014구합54142 판결).

28. 법인 및 공장의 지방이전 등에 대한 감면

28.1 대도시 내 공장의 대도시 외로 이전에 따른 감면을 적용함에 있어 6개월 내 신공장 착공, 6개월 내 구공장 폐쇄요건을 모두 갖추어야 하는지

【관련 판례】 대법 98두18268, 1999. 3. 26. : 파기환송

- 지방세특례제한법 제80조 및 시행규칙 제8조

지방세특례제한법 제80조(공장의 지방 이전에 대한 감면)

① 대도시에서 공장시설을 갖추고 사업을 직접 하는 자가 그 공장을 폐쇄하고 과밀억제권역 외의 지역으로서 공장 설치가 금지되거나 제한되지 아니한 지역으로 이전한 후 해당 사업을 계속하기 위하여 취득하는 부동산에 대해서는 취득세를 2024년 12월 31일까지 면제하고, 재산세의 경우 그 부동산에 대한 납세의무가 최초로 성립하는 날부터 5년간 면제하고 그 다음 3년간 재산세의 100분의 50을 경감한다. 다만, 다음 각 호의 어느 하나에 해당하는 경우에는 감면한 취득세 및 재산세를 추징한다. (후략)

지방세특례제한법 시행규칙 제8조(과밀억제권역 외의 지역으로 이전하는 공장의 범위와 적용 기준)

② 법 제80조 제1항에 따라 감면 대상이 되는 공장용 부동산은 다음 각 호의 요건을 모두 갖춘 것이어야 한다.

3. 과밀억제권역 외에서 그 사업을 시작한 날부터 6개월(시운전 기간은 제외한다) 이내에 대도시 내에 있는 해당 공장시설을 완전히 철거하거나 폐쇄할 것
4. 토지를 취득하였을 때에는 그 취득일부터 6개월 이내에 공장용 건축물 공사를 시작하여야 하며, 건축물을 취득하거나 토지와 건축물을 동시에 취득하였을 때에는 그 취득일부터 6개월 이내에 사업을 시작할 것. 다만, 정당한 사유가 있을 때에는 6개월 이내에 공장

용 건축물 공사를 시작하지 아니하거나 사업을 시작하지 아니할 수 있다.

〈쟁점요지〉 대도시 내 공장을 지방으로 이전함에 따른 취득세 등 감면을 적용함에 있어 지방에 토지취득 후 6개월 내 착공, 신설공장 사업개시 이후 6개월 내 구 공장폐쇄 2가지 요건을 모두 갖추어야 하는지 여부

판결요지 대도시 외 신설 공장용 토지를 취득한 후 6월 내 착공을 하지 아니한 경우에는 비록 신설 공장에 대한 사업개시 후 6월 내 대도시 내 구 공장시설을 폐쇄하였다고 하더라고 감면이 배제됨

- 구 지방세법(1994. 12. 22. 법률 제4794호로 개정되기 전의 법률, 이하 '구 지방세법'이라고 한다) 제110조의2 제1항은 "대통령령이 정하는 대도시 내에서 공장시설을 갖추고 사업을 영위하는 자가 그 공장을 폐쇄하고 대도시 외의 대통령령이 정하는 지역으로 이전하여 당해 사업을 계속하기 위한 경우의 부동산취득에 대하여는 취득세를 부과하지 아니한다."고, 제2항은 "제1항의 규정에 의한 공장의 범위와 적용기준은 내무부령으로 정한다."고 각 규정하고 있으며, 이에 따른 구 지방세법시행규칙(1994. 12. 31. 내무부령 제633호로 개정되기 전의 시행규칙, 이하 '구 지방세법시행규칙'이라고 한다) 제47조의4 제1항은 "법 제110조의2 제1항의 규정에 의한 취득세 비과세 부동산은 제47조의2의 규정에 의한 공장의 경영자가 공장시설(제조당 단위별로 독립된 시설을 말한다. 이하 같다)을 이전하기 위하여 대도시 외의 영 제79조의7의 지역에서 취득한 부동산으로 당해 부동산 취득자가 경영하는 공장시설이 다음 제1호 내지 제3호의 요건을 갖춘 경우로 한다(단서 생략)."고 규정하면서, 제1호에서 "대도시 내의 이전대상이 되는 공장시설은 대도시 외의 영 제79조의7의 지역에서 이전하기 위하여 조업을 중단한 날로부터 소급하여 6월(임차공장의 경우에는 2년) 이상 계속하여 조업한 실적이 있을 것(단서 생략)"을, 제2호에서 "대도시 외의 영 제79조의7의 지역에서 그 사업을 개시한 날(시운전기간을 제외한다. 이하 같다)로부터 6월 내에 대도시 내에 있는 당해 공장시설을 철거하거나 폐쇄하여 실질적으로 조업이 불가능한 상태에 있을 것"을, 제3호에서 "공장건축용 토지를 취득한 때에는 그 취득일로부터 6월 이내에 공장용 건축물을 착공하고, 공장용 건축물을 취득한 때에는 주된 공장용 건축물의 취득일로부터 공장용 토지와 건축물을 동시에 취득한 때에는 취득일로부터 각각 6월 내에 사업을 개시할 것. 다만, 정당한 사유가 있을 때에는 그러하지 아니하다."를 각 규정하고 있다.
- 한편 구 지방세법 제128조 제9항은 "대통령령으로 정하는 대도시(이하 이 항에서 '대도시'라 한다) 내에 등기되어 있는 법인이 대도시 외로 이전하는 경우와, 대도시 내의 공장이

대도시 외의 대통령령이 정하는 지역 내로 이전하는 경우 그에 따른 법인등기 및 부동산 등기에 대하여는 등록세를 부과하지 아니한다. 이 경우 대도시 내의 공장의 범위와 적용기준에 관하여는 제110조의2 제2항의 규정을 준용한다."고 규정하고 있고, 이에 따라 구 지방세법시행규칙 제54조의3은 "법 제128조 제9항의 규정에 의하여 대도시 내의 공장이 대도시 외로 이전할 경우의 비과세공장의 범위와 적용기준 등에 관하여는 제47조·제47조의2 및 제47조의4 내지 제47조의9의 규정을 준용한다. 이 경우 '법 제110조의2'는 '법 제128조 제9항'으로, '취득세'는 '등록세'로, '취득일'은 '등기·등록일'로 본다."고 규정하고 있으며, 구 교육세법(1995. 12. 29. 법률 제5037호로 개정되기 전의 법률, 이하 '구 교육세법'이라고 한다) 제3조 제4호는 교육세의 납세의무자 중의 1로서 "지방세법의 규정에 의한 등록세의 납세의무자"를 규정하고 있다.

- 그런데 구 지방세법 제110조의2, 제128조 제9항에서 대도시 내 공장을 대도시 외로 이전하기 위한 부동산 취득 및 등기에 대하여 취득세 및 등록세를 부과하지 않도록 규정한 입법 취지가 대도시 내에 있는 공장을 대도시 외로 이전하여 대도시 외에서 당해 사업을 계속 영위하도록 촉진함으로써 대도시의 인구 집중의 방지와 각종 공해의 예방 및 지역의 균형적 발전을 도모하고자 함에 있는 점, 구 지방세법 제110조의2 제1항이 취득세를 부과하지 않는 경우의 부동산취득을 "…공장을 폐쇄하고 … 이전하여 당해 사업을 계속하기 위한 경우의 부동산취득"으로 규정하고 있으며, 구 지방세법시행규칙 제47조 제4호가 '공장이전'을 기존 공장을 폐쇄하고 다른 장소로 이전하여 당해 사업을 계속 영위하는 경우로 정의하고 있는 점, 구 지방세법시행규칙 제47조의4 제1항이 취득세 비과세 부동산에 해당하기 위한 요건을 "…제1호 내지 제3호의 각 1의 요건을 갖춘 경우"라고 규정하지 않고 "…제1호 내지 제3호의 요건을 갖춘 경우"라고 규정하고 있는 점 등에 비추어 보면, 구 지방세법시행규칙 제47조의4 제1항 제1호 내지 제3호의 각 요건을 모두 갖춘 경우에 한하여 그 부동산 취득 및 등기에 대하여 취득세, 등록세 및 교육세를 부과하지 아니하는 것이고, 위 각 요건 중 하나라도 갖추지 못한 경우에는 그 부동산 취득 및 등기에 대하여 취득세, 등록세 및 교육세를 부과할 수 있다고 해석하여야 할 것이다.

28.2 지형도면이 고시되지 않은 산업단지를 대도시 외로 보아 지방이전에 따른 감면을 적용할 수 있는지

【관련 판례】 대법 2012두4401, 2012. 5. 24. 판결(심리불속행) : 상고기각

- 지방세특례제한법 제80조

〈쟁점요지〉 공장의 지방이전에 따른 감면 적용에 있어 공장이전 당시 지형도면이 고시되지 않은 일반산업단지를 대도시의 범위에서 제외하는 '산업집적활성화법의 적용을 받는 산업단지'로 보아 대도시 내 공장 지방이전에 따른 취득세 등의 감면을 배제하는 것이 타당한지

판결요지 ••• 지형도면이 고시되지 않은 산업단지는 감면적용이 배제되는 산업단지에 해당하지 않아 감면을 배제할 수 없음

- 일반산업단지의 경우 일반산업단지 지정의 효력이 상실된 이후부터 지형도면이 고시되기 이전까지는 지방세법 제275조 제1항의 지역적 적용범위에서 제외되는 '산업집적활성화법의 적용을 받는 산업단지'에 해당한다고 볼 수 없다(다만, 이건 판례의 경우 조업실적 감면요건을 갖추지 못해 감면 배제) - (서울고법 2011누29153, 2012. 1. 18. 판결).

28.3 공장을 지방이전하고 유예기간 이내 법인전환한 경우도 재산세를 감면받을 수 있는지

【관련 판례】 대법 2015두51798, 2016. 1. 14. 판결(심리불속행) : 기각

- 지방세특례제한법 제80조 제1항

〈쟁점요지〉 대도시 공장을 지방으로 이전하고, 재산세 감면유예기간 5년 이내에 법인으로 전환한 경우 법인에 대한 재산세 감면대상 해당 여부

판결요지 ••• 법인과 개인은 별개의 인격체이므로 법인전환 경우는 감면 불가

- 조세법률주의의 원칙상 과세요건이거나 비과세요건 또는 조세감면요건을 막론하고 조세법규의 해석은 특별한 사정이 없는 한 법문대로 해석할 것이고 합리적 이유 없이 확장해석하거나 유추해석하는 것은 허용되지 아니하며, 특히 감면요건 규정 가운데에 명백히 특혜규정이라고 볼 수 있는 것은 엄격하게 해석하는 것이 조세공평의 원칙에도 부합한다(대법원 2003. 1. 24. 선고 2002두9537 판결 등 참조).
- 한편 법인은 독립된 법인격을 가지고 권리의무의 주체가 되는 것이므로 그 대표자인 개인과 동일시할 수 없다.
- 이러한 법리에 비추어 이 사건을 살피건대, 김○○은 2007. 1. 17. 대도시 내에서 개인사업자로서 사업자등록을 하고 사업을 영위하다가 2012. 8. 17. 대도시 외에 있는 이 사건 토지로 사업자등록을 이전함으로써 구 지방세특례제한법 제80조 제1항에 의하여 그 이전에 따라 취득한 이 사건 토지 및 건물에 대한 취득세는 면제받았으나 2012. 9. 27. 원고를 설립한 후 2012. 10. 11. 위 개인사업을 폐업하였으니, 같은 날 원고가 김○○으로부터 그의 영업 일체를 포괄양수하고 이 사건 토지 및 건물을 취득하였다고 하더라도, 개인 김○○과 법인인 원고는 별개의 독립된 법인격체이므로 김○○이 대도시에서 공장시설을 갖추고 광고물 제작, 가방 및 잡화 제조업 등의 사업을 한 것을 원고가 그 사업을 한 것으로 볼 수는 없다고 할 것이다(의정부지방법원 2015. 2. 10. 선고 2014구합7935 판결).

29. 신협, 새마을금고 등에 대한 감면

29.1 신용협동조합이 운영하는 예식장을 취득세 감면대상 부동산으로 볼 수 있는지

【관련 판례】 대법 2010두23668, 2013. 5. 9. 판결 : 파기환송

- 지방세특례제한법 제87조

지방세특례제한법 제87조(새마을금고 등에 대한 감면)

① 「신용협동조합법」에 따라 설립된 신용협동조합(중앙회는 제외하며, 이하 제1호 및 제2호에서 "신용협동조합"이라 한다)에 대해서는 다음 각 호에서 정하는 바에 따라 지방세를 각각 감면한다.

1. 신용협동조합이 「신용협동조합법」 제39조 제1항 제1호의 업무에 직접 사용하기 위하여 취득하는 부동산에 대해서는 취득세를, 과세기준일 현재 그 업무에 직접 사용하는 부동산에 대해서는 재산세를 각각 2026년 12월 31일까지 면제한다.
2. 신용협동조합이 「신용협동조합법」 제39조 제1항 제2호 및 제4호의 업무에 직접 사용하기 위하여 취득하는 부동산에 대해서는 취득세를, 과세기준일 현재 그 업무에 직접 사용하는 부동산에 대해서는 재산세를 각각 2026년 12월 31일까지 면제한다.

신용협동조합법 제39조(사업의 종류 등)

① 조합은 그 목적을 달성하기 위하여 다음 각 호의 사업을 한다.

4. 조합원의 경제적·사회적 지위 향상을 위한 교육

〈쟁점요지〉 신용협동조합이 운영하는 예식장을 조합원의 복지사업에 직접 사용하는 부동산으로 보아 취득세를 감면할 수 있는지 여부 (일반예식장과 이용요금 및 이용조건 등에 차이가 없이 운영되는 사례임)

판결요지 ••• 일반에게 제공되는 점 등을 고려시 감면대상 조합원 복지사업용 부동산으로 볼 수 없음

- 신용협동조합법에 의하여 설립된 신용협동조합이 '예식장 등의 생활편의시설을 설치 · 운영하는 사업'에 사용하기 위하여 취득하는 부동산이 구 지방세법 제272조 제3항이 규정하는 취득세 등의 면제 대상에 해당하기 위해서는 그 사업의 주된 목적이 조합원의 경제적 · 사회적 지위를 향상시키는 데 있어야 하고, 위 요건을 충족하는지는 이용대상자 중 조합원이 차지하는 비율, 조합원과 비조합원 사이의 이용요금이나 이용조건의 차이 유무, 이용요금의 수준, 당해 생활편의시설의 설치 및 운영의 필요성 등을 종합적으로 고려하여 객관적으로 판단하여야 한다.
- 원고가 운영하는 이 사건 예식장은 사실상 불특정 다수를 대상으로 하여 운영되고 있고 실제 이용자 중 상당수는 이 사건 예식장의 이용만을 목적으로 조합원 자격을 취득한 것으로 보이며, 조합원과 비조합원 사이의 이용요금이나 이용조건의 차이도 미미하고, 그 이용요금도 인근 예식장과 비슷하며, 주변에 이미 다수의 다른 예식장들이 있어 특별히 조합원들을 위하여 예식장을 설치 · 운영할 필요성이 크다고 할 수도 없으므로, 결국 원고가 이 사건 예식장을 설치 · 운영하는 사업은 그 주된 목적이 조합원의 경제적 · 사회적 지위를 향상시키는 데 있다고 볼 수 없다. 따라서 이 사건 부동산은 구 지방세법 제272조 제3항에서 말하는 신용협동조합법 제39조 제1항 제2호의 복지사업에 직접 사용하기 위하여 취득하는 부동산에 해당한다고 보기 어렵다.

29.2 새마을금고가 취득한 소매점용 및 금융자동화코너시설용 부동산이 취득세 등 감면대상에 해당하는지

【관련 판례】 대법 2011두18441, 2013. 6. 13. 판결 : 파기환송(과세기관 일부 승)

- 지방세특례제한법 제87조

〈쟁점요지〉 새마을금고가 소매점 및 금융 자동화코너시설(365일 코너)을 설치하기 위하여 취득한 부동산을 새마을금고의 감면대상 고유목적사업용으로 보아 취득세 등을 감면할 수 있는지 여부

판결요지 ••• 자동화코너시설은 감면대상이나 소매점은 감면대상 부동산이 아님

- 새마을금고법에 의하여 설립된 새마을금고가 취득하는 부동산이 새마을금고법 제28조 제

1항 제1호 내지 제4호의 규정에 의한 업무에 사용하기 위한 것으로서 구 지방세법 제272조 제3항 본문이 규정하는 취득세와 등록세의 면제 대상에 해당하기 위하여는 그 부동산을 취득하여 직접 사용하기 위한 업무의 주된 목적이 자금의 조성과 이용, 회원의 경제적 · 사회적 · 문화적 지위의 향상과 지역사회개발 등에 있어야 한다. … 이 사건 기존건물의 취득 당시 원고의 이사회에서 소매점 부분을 회원들이나 인근 주민들의 복지시설 등으로 사용하기로 하는 논의가 있었다거나 현재는 소매점 부분을 실제로 지역사회단체의 무료국악연습실이나 회의실 용도로 사용하고 있다는 사정만으로는 이 사건 신축건물 중 소매점 부분이 구 지방세법 제272조 제3항 본문이 규정하는 취득세와 등록세의 면제 대상에 해당한다고 보기 어렵다.

- 구 지방세법 제272조 제3항 본문의 문언 내용과 취지, 그리고 같은 항 단서가 '취득한 부동산을 그 사용일부터 2년 이상 그 업무에 직접 사용하지 아니하고 다른 용도로 사용하는 경우에는 그 해당 부분에 대하여 면제된 세액을 추징'하도록 별도로 규정하고 있는 점 등에 비추어 보면, 구 지방세법 제272조 제3항 본문이 규정하는 취득세와 등록세의 면제 대상에 해당하는지는 원칙적으로 부동산의 취득 당시를 기준으로 그 현황과 용도, 취득 목적 등을 종합적으로 고려하여 판단하여야 한다. … 이 사건 시설은 그 현황과 용도, 취득 목적 등을 종합적으로 고려할 때 이 사건 신축건물 중 금융업소 부분의 일부분으로서 원고가 새마을금고의 업무에 직접 사용하기 위하여 취득한 것으로 봄이 타당하므로, 구 지방세법 제272조 제3항 본문이 규정하는 취득세와 등록세의 면제 대상에 해당한다. 따라서 그 설치비용은 취득세와 등록세의 과세대상인 이 사건 소매점 부분의 사실상 취득가액에 포함될 수 없고, 그 전부가 취득세와 등록세의 면제 대상인 금융업소 부분의 사실상 취득가액에 포함되어야 한다.

30. 지방공사 등에 대한 감면

30.1 가스공사가 재산세 감면대상인 지자체 출연 상법상 주식회사에 해당되는지

【관련 판례】 대법 2015두47072, 2015. 12. 24. 판결 : 상고기각

- 같은 취지의 판례 : 대법 2015두43346, 2015두43353, 2015두44196, 2015두44202, 2015두47881, 2015두47898(2015. 12. 23. 판결) ; 2015두46765, 2015두48303, 2015두48310, 2015두48372(2015. 12. 24. 판결)
- 지방세특례제한법 제85조의2

구 지방세특례제한법 제85조의2(지방공기업 등에 대한 감면)

③ 지방자치단체가 설립 당시에 자본금 또는 재산을 출연하여 설립한 「상법」에 따른 주식회사(이하 "출자법인"이라 한다) 또는 「민법」에 따른 재단법인(이하 "출연법인"이라 한다)에 대해서는 다음 각 호에서 정하는 바에 따라 2019년 12월 31일까지 지방세를 경감한다.

지방세특례제한법 제85조의2(지방공기업 등에 대한 감면)

③ 「지방자치단체 출자·출연 기관의 운영에 관한 법률」 제5조에 따라 지정·고시된 출자·출연기관(이하 이 항에서 "지방출자·출연기관"이라 한다)에 대해서는 다음 각 호에서 정하는 바에 따라 2025년 12월 31일까지 지방세를 경감한다.

〈쟁점요지〉 한국가스공사가 재산세 감면대상인 '지방자치단체가 자본금 또는 재산을 출연하여 설립한 상법에 따른 주식회사'에 해당되는지 여부

판결요지 ••• 가스공사는 재산세 감면대상 지자체 출연 상법상 주식회사에 해당됨

- 이 사건 감면조항은 지방자치단체가 출자·출연한 법인의 공익적 성격을 고려하여 재산세 등을 감면함으로써 재정적 부담을 완화하고 지방자치단체의 경제·사회 정책 등에 부응하는 데에 그 취지가 있는 점, 특별법에 의하여 설립되는 법인에 대한 국가나 지방자치단체의 출자·출연 의무는 관련 규정에 따라 미리 확정되고, 다만 실제 출자·출연행위는 관계기관의 업무 협의, 예산 상황 등을 고려하여 법인의 설립과는 별도의 절차에 따라 진행되는 것으로 보이는 점 등을 종합하여 보면, 이 사건 감면조항에서 규정한 출자법인에는 관련 규정에 따라 예정된 지방자치단체의 출자·출연이 설립등기 후에 이루어진 법인도 포함된다고 해석함이 타당하다.
- 나아가 출자법인이 상법에 따라 설립되지 아니하더라도 상법 중 주식회사에 관한 규정이 적용되면 주식이 발행되고 주주총회의 의결을 거쳐 이익이 주주에게 배당되는 등 주식회사의 본질적인 성격을 가지게 되는 점, 이 사건 감면조항에서 규정한 출자법인을 오로지 상법상의 절차에 따라 설립된 주식회사로 해석할 경우에는 공공성이 강한 법인이 이윤의 창출을 추구하는 주식회사보다 불리한 취급을 받게 되어 위 규정의 입법취지에 반하는 점 등을 종합하여 보면, 이 사건 감면조항에서 규정한 출자법인에는 상법 중 주식회사에 관한 규정이 적용되어 상법상 주식회사의 성격을 갖는 법인도 포함된다고 보아야 한다.

관련 기타 판례

- 지역○○공사는 재산세 등 감면대상인 지자체가 출연하여 설립한 출자법인에 해당됨(대법 2015두44615, 2016. 3. 24. 판결).

30.2 공유수면을 매립하고 대물변제로 받은 토지를 매각한 경우 고유업무에 직접 사용한 것으로 볼 수 있는지

【관련 판례】 대법 2013두14580, 2013. 10. 31. 판결(심리불속행) : 상고기각

- 지방세특례제한법 제85조의2

지방세특례제한법 제85조의2(지방공기업 등에 대한 감면)

① 1. 지방공사가 그 설립 목적과 직접 관계되는 사업(그 사업에 필수적으로 부대되는 사업을 포함한다. 이하 이 조에서 "목적사업"이라 한다)에 직접 사용하기 위하여 취득하는 부동산에 대해서는 취득세의 100분의 50(100분의 50의 범위에서 조례로 따로 정하는 경우에는 그 율)에 대통령령으로 정하는 지방자치단체 투자비율(이하 이 조에서 "지방자치단체 투자비율"이라 한다)을 곱한 금액을 경감한다.

〈쟁점요지〉 지방공사가 공유수면을 매립하고 그 사업비를 대물변제로 받은 공유수면 내 토지를 그대로 방치하다가 취득일로부터 1년 11개월에 제3자에게 매각한 경우 정당한 사유없이 고유업무에 직접사용하지 아니한 것으로 보아 추징할 수 있는지 여부

판결요지 ••• 사업수행을 위한 일련의 절차이므로 고유업무에 직접 사용한 것이고, 추징을 배제할 정당한 사유에도 해당함

- 이 사건 사업 협약에 따른 공유수면매립, 항만 및 배후부지 조성공사, 이 사건 토지의 취득 및 매각은 원고의 고유업무인 이 사건 사업목적 달성을 위한 일련의 행위들로서 이 사건 사업의 수행 자체에 해당된다고 할 것이다.
- 따라서 비록 원고가 이 사건 처분을 위한 과세기준일인 이 사건 토지 취득일로부터 1년이 경과한 2008. 6. 8.경에 여전히 이 사건 토지를 소유하고 있었다고 하더라도, 원고가 이 사건 토지를 취득한 후 나대지 상태로 방치한 것이 아니라 취득 이전인 2005. 8. 29.경 이미 이 사건 매매계약을 체결한 후 대금을 지급받을 때까지 이를 보유하고 있는 상태, 즉 이 사건 토지의 매각을 위하여 직접 사용하고 있는 상태라고 봄이 상당하다. 설령 그렇지 않다고 하더라도 원고는 고유업무에 이 사건 토지를 직접 사용하지 아니한 데에 정당한 사유가 있다고 할 것이므로, 이와 다른 전제에서 피고가 한 이 사건 처분은 위법하다고 할 것이다(부산고법 (창원)2011누1491, 2013. 6. 13. 판결).

30.3 지방공사의 비축용 토지를 고유업무에 직접사용하는 부동산으로 볼 수 있는지

【관련 판례】 대법 2016두40306, 2016. 9. 8. 판결(심리불속행) : 기각

- 지방세특례제한법 제85조의2

〈쟁점요지〉 지방공사 또는 지방공단의 비축용 토지가 취득세 감면대상인 고유업무에 직접사용하기 위하여 취득하는 부동산으로 볼 수 있는지 여부

판결요지 ••• **비축용 토지가 당장 구체적인 특정용도에 현실적으로 사용하고 있지 않더라도 사전적 의미 등을 고려시 직접사용으로 볼 수 있음**

- ③ '비축'의 사전적 의미는 '만약의 경우를 대비하여 미리 갖추어 모아 두거나 저축'하는 것으로서 원고가 당장 이 사건 토지를 구체적인 특정 용도에 현실적으로 사용하고 있지 않더라도 '비축'에 해당되는 점, ④ 구 경기도 도세 감면조례 제13조 제1항이 지방공사의 부동산 취득세를 면제하는 취지는 지방공기업의 세제감면을 통한 재정지원 등에 있고, 같은 조 제3항이 면제한 취득세를 다시 추징하도록 하는 것은 법인이 고유목적 이외의 재산을 취득·보유함으로써 발생할 수 있는 비생산적인 투기의 조장을 방지하고 토지의 효율적인 이용을 꾀함에 그 취지가 있다고 할 것인바, 원고는 비영리법인으로서 원고를 설립하여 운영하는 ○○시로부터 이 사건 토지를 현물출자의 방식으로 취득하는 등 이 사건 토지의 취득 목적 및 과정에서 투기 내지 투자의 의사가 존재한다고 보기 어려워 원고에게 이 사건 토지에 대한 취득세를 면제해 주더라도 위와 같은 법규정의 취지에 어긋난다고 보이지 않는 점 등에 비추어 원고가 이 사건 토지를 고유업무인 '토지개발을 위한 토지의 비축'에 직접 사용하고 있다고 봄이 타당하다(서울고등법원 2015누60862, 2016. 5. 10. 판결).

● 관련 기타 판례

- 현물출자로 취득하고 지방공사의 목적사업에 비축이 있는 경우에도 당초 취득목적대로 1년 이내 미사용시는 직접사용으로 볼 수 없음(대법 2016두45318, 2016. 11. 9. 판결).

31. 공공기관 이전 등에 대한 감면

31.1 지방이전계획에 포함되어 있지 아니한 부동산에 대하여도 공공기관 지방이전에 따른 감면을 적용할 수 있는지

【관련 판례】 대법 2020두33589, 2020. 5. 14. 판결(심리불속행) : 항소기각

- 지방세특례제한법 제81조

지방세특례제한법 제81조(이전공공기관 등 지방이전에 대한 감면)

① 「혁신도시 조성 및 발전에 관한 특별법」에 따른 이전공공기관(이하 이 조에서 "이전공공기관"이라 한다)이 같은 법 제4조에 따라 국토교통부장관의 지방이전계획 승인을 받아 이전할 목적으로 취득하는 부동산에 대해서는 취득세의 100분의 50을 2025년 12월 31일까지 경감하고, 재산세의 경우 그 부동산에 대한 납세의무가 최초로 성립하는 날부터 5년간 재산세의 100분의 50을 경감한다.

〈쟁점요지〉 공공기관 지방이전에 따른 감면을 판단함에 있어 승인된 이전계획 또는 변경계획에 포함되어 있지 아니한 부동산에 대하여도 취득세 등 감면을 적용할 수 있는지 여부

판결요지 ••• 정부에서 승인한 지방이전 계획에 포함되지 않은 부동산은 감면대상으로 볼 수 없음

- 원고의 이 사건 토지 취득은 구 지방세특례제한법 제81조 제1항에서 정한 바에 따라 국토교통부장관의 지방이전계획 승인을 받아 이전할 목적으로 취득한 것이라고 할 수 없다. ② … 지방이전계획은 인적 자원의 이전에 관한 사항뿐 아니라, 이전할 장소와 그 장소의 취득방법(신축 또는 임차), 취득비용 등 물적 요소에 관한 사항까지 포함하도록 되어 있다. ④ … 이 사건 변경승인계획 당시 국토교통부는 연구원들을 포함한 228명 전부가 위 계획에서 승인된 본사 청사 내에서 근무할 수 있으리라고 판단하여 이를 승인한 것이다. 반면 이 사건 변경승인계획에는 연구소를 본사와 별도로 설치한다는 계획은 포함되어 있

지 않았다. ⑨ 지방이전계획은 인적 자원의 이전을 위한 사항뿐 아니라 물적 요소에 관한 사항까지 포함하고 있으므로, 지방이전계획이 변경승인 등을 거쳐 최종적으로 구체화된 시점에는 이전계획에 이전할 목적으로 취득하는 부동산에 대한 사항이 포함되어 있어야 한다. 따라서 원고의 위 가의 4)항 기재 주장과 같이 구 지방세특례제한법 제81조 제1항의 요건을 '승인을 받아 이전할 목적으로 취득한 부동산'으로 해석하는 것은 '승인을 받은 부동산'으로 해석하는 것과 실질적으로는 그 결과가 다르지 않다(전주지법 2018구합1814, 2019. 6. 14. 판결).

31.2 공공기관 지방이전 후의 등기도 등록면허세 면제대상에 해당되는지

【관련 판례】 대법 2017두45063, 2017. 12. 22. 판결 : 상고기각

- 지방세특례제한법 제81조

> **지방세특례제한법 제81조(이전공공기관 등 지방이전에 대한 감면)**
> ② 이전공공기관의 법인등기에 대해서는 2025년 12월 31일까지 등록면허세를 면제한다.

〈쟁점요지〉 이전공공기관이 지방으로 이전한 후에 이루어진 법인등기에 대하여도 등록면허세 면제대상인 이전공공기관 법인등기로 볼 수 있는지 여부

판결요지 분법 이전 등록세 면제규정의 '이전에 따른 법인등기'라는 수식어가 삭제되어 이전 후의 등기도 등록면허세 면제대상에 해당됨

- 법인등기에 따른 등록면허세 세율은 영리법인의 자본증가 또는 출자증가에 대하여는 '납입한 금액 또는 현금 외의 출가가액의 1천분의 4'로 정하여져 있는 반면, 본점 또는 주사무소 이전에 대하여는 '건당 112,500원'으로 정하여져 있는 등 법인등기의 사유에 따라 분명한 차이가 있는데(지방세법 제28조 제1항 제6호), 이 사건 조항은 이전공공기관의 법인등기의 사유를 묻지 않고 전부 등록면허세의 면제대상으로 삼고 있다. 이는 지방세특례제한법이 시행되기 전 구 지방세법(2010. 3. 31. 법률 제10221호로 전부개정되기 전의 것) 제274조의2에서 등록세가 면제되는 이전공공기관의 법인등기를 '그 이전에 따른 법인등기'로 제한하여 규정하고 있는 것이나, 이전공공기관에 대한 취득세 및 재산세 감면에 관하여

규정하고 있는 구 지방세특례제한법 제81조 제1항이 그 감면 대상을 이전공공기관이 '이전할 목적으로 취득하는 부동산'에 한정하고 있는 것과 구별된다.

- 이러한 이 사건 조항의 취지, 내용 및 체계 등에 비추어 보면, 이전공공기관의 법인등기에 해당하는 이상 이 사건 조항에 의하여 그 사유를 불문하고 그 정한 기한까지 등록면허세가 면제된다고 해석함이 타당하다.
- 원심이 같은 취지에서, 2014. 12. 31. 서울에서 부산으로의 주사무소 이전등기를 마친 혁신도시법 제2조 제2호에 따른 이전공공기관인 원고가 2015. 6. 3. 2천억 원의 출자와 관련하여 법인등기를 마쳤으므로, 그에 관한 등록면허세는 이 사건 조항에 의하여 면제된다고 보아, 이 사건 처분이 위법하다고 판단한 것은 정당하다.

31.3 공공기관 지방이전에 따른 직원의 주택 취득세 감면시 주택부속토지만 취득한 경우에도 감면 대상에 해당하는지

【관련 판례】 대법 2018두34428, 2018. 6. 15. 판결 : 파기환송

- 지방세특례제한법 제81조

> **지방세특례제한법 제81조(이전공공기관 등 지방이전에 대한 감면)**
>
> ③ 제1호 각 목의 자가 해당 지역에 거주할 목적으로 주택을 취득함으로써 대통령령으로 정하는 1가구 1주택이 되는 경우에는 제2호 각 목에서 정하는 바에 따라 취득세를 2025년 12월 31일까지 감면한다.
>
> 1. 감면 대상자
>
>   가. 이전공공기관을 따라 이주하는 소속 임직원

〈쟁점요지〉 공공기관 지방이전에 따른 직원 주택 감면을 적용함에 있어 부속 토지만을 취득하여 이후 주택을 신축한 경우 그 부속토지에 대하여도 감면이 적용되는지 여부

판결요지 감면요건인 주택의 범위에 부속토지만을 취득하는 경우는 포함되지 아니하므로 감면을 적용할 수 없음

- 이 사건 조항 중 '주택'의 의미에 관하여, 구 지방세특례제한법 제2조 제1항 제2호의2는 '이 법에서 사용하는 주택이란 지방세법 제104조 제3호에 따른 주택을 말한다'고 규정하고

있고, 지방세법 제104조 제3호 본문은 '주택이란 주택법 제2조 제1호에 따른 주택을 말한다'고 규정하고 있으므로, 이 사건 조항에서 말하는 '주택을 취득한 경우'란 주택법 제2조 제1호에 따라 세대의 구성원이 장기간 독립한 주거생활을 할 수 있는 구조로서 주거용으로 사용될 수 있는 상태의 건축물과 그 부속토지를 취득한 경우에 해당되어야 한다고 봄이 타당하다.

- 따라서 행정중심복합도시로 이전하는 행정기관 등을 따라 이주하는 공무원이 해당 지역에 거주하기 위한 주택을 신축할 목적으로 나대지 상태의 토지를 취득하였다 하더라도, 위 토지를 취득할 당시는 주거용으로 사용될 수 있는 건축물의 부속토지를 취득한 것이 아니므로, 위 토지의 취득에 관하여 '주택'의 취득에 관한 이 사건 조항이 적용된다고 볼 수는 없다.

31.4 이전공공기관 등 임직원의 3년 이내 감면대상기관으로 복귀의 의미

【관련 판례】 대법 2017두30450, 2017. 4. 13. 판결(심리불속행) : 기각

- 지방세특례제한법 제81조 및 그 부칙(제11618호, 2013. 1. 1.) 제5조

지방세특례제한법 제81조(이전공공기관 등 지방이전에 대한 감면)

⑤ 제3항 제1호에 따른 이전공공기관, 중앙행정기관 등, 행정중심복합도시건설청 및 세종청사관리소(이하 이 항에서 "감면대상기관"이라 한다)의 소속 임직원 또는 공무원(소속기관의 장이 인정하여 주택특별공급을 받은 사람을 포함한다)으로서 해당 지역에 거주할 목적으로 주택을 취득하기 위한 계약을 체결하였으나 취득 시에 인사발령으로 감면대상기관 외의 기관에서 근무하게 되어 제3항에 따른 취득세 감면을 받지 못한 사람이 3년 이내의 근무기간을 종료하고 감면대상기관으로 복귀하였을 때에는 이미 납부한 세액에서 제3항 제2호에 따른 감면을 적용하였을 경우의 납부세액을 뺀 금액을 환급한다.

〈쟁점요지〉 **'취득세 감면을 받지 못한 사람이 3년 이내의 근무기간을 종료하고 감면대상기관으로 복귀하였을 때'의 '3년 이내 복귀'의 의미가 근무기간 3년 이내 복귀인지 아니면 취득일부터 3년 이내 복귀인지 여부**

판결요지 ••• '3년 이내 복귀'의 의미는 부동산을 취득한 시점으로부터 3년 이내에 감면대상기관으로 복귀한 것을 의미함

- 이 사건 감면조항의 문언적 의미에 관하여 살피건대, 이를 피고 주장과 같이 '3년 이내의(감면대상 외의 기관에서의) 근무기간을 종료하고 감면대상기관으로 복귀하였을 때 취득세를 감면한다'는 의미라고 해석할 수도 있는 한편, 이를 원고 주장과 같이 '취득시에 인사발령으로 취득세 감면을 받지 못한 사람이 (취득시로부터) 3년 이내의 근무기간을 종료하고 감면대상으로 복귀하였을 때 취득세를 감면한다'는 의미로도 해석할 수 있어, 어느 해석도 법문의 문언상 한계를 넘어서는 확장해석 내지 유추해석이라고 단정하기는 어렵다.
- 이 사건 감면조항이 신설되기 이전에 구법 제81조 제3항을 적용한 결과, 부동산 취득시에 인사발령으로 일시적으로 감면대상 외의 기관에 소속되게 되었으나 이후 다시 감면대상기관으로 복귀한 사람에 대하여는 취득세 감면의 혜택이 부여될 수 없게 되었는데, 이에 대한 반성적 고려에 의하여 또는 위와 같은 사람에 대해서도 취득세 감면의 혜택을 부여하기 위한 목적으로 이 사건 감면조항이 신설된 점, 그 근무기간에 관하여 3년의 제한을 둔 것은 인사이동 공무원의 통상적인 근로기간 등을 염두에 둔 것으로 보이기는 하지만, 감면대상 외의 기관에서 근무한 기간이 3년을 초과하기만 하면 부동산 취득시기 등에 관계없이 일률적으로 취득세 감면의 혜택을 부여하지 않을 특별한 이유가 없는 점 등에 비추어, 부동산을 취득한 시점으로부터 3년 이내에 감면대상기관으로 복귀한 사람에 대하여 이 사건 감면조항을 적용하는 것이 상당하다고 할 것이다(대전지방법원 2016. 9. 8. 선고 2016구합100460 판결).

32. 시장정비사업 등에 대한 감면

32.1 기존 부동산 소유자가 시장정비사업 시행자로부터 취득하는 부동산의 취득가액 전체가 감면되는지

【관련 판례】 대법 2007두21501, 2008. 4. 24. : 상고기각

- 지방세특례제한법 제83조

지방세특례제한법 제83조(시장정비사업 등에 대한 감면)

② 제1항에 따른 시장정비구역에서 대통령령으로 정하는 자가 시장정비사업시행자로부터 시장정비사업시행에 따른 부동산을 최초로 취득하는 경우 해당 부동산(주택은 제외한다)에 대해서는 취득세를 2024년 12월 31일까지 면제하고, 시장정비사업시행으로 인하여 취득하는 건축물에 대해서는 재산세의 납세의무가 최초로 성립하는 날부터 5년간 재산세의 100분의 50을 경감한다.

〈쟁점요지〉 구 서울특별시세 감면조례 제20조 제1항에 따른 취득세와 등록세의 면제 범위는 취득가액 전액에 적용되는 것인지 여부

판결요지 ••• 시장정비사업시행자로부터 기존 입점 상인 또는 부동산 소유자가 취득하는 부동산은 사업시행구역 내의 전체 토지 면적 중 기존 소유 토지 면적 비율 상당액이 아닌 그 취득가액 전액에 대하여 취득세 등이 면제됨

- 구 조례 제20조 제1항 본문은 '… 취득하는 부동산에 대하여는 취득세를 면제하고, … 등록세를 면제한다.'고만 규정하고 있을 뿐 그 면제범위를 특별히 제한하고 있지 않고, 조세법률주의의 원칙상 조세법규는 그 법문대로 엄격하게 해석하여야 하는 점과 재래시장의 활성화를 통한 균형 있는 국민경제의 발전을 위하여 재래시장의 재개발·재건축사업을 촉진하기 위한 것이라는 구 조례 제20조 제1항의 입법 취지 등에 비추어 보면, 구 조례 제20조 제1항 각 호에 해당하는 자가 취득하는 부동산은 사업시행구역 내의 전체 토지

면적 중 기존 소유 토지 면적 비율 상당액이 아닌 그 취득가액 전액에 대하여 취득세 등이 면제된다고 봄이 상당하다.

33. 사권제한토지, 천재지변 대체취득 등에 대한 감면

33.1 공유수면매립 당시부터 조성 목적이 관광위락시설부지로 한정되어 있더라도 장기간 미집행에 따른 재산세 및 도시계획세가 감면되는지

【관련 판례】 대법 2007두26599, 2010. 1. 28. : 상고기각

- 지방세특례제한법 제84조

지방세특례제한법 제84조(사권 제한토지 등에 대한 감면)

① 「국토의 계획 및 이용에 관한 법률」 제2조 제7호에 따른 도시·군계획시설로서 같은 법 제32조에 따라 지형도면이 고시된 후 10년 이상 장기간 미집행된 토지, 지상건축물, 「지방세법」 제104조 제3호에 따른 주택(각각 그 해당 부분으로 한정한다)에 대해서는 2024년 12월 31일까지 재산세의 100분의 50을 경감하고, 「지방세법」 제112조에 따라 부과되는 세액을 면제한다.

〈쟁점요지〉 공유수면매립지인 토지가 지형도면이 고시된 후 10년 이상 장기간 미집행된 토지에 해당하는 경우 재산세 및 도시계획세의 감면대상에 해당하는지 여부

판결요지 도시계획시설로서 10년 이상 장기 미집행된 경우에는 비록 당해 토지가 공유수면매립 당시부터 그 조성 목적이 관광위락 시설부지로 한정되어 있었다고 하더라도 감면대상 해당함

- 인천광역시 연수구세 감면조례(2006. 5. 26. 인천광역시 연수구 조례 제501호로 개정되기 전의 것) 제11조 제2항, 인천광역시세 감면조례(2006. 3. 20. 인천광역시 조례 제3891호로

개정되기 전의 것) 제28조는 국토의 계획 및 이용에 관한 법률 제2조 제7호의 규정에 의한 도시계획시설로서 같은 법 제32조 규정에 의하여 지형도면이 고시된 후 10년 이상 장기간 미집행된 토지 등에 대해서는 재산세의 100분의 50을 경감하고, 도시계획세는 면제한다고 각 규정하고 있다(이하 위 각 규정을 '이 사건 각 감면조항'이라 한다).

- 원심은 그 채용 증거를 종합하여, 건설부장관이 1970. 2. 9. 건설부 고시 제54호로 당시 공유수면으로서 매립예정지였던 이 사건 토지 등에 송도유원지를 설치하는 내용의 도시계획시설결정을 하여 이를 고시하였고, 소외 회사는 1983. 4. 5. 관광위락시설부지 조성을 목적으로 공유수면매립면허를 받은 후 1989. 6. 30. 준공인가를 받음으로써 이 사건 토지의 소유권을 원시취득하였으며, 원고가 1997. 7.경 소외 회사를 합병하여 그 소유권을 승계취득한 사실, 한편 이 사건 토지 등에 대해서는 1989. 11. 8. 인천직할시 고시 제1588호로 위 도시계획시설결정에 따른 지형도면이 고시되었으나, 그 후 피고의 이 사건 재산세 등 부과처분의 과세기준일 당시까지 10년 이상 그 집행이 이루어지지 않고 있었던 사실 등을 인정한 다음, 조세법규에 대한 엄격해석의 원칙상 이 사건 각 감면조항에 정한 감면대상에 해당하는지 여부를 판단하는 데에는 그 토지 등이 도시계획시설로서 10년 이상 장기 미집행된 토지 등에 해당하는지를 따져보는 것만으로 충분하므로, 위 요건을 충족하는 이상 이 사건 토지는 공유수면매립 당시부터 그 조성 목적이 관광위락시설부지로 한정되어 있었다고 하더라도 이 사건 각 감면조항 소정의 감면대상에 해당한다고 판단하였다.
- 앞서 본 각 규정과 관련 법리 및 기록에 비추어 살펴보면, 원심의 위와 같은 판단은 정당하다.

33.2 사권제한 토지 감면에 있어 공공시설용 토지 중 집행된 토지만을 재산세 감면대상으로 해석한 것이 당연 무효인지

【관련 판례】 대법원 2018다287287, 2019. 4. 23. 판결 : 파기환송

- 지방세특례제한법 제84조

〈쟁점요지〉 사권제한 토지에 대한 재산세를 감면함에 있어 감면요건을 공공시설로 지형도면이 고시된 것 이외 공공시설용으로 집행이 이루어지지 않을 것을 추가하도록 해석하여 재산세 감면을 배제한 것을 당연 무효의 처분으로 볼 수 있는지 여부

판결요지 ••• 문언상 의미가 분명하여 다툼에 여지가 없음에도 잘못된 해석을 하여 부과처분을 한 것은 당연 무효에 해당함

- 과세관청이 법령 규정의 문언상 과세처분 요건의 의미가 분명함에도 합리적인 근거 없이 그 의미를 잘못 해석한 결과, 과세처분 요건이 충족되지 아니한 상태에서 해당 처분을 한 경우에는 법리가 명백히 밝혀지지 아니하여 그 해석에 다툼의 여지가 있다고 볼 수 없다(대법원 2014. 5. 16. 선고 2011두27094 판결 참조).
- 이 사건 감경조항에 의하면, '구 「국토의 계획 및 이용에 관한 법률」(2012. 12. 18. 법률 제11599호로 개정되기 전의 것, 이하 구 '국토계획법'이라고 한다) 제2조 제13호에 따른 공공시설을 위한 토지일 것', '그 토지가 구 국토계획법 제30조 및 제32조에 따라 도시관리계획의 결정 및 도시관리계획에 관한 지형도면의 고시가 된 토지일 것'이라는 요건을 모두 갖추면 '재산세의 100분의 50'을 경감받을 수 있고, 그 밖에 이러한 경감을 받기 위한 다른 부가적인 요건은 규정되어 있지 않다. 또한 구 국토계획법 제32조에 의하면 도시관리계획에 관한 지형도면의 고시는 같은 법 제30조에 따라 도시관리계획이 결정・고시되면 이루어지는 것으로서 도시계획사업 자체가 폐지되지 않는 이상 추후 집행이 완료되더라도 실효되지 아니하므로, 이 사건 감경조항에서 규정하는 '지형도면의 고시가 된 토지'에는 지형도면의 고시 후 도시계획사업의 집행이 이루어지지 않은 토지는 물론 집행이 이루어진 토지도 모두 포함됨이 분명하다.
- 그런데도 원심은 이와 달리 그 판시와 같은 이유만으로 이 사건 감경조항의 해석에 다툼의 여지가 없었다고 보기 어렵다는 잘못된 전제에서 이 사건 부과처분은 당연무효로 볼 수 없다고 판단하였다. 원심의 이와 같은 판단에는 과세처분의 당연무효에 관한 법리를 오해하여 판결에 영향을 미친 잘못이 있다.

33.3 전기적 화재로 소실되어 재축시 대체취득 감면대상에 해당되는지

【관련 판례】 대법 2016두50044, 2016. 12. 15. 판결(심리불속행) : 기각

- 지방세특례제한법 제92조

> **지방세특례제한법 제92조(천재지변 등으로 인한 대체취득에 대한 감면)**
> ① 천재지변, 그 밖의 불가항력으로 멸실 또는 파손된 건축물 · 선박 · 자동차 및 기계장비를 그 멸실일 또는 파손일부터 2년 이내에 다음 각 호의 어느 하나에 해당하는 취득을 하는 경우에는 취득세를 면제한다. (후략)

〈쟁점요지〉 전기적 요인 화재로 부동산이 소실되어 재축한 경우 천재지변 등으로 인한 대체취득 사유인 소실의 범위에 해당되는지 여부

판결요지 ••• 전기적 요인 화재에 따른 소실은 대체취득 감면대상인 '지진 · 풍수해 · 낙뢰'와 같은 수준의 '불가항력적인 소실, 화재'로 보기는 곤란

- 지진, 풍수해, 벼락 등과 같이 자연현상에 의한 것이어서 사람으로서는 어떠한 수단에 의하여서도 회피하거나 방지하기 어려운 천재지변이 아니라 사람의 행위가 개입할 여지가 많은 '소실' 내지 '화재'는 '지진 · 풍수해 · 낙뢰'와 같은 수준의 '불가항력적인 소실, 화재' 만을 의미하는 것으로 해석함이 상당하다.
- 어떠한 재해가 '불가항력'의 개념에 포섭되기 위해서는 사람의 행위 지배영역 밖에서 발생하여 예측가능성이나 회피가능성이 없어야 한다. 따라서 구 지방세특례제한법 제92조 제1항 본문 또는 구 지방세특례제한법 시행령 제44조 제1항의 '소실'이나 '화재'는 사람의 행위 지배영역 밖에서 발생한 화재만을 의미하는 것으로 해석함이 상당하다.
- 이 사건 화재의 발생원인은 "전기적 요인/미확인단락"인 사실이 인정된다. 그러나 불가항력은 무과실보다 좁은 개념으로서 귀책사유 유무와는 직접적 관련이 없으므로, 위와 같은 사정만으로는 이 사건 화재가 사람의 행위 지배영역 밖에서 발생하였다고 보기 부족하고, 달리 이 사건 화재가 불가항력적이라고 인정할 증거가 없다. 원고의 주장은 이유 없다(서울고등법원 2016. 8. 16. 선고 2016누34808 판결).

34. 감면규정 해석기준

34.1 조례에 따라 과세면제신청을 하지 않은 자의 감면을 배제할 수 있는지

【관련 판례】 대법 2001두10639, 2003. 6. 27. : 상고기각

- 지방세특례제한법 제183조

지방세특례제한법 제183조(감면신청 등)

① 지방세의 감면을 받으려는 자는 대통령령으로 정하는 바에 따라 지방세 감면신청을 하여야 한다. 다만, 지방자치단체의 장이 감면대상을 알 수 있을 때에는 직권으로 감면할 수 있다.

〈쟁점요지〉 조례에 따른 과세면제신청이 면제의 요건인지 여부

판결요지 ••• 감면신청 규정은 면제처리의 편의를 위한 사무처리절차를 규정한 것에 불과할 뿐 그 신청이 감면의 요건이라고 볼 수는 없으므로, 감면신청을 하지 아니하였다고 하여 감면을 배제할 수 없음

- 원고가 위와 같이 신 감면조례 부칙 제3항에 의하여 이 사건 부동산 취득의 경우에도 신 감면조례가 소급 적용되어 취득세 및 등록세의 전액 면제대상에 해당한다는 전제에서, 기납부한 등록세 등을 환급받기 위하여 피고에게 신 감면조례에 의한 지방세 감면신청, 지방세법 제71조 소정의 수정신고 및 지방세법 시행령 제38조 소정의 세입과오납금환부신청 등의 형식으로 각 감면 및 환부 신청(다음부터 '이 사건 신청'이라 한다)을 하였으나 피고가 이를 거부하는 내용의 통지를 한 사실을 인정한 다음, 이 사건에서와 같이 지방세의 신고납부 후 감면조례가 소급적으로 개정되어 감면대상이 된 경우도 지방세법 제71조

제1항 소정의 후발적 수정신고사유에 해당하므로 그 감액수정을 거부한 피고의 행위를 항고소송의 대상이 되는 처분으로 보아 이를 취소하여야 한다는 원고의 주장에 대하여, 원심은 위와 같은 법령의 개정은 지방세법상의 수정신고사유에 해당하지 아니한다고 판단하는 한편, 도세의 납세자는 신 감면조례 제31조 제1항에 의하여 도세의 감면신청권을 가지고 있다 할 것이어서 그 감면신청을 받은 과세관청이 이에 따른 감면결정을 거부한 경우에는 감면신청권이 있는 납세자로서는 행정쟁송절차를 통하여 그 거부결정을 취소받음으로써 이미 신고납부한 등록세 및 취득세 등을 환급받을 수 있다고 전제하고, 나아가, 원고의 이 사건 신청은 과오납금환부신청을 한다는 내용으로서 그 실질이 신 감면조례의 규정에 의한 감면신청이어서 피고의 위와 같은 환부거부는 이 사건 등록세 등이 개정규정에 의한 면제대상에 해당함에도 불구하고 면제대상이 아니라는 이유로 감면결정을 거부한 위법한 처분이므로 이를 취소하여야 한다고 판단하였다.

- 그러나 조례에서 과세면제를 받고자 하는 자는 그 사실을 증명할 수 있는 서류를 갖추어 관할관청에 신청하여야 한다고 규정하고 있더라도 위의 면제신청에 관한 규정은 면제처리의 편의를 위한 사무처리절차를 규정한 것에 불과할 뿐 그 신청이 면제의 요건이라고 볼 수는 없는 것이므로(대법원 1995. 2. 28. 선고 94다31419 판결 참조), 원고에게 이 사건 등록세 등에 대한 감면신청권이 있음을 전제로 한 원심의 위와 같은 판단은 받아들이기 어렵다 할 것이다.

관련 기타 판례

- 당초 감면신청을 한 감면규정이 아니더라도 취득 당시 해당 규정에 의한 감면요건을 갖추고 있었다면 감면신청여부와 관계없이 감면을 적용받을 수 있음(대법 2013두18582, 2014. 2. 13. 판결).

34.2 취득 당시 감면목적으로 사용할 의사가 없었던 경우라도 이후 감면요건을 갖춘 경우 감면을 할 수 있는지

【관련 판례】 대법 2013두12706, 2013. 7. 31. 판결(상고이유서 미제출) : 상고기각

- 지방세특례제한법 제44조 및 제50조

> **지방세특례제한법 제44조(평생교육시설 등에 대한 감면)**
> ① 대통령령으로 정하는 평생교육시설에 사용하기 위하여 취득하는 부동산에 대해서는 취득세를, 과세기준일 현재 평생교육시설에 직접 사용하는 부동산(해당 시설을 다른 용도로 함께 사용하는 경우 그 부분은 제외한다)에 대해서는 재산세를 다음 각 호에서 정하는 바에 따라 각각 감면한다.

> **지방세특례제한법 제50조(종교단체 또는 향교에 대한 면제)**
> ① 종교단체 또는 향교가 종교행위 또는 제사를 목적으로 하는 사업에 직접 사용하기 위하여 취득하는 부동산에 대해서는 취득세를 면제한다.

〈쟁점요지〉 종교단체가 취득 당시 종교용으로 사용하기 위해 취득한 부동산을 취득 당시의 목적과는 달리 평생교육시설로 사용하기로 결정한 경우에도 취득세 감면을 적용할 수 있는지 여부

판결요지 ••• 취득 당시 감면목적으로 취득하지 않은 경우 감면할 수 없음

- 이와 같이 법 제44조의 '평생교육시설에 사용하기 위하여 취득하는 부동산'에 해당하기 위해서는 그 부동산을 취득할 당시 그와 같은 사용목적이 있었음을 인정할 수 있어야 하고, 부동산을 취득할 당시의 사용목적과는 달리 이후 평생교육시설로 사용하기로 결정한 경우까지 위 요건에 해당한다고 볼 수는 없다 할 것이다. … 원고가 이 사건 부동산을 취득할 당시 이 사건 부동산을 평생교육시설에 사용하기 위하여 취득하였다고 인정하기에 부족하고, 달리 이를 인정할 만한 증거가 없다(대전고법 2012누2908, 2013. 5. 30. 판결).

34.3 취득신고한 계약서 이외 원계약서를 나중에 제출한 경우 취득일로 소급하여 감면적용을 받을 수 있는지

【관련 판례】 대법 2015두54773, 2016. 1. 28. 판결(심리불속행) : 기각

- 지방세특례제한법 제50조 제1항

〈쟁점요지〉 종교목적으로 감면받고 2년 이내 임대하여 추징대상이 되자, 취득신고 1년 전에 작성한 원계약서를 제출한 경우, 이를 인정하여 원계약서의 취득일로 소급하여 2년을 계상할 수 있는지 여부

판결요지 ●●● 취득신고한 매매계약서 이외 원계약서를 나중에 제출한 경우라도 이것이 사실상 계약서로 인정된다면 이의 취득일로 소급 적용 가능

- 피고는, 원고가 취득세 비과세 신고 당시 이 사건 등기용 계약서를 피고에게 제출하고서는 이 사건 처분을 발령받자 이 사건 원계약서를 원용하며 이 사건 원계약서상의 잔금지급일을 이 사건 부동산의 취득일이라고 주장하는 것은 신의성실의 원칙에 반한다는 취지로 주장하나, 원고가 위와 같이 이 사건 원계약서 작성 당시 바로 소유권이전등기를 경료할 수 없었던 사정, 이 사건 원계약서 및 이 사건 등기용 계약서상의 부동산 취득가액이 차이가 없는 점, 소유권이전등기 신청 당시 원래의 계약서와는 별도로 정형화된 형식의 등기용 계약서를 작성해 이를 등기신청서류로 제출하는 경우가 종종 있는 점, 원고가 장차 취득일로부터 2년 안에 이 사건 부동산을 다른 용도로 전용할 것을 미리 계획하고 있으면서도 취득세 등을 잠탈하고자 이 사건 지방세 면제 신고를 한 것으로는 보이지 않는 점 등에 비추어 보면, 비록 이 사건 원계약서 외에 이 사건 등기용 계약서가 따로 작성되는 등 객관적으로 모순되는 행태가 존재하기는 하나, 그러한 행태가 납세의무자인 원고의 심한 배신행위에 기인한 것이라고 보기는 어려워 피고의 위 주장은 받아들이기 어렵다.
- 그렇다면, 이 사건 임대(계약일 2013. 5. 15.)는 이 사건 부동산의 취득일(사용일도 그 무렵부터이다)인 2010. 10. 8.보다 2년이 훨씬 지난 시점의 일이고, 따라서 원고의 이와 같은 임대행위가 구 지방세특례제한법 제50조 제1항 단서를 위배한 것은 아니라 할 것이므로, 피고가 위 조항의 위반을 근거로 이 사건 처분을 한 것은 위법하다 할 것이다(대전지방법원 2015. 4. 30. 선고 2015구합100234 판결).

34.4 공장부지 일부에 산업용 건축물이 설치되어 있는 경우 입지기준면적 이내 토지에 전부에 대하여 감면을 적용할 수 있는지

【관련 판례】 대법 2020두39860, 2020. 9. 10. 판결(심리불속행) : 항소기각

- 같은 취지의 판결 : 대법 2019두48721, 2019.11.14. 판결(심불)
- 지방세특례제한법 제78조

지방세특례제한법 제78조(산업단지 등에 대한 감면)

⑤ 다음 각 호의 어느 하나에 해당하는 경우 그 해당 부분에 대해서는 제4항에 따라 감면된 취득세 및 재산세를 추징한다.

1. 정당한 사유 없이 그 취득일부터 3년(2019년 1월 1일부터 2020년 12월 31일까지의 기간 동안 취득한 경우에는 4년)이 경과할 때까지 해당 용도로 직접 사용하지 아니하는 경우

〈쟁점요지〉 산업단지에서 공장부지를 취득한 이후 부지 일부에 공장용 건축물과 기계장치를 설치하고 다른 부지는 사실상 나지로 둔 경우 공장입지기준 면적 이내에 해당하면 나대지 부분에 대하여도 공장용 건축물의 부속토지로 보아 취득세 등을 감면할 수 있는지

판결요지 ••• 공장입지 기준면적 이내의 토지라고 하더라도 실제 공장용 건축물의 부속토지로 활용되지 않는 경우라면 감면대상 산업용 건축물의 부속토지로 볼 수 없음

- 구 지특법 제78조 제5항 제1호가 규정하는 '해당 용도로 직접 사용'한다고 함은 현실적으로 당해 부동산의 사용 용도가 목적사업 자체에 직접 사용되는 것을 의미하고, 그 '사용'의 범위는 당해 사업목적과 취득목적을 고려하여 그 실제의 이용현황에 따라 객관적으로 결정되어야 한다. 한편 위 조항은 정당한 사유 없이 그 취득일로부터 3년이 경과할 때까지 해당 용도로 직접 사용하지 아니하는 경우 그 '해당 부분'에 대해서는 감면된 취득세 및 재산세를 추징한다고 규정하고 있으므로, 산업단지 내의 부동산을 취득한 자가 그 과세기준일 현재 소유 토지 중 일부를 직접 사용하고 있지 않은 경우에는 그 일부에 대해서만 그 감면된 취득세 및 재산세를 추징하여야 한다.
- 이 사건 토지 중 위 4,262.4㎡를 제외한 나머지 부분이 지상정착물의 부속토지로서 선박 등의 건조를 위해 직접 사용되는지 여부는 토지의 실제 이용현황에 따라 객관적으로 결정되어야 하고, 공장부지면적에 공장입지기준고시에서 정한 기준공장면적률을 곱하는 등의 방법에 의해서 결정된다고 보기 어렵다(산업집적활성화 및 공장설립에 관한 법률 제8조

및 공장입지기준고시 제3조 제1항은 공장의 원활한 설립을 지원하기 위하여 공장입지의 기준을 규정한 것에 불과하므로, 위 규정에서 정한 기준공장면적률이 곧바로 구 지특법 상 당해 부동산이 공장의 부속토지로 사용되는지를 판단하는 근거로 사용될 수 없다[대법원 2014. 5. 29.자 2014두3389 판결로 확정된 광주고등법원 2014. 1. 13. 선고 (전주)2013누906 판결 참조]).

- 원고는 당초 이 사건 토지에 약 34,648㎡(= 제조시설 32,448㎡ + 부대시설 2,200㎡) 규모의 제조시설 및 부대시설을 설치할 계획이었는데, 현재 이 사건 토지에는 이에 훨씬 못 미치는 규모의 제조시설만이 설치되어 있다.[6] 만약 원고의 계획대로 위 시설물들이 설치되었다면 이 사건 토지의 면적에서 위 시설물들이 차지하는 비율이 61.4%(= 제조시설 및 부대시설의 면적 34,648㎡ / 이 사건 토지 면적 56,430.7㎡)에 이르러, 인근에서 조선업을 영위하는 기업들과 유사한 비율(41~65%)을 나타냈을 것이라는 점에서 쟁점 토지들은 당초 선박 등의 건조를 위해 구입되었지만 현재 해당 용도로 사용되지 못하고 있는 것으로 보인다(광주고법 2019누10510, 2020. 5. 8. 판결).

34.5 토지를 조성 중에 있어 부득이 취득 후 등기를 할 수 있는 날부터 2월 내 등기를 한 경우 감면대상에 해당되는지

【관련 판례】 대법 2013두4989, 2013. 7. 26. 판결 : 상고기각

- 지방세특례제한법 제58조의2

〈쟁점요지〉 부동산을 취득 후 2월 이내에 등기를 한 경우를 감면요건으로 규정하고 있으나, 취득 부동산이 조성 중인 토지여서 취득일로부터 2월 내 등기를 하지 못하고 토지조성공사가 완료되어 등기가 가능한 날로부터 2월 내 등기를 하게 된 경우에도 감면을 적용할 수 있는지 여부

판결요지 ●●● 등기가능한 날부터 2월 내 등기를 한 경우에는 감면대상에 해당함

- 이 사건과 같이 택지개발사업지구에서 분양받은 토지를 등기하는 경우의 경우에는 종전 감면조항에서 말하는 '취득일부터 2개월 이내'란 '등기가 가능한 때부터 2개월 이내'를 의미하는 것으로 해석함이 타당하다고 전제한 다음, 원고가 택지개발사업지구 내에 위치한 이 사건 토지에 관하여 2008. 8. 31. 분양계약을 체결하고 2008. 10. 16. 분양대금의 잔금을

6) 이 사건 공장시설물의 연면적은 624㎡(이 사건 크레인의 경우 수평투영면적을 기준으로 함)로서 이 사건 토지 면적의 불과 1.1%에 불과하며, 원고가 주장하는 바와 같이 이 사건 크레인의 가동면적을 기준으로 연면적을 산정하더라도(4,262.4㎡) 이는 이 사건 토지 면적의 7.5% 수준에 불과하다.

모두 지급하여 그 무렵 이 사건 토지를 취득하였다고 하더라도, 택지개발사업의 시행자인 한국토지주택공사가 그 사업 완료 후 이 사건 토지에 대하여 소유권보존등기를 마친 2010. 10. 8.로부터 2개월 이내인 2010. 10. 13. 원고가 이 사건 토지에 관하여 그 앞으로 소유권이전등기(이하 '이 사건 소유권이전등기'라 한다)를 마친 이상, 그 등기는 종전 감면조항이 규정한 등록세 면제대상에 해당한다.

※ 이 건 판례의 경우 감사원 심사결정(2011감심157, 2011. 8. 18.)과 상반되는 판결임.

34.6 부동산투자회사의 중과세 배제가 지방세 중복감면 배제대상인 감면의 범위에 포함되는지

【관련 판례】 대법 2022두66125, 2023. 3. 16. 판결(심리불속행) : 상고기각

- 지방세특례제한법 제180조

지방세특례제한법 제57조의2(기업합병 · 분할 등에 대한 감면)

④ 「조세특례제한법」 제32조에 따른 현물출자 또는 사업 양도 · 양수에 따라 2024년 12월 31일까지 취득하는 사업용 고정자산(「통계법」 제22조에 따라 통계청장이 고시하는 한국표준산업분류에 따른 부동산 임대 및 공급업에 대해서는 제외한다)에 대해서는 취득세의 100분의 75를 경감한다. 다만, 취득일부터 5년 이내에 대통령령으로 정하는 정당한 사유 없이 해당 사업을 폐업하거나 해당 재산을 처분(임대를 포함한다) 또는 주식을 처분하는 경우에는 경감받은 취득세를 추징한다.

지방세특례제한법 제180조의2(지방세 중과세율 적용 배제 특례)

① 다음 각 호의 어느 하나에 해당하는 부동산의 취득에 대해서는 「지방세법」에 따른 취득세를 과세할 때 2024년 12월 31일까지 같은 법 제13조 제2항 본문 및 같은 조 제3항의 세율을 적용하지 아니한다.

1. 「부동산투자회사법」 제2조 제1호에 따른 부동산투자회사가 취득하는 부동산

지방세특례제한법 제180조(중복 특례의 배제) 동일한 과세대상의 동일한 세목에 대하여 둘 이상의 지방세 특례 규정이 적용되는 경우에는 그 중 감면되는 세액이 큰 것 하나만을 적용한다. 다만, 제66조 제1항, 제73조, 제74조의 2 제1항, 제92조 및 제92조의 2와 다른 지방세 특례 규정이 함께 적용되는 경우에는 해당 특례 규정을 모두 적용하되, 제66조 제1항, 제73조, 제74조의 2 제1항 및 제92조 간에 중복되는 경우에는 그 중 감면되는 세액이 큰 것 하나만을 적용한다.

〈쟁점요지〉 법인이 현물출자에 대한 취득세 감면 및 부동산투자회사에 대한 취득세 중과세 배제를 동시에 적용받는 경우 중복감면의 배제대상으로 보아 둘 중 1개의 감면만을 적용하여야 하는지 여부

판결요지 쟁점조항이 편제상 지방세특례제한법 제2장 '감면' 항목에 포함되어 있지 아니하거나, 동 규정이 지방세특례제한법으로 이관되기 전의 조세특례제한법에서는 중과배제와 감면이 동시에 적용되었다는 사정만으로는 중과세 배제가 중복 배제되는 '감면'에 해당하지 않는다고 보기 어려움

- 취득세 세액감면에 대하여 규정한 구 지방세특례제한법 제57조의2 제3항 제3호와 중과세율 배제에 관하여 규정한 제180조의2 제1항 제1호는 모두 같은 법 제180조 본문에서 그 중복적용을 배제하고 있는 '감면 규정'에 해당하므로, 이를 동시에 적용하는 것은 같은 법 제180조 본문이 제한하고 있는 중복감면에 해당한다고 판단된다. 따라서 원고에게는 위 각 규정 중 감면율이 높은 구 지방세특례제한법 제57조의2 제3항 제3호만을 적용함이 타당하고, 이와 다른 전제에서 한 원고의 이 부분 주장 역시 이유 없다. (4) 구 지방세특례제한법 제180조의2가 같은 법 '제2장 감면' 항목이 아니라 '제4장 보칙' 항목에 포함되어 있는 것은 사실이다. 그러나 위 규정의 내용은 '지방세 중과세율 적용 배제 특례'라는 제목 하에 일정 조건을 충족하는 회사의 부동산 취득에 대한 취득세 과세나 설립등기에 대한 등록면허세 과세에 중과세율의 적용을 배제하도록 한 것으로서, '제2장 감면' 항목에 포함된 중과세율 적용 배제에 관한 규정들과 아무런 차이가 없다. 나아가 구 지방세특례제한법 제180조의 문언 자체로 보더라도 중복감면 배제 규정 적용 대상을 '제2장 감면' 항목에 포함된 규정만으로 제한한다고 볼 만한 아무런 근거를 찾아볼 수 없는 이상, 형식상 '제2장 감면' 항목에 포함되지 않았다는 이유만으로 해당 규정이 감면 규정이 아니라거나, 이로써 중복 적용이 가능하다고 보기는 어렵다.
- 이에 대하여 원고는, 구 지방세특례제한법 제180조의2 제1항 제1호가 신설되기 이전에는 부동산투자회사들이 구 조세특례제한법(2014. 12. 23. 법률 제12853호로 개정되기 전의

것, 이하 같다) 제120조 제4항 제1조에 따라 취득세 세액감면과 중과세율 적용 배제를 동시에 적용받아 왔으므로, 원고에 대하여 세액감면과 중과세율 적용 배제를 동시에 적용하는 것이 타당하다고도 주장한다. 그러나 구 조세특례제한법 제120조 제4항 제1호는 부동산투자회사가 취득하는 부동산에 대하여 한시적으로 취득세의 세액 30%을 감면하고, 이 경우 중과세율의 적용을 배제한다고 명시하고 있어 법률 문언상 당연히 세액감면과 중과세 배제의 중복적용이 가능했던 반면, 위 규정이 삭제된 후 새로이 부동산투자회사의 취득세 감면에 대하여 규정하게 된 구 지방세특례제한법 제180조의2 제1항 제1호는 중과세율 적용 배제만 규정하였을 뿐 세액감면은 전혀 규정하지 않았다. 따라서 구 조세특례제한법의 제120조 제4항 제1호의 규정이 삭제된 이후에도 당연히 세액감면과 중과세율 적용 배제가 동시에 적용된다고 볼 수는 없고, 그와 같은 사정만으로 구 지방세특례제한법 제180조의2 제1항 제1호가 중복감면 배제의 예외가 된다고 볼 수도 없다(서울행법 2021구합68360, 2022. 2. 11. 판결).

35. 추징규정 해석기준

35.1 취득세 추징규정 해석에 있어 건축물의 착공시점을 직접 사용 시점으로 볼 수 있는지

【관련 판례】 대법 2008두3319, 2008. 5. 29. : 파기환송

- 지방세특례제한법 제178조

지방세특례제한법 제178조(감면된 취득세의 추징)

① 부동산에 대한 감면을 적용할 때 이 법에서 특별히 규정한 경우를 제외하고는 다음 각 호의 어느 하나에 해당하는 경우 그 해당 부분에 대해서는 감면된 취득세를 추징한다.

1. 정당한 사유 없이 그 취득일부터 1년이 경과할 때까지 해당 용도로 직접 사용하지 아니하는 경우

〈쟁점요지〉 건물의 착공행위가 건축물토지를 취득한 후 2년 이상 산업용 건축물 등의 용도로 직접 사용한 경우에 해당하는지 여부

판결요지 취득세 추징규정을 해석함에 있어 건축착공 행위는 준비행위에 불과하므로 착공시점을 직접사용의 시기로 볼 수 없고, 특별한 사정이 없는 경우에는 신축한 건축물에 대하여 사용승인을 받은 시점을 고유업무에 직접 사용한 시기로 보아야 함

- 구 지방세법(2005. 12. 31. 법률 제7843호로 개정되기 전의 것, 이하 같다) 제276조 제1항은 "산업입지 및 개발에 관한 법률에 의하여 지정된 산업단지와 산업집적활성화 및 공장설립에 관한 법률에 의한 유치지역 및 산업기술단지 지원에 관한 특례법에 의하여 조성된 산업기술단지 안에서 산업용 건축물·연구시설 및 시험생산용 건축물로서 대통령령이 정하는 건축물(이하 이 조에서 '산업용 건축물 등'이라 한다)을 신축하거나 증축하고자 하는 자(공장용 부동산을 중소기업자에게 임대하고자 하는 자를 포함한다)가 취득하는 부동산

에 대하여는 취득세와 등록세를 면제하고, 그 부동산에 대한 재산세는 당해 납세의무가 최초로 성립되는 날부터 각각 5년간 100분의 50을 경감(수도권정비계획법 제2조 제1호의 규정에 의한 수도권 외의 지역에 소재하는 산업단지의 경우에는 면제)한다. 다만, 그 취득일부터 3년 내에 정당한 사유 없이 산업용 건축물 등의 용도에 직접 사용하지 아니하는 경우 또는 그 사용일부터 2년 이상 산업용 건축물 등의 용도로 직접 사용하지 아니하고 매각(…)하거나 다른 용도로 사용하는 경우 그 해당 부분에 대하여는 면제된 취득세 · 등록세 및 재산세를 추징한다."라고 규정하고 있는바, 이와 같이 산업단지 안에서 산업용 건축물 등을 신축 또는 증축하고자 하는 경우 그 취득 부동산에 대한 취득세 등을 면제하면서도 그 단서에서 감면된 취득세 등의 추징규정을 둔 취지, 건물의 착공행위는 토지를 건축물 등의 용도로 직접 사용하는 행위라기보다는 이를 위한 준비행위에 불과한 점 등을 종합해 볼 때, 산업용 건축물 등을 신축할 목적으로 취득한 토지의 취득세, 등록세의 감면규정을 적용함에 있어서는 특별한 사정이 없는 한 그 신축한 건축물에 대하여 사용승인을 받은 시점에 그 토지를 산업용 건축물 등의 용도로 직접 사용하는 것으로 봄이 상당하다. 토지는 취득세의 중과대상이 되는 법인의 비업무용토지에 해당하지 아니한다.

35.2 고유업무에 직접 사용하지 않은 데에 정당한 사유가 있는 경우 추징을 위한 과세기준일을 언제로 보아야 하는지

【관련 판례】 대법 2006두11781, 2009. 3. 12. : 상고기각

- 지방세특례제한법 제178조

〈쟁점요지〉 구 지방세법 제290조 제1항에 의해 면제된 취득세와 등록세를 추징하기 위한 과세기준일을 정당한 사유 소멸일로부터 1년이 경과한 날로 볼 수 있는지 여부

판결요지 ••• 부동산을 취득한 날로부터 1년 이내에 고유업무에 직접 사용하지 아니한 데 정당한 사유가 있는 경우라고 하더라도, 추징을 위한 과세기준일은 부동산 취득일로부터 1년이 경과한 날이 되고, 정당한 사유가 소멸된 날로부터 1년이 경과한 날이 되는 것은 아니라고 할 것임

- 조세법률주의의 원칙상 조세의무는 각 세법이 정한 과세요건이 완성된 때에 성립하고(대법원 1993. 5. 11. 선고 92누18399 판결 등 참조), 세금의 부과는 납세의무 성립시, 즉 과세요건 완성 당시에 유효한 법령의 규정에 의하여야 하며, 세법의 개정이 있을 경우에도 특별한 사정이 없는 한 개정 전후의 법령 중에서 납세의무가 성립될 당시의 법령을 적용하여야

한다(대법원 1997. 10. 14. 선고 97누9253 판결 등 참조). 한편, 구 지방세법(1997. 8. 30. 법률 제5406호로 개정되기 전의 것, 이하 '개정 전 지방세법'이라 한다) 제290조 제1항은 "공공법인이 그 고유업무에 직접 사용하기 위하여 취득하는 부동산에 대하여는 취득세와 등록세를 면제하되, 취득일로부터 1년 이내에 정당한 사유 없이 그 고유업무에 직접 사용하지 아니하는 경우에는 면제된 취득세와 등록세를 추징한다"고 규정하고 있는바, 그 규정에 의하여 면제된 취득세와 등록세의 추징을 위한 과세요건에는 해당 부동산의 취득 외에 유예기간 1년의 경과도 포함된다고 할 것이므로(대법원 1991. 2. 26. 선고 90누7050 판결, 대법원 1997. 7. 11. 선고 96누14494 판결 등 참조), 법인이 부동산을 취득한 날로부터 1년 이내에 고유업무에 직접 사용하지 아니한 데 정당한 사유가 있는 경우라고 하더라도, 추징을 위한 과세기준일은 부동산 취득일로부터 1년이 경과한 날이 되고, 정당한 사유가 소멸된 날로부터 1년이 경과한 날이 되는 것은 아니라고 할 것이다(대법원 2005. 5. 27. 선고 2003다66271 판결 참조).

35.3 유예기간 내 건축물을 준공하지 못한 정당한 사유가 있는 경우, 준공 후 직접사용하지 않은 부분에 대하여도 추징이 배제되는지

【관련 판례】 대법 2011두18441, 2013. 6. 13. 판결 : 파기환송(과세기관 일부승)

- 지방세특례제한법 제178조, 제87조

〈쟁점요지〉 유예기간인 1년 이내 건축물을 준공하지 못한데 정당한 사유가 있는 경우라도 건축물 준공 후 1년 내 고유업무에 직접 사용하지 않은 경우 해당 부분의 건축물과 부속토지에 대하여 면제한 취득세 등을 추징하는 것이 타당한지 여부

판결요지 정당한 사유가 있더라도 준공 후 1년 내 고유업무 미사용시 추징대상임

- 일단 건물이 신축되고 나면 특별한 사정이 없는 한 그때는 바로 신축건물을 업무에 직접 사용하여야 할 것이므로 신축건물의 전부 또는 일부를 그 취득일부터 1년 이내에 정당한 사유 없이 업무에 직접 사용하지 아니한 경우에는 기존건물과 토지 중 신축건물의 연면적에서 업무에 직접 사용되지 아니하는 건물 부분이 차지하는 비율에 해당하는 부분도 구 지방세법 제272조 제3항 단서가 규정하는 취득세와 등록세의 추징대상이 된다고 봄이 타당하다(대법원 1992. 6. 23. 선고 91누13281 판결 참조).

- 이 사건 토지 위에 건축된 이 사건 신축건물 중 소매점 부분은 그 건축공사가 완료되어 원고가 이를 취득한 날부터 1년이 경과하도록 정당한 사유 없이 업무에 직접 사용하지 아니하였으므로, 이 사건 토지와 기존건물 중 이 사건 신축건물의 연면적에서 소매점 부분이 차지하는 비율에 해당하는 부분은 구 지방세법 제272조 제3항 단서가 규정하는 취득세와 등록세의 추징대상이 된다고 할 것이다. 그럼에도 원심은, 이와 다른 전제에서 이 사건 토지 및 기존건물의 취득과 관련된 취득세와 등록세 등의 부과처분은 그 전부가 위법하다고 판단하였으니, 이러한 원심의 판단에는 구 지방세법 제272조 제3항 단서가 규정하는 취득세와 등록세의 추징대상에 관한 법리를 오해하여 판결 결과에 영향을 미친 위법이 있다.

※ 이건 판례의 경우 새로이 신축한 건축물 일부를 감면목적에 사용하지 않아 추징대상이 되는 경우, 당초 감면받은 토지부분뿐만 아니라 토지와 함께 취득한 건축물 부분(건물신축으로 멸실된 건축물)에 대하여도 그 비율만큼 추징대상에 해당한다고 판단한 점을 유의할 필요가 있음.

35.4 채권 보전 등의 목적으로 토지 매매계약을 체결하고 계약금을 수령한 경우 추징요건인 '매각'에 해당하는지

【관련 판례】 대법 92누3427, 1992. 6. 9. : 상고기각

- 지방세특례제한법 제178조

지방세특례제한법 제178조(감면된 취득세의 추징)

① 부동산에 대한 감면을 적용할 때 이 법에서 특별히 규정한 경우를 제외하고는 다음 각 호의 어느 하나에 해당하는 경우 그 해당 부분에 대해서는 감면된 취득세를 추징한다.

2. 해당 용도로 직접 사용한 기간이 2년 미만인 상태에서 매각·증여하거나 다른 용도로 사용하는 경우

〈쟁점요지〉 금융기관이 채권을 보전하거나 행사할 목적으로 취득한 토지를 취득 후 2년 6월 이내에 매도하는 통상의 매매계약을 체결하고 그 계약금을 수령한 경우, 지방세법 시행령 제84조의4 제4항 제2호 소정의 '매각'을 한 것이라고 볼 것인지 여부

판결요지 ••• 통상의 매매계약을 체결하고 그 계약금을 수령한 경우에는 특별한 사정이 없는 한 추징요건으로서의 '매각'을 한 것이라고 보는 것이 상당함

- 지방세법 시행령(이 뒤에는 '영'이라고 약칭한다) 제84조의4 제4항 제2호 단서 소정의 토지의 '매각'의 시기는 매매대금을 전부 지급받은 날로 보아야 하므로 이 사건 토지는 원고가 취득후 2년 6월 이내에 매각하지 아니한 경우에 해당되어 법인의 비업무용토지로 보아야 한다는 피고의 주장에 대하여, 취득세를 중과하도록 규정한 지방세법 제112조 제2항과 그 위임에 따라 법인의 비업무용토지의 범위를 규정한 '영' 제84조의4(1990. 6. 29. 대통령령 제13033호로 개정되기 전의 것)의 규정취지에 비추어보면, 금융기관이 채권을 보전하거나 행사할 목적으로 취득한 토지를 취득 후 2년 6월 이내에 매도하는 통상의 매매계약을 체결하고 그 계약금을 수령한 경우에는 특별한 사정이 없는 한 '영' 제84조의4 제4항 제2호 소정의 '매각'을 한 것이라고 보는 것이 상당하고, 여기에서 말하는 매각을 소득세법에서 규정하는 자산의 양도시기와 같이 본다거나 '영' 제73조에서 규정하는 취득시기에 준하는 것으로 보거나, 잔대금까지를 수령하여야 여기에 해당한다고 할 수 없고(대법원 1991. 10. 8. 선고 91누2861 판결 참조), 또한 이 사건의 경우와 같이 토지의 매도인이 매매계약을 체결하고 매수인으로부터 계약금 및 일부 중도금을 수령한 후 매도인과 매수인 및 제3자 사이의 3면계약에 의하여 종전의 계약내용과 동일한 조건으로 매수인의 권리의무 일체를 제3자가 승계하기로 계약을 체결하였다고 하더라도 그 매각일은 당초의 계약체결일이라고 보아야 할 것이므로, 원고가 이 사건 토지를 취득한 1985. 10. 31.부터 2년 6월 이내임이 역수상 분명한 1988. 3. 2.에 매각한 것이 되어 이 사건 토지는 취득세의 중과대상이 되는 법인의 비업무용토지에 해당하지 아니한다.

35.5 추징 규정의 매각의 범위에 현물출자를 포함하는 것이 헌법에 위배되는지

【관련 판례】 헌재 2015헌바277, 2018. 1. 25. 결정 : 합헌

- 구 지방세특례제한법 제94조 위헌소원(현 제178조)

〈쟁점요지〉 추징 요건인 매각, 증여의 의미와 현물출자를 추징요건인 매각으로 본 것이 헌법에 위배되는지 여부

판결요지 ••• 매각은 유상에 의한 소유권이 이전, 증여는 무상에 의한 소유권의 이전을 의미하고 현물출자를 매각으로 보아 추징토록 한 것은 헌법에 위배되지 않음

- 구 지방세특례제한법 제14조 제3항에 의하여 취득세 등이 감면되기 위한 요건은 '고유업

무에 직접 사용하기 위하여 취득하는 부동산'인데, 이러한 요건 자체가 소유주체로서 해당 부동산을 사용하는 경우에 한하여 세금을 감면하겠다는 의미로 해석되는 점, 구 지방세특례제한법 제94조에 규정된 '증여'는 무상에 의한 모든 이전행위를 의미한다고 할 것이므로 이와 병렬적으로 규정되어 있는 '매각'은 유상의 모든 이전행위를 의미하는 것으로 해석할 수 있는 점 등을 종합하여 보면, 심판대상조항 중 '직접 사용'과 '매각'의 의미내용이 불명확하다고 볼 수 없다. 따라서 심판대상조항은 명확성원칙에 위반되지 아니한다.

- 현물출자의 출자자는 출자대가로 배정받은 주식이나 지분을 언제든지 처분할 수 있는 점, 현물출자 비율이 낮아 설립되는 법인에 대한 지분이 낮은 경우에는 출자된 부동산의 사용에 관여하기도 어려우므로 출자된 부동산이 그 고유목적대로 사용된다는 것이 담보될 수 없는 점 등을 종합하여 보면, 현물출자의 경우에도 면제된 취득세를 추징하도록 한 심판대상조항은 그 내용이 현저하게 합리성을 결여하여 명백히 불합리하거나 불공정하다고 볼 수 없다. 따라서 심판대상조항이 청구인의 재산권을 침해한다고 볼 수 없다.

관련 기타 판례

1. 현물출자를 하게 된 부득이한 사유가 없는 한 동일사업의 계속성을 유지하더라도 정당한 사유가 있다고 볼 수 없으며, 산업집적법등 관련법에서 현물출자를 인정하고 있더라도 현물출자 시 추징사유에 해당함(대법 2018두48908, 2018. 10. 12. 판결).
2. 영업출자의 경우에도 출자되는 개별 재산에 관해서는 특정승계 방식에 따라 소유권의 이전이 이루어지게 되므로 실질에 있어 매각으로 보는 현물출자와 동일하므로 추징요건이 매각에 해당한다고 볼 수 있음(대법 2018두44920, 2018. 9. 13. 판결).

35.6 유예기간 내 토지를 사용할 수 없는 상태가 계속되는 경우 유예기간의 판단 시점을 연장할 수 있는지

【관련 판례】 대법 98두11205, 2000. 2. 8. : 파기환송

- 지방세특례제한법 제178조

〈쟁점요지〉 구 지방세법 시행령 제84조의4 제4항 제9호 소정의 유예기간에 의하여 법인의 비업무용 토지 여부를 판정함에 있어서 사용불능기간을 위 유예기간에서 제외하여 유예기간을 연장할 수 있는지 여부

판결요지 ••• 건축제한 조치로 유예기간 내 토지를 사용할 수 없게 된 경우라도 유예기간을 연장할 수는 없는 것이고, 다만 고유업무에 직접 사용하지 못한 정당한 사유만 참작될 뿐임

- 구 지방세법 시행령(1994. 12. 31. 대통령령 제14481호로 개정된 후 1995. 12. 30. 대통령령 제14878호로 개정되기 전의 것, 이하 같다) 제84조의4 제1항은 "법 제112조 제2항의 규정에 의한 법인의 비업무용 토지는 다음 각 호의 1에 해당하는 토지를 말한다."고 규정하면서, 같은 항 제1호 (마)목에서 (가)목 내지 (라)목에 해당하지 않는 일반적인 경우로서 법인이 토지를 취득한 날부터 1년 이내에 정당한 사유 없이 그 법인의 고유업무에 직접 사용하지 아니하는 토지를 들고 있으며, 같은 조 제4항은 "다음 각 호의 1에 해당하는 토지는 제1항 내지 제3항의 규정에 불구하고 법인의 비업무용 토지로 보지 아니한다."고 규정하면서, 같은 항 제9호에서 "공유수면매립법에 의하여 매립된 토지로서 공사준공인가일(공사준공인가일 전에 사용승낙이나 허가를 받은 경우에는 사용 승낙일 또는 허가일)부터 4년이 경과되지 아니한 토지"를 위 제4항 소정의 제외사유의 하나로 들고 있는바, 구 지방세법 시행령 제84조의4 제1항에 우선하여 위 제4항 제9호 소정의 4년의 유예기간에 의하여 비업무용 토지인 여부를 판정함에 있어서 위 공사준공인가일 등 이후 위 유예기간 내에 토지를 사용할 수 없는 상태가 계속된다 하더라도 그 사용불능 기간을 판정 유예기간에서 제외하여 유예기간을 연장할 수는 없는 것이므로 그와 같은 사정에 불구하고 위 제4항 제9호가 정한 공사준공인가일 등으로부터 4년의 유예기간을 산정하여야 할 것이고(대법원 1999. 7. 9. 선고 97누11843 판결 참조), 다만 그 토지를 사용할 수 없게 된 사정은 토지를 고유업무에 직접 사용하지 아니한 데에 대한 정당한 사유가 있는지 여부에 관한 판단에 참작될 수 있을 뿐이라 할 것이다.

35.7 유예기간 경과 전 취득목적 전환 시 유예기간에 관계없이 바로 추징할 수 있는지

【관련 판례】 대법 2000두5869, 2002. 6. 28. : 파기환송

- 지방세특례제한법 제178조

〈쟁점요지〉 법인이 취득한 토지에 대하여 그 취득목적에 따른 유예기간이 경과하기 전에 취득목적을 전환한 경우에도 법인의 비업무용 토지에 해당하는지를 유예기간 경과시점을 기준으로 판단해야 하는지 여부

판결요지 ••• 추징 유예기간이 경과하기 전에 당초의 취득목적을 확정적으로 포기하고 이를 다른 용도로 사용함으로써 그 취득목적을 전환한 경우에는 더 이상 당초의 취득목적에 따른 유예기간의 적용 없이 바로 추징할 수 있음

- 개정시행령 부칙 제2항은 제84조의4의 개정규정은 1998. 7. 1. 현재 종전의 규정에 의한 비업무용 토지의 유예기간이 경과하지 아니한 것에 대하여도 이를 적용한다고 규정하고, 부칙 제3항은 이 영 시행 당시 종전의 규정에 의하여 부과하였거나 부과하여야 할 지방세에 대하여는 종전의 규정에 의한다고 규정하고 있는바, 개정전 시행령 제84조의4 제1항 소정의 법인의 비업무용 토지에 해당하는지 여부는 원칙적으로 그 소정의 유예기간이 경과된 시점을 기준으로 판정하여야 할 것이나, 법인이 취득한 토지에 대하여 그 취득목적에 따른 유예기간이 경과하기 전에 그 토지에 대한 당초의 취득목적을 확정적으로 포기하고 이를 다른 용도로 사용함으로써 그 취득목적을 전환한 경우에는 더 이상 당초의 취득목적에 따른 유예기간의 적용이 없고, 그 취득목적 전환시에 바로 비업무용 토지의 판정에 관한 일반원칙에 따라 해당 토지가 법인의 비업무용 토지에 해당하는지 여부를 판단하여야 할 것이므로, 그 취득목적을 전환함으로써 그 전환 당시에 시행되던 개정 전 시행령 제84조의4 규정에 의하여 이미 비업무용 토지가 된 경우에는 개정시행령 부칙 제2항이 적용될 여지가 없고, 부칙 제3항에 의하여 비업무용 토지로서 중과세할 수 있다고 보아야 할 것이다.

35.8 추징에 대한 근거규정 없이 이루어진 추징처분은 당연무효에 해당하는지

【관련 판례】 대법 2001다52735, 2002. 9. 24. : 상고기각

- 지방세기본법 제98조

〈쟁점요지〉 세법상 추징할 수 있는 규정이 전혀 없음에도 추징처분을 한 경우 무효인 처분으로 볼 수 있는지 여부

판결요지 ••• 조세특례제한법상 추징할 수 있다는 아무런 근거규정이 없음에도 과세관청에서 한 추징처분은 당연무효임

- 원심판결 이유에 의하면, 원심은 주식회사 ○○레미콘(이하 '소외 회사'라 한다)이 1994.

3. 16. 설립된 후 진해시 (주소 생략) 답 17,705㎡외 3필지(이하 '이 사건 토지'라 한다)를 취득하면서, 창업중소기업이 사업을 위하여 부동산을 취득하였다고 하여 구 조세감면규제법(1996. 12. 30. 법률 제5195호로 개정되기 전의 것, 이하 '구 조감법'은 이를 가리킨다) 제113조 제2항, 제114조 제2항에 따라 등록세 및 취득세의 100분의 50에 상당하는 세액을 감면받은 사실, 피고는 1996. 5. 23.경 소외 회사에게 창업일로부터 2년이 경과하도록 이 사건 토지 위에 공장을 설립하지 아니하였다는 이유로 감면된 세액을 추징하겠다는 과세예고를 하고, 그 무렵 그 추징(이하 '이 사건 처분'이라 한다)에 이른 사실을 인정한 다음, 구 조감법상 위와 같은 경우에 추징할 수 있다는 아무런 근거규정이 없어 피고가 소외 회사에 대하여 한 이 사건 처분은 무효이므로 그 처분에 따른 조세채권이 이 사건 토지상에 원고를 근저당권자로 하여 설정된 근저당권의 피담보채권에 우선할 수 없다고 판단하였다.

- 기록에 비추어 살펴보면, 원심의 위와 같은 인정과 판단은 정당하고, 거기에 상고이유에서 내세우는 바와 같은 법리오해, 채증법칙 위반 등의 위법사유가 없다. 상고이유의 주장은 받아들일 수 없다.

35.9 감면요건 미충족 사안에 대하여 사후적으로 과세하는 것이 추징처분으로 볼 수 있는지(감면처분과 추징처분 관계)

【관련 판례】 대법 2010두4094, 2010. 6. 24. : 상고기각

- 지방세특례제한법 제178조

〈쟁점요지〉 구 대구광역시세 감면조례 제13조 제1항의 감면규정 중 '토지를 취득한 날로부터 2년 이내에 공동주택을 착공하지 아니한 경우를 제외한다'는 괄호 안 규정의 취지 및 위 감면규정을 근거로 과세관청이 한 지방세 부과처분의 성질

판결요지 추징처분은 일단 감면요건에 해당하면 그 세액을 감면한 후에 당초의 감면취지에 합당한 사용을 하느냐에 대한 사후관리의 측면에서 규정한 것으로서 본래의 부과처분과는 그 요건을 달리하는 별개의 처분이라 할 것이므로, 추징처분이 해당 법에서 규정한 추징요건을 갖추지 못하였다면 그 추징처분은 위법한 처분이 되는 것이고, 감면요건을 갖추지 못하여 본래의 부과처분을 할 사유가 있다고 하더라도 그와 같은 사정이 위법한 추징처분을 적법한 것으로 보아야 할 사유가 될 수는 없음

- 구 '대구광역시세 감면조례'(2000. 12. 30. 조례 제3454호로 전부개정된 것으로서 2005. 9. 30. 조례 제3728호로 개정되기 전의 것. 이하 '이 사건 감면조례'라고 한다) 제13조(임대주택에 대한 감면) 제1항은 "임대주택법 제2조 제4호에 의한 임대사업자가 임대할 목적으로 공동주택을 건축하거나 건축주로부터 최초로 분양받는 경우 당해 공동주택(그 부속토지를 포함하되 토지를 취득한 날부터 2년 이내에 공동주택을 착공하지 아니한 경우를 제외한다)에 대하여는" 그 각 호에서 정하는 바에 의하여 취득세와 등록세 등 지방세를 감면한다고 정하고 있다(이하 '이 사건 감면규정'이라고 한다).
- 한편 이 사건 감면조례 전에 시행되던 구 '대구광역시세 감면조례'(2000. 12. 30. 조례 제3454호로 전부개정되기 전의 것. 이하 '개정 전 조례'라고 한다) 제15조(임대주택에 대한 감면) 제1항은 임대주택법에 의한 임대사업자가 임대주택을 건축할 목적으로 취득한 토지에 대하여 취득세와 등록세를 면제 또는 경감하되, 토지를 취득한 후 2년 이내에 건축물을 착공하지 아니하거나 매각한 경우에는 면제 또는 경감된 취득세와 등록세를 추징하도록 정하고 있었다.
- 이와 같이 개정 전 조례가 임대주택 건설용 토지를 취득한 날부터 2년 이내에 공동주택을 착공하지 아니한 경우를 추징대상으로 규정하였다가 이 사건 감면조례에서 위와 같은 경우를 감면대상 자체로부터 제외하는 내용으로 개정된 점 등에 비추어 보면, 이 사건 감면규정 중 임대주택 건설용 토지에 관한 괄호 안의 부분은 당해 토지에 대하여 먼저 취득세와 등록세를 감면하였다가 2년 이내에 공동주택을 착공하지 아니한 경우 이를 추징하던 종전의 방식에서 당해 토지를 취득한 날부터 2년 이내에 공동주택을 착공할 경우에 비로소 지방세를 감면하고 그 기간 동안 착공하지 아니할 경우에는 처음부터 감면대상에서 제외하여 원칙대로 과세하는 방식으로 변경하는 취지에서 마련되었다고 할 것이다.
- 따라서 임대사업자가 임대주택을 건설할 목적으로 취득한 토지에 대하여 그 취득일부터 2년 이내에 착공을 하지 아니하면 당해 토지는 이 사건 감면규정에 의하여 처음부터 지방세감면대상에서 배제되는 것으로서, 이 경우에 과세관청이 하는 지방세부과처분은 추징처분이 아닌 본래의 부과처분이라고 할 것이다.

35.10 당초 감면요건을 구비하지 못해 사후적으로 과세하는 경우에 있어 추징에 따른 취득세 무신고 가산세를 부과할 수 있는지

【관련 판례】 대법 2020두42910, 2020. 10. 15. 판결(심리불속행) : 항소기각

- 지방세법 제20조 제3항

지방세법 제20조(신고 및 납부)

③ 이 법 또는 다른 법령에 따라 취득세를 비과세, 과세면제 또는 경감받은 후에 해당 과세 물건이 취득세 부과대상 또는 추징 대상이 되었을 때에는 제1항에도 불구하고 그 사유 발생일부터 60일 이내에 해당 과세표준에 제11조부터 제15조까지의 세율을 적용하여 산출한 세액[경감받은 경우에는 이미 납부한 세액(가산세는 제외한다)을 공제한 세액을 말한다]을 대통령령으로 정하는 바에 따라 신고하고 납부하여야 한다.

〈쟁점요지〉 당초 감면신청에 대하여 감면을 적용하였으나 사후적으로 사실관계를 확인한 결과 당초부터 감면요건을 구비하지 못하였음이 확인되어 이를 추징함에 있어 무신고 가산세를 부과할 수 있는지 여부

판결요지 추징 요건에 해당함에도 이를 신고하지 않은 경우에 무신고가산세가 부과되는 것이고, 당초 신고분에 대한 감면요건 미구비에 따른 사후 과세시에는 신고행위가 있었다고 보아야 하므로 무신고 가산세를 부과할 수 없음

- 지방세법 제20조 제3항은 비과세 또는 감 받고 취득한 물건이 사후에 추징대상이 된 경우에 적용되는 것으로서 당초부터 감면대상이 아닌 물건을 감면받고 취득한 경우에는 그 적용대상이 아니라고 볼 것인바, 원고와 피고 사이에 다툼이 없는 취득세 중 무신고가산세액 9,690,000원 부과부분은 위법하다(창원지법 2019구단11690, 2020. 1. 8. 판결).

35.11 감면결정을 받은 이후 추징요건에 해당함에도 신고를 하지 않은 경우 무신고 등 가산세를 포함하여 과세할 수 있는지

【관련 판례】 대법 2014두10318, 2014. 10. 27. 판결(심리불속행) : 항고기각

- 지방세특례제한법 제178조 및 지방세기본법 제54조

〈쟁점요지〉 처분청이 취득세 등 감면대상에 해당한다고 보아 감면을 해준 경우라도 추징요건 성립 이후 신고를 하지 않은 경우 무신고 및 납부불성실 가산세를 포함하여 과세할 수 있는지

판결요지 당초 감면을 받았다고 하더라도 추징요건 발생 후 30일 이내에 신고납부하지 아니한 경우에는 무신고 및 납부불성실 가산세 대상에 해당함.

- 지방세법 제20조 제3항에 의하면, 관계 법령에 따라 취득세를 비과세, 과세면제 받은 후에 해당 과세물건이 취득세 부과대상 또는 추징 대상이 되었을 때에는 그 사유 발생일부터 30일 이내에 세액을 신고하고 납부하여야 하고, 지방세기본법 제53조의2, 제53조의4에 의하면, 납세의무자가 법정신고기한까지 지방세관계법에 따라 산출한 세액을 신고하지 아니한 경우에는 무신고가산세를, 납부기한까지 지방세를 납부하지 아니한 경우에는 납부불성실가산세를 각 부과할 수 있다(부산고법 2013누2297, 2014. 6. 18. 판결).

관련 기타 판례

- 추징 유예기간 내에 직접사용하지 않아 추징사유가 발생했음에도 그 사유 발생일로부터 60일 내에 추징분에 대한 취득세를 신고하지 않은 경우 무신고가산세의 부과 대상임(대법 2022두49748, 2022. 11. 10. 판결).

35.12 면제된 취득세를 추징할 수 없는 경우 취득세 중과규정에 따른 추징도 할 수 없는지

【관련 판례】 대법 92누8019, 1993. 3. 23. : 상고기각

- 지방세특례제한법 제178조

〈쟁점요지〉 취득재산을 고유업무에 직접 사용하다가 1년 이내에 매각한 경우 면제된 취득세, 등록세 추징요건에 해당하는지 여부 및 위 추징요건에 해당하지 않는 경우 같은 법 제112조 제2항, 제112조의3에 따른 추징을 할 수 있는지 여부

판결요지 ••• 면제된 취득세의 추징요건에 해당되지 아니하여 면제된 취득세를 추징할 수 없는 처지라면 나아가 취득세 중과규정에 따른 추징도 할 수 없음

- 면제된 취득세, 등록세의 추징에 관한 규정인 지방세법(1991.12.14. 법률 제4415호로 개정되기 전의 것) 제110조의 3 제1항 단서, 제128조의 2 제1항 단서에 의하면 취득일(등록일)로부터 1년 이내에 정당한 사유 없이 취득재산을 그 고유의 업무에 직접 사용하지 아니하는 경우에는 면제된 취득세를 추징한다는 취지로 되어 있는 바, 여기서 「취득일(등록일)로부터 1년 이내에 정당한 사유 없이 취득재산을 그 고유업무에 직접 사용하지 아니하는 경우」라 함은 유예기간인 1년 이내에 정당한 사유 없이 그 고유의 업무에 직접 사용하지 아니하고 위 기간을 경과한 경우뿐만 아니라 토지를 취득(등록)한 후 정당한 사유 없이 그 고유의 업무에 직접 사용하지 아니한 채 1년 이내에 이를 타에 매각처분하는 경우도 포함한다 할 것이나, 취득재산을 위 유예기간 내에 고유의 업무에 직접 사용하다가 이를 매각한 경우라면, 그 사용이 일시적, 임시적, 형식적 사용으로 보여지는 등의 특별한 사정이 없는 한, 이에 해당된다고 할 수 없고, 따라서 면제된 등록세, 취득세의 추징대상이 되지 아니한다 할 것이다.
- 그리고, 면제된 취득세를 추징하고 나아가 면제대상주체가 법인이라서 다시법인의 비업무용토지에 해당된다 하여 중과세율에 의한 취득세를 추징하기 위하여는 먼저 면제된 취득세의 추징요건을 충족함을 전제로 하는 것으로서, 만약 면제된 취득세의 추징요건에 해당되지 아니하여 면제된 취득세를 추징할 수 없는 처지라면 나아가 법인의 비업무용토지에 대한 취득세 중과규정인 지방세법 제112조 제2항, 제112조의 3에 따른 추징도 할 수 없다 할 것이다.

35.13 감면을 배제하고 추징할 경우 별도의 감면취소 결정이 필요한지

【관련 판례】 대법 2010두26414, 2012. 1. 27. 판결 : 파기환송

- 지방세특례제한법 제32조 및 제76조 제1항

〈쟁점요지〉 당초 적용했던 감면규정상의 감면요건에 충족하지 아니하여 사후에 다른 감면규정의 추징규정에 따라 추징을 하게 되는 경우, 당초 감면결정에 대하여 취소결정 절차 없이 바로 추징을 한 것이 위법한지 여부

판결요지 ••• 당초 감면결정 취소 절차 없이 바로 추징처분이 가능함

- 당초 감면결정의 감면사유가 인정되지 않는다면 거기에서 나아가 그 추징처분의 바탕이 된 감면규정에 정한 감면사유 및 추징사유의 존부를 가려 그 처분의 위법 여부를 판단하여야 할 것이다. 그리고 이 경우 그 추징처분이 적법하기 위해서 그 전제가 되는 감면결정이 먼저 있어야 하는지 여부는 해당 법령의 성격 등을 따져서 할 것인바, 그 감면결정에 당사자의 감면신청이 필요적 요건이 아니라면 따로 감면결정이 없었더라도 곧바로 추징처분을 할 수 있다고 볼 것이다.

35.14 감면규정이 2개 이상 존재할 때 당초 감면신청 건이 추징대상이 되자, 추징대상이 아닌 다른 감면규정을 들어 감면을 주장할 수 있는지

【관련 판례】 대법 2012두27213, 2013. 3. 28. 판결(심리불속행) : 상고기각

- 지방세특례제한법 제96조

〈쟁점요지〉 당초에는 구 지방세법(제289조)에 의한 공공사업용 토지로 감면신청을 하였으나 처분청에서 감면대상이 아니라고 추징을 하자, 추징대상에 해당하지 아니하는 도세감면조례에 의한 임대주택 감면대상이라고 주장하는 경우 추징을 배제할 수 있는지

판결요지 ••• 감면규정을 바꾸어 감면주장이 가능하므로 추징을 할 수 없음

- 동일한 과세대상에 대하여 조세를 감면할 근거규정이 둘 이상 존재하는 경우에 어느 하나

의 감면규정에 정한 감면요건이 충족되고 그 규정에 따른 감면에 대해서는 추징규정이 없거나 추징사유가 발생하지 아니하였다면 나머지 다른 감면규정에 의한 추징처분을 하는 것은 허용되지 아니하는바, 피고가 감면조례에 따라 이 사건 취득세와 등록세를 감면하였거나 추징한 것이 아니라 하더라도, 원고의 이 사건 토지 취득이 감면조례의 감면요건에 해당하는 한, 구 지방세법 제269조 제3항에 의한 추징처분은 허용되지 아니하므로, 피고의 위 주장도 이유 없다(부산고법 2012누904, 2012. 11. 7. 판결).

35.15 추징사유를 당초 매각·증여에서 유예기간 내 직접사용하지 않은 것을 추가하여 불복을 진행할 수 있는지 여부

【관련 판례】 대법 2019두43917, 2019. 9. 26. 판결(심리불속행) : 항고기각

- 지방세특례제한법 제58조의3

〈쟁점요지〉 창업중소기업으로 감면을 받은 이후 신탁으로 소유권을 이전한 사안에서 당초 추징사유를 매각·증여로 하였다가 조세심판원 단계에서 유예기간 내에 직접사용하지 아니한 경우를 추징 사유로 추가하여 과세할 수 있는지 여부

판결요지 ••• **조세심판 단계에서 당초 처분의 근거로 삼은 사유와 기본적 사실관계가 동일성이 있다고 인정 범위 내에서는 추징처분 사유를 추가 또는 변경할 수 있음**

- 행정처분의 취소를 구하는 항고소송에서 처분청은 당초 처분의 근거로 삼은 사유와 기본적 사실관계가 동일성이 있다고 인정되는 한도 내에서만 다른 사유를 추가 또는 변경할 수 있고, 이러한 기본적 사실관계의 동일성 유무는 처분사유를 법률적으로 평가하기 이전의 구체적 사실에 착안하여 그 기초인 사회적 사실관계가 기본적인 점에서 동일한지에 따라 결정되며 이러한 법리는 행정심판 단계에서도 그대로 적용된다(대법원 2014. 5. 16. 선고 2013두26118 판결 참조).
- 피고가 이 사건 처분 사유를 「원고가 이 사건 토지 및 건물을 취득일로부터 2년 이내에 물류창고로 사용하지 아니함으로써 구 조특법 제120조 제3항의 '정당한 사유 없이 취득일로부터 2년간 해당 사업에 직접 사용하지 아니한 경우'에 해당한다」로 변경한 것은 당초 처분의 근거로 삼은 사유와 기본적 사실관계의 동일성이 있어 적법하다고 할 것이므로, 원고의 위 주장은 이유 없다(서울행법 2018구합66785, 2018. 12. 13. 판결).

※ 같은 취지의 판례 : 대구지법 2017구합23157, 2018. 6. 21. 판결

- 피고는 당초 '이 사건 각 아파트가 산업용 건축물에 해당하지 아니한다'는 이유를 내세웠다가 이 사건 소송에 이르러 '이 사건 각 아파트가 이 사건 산업단지 개발사업과 별도의 주택건설사업을 통해 건축된 것'이라는 것으로 변경하였다고 하더라도 이는 이 사건 처분의 근거 조항인 위 법 조항의 해석에 관한 내용에 불과하므로 이를 변경하였다고 하여 그 처분 사유가 철회되거나 변경된 것으로 볼 수는 없다. 설령 피고의 위와 같은 주장 사유의 변경을 처분 사유의 변경으로 보더라도 과세처분취소소송의 소송물은 정당한 세액의 객관적 존부이므로 과세관청으로서는 소송도중이라도 사실심 변론종결시까지는 당해 처분에서 인정한 과세표준 또는 세액의 정당성을 뒷받침할 수 있는 새로운 자료를 제출하거나 처분의 동일성이 유지되는 범위 내에서 그 사유를 교환·변경할 수 있는 것이고, 반드시 처분 당시의 자료만에 의하여 처분의 적법 여부를 판단하여야 하거나 처분사유만을 주장할 수 있는 것은 아니라고 할 것인바(대법원 1997. 10. 24. 선고 97누2429 판결 등 참조), 피고가 주장하는 위 사유는 과세의 기초사실이 동일하여 처분의 동일성이 유지되는 범위 내라고 할 것이므로, 위와 같은 사유의 변경도 가능하다고 봄이 상당하다.

35.16 대체취득 감면 관련 취소소송에서 패소한 뒤, 관련 시행령 규정의 위헌을 주장하면서 다시 무효확인을 주장할 수 있는지

【관련 판례】 대법 2021두52563, 2022. 1. 14. (심리불속행) : 기각(과세기관 패)

- 지방세특례제한법 제73조

〈쟁점요지〉 당초 사업인정고시일이 아닌 변경고시일을 기준으로 대체취득 감면 관련 부재지주를 판단하여 달라는 취소소송이 기각되자, 해당 시행령 규정이 헌법에 위반된다는 취지하에 무효확인 소송을 제기할 수 있는지 여부

판결요지 ••• 취소소송에서 기각이 되어 기판력이 생긴 경우에는 그 처분에 대하여 무효라고 하여 무효확인을 구하는 소를 제기할 수 없음. 한편 처분 당시 해당 규정이 위헌이라는 결정이 없었던 경우에는 해당 처분을 당연무효라고 볼 수도 없음

- 과세처분의 취소소송은 과세처분의 실체적, 절차적 위법을 그 취소원인으로 하는 것으로서 그 심리의 대상은 과세관청의 과세처분에 의하여 인정된 조세채무인 과세표준 및 세액의 객관적 존부, 즉 당해 과세처분의 적부가 심리의 대상이 되는 것이며, 과세처분 취소청구를 기각하는 판결이 확정되면 그 처분이 적법하다는 점에 관하여 기판력이 생기고 그

후 원고가 이를 무효라 하여 무효확인을 소구할 수 없는 것이어서 과세처분의 취소소송에서 청구가 기각된 확정판결의 기판력은 그 과세처분의 무효확인을 구하는 소송에도 미친다(대법원 2003. 5. 16. 선고 2002두3669 판결 등 참조). 과세처분의 무효확인청구가 종전 취소소송의 기판력에 저촉될 경우 직권으로 이를 심리판단하여 기각하여야 하고 이와 같은 경우에는 그 과세처분의 근거가 된 법률조항이 위헌인지의 여부는 본안 재판의 전제가 될 수도 없는 것이므로 기판력에 저촉됨을 들어 원고의 청구를 기각하여야 한다(대법원 1993. 4. 27. 선고 92누9777 판결 참조). … 일반적으로 헌법재판소의 위헌결정이 있더라도 그 효력은 위헌결정이 있기 전에 확정된 판결에까지 미치는 것은 아니므로, 원고가 이 사건 처분의 근거 규정인 구 지방세특례제한법 제73조 제2항이 위헌 무효라고 주장하는 것은 종전 확정판결의 기판력에 저촉되는 주장으로서 허용될 수 없다.

- 일반적으로 법률이 헌법에 위반된다는 사정은 헌법재판소의 위헌 결정이 있기 전에는 객관적으로 명백한 것이라고 할 수는 없으므로, 특별한 사정이 없는 한, 이러한 하자는 그 행정처분의 취소 사유에 해당할 뿐 당연무효 사유는 아니라 할 것이고, 이는 그 행정처분의 근거 법률에 여러 가지 중대한 헌법 위배 사유가 있었다 하더라도 그 행정처분 당시 그와 같은 사정의 존재가 객관적으로 명백하였던 것이라고 단정할 수 없는 이상, 마찬가지라고 보아야 한다(대법원 1995. 12. 5. 선고 95다39137 판결 참조). 그런데 이 사건 처분 당시 구 지방세특례제한법 제73조 제2항의 위헌성이 명백한 것이었다고 볼 특별한 사정이 없으므로, 설령 위 법률조항에 대하여 헌법재판소의 위헌결정이 내려진다고 하더라도 이 사건 처분에 중대하고 명백한 하자가 있어 당연무효가 된다고 할 수 없다(서울행법 2020구합57905, 2021. 1. 14. 판결).

36. 정당한 사유 판단 기준

36.1 매매계약이 해제되고 소유권이전등기가 말소된 경우 부동산 매수인에게 사업에 직접 사용하지 못한 '정당한 사유'가 있는지

【관련 판례】 대법 2005두4212, 2006. 2. 9. : 파기환송

- 지방세특례제한법 제178조

〈쟁점요지〉 당초 유보된 해제권에 기하여 잔금지급이 이루어지지 않은 상태에서 매매계약을 해제하고 소유권이전등기를 말소한 사안에서, 위 매매계약의 해제 경위 등에 비추어, 부동산을 매수한 창업중소기업이 그 부동산을 당해 사업에 직접 사용하지 못한 데에 정당한 사유가 있는지 여부

판결요지 ••• 유예기간 내에 유보된 해제권 행사로 매매계약이 합의해제되어 소유권을 되돌려 준 경우 고유업무에 직접 사용하지 못한 정당한 사유에 해당함

- 원고는 원심법원 변론준비기일에서 진술한 2005. 1. 26.자 준비서면 등에서 이 사건 부동산의 취득이 취득세 과세대상으로서의 취득에 해당되지 않는다는 주장 외에도 이 사건 부동산에 대한 매매계약의 해제 및 그 소유권이전등기의 말소 경위 등에 관하여 자세히 기술하면서 위 조세특례제한법 규정에 의하여 면제된 취득세 및 등록세 등의 부과가 부당하다는 주장을 하였음을 알 수 있는바, 위 주장에는 비록 명시적이지는 않으나 이 사건 부동산을 당해 사업에 직접 사용하지 못한 데에 대한 위 조세특례제한법 규정 소정의 정당한 사유가 있다는 취지의 주장이 포함된 것으로 볼 수 있고, 한편 원심이 확정한 사실 및 기록에 의하면, 원고는 2001. 1. 16. 식품제조 공장으로 사용하기 위하여 소외 주식회사 래만코리아로부터 이 사건 부동산을 매수하기로 하는 매매계약을 체결하면서 일본거래처로부터 공장매입 승인을 얻지 못할 경우에는 위 매매계약을 해제하기로 약정하는 한편, 잔금지급을 위한 융자를 받기 위하여 2001. 2. 9. 소유권이전등기를 선이행 받았으나, 같은 달 20. 일본거래처로부터 이 사건 부동산이 식품제조 공장으로 부적합하다는 이유로 매입

승인을 얻지 못하게 되자, 당초 유보된 해제권에 기하여 같은 해 3. 8. 잔금지급이 이루어지지 않은 상태에서 위 매매계약을 해제하고 같은 달 10. 위 소유권이전등기를 말소한 사실을 인정할 수 있는바, 이러한 이 사건 매매계약이 해제되기에 이른 경위 등에 비추어 보면, 원고가 이 사건 부동산을 당해 사업에 직접 사용하지 못한 데에는 정당한 사유가 있다고 봄이 상당하다고 할 것이다.

관련 기타 판례

- 유예기간 내에 매매계약이 취소된 경우에도 사실상 취득 이후 합의에 의한 매매계약의 해제에 해당한다면 추징 요건에 해당함. 다만 법원 판결에 의하여 매매계약이 취소되어 소유권이 말소된 경우에는 추징을 배제할 수 있는 정당한 사유에 해당함(대법 2021두60977, 2022. 3. 31. 판결).

36.2 증여받은 부동산을 합의해제하여 되돌려 준 경우 정당한 사유를 인정하여 추징을 배제할 수 있는지

【관련 판례】 대법 2019두46800, 2019. 10. 31. 판결(심리불속행) : 항고기각

- 지방세특례제한법 제50조

〈쟁점요지〉 교회가 증여를 받은 부동산을 종교용으로 사용하려고 하였으나 건축허가가 어려워 당초 증여계약의 약정에 따라 합의해제하고 소유권을 말소한 경우 추징요건이 '정당한 사유없이 유예기간 내에 사용하지 못한 경우'나, '고유업무에 직접사용하지 아니하고 매각·증여한 경우'로 보아 감면받은 세액을 추징할 수 있는지

판결요지 증여계약을 합의해제하고 소유권을 말소한 경우에는 유예기간 내 직접사용하지 못한 정당한 사유에 해당하고, 합의해제로 말소한 경우는 매각, 증여에 해당하지 않으므로 감면분 취득세를 추징할 수 없음

- 종교단체가 종교행위를 목적으로 하는 사업에 사용하기 위하여 부동산을 취득하였다가 그 부동산에 관한 매매계약이 합의 해제되어 지방세특례제한법 제50조 제1항 제2호에서 규정한 3년의 유예기간 내에 해당 부동산을 매도인에게 반환하고 해당 부동산에 관한 소유권이전등기까지 말소하였다면, 해당 부동산을 해당 용도로 직접 사용하여야 할 세법상의 의무가 소멸하므로 그 해당 용도로 직접 사용하지 못한 데 정당한 사유가 있어, 과세관

청으로서는 면제된 취득세를 추징할 수 없다고 할 것인바(대법원 1988. 10. 11. 선고 87누377 판결, 대법원 1990. 6. 26. 선고 90누2963 판결, 대법원 1991. 1. 11. 선고 90누6668 판결, 대법원 2013. 6. 28. 선고 2013두2778 판결 등 참조), 증언에 변론 전체의 취지를 종합하여 알 수 있는 아래와 같은 사정들에 비추어 보면, 피고가 제출한 증거들만으로는 '정당한 사유 없이 이 사건 토지의 취득일부터 3년이 경과할 때까지 이 사건 토지를 해당 용도로 직접 사용하지 아니하는 경우'라는 추징사유가 인정된다고 보기 어렵고, 달리 이를 인정할 증거가 없다(서울고법 2018누73036, 2019. 6. 26. 판결).

- 원고가 이 사건 토지에 관하여 체결된 매매계약을 합의해제 한 것이 '취득한 부동산을 매각 · 증여하거나 다른 용도로 사용하는 경우'에 해당한다고 볼 수 없어, 결국 원고에게 지방세특례제한법 제50조 제1항 제3호의 추징사유가 있다고 볼 수도 없다(수원지법 2018구합6297, 2018. 10. 24. 판결).

관련 기타 판례

- 증여계약의 합의해제로 인하여 소유권이전등기가 말소된 경우에 있어서, 그 등기말소가 유예기간이 경과된 이후에 이루어진 경우에는 정당한 사유가 될 수 없음(대법 2013두2778, 2013. 6. 28. 판결).

36.3 현물출자계약 취소로 소유권이전등기가 말소되어 유예기간 내 직접 사용하지 못하게 된 경우 추징을 배제할 수 있는 정당한 사유에 해당되는지

【관련 판례】 대법 2013두27036, 2014. 4. 10. 판결(심리불속행) : 상고기각

- 지방세특례제한법 제11조 제1항

〈쟁점요지〉 영농조합법인이 토지를 영농에 사용하기 위하여 현물출자를 받아 소유권이전등기를 경료하면서 취득세 등을 감면받았으나, 출자자가 양도소득세 부담 등을 이유로 그 현물출자 계약을 취소하고 소유권이전등기를 말소함에 따라 유예기간(1년) 내에 당해 토지를 영농에 직접사용하지 못하게 된 경우, 유예기간 내 미사용에 따른 추징을 배제할 수 있는 정당한 사유로 볼 수 있는지 여부

판결요지 ••• 현물출자자의 계약취소로 소유권이전등기가 말소되어 영농에 직접사용하지 못한 경우에는 추징을 배제할 수 있는 정당한 사유가 있음

- 추징규정 전단 부분은 그 용도로 직접 사용하기 시작할 유예기간을 부여한 것이라고 보아야 하고 후단 부분은 유예기간 이내에 그 용도에 직접 사용하였다가 일정한 기간 그 사업에 사용하지 않은 경우에 적용되는 규정으로 보아야 하므로(대법원 2013. 3. 28. 선고 2012두26678 판결 참조), 정당한 사유로 그 취득일부터 1년 내에 그 용도에 직접 사용하지 못하게 되는 경우에는 전단 부분이 적용될 수 없고, 특히 정당한 사유로 인한 처분 등으로 말미암아 취득일부터 1년 내에 다시 사용할 수 없게 된 경우에는 후단 부분 역시 적용될 수 없다(서울고법 2012누38451, 2013. 11. 27. 판결).
- 원고가 이 사건 토지를 영농에 직접 사용하지 못한 데에는 정당한 사유가 있다고 보는 것이 타당하다(대법원 2006. 2. 9. 선고 2005두4212 판결 등 참조). 따라서 원고에게는 구 지방세법 제266조 제7항 단서 전단 부분이 적용되지 않고, 원고가 정당한 사유에 해당하는 이 사건 계약 취소로 이 사건 토지를 취득일부터 1년 내에 다시 사용할 수도 없게 된 이상, 후단 부분 역시 적용되지 않는다. 이와 전제가 다른 이 사건 제1처분은 위법하다(이와 달리 이 사건 토지를 영농에 일시적으로 직접 사용하였다고 보더라도 취득일부터 1년 이내에 정당한 사유로 직접 사용하지 못하게 된 경우에는 구 지방세법 제266조 제7항 단서 전단 부분이 적용되어 추징 요건에 해당한다고 보기도 어려울 뿐 아니라, 이 사건 계약 취소로 계약이 소급적으로 무효가 되어 등기가 말소된 경우를 후단 부분에서 정한 2년 이내에 '매각하거나 다른 용도로 사용한 경우'라고 볼 수도 없다(서울고법 2012누38451, 2013. 11. 27. 판결).

36.4 대출금 인수가 불가해 이전등기말소 시 정당한 사유에 해당되는지

【관련 판례】 대법 2017두42293, 2017. 8. 18. 판결 : 기각

- 지방세특례제한법 제20조 및 제178조

〈쟁점요지〉 대출금 인수를 전제로 소유권이전하였으나 인수 불가로 매매계약을 해제하고, 소유권이전등기를 말소한 경우 정당한 사유에 해당되는지

판결요지 ••• 매매대금 대부분을 대출금 인수 조건으로 매매한 경우로, 인수가 불가능하여 소유권 이전말소한 경우라면 정당한 사유에 해당됨

- 원고는 2014. 7. 2. 이 사건 대출금 채무를 인수할 목적으로 이 사건 부동산을 인도받지 아니한 상태에서 원고 명의로 소유권이전등기만을 우선 마친 후, 그 무렵 이 사건 매매계약에 기초하여 위 부동산에 관한 공동담보 채권최고액 1,851,200,000원 상당의 근저당권자인 수산업협동조합중앙회에 위 대출금 채무의 인수를 신청하였다.
- 그런데 수산업협동조합중앙회는 원고의 채무인수에 대한 제반사항 등을 신용정보 확인 및 면담결과 등을 통하여 검토한 결과 채무인수 요건에 맞지 않는다는 등의 이유를 들어 원고가 이 사건 대출금 채무를 인수하는 것이 불가능하다고 통지하였다. 이에 원고는 2014. 7. 22. 이 사건 매매계약을 해제하고 같은 날 합의해제를 원인으로 그 명의의 소유권 이전등기를 말소하였다.
- 원고는 무료 노인복지시설을 운영하기 위하여 이 사건 매매계약을 체결하고 그 대금 대부분의 지급을 위하여 약정에 따라 그 명의로 소유권이전등기만을 하여 놓았을 뿐이었는데, 매매계약의 중요한 부분이 이행될 수 없는 상황에 이르게 되자 부득이 계약을 해제하고 그 등기를 말소함으로써 위 부동산을 해당 업무에 직접 사용하여야 할 세법상의 의무를 이행하지 못한 것에 불과하다고 할 것이다. 따라서 이러한 제반사정을 무료 노인복지시설의 취득에 취득세 감면혜택을 부여하는 입법취지 등 앞서 본 법리와 기록에 비추어 살펴보면, 원고가 이 사건 부동산에 소유권이전등기를 마쳤다고 하더라도 이를 무료 노인복지시설이라는 해당 용도로 직접 사용하지 못한 데에는 정당한 사유가 있다고 봄이 상당하다.

36.5 토지의 소유자가 그 자체의 사정으로 고유업무에 직접 사용하기를 포기한 경우 정당한 사유가 인정되는지

【관련 판례】 대법 96누16810, 1997. 6. 27. : 상고기각

- 지방세특례제한법 제178조

〈쟁점요지〉 공장용 토지 상에 공장건물을 완공한 직후 자금난으로 이를 매각한 것이 취득세 면제 또는 중과대상의 제외사유로서의 지방세법령상의 '정당한 사유'에 해당하는지 여부

판결요지 토지의 취득자가 그 자체의 자금사정이나 수익상의 문제 등으로 고유업무에 직접 사용하기를 포기한 경우는 정당한 사유에 포함되지 아니함

- 구 지방세법(1994. 12. 22. 법률 제4794호로 개정되기 전의 것) 제110조의3 제2항은 다음 각 호의 재산에 대하여는 취득세를 면제한다고 규정하고, 제1호에서 "산업입지및개발에관한법률에 의하여 지정된 국가공업단지 및 지방공업단지와 공업배치및공장설립에관한법률의 규정에 의한 유치지역 안에서 공장을 신축하고자 하는 자가 당해 지역 안에서 최초로 취득하는 공장용 토지와 그 토지 취득일로부터 2년 이내에 취득하는 당해 공장의 사업용 토지 및 건축물(기존 건축물을 취득하는 경우를 제외한다)과 최초로 취득할 공장용 토지의 취득일 전에 그 사용승인을 얻어 신축한 사업용 건축물. 다만 최초의 공장용 토지의 취득일로부터 2년 이내에 정당한 사유 없이 공장용에 직접 사용하지 아니하거나 매각하는 경우에는 면제된 취득세를 추징한다."고 규정하는 한편, 취득세 중과대상인 법인의 비업무용 토지의 범위를 규정하고 있는 구 지방세법 시행령(1994. 12. 31. 대통령령 제14481호로 개정되기 전의 것) 제84조의4 제1항은 "법인의 비업무용 토지는 법인이 토지를 취득한 날로부터 1년(내무부장관이 상공자원부장관과 협의하여 정하는 공장용 부지는 2년) 이내에 정당한 사유 없이 그 법인의 고유업무에 직접 사용하지 아니하는 토지를 말한다."고 규정하고 있는바, 위 각 규정에서 말하는 '정당한 사유'란 그 취득 토지를 고유업무(또는 공장용, 이하 같다)에 사용하지 못한 사유가 행정관청의 사용 금지 · 제한 등 외부적인 사유로 인한 것이거나 또는 내부적으로 토지를 고유업무에 사용하기 위하여 정상적인 노력을 하였음에도 불구하고 시간적인 여유가 없거나 기타 객관적인 사유로 인하여 부득이 고유업무에 사용할 수 없는 경우를 말하는 것이고, 토지의 취득자가 그 자체의 자금사정이나 수익상의 문제 등으로 고유업무에 직접 사용하기를 포기한 경우는 이에 포함되지 아니한다 할 것이다(대법원 1989. 10. 13. 선고 88누11124 판결, 1992. 6. 23. 선고 92누1773 판결 등 참조).

관련 기타 판례

1. 산업단지 내에 입주한 기업이 토지를 취득 후 인허가 제한이나 자금부족으로 유예기간 내에 산업용 건축물을 신축하지 못한 것은 추징이 배제되는 정당한 사유가 될 수 없음(대법 2013두5432, 2013. 6. 27. 판결).
2. 토지수용에 따른 보상계획이 구체화되지 않은 상황에서 장래 보상금이 지급될 것을 기대하고 산업단지 내 토지를 취득한 후 보상금이 지급되지 않아 유예기간(3년) 내에 산업용 건축물을 취득하지 못한 것은 추징이 배제되는 정당한 사유로 볼 수 없음(대법 2014두39319, 2014. 10. 30. 판결).
3. 리조트 개발사업 준비에 상당한 시간이 소요되고, 자금사정 등의 문제로 개발사업이 지체된

것은 감면 유예기간 내에 직접사용하지 못한 정당한 사유로 볼 수 없음(대법 2014두42919, 2015. 2. 12. 판결).

4. 설계변경이나 자금사정으로 인하여 유예기간을 도과하여 감면목적에 사용하였다면, 비록 납세자가 비영리사업자이고 감면목적물을 건축하였다고 하더라도 추징을 배제할 수 있는 정당한 사유가 없음(대법 2019두55910, 2020. 1. 30. 판결).
5. 토지취득 후 침수문제의 발생, 지자체로부터 시설설비지원자금 융자승인을 받았으나 주관은행으로부터 대출을 거부당하여 자금확보 지연 등으로 추징 유예기간 내에 준공을 하지 못한 것은 추징을 배제할 수 있는 정당한 사유로 볼 수 없음(대법 2020두44282, 2020. 9. 18. 판결).

36.6 취득 전에 설정된 근저당권의 실행으로 임의경매된 경우 추징을 배제할 수 있는 정당한 사유로 볼 수 있는지

【관련 판례】 대법 2012두14620, 2013. 3. 28. 판결 : 파기환송

- 구 조세특례제한법 제119조 제3항, 제120조 제3항 단서

〈쟁점요지〉 자금부족으로 취득 전에 설정되어 있는 근저당권을 변제하지 못해 임의경매의 절차에 의하여 제3자에게 매각된 경우 감면분 취득세 등의 추징을 배제할 수 있는 정당한 사유가 있는 것으로 볼 수 있는지 여부

판결요지 ••• 추징을 배제할 수 있는 정당한 사유가 있는 것으로 볼 수 없음

- 이 사건 경매가 개시되어 이 사건 근저당권의 피담보채권액이 확정된 후에는 이 사건 부동산의 제3취득자로서 그 확정된 피담보채무를 채권최고액의 범위 내에서 변제하고 이 사건 근저당권의 소멸을 청구하여 경매를 취소시키고 소유권을 유지할 수 있었을 터인데(대법원 2002. 5. 24. 선고 2002다7176 판결 참조) 원고의 자금부족으로 인하여 위와 같은 변제를 하지 못하였고, 원고가 인수한 이 사건 담보 대출 채무액보다도 훨씬 더 적은 금액으로 경매절차에서 매수하려다가 실패하고 결국 이 사건 부동산이 경매절차에서 타인에게 매각되었다고 할 것이다. 이러한 사정들을 앞에서 본 법리에 비추어 살펴보면, 원고는 이 사건 매매계약 체결시에 예상할 수 있었던 사정 및 자신의 자금사정 등 내부적인 사유로 인하여 이 사건 부동산을 경매절차에 의하여 처분하게 된 것으로 볼 수 있을 뿐, 정상적인 노력을 하였음에도 불구하고 객관적인 사유로 인하여 부득이하게 이 사건 부동산의 소유권을 상실하였다고 볼 수 없으므로, 그 처분에 정당한 사유가 있다고 할 수 없다.

관련 기타 판례

- 비영리사업자인 교회가 종교용으로 사용하기 위해 취득한 토지상에 3년 6개월 동안 48%정도 건축물 신축공사를 진행하다가 자금사정으로 중단하고 그 이후 임의경매로 매각이 이루어진 것은 추징이 배제되는 정당한 사유로 볼 수 없음(대법 2014두39562, 2014. 11. 13. 판결).

36.7 건축 공사착공 후 민원에 따른 처분청의 요구사항 때문에 공사가 지연된 경우 유예기간 내 고유업무에 직접 사용하지 못한데 정당한 사유가 있는지

【관련 판례】 대법 2012두20311, 2013. 9. 12. 판결 : 상고기각

- 지방세특례제한법 제50조

〈쟁점요지〉 교회를 신축하기 위해 건축 착공을 하였으나, 인근 사찰에서 민원이 제기되어 처분청의 요구사항에 따라 이를 해결하는 과정에서 유예기간 내 취득한 부동산을 고유업무에 직접 사용하지 못한 경우 추징을 배제할 수 있는 정당한 사유로 볼 수 있는지 여부

판결요지 ••• 추징을 배제할 수 있는 정당한 사유로 볼 수 있음

- 이 사건 합의의 내용상 원고가 ○○사를 위하여 완충지대를 설정하거나 공원을 설립해 주어야 할 의무가 교회 건물 착공보다 반드시 선이행되어야 하는 것이라고 보기는 어려움에도 불구하고 피고는 원고에게 착공에 앞서 이를 선이행할 것을 요구하였고, 이러한 사정이 원고가 제때 착공을 하지 못하게 된 원인 중 하나가 된 것으로 보이는 점까지 더하여 본다면, 원심의 판단은 앞서 본 법리와 기록에 비추어 정당한 것으로 수긍할 수 있고, 거기에 상고이유로 주장하는 위 '정당한 사유'에 관한 법리오해 등의 위법이 있다 할 수 없다.

관련 기타 판례

- 도시관리계획시설(학교) 결정이 없어 고유업무에 부동산을 사용하지 못하였으나 원고가 도시관리계획시설(학교) 결정 변경안을 제안하고, 학교부지 사용계획을 수립하여 일관되게 추진한 경우, 3년 내 고유업무에 사용하지 못한 정당한 사유가 있음(대법 2016두54855, 2017. 1. 25. 판결).

36.8 신축사업 확정통보 지연 등이 유료노인복지시설 건축공사 착공 지연에 대한 정당한 사유로 볼 수 있는지

【관련 판례】 대법 2013두18582, 2014. 2. 13. 판결 : 파기환송

- 지방세특례제한법 제20조 및 제38조

〈쟁점요지〉 취득세 50% 감면대상인 유료노인복지시설용 토지를 취득한 이후 처분청의 신축사업 확정통보 지연 등으로 유예기간 1년을 도과하여 공사착공에 이르게 된 경우 추징을 배제할 수 있는 정당한 사유가 있는지

판결요지 ••• 인·허가 지연 등은 추징을 배제할 수 있는 정당한 사유로 볼 수 있음

- 이 사건 제2처분의 추징사유인 이 사건 토지의 지목변경에 따른 부동산 취득 간주가 이루어진 날부터 1년의 유예기간을 경과하여 1년 11개월 만에 이 사건 노인요양시설 건축공사가 착공되었지만, 이 사건 노인요양시설의 설치 예정지와 규모에 비추어 노인요양시설의 착공 준비에 상당한 기간이 필요할 것으로 보이고, 원고가 이 사건 노인요양시설의 착공을 방치하고 있었다고 보기는 부족하며, 이 사건 노인요양시설의 신축에 필요한 부지의 취득부터 그 착공과 완공에 이르는 일련의 과정, 특히 피고로부터 건축허가를 받는 데에 1년의 기간이 소요된 사정 등을 전체적으로 파악할 때, 원고가 위 부동산 취득 간주일부터 유예기간 1년 내에 이 사건 요양시설의 착공에 이르지 못한 데에 정당한 사유가 있다고 볼 수 있는 사정들이 나타나 있다.

관련 기타 판례

1. 행정관청이 사업시행인가를 위한 필요사항 보완기간 연장통보에 따라 직접사용이 지연된 경우, 재정비계획 변경에 따른 보완기간 연장통보는 원고가 주체적 관여사항이 아니고, 사전에 알 수도 없어 정당한 사유로 봄이 타당함(대법 2016두42166, 2016. 9. 7. 판결).
2. 농협이 대규모 투자사업에서 중앙회의 투자심의, 실시계획인가와 관련한 행정기관과의 논의, 영농에 대한 보상 등으로 건축 착공 및 준공이 지연된 경우, 통상의 협의 절차를 거쳐 정상적인 노력을 다하여 건축을 진행하였다면, 시간적 여유가 없거나 원고가 마음대로 할 수 없는 외부적인 사유로 유예기간을 도과한 것으로 보아 정당한 사유를 인정하는 것이 타당함(대법 2022두36049, 2022. 6. 16. 판결).

36.9 농협이 자회사를 설립한 후 토지를 현물출자하여 자회사를 통해 사업을 추진하도록 한 경우 고유업무에 직접 사용하거나 추징을 배제할 정당한 사유가 있는 것으로 볼 수 있는지

【관련 판례】 대법 2014두6616, 2014. 8. 20. 판결(심리불속행) : 상고기각

- 지방세특례제한법 제14조 제3항

〈쟁점요지〉 농협이 국책사업의 일환으로 취득한 토지를 취득 후 목적사업에 직접사용하려고 하였으나 고정투자 한도가 초과되어, 자회사를 설립한 후 당해 토지를 자회사에 현물출자하여 목적사업을 영위하도록 한 경우 이를 농협이 고유업무에 직접 사용한 것으로 볼 수 있거나 추징을 배제할 수 있는 정당한 사유에 해당한다고 볼 수 있는지 여부

판결요지 ••• 법인격을 달리하는 자회사에게 현물출자 한 경우 직접 사용한 것으로 볼 수 없고 추징을 배제할 정당한 사유가 있다고 보기도 어려움

- 이 사건 자회사는 원고와 법인격을 달리하는 독립한 권리의무의 주체이고 이 사건 사업주체는 원고가 아닌 이 사건 자회사인 점, 원고가 이 사건 토지를 이 사건 자회사에 현물출자함으로써 이 사건 토지 소유권의 귀속주체도 원고에서 이 사건 자회사로 변경된 점 등에 비추어 이 사건 자회사가 이 사건 사업주체로서 자신 소유의 이 사건 토지를 사용하는 것을 두고 원고가 이 사건 자회사를 통하여 이 사건 토지를 직접 사용하고 있다고 볼 수는 없으므로, 구 지방세법 제266조 제5항 단서 후단에 따른 이 사건 처분사유는 존재한다고 봄이 타당하다(청주지법 2012구합2554, 2013. 5. 16. 판결).
- 정당한 사유의 존부는 구 지방세법 제266조 제5항 단서 후단에 따른 처분의 요건에 해당하지 아니하고, … 원고는 당초부터 고정투자 한도 초과로 말미암아 자신이 이 사건 토지를 직접 사용할 수 없음을 알면서도 이 사건 토지를 취득하였고, 이 사건 사업 추진 경위 등을 모두 고려하더라도 이 사건 토지 취득에 따른 유·불리는 원고 자신의 책임에 해당하는 문제로 보일 뿐인 점 등에 비추어 원고가 이 사건 토지를 취득한 후 직접 사용하지 아니한 데에 정당한 사유가 있다고 볼 수도 없다(청주지법 2012구합2554, 2013. 5. 16. 판결).

36.10 창업한 개인기업자가 대표인 법인에게 포괄 양·수도 이전할 경우 추징이 제외되는 정당한 사유에 해당되는지

【관련 판례】 대법 2016두55377, 2017. 2. 10. 판결(심리불속행) : 기각

- 지방세특례제한법 제58조의3 제7항

〈쟁점요지〉 원고는 개인중소기업으로 창업한 후 2년 이내에 대표로 있는 법인에게 사업 포괄양도·양수의 방식으로 부동산을 이전한 경우 취득세 등 추징이 제외되는 정당한 사유가 있다고 볼 수 있는지 여부

판결요지 창업한 개인기업자가 법인의 대표이사라는 사정, 개인기업 법인전환에 따른 취득세 등 면제대상이라는 사정 등은 정당한 사유로 볼 수 없음

- ② 원고는 이 사건 부동산을 취득하여 취득세 등을 감면받은 약 1개월 후 이 사건 부동산을 사업양도·양수의 방법으로 △△산업에게 처분하였는바, 원고가 △△산업의 주주나 대표이사라는 사정만으로는 이 사건 부동산을 처분한 것에 위와 같은 정당한 이유가 있다고 단정하기 어려운 점, ③ 달리 조세특례제한법 제120조 제3항 단서 등 관련 규정에서 개인사업자가 중소기업을 창업하여 취득한 사업용 재산을 법인으로 전환하면서 그 재산을 양도한 경우에는 기존에 면제받았던 취득세 등을 추징하지 아니한다는 내용의 규정을 두고 있지 아니한 점 등에 비추어 보면, 갑 제1 내지 6호증의 각 기재, 이 법원의 ○○시장에 대한 사실조회만으로는 원고가 이 사건 부동산을 해당 사업에 직접 사용하지 아니하고 처분한 것에 정당한 사유가 있다고 보기 어렵고, 달리 이를 인정할 증거가 없으므로, 원고의 위 주장은 이유 없다(광주고등법원 2016. 9. 26. 선고 (전주)2016누1207 판결).

관련 기타 판례

- 창업벤처기업이 사업용 부동산을 취득하고 취득세를 감면받은 이후 추징 유예기간 내에 사업포괄양수도를 통해 법인전환한 경우, 개인사업자의 법인전환 정책에 따라 납세자 스스로 소유권을 포기한 것은 추징을 배제할 수 있는 정당한 사유가 있다고 볼 수 없음(대법 2019두55194, 2020. 1. 30. 판결).

36.11 유예기간 종료 직전에 건축 착공신고를 한 경우 정당한 사유가 있는 것으로 보아 추징을 배제할 수 있는지

【관련 판례】 대법 2020두31750, 2020. 4. 29. 판결(심리불속행) : 항소기각

- 지방세특례제한법 제78조 제4항 및 제5항

〈쟁점요지〉 산업단지 내 입주자가 토지를 취득한 이후에 옹벽공사를 하는 과정에서 유예기간 3년을 거의 앞두고 건축착공을 한 경우 유예기간 내 직접사용하지 못한 정당한 사유가 있다고 보아 추징을 배제할 수 있는지 여부

판결요지 건축착공만으로는 직접사용으로 볼 수 없고, 유예기간 내에 충분히 준공할 수 있음에도 내부적인 사유로 유예기간 종료시점에 이르러서야 착공한 것만으로는 직접사용하지 못한 정당한 사유가 있다고 보기 어려움

- 산업용 건축물 등을 건축할 목적으로 취득한 토지의 취득세의 면제규정을 적용함에 있어서는 특별한 사정이 없는 한 그 신축한 건축물에 대하여 사용승인을 받은 시점에 그 토지를 산업용 건축물 등의 용도로 직접 사용하는 것으로 봄이 상당하고, 산업용 건축물 등의 신축을 위한 착공 시로부터 그 토지를 산업용 건축물 등의 용도로 직접 사용하는 것으로 볼 수는 없다(대법원 2008. 5. 29. 선고 2008두3319 판결 참조).
- 원고는 2014. 1. 27. 이 사건 토지를 취득한 후 1년 8개월이 경과한 2015. 10. 21.에야 비로소 건축설계계약을 체결하고 2015. 12. 10. 피고로부터 건축허가를 받았다. 그런데 기록상 이 사건 토지를 취득한 다음 건축설계계약을 체결하거나 건축허가를 받지 않은 채 위와 같이 오랜 기간 동안 이 사건 토지를 그대로 방치할 수밖에 없었던 불가피한 사정이나 외부적인 이유가 있었다고 보이지 않는다. … 원고는 이 사건 토지와 인접토지 사이에 단차가 있어 옹벽구조물의 설치가 필요하다는 사실을 이미 알고 있었고 그에 따른 건축설계 및 건축허가까지 이루어졌다. 그러나 원고는 건축허가를 받고 나서도 10개월이나 경과한 이후인 2016. 10. 17.경에 이르러서야 비로소 인접토지 소유자인 다스코와 옹벽축조에 관한 합의를 하였다. … 건축허가를 득함과 동시에 신속히 시공을 위한 노력을 다하였다면 취득일로부터 3년이 경과되기 전은 물론 다스코가 인접토지에 관하여 건축허가를 받기 전에 이 사건 토지 지상 공장건물의 신축을 완료하는 것도 충분히 가능했을 것으로 보인다. … 원고는 이 사건 토지 취득일로부터 3년이 경과하기 직전인 2017. 1. 26.에서 착공신고를 마쳤고, 착공신고 이후에도 이 사건 토지 이상에 흙을 쌓아두기만 하였을 뿐 별다른 시공을 하지 않았다.

- 그렇다면 원고는 정당한 사유 없이 이 사건 토지 취득일로부터 3년이 경과할 때까지 이 사건 토지를 해당 용도로 직접 사용하지 아니하였는바 이 사건 처분 중 취득세에 관한 부분은 구 지방세특례제한법 제78조 제5항 제1호에 의거한 것으로 적법하다(부산고법 2019누20884, 2019. 12. 18. 판결).

36.12 추징 유예기간 내에 신축공사 착공하지 못하였으나 필요한 절차를 적극적으로 개시하였다면 '정당한 사유'를 인정받을 수 있는지

【관련 판례】 대법 98두3174, 2000. 6. 27. : 상고기각

- 지방세특례제한법 제178조

〈쟁점요지〉 이 사건 법인이 토지를 취득한 후 1년의 유예기간 내에 고유업무에 직접 사용하지 못한 데에 구 지방세법 시행령 제84조의4 제1항 소정의 '정당한 사유'가 있는지 여부

판결요지 추징 유예기간 내 신축공사에 착공하지는 못하였으나, 토지 취득 이래로 건물 신축에 필요한 절차를 개시한 이후 착공 및 완공에 이르기까지 일련의 필요한 절차를 꾸준하게 밟아 나갔고, 최종 사용승인을 받아 결국 고유업무에 직접 사용한 경우라면 유예기간 내에 고유업무에 직접 사용하지 못한 데에 정당한 사유가 있다고 볼 수 있음

- 원심이 인정한 사실과 기록에 의하면, 원고는 1995. 2. 16. 고유업무인 보관업에 사용할 창고를 신축하기 위하여 이 사건 토지를 취득한 후, 1995. 2. 20. 냉동, 냉장, 상온창고 부지 조성을 위한 토지형질변경허가를, 1995. 3. 31. 이용목적을 창고로 한 토지거래허가를 각 받은 사실, 원고는 소외 종합건축사사무소 가나・신세기에게 의뢰하여 신축할 창고의 설계도면을 작성한 다음 1995. 6. 10. 건축허가를 받은 사실, 그런데 원고는 물류배송시스템에 비하여 창고의 규모가 너무 크다는 의견에 따라 규모를 축소하기로 결정하고, 1995년 7월경 소외 가나건축사사무소 주식회사에 설계도면 작성을 다시 의뢰하였으며, 한편 그 무렵 국내물류 컨설팅용역을 소외 한국제이마크 주식회사에 도급주어 1996. 7. 8.에야 컨설팅제안서를 받은 사실, 원고는 1996. 3. 21. 소외 남흥건설 주식회사와의 사이에 이 사건 토지상의 창고 신축공사를 대금 4,235,000,000원으로 한 공사도급계약을 체결한 후, 1996. 3. 30. 피고에게 착공신고를 함과 동시에 터파기공사 등을 한 사실, 그런데 공사 착공 후 10일 정

도 지났을 때 이 사건 토지 지하에 쓰레기더미가 매립되어 있을 뿐만 아니라 지반이 연약한 곳이 많다는 것을 발견하고서 1996년 4월 중순경 소외 영진지하개발 주식회사에 지질조사를 의뢰하여 1996. 6. 11. 지질조사보고서를 받은 사실, 원고는 1996년 9월 피고로부터 설계변경에 따른 건축허가를 받은 후 창고 공사를 속개하여 지하 1층, 지상 1층의 냉동창고 및 상온창고를 완공한 후 1997. 5. 3. 건축물 사용승인을 받았고, 그 때부터 실제로 보관업을 영위하고 있는 사실을 각 알 수 있는바, 이와 같이 원고가 비록 이 사건 토지를 취득한 후 곧바로 창고 신축공사에 착공하지는 못하였으나, 이 사건 토지의 취득 이래로 창고 신축에 필요한 절차를 개시한 이후 착공 및 완공에 이르기까지 일련의 필요한 절차를 꾸준하게 밟아 나갔고, 건축물 사용승인을 받은 다음 보관업을 영위함으로써 결국 고유업무에 직접 사용하였다면, 전체적으로 보아 원고가 이 사건 토지를 취득한 후 1년의 유예기간 내에 고유업무에 직접 사용하지 못한 데에 정당한 사유가 있다고 보아야 할 것이다.

36.13 건설사업에 필요한 부지를 확보하기 위한 목적으로 취득한 토지를 1년 이내에 교환한 경우 추징배제의 정당한 사유가 있는지

【관련 판례】 대법 98두2720, 1998. 4. 10. : 상고기각

- 지방세특례제한법 제178조

〈쟁점요지〉 토지를 취득한 후 교환하는 과정에서 부지를 매각하였으나 그 목적이 고유사업에 사용하기 위함이었을 경우 취득세 추징을 배제할 수 있는지 여부

판결요지 ••• 건설사업에 필요한 부지를 확보하기 위하여 인근 토지를 소유하고 있는 회사와 토지를 교환하는 과정에서 부지를 매각한 경우에는 추징을 배제할 수 있는 정당한 사유로 볼 수 있음

- 원심은, 원고가 이 사건 토지를 취득한 날로부터 1년 이내에 소외 주식회사 ○○개발(이하 소외 회사라고 한다)에 넘김으로써 그 고유업무에 직접 사용하지 아니하기는 하였으나, 원고와 소외 회사는 각 주택건설사업을 하는 법인이고, 원고가 그 고유업무인 아파트 신축을 위하여 토지를 취득하여 오던 중 그 취득한 토지가 도시계획에 의하여 장차 개설될 도로에 의하여 분할하게 되어 그 중 일부인 이 사건 토지가 인접하여 아파트 신축을 계획하고 있던 소외 회사의 아파트 건축부지에 속하게 됨에 따라, 토지의 효율적인 이용을 꾀하기 위하여 소외 회사로부터 소외 회사가 취득한 토지로서 위의 도로개설로 원고의

아파트 건축부지에 속하게 된 토지를 넘겨받는 대가로 이 사건 토지의 소유권을 소외 회사에 이전하게 된 것으로서, 원고와 소외 회사가 각 교환한 토지상에 아파트를 건설하여 각자의 고유업무에 사용한 이상 교환한 토지를 각자 처음부터 취득하여 그 고유업무에 사용한 것이나 다름없고, 이와 아울러 지방세법이 법인의 비업무용 토지에 관하여 취득세를 중과하도록 하고 있는 취지에 비추어 보면 원고가 이 사건 토지를 그 고유업무에 직접 사용하지 아니한 데에는 정당한 사유가 있다고 할 것이므로, 이 사건 토지는 취득세의 중과 대상이 되는 비업무용 토지에 해당하지 아니한다는 이유를 들어 이 사건 취득세 부과처분을 위법하다고 판단하였는바, 기록과 관계 법령에 비추어 보면 그 이유설시에 미흡한 점이 있으나 원심의 위 판단은 정당한 것으로 수긍할 수 있고, 거기에 소론과 같은 비업무용 토지에 대한 법리오해 등의 위법이 없다.

36.14 고유업무에 사용 중이던 부동산을 공장이전을 위한 자금조달 목적으로 매각한 경우 정당한 사유가 인정되는지

【관련 판례】 대법 98두1659, 1998. 4. 28. : 상고기각

- 지방세특례제한법 제178조

〈쟁점요지〉 토지를 취득하여 공장 부지 등으로서 고유목적사업에 사용하다가 공장이전을 위한 자금조달 등을 위하여 유일한 부동산인 위 토지와 공장을 매도한 것이 '정당한 사유'가 있는 경우에 해당하는지 여부

판결요지 ••• 공장의 이전 확장을 위해 취득 후 고유업무에 사용중이던 유일한 재산을 공장이전을 위한 자금조달 등을 목적으로 매각한 경우에는 정당한 사유가 있는 것으로 보아 추징을 배제할 수 있음

- 지방세법 제112조 제2항, 지방세법 시행령 제84조의4 제1항 제2호에서 법인이 토지를 취득한 날부터 5년 이내에 정당한 사유 없이 토지를 매각하는 경우 취득세를 중과하도록 규정한 것은 법인이 고유목적 이외의 토지를 취득·보유함으로 인한 비생산적인 투기의 조장을 방지하고 토지의 효율적인 이용을 꾀하려는 데 그 목적이 있는 것이다(대법원 1998. 1. 23. 선고 97누9468 판결 참조).
- 원고가 이 사건 토지를 취득하여 공장 및 본사건물 부지로서 고유목적사업에 사용하다가 제품의 건조와 보관을 위한 공장부지 확장과 생산시설 교체 등을 위하여 공장을 이전할

필요가 생겨 공장 이전을 위한 자금조달, 재무구조의 개선 등을 위하여 유일한 부동산인 이 사건 토지와 공장을 매도한 것은 그 처분에 정당한 사유가 있으므로, 원고의 이 사건 토지 매각에 정당한 사유가 없다는 전제하에 취득세를 중과한 이 사건 과세처분은 위법하다고 판시하였다.

- 기록과 앞서 본 법리에 비추어 보면 원심의 증거취사, 사실인정 및 판단은 옳게 여겨지고, 거기에 상고이유에서 지적하는 바와 같은 심리미진, 채증법칙 위배로 인한 사실오인 및 법리오해의 위법이 없다.

36.15 매도인의 비협조가 직접 사용하지 못한 정당한 사유에 해당되는지

【관련 판례】 대법 2016두32251, 2016. 4. 28. 판결(심리불속행) : 기각

- 지방세특례제한법 제78조 제4항

〈쟁점요지〉 매도인의 비협조로 취득 후 3년 내에 산업용 건축물 등의 용도에 직접 사용하지 못한 것이 미사용에 대한 '정당한 사유'로 볼 수 있는지 여부

판결요지 ••• **매도인의 비협조에도 매수노력을 다한 점 등을 종합해 보면 직접 사용하지 못한 '정당한 사유'가 있음**

- ⑤ 원고는 여러 차례 서○○측으로부터 이 사건 지분을 매수하기 위한 노력을 하였으나, 서○○의 거부로 협의가 이루어지지 않았고, 이에 수용절차를 통해 이 사건 지분을 취득하고자 수차례에 걸쳐 ○○남도에 환경보전방안검토서를 제출한 끝에 이 사건 사업의 시행자로 지정받았으며, 한편 서○○가 사망한 후에도 주식회사 한국자연환경을 통해 서정자의 상속인들과 매수협의를 지속적으로 시도하여 결국 이 사건 지분을 매수한 점,
- ⑥ 앞서 본 바와 같이 원고가 이 사건 토지의 취득일부터 3년 내에 이 사건 지분을 취득하지 못한 것은 원고의 자금사정이나 수익상의 문제에 기인한 것이 아니라, 원고의 협의매수 또는 수용을 위한 노력에도 매도인의 비협조적인 태도나 사업시행자 지정 과정에서의 절차상 문제로 시간적인 여유가 부족하여 부득이 이를 취득하지 못하였던 것으로 보이는 점, 등을 종합해 보면, 원고가 이 사건 토지를 그 취득일부터 3년 내에 산업용 건축물 등의 용도에 직접 사용하지 아니한 데에는 정당한 사유가 있다고 봄이 상당하므로, 이와 다른 전제에 선 이 사건 처분은 위법하다(창원지방법원 2014구합1350, 2015. 6. 9. 판결).

36.16 임대주택용을 보금자리주택용에 사용한 경우 추징이 제외되는 정당한 사유로 볼 수 있는지

【관련 판례】 대법 2016두37867, 2016. 9. 8. 판결 : 기각

- 지방세특례제한법 제32조

〈쟁점요지〉 국민임대주택 용도로 취득세 등을 경감받고 보금자리주택사업 용도로 사용한 경우 추징이 제외되는 정당한 사유로 볼 수 있는지 여부

판결요지 정부정책에 의해 종전 국민임대주택 건설사업 승인이 취소되고 보금자리주택사업으로 변경된 것은 추징이 제외되는 '정당한 사유'로 볼 수 있음

- 원고가 소규모 임대주택을 건설할 목적으로 이 사건 부동산을 취득한 후 그 사용 용도를 변경하여 공공분양사업에 사용하였으므로 구 지특법 제32조 제3항에 따른 추징사유가 발생하였다고 봄이 타당하나, 앞서 본 바와 같이 정부정책에 의한 사정변경으로 인하여 종전의 국민임대주택 건설사업 승인이 취소되고 공공분양사업으로 변경됨으로써 원고가 이 사건 부동산을 소규모 임대주택에 사용할 것을 기대할 수 없게 된 점, 원고가 당초부터 공공분양사업을 목적으로 토지를 취득하였거나 사정변경 후 같은 목적으로 토지를 취득하였더라면 구 지방세법 제289조 제1항 내지 구 지특법 제76조 제1항에 의한 취득세 면제사유에 해당하게 되는 점 등의 사정을 고려하면, 원고가 이 사건 부동산을 소규모 임대주택에 사용하지 아니한 데에 정당한 사유가 있으므로 이 사건 처분은 위법하다고 판단하였다.
- 원심판결 이유를 앞서 본 규정과 관련 법리 및 기록에 비추어 살펴보면, 원심의 이러한 판단은 정당하고, 거기에 상고이유 주장과 같이 의무해태를 탓할 수 없는 정당한 사유에 관한 법리오해, 심리미진 등의 위법이 없다.

36.17 토지취득 시 이미 알고 있던 장애사유로 인해 취득 후에도 고유업무에 사용하지 못하였다면 그에 정당한 사유가 있는지

【관련 판례】 대법 2000두10038, 2002. 4. 26. : 상고기각

- 지방세특례제한법 제178조

〈쟁점요지〉 법인이 토지취득시에 이미 유예기간 내에 고유업무에 사용할 수 없는 법령상, 사실상의 장애사유를 알고 있었고, 취득 후에 당해 토지를 고유업무에 사용하지 못한 것도 동일한 사유 때문인 경우, 그 사유가 당해 토지를 고유업무에 사용치 못한 정당한 사유가 될 수 있는지 여부

판결요지 부동산 취득시에 이미 유예기간 내에 고유업무에 사용할 수 없는 법령상·사실상의 장애사유가 있음을 알고 있었고, 취득 후에 당해 부동산을 고유업무에 사용하지 못한 것도 동일한 사유 때문이라면 정당한 사유가 될 수 없음

- 법인이 토지취득 시에 이미 유예기간 내에 고유업무에 사용할 수 없는 법령상, 사실상의 장애사유를 알고 있었고, 취득 후에 당해 토지를 고유업무에 사용하지 못한 것도 동일한 사유 때문이라면 취득 전에 존재한 외부적 사유가 충분히 해소 가능한 것이고 실제 그 해소를 위하여 노력하여 이를 해소하였는데도 예측치 못한 전혀 다른 사유로 고유업무에 사용치 못하였다는 등의 특별한 사정이 없는 한 그 외부적 사유는 당해 토지를 고유업무에 사용치 못한 정당한 사유가 될 수 없는 것이다(대법원 1995. 6. 30. 선고 94누6901 판결 참조).
- 원심이 확정한 사실 및 기록에 의하면, 원고가 국토이용관리법에 의한 토지거래허가를 받아 이 사건 토지를 취득하여 이에 따라 토지를 사용할 의무가 있고, 이 사건 토지의 경사가 심한 등의 이유로 이 사건 토지를 공장용지로 사용함에 있어 물리적으로 어렵다고 하더라도, 원고가 이 사건 토지를 취득할 당시 이러한 사정을 잘 알고 취득하였고, 이를 해소하기 위한 별다른 노력을 하지 아니한 사실을 알 수 있으므로, 위와 같은 사정은 고유업무에 사용치 못한 정당한 사유가 될 수 없으며, 원고가 매도인의 요청에 의하여 이 사건 토지를 어쩔 수 없이 매수하였다는 사정만으로 정당한 사유가 있다고 할 수도 없다. 같은 취지의 원심판결은 정당하고, 거기에 상고이유에서 주장하는 바와 같은 정당한 사유에 관한 법리오해의 위법이 없다.

36.18 전소유자가 국비보조사업으로 취득한 것으로 용도변경이 불가하여 영농에 사용하지 못한 것이 정당한 사유로 볼 수 있는지

【관련 판례】 대법 2014두45468, 2015. 3. 12. 판결(심리불속행) : 상고기각

- 지방세특례제한법 제11조 및 제94조

〈쟁점요지〉 전소유자가 국비보조사업으로 취득하여 다른 용도로 변경하는 것이 불가능하였고, 행정청으로부터 부동산 취득 당시 용도변경이 불가능하다는 점에 대하여 안내받지 못한 경우 정당한 사유로 볼 수 있는지 여부

판결요지 ••• 취득 당시 조금만 주의를 기울였다면 영농에 장애사유를 알 수 있었고, 과세처분 이후에야 용도변경 가능을 문의하는 등을 종합하였을 때 정당사유로 보기 어려움

- 이 사건 건물은 보조금을 지급받아 건립된 것으로서 원고가 이 사건 건물을 취득하기 이전부터 ○○○○○희생자전시관으로 이용되고 있었고, 원고는 이 사건 부동산을 매수하고 취득세 등 감면신청을 하는 과정에서 위와 같은 용도제한의 장애사유가 있었음을 알았거나 설사 몰랐다고 하더라도 조금만 주의를 기울였다면 그러한 장애사유의 존재를 쉽게 알 수 있었던 점, 원고는 이 사건 부동산을 취득한 이후에도 이 사건 건물의 특정용도를 변경하려는 노력을 전혀 하지 않다가 이 사건 처분이 이루어지고 난 후인 2012년 11월경에야 이 사건 건물의 용도변경 가능 여부를 문의한 점,
- 설령 원고가 이 사건 건물의 용도를 교육연구시설로 변경하여 교육연구시설로 사용한다 하더라도, 이는 원고가 당초 신고한 이 사건 감면 규정의 영농 목적에는 해당하지 아니한 점 등을 종합하면, 원고가 주장하는 사정들을 참작하더라도 원고가 이 사건 부동산을 취득일로부터 1년 이내에 영농 목적에 직접 사용하지 아니한 데 정당한 사유가 있다고 보기 어렵고, 달리 이를 인정할 증거가 없다(창원지방법원 2014. 4. 1. 선고 2013구합2042 판결).

관련 기타 판례

- 창업중소기업이 부동산을 취득한 이후 주변에 학교와 주거단지가 위치하고 있어 도로 교통 위험 및 통행량으로 인하여 물류창고 허가를 내주지 않아 유예기간 내 목적사업에 사용하지 못한 경우, 취득 당시 조금만 주의를 기울이면 건축허가에 장애가 있음을 알 수 있었다는 점에서 추징을 배제할 수 있는 정당한 사유로 볼 수 없음(대법 2019두43917, 2019. 9. 26. 판결).

36.19 토지의 사용제한, 건축 소요기간 등을 이유로 정당한 사유가 인정되는지 및 취득 당시 준공할 수 없음을 예상할 수 있는 경우 정당한 사유가 배제되는지

【관련 판례】 대법 2022두48721, 2023. 8. 18. 판결 : 파기환송

- 지방세특례제한법 제38조

〈쟁점요지〉

1. 취득한 토지를 병원 건립 이외의 용도로 사용할 수 없는 점, 대형 종합병원을 건립하기 위해 그 기간이 장기간 소요되는 점, 건축 과정에서 허가가 지연된 점 등을 고려해 취득세 추징유예 기간(1년)을 도과한 정당한 사유가 인정되는지 여부
2. 취득 당시 1년 이내에 병원건립을 할 수 없음을 예상할 수 있었던 경우에는 그러한 정당한 사유가 인정되지 않는지 여부

판결요지 해당 토지의 사용제한, 건축 소요기간, 외부적인 제약 등을 고려해 취득세 추징이 배제되는 정당한 사유가 인정되고, 취득 당시 1년 내 준공할 수 없음을 예상할 수 있더라도 정당한 사유가 배제되지 아니함

- 이 사건 부동산을 의료업이 아닌 다른 목적이나 용도로 사용하는 것은 사실상 불가능하고 이 사건 부동산에 종합병원을 건축하는 데에 상당한 시간이 소요되며 원고가 종합병원을 건축하기 위한 정상적인 노력을 다하였으나 원고가 마음대로 할 수 없는 다양한 사유로 유예기간을 경과하였다는 등 판시와 같은 이유로, 원고가 이 사건 부동산을 유예기간 내에 의료업에 직접 사용하지 못한 데에 정당한 사유가 있다고 판단하였다. 원심판결 이유를 관련 법리와 기록에 비추어 살펴보면, 원심의 판단은 정당하고 거기에 상고이유 주장과 같이 구 지방세특례제한법 제178조 제1호의 '정당한 사유'에 관한 법리오해, 심리미진 등으로 판결에 영향을 미친 잘못이 없다. 상고이유에서 들고 있는 대법원판결은 이 사건과는 사안을 달리하여 이 사건에서 원용하기에 적절하지 아니하다.

  ※ 하급심(서울고법 2021누56086, 2022. 6. 15. 판결)

- 원고가 이 사건 토지를 취득한 때부터 1년 내에 대한○○부지에 종합병원을 건축하지 못할 수 있음을 예상하였거나 예상할 수 있었더라도, 다음과 같은 사정, 즉 ㉠ 종합병원 건축사업을 진행하기 위해서는 그 사업을 진행할 의료법인이 설립되어 있어야 하는데, 의료법인 설립허가를 받기 위해서는 그 법인이 개설하는 의료기관이 필요한 시설이나 시설을 갖추는 데에 필요한 자금을 보유하여야 하는 점(의료법 제48조), ㉡ 피고는 부영그룹에 금천구의 숙원사업인 종합병원 유치를 위해 종합병원을 설치・운영할 것을 제안하였고, 부

영그룹(부○주택)은 그 제안에 따라 종합병원을 개설·운영할 의료법인을 설립하기 위해 원고에게 이 사건 토지를 증여한 점 등의 사정에 비추어 보면, 피고가 주장하는 위 사정만으로 위 유예기간 내에 의료업에 직접 사용하지 못한 데 대한 '정당한 사유'를 부정할 수 없다.

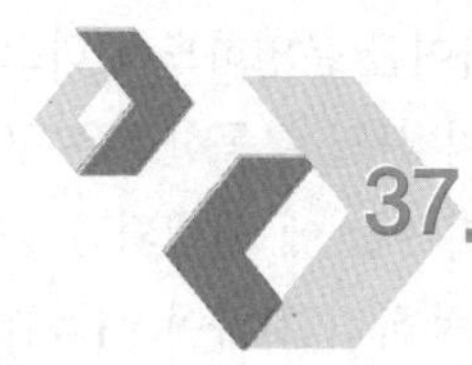

37. 직접사용 및 고유업무 개념

37.1 구 조세감면규제법상 "고유의 업무에 직접 사용"의 의미가 무엇인지(임대나 위탁도 포함되는지)

【관련 판례】 대법 84누297, 1984. 10. 24. : 상고기각

- 지방세특례제한법 제2조

지방세특례제한법 제2조(정의)

① 이 법에서 사용하는 용어의 뜻은 다음과 같다.

1. "고유업무"란 법령에서 개별적으로 규정한 업무와 법인등기부에 목적사업으로 정하여진 업무를 말한다.

8. "직접 사용"이란 부동산·차량·건설기계·선박·항공기 등의 소유자(「신탁법」 제2조에 따른 수탁자를 포함하며, 신탁등기를 하는 경우만 해당한다)가 해당 부동산·차량·건설기계·선박·항공기 등을 사업 또는 업무의 목적이나 용도에 맞게 사용(이 법에서 임대를 목적사업 또는 업무로 규정한 경우 외에는 임대하여 사용하는 경우는 제외한다)하는 것을 말한다.

※ 2014년 개정을 통해 직접사용에 대한 규정이 신설되었음.

〈쟁점요지〉 구 조세감면규제법 제10조 제1항에서 "…그 고유의 업무에 직접 사용 …"한다 함은 당해 재산의 사용용도가 직접 그 고유의 업무에 사용하는 것이면 족하는 것인지 여부, 즉 제3자에 대한 임대 또는 위탁의 경우에도 포함되는지 여부

판결요지 ••• 당해 재산의 사용용도가 직접 그 고유의 업무에 사용하는 것이면 족하고 그 사용의 방법이 제3자에게 임대 또는 위탁하여 그와 같은 용도에 제공하는지 여부를 가리지 아니함

- 상고이유의 요지는, 원고법인이 이 사건 부동산 위에 설치된 고속도로 휴게소 및 주유소

를 원고법인 스스로 운영하지 아니하고 제3자에게 임대하여 그로 하여금 운영하도록 하고 있으므로 원고법인이 직접 사용하는 재산으로는 볼 수 없으므로 이 사건 부동산들은 구 조세감면규제법(1981. 12. 31. 공포, 법률 제3481호로 전문 개정되기 이전에 시행되던 동법, 이하 같다) 제10조 제1항 소정의 "…그 고유의 업무에 직접 사용하기 위하여 취득한 재산 …"에 해당하지 않음에도 불구하고 원심이 이 사건 부동산이 원고법인의 고유업무에 직접 사용하는 재산에 해당한다 하여 피고의 이 사건 취득세 부과처분을 취소하였음은 구 조세감면규제법 제10조 제1항에 관한 법리를 오해한 위법이 있다는 데 있다.

- 생각건대, 구 조세감면규제법 제10조 제1항에서 "…그 고유의 업무에 직접 사용…"한다 함은 당해 재산의 사용용도가 직접 그 고유의 업무에 사용하는 것이면 족하다 할 것이고 그 사용의 방법이 원고법인 스스로 그와 같은 용도에 제공하거나 혹은 제3자에게 임대 또는 위탁하여 그와 같은 용도에 제공하는지 여부를 가리지 아니한다 할 것이므로(당원 1973.10.23 선고 73누154 판결 참조) 이 사건 부동산들을 제3자에게 임대하여 고속도로 휴게소와 주유소를 운영케 하는 것은 원고법인의 고유의 업무에 직접 사용하는 것으로 볼 수 없다는 상고 논지는 받아들일 수 없다.

관련 기타 판례

1. 보험업을 영위하는 법인이 노인복지시설을 운영할 수 없어 재단법인에 임대의 형식으로 본래의 목적인 노인복지시설을 운영하도록 한 경우, 원고가 취득한 후 공익재단에 임대한 것만으로는 위 추징사유에 해당하지 아니함(대법 2008두15039, 2011. 1. 27. 판결).
2. 비영리사업자가 제3자에게 임대 또는 위탁하는 방법으로 공익사업에 부동산을 직접 사용한다고 보기 위해서는 비영리사업자가 해당 부동산을 그 사업수행에 직접 사용하는 것으로 볼 수 있을 정도의 제3자에 대한 지휘, 통제 및 관리 감독의 권한을 가지고 있어야 함(대법 2011두20239, 2011. 12. 13. 판결).

37.2 기업도시개발사업에 따른 골프장을 준공한 이후 위탁경영을 한 경우에도 직접사용으로 보아 추징을 배제할 수 있는지

【관련 판례】 대법 2018두65996, 2019. 4. 5. 판결(심리불속행) : 상고기각

- 지방세특례제한법 제2조 및 조세특례제한법 제121조의17 제1항, 제2항

〈쟁점요지〉 기업도시개발사업에 따른 사업시행자가 골프장을 조성한 이후 해당 골프장을 제3자에게 위탁경영을 한 경우 추징요건인 직접사용에 해당하지 않는 것으로 보아 감면된 취득세를 추징할 수 있는지 여부

판결요지 '해당 사업에 직접 사용'이라 함은 취득자가 소유자로서 주체가 되어 골프장을 조성한 후에 그 용도와 목적에 맞게 스스로 사용하는 것을 의미한다고 봄이 타당하므로, 취득 후 임대하여 운영을 위탁한 경우에는 '해당 사업에 직접 사용'에 해당하지 않아 추징대상에 해당함

- 나아가 구 지방세특례제한법 제2조 제1항 제8호는 '직접 사용'에 대해 부동산의 소유자가 해당 부동산을 사업 또는 업무의 목적이나 용도에 맞게 사용하는 것을 말한다고 규정하고 있다. 위 조항은 2014. 1. 1. 법률 제12175호로 지방세특례제한법(시행일 2014. 1. 1.)이 개정되면서 신설되었는데, 이는 '직접 사용'의 주체는 사용자가 아닌 소유자임을 분명히 하기 위한 취지이고, 다만 사용용도 등을 고려하여 부동산 소유자가 아닌 제3자가 해당 용도대로 사용하는 것에 관해 개별규정에서 예외적으로 감면 인정을 규정한 것으로 보인다(위 법률 제22조 제2항 본문, 제50조 제2항 본문 등). 따라서 위 규정의 취지 및 내용을 고려할 때, 구 지방세특례제한법 제2조 제1항 제8호의 직접 사용은 개별규정에서 예외를 규정하지 않은 이상, 원칙적으로 부동산의 소유자가 해당 부동산을 자신의 사업수행에 스스로 사용하는 경우를 의미한다고 봄이 타당하다. 위 개정 지방세특례제한법 부칙 제3조는 이 법 시행 후 최초로 과세기간이 시작되어 납세의무가 성립하는 분부터 적용한다고 규정하고 있고, 원고가 이 사건 부동산 등을 취득할 날이 위 시행일 이후로서, 이 법이 시행된 후 원고에게 납세의무가 성립하였으므로, 위 규정이 적용된다.
- 한편 원고는 국세청이 유권해석을 통해 기업도시개발사업에 따라 시행자가 조성한 골프장을 골프장 운영자에게 임대하고 얻은 임대소득에 대하여 구 조세특례제한법 제121조의17 제1, 2항 등에 따라 법인세 등 감면대상에 해당한다고 밝히고 있으므로, 취득세 등에 대해서도 감면대상이 아니라고 볼 근거가 없다고 주장한다. 그러나 구 조세특례제한법 제121조의17 제1, 2항은 감면대상사업인 기업도시개발사업에서 발생한 소득에 대해 법인세

등을 감면한다고 규정하고 있고, 구 조세특례제한법 제121조의19 제1항은 감면된 법인세 등을 추징할 수 있는 사유를 규정하고 있는데, 취득세 등과는 달리 해당 사업에 직접 사용하지 아니하는 경우를 추징 사유로 규정하고 있지 않다. 따라서 추징 규정에 대한 내용이 서로 다르므로, 기업도시개발사업에서 발생하는 임대소득에 대해 법인세 등이 감면된다는 사정만으로 취득세 등도 감면된다고 볼 수는 없다.

- ○○ 도세감면조례 제8조 제3항 제3호, 구 ○○군 군세감면조례 제8조 제3항 제3호에서 규정하고 있는 '해당 사업에 직접 사용'이라 함은 원고가 소유자로서 주체가 되어 이 사건 골프장을 조성한 후에 이 사건 부동산 등을 그 용도와 목적에 맞게 스스로 사용하는 것을 의미한다고 봄이 타당하다. 원고가 이 사건 골프장 조성을 마치고 이 사건 부동산 등을 취득한 후에 그 용도와 목적에 맞게 스스로 사용하지 아니하고, 곧바로 ○○에게 임대하고 운영을 위탁하였음은 앞서 인정한 바와 같고, 이는 위 조항의 '해당 사업에 직접 사용'에 해당하지 않으므로, 피고가 위 조항에 근거하여 원고에 대해 감면받은 취득세 등을 부과하는 처분을 한 것은 정당하다(대전지법 2017구합102821, 2018. 4. 27. 판결).

37.3 건물을 신축 후 임대하여 사업을 영위하도록 한 경우 직접 사용하지 않은 것으로 보아 추징할 수 있는지

【관련 판례】 대법 2019두57916, 2020. 3. 12. 판결(심리불속행) : 항소기각

- 지방세특례제한법 제75조

> 〈쟁점요지〉 개발촉진지구 내에서 사업시행자가 건축물을 신축한 이후 해당 건물을 임대한 후 당초 사용 용도인 레저시설로 사용토록 한 경우를 3년 이내에 그 사업에 직접 사용하지 아니한 경우로 보아 감면된 취득세를 추징하는 것이 타당한지 여부
> ※ 지방세특례제한법에 "직접사용"에 대한 정의규정을 신설하기 이전 추징요건 성립

판결요지 2014. 1. 1. 직접사용에 대한 용어 정의는 창설적 규정에 해당하고, 그 이전에는 직접사용의 개념은 사용용도가 직접 그 고유의 업무에 사용하는 것이면 족하고, 그 사용의 방법이 해당 법인 스스로 그와 같은 용도에 제공하거나 혹은 제3자에게 임대 또는 위탁하여 그와 같은 용도에 제공하더라도 직접사용으로 볼 수 있으므로 사업시행자가 건축물을 신축 후 목적사업을 임대하여 영위하더라도 직접사용으로 볼 수 있어 감면을 배제할 수 없음

- 이 사건 조항은 사업시행자가 해당 부동산을 '그 사업', 즉 개발촉진지구로 지정된 지역에

서 고시된 개발사업의 시행을 위하여 사용하는 경우를 의미하는 것으로 보아야 하고, 반드시 사업시행자 본인, 즉 취득세 감면 대상인 부동산의 '소유자'가 부동산을 해당 개발사업에 스스로 사용한 경우만을 의미한다고 볼 수 없다.

- "그 고유의 업무에 직접 사용"한다 함은 당해 재산의 사용용도가 직접 그 고유의 업무에 사용하는 것이면 족하고, 그 사용의 방법이 해당 법인 스스로 그와 같은 용도에 제공하거나 혹은 제3자에게 임대 또는 위탁하여 그와 같은 용도에 제공하는지 여부는 가리지 않는다(대법원 1984. 7. 24. 선고 84누297 판결 등 참조).
- 취득재산의 사용용도가 아니라 취득주체, 즉 법인의 유형을 특정한 다음, 해당 법인의 고유목적을 위한 재산의 취득에 관하여 법인이 이를 직접 사용하는지 아니면 임대 또는 위탁하는지 여부를 불문하고 취득세를 면제하는 것이다. 그러므로 부동산 취득주체의 인적 특성(특정 유형의 법인 여부)이 아니라 부동산의 사용용도(개발사업의 시행 여부)를 요건으로 하여 취득세를 면제하는 이 사건 조항에 관해서도, 앞서 본 구 조세감면규제법 조항과 마찬가지로, 사업시행자가 취득한 부동산이 고시된 개발사업에 '직접 사용'되는 것이기만 하면 취득세가 면제되고, 해당 사업시행자가 스스로 개발사업을 수행하는지 아니면 제3자에게 부동산을 임대 또는 위탁하여 개발사업을 수행하는지 여부는 이에 영향을 미칠 수 없다고 보는 것이 체계적 합리적인 해석이 된다. 사업시행자가 개발촉진지구 내의 개발사업 시행을 위하여 취득한 부동산을 제3자에게 임대하고 그 제3자가 실제로 해당 부동산을 사용하여 개발사업을 시행하였다면, 그러한 임대행위는 개발사업 시행을 위해 해당 부동산을 사용하는 하나의 방편으로 볼 수 있다.
- 따라서 사업시행자의 '임대행위 또는 임대사업'과 개발촉진지구 내에서의 '개발사업'은, 그 중 하나가 성립하면 다른 하나는 성립할 수 없는 모순적인 관계에 있는 것이 아니라 양립할 수 있는 병존적인 관계로 보아야 한다.

관련 기타 판례

1. 농협이 취득 부동산을 공동사업법인인 쌀조합에게 현물출자하였으나 당초의 고유업무에 계속 사용한 경우, 조합이 감면받은 기간 내에 소유자 지위를 상실한 이상 현물출자를 통해 해당 용도에 사용되고 있다고 하더라도 추징사유에 해당됨(대법 2014두43097, 2015. 3. 26. 판결).
2. 지방공사가 주택건설 사업을 민관합동방식으로 수행하고자 특수목적법인을 설립하고, 이 법인에 부동산을 매각하여 공동출자방식으로 사업을 진행한 경우, 유예기간 이내에 매각한 이상 추징사유에 해당하고, 공동출자방식으로 사업이 진행되더라도 당초 지방공사의 고유업무 사용으로 볼 수 없음(대법 2015두37037, 2015. 6. 11. 판결).
3. 원고가 5년 이내에 지식산업센터용 부동산을 대표이사(주식 60% 보유)로 있는 회사에 임대하여 종전과 같은 제조업을 영위하는 경우, 원고가 대표이사로 있는 회사에 임차하여 같은 용도로 사용하더라도 개인과 법인은 별개의 권리의무 주체로써 직접사용으로 볼 수 없음(대

법 2016두57182, 2017. 1. 18. 판결).

4. 부동산 소유주인 사업주가 다른 사업주와 공동으로 직장어린이집을 설치하여 조합에 위탁운영을 한 경우, 직접 사용에 해당하지 아니하므로 감면된 취득세 추징대상에 해당함(대법 2022두34951, 2022. 5. 26. 판결).

37.4 '고유업무에 직접 사용'하는 범위에 준비 행위도 포함되는지 및 정당한 사유가 있으면 달리 해석되는지

【관련 판례】 대법 85누209, 1985. 11. 26. : 상고기각

- 지방세특례제한법 제2조

〈쟁점요지〉 그 고유업무에 직접 사용하기 위한 준비를 위해 사용하는 경우에도 직접 사용으로 보아 재산세를 감면할 수 있는지 여부 및 정당한 사유가 있는 경우 달리 해석할 수 있는지 여부

판결요지 고유업무에 직접 사용하기 위한 준비를 위하여 사용되었음에 불과한 경우는 여기에 포함될 수 없으며 직접 사용하지 못한데 정당한 사유가 있더라도 달리 해석할 수 없음

- 재산세면제요건을 규정한 구 조세감면규제법 제9조 제1항이나 현행 지방세법 제184조의 2 제1항(1981.12.31. 신설)에서 법인이 그 고유의 업무에 직접 사용한다함은 토지가 현실적으로 그 고유업무에 직접 사용되고 있는 경우만을 지칭하는 것이라고 해석하여야 할 것이므로 고유업무에 직접 사용하기 위한 준비를 위하여 사용되었음에 불과한 경우는 여기에 포함될 수 없을 뿐만 아니라 현실적으로 그 고유업무에 직접 사용하지 못한 것이 법인 자체의 귀책사유로 인한 것이 아니고 정당한 이유에 기인되었다 하더라도 달리 해석할 이유가 되지 못한다. 원고가 원판시 토지를 취득한 이후 그 지상에 판시 건물의 신축공사를 완공하기까지 사이에 있었던 원심인정의 토지이용관계는 단지 원고법인이 그 고유업무인 부동산임대업에 직접 사용하기 위한 준비를 위하여 그 토지를 보유, 사용한 것에 불과한 것이고 현실적으로 그 고유업무인 부동산임대업에 직접 사용한 경우는 아니라 할 것이므로 고유업무에 직접사용하지 못한 점에 원심인정과 같은 사정이 있었다 하여 재산세면제대상이 될 수 없다 할 것이니, 원심이 그 판시와 같은 이유로 피고의 과세처분을 위법하다고 판단한 조처에는 구 조세감면규제법 제9조 제1항, 지방세법 제184조의 2 제1

항이 규정한 재산세면제요건의 법리를 오해하여 판결결과에 영향을 미친 위법이 있다 할 것이다.

37.5 취득세 추징규정 해석에 있어 건축물의 착공시점을 직접 사용시점으로 볼 수 있는지

【관련 판례】 대법 2008두3319, 2008. 5. 29. : 파기환송

- 지방세특례제한법 제178조

〈쟁점요지〉 건물의 착공행위가 건축물토지를 취득한 후 2년 이상 산업용 건축물 등의 용도로 직접 사용한 경우에 해당하는지 여부

판결요지 취득세 추징규정을 해석함에 있어 건축착공 행위는 준비행위에 불과하므로 착공시점을 직접사용의 시기로 볼 수 없고, 특별한 사정이 없는 경우에는 신축한 건축물에 대하여 사용승인을 받은 시점을 고유업무에 직접 사용한 시기로 보아야 함

- 구 지방세법(2005. 12. 31. 법률 제7843호로 개정되기 전의 것, 이하 같다) 제276조 제1항은 "산업입지 및 개발에 관한 법률에 의하여 지정된 산업단지와 산업집적활성화 및 공장설립에 관한 법률에 의한 유치지역 및 산업기술단지 지원에 관한 특례법에 의하여 조성된 산업기술단지 안에서 산업용 건축물 · 연구시설 및 시험생산용 건축물로서 대통령령이 정하는 건축물(이하 이 조에서 '산업용 건축물 등'이라 한다)을 신축하거나 증축하고자 하는 자(공장용 부동산을 중소기업자에게 임대하고자 하는 자를 포함한다)가 취득하는 부동산에 대하여는 취득세와 등록세를 면제하고, 그 부동산에 대한 재산세는 당해 납세의무가 최초로 성립되는 날부터 각각 5년간 100분의 50을 경감(수도권정비계획법 제2조 제1호의 규정에 의한 수도권 외의 지역에 소재하는 산업단지의 경우에는 면제)한다. 다만, 그 취득일부터 3년 내에 정당한 사유 없이 산업용 건축물 등의 용도에 직접 사용하지 아니하는 경우 또는 그 사용일부터 2년 이상 산업용 건축물 등의 용도로 직접 사용하지 아니하고 매각(…)하거나 다른 용도로 사용하는 경우 그 해당 부분에 대하여는 면제된 취득세 · 등록세 및 재산세를 추징한다."라고 규정하고 있는바, 이와 같이 산업단지 안에서 산업용 건축물 등을 신축 또는 증축하고자 하는 경우 그 취득 부동산에 대한 취득세 등을 면제하면서도 그 단서에서 감면된 취득세 등의 추징규정을 둔 취지, 건물의 착공행위는 토지를 건축물 등의 용도로 직접 사용하는 행위라기보다는 이를 위한 준비행위에 불과한 점 등을

종합해 볼 때, 산업용 건축물 등을 신축할 목적으로 취득한 토지의 취득세, 등록세의 감면 규정을 적용함에 있어서는 특별한 사정이 없는 한 그 신축한 건축물에 대하여 사용승인을 받은 시점에 그 토지를 산업용 건축물 등의 용도로 직접 사용하는 것으로 봄이 상당하다. 토지는 취득세의 중과대상이 되는 법인의 비업무용토지에 해당하지 아니한다.

관련 기타 판례

1. 공공법인이 토지를 취득하여 고유업무에 직접 사용할 건축물을 건축중인 경우, 건축 등의 공사를 하였다고 하더라도 그것만으로는 그 토지를 고유업무에 직접 사용한 것이라고 볼 수 없고, 다만 그 고유업무에 직접 사용하지 못한데 정당한 사유가 있는 것으로 볼 수 있을 뿐임(대법 2006두11781, 2009. 3. 12. 판결).
2. 추징 유예기간(1년) 내에 유치원 건물 신축을 위한 착공신고를 한 경우, 착공신고는 준비단계에 불과하므로 직접 사용한 것으로 볼 수 없어 추징을 배제할 수 없음(대법 2014두7749, 2014. 8. 11. 판결).

37.6 건축물 건축을 위해 토지를 취득하여 보유하는 경우 고유업무에 사용한 것으로 볼 수 있는지

【관련 판례】 대법 94누13831, 1995. 5. 23. : 상고기각

- 지방세특례제한법 제24조

〈쟁점요지〉 사립학교교원연금관리공단이 교직원 복지시설 및 임대용 건축물 건축을 위하여 토지를 취득 · 보유하는 것이 그 고유업무에 속하는지 여부

판결요지 ••• 단순히 교직원의 복지시설 및 임대용 건축물을 건축하기 위하여 토지를 취득하여 보유(업무에 사용할 건축물의 건축공사착공 이후 준공시까지의 토지보유는 종합토지세가 면제)하는 것은 사학연금의 고유업무에 직접사용 한 것으로 볼 수 없음

- 종합토지세는 토지투기 및 과다한 토지보유를 억제하여 지가안정 및 토지소유의 저변확대를 도모하기 위하여 종전의 토지분 재산세와 토지과다보유세를 통폐합하여 신설한 세목으로서, 원칙적으로 지적법에 의한 모든 토지를 과세대상으로 하면서 예외적으로 원고 등 지방세법 제110조의 3 제1항 각호 소정의 공익적 성격의 법인의 경우에는 이들 법인을 세제적으로 지원, 육성하기 위하여 이들 법인이 고유의 업무에 직접 사용하는 토지에 한

하여 이를 과세대상에서 제외하고 있는 것이므로, 종합토지세가 면제되는 법인 소유의 토지의 범위는 위와 같은 종합토지세의 과세목적을 해하지 아니하는 범위에서 원고등 공익적 법인의 존립목적을 달성하는 데 필요한 경우에 한하여 제한적으로 인정하여야 할 것이고, 따라서 원고등 법인이 그들 소유의 토지를 고유의 업무에 직접 사용한다고 하는 경우의 "고유의 업무"란 관련법령 및 법인의 정관에서 명시적으로 규정한 업무만을 가리킨다고 하여야 할 것이다.

- 단순히 교직원의 복지시설 및 임대용 건축물을 건축하기 위하여 토지를 취득하여 보유(업무에 사용할 건축물의 건축공사착공 이후 준공시까지의 토지보유는 종합토지세가 면제된다)하는 것은 원고의 고유업무인 부동산임대업 또는 부동산의 가치증진이나 이용도를 높이기 위한 사업의 어느 것에도 해당한다고 볼 수 없다(당원 1985. 11. 26. 선고 85누209 판결 참조).

37.7 의료법인이 병원건축공사를 장기간 중단한 경우에도 고유업무에 직접사용한 것으로 볼 수 있는지

【관련 판례】 대법 2013두17671, 2013. 12. 12. 판결(심리불속행) : 상고기각

- 지방세특례제한법 제38조

〈쟁점요지〉 의료법인이 재산세 감면대상 병원시설의 착공 이후에 장기간 공사를 중단하고 있는 경우, 재산세 감면규정상의 추징규정 부재 및 '건축 중인 경우'에 고유업무에 직접사용하는 것으로 보도록 한 규정에도 불구하고 감면을 배제할 수 있는지 여부

판결요지 공사가 상당기간 중단된 경우 건축 중으로 볼 수 없어 배제가능

- 구 지방세법 제287조 제2항의 면제대상이 아닌 것이 사후에 드러나는 경우 취득세, 등록세의 경우에만 구 지방세법 제287조 제2항 단서에 따라 추징하고, 재산세의 경우에는 구 지방세법 제191조 제2항에 따라 수시부과하는 것은 위와 같은 취득세, 등록세와 재산세의 차이에서 비롯된 것이고, 만일 원고의 주장대로라면 잘못된 면제대상에 대하여 재산세를 면제하였을 경우에 이를 교정할 방법이 없어 조세형평의 원칙에도 반한다고 할 것이므로, 피고가 이 사건 토지가 구 지방세법 제287조 제2항에 따른 면제대상에 해당하지 않는다는 것을 사후에 발견하고 구 지방세법 제191조 제2항에 근거하여 부과한 이 사건 처분은 적법하고, 원고의 이 부분 주장은 이유 없다.

- 구 지방세법 제287조 제2항의 재산세 감면 대상인지 여부는 대상 부동산이 '과세기준일 현재 의료업에 직접 사용하는 부동산'에 해당할 수 있어야 하고, 구 지방세법 시행령 제230조의 '재산세의 감면규정을 적용함에 있어 직접사용의 범위에는 당해 법인의 고유업무에 사용할 건축물을 건축 중인 경우를 포함한다'는 규정은 건축물을 건축 중이라고 하더라도 이를 과세기준일 현재 의료업에 직접 사용하는 부동산이라고 볼 수 있는 정도에 이른 예외적인 경우에만 재산세 감면 대상이라고 엄격하게 해석하여야 할 것이다. 위 인정사실에 의하면, 원고는 이 사건 병원 건축공사를 착공한지 10년이 지나도록 완공하지 못한 채로 상당기간 공사를 중단하고 있을 뿐만 아니라, 언제 공사가 다시 재개되어 이 사건 병원 건물을 의료업을 위하여 사용할 수 있는지 알 수 없는 상황이라면, 이 사건 토지가 구 지방세법 제287조 제2항이 정한 바와 같이 2009년 및 2010년 각 과세기준일 현재 의료업에 직접 사용하는 부동산이라고 볼 수 없고, 구 지방세법 시행령 제230조에서 정한 건축 중인 경우라고 볼 수도 없다고 할 것이므로, 이 사건 처분은 적법하고, 원고의 이 부분 주장도 이유 없다(춘천지법 2012구합1066, 2012. 11. 16. 판결).

관련 기타 판례

- 건축공사가 일시 중단되는 경우에는 상당한 시일 내에 후속공사가 진행되어 위 유예기간 내에 해당 토지를 직접 사용한 경우와 같이 볼 수 있는 정도에 이르러야 할 것이고 장기간 중단된 경우에는 직접 사용으로 볼 수 없음(대법 2018두35049, 2018. 5. 15. 판결).

37.8 비업무용 토지의 범위 판단 시 '사용'이란 임시적, 불법적 사용의 경우까지 포함되는지

【관련 판례】 대법 97누7936, 1997. 11. 14. : 파기환송

- 지방세특례제한법 제2조

〈쟁점요지〉 사소한 행정법규의 위반이 아닌 임시적, 불법적 사용의 경우에도 고유업무에 사용한 것으로 보아 재산세를 면제할 수 있는지 여부

판결요지 사소한 행정법규의 위반이 있다는 이유 등으로 고유업무의 직접 사용에 해당하지 않는다고는 할 수 없지만, 토지의 용도에 관한 법적 규제에 위반하거나 건축허가신

청조차 없이 무단으로 건축하여 언제든지 철거 또는 시정명령의 대상이 되는 임시적, 불법적 사용의 경우까지 고유업무에 사용한 경우라는 볼 수 없음

- 구 지방세법 시행령(1994. 12. 31. 대통령령 제14481호로 개정되기 전의 것) 제84조의4 제1항에서 구 지방세법(1994. 12. 22. 법률 제4794호로 개정되기 전의 것) 제112조 제2항의 규정에 의한 법인의 비업무용 토지를 규정함에 있어서 "정당한 사유 없이 그 법인이 고유업무에 직접 사용하지 아니하는 토지를 말한다."고 할 때의 '사용'이란, 법인의 목적사업을 전제로 그 적법한 수행을 뜻하는 것이므로, 그 과정에서 행정법규상의 절차의 지연 등이 있으나 시정이 가능한 경우라든가 본래의 목적에 사용하기 위한 준비작업 중 임시로 다른 업무용에 공하고 있는 동안 사소한 행정법규의 위반이 있다는 등의 경우에까지 위 사용에 해당하지 않는다고는 할 수 없지만(대법원 1994. 11. 4. 선고 94누248 판결 참조), 토지의 용도에 관한 법적 규제에 위반하거나 건축허가신청조차 없이 무단으로 건축하여 언제든지 철거 또는 시정명령의 대상이 되는 임시적・불법적 사용의 경우까지 여기에서 말하는 사용에 해당한다고 할 수는 없다 할 것이다(대법원 1982. 9. 14. 선고 82누110 판결, 1984. 4. 10. 선고 83누237 판결 등 참조).

37.9 예식장 운영 등 조합원과 무관한 조합 자체의 영리사업을 경영하는 경우 이를 고유업무로 볼 수 있는지

【관련 판례】 대법 97누7905, 1998. 4. 28. : 파기환송

- 지방세특례제한법 제14조

〈쟁점요지〉 **대도시에 소재한 지역농업협동조합의 예식장 취득・운영을 고유업무로 볼 수 있는지 여부**

판결요지 ••• 조합이 조합원과 관계없이 조합 자체의 영리를 도모하는 사업을 경영하는 것은 농협법규를 위반한 것으로서 고유목적에 속하는 사업의 경영이라 할 수 없고, 이를 위한 부동산의 취득은 취득세 과세면제대상이 될 수 없음

- 농업협동조합법 제5조 제2항은, 조합은 영리 또는 투기를 목적으로 하는 업무를 하지 못한다고 규정하고 있고, 여기서 금지하는 영리를 목적으로 하는 업무라 함은 조합 자체의 경제적 이윤을 얻기 위한 업무를 말하는 것으로서 이는 구성원인 조합원을 대상으로 하여 조합의 영리를 목적으로 사업을 하는 것과 조합원과 관계없는 사업경영으로 조합 자체의

영리를 도모하는 것을 금지하는 취지이다(대법원 1993. 5. 14. 선고 92누10630 판결 참조).

- 따라서 조합이 조합원과 관계없이 조합 자체의 영리를 도모하는 사업을 경영하는 것은 위 법규를 위반한 것으로서 고유목적에 속하는 사업의 경영이라 할 수 없고, 이를 위한 부동산의 취득은 지방세법 제290조 제2항 제1호에 따른 과세면제대상이 될 수 없다.
- 원심이 확정한 사실관계에 의하더라도, 지역농업협동조합인 원고가 신축한 이 사건 건물 중 지상 3층의 예식장의 이용대상에 대하여는 아무런 제한이 없고, 실제로 원고가 예식장을 운영하기 시작한 1995. 3. 31.부터 1996. 3. 31.까지 예식장을 이용한 조합원은 총 이용자 171명 중 4명(2.3%)에 불과하며, 그 이용요금 또한 인근의 일반 예식장 이용료의 75% 수준에 달한다는 것인바, 사실관계가 이러하다면 이 사건 예식장의 운영은 조합원과 관계없는 사업으로서 조합 자체의 영리를 도모하는 것이라고 봄이 상당하고(대법원 1997. 2. 28. 선고 96누14845 판결 참조), 이를 고유목적사업의 하나인 조합원의 복지 및 후생사업으로 볼 수는 없다.
- 또한 그 이용료가 시설이용에 따른 실비를 징수한 정도에 불과하고 그 수입만으로는 예식장 시설의 유지 관리비에도 미치지 못한다는 사정만으로 이를 다르게 볼 수도 없다.

37.10 제품생산에 필요한 기술지도 및 지원을 받기 위해 외부 직원을 상주시킨 것으로 보아 임대가 아닌 직접 사용으로 인정할 수 있는지

【관련 판례】 대법 2014두10318, 2014. 10. 27. 판결(심리불속행) : 항고기각

- 지방세특례제한법 제178조 및 지방세기본법 제54조

〈쟁점요지〉 창업 초기에 일부 생산설비를 임대하고 제품생산에 필요한 기술지도 및 지원을 받기 위해 외부직원을 상주시킨 것으로 보아, 추징을 배제할 수 있는지

판결요지 ••• 기술자문회사의 다른 사업장이 없는 등 사실관계에서 해당 부동산을 타 법인의 사업장으로 사용케 한 것으로 보이므로 추징을 배제할 수 없음.

- 원고가 이 사건 부동산을 해당 사업에 직접 사용하지 않고 ○○○로 하여금 사용하게 함으로써, 구 조세특례제한법 제120조 제3항 단서에서 정한 면제 취득세의 추징사유인 '취득세가 면제된 재산을 취득일로부터 2년 이내에 정당한 사유 없이 해당 사업에 사용하지 아니한 경우'에 해당한다고 할 것이다(부산고법 2013누2297, 2014. 6. 18. 판결).

37.11 유흥주점을 30일 이내 용도변경을 하지 못하고 1년 이내 감면대상 업무용에 사용한 경우 감면을 적용받을 수 있는지

【관련 판례】 대법 2016두41873, 2016. 8. 24. 판결 : 기각

- 지방세법 제13조 제5항, 지방세특례제한법 제93조 및 제94조

〈쟁점요지〉 중과대상 유흥주점을 취득하여 30일 이내에 다른 용도로 사용 또는 용도변경공사에 착공하지 않았다고 하더라도 감면 유예기간 1년 이내에 업무용으로 직접 사용한다면 감면 적용을 받을 수 있는지 여부

판결요지 1년 이내에 감면대상 업무용으로 직접 사용한다고 하더라도 취득일부터 30일 이내 용도변경공사에 미착공한 경우라면 감면 적용을 받을 수 없음

- 구 지방세특례제한법 제93조는 사치성 재산을 위 법에 따른 감면대상에서 제외하고 있는 반면 같은 법 제94조는 해당 부동산이 감면대상에 해당함을 전제로 취득일부터 1년 이내에 해당 용도로 직접 사용하지 않을 경우 감면된 취득세를 추징하도록 정하고 있고, 구 지방세특례제한법 제93조는 제94조에 규정된 '이 법에서 특별히 규정한 경우'에 해당하므로, 애당초 감면대상이 될 수 없는 사치성 재산의 경우에는 1년의 유예기간을 설정해 둔 같은 법 제94조가 적용될 수 없다.
- 새마을금고가 취득한 부동산이 고급오락장과 같이 구 지방세법 제13조 제5항에 규정된 사치성 재산이라면 이 사건 단서 규정에 따라 취득일부터 30일 이내에 고급오락장이 아닌 용도로 사용하거나 고급오락장이 아닌 용도로 사용하기 위하여 용도변경공사를 착공한 경우에 해당하지 않는 한 구 지방세특례제한법 제93조에 따라 취득세 감면대상에서 제외된다고 보는 것이 타당하다(서울행정법원 2014구합20742, 2015. 7. 24. 판결).

38. 법령개정 및 부칙규정 등 해석기준

38.1 추징 유예기간 중 세법이 납세자에게 불리하게 개정된 경우 구법과 신법 중 어떤 규정을 적용해야 하는지

【관련 판례】 대법 2003다66271, 2005. 5. 27. : 상고기각

- 지방세특례제한법 제178조 및 부칙

〈쟁점요지〉 추징 유예기간 내 규정이 납세의무자에게 불리하게 개정된 경우 개정법이 아닌 구법을 적용할 수 있는지

판결요지 추징 유예기간 내에 추징규정이 납세자에게 불리하게 개정되고 부칙에 일반적 경과규정을 두고 있다면, 신법 적용을 배제하고 납세자 기득권 보호차원에서 취득 당시의 법률을 적용할 수 있음

- 1997. 8. 30. 법률 제5406호로 개정된 지방세법(이하 '개정법'이라 한다) 제290조 제1항 단서에 추징사유로 '대통령령이 정하는 수익사업에 사용하는 경우'가 추가되었으나, 개정법은 부칙 제6조에서 '이 법 시행 당시 종전의 규정에 의하여 부과 또는 감면하였거나 부과 또는 감면하여야 할 지방세에 대하여는 종전의 예에 의한다'고 규정하고 있고, 세법이 개정된 경우에 개정된 세법 부칙이 위와 같이 '… 종전의 예에 의한다'라는 경과규정을 두고 있다면 이는 세법이 납세의무자에게 불리하게 개정된 경우에 납세의무자의 기득권 내지 신뢰보호를 위하여 납세의무자에게 유리한 구법을 적용하도록 하는 특별규정이어서 마땅히 구법을 적용하여야 할 것이므로(대법원 1994. 5. 24. 선고 93누5666 판결 참조), 납세의무자인 원고의 기득권 내지 신뢰보호를 위하여 추징사유발생 여부는 위 개정법이 아니라 원고가 이 사건 부동산을 취득한 당시에 적용되던 법에 의하여 결정되어야 할 것이니, 결국 원고가 이 사건 부동산을 한국정보보호센터에게 임대한 행위는 이 사건 세금의 추징사유에 해당하지 않는다고 봄이 상당하다.

38.2 조례가 개정되면서 경과규정을 두지 아니한 경우 신법과 구법 중 어떤 규정을 적용해야 하는지

【관련 판례】 대법 2008두5773, 2010. 11. 11. : 상고기각

- 지방세특례제한법 제178조 및 부칙

〈쟁점요지〉 시세의 과세 또는 면제에 관한 조례가 개정되면서 그 부칙에서 경과규정을 두지 아니한 경우, 납세의무 성립 당시 시행되는 조례를 적용할 수 있는지 여부

판결요지 ••• 경과규정을 두지 아니한 이상, 다른 특별한 사정이 없는 한 법률불소급의 원칙상 개정 전후의 조례 중에서 납세의무가 성립한 당시에 시행되는 조례를 적용하여야 하고, 이는 구 조례가 실효되고 이를 대체한 새로운 조례가 제정된 경우에도 마찬가지임

- 시세의 과세 또는 면제에 관한 조례가 납세의무자에게 불리하게 개정된 경우에 있어서 납세의무자의 기득권 내지 신뢰보호를 위하여 특별히 경과규정을 두어 납세의무자에게 유리한 종전 조례를 적용하도록 하고 있는 경우에는 종전 조례를 적용해야 할 것이지만, 개정 조례 부칙에서 '종전의 규정을 개정 조례 시행 후에도 계속 적용한다'는 경과규정을 두지 아니한 이상, 다른 특별한 사정이 없는 한 법률불소급의 원칙상 개정 전후의 조례 중에서 납세의무가 성립한 당시에 시행되는 조례를 적용하여야 하고, 이는 구 조례가 실효되고 이를 대체한 새로운 조례가 제정된 경우에도 마찬가지라 할 것이다(대법원 1999. 9. 3. 선고 98두15788 판결 참조).

38.3 부칙 상의 일반적 경과규정이 납세의무자의 정당한 신뢰를 보호하기 위한 특별규정인지

【관련 판례】 대법 2008두15039, 2011. 1. 27. : 상고기각

- 지방세특례제한법 제178조 및 부칙

〈쟁점요지〉 구 경기도 도세감면 조례 부칙 제4항의 경과조치 규정을 납세의무자의 정당한 신뢰보호를 위한 특별규정으로 볼 수 있는지 여부

판결요지 ··· '이 조례 시행 당시 종전의 규정에 의하여 감면하였거나 감면되어야 할 도세에 대하여는 종전의 규정에 따른다'는 일반적 경과규정은 신 조례의 시행 후에 과세요건이 완성된 경우에도 유리한 종전 규정의 적용에 관한 납세의무자의 정당한 신뢰를 보호하기 위하여 종전 규정을 적용할 수 있다는 의미로 해석됨

- 원심은 그 채용 증거를 종합하여 판시사실을 인정한 다음, 원고가 2006. 2. 28. 이 사건 건물 등을 취득할 당시 시행중이던 구 경기도 도세감면 조례(2003. 12. 29. 조례 제3307호로 전부 개정되어 2008. 12. 30. 조례 제3827호로 전부 개정되기 전의 것, 이하 '신 조례'라 한다) 제9조 제2호는 유료노인복지시설을 설치하기 위한 부동산의 취득에 대하여 취득세와 등록세의 100분의 50만을 경감하는 것으로 규정하고 있으나, 원고가 1996. 6. 13. 용인시장으로부터 이 사건 건물 등을 포함한 '삼성노블카운티'를 건축하는 유료노인복지시설 설치사업계획에 대한 승인을 받은 후 1996. 9. 9. 건축허가를 받을 당시 시행중이던 구 경기도 도세감면 조례(이하 '구 조례'라 한다)는 신 조례와 달리 유료노인복지시설을 설치하기 위한 부동산의 취득에 대하여 취득세와 등록세 전액을 면제하도록 규정하고 있었기 때문에, 원고는 구 조례에 따라 장차 이 사건 건물 등의 취득에 대하여도 취득세 및 등록세가 전액 면제될 것으로 신뢰하였을 것인 점, 신 조례 부칙 제4항의 '이 조례 시행 당시 종전의 규정에 의하여 감면하였거나 감면되어야 할 도세에 대하여는 종전의 규정에 따른다'는 경과규정은 신 조례의 시행 후에 과세요건이 완성된 경우에도 유리한 종전 규정의 적용에 관한 납세의무자의 정당한 신뢰를 보호하기 위하여 종전 규정을 적용할 수 있다는 의미로 해석하여야 하는 점 등을 고려하면, 이 사건 건물 등의 취득에 대하여는 원고가 이 사건 건물 등을 건축하기 위하여 용인시장으로부터 유료노인복지시설 설치사업계획에 대한 승인 및 건축허가를 받을 당시 시행 중이던 구 조례에 따라 취득세 및 등록세 전액이 면제되어야 한다고 판단하였다.
- 관련 규정 및 법리와 기록에 비추어 살펴보면, 원심의 위와 같은 판단은 정당한 것으로 수긍할 수 있고, 거기에 피고가 상고이유에서 주장하는 경과규정의 적용에 관한 법리오해 등의 위법이 없다.

38.4 감면 적용 시한이 정해진 경우에도 부칙상의 일반적 경과규정을 들어 납세자에게 유리한 종전 법률을 적용할 수 있는지

【관련 판례】 대법 2022두55132, 2022. 12. 15.(심리불속행) : 상고기각

- 지방세특례제한법 제178조 및 부칙, 제58조의 2

〈쟁점요지〉 **지방세특례제한법 개정으로 지식산업센터에 대한 취득세 감면율이 축소되었음에도 법령이 개정되기 이전에 착공 등 원인행위가 있었던 경우 부칙 상의 일반적 경과규정을 들어 납세자에게 유리한 종전의 감면규정을 적용할 수 있는지 여부**

판결요지 ••• **신뢰보호를 적용하기 위해서는 일반적 경과규정 이외에도 종전의 법률에서 장래에도 감면을 해주겠다는 명시적인 규정이 있어야 하고, 감면의 적용시한이 정해진 경우에는 그 시한이 종료된 이후 감면이 축소될 수 있음을 충분히 예견할 수 있었으므로 신뢰보호의 대상이 될 수 없음**

- 조세법령이 납세의무자에게 불리하게 개정된 경우에 '이 법 시행 전에 종전의 규정에 따라 부과 또는 감면하였거나 부과 또는 감면하여야 할 …세에 대해서는 종전의 규정에 따른다.'와 같은 개정된 세법 부칙조항을 근거로 하여 납세의무자의 기득권 내지 신뢰보호를 위하여 납세의무자에게 유리한 종전 규정을 적용할 경우가 있다고 하더라도, 납세의무가 성립하기 전의 원인행위시에 유효하였던 종전 규정에서 이미 장래의 한정된 기간 동안 그 원인행위에 기초한 과세요건의 충족이 있는 경우에도 특별히 비과세 내지 면제한다거나 과세를 유예한다는 내용을 명시적으로 규정하고 있지 않는 한 설사 납세의무자가 종전 규정에 의한 조세감면 등을 신뢰하였다 하더라도 이는 단순한 기대에 불과할 뿐 기득권에 갈음하는 것으로서 마땅히 보호되어야 할 정도의 것으로 볼 수는 없다.
- 위 관계법령과 법리에 비추어 이 사건에 관하여 보건대, 아래와 같은 이유로 신법이 시행된 이후에 비로소 취득세의 과세요건사실이 발생한 이 사건 건축물의 취득에 대하여는 이 사건 부칙조항을 근거로 구법인 종전감면규정을 적용할 수 없다. 따라서 원고들의 주장은 이유 없다. 가) 종전감면규정은 지식산업센터 설립승인을 받은 사람에 대하여 그가 신축한 지식산업센터에 대하여는 2013. 12. 31.까지 취득세의 75%를 감경하여주겠다는 것을 규정하고 있을 뿐이므로, 위 적용기한이 도래한 이후에도 장래 일정한 기간에 취득세를 중과하지 않겠다는 것을 규정하지 않고 있음은 문언상 명백하다. 나) 종전감면규정이 적용기한을 2013. 12. 31.로 명시함으로써 취득세의 75%가 경감되는 특례가 한시적인 조치임을 밝히고 있으므로, 원고들로서는 위 적용기한 내에 건축허가를 받고 착공 및 분양

절차를 진행하였다 하더라도, 건축 계획에 따른 이 사건 건축물의 사용승인 등 취득이 위 적용기한 이후일 경우에는 취득세의 75% 감면특례가 적용될 수 없음을 충분히 예견할 수 있었을 것으로 보인다. 다) 산업집적법상 지식산업센터에 대한 취득과 관련하여 서울시 조례에서 상당한 기간 지속적으로 취득세를 면제하는 내용을 규정하여 왔다 하더라도, 2011. 12. 31. 법률 제11138호로 개정된 구법에서 종전감면규정을 신설하면서 취득세의 75%를 감경하는 내용으로 감면 범위가 축소되었고, 그 적용기한 역시 2013. 12. 31.로 명시하여 규정하였으므로, 원고들로서는 향후 법령의 개정을 통하여 감면 범위가 더 축소될 수도 있다는 점을 예상할 수 있었을 것으로 보인다(실제 2014. 1. 1. 개정된 신법에서 2016. 12. 31.까지 취득세의 50%를 감면하는 것으로 감면 범위가 축소되었다). 설령 원고들이 법령 개정을 통해 위 적용기한이 다시 연장되거나 부칙에 특례 경과규정을 둘 것이라고 신뢰하였다 하더라도, 이는 해당 규정 자체의 신뢰보호와 관련된 내용이 아닐 뿐만 아니라 원고들의 단순한 기대에 불과할 뿐이어서 기득권에 갈음하는 것으로써 마땅히 보호되어야 할 것으로 볼 수도 없다. 라) 또한 적용기한이 연장될 것이라는 단순한 기대를 보호해 주는 경우, 입법자가 적용기한의 종료에 즈음하여 변화된 정책적 환경과 조세공평의 원칙 등을 고려하여 특례의 존속 여부 및 적용 범위 등을 다시 정하기 위하여 취득세 감면특례를 한시법령의 형태로 규율한 입법 취지가 몰각될 우려가 있다. 마) 한편, 원고가 제시한 대법원 판례들은, 종전 규정에서 정한 적용기한이 경과하기 전에 법령이 개정되어 납세의무의 성립시기가 신법 시행 이후이긴 하나, 납세의무 성립시가 종전 규정의 적용기한 내이고 납세의무와 직접적 관련이 있는 원인행위가 신법 시행 이전에 이루어진 사안들(93누5666, 97누201, 2014두44403 등)이거나 조례 등에 대한 사안들(94다5502, 2008두15039 등)로 이 사건과는 사안이 같지 않아 바로 적용할 것은 아니다(서울행법 2021구단59246, 2022. 1. 14. 판결).

관련 기타 판례

- 이 사건 감면조항(구 지방세특례제한법 제33조)의 문언 및 경과규정이 "취득을 위한 원인행위"만 일몰기한 내에 있으면 된다고 규정하고 있지 아니하므로, 일몰기한까지 취득이 아닌 그를 위한 원인행위만 하여도 감면조항에 따른 특례가 적용될 것이라는 원고의 신뢰는 별다른 법적 근거가 없는 것임(대법 2022두57633, 2022. 12. 15. 판결, 대법 2022두65948, 2023. 3. 16. 판결).

38.5 법령을 전부 개정하는 경우 종전 부칙 규정이 소멸하는지 및 그 예외가 적용되는 경우는 무엇인지

【관련 판례】 대법 2012재두299, 2013. 3. 28. : 재심청구기각

- 지방세기본법 제20조 및 부칙

〈쟁점요지〉 구 조세감면규제법 부칙(1990. 12. 31.) 제23조가 1993. 12. 31. 법률 제4666호로 전부 개정된 조세감면규제법의 시행 이후에도 실효되지 않고 계속 적용되는지 여부

판결요지 법령을 전부 개정하는 경우에는 법령의 내용 전부를 새로 고쳐 쓰므로 종전의 본칙은 물론 부칙 규정도 모두 소멸한다고 해석하는 것이 원칙이겠지만, 그 경우에도 종전 경과규정의 입법 경위와 취지, 그리고 개정 전후 법령의 전반적인 체계나 내용 등에 비추어 신법의 효력발생 이후에도 종전의 경과규정을 계속 적용하는 것이 입법자의 의사에 부합하고, 그 결과가 수범자인 국민에게 예측할 수 없는 부담을 지우는 것이 아니라면 별도의 규정이 없더라도 종전의 경과규정이 실효되지 않고 계속 적용된다고 해석할 수 있음

- 법령이 제정되거나 개정되면 그 법령은 장래의 행위에 대하여만 적용되는 것이 원칙이다. 따라서 법령이 제정되거나 개정되기 전에 이루어진 행위는 특별한 사정이 없는 한 그 행위 당시 시행되던 법령에 의하여 규율된다. 이러한 법리는 조세 법령의 경우에도 마찬가지이다. 즉 조세 법령이 폐지 또는 개정되더라도 그 전에 이미 완성된 과세요건사실에 대하여는 별도의 규정이 없는 한 종전의 법령(이하 '구법'이라고 한다)이 계속 적용되고, 새로 제정되거나 개정된 법령(이하 '신법'이라고 한다)은 조세 법령 불소급의 원칙 또는 소급과세금지의 원칙에 따라 그 효력발생 이후에 완성되는 과세요건사실에 대하여만 적용된다(대법원 1993. 5. 11. 선고 92누18399 판결 등 참조). 결국 법령의 폐지나 개정으로 인하여 구법이 효력을 잃는다는 것은 원칙적으로 어떠한 행위에 대하여도 적용할 수 없는 절대적인 실효를 의미하는 것이 아니라 단지 장래의 행위에 대하여만 적용할 수 없는 상대적인 실효를 의미한다. 이 점에서 보면, 법령의 개정으로 인하여 구법이 실효되었는지의 문제는 대부분 구체적 사건에서 구법을 계속 적용할 것인지 아니면 신법을 적용할 것인지의 문제로 귀결된다.
- 그런데 이러한 상대적 실효의 법리, 즉 별도의 규정이 없는 한 신법이 효력을 발생한 이후의 행위에 대하여는 구법이 효력을 잃고 신법이 적용되어야 한다는 법리는 본칙과 부칙 모두에 대하여 반드시 동일한 양상으로 관철되어야 하는 것은 아니다. 법령의 본칙은 입법자가 법령의 제정이나 개정을 통하여 이루고자 하는 새로운 법질서 그 자체를 담고 있

기 때문에 신법의 효력발생과 동시에 신법이 구법을 대신하여 적용되는 것이 당연하지만, 법령의 부칙, 특히 그중에서도 경과규정은 종래의 법질서로부터 새로운 법질서로의 이행이 순조롭게 이루어질 수 있도록 돕는 과도기적 경과조치를 담고 있는 경우가 대부분이어서 신법의 효력발생과 동시에 항상 효력을 잃는다고 보면 불필요한 혼란이나 입법상의 공백을 가져올 가능성이 크기 때문이다. 판례가 법령의 일부만이 개정된 경우에는 원칙적으로 종전의 경과규정이 실효되지 아니한다고 해석하는 것(대법원 2002. 7. 26. 선고 2001두11168 판결 등 참조)은 우리나라가 법령을 일부 개정할 때에는 흡수개정의 방식을 취하고 있다는 점뿐만 아니라, 위와 같은 사정도 아울러 고려한 것이다. 다만 법령을 전부 개정하는 경우에는 법령의 내용 전부를 새로 고쳐 쓰므로 종전의 본칙은 물론 부칙 규정도 모두 소멸한다고 해석하는 것이 원칙이겠지만, 그 경우에도 종전 경과규정의 입법 경위와 취지, 그리고 개정 전후 법령의 전반적인 체계나 내용 등에 비추어 신법의 효력발생 이후에도 종전의 경과규정을 계속 적용하는 것이 입법자의 의사에 부합하고, 그 결과가 수범자인 국민에게 예측할 수 없는 부담을 지우는 것이 아니라면 별도의 규정이 없더라도 종전의 경과규정이 실효되지 않고 계속 적용된다고 해석할 수 있다.

38.6 지방소득세의 독립세 전환 이전에 원인행위가 이루어진 법인세 이월공제에 대해 일반적 경과규정을 근거로 독립세 전환 후 지방소득세에 반영할 수 있는지

【관련 판례】 대법 2020두41696, 2023. 11. 30. 판결 : 상고기각

- 지방세법 제103조의 19 등

〈2014년 개정 전, 부가세 방식〉

구 지방세법 제89조(세율)

① 소득분의 표준세율은 다음과 같다. (2010. 3. 31. 개정)

구분	세율
소득세분	소득세액의 100분의 10
법인세분	법인세액의 100분의 10

〈2014년 개정 후, 독립세 전환〉

구 지방세법 제103조의 19(과세표준)

① 내국법인의 각 사업연도의 소득에 대한 법인지방소득세의 과세표준은 「법인세법」 제13조에 따라 계산한 금액(「조세특례제한법」 및 다른 법률에 따라 과세표준 산정에 관련한 조세감면 또는 중과세 등의 조세특례가 적용되는 경우에는 이에 따라 계산한 금액)으로 한다. (2014. 1. 1. 신설)

구 지방세법 제103조의 20(세율)

① 내국법인의 각 사업연도의 소득에 대한 법인지방소득세의 표준세율은 다음 표와 같다. (2014. 1. 1. 신설)

과세표준	세율
2억원 이하	과세표준의 1000분의 10
2억원 초과 200억원 이하	2백만원 + (2억원을 초과하는 금액의 1000분의 20)
200억원 초과	3억9천8백만원 + (200억원을 초과하는 금액의 1000분의 22)

부칙 제15조(일반적 경과조치, 2014. 1. 1. 법률 제12153호)

이 법 시행 당시 종전의 규정에 따라 부과 또는 감면하였거나 부과 또는 감면하여야 할 지방세에 대하여는 종전의 규정에 따른다.

〈쟁점요지〉 지방소득세 독립세 전환 이전에 투자한 법인의 연구개발비 등의 세액공제에 대하여 독립세 전환 이후 지방소득세에 해당 세액공제 규정을 두고 있지 아니함에도 부칙상의 일반적 경과규정 등을 근거로 이를 이월하여 지방소득세에 대한 세액공제를 적용할 수 있는지 여부

판결요지 개정의 대상이 된 지방세법은 지방소득세 법인세분의 산출방법만 규정하였을 뿐 직접 조세감면 등을 규정한 것이 아니고, 법인세 이월공제에 관한 구 조특법상의 규정 등은 지방세법이 아닌 다른 법률에 규정되어 있는 것이므로 이는 신뢰보호의 대상이 되는 '장래의 한정된 기간 동안 조세감면 등을 명시적으로 규정한 종전의 규정'에 해당한다고 볼 수 없어 일반적 경과규정을 근거로 이월공제를 적용할 수 없음

– '이 법 시행 당시 종전의 규정에 따라 부과 또는 감면하였거나 부과 또는 감면하여야 할

지방세에 대하여는 종전의 규정에 따른다'고 규정한 개정 세법 부칙조항을 근거로 하여 납세의무자의 기득권 내지 신뢰 보호를 위하여 납세의무자에게 유리한 종전 규정을 적용할 경우가 있다고 하더라도, 납세의무가 성립하기 전의 원인행위 시에 유효하였던 종전 규정에서 이미 장래의 한정된 기간 동안 그 원인행위에 기초한 과세요건의 충족이 있는 경우에도 특별히 비과세 내지 면제한다거나 과세를 유예한다는 내용을 명시적으로 규정하고 있지 않는 한 설령 납세의무자가 종전 규정에 의한 조세감면 등을 신뢰하였다 하더라도 이는 단순한 기대에 불과할 뿐 기득권에 갈음하는 것으로서 마땅히 보호되어야 할 정도의 것으로 볼 수는 없다(대법원 2001. 5. 29. 선고 98두13713 판결, 대법원 2013. 9. 12. 선고 2012두12662 판결 등 참조).

- 원심은, 이 사건 개정의 대상이 된 구 지방세법 제89조 제1항, 제94조 제1항은 지방소득세 법인세분의 산출방법만 규정하였을 뿐 직접 지방소득세 법인세분에 관한 조세감면 등을 규정한 것이 아니고, 이 사건 연구비 등의 법인세 이월공제에 관한 구 조특법 제144조 제1항 등은 구 지방세법이 아닌 다른 법률에 규정되어 있다는 등 판시와 같은 이유로, 위 구 지방세법 및 구 조특법 규정들은 지방소득세 법인세분에 관하여 '장래의 한정된 기간 동안 조세감면 등을 명시적으로 규정한 종전의 규정'에 해당한다고 볼 수 없다고 보아, 원고의 2014~2017 사업연도 법인지방소득세에 대하여 이 사건 경과규정을 근거로 구 지방세법의 과세표준 및 세율을 적용할 수는 없다고 판단하였다. 원심판결 이유를 관련 법리와 기록에 비추어 살펴보면, 원심의 판단은 정당하다. 거기에 상고이유 주장과 같이 이 사건 경과규정의 해석 등에 관한 법리를 오해하여 판결에 영향을 미친 잘못이 없다.

  ※ 같은 취지의 판례 : 대법원 2020두50393, 2023. 11. 30.

- 이 사건 경과규정은 이 사건 개정에 따른 신·구 법령의 적용관계를 정한 것이므로, 여기서 말하는 '종전의 규정'은 이 사건 개정의 대상이 된 구 지방세법 본칙만을 가리킨다고 보아야 한다. 따라서 구 지방세법 본칙에 있지 않고 이 사건 개정 대상이 되지도 않은 구 조특법 제144조 제1항 등은 위 '종전의 규정'에 해당한다고 볼 수 없다. 또한 구 조특법 제144조 제1항 등은 법인세에 대한 세액공제·이월공제 규정일 뿐 지방소득세 법인세분에 대한 조세감면 등을 정한 규정도 아니다. 구 지방세법 본칙에 있는 구 지방세법 제89조 제1항, 제94조 제1항은 이 사건 개정의 대상이 된 규정이기는 하나, 지방소득세 법인세분의 산출방법만 규정하였을 뿐 그 규정에서 직접 지방소득세 법인세분에 관한 조세감면 등을 명시하였다고 볼 수 없다. 결국 이 사건에는 '장래의 한정된 기간 동안 조세감면 등을 명시적으로 규정한 종전의 규정'이 존재한다고 볼 수 없으므로, 2014, 2017 사업연도 법인지방소득세에 대하여 이 사건 경과규정을 근거로 구 지방세법의 과세표준 및 세율을 적용할 수는 없다.

39. 조례감면

39.1 연구개발특구 직원의 편의도모를 위한 사택이나 숙소가 첨단기술업의 고유업무에 해당하는지

【관련 판례】 대법 2014두35454, 2014. 5. 29. 판결 : 파기환송

- 감면조례 연구개발특구에 대한 감면

〈쟁점요지〉 단지 직원들의 편의를 도모하기 위해 사택이나 숙소 제공을 목적으로 취득한 부동산을 첨단기술기업의 고유업무에 직접사용하기 위해 취득한 것으로 보아 취득세를 감면할 수 있는지 여부

판결요지 업무수행의 성격을 겸비하지 않은 단순 직원 편의도모 목적의 사택이나 숙소의 경우 취득세 감면대상 첨단기술기업의 고유업무에 해당한다고 볼 수 없음

- 이 사건 조례 제5조 제2항의 문언 내용과 입법 취지 등에 비추어 보면, 첨단기술기업이 어느 부동산을 '고유업무에 직접 사용'한다고 함은 현실적으로 그 부동산이 첨단기술분야의 업무 자체에 직접 사용되는 것을 의미하고, 여기에 해당하는지는 첨단기술기업의 사업목적과 취득목적 등을 고려하여 그 실제의 사용관계를 기준으로 객관적으로 판단하여야 한다. 그리고 첨단기술기업이 직원에게 사택이나 숙소를 제공한 경우 그 직원이 사택이나 숙소에 거주하는 것이 업무수행의 성격도 겸비한다면 해당 사택이나 숙소는 고유업무에 직접 사용되는 것으로 볼 여지가 혹 있을 수도 있겠지만, 사택이나 숙소의 제공이 단지 직원에 대한 편의를 도모하기 위한 것이거나 그곳에 거주하는 것이 업무수행과 크게 관련되지 아니한다면 그 사택이나 숙소는 첨단기술기업의 고유업무에 직접 사용되는 것으로 볼 수 없다.

저자소개

정지선

- (현) 서울시립대학교 세무학과 · 세무전문대학원 교수
- 서울시립대학교 및 동 대학원 졸업(세무학 박사)
- 세무사시험 합격(제36회)
- 한국세법학회 · 한국세무학회 · 한국조세연구포럼 · 한국국제조세협회 · 중앙법학회 · 한국지방자치법학회 회원
- 동국대학교 · 건국대학교 · 한성대학교 · 덕성여자대학교 강사
- 건양대학교 세무학과 교수
- 행정고등고시 · 세무사 · 관세사 및 각급 공무원 시험위원
- 한국세법학회 총무이사 · 연구이사 · 편집이사
- 한국세무학회 법제이사 · 지방세 연구위원장
- 한국조세연구소 연구위원
- 한국국제조세협회 편집이사 · 연구이사
- 한국조세연구포럼 편집이사 · 학술 부학회장
- 중부지방국세청 국세심사위원회 위원
- 기획재정부 세제발전심의위원회 위원
- 조세심판원 비상임 조세심판관
- 기획재정부 국세예규심사위원회 민간위원
- 국세청 납세자보호위원회 위원

〈주요 저서 및 논문〉

- 출자자의 제2차납세의무제도의 문제점과 개선방안에 관한 연구, 2011.
- 자산의 저가양수도 및 고가양수도에 따른 과세문제에 관한 연구, 2011.
- 세법상 납세협력의무 및 관련 가산세 개선방안 연구, 2011.
- 납세자의 권리구제를 위한 심판청구제도의 합리적인 개선방안, 2012.
- 사업관련 부동산이 제외된 사업양도의 부가가치세 과세여부에 관한 연구, 2013.
- 소득세법상 종합소득공제제도의 세액공제방식 전환에 관한 평가와 문제점, 2014.
- 부가가치세 매입자 납부제도의 문제점과 개선방안, 2014.
- 명의신탁 관련 취득세 과세문제에 관한 연구, 2015.
- 회원제 골프장에 대한 중과세제도의 위헌성, 2016.
- 합병으로 인하여 받은 합병신주의 명의신탁 증여의제, 2017.
- 소득세의 과세에 있어서 직무발명보상금의 소득구분에 관한 연구, 2018.
- 소득세법론, 삼일인포마인(2024)

오정의

- (현) 법무법인 태평양 전문위원
- 연세대학교 법무대학원 조세법 석사
- 국민권익위원회 세무민원과
- 한국지방행정연구원 지방세연구센터 ('04~'05)
- 행정자치부 지방세운영과 (현 부동산세제과, '06~'15)
- 대법원 조세조사관실 ('16~'17)
- 행정안전부 지방세정책과, 지방세특례제도과('18~'21)
- 대구시, 강원도, 강서구, 광진구 등 지방세심의위원

〈저서〉

- 지방세 4법 해설과 실무사례, 삼일인포마인(2021)
- 풀뿌리 지방세 공저 (더존테크윌, 2022~2024)

박영모

- (현) 삼일회계법인 전문위원
- 행정안전부 지방세운영과 도세팀장
- 대법원 조세조사관실 조사관
- 행정자치부 심사과(현 조세심판원)
- 국민권익위원회 세무민원과
- 지방행정연구원 지방세연구센터
- 경기, 인천, 충북 · 충남 · 강남구 등 지방세심의위원
- 아주대학교 대학원(박사과정 수료)

〈저서〉

- 지방세실무해설, 영화조세통람(2016)
- 부동산등기와 지방세실무, 삼일인포마인(2017)

개정증보판 지방세 쟁점별 판례해설

2019년 9월 5일 초판 발행
2024년 8월 9일 3판 발행

저 자 정 지 선
오 정 의
박 영 모

저자협의
인지생략

발 행 인 이 희 태
발 행 처 삼일인포마인
서울특별시 용산구 한강대로 273 용산빌딩 4층
등록번호 : 1995. 6. 26 제3-633호
전 화 : (02) 3489-3100
F A X : (02) 3489-3141
I S B N : 979-11-6784-283-1 93320

♣ 파본은 교환하여 드립니다.

정가 70,000원